D1699263

Susanne Kessler • Christoph Kessler

musik für menschen

20 Jahre Klassik im Isartal – eine Chronik über ein erfolgreiches Musikprojekt mit Musikerportraits und umfangreichen Werkbeschreibungen der Aufführung von über 400 Werken mit über 1200 Musikern

Edition KLANGWELT KLASSIK •
KCG Verlag

1. Auflage: 200 Exemplare, 1. Dezember 2011, KCG Verlag kessler consult GmbH

ISBN 978-3-9814814-0-6 (gebundene Ausgabe, viele Abbildungen, 12 Farbseiten)

Layout: Christoph Kessler, Susanne Kessler
Umschlagsentwurf: Christoph Kessler, Susanne Kessler (Bilder)
Graphische Umschlagsgestaltung: struzyna-design penzberg, Brig Struzyna
Logo auf Buchrücken: Marc Chagall: David mit der Harfe, Mourlot M 134,

Schlossbergweg 11, D-82057 Icking

Weitere Informationen über die Monographie *musik für menschen* ist auch in der Homepage
des vom Verlag unterstützten Vereins KLANGWELT KLASSIK e.V. zu finden:
www.meistersolisten-isartal.de

Gesamtherstellung: Kreiter-Druck Wolfratshausen,
Pfaffenrieder Str. 24, 82515 Wolfratshausen
Gedruckt auf chlorfreiem Papier
Printed in Germany

All den über 1200 beteiligten Musikerinnen und Musikern gewidmet

Das Wort Auf-gabe bedeutet, dass man anderes aufgeben muss, um eine Aufgabe gut zu erfüllen.

Es impliziert also auch das Wort aufgeben, loslassen.

Alles, was einem im Leben sehr viel bedeutet, muss man irgendwann einmal aufgeben.

Aus Auf-gabe und Ent-täuschung entsteht immer eine Ent-wicklung, es ent-wickelt sich etwas Neues, eine neue Blüte.

Je größer die Ent-täuschung, desto schöner kann die Blüte werden.

Susanne Kessler, 19. November 2010

Inhaltsverzeichnis

Vorwort

Musik für Menschen begreifbar zu machen, Hörerlebnis durch Wissen zu vertiefen, war für mich, Susanne Kessler, schon immer wichtigstes Anliegen, nicht nur in meinem Beruf. So sind auch meine Artikel über die Musikwerke zu verstehen, als Anleitung zum Hören: Das Wissen um Charakteristika, um musikalische Zusammenhänge erhöht den Genuss eines Kunstwerks, wird ihm erst gerecht.

Zehn Jahre Programmheftarbeit für Konzerte in der Region, fast zwanzig Jahre Mitwirkung im Philharmonischen Orchester Isartal und seinen Gruppierungen sowie Mitarbeit in der Organisation von Konzerten und Reisen – eine wunderbare, intensive Zeit, die zudem reich an menschlichen Begegnungen war. All dies in einer Monographie zusammenzufassen für die Menschen, die daran beteiligt waren als Orchester- oder Chormusiker, als Dirigenten, als Solisten und Gastensembles und auch als Freunde, Zuhörer, Angehörige, Musikfreunde oder Abonnenten, war die Grundidee dieses Buches. All den beteiligten Musikern ist dieses Buch gewidmet.

Darstellung und Analysen der aufgeführten Werke in den Musiktexten können natürlich wegen der mangelnden Vollständigkeit keinen Konzertführer ersetzen. Über 100 Werkanalysen und viele Notenbeispiele beschreiben jedoch eingehend in der Region erklungene Werke und erinnern an das Gehörte, an die Ausführenden, rufen vielleicht persönliche Erinnerungen wach.

Das zentrale Anliegen dieser Monographie, Musik den Lesern näher zu bringen, wird ergänzt durch eine Beschreibung der in der Region durch den Konzertverein Isartal in den letzten 20 Jahren organisierten Konzerte, die von ihm betreuten Orchester und Chöre sowie der kooperierenden Chöre, Vereine und Kommunen. Zu diesen von Christoph Kessler zusammengestellten Informationen gehören Übersichten über die eingeladenen Solisten und Gastensembles bis hin zu Opernaufführungen im Bergwaldtheater, Freilichtaufführungen auf dem Wolfratshauser Marienplatz, dem Rathaushof sowie der Alten Floßlände bis zu Konzerttourneen nach Japan und Frankreich.

Unser beider herzlicher Dank gilt allen, die sich mit Texten und Bildern am Zustandekommen dieser Monographie beteiligt haben, besonders Reinhard Szyszka, Gunther Joppig und Wolfgang-Andreas Schultz für ihre Programmheftbeiträge, vor allem aber auch all den Orchestermusikern, die ihre Portraits und Fotos zur Verfügung stellten: Andrea Abadie, Heidi Aumüller, Didier Achermann und Monika Achermann-Weinert, Constantin Beier, Thomas Beier, Sabrina Böhm-Pélissier, Moritz Böge, Karolin Chapman, Mélanie Daffner, Franz Deutsch, Sybille Dimbath, Gabriele Drexl, Viola Einsiedel, Anne Bschorer, Barbara Helck, Franz Hohberger, Barbara Hubbert, Anna Maria Immertreu, Gunther Joppig, Birgitta Kjäer, Irene und Alexander Jung, Barbara Kleinschmidt, Reinhard Lampe, Ursula Lukas, Rainer Marquart, Martina Mayer-Voigt, Valerie Nothaft, Elke Pätsch, Lothar Palsa, Nina Rahm, Raimund Samhammer, Wolfgang Scharff, Johannes Schempp, Maria und Martin Schütz, Hedwig Schütze, Wally Stenzler, Reinhard Szyszka, Christian Tomsu und Arjan Versteeg. Wir gedenken auch der verstorbenen Orchestermitglieder Renate Henkel, Lutz Hümmler und Günter Pollak sowie des auf der Frankreichtournee verstorbenen Chormitglieds Erika Hedwig.

Die Texte stammen zum größten Teil von beiden Autoren (Kapitel 2, 6, 7 und 8 von SK, Kapitel 1, 3, 4 und 5 von CK, Kapitel 6 (Zusammenstellung SK/Formatierungen CK) und 9 von SK und CK. Die Werkanalysen von Christoph Kessler, Gunther Joppig, Wolfgang-Andreas Schultz und Reinhard Szyszka in Kapitel 2 sind durch ihre Namen am Ende der entsprechenden Texte gekennzeichnet.

Die publizierten Bilder wurden zum größten Teil von Susanne Kessler fotografiert. Andere Fotografien wurden entweder von Privatpersonen zur Verfügung gestellt bzw. die entsprechenden Fotografen sind in den Kapiteln 1, 3-6 direkt unter den Bildern genannt. Die Bildnachweise für die Kapitel 2 und 8 sind in Kapitel 7 aufgelistet.

Für die Bereitstellung der Fotos danken wir allen.

Die in den Werkanalysen beschriebenen Werke (Kapitel 2) sind im Werkeverzeichnis (Kapitel 6) fett markiert.

Alle Namen wurden in den verschiedenen Artikeln und Übersichten ohne akademische Titel aufgeführt, mit Ausnahme der Signaturen im Anschluss an die Werkanalysen, Personenportraits und offizieller Namensnennungen.

Unser großer Dank gilt über die Monographie hinaus allen, die als Orchester- oder Chormitglieder, Dirigenten, Organisatoren oder beim Korrekturlesen der Programmhefte mitgeholfen haben, die vielen Konzerte zu ermöglichen. Vielen Menschen danken wir auch für ihre Freundschaft im Orchester, bei Kammermusik, auf Reisen und bei gemeinsamen Toskana-Aufenthalten über all die vielen Jahre.

Die vorliegende Chronik zeigt uns durch die Beschäftigung mit den Inhalten der vielen aufgeführten Werke und der überwältigenden Zahl an mitwirkenden Spielern, wie viel Positives wir in den vergangenen Jahren erlebt haben und mitgestalten konnten, und welchen großen Beitrag dieses Musikprojekt für die Kultur in der Region erbracht hat.

Auf Grund der Fülle an Musik, die wir in den letzten 20 Jahren „von Innen heraus" aktiv als Spieler kennenlernen konnten, blicken wir in großer Dankbarkeit auf diesen 20-jährigen Lebensabschnitt zurück, dessen Musik uns sehr bereichert hat.

Icking, im November 2011

Susanne und Christoph Kessler

1 20 Jahre Musik für Menschen

1.1 Übersicht

In den letzten 20 Jahren erwuchs aus einer Orchesterinitiative eine Vielzahl an musikalischen Aktivitäten. Neben der Orchestergründung der Ickinger Laien Philharmoniker, später Philharmoniker Isartal und Philharmonisches Orchester Isartal, war die 17-jährige Zusammenarbeit mit der Stadt Wolfratshausen zwischen 1992 und 2009 sehr befruchtend für die vielen musikalischen Ereignisse. In dieser Zeit unterstützte die Stadt sehr die bürgernahe Kulturförderung unter dem gemeinsamen Motto *Bürger spielen für Bürger,* gepaart mit der Einladung hochkarätiger Solisten und international auftretender Gastensembles. Für diese Art Kultur *von unten* setzte sich auch der langjährige Kulturamtsleiter Peter Struzyna ein. Sein Gesprächspartner war dabei der Konzertverein Isartal e.V., der in diesen Gesprächen seine Kenntnisse in der musikalischen Vorbereitung und Realisierung anbot. Dieser bürgernahe Kulturansatz bewirkte, dass sich in den Orchester- und Chorgruppierungen des Konzertvereins Isartal e.V. in den vergangenen 20 Jahren weit mehr als 1200 hiesige Bürger musikalisch aktiv engagierten. Zudem kamen weltweit auftretende Solisten und Kammerensembles nach Wolfratshausen, sie gaben der Stadt Glanz und spornten die hiesigen Orchester- und Chormusiker zu Höchstleistungen an.

1994 wurde die gemeinsam getragene Veranstaltungsreihe KLASSIK WOLFRATSHAUSEN mit einem Abonnement aus jährlich sechs Konzerten und einer Reihe von Sonderkonzerten gegründet. Wegen der größeren Konzerttätigkeit wurde die Zusammenarbeit mit der Stadt Wolfratshausen konzeptionell neu gestaltet (Konzepterstellung durch C. Kessler, P. Struzyna, G. Weiß). Konkret wurden in dem neuen Abonnement drei Orchesterkonzerte, ein Konzert in kleinerem Rahmen und zwei Konzerte mit renommierten Gastensembles angeboten. Sonderkonzerte mit Gruppierungen der Region ergänzten das Programm. In einer *win-win*-Situation sorgte dabei der Konzertverein Isartal e.V. für die musikalische Vorbereitung und Realisierung, das Kulturamt der Stadt Wolfratshausen für die Mithilfe bei der Organisation und Budgetsicherung.

Im Rahmen der Abo- und Sonderkonzerte wurden viele musikalische Gruppierungen der Region eingebunden, jedoch auch Gastorchester wie die Münchner Symphoniker oder das LandesSinfonieOrchester Thüringen oder Gastensembles wie Die SingPhoniker, um dem Publikum ein vielfältiges Programm anbieten zu können. So traten im Rahmen dieser Konzerte neben dem Philharmonischen Chor und Orchester Isartal das Kammerorchester Isartal, der Chor der Musikfreunde Isartal, das Vokal-Ensemble Icking, der ISURA Madrigalchor, der Jugend- und Kinderchor Wolfratshausen, Musica Starnberg, Mixed Voices sowie *a capella*-Gruppen wie Sound Affaire auf.

Die neue Veranstaltungsstruktur wurde am 20. September 1995 durch Beschluss der Mitgliederversammlung des Konzertvereins angenommen. Der Wolfratshauser Stadtrat fasste ebenfalls einen zustimmenden Beschluss. Das neue Konzept hatte zur Folge, dass der Vereinsname von Philharmoniker Isartal e.V. in Konzertverein Isartal e.V. geändert wurde, Vereinsziele und Gemeinnützigkeit blieben jedoch unverändert. §2 lautet weiterhin: *Verein zur Pflege der Musik, dazu veranstaltet der Verein auch Konzerte*. Parallel dazu wurde der Name des Orchesters von Philharmoniker Isartal in Philharmonisches Orchester Isartal umgewandelt. Für Aufführungen in kleinerem Rahmen wurde die kleinere Orchestergruppierung

Schirmherren: Prof. Denes Zsigmondy, Peter Finsterwalder

Salomon

Klassische Konzertreihe der Philharmoniker Isartal e.V. und der Stadt Wolfratshausen

Abonnementsankündigung der Konzertreihen KLASSIK WOLFRATSHAUSEN (erste Saison 1994 und Saison 2000/2001 mit Bachs Matthäus-Passion), öffentlich verteilte Flyer

Kammerensemble Isartal geschaffen, sie erarbeitete in konzentrierten Probenphasen Programme für kleinere Besetzung.

Der vom Konzertverein betreute Chor war der Philharmonischer Chor Isartal, in kleinerer Besetzung – z.B. bei der Aufführung von Bach-Kantaten – der Kammerchor Isartal. In diesen Chören fanden sich projektgebunden Chöre oder einzelne Sänger der Region zusammen, deren eigenständiges Wirken in eigenen Chorkonzerten jedoch nicht angetastet wurde. Ein gewählter Chörekoordinator betreute die kooperierenden Chöre als Mitvorstand des Konzertvereins. Im Gegenzug unterstützte das Kammerensemble Isartal solche Choraufführungen unter Leitung des jeweiligen Chorleiters.

Dies war die Basis für eine 15-jährige erfolgreiche Zusammenarbeit zwischen dem Konzertverein Isartal e.V. und der Stadt Wolfratshausen: Eine Vielzahl an Konzerten, Oratorien, Opern und Ballett, Open Air-Aufführungen im Bergwaldtheater und anderen Spielstätten wie dem Marienplatz, dem Rathaushof oder der Alten Floßlände sind in bester Erinnerung. Orchester- und Chorfahrten in die Wolfratshauser Partnerstädte Iruma und Barbezieux sowie in die Partnerstädte der Nachbarstädte Geretsried und Starnberg, nach Chamalières und Dinard waren weitere Höhepunkte für alle Beteiligten.

Durch Gründung der Ickinger Laienphilharmoniker durch Matt Boynick kamen viele hiesige musikalisch interessierte Bürger wieder zum Orchesterspielen. Das Philharmonische Orchester Isartal führte von Anfang an bedeutende Werke wie Beethovens Symphonien 5 und 6 auf. Die Konzerte der Reihe KLASSIK WOLFRATSHAUSEN eröffnete allen Beteiligten – Musikern und Zuhörern – das Kennenlernen eines großen Repertoires. Die drei szenischen Aufführungen unter der Stabführung von Günther Weiß von Mozarts *Zauberflöte* im Wolfratshauser Bergwald 1998, die Japanfahrt 1999 sowie die beiden Milleniumsaufführungen von Beethovens *Neunter*, Bachs *Matthäus-Passion* oder Strawinskys *Feuervogel* auf dem Wolfratshauser Marienplatz bleiben vielen Bürgern und Musikern in prägender und bester Erinnerung. Stolz und gegenseitige Anerkennung gab es zwischen den Beteiligten, die Zahl der „Toskanafahrer" wuchs in mehr als 10 Jahren auf nahezu dreißig an.

Die szenische Aufführung von Orffs *Carmina burana* vor dem Wolfratshauser Rathaus und die Frankreichfahrt mit den drei Aufführungen von Rossinis *Stabat mater* unter Christoph Adt in die drei Partnerstädte Chamaliéres, Barbazieux und Dinard waren weitere Höhepunkte, wie auch seine Orchestererziehung hin zur möglichst werkkorrekter Wiedergabe auch schwieriger Kompositionen wie der Symphonien von Magnard oder Nielsen. Diese Orchesterzeit hatte einen neuen Charakter und war mehr von Fragen nach den Grenzen des Orchesters geprägt.

Die gute Zusammenarbeit zwischen Stadt und Verein äußerte sich auch in der Unterstützung des Konzertvereins Isartal e.V. von Stadtjubiläen. Das Festkonzert *40 Jahre Stadt Wolfratshausen* am 13. Oktober 2001 umrahmte das Kammerensemble Isartal mit Werken von Gounod und Ligeti sowie Mozarts Klavierkonzert A-Dur mit Andreas Secchi aus Mailand als Solisten sowie Haydns Symphonie Nr. 104 D-Dur (*Londoner*) unter der Leitung von Günther Weiß. Unvergessen sind die drei szenischen Aufführungen von Orffs *Carmina burana* auf dem Wolfratshauser Marienplatz zur 1000-Jahrfeier unter Leitung von Christoph Adt. An diesen Aufführungen waren weit über 200 Musiker und Tänzer beteiligt, das Philharmonische Orchester Isartal, alle Chöre der Region – gebündelt im Philharmonischen Chor Isartal – sowie eine Gruppe von Gauklern und Tänzern.

Abonnementankündigungen der Konzertreihe KLASSIK WOLFRATSHAUSEN-GERETSRIED 2007/'08 und klassik pur ! im isartal (Saison 2010), öffentlich verteilte Flyer

Festkonzerte zum 5-, 10- und 15-jährigen Jubiläum des Konzertvereins ergänzten dies. Bei allen Festveranstaltungen wurde auf die gemeinsamen erfolgreichen Konzerte im Rahmen von Ausstellungen zurückgeschaut. Das Festkonzert zum 5-jährigen Jubiläum am 15./16. März 1997 mit der Aufführung von Brahms *Ein deutsches Requiem* unter Leitung von Günther Weiß gestaltete das Philharmonische Orchester gemeinsam mit den Chören der Musikfreunde Isartal und dem Vokal-Ensemble Icking. Beim Festkonzert zum 10-Jährigen Jubiläum am 15. Dezember 2001 unter Leitung von Günther Weiß stand neben einer Gluck-Ouvertüre Beethovens Klavierkonzert Nr. 4 mit Alfredo Perl als Solisten sowie Beethovens Symphonie Nr. 8 auf dem Programm. Das Festkonzert zum 15-jährigen Jubiläum leitete Christoph Adt: Nach Händels Concerto grosso e-moll standen als Höhepunkte das Konzert für Marimbaphon und Orchester des polnischen Komponisten Blazewicz mit der 1. ADR-Preisträgerin Marta Klimasara als Solistin und Tschaikowskys Symphonie Nr. 6 (*Pathétique*) auf dem Programm.

Drei Dirigenten und Musikalische Leiter waren in den beiden Jahrzehnten für die musikalische Gestaltung der Proben und Konzerte verantwortlich: Matt Boynick (1090 – 1995), Prof. Dr. Günther Weiß (1995 – 2002) und Prof. Christoph Adt (ab 2002). Im Rahmen der Konzertreihen wurde eine Vielzahl an Orchesterwerken vom Philharmonischen Orchester Isartal aufgeführt, Kompositionen z.B. von Haydn, Mozart, Beethoven, Schubert, Schumann, Mendelssohn Bartholdy, Brahms, Bruckner, Wagner, Dvořák, Tschaikowsky, Bizet bis hin zu Franck, Glasunow, Magnard, Strawinsky, Nielsen, Schnittke.

Die vom Konzertverein organisierte und finanzierte kontinuierliche Orchesterarbeit mit allen drei Musikalischen Leitern hatte zur Folge, dass über ihr Wirken bei kontinuierlichen Proben und vielen Aufführungen über 620 Orchesterspieler in den vergangenen 20 Jahren an den Aufführungen des Philharmonischen Orchesters Isartal und des Kammerensembles Isartal beteiligt waren. Ziel aller Musikalischen Leiter und des Konzertvereins war, hiesige Musiker und Bürger zum aktiven Musikzieren zu aktivieren und dafür eine Plattform zu geben; dieses Ziel ist im Motto *Bürger spielen für Bürger* seit langem dokumentiert.

Im Philharmonischen Chor Isartal und Kammerchor Isartal waren in den letzten 20 Jahren 602 Choristen (einschließlich Tänzer bei Carl Orffs *Carmina burana* 2003) eingebunden. Zusammen mit den Orchesterspielern waren damit in den vergangenen 20 Jahren weit mehr als 1200 Musiker in die Aufführungen eingebunden. Es wurden dabei 401 Werke aufgeführt und durch ausführliche Werkeinführungen in den Programmheften und Konzerteinführungen begleitet. Dies zeigt – neben den Aufführungen selbst und der Einladung von vielen bekannten Solisten und Gastensembles – die nachhaltige Leistung des Konzertvereins Isartal für die regionale Kultur und das Gelingen des 20-jährigen Musikprojekts im Isartal.

Bekannte Solisten wie Alfons Kontarsky, Walter Nothas, Konrad Hünteler, Helga Storck, Isabelle Faust, Dana Borşan, Alfredo Perl, Marta Klimasara, Wen-Sinn Yang und Ingolf Turban musizierten mit dem Philharmonischen Orchester. Internationale Gastensembles wie das Oistrakh Quintett Moskau, Artemis Quartett Berlin, Carmina Quartett Wintherthur, Quatuor Ebène Paris, Kuss Quartett Berlin, Amaryllis Quartett Basel/Köln, Gémeaux Quartett Zürich, Ardeo Quartett Paris, Apollon musagète Quartett Wien und Pavel Haas Quartett Prag traten im Rahmen der Aboreihen auf. Die Konzerte wurden zu gesellschaftlichen Ereignissen.

CD-Einspielungen des Brahms-Requiems (Günther Weiß), Bach: Weihnachtsoratorium, Teile 1-3 (Philipp Amelung), Beethoven: Neunte Symphonie (Günther Weiß) und Rossini: *Stabat mater* (Christoph Adt) dokumentieren herausragende Konzertereignisse. Der *Wolfratshauser*

Das öffentlich plaktierte Jubiläumsprogramm 2011 der neuen Konzertreihe des Konzertvereins Isartal e.V.: klassik pur ! im isartal, Abonnement 2011

Kulturpreis wurde 1997 dem Konzertverein Isartal e.V. zu Händen Dr. Christoph Kessler und Prof. Dr. Günther Weiß verliehen, 2002 persönlich dessen langjährigem Musikalischen Leiter Prof. Dr. Günther Weiß. Dem KVI-Vorsitzenden Dr. Christoph Kessler wurde 2000 vom Landkreis Bad Tölz-Wolfratshausen die *Isar-Loisach-Medaille* für hervorragende Leistungen im Ehrenamt verliehen, den langjährigen KVI-Mitgliedern Dr. Christoph Kessler, Sybille Dimbath und Dr. Hans Horsmann die *Ehrenmedaille der Stadt Wolfratshausen* (2002).

Eine Besonderheit in all den Jahren war, dass die Loisachhalle zwischen 1992 und 2001 dem Orchester und den Chören als Konzertsaal zur Verfügung stand. Dies war eine wichtige Voraussetzung für viele musikalische Höhepunkte, gibt es in der Region keinen vergleichbaren Raum, in dem Konzerte mit großen Ensembles stattfinden können. In der Zeit der Renovierung 2002 bis 2009 musste in Ausweichquartiere umgezogen werden, meistens in Turnhallen und Kirchen. Viele „Großprojekte"unter der Leitung von Günther Weiß fielen in die Zeit zwischen 1995 und 2002: dies hat auch damit zu tun, dass in dieser Zeit noch mit dem kompletten Loisachhallen-Team zusammen gearbeitet werden konnte, danach war neben der fehlenden Loisachhalle auch das Kulturamt personell nur noch gering besetzt. Der städtische Kulturetat wurde ab 2002 deutlich reduziert.

Trotzdem wurden auch in der Zeit nach 2002 auch ohne Loisachhalle unter der Leitung von Christoph Adt den hiesigen Bürgern eine Vielzahl an attraktiven Konzerten angeboten. Dafür engagierte sich der Konzertverein Isartal e.V. selbst nun noch stärker, zeitlich und personell. Zur Unterstützung der Wiederherstellung der Loisachhalle wurde 2002 ein eigener Verein gegründet, der Kulturverein Oberland e.V.. Dieser setzte sich – neben der Organisation von „Großprojekten" wie der Frankreichfahrt 2006 – aktiv über Benefizkonzerte und vielerlei andere Beiträge für die Wiederherstellung der Loisachhalle ein. Nach ihrer Wiedereröffnung im Juli 2009 war die Mission dieses Vereins erfüllt, so dass er sich 2010 auflösen konnte.

Die Loisachhalle war ab 1992 in einer Vielzahl von Konzerten die Heimat des Orchesters, bis hin zur Schließung im Frühjahr 2002 wegen grundlegender Renovierungsarbeiten. Höhepunkte waren dort die beiden Milleniumskonzerte am 1./2. Januar 2000 mit Beethovens *Neunter*. Das letzte Konzert in der noch intakten „alten" Loisachhalle fand am 15. Dezember 2001 unter der Leitung von Günther Weiß statt, auf dem Programm standen u.a. Beethovens Klavierkonzert Nr. 4 mit Alfredo Perl am Klavier und Beethovens Symphonie Nr. 8. Denkwürdig war das wirklich letzte Konzert in der „alten" Loisachhalle. Dieses Konzert fand am 7. Dezember 2003 als Benefizkonzert für die Wiederherstellung der Loisachhalle aus Sicherheitsgründen als Sonntagsmatinee in bereits entkernten Räumen statt: Auf dem Programm standen Schumanns Konzert für Violoncello und Orchester a-moll mit dem Solisten Wen-Sinn Yang sowie Tschaikowskys Symphonie Nr. 5 unter Leitung von Christoph Adt. Wie groß war die Freude, die Loisachhalle am 11./12. Juli 2009 mit zwei Festkonzerten mit wiederum Beethovens *Neunter* vor insgesamt über 1000 Besuchern anlässlich ihrer Wiedereröffnung als Kulturzentrum im Oberland wieder nutzen zu können.

Ende 2009 endete die sehr erfolgreiche Zusammenarbeit zwischen Konzertverein Isartal e.V. und der Stadt Wolfratshausen. Das Engagement vieler Musiker gemeinsam mit der Stadt konnte leider nicht fortgesetzt werden. Die Stadt gründete ihre eigene Konzertreihe *Klassik – einfach Klasse!*, diese wurde 2011 wieder eingestellt. Um den Dirigenten und Musikalischen Leiter weiter finanzieren zu können, der durch kontinuierliche Probenarbeit mit dem Philhar-

Ankündigung der beiden alternativen Abonnementreihen klassik pur ! im isartal 2012 (Schwerpunkt: Konzerte des Philharmonischen Orchesters Isartal unter Leitung von Christoph Adt) und meistersolisten im isartal 2012 (Kammerkonzerte mit internationalen Solisten und besonders begabten jungen Solisten), öffentlich verteilte Flyer

monischen Orchester Isartal die hohe Qualität der Orchesterkonzerte sicherstellt, gründete der Konzertverein Isartal e.V. Anfang 2010 die Konzertreihe *klassik pur ! im isartal*, für die der Verein mit seinem Vorstand alleinig, auch finanziell, verantwortlich zeichnet. Das Eröffnungskonzert in neuem Rahmen am 28. Februar 2010 hatte großen Erfolg, konnten über eine attraktive Programmgestaltung und einen angenehmen Konzertrahmen in 2010 306 Abonnenten gewonnen werden. Im Jubiläumsjahr 2011 wurde das Abonnement im Rahmen eines attraktiven Programms mit internationalen Solisten und Gastensembles hoher Qualität weitergeführt, was in dieser Saison über 280 Abonnenten zu schätzten wussten.

Um im Klassikbereich Alternativen anzubieten, wurde von Franz Deutsch bereits 2002 die Musikwerkstatt Jugend gegründet, dessen Konzept die Förderung besonders begabter jugendlicher Musiker ist. Dafür werden drei Orchestergruppierungen angeboten: das Kinderorchester Isartal, die Sinfonietta Isartal sowie die Junge Philharmonie München unter jetziger Leitung von Yoel Gamshu. Dieses Orchester gibt herausragenden jugendlichen Musikern, oftmals Jugend musiziert-Preisträgern, eine vielbeachtete Plattform (dafür wurde die Musikwerkstatt u.a. mit dem Tassilo-Preis geehrt). Das Orchester konzertierte mehrfach erfolgreich in der Loisachhalle – oft mit namhaften Solisten oder Solisten aus eigener Jugendförderung. München ist der Hauptsitz des Orchesters mit Auftritten im Münchner Herkulessaal und der Allerheiligen Hofkirche, es konzertiert auch in der Region. Das Orchester unternimmt erfolgreiche Konzertreisen u.a. nach Italien, Frankreich und Luxemburg.

Damit hochqualitiative Kammerkonzerte entsprechend dem großen Interesse in der Region angeboten werden, gründeten Christoph und Susanne Kessler 2011 die Konzertreihe meistersolisten im isartal. In dieser vom ebenfalls neu gegründeten Verein KLANGWELT KLASSIK • freunde der kammermusik e.V. getragenen alternativen Musikreihe werden Konzerte mit preisgekrönten Solisten und Spitzenensembles der Kammermusik, die am Anfang einer großen Karriere stehen, in Icking in kleinerem Rahmen als Kammermusikabonnement in Ergänzung bestehender Musikreihen angeboten. Beispiele dafür sind die Borciani-Preisträger Kuss Quartett Berlin und Amaryllis Quartett Basel, jetzt Köln, das Gémeaux Quartett Zürich (ARD-Preisträger 2008), das gemeinsam mit dem Cellisten und 1. ARD-Preisträger 2010 Julian Steckel Berlin musiziert, sowie die international auftretende Pianistin Anna Gourari. Die Geigerin Mariella Haubs aus Hohenschäftlarn, die gemeinsam mit ihrer Schwester Magdalena einen Duoabend gibt, studiert bei Itzhak Perlman und Catherine Cho an der Juillard School New York.

Bei den hiesigen Chören – die die hiesige Konzertlandschaft ebenfalls gestalten – werden die Musikfreunde Isartal und der ISURA Madrigalchor durch entsprechende gemeinnützige Vereine getragen, das Vokal-Ensemble Icking und die Mixed Voices aus Geretsried sind als Chorvereinigungen organisiert, der Jugend- und Kinderchor Wolfratshausen sind Organe der Musikschule Wolfratshausen.

Viele Projekte der letzten 20 Jahre waren getragen von der bewussten Zusammenführung von Gruppierungen im klassischen Sektor, um sich gegenseitig zu befruchten. Dies könnte auch in Zukunft im Rahmen eines gemeinsamen Projekts erfolgen: *klassik im isartal* könnte die Überschrift heißen, getragen von hiesigen, im klassischen Bereich agierenden Vereinen in jeweils eigener Verantwortung für die eingebrachten Konzerte. Zwei Säulen könnten dabei entstehen: Orchestermusik und Kammermusik, jeweils gestaltet von Orchester- und Kammermusikvereinen. Eine dritte Säule mit Chormusik könnte dies ergänzen.

Philharmoniker
Isartal eV

Leitung: Matt Boynick

Samstag, 7. März 1992, 20 Uhr, Neue Aula Gymnasium Icking
Sonntag, 8. März 1992, 20 Uhr, Ratsstuben-Saal Geretsried

BEETHOVEN
Violinkonzert

SCHUBERT
Symphonie Nr. 6

Solistin: Almut Haas

Eintritt DM 15; Schüler Auszubildende Studenten Mitglieder DM 8
Kinder unter 8 Jahren frei

Öffentlich verteiltes Programmheft des ersten Konzert des Vereins Philharmoniker Isartal e.V. nach seiner Eintragung ins Vereinsregister mit Almut Haas als Solistin und den Philharmonikern Isartal, Leitung: Matt Boynick

1.2 Orchestergründung und erste Konzertjahre

Ickinger Laien Philharmoniker

Im Herbst 1990 sprachen der amerikanische Dirigent Matthew Boynick und seine Lebensgefährtin, die Geigerin Almut Haas, hiesige Laienmusiker an, ob sie Lust hätten, in einem neuen Orchester mitzuspielen. Die beiden hatten vor, mit Musikern der Region ein neues Orchester zu gründen: die Ickinger Laien Philharmoniker. Sie wohnten damals bei der Familie Händel in Icking und hatten guten Kontakt zu hiesigen musikinteressierten Mitbürgern. Die Idee fiel auf fruchtbaren Boden: Rasch fand sich eine Reihe von Musikern aus der Region zusammen, um das erste Konzert des neuen Orchesters im Dezember 1990 in der Aula des Gymnasiums Icking vorzubereiten. Auf dem Programm dieses ersten Konzerts standen ein Concerto grosso von Corelli, Wagners *Siegfried Idyll* und Franz Schuberts Symphonie Nr. 3 in D-Dur – ein ambitioniertes Programm, das hauptsächlich ein Streichorchester verlangte. Dementsprechend bestand die ursprüngliche Besetzung vorwiegend aus Streichern, unter den ersten Orchestermusiker waren u.a. Almut Haas, Barbara Helck, Hans Horsmann, Heidrun Hilber, Jens Mürbe (Violinen), Martina Mayr-Voigt (Flöte), und Barbara Kleinschmidt (Horn).

Das Konzert unter der Leitung von Matt Boynick wurde ein voller Erfolg, Musiker und Zuhörer waren begeistert, spätestens in der Pause bei Sekt und Orangensaft wurden weitere Konzerte geplant. Das folgende Konzert in Icking am 21. April 1991 hatte neben Dvořáks Serenade für Bläser op. 44 und Mahlers *Adagietto* (aus der 5. Symphonie) als Hauptwerk Beethovens Symphonie Nr. 1 auf dem Programm. Weitere Spieler kamen dazu: Heidi Aumüller, Peter Gartiser, Susanne Kessler (Violinen), Ilse Maier, Margita Maurer, (Violen) Ulrich Bracker, Sybille Fuchs, Maximilian Lange, Ursula Lukas (Violoncelli), Rainer Marquart (Kontrabass). Auch hiesige Bläser stießen zum Orchester: u.a. Franz Deutsch (Flöte) und Wolfgang Korntheuer (Klarinette).

Im Sommer 1991 kam es zur Vereinigung der Ickinger Laien Philharmoniker und dem Orchester des traditionsreichen Vereins der Musikfreunde Isartal e.V., daher stammt auch die langjährige Verbundenheit zwischen beiden Gruppierungen. In dieser Phase traten weitere Musiker der Region dem Orchester bei: Sybille Dimbath, Gabriele Gesierich, Claudia Heinze, Barbara Hubbert, Kurt Jurinka, Vera Kantelhardt, Günter Pollak (Violinen), Bernd Hofmann, Lutz Hümmler, Walter Schmidt-Pauly (Violen), Franziska Baumgarten, Evi Fritschi, Christoph Kessler, Hedwig Schütze (Violoncelli), Michael Krumpholz, Dietrich Schmidt (Oboen), Tim Roblee (Klarinette), Scott W. Merritt (Horn). Bei den drei Konzerten am 30. Juni 1990 in der Wandelhalle Bad Heilbrunn, am 3. Juli im Pausenhof der Musikschule Geretsried und am 7. Juli im Hof der Grundschule Icking erfreute sich eine reiche Zuhörerschar an der sommerlichen Serenade mit Vivaldis Concerto grosso op. 3/Nr. 10 (Solisten: Hans Horsmann, Jens Mürbe, Heidrun Hilber, Heidi Aumüller, Hedwig Schütze), Mozarts Fagottkonzert (Solistin: Elisabeth Mergner) und Haydns Londoner Symphonie Nr. 104.

Philharmoniker Isartal und Trägerverein Philharmoniker Isartal e.V.

Im Herbst 1991 wurde dem erweiterten Orchester ein neuer Namen gegeben: Philharmoniker Isartal. Gleichzeitig wurde an einem Donnerstag im Oktober 1991 in einer Orchesterpause ein Trägerverein gegründet, der ebenfalls Philharmoniker Isartal e.V. genannt wurde. Als Gründungsvorsitzende des neuen Vereins wurden Christoph Kessler, Sybille Dimbath und Matt Boynick gewählt; die sieben Gründungsmitglieder waren Matt Boynick, Franziska Baumgarten, Andy Helck, Hans Horsmann, Christoph Kessler, Rainer Marquart und Martina Mayer-Voigt. Der neue Verein wurde beim Amtsgericht Wolfratshausen unter der Nummer VR 469 eingetragen, das Finanzamt Garmisch-Partenkirchen bescheinigte kurz darauf die Gemeinnützigkeit.

Auf dieser neuen Basis wurden jährlich drei Konzerte geplant und durchgeführt. Mit der ca. 35 Musiker starken Gruppierung der Philharmoniker Isartal wurden unter dem Gründungsdirigenten Matt Boynick schwerpunktmäßig Werke der Klassik und (frühen) Romantik aufgeführt. Bruckners *Nullte* war ein weiterer Meilenstein in der Orchestergeschichte.

Höhepunkte dieser Periode waren:

- L. v. Beethoven: Konzert für Violine und Orchester D-Dur mit Almut Haas (M. Boynick, 7./8. März 1992)
- L. v. Beethoven: Symphonien Nr. 6 (*Pastorale)*, M. Boynick, 19. Juli 1992 und Nr. 5 (*Schicksals-Symphonie)* (M. Boynick, 25. September 1993)
- F. Schubert: Symphonie Nr. 6 (M. Boynick, 7./8. März 1992), Nr. 4 (*Tragische) (*M. Boynick, 20. März 1993), Nr. 5 (M. Boynick, 12. Dezember 1993(
- A. Bruckner: Symphonie d-moll (*Nullte*) (M. Boynick, 21./23. Juli 1994)

Zusammenarbeit mit dem Chor der Musikfreunde Isartal und den Mixed Voices in dieser Zeit

Der Zusammenschluss mit den Musikfreunden Isartal e.V. eröffnete in dieser Phase die Möglichkeit, Chor- und Orchesterwerke aufzuführen. Erstmalig erfolgte dies mit der Aufführung von Haydns *Die Schöpfung* (Teile I und II) 1992 in der Klosterkirche Schäftlarn, am darauffolgenden Tag in der Franziskanerkirche Bad Tölz. Die Leitung hatte jeweils Matt Boynick.

In gleicher Gruppierung wurde 1994 Händels *Der Messias* ebenfalls in Schäftlarn und Bad Tölz aufgeführt. Eine weitere Zusammenarbeit mit dem Chor Mixed Voices (Einstudierung: Roland Hammerschmied) resultierte ebenfalls 1994 unter der Leitung von Matt Boynick in der Aufführung von Glucks *Orpheus und Euridice* in der Loisachhalle und in der Aula des Gymnasiums Oberhaching.

Aufführungen von Chor- und Orchesterwerken in dieser Periode waren:

- J. Haydn: *Die Schöpfung* mit den Musikfreunden Isartal (M. Boynick, 28./29. November 1992)
- C. W. Gluck: *Orpheus und Eurydice* mit den Mixed Voices (M. Boynick, 25./26. März 1994)
- G. F. Händel: *Der Messias* mit den Musikfreunden Isartal (M. Boynick, 3./4. Dezember 1995)

Kammerorchester Isartal

Matt Boynick schuf sich neben den Konzerten mit den Philharmonikern Isartal ein zweites Standbein für seine professionelle Ausbildung: Dirigate mit professionellen Ensembles. Dazu gründete er das Kammerorchester Isartal, das nur mit professionellen Musikern besetzt war, und lud – finanziert durch den Verein Philharmoniker Isartal e.V. und private Spenden – Gastorchester ein. Dabei war eine wichtige Voraussetzung, dass er bei den Aufführungen in Wolfratshausen und dem Ort des eingeladenen Orchesters die Leitung beide Konzerte übernehmen konnte. Dies gestaltete sich nicht immer einfach und war längerfristig nicht realisierbar. Auch war die Finanzierung von großen Gastorchestern wie der Münchner Symphoniker oder des LandesSymphonieOrchesters Thüringen ein großes Wagnis für den Verein und dessen – teilweise privaten – Sponsoren wegen der recht hohen Honorare.

Die Programme waren anspruchsvoll für Dirigent und Orchester. Es wurden u.a. Werke aufgeführt, die für Laien kaum spielbar sind, wie z.B. Strawinskys *Dumbarton Oaks*.

Durch die Arbeit mit dem Kammerorchester Isartal wurden folgende Werke unter Leitung von Matt Boynick aufgeführt:

- J. S. Bach: Brandenburgisches Konzert Nr. 2 (M. Boynick, 22./23. Januar 1994)
- L. Janáček: Suite (M. Boynick, 22./23. Januar 1994)
- W. A. Mozart: Konzert für Flöte und Orchester mit Rudolf Riesinger (M. Boynick, 22./23. Januar 1994)
- J. Haydn: Symphonie Nr. 45 (*Abschiedssymphonie*) (M. Boynick, 22./23. Januar 1994)
- F. Mendelssohn Bartholdy: Streichersymphonie Nr. 8 (M. Boynick, 16./17. April 1994)
- I. Strawinsky: *Dumbarton Oaks* (M. Boynick, 16./17. April 1994)
- J. S. Bach: Konzert für 2 Violinen und Orchester (Doppelkonzert) mit Christian Schödl und Ulrich Hahn (M. Boynick, 16./17. April 1994)
- W. A. Mozart: *Ein musikalischer Spaß* (M. Boynick, 16. April 1994)
- A. Stamitz: Konzert für Viola und Orchester mit Dora Scheili (M. Boynick, 20. Januar 1995)
- L. Janáček: *Idyll* (M. Boynick, 20. Januar 1995)
- A. Dvořák: *Zwei Walzer – Nocturno – Streicherserenade* (M. Boynick, 20. Januar 1995)

Mit dem LandesSymphonieOrchester Thüringen wurden folgende Werke aufgeführt:

- J. Strauss: Ouvertüre *Die Fledermaus* (M. Boynick, 30. September 1994)
- W. A. Mozart: Konzert für Violine und Orchester A-Dur mit Denes Zsigmondy (M. Boynick, 30. September 1994)
- J. Brahms: Symphonie Nr. 2 (M. Boynick, 30. September 1994)

Mit den Münchner Symphonikern wurden folgende Werke aufgeführt:

- C. M. v. Weber: Ouvertüre zu *Der Freischütz* (M. Boynick: 21. Mai 1995)
- J. Sibelius: Symphonie Nr. 7 (M. Boynick: 21. Mai 1995)
- L. v. Beethoven: Symphonie Nr. 7 (M. Boynick: 21. Mai 1995)

Philharmoniker Isartal eV

Leitung: Matt Boynick

Samstag, 25. September 1993
20 Uhr
LOISACHHALLE

VERDI
SIBELIUS
STRAUSS
BEETHOVEN

Ouvertüre "Macht des Schicksals"

Der Schwan von Tuonela
Englischhorn: Martin Procher

Bläser-serenade op. 7

Symphonie Nr. 5 c-moll (Schicksalssymphonie)

Kartenvorverkauf und Bestellung an der Kasse der Loisachhalle (08171 - 10028) und an den bekannten Vorverkaufsstellen

Karten DM 18, 20, 24, 26
Mitglieder, Studenten, Schüler, Azubis ermäßigt
Kinder unter 8 Jahren frei

Öffentlich aufgehängtes Plakat des ersten Konzerts der Philharmoniker Isartal in der Loisachhalle mit Beethovens „Schicksalssymphonie", Leitung: Matt Boynick

1.3 Konzertreihen und Loisachhalle

Konzertreihen

1994 wurde die von der Stadt Wolfratshausen und dem Verein Philharmoniker Isartal e.V., später Konzertverein Isartal e.V., gemeinsam getragene Veranstaltungsreihe KLASSIK WOLFRATSHAUSEN gegründet. Das Veranstaltungskonzept wurde von Christoph Kessler, Peter Struzyna und Günther Weiß gemeinsam entwickelt und durch den KVI-Vorstand sowie durch den Wolfratshauser Stadtrat bestätigt. Durch die Beiträge beider Veranstaltungspartner entstand eine *win-win*-Situation: der Konzertverein Isartal e.V. sorgte für die musikalische Vorbereitung und Realisierung, das Kulturamt der Stadt Wolfratshausen für die Mithilfe bei der Organisation und Budgetsicherung. Die Konzerte wurden als Abonnement aus jährlich sechs Konzerten und einer Reihe von Sonderkonzerten angeboten. In den sechs Abonnementkonzerten wurden drei Orchester- bzw. Chorkonzerte mit einem Kammerkonzert und zwei Konzerten von Gastensembles zusammengeführt. Ab 2005 stieß die Stadt Geretsried als weiterer Mitveranstalter hinzu – KLASSIK WOLFRATSHAUSEN-GERETSRIED.

In den 15 Jahren der gemeinsamen Veranstaltungsreihe wurden der hiesigen Bevölkerung über 100 Konzerte angeboten, die das hiesige kulturelle Leben bereicherten und auch dafür sorgten, dass die Loisachhalle auch im klassischen Bereich durch vielbeachtete Konzerte genutzt wurde. Diese waren gesellschaftliche Ereignisse – traf man sich bei guter Musik auch in der Pause bei einem Glas Sekt mit guten Freunden.

Doch nicht nur die Loisachhalle war Ort der Konzerte, auch Kirchen für die Aufführung von großen Chor- und Orchesterwerken und Open Air-Plätze wie das *Wolfratshauser Bergwaldtheater*, der Marienplatz und Rathausinnenhof im Zentrum Wolfratshausens oder die Alte Floßlände sowie der Innenhof der Loisachhalle begeisterten das Publikum. Kammermusikräume wie die Aula der Grundschule Icking oder des Gymnasiums Geretsried rundeten die Veranstaltungsräume ab. Gerade das *Bergwaldtheater* hat einen einmaligen Reiz: eine Attraktion der Stadt!

In der Zeit der KLASSIK-Reihe wurde eine Vielzahl an Orchesterwerken aufgeführt, Solokonzerte mit namhaften Solisten und Nachwuchskünstlern und Soloabende. Auch die Zusammenarbeit mit Chören wurden realisiert: Aufführung von großen Chor- und Orchesterwerken, Open air-Aufführungen in Wolfratshausen, Oper und Ballett im Bergwald, Gastspiele international bekannter Kammermusik-Ensembles, Konzertreisen nach Japan und Frankreich sowie CD-Produktionen waren die Früchte dieser erfolgreichen Zusammenarbeit.

Dafür ist der Stadt Wolfratshausen und besonders Peter Struzyna sehr zu danken, bereicherte diese Zusammenarbeit das hiesige kulturelle Leben ungemein.

Loisachhalle als neue Spielstätte der Philharmoniker Isartal

Während der *Wolfratshauser Kulturtage* 1992 ergab sich für die neue Orchestergruppierung erstmals die Möglichkeit, in der Loisachhalle aufzutreten. Sie wurden durch eine Reihe von Gesprächen zwischen dem damaligen Leiter des Kulturamts Wolfratshausen, Peter Struzyna, und den Vereinsvertretern Christoph Kessler und Matt Boynick vorbereitet. Viele dieser Gespräche waren auch der Grundstock für eine dann folgende 15-jährige kontinuierliche Zusammenarbeit zwischen der Stadt Wolfratshausen und dem Orchester.

Wie stolz waren der Dirigent und alle Orchestermitglieder, am 19. Juli 1992 erstmalig einem über 200-köpfigen Publikum eine gelungene Serenade als Orchesterpremiere in der Loisachhalle präsentieren zu können! Nach Vivaldis *Frühling*, Händels Harfenkonzert, Mahlers *Adagietto* aus der 5. Symphonie stand Beethovens *Pastorale* auf dem Programm.

Danach wurden alle Konzerte der Philharmoniker Isartal in der Loisachhalle als neue Spielstätte des Orchesters gegeben. Beethovens *Coriolan*-Ouvertüre und *Schicksals*-Symphonie Nr. 5, Schuberts *Tragische*, Verdis Ouvertüre *Macht des Schicksals*, Sibelius´ *Der Schwan von Tounela* und Strauss´ Bläserserenade op. 7 setzten die damaligen Erfolge fort.

Festkonzerte des Konzertvereins Isartal

Auch die Jubiläen des Konzertvereins Isartal wurden vorwiegend in der Loisachhalle mit Festkonzerten begangen. Grußworte des Ministerpräsidenten, des Landrats und der Wolfratshauser Bürgermeister ehrten die Verdienste des Vereins.

Festkonzerte zum 5-, 10-, 15- und 20-jährigem Vereinsjubiläum:

- Festkonzert zum 5-jährigen Jubiläum

  J. Brahms: *Ein deutsches Requiem* am 15./16. März 1997 in der Klosterkirche Schäftlarn und in der Franziskanerkirche Bad Tölz (G. Weiß, gemeinsam mit den Musikfreunden Isartal und dem Vokal-Ensemble Icking)

- Festkonzert zum 10-Jährigen Jubiläum

  Symphoniekonzert am 15. Dezember 2001 mit C. W. Gluck: Ouvertüre zu *Iphigenie in Aulis*, L. v. Beethoven: Klavierkonzert Nr. 4 mit Alfredo Perl, München, L. v. Beethoven: Symphonie Nr. 8 (G. Weiß)

- Festkonzert zum 15-jährigen Jubiläum

  Symphoniekonzert am 2. Dezember 2006 mit G. F. Händel: Concerto grosso op. 6,3, M. Blazewicz: Konzert für Marimbaphon und Orchester mit Martha Klimasara, Stuttgart, P. Tschaikowsky: Symphonie Nr. 6 (*Pathétique*) (C. Adt)

- Festkonzert zum 20-jährigen Jubiläum

  Symphoniekonzert am 3. Dezember 2011 mit A. Borodin: *Eine Steppenskizze*, P. Tschaikowsky: Klavierkonzert Nr. 1 b-moll mit Dana Borşan, W.A. Mozart: Symphonie C-Dur KV 551 (*Jupiter*) (C. Adt)

1.4 Vielzahl an Orchesterwerken

Unter den drei Orchesterdirigenten Matt Boynick, Günther Weiß und Christoph Adt wurde eine Vielzahl an Orchesterwerken aufgeführt, die nicht nur das klassische Repertoire, sondern auch Werke der Moderne bis hin zur Neuen Musik sowie unbekanntere Werke beinhalteten.

Schwerpunkte der drei Dirigenten

Die Zeit von Matt Boynick war geprägt von Werken des Barocks, der Klassik und der frühen Romantik. Herausragend dabei waren die Aufführungen von Beethovens Violinkonzert und seinen Symphonien Nr. 5 und 6. Die Aufführung von Bruckners *Nullter* (Symphonie in d-moll) war ein weiterer Höhepunkt in der frühen Orchestergeschichte.

In der Zeit von Günther Weiß wuchs das Orchester um einen festen Bläserstamm, der das Repertoire der Hoch- und Spätromantik und der Moderne erschloss. Entscheidend gefördert wurde dies auch durch den damaligen Bläsersprecher im Vorstand des Konzertvereins, Franz Deutsch. Beispielhaft dafür sei die spektakuläre Aufführung von Strawinskys *Feuervogel* im Sommer 1996 auf dem Wolfratshauser Marienplatz mit anschließendem Feuerwerk genannt. Auch wurden durch das vergrößerte Orchester und den Enthusiasmus von Professor Weiß für das Philharmonische Orchester vielbeachtete Aufführungen wie Beethovens *Neunter* zum Jahrtausendwechsel und Mozarts Oper *Die Zauberflöte* als szenische Open Air-Aufführung im *Wolfratshauser Bergwaldtheater* möglich. Dies prägte das Orchester sehr.

Höhepunkte der Orchesterarbeit unter den Dirigenten G. Weiß und C. Adt waren:

- W. A. Mozart: Symphonie C-Dur (Jupiter) (G. Weiß, 17. Dezember 1995; C. Adt, 3. Dezember 2011)
- I. Strawinsky: *Der Feuervogel* (G. Weiß, 13. Juli 1996; C. Adt , 15. Juli 2006)
- A. Dvořák: Symphonie Nr. 9 (*Aus der Neuen Welt*) (G. Weiß, 6. Dezember 1998; C. Adt, 16. Juli 2005)
- I. Strawinsky: *Pulcinella-Suite* (G. Weiß, 20. März 1999)
- L. v. Beethoven: Symphonie Nr. 9 (G. Weiß, 1./2. Januar 2000; C. Adt, 11./12. Juli 2009)
- A. Dvořák: Symphonie Nr. 8 (C. Adt, 7. Dezember 2002, C. Adt – 9. April 2011)
- A. Magnard: Symphonie Nr. 4 (C. Adt, 24. Mai 2003)
- P. Tschaikowsky: Symphonie Nr. 5 (C. Adt, 7. Dezember 2003)
- C. Nielsen: Symphonie Nr. 4 (C. Adt, 4. Dezember 2005)
- P. Tschaikowsky: Symphonie Nr. 6 (*Pathétique*) (C. Adt, 2. Dezember 2006)
- J. Brahms: Symphonie Nr. 4 (C. Adt, 24./25. März 2007)
- BBC-Filmprojekt *Deep Blue* (C. Adt, 12. Juli 2008)
- A. Glasunow: Symphonie Nr. 6 (C. Adt, 6. Dezember 2008)
- C. Franck: Symphonie d-moll (C. Adt, 21./22. November 2009)
- J. Brahms: Symphonie Nr. 2 (C. Adt, 20. März 2010)

Konzertprogramm

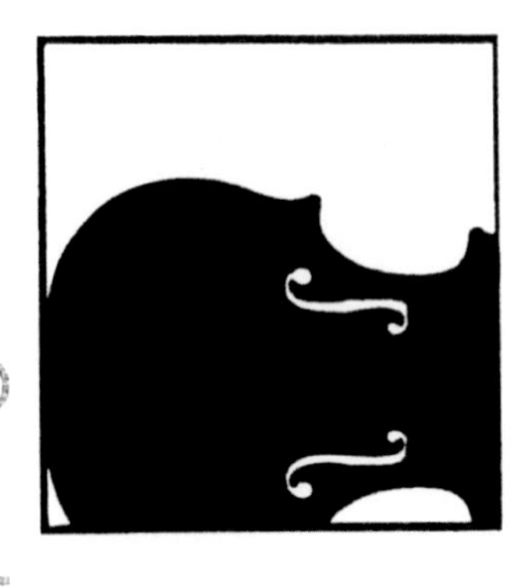

Samstag
24. Mai 2003
Mehrzweckhalle
Farchet

Frühlings-Konzert

Nach Wolfgang Amadeus Mozarts Klarinettenkonzert steht als Hauptwerk die selten aufgeführte 4. Symphonie des französischen Spätromantikers Albéric Magnard auf dem Programm. Albéric Magnard wurde 1865 in Paris als Sohn eines einflussreichen Journalisten geboren (Herausgeber des Figaro*). Nach dem Jurastudium begann er seine musikalische Ausbildung am Pariser Conservatoire mit Jules Massenet als Kompositions-lehrer und gehörte dem Kreis um César Franck an. Wie alle französischen Symphoniker dieser Zeit war er als Spätromatiker von Wagner stark beeinflusst, aber auch ihm gelang es, wie zuvor Saint-Saëns und Franck, diesen Einfluss in einen persönlichen Stil zu transformieren.*

Wolfgang Amadeus Mozart
Klarinettenkonzert A-Dur KV 622

Albéric Magnard
4. Symphonie cis-moll, op.21

Alexandra Gruber
Klarinette

Philharmonisches Orchester Isartal
Leitung: Christoph Adt

Programm unter neuer Leitung: Mozarts Klarinettenkonzert mit der Solo-Klarinettistin der Münchner Philharmoniker Alexandra Gruber und Albéric Magnards Symphonie Nr. 4, öffentlich verteiltes Programmheft

Christoph Adt erweiterte nochmals die Möglichkeiten des Orchesters durch fundierte Orchestererziehung gepaart mit werkgetreuer Wiedergabe der Werke. Durch diese künstlerisch und pädagogisch langfristig angelegte Arbeit war nicht nur die Aufführung von großen Symphonien wie Tschaikowskys 5. und 6. Symphonie (*Pathétique*) oder die szenische Aufführung von Orffs *Carmina burana* zur 1000-Jahrfeier Wolfratshausens möglich, sondern auch spätromantische Werke wie die Symphonien der französischen Komponisten Albéric Magnard und César Franck oder des dänischen Komponisten Carl Nielsen konnten realisiert werden. Im BBC-Filmprojekt *Deep blue* „tauchte das Orchester in die Tiefen des Meeres ein".

Breites Spektrum

Das breite Spektrum von Werken bekannter Komponisten durch die drei Dirigenten zeigen nicht nur viele Ouvertüren (z.B. von Mozart, Beethoven, Bizet) und Tänze (z.B. Dvořák: *Slawische Tänze*, C. Adt) und symphonische Dichtungen (z.B. Sibelius: *Peer Gynt Suite*, *Finlandia*, G. Weiß und C. Adt), sondern auch viele Symphonien von Beethoven, Schubert, Mendelssohn Bartholdy und Schumann.

Breite Erarbeitung von bekannten Symphonien:

- Haydn-Symphonien: Nr. 90 (M. Boynick), 94 (G. Weiß), 103 (G. Weiß), 104 (M. Boynick)
- Mozart-Symphonien: KV 183 (G. Weiß), 385 (C. Adt), 504/*Prager* (M. Boynick), 543 (G. Weiß), 551/*Jupiter* (G. Weiß, C. Adt)
- Beethoven-Symphonien Nr. 1 (M. Boynick), 2 (G. Weiß), 3 (C. Adt), 5 (M. Boynick), 6 (M. Boynick), 7 (M. Boynick), 8 (G. Weiß), 9 (G. Weiß, C. Adt)
- Schubert-Symphonien: Nr. 4 (M. Boynick), 5 (M. Boynick), 6 (M. Boynick), 8 (C. Adt), 9 (C. Adt)
- Mendelssohn Bartholdy-Symphonien Nr. 2/1. Satz (C. Adt), 3 (C. Adt), 5 (C. Adt)
- Schumann-Symphonien Nr. 1 (G. Weiß), 3 (G. Weiß, C. Adt), 4 (G. Weiß, C. Adt, C. Adt)

Viele aufgeführte Werke gehen auch auf Wünsche von Orchesterspielern und Vorschläge des Vereinsvorstands sowie Anregungen der Stadt Wolfratshausen zurück. Die Wünsche des Orchesters wurden durch den Verein in mehreren Orchesterabfragen ermittelt und in gemeinsamen Planungssitzungen zwischen Vorstand und den jeweiligen Musikalischen Leitern besprochen und gemeinsam ausgewählt, die Programmauswahl erfolgte jedoch auch im Hinblick auf Attraktivität der ausgewählten Werke für die Zuhörer. Weitere Kriterien bei der Werkauswahl waren, dass die Orchesterspieler möglichst neue Werke kennenlernten, d.h. Werkwiederholungen sollten nicht die Regel sein, und dass auch das „Tiefblech" nach Möglichkeit in die Aufführungen eingebunden war.

Die gemeinsame Programmplanung eröffnete vielen Orchester- und Chormitwirkenden das Kennenlernen und eigene Erarbeitung eines weiten musikalischen Spektrums „von innen heraus" sowie den vielen Zuhörern ein breites Programmangebot an klassischer Musik: ein zentrales Ziel des Konzertvereins Isartal.

1.5 Namhafte Solisten und Nachwuchskünstler

Die Konzerte des Konzertvereins Isartal waren als gesellschaftliche Ereignisse und Bereicherung des hiesigen kulturellen Lebens gedacht. Die Abokonzerte wurden so konzipiert, dass auf der einen Seite viele musikalisch aktive Bürger der Region im Philharmonischen Chor und Orchester eingebunden wurden, auf der anderen Seite Glanzpunkte durch Einladung attraktiver Solisten und Gastensembles gesetzt wurden. Dies trifft nicht nur auf Solisten von großen Chorwerken zu, sondern besonders auch auf Solisten, die durch das Philharmonische Orchester Isartal oder das Kammerensemble Isartal begleitet wurden und diese zu Höchstleistungen anspornten. Weiterhin wurden viele Jahre bedeutende Gastensembles von internationalem Rang eingeladen.

Viele dieser Solisten sahen die Zusammenarbeit mit dem Orchester nicht nur als Auftritt mit einer kurzen vorausgehenden Verständigungsprobe an, sondern gaben den Orchestermitgliedern in einer Reihe von vorbereitenden Proben wesentliche Impulse. Natürlich war es auch während der Konzerte immer ein Hochgenuss für alle Beteiligten, gemeinsam mit besonderen Solisten die Werke schon während der Probenphase und besonders bei den Aufführungen zu erleben. Bei einigen dieser renommierten Solisten war die Zusammenarbeit so intensiv und erfolgreich, dass der Konzertverein diesen die Ehrenmitgliedschaft anbot, die alle gerne annahmen: Alfons Kontarsky, Klavier (verstorben 2010); Wen-Sinn Yang, Violoncello; Ingolf Turban, Violine; Alfredo Perl, Klavier; Dana Borşan, Klavier (Dezember 2011).

International bekannte Solisten

Ein besonderes Ereignis war die Aufführung beider Brahms-Klavierkonzerte Nr. 1 und 2 durch Alfons Kontarsky und das Philharmonische Orchester Isartal an einem Abend, ein äußerst seltener Auftritt, verlangen doch beide Klavierkonzerte das Äußerste von Solist und Orchester. Das Brahms´sche Klavierkonzert Nr. 1 wurde später nochmals von Dana Borşan mit dem Philharmonischen Orchester interpretiert.

Neben Klavier-, Violin- und Violoncellokonzerten von Mozart, Beethoven, Schumann, Brahms, Dvořák, Tschaikowsky und Wieniawsky wurden auch Konzerte mit weiteren Soloinstrumenten aufgeführt, wie Mozarts Konzert für Flöte, Harfe und Orchester mit Konrad Hünteler und Helga Storck; Brahms´ Konzert für Violine, Violoncello und Orchester mit Ingolf Turban und Wen-Sinn Yang (*Doppelkonzert*); Beethovens Konzert für Violine, Violoncello und Klavier mit Silvia Natiella-Spiller, Antonio Spiller und Wen-Sinn Yang (*Tripelkonzert*). Besondere Höhepunkte waren auch die Aufführungen von Orchesterliedern (Mahlers *Kindertotenlieder* mit Anne Buter, Ernest Chaussons *Poème de l´amour et de la mer* mit Agnes Habereder).

Zusätzliche Soloinstrumente bereicherten die Konzertprogramme: Mozarts Hornkonzert Nr. 3 mit dem heutigen Solohornisten des Symphonieorchester des Bayerischen Rundfunks, Eric Terwilliger (G. Weiß, 19. Juli 1997; unvergessen, wie sich Herr Terwilliger in der ersten Probe in Agatharied von hinten spielend dem Orchester näherte, das so musikalisch von seiner Ankunft erfuhr) oder Mozarts Klarinettenkonzert mit der heutigen Soloklarinettistin der Münchner Philharmoniker, Alexandra Gruber. Das seltene Instrument Marimbaphon kam mehrfach solistisch zum Einsatz (1. ARD-Preisträgerin Martha Klimasara, Jan Westermann).

Besondere Höhepunkte waren:

- L. v. Beethoven: Konzert für Violine und Orchester D-Dur mit Almut Haas (M. Boynick, 7./8. März 1992), mit Isabelle Faust (G. Weiß, 29. März 1998), mit Ingolf Turban (C. Adt, 6. Dezember 2008): Bei diesem Konzert bekam Prof. Ingolf Turban die Urkunde der Ehrenmitgliedschaft im Konzertverein Isartal e.V. überreicht.
- G. Mahler: Orchesterlieder *Kindertotenlieder* mit Anne Buter (G. Weiß, 23. März 1996)
- J. Brahms: beide Konzerte für Klavier und Orchester Nr. 1 und Nr. 2 an einem Abend mit Alfons Kontarsky (G. Weiß, 7. Dezember 1996)
- W. A. Mozart: Konzert für Horn und Orchester Nr. 3 mit Eric Terwilliger (G. Weiß, 19. Juli 1997)
- A. Dvořák: Konzert für Violoncello und Orchester h-moll mit Walter Nothas (G. Weiß, 14. Dezember 1997), mit Wen-Sinn Yang (C. Adt, 21./22. November 2009)
- R. Schumann: Konzert für Klavier und Orchester a-moll mit Alfons Kontarsky (G. Weiß, 6. Dezember 1998)
- W. A. Mozart: Konzert für Flöte, Harfe und Orchester C-Dur mit Konrad Hünteler und Helga Storck (G. Weiß, 20. März 1999)
- L. v. Beethoven: Konzert für Violine, Violoncello und Klavier mit Silvia Natiello-Spiller, Antonio Spiller und Wen-Sinn Yang (*Tripelkonzert*) (G. Weiß, 16. Dezember 2000)
- L. v. Beethoven: Konzert für Klavier und Orchester Nr. 4 mit Alfredo Perl (G. Weiß, 15. Dezember 2001)
- W. A. Mozart: Konzert für Klarinette und Orchester A-Dur mit Alexandra Gruber (C. Adt, 24. Mai 2003)
- R. Schumann: Konzert für Violoncello und Orchester a-moll (C. Adt, 7. Dezember 2003). Bei diesem besonderen Konzert wurde Prof. Wen-Sinn Yang die Urkunde zur Ehrenmitgliedschaft im Konzertverein Isartal e.V. überreicht.
- L. v. Beethoven: Konzert für Klavier und Orchester Nr. 5 mit Dana Borşan (C. Adt, 17. Juli 2004)
- E. Chausson: Orchesterlieder *Poème de l´amour et de la mer* mit Agnes Habereder (C. Adt, 11. März 2005)
- M. Blazewicz: Konzert für Marimbaphon und Orchester mit Martha Klimasara (C. Adt, 2. Dezember 2006)
- J. Brahms: Konzert für Klavier und Orchester Nr. 1 mit Dana Borşan (C. Adt, 24./25. März 2007)
- L. v. Beethoven: Konzert für Klavier und Orchester Nr. 3 mit Alfredo Perl (C. Adt, 5./6. April 2008): Bei diesem Konzert bekam Prof. Alfredo Perl die Urkunde der Ehrenmitgliedschaft im Konzertverein Isartal e.V. überreicht.
- J. Brahms: Konzert für Violine und Violoncello a-moll (*Doppelkonzert*) mit Ingolf Turban und Wen-Sinn Yang (C. Adt, 4. Dezember 2010)
- P. Tschaikowsky: Konzert für Klavier und Orchester Nr. 1 mit Dana Borşan (C. Adt, 3. Dezember 2011)

Nachwuchkünstler

Ein weiterer wichtiger Punkt war die Zusammenarbeit mit Nachwuchskünstlern. Dieser Aspekt begleitete das Orchester von Anfang an: Konstanze John, Klavier; Jessica Mehling, Violine; Tamas Andràs, Violine; Yuki Janke, Violine; Pinchas Adt, Violine; Andrei Licaret, Klavier; Jan Westermann, Marimbaphon waren junge Interpreten, die gemeinsam mit Dirigenten und Orchester beeindruckende Konzertabende sicherten. Mit Jessica Mehling startete 1999 das Kammerensemble Isartal mit Mozarts Violinkonzert A-Dur seine Japanreise, dessen Höhepunkt die Aufführung dieses Konzerts vor mehr als 1000 Zuhörern in der Bürgerhalle von Iruma, der japanischen Partnerstadt Wolfratshausens, war.

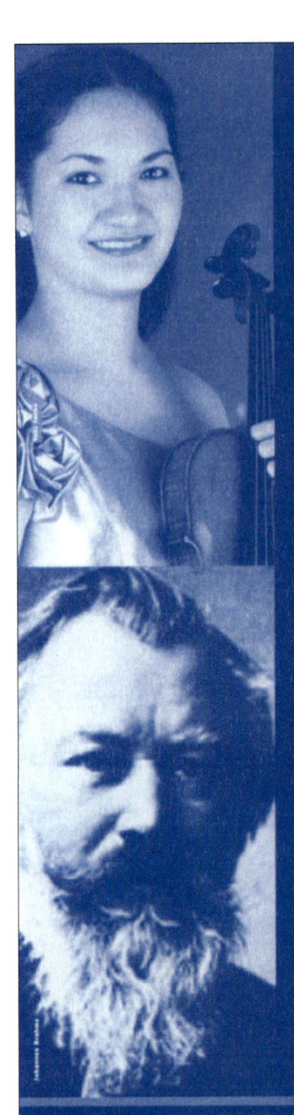

Auch junge Talente wurden gefördert: Aufführung von Brahms´ Violinkonzert mit Juki Yanke, organisiert vom Kulturverein Oberland e.V. gemeinsam mit Roche Diagnostics GmbH, öffentliches Plakat der Aufführung am 3. Dezember 2005

Nachwuchskünstler musizierten mit den Philharmonikern Isartal bzw. dem Philharmonischen Orchester Isartal und dem Kammerensemble Isartal:

- L. v. Beethoven: Konzert für Klavier und Orchester Nr. 1 mit Konstanze John (M. Boynick, 25. März 1995)
- W. A. Mozart: Konzert für Violine und Orchester A-Dur mit Jessica Mehling (G. Weiß, 8., 26. (Bürgerhalle Iruma) Mai 1999
- P. Tschaikowsky: Konzert für Violine und Orchester mit Tamas Andràs (C. Adt, 7. Dezember 2002)
- J. Brahms: Konzert für Violine und Orchester D-Dur mit Yuki Janke (C. Adt, 3./4. Dezember 2005)
- H. Wieniawski: Konzert für Violine und Orchester d-moll mit Pinchas Adt (C. Adt, 2. Dezember 2007)
- F. Chopin: Konzert für Klavier und Orchester Nr. 1 mit Andrei Licaret (C. Adt, 20. März 2010)
- K. Westermann: Konzert für Marimbaphon und Orchester mit Jan Westermann (C. Adt, 9. April 2011)

Alle Solisten bereicherten das Orchester sehr, dadurch kann dieses mit seinem Publikum auf glanzvolle Konzertabende zurückblicken.

Wen-Sinn Yang als Solist in Dvořáks Konzert für Violoncello und Orchester
Philharmonisches Orchester Isartal, Leitung: Christoph Adt, Foto: Hartmut Pöstges

Konzert Abo 96/97

Veranstalter
Konzertverein
Isartal eV
Stadt Wolfratshausen

Sa 15.03.97
20.00 Uhr
Klosterkirche
Schäftlarn

So 16.03.97
16.00 Uhr
Franziskanerkirche
Bad Tölz

4

J. Brahms
Ein deutsches Requiem

Festkonzert
5 Jahre Konzertverein Isartal e.V.

Celia Jeffreys (Sopran)
Riccardo Lombardi (Bariton)

Philharmonischer Chor Isartal

Musikfreunde Isartal,
Einstudierung: Rainer Marquart
Vokal-Ensemble-Icking,
Einstudierung: Philipp Amelung
Queen-Mary-Chor Grünwald,
Einstudierung: Cornelia von Kerssenbrock

Philharmoniker Isartal

Musikalische Gesamtleitung
Prof. Dr. Günther Weiß

Nächstes Konzert:
Karten ab sofort erhältlich
Sa 10.05.97 - 20.00 Uhr
Loisachhalle
Münchner Kammerorchester
E. Grieg, Mendelssohn-Bartholdy, P. Tschaikowsky
Solist und Leitung: Stephan Picard

Beginn 1. Satz des Requiems

Johannes Brahms: Ein deutsche Requiem: zwei Aufführungen in 1997 (G. Weiß, Kulturpreis der Stadt Wolfratshausen) und 2003 (C. Adt), öffentlich verteiltes Programmheft der beiden Aufführungen am 15. und 16. März 1997

1.6 Aufführung großer Chor- und Orchesterwerke

Im vom Konzertverein betreuten Philharmonischen Chor Isartal, in kleinerer Besetzung – z.B. bei der Aufführung von Bach-Kantaten – im Kammerchor Isartal, fanden sich projektgebunden Chöre oder einzelne Sänger der Region zusammen, um gemeinsam Chorwerke aufzuführen.

Eine Reihe von Kooperationen führte zur Aufführung großer Chor- und Orchesterwerke. Ein Spannungsfeld dabei war immer die Frage der musikalischen Gesamtleitung, die aus künstlerischen Gründen bei solchen Großprojekten der Musikalische Leiter des Konzertvereins Isartal e.V. inne hatte. Solche Projekte wurden in drei Phasen angegangen: Zunächst studierten die beteiligten Chöre den Chorpart separat mit ihrem jeweiligen Chorleitern ein, in einer zweiten Phase wurden die beteiligten Chöre zusammengeführt. Bei dieser Chorzusammenführung wechselten sich die Chorleiter bei den Proben ab bzw. ergänzten sich gegenseitig durch Korrepetition am Klavier. In der dritten Phase wurden die vereinigten Chöre mit dem Orchester unter Leitung des Musikalischen Gesamtleiters zusammengeführt, die Chorleiter engagierten sich dabei in dieser Phase als aktive Chorsänger und Chörebetreuer.

Im Philharmonischen Orchester Isartal und Kammerchor Isartal waren in den letzten 20 Jahren über 600 Choristen beteiligt. Zusammen mit den Orchesterspielern waren damit in den vergangenen 20 Jahren weit mehr als 1200 Musiker in die vielen Aufführungen des Konzertvereins Isartal e.V. eingebunden. Dies zeigt die nachhaltige Leistung des Konzertvereins für die regionale Kultur.

Vielbeachtete Aufführungen großer Chor- und Orchesterwerke

Die projektgebundenen Kooperationen führten zu vielbeachteten Aufführungen großer Chor- und Orchesterwerken – bis hin zur szenischen Aufführung von Opern. Mit der Aufführung von Rossinis *Stabat mater* wurde sogar eine gemeinsame einwöchige Frankreichtournée mit 160 Mitwirkenden organisiert, eines der größten Projekte des Konzertvereins Isartal e.V. gemeinsam mit anderen Gruppen in Partnerschaft mir dem für die Konzertreise verantwortlichen Kulturvereins Isartal e.V.. Drei („Doppeldecker")-Busse und detaillierte Hotel-Organisationen waren dazu notwendig (zum Glück nahmen viele Gastfamilien Musiker auf) – der Lohn waren unvergessene Aufführungen in den großen Kirchen von Chamalières, Barbezieux und Dinard.

Doch auch hier gab es denkwürdige Ereignisse: Wer denkt nicht auch an die Aufführungen von Mozarts *Die Zauberflöte* im Bergwaldtheater zurück, Beethovens *Neunter* zum Milleniumswechsel (G. Weiß) und zur Einweihung der wiederöffneten Loisachhalle (C. Adt), Bachs *Matthäus-Passion (G. Weiß)*, Brahms: *Ein deutsches Requiem* (G. Weiß, C. Adt), Orffs *Carmina burana* (G. Adt) auf dem Wolfratshauser Marienplatz und nicht zuletzt 2011 die Aufführung von Weber: *Der Freischütz* im Wolfratshauser Bergwald (C. Adt). Dies waren Glanzlichter in der Geschichte des Vereins, dies bleibt vielen Zuhörern und Beteiligten in bester Erinnerung. Gerade bei den Aufführungen im Bergwaldtheater und auf dem Wolf-

Philharmoniker Isartal und Chor der Musikfreunde Isartal unter Leitung von Matt Boynick bei der Probe von Georg Friedrich Händel: Der Messias am 3. Dezember 1994, Klosterkirche Schäftlarn, Foto: Walter Salomon

Philharmonischer Chor und Orchester Isartal, Ludwig van Beethoven: Symphonie Nr. 9 unter Leitung von Günther Weiß am 1. Januar 2000, Loisachhalle Wolfratshausen, Foto: Walter Salomon

Philharmonischer Chor und Orchester Isartal während der Einspielprobe vor der Aufführung von Johann Sebastian Bachs Matthäus-Passion unter Leitung von Günther Weiß am 31. März 2001, Kath. Kirche St. Benedikt Ebenhausen, Foto: Walter Salomon

Ratshauser Marienplatz war die Unterstützung durch die Stadt Wolfratshausen eine wichtige Säule der Aufführungen, die dankenswerterweise auch auf Basis des kulturellen Auftrags der Stadt in diesem Zeitraum für seine Bürger erfolgte.

Aufführung großer Chor- und Orchesterwerke:

- J. Brahms: *Ein deutsches Requiem* mit Musikfreunde Isartal/R. Marquart und Vokal-Ensemble Icking/ P. Amelung (G. Weiß, 15./16. März 1997); mit Musikfreunde Isartal/R. Marquart und Musica Starnberg/ U. Schäfer (C. Adt, 4./5./6. April 2003)
- W. A. Mozart: *Die Zauberflöte* mit Musikfreunde Isartal/R. Marquart und Vokal-Ensemble Icking/ P. Amelung (G. Weiß/M. Schneider, 11./12./13. Juli 1998)
- L. v. Beethoven: Symphonie Nr. 9 mit Musikfreunde Isartal/R. Marquart und Vokal-Ensemble Icking/ P. Amelung (G. Weiß, 1./2. Januar 2000 (*Milleniumskonzert*)); mit Musikfreunde Isartal/R. Marquart und Vokal-Ensemble Icking/M. Benyumowa (C. Adt, 11./12. Juli 2009)
- J. S. Bach: *Matthäuspassion* mit Musikfreunde Isartal/R. Marquart und Vokal-Ensemble Icking/P. Amelung (G. Weiß, 31. März/1. April 2001) und Kinderchor Wolfratshausen
- C. Orff: *Carmina burana* mit Musikfreunde Isartal/R. Marquart und Vokal-Ensemble Icking/P. Amelung, Starnberger Musikkreis/U. Schäfer, ISURA Madrigalchor/C. Preissler, MIXED VOICES/R. Hammerschmied, Kinder- und Jugendchor Wolfratshausen/Y.M. Kinoshita (C. Adt, 12./13./14. September 2003)

Einbindung der Chorleiter der kooperierenden Chöre

Um einen Ausgleich in der diffizilen Leitungsfrage zu finden – Voraussetzung für eine erfolgreiche Zusammenarbeit – unterstützte der Konzertverein Isartal die Chöre durch Aufnahme von a capella-Werken in die Konzertprogramme, die von den Chorleitern dirigiert wurden.

Ein Beispiel dafür ist das Konzertprogramm der Frankreichreise, bei dem der Orchester-dirigent Christoph Adt Rossinis *Stabat mater* dirigierte, die beiden Chorleiter Ulli Schäfer und Rainer Marquart die drei a capella-Werke Verdi: *Pater noster*, Bruckner: *Ave Maria* und den ergreifenden Psalm von Felix Mendelssohn Bartholdy *Denn er hat seinen Engeln befohlen über dir*.

Eine weitere Möglichkeit des Ausgleichs zwischen den Dirigenten war die Unterstützung von großen eigenen Aufführungen der Chöre durch die Aufnahme (und damit Finanzierung) in die Konzertreihe KLASSIK WOLFRATSHAUSEN sowie Mitwirkung des Kammerensembles Isartal bei den Aufführungen der kooperierenden Chöre.

Beispiele dafür sind die Aufführungen von Bach: Weihnachtsoratorium, Teile 1-3 (P. Amelung), Mendelssohn: *Elias* (P. Amelung), Fauré: *Messe de Requiem* (R. Marquart), Mozart: *Requiem* (R. Marquart), Händel: *Israel in Ägypten* (U. Schäfer).

Eine weitere Ausgleichsmöglichkeit war die Durchführung und Finanzierung von Aufführungen von z.B. Bachkantaten oder Messen, die die Chorleiter gemeinsam mit dem Kammerensemble Isartal gestalteten oder die Einladung wie der von Musica Starnberg mit eigenen Aufführungen in die KLASSIK-Reihe (Händels *Israel in Ägypten*).

Aufführungen durch die Chorleiter:

- J. S. Bach: Weihnachtsoratorium, Teile 1-3 mit Vokal-Ensemble Icking (P. Amelung, 19. Dezember 1998)
- F. Mendelssohn Bartholdy: *Elias* mit Vokal-Ensemble Icking (P. Amelung, 8./16. Juli 2000)
- A. Dvořák: *Stabat mater* mit Musikfreunde Isartal (R. Marquart, 16./17. März 2002
- G. Fauré: *Messe de Requiem* mit Musikfreunde Isartal (R. Marquart, 21. November 2004)
- W. A. Mozart: *Requiem* mit Musikfreunde Isartal (R. Marquart, 19. November 2006)
- G. F. Händel: *Israel in Ägypten* mit Musica Starnberg (U. Schäfer, 12. September 2007)

Dieser Ausgleich war Grundlage und Voraussetzung der Zusammenarbeit. Er gestaltete sich jedoch zunehmend schwieriger, da in den letzten Jahren auf der einen Seite die Frage der künstlerischen Gesamtleitung immer wichtiger wurde, auf der anderen Seite die Eigenständigkeit der Chöre zunahm. Auch war der durch die Chorleiter öfters angefragte Leitungswechsel bei mehreren Aufführungen von großen Chor- und Orchesterwerks nicht gegeben. Zudem wurde der Schwerpunkt der Orchesterarbeit durch den Musikalischen Leiter mehr auf Symphonik gelegt, auch wurde die Ausgleichsmöglichkeit der Finanzierung von Chorprojekten nach Beendigung der Konzertreihe Klassik WOLFRATSHAUSEN-GERETSRIED zunehmend schwieriger.

Neue Großprojekte

Erfreulicherweise sind große Chor- und Orchesterwerke punktuell weiterhin möglich, wie die Beispiele der Aufführung von Beethovens *Neunter* 2009 mit den Musikfreunden Isartal/R. Marquart und dem Vokal-Ensemble Icking/M. Benyumowa (Gesamtleitung: C. Adt) und 2011 der Aufführung der Oper Weber: *Der Freischütz* mit den Musikfreunden Isartal/R. Markwardt und TonArt Sauerlach/C. Garbe sowie Choristen der Gartenberger Sänger, des VokalEnsembles Icking und des Ev. Kirchenchors Wolfratshausen (Leitung C. Adt) zeigen.

Neue Großprojekte mit wechselnden Partnern:

- L. v. Beethoven: Symphonie Nr. 9 mit Musikfreunde Isartal/R. Marquart und Vokal-Ensemble Icking/M. Benyumowa (C. Adt, 11./12. Juli 2009)
- C. M. v. Weber: *Der Freischütz* mit Musikfreunde Isartal/R. Markwardt und TonArt Sauerlach/C. Garbe sowie Choristen der Gartenberger Sänger, des VokalEnsembles Icking und des Ev. Kirchenchors Wolfratshausen (C. Adt, 16./17. Juli 2011)

Die Aufführung vieler großer Chor- und Orchesterwerke zeigt deutlich, dass neben den Orchester- und Gastkonzerten die Kooperation mit Chören der Region ein wichtiges und erklärtes Ziel des Konzertvereins Isartal in den vergangenen 20 Jahren gewesen ist. Insofern war der Konzertverein nicht nur eine Orchesterplattform, sondern eine Plattform, auf der Chor- und Orchestergruppen einzeln oder durch projektgebundene Kooperation gemeinsam erfolgreiche Aufführungen gestalten konnten. Die vielen Aufführungen großer Chor- und Orchesterwerke zeigen auch, dass durch Zusammenwirken mehrerer Gruppierungen durch die *Bündelung der Kräfte* größere Werke aufgeführt werden können, die einzelne Gruppierungen allein nicht erreichen können. Diese Nutzung von Synergien war in all den 20 Jahren ein zentrales Ziel des Konzertvereins Isartal e.V..

1.7 Bekannte Kammermusikensembles

Das Veranstaltungskonzept für die Abonnementkonzerte war, die Konzertreihe durch Einladung von bedeutenden Kammermusikensembles für die Besucher zusätzlich attraktiv zu machen. Daher wurden – besonders in den letzten Jahren – bedeutende, international aufstrebende Ensembles als Gäste der Konzertreihe eingeladen. Dabei wurden besonders junge preisgekrönte Spitzenensembles (die am Anfang ihrer Karriere standen und daher noch bezahlbar waren) engagiert. Viele der eingeladenen Ensembles treten jetzt in führenden Konzertsälen auf wie der *Carnegie Hall* New York, *Wigmore Hall* London, *Concertgebouw* Amsterdam oder dem *Herkulessaal* München. Solch internationale Spitzenensembles nach Icking und Wolfratshausen zu holen, war etwas Besonderes und Bleibendes.

Ensembles

Um solche besonders attraktiven Ensembles hoher Qualität engagieren zu können, wurde in vielen Jahren kontinuierlich ein dichtes Netzwerk an Kontakten zu den Ensembles und zu führenden Konzertagenturen aufgebaut. Ein wichtiger persönlicher Kontakt bestand zu Frau Sonja Simmenauer, die 1998 eine der führenden Konzertagenturen Deutschlands, das *Impresariat Simmenauer* in Hamburg (jetzt in Berlin) gründete. Schon in 1999 konnte das damals zu Beginn einer steilen Karriere stehende Artemis Quartett Berlin über diesen persönlichen Kontakt für 2001 verpflichtet werden. Der ursprünglich vereinbarte Termin fiel mit dem sich kurzfrist ergebenden Debüt des noch jungen Quartetts im *Concertgebouw* Amsterdam zusammen: Die erbetene Terminverschiebung für das Konzert in Icking ermöglichte einen weiteren Auftritt des Artemis Quartetts 2004 zu gleichen Konditionen wie 2001.

Direkte Kontakte wurden in den folgenden Jahren zu weiteren führenden Agenturen aufgebaut. Zusätzlich vermittelten Professor Weiß das Oistrakh Quintett Moskau, Wen-Sinn Yang Auftritte von Klaviertrio- und Streichsextett-Ensembles der Münchner Musikhochschule.

Eine weitere Möglichkeit der Kontaktknüpfung war unser Besuch der ARD-Wettbewerbe in München. Über diesen Weg konnte das – inzwischen für uns unbezahlbare – Quatuor Ebène aus Paris in der Pause unmittelbar nach der Preisverkündung engagiert werden, drei Tage später war dieses Quartett von einer bekannten Konzertagentur für Jahre exklusiv gebunden und nicht mehr zugänglich. Auch die Preisträger des *Borciani*-Wettbewerbs in Reggio d´Emilia, Stipendiaten des BBC *Rising Stars*-Programm oder anderer renommierter Wettbewerbe boten gute Möglichkeiten, führende junge Kammermusikgruppen kennenzulernen und zu verpflichten.

Immer wichtiger wurden in den letzten Jahren die Empfehlungen und Vermittlungen von befreundeten Streichquartetten, die bei ihren hiesigen Auftritten privat – auch bei uns – logierten. Auf Einladung des Amaryllis Quartetts Basel konnten Susanne und Christoph Kessler im Dezember 2009 einem privaten Konzert zum 85. Geburtstag von Walter Levin (langjähriger Primarius des La Salle Quartetts und Lehrer vieler junger Streichquartette) in Räumen der Berliner Akademie der Wissenschaften beiwohnen, das sechs junge Streichquartette – alle Schüler von Walter Levin – gestalteten. Beim folgenden Empfang und

Aufführungen des Artemis Quartett Berlin 2001 und 2004, Foto aus dem öffentlichen Downloadbereich der Homepage des Quartetts 2004

Aufführung des Quatuor Ebène Paris 2009, Foto aus dem öffentlichen Downloadbereich der Homepage des Quartetts 2009

Berühmte Quartette in der Konzertreihe KLASSIK WOLFRATSHAUSEN: Artemis Quartett Berlin und Quatuor Ebène

beim öffentlichen Konzert am nächsten Abend in der Berliner Philharmonie nutzten wir die Möglichkeit, direkten Kontakt zu den Musikern und ihren Agenten aufzunehmen. Daraus entwickelten sich sehr „fruchtbare" persönliche Beziehungen.

Dieses Netzwerk an Kontakten ermöglichte es uns, sehr attraktive junge Kammermusikensembles für die Konzerte in Icking und Wolfratshausen zu „machbaren" Konditionen zu verpflichten.

Bekannte Gastensembles spielten fast immer auch ein moderneres Werk:

- Oistrakh Quintett –20. Oktober 1996: Schumann/Brahms-Klavierquintette
- Artemis Quartett Berlin – 15. März 2001: Beethoven/Berg/Beethoven, 30. April 2004: Janácek/Piazolla/Schubert
- Carmina Quartett Winterthur – 5. Mai 2002: Mozart/Ravel/Smetana
- Henschel Quartett Fischbachau – 16. November 2002: Haydn/Debussy/Schubert
- Guarneri Trio Prag – 7. November 2003: Dvořák/Dvořák (Dumky Trio)
- Leipziger Streichquartett – 15. April 2005: Brahms/Webern/Beethoven
- Quatuor Ebène – 2. Oktober 2005: Haydn/Bartók/Beethoven
- Kuss Quartett Berlin – 7. Oktober 2006: Haydn/Lachenmann/Schumann
- Münchner Streichsextett – 21. April 2007: Strauss/Schönberg/Brahms
- Kloaviertrio Turban/Schiefen/Perl – 13. Oktober 2007: Schubert/Ravel
- Benaim Quartett Tel Aviv-Paris – 8. März 2008: Mozart/Berg/Schubert
- Münchner Klaviertio – 19. Oktober 2008: Beethoven/Schostakowitsch/Brahms
- Faust Quartett Berlin – 7. März 2009: Haydn/Mendelssohn Bartholdy/Schubert
- Amaryllis Quartett Köln – 3./4. Oktober 2009: Haydn/Schultz/Beethoven
- Gémeaux Quartett Basel – 27. Februar 2010: Beerthoven/Lutosławski/Dvořák
- Ardeo Quartett Paris – 2. Oktober 2010: Haydn/Bartók/Mendelssohn
- Apollon musagète Quartett Wien – 19. März 2011: Schumann/Szymanowski/Schubert
- Pavel Haas Quartett Prag – 3. Oktober 2011: Haas/Beethoven/Smetana

Programmgestaltung

Weiterhin war es ein Anliegen, die Kammerkonzerte durch eine interessante Programmgestaltung für unsere Zuhörer attraktiv zu machen. Eine intensive – und damit langwierige – Programmdiskussion war neben den Honorar- und Terminabstimmungen ein wichtiger Aspekt bei den Verhandlungen entweder direkt mit den Künstlern oder mit ihren Agenten. Wiederholungen der Werke wurden möglichst vermieden. Vielmehr wurde darauf geachtet, dass im Laufe der Jahre möglichst vollständige Werkzyklen von Komponisten aufgeführt wurden.

Besonders lag uns an der Aufführung aller späten Streichquartette von Beethoven, also die Streichquartette op. 127, 130-132 mit der *Großen Fuge* op. 133 und op. 135. Von den frühen und mittleren Streichquartetten wurden op. 18,3, 59,1 und 59,2 aufgeführt, die frühen Klaviertrios op. 1,1, 1,3 und 11 ergänzten dies.

Auch andere zentrale Kammermusikwerke erklangen: Schuberts Klaviertrio Es-Dur und seine Streichquartette d-moll *Der Tod und das Mädchen* und a-moll *Rosamunde* sowie dessen spätes Streichquartett G-Dur, Mendelssohn Bartholdys Streichquartette op. 13 und 44,2, Schumanns Streichquartett 41,1 und Klavierquintett op. 44, Brahms´ Klaviertrios op. 8 und 87, Streichquartett op. 51,1, Klavierquintett op. 34 und sein Streichsextett Nr. 2, op. 36, Smetanas Streichquartett Nr. 1 (*Aus meinem Leben*), Dvořáks Klaviertrios op. 65 und 90 (*Dumky*) sein Streichquartett op. 106 sowie Janáčeks Streichquartett Nr. 2 (*Intime Briefe*).

Haydns frühe Streichquartette op. 9,2 und 20,2 sowie seine letzten Quartette op. 76,1, 77,1 und 77,2 sowie Mozarts frühe Streichquartette B-Dur und Es-Dur, KV 156 und 160, sein spätes Quartett in D-Dur, KV 465 (*Dissonanzenquartett*) und sein berühmtes Klarinettenquintett in A-Dur, KV 581 setzten erfrischende Zwischenpunkte. Auch weniger bekannte, jedoch nicht minder interessante Werke wurden ins Programm aufgenommen wie Clara Schumanns Klaviertrio g-moll, op. 17 interpretiert durch das Gelius Trio München.

Werke der beiden Impressionisten Claude Debussy (Streichquartett g-moll, op. 1) und Maurice Ravel (Klaviertrio a-moll, Streichquartett F-Dur) sowie zunehmend moderne Kompositionen wurden in die Programme der Kammermusikabende eingebaut. Beispiele dafür sind Werke von Karol Szymanowski (Streichquartett Nr. 1 C-Dur, op. 37), Arnold Schönberg (Streichsextett *Verklärte Nacht*, op. 4), Béla Bartók (Streichquartett Nr. 2, op. 17 und Nr. 3/1927), Anton Webern (Streichquartette 1905), Alban Berg (*Lyrische Suite*), Pavel Haas (Streichquartett Nr. 1 op.3), Dmitrij Schostakowitsch (Klaviertrio Nr. 2, op. 67), Witold Lutosławski (Streichquartett 1964), Astor Piazolla (*Suite del Angel*), Helmut Lachenmann (Streichquartett Nr. 3 *Grido)* und Wolfgang-Andreas Schultz (Streichquartett Nr. 3, *Landschaft der Horchenden – Vier Menschen*), umrahmt von *Haiku*-Gedichten und Texten von Clemens von Brentano, Sprecher war Peter Weiß.

Quartett des Eröffnungskonzerts der Konzertreihe klassik pur ! im isartal am 27. Februar 2010: Gémeaux Quartett Zürich, Foto aus dem öffentlichen Downloadbereich der Homepage des Quartetts 2010

1.8 Soloabende

Neben Orchester- und Chorwerken in großer Besetzung sowie Kammermusik bereicherten Soloabende die Vielfalt der Konzertreihe. In intimem Rahmen nahmen die Solisten über ihr Spiel oder Gesang die Zuhörer direkt in ihren Bann.

Klavier-Rezitale

Die Klavier-Rezitale wurden von den Pianisten Alfons Kontarsky, Julia Fedulajewa, Dana Borşan (Bukarest), Siegfried Mauser und Aleksandar Madžar (Brüssel) gestaltet. Die Pianisten traten mit unterschiedlichen Programmschwerpunkten auf.

Alfons Kontarsky, 1. ARD-Preisträger 1955 für Klavierduo (mit seinem Bruder Aloys), brillierte bei seinem Auftritt am 8. Oktober 2000 mit Claude Debussys Images I und II, umrahmt von Schumanns Faschingsschwank aus Wien, op. 26 und Beethovens Diabelli-Variationen, op. 120. Prof. Alfons Kontarsky wurde bei diesem Soloauftritt die Urkunde zur Ehrenmitgliedschaft im Konzertverein überreicht.

Die junge Münchner Pianistin Julia Fedulajewa begann bei ihrem Konzert am 17. September 2005 mit 4 Sonaten von Scarlatti und Mozarts später Klaviersonate D-Dur, KV 576. Nach der Pause überzeugte sie nach Schuberts 12 Grazer Walzern mit seiner gewaltigen *Wanderer-Fantasie*.

Siegfried Mauser, Präsident der Münchner Hochschule für Musik und Theater, gestaltete am 17. April 2010 ein Gesprächskonzert besonderer Art: Der Vergleich von Werken von Wolfgang Amadeus Mozart und Wilhelm Killmayer sowie Ludwig van Beethoven und Wolfgang Rihm brachte überraschende Parallelen hervor. Überaus kurzweilig und informativ waren seine verbindenden Worte. Wolfgang Rihms abschließendes Klavierstück 7 ließ Flügel und Bühne erzittern.

Dana Borşan aus Bukarest gab am 25. April 2009 ein eindrucksvolles Konzert mit drei Meisterwerken der Klaviermusik, denen jeweils „poetische Ideen" zugrunde lagen: Beethovens Sonate op. 31/2 (*Der Sturm*), Chopins Sonate op. 35 (mit dem berühmten *Marche funèbre*) und Liszts äußerst kraftvoller h-moll Sonate, die im abschließenden Satz quasi Orchesterklang erreicht und in einer Presto-Prestissimo-Stretta im dynamischen Höhepunkt des Werks gipfelte: *Fantasia quasi Sonata*.

Gänzlich anders geartet war der Soloabend von Aleksandar Madžar aus Brüssel am 21. Mai 2011: Die mehr introvertierte Interpretation beider Bach-Partiten bereitete den Boden für die glänzende Vorstellung von Maurice Ravels Sonate fis-moll und – als Höhepunkt des Abends – *Gaspard de la nuit*, ein äußerst brillantes wie technisch äußerst schwieriges Werk.

Violoncello-Rezital

Wen-Sinn Yang brachte an zwei Soloabenden mit allen sechs Bach-Solosuiten für Violoncello eines der großen Highlights der Solokonzerte – Kontemplation pur.

Hier erwies sich Wen-Sinn Yang als Meister seines Fachs. Am 22. und 23. April 2006 interpretierte er an zwei Abenden die Solosuiten 1-3 und 4-6 in der Rokokokirche St. Andreas in Wolfratshausen.

Liederabende

Zwei Liederabende führten in die Welt der Romantik mit Liedern von Schubert und Schumann ein.

Der Tenor Hans Jörg Mammel und Uta Hielscher am Klavier nahmen am 18. Januar 2008 entsprechend der Jahreszeit die Zuhörer mit Schuberts berühmten Liederzyklus *Die Winterreise* in ihren Bann.

Der Bariton Thomas E. Bauer interpretierte zwei Liederzyklen von Robert Schumann: *Liederkreis* nach Eichendorff, op. 39 und *Dichterliebe* nach Heine, op. 48. Der Liederabend war überschrieben mit *Romantik pur !*. Die vollendete Verbindung von Wort und Ton war deutlich zu spüren, die *Mondnacht* geriet zum Höhepunkt.

Festliche Trompetengala

Das Bach-Trompetenensemble München mit Friedrich Epp, Arnold Mehl und Peter Epp, Trompete und Wolfgang Fischer, Pauke gestalteten am 12. Oktober 2002 gemeinsam mit der Organistin Hedwig Bilgram in der Kath. Stadtpfarrkirche St. Andreas in Wolfratshausen einen festlichen Trompetenabend, ergänzt durch virtuose Orgelmusik. Auf dem Programm standen Werke von Böhm, Manfredini, Telemann, Buxtehude und Bach, das Bachsche *Grave* und *Allegro*, BWV 21 Satz 11, in einer festlichen Bearbeitung von Franz Liszt.

Gitarrenabend

Peter Meier gestaltete am 2. März 2002 einen Soloabend für Gitarre unter dem Motto *Guitarra brillante*. Mit diesem leisen Instrument führte er die Zuhörer in die Welt zarter Klänge. Es erklangen an diesem besonderen Abend Werke von Sor, Tárrega, Albéniz, de Falla, Villa-Lobos, Cordero, Dynes und auch zwei Werke des Solisten P. Meier: *Flusslied* und *Fora da cidade*.

1.9 Open Air-Aufführungen

Besondere jährliche Höhepunkte waren Open Air-Aufführungen an verschiedenen attraktiven Veranstaltungsorten in Wolfratshauen. Davon hat Wolfratshausen viele, an vorderster Stelle ist dabei das Bergwaldtheater Wolfratshausen zu nennen, jedoch sind Freiluft-Plätze wie der Platz vor dem Wolfratshauser Rathaus mitten im Zentrum der Stadt, der Rathaus-Innenhof (dort fand im Sommer 2003 der offizielle Festakt zur 1000-Jahrfeier Wolfratshausens in Anwesenheit von Seiner Königlichen Hoheit Prinz Franz von Bayern und dem damaligen Ministerpräsident Dr. Edmund Stoiber statt), die Alte Floßlände mit Blick über die Loisach auf die Altstadtkulisse (jedoch ist der Lärm der vorbeifahrenden Autos nicht zu vermeiden) und der lauschige Innenhof der Loisachhalle ebenfalls attraktive Aufführungsorte. 2009 entstand vor der Loisachhalle direkt am Loisachufer ein weiterer möglicher Aufführungsort.

Eine wichtige Frage war immer die „Schlechtwetteroption", die leider mehrfach in Anspruch genommen werden musste. Dazu standen die Loisachhalle, die Mehrzweckhalle in Farchet und die TSV-Turnhalle zur Verfügung. Die Entscheidung, wo die Aufführungen stattfinden würden, konnte immer erst am Mittag des Aufführungstages gefällt werden. Wie glücklich waren Musiker und Zuschauer über jede Entscheidung für die Aufführung im Freien – und dies war oft der Fall! Besonderes Wetterglück bestand bei den drei Aufführungen von Mozarts *Die Zauberflöte*: alle drei Aufführungen konnten bei bestem Wetter in der Bergwaldbühne stattfinden! Auch die erste Aufführung von Webers *Der Freischütz* gelang in der Bergwald-bühne bei schönstem Sonnenuntergang und tiefster Nacht in der *Wolfsschlucht*-Szene.

Bei Regen musste der ganze „Apparat" kurzfristig umgebaut werden bzw. die Bühne zweifach aufgebaut werden (logistische Meisterleistungen), bei der geplanten Bild-Schau bei der Aufführung von Mussorgskys *Bilder einer Ausstellung* mangelte es kurzfristig an Starkstrom in der Mehrzweckhalle, so dass das Werk leider ohne Bilder aufgeführt werden musste. Über all die Jahre war die Unterstützung der Stadt als Veranstaltungspartner jedoch vorbildlich, ist doch die Bereitstellung solch attraktiver Aufführungsorte für Open Air-Aufführungen eine Voraussetzung, die ein Verein nicht selber leisten kann. Das große Echo in der Bevölkerung für die Klassik-Open Air-Veranstaltungen entschädigten immer für alle Mühen und waren für die vielen Besucher stets unvergessliche Erlebnisse.

Oper, Ballett und Lichtspiele im Bergwald

Das Bergwaldtheater ist eine perfekte Bühne für spektakuläre Opern- und Ballettaufführungen.

Große Aufführungen im Bergwaldtheater:

- Szenische Aufführung der Oper: W. A. Mozart: *Die Zauberflöte* (G. Weiß, M. Schneider, 11./12./13. Juli 1998)
- Szenische Aufführung der Oper: W. A. Mozart: *Der Schauspieldirektor* oder *Der Freischütz kommt nach Wolfratshausen* (G. Weiß/M. Schneider, 14./15. Juli 2001)
- Ballett mit *Ballet Classique München*: P. Tschaikowsky: *Schwanensee* (C. Adt/R. Pop-Kovács, 14. Juli 2007)
- Szenische Aufführung der Oper: C. M. v. Weber: *Der Freischütz (*C. Adt, D. Heinrichsen, W. Lackner, 16./17. Juli 2011)

Sa/So/Mo
11. 12. 13. Juli '98
20.30 Uhr

Pause nach dem 1.Akt
- Ende ca. 24 Uhr

Bergwaldtheater
Open Air

6

DIE ZAUBERFLÖTE
Deutsche Oper in zwei Aufzügen

Musikalische Leitung: **Prof. Dr. Günther Weiß**
Inszenierung: **Marcus Schneider**
Bühnenbild: **Konrad Hartmann**
Kostüme: **Regina Öschlberger**
Beleuchtung: **Andreas Helmbold**

Sarastro: **Minari Urano**
Königin der Nacht: **Cecilia Tabellion**
Tamino: **In Hak Lee**
Pamina: **Valentine Deschenaux** (11.7./13.7.),
Beate Düstersiek (12.7.)
Papageno: **Oliver Weidinger**
Papagena: **Fiqerete Ymeraj**
1. Dame: **Katrin Mann**
2. Dame: **Susanna Simonsson**
3. Dame: **Rita Kapfhammer**
3 Knaben: **Tölzer Knaben**
Monostatos: **Christopherus Thomas Vogt**
Sprecher / 1. Priester / 2. Geharnischter:
Stefan Sevenich
2. Priester / 1. Geharnischter:
Oliver Marc Gilfert
Philharmonisches Orchester Isartal
Philharmonischer Chor Isartal:
Vokal-Ensemble Icking, Musikfreunde Isartal,
Gartenberger Sänger; Einstudierung:
Philipp Amelung und **Rainer Marquart**

Regieassistenz/Inspizienz: **Nicole Steiner**
Musikalische Assistenz: **Ulrich Pakusch**
Bühnenbildassistenz: **Claudia Weinhart**
Gewandmeisterin/Kostümassistenz: **Karin Plobner**
Technische Leitung: **Thomas Sewald**
Maske: **Andrea Krüger, Brigitte McNaughton**
Requisite: **Sabine Elbert**
KVI Koordination: **Dr. Christoph Kessler**
Produktionsleitung: **Peter Struzyna**

Beginn der Ouvertüre aus Mozarts Zauberflöte

Szenische Aufführung der Oper Wolfgang Amadeus Mozart: Die Zauberflöte (Premiere am 11. Juli 1998)
Fotos: Walter Salomon, öffentlich verteiltes Programmheft

Die Waldbühne mit Orchestergraben bietet die Möglichkeit szenischer Inszenierungen. In den vergangenen zwanzig Jahren konnte dies viermal mit großen Aufführungen genutzt werden, die Höhepunkte in der Vereins- und Stadtgeschichte wurden. Für Aufführungen im Bergwaldtheater waren auch die beiden folgenden *Sound & Light*-Aufführungen vorbereitet, jedoch konnten beide Aufführungen wegen schlechten Wetters dort nicht realisiert werden:

Weitere vorbereitete Großprojekte:

- Russische Nächte im Bergwaldtheater: Mussorgskij: *Bilder einer Ausstellung* mit Bildprojektionen (C. Adt, 13. Juli 2002), Ersatzaufführung in der Mehrzweckhalle Farchet, kein Starkstromanschluss für die Projektoren verfügbar, daher fand die Ersatzaufführung leider ohne Bildprojektionen statt.
- Film im Bergwaldtheater: Film *Deep Blue – Das Geheimnis der Ozeane* mit *life*-Orchestermusik (C. Adt, Komponisten der Hochschule für Musik und Theater München, 12. Juli 2008)

W. A. Mozart: *Die Zauberflöte*

Wer erinnert sich nicht im ersten Akt an die zwitschernden Vögel, die bei den *Zauberflöten*-Aufführungen Papagenos Panflöte in der *Vogelfänger*-Arie erwiderten, oder an den spontanen Einschub, als Papageno im zweiten Akt sein ersehntes Glas Wein von Zauberhand erhält: *Ah, ein Göttertrank, der muss aus dem Land des neuen Fußball-Weltmeisters kommen!* (man muss wissen, dass bei dieser (dritten) Aufführung am 13. Juli 1998 parallel das Endspiel zwischen Frankreich und Argentinien lief, was von den Solisten hinter der Bühne genauestens verfolgt worden war ... ; trotz Endspiel war die Vorstellung ausverkauft!). Schirmherr dieser Veranstaltungen war Staatsintendant Prof. August Everding.

Die Aufführungen begannen im Hellen um 20:30 Uhr und endeten – mit Opernpause am kalten Buffet – gegen Mitternacht. Die Stadt Wolfratshausen hatte die Bergwaldbühne neu renoviert und festlich hergerichtet – eine Pracht! Zu den drei Aufführungen kamen über 3000 Besucher – damals gab es noch die zweite Stahltribüne zwischen letzter Kreuzwegstation und Kalvarienkapelle. Selbst das Bayerische Fernsehen war gekommen, um einen Bericht für die Abendschau zu produzieren. Ein großer Erfolg, große unvergessliche Abende!

14 Solisten traten in schönsten Kostümen vor farbenprächtigen Kulissen auf. Die Königin der Nacht trug ein 5 Meter hohes Galakleid und sang ihre Arie auf Stelzen, so dass nicht nur das hohe „F´´´" sondern auch ihr Auftritt alles überstrahlte. Das Bühnenbild wechselte spektakulär von der Natur in den „Freimaurer"-Palast mit seinen vornehmen Priestern. Nicht nur alle Solisten hatten farbenprächtige Gewänder, sondern auch der Chor: Viele Wochen waren die Choristen unter Anleitung der Gewandmeisterin in den Vereinsräumen mit der Anfertigung ihrer von der Kostümbildnerin entworfenen Gewänder beschäftigt. Die Loisachhalle fungierte als große Requisitenkammer.

Als Solisten traten auf: *Sarastro* (Minari Uranao), *Königin der Nacht* (Cecilia Tabellion), *Tamino* (In Hak Lee), *Pamina* (Valentine Deschenaux/Beate Düstersiek), *Papageno* (Oliver Weidinger), *Papagena* (Fiqerete Ymeraj), *1. Dame* (Katrin Mann), *2. Dame* (Susanna Simonsson), *3. Dame* (Rita Kapfhammer), *Drei Knaben* (Tölzer Knabenchor), *Monostatos* (Christopherus Thomas Vogt), *Sprecher/1. Priester/2. Geharnischter* (Stefan Sevenich), *2. Priester/1. Geharnischter* (Oliver Marc Gilfert).

Neben dem Musikalischem Leiter (Günther Weiß) und Regisseur (Marcus Schneider) sorgten Bühnenbildner (Konrad Hartmann), Kostümbildnerin (Regina Öschlberger) und Beleuchter (Andreas Hembold) sowie der Philharmonische Chor Isartal (bestehend aus dem Vokal-Ensemble Icking, den Musikfreunden Isartal und den Gartenberger Sängern, Einstudierung: Philipp Amelung und Rainer Marquart) und das Philharmonisches Orchester Isartal für ungetrübte Opernatmosphäre.

Ein großer Apparat stand zur Unterstützung bereit: Regieassistenz/Inspizienz (Nicole Steiner), Musikalische Assistenz (Ulrich Pakusch), Bühnenbildassistenz (Claudia Weinhard), Gewandmeisterin/Kostümassistenz (Karin Plobner), Technische Leitung (Thomas Seewald), Maske (Andrea Krüger, Brigitte McNaughton, Requisite (Sabine Elbert), KVI Koordination (Christoph Kessler), Produktionsleitung (Peter Struzyna).

Die szenische Aufführung der Oper *Die Zauberflöte* war das wohl größte Projekt des Konzertvereins Isartal e.V. gemeinsam mit der Stadt Wolfratshausen. Dankbar schauen wir auf die damaligen Möglichkeiten und die Unterstützung durch Peter Struzyna mit seinen Mitarbeitern und den Mitarbeitern des Bauhofs zurück.

W. A. Mozart: *Der Schauspieldirektor* oder *Der Freischütz kommt nach Wolfratshausen*

Motiviert durch den großen Erfolg der *Zauberflöte* wurde im Juli 2001 eine weitere Mozart-Oper in Angriff genommen: ein Einakter, dem Strauss´ Bläserserenade op. 7, Mozarts Konzert für Horn und Orchester Nr. 4 mit Wolfgang Gaag sowie Bizets *Arlesienne* Suite Nr. 2 (P. Amelung) vorgeschaltet war.

Bei der Oper handelte es sich um Mozarts *Der Schauspieldirektor*, eine Komödie mit Musik, die sich um die Vorbereitung von Opernaufführungen und deren Besetzungen drehen. Eine wichtige Rolle spielen dabei Diskussionen zwischen einem Bankdirektor, der das neue zu gründende Ensemble nur unterstützt, wenn auch seine neuste Flamme eine Rolle bekommt, zwischen zwei streitenden Diven und dem Direktor der Companie, dem Schauspieldirektor. Nach einer Idee von Christoph Kessler wurde das Libretto auf die Wolfratshauser Szene umgeschrieben. So bot die Wolfratshauser Fassung einen SCHAUSPIELDIREKTOR mit Musik von Wolfgang Amadeus Mozart, der auch aktuelle Einblicke – natürlich überspitzt – in die Vorbereitungen einer Oper in Wolfratshausen gibt. Dabei stand der Wunsch Pate, künftig im Wolfratshauser Bergwaldtheater Webers *Der Freischütz* aufzuführen und die notwendige Unterstützung und finanziellen Mittel dafür zu erhalten, damit dieses bereits lang im Raum stehende Projekt endlich Wirklichkeit werden kann (was dann nach zwischenzeitlichem Anlauf statt im Jahr 2003 zur 1000-Jahrfeier endlich 10 Jahre später 2011 gelang).

Die neue Dialogfassung DER SCHAUSPIELDIREKTOR oder DER FREISCHÜTZ KOMMT NACH WOLFRATSHAUSEN stammte von Christoph Kessler und Markus Schneider. Unvergessen das Dirigat von Maestro *Schwarz* und der Auftritt von „Mario Wiggerl" Gollwitzer (dem heutigen Wolfratshauser Kulturreferenten) als Künstleragent *Mario*. Dieser beklagt, dass das knappe Geld heutzutage lieber in den Wolfratshauser Kanal geschüttet wird (die damals vorgeschlagene Verlängerung das Autobahnzubringers als Umgehungsvariante), als es dem Maestro *Schwarz* zur Verfügung zu stellen. Gabriele Rüth (Texterin der *Loisachtaler Bauernbühne*) trat mit ihrer Tochter Sabrina als Frau Leise mit ihrer Tochter Lauretta auf.

10 Solisten traten auf: *Frau Herz* (Maria Tselegidis), *Mademoiselle Silberklang* (Marion Lustig), *Herr Vogelsang* (Klaus Steppberger), *Max* (Markus Zapp), *Herr Buff* (Volker Dörffel), *Herr Stroganoff* (Hannes Liebmann), *Mario* (Wiggerl Gollwitzer), *Frau Leise* (Gabriele Rüth), *Lauretta Leise* (Sabrina Rüth), *Maestro Schwarz* (Günther Weiß).

Neben dem Musikalischem Leiter (Günther Weiß) und Regisseur (Marcus Schneider) sorgten Bühnenbildnerin (Vivien Dürr), Kostümbildnerin (Karin Plobner), Beleuchter (Andreas Hembold) und Bühnentechniker (Ben Brauweiler) sowie die Mitglieder des Philharmonischen Chors Isartal (Einstudierung: Stellaro Fagone) und des Philharmonisches Orchester Isartal für das nötige Umfeld und für den Erfolg der Komödie.

P. Tschaikowsky: *Schwanensee*

Die Wolfratshauser Bergwaldbühne war auch eine attraktive Bühne in „Zauberwald" für das *Schwanensee*-Ballett. Das Märchen handelt von der schönen Prinzessin Odette, die vom bösen Zauberer Rotbart in einen Schwan verwandelt wird und der sie dazu verdammt – wie schon viele vor ihr – mit den anderen Schwänen auf dem Zaubersee ihre Kreise zu ziehen. Nur zwischen Mitternacht und Morgengrauen kann sie ihre ursprüngliche Gestalt annehmen. Prinz Siegfried, der seine Braut wählen muss, kommt in der Nacht davor an das Ufer des Sees, um die Schwäne bei ihrem Erscheinen zu erlegen, findet jedoch das wunderschöne Schwanenmädchen Odette. Der Zauberer Rotbart täuscht bei der Hochzeitsfeier am nächsten Tag Prinz Siegfried mit Odettes negativem Ebenbild Odile und überlistet Prinz Siegfried zum Bruch des Treueschwurs Odette gegenüber. Bei der abschließenden Treffen am mitternächtlichen Schwanensee kommt es zur Vergebung Odettes, zum Kampf mit Rotbart, der seine Macht verliert, und zum Sieg der aufrichtigen Liebe von Prinz Siegfried zu seiner Schwanenprinzessin.

Das zauberhafte Märchen wurde – nach einem Vorprogramm mit bekannten Opernausschnitten mit Carolina Ullrich – durch die Companie *Ballet Classique München* eindrucksvoll in Szene gesetzt.

22 Ballett-TänzerInnen – teilweise Solisten vom *Staatsballett München* – tanzten dieses verzaubernde Märchen: Prinzessin *Odette/Odile* (Anastasia Jastrebova), *Prinz Siegfried* (Alen Bottaini), *Benno* (Roland Podar), *Zauberer Rotbart* (Vittorio Alberton), *Pas de trois* (Carolin Schiller, Julia Fries, Roland Podar), *Königin Mutter* (Carola Jehle), *Kleine Schwäne* (Aiga Keller, Clarissa Lux, Sayuri Tronsberg, Yahsmine Calil), *Große Schwäne* (Anna Mamede, Carolin Schiller, Francesca Tantini, Julia Fries), *Italienische Prinzessin* (Julia Fries), *Begleiterinnen* (Aiga Keller, Sayuri Tronsberg), *Spanische Prinzessin* (Francesca Tantini), *Ihre Begleiter* (Artur Demeter, Rares Pop).

Neben dem Musikalischem Leiter (Christoph Adt) und Choreographin (Rosina Pop-Kovács, frühere Solotänzerin der Bayerischen Staatsoper München und jetzige Leiterin der Companie Ballet Classique) sorgten Bühnenbildnerin (Isabell Keller), Kostümbildnerin (Rosina Kraus), Beleuchter (Georg Boeshenz) und Texterin (Franka Knieß) sowie das Philharmonischem Orchester Isartal für den Erfolg des Märchens vom Schwanensee in der Umgebung des Bergwalds.

C. M. von Weber: *Der Freischütz*

Genau 10 Jahre nach dem SCHAUSPIELDIREKTOR als Vorbereitung dazu kam 2011 Carl Maria von Webers *Der Freischütz* im Bergwaldtheater zur Aufführung. Höhepunkt des *Freischütz'* ist die geheimnisvolle Szene in der Wolfsschlucht: Welcher Ort wäre geeigneter für eine Aufführung als der Wolfratshauser Bergwald, direkt neben den Schluchten rund um die frühere Wolfratshauser Burg?

Carl Maria von Weber: *Ein alter fürstlicher Jäger will seinem braven Jägersbursch Max seine Tochter Agathe und Dienst geben, und der Fürst ist es zufrieden; doch besteht ein altes Gesetz, dass jeder einen schweren Probeschuss ausführen muss. Ein anderer boshafter, liederlicher Jägerbursche, Caspar, hat auch ein Auge auf das Mädel, ist aber dem Teufel halb und halb ergeben. Max, sonst ein trefflicher Schütze, verfehlt in der letzten Zeit vor dem Probeschuss alles, ist in Verzweiflung darüber und wird endlich von Caspar dahin verführt, sogenannte Freikugeln zu gießen. Davon treffen sechs unfehlbar, dafür gehört aber die siebente dem Teufel. Diese soll das arme Mädel treffen, wodurch Max zur Verzweiflung und Selbstmord etc. geleitet werden usw. Der Himmel beschließt es anders, beim Probeschuss*

Szenische Aufführung der Oper Carl Maria von Weber: Der Freischütz (16. Juli 2011), Fotos: Privat, öffentlich verteilter Flyer

fällt zwar Agathe, aber auch Caspar, und zwar letzterer wirklich als Opfer des Satans, erstere nur aus Schrecken – geschützt durch die geweihten Rosen des Brautkranzes, die ihr der ahnungsvolle Eremit am Morgen gab. Das Ganze schließt freudig.

Die Aufführungen wurden vom Konzertverein Isartal allein veranstaltet, gefördert durch die Stadt Wolfratshausen und weiteren Sponsoren. Dies verlangt, dass mit den Mitteln sparsam umgegangen werden musste, bis hin zu volkstümlichen Gewändern des Chores und Trachtenhüten im Orchester im letzten Akt im Angesicht der schaurigen Wolfsschlucht im Bergwald. Große Portale aus Wellpappe symbolisierten den Zugang zur Gedankenwelt der handelnden Personen. Trotz sparsamer Mittel war es ein weiteres gelungenes Großprojekt des Konzertvereins Isartal e.V., der zu seinem 20. Jubiläum durch diese stimmungsvolle Aufführung (die zweite Aufführung fand wetterbedingt in der Loisachhalle statt) den langgehegten Traum der Aufführung von Webers *Der Freischütz* im Bergwald trotz knapper Kassen in die Tat umsetzte. Gratulation zu diesem Erfolg des ersten Großprojekts in der Ära des neuen Vorstands!

9 Solisten traten auf: Ottokar (Benjamin Appl), Kuno (Florian Drexel), Agathe (Petra von der Mieden), Ännchen (Magdalena Hinterdobler), Kaspar (Jens Müller), Max (Michael Gniffke), Samiel ((Stephan Lewetz), ein Eremit (Johannes Stermann), Kilian (Wolfgang Lackner).

Neben dem Musikalischem Leiter (Christoph Adt) und Regisseurin (Doris Sophia Heinrichsen) sorgten Bühnenbildner (Wolfgang Lackner), Requisiteurin (Elisabeth Neubert) sowie der Philharmonische Chor Isartal (Musikfreunde Isartal, TonArt Sauerlach-Holzkirchen, Mitglieder Vokal-Ensemble Icking, Gartenberger Sänger und Evang. Kirchenchor Wolfratshausen, Einstudierung: Rainer Marquart und Christoph Garbe) und das Philharmonische Orchester Isartal für das nötige Umfeld für den Erfolg des *Freischütz* im Bergwald. Der Stadt Wolfratshausen und den weiteren Unterstützern sei herzlicher Dank gesagt.

Open Air-Aufführungen in Wolfratshausen

Freiluft-Plätze wie der Platz vor dem Wolfratshauser Rathaus mitten im Zentrum der Stadt, die Alte Floßlände mit Blick über die Loisach auf die Altstadtkulisse und der lauschige Innenhof der Loisachhalle sowie der Rathaus-Innenhof waren ebenfalls attraktive Aufführungsorte.

Spektakulär war bei jeder dieser Aufführungen, dass der Marienplatz vor dem Rathaus als Teil der Bundesstraße B11 gesperrt und der Verkehr über die Bahnhofstraße umgeleitet wurde (wie es dann bei der jetzigen Einbahnregelung für eine Spur dauerhaft geregelt wurde).

Auf diesem Platz wurden eindrucksvolle Open Air-Veranstaltungen in der Stadt in Szene gesetzt: Carl Orffs *Carmina burana* und Strawinskys Suite Nr. 2 aus dem Ballett *Der Feuervogel* (1919) mit anschließendem Feuerwerk. Die Musik Orffs wurde szenisch zur 1000-Jahrfeier der Stadt Wolfratshauen inszeniert, Strawinskys *Feuervogel* wurde gleich zweimal auf Wunsch der Stadt Wolfratshausen 1996 und – zehn Jahre später – 2006 auf dem Marienplatz aufgeführt.

Das geplante Open Air-Konzert im Juli 1997 mit Eric Terwilliger als Solisten in Mozarts Konzert für Horn und Orchester Nr. 3 und Griegs Peer-Gynt-Suite Nr. 1 sowie der *Karelia* Suite von Jean Sibelius musste wegen schlechten Wetters in der Loisachhalle stattfinden.

Open Air-Aufführungen in Wolfratshausen:

- I. Strawinsky: Suite Nr. 2 aus *Der Feuervogel* (1919) auf dem Marienplatz (G. Weiß, 13. Juli 1996 mit anschließendem Feuerwerk; C. Adt, 15. Juli 2006)
- Marienplatz Open Air mit Eric Terwilliger: W. A. Mozart: Hornkonzert Nr. 3 (G. Weiß, 19. Juli 1997)
- G. F. Händel: *Wasser- und Feuerwerksmusik* am Loisachufer (G. Weiß, 17. Juli 1999)
- *Berliner und Münchner Geschichten* – Eine Friedrich Hollaender Revue (G. Weiß/M. Schneider, 22. Juli 2000)
- C. Orff: *Carmina burana* (C. Adt/ M.-E. Zinnkann/W. Lackner/ S. Brandhuber/G. Jäger, 12./13./14. September 2003)

C. Orff: *Camina burana*

Die drei Aufführungen von Orffs *Carmina burana* waren ein ähnlich großes und erfolgreiches Projekt wie die drei Aufführungen der *Zauberflöte* fünf Jahre vorher. Auch für die gewaltige dahinterstehende Logistik sei allen Beteiligten und besonders der Stadt Wolfratshausen, Peter Struzyna und Wolfgang Mucha, als damalige Ansprechpartner nochmals großer Dank gesagt. Zur Aufführung von Orffs *Carmina burana* wurde die B11 gleich fünf Tage gesperrt, unerreicht von anderen Veranstaltungen. Zur szenischen Realisierung wurde eine große Bühne auf dem Marienplatz aufgebaut mit einer großen, erhöhten Umwehrung, auf der Teile des Chors Platz fanden (Bühnenbild: W. Lackner). Von dieser Umwehrung bot sich ein Blick zum Rathaus und der Stadtpfarrkirche St. Andreas und über die Altstadt bis hin zum „Reiser-Eck", ein seltener Anblick. Ein Glück, dass zumindest die dritte Aufführung nicht dem Regen zum Opfer fiel und – anstatt in der TSV-Turnhalle – auf dem Wolfratshauser Marienplatz stattfinden konnte. Gaukler und Stelzenläufer umrahmten die Aufführungen des Orff´schen Werkes.

Als Solisten traten auf: Anja Frank, Gustavo Martín-Sánchez und Martin Cooke.

Neben dem Musikalischem Leiter (Christoph Adt) und einem Regieteam (Martha-Elisabeth Zinnkann, Wolfgang Lackner, Sabine Brandhuber, Gudrun Jäger) sorgte folgendes Organisationteam für das Gelingen des Projekts: Alfred Oberrieder, Alexander Gäbler (Aufbauten), Bernhard Bock (Licht und Ton) und Christoph Goldhofer (Bühnendach), Harry Fischer (Bühnendach), Johann Oppenheimer (Gastronomie), Walter Salomon (Presse). Im Philharmonischen Chor Isartal kooperierten sieben Chöre: Starnberger Musikkreis (Einstudierung: Ulli Schäfer), Wolfratshauser Jugendkammerchor (Einstudierung: Christian Preissler), ISURA Madrigalchor (Einstudierung: Christian Preissler), Mixed Voices (Einstudierung: Roland Hammerschmied), Vokal-Ensemble Icking (Einstudierung: Philipp Amelung) und Kinderchor Wolfratshausen (Einstudierung: Yoshihisa Matthias Kinoshita); Chorkoordination: Ruth Lackner. Den Orchesterpart hatte das Philharmonische Orchester Isartal inne.

Die Aufführungen von Carl Orffs *Carmina burana* waren ein gelungener, bleibender Beitrag hiesiger Gruppierungen im klassischen Bereich zur 1000-Jahrfeier der Stadt Wolfratshausen.

I. Strawinsky: Suite Nr. 2 aus *Der Feuervogel* (1919)

Bei der ersten Aufführung von *Der Feuervogel* 1996 musizierten „im Vorprogramm" das Philharmonische Orchester Isartal mit Anna Merey und Dora Scheili (beides Meisterschülerinnen von Prof. Denes Zsigmondy) Mozarts *Sinfonia concertante* (G. Weiß), bei der zweiten Aufführung zehn Jahre später (2006) mit Hannes Läubin das Konzert für Trompete und Orchester Es-Dur von Johann Nepomuk Hummel (C. Adt). Besonders 1996 war für das noch junge Orchester die erste Aufführung 1996 mit Günther Weiß ein besonderer Meilenstein, der neue musikalische Ufer eröffnete.

Berliner und Münchner Geschichten – Eine Friedrich Hollaender Revue

Bei dieser Aufführung im Innenhof der Loisachhalle unternahm das Philharmonische Orchester Isartal unter Leitung von Günther Weiß mit den Chansoniers Ruth Müller und Georg Schießl einen musikalischen Ausflug in die Liederwelt von Friedrich Hollaender, Paul Linke und Theo Mackeben. Marcus Schneider führte als Conférencier durch das Programm, Monika Weiß begleitete professionell und temperamentvoll am Klavier.

G. F. Händel: *Wasser- und Feuerwerksmusik* am Loisachufer

Die Aufführung beider Festmusiken fand auf einem extra hergerichteten Floß vor der Alten Floßlände statt. Eröffnet wurde der Abend am Loisachufer durch eine Bläsergruppe mit Elgars *Pomp and Circumstances*. Vor mehr als 900 Zuhörern erklang dann unter Leitung von Günther Weiß Händels *Wasser- und Feuerwerksmusik* vom Floß auf dem Wasser mit großer Fontäne und der Altstadtkulisse im Hintergrund – ein Erlebnis für die vielen Zuhörer, aber auch für die Musiker, die wohl niemals zuvor auf einem Floß unter einer sich im Wasser spiegelnden Sonne bei untergehender Sonne festlich musiziert haben.

Händels Wasser- und Feuerwerksmusik, musiziert vom Philharmonischen Orchester Isartal im Juli 1999 auf einem Floß vor der Wolfratshauser Stadtsilhouette noch mit dem 4-Jahreszeiten-Haus, von der Alten Floßlände aus gesehen, Fotos von Probe und nächtlicher Aufführung: Privat

Festkonzert des Kammerensembles Isartal in der Stadthalle Iruma

Teezeremonie in Iruma

Kammerensemble Isartal gemeinsam mit dem Orchester Iruma

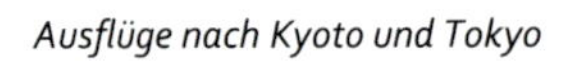

Ausflüge nach Kyoto und Tokyo

Impressionen von der Japantournée 1999 mit dem Kammerensemble Isartal, Fotos: Privat

1.10 Konzerttourneen nach Japan und Frankreich

Eine Vielzahl von Orchester- und Chormusikern waren in Konzerttourneen nach Japan und Frankreich eingebunden. Vielen eröffnete die Mitgliedschaft im Orchester ihren ersten Japanbesuch – eine Reise in einen gänzlich anderen Kulturkreis, der allen mitreisenden Musikern bei ihrem Besuch direkt erfahrbar wurde. Bei der Frankreichtournee faszinierte, dass durch Besuch der drei Partnerstädte Chamalières, Barbezieuz und Dinard die Reise in unterschiedlichste Regionen Frankreichs führte: eine *Tour de France* ganz anderer Art.

Bei beiden Fahrten ergab sich eine Fülle von Kontakten mit äußerst freundlichen Gastfamilien, die viele Musiker im Rahmen der Städtepartnerschaften bei sich aufnahmen. Die Begegnungen waren nachhaltig, stieg dadurch das gegenseitige Verständnis enorm. Brief- und andere Kontakte sowie Gegenbesuche folgten.

Japantournee

Die Japantournee fand in den Pfingstferien 1999 statt. Das Kammerorchester Isartal unter Leitung von Günther Weiß war von der Wolfratshauser Partnerstadt Iruma zu einem einwöchigen Besuch eingeladen. Organisiert wurde die Tournee durch den Konzertverein Isartal e.V., unterstützt durch die beiden Städte Wolfratshausen und Iruma. Die Flugkosten trugen hälftig die Spieler und der Verein, der Aufenthalt in Japan wurde durch die Stadt Iruma getragen. Auf dem Konzertprogramm standen Werke von Harald Genzmer: 2. Sinfonietta für Streicher, Wolfgang Amadeus Mozart: Violinkonzert Nr. 5 A-Dur mit Jessica Mehling als Solistin und Joseph Haydn: Symphonie Nr. 103 *Mit dem Paukenwirbel*; die Leitung hatte Günther Weiß. Das Programm wurde am 8. Mai 1999 in der Grundschul-Aula Icking als Abokonzert KLASSIK WOLFRATSHAUSEN aufgeführt, zusätzlich in der Orangerie im Schlossgarten Erlangen und im Münchner Stadtmuseum in Beisein des Komponisten Harald Genzmer.

Bei der Japanfahrt wurde das 35-köpfige Kammerensemble Isartal begleitet von Peter Struzyna, der die Kontakte zu den japanischen Freunden herstellte und vor Ort ein wichtiger Mittler war. Allen im Gedächtnis geblieben ist seine unwiderstehliche Rede auf „japanisch" am letzten Abend in beschwingter Runde beim Reiseausklang in der Hotelbar. Drei Aufführungen am 25. und 26. Mai 1999 in der Stadthalle Iruma vor insgesamt mehr als 2500 Zuhörern sind unvergessen (viele Jugendliche waren fasziniert besonders von Mozarts Violinkonzert). Gemeinsames Musizieren mit dem dortigen Symphonieorchester, der Besuch der benachbarten Musashino-Musikakademie und Ausflüge nach Kyoto und Kamakura ergaben ein dicht gedrängtes, eindrucksvolles Reiseprogramm.

Der damalige Vorsitzende des Konzertvereins Isartal, Dr. Christoph Kessler, erinnert sich an die Japanreise mit folgenden Zeilen:

"Das war eine tolle und rundum gelungene Woche im Zeichen der Musik und der Städtepartnerschaft" freute sich Kulturamtschef Peter Struzyna mit den insgesamt 34 Musikern des Kammerensembles Isartal mit Blick aufs verschneite Sibirien beim 24stündigen Flug zurück ins heimische Wolfratshausen. Dem konnten sich Orchesterchef Professor Dr. Günther Weiß, Violinsolistin Jessica Mehling, Konzertvereins-Vorsitzender und Cellist Dr. Christoph Kessler und alle 35 Orchestermitglieder nach der Rückkehr aus der Partnerstadt Iruma nur voll anschließen.

KLASSIK クラシック

WOLFRATSHAUSEN ヴォルフラーツハウゼン

主催
入間市
入間市国際交流協会

イザールタール
室内アンサンブル

Kammerensemble Isartal

平成 11 年 5 月 26 日
（水曜日）
午後 6：00 開場
午後 6：30 開演
入間市市民会館ホール

指揮
ギュンター・ヴァイス
教授（博士）

Leitung
Professor Dr.Günther Weiß

入間市
ヴォルフラーツハウゼン市
姉妹都市友好コンサート

ヴァイオリン
ジェシカ・メーリング

Violine
Jessica Mehling

ハラルド ゲンツマー
弦楽のための
シンフォニエッタ

Harald Genzmer
Sinfonietta für Streicher

入 場 無 料

ヴォルフガング・アマデウス・
モーツァルト
ヴァイオリン協奏曲
第５番
イ長調 KV219
「トルコ風」

Wolfgang Amadeus Mozart
Violinkonzert Nr.5 A-Dur,
KV 219

ジョセフ・ハイドン
交響曲 第１０３番
変ホ長調
Ｈｏｂ．Ｉ－１０３
「太鼓連打」

Joseph Haydn
Symphonie Nr.103 Es-Dur
(Hob.I,103,1795)
“Mit dem Paukenwirbel”

Öffentliches Plakat des Konzerts des Kammerensemble Isartal in der Wolfratshauser Partnerstadt Iruma in Japan

War doch die Woche randvoll gepackt mit verschiedensten intensiven Eindrücken und Erfahrungen: drei Konzerte vor insgesamt mehr als 2500 Zuhörern als musikalische Highlights, die perfekt vorbereitete Betreuung durch die vielen offiziellen Stadtvertreter, der beeindruckende Empfang beim Oberbürgermeister der Stadt Iruma, das gemeinsame Musizieren mit dem Bürgerorchester Iruma als bewegende menschliche Begegnung, das musikalisch hochstehende Sonderkonzert der Musashino-Akademie zu Ehren des Kammerensembles Isartal, die herzliche Gastfreundschaft der Gastfamilien, das Kennenlernen der japanischen Kultur mit der Höflichkeit, Freundlichkeit und Demut seinem Partner gegenüber, jedoch auch das Kennenlernen der buddhistischen und schintoistischen Kultur als Wurzeln japanischer Tradition. So faszinierten beim Besuch des Stadtmuseums Iruma die meditativen Riten der Teezeremonie, beim Ausflug nach Kyoto die Steingärten inmitten von kunstvoll gestalteten üppigen Gärten von Zen-Klöstern durch Reduktion aufs Wesentliche, oder die 12 Meter hohe freistehende Buddha-Statue in Kamakura südlich von Iruma durch ihre imposante Erscheinung unter strahlend blauem Himmel.

Doch war da auch die positive Erfahrung des menschlichen Zusammenwachsens der Orchestergruppe, die trotz allem Reisestress gegenseitig helfend "durch dick und dünn" ging, so dass selbst der bei der Abreise noch fehlende Koffer rechtzeitig zum Flugplatz transportiert werden konnte. Dieser Teamgeist und die musikalische Inspiration durch unseren Maestro und das gemeinsame Musizieren mit der so fabelhaften Violinsolistin Jessica Mehling schweißten die Orchestergruppe menschlich und musikalisch zusammen – die wesentliche Voraussetzung für die drei bewegenden Konzerte in der Bürgerhalle Iruma.

Waren wir doch alle sehr gespannt, was uns nach nahezu 2jähriger organisatorischen Vorbereitung der Reise gemeinsam mit der Stadt Wolfratshausen sowie intensivem Einstudieren des Konzertprogramms mit Werken von Genzmer (Sinfonietta für Streicher), Mozart (Violinkonzert A-Dur), und Haydn (Symphonie Nr. 103 *Mit dem Paukenwirbel*) in Japan erwarten würde. Wir waren sehr stolz darauf, von der Stadt Wolfratshausen eingeladen zu sein, als musikalische Botschafter die Freundschaft zwischen den beiden Partnerstädten Iruma und Wolfratshausen über klassische Musik beleben und intensivieren zu dürfen. Dabei war es für uns nicht-professionelle Musiker "Ehrensache", die Stadt Wolfratshausen durch hochklassige Konzerte und menschlich bewegende Begegnungen würdig zu vertreten – was uns nach den ehrenden Schlußworten von Oberbürgermeister Kinoshita wohl auch gelungen ist.

Nach der Ankunft am Flugplatz von Tokyo nach durchwachter Nacht im Flugzeug ging es Schlag auf Schlag: Wir wurden von einer offiziellen Delegation der Stadt Iruma freundlich empfangen und über die begleitenden Dolmetscherinnen in das minutiös vorbereitete Besuchsprogramm eingewiesen. Dann ging es richtig los: Stadtrundfahrt Tokyo mit Fahrt auf den "Eiffelturm" und Besuch des Asakusa Kannon-Tempelkomplexes, abends offizieller Empfang mit großzügiger Bewirtung durch die Stadt Iruma. Nach der Begrüßung durch den Oberbürgermeister Kinoshita dankte Kulturamtschef Struzyna im Namen der Stadt Wolfratshausen und des Konzertvereins Isartal für die Einladung im Rahmen der Städtepartnerschaft. Am nächsten Morgen gab es einen Empfang im Rathaus mit Überreichen der offiziellen Gastgeschenke: ein Bild mit einem Faksimile von Mozarts *Kleiner Nachtmusik* umrahmt von Symbolen der Städtepartnerschaft seitens des Konzertvereins Isartal e.V. und ein bayerischer Löwe aus Nymphenburger Porzellan von der Stadt Wolfratshausen.

Anschließend Stadtrundfahrt in Iruma mit Besichtigung des Stadtmuseums mit einer beeindruckenden Abteilung für Tee-Geschichte (Iruma ist ein Zentrum des Teeanbaus), nachmittags Fahrt zur privaten Musashino-Musikakademie mit bestens ausgestattetem Campus für 550 Studenten, abends Empfang der Gesellschaft für Internationale Zusammenarbeit Iruma. Am Mittwochmorgen intensive Probe des Konzertprogramms: Wir waren wegen des engen Besuchsprogramms froh, dass wir die Werke zu Hause gut eingeübt hatten und durch bereits drei Aufführungen im Schloss Erlangen, beim Klassik-Konzert in Icking und im Münchner Stadtmuseum im Beisein des Komponisten Genzmer schon "gut drauf hatten". Nachmittags der erste Konzertauftritt vor knapp 1000 College-Studenten, die uns begeistert begrüßten.

Nach einer kurzen Erholungspause der musikalische Höhepunkt des kulturellen Austauschs: das Festkonzert vor etwa 800 Zuhörern und Fernsehübertragung des lokalen TV-Senders. Die einleitenden Begrüßungsworte durch den Oberbürgermeister Kinoshita und den Konzertvereins-Vorsitzenden Dr. Kessler stellten einen würdigen Rahmen für das Konzert im Geist der Völkerverständigung und des Friedens dar. Die Aufführung des Konzertprogramms unter Stabführung unseres Maestros Weiß und der brillanten Wiedergabe von Mozarts Meisterwerk durch Jessica Mehling bewegten unsere Zuhörer sehr. Bei der Zugabe einer bekannten japanischen Volksweise standen Zuhörern und Orchester Tränen in den Augen. Diese emotionale Verbundenheit stärkt die Städtepartnerschaft und Völkerverständigung im Innern auf feinste Weise.

Am nächsten Tag ein weiteres Konzert vor mehr als 1000 wiederum aufmerksam zuhörenden College-Studenten, danach Sushi-Essen (wohlschmeckender roher Fisch auf Reis) und anschließende Einladung durch das Bürgerorchester Iruma. Bei diesem herzlichen Treffen mit selbst bereitetem japanischem Buffet wurde in unterschiedlichen Gruppierungen gemeinsam musiziert (u.a. Respighi: *Antiche Danze*) und weitere Pläne geschmiedet: so wurde als Gastgeschenk ein Notensatz der *Rheinischen* Symphonie von Schumann überreicht. Dieses Werk wurde durch das Philharmonische Orchester Isartal im Dezember 2000 in Wolfratshausen aufgeführt: Vielleicht wird es ja möglich, daß das Bürgerorchester aus der Partnerstadt Iruma zu diesem Konzert mit dazustößt und die Symphonie in Wolfratshausen gemeinsam aufgeführt wird und es anschließend wieder in Iruma zu weiteren Begegnungen im Rahmen der Städtepartnerschaft kommt.

Nach so vielen Höhepunkten in den ersten Tagen freuten wir uns auf den (privat finanzierten) Ausflug in die alte Kaiserstadt Kyoto. Mit dem Shinkansen schafften wir die Strecke mit Tempo 300 in nur knapp zweieinhalb Stunden, so dass uns für die Besichtigung der vielen Tempel, Paläste und Gärten Kyotos genügend Zeit blieb. Es war schon beeindruckend, welch prachtvollen Bauwerke es in Kyoto zu besichtigen gibt: neben Tempeln mit 1001 lebensgroßen Buddha-Statuen oder intimen Meditationsgärten der Palast des Kaisers und des Shoguns, dem eigentlichen Machtinhaber für mehr als 5 Jahrhunderte. Dabei wurden wir in diesem Palast durch den "Nachtigallen"-Fußboden überrascht, einem Fußboden, der auf Schritt und Tritt den Gesang der Nachtigallen imitiert (und gleichzeitig eine Alarmanlage gegen unliebsame Eindringlinge darstellt). Abends Besichtigung des alten Stadtzentrums mit seinen vielen kleinen Restaurants am Flussufer bei untergehender Sonne.

Am abschließenden Sonntag wurde die freie Zeit für einen Einkaufsbummel in Iruma oder einen weiteren Ausflug mit S- und U-Bahn nach Kamakura zum "Großen Buddha" genutzt. Die Zeit verging wie im Flug, so daß die von der Stadt Wolfratshausen ausgerichtete Abschiedsparty viel zu schnell kam. Nach ehrenden und anerkennenden Worten des Oberbürgermeisters Kinoshita und des Vorsitzenden der Gesellschaft für internationalen Austausch für das Kammerensemble Isartal ("Kleiner Kulturschock" im besten Sinne) sprach Professor Dr. Günther Weiß die Abschiedsworte im Namen der Stadt Wolfratshausen und des Konzertvereins Isartal e.V. und dankte der Stadt Iruma sehr für all die Zuwendung und Unterstützung, die die Konzerttournee des Kammerensembles Isartal nach Japan möglich und den Aufenthalt in Iruma unvergesslich gemacht hat.

Für alle Beteiligten war es ein bewegendes Erlebnis, im Rahmen der Städtepartnerschaft zwischen Iruma und Wolfratshausen über das Hobby der klassischen Musik in ein solch fernes Land auf der anderen Hälfte der Erde reisen zu dürfen. Dafür danken der Konzertverein Isartal und alle Orchestermitglieder beiden Städten Iruma und Wolfratshausen, die dies ermöglicht und bestens organisiert haben. Dabei war es für uns selbstverständlich, nicht auf Kosten der Steuerzahler zu reisen, sondern die Flug- und Ausflugskosten selbst aufzubringen, gerade, da wir durch das Kennenlernen einer uns jetzt nicht mehr ganz so fremden Kultur und bewegenden Begegnungen mit zu Freunden gewordenen Menschen reich beschenkt worden sind."

Frankreichtournee

Die Frankreichtournee fand in den Osterferien 2006 statt. Diesmal reiste eine große Musikergruppe: 160 Choristen und Orchesterspieler nahmen teil. Organisiert wurde die Tournee durch den Kulturverein Oberland e.V., unterstützt durch den Konzertverein Isartal e.V., die Musikfreunde Isartal e.V. und den Musikkreis Starnberg e.V. sowie die drei Partnerschaftsvereine Wolfratshausen/Barbezieux, Geretsried/Chamalières und Starnberg/Dinard sowie alle sechs beteiligten Städte.

Der gesamte Philharmonische Chor und das Orchester Isartal war von den drei Partnerstädten der beteiligten Chöre und des Orchesters (nämlich Wolfratshausen mit Barbezieux in der *Charénte*, Geretsried mit Chamalières im *Massiv centrale*, und Starnberg mit Dinard in der *Bretagne*) eingeladen worden, im Rahmen einer einwöchigen Tour in allen drei Städten in deren großen Kirchen das *Stabat mater* von Rossini aufzuführen (9., 10. und 14. April 2006). Auf dem Programm standen zudem die drei a capella-Werke Verdis *Pater noster*, Bruckners

Ave Maria und der ergreifende Psalm von Felix Mendelssohn Bartholdy: *Denn er hat seinen Engeln befohlen über dir*, sowie die *Passacaglia* von Bach in der Orchesterbearbeitung von Leopold Stokowski. Am 1. und 2. April 2006 fanden zusätzliche Aufführungen in der Kath. Kirche St. Maria in Starnberg und in der Klosterkirche Benediktbeuern statt. Das 44-seitige zweisprachige deutsch-französisches Programmheft enthielt auch Grußworte aller sechs Bürgermeister der beteiligten Städte in Deutschland und Frankreich.

Finanziert wurde die Tournee hauptsächlich durch den Kulturverein Oberland e.V. sowie Zuschüsse der drei Partnerschaftvereine und der drei Städte in Deutschland. Für die Unterkunft bei Gastfamilien sorgten die Partnerstädte in Frankreich, ebenfalls für Bereitstellung der Kirchen als Aufführungsorte. Eindrucksvolle Empfänge rundeten die Aufführungen jeweils ab. Die mitfahrenden Musiker mussten nur einen geringen Eigenbeitrag beisteuern. Begleitet wurden die 160 Musiker von Yvette Sauer-Vaucher, die stets präsent für viele Fragen und Kontakte zu französischen Mitorganisatoren war und so das Projekt entscheidend unterstützt hat. Unvergessen der Empfang der Stadt Chamalières nach dem Konzert im Casino von Royat. Erschütternd und bedrückend war der plötzliche Tod der Chorsängerin Erika Hedwig in der Nacht nach diesem Empfang. Die Fahrt von Chamalières nach Barbezieux verlief schweigend. Der Verstorbenen wurde beim Konzert in Barbeziex am folgenden Abend gedacht, ihr wurde diese Aufführung gewidmet.

Die damalige Vorsitzende der Musikfreunde Isartal, Irene Blaich, erinnert sich an die Frankreichtournee mit folgenden Zeilen:

„Von fast 20 Jahren Konzertverein Isartal – anfangs unter dem Namen Philharmoniker Isartal – habe ich im assoziierten Philharmonischen Chor als Mitglied der Musikfreunde Isartal 11 Jahre lang als deren Vorsitzende am Werdegang von gemeinsamen musikalischen Projekten mitgearbeitet. Wir haben viele große Werke für Chor, Solisten und Orchester miteinander verwirklicht, oft auch mit ein oder zwei anderen Chören der Region zusammen, und jede Aufführung war ein ganz besonderes Ereignis für mich. Deshalb möchte ich aus Sicht der Chorsängerin von den für mich eindrucksvollsten Erlebnissen der letzten Jahre berichten.

Die *Schöpfung* von Haydn, das *Brahms-Requiem*, der *Messias* von Händel, die *Matthäuspassion* von Bach und die 9. Sinfonie von Beethoven zum Neujahrskonzert 2000 und zur Wiedereröffnung der Loisachhalle, für die wir mit vereinten Kräften 5 Jahre lang gekämpft hatten, sind nur ein kleiner Teil unserer musikalischen Zusammenarbeit. Bei weniger umfangreichen Werken wie z.B. dem *Oratorio de Noel* von Camille Saint-Saens, den Requien von Mozart, Fauré und Dvořák und dem Oratorium *Das Sühnopfer des neuen Bundes* von Carl Loewe sowie *Messiah comes to town* von Patrick Appleford konnten die Musikfreunde Isartal immer auf die Mitarbeit des „Kammerensemble Isartal", (dem kammermusikalischen Teils des Konzertvereins) rechnen. An das erste szenische Projekt haben wir uns gemeinsam 1999 herangewagt. Die Oper *Die Zauberflöte* von Mozart, für die Bergwaldbühne konzipiert, musste zweimal wegen Regens in die Loisachhalle verlegt werden, aber die dritte Aufführung konnte unter freiem Himmel bei untergehender Sonne stattfinden, ein unvergleichliches Erlebnis.

Im Jahr 2003 stand wieder mit den *Carmina burana* von Carl Orff ein für Chorsänger sehr dankbares Werk auf dem Programm; wir konnten singen, tanzen und agieren und hatten noch dazu das große Glück, dass die Aufführung auf dem Marienplatz in Wolfratshausen nach nachmittäglichem Bangen am Abend unter einem guten Wetterstern stand und komplett ohne Regen im Freien stattfinden konnte.

Der nimmermüde Erfindungsgeist von Christoph Kessler überraschte uns im Januar 2005 mit der Idee, eine Konzert-Reise nach Frankreich zu organisieren, und zwar zu den Partnerstädten der beteiligten Orchester und Chöre, der Kreis der Ensembles stand bald fest, und so war die Route unserer „Tournée" wie folgt festgelegt:

- von Geretsried nach Chamalières in der Auvergne, (Musikfreunde Isartal, MFI, Geretsried)
- von dort nach Barbezieux in der Charente, (Konzertverein Isartal, KVI, Wolfratshausen)

Aufführung von Rossinis Stabat mater in Saint-Mathias de Barbezieux

Chor und Orchester in Dinard Foto: Marco Frei

Vereinte Cellisten aus Wolfratshausen und Starnberg

Empfang in Chamalières: Député-Maire Louis Giscard d'Estaing, Yvette Vaucher-Sauer, Dominik Gehlen, Christoph Kessler

Impressionen von der Frankreichtournee 2006 mit dem Philharmonischen Chor und Orchester Isartal, Fotos: Privat

- und zum Schluss nach Dinard in der Normandie, (Singkreis Starnberg mit Streichorchester, SMK, Starnberg).

Nachdem wir uns aus vielen Vorschlägen als Hauptwerk auf das *Stabat mater* von Rossini geeinigt hatten, stand auch gleich als Aufführungszeitraum die Karwoche 2006 fest, und die Organisation des Riesenunternehmens konnte beginnen. Busse, Fahrtrouten, Unterkünfte privat oder Hotel, Aufführungsorte und Besichtigungen unterwegs, das alles musste koordiniert, organisiert und zur Erledigung verteilt werden. Da wurde mir schon bald klar, dass mein Vorhaben, nach 10 Jahren den Vorsitz meines Chores abzugeben, um 1 Jahr verschoben werden musste. Wenngleich viele fleißige Mitarbeiter zur Verfügung standen, so liefen doch alle Fäden bei Christoph Kessler zusammen, und seine Reise-, Bettenbelegungs-, Proben- sowie Chor- und Orchesteraufstellungspläne füllten ein Jahr lang unsere mail-box. Mein Mann, der mir jeden Morgen die neuesten mails auf den Frühstückstisch legte, hatte nach dem Ostermontag 2006 regelrechte Entzugserscheinungen.

Nach einer Aufführung in der Klosterbasilika von Benediktbeuern und einer zweiten in St. Maria in Starnberg begann am Freitag, den 7. April 2006 unsere große Konzertreise nach Frankreich mit 160 Teilnehmern auf drei Busse verteilt.

Das erste Ziel, Chamalières, ist ja unsere Partnerstadt und somit vielen vertraut, und als wir nach einem kurzen Besichtigungsstopp in Beaune am Abend den *Puy de Dôme* erblickten, den höchsten in der Kette der Vulkane, war ein Abendessen und ein Bett zum Schlafen in erreichbarer Nähe. Am frühen Samstag-Abend fand unser erstes Passionskonzert in „Notre Dame de Chamalières" statt, und anschließend wurde uns zu Ehren ein großer Partnerschafts-Abend im Casino von Royat veranstaltet. Dieser Abend verlief noch fröhlich und unbeschwert, aber am nächsten Morgen beim Treffen zur Weiterreise nach Barbezieux bekamen wir die Nachricht, dass eines unserer Chormitglieder in der Nacht verstorben war. Unter großem Schock musste nun eine Entscheidung über Abbruch oder Weiterfahrt getroffen werden, und ich kam zu der Überzeugung, dass Erika, wie ich sie in vielen gemeinsamen Proben, Konzerten und Chorfahrten kennen gelernt hatte, eine Fortführung der Reise gewollt hätte, und ihre Familie hat mich später auch darin bekräftigt. Es ist eine denkwürdige Erfahrung, wie so ein Ereignis eine Gruppe zusammenschweißt. Obwohl die Mitglieder beider Chöre und Orchester sich vor der Fahrt nicht näher kannten, kamen viele Sänger und Instrumentalisten in den folgenden Tagen zu mir, bekundeten ihr Beileid und erzählten, Erika Hedwig sei ihnen aufgefallen, weil sie die Fahrt und die gute Aussicht ganz vorne im oberen Stockwerk des Busses so sehr genossen und dies auch strahlend formuliert habe. Wieder zu Hause freute sich unser Chor auch sehr über die Anwesenheit einer Gruppe Starnberger und Wolfratshauser Musiker und Sänger bei der Beerdigung unserer Erika in Geretsried. Und nicht zuletzt wurde die CD von den Konzerten dieser Reise ausdrücklich ihr gewidmet.

Die Weiterfahrt nach Barbezieux hatte sich natürlich stark verzögert und verlief in allgemeiner Stille, außerdem gerieten wir bei der Überquerung der „chaine de volcans" in ein Schneegestöber, sodass nach der Ankunft kaum Zeit zur Begrüßung der Gastfamilien und Anlegen der Konzertkleidung blieb. Da unsere Gastgeberin zur Gitarrenstunde in der Musikschule aufbrechen musste, die sich in unmittelbarer Nähe der Kathedrale St. Mathias de Barbezieux befindet, waren wir zusammen mit 3 Musikern das Aufbauteam des Abends. Die Hotels der Stadt liegen alle außerhalb, weshalb viele von uns erst kurz vor der Probe eintreffen konnten. Nach allem, was dieser Tag für uns gebracht hatte, wurde dann das Konzert das innigste und ergreifendste unserer ganzen Reise.

Wie sehr konnten wir den folgenden Dienstag bei Sonnenschein und angenehmen Temperaturen in La Rochelle an der Atlantikküste genießen. Am Mittwoch ging es dann strickt nordwärts in Richtung Dinard. Kurz vor der Abfahrt bekam ich noch ein 150-kehliges Geburtstagsständchen gesungen, das sicherlich klangreichste meines Lebens. Unterwegs gerieten wir in eine Polizeikontrolle, bei der sich herausstellte, dass unser Busfahrer am Montag nach den Aufregungen des Tages vergessen hatte, die Fahrten-Kotrollscheibe aus dem Bus zu nehmen, die Ruhezeiten waren zwar korrekt eingehalten, trotzdem wollte der Polizist über 300 € Bußgeld. Unsere Partnerschaftsvertreterin Yvette Sauer konnte ihn dank ihres muttersprachlichen Französisch auf 170 € herunterhandeln, aber als wir erfuhren, dass diese Strafen die Busfahrer aus eigener Tasche begleichen müssen, starteten wir eine Sammelaktion und konnten beim Halt in Nantes dem Fahrer den kompletten Betrag plus einem kleinen "Zuckerl" zur Nervenberuhigung überreichen. Die Mittagszeit in Nantes benutzten wir zur Besichtigung der Kathedrale, wo wir eine Kerze für Erika entzündeten, und das konnten wir auf dem Mont St. Michel und bei der Rückfahrt in den Kathedrale von Chartres und Reims wiederholen. Auch dieser Tag war kilometerreich, dafür erwarteten uns in Dinard ein Abendessen und Ferien-

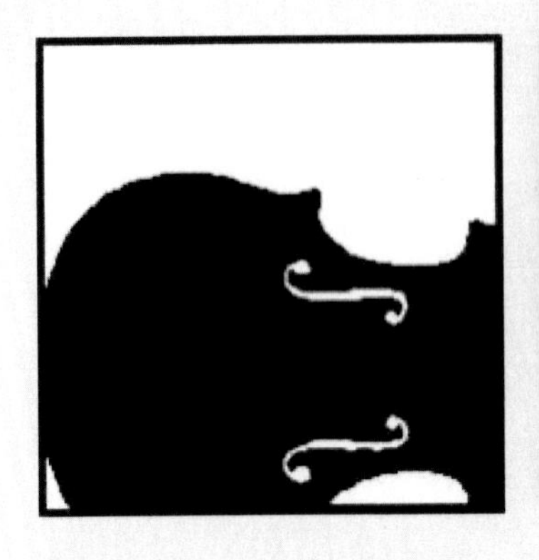

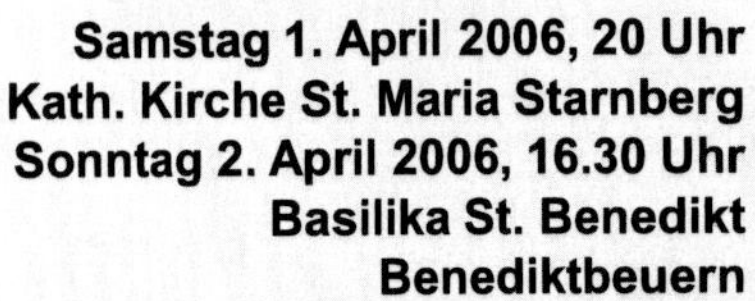

Samstag 1. April 2006, 20 Uhr
Kath. Kirche St. Maria Starnberg
Sonntag 2. April 2006, 16.30 Uhr
Basilika St. Benedikt
Benediktbeuern

Dimanche 9 avril 2006,
18 heures
Notre-Dame de Chamalières
Lundi 10 avril 2006, 21 heures
Saint-Mathias de Barbezieux
Vendredi 14 avril 2006,
20 heures
Notre-Dame de Dinard

Sigrid Plundrich
Sopran, soprano
Regine Mahn
Mezzosopran, mezzo-soprano
Gustavo Martín-Sánchez
Tenor, ténor
Martin Danes
Bass, basse
Ulli Schäfer
A cappella-*Chorleitung,*
Chef de choeur

Gioacchino Rossini

Stabat mater

Chor- und Orchesterwerke von
Oeuvres pour choeur et orchestre
de Bach, Verdi, Bruckner,
Mendelssohn Bartholdy

Philharmonischer Chor Oberland, Choeur philharmonique de l'Oberland
Chor des Starnberger Musikkreises
Choeur du Cercle de Musique de Starnberg,
Leitung, direction: Ulli Schäfer
Chor der Musikfreunde Isartal, Choeur des Amis de la Musique de la vallée de l'Isar,
Leitung, direction: Rainer Marquart

Philharmonisches Orchester Oberland,
Orchestre philharmonique de l'Oberland
Philharmonisches Orchester Isartal
Orchestre philharmonique de la vallée de l'Isar Leitung, direction: Christoph Adt
Orchester des Starnberger Musikkreises
Orchestre du Cercle de Musique de Starnberg Leitung, direction: Ulli Schäfer

Christoph Adt ***Gesamtleitung, Chef d´orchestre***

Fünf Aufführungen von Rossinis Stabat mater in Deutschland und Frankreich, öffentlich verteiltes Programmheft

appartements in der *Vicomté*. Ein Bett ohne vorherige Konversation in Französisch, das war erholsam und wurde in unserem 4-er-Appartement mit vielen Chorsängern und einem Geburtstagstrunk gefeiert.

Der Chor von Dinard hat uns am Gründonnerstag zum Mont St. Michel begleitet, uns unterwegs ein Essen und den Partnerschaftsabend vorbereitet und am Freitag mit uns geprobt, beim Aufbau in der Kathedrale Notre Dame de Dinard geholfen und abends im Konzert gemeinsam das *Tollite Hostias* aus dem Oratorio de Noel von Camille Saint-Saens gesungen. Überhaupt durften wir auf der ganzen Reise viel Solidarität und Freundschaft erfahren.

Von der Normandie nach Bayern, eine kilometerreiche Rückfahrt lag am Samstag vor uns, trotzdem ist uns die Kathedrale von Chartres, wo wir die a-capella-Werke unserer Konzerte singen konnten, in bleibender Erinnerung. Einen ganz besonderen Eindruck hatte Reims für uns parat: Für eine Übertragung an Ostern war der Platz vor der Kirche und der Eingangsbereich mit Fernseh-Equipment vollgestellt. Ein kurzer Rundgang durch die Kathedrale und ein Blick auf das einmalige Kirchenfenster von Chagall wurde uns doch gestattet, und dann sangen wir am Seitenportal unter einem Engel-Relief den 8-stimmigen Chorsatz *Denn er hat seinen Engeln befohlen* aus dem Oratorium *Elias* von Felix Mendelssohn Bartholdy, und trotz Nieselregens hatten wir rasch viele Zuhörer.

In der Nacht zum Ostermontag kamen wir übermüdet aber glücklich zu Hause an. Ich hoffe, mein Bericht zeigt, dass für alle, trotz der Anstrengungen einer so weiten Reise, fünf Jahre später diese nicht mehr zählen. Was bleibt ist die Erinnerung an Musik in Kathedralen, an neue Freunde bei den Mitfahrern, an liebevolle Aufnahme bei den Partnern und an eine vielfältige Landschaft und Kultur. Für dies alles möchte ich mich bei Susanne und Christoph Kessler bedanken, sie trugen von der Idee bis zur Vollendung der Reise die Hauptlast der Organisation und Durchführung und haben damit uns allen zu einem einzigartigen Erlebnis verholfen."

Gruppenfoto der Mitglieder der Frankreichfahrt vor der Vicomté in Dinard, Foto: Marco Frei

FÜR HERAUSRAGENDE
KULTURARBEIT

VERLEIHT
DIE STADT WOLFRATSHAUSEN
DEM
KONZERTVEREIN ISARTAL E.V.

DEN
KULTURPREIS
1997

WOLFRATSHAUSEN, 19. JULI 1997

PETER FINSTERWALDER
1. BÜRGERMEISTER

Kulturpreis 1997 der Stadt Wolfratshausen an den Konzertverein Isartal e.V., überreicht von der Stadt Wolfratshausen zu Händen von Dr. Christoph Kessler und Prof. Dr. Günther Weiß

1.11 Ehrungen und CD-Produktionen

Ehrungen

Dem Konzertverein Isartal e.V. wurde nach seinen Aufführungen des Brahms-Requiems als erstem Beispiel erfolgreicher und wegweisender Zusammenführung von Chören der Region mit dem Philharmonischen Orchester Isartal der Kulturpreis 1997 der Stadt Wolfratshausen im Juli 1997 anlässlich des Festkonzerts mit Eric Terwilliger als Solisten durch den 1. Bürgermeister Peter Finsterwalder – der steter Gast bei den Konzerten der Klassikreihe war – verliehen. Der Preis wurde zu Händen von Dr. Christoph Kessler und Prof. Dr. Weiß verliehen.

Diesen Wolfratshauser Kulturpreis bekam Ende 2002 auch Prof. Dr. Günther Weiß nach seinem Abschied als langjähriger Musikalischer Leiter und Dirigent des Philharmonischen Orchesters und des Kammerensembles Isartal von der Stadt Wolfratshausen durch den 1. Bürgermeister Rainer Berchtold verliehen.

Vom Konzertverein Isartal e.V. wurde Dr. Christoph Kessler am 5. Juni 1999 als Dank für die unvergessliche Japanreise, für seine unermüdliche Arbeit für den Verein und in Erinnerung an viele schöne Konzerte mit einer Urkunde geehrt.

Der Landkreis Bad Tölz ehrte den Vorsitzenden des Konzertvereins Dr. Christoph Kessler mit der Isar-Loisach-Medaille für seine besonderen Verdienste im Ehrenamt am 9. Dezember 2000 durch den Landrat Manfred Nagler im Barocksaal des Klosters Benediktbeuern.

Anlässlich der Aufführung des Tschaikowsky-Balletts *Der Schwanensee* am 14. Juli 2007 überreichte der Bürgermeister Paul Brauner die Ehrenmedaille in Bronze an die Vorstandsmitglieder des Konzertvereins Isartal e.V. mit über 10-jähriger Vorstandstätigkeit Dr. Christoph Kessler (16), Sybille Dimbath (16) und Dr. Hans Horsmann (11).

CD-Produktionen

Bei größeren Projekten wurden durch Studios Ton-Aufnahmen gemacht. Diese *Live*-Mitschnitte wurden auf CD gebrannt. Die CD mit Bachs *Weihnachtsoratorium* (Teile 1-3) wurden für den privaten Gebrauch produziert. Die CDs mit Brahms *Ein deutsches Requiem* (1997), Beethovens *Neunter* (2000) und Rossinis *Stabat mater* (2006) wurden in größerer Auflage produziert und mit vielseitigen Textbüchern versehen, die alle Informationen über die Werke und Aufführungen enthalten.

CD-Produktionen:

- J. Brahms: *Ein deutsches Requiem*, G. Weiß, Philharmonischer Chor und Orchester Isartal, CD-Mitschnitt der Aufführung vom 15. März 1997 in der Klosterkirche Schäftlarn
- L. v. Beethoven: Symphonie Nr. 9 d-moll, op. 125, G. Weiß, Philharmonischer Chor und Orchester Isartal, CD-Mitschnitt der Aufführung am 2. Januar 2000 in der Loisachhalle Wolfratshausen
- J. S. Bach: Weihnachtsoratorium, Kantaten 1-3, P. Amelung, VokalEnsemble Icking und Kammerensemble Isartal, CD-Mitschnitt der Aufführung am 20. Dezember 2000, Hl. Kreuz Icking
- G. Rossini: *Stabat mater*, C. Adt/U. Schäfer/R. Marquart, Philharmonischer Chor und Orchester Isartal, CD-Mitschnitt der Aufführung am 2. April 2006 in der Klosterkirche Benediktbeuern

eröffnungskonzert

meistersolisten im isartal

abonnement 2012

Amaryllis Quartett Basel
Kuss Quartett Berlin
Mariella und Magdalena Haubs New York - München
Thomas E. Bauer und Uta Hielscher Bernried
Zemlinsky Quartett Prag
Anna Gourari München
Gémeaux Quartett und Julian Steckel Zürich - Berlin

Eröffnungskonzert Amaryllis Quartett

Basel

Preisträger Premio Paolo Borciani 2008, Schubert Wettbewerb Graz 2009

Mittwoch 12. Oktober 2011, 19:30 Uhr
Evangelische Auferstehungskirche Icking, anschließend Empfang
Eintritt frei – alle Kammermusikfreunde sind herzlich willkommen!

Gustav Frielinghaus Violine, **Lena Wirth** Violine
Lena Eckels Viola, **Yves Sandoz** Violoncello

Wolfgang Amadeus Mozart Streichquartett D-Dur, KV 499 *(Hoffmeister)*
Alban Berg Lyrische Suite
Ludwig van Beethoven Streichquartett e-moll op. 59/2 *(Rasumowsky)*

Susanne Kessler Einführung um 18:30 Uhr in der evangelischen Kirche

2005 gewann das Amaryllis Quartett den 1. Preis beim Internationalen Charles Hennen Concours. Es ist Preisträger des Premio Paolo Borciani 2008 und des Schubert Wettbewerbs Graz 2009. 2009 erhielt das Quartett auch ein Stipendium des Deutschen Musikwettbewerbs in Bonn und wurde in die 54. Bundesauswahl Konzerte Junger Künstler aufgenommen. Förderpreis des Landes Nordrhein-Westfalen 2010. Zwei Preise errangen die Musiker beim Internationalen Streichquartett-Wettbewerb TROMP 2008 in Eindhoven.

Das Amaryllis Quartett spielt regelmäßig in Konzertreihen und auf Festivals in Deutschland, der Schweiz und dem europäischen Ausland. Dazu zählten Auftritte in der Stuttgarter Liederhalle, beim Lucerne Festival, beim Festival Mecklenburg-Vorpommern, bei der Società del Quartetto di Milano und bei der Schubertiade Barcelona. Außerdem rief das Quartett seine eigenen Konzertreihen in der Laeiszhalle Hamburg und im Konzertsaal Solothurn ins Leben.

Marc Chagall: David mit der Harfe (Mourlot M 134)

Veranstalter KLANGWELT KLASSIK • freunde der kammermusik e.V.

Die neue Konzertreihe meistersolisten im isartal des Vereins KLANGWELT KLASSIK • freunde der kammermusik e.V.: Eröffnungskonzert mit dem Amaryllis Quartett am 12. Oktober 2011 und sechs Abonnementskonzerte in 2012 mit dem Kuss Quartett, Mariella und Magdalena Haubs, Thomas E. Bauer und Uta Hielscher, Zemlinsky Quartett, Anna Gourari, Gémeaux Quartett und Julian Steckel, öffentlich verteilter Flyer

1.12 Vielfalt der Klassikszene – ein Ausblick

Die vielen Menschen, die sich im Laufe der letzten 20 Jahre für klassische Musik aktiv engagierten, haben die hiesige Kultur ohne Frage sehr bereichert. In den letzten 20 Jahren wurden in einer Reihe von Musikvereinen Strukturen gelegt, die für den Bestand der klassischen Musik in unserem Lebensraum sorgen. Dies ist das Werk aller Beteiligter, nicht von einzelnen. Dafür gebührt allen größter Dank und Anerkennung.

Zu hoffen ist auch, dass Sponsoren und kommunale Verantwortliche weiterhin für die Unterstützung der klassischen Musik und der musizierenden Menschen sorgen. Ohne dies ist eine längerfristige Weiterführung der Musikprojekte wohl nur schwer vorstellbar – zu wünschen ist, dass dies gelingt.

Dem Konzertverein Isartal e.V. war in all den 20 Jahren – gemeinsam mit kooperierenden Vereinen und Gruppierungen – ein Anliegen, nicht nur die eigenen Projekte durchzuführen, sondern auch viele Menschen an den Projekten teilhaben zu lassen und den Vereinspartnern über die Einbindung in seine Konzertreihe die Möglichkeit zu eigenen Konzerten zu geben. So waren und sind auch heute seine Organisationsstrukturen in der Satzung festgelegt.

In der Region gibt es vielfältige Formen der Aufführung von klassischer Musik. Diese Vielfalt entstand durch Diversifizierung von musikalischen Angeboten. Hochqualitative Solisten und Ensembles zu gewinnen, gelang in den letzten Jahren mehr und mehr. Neben dem Philharmonischen Chor und Orchester Isartal, dem Kammerensemble Isartal konzertierten beeindruckende Solisten und Gastensembles bei den Konzerten des Konzertvereins als auch beim Ickinger Konzertzyklus.

Im kammermusikalischen Bereich liegt der Schwerpunkt bei den Holzhauser Musiktagen und künftig auch bei den meistersolisten im isartal. Gerade im Bereich der Kammermusik wurden und werden bedeutende Ensembles hoher Qualität gewonnen. Dies ist auch das Ergebnis einer jahrelangen Aufbauarbeit und Kontaktknüpfung durch die Organisatoren.

Im Bereich der Förderung junger hochbegabter Solisten und Orchesterspieler sind sehr aktiv die Musikwerkstatt Jugend Icking mit der Förderung junger Orchesterspieler, die teilweise auch als Solisten auftreten, jedoch auch der Verein KLANGWELT KLASSIK innerhalb der Konzertreihe meistersolisten im isartal, indem junge Ensembles und Solisten eingeladen werden, die an der Schwelle einer internationalen Karriere stehen.

Es bleibt zu hoffen, dass auch in Zukunft die Vielfalt der hiesigen klassischen Musik nicht nur erhalten bleibt, sondern vielleicht noch gestärkt und weiter entwickelt wird. In diesem Sinn können die vielfältigen Aktivitäten des Konzertvereins Isartal, der Musikwerkstatt Jugend Icking, der meistersolisten im isartal, des Ickinger Konzertzyklus, der Schäftlarner Konzerte und der Holzhauser Musiktage sowie auch die Konzertangebote der hiesigen Chöre und Musikschulen beitragen. Dabei hat jede Reihe ihren eigenen Schwerpunkt – in diesem Sinn stellen die Konzerte Alternativen dar und ergänzen sich.

Es gibt also allen Grund, optimistisch in die Zukunft zu sehen – im Sinn der Vielfalt der Musik, die für viele Menschen lebensbereichernd und Lebensinhalt ist.

2 Werkbeschreibungen und Musikerportraits

2.1 Barock

2.1.1 Die Musik des Barock

Grundlagen für über 300 Jahre europäische Musik

Die Wende zum 17. Jahrhundert war für die Musik von einschneiden Veränderungen begleitet. Hatten in der Renaissance mehrstimmiges Madrigal und Motette mit affektausdeutender Gestaltung an Fürstenhöfen und in der Kirche für Unterhaltung und geistliche Erbauung gesorgt, so setzt sich um 1600 ein völlig neuer Stil durch.

In Florenz versuchte ein Kreis von Dichtern, Musikern und Intellektuellen, die griechische Tragödie zu rekonstruieren und neu zu beleben. Aus der Annahme, die Texte seien von den handelnden Personen zu stützender Instrumentalbegleitung im Wechsel mit dem Chor gesungen worden, entstand etwas völlig Neues: Die Entstehung der *Monodie* – des instrumental begleiteten Sologesangs – war die Geburtsstunde der *Oper*. Monteverdis *Orfeo* (1607 in Mantua uraufgeführt) war eines der ersten ausgereiften Werke dieser neuen Gattung mit Wechsel von Sologesang, Chören und instrumentalen Zwischenspielen. Die frühere Gleichwertigkeit der Stimmen im mehrstimmigen Satz wich einer Polarität der Außenstimmen (Sopran-Bass). Als stützendes Gegengewicht kam dem Bass besondere Bedeutung zu. Ein Tasteninstrument ergänzte den Klangraum zwischen Melodie und Bass. Da die genauen Akkordtöne unerheblich waren, wurden sie bald in abkürzender Schrift als Ziffern unter den Bass notiert: Das *Generalbasszeitalter* hatte begonnen – ein anderer Begriff für Musik im Barock.

Statt Gesang konnte natürlich auch ein Instrument vom Generalbass begleitet werden: Als Gegenbegriff zur *Kantate* (cantare - singen) gab es nun auch die *Sonate* (suonare - klingen). Entsprechend dem Duett in der Oper konnte ein zweites Melodieinstrument zum Generalbass hinzutreten (*Triosonate*).

Ebenfalls um 1600 schrieb in Venedig Giovanni Gabrieli die erste „Orchestermusik" für mehrere Instrumentalgruppen, die im Wechsel von den verschiedenen Emporen der Markuskirche miteinander „konzertierten" – ebenfalls eine Geburtsstunde: die der reinen Instrumentalmusik und des „Konzerts" (concertare - zusammenwirken, wetteifern). Im barocken *Concerto grosso* entfaltete das Prinzip der miteinander konzertierenden Gruppen bis etwa 1750 seine Blüte. Zusammen mit der *Ouvertüre* als instrumentalem Eröffnungsstück zur Oper und der *Suite* (Folge von höfischen Tänzen) wurde es nach 1750 Vorbild für die klassische Symphonie. Auch das *Solokonzert* – Spezialfall des Concerto – entstand in dieser Zeit, es behielt bis heute seine Bedeutung.

Mit den neuen Gattungen Oper, Concerto und Sonate war der Grund gelegt für über 300 Jahre europäischer Musikgeschichte. Das Dur-Moll-System setzte sich gegenüber den Kirchentonarten durch und Kadenzschlüsse gliederten das Musikstück in Abschnitte. Die Barockmusik ist im Wesentlichen monothematisch, d. h. ein Motiv, oft das Kopf- oder Eröffnungsmotiv, prägt den ganzen Satz in kunstvollen Varianten. Die Variation wird zu einer wichtigen Gattung der Instrumentalmusik.

Hof und Kirche als Kulturträger der Zeit übernahmen diese Formen zu prunkvoller Selbstdarstellung und Repräsentation, insbesondere der absolutistische Fürstenhof. Theater und Oper wurden mit grandiosem Aufwand betrieben, Bühnenmaschinerien und reisende Primadonnen und Kastraten begeisterten das Publikum. In der Da-Capo-Arie zeigte der Sänger im Wieder-holungsteil seine ganze Virtuosität durch freie Auszierung der Melodik. Die *Affekten- und Figurenlehre* bot dem Komponisten das Handwerkszeug, jegliche Art von Empfindung und Leidenschaft möglichst eindringlich auf die Hörer zu übertragen.

Während die katholische Kirche vor allem die musikalisch begleitete Messe pflegte und Vorbehalte gegen alle nicht mit Gottes Wort verbundene, insbesondere sie Instrumentalmusik (noch bis ins 20. Jahrhundert) hatte, so war die Oper als Vorbild in der evangelischen Kirchenmusik auch für geistliche Werke willkommen. Konnte man doch in Kantate und Oratorium mit den gleichen musikalischen Mitteln eindringlich biblische Inhalte darstellen, predigen und überzeugen.

Wurde Georg Friedrich Händel zunächst als Meister der italienischen Oper und erst später auch des Oratoriums gefeiert, so fasste das Genie Johann Sebastian Bach alle musikgeschichtlichen Strömungen seit dem 15. Jahrhundert zusammen. In seinem späten, ausgeprägt polyphonen Stil greift er zurück auf die Vokalwerke der Niederländer wie Josquin des Prés (ca 1450-1521) und schafft damit die größten und bedeutendsten Werke der europäischen Musikgeschichte am Ende des Barock. In seinen Söhnen erlebte er noch die Wende zum galanten und empfindsamen Stil, der die musikalische Klassik einleitete.

Schloss Belvedere, Wien *Foto H. P. Schaefer*

2.1.2 Komponistenportraits, Werkbeschreibungen und Portraits von Orchestermusikern

Georg Friedrich Händel
Gemälde von Th. Hudson

Georg Friedrich Händel

1685-1759

Georg Friedrich Händel wurde 1685 (im gleichen Jahr wie Bach) in Halle als Sohn eines Wundarztes geboren. Früh trat er an der Orgel auf, studierte aber dem Wunsch des Vaters entsprechend zunächst Jura. Entscheidend war die Begegnung mit der italienischen Oper im Hamburger Opernorchester. Nach dreijährigem Studienaufenthalt in Italien trat er 1710 in den Dienst des Kurfürsten von Hannover. Als dieser den englischen Königsthron als George I. bestieg, folgte Händel ihm 1712 nach London. Dort komponierte er für den Hof und für sein eigenes Opernunternehmen vorwiegend Opern (insgesamt etwa 40 Komüpsitionen). Nach Schlaganfällen und Misserfolgen mit der italienischen Oper wandte er sich der Kirchenmusik zu (*Messias*, 1741). Hoch geachtet starb Händel in 1759 in London und erhielt ein Ehrengrab in Westminster Abbey.

Händels Concerto grosso op. 6,3

Die 12 Concerti grossi, die unter der Opuszahl 6 erschienen sind, bilden den Höhepunkt und Abschluss des instrumentalen Schaffens von Georg Friedrich Händel. Sie entstanden in der erstaunlich kurzen Zeit zwischen dem 29. September und 30. Oktober 1739. Der Komponist muss sich in einem wahren Schaffensrausch befunden haben, als er ein Meisterwerk nach dem anderen zu Papier brachte. Die Eigenschriften der Concerti sind fast vollständig erhalten und sorgfältig datiert, so dass man den Fortschritt der Komposition von Tag zu Tag verfolgen kann.

Die Gattungen des Concerto grosso und des Solokonzerts entstanden etwa gleichzeitig Mitte des 17. Jahrhunderts in Oberitalien. Beide Bezeichnungen sind vom italienischen *concertare* = *wettstreiten, wetteifern* abgeleitet und tragen der Tatsache Rechnung, dass auch der konstruktivsten Zusammenarbeit stets ein Element des Wettstreits innewohnt. Während beim Solokonzert **ein einziges** Instrument dem Orchester solistisch gegenübertritt, sind es beim Concerto grosso **mehrere** Soloinstrumente, die mit dem Orchestertutti wetteifern. In den meisten Fällen – so auch bei Händel – entsprechen diese Soloinstrumente der Besetzung einer Triosonate, also zwei Violinen und Basso continuo (Violoncello und Cembalo).

Der erste Großmeister des Concerto grosso war Arcangelo Corelli (1653 – 1713), den der junge Händel auf seiner Italienreise persönlich kennen lernen durfte. Die Concerti grossi von Corelli blieben für Händel ein Leben lang verpflichtendes Vorbild und Muster. Daher ist es wohl kein Zufall, dass der Meister seine 12 Concerti grossi unter der Opuszahl 6 veröffentlichte, denn auch Corellis Sammlung von 12 Concerti grossi war als Opus 6 erschienen. Die gleiche Opuszahl, die gleiche Gattung und die gleiche Anzahl von Einzelwerken – das musste den Vergleich mit dem älteren Meister herausfordern, und Händel demonstrierte, dass er diesen Vergleich nicht zu scheuen brauchte.

Das fünfsätzige Konzert Nr. 3 in e-moll verzichtet auf Blasinstrumente; es ist – abgesehen vom Cembalo – ein reines Streicherstück. Das **einleitende Larghetto** hebt im gravitätischen Drei-Halbe-Takt an:

Die Soloinstrumente und das Orchester wechseln sich in viertaktigen Abschnitten ab, ehe der Satz in eine längere Orchesterpassage mündet und in einem Halbschluss auf H-Dur endet.

Dann hebt der **zweite Satz** an, eine Doppelfuge. Das erste Thema bildet eine abfallende Linie mit dem auffallenden Intervall der verminderten Quart, während das zweite Thema in einer lebhaften Achtelbewegung besteht. Beide Themen setzen gleichzeitig ein:

Händel zeigt seine kontrapunktischen Künste und lässt die Themen in immer neuen Abwandlungen durch alle Stimmen wandern. Zuletzt kommt die Achtelbewegung zur Ruhe, und das ganze Orchester spielt triumphierend das Thema mit der verminderten Quart. Dann klingt der Satz nach einer Generalpause im *Adagio* aus.

Der **dritte Satz**, ein Allegro, beginnt mit einem kräftigen Unisono des gesamten Orchesters:

Schon bald löst sich das Unisono in ein dichtes vielstimmiges Gewebe auf, und auch die Soloinstrumente treten wieder hervor. Insbesondere der ersten Solovioline verlangt Händel einiges an Virtuosität ab.

Der **vierte Satz**, eine Polonaise, steht als einziger nicht in der Grundtonart e-moll, sondern in G-Dur. Er beginnt im Stil einer Musette, d.h. der Bass bleibt auf demselben Ton liegen und imitiert so die Bordunpfeife eines Dudelsacks. Dadurch erhält die Musik den Charakter eines einfachen, ländlichen Tanzes:

Freilich bleibt es nicht dabei; Händel zieht alle Register seines Könnens und hebt den Satz in die Sphäre der Kunstmusik, wobei auch die Soloinstrumente wieder zu ihrem Recht kommen.

Der fünfte und **letzte Satz** (Andante), der kürzeste von allen, kehrt nach e-moll zurück. Die Soloinstrumente beginnen mit einem knappen, aber prägnanten Motiv:

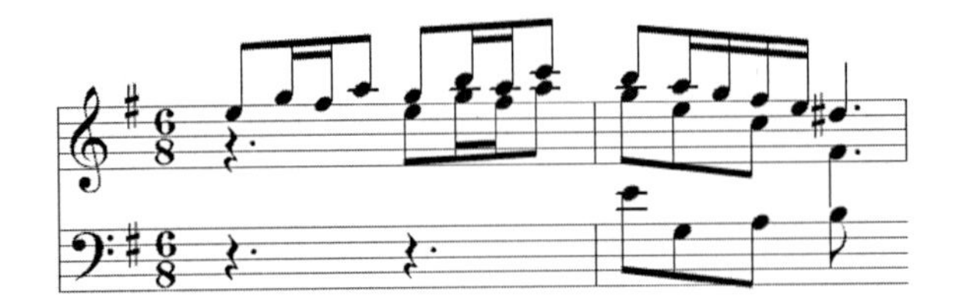

Das Orchester nimmt das Motiv auf, und bald spielen sich Soli und Tutti taktweise die Bälle zu, bis schließlich das Orchester die Oberhand behält und das Werk zu Ende führt. Der Meister hatte diesen Satz ursprünglich für die Ouvertüre seiner *Cäcilien-Ode* vorgesehen (als Trio des Menuetts), wo er im Autograph erhalten ist. Doch fand sich für die *Cäcilien-Ode* eine andere Lösung, und Händel – stets ökonomisch in der Wiederverwendung des musikalischen Materials – übernahm den Satz in das vorliegende Concerto grosso.

Reinhard Szyszka

Aus dem Manuskript von Händels Concerto grosso op. 6,5

Johann Sebastian Bach
1748, Ölbild von Elias Gottlob Haußmann
(in amerik. Privatbesitz)

Johann Sebastian Bach

1685 – 1750

Johann Sebastian Bach, geboren 1685 in Eisenach, entstammt einer weit verzweigten, thüringischen Musikerfamilie. Als Organist wirkte er in Arnstadt und am Hof in Weimar, ab 1717 als Kapellmeister am Fürstenhof in Köthen. 1723 wechselte er nach Leipzig, wo er als Kantor der Thomaskirche 27 Jahre lang, bis zu seinem Tod 1750, tätig war und für die Musik in den fünf Hauptkirchen Leipzigs Verantwortung trug.

Bach und seine Werke

Johann Sebastian Bach wurde als jüngster Sohn des Stadt- und Hofmusikers Ambrosius Bach und dessen Ehefrau Elisabeth am 21. März 1685 in Eisenach geboren; er entstammte einer weitverzweigten thüringischen Musikerfamilie. Vom Vater erhielt er traditionsgemäß die erste musikalische Unterweisung in der Bläser- und Streicherkunst des Stadtpfeifers. Nach dem frühen Tod beider Eltern kam er als 10jähriger zu seinem Bruder Johann Christoph Bach, der ihn auf die Lateinschule schickte und weiter musikalisch förderte. Nach Internatszeit im Michaeliskloster in Lüneburg erhielt er bereits 1702 seine erste Anstellung als Organist in Arnstadt, danach 1707 in Mühlhausen. Ab 1708 wurde er als Organist und Konzertmeister am Hof in Weimar angestellt. Wegen eines heftigen Konflikts mit seinem Herzog verließ Bach 1717 Weimar und ging als Hofkapellmeister nach Köthen.

Hier entstanden viele seiner berühmten weltlichen Werke: Orchester- und Kammermusik wie die 6 Brandenburgische Konzerte, Orchester-Suiten, viele Solokonzerte und *Das wohl temperierte Clavier I* sowie eine Reihe weltlicher Kantaten. Bach hatte keine Bedenken, einer weltlichen Komposition geistliche Texte zu unterlegen und sie in der umtextierten Fassung (Parodie) in der Kirche zu verwenden.

Im Dezember 1722 bewarb er sich um die vakante Stelle des Kantors an St. Thomas in Leipzig, der die Musikpflege in den Hauptkirchen der Stadt oblag. Er erhielt diese Stelle, nachdem die drei damals berühmtesten Komponisten G. Ph. Telemann, J. Fr. Fasch und Chr. Graupner abgesagt hatten. Angesichts des Aufstiegs des höfischen Musikwesens mit seinen reichen Entfaltungsmöglichkeiten für den Musiker musste Bach den Wechsel vom Hofkapellmeister zum Schulkantor als sozialen Abstieg empfinden. Dennoch behielt Bach diese Stelle über 27 Jahre bis zu seinem Tod; in dieser Zeit entstanden seine wichtigsten Werke, die seine überragende Bedeutung für die evangelische Kirchenmusik begründeten. So führte er bereits am Karfreitag 1723 die *Johannes-Passion* in der Thomaskirche zu Leipzig auf. Neben über 200 Kirchenkantaten wurde am Karfreitag 1727 die *Matthäus-Passion* uraufgeführt, 1733 die *h-moll-Messe*, 1734 das *Weihnachts-Oratorium*. Drei weitere Passionen sind vermutlich verloren gegangen.

Das Spätwerk Bachs begründet seine zentrale Bedeutung für die Musikgeschichte über die Kirchenmusik hinaus, obwohl diese vergeistigten und abstrakten Spätwerke – alles Meisterwerke des Kontrapunkts - wie die *Goldberg-Variationen*, die *Canonischen Veränderungen über Vom Himmel hoch da komm ich her* für Orgel (1746/47), das *Musikalische Opfer* (1747), sowie die *Kunst der Fuge* (1749/50) zunächst nicht verstanden und anerkannt wurden. 1747 hoffte Bach nochmals – allerdings vergeblich - wieder in den höfischen Musikdienst zu gelangen. Über seinen dort als Hofcembalist angestellten Sohn Carl Philipp Emanuel erwirkte er beim preußischen König Friedrich dem Großen eine Einladung. Nach diesem denkwürdigen Besuch entstand aus einem von König beim Besuch gegebenen musikalischen Thema das Friedrich dem Großen gewidmete *Musikalische Opfer*, das in dem 6-stimmigen *Ricercar* über das "königliche Thema" gipfelte. Das Werk entsprach jedoch bei weitem nicht mehr dem bei Hofe bevorzugten neumodischen Musikstil der Frühklassik; Bach erhielt vom König auch nie eine Antwort.

Nach schwerem Augenleiden und Erblindung trotz zweier Staroperationen starb er nach einem Schlaganfall am 28. Juli 1750.

Christoph Kessler

Matthäus-Passion, BWV 224

Die *Matthäus-Passion* war eine von ursprünglich bis zu fünf Passionen Johann Sebastian Bachs (nach zeitgenössischen Quellen *„fünf Passionen, darunter eine für Doppelchor"*), von denen nur noch die *Matthäus-* und *Johannes-Passion* vollständig erhalten sind. Über die Passionen zum Lukas- und Markus-Evangelium wurden jüngst Rekonstruktionsversuche unternommen.

Entstehung von Bachs Matthäus-Passion

Die erste Aufführung der *Matthäus-Passion* erfolgte am Karfreitag, dem 11. April 1727 in der Thomaskirche in Leipzig; sie wurde 1729, 1736 und 1744 mindestens weitere drei Mal (aber in einer jeweils anderen Fassung) aufgeführt. Einzelne Stücke mögen bereits älteren Datums sein; belegt ist dies für den Abschluss des ersten Teils mit der Choralvariation *O Mensch, bewein dein Sünde groß*, der schon in der zweiten Fassung der Johannes-Passion (1725) im Eingangschor zu hören ist. Die heute zur Aufführung gelangte Fassung basiert auf der neuen Gesamtausgabe der Werke Bachs durch die Neue Bach Gesellschaft (erschienen im Bärenreiter-Verlag), die eine Wiedergabe jedes Werks in seiner authentischen Fassung anstrebt.

Der Text der *Matthäus-Passion* stammt von Christian Friedrich Henrici (1700-1764), einem Dichter aus Leipzig, der unter dem Pseudonym *Picander* auch viele Kantatentexte für Bach geschrieben hat. Die autographe Partitur und die Originalstimmen entsprechen der dritten Fassung, die am 30. März 1736 im Vespergottesdienst am Karfreitag zur Aufführung kam. Der Text von Henrici verwendet den Text von zwei Kapiteln des Matthäus-Evangeliums (Matth. 26,1-75, 27,1-66) als Grundlage der Erzählung vom Leiden und Sterben Jesu. Henrici hat dazu insgesamt 28 Texte geschaffen, die Bach in Form von Ariosi, Rezitativen, Arien und Turbachören mit unterschiedlichsten musikalischen Mitteln vertont hat. In diesen Gesamttext hat Bach 12 schlichte Choräle eingefügt, die er selbst ausgewählt hat. Hinzu kommen die großen Chöre zu Beginn und Schluss des ersten Teils sowie der große Schlusschor.

Das Leiden und Sterben Jesu wird – beginnend mit dem Abendmahl – in einzelne Abschnitte gegliedert.

1. Teil	***Eingangschor***	**Nr. 1**	
	a. Abendmahl	Nr. 2-16	(Matth. 26,1-35)
	Choral	Nr. 17	
	b. Gefangennahme	Nr. 18-28	(Matth. 26,35-56)
	Choralvariation	Nr. 29	
2. Teil	c. Verhör	Nr. 30-39	(Matth. 26,57-75)
	Choral	**Nr. 40**	
	a. Urteil	Nr. 41-53	(Matth. 27,1-30)
	Choral (2str.)	**Nr. 54**	
	b. Kreuzigung	Nr. 55-61	(Matth. 2,31-50)
	Choral	Nr. 62	
	c. Grablegung	Nr. 63-67	(Matth. 27,51-66)
	Schlusschor	**Nr. 68**	

.Aus dem Autograph der Matthäus-Passion: Nr. 71, der Text des Rezitativs ist mit roter Tinte geschrieben

Zwei Choräle nehmen zentrale Bedeutung ein: der Choral Nr. 40 (*Bin ich gleich von dir gewichen*), der innerhalb der inneren Symmetrie des Werkes die Gottbezogenheit und Überwindung der eigenen Sünde durch Gottes Gnade zum Ausdruck bringt. Der durch Wiederholung hervorgehobene Choral Nr. 54 (*O Haupt voll Blut und Wunden*) markiert den Wendepunkt der Handlung im 2. Teil hin zur Kreuzigung und Grablegung. Die gewaltigen Eingangs- und Schlusschöre halten das Werk wie eine Klammer zusammen.

Die Matthäus-Passion geriet nach dem Tod Johann Sebastian Bachs fast 100 Jahre in Vergessenheit. Es ist ein großes Verdienst von Felix Mendelssohn-Bartholdy, die *Matthäus-Passion* wiederentdeckt und am 11. März 1829 mit der Berliner Singakademie aufgeführt zu haben. Die Wiederfindung und Aufführung dieses zentralen Werkes der Musikgeschichte markierte gleichzeitig den Beginn der Bach-Renaissance, der wir die Wiederentdeckung der vergessenen „Alten Musik" verdanken.

Im süddeutschen Raum wurde die Matthäus-Passion erstmals 1842 – also 13 Jahre nach der Berliner Wiederaufführung durch Felix Mendelssohn-Bartholdy – in München aufgeführt. Der Initiator war Hofkapellmeister Franz Lachner. Wie es im Programmheft heißt, fand die Aufführung unter der „Mitwirkung von zweihundert Individuen" statt. Die Presse verhieß damals dem Stück kein langes Leben.

Bedeutung und musikalischen Struktur von Bachs Matthäus-Passion

Die *Matthäus-Passion* von Johann Sebastian Bach ist eines der Zentralwerke protestantischer Kirchenmusik. Anders als bei den katholischen Messen oder Requien, denen liturgische lateinische Texte zugrunde liegen, entspricht die Matthäus-Passion dem Typus einer oratorischen Passion. In dieser wird der deutsche Text aus der Luther-Bibel – nämlich die Leidensgeschichte Jesu, wie sie im Matthäus-Evangelium berichtet wird – als Fundament der Komposition genommen. Der biblische Text wird wörtlich übernommen, jedoch durch Einschübe freier Textdichtung in Form von Arien und Chorälen kontemplativ immer wieder unterbrochen, die die Betrachtung des gerade erzählten Textes meditativ vertiefen. Dadurch wird die Leidensgeschichte Jesu nicht nur erzählt, sondern in Form einer „Predigtmusik" verkündet. Dabei sind die musikalischen Wendungen unmittelbar mit den Textinhalten verknüpft; durch Motivik und Stimmführung werden die Textaussagen unterstützt und verstärkt zu einer an den Gläubigen gerichteten Botschaft.

Über die Verflechtung der Handlungsstränge, Gedanken, Bilder und Symbole wird eine höhere Ebene der Verkündigung erreicht, mit der die Botschaft, die der Evangelientext in sich trägt, in seiner ganzen Kraft und Erschütterung erschlossen wird - ein geistliches Vermächtnis Bachs.

Musikalisch werden die verschiedenen Ebenen dieses äußerst kunstvollen und komplexen Werkes durch unterschiedlichste Stilmittel und Besetzungen realisiert. So werden die Rezitative als Handlungsträger mit verteilten Rollen gestaltet. Der Evangelist erzählt nüchtern – doch mit zunehmender Dramatik – die Leidensgeschichte vom Abendmahl und Gefangennahme bis hin zu Kreuzigung und Tod; die Erzählung erfolgt in Form des auf das Wesentliche beschränkten Secco-Rezitativs und wird sparsam unterstützt durch schlichte Begleitung der drei Continuo-Instumente (Violoncello, Kontrabass, Cembalo).

Die Dramatik der Handlung wird zusätzlich – wie in einer barocken Oper – durch Einfügung weiterer Rollen (wörtliche Reden durch Petrus, Judas, Pilatus, Hohenpriester, Mägde) gesteigert. Tritt das Volk auf, wird von Bach die musikalische Form des motettischen Satzes gewählt – vierstimmige polyphone „Turba"chöre – oftmals mehrchörig gesetzt. Der Charakter der dramatisch geschickt eingesetzten 19 Turbachöre ist wiederum vielfältig: von verspottend (Nr. 36d: *Weissage*, Nr. 53b: *Gegrüßest*) über anklagend (Nr. 45b, 50b: *Laßt ihn kreuzigen*), entscheidend (Nr.45a: *Barrabam*), verhöhnend (Nr. 58d: *Andern hat er geholfen*), bis hin zu erschüttert erkennend (Nr. 63b: *Wahrlich, dieser ist Gottes Sohn gewesen*).

Tonmalerische Affektgestaltung aus der barocken Oper werden eingesetzt, um weitere dramatische Steigerungen zu erreichen: wenn im Augenblick des Erdbebens die Worte des Evangelisten vom erregten Klang der Continuogruppe untermalt werden (Nr. 63a: *Und siehe, der Vorhang des Tempels zerriss*) oder das Donnergrollen lautmalerisch dargestellt wird (Nr. 27b*: Sind Blitze, sind Donner in Wolken verschwunden*) – eine stimmungsvolle Nachahmung der Natur.

Dagegen sind die Christusworte in Form von Accompagnato-Rezitativen im deklamatorischen Stil geschrieben und ganz auf die eindrückliche Verkündigung Jesu ausgelegt; musikalisch werden die Worte Jesu zusätzlich mit einem Klangteppich der Streicher und Orgel – quasi als „Heiligenschein" – effektvoll unterlegt. Dadurch wird die unmittelbare Verknüpfung von Textgehalt und sprachlichem Ausdruck gesteigert und überhöht.

Der Handlungsverlauf wird immer wieder unterbrochen, um Ruhepunkte und Abschnitte des Nachdenkens über das gerade Geschehene zu erhalten. Dies wird über insgesamt 13 Arien in wechselnder Besetzung erreicht. Die Arien dienen als „Affektstationen" wie auch in der damaligen Oper zur gefühlvollen Versenkung in Inhalt und Bedeutung des vorausgegangenen Bibeltextes für jeden einzelnen zuhörenden Gläubigen, jede einzelne „gläubige Seele". Die musikalischen Formen reichen einerseits von kammermusikalischen Soloarien in kleinster Besetzung (Nr. 35: *Geduld, wenn mich falsche Zungen stechen* für Tenor und Gambe) über virtuoses Konzertieren von Flöte oder Violine mit den Gesangssolisten – unterlegt durch Continuo oder kleines Streichorchester (Nr. 8*: Blute nur, du liebes Herz*; Nr. 39: *Erbarme dich*; Nr. 42: *Gebt mir meinen Jesum wieder*), bis hin zu Arien mit eigenen – manchmal ariosen – Einleitungsteilen (Nr. 59: *Ach, Golgatha*; Nr. 64: *Am Abend, da es kühle ward*).

Die Anteilnahme an der Handlung durch die ganze Gemeinde wird durch 12 zum jeweiligen Text passende Choräle in schlichtem Satz erreicht. Diese von Bach selbst ausgewählten Choräle, Liedmelodien in schlichter Form, reflektieren die Anteilnahme der ganzen Gemeinde über die zum Text passenden Kirchenlied-Strophen. Diese Kirchenlieder entsprangen oftmals bekannten – zum Teil weltlichen – Melodien und waren somit der ganzen Gemeinde bekannt (Nr. 37: *Wer hat dich so geschlagen* nach der Melodie *Nun ruhen alle Wälder* von Heinrich Isaak; Nr. 54: *O Haupt voll Blut und Wunden* nach *Mein G´müt ist mir verwirret, das macht ein Jungfrau zart* von Hans Leo Hassler). Diese Choräle sind harmonisch äußerst eindringlich gesetzt; bei Wiederholungen wird jeweils einer der Situation angepasste unterschiedliche Tonart verwendet (Nr. 15, Nr. 17, Nr. 44, Nr. 54, Nr. 62). Sogar unterschiedliche harmonische Unterlegungen werden gewählt, um unterschiedliche Empfindungen zu erzeugen (Nr. 3: *Herzliebster Jesus, was hast du verbrochen*, Nr. 46: *Wie wunderbarlich ist doch diese Strafe* in „wunderbarlicher" textbezogener Harmonisierung des Choralbeginns).

Daneben gibt es umfangreiche Einzelkompositionen, in denen eine Choralmelodie Eingang findet. Solch eine Choralbearbeitung ist der gewaltige Einganschor, in dem durch einen zusätzlichen Knabenchor die Choralmelodie *O Lamm Gottes* als Cantus firmus in den doppelchörigen Motettensatz eingeflochten wird (Nr. 1: *Kommt, ihr Töchter, helft mir klagen*).

Eine weitere Choralbearbeitung findet sich zum Schluss des ersten Teils, bei der die Chor-Soprane den Choral über einem polyphonen Motettensatz singen (Nr. 29: *O Mensch, bewein´dein Sünde groß*). Ein großer Chorsatz beendet die Passion mit dem Ausdruck der Rührung und Zuneigung. Die Symmetrie der musikalischen Architektur Bachs bringt es mit sich, dass am Ende des Werks ein Schlusschor gleichen Ranges zum Eingangschor steht; der lange schmerzvolle dissonante Halbtonvorhalt der Flöten vor dem c-moll Schlussakkord ist Ausdruck äußerster Traurigkeit (Nr . 68: *Wir setzen uns in Tränen nieder*).

Bachs *Matthäus-Passion* stellt mit all seinen verschiedenen – am Text der Verkündigung orientierten - musikalischen Stilmitteln ein einzigartiges Werk dar, das – obwohl nahezu hundert Jahre vergessen – das Leiden und Sterben Jesu in unvergleichlicher Intensität und von tiefer Frömmigkeit geprägt miterleben und mitleiden lässt und zu Recht als eines der zentralen Werke der Musikgeschichte eingeordnet wird.

Christoph Kessler

Inhalt der Matthäus-Passion

Teil 1

1 Chor I, II Kinderchor
Kommt, ihr Töchter, helft mir klagen
2 Evangelist, Jesus
Da Jesus diese Rede vollendet hatte
3 Choral
Herzliebster Jesu, was hast du verbrochen
4a Evangelist
Da versammelten sich die Hohenpriester
4b Chor I, II
Ja nicht auf das Fest
4c Evangelist
Da nun Jesus war zu Bethanien
4d Chor I
Wozu dienet dieser Unrat
4e Evangelist, Jesus
Da das Jesu merkete, sprach er zu ihnen
5 Rezitativ (Alt)
Du lieber Heiland du
6 Arie (Alt)
Buß und Reu
7 Evangelist, Judas
Da ging hin der Zwölfen einer
8 Arie (Sopran)
Blute nur, du liebes Herz
9a Evangelist
Aber am ersten Tage der süßen Brot´
9b Chor I
Wo willst du, dass wir dir bereiten
9c Evangelist, Jesus
Er sprach: Gehet hin in die Stadt
9d Evangelist
Und sie wurden sehr betrübt
9e Chor I
Herr, bin ich´s?
10 Choral
Ich bin´s, ich sollte büßen
11 Evangelist, Jesus, Judas
Er antwortete und sprach: Der mit der Hand mit mir
12 Rezitativ (Sopran)
Wiewohl mein Herz in Tränen schwimmt
13 Arie (Sopran)
Ich will dir mein Herze schenken
14 Evangelist, Jesus
Und da sie den Lobgesang gesprochen hatten
15 Choral
Erkenne mich, mein Hüter
16 Evangelist, Petrus, Jesus
Petrus aber antwortete
17 Choral
Ich will hier bei dir stehen
18 Evangelist, Jesus
Da kam Jesus mit ihnen zu einem Hofe
19 Rezitativ (Tenor), Chor I, II
O Schmerz, hier zittert das gequälte Herz
Chor: *Was ist die Ursach aller solcher Plagen?*
20 Arie (Tenor), Chor I, II
Ich will bei meinem Jesu wachen
Chor: *So schlafen unsre Sünden ein*
21 Evangelist, Jesus
Und ging hin ein wenig
22 Rezitativ (Bass)
Der Heiland fällt vor seinem Vater nieder
23 Arie (Bass)
Gerne will ich mich bequemen
24 Evangelist, Jesus
Und er kam zu seinen Jüngern und fand sie schlafend
25 Choral
Was mein Gott will, das g´scheh allzeit
26 Evangelist, Jesus, Judas
Und er kam und fand sie aber schlafend
27 Arie/Duett (Sopran,Alt), Chor II
So ist mein Jesus nun gefangen
Chor: *Lasst ihn, haltet, bindet nicht!*
27b Chor I/II
Sind Blitze, sind Donner in Wolken verschwunden
28 Evangelist, Jesus
Und siehe, einer aus denen, die mit Jesu waren
29 Choral
O Mensch, bewein´ dein Sünde groß

Teil 2

30 Arie (Alt), Chor I/II
Ach, nun ist mein Jesu hin
Chor: *Wo ist denn dein Freund hingegangen*
31 Evangelist
Die aber Jesum gegriffen hatten
32 Choral
Mir hat die Welt trüglich gericht´t
33 Evangelist, Zeuge I, II, Hoherpriester
Und wiewohl viel falsche Zeugen herzutraten
34 Rezitativ (Tenor)
Mein Jesus schweigt zu falschen Lügen stille
35 Arie (Tenor)
Geduld, wenn mich falsche Zungen stechen
36a Evangelist, Hoherpriester, Jesus
Und der Hohepriester anwortete
36b Chor I, II
Er ist des Todes schuldig
36c Evangelist
Da speieten sie aus in sein Angesicht
36d Chor I, II
Weissage uns, Christe
37 Choral
Wer hat dich so geschlagen
38a Evangelist, Magd I, II, Petrus
Petrus aber saß draußen im Palast
38b Chor II
Wahrlich, du bist auch einer von denen
38c Evangelist, Petrus
Da hub er an sich zu verfluchen und zu schwören
39 Aria (Alt)
Erbarme dich, mein Gott, um meiner Zähren willen
40 Choral
Bin ich gleich von dir gewichen
41a Evangelist, Judas
Des Morgens aber hielten alle Hohenpriester
41b Chor I, II
Was gehet uns das an?
41c Evangelist, Hoherpriester I, II
Und er warf die Silberlinge
42 Arie (Bass)
Gebt mir meinen Jesum wieder
43 Evangelist, Pilatus, Jesus
Sie hielten aber einen Rat, und kauften einen Töpfers-Acker
44 Choral
Befiehl du deine Wege
45a Evangelist, Pilatus, Frau des Pilatus, Chor I, II
Auf das Fest aber hatte der Landpfleger Gewohnheit
Pilatus:
Was soll ich machen mit Jesu
45b Chor I, II
Lass ihn kreuzigen!
46 Choral
Wie wunderbarlich ist doch diese Strafe
47 Evangelist, Pilatus
Der Landpfleger sagte: Was hat er denn Übels getan?
48 Rezitativ (Sopran)
Er hat uns allen wohlgetan
49 Arie (Sopran)
Aus Liebe will mein Heiland sterben
50a Evangelist
Sie schrien aber noch mehr
50b Chor I, II
Lass ihn kreuzigen!
50c Evangelist, Pilatus
Da aber Pilatus sahe
50d Chor I, II
Sein Blut komme über uns
50e Evangelist
Da gab er ihnen Barrabam los
51 Rezitativ (Alt)
Erbarm es Gott!
52 Arie (Alt)
Können Tränen meiner Wangen nichts erlangen
53a Evangelist
Da nahmen die Kriegsknechte des Landpflegers
53b Chor I, II
Gegrüßet seist du, Judenkönig
53c Evangelist
Und speieten ihn an
54 Choral
O Haupt voll Blut und Wunden
55 Evangelist
Und da sie ihn verspottet hatten
56 Rezitativ (Bass)
Ja, freilich will in uns das Fleisch und Blut
57 Arie (Bass)
Komm, süßes Kreuz
58a Evangelist
Und da sie an die Stätte kamen
58b Chor I, II
Der du den Tempel Gottes zerbrichst
58c Evangelist
Desgleichen auch die Hohenpriester
58d Chor I, II
Andern hat er geholfen
58e Evangelist
Desgleichen schmäheten ihn auch die Mörder
59 Rezitativ (Alt)
Ach Golgatha, unsel´ges Golgatha
60 Arie (Alt), Chor II
Sehet, Jesus hat die Hand
Wohin?
61a Evangelist, Jesus
Und von der sechsten Stunde an
61b Chor I
Der rufet dem Elias!
61c Evangelist
Und bald lief einer unter ihnen
61d Chor II
Halt! Lass sehen
61e Evangelist
Aber Jesus schriee abermals laut
62 Choral
Wenn ich einmal soll scheiden
63a Evangelist
Und siehe da, der Vorhang im Tempel zerriss
63b Chor I, II
Wahrlich, dieser ist Gottes Sohn gewesen
63c Evangelist
Und es waren viel Weiber da
64 Rezitativ (Bass)
Am Abend, da es kühle war
65 Arie (Bass)
Mache dich, mein Herze, rein
66a Evangelist
Und Joseph nahm den Leib
66b Chor I, II
Herr, wir haben gedacht
66c Evangelist, Pilatus
Pilatus sprach zu ihnen
67 Rezitativ (Sopran, Alt, Tenor, Bass), Chor I, II
Nun ist der Herr zur Ruh gebracht
Chor: *Mein Jesu, gute Nacht!*
68 Chor I, II
Wir setzen uns mit Tränen nieder

Birgitta Kjäer Viola

Ich wurde geboren in Südlohn im Münsterland, direkt an der holländischen Grenze, und wurde stark geprägt durch die ersten Lebenseindrücke: das flache Land, die langen Abende, wenn die Sonne erst um 23.00 Uhr untergeht. Mit 9 Jahren lernte ich etwa 2.5 Jahre Violine. Während des Studiums in Berlin entbrannte eine große Sehnsucht in mir, doch wieder eine Geige in der Hand zu haben – daraus wurde dann eine Bratsche.

Ich studierte Pharmazie in Nancy und Erlangen – dort lernte ich Hedi Schütze kennen, wir beide liebten Schumann und Brahms – ging dann nach Berlin zu Approbation, schließlich nach München zur Promotion in Geschichte der Naturwissenschaften mit dem Thema: 'P. Udalricus Staudigl - Mönch und Arzt'. Er war Mönch in Andechs und ich durfte dort, sowie auch in Salzburg, Paris, Florenz und im Vatikan forschen. Heute bin ich tätig als leitende Pharmazeutin in der klinischen Forschung in Leiden, nahe Amsterdam.

Von 1987 bis 2007 wohnte ich in Aufhofen/Egling und widmete mich während der ersten Berufsjahre der sog. Karriere. Als ich nicht mehr so viel reisen musste, habe ich meine Bratsche ausgepackt und zuerst im Schulorchester Geretsried mitgespielt. Hedi Schütze hatte mich auf das Isartaler Orchester aufmerksam gemacht. Nachdem ich es einige Male als Zuhörerin in der Loisachhalle genossen hatte, schloss ich mich 1996 an.

Für mich war es ein riesiger Anreiz, in einem großen Orchester mitzuspielen. Ich habe viel geübt und von Anfang an viel dazugelernt. Eine Besonderheit der Bratsche ist, dass sie zumeist vor den Blechbläsern sitzt. Ich habe dies ohne Ohropax überlebt. Die Einsätze muss zumeist der 1. Bratscher geben, da Dirigenten üblicherweise die Bratschen in ihre Einsätze nicht mit einbeziehen. Sie wenden sich meist zur 1. Geige oder zu den Celli. Aber die Bratschen? Nun, die folgen einfach. Leider hat Hannes gerne spät den Bogen gehoben und das gab dann nach hinten wenig Zeit, um rechtzeitig im Rennen dabei zu sein.

Die Aufführungen unter Prof. Weiß hatten für mich immer etwas Besonderes, Heiliges. Die Ehrfurcht vor der Musik als solcher stand im Vordergrund, eine Art Hingabe an die Musik und das Publikum und vielleicht auch an den Schöpfer? Später standen die Proben im Vordergrund, das 'Handwerkliche', der Versuch aus Laien ein Orchester zu machen, das Annehmbares leistet. Highlights waren für mich Bachs Matthäuspassion und die Japanreise.

Heute spiele ich im Toonkunstorkest Leiden, in dem ich mich hier gleich zu Hause fühlte. Etwas Neues durfte ich hier kennenlernen: Nach der Sommer- und Wintersaison haben wir einen geselligen Kammermusikabend. Für mich war dies ein wichtiges Geschenk, denn so habe ich viele Orchestermitglieder und deren Häuser privat zu Übungszwecken kennengelernt. Wenn ich jetzt durch Leiden fietse weiß ich: Da wohnt die, da wohnt der. Vor der Pause kommt die hohe Kunst der Musik, und nach der Pause, zu Wein und Knabbereien, kommt unterhaltende Musik. Die 10 Bratscher treten analog den Berliner Cellisten zusammen auf.

Weitere Interessen, Hobbies? Garteln, Architektur, neue Länder und Gebräuche kennenlerne, drum bin ich nun in der Traumstadt Leiden und kann redlich gut Holländisch sprechen. Vögel lieb ich auch über alles, und ich liebe Gesellschaftsspiele.

Dr. Birgitta Kjäer

Höfische Unterhaltungsmusik mit Tanzcharakter

Zu Bachs erster Orchestersuite

Die Orchestersuite aus stilisierten Tanzsätzen war in der Barockzeit eine beliebte Form der höfischen, später auch gehobenen bürgerlichen Unterhaltungsmusik. In Frankreich erhielt sie durch die Ballettbegeisterung bei Hofe eine spezielle Ausprägung. Den Tanz- und Ballettmusiken – meist aus einer Oper oder einem Tanzdrama – wurde wie in den Bühnenwerken eine Ouvertüre als gewichtiges Einleitungsstück vorangestellt. In dieser Form übernahmen die spätbarocken Komponisten Telemann, Bach und Händel die Gattung.

Wann Bachs seine vier Orchestersuiten – nach der Tradition auch einfach Ouvertüren genannt – schrieb, ist nicht ganz gesichert. Entweder sie entstanden noch in seiner Kapellmeister-Zeit am Hof in Köthen (bis1723), wo er im Orchester sehr versierte Musiker zur Verfügung hatte. In Köthen hatte sich Bach eingehend mit der französischen Musiktradition auseinandergesetzt, wie die in dieser Zeit komponierten Französischen Suiten für Cembalo zeigen. Möglicherweise entstanden die Orchestersuiten auch erst später in Leipzig für das bürgerliche *Collegium musicum*, ein Instrumental-Ensemble aus städtischen Musikern, Studenten und älteren Schülern der Thomasschule, das Bach 1729 zusätzlich zu seinem Kantoren-Amt übernahm. Er brauchte das Orchester zur Aufführung von weltlichen Werken wie Huldigungs-, Krönungs-, Hochzeits- und Festmusiken für Stadt und Universität. Aus manchen dieser Gelegenheitskompositionen übertrug er später Ausschnitte in seine großen Passionen. Wöchentlich versorgte er mehrere Jahre lang dieses Orchester mit neuen Werken, wechselnd auch mit Chorbeteiligung; dadurch traten sogar die wöchentlichen Kantaten-Kompositionen in den Hintergrund.

Die erste Suite in C-Dur unterscheidet sich von den anderen dreien zunächst durch ihre Besetzung. Dem Streichorchester werden drei Bläsersolisten (zwei Oboen und Fagott) beigegeben, die allerdings nur als Trio solistisch in Erscheinung treten, sonst meist mit den Streicherstimmen als Klangverstärkung parallel geführt sind. In dieser Suite überwiegen die schnellen Sätze; so fehlt dem Werk ein langsamer Satz, der z.B. die dritte Orchestersuite mit der berühmten Air so populär gemacht hat, ebenso der Glanz der Trompeten und Pauken (3. und 4. Suite in D-Dur) oder das virtuose Soloinstrument (2. Suite in h-moll).

Eine französische **Ouvertüre** eröffnet das Werk, d.h. ein feierlicher, langsamer Einleitungsteil in punktiertem Rhythmus umrahmt einen schnellen Abschnitt in polyphonem, fugiertem Stil. Der langsame, eigentlich homophone Teil wirkt stark ausgeziert durch Triller, Umspielungen oder lange Auftakte zu den melodischen Schwerpunkten.

Im Mittelteil herrscht das Fugenthema vor:

In der Art eines Concerto grosso übernehmen die drei Bläser (zwei Oboen und Fagott) als Trio solistische Einwürfe oder konzertieren mit den Streichern und lockern so den festlich-strengen Charakter.

Die **Courante**, ein schneller Tanz im Dreiertakt, hat graziösen, leichten Charakter.

Nach Tanztradition paarweise in verschiedenen Charakteren mit Da Capo folgen zwei **Gavotte**-Sätze in geradem Takt, die erste schwungvoll- heiter in vollem Orchestersatz.

In der zweiten Gavotte führen die Bläser. Die Mittelstimmen werfen signalartige Dreiklangsmotive ein.

Die **Forlane** ist ein Tanz in beschwingtem Dreiermetrum (6/4-Takt) aus Norditalien, der bei den Opernkomponisten des Barock beliebt war. Melodisch herrschen die Oberstimmen, während die Mittelstimmen mit einen Klangteppich aus schnellen Achtelbewegungen untermalen.

Auch das **Menuett** in mäßig schnellem Dreiertakt tritt paarweise auf, im Mittelteil (Menuett II) schweigen die Bläser.

Von Synkopen und Laufwerk gezeichnet ist die schnelle **Boureé**, deren Mittelteil (Boureé II) die Bläser allein vortragen.

Im **Passepied**, beschwingt im ganztaktigen Dreiermetrum, überwiegt melodisches Laufwerk, während die Bassinstrumente mit kurzen Achteln begleiten.

Passepied II in weicherem Legato wirkt als Kontrast zum wiederkehrenden Passepied I.

Orgelmusik für Orchester

Bachs Passacaglia c-moll und ihre Bearbeitung

Um 1717, etwa zur Zeit von Bachs Wechsel nach Köthen, entstand das Orgelwerk *Passacaglia und Fuge in c-moll*. Der Begriff *Passacaglia* hat die gleichen Herkunft wie im Deutschen der „Gassenhauer", also eine Musik oder Melodie, die beim Umzug durch die Gassen (*pasar una calle*) gespielt wurde. Durch die spanische Gitarrenmusik gelangte die *Passacaglia* im 16. Jahrhundert nach Italien als Tanz im Dreiertakt mit einem sich ständig wiederholenden, meist achttaktigen Grundbass. Seit dem späten 17. Jahrhundert wurden über dem gleichbleibenden Bass Variationen mit kunstvollen Verzierungen und teils virtuosen Ausschmückungen angelegt.

Bachs Orgelpassacaglia entwickelt sich über folgendem achtaktigen Grundthema, das zu Beginn allein erklingt:

Insgesamt folgen 20 Variationen, die sich nach einem systematischen Bauplan zu Gruppen von 2-4 ähnlich strukturierten Variationen zusammenschließen. Variationen 1-2 (2), 3-5 (3) und 6-9 (4), im zweiten Teil die Variationen 12-15 (4), 16-18 (3) und 19-20 (2) gehören durch gleichartige rhythmische Figurationen zusammen. Im Zentrum bilden die Variationen 10-11 einen Höhepunkt an kontrapunktischer Verarbeitung, wobei das Thema vom Bass in die Oberstimmen wandert, dann über die Mittelstimmen zurückkehrt und in der 16. Variation wieder in voller Gestalt im Bass erklingt.

Diese Gruppierung folgt nach einer Analyse von W. Gurlitt einem Proportionsgesetz, das dem Verhältnis der Schwingungszahlen in der Obertonreihe (1:2 Oktave, 2:3 Quinte, 3:4 Terz) entspricht und in zahlreichen Kompositionen Bachs zu finden ist, u.a. in der berühmten *Chaconne d-moll* für Violine solo und in den *Goldberg-Variationen.* Soweit zur strengen Architektonik, die beim einmaligen Hören wohl kaum auffallen dürfte, aber hinweist auf Bachs Sinn für Proportionen und Zahlensymbolik.

Johann Sebastian Bach (?)
um 1717
Ölbild von J. E. Rentsch

Leopold Stokowski

Leopold Stokowski, 1882 als Sohn polnisch-schottischer Eltern in London geboren, begann bereits mit 13 Jahren sein Studium am *Royal College of Music*. 1902 wirkte er als Organist in London, ab 1905 in New York. Ab 1909 leitete er das *Cincinnati Symphony Orchestra*, 1912-1936 das *Philadelphia Orchestra*, das er zu höchster Qualität aufbaute. Mit der weltweit ein.-maligen Anzahl von etwa 2000 Ur- und amerikanischen Erstaufführungen sorgte er für Bekanntheit der Neuen Musik in Amerika. Er komponierte und bearbeitete Werke für Filme in Zusammenarbeit u.a. mit Walt Disney. Aufgrund seiner Persönlichkeit und Affären galt er als *der* amerikanische, exzentrische 'Showdirigent'. Er setzte zum Beispiel gezielt Lichteffekte ein, um im verdunkelten Raum seine großen Hände – er dirigierte ohne Taktstock – hervorzuheben. Publicity war ihm immer wichtig, er ließ keinen Skandal aus, um in den Schlagzeilen der Boulevardblätter zu bleiben.

Seine Orchester-Transkriptionen zahlreicher Werke – insbesondere von Orgelwerken Bachs – waren immer sehr umstritten wegen ihres satten, wuchtigen bis bombastischen Orchester-Mischklangs. „Stokowskisieren" wurde zum Inbegriff dieser Art Bearbeitung. Selbst Eingriffe in Notentext und Instrumentation bei Werken von Beethoven, Brahms oder Mahler, weil diese seiner Meinung nach nichts von Instrumenten verstanden, hielt er im Dienst von Effekten für legitim.

Bis ins höchste Alter war er als Pultstar in allen europäischen Metropolen zu Gast. 95-jährig schloss er noch einen neuen 5-Jahres-vertrag mit seiner Schallplattenfirma. Er starb 1977 in England.

Zu seiner Bearbeitung von Bachs Orgel-Passacaglia schrieb Stokowski ein Vorwort, dieses sei in freier Übersetzung hier zitiert:

Bachs Passacaglia ist in der Musik das, was eine riesige Kathedrale für die Architektur bedeutet – die gleiche unermessliche Konzeption, das gleiche zur Unendlichkeit emporstrebende Mysterium in ewige Form gegossen.

Bach hinterließ kein Orchesterwerk dieser Bedeutung, vielleicht, weil die Orchestermusik seiner Zeit noch zu wenig entwickelt war. Selbst die Orchestersuiten und die Brandenburgischen Konzerte sind intimere Werke für den kleineren fürstlichen Saal. Nur in den großen Orgel-Kompositionen hat Bach zu dieser Erhabenheit und Freiheit im Ausdruck gefunden, darunter ist die Passacaglia in c-moll eine der bedeutendsten. Weil aber nicht jedermann die Möglichkeit hat, dieses Werk öfter auf der Orgel zu hören, und um es dem Bach-Liebhaber näher zu bringen, habe ich es für Orchester bearbeitet. Diese Passacaglia ist inhaltlich eine so bedeutsame musikalische Schöpfung, dass das Ausdrucksmittel relativ unwichtig ist. Ob sie von einer Orgel, oder dem umfangreichsten aller Musikinstrumente, einem Orchester, gespielt wird – sie ist eine der zutiefst göttlich inspiriertesten Schöpfungen, die je ersonnen wurden.

Leopold Stokowski

Ausdruckvielfalt und latente Mehrstimmigkeit

Bachs Suiten für Violoncello solo

Die sechs Suiten für Violoncello solo gehören als einzigartige Meisterwerke ins Repertoire aller Cello-Virtuosen und Liebhaber dieses Instruments. Wie ihre „Geschwister", die sechs Sonaten und Partiten für Violine solo, loten sie die klanglichen Möglichkeiten des Instruments aus in einer bis dahin nie gehörten Fülle der Fantasie und künstlerisch-empfindsamer Ausdrucksvielfalt. Insbesondere mit den Cellosuiten setzte Bach so überwältigende Maßstäbe wie auch später kaum ein Komponist nach ihm.

Bach komponierte die sechs Suiten für Violoncello solo und die Sonaten und Partiten für Violine solo zwischen 1717 und 1720 in Köthen. Dort fand er nicht nur eine Hofkapelle mit exzellenten Musikern vor, sondern im Fürsten Leopold von Anhalt-Köthen auch einen musikverständigen und -begeisterten Dienstherrn, für dessen musikalische Soireen Bach ständig neue Kammermusikwerke beizusteuern hatte. Die Cello-Suiten entstanden vielleicht für oder auf Anregung durch den ebenfalls in Köthen wirkenden berühmten Gambisten Christian Ferdinand Abel.

Ob die Cello-Suiten vor oder nach den Werken für Soloviolinе komponiert wurden, lässt sich nur vermuten. Die Forschung tendiert dazu, die Cello-Suiten früher zu datieren, da sie in Form und virtuosem Anspruch konventioneller gehalten sind als die experimentelleren Violinwerke. Wie viele Instrumentalwerke Bachs sind sie wahrscheinlich auch zu Lehr- und Übungszwecken verfasst worden, ohne dass darin eine Wertung gesehen werden darf.

Bachs virtuose Werke für ein Solo-Streichinstrument stellen sich – wie viele seiner Kompositionen – als End- und Höhepunkt einer Epoche dar. Der musikalische Barock hatte um 1600 mit der aufkommenden Monodie – und damit dem Vorrang der Melodie – begonnen, was nicht nur die Oper, sondern auch die instrumentale Kammermusik zur Blüte brachte. Der Instrumentenbau erlebte zu Bachs Zeiten mit Guarneri und Stradivari (†1732) einen grandiosen Höhepunkt, letzterer hatte das viersaitige Violoncello zu einem Standard geformt. Die virtuose Spieltechnik im Solokonzert war von Vivaldi (†1741) weiter entwickelt worden, der das Cello ab etwa 1720 solistisch einsetzte.

Werke für Soloviolinе ohne Generalbass-Begleitung komponierten vor Bach u. a. Heinrich I. F. Biber und J. J. Walther, für das unbegleitete Violoncello sind die Bach-Suiten die ersten ihrer Art. Wie aus einer einzigen, ornamental über-fließenden Melodielinie mit wenig akkordischem Spiel spannungsvolle Ordnungen und latente Mehrstimmigkeit entstehen, ist unvergleichlich.

Für etwa ein Jahrhundert waren die Solowerke Bachs zunächst so gut wie vergessen, fast ein weiteres Jahrhundert vor allem Experten bekannt und allenfalls als reine Übungsstücke im Gebrauch. Das Klavier und mit ihm die harmonische Vollstimmigkeit beherrschten den klassischen und romantischen Zeitgeschmack. Selbst Robert Schumann fügte einigen Bachschen Solowerken eine Klavierbegleitung hinzu. Erst der Geiger Joseph Joachim (1831-1907) spielte Bachs Solosonaten und -partiten öffentlich. Im 20. Jahrhundert entstanden daraufhin mehrfach Werke für Solo-Streichinstrumente, wenn auch wenige für Violoncello in ihrer Qualität an die Suiten Bachs heranreichen.

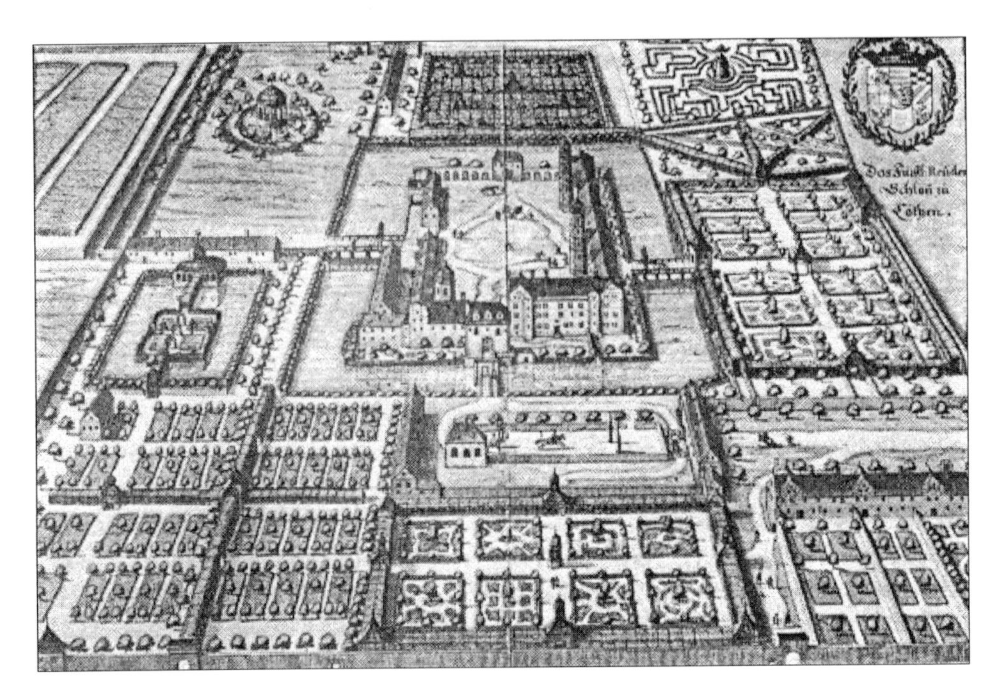

Die Residenz Köthen, Kupferstich des 18. Jahrhunderts

Im Wesentlichen folgen Bachs Cello-Solosuiten der seit der Renaissance gebräuchlichen Folge von Tänzen mit typischen Bewegungsmerkmalen, die jeweils einen eigenen musikalischen Charakter prägen: **Allemande** (mäßig schnell im Vierertakt, melodisch stark ausgeziert), **Courante** (in schnellem Dreiermetrum mit viel Laufwerk), **Sarabande** (sehr langsam und ernst im Dreiertakt mit melodischen Schwerpunkten auf der zweiten Zählzeit) und **Gigue** (sehr schnell, heiter bis hüpfend, im 3/8-, 6/8- oder 12/8-Takt, vielfach von Dreiklangsmelodik geprägt). Diese Standard-Tanzfolge kann durch weitere Tanzsätze wie **Menuett, Bourrée,** oder **Gavotte** vor der Gigue erweitert werden, diese sind die „modischeren", meist melodisch und formal schlichteren, aber bewegungsfreudigeren Tänze, währen die Standard-Stücke kunstvoller und stilisierter wirken. Eröffnet werden kann eine Suite mit einer Ouvertüre oder, wie in allen Cello-Suiten Bachs, einem **Prélude**. Die Préludes sind freier in Form und fantasievoller in der Ausgestaltung, da sie nicht an Tanzfiguren gebunden sind.

Auch formal verraten die meisten Sätze die Herkunft vom Tanz: Das Modell von Bewegungseinheiten in aneinander gereihten Viertaktgruppen bleibt in den meisten Sätzen formale Grundlage. Zur Erhöhung der Spannung werden Viertaktgruppen gekoppelt oder durch eingeschobene Takte erweitert. Auch die Zweiteiligkeit ist in den meisten Sätzen gewahrt, der erste Teil moduliert von der Tonika in die Dominanttonart, der zweite von dieser zurück in die Tonika. Alle Sätze stehen, wie in der Suite üblich, in der gleichen Tonart. Ausgenommen sind die Zwischenteile der Menuette, Gavotten und Bourrées, sie benutzen meist die parallele oder gleichnamige Moll- bzw. Durtonart.

Suite Nr. 1 in G-Dur

Der Anfang des einleitenden **Prélude** ist in seiner schlichten, klangvoll-gleichförmigen Dreiklangsbrechung dem bekannten ersten Klavierpräludium aus dem *Wohltemperierten Klavier* verwandt. Spielerische Akkord- und Tonleitermelodik machen das Prélude wohl zum bekanntesten Stück, das in keinem Cellounterricht fehlt. Tiefe Schwerpunkt-Töne auf betonter Zählzeit wirken wie Basstöne eines vollstimmigen, akkordischen Satzes.

Das Stück ist symmetrisch zweiteilig. Eine erste Steigerung des ununterbrochenen Sechzehntelflusses mündet in der Mitte des Stücks in eine Fermate auf der Dominante d. Der zweite Teil moduliert zurück und erreicht nach einer großen chromatischer Steigerung über dem mehrere Takte harmonisch zugrunde liegenden Orgelpunkt d den höchsten Melodieton g1 und damit wieder die Tonika G-Dur.

Die **Allemande** entspricht der Stimmung, die Mattheson (1739) als eigentümlich für eine Allemande beschreibt: Sie spiegelt *„das Bild eines zufriedenen und vergnügten Gemütes, das sich an guter Ruhe und Ordnung ergetzet"*. Symmetrisch in zweimal 16 Takte gegliedert, meist in gleichmäßig-ruhiger Sechzehntelbewegung, ergänzen sich die beiden Teile zu geschlossener Form.

Im Beginn der lebhaften **Courante** teilt sich die Melodie in Motiv und Begleittöne. Die abspringenden drei ersten Töne jedes Takts sind Akkorde, (zweimal G-Dur Tonika, C-Dur Subdominante, D-Dur Dominante). Ab dem 5.Takt erweitern und steigern sich Sechzehntelketten, um genau im 8. Takt die Einheit in G-dur wieder akkordisch abzuschließen.

Ein Musterbeispiel ihrer Art ist auch die **Sarabande**. In ebenmäßigen Viertaktgruppen, zu zweimal sechzehn Takten gefasst, hebt die Melodik die jeweils zweite Zählzeit durch rhythmische Dehnung hervor.

Beide **Menuette** nehmen in ihrem Anfangsmotiv den Beginn des Prélude auf, die Dreiklangsbrechung aufsteigend in G-Dur im ersten, in g-moll absteigend im zweiten Menuett.

Die lebhafte **Gigue** eröffnet ein viertaktiges, engräumiges Motiv, dessen schwingender Rhythmus im Verlauf des zweiten Teils den melodischen Ambitus erweitert und in ausholender Bewegung immer neue Viertaktgruppen anfügt.

Suite Nr. 2 in d-moll

Besinnlichere Grundstimmung herrscht in der zweiten Suite, bestärkt durch die Molltonart. Nachdenklich wirkt das **Prélude**. In weichen Legato-Windungen bewegt sich die Melodie nach den Taktschwerpunkten quasi fragend aufwärts zu einem Haltepunkt, aus dem dann die Linien weich fort strömen:

Die Melodie steigert sich in die eingestrichene Oktave und hält auf einer Fermate inne, die Linien münden dann in einen akkordischen Arpeggio-Schluss.

Die **Allemande** ist dem Prélude ähnlich in weich-melodischem Bewegungsfluss, wenn auch etwas herber durch zahlreiche Doppelgriffe, die auch dissonante Akkorde betonen.

In eiligem Sechzehntel-Laufwerk gleitet die **Courante** dahin. Wenige melodische Zäsuren lassen kaum Zeit zu Atmen, das verleiht ihr einen etwas hastigen Ausdruck.

Sehr ernst und in sich gekehrt wirkt die **Sarabande**, im charakteristischen Rhythmus dieses Satztyps. Zahlreiche Akkorde sind der Melodie unterlegt, sie wechseln mit einstimmigen Passagen.

Von den beiden **Menuetten** ist das erste schroff mit vielen Doppelgriffen gespickt, das mittlere in D-Dur hellt die Stimmung ein wenig auf.

Eleganter, in tänzerischem 3/8-Takt und einstimmig beginnt die **Gigue:**

Der Sechzehntelbewegung wird dichter. Basstöne kommen hinzu, die sich gegen Ende beider Teile zu derbem Bordun verfestigen, bevor eine über zwei Oktaven abfallende Tonleiter und ein aufsteigender Schlussdreiklang Eleganz und Schlichtheit des Anfangs wieder aufnehmen.

Suite Nr. 3 in C-Dur

Der Anfangstakt des **Prélude,** eine über zwei Oktaven fallende Kaskade in C-Dur wirkt wie ein sich öffnender Theatervorhang. Danach muss die Melodie erst wieder an Schwung gewinnen. In permanenter Sechzehntelbewegung steigert sie sich zu harmonisch vielfältigen, gebrochenen Akkorden. Nach pathetischen Kadenzakkorden kehrt das Stück zu seinem Beginn, der C-Dur-Kaskade, zurück, die – wieder wie ein Vorhang – das Prélude beschließt.

Mit dem gleichen absteigenden C-Dur-Beginn ist der Anfang der **Allemande** dem Prélude verwandt.

Sie kontrastiert jedoch in rhythmisch-tänzerischer und artikulatorischer Bewegtheit. Zweiunddreißigstel-Spielfiguren und -Verzierungen und große Sprünge erwecken den Eindruck von kapriziöser Launigkeit:

Ebenfalls mit fallendem C-Dur Dreiklang beginnt die **Courante,** die in dieser Suite trotz eiligem Tempo mehr Gelassenheit ausstrahlt als die tempera-mentvolle Allemande.

Den Ernst bringt wieder die **Sarabande,** stolz und feierlich, in getragenem Legato. Innerhalb des zweiten Teils moduliert sie ins schwermütige d-moll.

Munter und frisch wirkt dagegen die erste **Bourrée,** die mit der Sprunghaftigkeit der Allemande korrespondiert. Die zweite Bourrée in c-moll betont wieder mehr den Legato-Charakter.

Den fallenden Anfang der ersten drei Sätze kehrt Bach im Beginn der **Gigue** in einen aufsteigenden Akkord um, entsprechend dem heiter-beschwingten Charakter des Tanzes.

Suite Nr. 4 in Es-Dur

Große Gestik und fantasievolle, freie Form sind die Charakteristika des **Prélude**. Über zwei Oktaven fallen in Stufen gebrochene Dreiklänge wieder zum Grundton zurück, der in den ersten neun Takten als Orgelpunkt beibehalten wird, während die Harmonie sich alle zwei Takte ändert – wieder fällt einem als Vergleich das erste Klavierpräludium ein.

Wie dort bilden die Basstöne eine melodische Linie, die zunächst zum tiefsten Ton des Instruments (C), absteigt, beim zweiten Mal einen halben Ton höher auf einer Fermate auf Cis verweilt. Im mittleren Abschnitt wechseln rasante Skalen und Umspielungen mit den bekannten Dreiklangsbrechungen und lang gehaltenen Tönen quasi rezitativisch ab, um wieder den gleichförmigen Akkordbrechungen Platz zu machen. Auch im letzten Teil unterbrechen auflockernde Spielfiguren immer wieder die strenge Akkordfolge.

Ruhiges Fließen in der **Allemande** bildet den Kontrast zum Prélude. Sie wird gestaltet von zwei Bewegungsmustern in ruhigem Wechsel: Legato-Tonleitern in Sechzehnteln und Portato-Sprünge in Achteln.

Der Beginn der **Courante** ist im abwärts gerichteten Duktus dem Prélude verwandt. Sie enthält aber auch die raschen Tonleiterpassagen der Allemande. Als neue, dritte rhythmische Einheit kommt die vorwärts drängende, quasi anschiebende Triole hinzu. Aus dem Wechselspiel dieser drei Elemente entsteht die lebhafte, muntere Wirkung.

Die **Sarabande** erscheint weich und sinnend nach innen gekehrt. Zahlreiche Doppelgriffe und Akkorde lassen sie vollstimmig wirken, statt Sarabandenrhythmus überwiegen fast ständige Punktierungen, die sie zierlich und etwas gestelzt wirken lassen.

Charakteristisch für die folgende **Bourrée** ist der neben dem Hauptmotiv der fünftönige Tonleiterzug, der sich – wie ein kleiner Anlauf zu den Haupttönen – motivisch mit kleinen Echowirkungen verselbständigt. Der kurze Mittelteil (Bourrée 2) behält die Tonart Es-Dur bei, ist aber viel ruhiger in fast durch-gehendem Viertelrhythmus, in tieferer Lage und überwiegender Zweistimmigkeit.

Eine **Gigue** beschließt diese Suite als ein temperamentvolles, virtuoses Perpetuum mobile. Einzige melodische Momente des Verweilens sind im zweiten Takt in jedem der drei Abschnitte, sonst bleibt kaum Zeit zum Atemholen. Kleine kecke Drehfiguren und gebrochene Dreiklänge wirbeln übermütig im rasanten, schwungvollen 12/8-Takt.

Suite Nr. 5 in c-moll

Für diese Suite wird nach Vorschrift Bachs die oberste (a-Saite) des Violoncello um einen Ganzton tiefer gestimmt. Dadurch werden bestimmte Doppelgriffe und damit Akkorde möglich, und das Instrument erhält durch veränderte Resonanzverhältnisse eine dunklere Klangfarbe. Zudem verleiht die Tonart c-moll einen ernsten Charakter.

Das kunstvolle **Prélude** ist zweiteilig. Der einleitende erste Teil (Grave) erinnert in schwerfälligem Tempo, meist punktiertem Rhythmus und klangvollen Akkorden an den Beginn einer französischen Ouvertüre. Bei dieser folgt ein schneller Fugenteil, entsprechend in dieser Suite ein schneller Teil im schwingenden 3/8-Takt. Dessen charakteristisches Motiv deutet Wechselspiele mehrerer Stimmen an und ist einem Fugenthema ähnlich. Es durchzieht den Allegro-Teil nach dem Formplan einer Fuge mit Beantwortung auf der Quinte und Themenexpositionen in verschiedenen Tonarten, sowie freien Zwischenspielen. Ein interessantes Experiment einer Fuge in einem einstimmigen Stück!

Die **Allemande** zeigt ernsten und getragenen Charakter. Mit gewichtigen Doppelgriffen und punktierten Rhythmen stellt sie eine Beziehung zum ersten Teil des Prélude her. Ausdrucksvolle Melodiebögen zwischen den Akkorden lassen an freie Improvisation denken.

Die **Courante** mit stark rhythmischen Kontrasten überrascht durch ihren relativ langsamen 3/2-Takt. Sie wirkt streng und energisch, im Gegensatz zum spielerischen Laufwerk der anderen Couranten.

Es folgt eine gänzlich untypische **Sarabande**, die in konsequenter Einstimmigkeit versonnen mit gleichmäßigen Achtellinien spielt. Schmerzvolle Vorhalte und große dissonante Intervallsprünge wie Tritonus, Septimen und Nonen – diese würden in der Vokalmusik als *saltus duriusculi* (schmerzvolle Intervallsprünge) benannt – sowie dissonante, implizite Harmonien machen den Charakter dieses einzigartigen Stücks aus.

Die folgende **Gavotte** übernimmt die großräumigen Intervalle. Mit energischen Akkorden und dem strengen typischen Gavotte-Rhythmus (Wechsel von einem Viertel und zwei Achteln) wirkt sie grimmig und resolut. Die zweite Gavotte huscht dagegen in triolischem Laufwerk eilig, fast gespenstisch schnell vorüber.

In hüpfend punktiertem Rhythmus erinnert diese **Gigue** an ihren Ursprung als Springtanz. Dennoch wirkt sie nie ausgelassen, eher gehalten-streng, dem Charakter der ganzen Suite und der Tonart angemessen.

Suite Nr. 6 in D-Dur

Diese Suite komponierte Bach nicht für das viersaitige Violoncello, sondern für ein fünfsaitiges Instrument, die *Viola pomposa*, die zu den vier Saiten des Cello eine fünfte Saite (e^1) hatte. Der Tonumfang der Suite ist daher auf über drei Oktaven erweitert. Durch die fortgeschrittene Spieltechnik seit der Romantik ist dieses Stück heute auch auf dem viersaitigen Cello spielbar, erfordert aber Virtuosität, besonders in hoher Lage mit Daumenaufsatz. Zudem weichen die Tanztypen und ihre musikalischen Formeln freierer Gestaltung und abwechslungsreichem Ausdruck. Der Kontrast aufeinander folgender Sätze ist in keiner anderen Suite so ausgeprägt.

Im tänzerischen 12/8-Takt einer Gigue schwingt das **Prélude**, das gleich mit Echowirkungen beginnt – eine der wenigen dynamischen Angaben von Bach selbst. In sogenannter Bariolage-Technik wird derselbe Ton abwechselnd auf verschiedenen Saiten gespielt.

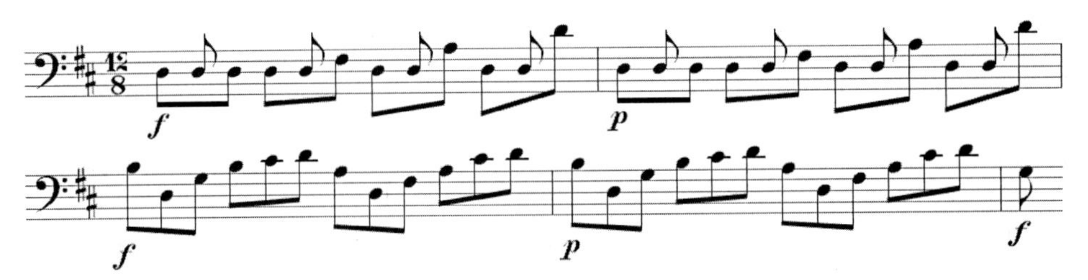

Dieses Thema erscheint mehrfach in verschiedenen Tonarten und gliedert damit das Stück, während in den Zwischenteilen durchgehende Achtelketten, virtuose Dreiklangsbrechungen und Tonleitern bis in hohe Lagen führen. Rasante Sechzehntelläufe und energische Akkorde steigern gegen den Schluss hin die Spannung, die am Ende durch beruhigende Akkordbrechungen wieder aufgefangen wird.

Ganz im Gegensatz zum Prélude – und auch zu einer typischen **Allemande** – ist diese hier ein besinnliches, introvertiertes Stück – quasi ein Adagio zwischen zwei temperamentvollen Sätzen. Differenzierte rhythmische Gestaltung, ausdrucksvolle Melodiebögen, zahlreiche verzierende Triller und vielschichtige Harmonik gestalten ihren Charakter.

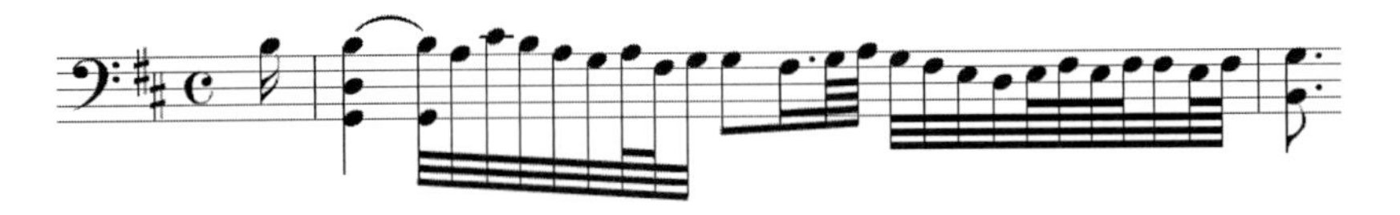

Die **Courante** dagegen wirkt tänzerisch-flink und freudig-sprunghaft bis zum Übermut. Der vorwärts drängende Rhythmus des Themenkopfes unterstreicht den Charakter und prägt den ganzen Satz:

Zu Beginn des zweiten Teils erscheint das im Dreiklang aufsteigende Anfangsmotiv in abwärts gerichteter Umkehrung.

Die **Sarabande** übernimmt den ihr eigenen Rhythmus mit melodischen Schwer-punkten auf der zweiten Zählzeit. Sie baut mehr als alle anderen Suitensätze auf mehrstimmigem Spiel. Ganze Passagen in klangvollen Sextparallelen lassen an Streichersonaten von Brahms denken.

Dem schreitenden Charakter einer **Gavotte** und ihrer typischen Rhythmik (zwei Viertel-auftakte und Wechsel zwischen einem Viertel und zwei Achteln) folgt der nächste Satz. Die eingeschobene zweite Gavotte ist volkstümlich schlicht mit mehrstimmigen Passagen, die an Bordun-Instrumente erinnern.

Die abschließende **Gigue** entspricht mit schwungvoll-virtuosem Auftritt dem Charakter des Prélude und rundet damit die Suite zyklisch ab. Spielerische Heiterkeit in der Art einer *Chasse* (Jagdmusik) und klangvolle Doppelgriffe prägen diesen Schlusssatz.

Aus dem Manuskript von Bachs erster Suite für Violoncello

Reinhard Lampe Violoncello

In Düsseldorf geboren, verbrachte ich meine Kindheit im Rheinland und im Hunsrück. Als Sohn eines Pfarrers, der sich auch als Geiger, Maler und Schriftsteller betätigte, wurde ich im Elternhaus stark durch Kirchenmusik geprägt. Mit 13 Jahren erhielt ich Cellounterricht, auch sind 3 von meinen 4 Geschwistern noch musikalisch aktiv. Im Abiturjahr 1972 nahm ich an den an den Olympischen Sommerspielen in München teil. Während des Mathematikstudiums in Mainz war ich Mitglied des *Mainzer Instrumental-Ensembles* (Kammerorchester). Meine ersten großen klassischen Sinfonien spielte ich bei Orchesterfreizeiten in Admont/Österreich.

In München wohne ich seit 1983, bin als System-Entwickler tätig, heute als Betriebsrat. Seit 1988 bin ich verheiratet, wir haben zwei inzwischen studierende Töchter. In München wirkte ich ca. 5 Jahre im Schumann-Orchester unter Rudi Spring. 1994 kam ich über Karolin und Hans zu den Philharmonikern Isartal, wo ich unter Matt Boynick als erstes das Cellokonzert von C. Sant-Saints und Bruckners "Nullte" mitspielte.

Im Orchester genieße ich das Musizieren als "Abschalten" bzw. als Entfliehen aus dem Alltag. Wichtig sind mir auch die Kontakte zu den Mitspielern, jeder mit völlig anderem "Background", sowie die externen Probenwochenenden. Höhepunkte waren für mich zunächst die Reisen (Japan, Frankreich), dann die Zauberflöte, die Matthäuspassion, das Deutsche Requiem sowie die Konzerte mit Wen Sinn-Yang und Ingolf Turban.

Lieblingskomponist? An Bach kommt kein Cellist vorbei ! - Spiele ich selber mit Vorliebe. Bruckner-Sinfonien haben mich früher sehr beeindruckt, ich mag aber auch die Klassiker Haydn, Beethoven und die dt. Romantiker. In meiner sonstigen Freizeit liebe ich Aktivitäten im Freien (Laufen, Radeln, Bergwandern) und bin ein großer Toskana-Fan.

Reinhard Lampe

2.2 Klassik

2.2.1 Klassik in der Musik

Überzeugend, dauerhaft und mustergültig nennt F. Blume (MGG) als Kriterien für Werke, die als *klassisch* bezeichnet werden. Einerseits gilt dies für den allgemeinen Begriff *klassisch*, umso mehr aber für die Stilperiode der Klassik. Zwischen ca. 1760 und 1820 entstanden in der Musik Formen, Gattungen, Melodiebildungen, Harmoniewendungen, die bis ins 20.Jahrhundert und teils bis heute ihre Mustergültigkeit bewiesen haben. In ihnen spiegelt sich der Ausgleich zwischen Individuellem und Allgemeinem, zwischen äußerer Form und innerer Empfindung, zwischen Vernunft und Gefühl, zwischen Freiheit und Notwendigkeit. Es erstaunt daher kaum, dass nur drei Komponisten dieser Periode als überragende Klassiker eingeordnet werden: Haydn, Mozart und Beethoven.

Erstmals wurde in dieser Epoche die Musik unabhängig von Kirche oder fürstlichem Repräsentationsbedürfnis. War Haydn noch bis zur freiwillig gezahlten Pension von seines Fürsten Gnaden finanziell abhängig, lebten Mozart und Beethoven bereits als unabhängige Künstler, Mozart jedoch meist unter finanziellen Schwierigkeiten. Beethoven war schon freier durch direkte Kompositionsaufträge von fürstlichen Mäzene, eigenen Konzerteinnahmen und Druck seiner Werke. Das Konzert als Veranstaltung ging vom Fürstenhof in die Hände des Bürgertums über und wandte sich an adeliges *und* bürgerliches gebildetes Publikum.

Prägende Bedeutung kam dem **Humanitätsgedanken** zu, der sich im 18.Jahrhindert auch politisch auswirkte (Menschenrechte, Amerikanische Unabhängigkeitserklärung, Französische Revolution): Kunst ist Selbstdarstellung und veredelt den Menschen. Kunst wendet sich an alle und steht über nationalen, individuellen oder Standes-Unterschieden. So konnte Haydn sagen: *Meine Kunst versteht man auf der ganzen Welt*. Das Kunstwerk ist reiner Ausdruck von Menschlichkeit und existiert um seiner selbst willen. Moses Mendelssohn (1729-1786) nannte als Endzweck aller Kunst die reine Schönheit. Nach Johann Gottfried Herder (1744-1803) ist die Musik die höchste aller Künste, da sie allein sich in die Regionen des reinen Geistes erheben könne. Etliche Jahrzehnte später formulierte der konservative Wiener Musikkritiker und Schriftsteller Eduard Hanslick (1825- 1904), *tönend bewegte Formen* seien allein Inhalt und Zweck der Musik.

An musikalischen Gestaltungsmerkmalen ist in erster Linie die Orientierung der **Melodie** am Volkslied zu nennen: Die Melodik baut auf einfachen, melodisch und rhythmisch leicht fasslichen Kleinmotiven auf, sie atmet in regelmäßigen Zwei- bzw. Vier- bis Achttaktperioden – im Gegensatz zu barockem, überwiegend instrumental empfundenem Melos. Die Melodiebildung ist die Seele der klassischen Musik. Ein Thema muss so beschaffen sein, dass es die mannigfaltigsten Umwandlungen erfahren kann: Damit bietet es die Grundlage für **thematische Arbeit.**

Meist ist es jedoch gerade die **Abweichung** von der Norm, die das Kunstwerk komplizierter macht, als es den ersten Anschein hat: Es entsteht eine **Spannung** zwischen Hör-Erwartung und Hör-Erfüllung. Hier unterscheidet sich die Musik großen Klassiker von der der zahlreichen Zeitgenossen. Der aktive geistige Mit-Vollzug des verständigen Hörers ist gefragt und notwendig und wird vorausgesetzt.

Die **Harmonik** in der frühen Klassik beruht auf den Grunddreiklängen einer Tonart (Tonika-Subdominante-Dominante-Tonika). Haupttonarten sind C-, G-, F,- D-Dur, Molltonarten selten

– alles Tendenzen zu leichter Fasslichkeit und Einfachheit –, doch verändert sich dies bis zum späten Beethoven zu größerer Differenzierung, Kontrastbildung und Komplexität.

Der **Klang** des klassischen Orchesters muss eine neue Faszination ausgeübt haben, berichtete doch Mozart 1778 begeistert vom Einsatz von Klarinetten im Mannheimer Orchester. Die Erweiterung der orchestralen Klangpalette auf je zwei Flöten, Oboen, Klarinetten, Fagotte und Hörner, evtl. Trompeten, wird Standard, Beethoven fügt ein weiteres Horn und Posaunen hinzu, die Streicher werden voller besetzt. Neue Klangfarben, Kontraste und dynamische Effekte werden möglich. Die **Dynamik** wird differenzierter, mit dem berühmten „Mannheimer Crescendo" als Vorbild. Das Klavier („Fortepiano") ersetzt das dynamisch starre Cembalo und wird zum wichtigsten Soloinstrument.

Die bedeutendsten Neuerungen erfahren aber vor allem **Struktur und Form.** Symphonie und Streichquartett, beides Schöpfungen Joseph Haydns, sind die zentralen Gattungen für die absolute Musik der Klassik. Barocke Formen, in denen ein melodisches Thema einen ganzen Satz und seine Bewegung geprägt hatte, wie Rondo, Variation, Konzert und Menuett, existieren zwar weiter, doch eine neue Grundidee färbt auf alle ab: Es ist die bei Haydn entstandene **Sonatenhauptsatzform,** in der die **Themenverarbeitung** im Mittelpunkt steht. Nicht mehr zweiteilig, sondern dreiteilig (Exposition-Durchführung-Reprise) entfaltet sich die Entwicklung. Im Zentrum steht die Durchführung, die die Melodien und Motive der Exposition neu beleuchtet, erweitert, in ihre Bestandteile zerlegt, diese neu kombiniert im Nacheinander und in Gleichzeitigkeit, kurz: **Fortspinnung, Entwicklung und Kombination** (MGG, Blume). In der Reprise erscheinen sie wieder in ihrer Urgestalt, werden aber anders gehört, weil der Hörer inzwischen mit ihnen etwas „erlebt" hat. Bei Mozart und vor allem bei Beethoven werden zwei gegensätzliche Hauptthemen aufgestellt, die die Möglichkeiten für Kontraste in der Durchführung erhöhen. Darauf beruht u.a. die Dramatik vor allem beethovenscher Werke.

Von hier aus wird ersichtlich, dass der geistige Gehalt klassischer Musik notwendigerweise den aktiven, die *tönenden Formen* verständnisvoll miterlebenden Hörer voraussetzt.

2.2.2 Komponistenportraits, Werkbeschreibungen und Portraits von Orchestermusikern

Joseph Haydn im Jahre 1792
Stich von T. Hardy

Joseph Haydn

1735-1809

Joseph Haydn wurde am 31. März 1732 in die kinderreiche Familie eines Wagners und späteren Marktrichters im niederösterreichischen Rohrau geboren. Musikalische Anregungen erhielt er im Elternhaus, wo die abendliche Hausmusik fester Bestandteil des Familienlebens war, und ab dem 6. Lebensjahr in der Lehrersfamilie seines Onkels. Als Achtjähriger wurde er aufgrund seiner außergewöhnlichen Stimme in das Internat der Wiener Sängerknaben aufgenommen und begann zu komponieren. Vom 17. Lebensjahr an lebte er bei dem Opernkomponisten Nicola Porpora als Schüler, Korrepetitor und Kompositionsgehilfe. Mit 17 Jahren schrieb er seine erste Symphonie. 1761 trat er in die Dienste der Fürsten Esterhazy in Eisenstadt, wo er fast 30 Jahre verblieb, obwohl er inzwischen eine europäische Berühmtheit geworden war und seine Symphonien in vielen Ländern bis in Amerika aufgeführt wurden. Als 1790 sein Orchester in Eisenstadt aufgelöst wurde, zog Haydn nach Wien. Zweimal reiste er nach England, wo ihm 1791 in Oxford die Ehrendoktorwürde verliehen wurde. Weitere Ehrungen erhielt er aus Schweden, Holland, Böhmen, Frankreich und Russland. Die Stadt Wien ernannte ihn zum Ehrenbürger. Geehrt und geachtet in ganz Europa starb Haydn 1809 in Wien.

Joseph Haydn

Joseph Haydns Konzert für eine neue Trompete

Wenn wir heutige Solisten mit schlafwandlerischer Sicherheit die schwierigsten Trompetenpartien spielen hören, vergessen wir häufig, dass damit eine der höchstentwickelten Spieltraditionen wieder lebendig geworden ist, die einst der Gesangskunst italienischer Kastraten ebenbürtig war. Johann Ernst Altenburg (1734-1801) war einer der letzten Clarintrompeter, dessen *Versuch einer Anleitung zur heroisch-musikalischen Trompeter- und Paukerkunst* (1795) zum Nekrolog einer früher durch strenge Zunftgesetze nur wenigen zugänglichen Kunst wurde. Die hohe Lage der Trompete wurde Clarinregister genannt. Altenburg schreibt darüber: „*Wir verstehn unter Clarin oder unter einer Clarinstimme ungefähr das, was unter den Singstimmen der Discant ist, nemlich eine gewisse Melodie, welche größtentheils in der zweygestrichenen Oktave, mithin hoch und hell geblasen wird. Der rechte Ansatz zur Formation dieses Klanges ist ungemein schwer zu erlangen, und läßt sich nicht wohl durch gewisse Regeln bestimmen. Die Uebung muß hierbey das beste thun; obgleich auch viel auf die Beschaffenheit der Lippen ankömmt. Ein stärkerer Luftstoß und enges Zusammenziehen der Zähne und Lippen sind wol hierbey die wichtigsten Vortheile.*"

Da die barocken Trompeten noch nicht über die erst zu Beginn des 19. Jahrhunderts erfundenen Ventile verfügten, konnten die Musiker nur die Naturtöne spielen, die jedoch in den drei unteren Oktaven nur in größeren Abständen aufeinander folgen. Erst in der vierten Oktave liegen die Naturtöne so nah bei einander, dass sie eine Tonleiter bilden, so dass ganze Tonleiterpassagen gespielt werden können. Im höchsten Bereich schließlich sind die Naturtöne dann in Halbtonabständen verfügbar. Die Spieltechnik des Clarinregisters stellt so extreme Anforderungen an die Trompeter, dass sich noch zu Beginn des 20. Jahrhunderts kaum ein Trompeter fand, der Bachs bedeutende, aber keinesfalls schwierigste Partie der Trompetenliteratur im 2. Brandenburgischen Konzert hätte ausführen können, so dass Richard Strauss 1909 in einer denkwürdigen Aufführung die Stimme von einer Piccolo-Oboe spielen ließ.

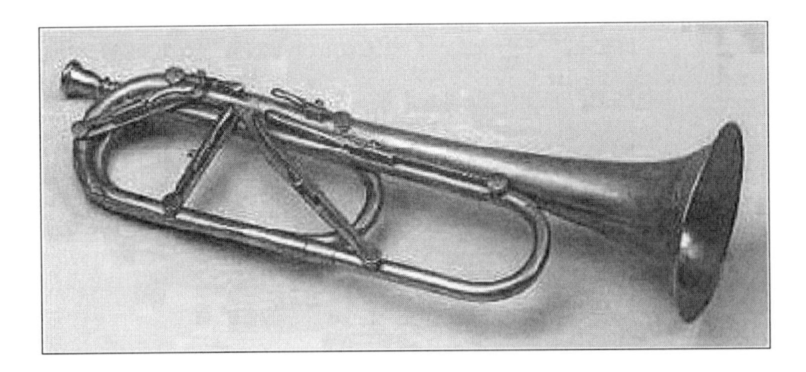

Klappentrompete um 1830

Das Trompetenkonzert von Joseph Haydn (1796) ist nicht mehr für die barocke Naturtrompete, sondern für die von Haydns Freund, dem Wiener Hoftrompeter Anton Weidinger erfundene Klappentrompete komponiert, einen Übergangstypus zwischen der Natur- und der Ventiltrompete. Die Klappen ermöglichten das Spiel aller Zwischenstufen zwischen den Naturtönen auch in den unteren Lagen. Das Konzert verblüffte die damaligen Zuhörer auch nicht durch atemberaubende Höhen, wie sie dem Solisten in anderen zeitgenössischen Trompetenkonzerten, z.B. dem von Haydns Bruder Michael, abverlangt werden, sondern durch Piano-Kantilenen in der Mittellage, die ganz und gar nicht schmetternd vorgetragen werden dürfen. Diesen Ausdrucksbereich erfordert hingegen das Finalrondo mit seiner signalhaften Dreiklangsmelodik.

Im **ersten Satz** (***Allegro***) stellt sich die Trompete mit einer vollständigen, diatonischen Tonleiter vor, die nur mit Hilfe von Klappen realisiert werden konnte:

Trotz aller melodischen Qualitäten fehlen jedoch typische Fanfarenmotive nicht, die während des ersten Satzes immer wieder zu hören sind:

Im lyrisch verträumten **zweiten Satz** (***Andante cantabile***) setzt Haydn auf die melodischen Ausdrucksmöglich-keiten von Weidingers Klappentrompete mit der folgenden Kantilene:

Der **dritte Satz** (***Allegro***) mit seiner Posthornthematik erinnert wieder an die Herkunft der Trompete als Signalinstrument, der dennoch virtuose Tonleiterpassagen folgen:

Als Rondothema kehrt diese Melodie, zwischen Tutti und Solotrompete wechselnd, auch als Mollversion, mehrfach wieder. Typisch für die Dreiklangsmelodik ist auch das zweite Hauptmotiv, das signalartig mit Echowirkungen den ganzen Satz durchzieht:

Dr. Gunther Joppig

Autograph von Haydns Trompetenkonzerts, Schluss des 3. Satzes

Haydns Streichquartette

Da ich endlich meine stimme verlohr, muste ich mich in unterrichtung der Jugend ganzer 8 Jahr kumerhaft herumschleppen. (NB: durch dieses Elende brod gehen viele genien zu grund, da ihnen die zeit zum studiren manglet) Die Erfahrung trafte mich leyder selbst, ich würde das wenige nie erworben haben, wan ich meinen Compositions Eyfer nicht in der nacht fortgesetzt hätte, ich schriebe fleissig, doch nicht ganz gegründet, bis ich endlich die gnade hatte von dem berühmten Herrn Porpora (so dazumahl in Wienn ware) die ächten Fundamente der sezkunst zu erlehrnen.

Joseph Haydn

Wäre Joseph Haydn Bürgersohn aus reichem Hause gewesen und hätte studiert (was immer das damals heißen mochte) – hätte die Musikgeschichte vielleicht andere Wege eingeschlagen. Größtenteils Autodidakt, der als Schüler und Gehilfe mehr aus Anschauung und Nachahmung als aus gründlichem Unterricht lernte, später der Not gehorchend, vor allem für die Unterhaltung in der fürstlichen Kammer schrieb und dann als Leiter der Hofkapelle für sein Ensemble komponierte, wurde Haydn zum genialen Erfinder neuer Gattungen wie Streichquartett und Symphonie.

Das Streichquartett beschäftigte Haydn sein ganzes Leben lang. Die ersten Unterhaltungsstücke für diese Besetzung schrieb er um 1750, das letzte seiner über achtzig Quartette mehr als ein halbes Jahrhundert später kurz vor seinem Tod. Das vierstimmige Divertimento, anfangs auch Serenade oder Notturno genannt – gehobene höfische Unterhaltungsmusik mit Dominanz der Oberstimme und beliebiger Satzzahl – entwickelte er zum anspruchsvollen Streichquartett mit vier im Charakter unterschiedlichen Sätzen (schnelle Ecksätze mit Menuett und einem langsamen Satz dazwischen), in dem alle vier Instrumente am melodisch-motivischen Geschehen beteiligt sind, und von dem Goethe zu Recht sagte, man meine zu hören, wie sich vier vernünftige Leute miteinander unterhalten.

Als Quartette wollte Haydn erst die Werke ab op. 9 genannt wissen. Der Verleger der ersten Gesamtausgabe zählte jedoch die frühen Werke des Divertimento-Typs hinzu. Die sechs Quartette op. 9 sind vermutlich um 1769/70 entstanden, nachdem Haydn einige Jahre kompositorische Erfahrung an Symphonien und kammermusikalischen Stücken für Baryton (ein Streichinstrument, das sein fürstlicher Arbeitgeber liebte) gesammelt hatte. Von den Symphonien der Zeit übernehmen die Quartette die Viersätzigkeit als Norm, unterscheiden sich aber in ihrem Aufbau: Einem Moderato-Kopfsatz (in der Symphonie ein Allegro-Satz) folgt ein Menuett (in der Symphonie ein langsamer Satz), an dritter Stelle folgt ein Adagio oder Largo, am Schluss steht ein kurzer, vitaler Sonatensatz. Glänzen die Symphonien vor allem nach außen durch Klangpracht, so meint man in Haydns Quartetten die Kenner und Liebhaber als Adressaten zu erkennen, die den Feinheiten der Komposition nachspüren. Noch dominiert zumeist die Oberstimme, das geistreiche und beseelte Gespräch der vier gleichberechtigten Instrumente in motivisch-thematischer Struktur ist erst angedeutet. Noch fehlen die groß angelegten Durchführungen mit ausschweifenden Modulationen und kunstvoller Motivverarbeitung. Kontrastwirkungen erzielt Haydn weniger durch melodisches Material als durch Wechsel von Passagen mit Oberstimmen-Dominanz und polyphonen

Strukturen, in denen auch die Unterstimmen sich am motivischen Geschehen beteiligen. Die virtuose Gestaltung der ersten Violine scheint ein Zugeständnis an den Konzertmeister des Esterházyschen Hofes, Luigi Tomasini, zu sein.

Der junge Mozart, 13 Jahre alt zur Entstehungszeit von Haydns Quartetten op. 9, hat diesen Werken offensichtlich in seinen eigenen ersten Quartettkompositionen nachgeeifert, wie an einigen Parallelen nachgewiesen werden konnte.

Aus den Anfängen der Streichquartettkunst

Zu Haydns Streichquartett Es-Dur, op. 9,2

Den **ersten Satz (Moderato)** eröffnet ein sprunghaft-lebendiges Dreiklangsthema der ersten Violine, das von kräftigen Akkorden unterstrichen wird:

Ihm folgen diverse musikalische Gestalten, die ihre Energie meist aus großen Intervallen beziehen. Überwiegend führt die erste Violine. Der dritte, mittlere Abschnitt der Exposition – mit seiner polyphonen Struktur und dem energischen Dreiton-Motiv ein Kontrast zum Anfang – zeigt, wie die Instrumente in gleicher Weise am musikalischen Geschehen beteiligt werden:

Der Mittelteil ist als kurze Durchführung gestaltet: Die erste Violine wirbelt den Dreiklangsanstieg des Beginns durch die Tonarten unter chromatischer Steigerung der Begleitinstrumente. Den Kontrast bildet – wie vorher – die polyphone Struktur, nun vom Cello angeführt. Dieser polyphone Abschnitt fehlt aber in der Reprise, die ansonsten den lebhaften und heiteren musikalischen Vorgaben der Exposition folgt.

Das kurze **Menuett** beginnt konventionell, überrascht aber durch Sforzati und eine ungewöhnliche Taktzahl: Während echte Tanzmenuette wegen der Bewegungsfiguren in Viertakt-Perioden gegliedert sind, folgen hier den zwei regelmäßigen Perioden zwei Schlusstakte, die jeden Tänzer zum Straucheln brächten – ein deutliches Zeichen für stilisierte Tanzmusik mit Haydnschem Humor!

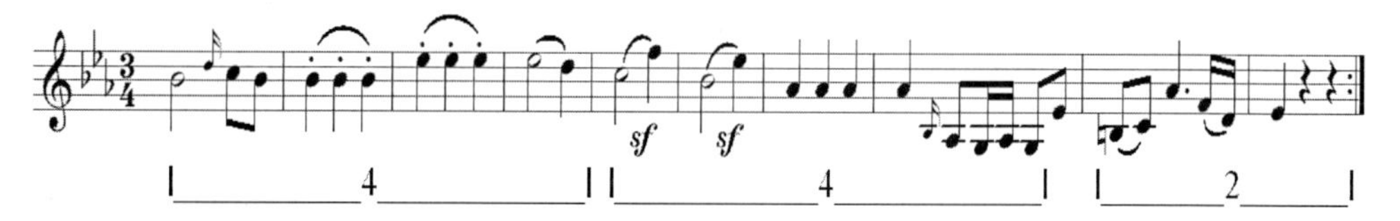

Im Trio ist der erste Teil aus zwei klaren Viertaktern gestaltet, im zweiten Teil spielt Haydn wieder mit unregelmäßigen Perioden. Die melodische Führung in triolischen Tonleiterbewegungen liegt bei der ersten Violine.

Der **dritte Satz** ***(Adagio cantabile)*** in c-moll ist einer große Opernarie nachempfunden. Das kurze Adagio leitet mit einer dreimaligen, jeweils gesteigerten Geste in die Szene ein. Absolut solistisch schwebt der Gesang über schlichter, akkordischer Begleitung. Gefühlvolle Vorhalte und Fermaten, weit ausholende Tonbewegungen und eine kleine Kadenz steigern den ernsten, zuweilen pathetischen Affekt.

Das **Finale** ***(Allegro di molto)*** gleicht einem wild-temperamentvollen Kehraus in Sonatenform. Die erste Violine heizt mit vorwärts drängendem, synkopischem Rhythmus an, wirbelnde Tonfiguren folgen, die auch auf die anderen Instrumente übergreifen.

In der (nur acht Takte kurzen) Durchführung spielt das Cello das Anfangsmotiv, dann übernimmt mit Beginn der Reprise die erste Geige wieder die Führung.

Auf dem Weg zur Reife

Verbindung von Divertimento und Fuge in Haydns op.20,2

Die sechs *Sonnenquartette* op. 20 – so genannt, weil das Titelblatt eine Sonne zierte – entstanden 1772. In den etwa 30 Quartetten, die den *Sonnenquartetten* vorausgingen, hatte sich allmählich die neue Musikgattung ausgeprägt.

Den *Sonnenquartetten* ging eine intensive Auseinandersetzung Haydns mit Bach und seiner Polyphonie voraus. Dieser Einfluss ist in den Werken deutlich zu spüren: Jedes dieser Quartette endet mit einem Fugensatz. Die motivische Arbeit in allen Sätzen ist intensiviert, der Kontrast innerhalb der Sätze größer geworden, die Ausdrucksintensität ist gesteigert und jedes der sechs Quartette hat eigenen, individuellen Charakter. Im zweiten der *Sonnenquartette* steht der langsame Satz an zweiter Stelle und bildet eine Art Brennpunkt der vielfältigen Empfindungen, die auch in den folgenden Satz ausstrahlen – ein Modell für die Zukunft der Gattung Streichquartett.

Den **ersten Satz** (Moderato) beherrscht ein gesangliches Thema, das vom Cello vorgestellt wird, in Terzparallelen von der zweiten Violine begleitet.

Zweimal noch wird es wiederholt von erster, dann zweiter Violine. Der Begleitsatz wird immer dichter und klangvoller. Ein sehr kurzes Seitenthema erklingt ebenfalls in weichen Terzparallelen, es folgt ein munteres Wechselspiel der Ober- und Unterstimmenpaare. Motive aus dem Hauptthema beschließen die ruhig entspannte Exposition. Die Durchführung dagegen beginnt mit erregt konzertanten Elementen. Das Kopfmotiv des Hauptthemas im Dialog zwischen erster Geige und Cello wird auf großen Tonumfang gedehnt, es durchläuft heftige Tonartwechsel. Dreiklangsbrechungen in Sechzehnteln steigern die Unruhe. Den zweiten Teil der Durchführung gestalten verschiedene Elemente des Hauptthemas, teils durch Moll eingetrübt.

Zweigeteilt in bizarrem Kontrast ist das **Adagio**. Es beginnt mit einem straff-unwirsch wirkenden, rezitativischen Thema, das an eine barocke Fuge gemahnt, vor im Unisono aller vier Stimmen in finsterem c-moll, das Cello wiederholt es unter akkordischer Begleitung.

Energisch-rhythmische Akkordfolgen wechseln mit vorsichtig zurückhaltenden, getupften Klängen, vorwärts drängende, ansteigende Linien im Staccato mit weich im Legato fallenden. Ein zweites, sehr ruhiges und innig empfindsames Thema in hellem Es-Dur erinnert an den ersten Satz.

Die düstere Stimmung des Anfangs klingt zwischendurch mehrmals kurz an. Der Satz verhaucht im Pianissimo und geht direkt in das Menuett über.

Das **Menuett** nimmt die Kontraste auf. Ruhige Idylle verbreiten die engschrittigen Legatomelodien in Terzen und die liegende Bordun-Begleitung. Im Trio trübt Moll die Stimmung. Dessen Mittelteil knüpft an die schroffe Stimmung des vorigen Satzes an.

Die **Fuge** im springlebendigen 6/8-Takt verarbeitet zwei Themen:

Zu Beginn werden sie als Doppelfuge einander gegenübergestellt von wechselnden Instrumentenpaaren. Mit allen Raffinessen der Fugenkomposition werden auch die Teilmotive verarbeitet.

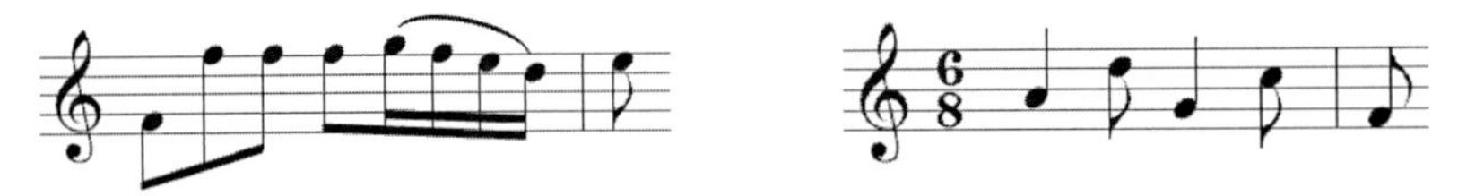

Ab der Mitte erscheint das erste Thema in der Umkehrung (chromatische Linie aufwärts) und wird mit seiner Originalgestalt konfrontiert. Die Polyphonie scheint sich aufzulösen in wirbelnde Sechzehntelpassagen, im Abschluss sogar in kräftiges Unisono – ein Zeichen für die „Modernität" dieser witzigen Perpetuum-mobile-Fuge!

Geistreiches Spiel in gelöster Heiterkeit

Zu Haydns Streichquartett G-Dur, op. 76,1

Die sechs Streichquartette op. 76 entstanden parallel zum Oratorium *Die Schöpfung* 1796/98 in Wien. Sie sind dem Grafen Erdödy gewidmet. Gemeinsam ist ihnen das Prinzip, die einzelnen Sätze aus einem einzigen melodischen Kern des Hauptthemas zu entwickeln. Die Seitenthemen – und damit der Themendualismus – spielen fast keine Rolle. Alle bisher entwickelten Kunstmittel sind hier zu einem überragenden Ausdrucksstil zusammengewachsen: die motivische Durchdringung aller vier gleich berechtigen Stimmen, die Ausgewogenheit von homophoner Schlichtheit und polyphoner Verarbeitung, von melodischem Fluss, markanter Rhythmik und leuchtkräftiger Harmonik. Auch eine Verwandtschaft zwischen den Themen der Sätze – ab Beethoven in der Romantik als zyklische Form wichtigstes Bauprinzip größerer Werke – ist offenbar beabsichtigt.

Der Vorhang zum **ersten Satz** (*Allegro con spirito*) öffnet sich mit drei kräftigen Kadenzakkorden. Im Kontrast dazu wird das Hauptthema solistisch vom Cello angestimmt, von der Bratsche fortgeführt und entsprechend von den Geigen wiederholt, sodass der ganze Klangraum von der Einstimmigkeit wieder zur Vierstimmigkeit entfaltet wird.

Die Dreiklangswindungen des Themas bestimmen den weiteren Verlauf, sie blitzen durch alle Stimmen, werden zu Achtelketten beschleunigt und zu kräftigem Unisono vereint. Für ein Seitenthema ist kein Raum, auch das graziös-wendige Schlussgruppenthema ist dem Hauptthema verwandt:

In der Durchführung wird das Hautthema mit einem tonleitergeprägten Kontrapunkt scheinbar zu einem Doppelfugato kombiniert, doch dann wirbelt das Dreiklangsmotiv in der ersten Violine alles andere beiseite und lässt nur untergeordnete Begleitung zu. Erst nach energischen Fortissimo-Akkorden der Unterstimmen werden diese wieder am melodischen Geschehen beteiligt. Ein markanter Dominantseptakkord leitet in die Reprise. Zum Cello gesellt sich das Tonleiter-Kontrapunktmotiv aus der Durchführung, sodass der Hörer erst aus dem weiteren Verlauf erschließen kann, dass dies tatsächlich schon der Beginn der Reprise war und nicht eine neue Durchführungsepisode – ein nicht seltener Trick Haydns.

Der **langsame Satz** beginnt getragen-verhalten, homophon, in zunächst tiefer Lage. Sogleich bei der Wiederholung des Themas wird es variiert.

Cello und erste Violine werfen sich Schmeichelmotive zu. Viermal erklingt das ruhig fließende Thema, jedes Mal wird es frei assoziativ weitergesponnen.

Vom **Menuett** ist die dreiteilige Form mit Trio geblieben, ansonsten entpuppt es sich im Presto-Tempo als ein echtes, erst später so genanntes Scherzo.

Spielerisch werden dynamische Gegensätze mit Überraschungseffekten ausgekostet und Legato- in Staccato-Passagen eingebettet. Im **Trio** tummelt sich die erste Violine solistisch tänzelnd über den Pizzicato-Akkorden der drei Unterstimmen.

Überraschend herb in g-moll beginnt das **Finale**. Einstimmig von allen vier Instrumenten wird das energische Thema vorgetragen. Mit vorantreibenden Triolen, Dreiklängen und Trillern präsentiert es die Bausteine für den vierten Satz.

Allegro ma non troppo

Das Triolenmotiv verselbständigt sich und prescht voran. Mildernd wirkt die Aufhellung des Themas nach B-Dur, als Fugato aller vier Stimmen, auch seine Umkehrung erscheint, dann jagen Triller, markante Akzente und immer wieder die stürmischen Triolen ständig weiter, auch durch die Durchführung, in der das triolische Auftaktmotiv durch Akzente an Schärfe zunimmt. Und plötzlich mit Beginn der Reprise erscheint alles in hellem G-Dur, ohne die Energie jedoch zu verlieren.

Eine witzig-freche, quasi parodierende Variante des Themas nach Gassenhauerart scheint der ungestümen Düsternis eine lange Nase zu zeigen und mündet in den unbeschwerten Ausklang.

Vollendete Meisterschaft

Zu Haydns Streichquartett G-Dur, op. 77,1

Die beiden Streichquartette op. 77 sind Haydns letzte vollendete Werke dieser Gattung, sie entstanden 1799 in Wien, offenbar im Auftrag des Fürsten Lobkowitz, des bedeutendsten Musikmäzens der Stadt, der auch der wichtigste Förderer des jungen Beethoven war. Es sollten wahrscheinlich – wie damals üblich – sechs Quartette werden, doch die Kompositionsarbeit am Oratorium *Die Jahreszeiten* hatte Vorrang. Charakteristika dieser Quartette sind neben meisterhafter kontrapunktischer Verarbeitung die Gegensätzlichkeit der Themen sowie sehr schnelle Menuette in beethovenscher Scherzo-Art. Möglicherweise hatten Werke des jungen Beethoven wie z.B. die Klaviertrios op. 1, die Haydn sicherlich kannte, dem Älteren Anregung gegeben.

Das muntere, graziös-tänzerische Hauptthema eröffnet den **ersten Satz (*Allegro moderato*)**, begleitet von beharrlichem, fast marschähnlichem, akkordischem Staccato der Unterstimmen. In den Pausen imitiert die 2. Geige die Kurzmotive der Melodie.

Ein zweiter Ansatz mündet in vorwärts treibende Triolenbewegung beider Violinen, die in der gesamten Exposition weiter zunimmt. Das Cello führt mit dem Hauptthema in der Überleitung. Der Seitensatz – neu ist nur ein zweitaktiges Motiv in weichem Legato –

kontrastiert zum Hauptthema durch polyphone Gestaltung: Die Geigen lassen alternierend das Legato-Motiv erklingen, eine Unterstimme fügt die melodische Umkehrung des Motivs hinzu, während die jeweils anderen Stimmen mit der vorigen Triolenbewegung vorantreiben. Diese turbulente Beweglichkeit beherrscht den weiteren Verlauf der Exposition.

Die Durchführung, in kräftigem C-Dur beginnend, leitet zunächst das Hauptthema in neue Tonartbereiche, doch die Triolenbewegung übernimmt die Führung, steigert ins Fortissimo und bezieht polyphon auch das Legato-Motiv ein. Das erste Thema im Cello führt in kurzer Steigerung zum dramatischen Höhepunkt in die entlegene Tonart Cis-Dur. Der letzte Abschnitt mit dem polyphonen Satz des Seitenthemas gilt dem Legato-Motiv – auch in Moll – und leitet schließlich beruhigend in die Reprise. Das Legato-Motiv erscheint nicht mehr in der früheren Gestalt, nur die polyphone Gestaltung des Seitensatzes kontrastiert zum beherrschenden Hauptthema.

In eine andere Welt führt das **Adagio** in Es-Dur: Es verströmt ruhige, melodische Breite. Die Vorlage für das musikalische Geschehen liefert ein ernstes Thema, von allen im Unisono begonnen. Es enthält die große Geste im Legato im ersten Takt, ein markant-rhythmisches Motiv im zweiten, getupfte Tonleitermelodik im dritten und endet mit schwerem Vorhalt.

Vielfach werden seine Teilmotive von allen vier Instrumenten variiert, ausmusiziert und – vor allem von der ersten Geige – verziert, mit girlandenartigen Überleitungen verbunden und fortgesponnen.

Das **Menuett** (G-Dur) wirkt durch schnelles Tempo nicht mehr wie ein behäbig-barocker Tanz, sondern als Scherzo: Charakteristisch sind aggressive Akzente gegen den Takt über groteske Riesenintervalle bis zu zweieinhalb Oktaven. Auch seine unregelmäßige Struktur zeugt von kecker Missachtung des formvollendeten Barock-Menuetts.

Im mittleren Abschnitt wird die ungestüme Bewegung durch eine Fermate gebremst, die kreisende Bewegung des Anfangstaktes herrscht vor und beruhigt, bevor der stürmische Anfang – quasi etwas besonnener – wiederkehrt. Das **Trio** – überraschend in Es-Dur – erzeugt absoluten Kontrast. Flächige Tonwiederholungen der Unterstimmen bilden den Klanggrund für die dreiklangsgebundene Melodik der 1. Violine.

Im energisch vorwärts stürmenden **Presto-Finale** gestaltet ein einziges Thema, im unisono vorgestellt, den Sonatensatz.

Die erste Violine wiederholt das Thema, dann beginnt das turbulente Spiel mit den Teilmotiven: Der erste Motivkern, die schleifende Bewegung,

gibt Vorlage zum Spiel in mancherlei Imitationen und Instrumentenkombinationen. Nach energischem Unisono im Forte übernimmt das Drehmotiv des 4. Taktes die Führung:

Es regt die 1.Violine zu virtuosen Sechzehntelketten an, diese bestimmen den weiteren Verlauf der Exposition und feuern die Bewegungsintensität an.

In der Durchführung gibt das Thema jeweils Anstoß zu weiteren Verkürzungen, Imitationen, Modulationen, Fortspinnungen und virtuosen Alleingängen der 1. Violine, die immer wieder ins Hauptthema zurückführen. Nur einmal hält eine Fermate den atemlos wirkenden Bewegungstrieb für einen Besinnungsmoment auf, bevor unter Echospielen und rasanten Läufen der Satz in einem turbulenten Forte-Schluss endet.

Johannes Schempp Klavier, Violine, Viola

Johannes Schempp wirkt seit 1993 als Bratscher im Orchester mit und war von 1995-2004 zweiter Vorsitzender im Konzertverein Isartal. Er wurde 1966 in Stuttgart geboren und wuchs in Ulm und Wolfratshausen auf. Als Sohn einer Musikpädagogin erhielt er wie seine beiden Schwestern schon früh Musikunterricht, mit 8 Jahren begann er mit dem Geigenspiel, mit 9 Jahren lernte er auch Klavier.

Nach dem Abitur am Gymnasium Icking studierte er Klavier und Klavierpädagogik an der Hochschule Mozarteum in Salzburg. Heute lebt er als Klavierlehrer in Höhenrain, er unterrichtet privat und an der Musikschule Wolfratshausen.

Er ist immer bereit zu guter Kammermusik, ob mit Bratsche oder am Klavier und wirkt häufig in Kirchenkonzerten mit. Im Handwerklichen – ob mauern, Dach decken, Heizungsanlagen oder Fußböden verlegen – ist er äußerst geschickt und fast professionell, er hat dabei in der Planung das künstlerischen Gespür, in der Ausführung das physikalische und technische Wissen. Wenn ihm Haus und Musik noch freie Zeit lassen, liebt er Wanderungen, lange Spaziergänge und Radeln. Selbst bei Minustemperaturen ist er mit dem Fahrrad unterwegs – nur im Extremfall mit seinem Elektro-Auto.

Susanne Kessler

Haydns letztes Werk der neuen Gattung

Zu Haydns Streichquartett F-Dur, op. 77,2

Haydns letztes vollendetes Quartett erreichte nicht ganz die Beliebtheit seines Vorgängerwerks, manche Themen sind instrumentaler, weniger volkstümlich empfunden, jedoch kaum weniger eingängig.

Der **Kopfsatz** ***(Allegro moderato)*** beginnt mit dem lyrischen, melodischen Hauptthema:

Bald nach seiner Vorstellung folgt ein kontrapunktisches Spiel mit zwei kräftigen Überleitungsmotiven, die ausgeprägten Kontrast zu den beiden eher getragenen Hauptthemen verkörpern und später auch in der Durchführung größeren Raum einnehmen.

Das lyrisch-verhaltene Seitenthema in C-Dur atmet in gleichmäßigerem, weichem Legato-Fluss. Das Kopfmotiv des Hauptthemas steht ihm als Kontrapunkt (2.Violine) zur Seite.

Die Kopfmotive beider Hautthemen, kontrapunktisch gegeneinander gestellt, leiten in drängendes Laufwerk mit kraftvollem Abschluss der Exposition. Die Durchführung beginnt locker mit dem Anfang des Hauptthemas, doch rasante Läufe steigern das Geschehen. Das Staccato-Überleitungsmotiv beherrscht den größten Teil der Durchführung mit seinem vorwärts drängendem Charakter und kräftigen Sforzati, zunächst in den Stimmen paarweise, dann als Fugato in seiner Intensität gesteigert und schließlich ergänzt durch das Tonleitermotiv. Sie münden in kräftige Akkorde mit spannungsvoller Generalpause, nach denen der Reprisen-Beginn mit dem Hautthema fast erholsam anmutet.

Das **Presto-Menuett** steht im schnellen 3/4-Takt in gewohnter zusammengesetzter dreiteiliger Form mit Trio. Es treibt als Scherzo launische Verwirrung mit der Taktbetonung. Immer wieder fallen die beiden sprunghaften Staccato-Motive ins 2-er-Metrum.

Der Mittelteil spielt mit seinen Kurzmotiven und führt über eine Fermate zurück zum a-Teil. Ruhigen Kontrast bildet das **Trio** durch eine lineare Legato-Melodie in weichem Des-Dur, vorwiegend in tieferer Klanglage, bevor die sprunghaften Motive ins lebhafte Menuett zurückleiten.

In ruhigem Marschtempo beginnt der **Variationssatz** ***(Andante, D-Dur)*** in der 1. Violine, nur vom Cello unterstützt. Erst gegen Ende des ersten Abschnittes wendet sich der Charakter mit Einsatz der Mittelstimmen ins Fortissimo.

In der ersten Variation erklingt das Thema belebt durch Figuren mit dem charakteristischen, punktierten Marschrhythmus, in der zweiten – *dolce* überschrieben – übernimmt die 2. Violine das Thema in Originalgestalt. Ein Mittelteil in d-moll scheint die Motive zu verarbeiten – fast im Sinne einer kleinen Durchführung. Anschließend übernimmt das Cello das Thema, umrankt von Laufwerk der 1. Violine. In ruhigere Bahnen zurück lenkt das Thema in Originalgestalt und verklingt in einer Pianissimo-Coda.

Das **Finale** ***(Vivace assai)*** beginnt mit einem kraftvollen F-Dur-Akkord aller Instrumente wie mit einem musikalischen Doppelpunkt. Mehrere Melodien, alle rhythmisch prägnant, meist gegen die Taktschwerpunkte akzentuiert und von temperamentvoll vorantreibendem Charakter, folgen unmittelbar aufeinander als turbulenter Hauptthemen-Komplex.

In der modulierenden Überleitung steigern sich Tonhöhe und Intensität zum Seitenthema, einer feurig-quirligen Polonaisen-Melodie über einem C-Orgelpunkt im Bass:

Die Durchführung kombiniert vor allem das erste Kopfmotiv mit den Elementen des Polonaisen-Themas in stürmischer Betriebsamkeit. In der Reprise verzögern eine Fermate und ein kurzer Einschub in höchster Tonlage der 1. Violine den Auftritt des Polonaisen-Themas und verstärken damit seine Wirkung. Eine kurze Coda beschließt den Satz mit kräftigen Akkorden.

Keiner kann alles: schäkern und erschüttern, Lachen erregen und tiefe Rührung, und alles gleich gut als Haydn.

Wolfgang Amadeus Mozart

Handschrift Haydns, Anfang des Streichquartetts op. 76,1

Wolfgang Amadeus Mozart
1756-1791

Wolfgang Amadeus Mozart

1756-1791

Wolfgang Amadeus Mozart, in Salzburg geboren, hatte als einzigen Lehrer seinen Vater Leopold Mozart, der die gesamte Erziehung und Ausbildung von Anfang an sehr umsichtig in die Hand nahm. Wolfgang erlernte vom fünften Lebensjahr an Klavier und die Grundbegriffe des Komponierens, das Orgel- und Violinspiel. Vom sechsten Lebensjahr an führten große, z.T. mehrjährige Reisen in die musikalischen Zentren Europas, wo er im Umgang mit anderen Komponisten und Werken lernend sich stilistische Neuheiten aneignete, die er in eigenen Werken verarbeitete. Insbesondere die Beschäftigung mit der italienischen Oper inspirierte bereits den Zehnjährigen zu eigenen Bühnenwerken und zog sich durch sein ganzes Leben bis zu den im Todesjahr entstandenen Opern *La Clemenza di Tito* und *Die Zauberflöte*. Ab 1781 lebte er in Wien, als einer der ersten Komponisten relativ erfolgreich ohne feste Anstellung. Mozart starb erst 36-jährig 1791 in Wien.

Märchen der Humanität

Zu Mozarts Oper *Die Zauberflöte*, KV 620

Die Zauberflöte ist heute eine der beliebtesten Opern überhaupt. Dennoch gab die Frage um ihren künstlerischen Wert, vor allem des Librettos, zu zahllosen Diskussionen und Schriften Anlass. Als Librettist wird Emanuel Schikaneder genannt (1748-1812). Der Wandermusikant, Schauspieler, Sänger und Regisseur, Mitglied und später Direktor reisender Schauspieltruppen, leitete ab 1789 das *Freihaustheater auf der Wieden* (Vorläufer des wenig später erbauten, größeren *Theater an der Wien)*, das er zu einem der erfolgreichsten Volkstheater ausbaute. Ab 1781 verkehrte Mozart in Wien mit Schikaneder in Kreisen der Freimaurer, eines ethischen Bundes, der zur Verwirklichung eines wahren Menschseins die fünf Ideale Freiheit, Gleichheit, Brüderlichkeit, Toleranz und Humanität lehrt. Im Januar 1784 wurde Mozart in die *Loge Zur Wohltätigkeit* aufgenommen, der auch Joseph Haydn angehörte.

Das Textbuch zur Zauberflöte ist vermutlich eine Gemeinschaftsarbeit der Freimaurerkreise um Schikaneder und Karl Ludwig Gieseke, den Hausdichter des Theaters. Mehrere Märchen und Theaterstücke könnten als Vorlage gedient haben, insbesondere die Geschichte *Lulu oder die Zauberflöte*, die Christian Martin Wieland in seiner populären Märchensammlung *Dschinnistan* 1786-89 veröffentlicht hatte. Ungereimtheiten der Handlung, unlogische Zusammenhänge, Unwahrscheinlichkeiten, Brüche, Sprünge und sprachliche Defizite des Textbuches dürften Mozart – von Kindheit an mit Theater und Oper eng vertraut – nicht verborgen geblieben sein, wie er auch Schikaneder wohl eher als Theaterpraktiker und Kneipenbruder denn als künstlerisch ebenbürtigen Partner geschätzt haben dürfte.

Dennoch hat dieses *wohl konfuseste Opernbuch* (W. Rosenberg) seine ganz besonderen Reize. Märchenhaft-naive Posse begegnet der hohen Ethik der Freimaurer. Sinnenfrohe Naivität (Papageno, Papagena) vereinigt sich mit Weisheit und hohem ethischen Anspruch (Sarastro und Priester), mit männlicher Tapferkeit und sittlichem Streben (Tamino). Die liebevolle Menschlichkeit und Lauterkeit des Herzens (Pamina) sowie die engelgleiche Verkündigung und Führung durch die drei Knaben bilden härtesten Kontrast gegenüber der Gefahr durch Verführung und kalten Egoismus (Königin der Nacht und Monostatos). Beweis der Standhaftigkeit, Ehrlichkeit, Menschlichkeit werden in der Szene Taminos mit dem Priester und durch die Prüfungen dargestellt. Das Gute siegt letzten Endes über das Böse – insofern bleibt die Zauberflöte im Innersten ein Märchen, in dem alle Unwahrscheinlichkeiten wie im Traum möglich und erlaubt sind.

Versteckt barg diese Oper in ihrer Zeit und in ihrem anti-elitären Uraufführungsumfeld auch eine unübersehbare politische Botschaft: Die hier verkündeten Ideale hatten zu Mozarts Zeit bereits Anstoß zu umwälzenden Veränderungen gegeben (Erklärung der Menschenrechte in der amerikanischen Unabhängigkeitserklärung, Französische Revolution). Aufgrund ihres liberal-aufklärerischen Gedankenguts wurde die Freimaurerei nach der Zeit Josephs II. in Österreich im Zuge der Restauration verboten.

Die Zauberflöte ist Mozarts letzte Oper. Sie entstand zwischen April und September 1791 und wurde am 30. September 1791 uraufgeführt, etwa zwei Monate vor Mozarts unerwartetem Tod.

Die musikalische Gestaltung in der Oper

So heterogen wie der Text der Zauberflöte ist auch die Musik Mozarts. Sie öffnet sich jeder der verschiedenen Ebenen in einer eigenen Musiksprache.

Wie schon in *Die Entführung aus dem Serail* verwendet Mozart die deutsche Sprache des volkstümlichen Singspiels mit gesprochenem Handlungstext, während zu Mozarts Zeit in der anerkannt hohen Kunst der *Opera Seria* die italienische Sprache und das Rezitativ dominierten. Eine Ausnahme bildet die Szene zwischen Tamino und dem Priester, sie ist als Accompagnato-Rezitativ (mit Orchester) vertont. Papageno und Papagena sind echte Singspiel-Typen, ihrer naiv-sinnenfrohen Natur entsprechen volksliedhafte Tonleiter- und Dreiklangsmelodien mit geringem Tonumfang, meist in einfachen Tonarten wie G-Dur.

Der gehobenen musikalischen Ebene der italienischen *Opera Seria* gehören eindeutig die virtuose Rache-Arie der Königin der Nacht (d-moll), die leidenschaftliche Verzweiflungsarie der Pamina (g-moll) und die gefühlvolle Bildnis-Arie des Tamino (Es-Dur) an.

Die Sphäre Sarastros charakterisiert Mozart mit feierlichen Bläserakkorden, Kirchenmusik-Anklängen und Bachscher Choralverarbeitung. Ensemblestücke wie Terzette oder Quartette, die sich zu längeren, temporeichen, auch turbulenten Akt-Finali steigern, entstammen dem Typ der heiteren italienischen *Opera buffa*. Mit solcher Verschmelzung der bis dahin getrennten Stilebenen ist die *Zauberflöte* direkter und entscheidender Vorläufer der großen romantischen Oper. Je nach Inszenierung und persönlicher Gewichtung ist sie großes Staatstheater, Volkstheater oder auch Märchenoper für Kinder.

Die Ouvertüre

Die Ouvertüre entstand erst am Ende der Komposition. Sie ist ein großartiges, kunstvoll-symphonisches Meisterwerk in dreiteiliger Sonatenform mit durchführendem Mittelteil. Die starken Kontraste zwischen dreimaligem Akkord und temporeichem, spritzigem, kontrapunktisch kunstvollem Hauptteil spiegeln zwei gegensätzliche Welten.

Als Einleitung erklingt der feierliche dreimalige Akkord der Bläser, der die Sphäre der Priester charakterisiert. Die Zahl drei, Symbol für Vollkommenheit und Heiligkeit, spielte auch in den Ritualen der Freimaurer eine wichtige Rolle.

Ansonsten nimmt die Musik der Ouvertüre kaum Bezug auf musikalische Themen der Oper, es sei denn man betrachtet die Tonwiederholungen und Wechselnoten des folgenden Hauptthemas als nicht zufällig mit der Melodik der Vogelfänger-Arie verwandt, die aber in Tempo und Charakter anders verläuft. Eher noch nehmen sie die hektische Melodik der Königin der Nacht (Rache-Arie) mit ihrem gestoßenen Staccato voraus.

Wechselhafte Dynamik und synkopische Akzente in den jeweiligen Gegenstimmen verleihen dem Thema atemlos vorwärtsdrängende Wirkung, die in strahlendes Forte mündet. Im Mittelteil, wieder eingeleitet vom dreimaligen Akkord , erscheint es im Piano ohne Akzente, geheimnisvoll als Doppelfuge mit einem synkopischen Tonleiter-Kontrapunkt, auch in Molltonarten.

Are des Papageno: *Der Vogelfänger bin ich ja*

Schikaneder selbst spielte in der Uraufführung den Papageno, eine Rolle, die weniger sängerische Virtuosität als vielmehr schauspielerisches Talent verlangt. Schlichtes G-Dur, geringer Tonumfang, unkomplizierter Rhythmus, einfache Tonleitern, volksliedhafte Dreiklänge und Strophenform charakterisieren Papageno als naiven Naturburschen. Das Pfeifen seines Panflötchens hat Mozart in die Arie einkomponiert.

Arie des Sarastro: *In diesen heil'gen Hallen*

In dieser Arie – in „abgehobenem" E-Dur, das sonst in der ganzen Oper nicht vorkommt – verkündet Sarastro die Prinzipien seiner Gemeinschaft. Würdevoll im Larghetto, von Bläserklängen umrahmt, wiederholt er die letzte Zeilen seiner beiden Strophen in tiefster, fundiert-majestätischer Basslage:

Wie in der Verzweiflungsarie der Pamina wird hier der Kontrast zu den „einfachen" Personen im Tonumfang deutlich: Er reicht von Fis bis cis'.

Arie des Tamino: *Dies Bildnis ist bezaubernd schön*

Mozart dachte in Tonarten und instrumentalen Klangfarben, jede hat bei ihm eigene Qualität und eigenen Charakter. Singt Tamino seine erste große Arie in Es-Dur, der Grundtonart der Oper und Haupttonart der Freimaurer, so hebt er sich schon darin von Papageno und dessen Natursprache ab und nähert sich der B-Tonarten-Sphäre des Sarastro-Umfelds. Große Melodiebögen, von Seufzer- und Denkpausen durchsetzt, gefühlvolle Vorhalte und Verzierungen zeigen ihn als edlen, empfindsamen, nachdenklichen Menschen.

Als Instrumente, die mit ihm teilweise dialogisieren, sind ihm – wie später auch der Pamina – die hohen Holzbläser (Flöte, Oboe, Klarinette) zugeordnet.

Duett Pamina-Papageno: *Bei Männern, welche Liebe fühlen*

Edle Dame und Naturbursche treffen sich in Gemeinsamkeit ihrer Sehnsucht nach Liebe. Die Tonart Es-Dur hebt das Duett aus der Natur-Sphäre Papagenos, während Pamina sich auf die einfache musikalische Sprache Papagenos aus schlichten Dreiklangs- und Tonleiterbewegungen einlässt. Mit „edlen" Verzierungen, am Ende mit kleinen Kadenzen, verrät Pamina dennoch ihren Stand, während Papageno bei seiner schlichten volkstümlichen Melodik bleibt.

Terzett Pamina, Tamino, Sarastro: *Soll ich dich, Teurer, nicht mehr sehn?*

Das Terzett beginnt in der Art eines orchesterbegleiteten Rezitativs, die Melodik folgt der Sprachmelodie:

In wechselnden Kombinationen singen die drei Darsteller, wobei parallele Melodieführung und Homophonie Gemeinsamkeit und Übereinstimmung zeigen (*„Der Götter Wille mag geschehen"*), noch deutlicher in den Sextparallelen zwischen Pamina und Tamino (*„Wie bitter*

sind der Trennung Leiden!"), während Sarastro in konträrer Melodik entgegnet (*„Die Stunde schlägt, nun müsst ihr scheiden"*).

Arie des Sarastro: *O Isis und Osiris*

In gemessenem, choralähnlichem Adagio beginnen die Bläser. Würdevoll, in großen Tonabständen erklingt Sarastros Melodie:

Szene Tamino und der Priester: *Wo willst du, kühner Fremdling, hin?*

Dieser rezitativische Abschnitt weist am stärksten voraus auf die durchkomponierte romantische Oper. Das Orchester bietet einerseits harmonische und rhythmische Orientierung für die Sänger. Vor allem aber interpretiert es die beiden sehr unterschiedlichen Darsteller: Es unterstreicht mit kurzen, kräftig akzentuierten, akkordischen Schlägen – oft aus dissonanten (verminderten) Akkorden – oder mit erregtem Tremolo die aufbrausenden Aussagen Taminos, während die gleichmütig gefasste, milde Art des Priesters in weichen, gehaltenen Akkorden ihren Ausdruck findet, der sich gelegentlich zu melodischen Arioso-Abschnitten ausweitet.

Arie des Tamino: *Wie stark ist nicht dein Zauberton*

Erleichtert, dass Pamina noch lebt, stimmt Tamino seine Zauber-Flöte an, in hellem C-Dur schwebt ihr klarer Klang über der akkordischen Begleitung der Streicher.

Ergriffen nimmt Tamino ihre Melodie auf. Seufzend wandelt sich sein Ausdruck nach Moll beim Gedanken an Pamina. Statt ihrer hat die Zauberflöte jedoch Papageno angelockt, im Wechsel ahmen beide Flöten einander nach. Ein hoffnungsvolles *„Vielleicht"* wird mit sehnsuchtsvoller Fermate betont, dann eilt Tamino rasch dem Ton nach davon.

Arie der Pamina: *Ach, ich fühl's, es ist verschwunden*

In Mozarts schmerzlichster Tonart g-moll ist diese Verzweiflungs-Arie der Pamina ein musikalischer Höhepunkt der ganzen Oper im Stile der großen Opera Seria. Mit ihrem großem Tonumfang, expressiven Intervallen, schmerzlicher Chromatik, Koloraturen, mit gefühlvollen Vorhalten und Verzierungen sowie kirchentonartlichen Anklängen ist diese Arie zugleich ein Paradestück für die hohe Kunst der sängerischen Gestaltung tiefsten Schmerzes. Hier der verzweifelte Schluss ihrer Arie:

Der schleppend pochende 6/8-Takt der Begleitung aus starren Akkordwiederholungen gemahnt an einen traditionellen Totentanz. Ausdrucksvolle, solistische Einwürfe von Flöten und Oboen erinnern an Tamino und symbolisieren ihre Seelenverwandtschaft.

Arie des Papageno: *Ein Mädchen oder Weibchen*

Auch in dieser Arie, deren Melodie zum Volkslied geworden ist, herrschen schlichte Strukturen: F-Dur, überwiegend Tonleitermelodie meist innerhalb einer Oktave, Tonwiederholungen, klare Lied- und Strophenformen. Dem Anfangs-Vierzeiler folgt jeweils ein zweiter in schnellerem Tempo in raschem, tänzerischem 6/8-Takt. Als Einleitung und in kleinen Einwürfen lässt er sein Zauberglockenspiel ertönen, das die Königin der Nacht ihm geschenkt hatte. Immer temperamentvoller erklingt es, im dritten Abschnitt schließlich in virtuosen, rauschenden Dreiklängen, die endlich sein Weibchen herbeizaubern.

Duett Papageno-Papagena: *Pa-pa-pa-pa...*

Mit äußerster Komik stellt Mozart die überraschte, quasi stotternd hervorgebrachte Wiedersehensfreude dar. In ungetrübtem G-Dur, zuerst von Pausen des Erstaunens unterbrochen, dann immer dichter im Parlando auf einem Ton singen beide dann ihre schlichten Kurzmotive aus einfachsten Intervallen in plapperndem Wechselgesang, der sich zu temperamentvoller, homophon-einiger Zweisamkeit steigert.

Elke Pätsch Horn

Mein Name ist Elke Pätsch. Geboren wurde ich in Berlin, besuchte dort die höhere Handelsschule und arbeitete als Verwaltungsangestellte beim Berliner Senat. 1962 haben Reinhard und ich geheiratet. Er stammt aus einer sehr musikalischen Familie und arbeitete damals als Jurist beim Zoll. Seine berufliche Beförderung brachte uns 1972 mit unseren zwei Kindern nach Wolfratshausen. Hier hatte ich das Glück, einen ehemaligen Hornisten der Berliner Philharmoniker, Herrn Helmut Kranz, kennen zu lernen, der mir über 12 Jahre lang kostenlos Unterricht erteilte. Ich spielte Jagdhorn im Münchner Jagdclub, sang im Chor der Musikfreunde Isartal und kam 1991 zum Philharmonischen Orchester Isartal, wo ich unter Matt Boynick in meinem ersten Konzert Mozarts Prager Symphonie mitspielen konnte.

Seither spiele ich begeistert im Orchester und habe alle Konzerte unter Herrn Boynick, Herrn Weiß und Herrn Adt genossen, schon wegen der guten und ausführlichen Probenarbeit. Es gab viele Höhepunkte: z.B. die Zauberflöte, die Matthäus-Passion und die Japan-Reise mit Herrn Weiß, das Brahms-Requiem, die Symphonie von Carl Nielsen, das Loisachhallen-Benefizkonzert, Rossinis Stabat mater mit anschließender Frankreich-Reise und Beethovens Neunte zur Wiedereröffnung der Loisachhalle unter Herrn Adt.

Ich bewundere besonders den hervorragenden menschlichen Zusammenhalt im Orchester, egal, was für ein Instrument man spielt. Ganz besonders möchte ich Barbara Kleinschmidt und Lothar Palsa erwähnen, wir sind ein „eingeschworenes Hörner-Team". Ich freue mich auf jede Probe, sie sind der Ansporn, ein gutes Konzert abzugeben.

Neben meinen inzwischen erwachsenen Kindern und meinen vier Enkeln (zwischen 3 und 21 Jahren) ist die Musik ist für mich eine große Freude in meinen Leben.

Elke Pätsch

Arie der Despina aus *Così fan tutte*

Schon ein Mädchen von fünfzehn Jahren

Despina

Schon ein Mädchen von fünfzehn Jahren
Muss die große Kunst verstehen,
Wie am besten wir Nasen drehen,
Wie man Männer gängelt am Band.
Lernen all' die Schelmereien,
Die ins Netz die Herrchen jagen,
Falsches Lachen, falsches Klagen,
Und die Tränen stets bei der Hand.
Tut man mit zwanzig auch spröde und verwundert,
Wechselt man Blicke feurig mit hundert.
Hier Hoffnung machen,
Dort sie verlachen,
Mit jenem necken sich,
Vor dem verstecken sich,
Ohne zu zagen
Unwahrheit sagen.
So ist man Fürstin auf hohem Throne,
Und in Gehorsam beugt man sich uns.
Wünschen vielleicht Sie weit're Belehrung,
Stehet Despina gern zu Gebot.

Così fan tutte (1789/90) gehört wie kaum eine Oper Mozarts so eindeutig zum Typ der *Opera buffa*, der heiteren, burlesken Komödie. Die Schwestern Fiordiligi und Dorabella werden von ihren Verlobten auf die Probe gestellt: Nach tränenreichem Abschied, da die Männer angeblich in den Krieg ziehen müssen, ergehen sich die Schwestern in theatralischem Schmerz. Unerkannt in der Verkleidung als exotische Fremde erscheinen die beiden Männer wieder und umwerben sie aufs Heftigste. Die Musik zeichnet jede kleinste Gefühlsregung von Verwirrung und Versuchung, Standhaftigkeit und Hingabe nach. Die in das Spiel eingeweihte Zofe Despina trägt mit ihrem leger-saloppen Liedchen *Schon ein Mädchen von fünfzehn Jahren* dazu bei, dass unter den Liebesschwüren der Fremden bald alle Treue vergessen ist. Doch den Schwestern wird nach Aufdeckung der Maskerade großzügig verziehen, denn *Così fan tutte, so machen's alle!*

Der Schauspieldirektor
oder: Der Freischütz kommt nach Wolfratshausen

Nach einer Idee von Christoph Kessler
frei nach der Komödie mit Musik von Wolfgang Amadeus Mozart
Libretto: Marcus Schneider und Christoph Kessler

Originalfassung vom 5. Februar 2001. Das Werk wurde durch den Regisseur etwas gekürzt – besonders in den Nebenrollen – und in der gekürzten Fassung am 14. und 15. Juli 2001 im Bergwaldtheater Wolfratshausen aufgeführt. Dabei wurde auch Richard Strauss' Bläserserenade Es-Dur zusammen mit Mozarts Konzert für Horn und Orchester Nr. 4 (Solist: Wolfgang Gaag, Horn) und Bizets Arlesienne Suite Nr. 2 in einem separaten 1. Teil vor der Pause aufgeführt.

Zur Entstehungsgeschichte

Mitten im Winter, am 7. Februar 1786, war die Orangerie des Schlosses Schönbrunn in Wien für einen besonderen Anlass geschmückt und hergerichtet worden: Kaiser Joseph II. hatte Angehörige des Wiener Adels zu einem *Lustfest zu Ehren der k. k. Generalgouverneure der k.k. Niederlande* geladen. An beiden Schmalseiten der Orangerie hatte man je eine Bühne aufgebaut, in der Mitte stand die festlich gedeckte Galatafel. Nach dem Mittagsmahle vergnügte man sich zuerst bei der *Komödie mit Musik* DER SCHAUSPIELDIREKTOR von Gottlieb Stephanie dem Jüngeren und Musik von Wolfgang Amadeus Mozart. Im Anschluss präsentierten auf der gegenüberliegenden Bühne Mitglieder der Hofoper Antonio Salieris Operneinakter PRIMA LA MUSICA, POI E PAROLE mit einem Libretto von Giovanni Battista Casti.

Beide Stücke waren Auftragsarbeiten, extra für diesen Anlass verfasst und einstudiert. An diesem Nachmittag gefiel, so der Augenzeuge Graf Carl von Zinzendorf, die Oper besser als das Schauspiel. Die Stücke wurden im Anschluss noch dreimal gemeinsam im Kärtnertortheater gezeigt, *mit außerordentlichem Beifall und Zulauf*, wie ein zeitgenössischer Bericht meldet. Beide Einakter spielen im Theatermilieu und Salieris/Castris PRIMA LA MUSICA, POI LE PAROLE ist als ein Seitenhieb auf die Konkurrenz, nämlich Mozart und seinen Textdichter Lorenzo Da Ponte zu verstehen. Letzterer bekleidet zu dieser Zeit das Amt des Hoftheaterdichters. Bereits der Titel ist Programm: Der Text habe hinter der Komposition zurückzustehen. Das entsprach mit Sicherheit nicht Da Pontes Überzeugung.

Verglichen mit dieser Kampfansage ist das Libretto von Stephanie d. J. weniger kämpferisch, eher spielerisch. DER SCHAUSPIELDIREKTOR ist ein Auftragswerk des Kaisers, der sogar die Grundidee vorgegeben hatte.

Der Originaltext ist voller zeitgebundener Anspielungen, die sich dem heutigen Zuschauer aber kaum mehr erschließen. Er spielt mit den Eigenheiten bekannter Darsteller und zitiert Stücke, die zur Entstehungszeit auf dem Spielplan Wiener Bühnen standen. Aber letztlich bietet er vor allem den Darstellern ein geeignetes Podium, sich vor erlesenem Publikum vorteilhaft zu präsentieren.

Interessant ist auch ein Blick auf die damalige Besetzungsliste: Den Impresario spielte Gottlieb Stephanie selbst. Madame Herz wurde verkörpert von Aloysia Lange, der Schwester von Mozarts Frau Konstanze. Für Johann Valentin Amberger, der den Vogelsang gab, hatte Mozart vier Jahre zuvor die Rolle des Belmonte in der *Entführung aus dem Serail* komponiert und für die Darstellerin der Mademoiselle Silberklang, Catharina Cavalieri, die Konstanze. Sie war im Jahr darauf übrigens auch die erste Wiener Donna Elvira. Die Arie *Mi tradi* hatte Mozart eigens für sei geschrieben. Mit 32 Jahren musste sei ihre Karriere wegen Überanstrengungen aufgeben, nachdem sie bereits mit 14 Jahren unter Salieri mit dem Gesang begonnen hatte. Schließlich gab es noch den Darsteller des Buff, Josef Weidmann. Er war eigentlich gar kein Sänger, sondern einer der herausragenden Komiker seiner Zeit.

Aber keine Parodie ist verständlich und amüsant, wenn man das Parodierte nicht kennt. So wurde, um Mozarts Musik überhaupt erklingen zu lassen, die ursprüngliche Dialogfassung vielfachen Veränderungen unterworfen. Schon Goethe versuchte sich an einer Aktualisierung (Theater Weimar, 1797), man erweiterte das Stück um andere Mozart-Kompositionen wie das *Bandl-Terzett* und machte in einer weiteren Bearbeitung gar Mozart, seine Frau Konstanze und seinen Theaterfreund Schickaneder selbst zu handelnden Personen (Berlin, 1946). In überarbeiteter Fassung taucht diese Version noch 1931 an der Bayerischen Staatsoper in München auf. Bis heute muss sich jede Bühne entscheiden, in welcher Textfassung des SCHAUSPIELDIREKTORS sie sich entscheidet, während Mozarts Musik keinerlei Aktualisierung bedarf.

aus dem Programmheft der beiden Aufführungen am 14./15. Juli 2001

In Wolfratshausen besteht folgende Ausgangssituation:

Wolfratshausen bereitet sich auf die Aufführung von Carl Maria von Webers romantischer Oper *Der Freischütz* vor. Die Proben laufen auf Hochtouren, auch wenn noch nicht alle Solistinnen engagiert, nicht alle Zusagen der Sponsoren bestätigt und nicht alle Stadträte von der Notwendigkeit des Projektes überzeugt sind. Zu besetzen sind insbesondere noch die weibliche Hauptrolle im Freischütz, Agathe. Im Gegensatz zu den Solistinnen, die für ein Vorsingen bestellt waren aber noch nicht gesichtet wurden, befindet sich bereits der gesamte Chor auf der Bühne, obwohl er noch nicht bestellt war.

Eine turbulente Komödie nimmt ihren Lauf ...

Personen

Personen (Hauptrollen)

Maestro Schwarz, *Dirigent des Philharmonischen Orchesters Isartal;*
die von ihm favorisierte Münchner Sopranistin Frau Herz und deren Mann Mario;
Kulturamtsleiter Herr Stryzinoff;
Mademoiselle Silberklang, *Sopranistin aus Wolfratshausen, protegiert vom Kulturamtsleiter;*
Herr Buff, *Baß, Regisseur (= der* Schauspieldirektor*);*
Herr Tonschön, *auch Vogelsang genannt, leichter lyrischer Tenor, Librettist, Konzertvereinschef, Mann für Alles, ausgleichender Charakter;*
Herr Schwiederskaiski , *tschechischer Tenor, der bereits engagierte Darsteller des Max;*
Frau Leise, *die opernbegeisterte Souffleuse aus der neu vereinigten Musikschule*
Lauretta, *ihre Tochter*

Weitere Personen (Nebenrollen)

Herr Francesco Toskanani, *Soloflötist des Philharmonischen Orchesters Isartal;*
Herr Hans Reiter, *Primarius des Reiter-Quartetts und Konzertmeister des Philharmonischen Orchesters Isartal;*
Chorleiter Bemelung-Frankquart, *Chordamen und -herren des Philharmonischen Chores Isartals*

Namentlich werden genannt

Giovanni Schempff , *Klaviervirtuose;*
Herr Berchtold, *erster Bürgermeister von Wolfratshausen;*
Dr. Lange, *dritter Bürgermeister und Kulturminister der Stadt;*
Herr Fleischer, *Bürgermeisteraspirant;*
der Stadtrat *von Wolfratshausen;*
Herr Summus *von der Lokalpresse.*

Libretto

Zum Beginn des Stückes sind auf der Bühne:

Der Regisseur Buff; der Kulturamtsleiter Stryzinoff; der Dirigent Schwarz; die Souffleuse Leise und Lauretta, ihre Tochter; der Konzertvereinschef Tonschön; der Konzertmeister Reiter; der Soloflötist des Orchesters Toskanani; der Chorleiter Bemelung-Franquart; ein Großteil des Chores.

Das Orchester einschließlich Bläsergruppe sitzt spielbereit im Orchestergraben.

Ouvertüre (Schauspieldirektor) (Orchester)

(Während der Ouvertüre besteht schon Probensituation. Der Chor bekommt Probekostüme und Requisiten, Buff versucht, alle zu arrangieren. Er wird durch Boten, Regieassistenten etc. unterbrochen. Alles läuft noch etwas chaotisch. Die Chorleute sind unkonzentriert, dauernd treffen noch Nachzügler ein, Buff wird abgelenkt. Der Dirigent winkt ab, bittet um mehr Ruhe auf der Bühne und will die Ouvertüre wiederholen.)

1. Szene

Schwarz: Auf der Bühne war es noch immer zu laut. Wenn ich mit dem Orchester probe, brauche ich Ruhe!

(an den Konzertmeister gewandt) Herr Konzertmeister, sind eigentlich alle Kontrabässe schon da? Ja? Und wie ist die Akustik im Orchester? Hören sie sich untereinander gut?

Reiter: Hmmm ... Ist etwas problematisch. Aber in der neuen Loisachhalle wird ja alles besser mit dem Schallkasten um die Bühne.

Schwarz: Schön wäre, wenn die Stadt hier im Bergwald ein Regendach spendieren würde. Da wären zwei Fliegen mit einer Klappe geschlagen – es könnte regnen und die Akustik ist verbessert. *(klopft aufs Pult, wendet sich an den Solo-Flötisten)* Herr Toskanani, sie sollten vielleicht während der Ouvertüre aufstehen, damit das Publikum die Flöte gut hört! Bei diesen schönen Soli sollten wir die Flöten vorziehen; Herr Konzertmeister, ist das machbar?

Reiter: Nicht schon wieder eine neue Sitzordnung, da kommt man ja ganz durcheinander. Neue Sitzpläne haben wir doch erst letzte Woche bekommen. Die Streicher müssen einfach leiser spielen – das habe ich doch schon hundertmal gesagt!

Stryzinoff: Mein lieber Maestro Schwarz, jetzt ist keine Zeit für solche Diskussionen, die Zeit drängt. Wir müssen jede freie Minute nützen.

Buff: Und wo doch der Chor schon da ist ...

Schwarz: ... der Chor war noch gar nicht bestellt!

Tonschön: Bestellt sind jetzt eigentlich die beiden Kandidatinnen fürs Vorsingen.

Schwarz: *(mit Blick auf die Uhr)*: Und warum sind die noch nicht da?

Tonschön: Also meine Schuld ist das nicht! Dafür gibt's doch einen genauen Probenplan.

Reiter Warum wird der denn nicht eingehalten?

Tenor: Ich aber Probenplan bekommen, warum nix Probe jetzt?

Toskanani: Ich als Bläsersprecher des Orchesters muss auch drauf dringen, dass die Proben professioneller ablaufen. Es war eher ein Wunder, alle Bläser für diese Probe zusammenzukriegen, und jetzt sitzen wir als Leistungsträger hier nur rum und haben nichts zu tun!

Buff: *(an alle)* Also bitte Ruhe jetzt, Schluss mit den Diskussionen. Achtung!

(an den Tenor) Jetzt gleich kommt Ihr Auftritt.

(zum Chor) Chor, aufgepasst! Und denkt dran: Die Herren sind stolze Jäger und die Damen bitte nicht so edel: Sie sind einfache Frauen vom Land. Für den letzten Auftritt kommt ihr von links und dann wie besprochen..Darf ich bitten, von Anfang.

Chorist.: Wie, ganz von vorne?

Buff: Nein, vom Auftritt des Max. Er ist traurig und verzweifelt *(einige Chordamen schauen mit Ausdrücken des Mitleids zum Tenor)*, aber sein Zustand tut euch nicht leid - im Gegenteil! Ihr verspottet ihn, weil er gefehlt hat.

Tenor: Ich nicht gefehlt. Ich Anwesenheit bei jeder Probe!

Tonschön: *(erläuternd)* Er meint doch den Fehlschuss, ... also am Stückbeginn, hat der Kilian einen erstklassigen Schuss abgegeben und ...

Buff: ... bitte lasst uns doch probieren, wir verlieren soviel Zeit.

Schwarz: *(genervt, blickt aufgeregt zum Regisseur)* Also, welche Nummer soll ich denn jetzt proben?

Buff: Nummer 1, Seite 14!

Tonschön: Brauchen wir da nicht eine Agathe und ein Ännchen?

Stryzinoff: Die sind noch gar nicht engagiert. Der Maestro bestand noch auf einem Vorsingen.

Tonschön: Am Konzertverein liegt´s diesmal aber nicht! Die Vertragsentwürfe sind bereits schon vor drei Jahren gemacht worden. Für was sind denn die vielen Sitzungen des Konzertvereins gut, wenn dann doch jeder macht, was er will? Die Vorstände treffen sich doch nicht nur wegen des toskanischen Rotweins ...

Bemelung-Franquart: Ich mache meine Absprachen immer nur mündlich ...

Tonschön: Und dann steht wieder das Falsche auf dem Plakat wie damals die Geschichte mit dem Paukenschlag. Wo das Orchester doch den Paukenwirbel geübt hatte.

Stryzinoff: Jetzt draht´r durch! Hätte doch keiner gemerkt!

Schwarz: Heißt das, dass das Vorsingen jetzt abgesagt ist? Ohne Vorsingen kein Engagement – wir hatten ja auch für die Zauberflöte und die Neunte ein Vorsingen.

Buff: Dieses Vorsingen machen wir, sobald die Damen da sind. Keine Kandidatinnen - kein Vorsingen – kein Vertrag!

Schwarz: Heute morgen noch habe ich mit der Frau Herz telefoniert, sie ist sicher bald da.

Tonschön: Und wo bleibt ihre Kandidatin, lieber Herr Stryzinoff?

Stryzinoff: Also ich versteh das nicht, ich habe Fräulein Silberklang persönlich informieren lassen. Außerdem hat sie's ja nicht weit. Ich gehe mal nachsehen *(ab).*

Frau Leise: (zum Buff) Also, meine Tochter, die nimmt auch Gesangsunterricht in der neuen vereinigten Musikschule. Kennen sie die? Die machen doch jedes Jahr mehrere Pokale – denken sie an „Jugend-Musiziert und an die Meisterschüler von Giovanni Schempff. Auch meine Tochter, die singt, war schon im Finale dabei. Ich hol´ sie mal schnell ...

Buff: Später, liebe Frau Leise, später. Wenn wir die beiden anderen Kandidatinnen gehört haben .... Dann proben wir eben zuerst den Jägerchor, da brauchen wir keine Damen.

(zum Chor) Die Damen haben jetzt Pause.

Chor-D.: Ohh ... *(Proteste wegen der plötzlichen Wartezeit, etc. - sie lassen die ausgehän-digten Requisiten an Ort und Stelle fallen und nehmen am Rand der Bühne Platz; die Requisiteuse sammelt die Requisiten ein.)*

Toskanani: Also wir sitzen auch schon eine geschlagenen Viertelstunde hier rum, ohne eine einzige Note gespielt zu haben, mit Profis könnt ihr das nicht machen. Wenn schon der Probenplan nicht mehr gilt, sollten wir besser noch eine Stimmprobe einschieben oder ein langes Bläserstück zum Besten geben.

Reiter: Gute Idee.

(Die Orchesterbläser spielen)

Strauß: Satz aus Bläserserenade (Bläsersatz)

(Bläser des Orchesters spielen Strauss´ Bläserserenade. Schwarz dirigiert. Bemelung-Franquart läuft aufgeregt auf der Bühne hin und her.)

2. Szene

(Nach Abschluss des Bläsersatzes wendet sich Bemelung-Franquart an Buff.)

Bemelung-Franquart: Ich habe ja schon immer gesagt, das Stück ist für den Chor zu schwer, wir brauchen zu viel Probezeit. In der Zeit könnte man ganz andere Stücke aufführen. Und das gerade, wo doch unser Chorjubiläum mit der Aufführung der Oper zusammenfällt, müssen wir hier unsere Zeit mit so was verschwenden!

Chor-H: Ich weiß gar nicht, warum nichts weitergeht. Der Chor ist schon lange zum Singen bereit.

Bemelung-Franquart: Ja, ja, ja, jetzt ist der Chor dran.

Buff: *(leise zu sich)* Das ist ja wie Flöhe hüten!

(dem Chor zugewandt) Die Herren nehmen bitte hier Aufstellung so wie geprobt. Die Gewehre gibt es noch nicht, aber die Requisite ist dran, Gewehre vom Gärtnerplatz zu besorgen.

Chor-H: Entschuldigung, bekommen wir als Jäger denn keine Gewehre? Das ist doch gerade der Witz hier im Bergwald.

Buff: *(entnervt aber höflich)* Ja, sicher doch, aber später. Bitte jetzt auf Position.

Bemelung-Franquart: Und denken Sie an die Aussprache, meine Herren: Kon-so-nan-ten!

Buff: Genau. Deutliche Textaussprache, wenn ich bitten darf. Das Textverständnis ist bei der romantischen Oper das A und O!

Chor-H: Auch im Refrain?

Buff: *(ärgerlich)* Natürlich auch im Refrain!

(Die Chorherren singen):

Nr. 15 (Freischütz): Was gleicht wohl auf Erden dem Jägervergnügen (Klavierbegleitung)

(Die Probe verläuft leidlich konzentriert. Bemelung-Franquart dirigiert von der Bühnenseite. Frau Leise souffliert, wo es nur geht, insbesondere im Refrain. Schwarz geht inzwischen, um Frau Herz abzuholen. Stryzinoff blättert mit Tonschön in einem Bündel von Verträgen.)

3. Szene

Buff: Danke, und nun gleich weiter, es gibt noch viel zu tun. Das Publikum von Wolfratshausen ist anspruchsvoll wie kaum ein anderes. Die Herren des Chores sind fertig, ich danke.

Chor-H.: Mahlzeit. Bis später, wir geh´n jetzt erst mal zum Humplbräu.

Requisite: *(mit großem Wagen)* Also, die Gewehre wären jetzt da.

Buff: Danke, wir brauchen wir fürs Vorsingen keine Gewehre – wir veranstalten ja kein Duell!

Chor-D.: Und wir, was ist mit uns, können wir auch gehen?

Buff: Nein, Sie bleiben bitte noch da. Ich brauche Sie nachher noch.

Chor-D.: Können wir wenigstens eine Pause machen, bis wir dran sind?

Buff: Meinetwegen. *(Für sich)* Dann verquatschen sie wenigstens nicht den Rest der Probe. Ist bei allen Chören und Orchestern so ...
(zu Stryzinoff) Im Übrigen: Wie finden Sie's bisher?

Stryzinoff: Die neuen Texte sind sehr effektvoll. Gerade für unser Wolfratshauser Publikum und unsere Geldgeber.

Buff: Was haben denn die Texte mit Geld zu tun?

Stryzinoff: Als hauptamtlicher Sparkommissar muss ich den Spagat zwischen Kunst und Geld machen: nicht nur für den Stadtrat das Budget begrenzen, sondern den Bergwald auch zweimal voll kriegen – und da gehört ein effektvoller Text dazu. Und engagierte Musiker, die im Orchester umsonst spielen!

Buff: *(für sich)* Naja, ist ja gut, dass sie selbst gemacht sind und keine Tantiemen kosten

(laut) Wo bleiben denn jetzt die Kandidatinnen fürs Vorsingen?

Frau Leise: Also meine Tochter ... wo sie doch von der „Jugend Musiziert"-Schule kommt ...

(Der Dirigent erscheint mit der von ihm protegierten Frau Herz aus München. Im Anhang: der Gatte der Herz: Mario.)

Schwarz.: Darf ich vorstellen: „Frau Herz", unsere zukünftige Primadonna. Die perfekte Agathe.

(während Frau Herz die Runde macht) Sie ist aus München. Eine Vollblut-Künstlerin. Hat auch schon in Bayreuth gesungen.

Stryzinoff: Was hören wir denn von Ihnen?

Schwarz.: Sie hat eine Arie von Mozart dabei: Aus dem „Schauspieldirektor"

Frau Herz: Gebt nur Acht, wie ich das singe ...

Mario: ... gebt nur Acht, wie sie das singt ...

Frau Herz: ... und ihr platzt bestimmt vor Neid ...

Mario. ... und ihr platzt bestimmt vor Neid.

Frau Leise: Die Person ist ja wirklich das letzte ...

Lauretta: ... und ihr Mann ...

Schwarz: *(an Reiter gewandt)* Herr Konzertmeister, kann das Orchester schon mal einstimmen?

(Während Frau Herz vom Buff auf Vorsinge-Position gebracht wird):

Tonschön: *(zu Stryzinoff)* Darf ich Sie an meinen Vorschuss erinnern. Der war für gestern versprochen. Und so steht´s ja auch in meinem Vertrag.

Stryzinoff: *(zu Tonschön):* Ihren Vorschuss werden Sie erhalten, sobald ich die Verträge in der Hand habe. Gar kein Problem.

(leise zu sich) Jetzt draht´r schon wieder durch! Wenn das mal gut geht ...

Buff: (laut zu Bühnentechnik) Achtung! Lichtregie! Verfolger!

(Bühne wird dunkel, Verfolger zunächst auf den Stryzinoff, dann auf die Sängerin)

(Frau Herz singt)

Nr. 1 (Schauspieldirektor) *Da schlägt die Abschiedsstunde* (Orchesterbegleitung)

(Der Tenor ist immer noch auf der Bühne und „stört" durch Gänge etc. die Konzentration der Herz. Zwischenrufe: „Strich"; Souffleuse ruft Text dazwischen, wo Frau Herz nur Fermate aushält; der Tenor fungiert als Lautsprecher; die Konkurrentin steht provokant gegenüber; dem Tenor dauert´s zu lang, geht, sich einen Tee zu holen; Mario singt aus lauter Begeisterung Schlußtöne mit; der Kulturmanager hätte die Herz gerne mittig, sie geht aber auf Konkurrenz los, Disput mit Buff.)

4. Szene

Lauretta: Na, bravo!

Mario: Ja, Bravo!

Stryzinoff: Wirklich ganz ausgezeichnet.

Mario: Durch meine Frau wird die Musik zur höheren Offenbarung ...

Frau Leise: ... wenn das der eigene Mann der Primadonna sagt, dann wird es wohl stimmen.

Mario: Sehr ehrenvoll!

Schwarz: Ich denke, Sie können gleich da bleiben.

Buff: Wenn der Chor gerade eh Pause macht *und (zu Stryzinoff)* Ihre Mademoiselle Silberklang nicht zu kommen geruht, dann proben wir als nächstes die Arie des Tenors.

Mario: Um Gottes Willen.

(zu seiner Frau) Komm, wir gehen.

Buff: *(zu Stryzinoff)* Sie werden sich wundern. Von dem Text wird kaum etwas zu verstehen sein. Denn der Tenor, da kann man nichts machen, ist Ausländer.

Stryzinoff: *(zum Tenor)* Darf ich Sie bitten, Max ...

Tenor: Tuen mit leid, ich nicht Max, ich Igor, außerdem ich nicht gut bei Stimme und überhaupt.

Buff. | Wollen wir's versuchen. *(zu Schwarz)* Drei Takte vor Ziffer 20.

Schwarz: *(beginnt mit Musik - der Tenor ist nicht auf der Bühne):* Tenor - Auftritt!

(Max singt)

Arie Max (Freischütz): *Durch die Wälder, durch die Auen* (Klavierbegleitung)

5. Szene

Buff: Sehr gut.

Tenor: Natürlich.

Stryzinoff: Bravo.

Mario: Alles verknödelt.

Frau Herz: Also übrigens, Herr Stryzinoff, bekomme ich eigentlich fürs Finale ein Feuerwerk? Wenn ich für das Finale keine Feuerwerk habe, dann singe ich´s nicht.

Mario: Genau, ohne Feuerwerk singen wir nicht.

Stryzinoff: Ja, so ein Feuerwerk, das ist keine schlechte Idee.

Buff: Wieso denn ein Feuerwerk? Ein Feuerwerk kommt überhaupt nicht in Frage! Für das Finale im „Freischütz" hat Agathe weiße Rosen im Arm. Wenn es irgendwo knallt und raucht, dann ist es im zweiten Akt, in der Wolfsschlucht, aber bestimmt nicht im Finale bei Agathe .

Frau Herz: Wenn ich kein Feuerwerk kriege, dann sing ich nicht

Buff: *(schreit)* Aber das ist doch Unsinn.

Frau Herz: *(schreit zurück)* Nein, das ist Oper!

Stryzinoff: Kommt, lasst das. Wir werden schon eine Lösung finden.

Frau Leise: *(resolut zum Buff)* Also das hier ist meine Tochter Lauretta. Was ist eigentlich mit der Rolle, die meiner Lauretta versprochen wurde? Wenn meine Lauretta nicht auch eine Rolle bekommt, revoltiert die ganze Stadt!

Mario: Darf hier eigentlich jeder mitsingen?

Buff: *(stockend)* Wir hätten eher daran gedacht ...

Frau Leise Was sind denn das in Wolfratshausen für neue Sitten? Natürlich muss meine Laurettina eine Rolle bekommen! Verstehen Sie das unter Einbindung lokaler Kräfte? Das ist doch das Motto des Konzertvereins. Wo ist denn das Textbuch, lassen Sie mich mal sehen, da hat doch auch der Tonschön mitgeschrieben!

Buff: *(suchend)* Ich muss es verlegt haben, gleich hab ich´s, wo ist es denn ...

Frau Leise: Bekommt meine Lauretta nicht eine Rolle, werde ich schon dafür sorgen, dass dieser Skandal morgen in der Presse steht! Da wird schon der Herr Summus von der Zeitung dafür sorgen ... Und der Konzertverein bekommt für die Bündelung hiesiger Kräfte sogar den Kulturpreis! Ein Skandal!

(Buff blickt hilfesuchend zum Eingang der Bühne, wo zum Glück gerade der Kulturamtsleiter mit der von ihm protegierten Mademoiselle Silberklang aus Wolfratshausen erscheint.)

Stryzinoff: Darf ich vorstellen: „Mademoiselle Silberklang".

Buff: Sehr erfreut. Sie kommen aus Wolfratshausen? Das passt gut, gerade haben wir über dieses Thema gesprochen.

Frau Leise: Wenn das kein Pseudonym ist.

Schwarz: Als Agathe kann ich mir die nun wirklich nicht vorstellen.

Stryzinoff:	Aber sie kommt hier aus Wolfratshausen ...
	(zu Buff) ... aus einer Künstlerfamilie! Sie hat schon sehr erfolgreich in der „Zauberflöte" mitgewirkt.
Tonschön:	*(zu Stryzinoff)* Wenn sie von hier ist, kostet sie uns wenigstens keine Fahrt- und Hotelspesen.
Stryzinoff:	Das trifft sich gut, wo ich soviel sparen muss – Loisachhallen-Umbau, Bergwaldbühnendach ... Und der Herr Fleischer immer sagt, dass der Bürgermeister so viel Geld in der Kanaltrasse versenken will ...
Buff:	(zu Frau Herz gewandt): Darf ich vorstellen, die Kollegin aus München, Frau ...
Mario:	*(schreit)* Achtung!
	(der Tenor springt auf, salutiert) Bitte alle aufstehen!
Buff:	Aus welchem Grund denn?
Mario:	Der Name meiner Gattin wird genannt!
Frau Leise:	Gut ich steh auf, aber nur, weil ich sowieso mal raus muss.
Buff:	... Frau Herz aus München.
Frau Leise:	Und das, wo hier so exzellente Kräfte vor Ort sind.
Buff:	Das ist unser erster Tenor, Herr Schwid...ibu...sais...
Tenor:	... das nicht gut. Heiße: Schwiderskaiski.
Mario:	Ein Name, der sich gut einprägt
Stryzinoff:	*(leise zum Buff)* Das müssen wir noch auf dem Plakat verbessern. Aber nicht, dass die Korrekturen wieder wie beim Paukenwirbel enden ... Die belasten nicht nur das Budget sondern auch meine Nerven.
Buff:	*(zu Frau Leise gewandt)* Dann haben wir hier noch die Mezzosopranistin, Frau Leise. Sie souffliert ...
Frau Leise:	... mein Debut ...
Buff:	... und ist aus dem Chor der neuen Musikschule. ich habe schon viel von ihnen gehört!
Stryzinoff:	Dann wollen wir doch mal hören, was uns Mademoiselle Silberklang mitgebracht hat.
Buff:	Bitte Bühne frei für Mademoiselle Silberklang!
Stryzinoff:	*(zu Tonschön)* Gibt es denn immer noch nichts Neues vom Stadtrat? Sollten wir nicht mal mit dem Dr. Lange vom Kulturausschuss telephonieren?
Tonschön:	Gute Idee, mach ich gleich *(Tonschön ab, telefoniert)*
Silberklang:	*(an den Dirigenten)* Bitte, Maestro, es ist noch so früh am Morgen. Ich habe noch nicht viel Höhe.
Schwarz:	Ist doch gar kein Problem, dann transponieren wir nach e-moll.
	(Das Orchester mault und protestiert lautstark. Toskanani aber sekundiert.)
Toskanani:	Das ist für die Leistungsträger im Orchester gar kein Problem. Die Profis können den Laien ja entsprechende Anleitungen geben.
Reiter:	*(indigniert)* Das schlägt doch dem Faß den Boden aus, jetzt soll doch das Orchester in Profis und Laien auseinander dividiert werden. Da bin ich absolut dagegen.
Schwarz:	*(schlägt mit dem Taktstock auf´s Pult; laut)* Meine Damen und Herren, mehr Disziplin, wenn ich bitten darf! Und immer das Schwätzen während der Proben, da versteht man ja sein eigenes Wort nicht mehr!

Silberklang: Da haben Sie ganz recht, mir geht´s genauso. Und auch ich bitte darum, das Stück einen Ton tiefer zu setzten. Meine Stimme ist so zart wie ein Silberglöckchen. Und wenn Sie, meine sehr verehrten Herren, so laut wie sonst spielen, werden wir keine Freude aneinander haben ... Sie wissen, was ich meine, also spielen sie bitte mindestens leise.

Reiter: Seht ihr, ich hab´s ja immer gesagt ...

Buff: *(während die Sängerin auf Position geht)* Also nehmen sie die Dämpfer und spielen ansonsten alles so, wie's steht.

(zur Regie gewandt, laut): Achtung Bühne, Vorhang auf.

(Frau Silberklang singt)

Nr. 2 (Schauspieldirektor) *Bester Jüngling, mit Entzücken* (Orchesterbegleitung)

(Frau Herz und Mario „stören" die Arie)

6. Szene

Stryzinoff: Sehr schön, liebe Mademoiselle Silberklang. Herzlichen Dank. Ganz phantastisch. Es reicht für heute.

Frau Herz: Stimmt. Mir reicht es auch.

Silberklang: Ja, fanden Sie wirklich?

Schwarz: *(will sie hinausdrängen)* Danke, Sie hören von uns. Wir rufen Sie an.

Stryzinoff: Seien Sie unbesorgt. Ich bin sicher, wir werden eine zufriedenstellende Lösung finden.

Silberklang: Dabei bin ich heute gar nicht in Hochform. Ich habe fast nie ausgesungen.

Frau Herz: *(mit Küsschen links/rechts für die Silberklang)* Meine Liebe, du warst sooo gut.

Silberklang: Ach..., da werde ich ja ganz rot - von deiner Schminke.

Stryzinoff: *(zum Dirigenten)* Nachdem wir die beiden Damen gehört haben, dürfte die Besetzung ja wohl feststehen.

Silberklang: Lieber Stryzinoff. Bereiten Sie doch schon einmal meinen Vertrag vor. Es ist doch klar, dass ich die Agathe singe.

(Buff signalisiert dem Dirigenten, dass er ihn vor diesem Vertragsabschluss auch noch sprechen will.)

Frau Herz: *(zu Mario)* Dass die arrogant ist, das wundert mich gar nicht. Das wundert mich überhaupt nicht!

(laut) Wenn man einmal in München als Choraushilfe war, kann man danach leicht in Wolfratshausen als Solistin angeben!

Silberklang: Das ist ..., das ist ...Alles erlogen ist das! Aus den Fingern gesogen! Eine bodenlose Unterstellung!

Mario: Worauf meine Frau sitzt, da hast du deine Stimme und wo ihr Hals ist, hast du einen Kropf.

Silberklang: *(zu Mario)* Jetzt halt' mal die Luft an, du wilder Pudel!

(zur Herz) Das erinnert mich daran, wie du noch nach der Wende am Berliner Zoo die fettigen Pommes verkauft hast, die dein Mann in ranzigem Öl gegrillt hat!

(Frau Herz läuft hilfesuchend zu Schwarz)

Mario: Das ist nicht wahr, das Öl war nicht ranzig! Ich war bekannt für Qualität zu kleinem Preis. „Bei Mario dem Frittenkönig, da schmeckt es gut und kostet wenig!". Komm, wir gehen! Hier singen wir nicht! *(läuft Richtung seiner Frau)*

Tonschön: Bitte meine Damen, Sie sind beide ganz erstklassig, aber nur eine kann bei uns die Agathe singen!

(Die Silberklang und die Herz bleiben auf der Bühne und denken nicht daran, einander das Feld zu räumen.)

(Frau Herz, Mademoiselle Silberklang, Herr Tonschön singen)

Terzett (Schauspieldirektor): *Ich bin die erste Sängerin* (Orchesterbegleitung)

(Frau Herz entflieht am Ende weinend in die Kulisse)

7. Szene

Tonschön: *(der Herz folgend)* Meine Damen, seien Sie doch vernünftig!

Mario: *(zum Stryzinoff)* Ihr nehmt ja lieber eine, die den Agenten gut die Hälfte ihrer Gage überlässt, nur damit sie überhaupt vermitteln.

(Die Silberklang entflieht in die entgegengesetzte Richtung.)

(zu Buff) Wo meine Frau auftritt, ist ein Fest, stündlich erreichen uns Offerten. Eigentlich hat sie ja Angebote aus aller Welt: Bayreuth, Zürich – ihr liegen von Mailand bis New York ihre Fans zu Füßen; und ich habe sie entdeckt! Niemand beleidigt hier meine Frau; sie wird von mir verteidigt! Dazu bin ich ja da! *(ab)*

Buff: Ihr macht eurem Schauspieldirektor das Leben schon ganz schön sauer.

Stryzinoff: *(zu Schwarz und zu Buff)* Kommen Sie, mein Herren, wir besprechen die Besetzung in aller Ruhe. *(ab)*

Silberklang: *(hält den Buff im Abgehen auf)* Mein lieber Buff. Sie werden doch ein gutes Wort für mich einlegen.

Buff: Sicher, aber ich weiß nicht, ob sich .... der Dirigent und der Kulturchef müssen ja ...

(Die Silberklang steckt ihm ein Bündel Geldscheine zu)

Buff.: Gut, ich werde sehen, was sich machen lässt.

Frau Leise *(Kommt vorsichtig zu Tonschön. Sie hat eine Stelle im Klavierauszug aufgeschlagen, und zieht ihre Tochter hinter sich her.)* Wenn meine Lauretta das hier zum Beispiel vorträgt, sind die Leute alle platt: Hier, das die Arie mit viel Triller ... *(Lauretta trillert)* .... oder das Presto mit vielen Synkopen ... *(Lauretta machts vor)* ... so was singt meine Tochter zum küssen ... *(Lauretta machts vor)* ... und das Orchester begleitet diskret.

Dazu ein hübsches Kostüm. Was meinen Sie, wie das wirken wird am Abend?!

Tonschön: Liebe Frau Leise, ich glaube, es sind schon alle Rollen besetzt. Tut mir leid.

Frau Leise: Was glauben Sie eigentlich? Lauretta ist schon im Nationaltheater aushilfsweise aufgetreten. Dann kann sie es doch auch in Wolfratshausen! Ich habe Sie gewarnt. Der Bruder meiner Nachbarin kennt den lokalen Chefkritiker der Süddeutschen Zeitung! Der Herr Summus wird´s schon richten. Lauretta, komm, wir gehen! *(alle drei ab)*

(Im Hintergrund tauchen die Silberklang, die Herz, der Buff der Dirigent und der Kulturamtsleiter gemeinsam auf.)

Stryzinoff: Die Sache ist entschieden. Mademoiselle Silberklang singt Agathe und Frau Herz das Ännchen. Damit ist, denke ich, allen am besten gedient.

Silberklang: Ich hätte es mir ehrlich gesagt umgekehrt auch nicht vorstellen können.

Frau Herz: Es ist jetzt wohl besser, ich ruf meinen Mann!

Silberklang: Der Mann mit den Pommes, und das Öl, es war raaanzig!

Buff:	Bitte, meine Damen, seien Sie doch vernünftig!
Frau Herz:	Ich probe nicht ohne Vertrag.
Tonschön:	Die Chordamen lassen fragen, wann denn ihre Szene geprobt wird.
Stryzinoff:	Also lassen Sie mich doch jetzt damit zufrieden. Ich habe andere Sorgen.
Buff:	Gut, dann proben wir jetzt die Jungfernkranz-Szene mit dem Damenchor. Ich schlage vor, die Solistinnen proben gleich mit.
Stryzinoff:	*(zu Tonschön)* Gibt es denn immer noch keine Nachricht vom Stadtrat?
Tonschön:	Die sind wohl immer noch mit dem Loisachhallen-Umbau beschäftigt. Kein Wunder, wo doch erst letzte Woche die Umbauvariante 23 f mit einer Stimme Mehrheit abgeschmettert wurde. Wie soll da der Umbau bis zum Stadtjubiläum fertig werden und die Bergwaldbühne ein Schmuckstück der Jubiläums-Kulturtage werden? Aber vielleicht geschieht ja doch noch ein Wunder ... und alles wendet sich zum Guten *(Tonschön geht wieder telefonieren.)*
Buff:	*(zu den Chordamen)* Bitte meine Damen, die Bretter, die die Welt bedeuten, warten.
Bemelung-Franquart:	So langsam nimmt die Oper ja doch noch Fahrt auf ... Wenn wir auch noch unser Jubiläumskonzert hinkriegen würden, wären auch wir voll dabei.
Frau Herz:	Und ich warte nur noch auf meinen Vertrag!
Buff:	Aber vorher noch kurz zur Applausordnung.
Frau Herz:	Wer verbeugt sich zuletzt?
Buff:	Natürlich Max.
Mario:	Nein, keinesfalls, denn zuletzt kommt meine Gattin, sonst singen wir nicht.
Buff:	Was?
Frau Herz:	Ist doch ganz klar, das Beste kommt zuletzt. Ich habe das auch vertraglich ...
Tenor:	Ich habe das auch im Vertrag.
Frau Herz:	Gut, dann singe ich eben nicht.
Silberklang:	Bravo.
Lauretta:	Ich singe auch nicht, denn ich hab jetzt genug von diesem Zirkus.
Tenor:	Ich immer solidarisch.
	(Frau Leise stürmt auf den Stryzinoff zu und fällt in Ohnmacht. Frau Leise wird von zwei Sanitätern nach draußen getragen.)
Stryzinoff:	Verträge, Verträge! - Gut, ich gehe die Verträge holen, damit endlich Ruhe ist.
	(Stryzinoff tritt ab)
	(Der Damenchor singt)

Damenchor (Freischütz): *Jungfernkranz* (Klavierbegleitung)

(Die Herz und die Silberklang spielen erst widerwillig, dann immer fröhlicher mit.)

8. Szene

Tonschön:	*(Das Handy klingelt)* Herr Stryzinoff? Ja der ist hier ... *(gibt das Handy weiter)* Der Stadtrat ...
Stryzinoff:	Ja, hallo.... am Apparat ... *(Gespannte Stille. Stryzinoff nickt nur, Ja,... nein, nein ... aber sicher ... etc.)*

Das war die Nachricht vom Kulturminister Dr. Lange. Der Stadtrat drängt, daß erst mal die neue Loisachhalle zu Beginn des Stadtjubiläums gebührend eingeweiht wird. Und ein Flügel für den kleinen Saal erst mal finanziert wird.

Schwarz: Heißt das, dass der Stadtrat den nötigen Zuschuss für die Oper im Bergwald verweigert? Wann soll denn – wenn nicht zum 1000-jährigen Stadtjubiläum – im Bergwald eine richtige Oper aufgeführt werden?

Stryzinoff: Nein, nein, so ist das auch nicht. Aber der Stadtrat genehmigt uns den nötigen Zuschuss nur dann, wenn noch zusätzlich Sponsoren mitmachen.

Tonschön: Ja, das ist doch nicht zu glauben!

Frau Herz: Haben wir nicht alles getan für die Kultur und unsere Kunst? Gestritten,

Silberklang: ... gelitten ...

Buff: ... Tag und Nacht geprobt ...

Silberklang: ...alles für die Kunst!

Bemelung-Franquart: ... und wir soviel mit dem Chor geprobt haben, allein die vielen Stellproben ...

Reiter: ... und die vielen Orchesterproben organisiert, Notenmaterial beschafft, die Orchestermusiker aus der Region aktiviert ...

Toskanani: Das kann doch nicht wahr sein. Da muss es doch noch Möglichkeiten geben!

Stryzinoff: *(das Handy klingelt nochmals)* Hallo? ... Wer ist dort? ... Der Bürgermeister persönlich ... Ja ... Ja ... Die Kulturstiftung hat nach ihrer Anfrage die Bürgschaft übernommen? Das rettet die Opernaufführung zum 1000-jährigen Stadtjubiläum! Vielen Dank für diese gute Nachricht.

Tonschön: *(zu Stryzinoff gewandt)* Ein Hoch auf den Bürgermeister Berchtold und die Kulturstiftung! Und der Konzertverein sorgt dafür, dass die Orchestermusiker aus der Region nicht zu viel kosten. Auch die Chöre machen jetzt mit - ihr Jubiläumskonzert wird ja schon zur Einweihung der neuen Loisachhalle aufgeführt.

Stryzinoff: Ein Hoch auf die Musiker aus Wolfratshausen!

Frau Herz: Dann singe ich hier auch.

Mario: Genau, dann singen wir erst recht hier.

Struzinoff Vielleicht kriegen wir das mit dem Dach über die Bühne ja auch noch hin ...

Frau Herz: Das Ännchen wollte ich schon immer auf dieser Waldbühne singen, welch wundervoller Ort! Ein Hoch auf unsern Stryzinoff!

Stryzinoff: Über die Besetzung sind wir uns dann also schon mal einig!?

Mario: Ich bin sicher, hier oben auf der Waldbühne hat man noch nie so was Schönes gehört.

Stryzinoff: Hier, die Damen, sind die Verträge.

Silberklang: *(zu Schwarz gewandt)* Maestro, darf ich etwas sagen:

(alle Gesangssolisten)

Nr. 4 Schluss (Schauspieldirektor): *Jeder Künstler strebt nach Ehre* (Orchesterbegleitung)

(Alle versammeln sich auf der Bühne. Die Requisite bringt Feuerwerkskörper.)

Feuerwerk

Mozarts Requiem KV 626 – sein letztes, unvollendetes Werk

Zur Entstehung des Requiems

Die Geschichte von Mozarts Requiem ist oft erzählt worden (mit allzu großer dichterischer Freiheit auch in Peter Shaffers *Amadeus* und dem darauf beruhenden Film).

Es gibt wohl kaum ein anderes Kunstwerk, das so stark mit den Umständen seiner Entstehung verknüpft ist wie Mozarts Requiem. Es ist fast nicht möglich, das Werk für sich alleine stehen zu lassen, ohne die Entstehungsgeschichte "mitzuhören".

Der Auftraggeber des Requiems war der niederösterreichische Graf Walsegg-Stuppach, ein leidenschaftlicher Musikliebhaber, der so gerne ein großer Komponist geworden wäre. Er hatte es sich zur Gewohnheit gemacht, bei bekannten Komponisten Werke zu bestellen – unter dem Siegel der Verschwiegenheit, aber gegen fürstliches Honorar. Diese Kompositionen schrieb der Graf eigenhändig ab und ließ sie von seiner Hofkapelle aufführen; anschließend mussten die Musiker den Komponisten erraten. Natürlich tippten sie auf ihren Herrn und Meister, so wie es das ungeschriebene Gesetz des Hofes verlangte. Daraufhin lächelte der Graf geschmeichelt, die Musiker wussten Bescheid, der Komponist hatte gutes Geld erhalten, und jedermann war's zufrieden.

Das ging so lange gut, bis 1791 die Ehefrau des Grafen starb. Natürlich wollte der Graf seine Gattin mit einem Requiem ehren, und seine Wahl fiel auf einen berühmten, aber ständig in Geldnöten befindlichen Komponisten: Wolfgang Amadé Mozart. Der hatte zwar seit fast 10 Jahren kein kirchenmusikalisches Werk mehr geschrieben, doch hatte er in jungen Jahren unter den Salzburger Fürstbischöfen so viele Messen, Graduale und andere Kirchenkompositionen verfasst, dass er für die Aufgabe eines Requiems mehr als qualifiziert war.

Ein hartnäckiges Gerücht besagt, Mozart habe geglaubt, in dem "grauen Boten" einen Abgesandten der jenseitigen Welt zu erkennen, der ihn auffordere, sein eigenes Requiem zu schreiben. Es wird sich nie mit letzter Sicherheit klären lassen, ob das der Wahrheit entspricht, denn es sind keine schriftlichen Äußerungen Mozarts über sein Requiem erhalten. Jedenfalls war der finanzielle Vorschuss für den Komponisten hochwillkommen, nicht jedoch der Zeitpunkt des Auftrags, denn gerade 1791 hatte Mozart mehr als genug zu tun: zwei Opern (*Die Zauberflöte* und *La clemenza di Tito*), ein Klarinettenkonzert, dazu einiges an Klavier- und Kammermusik entstanden in diesem einen Jahr. Todesbote hin oder her – Mozart legte den Auftrag zunächst auf Eis und wandte sich anderen, dringlicheren Kompositionen zu.

Erst gegen Ende des Jahres 1791 machte sich Mozart ernstlich an die Arbeit zum Requiem. Er war zu diesem Zeitpunkt krank und überarbeitet. Und die schlimmsten Befürchtungen und Ahnungen des Komponisten wurden Wirklichkeit: Nur die ersten beiden Sätze seines Requiems konnte Mozart vollenden, dann starb er am 5. Dezember 1791. Er war nur 35 Jahre alt geworden. In einem Armengrab wurde er beigesetzt, und schon nach kurzer Zeit war seine Grabstätte nicht mehr auffindbar.

Die Umstände von Mozarts Tod und Begräbnis haben viele berühmte Mediziner (darunter Rudolf Virchow und Ferdinand Sauerbruch) veranlasst, aufgrund der überlieferten Symptome zu einer Diagnose zu gelangen. Da der Leichnam nicht erhalten ist, wird der endgültige Nachweis nie möglich sein. Aber was immer die körperlichen Ursachen der Erkrankung gewesen sein mögen: Mozarts Überzeugung, sein eigenes Requiem zu schreiben – so diese Behauptung denn stimmt –, hat den Verfall sicherlich beschleunigt.

Nach Mozarts Tod war seine Witwe Constanze bestrebt, das Requiem fertigstellen zu lassen – nicht zuletzt, um die beträchtliche Anzahlung nicht zurückzahlen zu müssen. Sie wandte sich zuerst an Mozarts Schüler Joseph Eybler, der laut Albrechtsberger *nach Mozart in der Musik jetzt das größte Genie, welches Wien besitze* sein sollte. Doch dieses "größte Genie" beschränkt sich auf die Ausarbeitung der Instrumentierung einiger Teile und bricht die eigene Komposition nach zwei Takten (!) ab. Der zweite "Kandidat", Abbé Maximilian Stadler, immerhin ein erfahrener Kirchenkomponist, instrumentiert nur und komponiert gar nichts. Zu groß ist der Schatten Mozarts, zu groß die Furcht der Überlebenden, ihre eigene Musik dem Requiem-Fragment des verstorbenen Meisters an die Seite zu stellen. Erst Franz Xaver Süßmayr, Constanzes dritte Wahl, vollendet das Requiem und bringt es in eine aufführbare Gestalt.

Was immer Mozart über den "grauen Boten" gedacht haben mag – Constanze Mozart und Franz Xaver Süßmayr sahen die Sache realistischer. Süßmayr schrieb auch die von Mozart vollendeten Teile nochmals ab, damit das gesamte Werk eine einheitliche Handschrift aufwies. Zum Schluss setzte er *W.A. Mozart manu propria 1792* darunter. So gelangte das fertiggestellte Requiem in die Hände des "grauen Boten". Offenbar hoffte Constanze, die Kunde von Mozarts Tod sei auch nach einem Jahr noch nicht zu dem anonymen Auftraggeber gelangt. Geschäftstüchtig wie sie war, hatte Constanze jedoch eine Abschrift zurückbehalten. Und so gelangte das Requiem gleich zweimal zur Uraufführung: am 2. Januar 1793 in Wien auf Veranlassung Gottfried van Swietens, und am 14. Dezember 1793 auf Schloss Walsegg als "Komposition" des Grafen.

Franz Xaver Süßmayrs Vervollständigung des Requiems hat herbe Kritik über sich ergehen lassen müssen: Johannes Brahms nannte sie *schwach und linkisch*, Richard Strauss sprach von der *furchtbar putzigen Instrumentierung*. Aber Hand aufs Herz: wer kann beim Hören wirklich die echten Mozart-Teile von denen Süßmayrs sicher unterscheiden? Nikolaus Harnoncourt trifft den Nagel auf den Kopf, wenn er erklärt, dass die Qualität von Mozarts Musik auch auf die Anteile Süßmayrs ausstrahlt, und dass die Fertigstellung des Requiems weit besser geraten ist als Süßmayrs eigenständige Werke. Jedenfalls hat das Requiem in dieser Gestalt seinen Siegeszug in die Musikwelt angetreten. Und seltsame Duplizität der Ereignisse: Süßmayr wurde kaum älter als Mozart; er starb mit 37 Jahren.

Reinhard Szyszka

Die musikalische Gestaltung in Mozarts Requiem

Requiem aeternam dona eis Domine *et lux perpetua luceat eis.* *Te decet hymnus Deus in Sion,* *et tibi reddetur votum in Jerusalem:* *Exaudi orationem meam!* *Ad te omnis caro veniet.* *Kyrie eleison, Christe eleison,* *Kyrie eleison.*	*Ewige Ruhe schenke ihnen, Herr,* *und das ewige Licht leuchte ihnen!* *Dir gebührt ein Loblied, Gott in Zion,* *und dir erfülle man sein Gelübde in Jerusalem; erhöre mein Gebet!* *Zu dir wird alles Fleisch kommen.* *Herr erbarme dich, Christus erbarme dich,* *Herr erbarme dich!*

Die Tonart d-moll hat bei Mozart eine besondere Bedeutung. Mozart benutzte sie zum Ausdruck des Finsteren, dämonisch Düsteren, der Anbindung an unausweichliche, jenseitige Mächte. So steht die Musik des *Komtur* im *Don Giovanni* in d-moll, ähnliche Stimmung verbreiten das Klavierkonzert KV 466 oder das Streichquartett KV 421 in d-moll.

In feierlichem Ernst beginnt das Requiem: Die Melodiestimmen lassen - ineinander verschränkt – die weiche Legato-Linie des ***Requiem aeternam*** erklingen, beginnend mit dem „Seufzer"-Halbtonschritt, darunter schreitet würdevoll die Begleitung in wechselnden Akkorden. Wenige Takte später stimmt der Chor mit ein und steigert sich in Tonhöhe, Lautstärke und Stimmenzahl zum Ausruf *Domine!*

Wie eine Antwort in hellem Dur, im homophonen Gleichklang aller Stimmen, scheint das *lux perpetua*, das ewige Licht auf, engelgleich fortgesetzt vom Solo-Sopran. Doch wieder bricht die Bitte der Menge hervor: *Exaudi, erhöre die Bitten*! Die beiden Themen des *Requiem aeternam* und *Dona eis* gestalten den nächsten Teil in der Art einer Fuge mit zwei Themen.

Die anschließende große Doppelfuge mit zwei Themen erscheint am Ende des Requiem wieder. Jedes majestätische ***Kyrie eleison*** zieht sein bewegtes *Christe eleison* nach sich, das im Mittelteil auch allein in einer Steigerung durchgeführt wird:

Mit einer mächtigen, gemeinsamen, homophonen Anrufung schließt der Satz, merkwürdigerweise auf einem archaisierenden Klang ohne Terz, die bis in die frühe Barockzeit in Kirchenmusik nicht im Schlussakkord verwendet wurde, – vielleicht als Reverenz vor der „Alten Musik", deren Fugenstil das vorangegangene Stück benutzt.

Dies irae, *dies illa* *solvet saeclum in favilla:* *teste David cum Sibylla.*	*Tag des Zornes, jener Tag* *wird die Welt in Asche auflösen* *gemäß dem Zeugnis Davids und der Sibylla.*
Quantus tremor est futurus, *quando iudex est venturus,* *cuncta stricte discussurus!*	*Welch ein Zittern wird dann sein,* *wenn der Richter kommen wird,* *um alles streng zu prüfen!*

Der Text des ***Dies irae*** beruht auf einer alten Reim-Dichtung in Dreizeilern und melodischer Komposition des Mönchs Thomas von Celano (1256). Eine turbulente, fast theatralisch-szenische Schilderung des jüngsten Gerichts gestaltet Mozart im *Dies irae*, wie sie später Verdi in seinem Requiem an Dramatik mit den Mittel seiner Zeit noch übertroffen hat. Atemlos stößt der Chor kurze Satzteile hervor. Das volle Orchester prescht in Sechzehnteln voran. Unruhige Synkopen schaukeln in Ungewissheit. Jähes Aufbäumen von Akkorden und Dynamik sowie dissonante und verminderte Akkorde zeichnen die Schrecken des Gerichts. Erstarrung, Angst und Zittern schildert anschaulich die Melodielinie des *quantus tremor*.

Tuba mirum *spargens sonum* *per sepulchra regionum,* *coget omnes ante thronum.*	*Eine Posaune, einen wunderlichen Ton verbreitend* *über die Gräber der Erde,* *wird alle vor den Thron zwingen.*
Mors stupebit et natura, *cum resurget creatura,* *iudicanti responsura.*	*Der Tod wird staunen und die Natur,* *wenn die Kreatur aufersteht,* *um dem Richtenden Antwort zu geben.*
Liber scriptus proferetur, *in quo totum continetur* *unde mundus iudicetur.*	*Ein geschriebenes Buch wird vorgebracht,* *in dem alles enthalten ist,* *aufgrund dessen die Welt gerichtet wird.*

Iudex ergo cum sedebit, *quidquid latet apparebit:* *nil inultum remanebit.*	*Sobald der Richter sich setzen wird,* *wird alles, was verborgen ist, offenbar,* *nichts wird unvergolten bleiben.*
Quid sum miser tunc dicturus, *quem patronum rogaturus,* *cum vix iustus sit securus?*	*Was werde ich Armer dann sagen,* *wen bitten, mein Anwalt zu sein,* *wenn kaum ein Gerechter sicher sein wird?*

Ziemlich plötzlich verlischt der dramatische Spuk des *tremor*, und die ***Tuba Mirum***, die Posaune des jüngsten Gerichts fordert gebieterisch Ruhe. Ein kurzes Duett zwischen der prophetischen Bassstimme und der Posaune folgt.

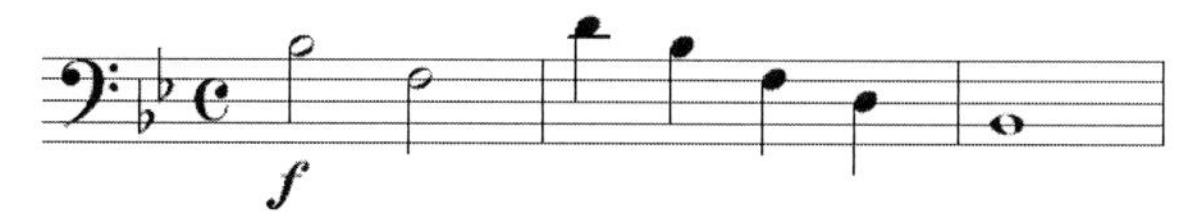

Das folgende Tenorsolo beschreibt über stockenden Akkordwiederholungen der Streicher die Angst der *creatura*, als das große Buch hervorgezogen wird, das alle Sünden enthält. Alt- und Sopransolo lassen Emotionen des Individuums spüren, das sich windend zur Rechenschaft gezogen wird.

Rex tremendae maiestatis, *qui salvandos salvas gratis,* *salva me, fons pietatis.*	*König von solcher Majestät, dass wir erzittern,* *der du die Frommen gerne erlöst,* *erlöse mich, Quell der Gnade!*

Mit majestätischer Gebärde, mit gewichtigem punktiertem Rhythmus tritt der ***Rex tremendae majestatis*** herab, in mächtigen Akkorden vom Chor mit *Rex!* quasi empfangen. Die Bezeugung seiner Majestät geht in ein furchtsam-verzagt flehendes *Salva me! - Rette mich!* über.

Recordare *Jesu pie,* *quod sum causa tuae viae:* *ne me perdas illa die.*	*Beherzige, frommer Jesus,* *da ich doch Ursache deines Weges bin:* *mich an jenem Tag nicht zugrunde zu richten!*
Quaerens me sedisti lassus, *redemisti crucem passus,* *tantus labor non sit cassus.*	*Mich suchend hast du dich ermüdet hingesetzt,* *du hast das Kreuz leidendvoll aufgenommen,* *solch eine Mühsal soll nicht vergebens sein.*
Iuste iudex ultionis, *donum fac remissionis* *ante diem rationis.*	*Gerechter Richter der Vergeltung,* *mache mir das Geschenk der Vergebung* *vor dem Abrechnungstag.*
Ingemisco tamquam reus, *culpa rubet vultus meus,* *supplicanti parce Deus!*	*Ich seufze wie ein Angeklagter,* *Schuld rötet mein Gesicht,* *gewähre dem Bittenden Schonung, Gott!*

Qui Mariam absolvisti *et latronem exaudisti,* *mihi quoque spem dedisti.*	*Der du Maria losgesprochen* *und den Schächer erhört hast,* *auch mir hast du Hoffnung gegeben.*
Preces meae non sunt dignae, *sed tu bonus fac benigne,* *ne perenni cremer igne.*	*Meine Bitten sind nicht würdig,* *aber du, Guter, erweise dich gnädig,* *dass ich nicht im ewigen Feuer brenne.*
Inter oves locum praesta, *et ab haedis me sequestra* *statuens in parte dextra.*	*Unter den Schafen gewähre mir einen Platz* *und von den Böcken scheide mich,* *indem du mich auf die rechte Seite stellst!*

Im textreichen ***Recordare*** bitten die vier Solostimmen gemeinsam, aber doch individuell – polyphon einsetzend – Jesus innigst um Gnade. Die immer auf verschiedene Texte wiederkehrende Melodie, verstärkt durch Dissonanzen mit nachfolgender Auflösung, zeigt fast bildlich die Geste des Flehens, in ansteigender Intensität und immer wieder unterwürfiger Verneigung.

Confutatis maledictis *flammis acribus addictis:* *Voca me cum benedictis.*	*Wenn die Verdammten verflucht sind* *und den scharfen Flammen zugesprochen,* *rufe mich mit den Gesegneten!*
Oro supplex et acclinis, *cor contritum quasi cinis:* *gere curam mei finis.*	*Ich bitte dich kniend und tief geneigt,* *das Herz aufgerieben wie Asche,* *trage Sorge für mein Ende!*

Einer der eindringlichsten Teile des Werks ist das ***Confutatis***. Es ist dem Gegensatz von Verdammung und Erlösung gewidmet. Den unruhig-energisch-dramatischen Teil der Tenöre und Bässe, mit einer Begleitung der Unterstimmen wie züngelnd prasselnde Flammen, unterbricht zweimal wie ein Engels-Chor aus anderen Sphären das *Voca me cum benedictis* der Frauenstimmen (*sotto voce*) in reinsten C-Dur-Terzen:

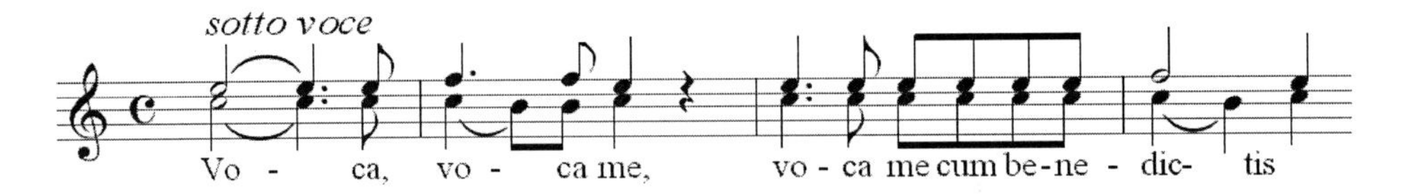

Lacrimosa *dies illa,* *qua resurget ex favilla* *iudicandus homo reus.*	*Tränenreich, jener Tag,* *an dem der Mensch aus der Asche aufersteht* *um gerichtet zu werden.*
Huic ergo parce Deus, *pie Jesu Domine,* *dona eis requiem.* *Amen.*	*Diesem gewähre dann Schonung, o Gott!* *Frommer Herr Jesus,* *schenke ihnen Ruhe.* *Amen.*

Der Anfang des ***Lacrimosa*** stammt noch aus Mozarts Feder. Mit schweren Schritten, gefolgt von Seufzermotiven der Oberstimmen beginnt und untermalt durchgehend das Orchester. Die *Lacrimosa*-Melodie, weich klagend mit Seufzermotiv am Ende, ist dennoch in einen tröstlich wiegenden 12/8-Takt gebettet.

Bildlich, in einem Anstieg der Melodie über vier Takte, ist auskomponiert, wie die Welt der Asche entsteigt, dem Richter entgegen. Die Bitte um Ruhe – *dona eis requiem* – verwendet die *Lacrimosa*-Melodie und kehrt in absteigender Richtung in die Tiefe zurück.

Domine Jesu Christe, *rex gloriae,* *libera animas omnium fidelium defunctorum* *de poenis inferni* *et de profundo lacu.*	*Herr Jesus Christus, König der Ehren,* *erlöse die Seelen aller verstorbenen* *Gläubigen von den Strafen der Hölle* *und den Abgründen der tiefen See.*
Libera eas de ore leonis *ne absorbeat eas tartarus,* *ne cadant in obscurum.*	*Befreie sie aus dem Maul des Löwen,* *damit sie die Unterwelt nicht verschlinge,* *damit sie nicht in die Finsternis sinken!*
Sed signifer sanctus Michael *repraesentet eas in lucem sanctam,* *quam olim Abrahae promisisti* *et semini eius.*	*Sondern der Bannerträger Michael soll sie* *ins heilige Licht hinein geleiten,* *wie du es einst dem Abraham versprochen hast und* *seinen Nachkommen.*

Die Anrufung Jesu im ***Domine Jesu Christe*** um Errettung malt melodisch den Höllensturz aus. Ein kurzes Fugato unterstreicht die Bitte, nicht in die Finsternis gestürzt zu werden, dann gehen die Solisten wie der Fackelträger, der Erzengel Michael, voraus. Das Versprechen, das Gott einst Abraham gegeben hat, wird als Fuge vertont.

***Hostias et preces** tibi, Domine, laudis offerimus.* *Tu suscipe pro animabus illis, quarum hodie memoriam facimus: fac eas, Domine, de morte transire ad vitam, quam olim Abrahae promisisti* *et semini eius.*	*Opfer und Gebete bringen wir Dir, Herr, zum Lobe dar.* *Nimm sie an für jene Seelen, derer wir heute gedenken:* *Lass sie, o Herr, vom Tod zum Leben übergehen,* *wie du es einst Abraham versprochen hast und seinen Nachkommen.*

Das Darbringen der Gaben in ***Hostias*** wird in homophoner Einigkeit dargestellt, es schließt sich die Wiederholung der *Quam-olim-Abrahae*-Fuge an.

***Sanctus** Dominus Deus Sabaoth!* *Pleni sunt coeli et terra gloria tua.* *Osanna in excelsis.*	*Heilig, heilig, heilig ist der Herr Zebaoth!* *Voll sind Himmel und Erde von deiner Herrlichkeit! Hosianna in der Höhe!*

Das dreifache ***Sanctus*** (*Heilig*) erklingt in erhabenem Adagio in homophonem Chorsatz, feierlich von Trompeten und Pauke unterstrichen. ***Osanna in excelsis*** (*Hosianna in der Höhe*) dagegen kontrastiert als kurze Fuge.

***Benedictus** qui venit in nomine Domini. Osanna in excelsis.*	*Gepriesen sei, der da kommt im Namen des Herrn! Hosianna in der Höhe!*

Das ***Benedictus*** ist der Tradition gemäß den Solisten vorbehalten, in lieblichem Dur und von weiten Melodiebögen getragen.

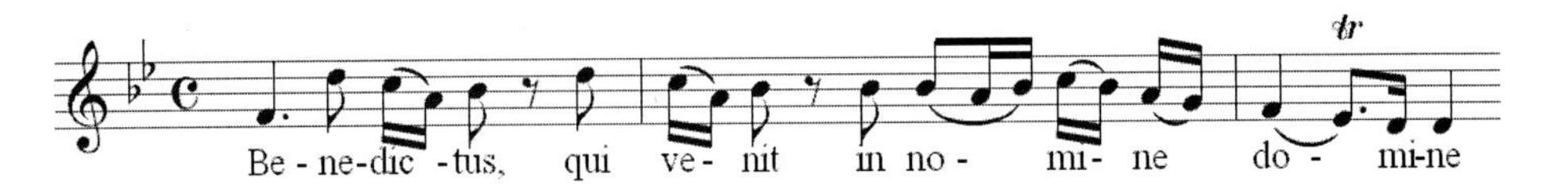

Agnus Dei, qui tollis peccata mundi dona eis requiem. Agnus Dei, qui tollis peccata mundi dona eis requiem sempiternam. Lux aeterna luceat eis, Domine, cum sanctis tuis in aeternum, quia pius es.	*Lamm Gottes, das du die Sünden der Welt trägst, schenke ihnen Ruhe,* *Lamm Gottes, das du trägst die Sünden der Welt, schenke ihnen ewige Ruhe.* *Ewiges Licht leuchte ihnen, Herr,* *mit deinen Heiligen in Ewigkeit,* *denn du bist ewig gut!*

Das ***Agnus Dei*** erklingt in schlicht homophonem Chorsatz. Die begleitenden, schmerzlich wirkenden Girlanden der Violinen prägen den klagenden Charakter mit Seufzervorhalten. Mit dem Wort *sempiternam*, das harmonisch wie ein Durchgang in eine andere Welt erscheint, endet Süßmayrs Ergänzung.

***Requiem aeternam** dona eis Domine*	*Ewige Ruhe schenke ihnen, Herr,*
et lux perpetua luceat eis.	*und das ewige Licht leuchte ihnen.*
Cum sanctis tuis in aeternum.	*Mit allen Heiligen in Ewigkeit.*

Die letzten Teile nehmen die Musik des Anfangs wieder auf. Das *Lux aeterna* (*Das ewige Licht leuchte ihnen*) entspricht dem *Te decet hymnus* und *Exaudi*. Die Doppelfuge des *Kyrie-Christe eleison* erklingt nun mit den Worten *Cum sanctis tuis in aeternum* (*mit allen Heiligen in Ewigkeit*) – eine behutsame Weise des Umgangs mit Mozarts Werk und gleichzeitig gelungene musikalische Abrundung.

Sequenz Dies irae *von Thomas von Celano, 1256 ,Anfang in Choralnotation mit Text*

Beginn des Dies irae *in Mozarts Handschrift*

Rainer Marquart Chorleiter, Kontrabass, Klavier

Rainer Marquart wirkt seit den Anfängen als Kontrabassist beim Philharmonischen Orchester Isartal. Geboren als Sohn eines Arztes in Oberstdorf, wuchs er im Herzen Münchens auf. Schon in der Schulzeit fesselte und begeisterte ihn die aktive Musikausübung, vornehmlich Gesang und Klavierspiel. Nach dem Abitur entschied er sich jedoch für das Studium der Elektrotechnik an der TH München und war bis zu seinem vorgezogenen Ruhestand im Jahre 2002 im Entwicklungsbereich für Kommunikationstechnik der Firma Siemens in München tätig. Seit 1972 in Wolfratshausen, ab 1976 in Geretsried lebend, widmet er seine Freizeit fast ausschließlich der Musik, ob Chorgesang, Klavier, Orgel, Gitarre oder Kontrabass, ob Arrangieren oder Setzen von Musikstücken oder Liedern. Entsprechend umfangreich ist auch sein musikalisches Tätigkeitsfeld: Chorleiter des Chores der Musikfreunde Isartal e.V., Chorleiter der Gartenberger Sänger, Orgelaushilfe in etlichen Kirchen, Kontrabassspieler beim Philharmonischen Orchester Isartal und im Kirchenorchester St. Andreas Wolfratshausen.

Mit den Musikfreunden Isartal und dem Kammerensemble Isartal führte er u.a. Loewes Ein Sühnopfer des Neuen Bundes und 2002 das Stabat mater von Dvořák mit dem Philharmonischen Orchester Isartal im Rahmen der Konzertreihe Klassik Wolfratshausen auf.

Durch sein enges Zusammenwirken mit dem Konzertverein Isartal (KVI) trug er durch entsprechende Choreinstudierungen entscheidend zum Gelingen der KVI-Großprojekte bei, wie z.B. zu Mozarts Oper Die Zauberflöte, zu Brahms Deutschem Requiem, zu Orffs Carmina burana und Rossinis Stabat mater.

Seit 2002 kann er sich als „Unruheständler" noch intensiver seinen Hobbys Musik und Bergwandern widmen. Seine Ehefrau Annemarie, mit der er seit 1972 verheiratet ist, trägt mit Engelsgeduld sein Hobby und Engagement in Sachen Musik mit und schafft mit Gesundheits-, Koch- und Backkunst entsprechenden Freiraum und Harmonie. Die zwei erwachsenen Kinder Susanne und Michael sind ebenfalls musikalisch aktiv, seine Tochter spielte zeitweise als Flötistin im Philharmonischen Orchester Isartal mit. Sein Lebensrezept: „Denke positiv, machs Beste draus!"

Rainer Marquart

Mozarts Symphonien

Nach neuerer Forschung komponierte Mozart mindestens 51 Symphonien. Seinen Erstling dieser Gattung schrieb der Neunjährige auf der großen Reise in Den Haag. Bis zu seiner letzten, der Jupiter-Symphonie (KV 551) vollzieht sich ein enormer Wandel. Zu den Jugendwerken bis 1773 – soweit der Begriff beim frühreifen Mozart überhaupt zutrifft – rechnet man 45 Symphonien. Anfangs noch dreisätzig, der dreiteiligen Opernsinfonia entstammend, teils viersätzig mit modischem Menuett, dem Divertimento-Typ angepasst, lassen sich an ihnen wachsende Reife und Einflüsse seiner Reisen ablesen. So fand vor allem die gesangliche Melodik der Oper nach seinen Italienreisen ihren Niederschlag. Von Anfang an liebte er zum vorherrschenden Streichersatz die helle, leicht metallische Klangfarbe der Oboen und den Hall der Hörner als „Orchesterpedal". Zu festlichen Anlässen sind gelegentlich Trompeten und Pauken dabei.

Wieder in Salzburg ab 1771, findet man Einflüsse Haydns in kontrapunktischer Arbeit sowie das berühmte *Mannheimer Crescendo*. Das Jahr 1773 brachte mit der frühen g-moll-Symphonie (KV 183) eine Andeutung der kommenden Meisterschaft mit starken Kontrasten in Dynamik und Agilität sowie Schattierungen von Dur und Moll. Zu den letzten Jugendwerken gehört die heute vielfach aufgeführte 29. Symphonie in A-Dur (KV 201).

Nach vierjähriger Pause entstand 1778 in Paris die *Pariser Symphonie* (Nr. 31, KV 297) für ein dortiges, groß besetztes Orchester mit je 2 Flöten, Oboen, Klarinetten und Fagotten. Überliefert ist – nach einem Besuch in Mannheim, wo der Fürst Karl Theodor eines der berühmtesten Orchester der Zeit unterhielt – Mozarts Seufzer in einem Brief an den Vater: *Ach, wenn wir doch auch Klarinetten hätten!* Mangels guter Instrumentalisten kommen sie nur in drei der letzten sieben Meistersymphonien Mozarts vor: in der *Haffner-Symphonie* und in den späten Symphonien in Es-Dur und g-moll. Diese Werke sind in ihrer durchsichtigen Satzkunst, in Einheit von Geist und Affekt, Grazie und Temperament, melodischer Sanglichkeit und polyphoner Durchdringung absolut unübertroffen, es gibt nicht Vergleichbares zu ihrer Zeit. Die *Londoner Symphonien* Haydns, der Mozart um 18 Jahre überlebte, entstanden erst nach Mozarts Tod.

Von den letzten Symphonien in Es-Dur, g-Moll und C-Dur, ist die g-moll wohl die populärste. Als Krönung des „Dreigestirns" gilt jedoch die Jupiter-Symphonie, die alle bisherige Symphonik in den Schatten stellt in ihrer auf das Finale ausgerichteten Form und der vielfältigen und intensiven Verdichtung in Fugen- und Kontrapunkt-Technik im Finale. Alle drei Symphonien entstanden im Sommer 1788 innerhalb der kurzen Zeitspanne von acht bis neun Wochen. Ob eine der drei Symphonien zu Mozarts Lebzeiten aufgeführt wurde, ist nicht belegt. Die g-moll-Symphonie erklang vermutlich am 17. April 1791 im Wiener Burgtheater in einer Benefiz-Veranstaltung der Tonkünstler-Sozietät zugunsten von deren Witwen und Waisen.

Vorgesehen waren alle drei Symphonien wahrscheinlich für eine oder mehrere *Akademien*, öffentliche Konzerte, mit denen Mozart hoffte, seiner prekären Finanzsituation zu entkommen und wenigsten das von seinem Freund Puchberg geliehene Geld zurückgeben zu können. Arztbesuche und wiederholte Bäderkuren seiner Frau Constanze dürften erhebliche Kosten verursacht haben. Für eine Zeit zog Mozart 1778 in eine billigere Wohnung in der Vorstadt.

Ursachen für die permanente Geldnot war vor allem die fehlende feste Anstellung, ohne die das Leben eines Künstlers vor 1800 fast nicht möglich war. Der Wechsel von einer von Hof und Kirche finanzierten zu einer bürgerlichen Musikkultur hatte zu Mozarts Zeit erst begonnen. Kompositionsaufträge, die einzige wirkliche Finanzquelle der damaligen Zeit, gingen nur spärlich ein, obwohl Mozart als einer der angesehensten Komponisten seiner Zeit und über Wien hinaus bekannt war. Mozart war schöpferisches Universalgenie und kein Spezialist für Opern wie manche erfolgreichen Komponisten seiner Zeit, oder für Symphonien und Streichquartette wie Haydn. Es fehlten die Serien gleichartiger Werke, die ihn Auftraggebern empfohlen hätten. Mit „nur" sieben Opern, die zudem unterschiedlichen Genres angehörten (Seria, Buffa, Singspiel, Semiseria), verfehlte er Aufträge des Hofes. Seine späteren Werke, die nicht mehr nur dem galanten Unterhaltungsstil angehörten und nicht dem Publikumsgeschmack frönten, galten dem wenig musikgebildeten Kaiser als zu kompliziert. *Gewaltig viele Noten* soll Kaiser Joseph II. als einzigen Kommentar zur *Entführung aus dem Serail* bemerkt haben.

Vom Druck der Kompositionen und von Kopien der Noten ging wohl Geld ein. Aufführungstantiemen gab es noch nicht und wie heute überstiegen die Kosten für Räume und Musiker meist die Einnahmen.

Mozarts C-Dur Symphonie KV 551, genannt die Jupiter-Symphonie, gilt als Höhepunkt in Mozarts symphonischen Schaffen. Als überragendes Spitzenwerk der Wiener Klassik ist sie geprägt von reichen Gefühlsnuancen, abwechslungsreichen Klangfarben der Bläser, von äußerst kunstvoller motivisch-thematischer Arbeit, die ihren Höhepunkt in der vielfältigen und intensiven Verdichtung in Fugen- und Kontrapunkt-Technik des Finale findet. Sie wurde zum Vorbild für die Symphonien von Beethoven bis Bruckner.

Juwel der thematischen Arbeit

Zu Mozarts Symphonie Nr. 35 D-Dur, KV 385 (*Haffner-Symphonie*)

Die *Haffner-Symphonie* entstand Ende Juli 1782 in Wien als Auftragswerk der reichen, angesehenen Salzburger Kaufmanns- und Bürgermeisterfamilie Haffner. Sigmund Haffner jr. sollte in den Adelsstand erhoben werden. Schon einige Jahre zuvor hatte Mozart zur Hochzeit der Tochter Elisabeth Haffner eine Serenade komponiert (KV 250). Den neuen Auftrag hatte Vater Leopold aus Salzburg verschafft.

Die Fertigstellung eilte sehr. Am 20. Juli 1782 bestätigte Wolfgang die Annahme an den Vater und fügte hinzu: *Ich muß die Nacht dazu nehmen, anders kann es nicht gehen... und ich werde so viel als möglich geschwind arbeiten – und so viel es die Eile zulässt – gut schreiben!* Grund für die Zeitenge war nicht nur seine eigene Hochzeit mit Constanze am 4. August, er war auch beschäftigt mit der Bearbeitung seiner kurz zuvor vollendeten Oper *Die Entführung aus dem Serail* zu einer Bläsermusik.

An jedem Posttag schickte er einen Satz der *Haffner-Musik* nach Salzburg ab, zuletzt am 7. August den einleitenden Marsch. Als er im folgenden Februar die Partitur zurück erhielt, schrieb er an den Vater, er habe gar keine Vorstellung mehr von ihr gehabt und sei angenehm überrascht – er hatte das Werk fast vergessen.

Trotz größter Eile bei der Komposition wird die *Haffner-Symphonie* nach Übereinstimmung aller Biographen und Konzertführer als eine der großartigsten Schöpfungen Mozarts beurteilt. Nicht zufällig fällt die Komposition in die Zeit nach der Lösung von Salzburg und Elternhaus und Übersiedlung in die Hauptstadt, in die Zeit der Euphorie der ersten Selbständigkeit und Heirat. Den festlichen Charakter verdankt sie der großen Besetzung mit Trompeten und Pauken sowie dem strahlenden D-Dur, das Molltrübungen selten zulässt, außer um Pracht und Glanz zu intensivieren. Von den ursprünglich sechs Sätzen ließ Mozart den Anfangssatz (Marsch) und eines der Menuette bei einer Aufführung 1783 in Wien weg, so entstand die heute übliche, viersätzige Symphonie.

Wie oft bei Haydn entsteht der ganze erste Satz aus nur einem einzigen, rhythmisch sehr markanten Thema, das als effektvolle Eröffnungsfloskel erscheint, aus dem aber in kunstvollster kontrapunktischer Verarbeitung einer der genialsten, dichtesten, schwungvoll-spritzigsten Symphoniesätze Mozarts entsteht. Absoluten Kontrast in Satztechnik und Stimmung bietet der zweite Satz, in dem allein die Oberstimmenmelodie herrscht. Das Menuett mit nur 24 Takten ist eines der konzentriertesten Mozarts überhaupt. Eine Arie des Osmin aus der *Entführung* – die er gerade zu einer Bläsermusik bearbeitete (s.o.) – mit dem Text *Ha, wie will ich triumphieren...* stand offensichtlich Pate für das Thema des temperamentvollen Rondo-Finale.

Der **Kopfsatz *(Allegro con spirito)*** müsse *recht feurig* gespielt werden, schrieb Mozart am 7. August an den Vater. Unisono beteiligt sich das ganze Orchester am sprunghaften Anfangsmotiv.

Die Fortführung (T. 6-9) ergänzt den kräftigen Anfang durch Kontraste (piano, nur Streicher, enger Melodieraum, weiche Vorhalte):

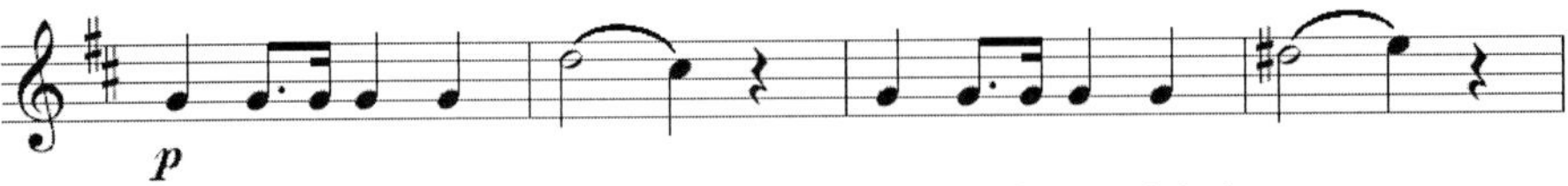

Mehrfach erklingt das Hauptthema im Kanon von tiefen und hohen Instrumenten. Das Trillermotiv (Takt 3/4) wird steigernd sequenziert. In festlichen Dreiklangsfanfaren endet der erste Abschnitt in der Dominanttonart, worauf der Hörer eigentlich ein zweites Thema erwartet. Doch er wird getäuscht: Wieder erklingt das Hauptthema. Die Bässe benutzen es als Kontrapunkt zu einem melodischen, weichen Seitenmotiv der Violinen.

Auch das Steigerungsmotiv ist rhythmisch aus dem Hauptthema gewonnen:

Die kurze Durchführung arbeitet von allem mit Kanonwirkungen, Ausweichungen in fernere Tonarten, Mollfärbungen und überraschenden Lautstärkekontrasten. Der markante Unisono-Einsatz bezeichnet den Beginn der Reprise. Kaum ein Viertel der Takte im ganzen Satz sind nicht vom Hauptmotiv durchzogen!

Im **zweiten Satz (*Andante*, G-Dur)** ohne Flöten und Klarinetten dominiert die Melodielinie der ersten Violinen. Sie ist liedhaft, wird jedoch spielerisch mit eleganten Verzierungen, später auch quasi solistisch-konzertant fortgesponnen.

Autograph der Haffner-Symphonie, 1. Seite,
im Besitz der National Orchestral Association New York

Nur einmal übernehmen 2. Violinen und Bratschen die melodische Führung für wenige Takte wie zu einem Seitenthema, das aber nicht zur Verarbeitung gelangt. Ein kurzer Mittelteil von nur 14 Takten wirkt wie eine Überleitung zur Reprise.

Das kurze **Menuett** mit Trio (ebenfalls ohne Flöten und Klarinetten) ist in mustergültiger A-B-A-Form in klare Viertaktgruppen gegliedert, mit regelmäßigem Wechsel zwischen forte und piano, Tutti und kleiner Besetzung, akkordisch und melodisch, festlich und elegant:

Das **Trio** ahmt den Effekt einer reduzierten (Trio-)Besetzung nach, indem Oboen, Fagotte, Violinen und Bratschen sich an der schlicht in Terzen geführten Ländler-Melodie beteiligen, die 2. Violine begleitet mit Dreiklangsbrechungen über einfachem Fundament-Bass.

Das **Rondo-Finale** (***Presto***) ist nach Mozarts Angaben *so geschwind als es möglich ist* zu spielen. Die Streicher stimmen das harmlose Thema unisono im Piano an – ein Rondothema, das bei jeder Wiederkehr durch Reduktion der musikalischen Mittel in vollstimmiger Umgebung auffällt. Anfangs ahnt der Hörer nicht, welch ein festlicher Wirbel sich daraus entfaltet!

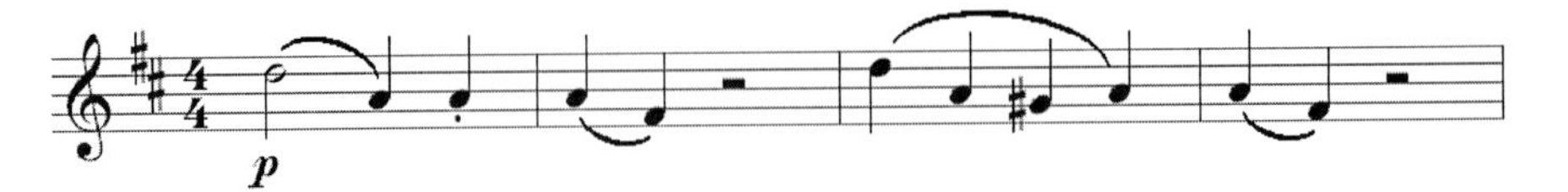

Volle Orchesterbesetzung im Forte, virtuose Figuren der Streicher und Fagotte folgen als Kontrast. Das Wechselspiel der Motive zwischen Instrumentengruppen mit glanzvoller akkordischer Klangfülle durch Hörner, Trompeten und Pauken steigert sich zu orchestraler Pracht. Das schmeichelnde Seitenthema ist den Violinen vorbehalten:

Weitere motivische Einfälle tauchen im turbulenten Geschehen auf – im Gegensatz zum konzentrierten Kopfsatz. Viermal erklingt das Rondothema, dreimal jeweils mit seinem Seitenthema. Der zweite Abschnitt weicht nach h-moll aus, der letzte, ohne Seitenthema, leitet eine wirbelnde, feurige Coda ein, sodass sich die Form des Satzes einem Sonatenschema nähert.

Wally Stenzler Violine, Viola

Wally Stenzler wurde in Krefeld geboren und besuchte dort die Waldorfschule. Sie lernte zuerst Klavier, ab dem 10. Lebensjahr Geige und sang gern im Chor. Nach ihrer Ausbildung zur Industriekauffrau war sie ab 1966 in München als Fremdsprachensekretärin für Englisch und Französisch im kaufmännisch-technischen Bereich tätig. 1978 begann sie nach vielen Jahren Pause wieder mit dem Geigenspiel und nahm mehrere Jahre lang Unterricht. Die ersten Orchester-Erfahrungen sammelte sie im Bundesbahnorchester in München unter Walter Tränkler, wo neben symphonischer Musik auch die leichtere Muse auf dem Programm stand. Mehrere Jahre spielte sie danach im Neuperlacher und bis 2000 im Germeringer Kammerorchester. Ihre Geigenlehrerin, Gabriele Stiehler, machte sie auf das Philharmonische Orchester Isartal aufmerksam, in dem sie 1996 in ihrem ersten Konzert Strawinskys Feuervogel und Mozarts Sinfonia Concertante unter Günther Weiß zusammen mit Susanne Kessler am Pult spielte.

Im Orchester genießt sie den zwischenmenschlichen Zusammenhalt und die hier entstandenen, bereichernden Freundschaften, die auch zu ihren schönsten Urlaubsaufenthalten der letzten Jahre in der Toskana geführt haben. Mit Barbara Helck bildet sie eine bewährte Pultpartnerschaft. Sie ist ein offener, gerechtigkeitsliebender Mensch, der immer geradeheraus seine Meinung sagt. Sie übt gern und viel, damit sie ihre Stimme zuverlässig beherrscht, dann testet sie das Erübte, indem sie sich mittels Kopfhörern in CD-Aufnahmen einklinkt, um so die Werke in ihrer Gesamtheit zu erfahren.

Als begeisterte Kammermusikerin nimmt sie seit über 20 Jahren bis zu dreimal jährlich an Kammermusikseminaren der Baumburger Musikfreunde teil und ist mit Geige und Bratsche jederzeit für Trio bis Oktett zu begeistern. Höhepunkte der letzten Jahre waren für sie Mussorgskis Bilder einer Ausstellung, der Dvorak-und-Marimba-Konzertabend und Mozarts Haffner-Symphonie, bei der sie den Dirigenten zitiert („*Die Wurmkur hat sich gelohnt*").

Lieblingskomponist? Immer der, an dessen Werk sie gerade arbeitet!

Interview: Susanne Kessler

Klassisches Ebenmaß von Melodie und Kontrapunkt am Gipfel der Wiener Klassik

Zu Mozarts Symphonie Nr. 41 C-Dur, KV 551 (*Jupiter-Symphonie*)

Die C-Dur Symphonie, genannt die Jupiter-Symphonie, ist Mozarts letzte, nach eigenhändigen Notizen wurde sie am 10. August 1788 beendet. Der Erstdruck erschien 1793, nach Mozarts Tod. Den Beinamen verdankt sie vermutlich dem Londoner Konzertunternehmer Salomon. Die Jupiter-Symphonie gilt als Höhepunkt in Mozarts symphonischen Schaffen. Als überragendes Spitzenwerk der Wiener Klassik ist sie geprägt vom alle Sätze überstrahlenden C-Dur-Glanz, von gelöst-heiterer, optimistischer Atmosphäre, von reichen Gefühlsnuancen und abwechslungsreichen Klangfarben der Bläser, von zahlreichen kontrastierenden Motiven sowie von äußerst kunstvoller motivisch-thematischer Arbeit, die ihren Höhepunkt in der vielfältigen und intensiven Verdichtung in Fugen- und Kontrapunkt-Technik des Finale findet.

In mehrerer Hinsicht wurde sie zum Vorbild für die romantische Symphonie: Eine dreigliedrige Exposition mit drei kontrastierenden Themen wurde von Bruckner zum Prinzip erhoben. Beethoven übernahm den Sonatenzyklus mit zusammenfassendem, die anderen Sätze überhöhenden Finalsatz (z.B. 5. und 9. Symphonie) mit ausgedehnten Fugenteilen (z.B. im Streichquartett op. 130/133). Die farbigen Klangnuancen durch Beimischungen der Bläser wurden von Beethoven, Schubert und Schumann aufgenommen und nach Erweiterung des Klangspektrums durch ein vergrößertes Orchester zu einem der unerlässlich wichtigen Stilmittel zur Charakterisierungskunst in Programmmusik und Oper.

Am **Kopfsatz (*Allegro vivace*)** lässt sich trefflich Mozarts Kompositionsweise studieren: In *geistsprühender Lebendigkeit* (S. Kunze) gestalten etwa sechs gegensätzliche Motive den Satz, vergleichbar einzelnen Charakteren in einer Oper. Alle werden mit Wiederholung vorgestellt, sodass sie bei ihrem kaleidoskopähnlichen Wiedererscheinen bekannt und in natürlichem Fluss erscheinen – hier zeigt sich Mozart als Melodiker. Auch ergänzen sie sich steigernd – Mozart als Dramatiker – und treten polyphon gegeneinander an – Mozart als Kontrapunktiker. Spannungspausen gliedern mehrfach den Ablauf in unterschiedliche Abschnitte.

Das Hauptthema bereits enthält den Kontrast zweier gegensätzlicher Elemente: Als Eröffnung erklingt als Basis dreifach der Grundton – mit kleinem Auftakt-Schleifer – im Forte des vollen Orchesters, im Wechsel mit einem gefühlvollen, schmeichelnd-weichen, sehnsuchtsvoll ansteigenden Piano-Motiv der Violinen.

Ein kräftiges Orchestertutti in marschähnlichem, markant-ostinatem Rhythmus, mit der Umkehrung des Schleifer-Auftakt-Motivs aus dem Hauptthema als Kontrapunkt endet in

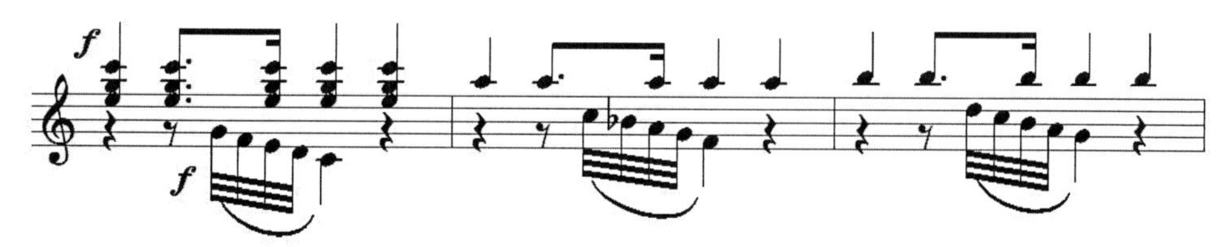

einer Fermate. Der Hörer erwartet ein Seitenthema. Jedoch er wird getäuscht: Stattdessen erscheint wieder das Hauptthema in neuer Gestalt: Den ersten Takten ist eine helle, entspannt fallende Tonleiterlinie der Flöte als Oberstimme und Verbindungslinie zwischen den beiden Thementeilen beigefügt:

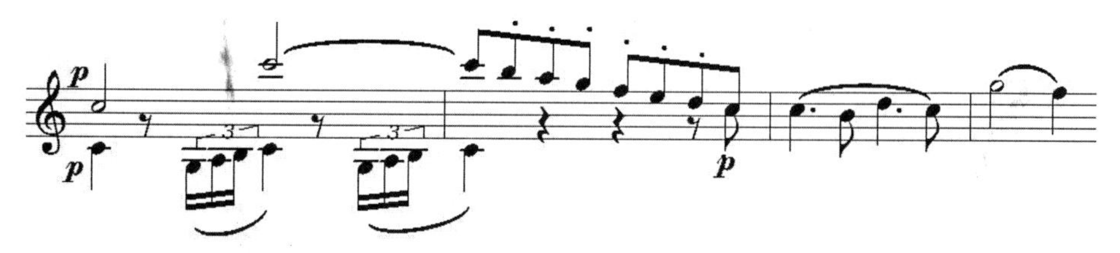

Das folgende Orchestertutti sequenziert das „Sehnsuchts-Motiv" des Hauptthemas und endet in abschließender Spannungspause auf der Dominante zu G-Dur, der Tonart des Seitenthemas, das nun auftritt. Es wirkt wie ein scheues Frage-Antwort-Spiel in den ersten Violinen, nur von sanft schaukelnder Begleitung der zweiten Violinen und sparsam stützendem Bass untermalt. Im Nachsatz variieren hinzutretende Holzbläser (Fagott und Flöte) die Klangfarbe:

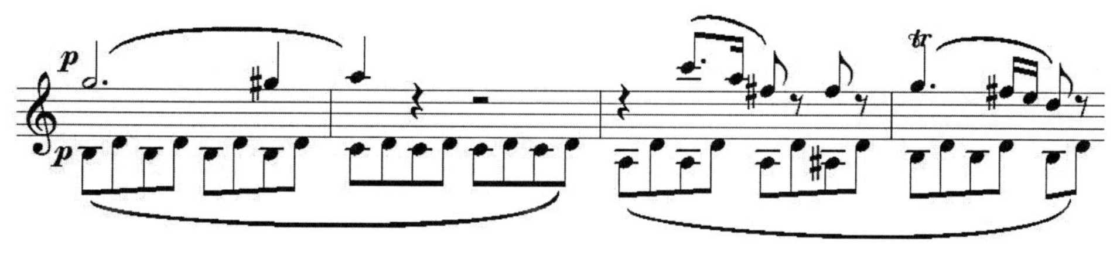

Das Piano des Seitenthemas läuft in einer erneuten Spannungspause aus. Wie ein dramatischer Ausbruch erschreckt das folgende c-moll des Orchestertutti. Es verwandelt sich aber sogleich in heiteres Dur zurück, das mit dem zweiten Motiv des Hauptthemas spielt. Wieder folgt auf einen unaufgelösten Spannungs-(Dominantsept-)Akkord eine erwartungsvolle Pause. Ein drittes, liedhaftes Thema von fast eulenspiegelschem Schalk erscheint in der Schlussgruppe.

Bei seiner Wiederholung klingt es aus in einem neuen Motiv in gleicher Artikulation, das für die Durchführung wichtig wird:

Es leitet in die Schlussakkorde der Exposition. Diese werden spielerisch umrahmt vom Auftakt-Schleif-Motiv vom Satzbeginn (1. Takt des Hauptthemas).

Nur drei Akkorde modulieren zu Beginn der Durchführung von G-Dur nach Es-Dur (Mediante). Das Schlussgruppenthema wirkt in neuem Licht des neuen Klangraums gedämpfter und sanfter. Aus dem Staccato-Schlussgruppenmotiv (letztes Notenbeispiel) und dem rhythmischen Motiv (2. Notenbeispiel) entwickelt sich ein Wechselspiel in kräftigem Forte. Mit sequenzartig aneinandergereihten Kaskaden aus dem Staccato-Motiv treten die Orchestergruppen in kräftigem Forte gegeneinander an und führen durch entferntere Tonarten und verminderte, dissonante Akkordfolgen.

Zart echoartig und spannungsvoll wiederholt münden sie in eine Scheinreprise in „falscher" Tonart (F-Dur) mit hellem Tonleitermotiv darüber (Notenbeispiel 3). Noch einmal behaupten sich in wilder Dramatik heftige Akkorde und das Schleifmotiv (auch in Umkehrung) gegeneinander und münden in einer Steigerung in die Reprise. Außer kleinen tonartbedingten Abweichungen wird die Reihenfolge der Exposition eingehalten.

Der langsame **zweite Satz** (***Andante cantabile***, **F-Dur**) ist ein Sonatensatz mit kurzer Durchführung. Er strahlt vollkommene Harmonie, aber auch Ernst und Besonnenheit aus. Auf dem Höhepunkt seiner Instrumentationskunst überlässt Mozart meist den Streichern die melodische Führung und gibt dem Melodiestrom durch unterschiedliche Beimischung der Holzbläser und Hörner differenzierte Klangfarben. Akkordische Klangflächen in verschiedener Besetzung untermalen das melodische Geschehen. Einwürfe und Wechselspiele mit den Bläsern bewirken reizvolle Abwechslung.

Als große Gesangsszene der gedämpften Violinen beginnt der Satz, die Bläser geben Klangfarbe hinzu oder ergänzen mit Einwürfen.

Mit einem Akzent setzt ein kontrastierender Überleitungsteil ein, Synkopen, große Gesten, düsteres c-moll sowie triolische Bewegung werfen Schatten und vermitteln Unruhe. Die Akzente häufen sich, doch eine melodische Entspannung führt zum beruhigend-milden, ebenfalls sanglichen Seitenthema, das die Bläser klanglich begleiten:

Der Nachsatz führt in einen Dialog von Violinen und Flöte und beendet die Exposition.

Die kurze Durchführung – von nur 15 Takten gegenüber 44 Takten Exposition – nimmt die unruhigen Akzente und Gesten des Überleitungsabschnitts wieder auf. Ein Wechselspiel mit triolischen Kurzmotiven leitet zurück in die variierte Reprise.

Im Hauptsatz werden auch die tiefen Streicher am melodischen Spiel beteiligt, die Bläser steigern zum einzigen Fortissimo des Satzes. Nach der verkürzten Überleitung kehrt mit dem Seitenthema die friedliche Stimmung zurück, die Bläser tragen neue Farbnuancen bei. Die Coda, beginnend mit dem Hauptthema, klingt mit liebevoll-weichen, melodischen Motiven und sanften Hörnerklängen aus.

Den Charakter des **Menuetts (*Allegretto*, C-Dur, in dreiteiliger A-B-A-Form)**, bestimmt der Wechsel von schwerelos fallenden, chromatischen Linien und kräftigen, fast derben Betonungen des Dreiertaktes vom Orchestertutti samt Trompeten und Pauken.

Der Wiederholungsabschnitt des a-Teils baut die chromatischen Linien zu einem kleinen, eng geführten Fugato der Holzbläser aus.

Das **Trio** variiert und steigert diese Strukturen bei ähnlichem Tonmaterial: Die fallende Linie erklingt nun in Achteln aufgelockert in Violinen und Oboe und wechselt mit farbigen Bläserakkorden, die Forte-Abschnitte betonen den Takt mit stampfend-ostinatem Rhythmus.

Das **Finale (*Molto Allegro*)** der Jupiter-Symphonie steht in seiner Zeit einzig da. Es überragt die vorhergehenden Sätze nicht nur als jubelnder Kehraus. Es nimmt melodische Strukturen der anderen Sätze auf und fasst so zu zyklischer Einheit zusammen. Kontrastreichtum, Fülle der Motive und die alles durchdringende, differenzierende thematische Arbeit gehen weit über die ersten drei Sätze hinaus. In komplizierten Fugenstrukturen werden Motive in nie da gewesener Buntheit miteinander verwoben und zu atemberaubenden Steigerungen geführt. Die Sonatensatzform ist zwar vorhanden, aber aufgebrochen: Die Exposition enthält einen ersten verarbeitenden Abschnitt, die eigentliche Durchführung ist ein zweiter, die Coda als Höhepunkt aller thematisch-kontrapunktischen Arbeit ein dritter. Dass Mozart sowohl Exposition als auch Durchführung mit Reprise in Wiederholungszeichen setzt, zeigt seine Absicht, dass er eher auf eine zweiteilige Form als auf den dreiteiligen Sonatensatz hinstrebte.

Bereits das Anfangsmotiv – verwandt mit dem b-a-c-h-Motiv und in ähnlicher Intervallstruktur vielfach als Fugenvorlage bekannt – kann als eine Komprimierung des Hauptmotivs aus dem ersten Satz gesehen werden:

Den strengen Anfang ergänzt als Kontrast ein spritzig-melodisches Motiv zu wirbelndem Tempo mit homophoner Orchesteruntermalung:

Die Wiederholung im Forte mit Bläserverstärkung wird flankiert durch die tiefen Streicher mit dem auftaktigen Schleif-Motiv vom Beginn des ersten Satzes:

Mit einem zweiten Hauptmotiv im Unisono wird die Exposition der Motive fortgesetzt:

In strahlendem, homophonem Orchestertutti wird ein Abschnitt-Schluss in G-Dur erreicht. Ähnlich wie im ersten Satz folgt nicht sogleich das Seitenthema, sondern ein erster verarbeitender Abschnitt, er stellt noch einmal das Motiv 1 im Fugato aller vier Streicherstimmen in den Mittelpunkt, jeweils fortgesetzt von einem neuen Kontrapunkt:

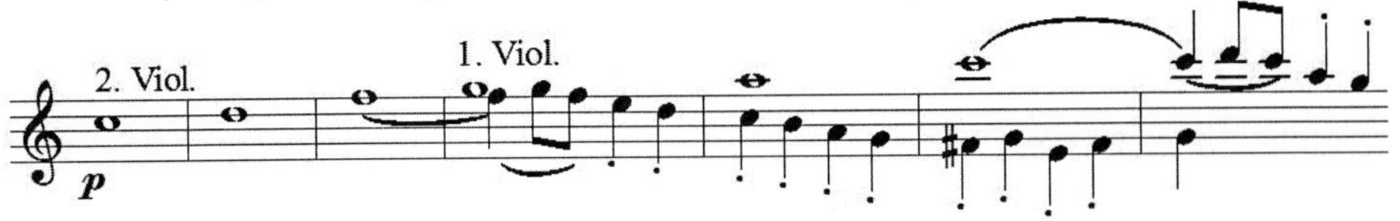

Wiederholend erschallt das Hauptmotiv im Forte aller hohen Stimmen, fanfarenartig unterstützt durch die Blechbläser. Dazu gesellt sich ein neues, optimistisch hüpfend-trällerndes Motiv 3, und zwar gleich im enggeführten Fugato der Streicher:

Kaum verklungen, setzen hohe gegen tiefe Instrumente zu einem eng geführten Fugato des Motivs 2 an, das zu einer neuen Zäsur mit Generalpause führt.

Kommt nun ein Seitenthema? Es erscheint in Form eines neuen Motiv 4. Dessen Kopfmotiv (lange Noten) ist allerdings eine Variante von Hauptthema, kombiniert mit einer fallenden Linie (ähnlich dem Motiv 2, dem jedoch sogleich die beiden vorangegangenen Motive in farbig-polyphonem Satz zur Seite gestellt werden:

Noch immer in der Exposition (!) nimmt die polyphone Dichte zu: Zunächst noch ein lockeres Spiel mit dem enggeführten Motiv 3 in Flöte und Fagott, erscheint dann im Forte das Kopfmotiv von Motiv 4 in immer dichterer Folge, schließlich das ganze Motiv 4 im engsten Abstand von nur einem Ton in allen Streichern – doch die wirbelnden Tonleiterketten steigern sich in einen schlichteren, homophonen Tutti-Abschnitt mit Takt 5-6 aus dem Hauptthema des Satzes und enden in einer klaren G-Dur-Kadenz. Doch an ein Verweilen ist nicht zu denken: Als weitere Steigerung wird die Kadenz gedehnt wiederholt, aber mit überraschendem c-moll. Die Bewegungsenergie lässt nicht nach: Tiefe und hohe Streicher jagen einander mit einem Fugato des Motiv 2 in Original und Umkehrung:

Einem kräftigen Tutti schließen sich die Holzbläser mit dem absteigenden Motiv 2 an, damit endet die turbulente Exposition.

Was erwartet den Hörer noch in der Durchführung nach einer solchen, bereits mit polyphoner Motivverarbeitung gespickten Exposition? Die Durchführung ist kurz, wie oft bei Mozart, sie verarbeitet nur Motiv 1 und 2. Zunächst erklingt das Hauptmotiv des Finale in engem, dreistimmig homophonem Satz,

gefolgt vom Motiv 2, nun im Abstand eines halben Taktes im Fugato durch alle vier Streicher zum Klanghintergrund der Bläser. Den nächsten Abschnitt beherrscht das Hauptthema, in dem Bläser und Streicher im Wechsel die beiden Teilmotive durch neue Tonarten modulieren. Zieltonart ist H-Dur. Motiv 2 (punktierter Rhythmus) leitet zurück in die Reprise.

Schon das erste Tutti wir angereichert durch eine Engführung des ersten Kopfmotivs, das sich durch Sequenzbildung noch mehr dem b-a-c-h-Motiv nähert. Motiv 2, in der Durchführung bearbeitet, fällt aus, ansonsten bleibt die Reihenfolge wie vorher.

Die Coda – sie ist als erneute Durchführung aufzufassen und genauso lang wie diese – überhöht als Gipfel der motivischen Verarbeitung noch einmal alles Vorangegangene durch weitere Verdichtung:

Alle vier Motive erscheinen in fünfstimmigem Kontrapunkt auf engstem Raum, ausgehend von den Streichern, dann mit parallelgeführten Bläser und klanglicher Unterstützung von Trompeten Hörnern und Pauke, kontrapunktisch und eng geführt miteinander verwoben – ein absoluter Höhepunkt und letztes Ziel des polyphonen Geschehens. Das Tonleitermotiv (2) leitet in die fanfarenartigen, bekräftigen Schlussakkorde dieses ungewöhnlichen, in höchster geistiger Kunstfertigkeit gestalteten Satzes.

Ein Kleinod der Reifezeit

Zu Mozarts Ouvertüre *zu La clemenza di Tito*, KV 621

Im Sommer 1791 erhielt Mozart während der Arbeit an der *Zauberflöte* den Auftrag, zur Feier der Königskrönung Leopolds II. in Prag eine Oper zu schreiben zu dem schon mehrfach von verschiedenen Komponisten vertonten Libretto *La Clemenza di Tito* des bekannten Textdichters Pietro Metastasio. Diese wurde, nach *Idomeneo* (1781) Mozarts zweite und letzte *Opera seria*, nachdem sein Hauptwerk der Opera buffa und dem Singspiel gegolten hatte. Der barocke Typus der Opera seria mit den schematischen Handlungsabläufen war inzwischen zum leeren höfischen Zeremoniell geworden. Liebe, Eifersucht und Intrigen werden durch Güte und Edelmut des Herrschers zum *lieto fine* geleitet, dem stets guten Ausgang einer bösen Verwicklung.

Die Uraufführung von *La Clemenza di Tito* fand am 6. September in Prag statt, nur drei Monate vor Mozarts Tod. Trotz der Eile beim Komponieren – die Oper soll teils im Reisewagen entstanden sein –, trotz der Umarbeitung eines altbackenen Libretto und trotz des geringen Erfolgs in Prag ist *La Clemenza di Tito* als spätes Kleinod einer überkommenen Form zu sehen. Insbesondere die Ouvertüre weist auf die Nähe zu den drei letzten Symphonien und zeigt Mozart auf dem Höhepunkt seiner kontrapunktischen Meisterschaft.

Ein majestätisch fanfarenartiges Motiv in strahlendem C-Dur, das an den Beginn der im gleichen Sommer entstandenen *Jupiter-Symphonie* erinnert, eröffnet einleitend den Sonatensatz. Das sogleich anschließende erste Thema lebt vom dynamischen Wechsel zwischen mächtigen Akkorden und im Staccato getupften Piano-Takten.

Nach einer fulminanten Überleitung mit einem raketenartig aufblitzenden Motiv folgt auf eine Fermate ein sanftes zweites Thema, von Flöte und Oboe vorgetragen, dem die Fagotte antworten.

Raffiniert überlagern sich in der Durchführung Hauptthema, Überleitungsmotiv und ein Staccato-Gegenmotiv. Über kühne Modulationen mündet die Durchführung in der entfernten Tonart E-Dur (1. Thema). Nach starken, dynamisch hervorstechenden Dissonanzen erklingen die Themen in der Reprise in umgekehrter Reihenfolge. In strahlendem C-Dur klingt der Satz mit dem Auftakt-Motiv der Einleitung aus.

Mozarts Solokonzerte

Mit 51 Konzerten für Soloinstrumente und Orchester übersteigt die Zahl sogar die von Mozarts 41 Symphonien. Die Spanne dieser Gattung in Mozarts Gesamtwerk reicht von den drei 1764 zu Klavierkonzerten mit Streichorchester umgearbeiteten Klaviersonaten Johann Christian Bachs – den er als Achtjähriger in London traf – bis zu seinem letzten Konzert, das auch eines seiner letzten vollendeten Werke überhaupt ist, dem etwa drei Wochen vor seinem Tod fertig gestellten Klarinettenkonzert KV 622.

Den größten Teil davon bilden die 27 Klavierkonzerte, mit denen er meist selbst als Solist auftrat. Neben fünf Violinkonzerten soll Mozart auch ein Violoncellokonzert (KV 206a, 1775) geschrieben haben, dessen Autograph leider verschollen ist, ein herber Verlust für die ohnehin nicht sehr reiche Literatur für dieses Instrument.

Die Bläserkonzerte entstanden meist aus aktuellem Anlass für einen bestimmten Solisten, so das frühe Fagottkonzert KV 191, das Oboenkonzert KV 293, das heute meist als Flötenkonzert gespielt wird, die beiden Konzerte für die Flöte, ferner vier Hornkonzerte für Ignaz Leitgeb, einen Freund Leopold Mozarts in Wien, und das Klarinettenkonzert für Anton Stadler.

Melodische Vielfalt und ruhige Klarheit

Zu Mozarts Klarinettenkonzert A-Dur, KV 622

Seit Jahrhunderten sind Blasinstrumente mit einer durch den Winddruck auf ein Rohr aufschlagenden Zunge bekannt. Geläufig ist uns heute der lärmend-nasale Klang des Dudelsacks, der diese Instrumente bis in die späte Barockzeit ausschließlich in den Bereich der Volks- und Freiluftmusik bannte. Experimente im frühen 18. Jahrhundert verbanden den Korpus einer Blockflöte mit Schnabel und weichem Aufschlagblatt zu einem Chalumeau genannten Instrument, das voll und weich in tiefen Lagen klang. Von Telemann ist ein Konzert für zwei Chalumeaux und Orchester überliefert. Doch erst die Versuche von Christoph Denner in Nürnberg, dem es gelang, den strahlend hellen Klang der schwer zu blasenden Clarintrompeten mit dem weichen tiefen Timbre des Chalumeau in einem Instrument zu vereinen, indem er unter anderen Veränderungen dem Chalumeau die Stürze einer Trompete verpasste, eröffneten der „Clarinette" (= kleine hohe Trompete) den weiteren Zugang in die Kunstmusik. Von Molter, Pokorny und Stamitz sind die ersten Klarinettenkonzerte bekannt (1740-1760). Mit der Aufnahme der Klarinette in den Holzbläsersatz des berühmten Mannheimer Orchesters durch Johann Stamitz war der klassische Orchesterklang geboren, von dem W. A. Mozart 1778 in einem Brief an den Vater schwärmt und seufzt: *Ach, wenn wir auch nur clarinetti hätten! – sie glauben nicht was eine Sinfonie mit flauten, oboen und clarinetten einen herrlichen Effect macht.* Ab 1882 verwendete Mozart ebenfalls Klarinetten im Orchester.

Die Klarinette als Soloinstrument entdeckte Mozart erst spät durch seinen Logenbruder Anton Stadler, für den er 1789 ein Konzert für Bassetthorn entwarf, dessen erster Satz in das Klarinettenkonzert eingearbeitet wurde. Mozarts Autograph ist leider verschollen, die Überlieferung basiert auf Drucken von 1801. Zusammen mit dem Klarinettenquintett KV 581 gilt das Klarinettenkonzert als eines der schönsten, melodischsten und ausgereiftesten Werke Mozarts, das alle technischen Spielmöglichkeiten, Klangschattierungen und emotionalen Ausdrucksmöglichkeiten der Klarinette auslotet und vorstellt.

Der **erste Satz (*Allegro*)** enthält eine verschwenderische Fülle melodischer Einfälle. Das Orchester eröffnet den Satz mit dem ersten Hauptthema. Sein Kopfmotiv (1.Takt) kehrt vielfach verarbeitet und kombiniert im ganzen Satz wieder. In folgender melodischer Fassung spielt es die Klarinette zu Beginn ihres Soloteils.

Auf ein Überleitungsmotiv, dessen Lauffiguren weitergesponnen werden, erklingt ein Abschluss auf der Dominante, man erwartet ein zweites Thema. Überraschend aber spielen Geigen und Bratschen eine Kanonfassung des ersten Themenkopfes in zartem piano. Auch der Soloteil wird von der Klarinette mit dem ersten Thema begonnen, zart begleitet von den Streichern. Wie anders wirkt es jedoch in der samtenen Klangfarbe des Soloinstruments! Mehr und mehr löst sich die Klarinette vom Orchester, lässt rasche Tonleitern, Dreiklangspassagen und kühne Sprünge zwischen hoher und tiefer Lage erklingen. In konzertantem Wechselspiel mit dem Orchester fließen neue Melodie aus den bisherigen. Mollschattierungen ergänzen den lichten Fluss. *Der erste Satz des Klarinettenkonzerts wirkt wie ein endloses Lied,.... nicht die Entwicklung einer einzelnen Idee, sondern einer Gruppe von Melodien, die ununterbrochen ineinander verfließen.* (C. Rosen).

Das ***Adagio*** ist in seiner Schlichtheit und Ruhe einer der ergreifendsten langsamen Sätze, die Mozart je geschrieben hat.

Das achttaktige Hauptthema ist wie eine Volksliedmelodie gegliedert in zwei Hälften, die jeweils wieder in zwei Atembögen unterteilt sind. Schönheit entsteht durch ruhig atmende Natürlichkeit, veredelt durch Ausgewogenheit und Klarheit in Form und Proportion. Wiederholend lassen Hörner und Holzbläser die Melodie erstrahlen. Dann führt die Klarinette die Melodie weiter, nun in absteigenden Linien, immer in ruhig atmenden zweitaktigen Phrasen. Sie werden vom Orchester aufgenommen, mit schnelleren Notenwerten ausgeziert, bis das Thema am Ende wieder in der edel-schlichten Form des Anfang erscheint.

Im spielerischen **Rondo (*Allegro*)** dominiert die Soloklarinette. Sie stellt das muntere Thema vor, das Orchester nimmt es festlich auf.

Dann übernimmt die Klarinette die Führung nicht nur mit rasanten Sechzehntelskalen, sondern auch im weiteren Verlauf durch immer neue melodische Wendungen, Verwandlungen, Aufschwünge, Sprünge und Triller, die unversehens wieder in das Rondothema münden.

Mozarts Streichquartette

Kammermusik war im Hause Mozart in Familie und mit Freunden und Partnern des Vaters selbstverständlich, und so lernte Wolfgang schon als kleines Kind hörend und später selbst aktiv spielend die Streicherliteratur, meist vom Serenadentyp, kennen. Nach den aller frühesten Klavierkompositionen des Fünf- bis Sechsjährigen sind die nächsten Stücke Sonaten für Violine und Klavier (KV 6-9). Ein großer Teil seiner Jugendwerke galt der Vokalmusik für Kirche und Oper.

Insgesamt 23 Streichquartette umfasst Mozart Schaffen, von denen die ersten 13 Werke des 14-17-Jährigen sind. Das erste Quartett (KV 80) schrieb er als 14-Jähriger 1770 auf der ersten Italienreise, von 1772 bis Sommer 1773 kamen weitere sechs Quartette hinzu (KV 155-160). Sie folgen dem dreisätzigen Divertimento-Typ mit einem langsamen Satz in der Mitte. Die Ecksätze orientieren sich an Werken von Johann Christian Bach oder Carl Philipp Emanuel Bach, auch sind Tänze, Märsche und volkstümliche Rondeaus als Vorbilder herauszuhören. Themengestaltung und Form bleiben oftmals noch etwas schematisch. In den Mittelsätzen hingegen entwickelt sich schon eine persönlichere Tonsprache.

Erst die sogenannten Wiener Quartette (KV 168-173) vom August/September 1773 umfassen jeweils vier Sätze und verraten Einfluss von Haydns Quartetten op. 9 und den Sonnenquartetten op. 20, deren Kontrastwirkungen, Kontrapunktik und Finalfugen der junge Meister – teilweise noch suchend und experimentierend – sich hier aneignete.

Nach einer Pause von fast 10 Jahren entstanden zwischen 1782 und 1790 die 10 berühmten Meister-Quartette. Die ersten sechs widmete Mozart seinem verehrten Vorbild Joseph Haydn. Sie verraten aber auch die Auseinandersetzung mit Kompositionstechniken Bachs und in der Melodik Mozarts große Erfahrung mit Vokalmusik. Alle Einflüsse verschmelzen zu einem unverkennbaren Personalstil.

Dem Einzelwerk KV 499 (Hoffmeister-Quartett) folgen die drei letzten, sog. Preußischen Quartette für den Cello spielenden König von Preußen, in denen Mozart dem Cello besonders viele Soli zudachte. Sie bilden den krönenden Abschluss seines Quartett-Schaffens: In beglückend strömendem Melodiefluss, wie nur Mozart zu eigen, sind alle Stimmen gleichermaßen an der Themenführung beteiligt.

Reizvoll-munteres Jugendwerk

Zu Mozarts Streichquartett Es-Dur, KV 160

Im Jahr 1772, teilweise während der zweiten Italienreise, entstanden die Streichquartette KV 155-160. Sie sind noch dreisätzig mit langsamem Mittelsatz.

Das erste Thema des **Allegro** ähnelt in Tonfall und melodischer Gestaltung den zuvor entstandenen *Salzburger Divertimenti*, auch *Salzburger Sinfonien* genannt.

Das zweite Thema wird von zweiter Violine und Viola in Terzparallelen angestimmt. Ein eintaktiger Motivkern wird variiert, zusammengesetzt und sequenziert.

Die kurze Durchführung umfasst nur 14 Takte, in denen das erste Thema und dessen Folgemotive in neuen Tonarten erklingen. Die Reprise weicht kaum vom ersten Teil ab.

Im **zweiten Satz** (***Un poco Adagio***) dominiert die erste Violine mit Kantilenen. Weiche Vorhalte prägen seinen Charakter. Der Satz ist zweiteilig, dem Sonatensatz ähnlich aufgebaut. Nach nur acht Takten Mittelteil erscheint die variierte Reprise.

Der **Schlusssatz** (***Presto***) ist ein schneller Marsch. Punktierter Rhythmus und Dreiklangsfanfaren bestimmen sein forsches Anfangsthema.

Im zweiten Thema wechseln tonumspielende Staccati mit Legato-Tonleiterlinien, sie werden sequenzartig wiederholt – eine sehr schlichte Passage mit mehrfachen Wiederholungen, wie sie der reife Mozart wohl nicht mehr geschrieben hätte. Sie wird durch den Wechsel zwischen piano und forte belebt.

Ein drittes Motiv im Nachsatz wirkt frisch und als Steigerung mit Triolen und kräftigen Akkorden. Auch dieser Abschnitt bleibt relativ statisch durch zahlreiche Wiederholungen. Lebhafte Triolen gestalten den kurzen Mittelteil. Die Reprise nimmt den ersten Teil – bis auf Tonartenwechsel unverändert auf. Eine achttaktige Coda mit dem Marschmotiv des Anfangs rundet den Satz kraftvoll ab.

Wolfgang Amadeus Mozart 1777
als Ritter vom Goldenen Sporn (unbekannter Maler)

Heitere Leichtigkeit und ausdrucksvolle Melodik

Zu Mozarts Streichquartett D-Dur, KV 499

Der Anlass zur Entstehung dieses Einzelwerks ist nicht bekannt. Es wurde 1786 bei Hoffmeister gedruckt und daher auch *Hoffmeister-Quartett* genannt. Musikantische Spielfreude in hellem D-Dur, langgezogene, feine Melodiebögen im langsamen Satz und ein munterer Schlusssatz mit eingängigen Melodien charakterisieren das Werk. Wie oft bei Mozart sind in den Sätzen mit Sonatenhauptsatzform (Sätze 1, 3 und 4) die Durchführungen sehr kurz, sie beanspruchen nicht einmal ein Drittel der Taktzahl der Expositionen. Dafür sind in Exposition und Reprise die Überleitungen mit motivverarbeitenden Abschnitten angereichert.

Der **Kopfsatz** beginnt mit dem schmeichelnden, dreiklanggeprägten Hauptthema, das den ganzen Satz beherrscht.

Schon vom 6.Takt an imitiert das Cello die Melodie der 1. Violine und leitet das polyphone Wechselspiel der Instrumente mit Teilmotiven ein, das bereits die Exposition durchzieht. Wenig Raum bleibt für andere, meist kurze melodische Episoden, sie werden sogleich wieder vom Hauptthema abgelöst, das auch in strenger Imitation zwischen 1.Violine und Cello erklingt. Einzig das Schlussgruppenmotiv behauptet sich gegen das Hauptthema, hat aber für die Durchführung keine Bedeutung:

Beim zweiten Mal geht es in ein Staccato-Pendelmotiv über, mit dem die Exposition ausklingt.

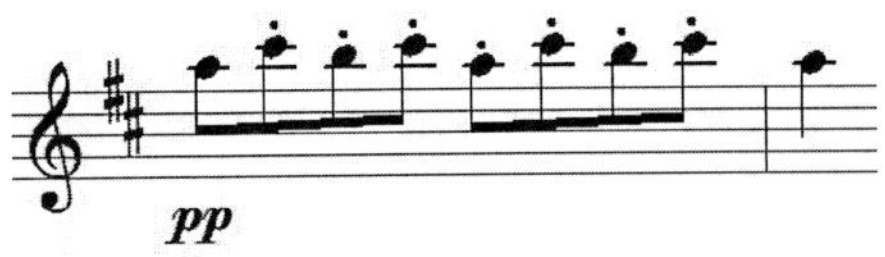

Die Durchführung wird allein vom Hauptthema bestritten. Kontrapunktiert vom Staccato-Pendelmotiv wird das Hauptthema alternierend, auch in Umkehrung, durch die Instrumente und neue Tonarten-Klangbereiche geführt. Nach der Reprise, die entsprechend der Exposition verläuft, rundet die Coda mit Rückgriff auf 1. Thema und Pendelmotiv der Durchführung ab.

Der dreiteilige zweite Satz (***Menuetto Allegretto***) beginnt als behäbiges Menuett in herkömmlicher Volksmusikstruktur: Die 1. Violine führt, die 2. begleitet in gebrochenen Dreiklängen zu einfachen, schreitenden Grundtonbässen und harmonischen Fülltönen der Viola.

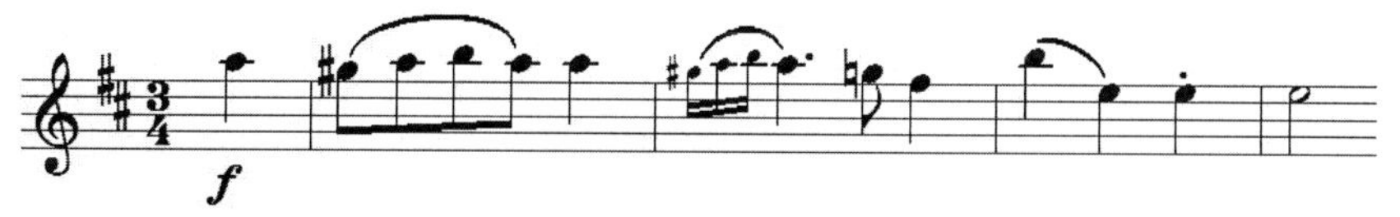

Doch bald beteiligen sich auch die Unterstimmen am motivischen Geschehen.

Der **Trio**-Mittelteil, der einzige herb-schmerzliche Abschnitt in diesem Werk, kontrastiert durch launisches Moll, unerwartet grimmig wirkende Akzente, nervöse Triolen und polyphon-imitatorische Satzstruktur.

Auf reinen Dur-Wohlklang angelegt ist der **langsame Satz (*Adagio,* G-Dur)** in Sonatenhauptsatzform. Lange, ausdrucksvolle Melodiebögen verbreiten besinnlich-sanfte Stimmung. Zwei gegensätzliche Themen gestalten den Satz. Das erste wirkt geschmeidig-beweglich mit Pausen und gefühlvollen Vorhalten, von beiden Violinen in Terzparallelen begonnen. Die fallende Terz am Anfang stellt eine motivische Verbindung zum 1. Satz her, dort allerdings als Auftakt, hier mit melodischer Betonung auf dem Anfangston.

Cello und Bratsche wiederholen den Themenanfang. Die überleitenden Motive der ersten Violine weisen schon voraus auf das zweite Thema in ruhigen Tonleiterlinien, das im Cello erscheint und von den beiden Mittelstimmen imitiert wird:

Die Begleitmotive der 1. Violine in charakteristischer Legato-Staccato-Artikulation werden später in der Durchführung wieder aufgenommen. Ein Schlussgruppenmotiv, etwas energischer im Forte beginnend, wechselt sogleich wieder über in die geschmeidigen, melodischen Auszierungen und endet in weichen Vorhalten:

Die kurze Durchführung lässt das Hauptthema des Anfangs in Imitationen zwischen Unterstimmen und den Violinen erklingen, und leitet mit dem Legato-Staccato-Motiv zurück in die Reprise. In einer Coda verklingt der Satz unter Reduktion von Motiven und Dynamik im Pianissimo.

Im munteren **Finalsatz** (***Allegro,*** Sonatenhauptsatzform) stellt die 1. Violine das temperamentvoll in Triolen vorwärtsdrängende, aber von abbremsenden Pausen durchsetzte Hauptthema vor:

Es mündet in eine rasante Tonfolge der 1.Violine, dann wird es von den drei Unterstimmen wiederholt und von der 1. Violine mit einem kontrapunktischen Gegenthema ergänzt. Eine Fermate hält wiederum den Fluss auf. Dann erscheint – noch in der Haupttonart D-Dur – ein melodisches Tonleiterthema aus zwei gegensätzlichen Hälften, dessen Teilmotive später in der Durch-führung verarbeitet werden:

Eine durchführungsartige Überleitung aus Motiven des Hauptthemas führt in das durch federndes Staccato und großen Tonumfang kontrastierende, eigentliche Seitenthema. Es wird jeweils von einer anderen Stimme in Gegenbewegung beantwortet:

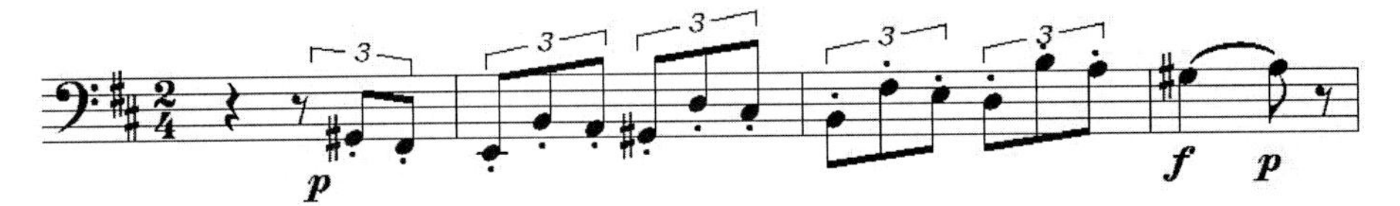

Hauptthema und melodisches Tonleiterthema gestalten den Schluss der Exposition. Auch hier ist die Durchführung kurz, sie verarbeitet nur die ersten beiden Themen, vor allem die synkopisch-sprunghaften Motive aus dem Nachsatz des zweiten Themas und führt in entferntere Tonarten wie fis-moll und cis-moll.

Die Reprise hat besonders für den Spieler oder den mitlesenden Hörer Überraschungen parat: Das Tonleiterthema erklingt verkürzt und nicht in der Haupttonart, sondern weicht nach F-Dur aus. Ein durchführungsartiger Modulationsteil mit Elementen des Hauptthemas leitet zurück nach D-Dur mit dem Staccato-Seitenthema. Die Coda beginnt überraschend wie eine nochmalige Reprise, führt dann aber unter wirbelnden Motiven des Hauptthemas in den kräftigen Schluss.

Heidi Aumüller Violine, Viola

Heidi Aumüller wirkte als Geigerin im Orchester seit 1990, als Bratscherin seit 1999, von 1998 bis 2002 war sie Vorstandsmitglied für die Belange des Kammerensembles. Sie wurde in Tegernsee geboren und wuchs auf einem Berghof bei Tegernsee, später in Mühldorf/Inn auf. Während der Schulzeit lernte sie zunächst Blockflöte, ab dem 13. Lebensjahr Geige. Nach Gymnasialzeit in Tegernsee machte sie Abitur am musischen Gymnasium in Göggingen bei Augsburg. Ab 1961 studierte sie Pädagogik mit dem Schwerpunktfach Musik an der Pädagogischen Hochschule München mit den Instrumenten Blockflöte und Violine.

Bis vor einigen Jahren war sie wie ihr Ehemann Hellmut Aumüller, mit dem sie seit über 30 Jahren verheiratet ist, an der Grundschule Geretsried tätig. Ihre beiden Kinder sind längst erwachsen, sie hat zwei Enkelkinder. Ihr Sohn Florian Aumüller spielte als Cellist ebenfalls im Philharmonischen Orchester Isartal, solange er in der Region wohnte. Inzwischen genießt sie ihren Ruhestand, hat dadurch noch mehr Zeit für die Musik.

Heidi liebt Kammermusik in verschiedensten Besetzungen, mit Geige, Bratsche oder Altblockflöte, sie wirkt oft bei kirchenmusikalischen Aufführungen mit und besucht Kammermusikkurse. Mehrere Jahre lang engagierte sie sich im Vorstand der Musikfreunde Isartal. Lesen, Wandern und Reisen sind ihre weiteren Neigungen. Sie ist immer fröhlich und hilfsbereit, sehr gesellig und humorvoll und würzt zuweilen festliche Anlässe mit selbstverfassten Gedichten.

Susanne Kessler

Mozart und das Klavier

Das Klavier spielte im Leben Wolfgang Amadeus Mozarts eine zentrale Rolle, nicht nur als Instrument seiner Jugend, mit dem er als Wunderkind an europäischen Fürstenhöfen glänzte. Auch noch als Erwachsener war er einer der bedeutendsten Pianisten seiner Zeit, zu dem damals auch noch die Kunst der Improvisation gehörte. Immer wieder wird die Anekdote erzählt, nach der Mozart vor erlauchtem Publikum eine Geigerin *accompagnierte* und dabei aus einem leeren Notenblatt spielte, weil er zum Aufschreiben nicht mehr gekommen war.

Etwa ein Sechstel seiner Werke (über 100 von 626 Werken des Köchel-Verzeichnisses) sind für oder mit Klavier komponiert. Darunter sind 27 Klavierkonzerte mit Orchester, die er meist für eigene Auftritte als Pianist schrieb, 18 Sonaten für Klavier zu zwei Händen, 6 Sonaten zu vier Händen und eine für zwei Klaviere, ferner 15 Variationszyklen, mehrere Fantasien und Rondos sowie zahlreiche Einzelstücke. In seinen 18 Sonaten für Klavier und Violine (dazu kommen mehrere Jugendwerke dieser Gattung) spielt das Klavier überwiegend die dominierende Rolle, ebenso in den 7 Klaviertrios, während das Klavier in den beiden Klavierquartetten den drei Streichinstrumenten virtuos gegenübertritt.

Die Zeit Mozart ist die eines bedeutsamen Umbruchs vom ausgehenden Barock über galanten und empfindsamen Stil zur Hochklassik. Dies zeigt sich bereits an den Instrumenten, auf denen Mozart spielte. Als Reiseinstrument diente ihm bis in seine späteren Lebensjahre ein Clavichord, ein kleines Tasteninstrument mit abgreifender Tangentenmechanik, auf dem der Ton beim Spiel durch den Anschlag ein wenig gestaltet werden konnte. Das Cembalo (Zupfmechanik) mit seiner barocken Terassendynamik war in seiner Jugend noch allgemein als Konzertinstrument gebräuchlich. Mozarts wichtigstes Instrument jedoch wurde das in der der 2. Hälfte des 18. Jahrhunderts entstandene Hammerklavier, an dessen Entwicklung er nachweislich Anteil nahm mit Besuchen beim Klavierbauer Joh. Andreas Stein in Augsburg.

Mozart, seine Schwester und Vater Leopold am Klavier, an der Wand dahinter das Bild der zu diesem Zeitpunkt bereits verstorbenen Mutter

Ab 1782 besaß Mozart selbst ein solches Instrument. Das neue „Pianoforte" mit Hammermechanik eröffnete ganz neue Ausdrucksmöglichkeiten: Durch Differenzierung beim Anschlag konnte die Lautstärke jedes einzelnen Tons gestaltet werden, das empfindsame Crescendo innerhalb einer Melodie ersetzte die Terrassendynamik und begünstigte den empfindsamen Stil der frühen Klassik. Die Musik der Bach-Söhne, insbesondere die Johann Christian Bachs, den der achtjährige Mozart in London getroffen hatte, war ihm stets Vorbild für einen singenden, ausdrucksvoll-beseelten Ton.

Mozarts Flügel, 1780 von Anton Walter, Mozart-Museum Salzburg

W. A. Mozart: Sonate B-Dur KV 281, 1.Satz

In den späten Werken Mozarts sind das Vorbild Joseph Haydn und ein erneutes Studium der Werke Bachs zu spüren: Chromatik, Polyphonie und thematische Arbeit bewahren die Musik der Klassik vor allzu galant-unterhaltsamem Stil. Die Durchführung, in der Frühzeit der Sonate eher fantasiereiche Fortspinnung des melodischen Materials, gewinnt an kontrapunktischem Gewicht. Die Durchführung als Zentrum der geistigen Auseinandersetzung mit der musikalischen Substanz wird jedoch erst zur Domäne Beethovens.

W. A. Mozart: Rondo a-moll KV 511

Ludwig van Beethoven 1823
Ölbild von C. W. Mähler

Ludwig van Beethoven

1770-1826

Ludwig van Beethoven wurde 1770 in Bonn geboren, Vater und Großvater waren Musiker in der dortigen kurfürstlichen Kapelle. Mit vier Jahren erhielt er Klavierunterricht beim Vater, der aus ihm ein Wunderkind machen wollte, 10-jährig wurde er Schüler von Neefe, dem ersten Lehrer, der ihn entscheidend menschlich und musikalisch förderte. Mit 17 Jahren reiste er nach Wien, um Mozarts Schüler zu werden, musste jedoch wegen des Todes der Mutter, Trunksucht des Vaters und Sorge für seine jüngeren Brüder zurückkehren. 1792 übersiedelte er endgültig nach Wien und nahm Unterricht bei Haydn. Erste Erfolge hatte er als Pianist, bald auch mit eigenen Werken. Um 1798 traten erste Anzeichen des Gehörleidens auf, das bis 1820 zur völligen Taubheit führte. Spätwerke wie 9. Symphonie, Missa solemnis, letzte Klaviersonaten und späte Quartette komponierte er in völliger Taubheit. Beethoven starb, wahrscheinlich an Bleivergiftung der Leber und akuter Lungenentzündung, 1827 in Wien.

Neuer Anspruch und neue Wege

Im Jahre 1790 kam der 20-jährige Beethoven nach Wien in der Absicht, Mozarts Schüler zu werden. Leider kam es nur zu einer kurzen Begegnung mit Mozart, denn Beethoven musste überstürzt wieder abreisen. Zu einem Wunderkind wie Mozart wollte schon sein Vater das Kind Ludwig drillen, es fehlte ihm jedoch die pädagogische Weisheit, aber dennoch liebevolle Strenge eines Leopold Mozart. Als Beethoven 1792 wieder nach Wien kam, war Mozart bereits gestorben und er wurde für kurze Zeit Schüler Haydns.

Interessant wäre zu wissen, wie Mozart und Beethoven in einem Lehrer-Schüler-Verhältnis aufeinander gewirkt hätten. Mozart – so scheint nicht nur das Klischee zu berichten – war Mensch des Augenblicks, nahm Ereignisse und Zufälle an und reagierte spontan und unreflektiert. Stetig sprudelte seine künstlerische Fantasie, kaum blieb ihm Zeit, alle Einfälle zu Papier zu bringen. Selbst Opernstoffe, über die Beethoven später die Nase rümpfte, feuerten seine schöpferischen Eingebungen an.

Ganz anders der Mensch Beethoven: Nicht Anpassung oder Unterwerfung, sondern unermüdliches, zielstrebiges Ringen um ethische Standpunkte und Handeln nach dem Gesetz, das sich der Mensch selbst auferlegt, nach Vollkommenheit und Zufriedenheit mit sich und dem Erschaffenen scheint Grundstimmung seines Lebens gewesen zu sein. Der Wille formt die Welt. Darin gehört er einer neuen, veränderten Zeit an als der noch überwiegend in barocken politischen Strukturen sich bewegende Mozart.

Die Französische Revolution (ab 1789) mit ihrem für ganz Europa aufregend neuen Gedankengut fiel in die letzten Lebensjahre Mozarts. Beethoven kam als 22-Jähriger, der sich schon mit dem Leben hatte auseinandersetzen müssen, 1792 wieder nach Wien. Freiheit, Gleichheit, Brüderlichkeit waren inzwischen nicht nur Schlagworte, sondern deren Inhalte bewegten das gebildete Europa. Nicht mehr unreflektiert akzeptiert wurde die Gottgegebenheit von Königs- und Fürstenmacht. Die Idee vom Wert des denkenden Individuums – ob von Geburt aus Adel oder Bürgertum – und sein Recht auf Selbstbestimmung und autonomes Handeln wurden in gebildeten Kreisen ebenso diskutiert wie die ethische Verantwortung des Einzelnen, insbesondere des Künstlers. Die Menschheit zur Vollkommenheit zu führen, war Thema nicht erst von Schillers *Ode an die Freud*e und Beethovens *Neunter Symphonie*. Dynamischer Gestaltungswille, ständige Veränderung und Verbesserung, Gegensatz und Überwindung zu höherer Erkenntnis kennzeichnen Beethovens Arbeitsstil. Kunst war für ihn nicht nur Sache des Einzelnen, sondern Aufgabe und Botschaft an die Menschheit.

Zentrum von Beethovens musikalischem Denken wurde, seinem Lehrer Haydn folgend, die thematische Arbeit mit melodisch-rhythmischen Motiven als Bausteinen. Thematische Arbeit als Gestaltung einer Ordnung des Ganzen wird in der überreichen Beethoven-Literatur auch in Parallele zur Gesellschaft gesehen: Das Kleinste wird wichtig für das Gesamte. Kontrast, Auseinandersetzung, Durchdringung, Verwandlung, Umgestaltung, Erneuerung und Überwindung der Gegensätze zur Synthese werden zum Inhalt der Musik. Das Aufzeigen von neuen Möglichkeiten, das Werden in der Hoffnung auf Fortschritt zu immer höherer Vollkommenheit durch den wirkenden, schöpferischen Geist, der optimistische Glaube an die erreichbare Vollendung zeigen Beethoven im Scheitelpunkt des Idealismus. Die Romantik mit ihrer Wendung nach innen und einer eher pessimistischen Grundeinstellung war zu Beethovens Lebzeiten jedoch bereits gegenwärtig im Werk Franz Schuberts, der nur ein Jahr nach Beethoven starb.

Selbst als Pianist auftretend und erst danach mit eigenen Werken bekannt, spielt die Klaviermusik in Beethovens Oeuvre eine zentrale Rolle. Das immer weiter entwickelte Hammerklavier ermöglichte nahezu orchestrale Klänge und eröffnete neue Ausdrucksmöglichkeiten. Beethovens 32 (einschließlich der Frühwerke 36) Klaviersonaten nehmen in der Klavierliteratur eine einzigartige Stellung ein. Zusammen mit seinen über 20 Variationszyklen, drei Sammlungen von Bagatellen (op. 33, op. 119, op. 126) und zahllosen Einzelstücken sind sie Kompendium jedes Pianisten und Klavierliebhabers. In Vielfältigkeit des Ausdrucks verraten die frühen Werke Beschäftigung mit Carl Philipp Emanuel Bachs Sonaten, die dem gesteigerten Ausdrucksbedürfnis des *Sturm und Drang* zugerechnet werden.

Französische Revolutionsmusik mit grelleren Farben und Motiven in zackig-punktierten Rhythmen, mit Kontrasten und leidenschaftlichen Stimmungen (z.B. in der Klaviersonate op. 10,1) findet ebenso Eingang in Beethovens Tonsprache wie das Pathos von Hymne und Trauermarsch in die *Erhabenheit* der langsamen Sätze (z. B. in der *Eroica* oder der Klaviersonate As-Dur op. 26). Das alte Menuett wird als turbulentes oder launiges Scherzo in manchen viersätzigen Sonaten zu spielerischer Demonstration von Virtuosität.

L. v. Beethoven: Sonate op. 10 Nr. 1, 1. Satz

In anderer Absicht entstanden die *Bagatellen*, deren Gattungsnamen Beethoven nach französischen Vorbildern wählte, die explizit für klavierspielende Laien gedacht waren und mit ihrem Namen den Anspruch großer Kunst negierten. Beethovens Bagatellen jedoch sind Gebilde von gleicher kompositorischer Qualität wie die Klaviersonaten, aber in konzentrierter Form. Theodor W. Adorno nannte die Bagatellen op. 119 und op. 126, die Beethovens Spätstil zuzurechnen sind, *Splitter für die Landschaft, aus der sie kommen.* Auch als *Skizzen* wurden solche Stücke bezeichnet. Sie hoben die Gattung auf ein neues künstlerisches Niveau. Sie drängten in der Romantik die große Klaviersonate in den Hintergrund und traten als Charakterstücke neu ins Licht der musikalischen Gattungen.

Beethoven besaß im Laufe seines Lebens mindestens vier Flügel (wahrscheinlich noch bedeutend mehr). Diesen bekam er 1818 aus London übersandt, nachdem ihn im Jahr zuvor Thomas Broadwood, einer der Inhaber der Firma John Broadwood & Sons und großer Beethoven-Verehrer, in Wien besucht hatte. Nach Beethovens Tod gelangte das Instrument in den Besitz von Franz Liszt.

Anstoß für neue Wege, für Programmmusik und zyklische Form

Wie im Kleinen, so ist in Beethovens mit neuem Leben erfüllten Sonatenform alles individuellem Gestalten unterworfen und nie Erfüllung einer Formvorgabe. Anzahl der Sätze, Tempi, Anzahl der Themen, Orte der thematischen Arbeit innerhalb eines Satzes, Gestaltung der langsamen Sätze schaffen aus jedem mehrsätzigen Werk ein unvergleichliches Individuum. Zusammenhang der Sätze durch Charakter, sich ergänzenden Ausdrucksgehalt oder durch motivische Verbindung zu einer größeren zyklischen Ordnung, die nicht mehr erlaubt, z.B. Sätze einzelner Werke mit anderen gleichen Tempos auszutauschen, beginnt schon bei Mozart, erhebt aber erst bei Beethoven jedes Werk zu einer Gesamtaussage, die für die Romantik zum Kern jedes Musikstücks wird.

Beethovens *Eroica*, ferner die fünfte (*Schicksals-*) und sechste Symphonie (*Pastorale*) hatten bereits als Verkünder eines Mottos oder einer außermusikalische Idee über die reine Instrumentalmusik hinaus gewiesen. Beethovens Werk setzte völlig neue Maßstäbe. Vor allem die Symphonien 3, 5, 6 und 9, die ungeheure Neuorientierung zeigten, brachten manchen Frühromantiker zur Verzweiflung, *was man nach Beethoven denn noch komponieren könne* (Schubert) und wirkten mehrere Jahrzehnte lang nach auf folgende Komponisten-Generationen der Romantik. Hatten Haydns gelegentliche Beinamen von Symphonien noch keine Auswirkungen auf Ablauf und Verständnis des Werks, so weckte erstmals in Beethovens dritter Symphonie (*Eroica*) ein außermusikalischer Titel, verbunden mit einem *Trauermarsch* eindeutige Assoziationen. Noch deutlicher zeigten sich in der 5. und 6. Symphonie, der *Schicksalssymphonie und der Pastorale* außermusikalische Ideen, die das gesamte Werk prägten wie die die *Durch-Nacht-zum-Licht*-Thematik und die eindeutige Klangmalerei der *Szene am Bach* und des *Gewitters*. Dennoch sind diese Werke noch keine Programmmusik, sondern noch immer *tönend bewegte Formen* (Hanslick, siehe Kapitel zur Programmmusik), die sich im Rahmen hergebrachter Formschemata bewegen und auch ohne Wissen um das „Programm" genauso verständlich sind. Ähnliche Wege beschritt Beethoven in manchen Klaviersonaten wie der Sturm-Sonate (siehe Beitrag). Hier setzte nach der Jahrhundertmitte der Weg der *Neudeutschen* um Wagner und Liszt an und führte zur symphonischen Programmmusik.

Die Einführung von menschlichen Stimmen in eine Symphonie löste heftigste Diskussionen aus, fand auch Nachahmer. Felix Mendelssohn Bartholdy beendete seine 2. Symphonie (*Lobgesang*, 1840) mit einem Chor-Finale, einer Kantate aus mehreren Teilen. Symphonien mit Singstimmen oder Chor schrieben auch u. a. Liszt, Mahler und Schostakowitsch – um nur die bekanntesten zu nennen. Dennoch blieb die Hauptlinie der romantischen Symphonie bei der rein instru-mentalen Version.

Hedwig Schütze Violoncello

Hedwig Schütze verbrachte ihre Kindheit bis zum Abitur in Weiden/Oberpfalz. Nach frühem Klavierunterricht begann sie 11-jährig mit Violoncello. Sie studierte Biologie und Chemie für Lehramt in Erlangen, daneben pflegte sie vielfache musikalische Aktivitäten und gab auch zeitweise Cellounterricht. Während mehrerer Jahre in Karlsruhe widmete sie sich vor allem der wachsenden Familie (4 Kinder). 1985 zog sie nach Geretsried und kam durch Harald Sachers zum Orchester der Musikfreunde Isartal und 1991 nach dessen Zusammenschluss mit den Ickinger Laienphilharmonikern zum Philharmonischen Orchester Isartal.

Als wichtigste Erlebnisse im Orchester nennt sie die langjährigen musikalischen und menschlichen Beziehungen, die Reisen nach Japan und Frankreich, die Aufführungen des Brahms-Requiems in der Tölzer Franziskanerkirche, der Matthäus-Passion und Beethovens Neunter Symphonie zur Jahrtausendwende. Seit vielen Jahren spielt sie mit Lore Polta im Quartett. Durch deren Vermittlung erhielt sie 1987 eine Anstellung am Tölzer Gymnasium als Cellolehrerin, zudem für die Fächer Biologie und Chemie. Mit der Geigerin Andrea Becker begründete sie dort den Streicherklassen-Unterricht nach Rolland, wofür sie eine zweijährige Ausbildung absolvierte. Die Jahre 2001-2004 verbrachte sie mit ihrer Familie in Kanada. Dort unterrichtete sie nach weiteren Lehrgängen viele Schüler nach der Suzuki-Methode. Während der Jahre in Zwickau (2004-2008), nahm sie mehrfach an Projekten des Philharmonischen Orchesters Isartal teil, so auch an der Frankreichreise 2006. Seit ihrer Rückkehr in die Region unterrichtet sie wieder am Tölzer Gymnasium und ist auch privat eine gefragte Cellolehrerin. Trotz ihrer vielen Aktivitäten freut sie sich, öfters ihre Tochter und ihre beiden Zwillings-Enkelkinder in Berlin zu besuchen.

Hedwig Schütze

Spektrum der Menschlichkeit

Zu Beethovens 9. Symphonie d-moll, op. 125

Kaum eine Tonfolge Beethovens dürfte seit seinen Lebzeiten bis heute – vielleicht neben dem Schicksalsmotiv aus der Fünften – bekannter sein als die Melodie zu *Freude schöner Götterfunken* aus Schillers *Ode an die Freude*. Schlichte Tonleitermelodik und einfacher Rhythmus – ähnlich kirchlichen Melodien – bewirken Eingängigkeit und prädestinieren zur Hymne. Schon bald nach ihrer Entstehung war sie vom Studentenlied bis zur Gestaltung feierlicher Anlässe weit verbreitet. 1972 wurde die Instrumentalversion zur Hymne des Europarats, 1985 zur offiziellen Hymne der Europäischen Union erklärt.

Die gesamte neunte Symphonie jedoch ist weniger im Bewusstsein verankert als Beethovens Fünfte. Dennoch gibt die Aufführung der Neunten zahlreichen Festlichkeiten würdevollen Rahmen, sie erklang bei Jahreswechseln, bei Ende des ersten und zweiten Weltkriegs, bei der Feierstunde zur deutschen Wiedervereinigung am 3. Oktober 1990 bis jüngst zum 60-jährigen Jubiläum des Deutschen Grundgesetzes. Solchen Rahmen bot das *Philharmonische Orchester Isartal* mit diesem Werk am 1. und 2. Januar 2000 zum Millenniumswechsel. Die Aufführung zur Wiedereröffnung der Wolfratshauser Loisachhalle reihte sich in diesen festlichen Rahmen ein.

Entstehung

Friedrich Schiller schrieb sein Gedicht *Ode an die Freude* im Sommer 1785 auf Bitten eines Freundes für die Tafelrunde einer Dresdener Freimaurerloge. Beethoven lernte den Text schon früh kennen und trug seither den Gedanken an eine Vertonung mit sich. Zunächst plante er eine Schiller-Ouvertüre unter Einbeziehung des Gedichts, also bereits eine Verbindung von symphonischem und vokalem Prinzip, das er aber – ohne Bezug zu Schillers Ode – in seiner Chorfantasie op. 80 umsetzte. 1817 plante er zwei neue Symphonien, eine davon mit Chorfinale. Anlass boten eine Einladung der Londoner *Philharmonic Society* und der damit verbundene Auftrag für zwei Symphonien. Doch die Ausführung ließ auf sich warten, London vertröstete er mit anderen Kompositionen. Als er 1822, zehn Jahre nach seiner achten Symphonie, endlich die Arbeit an seiner Neunten in Angriff nahm, zögerte er lange mit der Entscheidung für ein rein instrumentales oder vokales Finale und skizzierte noch 1823 Entwürfe für beide Ausführungen. Vielleicht waren es die sich abzeichnenden, gewaltigen Dimensionen der drei ersten Sätze, die letzten Endes den Ausschlag zugunsten des Chorfinales gaben, um das Gesamtwerk mit einem wuchtigen, alles überragenden Schluss zu krönen – hatte er doch gerade zuvor bei der Komposition der *Missa solemnis* (op. 123) erfahren, welche Wirkung sich mit menschlichen Stimmen erzielen ließ.

Ihre Uraufführung erlebte die Symphonie nicht in London, sondern am 7. Mai 1824 in Wien, im *K. K. Hoftheater nächst dem Kärntnerthore*. Wenn auch Beethoven an der Aufführung dirigierend *Anteil nahm*, wie es der Anschlagzettel formulierte, so lag die musikalische Leitung in den Händen des Kapellmeisters Duport. Der nahezu völlig taube Beethoven stand vor ihm und gestikulierte *wie ein Wahnsinniger* – so berichtete ein Zeitgenosse –, aller Augen folgten jedoch den Bewegungen des Kapellmeisters. Beethoven war so aufgeregt, dass er nichts merkte. Auch auf die Beifallsstürme des Publikums musste er erst aufmerksam gemacht werden.

Das Theater am Kärntnertor in Wien, in dem am 7. Mai 1824 die Uraufführung von Beethovens 9. Symphonie stattfand

Ein Ausnahmewerk und seine Auswirkungen

Bis heute gilt Beethovens Neunte als einzigartiges Gipfelwerk der gesamten symphonischen Literatur. Das Außergewöhnliche dieser Symphonie verblüffte, begeisterte und erschreckte die Zeitgenossen gleichermaßen und erfüllte mit Staunen und Ehrfurcht. Sie war zukunftsweisend und setzte kaum zu erfüllende Maßstäbe für die Symphonie nachfolgender Komponistengenerationen der Romantik.

Hatten Symphonien vor Beethovens Dritter, der *Eroica*, selten länger als eine halbe Stunde gedauert, so war schon die zeitliche Dimension der Neunten von durchschnittlich ca. 70 Minuten für die Zeitgenossen ungeheuerlich und machte Schule: Die Aufführung von Franz Schuberts *Großer C-Dur-Symphonie* (1828) beanspruchte fast eine Stunde, ebenso Berlioz' *Symphonie fantastique* (1830), die Symphonien Bruckners und Mahlers dauern zwischen 50 und 90 Minuten.

Nicht nur Länge und die Verwendung der menschlichen Stimme im Schlusssatz verliehen der Neunten die Aura eines Ausnahmewerks, das von Musikern und Hörern außergewöhnliche Anteilnahme und ungeteilte Hingabe erfordert. Jeder der drei ersten Sätze verkörpert schon allein Tiefe und Vielfalt des Ausdrucks, wie auch später kaum ein Komponist sich auszudenken vermochte. Würdevoller Ernst, Eindringlichkeit und dramatische Konflikte ergreifen im Kopfsatz den konzentrierten Hörer. Im Scherzo kontrastieren mitreißender Überschwang, tänzerischer Rhythmus und grimmige Intensität der Bewegung auf das Heftigste zu den eingeschlossenen, liedhaft-sanften Trio-Teilen – vor allem aber zur ausgeglichenen Sanftheit und überirdisch leuchtenden Ruhe in der sich stets verwandelnden Melodik des langsamen Satzes.

Die Neunte übertraf also alle Erwartungen, stellte alles Vorherige in den Schatten und krönte Beethovens symphonisches Schaffen mit einem Monumentalwerk, das aber auch verunsicherte. Der junge Franz Schubert vernichtete eigene symphonische Skizzen und warf die Frage auf, *was man nach Beethoven überhaupt noch komponieren* könne. Johannes Brahms beendete erst im Alter von 43 Jahren seine erste Symphonie. Der magischen Zahl von neun Symphonien näherten sich die Komponisten der Romantik mit Ehrfurcht und abergläubischer Scheu: Bei Schubert, Bruckner und Dvořák blieb es bei der Zahl neun, Bruckner vollendete seine Neunte nicht mehr, Gustav Mahler verstarb, ohne seine Zehnte zu vollenden.

Beethoven lässt den ersten Satz mit Tremolo und motivisch mit der „leeren" Quint beginnen, die Musik entsteht allmählich aus dem Ungeformten, eine Idee, die schon Haydn am Beginn der Schöpfung verwirklicht hatte. Diese wurde z.B. in Bruckners „Urnebel" fortgeführt, aus dem das musikalische Material aufsteigt, wie auch die leere Quinte als Symbol für das noch Unvollkommene, Entstehende am Beginn mancher seiner Symphonien. Das erregte Scherzo der Neunten, das als *Perpetuum mobile* aus Bewegungsenergie Urkräfte beschwört und in diabolischen Taumel führt, beeinflusste Scherzo-Sätze von Schumann und Bruckner bis Mahler.

Neu war auch die für ihre Zeit ungewöhnlich große Besetzung, die zum doppelten Bläsersatz Piccoloflöte, Kontrafagott, zwei weitere Hörner, eine dritte Posaune sowie zu den Pauken große Trommel, Becken und Triangel hinzufügt. Sie forderte die Romantiker heraus zu den bekannten Riesenorchestern. Hector Berlioz war einer der ersten, der in seiner 1830 beendeten *Symphonie fantastique* bereits weit über Beethovens Besetzung hinausging, indem er zu geforderten 60 Streichern 28 Bläserstimmen, mehrere Schlaginstrumente und 2 Harfen hinzufügte, womit ihm weitere Klangfarben und Möglichkeiten der Klangmischung zur Verfügung standen. Berlioz' Instrumentierungskunst und seine programmatischen Anmerkungen wirkten entscheidend auf die Entstehung der Programmsymphonie, über seinen Einfluss auf Liszt und Wagner auch auf die Symphonischen Dichtungen bis hin zu Richard Strauss, sowie auf die symphonische Gestaltung im Opernschaffen von Wagner und Strauss.

In der instrumentalen Einleitung zum Finale werden alle drei Anfangssätze zitiert, wie auf der Suche nach etwas Neuem, Darüber-hinaus-Weisendem. Wie in einem Drama erlebt der Hörer die (Er-)Findung des neuen Wegs. Dazu schrieb Beethoven selbst einen Rezitativ-Text, den er der Schillerschen Ode voranstellte. Durch Text, Soli und Chor erhält der Schlusssatz ein gänzlich neues Gewicht, er ist zugleich Synthese und Ziel des Vorhergegangenen und überhöht die Aussagen mit krönendem Monumentalschluss. Die Tendenz dazu hatte sich in schon in der *Eroica* offenbart und über die Fünfte bis zu den späten Streichquartetten weiter entwickelt. Die Wiederaufnahme von Zitaten oder Teilen der vorangegangenen Sätze – schon in Beethovens Fünfter – benutzten u.a. auch Schumann und Berlioz im Sinne einer zyklischen Einheit, die das Finale als Krönung des Gesamtwerks gewichtet. In der Kombination von Schillers *Ode an die Freude* und Beethovens Neunter Symphonie kondensierte das Denken der Zeit zu allgemein gültiger Aussage: Freude und Erlebnisfähigkeit des Menschen sind Triebfeder alles Schönen und Guten, fürsorgliche Zuwendung und Wahrhaftigkeit sind Voraussetzung für Glück in einer wahrhaft menschlichen Welt.

Ästhetische Beurteilung

Der Einbruch der Vokalmusik in die Symphonie entzündete heftigste Diskussionen, galt die reine Instrumentalmusik doch als höchste Entwicklungsstufe einer Metasprache, die eben Wort und Begriff nicht benötigt, die die Totalität menschlicher Gefühle und Stimmungen rein durch musikalische Mittel auszudrücken in der Lage sei – so wie die drei ersten Sätze keiner Sprache bedürfen. Worin die einen entsetzt eine Grenzverletzung sahen, erblickten die anderen eine zukunftsweisende Überschreitung: Die Sprache setze da ein, wo die Ausdrucksmöglichkeiten der Instrumentalmusik erschöpft seien. So trug die Neunte als einer der Grundpfeiler zum berühmten Parteienstreits im 19.Jahrhunderts bei, an dem sich die unterschiedlichen musikästhetischen Positionen um die Zukunft der Musik als Absolute Musik oder Programmmusik entzündeten.

Erhabenheit

Das Erhabene verschafft uns einen Ausgang aus der sinnlichen Welt, worin uns das Schöne immer gern gefangen halten möchte (Fr. Schiller).

Die ästhetische Kategorie der Erhabenheit, über die unter den Philosophen des 18. und 19. Jahrhunderts Kant, Schelling und Hegel nachsannen, beinhaltet einerseits das Schöne, allgemein Anerkannte, erhebt zugleich in eine ideelle, übersinnliche Sphäre: Das Unendliche kommt im Schönen zur Erscheinung. Dazu trägt nicht nur der Text Schillers bei, insbesondere die Musik schildert z. B. das Erschauern vor der Allmacht Gottes. Selbst Friedrich Nietzsche gab zu, dass er hier die *metaphysische Saite* schwingen fühle wie eine *Sehnsucht nach der verlorenen Geliebten, nenne man sie nun Religion oder Metaphysik.*

Beethoven bricht die Vorstellung des Schönen auf, indem er auch das Gegenteil einflicht, das durch sein Erscheinen Schönheit und ideelle Aussage umso mehr zum Leuchten bringt: Der Beginn des vierten Satzes wird mit einer „Schreckensfanfare" eröffnet, deren Beginn in ihrer dissonanten Hässlichkeit dem Hörer einen Schauer einjagt. Ebenso dürfte der Anklang an eine aufziehende Militärkapelle (4. Satz) im Hörer der Beethoven-Zeit eher bestürzende Assoziationen erweckt haben – ein Sinnbild des Krieges mitten im Freudentaumel. Der Chor hat Unglaubliches zu leisten, geht doch die Tonhöhe im Sopran an die Grenzen des Möglichen. Ob Beethoven sich dessen in seiner Taubheit bewusst war, ist umstritten, fordert er doch auch in seinen späten Streichquartetten und Klaviersonaten Klangbereiche, die schwer noch „schön" klingen können.

Die philosophische Ästhetik des späteren 19. Jahrhunderts stellt fest, dass der *kunstgeschichtlichen Fortschritt in der Musik* Beethovens darin liegt, dass sie *weit über das Gebiet des ästhetisch Schönen in die Sphäre des durchaus Erhabnen getreten, in welcher sie von jeder Beengung durch traditionelle oder konventionelle Formen ... befreit ist* (Richard Wagner).

Vielfalt und Tiefe des Ausdrucks

Die musikalische Gestaltung von Beethovens 9. Symphonie

Zu Beginn des **1. Satzes (*Allegro ma non troppo, un poco maestoso,* d-moll)** erwächst wie aus dem Urgrund einer amorphen Tremolofläche auf der Dominante a das motivische Geschehen: Das fallende Motiv der Violinen (e – a, a – e) ist ebenso noch Rohzustand, weil die Charakter gebende Terz (c oder cis) fehlt, enthält aber bereits den rhythmischen Kern des Hauptthemas.

Nach Verdichtung und großem Crescendo bricht im Fortissimo-Unisono des ganzen Orchesters das gewaltige, über zwei Oktaven abstürzende Hauptthema hervor. Es enthält eine Fülle an musikalischen Detail-Motiven, wie die rhythmische Punktierung, den fallenden Dreiklang, die Sechzehntel-Tonleiter des dritten Takts, die markanten Staccati und die mächtigen Akkorde zu den drei Schlusstönen. Kraftvolle Akzente unterstreichen den markig-unerschütterlichen Charakter.

Noch einmal ist der Anfang in neuer Tonart zu hören. Dann bestimmt das Drei-Sechzehntel-Auftakt-Motiv aus dem 3./4.Takt das Geschehen, wobei synkopisch gegen den Takt laufende Betonungen Unruhe verbreiten.

Der Seitensatz ist vom Bläserklang geprägt und wird von einer lieblichen, in liedhaften Terzen geführten Melodie in B-Dur eröffnet,

wird dann jedoch in größeren, geschmeidig-weichen Melodiebögen fortgesetzt, die die Streicher übernehmen und ausweiten.

Ein neues markantes Fortissimo-Signalmotiv kontrastiert mit weichen Linien und übernimmt die Führung:

Aus den Melodielinien der Streicher erwächst ein weiteres, fast sehnsüchtig anmutendes Motiv, das im Wechsel zwischen Dur und Moll zwischen den Stimmen hin und her pendelt:

Die Pauke beharrt dabei auf dem rhythmischen Signalmotiv und führt zurück in die strenge Sphäre des Hauptthemas. Mit energischen Akzenten, kraftvollen Läufen und dem markigen Rhythmus-Motiv ist der Schlussgruppen-Abschnitt gestaltet.

Die Durchführung beginnt wie der Anfang des Satzes im Pianissimo mit fallendem Quintmotiv. In einem langen Abschnitt wird ein Motiv, das aus den Sechzehntel-Auftakten des Hauptthemas gewonnen ist,

verarbeitet und in unterschiedlichsten Stimmungen mit Rhythmusmotiv, fallender Dreiklang des Hauptthemas und akzentuierten Akkorden verquickt. Nach einer Reminiszenz an das 2. Thema leiten die Sechzehntel, zu Ketten verbunden, in ein überwältigendes Crescendo, das die Reprise vorbereitet: Das fallende Quintmotiv und das Hauptthema ertönen in mächtigem Fortissimo über tobenden Paukenwirbeln – *ein Schreckensszenario monumentaler Größe* (A. W. Jensen). Die Reprise ist nach Erklingen des Haupt- und Seitensatzes um einen neuerlichen, langen Durchführungsabschnitt erweitert, der noch einmal die rhythmischen Charakteristika des Hauptthemas ausbreitet. Eine ernst schreitende Coda führt abschließend in das unerschütterlich finstere Hauptthema im massiven Fortissimo.

Das ausgedehnte, (955 Takte lange!) **Scherzo (*Molto vivace*, d-moll)** schlägt ein wie ein sprichwörtlicher Paukenschlag mit einem Überraschungseffekt. Zweimal erscheint das rhythmische Hauptmotiv in den Streichern, dann in der Pauke und dann wieder – aber zu früh gemäß der Hörerwartung – in den Streichern. Der Beginn erinnert an den Anfang des Kopfsatzes mit den leeren Quinten, allein die Pauke spielt den Terzton f.

Das vollständige Thema huscht im Fugato durch alle Streicherstimmen, von den Bläser begleitet,

und mündet in ein mitreißendes Crescendo des ganzen Orchesters. Zu dem überschwänglich und hartnäckig wiederholten Rhythmus des ersten Taktes erklingt ein fast ordinär lärmendes Thema der Bläser:

Die Streicher fügen ein diesem verwandtes, lineares, im Charakter drängendes Motiv an, das den engen Tonraum mit Dynamik quasi zu sprengen sucht:

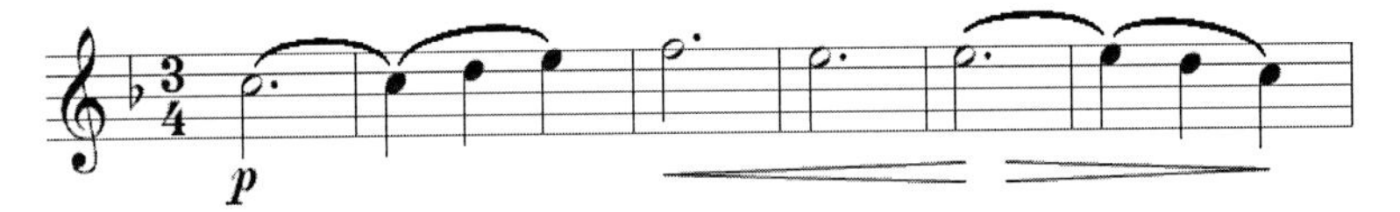

Überraschend leise endet der A-Teil. Der Mittelteil (B-Teil) weicht in fernere Tonarten aus, in Moll erklingt ein Fugato der Bläser im Abstand von drei Takten, also wieder einen Takt „zu früh". Die Pauke „zerschlägt" immer wieder die gerade in Gewöhnung übergegangene vermeintlich neue Regelmäßigkeit mit dem eintaktigen Kernmotiv. Vom Pianissimo verdichtet sich das Fugato zu eintaktigem Abstand, das Kernmotiv breitet sich in Pauke, Hörnern und Trompeten aus und bewirkt eine groß angelegte Steigerung, an deren Höhepunkt das ganze Orchester in den Kern-Rhythmus mit vehementer Heftigkeit wie in einen grimmig-diabolischen Tanz hineingezogen wird. Ungestüm kehrt der A-Teil wieder. Eine kurze Coda beharrt ostinat auf den ersten zwei Thementakten, die Spannung steigt, das Tempo zieht an und entlädt sich in einem unwirschen Umbruch in ein neues Tempo, mit dem der ruhige **Trioteil (D-Dur)** beginnt. Ein einfaches, zum Vorherigen äußerst kontrastierendes Tonleiterthema erklingt viermal in den Bläsern, zweistimmig in Oboen und Klarinetten über getupftem Fagott-Bass – ein echter „Trio"-Anfang:

Beide Hauptmotive enthalten: die Legato-Melodie der Oberstimme und die Staccato-Tonfolge des Fagotts. Zusammen gestalten sie in wechselnden Instrumentalfarben das ruhige Trio und klingen verträumt in einer Fermate aus. Das **Scherzo** kehrt zurück und mit ihm Rhythmus und Temperament. In der Coda werden alle Elemente kurz aufgenommen, ein unwirsches Fortissimo fegt abschließend alles quasi grimmig beiseite.

Fern aller Hektik und Dramatik strahlt der **3. Satz (*Adagio molto e cantabile,* B-Dur)** Klarheit und überirdische Ruhe mittels inniger Melodik aus. Die freie, dreiteilige Variationsform beruht auf zwei Themen. Das erste, abgeklärt in sich ruhende Thema in sanften, weit ausschwingenden Melodielinien wird von den ersten Violinen vorgestellt, eingeleitet von zwei Bläsertakten in heller Klangfarbe, die auch jeweils die Themen als kleines Echo ausschwingen lassen.

Das zweite Thema in D-Dur, in neuer Ton- und Taktart, etwas schneller und drängender, erklingt im warmen, samtigen Ton von Bratschen und zweiten Geigen:

Beide Themen werden variiert wiederholt, zunächst umspielen die Violinen das Anfangsthema und lösen es in ruhig bewegte, kleinere Notenwerte auf:

Das zweite Thema erscheint in den Bläsern, die Geigen fügen glitzernde Gegenmotive hinzu. Im Mittelteil gestalten die Bläser in freier Variation das erste Thema aus.

Die Reprise bringt das erste Thema in einer weiteren Variante, die Melodielinie ist in noch feinere Bewegungen untergliedert. Das Kopfthema beherrscht die ganze Reprise, anstelle des 2. Themas wird es durchführungsartig ausgesponnen und führt den Hörer in fernere, aber immer von feiner Melodik geprägte Klangregionen. Zweimal ertönen volle Akkorde in weichem Fortissimo als dynamischer Höhepunkt des Satzes. Nachdenklich verklingen die Melodien in der Coda.

Text zum 4. Satz von Beethovens 9. Symphonie

O Freunde, nicht diese Töne!
Sondern lasst uns angenehmere anstimmen *und freudenvollere.*
Freude! Freude!

Ludwig van Beethoven

Freude, schöner Götterfunken
Tochter aus Elysium,
Wir betreten feuertrunken,
Himmlische, dein Heiligtum!
Deine Zauber binden wieder
Was die Mode streng geteilt;
Alle Menschen werden Brüder,
Wo dein sanfter Flügel weilt.

Wem der große Wurf gelungen,
Eines Freundes Freund zu sein;
Wer ein holdes Weib errungen,
Mische seinen Jubel ein!
Ja, wer auch nur eine Seele
Sein nennt auf dem Erdenrund!
Und wer's nie gekonnt, der stehle
Weinend sich aus diesem Bund!

Freude trinken alle Wesen
An den Brüsten der Natur;
Alle Guten, alle Bösen
Folgen ihrer Rosenspur.
Küsse gab sie uns und Reben,
Einen Freund, geprüft im Tod;
Wollust ward dem Wurm gegeben,
Und der Cherub steht vor Gott.

Froh, wie seine Sonnen fliegen
Durch des Himmels prächt'gen Plan,
Laufet, Brüder, eure Bahn,
Freudig, wie ein Held zum Siegen.
Seid umschlungen, Millionen!
Diesen Kuss der ganzen Welt!
Brüder, überm Sternenzelt
Muss ein lieber Vater wohnen.
Ihr stürzt nieder, Millionen?
Ahnest du den Schöpfer, Welt?
Such' ihn überm Sternenzelt!
Über Sternen muss er wohnen.

Seid umschlungen, Millionen!
Diesen Kuss der ganzen Welt!
Brüder, überm Sternenzelt
Muss ein lieber Vater wohnen.
Seid umschlungen,
Diesen Kuss der ganzen Welt!
Freude, schöner Götterfunken
Tochter aus Elysium,
Freude, schöner Götterfunken!

Friedrich Schiller
Ode an die Freude (gekürzt)

Wie ein Vorhang zu einem Theaterstück eröffnet die „Schreckensfanfare" der Bläser mit ihren aggressiven Halbton-Dissonanzen das **Finale**: Der Hörer ist auf etwas Unerwartetes vorbereitet. Celli und Bässe – man könnte sie als *Stimmen der „weisen Alten"* verstehen – geben ihre grimmigen Kommentare zum musikalischen Fortgang in Form von einstimmigen Unisono-Rezitativen. Das Rezitativ setzt bereits Text voraus, der hier noch unausgesprochen bleibt.

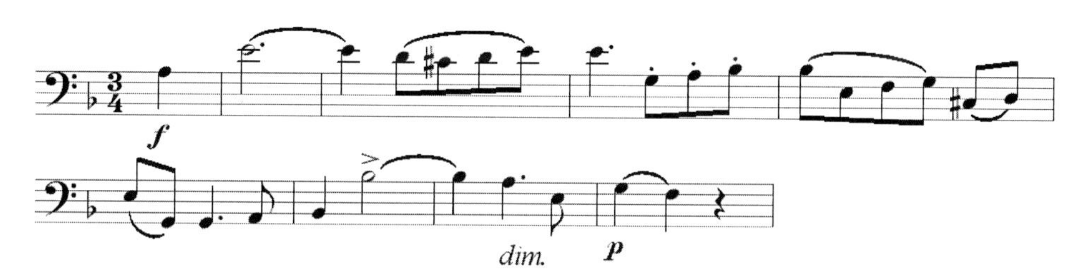

Die Fanfare ertönt ein zweites Mal, ebenso der widerwillige Kommentar der Bässe. Nun probieren Bläser und Streicher, sie quasi zu besänftigen mit dem Pianissimo-Anfang des ersten Satzes, doch wieder weisen die „Alten" den Versuch entschieden zurück, ebenso wird der Anfang des Scherzo verworfen. Die Reminiszenz an den langsamen Satz besänftigt: Sie antworten leise und quasi nachdenklich. Nun blitzt in den Holzblasinstrumenten ein neuer Gedanke auf – der Anfang des „Freudenthemas"! Erregt antworten die „Weisen", zustimmende Akkorde der Bläser bestätigen das Ergebnis! Die Bässe tragen nun einstimmig die „gefundene" Melodie als Hauptthema vor:

Immer vollstimmiger setzt sich die Melodie in Bratschen und Celli, dann in den 1. Geigen und schließlich im Orchestertutti durch. Ritardierende Takte assoziieren Unsicherheit – und schon bricht noch einmal die „Schreckensfanfare" in voller Macht herein. Diesmal ist es die menschliche Stimme, die eingreift mit den Worten, die Beethoven selbst der Schillerschen Ode vorangestellt hat, in der Rezitativ-Melodik der Bässe vom Anfang:

Die Bläser stimmen die Freudenmelodie an, die nun jubelnd im Chor ertönt und im Folgenden in einer Verbindung von Variations- und Rondoform verarbeitet wird. Das Solistenquartett trägt die zweite Strophe im Wechsel mit dem Chor vor, ebenso die dritte, die Melodie wird dabei figurativ verziert (1. Variation). Ehrfurchtsvoll bleibt die Musik auf einer Fermate stehen („*...vor Gott...*"). Es nähern sich Trommelschläge und knarrende Basslaute, der sich Schlagwerk und die Pikkoloflöte mit einer Variante des Themas hinzugesellen – wie der Aufzug einer Militärkapelle. Das Freudenthema erklingt nun (2. Variation) als Marsch („*Froh wie seine Sonnen...*"), dem Solotenor schließen sich die Chor-Männerstimmen an.

Es folgt als dritte Variation ein Doppelfugato des Orchesters über zwei aus dem Hauptthema abgeleitete Motive:

Die vierte Variation lässt wieder das Freudenthema fortissimo im Chor erklingen, unterlegt vom Orchester mit den Marschmotiven.

Ein Zwischenteil in langsamerem Tempo („*Seid umschlungen, Millionen*") enthält neue Motive aus dem Hauptthema

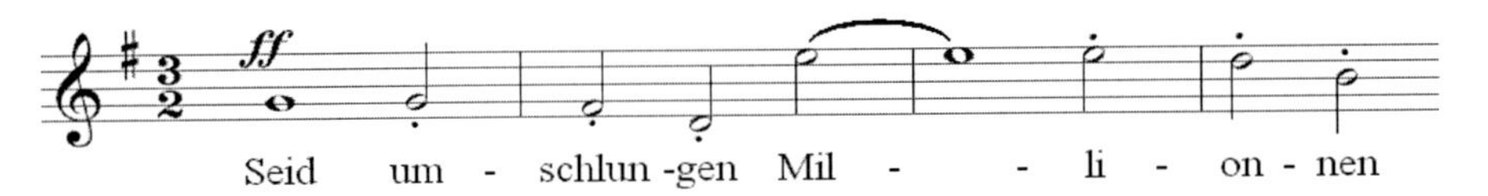

Der Teil endet in erschauernder Ehrfurcht vor der Allmacht Gottes in einer Fermate.

Reprisenartig, energisch rhythmisiert erklingt das Freudenthema mit dem Anfangstext. Dieser 5. Variante stellt sich das Thema aus dem vorigen Teil im mächtigen Doppelfugato entgegen.

Noch einmal erbebt der Schauende in Demut vor dem ewigen *Sternenzelt*, in dem der *Schöpfer* und *liebe Vater* wohnt.

Mehrmals beschleunigt sich das Tempo in der Coda zu freudetrunkenem Schlussjubel.

Andrea Abadie Violoncello

Geboren am 18. Juli 1971, eine im Süden von München verwurzelte Bayerin, trotz der normalerweise fehlenden bayerischen Mundart fühl ich mich tatsächlich so! und fühl mich hier auch „sauwohl", obwohl die Schulzeit am Gymnasium Oberhaching mich jetzt nicht unbedingt sehr bayerisch geprägt hat.... Aber dafür musikalisch: denn dort kam ich aufs Cellospielen. Wahrscheinlich wäre ich im Leben nie darauf gekommen, dieses Instrument zu lernen, wenn nicht meine damalige Musiklehrerin (nämlich Susanne Kessler) dringend nach Nachwuchs für das „Vororchester" gesucht hätte. Ein paar Schülern legte sie persönlich nahe, sich das doch mal durch den Kopf gehen zu lassen. Ein paar Tage später streckte ich ihr meine Hände entgegen und es wurde beschlossen, dass ich schon ein großes Cello spielen kann. Ich könnte mir heute kein Instrument denken, dass ich lieber spielen würde! Vielen Dank, Susanne!

Das Cello hat mir auf meinen verschiedenen Auslandaufenthalten und beim Studium in Würzburg viele Türen geöffnet; in England, in Frankreich habe ich über das Musizieren immer schnell Menschen gefunden, mit denen mich etwas verband.

Inzwischen bin ich selber Lehrerin (Englisch und Französisch) und finde es immer nett, wenn es im Schulalltag Gelegenheiten gibt, mit Kollegen zu musizieren oder wir uns mit Schülern zusammentun und gemeinsam quasi „auf gleichem Niveau" im Orchester spielen.

Mein erstes Konzert im philharmonischen Orchester Isartal war Beethovens Neunte (Sommer 2009). Für das Jahr 2009 hatte ich mir ernstlich vorgenommen, wieder mehr Musik zu machen, da las ich eine Annonce im Isarkurier... Und der Termin passte haarscharf, denn im September 2009 wurde mein zweiter Sohn geboren! Während des Übens sägte mein 3-jähriger Sohn auf seinem „Korbdeckel-Cello" und ich zwängte meinen Bauch hinter meines! Als ich dem ein paar Tage alten Neugeboren zum ersten Mal die Melodie von der Ode an die Freude vorsang, hörte er sofort auf zu schreien und schaute besonders interessiert...

Andrea Abadie

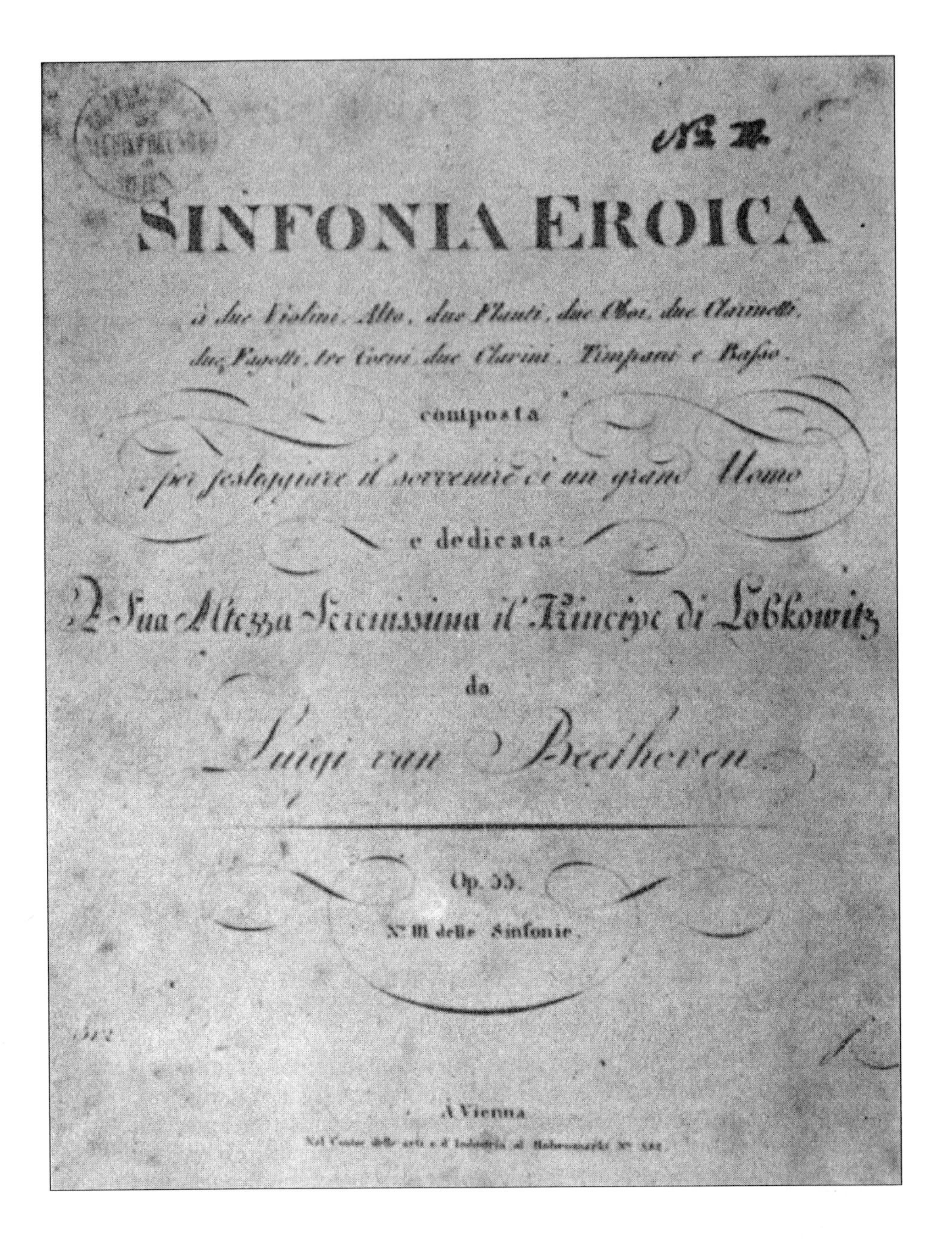

SINFONIA EROICA

à due Violini, Alto, due Flauti, due Oboi, due Clarinetti, due Fagotti, tre Corni, due Clarini, Timpani e Basso.

composta

per festiggiare il sovvenire di un grand Uomo

e dedicata

A Sua Altezza Serenissima il Principe di Lobkowitz

da

Luigi van Beethoven

Op. 55.

Nº III delle Sinfonie.

A Vienna

Auf dem Titelblatt des Erstdrucks (1806):
„SINFONIA EROICA...composta per festiggiare il sovvenire d'un grand' Uomo"
(Heroische Sinfonie...komponiert zur Feier der Erinnerung an einen großen Mann),
gewidmet dem Fürsten Lobkowitz

Ein neues Blatt in der Musikgeschichte

Zu Beethovens 3. Symphonie Es-Dur, op. 53 (*Eroica*)

Beethovens dritte Sinfonie entstand 1801-1803 (Uraufführung am 7. April 1804 in Wien), zur Zeit einer persönlichen Lebenskrise, in die das *Heiligenstädter Testament* vom Oktober 1802 Einblick vermittelt. Beethoven musste sich in die Unabwendbarkeit einer Ertaubung fügen, Komponieren wurde zu einer Art Selbsttherapie. Persönliches Erleben, politische Anteilnahme, Ideen der Aufklärung und Zukunftsvisionen flossen ein und bedingten ein Werk, das der Musikgeschichte eine neue Richtung geben sollte.

Vordergründig fallen drei Besonderheiten auf: die für damalige Sinfonien überdimensionale Spieldauer von etwa 50 Minuten, die erweiterte Besetzung auf drei Hörner und der Titel des Werks.

Überschriften trugen schon einige Sinfonien Haydns, meist von Publikum oder Herausgebern auf Grund auffälliger musikalischer Merkmale gegeben. *Bonaparte* sollte Beethovens Dritte nach dem Willen des Komponisten ursprünglich heißen und Napoleon nicht nur gewidmet werden. Wie viele Zeitgenossen erblickte Beethoven als politisch interessierter, republikanisch gesinnter und freiheitsliebender Bürger im Konsul Napoleon Bonaparte den Freiheitshelden und Friedensbringer nach Ende absolutistischer Herrschaft und Französischer Revolution. Eine Abschrift der Sinfonie lag im Mai 1804 schon zur Absendung nach Paris bereit, als Beethoven die Nachricht von Napoleons Selbsterhebung zum Kaiser erreichte. Wütend und zutiefst enttäuscht soll er das Titelblatt zerrissen haben. Eine andere Abschrift trägt noch die ursprüngliche Überschrift *Sinfonia grande, intitolata Bonaparte,* die beiden letzten Worte sind sorgfältig ausradiert, mit Bleistift ist wieder hinzugefügt *geschrieben auf Bonaparte.* Als das Werk zwei Jahre später im Druck erschien, wurde aus dem Titel *Sinfonia eroica, composta per festiggiare il sovvenire d'un grand'uomo (Heroische Symphonie, komponiert zur Feier der Erinnerung an einen großen Mann).* Bonaparte als realer Held existierte für Beethoven nicht mehr. Als ästhetische Idee blieb Napoleon, der einen geschichtlichen Moment lang die Verwirklichung von Freiheit, Gleichheit, Brüderlichkeit zu verkörpern schien, der Sinfonie dennoch verbunden.

Entscheidende Neuerungen erwachsen aber vor allem aus der musikalischen Struktur. Waren die vorausgehenden Werke (erste und zweite Sinfonie und die Klavierkonzerte 1-3) ganz in der Ausdruckswelt Haydnscher Sinfonien, im Geiste absoluter Musik, in reinem Spiel mit musikalischen Elementen komponiert, so hatten sich in ihnen doch bereits neue, „beethovensche" Züge angedeutet, die die Zeitgenossen als „vergröberten Haydn" empfanden. Neues zeigte sich vor allem in dynamischen, motivischen oder harmonischen Gegensätzen und Spannungen innerhalb der Melodik, die den Zusammenhalt eines Themas zu sprengen drohten. Im ersten Satz der *Eroica* gibt es keine melodisch fest umrissenen Hauptthemen. Das wichtigste thematische Element, das simple Dreiklangsmotiv des Beginns, eher pastoral als heroisch, weicht schon im fünften Takt durch chromatische Abweichung einer geschlossenen Melodiebildung aus. Es entfaltet seine „heroische" Gestalt erst mit, in und durch seine Umgebung: nach den beiden energischen Forte-Schlägen des Satzanfangs, durch drängend synkopische und lyrische Weiterführung in Violinen und Flöte, als Gegensatz zu den überwiegend lyrisch-weichen Nebenmotiven, als harmonisch in sich ruhender Pol im Kontrast zu den mit nahezu brutaler Gewalt herein brechenden Dissonanz-Akkorden der Durchführung und als stabiler Fels in hektisch voran treibender Bewegung. „Heroisch" wirken auch die bis dahin nie gehörten Energien, die sich in stets gegen den Takt rebellierenden Synkopen, weiträumig angelegten Steigerungen und fulminanten Höhepunkten austoben, so dass mitten in der Durchführung aus der dramatischen Zusammenballung schärfster Dissonanzen ein neues Thema entspringt. Ein ebenfalls unerhörter Vorgang, der nicht den Gesetzen überkommener Form, sondern der inneren Logik der vorausgegangenen Entwicklung folgt.

Einen als *Marcia funebre* (Trauermarsch) überschriebenen langsamen Satz enthält schon die wenige Jahre zuvor entstandene Klaviersonate in As-Dur op. 26. Dort ein Effektstück in der Art pathetischer Opernaufzüge, führt der Mittelteil des Eroica-Trauermarsches in eine ganz andere Welt, die zunächst als tröstlich-kontrastierend empfunden wird. Der wieder beginnende Trauermarsch wird jedoch sogleich sinfonisch aufgebrochen durch einen durchführungsartigen Zwischenteil, in dem sich ein Fugato mit kontrapunktischem Gegenmotiv verselbständigt und eine grandiose Steigerung aufbaut. Solche typisch sinfonischen, polyphon-durchführungsartigen Abschnitte haben nichts mehr mit dem dumpfen, homophon-theatralischen Gestus eines Trauermarsches gemeinsam.

Der Tradition am meisten verpflichtet ist noch der dritte Satz. Aus dem gemütlichen Menuett der Haydn-Zeit war schon in Beethovens frühen Klaviersonaten und in der ersten Sinfonie ein rastlos voran stürmendes Stück in sehr schnellem Dreiertakt geworden. Die traditionsgemäß aus der Volksmusik übernommenen Strukturen von vier- oder achttaktigen Perioden sind im Scherzo der Eroica noch zu erkennen, wenn auch viel weiträumiger und in größere Dimensionen übertragen.

Der vierte Satz – ein alle bisherigen sinfonischen Dimensionen sprengender Kosmos an bunten Bildern und Gestalten in rauschhaftem Wechsel mit theatralischem Gestus, mit eingeschobenen Fugato-Abschnitten und turbulenten Steigerungen zu monumentalen Höhepunkten – verbindet neuartig Sonatensatz und Variationszyklus über ein Thema, dessen Bass zum eigentlichen Hauptthema wird. Mehrfach fand es in Beethovens Werk Verwendung. Ursprünglich für einen Contratanz für Klavier erfunden, in den Klaviervariationen op. 35 ausführlich bearbeitet, erklingt es wieder in der Schlussnummer des Balletts *Die Geschöpfe des Prometheus* aus dem Jahre 1801. Eine gedankliche Verbindung zum Heroischen des Titanen Prometheus und seinen Wohltaten für die Menschheit als Parallele zum Heilsbringer Napoleon wird durchaus in Beethovens Absicht gelegen haben. Dem Prometheus-Mythos – wie den Erwartungen an den Konsul Napoleon – entsprach das Ideal der Aufklärung, durch die Macht der einwirkenden menschlichen Vernunft, den ungeformten, kulturlosen Menschen in einen vollkommenen, vernunftgeleiteten Idealzustand zum Wohle der ganzen Menschheit zu erheben.

Die *Eroica* ist dennoch keine Programmmusik. Zugrunde liegt lediglich die poetische Idee, die den geistigen Gehalt der durchweg absoluten Musik bestimmt. Sie bildet aber einen ersten Markstein auf dem Weg zu romantischer Programmsinfonie und Programmmusik – weiter ausgebaut in der 5. und 6. Sinfonie, der *Schicksalssinfonie* und der *Pastorale.* Versuche von Autoren im späten 19. Jahrhundert, die einzelnen Teile und Abschnitte der Eroica programmatisch zu deuten, beispielsweise im ersten Satz „Daseinskämpfe des Helden", im Trauermarsch „Auseinandersetzung mit dem Tod" und „Fanfaren des jüngsten Gerichts" zu erleben, im dritten die „frohe Lebensbejahung“ und im vierten Satz die „Idealisierung des Helden“, sind für die Rezeptionsgeschichte interessant, verraten aber eher etwas über geistige Grundlagen und Denkmuster ihrer eigenen Zeit.

Der **erste Satz (*Allegro con brio*, Es-Dur)** beginnt nach zwei eröffnenden Forte-Akkorden mit dem Hauptmotiv, das die Celli leise vortragen,

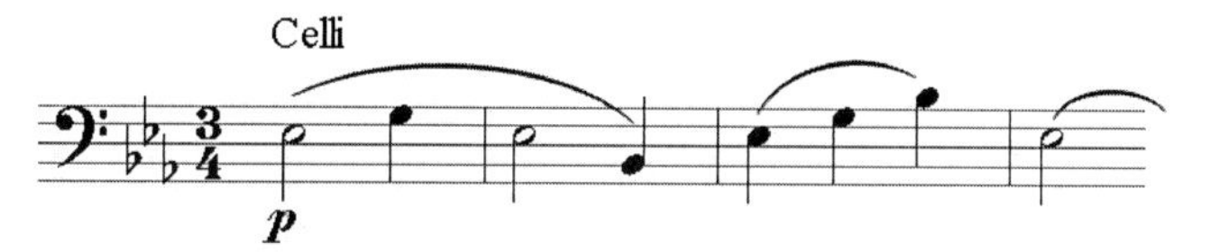

Violinen und Flöte runden es zu einem geschlossenen Gebilde ab. Bläser führen das Dreiklangsmotiv fort, das ganze Orchester folgt mit immer drängenderen Synkopen, bis nach einer sogartigen Steigerung das Motiv im Tutti-Fortissimo erstrahlt, als ob das Vorangegangene nur eine Einleitung gewesen sei. Sogleich setzt das erste Nebenmotiv ein, weich

und biegsam, auf mehrere Instrumente verteilt. Es enthält starke melodische Betonungen auf dem zweiten Taktteil, wie sie im gesamten Satz immer wieder vorkommen. Obwohl schon in der Dominanttonart, ist es dennoch kein echtes zweites Thema, wie auch das bald darauf folgende ansteigende Tonleitermotiv und ein kaskadenartig fallendes Zwischenmotiv, das in der Durchführung wieder erscheint.

Ist das dann folgende, choralartige Thema der Holzbläser das „richtige“ 2. Thema ?

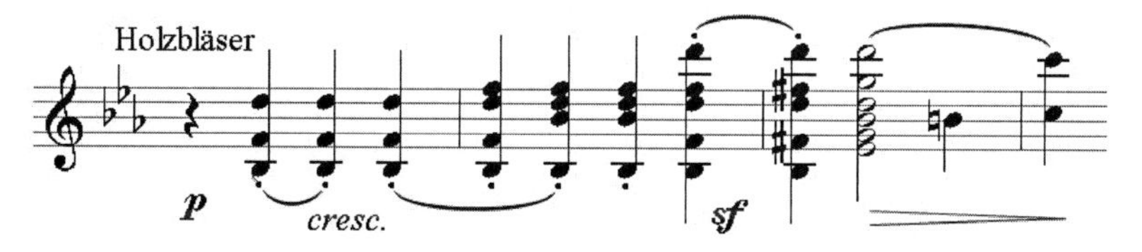

Verarbeitet wird seine ansteigende Melodielinie nirgends, jedoch sein Viertelrhythmus auf einem Ton, beginnend auf dem zweiten Taktteil, ist im Verlauf mehrfach zu hören. Der Rest der Exposition, der Schlussgruppenteil, enthält eine weiträumige Steigerung zu einer fast gewalttätigen Synkopenstelle in gehämmerten Fortissimo-Akkorden, wie es sie vorher noch nie in der Musik gegeben hat.

In der **Durchführung** werden sie an Schärfe und Intensität noch einmal überboten. Diese beginnt zunächst lyrisch-weich mit dem ersten Nebenmotiv. Dreimal, geheimnisvoll in Moll, lassen die Bässe das Hauptmotiv erklingen, jeweils einen Halbton höher. Es muss sich mehrfach gegen das energisch dazwischen fahrende, fallende Motiv der Geigen behaupten, die dann das Hauptmotiv kraftvoll zu einer weiteren dynamischen Steigerung benutzen. Besänftigung bringt kurzzeitig das lyrische erste Nebenmotiv.

Kraftvolle Synkopen leiten den Höhepunkt ein. Mit ungeheurer, brutaler Gewalt donnern synkopische, dissonante Akkorde in nie vorher gehörter Intensität über den Hörer herein, als wollten sie alles sprengen. Doch auch diese Zusammenballung aller Kräfte verliert an Intensität und ihrer freigesetzten Energie entspringt quasi ein neues Thema – in der von der Haupttonart weit entfernten Tonart e-moll – mitten in der Durchführung!

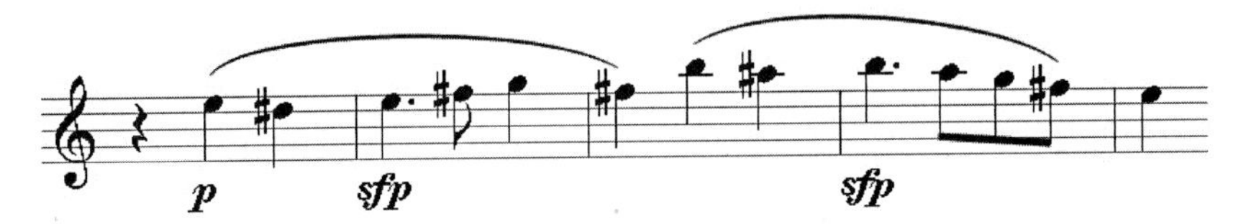

Mehrmals lassen weiche Holzbläser und Streicher das neue Thema erklingen. Dann übernimmt wieder das Hauptmotiv die Initiative. Als ob es von der Energie der Eruption auch noch einen Teil mitbekommen habe, wird es erweitert und schießt in die Höhe hinauf. Der Steigerung folgt nochmals das Durchführungsthema. Zum letzten Mal wird das Hauptmotiv verarbeitet, nun in einer eng geführten Kanonfassung der Holzbläser. Seine Kraft flaut ab. In der Rückleitung zur Reprise wird es auf den Dreiklang reduziert und auf Achtelnoten verkleinert. Im geheimnisvollen Streichertremolo erklingt leise und unerwartet das Hauptmotiv im Horn, wie ein verfrühter Einsatz vor der eigentlichen **Reprise**.

Diese verläuft zuerst wie in der Exposition gehört, doch schon nach wenigen Takten ein neuer Verblüffungseffekt: nach wenigen Takten eine Modulation, das Hauptthema erklingt erweitert im Horn, dann nochmals unerwartet in Des-Dur in der Flöte, wieder in neuem Licht. Nach solchen Überraschungen läuft die Reprise im Wesentlichen der Exposition entsprechend ab.

Eine lange **Coda** – fast so lang wie die Exposition – die das Hauptmotiv noch einmal in verschiedenen Varianten durchführungsartig beleuchtet, zögert den Schluss bei Beethoven oftmals hinaus. Hier erklingt nach scheinbarem Abschlussakkord in Es-Dur das Hauptmotiv in der Flöte, dann „rutscht" plötzlich der Klang des ganzen Orchesters mit dem Hauptmotiv um einen Ganzton nach Des-Dur, und noch einmal nach C-Dur ab. Eine neue, leichtfertig wirkende Staccato-Oberstimme der Violinen setzt sich über das Thema. Das Durchführungsthema breitet sich noch einmal aus. Die Bässe bereiten in großen Sprüngen eine Steigerung vor, die wiederum in das Hauptmotiv mündet. Das Horn lässt es in einer neuen Version, fast zu einem abgerundetem Thema erweitert, erblühen, wahrend die Streicher erneut eine übermütige Tonleiterfigur entgegensetzen. Eine Steigerung mit kraftvollen Synkopen mündet in den strahlenden Schluss.

Den Trauermarsch des **zweiten Satzes (*Marcia funebre – Adagio assai*, c-moll)** eröffnen die Streicher in dumpf verhaltenem Pianissimo. Die Tonart c-moll, schleppende Punktierungen, schwerfällige Auftakte, seufzerartige Rhythmen und fallende Melodik entfalten schwermütige Wirkung. Bläser und dumpfe Paukenschläge gesellen sich ab der Wiederholung hinzu.

Lange Zeit scheint die Melodie trostlos um sich selbst zu kreisen, jede freundlichere Regung wird vom Trauermarsch vertrieben. Lichtblicke und tröstliche Stimmung verbreitet ein Zwischenteil in C-Dur, doch den Versuch eines strahlenden Dur-Abschlusses vereitelt wieder

der Trauermarsch. Nach wenigen Takten setzt sich ein Fugato durch, vorsichtig beginnend in den zweiten Violinen, eine kontra-punktische Sechzehntelkette im Staccato hinter sich her ziehend.

Aus dem dumpf-homophon introvertierten Trauermarsch heraus strebt die Entwicklung, die immer mächtiger alle Instrumente durchzieht. *Das Bild des Trauergeleits wird überblendet von den aus der Tiefe des Sinfonischen hervorbrechenden Strahlen* (Riezler). Dann meldet sich wieder das Trauermarsch-Anfangsmotiv verhalten-vorsichtig. Ein kraftvoller Fortissimo-Ausbruch mit Trauermarsch-Rhythmen leitet zur variierten Reprise des ersten Teils, der nun die machtvolle Dynamik und bewegliche, im staccato getupfte Gegenmotive und -rhythmen aus dem Fugato zulässt und einbezieht.

Der unbestimmte Wechsel zweier Töne in huschendem Pianissimo zu Beginn des **dritten Satzes (Scherzo, *Allegro vivace*)** entpuppt sich als Dreiertakt, daraus entsteht das Hauptthema. Mehrere Anläufe in wachsender Besetzung braucht es, bis es erst nach fast hundert Takten vom ganzen Orchester im Fortissimo in der Haupttonart Es-Dur bestätigt wird.

Entspannend für den Hörer und ganz traditionsgemäß ist das Trio der drei Hörner im Mittelteil, bevor der erste Teil mit seiner rastlosen Bewegung wiederkehrt.

Theatralisch öffnet sich der „Vorhang" zum **Finale (*Allegro molto*)** mit rauschenden Ton-Kaskaden und einem musikalischen Doppelpunkt auf spannungsvollem (Dominantsept-) Akkord. Erst dann ist die Bühne frei für eine leise, von Pausen durchsetzte, gezupfte „Melodie", eigentlich nur die Basslinie zum später erscheinenden 2. Thema. Hier aber wird sie zum Hauptthema der Variationen:

Vorsichtig fügen sich Holzbläser bei der Wiederholung ein. Laute Einwürfe der Bläser scheinen verwirrt zu fragen, ob sie „in der richtigen Vorstellung" sind. Unbeirrt setzen die Streicher ihr Pizzicato fort, wieder unterbrochen von Fragen aller „Akteure". Schon sicherer wird es in der ersten Variation von den zweiten Geigen in langen Noten vorgetragen, vorsichtig umrankt von ersten Geigen und Celli. In der zweiten Variation tritt eine triolisch purzelnde Staccato-Gegen-stimme hinzu, die Einwände werden leiser. Erst mit der dritten Variation scheinen alle „Schauspieler" bereit zur gemeinsamen Vorstellung: Die tänzerische Oberstimme erscheint in den Holzbläsern als Kontrastmotiv, doch untrennbar dem Bassmotiv zugehörig:

Bässe und Hörner setzen das erste Thema in „richtiger" Funktion als Unter- und Gegen-stimme dazu. In theatralischer Weise treten weitere Figuren hinzu. Fugati mit Gegenmotiven scheinen im Durchführungsteil Diskussionen zu provozieren. Aus hitzigen Auseinandersetz-ungen entspringen immer wieder neue Sichtweisen, in neuen Tonarten, anderer Besetzung oder Dynamik dargestellt. Inmitten der Durchführung setzt sich eine neue Melodie wie ein temperamentvoller ungarischer Tanz. Ein langsamerer Abschnitt lässt das zweite Themas lyrisch erscheinen, dann übernehmen es kraftvoll-hymnisch die Hörner. Spannungsvoll in retardierend steigert sich die Wirkung der Stretta als temperamentvollem Kehraus, in der das 2. Thema in beschleunigter Variante den machtvollen Schlussakkorden entgegen stürmt.

Durchbruchswerk in ureigenster Tonart

Zu Beethovens 3. Klavierkonzert c-moll, op. 37

Der Schatten Mozarts lag schwer über dem jungen Ludwig van Beethoven. Und wie auch nicht: aus Bonn war er 1792 nach Wien gezogen, um dort *Mozarts Geist aus Haydns Händen* in Empfang zu nehmen. Er fand eine musikinteressierte Öffentlichkeit vor, die ihn mit offenen Armen aufnahm. 1795 stellte er sich in ersten Konzertauftritten als Komponist und Pianist vor und galt seither als Erbe und legitimer Nachfolger Mozarts. Doch Mozart und auch Haydn hatten in allen Bereichen der Musik Bedeutendes, Gültiges geschaffen. Wie sollte da ein junger, aufstrebender Komponist Fuß fassen können? Musste nicht jedes neue Werk den Vergleich zu den älteren Meistern herausfordern?

Beethoven war sich des enormen Maßstabs, den Mozart und Haydn gesetzt hatten, wohl bewusst; er besaß das Selbstbewusstsein, die Herausforderung anzunehmen. Bei Haydn, Albrechtsberger und anderen hatte er sich das nötige kompositionstechnische Rüstzeug geholt, und nun fühlte er sich als musikalische Persönlichkeit stark genug, allen Vergleichen standzuhalten – nicht als zweiter Mozart oder Haydn, sondern als erster, einziger Beethoven.

Dieses Selbstbewusstsein zeigte sich, als Beethoven im Jahr 1800 ein Konzert für Klavier und Orchester in c-moll ankündigte. Eine solche Ankündigung musste in Tonart und Gattung ein schier unerreichbares Vorbild evozieren: Mozarts Klavierkonzert c-moll KV 491. Und Beethoven wusste, warum er gerade mit diesem Werk den Vergleich suchte. Wenige Jahre zuvor hatte er das Mozart-Konzert im Wiener Augarten gehört und seinem Begleiter Johann Baptist Cramer zugerufen: *Cramer! Cramer! Wir werden niemals im Stande sein, etwas Ähnliches zu machen.* Nun, nachdem Beethoven auf zwei eigene Klavierkonzerte (C-Dur op. 15, und B-Dur op. 19) und viele andere Werke zurückblicken konnte, sah er sich anscheinend doch *im Stande, etwas Ähnliches zu machen*, und setzte sich mit dem c-moll-Werk dem direkten Vergleich mit Mozart aus.

Bei einem öffentlichen Konzert im Hofburgtheater am 2. April 1800 wollte Beethoven sein neues Klavierkonzert als Pianist und Komponist erstmalig zu Gehör bringen. Doch lag zu diesem Zeitpunkt nur der erste Satz vor, und Beethoven spielte stattdessen sein C-Dur-Konzert op. 15, das er zu diesem Zweck einer gründlichen Revision unterzogen hatte. Auch bei einem zweiten Anlauf 1802 war das c-moll-Konzert noch nicht fertig, und erst ein weiteres Jahr später, am 5. April 1803, konnte die Uraufführung des Klavierkonzerts in c-moll op. 37 mit Beethoven am Klavier stattfinden.

Der Solopart lag zu diesem Zeitpunkt nur als Skizze vor, und der Komponist spielte ihn aus dem Gedächtnis, dabei teilweise improvisierend, so wie es auch Mozart bei seinen Klavier-

Skizze von Beethoven aus dem c-moll-Konzert

konzerten gehalten hatte. Bei einer Zweitaufführung am 19. Juli 1804 saß Beethovens Schüler Ferdinand Ries am Klavier, und zu diesem Zeitpunkt muss auch der Klavierpart fertig ausgearbeitet gewesen sein. 1809 fügte der Komponist schließlich noch ausgeschriebene Kadenzen zu allen drei Sätzen hinzu.

Hier zeigt sich eine Tendenz des Komponisten Beethoven, die sein ganzes Schaffen durchziehen sollte: der Meister brauchte und nahm sich Zeit für seine Werke, skizzierte, verwarf, feilte, verbesserte, und verlor dabei den ursprünglichen Zeitplan nur allzu leicht aus dem Blickfeld. Anders als Mozart, der oft in höchstem Zeitdruck schuf (bei der Oper *La clemenza di Tito* KV 621 lagen weniger als 2 Monate zwischen Kompositionsauftrag und Uraufführung), ließ sich Beethoven die Zeit, die er glaubte zu benötigen, auch wenn dadurch Konzerttermine platzten oder der Anlass der Komposition bei der Fertigstellung längst überholt war. Und so wurde auch das Klavierkonzert in c-moll op.37 im Grunde erst neun Jahre später als geplant endgültig fertig.

Das c-moll-Konzert wird oft als ein Durchbruchswerk angesehen, vergleichbar der Eroica unter den Sinfonien, mit dem sich Beethoven endgültig von seinen Vorbildern Mozart und Haydn befreit und zu seinem eigenen Stil vorstößt. Und ohne die beiden vorangegangenen Klavierkonzerte Beethovens gering zu achten, lässt sich konstatieren, dass ihm mit dem c-moll-Werk etwas ganz Besonderes gelungen ist.

In Mozarts ureigenster Gattung, dem Klavierkonzert, ist hier ein gleichwertiges Werk entstanden, das ohne jede Nachahmung des Salzburger Meisters auskommt und die Tür in die Zukunft weit aufstößt. Die Komponisten der Romantik waren von diesem Werk tief beeindruckt und ließen sich so zu ihren eigenen Klavierkonzerten inspirieren.

C-moll gilt als Beethovens ureigenste Tonart. Gleich bei seiner ersten Publikation, den drei Klaviertrios op. 1, stand eines der Werke in c-moll. Dann folgten die Klaviersonaten op. 10/1 und *Grande Sonate Pathétique* op. 13 sowie das Streichquartett op. 18 Nr. 4; später sollten noch die *Coriolan-Ouvertüre* op. 62, die 5. Sinfonie op. 67 und die letzte Klaviersonate op. 111 als berühmte c-moll-Kompositionen hinzukommen. Gemeinsam ist diesen Werken eine trotzige, aufbegehrende Haltung, markante Rhythmik und prägnante, unmittelbar eingängige Thematik. All diese Züge finden wir auch beim Klavierkonzert in c-moll vor.

Das K. K. Theater an der Wien

Der erste Satz (***Allegro con brio***) beginnt im Piano. Die Streicher tragen im Unisono das eindringliche Hauptthema vor, das den Hörer sogleich fesselt:

Die Holzbläser antworten sequenzierend, jedoch reich harmonisiert:

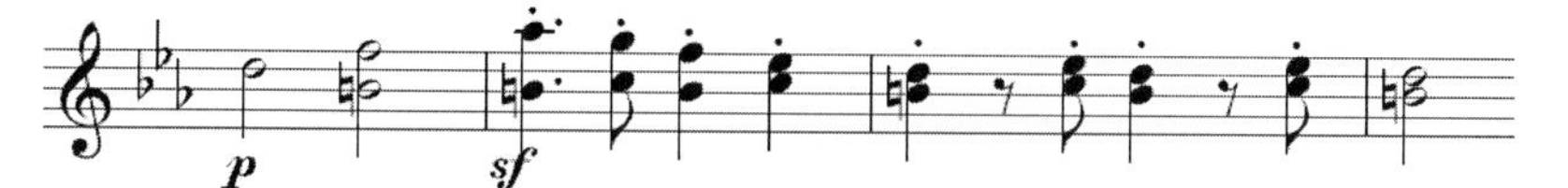

Im Wechselspiel zwischen Streichern und Bläsern wird das Thema fort gesponnen, wobei Beethoven die Synkopen noch durch Sforzati betont:

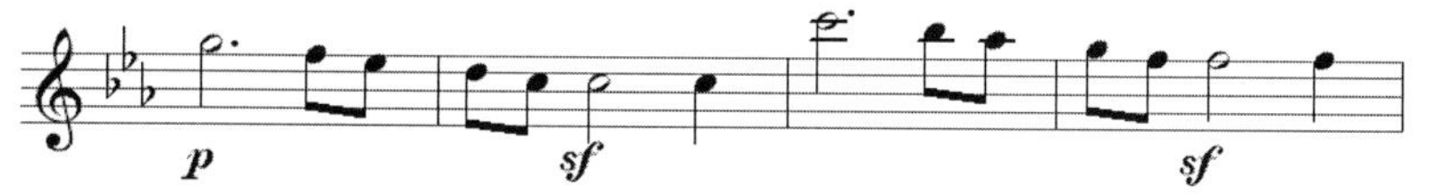

Nach 16 Takten findet der Themenkomplex im Fortissimo einen ersten Abschluss. Über ein Zwischenspiel im Wechsel zwischen Streichern und Bläsern

kehrt Beethoven zum Hauptthema zurück, doch diesmal mit vollem Orchester, Forte und im strahlenden Es-Dur. Es kommt zu neuen Fortspinnungen, wieder mit betonten Synkopen, ehe die erste Violine und die erste Klarinette das zweite Thema vortragen:

Die tiefen Streicher, die Hörner und die Fagotte geben die harmonische Grundierung. Auch dieses Thema wird bald vom vollen Orchester aufgenommen, nach C-Dur gewendet, bleibt aber, seinem Charakter gemäß, immer im Piano. Das Hauptthema kehrt wieder, erst in C-Dur, dann in f-moll. Über verschiedene Wendungen moduliert Beethoven nach c-moll zurück, wo das Hauptthema zuletzt im Kanon zwischen Bläsern und Streichern erscheint:

Dann endlich hat der Solopianist seinen Auftritt, der freilich umso eindrucksvoller ausfällt. Drei auffahrende Tonleiter-Raketen in Oktaven durchmessen fast den gesamten Tonumfang damaliger Klaviere, bevor das Hauptthema in Oktaven erklingt:

Diesen überaus prägnanten und unverwechselbaren Einstieg greift der Liedermacher Georg Kreisler zu Beginn seines Liedes Zwei alte Tanten tanzen Tango *parodierend auf.*

Von da an hat das Soloinstrument die Führung inne. Beethoven wiederholt das bisher dargebotene musikalische Material und erweitert es durch das Wechselspiel mit dem Klavier. Man sehe sich nur einmal an, wie sich das kleine Zwischenspiel, das wir vorhin im Wechsel von Streichern und Bläsern kennen gelernt haben, jetzt im Wechsel von Streichern und Klavier ausmacht:

Auch das zweite Thema wird vom Klavier aufgegriffen, wieder in Es-Dur. Während zuvor das Orchester "eigenmächtig" nach C-Dur moduliert hatte, "erzwingt" das Klavier nun, dass das Orchester beim "korrekten" Es-Dur, der Durparallele zu c-moll, bleibt. In dieser Tonart geht die Exposition im lebhaften Wechselspiel von virtuosen Klavierfiguren und thematischem Material des Orchesters zu Ende.

In der Durchführung, die ohne Absatz an die Exposition anschließt, moduliert das Orchester so-gleich nach D-Dur. Wieder, wie zu Beginn, steigt das Klavier mit drei auffahrenden Tonleiter-Raketen ein, diesmal in D-Dur. Das Hauptthema wird verkürzt auf die letzten 5 Töne:

Dieses Motiv, das von ferne an den Beginn von Mozarts Jupiter-Sinfonie KV 551 erinnert, wandert im Folgenden durch die Tonarten und durch die Instrumente. In überaus phantasievollen, dabei stets überzeugenden Modulationen wandelt der Meister das Motiv ab und stellt es den Figurationen des Klaviers gegenüber. Unablässig vorandrängend, kommt die Durchführung bald an ihr Ende, und in einer Klavierskala abwärts über dreieinhalb Oktaven wird die Reprise erreicht.

Hier erklingt zunächst das Hauptthema im triumphierenden Fortissimo des gesamten Orchesters. Danach kommt es, den Regeln des Sonatensatzes entsprechend, zu einer verkürzten Wiederholung der Exposition, doch Beethoven bringt in überquellender Phantasie stets neue Varianten der bekannten Themen ein, so dass sich niemals das Gefühl des "schon gehört" einstellt. Auch das zweite Thema erklingt wieder, in C-Dur, denn eine Mollfassung dieses Themas erscheint wirklich nicht vorstellbar.

Eine kurze Orchesterpassage, die auf dem Hauptthema basiert, leitet über zur Kadenz des Soloklaviers. Diese beginnt mit dem Hauptthema im Kanon, wie wir es zu Beginn schon vom Orchester gehört haben. Virtuose Akkordbrechungen schließen sich an; auch das zweite Thema hat seinen Auftritt, diesmal in G-Dur. Gegen Ende der Kadenz hat der Pianist in beiden Händen lange Trillerketten mit Daumen und Zeigefinger zu spielen, und darüber bzw. darunter bringt er mit dem kleinen Finger ein Motiv aus dem Hauptthema zu Gehör, ohne dass die Triller dabei abreißen dürfen:

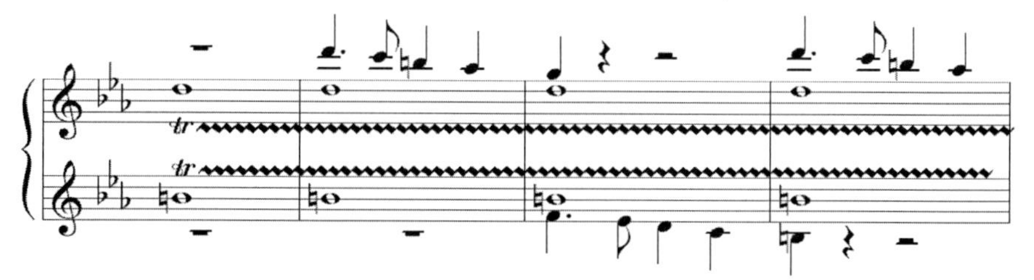

Solchen Trillerketten mit gleichzeitigem Spiel einer Gegenstimme mit derselben Hand begegnen wir erst in Beethovens Spätwerk wieder, in den Klaviersonaten op. 109 und op. 111. Die Kadenz endet, durchaus untypisch, im Pianissimo. Und für den Schluss des Satzes hat Beethoven noch eine besondere Überraschung parat. Das Motiv aus den letzten 5 Tönen des Hauptthemas, welches wir aus der Durchführung so gut kennen, erklingt in der Pauke, begleitet von liegenden Streicherakkorden. Das Klavier antwortet mit leisen Kaskadenfiguren. Doch schnell steigert sich die Lautstärke, und gemeinsam bringen Klavier und Orchester den Satz in der Grundtonart c-moll triumphal zu Ende.

Beginn der Kadenz im Autograph

Zu dieser Tour de force bietet der langsame Satz **Largo** in jeder Hinsicht den denkbar größten Gegensatz: im Takt (3/8 statt Alla Breve), in der Tonart (E-Dur statt c-moll) und vor allem in der Grundhaltung (ruhiges, melodisches Verströmen statt energisches, virtuoses Zupacken). Das Klavier beginnt mit einem Thema, das in vollgriffigen Akkorden vorgestellt wird:

In Klaviersatz und Melodieführung erinnert dieses Thema entfernt an den langsamen Satz aus Beethovens *Sonata quasi una fantasia* op. 27/1 (das ist das Schwesterwerk der bekannten *Mondscheinsonate*). Eine besondere Bedeutung kommt in diesem Satz der Kontrasttonart G-Dur zu. Bereits in der einleitenden Klavierpassage steht ein Teil in dieser Tonart:

Doch sowie das Orchester mit Flöten, Fagotten, Hörnern und gedämpften Streichern dem Klavier antwortet, ist E-Dur wieder erreicht:

Bald nimmt das Klavier den Faden wieder auf mit langen Ketten von Terzparallelen in der rechten Hand:

Der Satz ist in dreiteiliger Liedform A – B – A angelegt. Der Mittelteil steht, wie sollte es anders sein, in G-Dur, und bietet ein besonders apartes Klangbild. Das Klavier sorgt mit rauschenden, harfenartigen Akkordbrechungen für das harmonische Grundgerüst:

Darüber werfen sich Fagott und Flöte die melodischen Bälle zu, und die Streicher unterstützen mit Pizzicato-Akkorden:

Die Musik moduliert zurück nach E-Dur, und der Anfangsteil kehrt wieder, freilich nicht als simple Wiederholung, sondern überaus phantasievoll variiert und ausgeziert. Schließlich mündet auch dieser Satz in eine Kadenz des Soloklaviers. Diese ist, im Gegensatz zur Kadenz des ersten Satzes, in Stichnoten notiert, also im freien Tempo zu spielen.

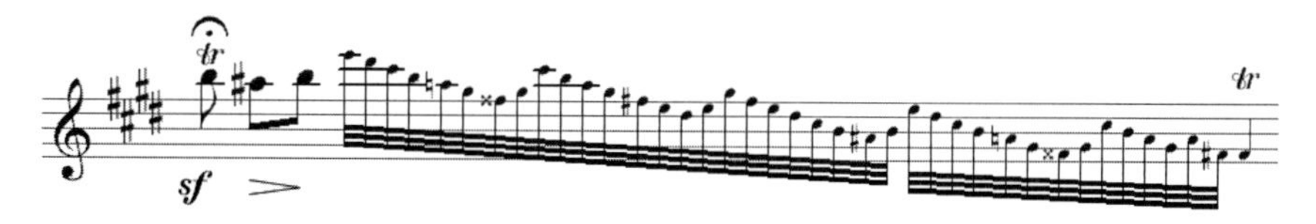

Danach geht der Satz ruhig zu Ende, und Beethoven kann es nicht lassen, noch einen kräftigen Schlussakkord zu setzen, gewissermaßen als Überleitung zum abschließenden

Rondo im Tempo ***Allegro***. Hier kehren wir zur Grundtonart c-moll und zum 2/4-Takt zurück. Das Klavier stellt das energische, eingängige Thema mit dem charakteristischen Abwärtssprung zwischen dem 2. und 3. Ton über eine verminderte Septime vor:

Einen ähnlichen Abwärtssprung gibt es auch im Rondothema des Finalsatzes von Beethovens Klaviersonate op. 2 Nr. 2. So verschieden der ruhig-elegante Sonatensatz und das vorwärts drängende Konzertrondo auch sind, eines haben sie gemeinsam: das Klavier pflegt den Spitzenton über virtuose Läufe oder Akkordbrechungen von unten anzusteuern und so eine unerhörte Spannung für den erwarteten Sprung nach unten und die Wiederkehr des Rondothemas aufzubauen.

Prinz Louis Ferdinand von Preußen (1772-1806) (Schabkunstblatt von A. Geiger nach einem Gemälde von J. Grassy

Ferdinand Ries (1784-1838) (nach einer Litographie von Howe)

Das Orchester greift das Thema auf; die Melodie liegt in der Oboe. Das Ritornell selbst ist in der Form A – B – A angelegt. Das Klavier stellt den B-Teil vor, und die Rückführung zum Thema (A-Teil) ist erstmalig durch eine kleine Kadenz mit chromatischem Anlauf auf den Spitzenton spannungsvoll verzögert:

Das Orchester antwortet mit einer verkürzten Wiederholung der Teile B und A und führt so das Ritornell zu Ende; dabei blitzt erstmalig das Thema in Dur auf.
Fanfaren eröffnen das erste Couplet:

Dann stellt das Klavier das erste Seitenthema in Es-Dur vor, welches durch seine Lombardischen Rhythmen (Umkehr der normalen punktierten Rhythmen) gekennzeichnet ist:

Orchester und Klavier führen dieses Thema phantasievoll durch. Dann gewinnen im Klavier virtuose Triolen die Überhand, und mit einem chromatischen Aufwärtslauf über fast drei Oktaven wird das as' und der Abwärtssprung um eine verminderte Septime in das Hauptthema erreicht. Der zweite Durchgang durch das Ritornell beginnt – natürlich nicht als bloße Wiederholung, sondern mit subtilen Veränderungen. Wo beim ersten Mal das Klavier allein glänzte, begleiten jetzt die Streicher im Pizzicato, und die Kadenz, die den Wiedereintritt des A-Teils verzögert, ist diesmal noch bedeutend erweitert.

Zu Beginn des zweiten Couplets stellt die Klarinette ein neues Thema in As-Dur vor:

Auch dieses Thema wird durchgeführt; dabei treten Klarinette und auch Fagott dem Klavier als weitere Soloinstrumente gegenüber. Wenn dieser Abschnitt vorüber ist, kommt es im Orchester zu einem kurzen Fugato über eine Variante des Rondothemas:

Gelegentlich wird dabei das Thema auf seine ersten sechs oder sogar nur auf seine ersten drei Töne verkürzt. Als nach einer Weile das Klavier den Faden wieder aufnimmt, hat sich das Thema nach E-Dur verirrt. Beethoven aber moduliert überlegen nach c-moll zurück, und mit dem unvermeidlichen chromatischen Anlauf von unten in den Abwärtssprung beginnt der dritte Durchgang des Ritornells. Diesmal freilich verzichtet der Komponist auf das sattsam bekannte A – B – A und begnügt sich mit dem A-Teil.

Die Großform des Satzes ist ein Bogenrondo; daher ähnelt das dritte Couplet dem ersten. Es beginnt wieder mit Fanfaren, doch das Thema mit den Lombardischen Rhythmen steht diesmal in C-Dur. Wenn der Hörer den vierten Durchgang durch das Ritornell erwartet, ist Des-Dur erreicht. Erschrocken über diese "falsche" Tonart, zieht sich das Klavier nach wenigen Takten zurück und überlässt dem Orchester das Feld. Dieses moduliert in die "richtige" Tonart zurück und macht nach einer Verbreiterung Raum für die dritte und letzte Kadenz des Satzes:

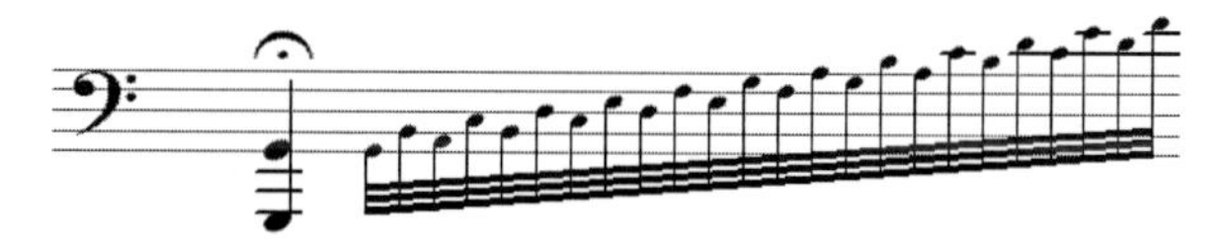

Die rhythmisch frei zu spielende Kadenz steigt aus der Basslage des Klaviers hinauf in den Diskant und wieder hinunter zur Mittellage, wo sich das Zeitmaß bis zum Adagio verbreitert. Wenn das Klavier das Tempo wieder aufnimmt, hat sich einiges verändert: die Tempobezeichnung ist nun Presto, die Tonart ist C-Dur, und der Takt ist 6/8. Das so energische, geradtaktige Hauptthema kommt jetzt im hüpfenden Dreiertakt daher:

Diese Themengestalt beherrscht die Schlussstretta, mit der Klavier und Orchester den Satz und damit das Konzert glänzend zu Ende bringen.

Symphonisches Konzertieren

Zu Beethovens 5. Klavierkonzert Es-Dur, op. 73

Das fünfte Klavierkonzert entstand im Jahre 1809. Die Uraufführung fand mit Erfolg im November 1811 in Leipzig statt. In einer Rezension der *Allgemeinen Musikalischen Zeitung* war zu lesen: *Die übermäßige Länge der Komposition verminderte den Totaleffekt, den dieses herrliche Geistesprodukt sonst ganz gewiss hervorgebracht hätte.* Erstmals spielte Beethoven wegen seines Gehörs nicht selbst den Klavierpart wie bei seinen früheren Konzerten. Er widmete das Werk dem Erzherzog Rudolph, der ab 1804 mehrere Jahre lang sein Klavier- und Kompositionsschüler war.

Ganz nach dem Vorbild der Konzerte Mozarts richten sich die ersten drei Klavierkonzerte Beethovens. Im dritten, dem c-moll Konzert, zeigt sich schon Beethovens eigener Ausdruck, formale Anlage und das Verhältnis von Soloinstrument und Orchester sind aber noch ganz der Tradition verhaftet. Mit dem vierten beginnt eine neue Epoche des Instrumentalkonzerts, ähnlich wie mit der *Eroica* ein neues Modell der Symphonie. Das Soloinstrument, das sich üblicherweise erst nach der Orchesterexposition musikalisch beteiligt, mischt sich im vierten und fünften Klavierkonzert schon in den ersten Takten einleitend in das Geschehen. Während das Klavier im G-Dur-Konzert ganz allein verträumt-versonnen mit dem Hauptthema beginnt, umspielt und verbindet es im Es-Dur-Konzert virtuos und quasi improvisierend die vier mächtigen Kadenzakkorde des Orchesters. Damit stellt es sich von Beginn an als Partner mitten in das orchestrale Geschehen, übernimmt die Führung oder ordnet sich begleitend, umspielend, farbgebend oder virtuos umgestaltend in das sinfonische Gewebe ein. Als *primus inter pares* erhält es im Es-Dur-Konzert auch keine Kadenzen mehr. Erstmalig überließ ein Komponist dem Solisten keine improvisatorischen oder kompositorischen Freiheiten. Virtuose solistische, quasi kadenzierende, jedoch auskomponierte Passagen sind über das ganze Werk verteilt. Gegen Ende des ersten Satzes nach einem Quartsextakkord, auf den üblicherweise die Kadenz folgt, vermerkte Beethoven ausdrücklich: *Non si fa una Cadenza, ma s'attacca subito il seguente* (*Man bringe keine Kadenz, sondern schließe sofort das Folgende an*). Der virtuose Anspruch ist gegenüber den vorhergehenden Konzerten vielfältig gesteigert. Während das G-Dur-Konzert überwiegend den lyrischen, introvertierten Aspekt vertritt, sind die Ecksätze des Es-Dur-Konzerts von Kraft, Schwung und vitaler Energie geprägt. Die langsamen Sätze sind in ihrer meditativen Ruhe vergleichbar. Mit diesen beiden Konzerten haben wir ein *völlig verschiedenartiges, sich jedoch auf nahezu perfekte Weise ergänzendes Komplementärpaar vor uns – beide Konzerte ergeben gemeinsam die Bilanz der konzertanten Form, die das 19. Jahrhundert aus Beethovens Händen entgegennimmt* (Arnold Werner-Jensen).

Wie wuchtige Portalsäulen wirken die den **ersten Satz (*Allegro*)** einleitenden Orchesterakkorde (Tonika-Subdominante-Dominante-Tonika), durch die das Soloklavier quasi raumergreifend eintritt, indem es sie mit rhapsodischen Tonleiter- und Dreiklangspassagen kraftvoll umspielt und verbindet so und der Starrheit der Orchesterakkorde solistische Verspieltheit, frei von thematischer und rhythmischer Bindung, gegenüberstellt. Mit dem abschließenden Tonika-Akkord beginnt die Orchesterexposition: es erklingt das vital anpackende Hauptthema, dessen triolisches Doppelschlagmotiv weite Passagen des Satzes beherrscht.

Zwei kraftvolle Auftaktmotive unterstützen den energisch-gebieterischen Charakter, des Satzes,

der dem Konzert im englischsprachigen Raum den Beinamen „Emperor“ verlieh. Einen starken Kontrast setzt das zweite Thema in Moll, das mit einem fernen Trauermarsch verglichen wurde, zurückhaltend in „getupftem“ Pianissimo, dem die Hörner mit einer Legato-Variante des Themas in hellem Dur antworten.

Der Schlussgruppenteil wird vom ritornellartig wiederkehrenden 1. Thema bestimmt, sowie von einem weichen Bläsermotiv:

In vollen Akkorden übernimmt das Klavier das erste Thema, vom dolce-Charakter virtuos ins Fortissimo gesteigert. Das zweite Thema führt harmonisch in ferne Tonarten, es wird in einer verspielt triolischen, dann in einer von liegendem Basston untermalten und einer kriegerisch marschähnlichen Version der Bläser vorgetragen.

Solist und Orchester eröffnen nun ein wahrhaft symphonisches Gewebe aus Melodie und Begleitung, kontrapunktischen Gegenstimmen, lyrischen Figuren, feinen Motivlinien und figurativen Umspielungen. Kontrastreich setzt die Durchführung zarte Abschnitte schroffen Fortissimo-Blöcken gegenüber. Das aneinander gereihte Doppelschlagmotiv aus dem ersten Thema kündigt die Reprise an. Eine strahlende, nahezu hymnisch wirkende Coda beschließt den Satz, dessen monumentale Länge von etwa 20 Minuten bis dahin einzigartig ist.

In eine andere Welt, wie auf eine stille Insel zwischen den Ecksätzen, fern aller Vitalität und Energie, führt der **zweite Satz (*Adagio un poco mosso*, H-Dur)** in die entrückte Sphäre von H-Dur. Ein atmosphärisch größerer Kontrast ist kaum denkbar. In samtener Klangfarbe der gedämpften Geigen und Bratschen in tiefer Lage erklingt andächtig der weich strömende Gesang des Themas, von Pizzicati der Bässe untermalt.

Das Klavier antwortet *espressivo* mit romantisch entrückten Melodielinien, die sich aus der Höhe sanft herab winden. Eine lange, aufsteigende Trillerkette leitet die erste der beiden Variationen ein, in der das Klavier die Führung übernimmt, von hellen Bläserlinien und weichen Pizzicati der Streicher umflochten. In der zweiten Variation tragen die Holzbläser das Thema, das Klavier ordnet sich mit subtilen Klangfiguren unter. In einem verträumten Zustand des Verweilens scheint die Zeit still zu stehen. Nach einer Halbtonrückung abwärts stimmt das Klavier aus der Stille heraus vorsichtig im Pianissimo das Dreiklangsthema des nachfolgenden Rondo an: ein Übergang von atemberaubender Schönheit und innerer Bewegung.

Ungestüm schießt das Hauptthema des **Rondos (*Allegro*)** über fast zwei Oktaven in die Höhe, dabei sprengt es fast den 6/8-Takt durch irreguläre, widerborstige Akzente.

Dem Klavier antwortet das volle Orchester und erweitert das Thema in jubelndem Überschwang mit einem tänzerisch punktierten Rhythmus. Virtuose Läufe des Klaviers leiten in den ersten Zwischenteil des freien Sonatenrondos, in dem das Klavier weitgehend die melodische Führung behält.

Mit hämmernden Oktavpassagen prescht es voran in die Wiederholung des – diesmal verkürzten – Rondoteils. In einem durchführungsartigen Mittelteil, in dem das Thema bald durch glockenhelle chromatische Läufe, bald durch Dreiklangsbrechungen fortgesetzt wird, erscheinen immer wieder Motive aus der Exposition, wie das tänzerisch punktierte Dreiachtelmotiv

und ein 6/8-Drehmotiv:

In rauschhaftem Schwung zieht zu Beginn der Reprise der Anfangsteil in voller Länge vorüber. Bei seinem letzten Auftritt wird das Thema auf Solo und Orchester verteilt. Die Coda breitet noch einmal das punktierte Motiv in verschiedenen Varianten aus, die Pauke benutzt es zur ostinaten Untermalung des Klaviers über 16 Takte. Mit dem auffahrenden Beginn des Themas und seinem dominanten Auftaktmotiv klingt das Konzert in kraftvoller Attitüde und strahlendem Glanz aus.

Festliches Eröffnungsstück

Beethovens Ouvertüre zu *Die Ruinen von Athen*, op. 113

Am 9. Februar 1812 wurde in Pest das neu erbaute Ungarische Theater festlich eröffnet mit zwei Theaterstücken des Dichters August von Kotzebue, *Die Ruinen von Athen* und *König Stephan*, die vom Befreiungskampf von türkischer Unterdrückung handeln und die humanisierende Wirkung der Kunst rühmen – Themen, die wohl Beethovens Anteilnahme erregten. Inhaltlich sind die Dramen ziemlich *geschmacklose höfische Huldigungsstücke* (Vorwort zur Eulenburg-Partitur). In *Die Ruinen von Athen* erblickt die gerade aus 2000-jährigem Schlaf erwachte Göttin Athene die Ruinen der zerstörten Stadt, die ihren Namen trägt, und hört die Klage eines griechischen Paares über Not und Unterdrückung durch die Türken. Sie fordert ihre Landsleute auf, sich gegen die Fremdherrschaft zur Wehr zu setzen. Sie hofft auf die Hilfe des österreichischen Kaisers und begibt sich mit Hermes nach Pest, wo sie im Kreis der Musen Thalia und Melpomene der Theatereröffnung beiwohnt und dem Kaiser huldigt.

Bühnenmusiken dazu schrieb Beethoven im Sommer 1811, als er sich im böhmischen Teplitz zur Kur aufhielt. Die vollständige Schauspielmusik Beethovens umfasst elf Stücke, neben der Ouvertüre u.a. einen *Chor der Unsichtbaren*, ein Duett, einen *Chor der Derwische*, einen *Türkischen Marsch*, die Ansprache eines Priesters, eine *Festzugsmusik*, vieles davon mit damals modischen „türkischen Folklorismen" oder was man dafür hielt. Die Kompositionen scheinen Beethoven nicht gleichgültig gewesen zu sein (*kleine Erholungsstücke* soll er sie genannt haben), denn in einem Wiener Konzert seiner Werke 1814 nahm er drei der Stücke (nicht die Ouvertüre) ins Programm auf. Er soll übrigens darauf bestanden haben, dass dabei in einem bestimmen Moment das Bild des Kaisers enthüllt würde, um sich seiner Zuwendung zu versichern.

Die langsame Einleitung verrät Bezug zum Schauspiel mit chromatischen „Exotismen".

Klagend singen die Streicher in g-moll vom Leid der Unterdrückung. Einem marschähnlichen Überleitungsabschnitt folgt das gefällige Hauptthema in harmonischen Terzparallelen der Oboen, vom Orchestertutti aufgenommen und mit Tonleiterbewegung gesteigert.

Das zweite Thema, 1. Oboe und 1. Fagott vorgetragen, wird sparsam von Pizzicati begleitet.

Nach kurzer Durchführung leitet das Hauptthema zurück in die Haupttonart und in die Reprise, die auf das Seitenthema verzichtet und mit Akzenten schwungvoll ausklingt.

Strömende Melodik und orchestraler Glanz

Zu Beethovens Violinkonzert D-Dur, op. 61

Im Jahre 1806 bat Franz Clement (1780-1842), der als Konzertmeister des Theaters an der Wien schon an der Uraufführung der *Eroica* (1804) mitgewirkt hatte, Beethoven um ein Violinkonzert. Clement muss ein fantastischer Geiger gewesen sein, der bereits als Knabe Aufsehen mit seinem Geigenspiel erregt hatte und als das größte Wunderkind nach Mozart bezeichnet worden war. Insbesondere für sein reines Spiel in extrem hohen Lagen wurde er gerühmt. Beethoven, der zuvor bereits zwei Romanzen für Violine und Orchester komponiert hatte, willigte ein. Mit der Arbeit an der Komposition begann er erst Ende November, obwohl als Aufführungstermin der 23. Dezember 1806 schon feststand. Beethovens Schüler Carl Czerny berichtet, es sei erst etwa zwei Tage vor dem Konzert fertig geworden und Clement habe es fast vom Blatt gespielt. Unerwartet für die Zuhörer war die Länge des ersten Satzes mit etwa 20 Minuten. Die Kritik bescheinigte dem Stück *Originalität und mannigfaltige schöne Stellen*, aber auch *unendliche Wiederholungen einiger gemeiner Stellen*, die *leicht ermüden.*

Von manchen Geigern der Zeit als „unspielbar" bezeichnet, war dem Konzert zunächst trotz einiger Aufführungen kein durchbrechender Erfolg beschieden. In die Konzertsäle der Welt gelangte es erst durch den Geiger Joseph Joachim (1831-1907), der das Konzert erstmals als 13-Jähriger unter der Leitung von Mendelssohn 1844 in London spielte. Von Joachim stammen auch die heute meist gespielten Kadenzen.

1807 bestellte Muzio Clementi eine Klavierfassung des Violinkonzerts. Beethoven erledigte diese Arbeit schnell und offensichtlich ohne große Anteilnahme, vielleicht ließ er sie auch von einem Schüler ausführen. Der Violinstimme ist meist einfach eine Begleitung für die linke Hand unterlegt. Diese Fassung ist bei den Pianisten nie auf Gegenliebe gestoßen und wird so gut wie nie aufgeführt. Die schlichte, gesanglich-ausdrucksvolle Melodik – ein Hauptmerkmal des Violinkonzerts – dürfte auch kaum auf einem Tasteninstrument dieselbe Wirkung erzielen.

Das Violinkonzert gehört zu den Werken aus Beethovens mittlerer Schaffensperiode, in der jedes Werk als Ganzes individuellen Charakter erhält. Es entstand im Umfeld des 4. Klavierkonzerts op. 58, der Rasumowsky-Quartette op. 59, der 4. Symphonie op. 60 (alle 1805/06). Wie das 4. Klavierkonzert in G-Dur hat das Violinkonzert lyrisch-epischen Charakter ohne dramatische oder leidenschaftliche Ausbrüche, dafür organische Übergänge und Entwicklungen. Das Zusammenwirken von Soloinstrument und Orchester ist symphonisch: Beide sind am musikalischen Geschehen in gleichem Maße wechselnd als Melodieträger und Begleitung beteiligt. Mit edler, abgeklärter Melodik und makelloser Klangschönheit erschuf Beethoven im Violinkonzert ein Juwel der klassischen Musik. Mit den Violinkonzerten von Brahms und Tschaikowsky – alle drei haben die Tonart D-Dur gemeinsam – ist es heute eines der beliebtesten und meistgespielten Konzerte der Violinliteratur.

Lyrisch-gesangliche Hauptthemen, markant-kräftige Zwischenmotive, spannungsvolle Überleitungen der Solovioline und breite symphonische Entfaltung aller Charaktere zeichnen den ungewöhnlich langen **ersten Satz (*Allegro ma non troppo*)** aus. Die Orchesterexposition beginnt geheimnisvoll mit fünf gleichmäßigen, leisen Paukenschlägen auf D, die motivisch im ganzen Satz (über siebzig Mal) wiederkehren. Gleich darauf erklingt das liebliche, ausdrucksvoll erste Thema :

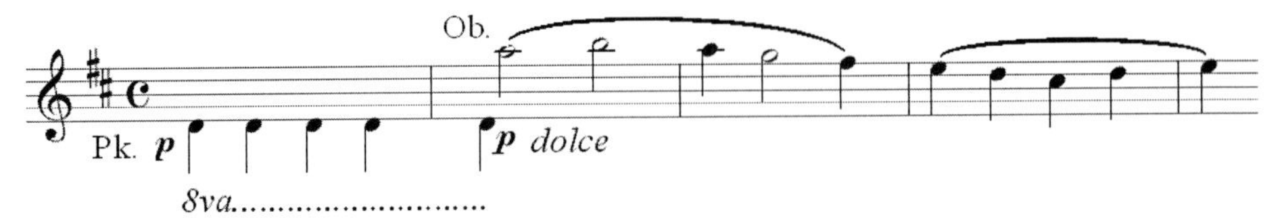

Die Streichinstrumente ahmen das Paukenmotiv auf einem Ton nach, die Geigen auf dem tonartfremden *dis*. In weichen Tonleiterlinien endet der erste Themenkomplex. Unmittelbar im Anschluss erklingt ein lautes, schroffes Tuttimotiv in B-Dur:

Ihm folgt ein energisch akzentuiertes Kurzmotiv:

Zusammen bilden diese Zwischenmotive den notwendigen Kontrast zwischen den beiden Hauptthemen, die einander in Rhythmik, Melodik und lyrischer Stimmung verwandt sind. Nach einer spannungsvollen Überleitung der Violinen erklingt das liedhafte Seitenthema, ebenfalls in D-Dur. Es wird zunächst – wie das Hauptthema – von den Oboen, dann in einer Moll-Variante von den Violinen vorgetragen.

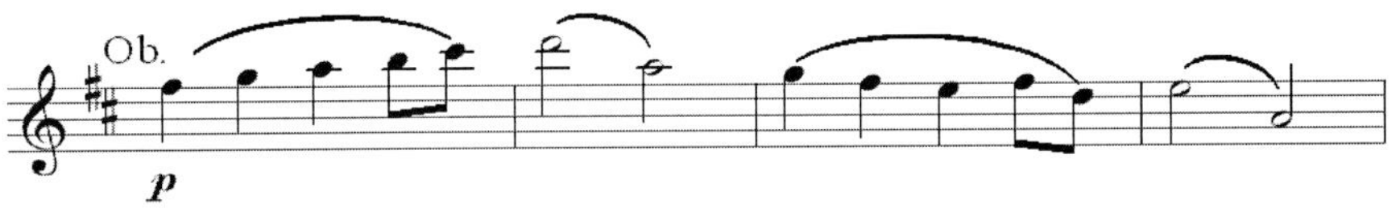

In der klangvollen Orchester-Schlussgruppe führen hohe und tiefe Streicher einen Dialog mit einem dritten, ebenfalls gesanglichen Motiv in verwandtem Rhythmus:

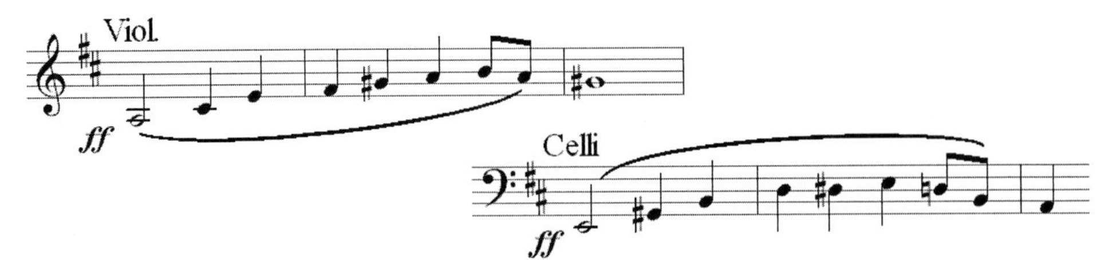

Die Exposition wird mit dem gleichen Themenablauf wiederholt, nun mit dem Soloinstrument. Dieses stellt sich mit Oktavgängen und Tonleitern vor, quasi improvisierend, als ob es sich erst einspielen müsse. Dann erklingt in der Solovioline das erste Thema, das in makellos-verzaubernder Tonhöhe zugleich figurativ verziert wird. Das Seitenthema wird im Dialog zwischen Klarinetten und Solovioline vorgetragen. Nun entwickelt sich ein symphonisches Gewebe, in dem die Solovioline die Themen der Streicher und Bläser mit virtuosen Oktavgängen und Dreiklängen umspielt.

Die Durchführung beginnt mit geheimnisvollen Trillerketten über dem Paukenmotiv in Streicher und Bläsern und mündet nach einem langen Tonleiter-Anlauf der Solovioline im schroffen Tutti. Zum lyrischen Seitenthema der Bläser pocht das Paukenmotiv, steigert es, spinnt es fort im klangvollen Fortissimo, in dem sich im Tutti das Schlussgruppenmotiv ausbreitet. Episch ausgedehnt wird die Episode des Hauptthemas mit Wechselspielen der Streicher und Bläser zu melodischem bis virtuosem Rankenwerk des Soloinstruments. Dieses führt über eine groß angelegte Steigerung mit chromatischem Anstieg in die Reprise, diese beginnt mit dem Hauptthema in breit strömendem Fortissimo. Die Solokadenz endet im schlicht geführten Seitenthema, in das sich das Orchester – wie ergriffen von Virtuosität und Schönheit des Solovortrags – ganz vorsichtig im Pizzicato wieder zu Wort meldet, dann aber in wenigen Takten gemeinsam mit der Violine in den klangvollen Abschluss leitet.

Traumverloren in überirdischer Reinheit erscheint der **langsame Satz (*Larghetto,* G-Dur),** der zwei Themen variativ verarbeitet. Mit dem ersten Thema eröffnet das Orchester den Satz:

Das Thema erscheint in drei Variationen. In der ersten führt die Klarinette, in der zweiten das Fagott, von der Solovioline zärtlich umspielt, die dritte übernehmen die Streicher, von den Bläsern verstärkt.

Nach einigen solistischen Überleitungstakten tritt die Violine mit einem eigenen Thema hervor:

In die verträumte Fortspinnung des neuen Gedankens mischt sich in zartestem Pianissimo das vorsichtig gezupfte erste Thema des Satzes als vierte Variation. Die Solovioline spinnt in einer letzten Variation ihr Thema nochmals aus. In ruhigen Akkorden untermalen zart die Bläser und Streicher, die Musik scheint fast zum Stillstand zu kommen. Plötzlich ertönt das punktierte Anfangsmotiv des Satzes im Fortissimo, die Sologeige leitet ohne Pause in den dritten Satz über.

Das frische und tänzerisches Thema des **Rondo-Finale (*Allegro*)** stimmt die Solovioline an. In hoher Lage wiederholt sie es mit neckischem Charme, dann bricht es in temperamentvollem Fortissimo des ganzen Orchesters hervor.

Im ersten Zwischenteil (B) entwickelt sich aus dem Dialog von Solo und Bläsern ein thematisches Wechselspiel,

das die Solovioline in wirbelnden Dreiklangsbrechungen fortführt, während einzelne Orchestergruppen schon das Rondomotiv vorbereitend einwerfen. Das Rondothema erscheint dreimal wie vorher in Solo und Orchester (A).

Der nächste Abschnitt (C) als Mittelteil des Satzes behandelt ein neues Thema, dessen Mollcharakter entfernt an *all'ungarese*-Einlagen erinnert:

Die Solovioline dialogisiert mit dem Fagott, dann wandelt sie das Thema in ein zärtlich schmeichelndes Dur-Motiv um.

Eine Steigerung führt geradlinig in das Rondothema (A) zurück. Ihm folgt wieder der erste Couplet-Teil (B). Natürlich erwartet der Hörer danach nochmals den A-Teil, aber Beethoven hat einige Überraschungen parat: Die Solovioline bringt das Hauptthema in einer „falschen" Tonart, in As-Dur, dem wirbelnde Achtelpassagen folgen. Eine solistische Überleitung von nur vier Tönen – und das Hauptthema erscheint in der richtigen Tonart D-Dur – aber in spitzer Klangfarbe der Holzbläser, dem die Solovioline neckisch antwortet. Eine breit angelegte Steigerung mit dem Anfangstakt des Themas führt auf den Schluss zu – aber die Lautstärke wird noch einmal aufgebrochen, die Solovioline bringt einen letzten Themenaufschwung, dem die beiden kräftigen Tutti-Schlussakkorde folgen.

Valerie Nothaft Violine, Konzertmeisterin

Valerie Nothaft, geb. Schempp, wirkt im Orchester als Geigerin und Konzertmeisterin seit 1993 mit. Sie wurde in Ulm geboren, wuchs in Ulm und Wolfratshausen auf. Sie besuchte das Gymnasium Icking, machte das Abitur am Gymnasium Pullach. Ihre Mutter, ebenfalls Geigenlehrerin, ließ sie und ihre beiden Geschwister früh Instrumente lernen. So begann sie mit 4 Jahren mit der Blockflöte, mit 6 Jahren mit dem Violinspiel, im Rahmen des Studiums lernte sie auch Klavier.

Ab 1989 studierte sie in Trossingen Violine bei W. König und Violinpädagogik. Seit 1993 unterrichtete sie privat und an der Musikschule Pullach. Seit zehn Jahren ist sie in erster Linie Ehefrau, Hausfrau und Mutter von fünf Kindern. Diese drei neuen Berufe liebt sie als eine „Berufung". Seit sie 1990 Jesus als Herrn und Erlöser angenommen hat, ist er der Mittelpunkt ihres Lebens und bestimmt ihre Prioritäten.

Sie geht immer freundlich, anteilnehmend und offen auf Menschen zu. Ruhig, geduldig, immer aufmunternd, aber konsequent gibt sie ihr geigerisches Können in Stimmproben an die anderen Orchestermitglieder weiter.

Susanne Kessler

Beethovens Kammermusik

Im Jahre 1792 kam der junge Beethoven zum zweiten Mal nach Wien. Die erste Bekanntschaft mit seiner späteren Wahlheimatstadt (1787) war abrupt beendet worden durch den Tod seiner Mutter, durch die Unfähigkeit zur Lebensbewältigung seines dem Alkohol verfallenen Vaters und die Aufgabe, seine jüngeren Brüder zu versorgen. Auch den Wunsch, Schüler Mozarts zu werden, hatte ihm das Schicksal durch den frühen Tod des Meisters (1791) versagt, stattdessen empfing er auf Empfehlung seines Freundes und Gönners Graf Waldstein *Mozarts Geist aus Haydns Händen*, bei dem er für ein Jahr Unterricht nahm. In Auftritten als Pianist und mit eigenen Werken für dieses Instrument eroberte er sich schnell die Aufmerksamkeit des Wiener Publikums.

Kammermusik aus dem Geiste Haydns und Mozarts waren seine ersten gedruckt veröffentlichten Werke: fünf Streichtrios, drei Klaviertrios und ein Streichquintett.

Die drei Klaviertrios op. 1, entstanden 1793/94, erschienen 1795 als erste vollgültige Werke Beethovens im Druck und sind seinem Förderer, dem Grafen Karl von Lichnowsky, gewidmet, in dessen Haus sie wohl auch erstmals gespielt wurden. Mit ihnen gewann die Klavierkammermusik bedeutend an Gewicht, war doch in den Klaviertrios Haydns und selbst noch Mozarts die Herkunft der Gattung aus der Duo-Sonate mit Generalbass unverkennbar an der meist am Klavierbass orientierten Cellostimme. In Beethovens Trios op. 1 erhält erstmals das Cello melodische Unabhängigkeit und Gleichgewichtigkeit gegenüber den anderen beiden Partnern. Damit ist auch die Möglichkeit zur Klangkombination erweitert, die Streichinstrumente können einzeln oder auch miteinander in Dialog zum Klavier treten. Damit war die Gattung Klaviertrio endgültig ausgeprägt. Verwandtschaft der Themen der Ecksätze kündigen in diesen Frühwerken bereits die zyklische Form an.

1798/99 folgte das erste seiner insgesamt 18 Streichquartette. Die erste Serie von sechs Quartetten widmete er als Opus 18 im Jahre 1800 dem Fürsten Lobkowitz. Die nächste Serie von drei Quartetten folgte erst Jahre später (s. u.). Zwei einzelne Werke (op. 74 und op. 95) schrieb er 1809 und 1810. Zu seinen letzten Werken gehören die späten Quartette, die er in den Jahren vor seinem Tod komponierte (s. u.).

Außer den Quartetten schrieb Beethoven insgesamt 2 Streichquintette, 11 Klaviertrios (einschließlich der Variationen und Einzelsätze für diese Besetzung), ein Sextett (Streichquartett und zwei Hörnern) sowie ein Septett mit Streichern und Bläsern.

Ludwig van Beethoven 1804
Gemälde von Joseph Willibrord Mähler

Mozarts Geist aus Haydns Händen

Ludwig van Beethovens Streichquartett D-Dur, op.18,3

Den **ersten Satz (*Allegro*)** eröffnet das Hauptthema mit einem melodischen Aufschwung einer schwärmerischen Septime in ganzen Noten und wellenartig daraus fallenden Achtelketten, *mozartisch süß* nennt es W. Keller.

Ein verspieltes zweites Motiv steht ihm zur Seite, das Haydn erdacht haben könnte und das in der Durchführung wiederkehrt.

Das energisch akzentuierte zweite Thema ergänzt die Vorstellung der musikalischen Gestalten.

In der kurzen Durchführung steigern sich Akzente und Lautstärke bis zu einem *fortissimo* in der entfernten Tonart Cis-Dur, bevor schon im nächsten Takt das weiche erste Thema wieder erscheint. Die auf kurze Abstände stark wechselnd angelegte Dynamik erlaubt einen Vorausblick auf Beethovens persönlichen Stil.

Den **zweiten Satz (*Andante con moto,* B-Dur)** nennt Joseph Kerman *eine der glücklichsten lyrischen Ideen des frühen Beethoven*. Die zweite Geige führt in dunkler Klangfarbe das Thema ein, das nach vier Takten von der ersten Geige übernommen wird.

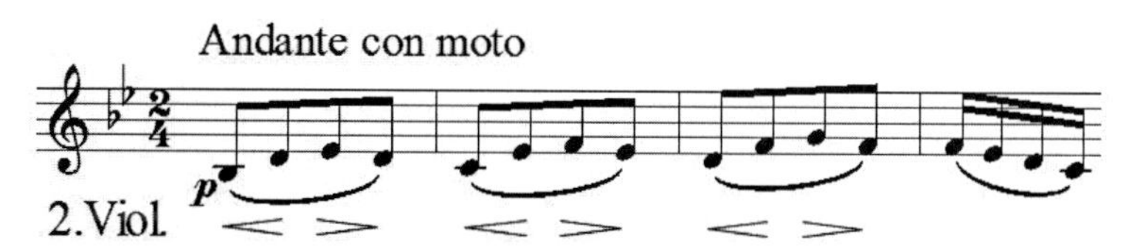

Die ersten vier Töne des Themas in ihrer an- und abschwellenden Dynamik sind im ganzen Satz in wechselnden Instrumenten präsent, sie sind die Keimzelle aller motivischen Arbeit, um die sich wechselnde Figurationen ranken.

Der **dritte Satz (*Allegro*)** ist ein dreiteiliges Scherzo mit Moll-Mittelteil und variierter Reprise des ersten Abschnitts. Das Spiel mit Dur und Moll und mehrere, das Tempo verzögernde Fermaten charakterisieren die Eckteile. Im kurzen Trio wechselt ein rasches Tonleitermotiv zwischen den Violinen zu akkordischer Begleitung der Unterstimmen.

Ein virtuoses *perpetuum mobile* erwartet den Hörer im **letzten Satz (*Presto*).** In kontrapunktischer Arbeit hatte Beethoven bis zu diesem Satz, der einige Zeit später entstanden ist als die ersten drei, viel dazu gelernt, wie die durch alle Stimmen wirbelnden Frage-Antwort-Spiele beweisen.

Die Durchführung ist eine der kompliziertesten, die Beethoven bis dahin geschrieben hatte. In wilden *fugato* Abschnitten prallen Motivteile über- und unter- und aufeinander. Der manchmal ruppig-rauhe Ton lässt Joseph Kerman an die etwa 25 Jahre später entstandene Große Fuge op. 133 denken. Der Satz weist in seinem furiosen Tarantella-Charakter schon auf Schuberts Finalsätze in wirbelndem 6/8-Takt hin.

Meisterhaftes Debüt

Zu Beethovens Klaviertrio Es-Dur, op. 1,1

Zwei Hauptthemen von stark gegensätzlichem Charakter bestimmen den kontrastreichen **ersten Satz (*Allegro*)**. Das erste Thema lebt von energisch im Staccato ansteigenden Dreiklängen im Wechsel mit drei, die Harmonie weiterführenden Akkorden.

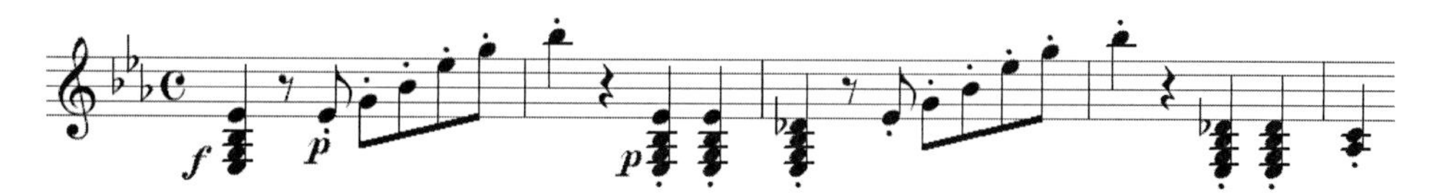

Das Klavier leitet zu melodiösen Legato-Passagen über. Die Streicher zitieren noch die aufsteigenden Staccato-Dreiklänge, doch das Klavier beendet mit energischen Läufen und schroffen Akkorden diesen Abschnitt. Das Seitenthema nimmt die drei Akkorde des Hauptthemas im Pianissimo auf. Sie wirken hier fast geheimnisvoll mit kleinem Akzent auf dem die Harmonie verändernden dritten Akkord, dem sich ruhige Kantilenen anschließen.

Der aufstrebende Duktus findet sich nochmals in einem Schlussgruppenmotiv, das sich mit ansteigenden Tonleitern im Triolenrhythmus (Variante des ersten Themas) mit melodischem Ausklang (zweites Thema) durch alle Stimmen zieht:

Die Durchführung moduliert unter Verwendung des Staccatothemas, später auch des Schlussgruppenmotivs, über kräftiges c-moll in weiches As- und Des-Dur. Das zweite Thema fehlt in der Durchführung. Sozusagen als Ausgleich erklingt es nochmals in der der Reprise folgenden ausgedehnten Coda. Mit energischen Läufen und kräftigen Akkorden klingt der muntere Satz aus.

Der langsame **zweite Satz (*Andante cantabile*)** in friedvollem, weichem, quasi samtigem As-Dur atmet in lang strömenden Melodielinien, die das Klavier allein anstimmt.

Adagio cantabile

Die Violine wiederholt das Thema, dem ein lang ausgesponnener Dialog der beiden Streicher folgt, vom Klavier in sanften Umspielungen begleitet. Den ersten Abschnitt beendet das Klavier mit einer umspielenden Themenvariante. Der Mittelteil in Moll offenbart schmerzlichere Aspekte, wendet sich dann aber in helles C-Dur. Nach immer neuen melodischen Umgestaltungen und unter wechselnder Führung der drei Instrumente klingt der Satz im verlöschenden Pianissimo aus.

Als **dritter Satz** (***Allegro assai*****, Es-Dur**) folgt ein echtes Scherzo, das mit dem althergebrachten Menuett nur noch den Dreiertakt gemeinsam hat. Das Drehmotiv mit Vorschlag (erster Takt) und die Tonwiederholungen des letzten Taktes bestimmen seinen launigen, quirligen Charakter. Erstaunlich, dass zwischen diesen Elementen ein Motiv eingebettet ist, das in lang gezogenen Tönen dem B-A-C-H-Motiv oder Kreuzmotiv verwandt ist und sonst in ganz anderer Umgebung und mit weit schwererem Bedeutungsinhalt verwendet wird! Zu Beginn scheint die Tonart c-moll anzuklingen, erst in den Schlusstönen beider Themenhälften stellt sich die Grundtonart Es-Dur heraus.

Allegro assai

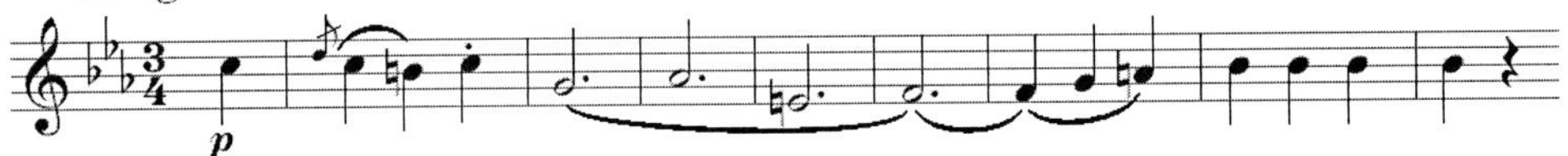

Das Trio in As-Dur (sempre pianissimo e legato) bettet melodische Dreiklangsbrechungen in sanfte Akkorde ein.

Schwungvoll beginnt das munter-umtriebige **Presto-Finale (*Es-Dur*)** mit Tonsprüngen der Dezime, als ob die aufsteigenden Dreiklänge des Kopfsatzes nun in einer einzigen Hürde übersprungen werden müssten. Dem folgt die Umkehrung des Dreiklangs aus dem Kopfsatz.

Presto

Antreibende, übermütige Auftakte, quicklebendige Läufe und virtuose Dreiklangskaskaden beherrschen den ersten Abschnitt. Kontrast bildend hebt das zweite Thema ruhiger und melodischer an, es besteht nur aus einem fallenden Dreiklang mit anschließender Tonleiter.

Die virtuosen Passagen steigern sich im weiteren Verlauf der Exposition und beherrschen weite Teile der Durchführung. In Moll erscheinen sie feurig im Stil eines *all' ungarese*, während das zweite Thema – wie schon im ersten Satz – fehlt. Mit einer klanglichen Beruhigung endet die Durchführung. Umso übermütiger wirkt wieder der Einsatz des ersten Themas zu Beginn der Reprise. Diese ist um eine heitere Episode erweitert, in der Beethoven einen köstlichen Überraschungseffekt bietet: Nach einem Ritardando schrickt der Hörer zusammen, wenn die gespreizten Auftakte plötzlich in anderer Tonlage erscheinen und in das völlig unerwartete zweite Thema münden, dazu noch in einer gänzlich „falschen" Tonart (E-Dur, einen Ton „zu hoch"). Drei chromatisch abfallende Töne – und schon ist die Dominante zur richtigen Tonart erreicht, das Thema erklingt nochmals „richtig" und die verspielten Läufe münden in die bekräftigenden Schlussakkorde.

Frühe c-moll-Dramatik

Zu Beethovens Klaviertrio c-moll, op. 1,3

Der für Beethovens spätere Werke typische, düster-tragische Charakter der Tonart c-moll tritt im dritten der Trios op. 1 erstmals hervor. Auch die Zusammengehörigkeit der Ecksätze durch motivischen Bezug zwischen ihren Hauptthemen weist voraus auf die später bedeutsame zyklische Form.

Der Beginn des **Kopfsatzes** (***Allegro con brio***) birgt in der kurzen Einleitung mit aufsteigendem Fragemotiv und seiner absteigenden Antwort dramatische Spannung,

sie mündet in ein vorwärts drängendes Thema, das mit energischen Steigerungen, schroffen Akkorden, akzentuierten Synkopen und stürzenden Kaskaden den Charakter des Satzes bestimmt.

Der folgende **langsame Satz** (***Andante cantabile con Variazioni***) enthält fünf Variationen in Es-Dur über ein ruhig-gesangliches Thema in unterschiedlichem Bewegungsfluss und wechselnden Stimmungen, die in einer Coda leise verklingen.

Der **dritte Satz** (***Quasi Allegro***) ist ein Scherzo mit schroffen Stimmungsumschwüngen und abrupt wechselnder Dynamik, dessen Trio perlende Tonleiterkaskaden mit getupften Staccati und weichen Melodiebögen vereint.

Das **Finale** (***Prestissimo***) nimmt die Verbindung zum Kopfsatz auf in einer kurzen, schroffen Einleitung, dann bestimmt das – ebenfalls mit dem Thema des ersten Satzes verwandte – vorwärts preschende Hauptthema den motorisch-wilden Verlauf,

den das gesangliche Seitenthema in Es-Dur nur vorübergehend unterbrechen kann. Die Coda des Satzes baut überraschend die dramatische Energie ab und mündet verhuschend im C-Dur-Pianissimo.

Beethovens Streichquartette op. 59

Aufregende Jahre lagen hinter Beethoven, als er sich im Jahre 1806, sieben Jahre nach Vollendung seines ersten Streichquartett-Zyklus' op. 18 wieder dieser Gattung zuwandte. Seine dritte Symphonie (*Eroica*, op. 55, uraufgeführt 1804) hatte einen Wendepunkt in seinem Schaffen markiert. Ein Jahr voller Arbeit an seiner einzigen Oper *Fidelio* und der Misserfolg der Uraufführung im November 1805 hatten Beethoven sehr mitgenommen. Dennoch den Durchbruch als Komponist zu schaffen, war sein Bestreben, dazu waren vor allem symphonische Werken wichtig. Nach den Wirren der Napoleonischen Kriege und Besatzung brachen ruhigere Zeiten voller Schaffensenergie an. Sein viertes Klavierkonzert, die vierte Symphonie und das Violinkonzert entstanden im gleichen Jahr wie die Quartette op. 59.

Die Anregung zur neuen Quartettserie kam vermutlich vom Grafen Andrei Rasumowsky, der in Wien als russischer Gesandter ein großes Haus mit zahlreichen Empfängen, Bällen und Konzerten führte und selbst auch ein ausgezeichneter Geiger war. Seiner Herkunft zuliebe arbeitete Beethoven Themen ein, die er aus einer Sammlung russischer Volkslieder entnahm.

Andrei Kirillowitsch Rasumowsky (1752-1836), russischer Botschafter in Wien

Das Palais Rasumowsky heute

Ein gewichtiger Einfluss auf die Gestaltung der Beethovenschen Quartette kommt dem *Schuppanzigh-Quartett* zu, das die meisten seiner Quartette uraufführte. Ignaz Schuppanzigh (1776-1830) stand bereits mit seiner ersten professionellen Streichquartett-Formation ab 1794 in Diensten des Grafen Karl Lichnowsky, des früheren Beethoven-Mäzens. In dessen Palais konzertierte man jeden Freitagmorgen vor ausgesuchter Gesellschaft, zu der oft auch Haydn und Beethoven gehörten. Gespielt wurde Kammermusik von Haydn, Mozart und dem damals in Wien sehr bekannten Emanuel Förster. Auch Beethovens frühe Quartette op. 18 erklangen hier vermutlich erstmals. Ab 1804 veranstaltete das *Schuppanzigh-Quartett* erfolgreich öffentliche Konzerte mit Kammermusik, sogar als Abonnement-Konzerte – ein Novum in der Musikgeschichte. Von nun an war Hören von Kammermusik auch dem gebildeten Bürgertum möglich, das keinen Zugang zu den Salons des Adels hatte. Von 1808 bis 1816 wurde *Schuppanzigh-Quartett* durch den Grafen Rasumowsky finanziert, es galt weithin als das *Rasumowsky'sche Quartett*. Fürst Rasumowsky spielte zeitweise selbst die zweite Violine. Am 31.12.1814 fiel das Palais Rasumowsky mit allen Kunstschätzen einem Brand zum Opfer, die

Zahlungen an das Quartett versiegten. Nach einigen Jahren in Russland kehrte Schuppanzigh 1823 nach Wien zurück und führte die Erfolge mit seinem Repertoire, zu dem vor allem Haydn, Mozart, Beethoven und inzwischen auch Schuberts Werke gehörten, bis zu seinem plötzlichen frühen Tod fort (1830).

Ignaz Schuppanzigh (1776-1830)

Mit der Professionalisierung auf Spitzenniveau durch das *Schuppanzigh-Quartett* stieg das Streichquartett von gehobener Unterhaltungsmusik *für Kenner und Liebhaber* zur bedeutenden musikalischen Konzertgattung auf.

Die fruchtbare, enge Zusammenarbeit zwischen Komponist und Interpreten beflügelte auch die musikalische Inspiration und ermöglichte technische Raffinessen, kompositorischen Eigenheiten und eine neue Komplexität der Werke – eine musikgeschichtliche Wende, an dem dieses Ensemble historischen Anteil hatte und der wir nicht zuletzt auch die Qualität der späten Streichquartette Beethovens und Schuberts verdanken. Neu an den Quartetten op. 59 ist die Weite der Form, in der sich die musikalische Substanz entwickelt, und das bis ins Symphonische reichende Klangspektrum. Expositionswiederholungen, noch in den früheren Quartetten üblich, weichen der durchkomponierten, einmaligen Expositionsform.

Nicht mehr nur die Durchführung, sondern alle Teile des Satzes sind vom Prinzip der Verarbeitung durchzogen. Die Tendenz in dieser Zeit geht dahin, die gesamte musikalische Substanz aus den Themenbausteinen zu entwickeln.

Laut Eintrag im Manuskript begann Beethoven die Komposition des ersten Quartetts der neuen Reihe am 26. Mai 1806, und bereits am 5. Juli desselben Jahres meldete er dem Verleger die Fertigstellung. Im Druck erschienen die drei Quartette op. 59 zwei Jahre später (1808), gewidmet sind sie dem Grafen Rasumowsky.

Melodischer Reichtum und Klangfülle

Zu Beethovens Streichquartett F-Dur, op. 59,1

Das Violoncello eröffnet den lyrischen **1. Satz (*Allegro*)** mit einem gesanglichen Hauptthema, das aus Tonleiterelementen eine weit ausschwingende Melodie gestaltet:

Die erste Violine führt die Linie in immer höhere Klangregionen, sodass in den neunzehn Takten des Hauptthemas ein Tonraum von vier Oktaven durchmessen wird. Die übrigen Instrumente untermalen mit akkordischen Tonrepetitionen. Kontrast bietet ein kurzes, mit Pausen durchsetztes, engräumiges Zwischenmotiv, das nach wenigen Takten zurück in die Legato-Melodik des Hautthemas leitet:

Paarweise in gesanglichen Terzparallelen gestalten die Instrumente das Thema in beweglicherem Achtelfluss aus, der Klangraum erweitert sich wieder zu klangvollem Abschluss des Hauptsatzes. Das Cello führt mit einem unwirsch anmutenden, auffahrenden Tonleitermotiv in die stockende Bewegung des Zwischenmotivs. Aus dieser entspringt das Seitenthema in C-Dur, das dem Hauptthema in Tonleiterstruktur und gleichmäßigem melodischen Fluss so ähnlich ist, dass es wie eine Variante des Hauptthemas erscheint.

Straffe Trillerfiguren (3. Takt), Triolenbewegung und bremsend gegeneinander gesetzte Akkordblöcke führen zurück zum Hauptthema und mit fließendem Übergang zur Durchführung, in der das Hauptthema dominiert. In fast schubertscher Manier breitet es sich immer wieder großräumig aus, in neue Tonartbereiche ausweichend. Kontrast bilden Kurzmotive, eines mit der Artikulation aus dem 3. Takt des Hauptthemas, ein Tonleiter-Kurzmotiv und ein Triolenmotiv aus dem Umfeld des Seitenthemas:

Zu kontrapunktischer Achtelbewegung eröffnet die 2. Violine ein Fugato:

In der variantenreichen Reprise erscheint das Terzparallelenduett überraschend in weichem Des-Dur. Es folgt eine ausgedehnte Coda mit einer weiteren Variante des Hautthemas. Durch die Einheitlichkeit der zugrunde liegenden Motive ergibt sich eine besondere, lyrisch-stimmige Geschlossenheit des Satzes.

Der Scherzocharakter des **zweiten Satzes (*Allegretto vivace e sempre scherzando*, B-Dur)** entsteht vor allem durch Gegensätze: Keck-witziges Staccato wechselt mit melodischen Legato-partien, fein-lyrische Melodik mit derben Passagen, durchbrochener Satz mit symphoni-schem Fortissimo, zusätzlich überraschen Lautstärke- und Tonartwechsel sowie gelegentlich derbe Akzente gegen den Takt. Im Gegensatz zu den fließenden Melodien des Kopfsatzes arbeitet Beethoven hier mit kurzen, zwei- bis viertaktigen Motiven.

Das Cello beginnt mit einer Art Motto-Rhythmus auf einem Ton, der gliedernd – auch von allen Instrumenten gemeinsam – den Satz beherrscht.

Es folgt das keck-graziöse Hauptthema der Violinen im Wechsel mit dem Motto-Rhythmus,

dem ein lyrisch-melodischer Gegensatz folgt:

Der Mittelteil wendet sich nach Moll. Fast parodistisch wirkt die nahezu banale Tonleitermelodie mit schmerzlich übertriebener Dynamik und Wechsel zu launischem Staccato.:

Aus dem Grundrhythmus wird eine melodische Linie gewonnen, die an wienerisch-behagliche Gemütlichkeit erinnert, aber auf engstem Raum von der entfernten Tonart H-Dur zurück nach B-Dur, anschließend über Ges-Dur nach C-Dur führt.

Die Reprise setzt überraschend in Ges-Dur ein, zum pochenden Motto-Rhythmus erscheint ein neues, melodisch wiegendes Motiv:

Witzig ist auch der Satzschluss: Die Melodielinie entschwindet im Pianissimo in die höchsten Regionen, ein einsamer Pizzicato-Akkord, dem jedes Instrument einzeln das rhythmische Konzentrat des Satzes entgegnet – dann erst erfolgt der gemeinsame, bestätigende Abschluss im Fortissimo.

Auf strömende Melodik im ersten und Scherzando-Überraschungen im zweiten folgt als **dritter Satz (*Adagio molto e mesto*)** ein Lamento in f-moll. Schmerzliche Vorhalte und melodisch-pathetische Gestik wie quasi ein Händeringen gestalten das erste Thema. Verwandtschaft zu barocker Lamento-Tradition und dem melodischen Kreuzmotiv dürften dem zeitgenössischen Hörer sofort aufgefallen sein, auch die Verwendung einer der tragischsten Tonarten der Bachschen Passionen. Die Melodie, von der 1. Violine angestimmt, wird vom Cello in Diskantlage wiederholt.

Auch das expressive zweite Thema in c-Moll wechselt zwischen hoher Lage des Cello und der Violine:

Die Durchführung lässt das zweite Thema von c-moll über As-Dur, Des-Dur und des(=cis)-moll ins weit entfernte D-Dur gleiten. Das Kopfmotiv des ersten Themas führt imitatorisch in den drei Oberstimmen zurück nach C-Dur. Im dritten Durchführungsabschnitt erscheint nach einer wirkungsvollen Tempoverzögerung ein neues melodisches Gebilde, das sich aber als eine Variante des zweiten Themas erweist.

Die Reprise ist keine reine Wiederholung, das erste Thema wird durch einen emotionalen Ausbruch in die obere Oktave gesteigert, über Begleitung aus raschen Tonbewegungen der zweiten Geige, Tremolo der Bratsche und Pizzicato des Cello. Die Coda wartet mit einer weiteren Variante des ersten Themas auf, wie in der Durchführung erscheint es in Imitationen der Geigen über schneller Bewegung der Unterstimmen. Eine Kadenz der 1. Violine in rasanten C-Dur-Läufen im Legato und Staccato mündet in einen Triller, der direkt ins Finale überleitet.

Das Cello eröffnet zum überleitenden Triller der 1. Violine den **4. Satz *(Allegro)*** in Sonatenform mit Rondo-Elementen. Als erstes von drei Themen erscheint die russische Melodie:

Das zweite Thema bietet ruhigen, lyrischen Kontrast, es erinnert an den ersten Satz, ist aber für die Durchführung ohne Bedeutung:

Das vorwärts drängende, dritte Thema ist rhythmischer Art. Jeweils zwei Stimmen übernehmen das Thema, die anderen beiden den Komplementärrhythmus.:

Der Triller vom Anfang leitet in die Wiederholung der Exposition bzw. in die Durchführung. Diese spielt mit Bausteinen aus dem ersten und dritten Thema.:

Sie führt in einer zweiten, dramatischen Steigerungswelle aus Motiven des dritten Themas ins Fortissimo, das sich zur Reprise hin beruhigend abbaut. Die Themen erscheinen wieder in der Reihenfolge, jedoch variiert. Nach zwei Fermaten, die das Ungestüm des dritten Themas bremsen, und einer kleinen Kadenz beginnt die Coda mit einem Fugato aus Elementen des ersten Themas, das – wieder mit Elementen des dritten – zu einer großen Steigerung anwächst. Wie von Ferne und verklärt erklingt im Adagio in höchster Tonlage die russische Melodie. Eine Presto-Stretta lässt den Satz schwungvoll ausklingen.

Ausbreitung motivischer Feinstruktur

Zu Beethovens Streichquartett e-moll, op. 59,2

Noch während der Arbeit an op. 59,1 begann Beethoven mit der Komposition des nächsten Quartetts. Es war ihm mehrfach offensichtlich ein Bedürfnis, nebeneinander unterschiedliche Konzeptionen, die er bereits im Kopf hatte, zu verwirklichen, wie er wie auch zwei Jahre später die 5. und 6. Symphonie (1808) fast gleichzeitig beendete.

Wie ein Gegenentwurf zum ersten Quartett der Serie mutet das zweite in e-moll an. Verströmte das erste Gelassenheit und melodische Breite, so beginnt das zweite herb-introvertiert, es ist von motivischer Knappheit, dichter motivischer Arbeit, kontrastreicher Dynamik und satztechnischer Kürze geprägt.

Der **erste Satz (*Allegro*)** beginnt mit zwei eröffnenden, schroffen Akkorden, dem nach einer Pause das eigensinnig-unwirsch anmutende Hauptthema folgt. Es besteht eigentlich nur aus zwei Akkorden (gebrochener Tonika-Dreiklang aufwärts, Dominant-Dreiklang abwärts) mit Tonika-Abschluss, die nach erneutem Stillstand einen Halbton höher in F-Dur wiederholt werden. Dann erst entspinnt sich daraus ein längerer melodischer Kontext.

Nach einer Überleitung, die sich mit ansteigenden Tonleitern zum Fortissimo steigert, halten im Seitensatz 1. Violine und Cello Zwiesprache mit ebenfalls kurzen, einander entgegengesetzten Motiven, die erst am Ende in eine melodische Linie münden:

Ein daraus rhythmisch abgeleitetes Akkordmotiv, in dissonanten Klängen und mit unruhig-trotzig wirkenden Akzenten, ergänzt in der Schlussgruppe.

Mit resolut-schroffen, fallenden Tonkaskaden der 1.Violine und Akkorden (vgl. 1. Thema) endet die Exposition.

Diese beiden kurzen Elemente werden zu Beginn der Durchführung aufgenommen und in neuem Charakter – in weichem Legato bzw. in kontrastierenden Lautstärken – einander gegenübergestellt, ebenso energische Läufe dem weichen Motiv des Seitensatzes. Die Durchführung kulminiert im Gegenspiel von aufsteigenden Akkordbrechungen der 1. Violine (Umkehrung der „Kaskaden") mit energischen Akkordwiederholungen (vgl. Schlussgruppe). Die Reprise entspricht der Exposition. Eine kurze Coda lässt alle Elemente noch einmal aufscheinen: die Akkorde des Anfangs, das Dreiklangsmotiv des Hauptthemas und die weichen Linien des Seitenthemas. Der Satz endet mit dem im Fortissimo unisono gespielten Hauptthema, das unmittelbar im Piano entschwindet.

Größten Gegensatz bietet der **zweite Satz (*Molto Adagio*, E-Dur, A-B-A-B-A-Form)**. Von Czerny ist überliefert, dass Beethoven bei diesem Satz an den *gestirnten Himmel* und die *Harmonie der Sphären* gedacht haben soll. Choralartig in größter Ruhe entfaltet sich das Hauptthema über acht Takte. Im Beginn klingt das B-A-C-H-Motiv an, im weiteren Verlauf erinnert manche Wendung an die Arie *Euch werde Lohn in bess'ren Welten* aus dem *Fidelio* (ein Jahr zuvor erstmals aufgeführt).

Doch schon bei der Wiederholung des Themas durch die 2. Violine gesellt sich ein zweites, „handfest-irdisches" Element dazu. Zunächst als rhythmischer Kontrapunkt in punktierten Notenwerten, greift es im weiteren Verlauf immer mehr auf die anderen Stimmen über und bildet eine eigene thematische Gestalt aus, die den Rhythmus durch Doppelpunktierungen noch verschärft:

Die Punktierungen werden in weiche Triolen gemildert, die in ruhig gleitender Tonleiterbewegung den gesamten Tonraum durchmessen, von der Violine hinab bis zum tiefsten Ton des Cello und wieder hinauf über fast fünf Oktaven bis zum h''' der 1. Violine, ein Bild, das Beethovens Empfindung beim Betrachten des himmlischen Kosmos spiegeln könnte. Über der Begleitung der ruhenden Choralklänge des 1. Themas bildet sich aus den Triolen ein drittes melodisches Thema in weich-wiegendem Charakter:

Im durchführungsähnlichen Mittelteil baut sich durch Klangballung eine Spannung zum Fortissimo auf, die sich in fallenden Tonkaskaden – erinnernd an den 1. Satz – entlädt und nach einer Beruhigung in die Reprise leitet. Das hymnische Thema wird hier durchweg vom rhythmischen Motiv im Cello begleitet.

Die Coda stellt das Choralthema abschließend noch einmal dem wiegenden 3. Thema gegenüber und klingt mit der ruhigen, absteigenden Linie der Triolen und zarten Akkorden in uneingeschränkter E-Dur-Harmonie aus.

Scherzo-Sätze wie der **dritte Satz (*Allegretto*, e-moll),** die mit rhythmischer Verwirrung des Taktgefüges spielen – solche gibt es bereits bei Haydn – schrieb Beethoven mehrfach, oft als „dämonisch"-wildes Scherzo. Dieses aber offenbart einen zart-labilen Charakter. Im Hauptthema betont allein das Cello den Taktschwerpunkt, die melodische Linie läuft total dagegen, sodass der Hörer vor allem am Ende verwirrt ist, wenn sich die Schlusston plötzlich wieder der „1" anpasst.

Zweimal ballen sich im Mittelabschnitt Klänge zum Fortissimo in komplementärem Rhythmus zusammen, dann kehrt der Anfangsabschnitt wieder.

Robusteren Charakter zeigt das **Trio** (B). Eine russische Volksmelodie übernimmt die Führung. Durch Mussorgskij wurde dieses Lied später noch bekannter, als er sie in seiner Oper *Boris Godunow* dem Chor des Volkes anvertraute.

Merkwürdig erscheint, dass diese schlichte Volksmelodie zusammen mit einem Kontrapunkt aus hastigen Läufen in gelehrter Fugentechnik verarbeitet wird, schließlich als Fugato in Engführungen mit zwei Takten und sogar mit nur einem Takt Abstand. Ob es Beethoven Spaß gemacht hat, solch heterogene Elemente kunstvoll zu verbinden oder ob es als Parodie gedacht war, darüber gehen die Meinungen auseinander. Zeitgenossen schon sollen Beethoven kritisiert haben wegen dieser „albernen" Stelle, die im Ausdruck gar keinen Sinn mache, nur Schulmäßigkeit demonstriere. Ähnlich beurteilten Kritiker die simple A-B-A-B-A-Form. Vielleicht steckt gerade darin der Humor, den sich Beethoven in diesem Scherzo erlaubte.

Das **Finale (*Presto,* e-moll)** ist ein temperamentvolles Rondo mit Sonatensatz-Elementen, der Mittelteil ist durchführungsartig gestaltet. Eingängig und schwungvoll erklingt das Hauptthema in klarem C-Dur, es wendet sich erst am Ende zur Haupttonart e-moll, nach einem einzigen Überleitungstakt jedoch sogleich nach C-Dur zurück zur Wiederholung des Themas.

Ungestüm in jambischem Rhythmus vorwärts drängende Begleitakkorde untermalen konstant das Hauptthema, nur viermal von stampfenden Akkorden unterbrochen, die jeweils wieder das Thema ankündigen.

Überleitend jagt das Auftakt-Motiv (2.-4.Ton des Themas) durch alle Stimmen und führt zum ersten Couplet-Teil mit einem zweiten, melodisch ruhigeren Seitenthema (h-moll):

Die hastigen Auftaktmotive leiten die Rückkehr des Rondothemas ein. Diese drei Teile bilden zusammen die Exposition der Sonatenform.

Durchführungsartig verarbeitet der zweite Couplet-Teil Motive des Rondoteils. Zunächst werden in Doppelfugato-Manier kräftig im Fortissimo polternde Sechzehntelketten des Themas (4.Takt) den stampfenden, kraftvoll akzentuierten Akkord-Halben aus der Überleitung gegenübergestellt. Im Pianissimo erscheint der Themenkopf, fortgesponnen in jambischem Rhythmus leitet er jedoch sogleich in ein neues Fugato aus verwandtem Motivmaterial.

Die jagenden Auftaktmotive leiten die Reprise ein, in der zuerst das Seitenthema in höchster Lage der 1. Violine (e-moll, Haupttonart) erklingt, von den Unterstimmen wiederholt. Unruhig hasten wieder die Auftaktmotive zwischen allen Stimmen hin und her und führen ins Rondothema zurück.

Nach einem Abschnitt, der erneut Teilmotive variiert, zeigt sich nach einer Steigerung zum letzten Mal das Rondothema. In beschleunigtem Tempo und dynamischer Steigerung treiben schließlich die jambischen Motive auf die schroffen Fortissimo-Schlussakkorde zu.

Beethoven 1823
Ölbild v. Ferdinand Georg Waldmüller

Beethovens späte Streichquartette

op. 127, 130 – 133 und 135

Doch hatte die Taubheit keinen Einfluss auf das Wesentliche seiner Gedanken. Ich wäre versucht zu behaupten, dass die Taubheit, die ihn in sich selbst einmauerte, der Konzentration seines Genies förderlich war und ihn vor Abgeschmacktheiten und Banalitäten seiner Zeit bewahrte.

Arthur Honegge

Beethovens späte Streichquartette (1824-1826) erscheinen wie ein großer Zyklus. Sie sind motivisch und im Wesen einander verwandt. Ihre Dimensionen jedoch sprengen den Rahmen all dessen, was in der Gattung Streichquartett bis dahin üblich war. Die Satzzahl schwankt zwischen vier und sieben Sätzen. Sie gleichen riesigen Organismen mit einer bis dahin unerhörten Fülle an musikalischen Gedanken, Ausdruckswelten und Kontrasten und erreichen manchmal fast orchestrale Klangfülle. Sie sind motivisch sehr dicht komponiert, erscheinen manchmal fast konstruiert. Wie wenige Werke bieten die späten Quartette bis heute schier unerschöpflichen Stoff für Reflexion und Analyse.

Von Schubert bis Bartók ist ihr Vorbildcharakter unverkennbar. Unüberbietbare Vielseitigkeit in Ausdruck, Satzstruktur, Einbeziehung von alten Techniken und Formen (Fuge, Choral, Kirchentonarten), formale Unterschiede (Satzanzahl und Satztypen), klangliche Experimente (extreme Tonhöhen und instrumentale Spielweisen), Gegensätze in Lautstärke- und Satztechnik, Kontraste volkstümlicher Liedmelodik und instrumentaler Melodieprägung sind Beispiele für die Extreme, die Beethoven zu konsistenten, individuellen Werken zu verschmelzen vermochte. Ein gemeinsames, dreitöniges Kernmotiv verbindet die Werke 130, 131, 132 und 133 zu zyklischer Einheit. Zu relativer Schlichtheit zurück führt op. 135. Das neue Finale zu op. 130 – die Große Fuge, Beethovens letzte vollendete Komposition – beschließt die Gruppe.

Mehr als zwölf Jahre waren vergangen seit dem Quartett op. 95 (1811), als sich Beethoven 1824 wieder der Gattung Streichquartett zuwandte. In den Jahren zwischen 1812 und 1824 war die Komposition von Kammermusik fast zum Erliegen gekommen, 1812 entstand noch eine Violinsonate, 1814 das letzte Klaviertrio, 1815 zwei Cellosonaten. Seine zunehmende Taubheit isolierte ihn immer mehr von der Öffentlichkeit und führte zu seelischer Zerrissenheit und Depression bis zu Suizidgedanken. 1815 gab er sein letztes Konzert als Pianist, ab 1819 konnte er sich nur noch über Konversationshefte unterhalten. Auch der Kampf um die Vormundschaft über seinen Neffen Karl zehrte an seinen Kräften.

Ab 1824, in seinen drei letzten Lebensjahren beschäftigte Beethoven sich – nach den großen Spätwerken Neunte Symphonie, *Missa solemnis* und den letzten Klaviersonaten – nahezu ausschließlich mit Streichquartetten. Den ersten Anstoß zu neuen Quartett-Überlegungen gab im November 1822 die Anfrage des Cello spielenden, in Petersburg lebenden Fürsten Nikolaus Galitzin, ob Beethoven nicht zwei oder drei Quartette für ihn schreiben wolle. In seiner Antwort verlangte Beethoven 50 Dukaten für jedes Quartett. Auch wurde vermutet (G. Indorf), dass die Rückkehr Schuppanzighs (1816 bis April 1823 nicht in Wien) mit der Möglichkeit von Aufführungen durch dessen hervorragendes Quartett-Ensemble Beethoven angeregt haben könnte. Mit Schuppanzigh hatte Beethoven früher eng zusammen gearbeitet (vgl. Artikel zu op. 59). Der zweite Geiger des Schuppanzigh-Quartetts war einer der engsten Vertrauten in Beethovens letzten Lebensjahren.

Renners Kammermusikführer nennt die späten Quartette Beethovens *kosmische Meditationen* und zitiert in diesem Zusammenhang Goethes Worte: *Gestaltung, Umgestaltung, des ewigen Sinnes ewige Unterhaltung.*

Lyrik auf dem Weg zum „letzten Stil"

Quartett in Es-Dur, op. 127

Das Es-Dur-Quartett bereitet dem Hörer weniger Schwierigkeiten als die schroffen und extremen Gegensätze in den folgenden Quartetten. Eine lyrische, bisweilen zart romantische Grundstimmung durchzieht das Werk. Die traditionelle Viersätzigkeit ist noch gewahrt, wenn sich auch im Inneren eine neue Formgestaltung zeigt, die als „rhapsodisch" bezeichnet wurde. Nicht der Gegensatz zweier Charaktere, wie die Sonatensatzform es erwarten lässt, bestimmt das musikalische Geschehen, es sind mehr die Einzelmotive, vor allem Spaltmotive aus dem Hauptthema, die durch vielfache Variation und variable Kombinationen Episoden bilden.

Der **erste Satz (*Allegro*)** beginnt mit einem einleitenden, kurzen *Maestoso*. Es ist nur wenige Takte lang und von gewichtigen homophonen Akkorden und Akzenten bestimmt. Zweimal erscheint es im Verlauf des ersten Satzes wieder und setzt formale Zäsuren, so zu Beginn der Durchführung und am Höhepunkt des Satzes. Das lyrische Hauptthema mit seinen zwei Spaltmotiven, dem ersten und dritten Takt, beherrscht den ganzen ersten Satz.

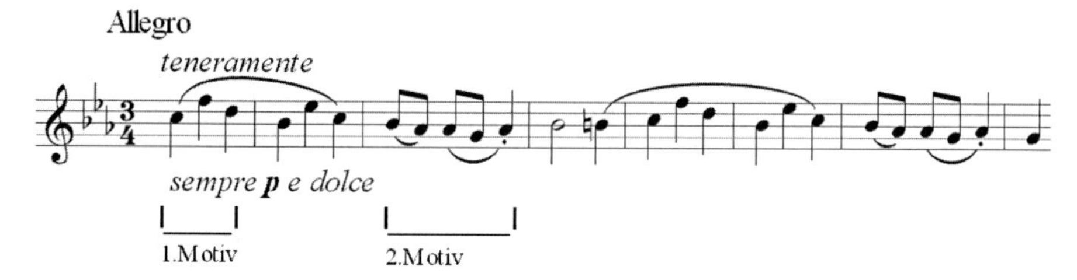

Noch im Nachsatz des Hauptthemas erscheint ein weiteres wichtiges, energischeres Motiv:

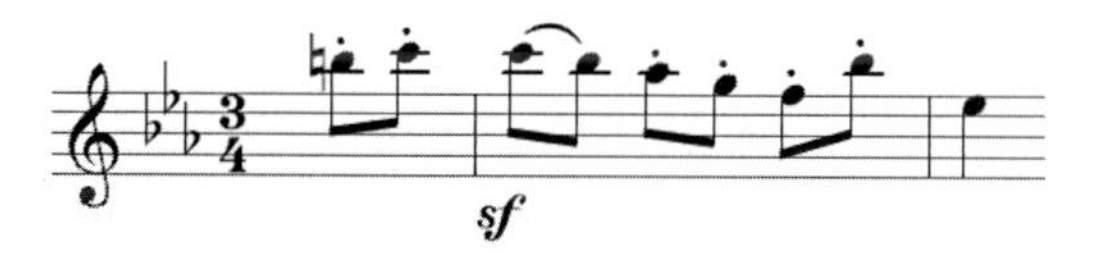

Anstelle eines zweiten Themas erklingt eine wiederum weiche Melodielinie, die sich jedoch nicht zu einem geschlossenen Thema formiert:

Den ersten Teil der Durchführung begleitet eine ruhige Tonleitermelodie. Sie ist aus der ganztaktigen Linie des Anfangs vom Hauptthema gewonnen und erscheint auf- und absteigend. Ansteigende Tonhöhen und schnellere Bewegung führen zum Höhepunkt, den das Einleitungs-Maestoso markiert. Ein Abschnitt mit dem verkürzten Spaltmotiv 2 leitet mit überraschenden Forte-Einschüben zurück in das Hauptthema, in die damit beginnende Reprise. Diese hält die Abfolge der Exposition ein, die Episoden sind durch aussingende Passagen erweitert. Die Coda nimmt noch einmal die ruhige, ganztaktige Tonleiterlinie auf und führt in einen leisen Ausklang.

Der **zweite Satz** (***Adagio, ma non troppo e molto cantabile***) bietet eine Folge von sieben Variationen über ein weit ausschwingendes, wiegend-pastorales Thema in samtenem As-Dur. Erste Violine und Cello wechseln im Vortrag des Themas, die Mittelstimmen begleiten sanft.

Die folgenden Variationen schmücken entweder als Ornamentalvariationen das Thema aus, ändern seinen Charakter durch Tonartwechsel oder verändern die Satzstruktur durch wechselnde Führung und Begleitung (kontrapunktische Variation).

Die erste Variation lockert die Strenge von rhythmischer Abfolge, Tonleitermelodik und melodischer Führung in abwechslungsreichere und bewegtere Strukturen, der getragene Legatocharakter bleibt noch erhalten. In der zweiten Variation ändern sich Takt und Tempo (*Andante con moto*). Die Oberstimmen alternieren mit Abschnitten des Themas, verziert in lebhafterer Bewegung, größeren Intervallen und mit Trillern, währen die beiden Unterstimmen überwiegend in getupftem Staccato untermalen. In die von der Ausgangstonart weit entrückte Klangwelt von E-Dur führt die dritte Variation (*Adagio molto espressivo*). Die vierte führt zurück in Ausgangstonart und -takt, ziert aber weiter mit glitzernden Trillern und Dreiklangsbrechungen aus. Die nächste Variation könnte mit *quasi una fantasia* überschrieben sein, in cis-moll spielt sie mit dem Auftaktmotiv, vergrößert seine Intervalle, kontrastiert es mit dem Tonleitermotiv des Themas und schwenkt in einer kühnen Modulation zurück nach As-Dur. Die letzte Variation zeichnet die Umrisse des Themas in gleichmäßiger schneller Sechzehntelbewegung nach, zuerst in der ersten Violine, dann in den drei Unterstimmen. Die Coda lässt die Bewegung wieder zur Ruhe des Anfangs zurückkehren.

Der **dritte Satz** (***Scherzando vivace***) ist vor allem rhythmisch geprägt, er verläuft dreiteilig (A-B-A). Der melodische Verlauf seiner Themen ist aus dem Adagiothema gewonnen und dem des ersten Satzes verwandt. Nach vier einleitenden Pizzicato-Akkorden steigt aus der tiefen Lage des Cello das rhythmische, huschende Scherzothema auf, das von der Bratsche in der Umkehrung beantwortet wird.

Das rhythmische Vierton-Motiv, in auf- und absteigender Richtung, und das Motiv der letzten drei aufsteigenden Töne mit Triller beherrschen den ersten Teil. Der Mittelteil in es-moll (*Presto*) kontrastiert dazu. Die Melodie der ersten Violine jagt in gleichmäßiger Viertelbewegung dahin, meist über homophoner Begleitung der Unterstimmen.

Im **Finale** erklingt nach kurzer Einleitung das erste Thema des Satzes, dessen Dreiklangsbrechungen das wichtigste Motiv des Satzes sind.

Aus der fortführenden Achtelbewegung entwickelt sich eine neue Melodie, die später in der Durchführung aufgegriffen wird:

Energischer und vorwärts drängender erscheint das Seitenthema, das beharrlich im Staccato den gleichen Ton repetiert, dann ansteigt und mit Vorschlägen und mehrfachen Forte-Angaben Gewicht erhält.

In der Durchführung werden zunächst die beiden gegensätzlichsten Motive, die Dreiklangsbrechung und die Tonwiederholung, getrennt verarbeitet, dann prallen sie aufeinander. Einer Schein-Reprise mit dem ersten Thema in As-Dur folgt ein Fugato, dann die Rückleitung zur echten Reprise. Die Coda (*Allegro commodo*) führt ein intensivierendes rhythmisches Grundelement mit Triolenbewegung ein, das sich in allen Stimmen durchsetzt und in mehrfachen dynamischen Steigerungen in die Schlussakkorde treibt.

Heiliger Dankgesang

Quartett in a-moll, op. 132

Das a-moll-Quartett entstand 1825 als zweites der von Galitzin bestellten Quartette, zwei Jahre vor Beethovens Tod, im Laufe einer Erkrankung und Genesung. Daraus erklärt sich der Titel des langsamen Satzes, um den sich wie um ein Zentrum die anderen Sätze gruppieren, der zweite und vierte von Bewegungsmustern (Tanz und Marsch) geprägt, die Ecksätze von leidenschaftlicher Melodik und angespanntem Vorwärtsdrängen.

Die langsame **Einleitung** zum **ersten Satz** ***(Assai sostenuto – Allegro)*** beginnt mit dem ernsten Grundmotiv aus vier Tönen, das mehrere der späten Quartette (Große Fuge op. 133!) durchzieht und in einer der ständigen intervallischen Umformungen dem B-A-C-H - Motiv verwandt ist.

Nach wenigen Takten erscheint im ***Allegro*** das erste Thema, das zunächst melancholisch in sich kreist und dessen punktierter Rhythmus sich zu vorwärtsdrängendem Gestus entfaltet. Es enthält das Grundmotiv und seine Umformung und wird dazu noch von diesem kontrapunktiert.

Das weich-melodische zweite Thema klingt wie auch in der Reprise nur kurz an, auch für die relativ kurze Durchführung hat es keine Bedeutung. Grundmotiv und erstes Thema beherrschen das Geschehen. Klangvolle Spielfiguren und doppelgriffige Akkorde unterstützen die grandiosen Steigerungen.

Der zweite Satz ***(Allegro ma non tanto,* A-Dur*)*** in dreiteiliger A-B-A-Form gleitet wie ein unwirklich dahin huschendes Scherzo in vorüber. Wiederum sind es zwei motivische Komponenten, die in größter Dichte – fast kein Takt, der nicht eines der beiden Motive enthält! – die Melodik aller vier Stimmen beherrschen. Im Trio-Mittelteil wechselt die Stimmung ins Tänzerische. Nach der Art einer heiteren *Musette* schwebt die Melodie über liegendem Grundton-Bass, dann treiben staccato-Begleitungen die zwischen 1.Violine und Bratsche pendelnde Melodie an.

Der langsame Satz, Zentrum und Herzstück des Quartetts, von Beethoven ***Heiliger Dankgesang eines Genesenen an die Gottheit in lydischer Tonart*** genannt, beginnt mit einem innigen, choralartigen Abschnitt (***Molto adagio***), der mit einem bewegteren Teil (*Andante – Neue Kraft fühlend*) in D-Dur alterniert. Die lydische Tonart – man stelle sich F-Dur mit „h" statt „b" vor – bewirkt ein tonales Schwanken zwischen C-Dur und F-Dur, erweckt eine kirchentonale Atmosphäre, die dominantische Strebeklänge meidet und – zusammen mit dem langsamen Tempo – der Musik einen statischen Charakter verleiht.

Das Tempo, die blockhaften Akkordfolgen, der meist engen Tonraum der Melodik und die eindringlich-emotionalen Crescendi assoziieren die Innigkeit eines Gebets. Im Andante-Teil zieht das Tempo an, stark wechselnde Dynamik, Akzente, Triller und ansteigende Tonleitern beleben den Fortgang. Beide Teile kehren in variierter Form wieder nach dem Schema A-B-A'-B´-A´´. Den letzten Abschnitt überschrieb Beethoven *Mit innigster Empfindung.*

Ein kurzer **vierter Satz** (***Alla marcia assai vivace***) kontrastiert zum introvertierten vorausgehenden auf das Schärfste mit „zackig" punktierten Rhythmen, straffem Marschtempo und kurzen melodischen Wendungen.

Durch seine Kürze und Monothematik erscheint der Marsch eher wie eine Einleitung zum letzten Satz als eigenständig. Eine Überleitung, in wechselnden Tempi mit einem instrumentalen Rezitativ der 1. Violine über dramatischem Tremolo und heftigen akkordischen Einwürfen der drei tiefen Streicher, mündet ohne Pause in den fünften Satz.

Das **Finale** (***Allegro appassionato***) beginnt mit dem weich-verhaltenen, sich weit verströmenden Hauptthema, dessen Melodiebildung an Schubert erinnert. Vorhalte und Crescendi verstärken die emotionale Wirkung von innerer Spannung und sehnsuchtsvollem Drängen. Verschleiert enthalten ist das Grundmotiv im Vorhalt des 2. Taktes und den Spitzentönen.

In der Form eines Rondos erklingt es immer wieder. Ausdruckkraft und Klangfülle werden bis in die höchsten Lagen der Instrumente gesteigert bis zum Schluss in strahlendem A-Dur.

Volkstümliches und Tiefgründiges

Quartett B-Dur, op. 130

Als drittes der drei vom Fürsten Galitzin 1822 in Auftrag gegebenen Quartette entstand zwischen Mai und Dezember 1825 das Werk in B-Dur op. 130. Der Beginn fällt noch in die Zeit der Arbeit am vorausgehenden Werk in a-moll-Quartett op. 132, das seine höhere Nummer nur der späteren Drucklegung verdankt. Am 21. März 1826 wurde das B-Dur-Quartett in Wien durch das Schuppanzigh-Quartett uraufgeführt. Der Artaria Verlag in Wien ließ Beethoven durch Karl Holz, den 2. Geiger des Schuppanzigh Quartetts und Freund Beethovens, anfragen, ob er nicht statt des Fugen-Finales einen anderen, leichter verständlichen und weniger sperrigen Schlusssatz schreiben wolle. Schon einen Tag später erklärte sich Beethoven dazu bereit – sei es wegen des großzügigen Honorars, sei es dass er selbst vielleicht schon an eine Änderung gedacht hatte. Das neue Finale zu op. 130 schrieb er im November 1826 – sein letztes vollendetes Werk. Die Fuge wurde erst nach seinem Tod als op. 133 veröffentlicht. Das Manuskript des ersten und fünften Satzes befand sich im Besitz der Familie Mendelssohn Bartholdy – ein interessanter Zusammenhang, wenn man bedenkt, dass der 18-jährige Felix in seinem Quartett in a-moll (vgl. Artikel dort) ähnliche Kompositionsstrukturen verwandte.

Mit sechs Sätzen weicht Beethoven vom üblichen viersätzigen Zyklus – wie schon in den späten Klaviersonaten – ab. Dem kontrastreichen, dynamischen Kopfsatz folgt ein gespenstisch-bissiges Presto (als Satztyp in der Romantik als *dämonisches Scherzo* charakterisiert), diesem ein introvertiert-heiterer, polyphoner langsamer Satz. An vierter Stelle greift das Werk nochmals ein tänzerisches Element auf: *Danza tedesca*. Auf die lyrisch fließende Kavatine als emotionales Zentrum des Werks folgte ursprünglich die intensive Fuge, die später durch das Allegro-Finale mit abrundendem Bezug zum Kopfsatz ersetzt wurde.

Der **Kopfsatz (*Adagio ma non troppo – Allegro*)** in freier Sonatenhauptsatzform ist von Unruhe geprägt. Abrupt wechselnde Dynamik, explosive Ausbrüche in extreme Klangräume stehen in schroffem Kontrast zu Abschnitten intimer Sanglichkeit. Zu Beginn werden diese Elemente in wechselndem Tempo vorgestellt, aber nicht in Form einer langsamen Einleitung, wie der Beginn vermuten lässt, da dieser Abschnitt in die Expositionswiederholung eingeschlossen ist und ähnlich zu Beginn von Durchführung und Coda wiederkehrt.

Das erste, ausdrucksstarke, melodische Element enthält die Kombination von Chromatik mit ausdrucksvollem, großem Intervall (Verwandtschaft zu den vorhergehenden Quartetten):

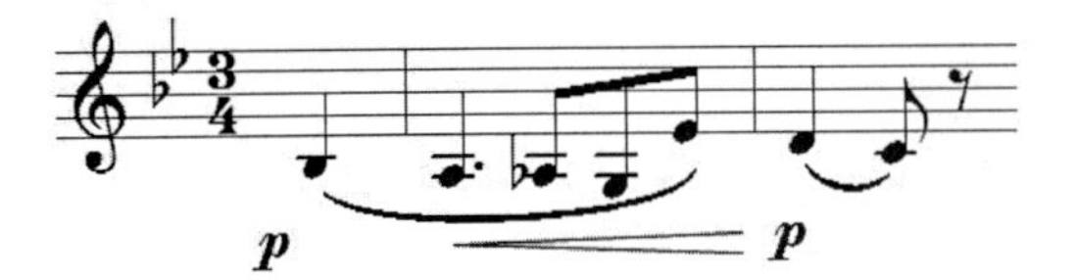

Das **Allegro** exponiert im Hauptthema zwei gegensätzliche Elemente nach Art einer Doppelfuge, ein rasch wirbelndes, fallendes Wechselnoten-Tonleitermotiv in kraftvollem *non legato* und ein signalhaftes Quartmotiv, das sich einen Ton höher wiederholt. Impulsiv und überraschend wirken die plötzlichen Lautstärkewechsel:

Durchführungsartigen Steigerungen bis in extreme Lagen folgen lärmende, beharrlich schroffe Dreiklangsbrechungen, in denen jeder zweite Ton mit einem ***f***-Zeichen versehen ist, bis ein plötzliches, chromatisches Unisono in den ruhigen Seitensatz leitet.

Ruhe in geheimnisvoll fernem Ges-Dur verbreitet das Seitenthema des Violoncello. Motivisch enthält es einen Nachklang der erregten, vorausgegangenen Tonleiter-Drehmotive. Als Nachsatz antwortet die 1. Violine antwortet mit gefühlvollem Sextsprung (aus dem Adagio-Motiv des Anfangs) und weich-melodischem Abstieg. Doch kaum verklungen, führen kurze, huschende Läufe wieder in die Tonleiteraktivität des Hauptthemas, allerdings – nun weniger aggressiv – im Legato wie im Seitenthema. Eine kraftvolle Steigerung mit aufdringlichen Akzenten bricht am Ende der Exposition plötzlich um in Pianissimo.

Die Durchführung überrascht als lyrischer Ruhepol zwischen Exposition und Reprise. Zunächst wiederholt sich der verkürzte, teilweise auf nur einen Takt beschränkte Gegensatz von Adagio und Allegro aus der Einleitung in neuen Tonarten (von Ges- nach D-Dur und G-Dur). Das Tempo stabilisiert sich im Allegro, jedoch in ruhig gelöstem Charakter. Zu weicher „Schaukelbewegung" der Mittelstimmen (Vorhalte aus dem Adagio-Thema des Anfangs) entwickelt sich ein Dialog aus dem Quart-Signalmotiv des Hauptthemas und dem lyrisch-kantablen Nachsatz aus dem Seitenthema, in Intensität durch Oktavbeginn gesteigert. Gelegentlich blitzt das Tonleitermotiv auf.

Erst eine zweitaktige Steigerung führt in die Reprise, die im Ablauf bis auf den erweiterten Seitensatz weitgehend der Exposition gleicht. Zu Beginn der Coda erklingt noch einmal der Wechsel von nebeneinander gestellten Motiven im Adagio und Allegro, bis im Allegro Signal- und Tonleitermotiv in die bekräftigenden Schlussakkorde leiten.

Gespenstisch, in höllischem Tempo, hastet der **zweite Satz (*Presto*, b-moll**, A-B-A-Form) vorüber.

Im A-Teil ist die melodische Linie in huschendem Pianissimo durch Pausen zerrissen, dann scheint sie unter kurzen dynamischen Schwellern fast zu zerbersten.

Der Mittelteil gleicht einem exaltierten, solistischen Teufelstanz der 1. Violine. Gebrochene Dreiklänge, Vorschläge, wechselnde Lautstärken, exzentrische Sforzati und Steigerungen in extreme Tonhöhen charakterisieren die Melodie. Die Unterstimmen feuern mit repetierten Akkorden an. Ein dreimaliges chromatisch gleitendes Motiv, ein höhnisch wirkendes fast-Glissando, leitet über in die Wiederholung des A-Teils, in dem die Melodie mit spöttischen Trillern verziert ist. Der Satz weist weit voraus in die Romantik: Der Begriff *Scherzo* erweiterte sich auf solcherart dämonisch-finstere Sätze.

Welche Bandbreite an Ausdruck der spätere Begriff Scherzo beinhalten kann, zeigt im Vergleich zum vorhergehenden der **dritte Satz (*Andante con moto, ma non troppo*, Des-Dur**). Beethoven stellte die Spielanweisung *poco scherzando* voran und verbindet diese mit dem Charakter eines langsamen Satzes. Die beiden Einleitungstakte in b-moll, beginnend mit einer finsteren Dissonanz und nachdenklichen Seufzermotiven, erinnern an das Vorausgegangene, enthalten aber auch schon das Motiv des graziös-eleganten Hauptthemas.

Die Intervalle des Seitenmotivs sind aus den ersten 4 Tönen des Hauptthemas entnommen (ab 3. Ton):

Es entwickelt sich ein heiter-gelöstes, polyphones Spiel der Motive in hellem Dur, weichem legato und getupftem staccato, das in manchen Passagen an das *Allegretto scherzando* aus der 8. Symphonie erinnert. Beethoven hatte in einem Gespräch Karl Holz auf *eine neue Art der Stimmführung* hingewiesen, die sich wohl auf den ständigen Wechsel zwischen Führung und Begleitung bezieht. In durchführungsartigen Abschnitten erscheinen die Motive auch enggeführt (als Kanon) und in entfernen sich weit von der Ausgangstonart (C-Dur, F-Dur).

Ein drittes Motiv mischt sich unter die immer variierten Gestalten der Hauptmotive, besonders ausdrucksvoll erscheint es in den Mittelstimmen:

Formal verläuft der Satz zweiteilig mit variierter Reprise und erweiterter Coda. Den scherzando-Charakter beweist nochmals der Schluss: Der Satz scheint im in getupftem Staccato pianissimo verklingen zu wollen, der durch eine Fermate verzögerte Schlussakkord erklingt im Forte!

Danza alla tedesca – deutscher Tanz – ist der **vierte Satz (G-Dur)** überschrieben. Der schnelle Drehtanz des 18. Jahrhunderts ging unter Joseph Lanner in den Walzer über. Auch an schnelle Menuette Haydns erinnert der Satz – hätte Beethoven nicht die manieriert-ausdrucksvollen dynamischen Schweller, die immer wieder ins Piano zurückfallen, vorgeschrieben. Die Melodien in volkstümlichen 8-Takt-Perioden und äußerst einfach aus Dreiklängen und Tonika-Dominante-Tonika-Harmonien gestaltet, wirken zwischen den hochartifiziellen Sätzen dieses Werks fast provozierend naiv.

Aus Umspielungen und Auszierung der größeren Intervalle entstehen im Mittel- und Reprisenteil Gegenstimmen zu den Themen und damit ein etwas bewegteres Klangbild.

In der Coda löst sich das Thema in seine Taktbestandteile auf, die auf alle vier Instrumente verteilt solistisch erklingen und abschließend noch einmal zusammengesetzt werden.

Der tiefgründigste Satz des Werk, **Cavatina** (Gesangsstück), ***Adagio molto espressivo*** in **Es-Dur**, entfaltet seine Wirkung durch fast gebetshafte, sangliche Schlichtheit der Melodie und harmonische Klangfülle in engem Tonraum. Intensivste Gefühle vertraute Beethoven meist dem Gesang als innigster Art menschlichen Ausdrucks an. Der Einleitungstakt der 2. Violine und der melodische Einschub im Pausentakt der 1. Violine greifen in Tonlage und Melodik ineinander (im Notenbeispiel 2. Violine im Auszug), sodass ein intensives, kontinuierliches, melodisches Klangband entsteht:

Die Unterstimmen unterstützen harmonisch, die 2. Violine ahmt Schlusstakte als kleines Echo nach. Der Ausdruck wird intensiviert durch größere Intervalle und ausgedehnten Tonraum, kehrt jedoch immer wieder zur ergreifenden Schlichtheit des Anfangs zurück.

Im Mittelteil verbreitet sich bedrückend-angstvoll eine rezitativische, stockende Melodie der 1. Violine über einen bewegten Pianissimo-Akkordband der Unterstimmen wie über einem Abgrund – *beklemmt* notiert Beethoven über die Noten. Die unheimliche Wirkung beruht insbesondere auf der rhythmischen Gestaltung: Die von Synkopen und Pausen zerrissene Melodie schwebt völlig frei im Zweiermetrum über dem Akkordband von konsequent durchgehaltenen Triolen, kaum ein Ton von Melodie und Klangband treffen rhythmisch zusammen. Aber es bleibt bei einem Blick in den Abgrund. Der Anfang kehrt als verkürzter Reprisenteil zurück, der Satz klingt in samtigem Es-Dur aus.

Größer könnten die Kontraste zwischen den beiden Schlussätzen kaum sein, die Beethoven diesem Werk zugedacht hatte. Die Große Fuge (s. unten) ist Gipfel, auf den alles zustrebt, wohl gedacht als finale Zusammenfassung zum ganzen Zyklus der drei Galitzin-Quartette.

Das **nachkomponierte Finale (*Allegro*, B-Dur),** fast ein „gesteigerter Haydn", rundet op. 130 ab mit Temperament und Gestik aus dessen Kopfsatz und fügt zugleich diesem Werk einen weiteren, heiter-spielfreudigen, fast übermütigen Aspekt des *Scherzando* hinzu (vgl. Werner-Jensen). In einer Mischform von Sonate und Rondo beherrscht das eingängige, lebendig-spritzige Hauptthema den ganzen Satz:

Aus seinen charakteristischen Teilmotiven entwickeln sich Fortspinnungen, Überleitungen und Steigerungen, selbst das kurze *dolce*-Seitenthema bringt kaum neues melodisches Material und hat keine Bedeutung für die Durchführung. Erst nach Ende der eigentlichen Exposition breitet sich eine neue lyrische Episode aus, quasi als Couplet-Teil eines Rondos, mit weichen Legato-Melodiebögen, die an die Cavatina erinnern.

Elemente des Hauptthemas in verschiedenen Tonarten und Kombinationen gestalten die Durchführung gestalten und leiten in die Reprise, an deren Ende wiederum die lyrische Episode erklingt. Die Coda verdichtet noch einmal die Bausteine des Hauptthemas zu dynamischer Steigerung. Abrupte Zurücknahme ins Pianissimo und eine Fermate zögert – ähnlich wie im dritten Satz und ein letzter Scherzando-Effekt – die kraftvollen Schlussakkorde noch für einen Moment hinaus.

Kosmos der radikalen Polyphonie

Große Fuge B-Dur, op. 133

Die große Fuge sprengte nicht nur zur Zeit ihres Erscheinens alle Dimensionen der Streichquartettliteratur. Bis heute stellt sie extreme Anforderungen an den Hörer wie sonst keines von Beethovens späten Werken: Sie ist absolut radikal in ihrer intellektuellen Struktur, der bis auf wenige Takte polyphonen Gestaltung, in ihrer überdimensionalen Form von 741 Takten und einer Dauer von etwa 15 Minuten, in kompromissloser Dissonanzhäufung und extremer Klangfülle, die fast die Möglichkeiten von Streichinstrumenten übersteigt. Bis heute gilt sie als Ausnahmewerk der gesamten Musikgeschichte. Sie als Abrundung der Galitzin-Quartette zu sehen, deren gemeinsames Grundmotiv sie verarbeitet, erscheint sinnvoll, aber auch als krönendes Finale zu op. 130 hat sie Gewicht. Nicht nur als einzelne Fuge, sondern als Fugenwerk, das in mehreren Teilen verschiedene Formen oder Ausprägungen eines einzigen Themas verarbeitet, steht sie in der Tradition von Bachs *Kunst der Fuge*. In einzigartiger Durchdringung von Fugentechnik, Variationsform und Sonatensatz vereint sie als Gipfelwerk die Prinzipien von Barock und Klassik.

Komponiert im Sommer 1825 als Finale zu op. 130, wurde sie mit diesem am 21. März 1826 Werk durch das Schuppanzigh-Quartett uraufgeführt. Nachdem Beethoven zum B-Dur-Quartett ein neues Finale geschrieben hatte, erschien die Fuge im Druck als Einzelwerk mit eigener Opuszahl im Mai 1827, wenige Tage nach Beethovens Tod. Beethoven widmete sie Erzherzog Rudolf, seinem früherem Schüler und Gönner.

Eine **Einleitung** stellt in fünf kurzen Abschnitten jeweils ein Konzentrat der folgenden Fugenteile vor. Das Thema entsteht aus dem viertönigen Grundmotiv (g-gis-f-e, vgl. Quartett op. 132), aus Kombination von Halbtonschritt und Septime (bzw. Sexte). Durch Sequenzierung (Wiederholung einen Halbton höher) enthält das Thema in der Mitte auch die Umkehrung des Grundmotivs. Es erklingt zunächst in kraftvoll akzentuiertem Fortissimo, dann in einer rhythmisierten, schnelleren, quasi locker-heiteren und schließlich in einer dritten, weichen Legato-Variante:

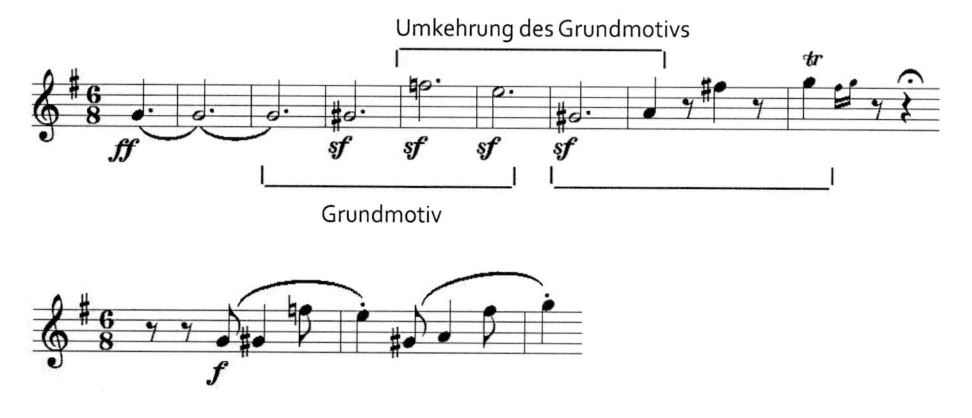

Ein kleines Legato-Motiv in den Oberstimmen wird als Kontrapunkt im zweiten Fugenteil eine Rolle spielen (s.u.). Dann stellt die 1. Violine im Pianissimo eine erneute Variante vor, die anschließend in robuster Betonung mit einem dynamischen, weit ausgreifenden, kontrapunktischen Thema zur gewaltigen, kraftstrotzenden **ersten Doppelfuge** (***Allegro***) verarbeitet wird:

In sechs Durchführungen der Themen durch die Stimmen, in bizarr-zerklüfteter Melodik im Forte bis Fortissimo, fortwährend mit aggressiven Akzenten und fast ohne Zwischenspiele, bleibt Interpreten wie Hörern kaum Zeit zum Atmen!

Eine Kadenz nach Ges-Dur stellt eine neue Weiche. Nach einer Fermate erklingt ein kurzes Legato-Motiv aus kleinen Intervallen (quasi nur der Sekundschritt aus dem Hauptthema mehrfach aneinandergehängt) das nun dem Hauptthema in seiner weichen Legato-Form (s. o. Bsp.3) zur **zweiten Doppelfuge** in langsamerem Tempo (***Moderato***) als Kontrapunkt gegenübergestellt wird:

Engführungen (Einsätze in engerem Abstand) und Scheineinsätze (nur Themenkopf) zeigen weitere Aspekte der Fugenkunst.

Eine Beruhigung führt in eine neue, kunstvoll höchst komplizierte **dritte Fuge,** wieder in schnellem Tempo (***Allegro molto con brio***). Das Thema in jambischem Rhythmus (s.o. Bsp.2) erhält ein Trillermotiv als Kontrasubjekt, dann wird ein Dreitonmotiv daraus zu einem neuen Gegenthema zum Hauptthema (s.o. Bsp. 1). Das jambische Thema erscheint auch in vergrößerten Notenwerten und wird zum dritten Subjekt dieser Tripelfuge, die wieder in geballter Energie im Fortissimo erklingt.

Ab der dritten Durchführung wird das jambische Thema in laufenden Achteln verarbeitet, bis die Energie quasi unter ihrer eigenen Last in Trillermotiven zusammenbricht. Doch es kündigt sich in diesem kurzen Moment des Innehaltens das Kontrathema aus der ersten Fuge mit seinen großen Intervallsprüngen an, dem eine neue Variante des Hauptthemas gegenübergestellt wird:

Den Höhepunkt bildet die zusätzliche Einführung des Hauptthemas in Umkehrung als Engführung.

Mit einem Ruhepunkt im Tempo ***Moderato*** beginnt der kurze vierte Teil. In höchster Konzentration werden gleich vier Subjekte miteinander in engem Abstand kombiniert: Hauptthema (1. Violine), dessen Umkehrung (Viola), das weiche Motiv aus der zweiten Fuge (2. Violine) und das Motiv der großen Intervalle aus der ersten Fuge (Violoncello):

Stehende Akkorde leiten in den fünften Teil, eine Art Reprise des dritten Teils mit Trillermotiv und jambischem Motiv. Das Sekundmotiv aus der zweiten und der vorherigen Fuge stehen sich in Stimmpaaren auch in Umkehrung gegenüber.

Zusammen mit Hauptthema und jambischem Motiv türmen sich die Klänge ein letztes Mal bis in extreme Tonhöhen. Die Coda zitiert den Anfang des Werks mit kurzen, nun Reminiszenzen an die Fugenanfänge (in umgekehrter Reihenfolge wie zu Beginn). Nach dem Hauptthema in machtvollem Unisono vereinen sich alle Hauptmotive in lockerem Miteinander und leiten in den – fast befreiend wirkenden – B-Dur-Schluss.

Christoph Kessler Violoncello

Schon seit frühesten Kindheit war Musik Teil meines Lebens. Mein Kinderwagen war mangels Babysitter immer bei den Konzerten meines Vaters dabei (im *Schwalbennest* der Wiebadener Lutherkirche). Mein Vater gab mir bereits mit 5 Jahren ersten Klavierunterricht, der von Privatmusiklehrern fortgesetzt wurde. Mit 12 Jahren wurde durch Dr. Adolf Pongratz am Erlanger Ohm-Gymnasium meine Liebe zum Violoncello und Orchesterspiel geweckt.

Bereits nach einem Jahr Violoncello-Unterricht durfte ich ins Schulorchester, das einen internationalen Orchesteraustausch in die Partnerstädte Eskilstuna und Rennes pflegte. Mit 15 Jahren konnte ich erstmals mit dem Orchester nach Eskilstuna fahren und in der dortigen großen Konzerthalle Beethovens 3. Klavierkonzert mit musizieren, ein großes Erlebnis. Viele Konzertbesuche im Erlanger Redoutensaal eröffneten mir damals die Welt symphonischer Musik.

Violoncello-Unterricht bekam ich später am Erlanger Musikinstitut und als mehrjähriger Gaststudent am Nürnberger Konservatorium bis zum Beginn meines Chemiestudiums in Erlangen und München. Auch spielte ich engmensurierte Altposaune im Barock-Bläserensemble der Universität Erlangen-Nürnberg zu festlichen Anlässen wie der Rektoratsübergabe.

Über die Musik lernte ich im Herbst 1974 im Münchner Uniorchester und bei Kammermusik meine Frau Susanne kennen, prägend war dabei Schuberts Streichquintett. Während meiner Studienzeit und in den Anfängen des Berufs als Molekularbiologe sang ich begeistert im *Münchner Motettenchor* sowie im *Philharmonischen Chor München*. In dieser Zeit begegnete ich vielen Werken der Chorliteratur von Monteverdis *Marienvesper*, Beethovens *Neunter*, Mozarts und Brahms' *Requiem* bis hin zu Mahlers 8. Symphonie. Mit meiner Frau spielte ich in der Orchestervereinigung Gauting unter Prof. Ulrich Weder. Zahlreiche Konzert- und Opernbesuche ergänzten dies – nun schon über vierzig Jahre.

Musik begleitete mein ganzes Leben, auch während der folgenden 10-jährigen Interimszeit ohne aktives Orchesterspielen (Beruf, Habilitation, Lehrauftrag). Als mir 1990 meine Frau von der ersten Aufführung der *Ickinger Laien Philharmoniker* mit Matt Boynick erzählte, wusste ich sofort, dass ich wieder zur Musik zurückkehren wollte. Es war ein großes Verdienst von Matt Boynick, mit viel Enthusiasmus dieses Orchester zu gründen. Ein wichtiger Beweggrund für mich mitzuspielen war neben der Musik selbst, dass sich dort hiesige Musiker zusammenfanden, die gemeinsam miteinander Musik machen wollten: ohne Kompetenzfragen, sondern wegen des Miteinanders und der gegenseitigen Ergänzung. Dies war auch meine Motivation, mich als Vorsitzender des 1991 gegründeten Orchestervereins, ab 1995 Konzertverein Isartal, für 19 Jahre - fast ein Drittel meines Lebens - zu engagieren. Ab 2002 setzte ich mich über den Kulturverein Oberland für die Wiederherstellung der Loisachhalle ein.

Im Orchester war mir das gemeinsame Probieren und das freundschaftliche Miteinander auch mit Kammermusikfreunden mindestens genau so wichtig wie das Konzertergebnis. Wegen dieses Miteinanders trat ich für Kooperationen mit Chören und anderen Orchestern ein. Mich reizt am Orchesterspielen und bei der Kammermusik, dass der Klang mehr als die Summe der Töne ist, und jeder einzelne im Zusammenklang auf den anderen hören muss.

Das *Philharmonische Orchester Isartal* führte von Anfang an bedeutende Werke wie Beethovens Symphonien 5 und 6 auf. Die Konzerte der Reihe *Klassik Wolfratshausen* eröffnete das aktive Kennenlernen eines großen Repertoires. Die szenischen Aufführung unter der Stabführung von Prof. Dr. Günther Weiß von Mozarts *Zauberflöte* im Wolfratshauser Bergwald 1998, die Japanfahrt 1999 sowie die beiden Milleniumsaufführungen von Beethovens *Neunter*, Bachs *Matthäus-Passion* oder Strawinskys *Feuervogel* auf dem Wolfratshauser Marienplatz bleiben mir in prägender und bester Erinnerung. Stolz und gegenseitige Anerkennung gab es zwischen den beteiligten Musikern. In dieser Zeit waren die Vorstandssitzungen von großer Begeisterung und Aufbruchsstimmung geprägt.

Die szenische Aufführung von Orffs *Carmina burana* vor dem Wolfratshauser Rathaus und die Frankreichfahrt mit den drei Aufführungen von Rossinis *Stabat mater* unter Christoph Adt in die drei Partnerstädte Chamaliéres, Barbézieux und Dinard waren weitere Höhepunkte, wie auch seine Orchestererziehung hin zur möglichst werkkorrekter Wiedergabe auch schwieriger Kompositionen wie der von Magnard oder Nielsen (Worte nach vielen Konzerten: „ein paar schöne Sekunden"). Diese Orchesterzeit hatte einen neuen Charakter; die Vorstandssitzungen waren mehr von Fragen geprägt, wo die Grenzen des Orchesters liegen.

Auch die Kammermusik lag mir immer am Herzen, besonders Streichquartette. In den letzten 10 Jahren waren viele preisgekrönte Streichquartette wie das *Artemis Quartett* oder das *Quatuor Ebène* zu Gast. Mir war ein Anliegen, dass in den Konzerten alle späten Streichquartette Beethovens aufgeführt wurden, jedoch auch so faszinierende Werke wie das Ravel´sche Klaviertrio oder Schönbergs *Verklärte Nacht*. Parallel zum Konzertverein engagierte ich mich 9 Jahre im Vorstand für das *Komitee zur Förderung humanitärer und medizinischer Hilfe für Afghanistan e.V. (CPHA)*, dem Träger des *Chak-e-Wardak*-Hospitals in Afghanistan, das ich 1999, 2004 und 2006 besuchte.

Die Neugründung der Konzertreihe *klassik pur ! im isartal* war ein anderthalbjähriger Kraftakt für meine Frau und mich, dessen Früchte in der Fortführung der Konzerte in der wiedereröffneten Loisachhalle wachsen. Unsere Liebe zur Kammermusik lebt in der neuen Konzertreihe *meistersolisten im isartal* weiter. Mir wurde in den zurückliegenden über sechzig Jahren ein intensives Leben mit Musik geschenkt, auf das ich sehr dankbar zurückblicke – wie ich auch gerne mit Freunden in die Zukunft schaue, die mit dafür eintreten, dass meine Frau und ich uns weiter mit Musik beschäftigen können, die Teil unseres Lebens ist.

Dr. Christoph Kessler

Außergewöhnliches Gipfelwerk der Kammermusik

Quartett in cis-moll, op. 131

Op. 131 ist Beethovens vorletzte (trotz von der Reihenfolge abweichender Opuszahl) und außergewöhnlichste Komposition dieser Reihe. Komponiert wurde das Quartett 1826, gewidmet ist es dem Fürsten Nikolaus Galitzin, der 1822 Auftrag und Anregung zur neuen Quartettserie gegeben hatte. Eine öffentliche Aufführung zu Beethovens Lebenszeit scheint es nicht gegeben zu haben, uraufgeführt wurde es vermutlich 1828 in Halberstadt. In Wien war es erstmals 1835 zu hören.

Die traditionelle Viersätzigkeit ist in op. 131 ebenso in Frage gestellt wie die traditionelle Satzfolge, stattdessen lebt das Werk von extremen Kontrasten hinsichtlich Tempo, Satzstruktur, Tonhöhe, Dynamik, Dauer und Spieltechniken. Es enthält sieben Sätze von extrem unterschiedlichem Charakter und unterschiedlicher Länge, die ohne Pausen ineinander übergehen. Betrachtet man die kurzen Sätze 3 und 6 als Einleitungen zu den Folgesätzen, die Eingangsfuge als eine Art Ouvertüre, ergäbe sich eine relativ traditionelle Satzfolge: Einleitung – schneller Satz – langsamer Satz – Scherzo – schnelles Finale. Das Finale verbindet die Hauptmotive der voran gegangenen Sätze, erzeugt damit die zyklische Einheit des Werks und wurde darin zum Vorbild für zahlreiche Kompositionen der Romantik.

Den Anfang bildet eine Fuge (***Adagio ma non troppo e molto espressivo***) in zurückhaltend-strengem Charakter, von der Richard Wagner meinte, sie sei *wohl das Schwermütigste, was je in Tönen ausgesagt worden* sei. Das gesanglich empfundene Thema in engem Tonraum enthält das Kernmotiv (Töne 1-3), das das Werk mit dem zuvor und dem danach komponierten Quartetten verbindet. Seine Chromatik weist auf Bachs B-A-C-H-Motiv.

Zwei gegensätzliche Melodieteile gestalten den Satz: die ersten vier Töne mit ihren harmonisch ausdrucksvollen Strebetönen mit schmerzlichem Charakter und gefühlsbetonter Dynamik, sowie die ruhig-gleichmäßige Tonleiter-Bewegung der zweiten Themenhälfte. Ganzes Thema und die beiden Teilmotive werden gesondert in verschiedenen Abschnitten verarbeitet. Das Tonleitermotiv erklingt auch in doppeltem Tempo (Achtel), das ganze Thema wird nach Bachscher Fugenkunst in Engführung (Originalgestalt, 1. Violine) mit seiner Vergrößerung (halbes Tempo, Cello) kombiniert.

Das folgende ***Allegro molto vivace*** mit formal eigenwilligem Rondocharakter bildet größten Kontrast zur ernsten, nach innen gekehrten Fuge: Lichtes D-Dur, lebhaftes Tempo in antreibendem, triolisch-tänzerischem 6/8-Takt, homophone Struktur, kaum chromatische Dissonanzen, schwungvoll sich steigernde Dynamik und plötzlich wechselnde Lautstärke geben dem Satz lebensfrohen, fast übermütigen Charakter. Die Tonfolge jedoch ist mit dem Fugenthema verwandt. Kleine Sekunden prägen die Melodik. Unvermittelte Tempo verzögerungen scheinen den Übermut zu bremsen und an die Fuge zu erinnern. Dies wäre Grund, die Fuge auch als langsame Einleitung zu diesem Satz zu sehen – oder beide zusammen als zwei Kehrseiten derselben Substanz oder Wesensart.

Das Hauptthema vergrößert im weiteren Verlauf schwungvoll den Ambitus, ohne jedoch den Bezug zum Original zu verlieren.

und

Ein Seiten- oder Gegenthema gibt es nicht, auch keine weitere motivische Verarbeitung. Im Mittelteil erklingt das Thema in E-Dur mit neuer Fortspinnung der Melodie, reprisenartig erscheint es wieder in D-Dur und in der Coda ein letztes Mal auf h, in den nächsten Satz überleitend.

Das folgende kurze ***Allegro moderato*** hat Einleitungsfunktion zum folgenden *Andante*. Es steht in derselben Tonart (A-Dur), obwohl es zunächst h-moll zu bevorzugen scheint. Es hat kaum eigene Thematik, nach zwei schroffen Akkorden huscht ein einziges Motiv rezitativisch-fragend durch die Stimmen.

Die 1. Violine fügt eine überleitende Kadenz mit Rezitativ-Schluss hinzu, der Satz endet mit der Dominante zu A-Dur.

Der **vierte Satz (*Andante ma non troppo e molto cantabile*)** ist als Zentrum des Werks einer der großen Variationssätze, wie sie auch in Beethovens späten Klaviersonaten zu finden sind. Das melodisch fließende Thema – aus Verkettung eines viertönigen Grundmotivs mit ständiger Betonung auf dem 2. Achtel – wird im Wechselspiel der Violinen über ruhiger Begleitung vorgetragen.

In anderer Instrumentation wird es wiederholt und in einem b-Abschnitt fortgesponnen. Tonart (A-Dur) und Grundharmonien werden in allen sechs Variationen beibehalten. Der Ausdruck ändert sich vor allem durch Tempo- und Rhythmuswechsel.

In der **1. Variation** wird das Grundmotiv markant rhythmisiert, die Führung geht wechselweise auch an Viola und Cello, auflockernde, ornamentale Überleitungsmotive werden eingestreut. Im b-Abschnitt verdichten sich markante Rhythmik und Satzgefüge, der Tonraum wird erweitert.

Den Charakter der **2. Variation** bestimmen schnelleres Tempo (***più mosso***) und marschähnliche Begleitakkorde. Das melodische Motiv entsteht aus Dreiklangsbrechungen und ist durch die Wechselnote mit dem Hauptthema verbunden, seine fließende Bewegung greift steigernd auf alle Stimmen über und verdrängt die forschen Akkorde.

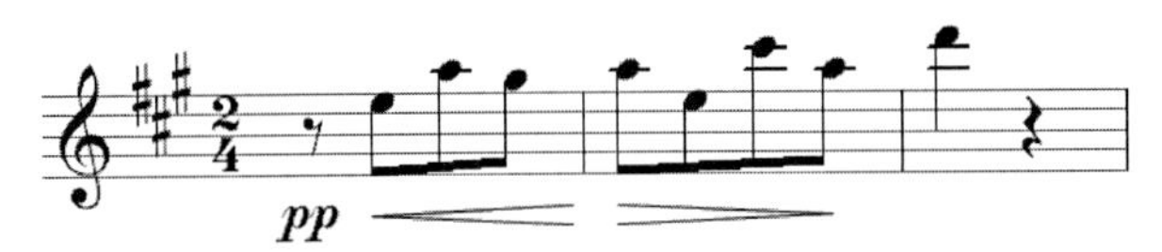

In **Variation 3** erklingt in langsamerem Tempo (***Andante moderato e lusinghiero***) das Thema sanglich-gefühlvoll – *lusinghiero* (schmeichelnd) – in zweistimmigem Kanon.

Im zweiten Abschnitt wirkt das variierte Thema durch Dynamik und Triller energischer und wird ebenfalls kontrapunktisch durch zwei, dann alle vier Stimmen geführt.

In wiegendem 6/8-Takt entfernt sich die **4. Variation (*Adagio*)** mit fließenden Tongirlanden und eingeschobenen Pizzicato-Akkorden melodisch am weitesten vom Ausgangsthema.

Fast nur noch das harmonische Gerüst ist am Beginn der **5. Variation** erhalten, nahezu statisch, ohne Melodie, Taktgefüge und dynamische Veränderung wandeln sich die stehenden Klänge. Erst im zweiten Teil festigt sich die Struktur.

Akkordisch, wiegend und andächtig beginnt die **6. Variation *(Adagio ma non troppo e semplice)***. Die Oberstimmenführung verrät den Bezug zum Thema:

Im b-Abschnitt vergrößert sich die melodische Bewegung und eine kleine Wechselnotenfigur im Cello scheint penetrant auf unbetonter Taktzeit den andächtigen Akkordfluss stören zu wollen. Mehrfacher Wechsel von Tempo, Motivvarianten und instrumentaler Führung in der Coda bereitet auf das nachfolgende Scherzo vor.

In atemberaubendem Tempo – in ganztaktigem Puls – jagt der **fünfte Satz (*Presto*)** als turbulentes Scherzo in A – B – A – B - A - Form dahin.

Das eingängige Thema – fast banal aus Dreiklang und Tonleiter gestaltet – schöpft seine Wirkung aus der vorwärts stürmenden Beweglichkeit, die aus dem Piano in die Forte-Tonwiederholungen zielt. In einem Mittelabschnitt staut sich die Bewegung durch Wiederholung des Dreiklangsmotivs (1. Takt), quasi fragend bleibt sie auf der Terz stehen, nimmt erneut Fahrt auf, wieder bremst eine plötzliche Fermate, um das Thema in höchster Tonlage zu wiederholen – endlich ungebremst!

Ein etwas ruhigeres, einnehmend-schmeichelndes Thema gestaltet den B-Teil, schlicht vom E-Dur-Dreiklang begleitet:

Es erklingt mehrmals im Oktavabstand in den beiden hohen, dann in den beiden tiefen Streichern, auch im Oktavabstand in allen vier Stimmen. Hektik verbreitet in diesem stürmischen Tempo das Echo-Spiel mit dem Terzmotiv aus dem Thema, in der Coda auch mit neuen Klangfarben (*pizzicato* und *sul ponticello* = am Steg).

Der kurze, schwermütige **sechste Satz (*Adagio quasi un poco andante*)** in gis-moll erinnert an die Eingangsfuge, aus der das Anfangsmotiv (eine Art Umkehrung) entstammt. Das Thema wird von der Viola angestimmt. Es bezieht seine zutiefst schmerzliche Wirkung aus hoch emotionalen Crescendi, aus dem betonten Leitton (fisis) und aus quasi magnetischem Kreisen um den Grundton gis.

Das Schlussmotiv mit depressiv fallender Tonleiter durchzieht den ganzen Satz.

Das **Finale (*Allegro*)** beschließt das Werk als leidenschaftlich-stürmischer Sonatensatz, der die Hauptmotive der vorangegangenen Sätze aufnimmt und zu zyklischer Einheit verbindet. Nach beinahe unwirsch anmutendem Fortissimo-Unisono des zweimaligen „zackigen" Eingangsmotivs – aus den Tönen gis-his-cis-a des Fugenthemas gebildet – prescht die 1. Violine mit dem hastigen Tonleiterthema voran, verwandt in Bewegung und Rhythmus mit dem Hauptthema aus dem 2. Satz.

Ein kontrastierendes, ruhigeres Thema mit klagendem Charakter im Legato gehört der Tonart nach (cis-moll) noch zum 1. Themenkomplex, es ist ebenfalls aus den Tönen des Fugenthemas gewonnen:

Die beiden vorangegangen Themen beenden den Abschnitt. Als Seitenthema in E-Dur erscheint kurz ein liebliches Tonleitermotiv, das in akkordische Klänge eingebettet ist und mit Ritardandi dem stürmischen Fluss des Hauptthemas entgegenwirkt.

Nach wenigen Takten beginnt die Durchführung mit dem unerbittlich vorantreibenden Anfangsteil. Es folgt ein kämpferisches Doppelfugato aus Hauptthema und den auf ganze Notenwerte vergrößerten Anfangstönen des klagenden Motivs in steigender Tonfolge:

Danach werden Anfangsmotiv und Tonleiter-Seitenthema kombiniert. Letzteres verflacht zu trillerartig flirrender Bewegung und bereitet an- und abschwellend mit großer Geste den effektvollen Eintritt der Reprise vor. Diese wird durchführungsartig gesteigert durch ein erneutes Doppelfugato.

Die Coda intensiviert nochmals die motivische Arbeit und wird zu Höhepunkt und Synthese allen Geschehens: Das Anfangsmotiv jagt einem Höhepunkt entgegen, vom klagenden Thema abgebrochen. Das Fugenthema wird erneut zitiert, aber nicht schwermütig, sondern entschlossen-trotzig im Unisono-Fortissimo. Das Doppelfugato klingt an. Nach einer überraschenden Generalpause scheint das abwärts geführte Viertonmotiv der Fuge zu beruhigen, das zackige Anfangsmotiv und das Drängen des Hauptmotivs führen in die bezwingenden Cis-Dur-Schlussakkorde.

Neue Wege zur „poetischen Idee"

Zu Beethovens Klaviersonate d-moll, op. 31,2 (*Sturmsonate)*

Beethovens drei Klaviersonaten op. 31 entstanden 1801/02, zwischen der 1. und 2. Symphonie, im Umbruch von Beethovens erster zur mittleren Schaffensperiode. Seine 17. Klaviersonate in d-moll op. 31, 2 wurde als Ausnahmewerk in seinem Sonatenschaffen bezeichnet. Schon in den vorausgegangenen Klaviersonaten hatte Beethoven, der bis dahin bereits als Pianist und Klavierkomponist bekannt war, in Form und Ausdruck neue Wege beschritten: Die Sonate op. 26 in As-Dur wird durch einen feierlichen Trauermarsch eröffnet, op. 27 gestaltete er *quasi una Fantasia*. Eine zunehmende Rolle spielt die inhaltliche und motivische Verbindung aller Sätze eines Werks – ganz besonders in der *Sturm*-Sonate.

Nach dem vorangehenden, verspielten Schwesterwerk in G-Dur (op. 31,1) ist die zweite in d-moll, die so genannte *Sturm*-Sonate, voller emotionaler Gegensätze, voller Tempokontraste und Hintergründigkeit. Rezitative in einem Instrumentalwerk lassen die Frage nach einem Text aufkommen. So ist nicht verwunderlich, dass man über eine dahinter verborgene „poetische Idee", eine außermusikalische Vorstellung rätselte. Als Anton Schindler – Beethovens letzter Adlatus ab 1819 und erster Biograph – ihn darauf ansprach, soll Beethoven geantwortet haben: *Lesen Sie Shakespeares Sturm!*, eine Aussage, die das Geheimnis um diese außergewöhnliche Sonate wohl nur noch verstärkt hat. Zur verschlungenen Handlung dieses Theaterstücks eine Verbindung herzustellen, mag blühender Fantasie gelingen. Vielleicht sind es die Stimmungen von Meer, Sturm, von märchenhaften Geistern, die über Naturgewalten herrschen, von Musik aus den Lüften und von dramatischen Begegnungen, die möglicherweise – während oder nach der Komposition – einmal Beethovens Erinnerungen durchzogen und parallele Assoziationen hervorriefen. Dieser Ansatz zu einer die Sätze übergreifend verbindenden „poetischen Idee" hat die Musik der Romantik stark beeinflusst.

Die ersten sechs Takte des **ersten Satzes** in drei verschiedenen Tempi wirken wie eine Suche, eröffnen einen Prozess der Werdens statt eines vollendet gestalteten Themas. Auf die Zeitgenossen muss dieser Anfang als Thema und Struktur gebende Einheit verblüffend gewirkt haben: Einem fragenden, im Arpeggio aufsteigenden Akkord (Dominante der Grundtonart) folgt ein drängendes Allegro, dem ein ruhendes Adagio Einhalt gebietet.

Im neuen Tonraum von C-Dur wiederholt sich der Anfang, dann ist endlich der gleichmäßige Allegro-Fluss und das eigentliche Hauptthema erreicht, das alle bisherigen Elemente vereint: den aufsteigenden Dreiklang, nun entschlossen im Staccato, die unruhige Bewegung, jetzt als Klanggrund in Triolenbegleitung und die Doppelschlagfigur des Adagio, nun melodisch verbreitert in gleichmäßigen Vierteln.

Als Seitenthema steht diesem markanten, alles überragenden Hauptthema ein unruhiges, engräumiges Motiv gegenüber, das ebenfalls aus dem Achtelmotiv des Anfangs entspringt:

Ein weiteres, wuchtiges, akkordisches Motiv stellt sich dem ruhelosen Drängen synkopisch bremsend entgegen.

Das Largo des Anfang gliedert den Satz, es steht auch am Beginn von Durchführung und Reprise. Kern des Geheimnisses um die Sonate sind die völlig überraschenden, einstimmigen, schlichten Rezitative, die sich den Largo-Akkorden zu Beginn der Reprise anschließen:

Die sangliche Ausbreitung des Hauptthemas fehlt in der Reprise, hämmernde Staccato-Akkorde mit nachfolgenden Dreiklangbrechungen über drei Oktaven wirken wie Wutausbrüche und kontrastieren auf das Heftigste mit den vorausgegangenen, klagenden Rezitativen. Die Reprise verklingt in schattenhaftem Pianissimo, korrespondierend zum Satzanfang.

Der sehr **langsame Satz (*Adagio*)** in lichterem, beruhigenden B-Dur beginnt wie der erste mit einem tiefen, arpeggierten Akkord, dem in sehr viel höherer Lage ein doppelt punktiertes Tonleiter-Dreiton-Motiv entgegensteht, es erinnert an die Rezitative. Nahezu orchestral wirkt der weite Tonraum zwischen den Elementen. Erst beim dritten Ansatz entsteht daraus eine fließende Melodie:

Das Dreitonmotiv des zweiten Taktes füllt in der Wiederholung auch die tiefen Akkorde. Ein unruhiges Oktav-Begleitmotiv, das an bedrohliche Paukenwirbel erinnert,

erscheint zunächst in tiefstem Bass, später auch im Diskant durch Übereinanderschlagen der Hände. Es umrankt in der folgenden Episode die klagende Melodie.

Den letzten Abschnitt gestaltet ein helles drittes Motiv, das sich als kontrastierendes Seitenthema abhebt:

Der ganze erste Teil wird unter variativer Veränderung wiederholt, eine kurze Coda beschließt den Satz.

Permanente, unruhige Bewegung bestimmt durchgehend den **Schlusssatz (*Allegretto*),** das die aufgestaute Energie des Vorangegangenen in die Breite und Weite zu verströmen scheint. Wie aufgewühlter Wellenschlag schaukelt das um sich selbst kreisende Thema voran, hastig drängend durch ständige Auftakte. Der Bass greift in komplementärer Bewegung in die Pausen. Es zeigt Verwandtschaft zum Kopfsatz: zum fallenden Achtelmotiv, zu den abgerissenen Melodiestrukturen des von Pausen durchsetzten Seitenthemas, sowie zum Dreitonmotiv des langsamen Satzes.

Das Seitenthema staut den Energiefluss mit beharrlichen Betonungen durch Pralltriller gegen den Takt auf die ***sf***-Synkope hin, dann löst sich die Spannung in Tonleiterbewegung.

Aus der abschließenden Tonleiterbewegung gestaltet sich die Schlussgruppe der Exposition, das Motiv erklingt z. T. in hämmernden Oktaven über durchgehender Achtelbewegung des ersten Themas.

Die über hundert Takte lange Durchführung beschäftigt sich einzig mit dem Vierton-Anfangsmotiv. Mit einem Bachschen Präludium wurde verglichen, wie es in unermüdlichem Bewegungsfluss umgekehrt, sequenziert, dynamisch an- und abschwellend oder im Rollentausch beider Hände die unterschiedlichsten Gestalten erzeugt und durch die Tonarten gleitet, einschließlich einer Scheinreprise in der entfernten Tonart b-moll. Die Energie der Durchführung lässt in der Reprise nochmals durch verschiedene Tonarten stürmende Abschnitte zu. Auch die lange Coda ist als weitere Durchführung gestaltet, in der das Thema zum letzen Mal zu höchster Intensität gesteigert wird, dann aber doch im Nichts eines verklingenden Piano endet.

Johann Nepomuk Hummel (1778-1837)

Johann Nepomuk Hummel

1778-1837

Johann Nepomuk Hummel wurde 1778 in Pressburg geboren als Sohn eines Geigers und späteren Kapellmeisters von Emanuel Schikaneders Theater an der Wien. Den ersten Unterricht erhielt er vom Vater, der ihn als achtjährigen für zwei Jahre als Schüler zu Mozart gab. Unter Mozart trat er erstmals öffentlich als Pianist auf. 1788-93 unternahm der Vater mit ihm Konzerttourneen u.a. durch Norddeutschland, Schottland, nach Kopenhagen, London und Paris. Ab 1793 wurde er von Salieri in Wien unterrichtet, auch Haydn soll sein Lehrer gewesen sein. Letzterer vermittelte ihm eine erste Stelle als sein Nachfolger bei der Esterhazyschen Hofkapelle in Eisenstadt. Nach fünf Jahren in Stuttgart erhielt Hummel 1819 das Amt des großherzoglichen Kapellmeisters in Weimar, wo er bis zu seinem Tode lebte, unterbrochen durch zahlreiche Konzertreisen. Als Pianist, Klavierlehrer und Verfasser einer damals bedeutenden Klavierschule wurde er zu seinen Lebzeiten viel gerühmt. Sein Ruhm überdauerte jedoch bei weitem nicht die Jahrhunderte wie der seiner Zeitgenossen Haydn, Mozart und Beethoven. Er starb 1837 in Weimar.

Effekte für ein neues Instrument

Zu Hummels Trompetenkonzert

Hummels Kompositionsstil ist ganz eindeutig von Mozart geprägt in Leichtigkeit, Grazie und Schwung der Melodik, wenn auch die Beseeltheit und Tiefe der Empfindung mozartscher Melodien bei Hummel eher einer effektvoll-gekonnten Passagen- und Figurentechnik weicht. In seinen Werken zeigt sich der Weg über Dramatik der Durchführungen zur Romantik, in seinen zahlreichen Klavierkompositionen mit Steigerung des technischen Anspruchs lässt sich in einer ausgeprägten Verzierungstechnik und Chromatik im Laufwerk der Weg zu Chopin erahnen. Über seinen Schüler Carl Czerny, den späteren Lehrer Franz Liszts, reicht sein Einfluss in die Virtuosenwelt der Romantik. Neben Klavierwerken und -konzerten sind auch das Trompetenkonzert und ein Fagottkonzert bekannt geworden. Seine Opern und Ballette waren weniger erfolgreich, von seinen zahlreichen Kammermusikwerken wird gelegentlich das Septett in d-moll noch gespielt.

Das Trompetenkonzert in Es-Dur entstand 1803 für den Wiener Hoftrompeter Anton Weidinger, für den auch schon Haydn 1796 sein Trompetenkonzert geschrieben hatte. Es wurde bei Hummels Dienstantritt in Eisenstadt am 1. Januar 1804 uraufgeführt. Weidingers Erfindung einer Klappentrompete – einer Übergangsform zwischen der Natur- und der Ventiltrompete – eröffnete damals neue Klangmöglichkeiten auf dem Instrument, nämlich das Spiel aller Zwischenstufen zwischen den Naturtönen, auch in den tieferen Lagen. Die Auffindung des Autographs vor etlichen Jahren überraschte durch die Tonart E-Dur, in der es heute auch vielfach aufgeführt wird.

Das forsche Hauptthema des **ersten Satzes** lässt die eine Neuerungen hören: Große Intervallsprünge verleihen Signalcharakter im straffen Marschtempo.

Schwungvolle Passagen aus Tonleiter- und Dreiklangsfiguren und ein effektvolles Crescendo mit abschließender Fermate leiten zum Seitenthema. Enge Intervallschritte in tiefer Lage sind seine Merkmale, sie sind weitere neue Klangmöglichkeiten des Instruments.

Beide Themen erklingen von der Solotrompete bei der Expositionswiederholung leicht abgewandelt. Die Durchführung enthält Modulationen in weit entfernte Tonarten, die ebenfalls mit der Naturtrompete nicht erreichbar waren. Vielfach sind die Themen in weichen Mollschattierungen zu hören. Am Ende des Satzes überwiegt wieder der straffe Charakter mit schmetternden Dreiklängen und punktierten Rhythmen.

Im kantablen **zweiten Satz** in weichem as-moll dominieren lange getragene Melodiebögen der Solotrompete, das Orchester untermalt diese überwiegend nur in schwingenden Akkordwiederholungen. Lange Trillerketten und weite Atembögen sowie chromatische Läufe werden dem Soloinstrument abverlangt.

Der dreiteilige **Schlusssatz** ist ein temperamentvoller Kehraus. Das diatonisch-eingängige, fast banale, aber effektvolle Thema präsentiert sogleich zu Anfang die Trompete in ihrem typischen Charakter mit schmetternden Tonrepetitionen, Tonleitern und Dreiklängen in rasantem Tempo.

Der Mittelteil (Minore) beginnt zwar in weicherem Moll, wechselt doch gleich wieder ins helle Dur. Es folgt ein witziger Melodieabtausch von Orchester und Soloinstrument.

Im letzten Abschnitt wird die Virtuosität auf ein Maximum gesteigert. Wirkungsvolle Umspielungen, chromatisch ansteigende Trillerketten, rasante Dreiklangbrechungen und schlagkräftige Rhythmen treiben voran in den effektvollen Ausklang.

2.3 Früh- und Hochromantik

2.3.1 Zeit der Früh- und Hochromantik

Als Romantik wird die geistes- und stilgeschichtliche Epoche zwischen den Revolutionsjahren 1789 und 1848 bezeichnet, in der die politische Diskrepanz zwischen Ideal und gesellschaftlicher Realität das Lebensgefühl bestimmte. Auch als Reaktion auf die vernunftgerichtete Philosophie der Aufklärung, auf die Strenge der durch die Antike inspirierten Klassik und des religiösen „Philistertums" strebte die romantischen Bewegung nach Freiheit und Selbstverwirklichung des Inneren und Individuellen.

Der Romantiker erlebt die Welt gespalten, einerseits in die Sphäre der Vernunft und Realität, andererseits in die Sphäre des Gefühls und des Wunderbaren.

Grundthemen der Romantik sind subjektives Empfinden, Liebe, Sehnsucht, die Weite, das Wunderbare in der Natur, das Unendliche, die Verklärung der Vergangenheit mit neuem Interesse an Geschichte und Kunst vergangener Zeiten (Neugotik, Bach-Renaissance, Volkslied).

Treibende Kraft der deutschen Romantik ist eine ins Unendliche gerichtete Sehnsucht nach Heilung der Welt, nach Zusammenführung der Gegensätze zu einem harmonischen Ganzen, die in Traum, Phantasie und Dichtung Gestalt wird.

Zentrales Symbol für diese Sehnsucht und deren Ziel ist die *blaue Blume* (Novalis), die wie kein anderes Motiv die romantische Suche nach Einheit, Heilung und Unendlichkeit verkörpert.

Die Erkenntnis solcher erdichteter Scheinwelten schlägt sich nieder in der *Romantischen Ironie,* die über den Abgrund der eigenen Phantasieprodukte in das Nichts zu fallen droht.

In der Musik reicht die Epoche der Romantik – unterteilt in Früh-, Hoch-, Spät- und Nachromantik – bis ins 20. Jahrhundert.

C. D. Friedrich:
Der Mönch am Meer
1808/1809
Alte Nationalgalerie Berlin

Das große Vorbild Beethoven überstrahlte zunächst die Musiker der Frühromantik wie ein Schatten, an dem alles gemessen wurde. Dimensionen und Formgestaltung seiner Werke, sein subjektiver Ausdruckswille über die reine, objektiv-abstrakte Musik eines Mozart hinaus gab Anstoß zu Neuorientierung.

Der Zeit entsprach die Besinnung auf die schlichte Schönheit und Einfachheit des Volkslieds. Eine Verbindung mit der Dichtung (Schubert, Schumann) rückte die Musik dem Wort und dem außermusikalischen, ausgesprochenen, aber nie in endgültiger Gestalt konkret zu benennenden Gefühl näher. Schubert erhob das klavierbegleitete **Lied** – noch bei Mozart und Beethoven eine Randerscheinung – zu einer zentralen Gattung der Romantik. Sanglichkeit und Ausdrucksfähigkeit der **Melodie** färbte auf Schuberts gesamtes Werk ab. Lied und Chormusik werden im häuslichen, aber auch im gesellschaftlichen Umfeld gepflegt (Laienchöre).

Der Suche nach unbestimmten, fernen Räumen entspricht eine erweiterte **Harmonik**. Erstmals bei Schubert steht nicht mehr allein Verarbeitung der Themen, das Aufeinanderprallen ihrer Gegensätze im Zentrum von Durchführungen, sondern die gefühlsmäßige Fortspinnung und Ausbreitung der Melodien in ferne Gefilde der Tonarten. Damit entsteht auch ein neues Zeitgefühl, eine Art Verweilen in solch fernen Räumen von Fantasie und Traum. *Himmlische Längen* beeindruckten Schumann an Schuberts Großer C-Dur-Symphonie. Insbesondere mediantische Klangverbindungen (Großterz-Verwandtschaft, z.B. C-Dur – E-Dur), tonale Rückungen oder Dur-Moll-Umfärbungen sind Mittel dazu.

Hier scheint sich eine Entwicklung anzubahnen, die wohl auch durch neue Hörerschichten verstärkt wurde: Hören wurde von einem intellektuellen Vergnügen – *denkendem Genießen* (Goethe) – zu einem entrückt-verzückten Sich-Hingeben an die von der Musik transportierten Emotionen. Die Beliebtheit des **Charakterstücks,** das frei von vorgegebenen Formen *ein* Gefühl, *eine* Stimmung ausmalt, gehört in diesen Zusammenhang (*Bagatelle, Ecossaise, Lied ohne Worte, Impromptu, Ballade, Nocturne, Intermezzo* o.ä. oder mit poetischem Titel).

Das Problem der musikalischen **Form** beschäftigte die Frühromantiker überaus, wenn auch Sonatenhauptsatzform und viersätziger Sonatenzyklus der Klassik – wie auch die Orchesterbesetzung – im Prinzip unangetastet weiter bestanden. Die ungeheuren Dimensionen von Beethovens Neunter, die Radikalität seiner späten Streichquartette (Klangsprache, Entwicklung aus einem Kernmotiv, Geschlossenheit des Werkzyklus', innere Spannungen der Sätze) schienen zunächst ein Endpunkt und kaum weiterführbar. Dem Formproblem widmete sich zunächst Schumann. Vor allem das Finale nicht nur als heiteren Abschluss zu gestalten, sondern als krönende Zusammenfassung einer Gesamtaussage (**zyklische Form**), hatte Beethoven vorgeführt (Fünfte und Neunte). Schumann verklammert in seiner d-moll-Symphonie die Sätze durch Zitate eines Themas der Einleitung in den folgenden Sätzen und verschränkt Kopf- und Finalsatz durch reprisenartige Wiederkehr im Finale.

Eine **Neubewertung der alten Musik** begann mit Mendelssohns erstmaliger Aufführung von Bachs Matthäus-Passion, hundert Jahre nach deren Entstehung. Galt Bach bis dahin als Vorbild in satztechnischem Handwerk und wurde von allem als Meister der Fugentechnik studiert, so wurden nun seine Oratorien zum neuen Ideal, das sich in Mendelssohns Oratorien (*Elias, Paulus*) spiegelt und sich aber bis zu Brahms' völlig anders gestaltetem Requiem auswirkt. Verwendung historischer Formen wie *Passacaglia* zeigt sich im Werk von Brahms (z.B. vierte Symphonie), wofür er von den *Neudeutschen* als Traditionalist abgewertet wurde, dem *nichts Neues einfiele* und der sich dem damals wirklich „Modernen", nämlich der Schilderung von außermusikalischen Ideen in der *Symphonischen Dichtung* widersetzte.

2.2.2 Komponistenportraits, Werkbeschreibungen und Portraits von Orchestermusikern

Niccolò Paganini
Gemälde von Caroline Bardua

Niccolò Paganini

1782-1840

Niccolò Paganini entstammt einer unbemittelten Familie aus dem Hafenviertel Genuas. Sein Vater, selbst Mandoline spielend, ließ ihn zunächst dieses Instrument lernen, brachte den höchst begabten Sohn jedoch bald zu den bedeutendsten Violinlehrern. Das Vorbild des Wunderkinds Mozart war noch in aller Gedächtnis. Niccolò übte besessen und mit eisernem Willen, lernte mehr selbständig als von Lehrern. Ab 1793 trat er in Kirchenkonzerten auf. Dem bevormundenden Vater entzog er sich mit 19 Jahren und führte ein leidenschaftliches Leben zwischen Konzerten, Liebschaften und Glücksspiel, wobei er sogar einmal seine Stradivari-Geige verspielt haben soll. Sein ungeheures Können, die neuartigen Spieltechniken und seine bizarre Persönlichkeit versetzten das Publikum in sprachloses Staunen und brachten ihm den Ruf ein, mit dem Teufel im Bunde zu stehen, was seine Bekanntheit und den Ansturm auf seine Konzerte noch erhöhte. Ab 1828 reiste er über Wien nach Deutschland, Frankreich, England, Irland und Schottland und gab bis über 150 Konzerte pro Jahr. Seinem einzigen Sohn Achill hinterließ er ein stattliches Vermögen, als er 1840 in Nizza nach langem Leiden an Kehlkopftuberkulose starb.

Überwältigende Technik und mitreißender Schwung

Paganini und sein 1. Violinkonzert

Dass die Literatur über Paganini mehr der romantischen Fantasie als der sachlichen Realität verhaftet ist, nimmt kaum Wunder, wenn man die zahllosen zeitgenössischen Berichte betrachtet, die vielen späteren Biographen als Quellen dienten. Auch Heinrich Heine war fasziniert: *...um seine Schultern wallte, in glänzenden Locken, das schwarze Haar; und wie er da fest und sicher stand, ein erhabenes Götterbild, und die Violine strich: da war es als ob die ganze Schöpfung seinen Tönen gehorchte. Er war der Mensch-Planet, um den sich das Weltall bewegte...* und schwelgte in unheimlichen Visionen: *Manchmal, wenn er den nackten, mageren Arm aus dem weiten Mönchsgewand lang hervorstreckend, mit dem Fidelbogen in den Lüften fegte, dann erschien er erst recht wie ein Hexenmeister, der mit dem Zauberstab den Elementen gebietet, und es heulte dann wie wahnsinnig in der Meerestiefe, und die entsetzten Blutwellen sprangen dann so gewaltig in die Höhe, dass ihr roter Schaum bis zum blassen Himmel und den schwarzen Sternen spritze. Das heulte, das kreischte, dass krachte, als ob die Welt in Trümmer zusammenbrechen wollte, und der Mönch strich immer hartnäckiger seine Violine. Er wollte durch die Gewalt seines rasenden Willens die sieben Siegel brechen, womit Salomon die eisernen Töpfe versiegelt, nachdem er darin die überwundenen Dämonen verschlossen. Jene Töpfe hat der weise König ins Meer versenkt, und eben die Stimmen der darin verschlossenen Geister glaubte ich zu vernehmen, während Paganinis Violine ihre zornigsten Basstöne grollte.*

Nie zuvor hatten die Zeitgenossen so ein Violinspiel gehört, obwohl in Italien die Violinmusik auf hohem Niveau stand. Scheinbar schrankenlos erschien sein Können. Atemlos lauschte man seinen neuen Spieltechniken: Doppelgriffe (Terz-, Sext- und Oktavparallelen), Akkordspiel, Doppeltriller, extrem weite Lagenwechsel und Sprünge, Springbogentechnik, Flageolett und Doppelflageolett, gleichzeitiges Greifhand-Pizzicato und Bogenspiel, Spiel auf nur einer Saite bis in die höchsten Lagen, er verwendete dickere Saiten mit stärkerer Spannung und kräftigerem Ton, Scordatura (Umstimmen einzelner oder aller Saiten) zur Effektsteigerung. Das meiste davon wurde zu Allgemeingut der Violintechnik. In seinen Kompositionen – voran den 24 *Capricci* für Violine solo und den 6 Violinkonzerten – tragen neben der Virtuosität Eingängigkeit und Schlagkraft der Melodien zur Wirkung bei. Darin sind seine Werke dem zehn Jahre jüngeren Rossini verwandt, den er 1818 kennen lernte.

Fasziniert war nicht nur das Publikum. Als Begründer des Virtuosentums hat Paganini Geschmack und Musiklandschaft des ganzen weiteren 19. Jahrhunderts entscheidend verändert und geprägt. Schumann, Liszt und Brahms schrieben Bearbeitungen seiner Stücke und übertrugen die Virtuosität auf das Klavier; bis ins 20. Jh. bearbeiteten u.a. Milhaud, Rachmaninow und Lutosławski Themen von Paganini.

Das Violinkonzert Nr. 1 entstand wahrscheinlich 1815/16 während Konzertreisen in Italien. Im Druck erschien es in Es-Dur mit einer Violinstimme in D-Dur. Das weist auf Paganinis Praxis hin, die Geige um einen Halbton höher zu stimmen, was die Klangfarbe der Geige entscheidend verändert und ihr stärkere Brillanz und Kraft verleiht. Die Orchesterbesetzung vergrößert Paganini gegenüber der damaligen Praxis erheblich, fügt Klarinetten, Hörner und Trompeten ein, um den Klang an die akustischen Bedingungen der größeren Konzertsäle anzupassen. In späteren Überarbeitungen kommen noch 3 Posaunen, Tuba und Schlagwerk hinzu.

In der Orchestereinleitung werden einfache musikalische Elemente mit großer, effektvoller Geste in Szene gesetzt:

Das zweite Thema beginnt ansteigend wie das erste, Vorhalte lassen es weicher und gefühlvoller wirken.

Der Solist zitiert und variiert diese Themen, spinnt sie fort und fügt mit virtuosen Doppelgriffpassagen, kapriziösen Sprüngen, rasenden Tonleitern und Dreiklangsbrechungen Überleitungen und kadenzartige Wendungen ein.

Der **zweite Satz** (***Adagio*****, c-moll)** wurde mit einer zweiteiligen Gesangsszene verglichen, in der die Gegenüberstellung von Dur und Moll gegensätzliche Seelenlagen spiegelt. Ausdrucksvolle Kantabilität der einfachen melodischen Linie dominiert. Die Emotion führt bisweilen zu dramatischen Erregungen.

Nach diesem langsamen Satz wirkt das **Rondo** (***Allegro spiritoso***) umso stärker wie ein Ausbruch von Temperament und Ausgelassenheit. Das Rondothema stimmt die Solovioline an. Die volkstümliche Melodie wird wirkungsvoll über mehrere Oktaven verteilt.

Ihre lässig-freche Fortspinnung nimmt Gassenhauer-Charakter an:

Ein Feuerwerk an Übermut, mit technischen Schwierigkeiten gespickt, prasselt auf den Hörer ein: Sprünge, Oktavpassagen, äußerst diffizile Terzparallelen im Doppelflageolett, Akkordspiel und gebrochene Dreiklänge sowie Laufwerk in extremer Geschwindigkeit fordern den Applaus geradezu heraus.

Paganini, zeitgenössische Karikatur

Wolfgang Scharff Violine

Schon als 5 jähriger Knabe versuchte ich mich in der Kunst der Instrumentenlackierung. Nicht zur Freude des Herrn Papa, da ich eine Zither mit schwarzer Teerfarbe kurzerhand überstrich, wofür ich keinen Applaus, sondern eine Tracht Prügel bezog...

Ich wurde im Saarland geboren und besuchte das Humanistische Gymnasium in Saarlouis. Mit sechs Jahren erhielt ich Geigenunterricht. 16-jährig wurde ich Konzertmeister im damals einzigen Jugendorchester des Saarlands. 1987 kam ich nach München und spielte von 1988-1992 im Abonnentenorchester der Münchner Philharmoniker. Nach Geigenbaulehre, Gesellenzeit und Meisterprüfung bin ich seit 1995 selbständiger Geigenbauer in Wolfratshausen.

1996 hörte ich das Feuervogel-Programm und kam danach zum Philharmonischen Orchester Isartal. Besonders gern erinnere ich mich an die Brahms-Klavierkonzerte mit Alfons Kontarsky, die Japan-Reise und die von Prof. Weiß importierte familiäre Atmosphäre.

Meine Freizeit widme ich gern meinem Lieblingskomponisten Antonin Dvořák, dem Sport (Skifahren und Segeln) und meinen Kinder, den Zwillingen Raphael und Adeline.

Wolfgang Scharff

Louis Spohr
(1784-1859)

Louis Spohr

1784-1859

Louis Spohr wurde 1784 in Braunschweig als Sohn eines Arztes geboren. Enorme Begabung für das Violinspiel zeigte sich im Unterricht ab dem 5. Lebensjahr. 15-jährig wurde Spohr als Kammermusiker vom Herzog angestellt, der ihm auch die weitere Ausbildung bezahlte. Als 20-jähriger Geiger erregte er in nahezu allen Musikstädten Europas höchste Bewunderung, auch bereits mit eigenen Werken. Er unternahm zahlreiche Konzertreisen, auch zusammen mit seiner Frau, einer Harfenistin. In Italien traf er Paganini. 1812-15 war er Kapellmeister am Theater an der Wien, ab 1817 am Frankfurter Stadttheater. Auf Empfehlung Carl Maria v. Webers wurde er Hofkapellmeister in Kassel. Neben vielen Reisen als Geiger, Dirigent und Komponist wirkte Spohr dort 1822-1857, ab 1847 mit dem Titel des Generalmusikdirektors. Bereits 1843 führte er Wagners Fliegenden Holländer auf. Zahlreiche Ehrungen wurden ihm zuteil, u.a. die Ehrendoktorwürde der Universität Marburg, man nannte ihn den größten Geiger seiner Zeit nach Paganini. Viele seiner nahezu 200 Schüler wurden hochgeschätzte Geiger. Spohr starb 1859 in Kassel.

Zu Lebzeiten war Spohr einer der bekanntesten Komponisten, berühmter als z.B. Schumann, der ihn sehr schätzte. Dieser schrieb 1843 über ihn: *Lasst uns ihm folgen... Er sei uns mit unseren größten Deutschen ein leuchtendes Vorbild!*

Spohrs Stil ist frühromantisch, steht dem Schuberts und Mendelssohns nahe. Er bevorzugte Molltonarten, Chromatik und weiche Klangfarben. In seiner Verehrung für Mozart hielt er formal an klassischen Formen fest, worunter seine Popularität in der Zeit der *Neudeutschen* ab 1850 litt. Sein kompositorisches Werk ist äußerst umfangreich: Neben 10 Opern, Schauspielmusiken, 9 Symphonien, 15 Violin- und 4 Klarinettenkonzerten und zwei Konzerten für Violine und Harfe schrieb er über 100 Lieder und zahlreiche Kammermusikwerke, je ein Nonett, Oktett, Septett und Sextett, 4 Doppelquartette, 7 Streichquintette, 33 Streichquartette, ferner Trios und Duos.

Seine Violinschule (1831) diente lange als wichtiges Unterrichtswerk. Nicht nur als außerordentlicher Violinvirtuose, sondern auch als Dirigent war Spohr sehr gefragt. Als einer der ersten dirigierte er mit dem damals noch unüblichen Taktstock. Seine beliebten Kammermusiksoireen führten viele prominente Künstler in Spohrs Privathaus, u.a. Mendelssohn, Paganini, Joseph Joachim, Liszt und Clara Schumann, ferner die Gebrüder Grimm und Hans Christian Andersen.

Neben der Leitung des Operntheaters, das sein Fürst bevorzugte, führte er in Kassel Symphoniekonzerte ein, deren Erlös dem Pensionsfond für Witwen und Waisen verstorbener Mitglieder der Hofkapelle zufloss. Spohr war von freiheitlicher und sozialer Gesinnung, trat politisch für republikanische Ideale ein, warnte in revolutionären Zeiten jedoch stets vor gewaltsamen Aktionen. Er war Mitglied des – bereits verbotenen – Illuminatenordens, der sich, ähnlich den Freimauren, dafür einsetzte, mit den Idealen der Aufklärung durch Freiheit, Gleichheit und Brüderlichkeit zur vollkommenen Menschlichkeit zu führen.

Spohr schrieb seine Klarinettenkonzert für Simon Hermstedt (1778-1846), den zweiten zu dieser Zeit berühmten Klarinettisten neben Baermann, dem Weber seine Konzerte widmete. Hermstedt war 1808 in einem von Spohr geleiteten Konzert aufgetreten und hatte Spohr um ein Konzert gebeten, das dieser sogleich begann. Es fiel aber so schwer aus, dass es auf den damaligen Instrumenten nicht spielbar war. Hermstedt fragte nicht um Änderungen, sondern experimentierte an seinem Instrument solange, bis es den Anforderungen entsprach und förderte damit die technischen Möglichkeiten der Klarinette. An Hermstedts Spiel rühmten Zeitgenossen neben Virtuosität *Schönheit und Gleichheit des Tons, die vollendete Reinheit und das zarte, nie süßelnde Spiel im Cantabile*, sein Spiel wurde von vielen dem Baermanns vorgezogen.

Temperament, Kantilene und Walzertakt

Zu Spohrs 3. Klarinettenkonzert

Das dritte Konzert entstand im Jahre 1821. Es ist – wie auch die Konzerte Webers – reines Virtuosenstück. Das Orchester hat nur Einleitungs-, Begleit- und Gliederungsfunktion, die hohen Stimme haben dabei fast immer die melodische Führung. Ein Dialog zwischen Solist und Orchester oder thematische Verarbeitung, wie in den späteren Konzerten Mozarts oder Beethovens, kommen so gut wie nicht vor. Die Themen werden allein vom Solisten figurativ ausgeziert und fortgesponnen.

Ein rhythmisch markantes erstes Thema eröffnet den **ersten Satz** ***(Allegro moderato)***.

Aus dem 2. Takt entsteht ein Überleitungsmotiv, das im Satz immer wieder in Dur- und Moll-Versionen zu hören ist.

Das Seitenthema in As-Dur ist gefühlvoll mit weichen Melodiebögen zwischen Oboe und Violinen wechselnd, es enthält am Ende aber auch die scharfe Rhythmik von Hauptthema und Überleitungsmotiv.

Vom Eintritt des Soloinstruments an hat dieses – wie im Konzert von Weber – die alleinige Führung und stellt sich mit variierten Themen, Läufen und Figurenwerk in den Vordergrund. Ein Dialog mit dem Orchester kommt kaum zustande. Als Besonderheit gegenüber dem Weberschen Konzert wären die wechselnden farblichen Schattierungen zwischen Moll und Dur zu nennen. Die Reprise wechselt bereits nach dem Hauptthema nach F-Dur.

Im langsamen **Mittelsatz** ***(Adagio)*** herrscht die Kantilene. Das schwärmerische Hauptthema wird vom Orchester angestimmt und sogleich gefühlvoll von der Klarinette übernommen.

Dann wandert das Kopfmotiv zu den tiefen Streichern, von der Klarinette figurativ umspielt, wobei das Seitenthema aus dem ersten Satz anklingt.

Auch das 2. Thema in As-Dur ist auf Ruhe, Ausdruck und Klangschönheit angelegt. Die Violinen begleiten mit Dreiklangsfiguren. Der Mittelteil wechselt in die hellere Tonart E-Dur, der die Klarinette tiefe Lagen entgegensetzt.

Der **dritte Satz *(Vivace non troppo)*** im beschwingten Dreiertakt, einem Walzer ähnlich, steht in F-Dur, dem gelegentlich Mollpartien eingefügt werden. Über rhythmischer Begleitung stimmt die Klarinette das wiegende Walzer-Thema mit typischen Drehmotiven an und wiederholt es in tiefer Lage in As-Dur.

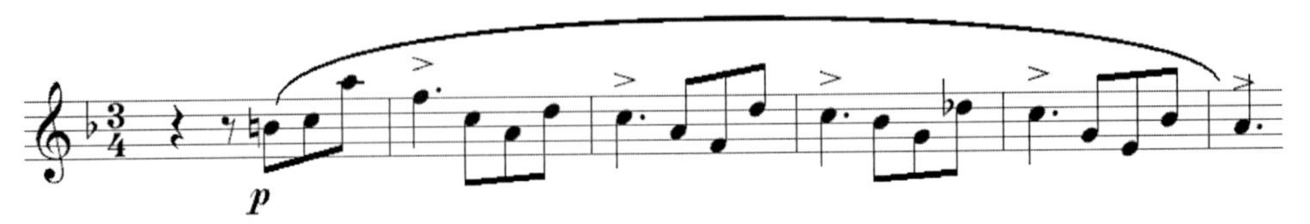

Das Orchester übernimmt von der Klarinette die in Triolen ansteigenden Tonleiter-Auftakte zu einem eigenen, energisch ansteigenden Kontrast-Motiv:

Einem erwartungsvolles Decrescendo folgt ein Soloteil mit einer lyrischen Variante des ersten Themas, dessen Drehmotiv dann auch das Orchester in einem Zwischenspiel variierend übernimmt quasi als Durchführungs-Abschnitt. Die Reprise wiederholt mit Tonartvarianten. In der kurzen Coda lässt das Soloinstrument das Thema kurz anklingen, um mit einer letzten virtuosen Steigerung dem Orchester die Schlusstakte zu überlassen.

Carl Maria von Weber

Carl Maria von Weber

1786-1828

Carl Maria von Weber, geb. 1786 in Eutin/Holstein, empfing stärkste Anregungen in der Jugend durch ein unstetes Leben mit der reisenden Schauspieltruppe seines Vaters. Sein Onkel war der Vater von Constanze Mozart. Nach Studien in München, Augsburg, Salzburg und Wien (u.a. bei Michael Haydn) lebte er als Dirigent, Pianist, Hofkapellmeister und Opernintendant in Breslau, München, Leipzig, Berlin, Gotha und Weimar, ab 1813 als Operndirektor in Prag, ab 1817 als königlicher Kapellmeister in Dresden. Den größten Erfolg brachte ihm die Oper *Der Freischütz* (Berlin 1821) ein. Ein Opernauftrag führte den schon Schwerkranken nach London. Erst 42-jährig und im gleichen Jahr wie der 11 Jahre jüngere Schubert, starb Weber 1828 in London an Tuberkulose. Auf Richard Wagners Betreiben wurde sein Sarg 1844 nach Dresden überführt und dort beigesetzt.

Virtuosität und frühromantische Emotion

Zu Webers 2. Klarinettenkonzert

Von Hans Pfitzner stammt das Zitat, Weber sei auf die Welt gekommen, um den *Freischütz* zu schreiben. Diese Aussage ist einerseits gefärbt durch Pfitzners Vorliebe für die Partei der Neudeutschen, andererseits bestätigt sie, dass Webers *Freischütz* an Popularität alle anderen Werke bei weitem überragt. Diese Oper (1821 in Berlin uraufgeführt) traf den Nerv der Zeit nach den Befreiungskriegen, sie spiegelte das aufkeimende Nationalgefühl ebenso wie die frühromantische Sehnsucht nach Freiheit, Naturerlebnis, nach Sieg des Guten über das dämonische Böse zum richtigen Zeitpunkt. Der Freischütz ist zweifellos die bedeutendste deutsche Oper zwischen Mozart und Wagner. Sieben weitere Opern standen im Zentrum von Webers Wirkungstätigkeit als Theaterintendant. Richard Wagner empfing von ihm die entscheidenden Eindrücke und Anregungen.

Seine nicht sehr zahlreichen Orchesterwerke sind fast alle Schöpfungen des noch jungen Komponisten. Zu ihnen gehören neben den Klarinettenkonzerten zwei Symphonien (1807), zwei Klavierkonzerte (1810) und Konzerte für Viola, Cello, Flöte und Fagott. Während die Symphonien nur äußerst selten zu hören sind, gehören die Bläserkonzerte heute ins Repertoire der Virtuosen.

Als Carl Maria von Weber 1811 nach München kam, gab es dort ein reiches Konzertleben durch die berühmte Hofkapelle, die der Kurfürst Karl Theodor 1778 nach München gebracht hatte und die schon Mozart in Mannheim wegen der ausgezeichneten Bläser bewundert hatte. Weber freundete sich mit dem hervorragenden Klarinettisten Heinrich Baermann an und komponierte eine Reihe von Stücken für den damals berühmten, in Technik und Vortragskunst gefeierten Meister dieses noch relativ neuen Instruments. Webers Concertino in Es-Dur war ein großer Erfolg, sodass König Max Joseph von Bayern beim Komponisten umgehend zwei weitere Konzerte für Baermann in Auftrag gab. In Eile entstand das erste Konzert in f-moll zwischen dem 18. und 30. April 1811, das zweite sofort im Anschluss. Dieses Konzert in Es-Dur wurde in München uraufgeführt am 25. November 1811 mit Baermann als Solisten; ihm ist das Stück auch gewidmet. Weber notierte in seinem Tagebuch, das Konzert sei begeistert aufgenommen worden *mit rasendem Beifall, da es Baermann göttlich blies*. Zusammen mit Baermann unternahm er eine Konzertreise nach Prag, Leipzig, Dresden, Gotha, Weimar, Frankfurt, Nürnberg, Bamberg und Berlin, wo der Klarinettist mit den Weberschen Werken glänzte.

Das Es-Dur-Klarinettenkonzert hat im Vergleich zum vorhergehenden einen strahlenden, festlichen Charakter, diesen bewirkt neben der Tonart auch die Orchesterbesetzung mit Hörnern, Trompeten und Pauken. Alle Ausdrucksmittel der Klarinette werden wirkungsvoll zur Schau gestellt: Beweglichkeit, großer Tonumfang, perlende Läufe und Dreiklangsbrechungen durch mehrere Oktaven, weich-lyrische Passagen und dynamische Vielfalt. Von schwungvollen Marschrhythmen, großen Intervallsprüngen und virtuosen Passagen ist der im Charakter unproblematische Kopfsatz geprägt, von opernhaft ausdrucksvoller Melodik das Andante. Die abschließende Polacca wirkt eigenwillig durch extravagante Synkopen. Thematische Arbeit und motivische Polyphonie im Sinne der Wiener Klassiker sind Webers Stärken nicht, Affekt und Wirkung erwachsen aus der erfindungsreichen Melodiegestaltung.

Mit einem marschähnlichen, kraftvollen Eröffnungsmotiv beginnt der **Kopfsatz** (***Allegro***) mit großer Geste, wie fast die ganze Tutti-Exposition von den Violinen getragen.

Ihm folgt ein erstes melodisches Thema:

Weitere Motive in straffen Rhythmen werden von den Bläsern rhythmisch und akkordisch unterstützt.

Das Seitenthema beginnt lyrisch-weich, ist im zweiten Teil aber ebenfalls vom punktierten Marschrhythmus geprägt:

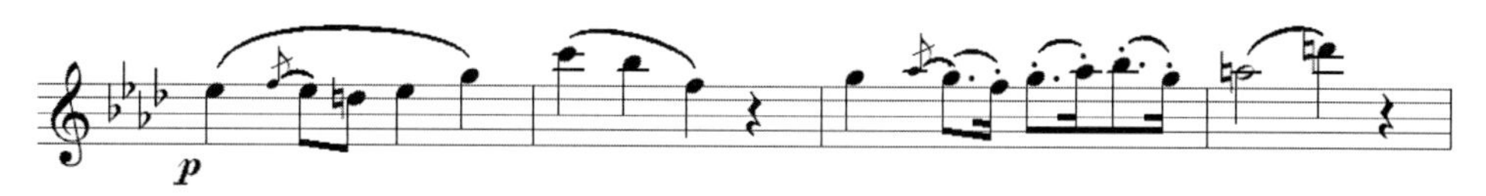

Die Klarinette wandelt zu Beginn der Soloexposition das Eröffnungsmotiv um mit extremen Tonsprüngen über drei Oktaven in virtuoser Artikulation:

Sie übernimmt die beiden melodischen Themen und glänzt mit neuen virtuosen Figuren und Läufen. Ein kräftiges Orchestertutti beendet die Exposition. Die Durchführung bringt kaum Verarbeitung, sie ist ebenfalls der Darstellung des Soloinstruments gewidmet, das mit fernen Tonarten und neuen Motiven überrascht. Die Reprise eröffnet das Orchester mit dem lautstarken Eröffnungsmotiv samt erstem Thema, die Soloklarinette übernimmt das Seitenthema, das die Orchesterbläser fortsetzen. Insgesamt reine Spielfreude und Schaustück des Soloinstruments.

Der ernste, langsame **Mittelsatz (*Andante con moto*)** in g-moll gleicht weniger einer lyrischen Romanze als einer dreiteiligen Opernszene und zeigt Webers Kunst der romantisch-musikalischen Stimmungsmalerei. Der ernsten, kummervollen Melodie des Soloinstruments in Moll

folgen weich-melodische Dur-Einwürfe der Streicher, dann der Bläser in hell leuchtend gestaltetem Satz. Einem weiteren Abschnitt in c-moll mit intensivierter Melodik

folgen nochmals die Orchestereinwürfe. Lange, ausholend bewegte Kantilenen der Soloklarinette gestalten den Mittelteil in Es-Dur. Es folgt ein gestenhaft-solistisches, echtes Rezitativ der Klarinette mit akkordischen Orchestereinwürfen in den Pausen.

Ein Rückgriff auf den ersten Lamento-Abschnitt beschließt den Satz.

Tänzerisch-effektvoll ist das **Finale (*Alla Polacca*)** in Form eines Sonatenrondos. Synkopischer Rhythmus verleiht dem Hauptthema kecken, unbeschwerten Charakter.

Dreimal erscheint der Hauptteil, jeweils vorbereitet durch Varianten des Kopfmotivs. Das Orchester beschränkt sich – außer kurzen Tutti-Einwürfen – fast durchgehend auf reine Begleitfunktion. Die Soloklarinette brilliert mit Auszierungen, Läufen, kecken Staccato-Figuren, rasenden Tonkaskaden, dann wieder mit gefühlvollen Melodiepassagen. Sie steigert sich im letzten Teil zu äußerst virtuosen, atemberaubend schnellen Tonfolgen und lässt dem Orchester nur noch Raum für kräftige, bestätigende Schlussakkorde.

Gioacchino Rossini
1820

Gioacchino Rossini

1792-1868

Gioacchino Rossini – er schrieb seinen Vornamen meist mit nur einem c – wurde 1792 (ein Jahr nach Mozarts Tod) in Pesaro geboren, sein Vater dirigierte die städtische Kapelle, seine Mutter war Sängerin. Ab 1800 lebte er in Bologna, wo er Gesang, Klavier, Cello, Horn und Kontrapunkt studierte und sich intensiv mit den Opern Cimarosas und Mozarts beschäftigte. Als 18-Jähriger debütierte er als Opernkomponist in Bologna und Venedig, 1813 begründete seine Oper *Die Italienerin in Algier* den Ruhm des 21-Jährigen. *Der Barbier von Sevilla* (1816) wurde zu seinem größten Erfolg. Er dirigierte in Wien und London und war 1824-1826 Theaterdirektor in Paris. Auf dem Gipfel seines Weltruhmes (1828) beendete er mit 37 Jahren sein Opernschaffen als reicher Mann und komponierte nur noch wenig, darunter die geistlichen Werken *Stabat mater* und *Petite Messe solennelle* und heute eher unbekannte Gelegenheitswerke. Das immer noch weit verbreitete Klischee vom ungeistigen Gourmet ist auf Stendhal zurückzuführen und gehört in den Bereich der Dichtung. Wegen politischer Unruhen in Bologna floh Rossini 1848 nach Florenz und lebte ab 1855 bei Paris, wo er 1868 starb.

Gioacchino Rossini: *Stabat mater*

Der Fall **Gioacchino Rossini** ist in der Musikgeschichte ohne Parallele. Man stelle sich vor: Ein bedeutender und höchst produktiver Opernkomponist, der auf dem Höhepunkt seines Erfolgs ohne erkennbaren Grund die Feder aus der Hand legt und erklärt, ab sofort nur noch erlesene Kochrezepte komponieren zu wollen. Gewiss, auch bei anderen Komponisten gab es Unterbrechungen des Schaffens durch Krankheit, künstlerische Krisen oder veränderten Publikumsgeschmack. Doch sind dies alles nachvollziehbare Gründe. Nicht so bei Rossini. Er hatte einfach keine Lust mehr, sich weiterhin den Anstrengungen des Opernbetriebs auszusetzen, und zog es vor, die redlich verdienten Früchte seines Schaffens zu genießen.

Als Rossini das Komponieren von Opern aufgab, war er 37 Jahre alt und blickte auf die stolze Anzahl von 39 Opern zurück – darunter Meisterwerke wie den *Barbier von Sevilla*, den er in rekordverdächtigen 13 Tagen zu Papier gebracht hatte. Seine Werke hatten europaweit einen wahren Taumel der Begeisterung ausgelöst und eine ungeheure Nachfrage nach immer neuen Opern geweckt.

Der Komponist war an den Fürstenhöfen herumgereicht und mit Ehrungen und Kompositionsaufträgen überschüttet worden. In Paris hatte man ihn zum Leiter der Italienischen Oper ernannt, und dort schrieb er sein letztes Werk dieser Gattung: *Guillaume Tell*, in freier Anlehnung an Schillers *Wilhelm Tell*. Dann zog sich der 37-Jährige in sein Haus in Passy bei Paris zurück, wo er noch 39 Jahre lebte, Freunde, Verehrer und Komponistenkollegen (wie Wagner und Liszt) zu seinen berühmten Soupers einlud, jedoch keine Opern mehr schrieb.

Wäre Rossini seinem Schwur, nicht mehr zu komponieren, völlig treu geblieben, dann gäbe es das *Stabat mater* nicht. Doch der Maestro beschränkte seinen Kompositionsverzicht schon bald auf die Gattung der Oper – für die er in der Tat keine Note mehr schrieb –, schuf jedoch gelegentlich Kammermusik und geistliche Werke, ohne freilich seine frühere Produktivität im Entferntesten zu erreichen. Für Rossini, der einst eine Oper nach der anderen aus dem Ärmel geschüttelt hatte, war das Komponieren zur Nebenbeschäftigung geworden.

Die Entstehung des *Stabat mater* erstreckte sich über einen Zeitraum von zehn Jahren. Der Maestro hatte sein Werk ursprünglich auf zwölf Teile angelegt und einem Prälaten aus Madrid mit Namen Manuel Fernández Varela zugesagt. Die ersten sechs Teile komponierte Rossini 1832 – drei Jahre nach dem freiwilligen Ende seines Opernschaffens – und schickte sie nach Madrid. Dann verlor er offenbar das Interesse, und Varela wartete vergeblich auf die zweite Hälfte. Schließlich verlor der Prälat die Geduld und beauftragte einen Schüler Rossinis namens Giovanni Tadolini, das Werk fertig zu stellen. In dieser Mischform – sechs Teile Rossini, sechs Teile Tadolini – ließ Varela die Komposition am Karfreitag in Madrid 1833 aufführen. Nach Varelas Tod 1837 wurde die Partitur nach Frankreich verkauft, wo der neue Besitzer eine Aufführung vorbereitete. Dies aber weckte den Ehrgeiz von Rossini, der sein unvollendetes Werk im Laufe der nächsten Jahre selbst zu Ende schrieb und den Text dabei auf 10 Teile zusammenzog. In dieser Form gelangte das *Stabat mater* schließlich am 7. Januar 1842 in Paris zur Uraufführung – und zwar nicht in einer Kirche, sondern in der Italienischen Oper, der Stätte von Rossinis früheren Opern-Triumphen.

Der Aufführungsort war gut gewählt, und das *Stabat mater* löste keine geringeren Begeisterungsstürme aus als Rossinis große Opernerfolge Jahre zuvor. Mehrere Teile mussten wegen des anhaltenden Applauses wiederholt werden, und die Zuhörer verließen schließlich tief bewegt das Theater. Auch Heinrich Heine, der eine der folgenden Aufführungen miterlebte, äußerte sich in seiner Kritik, die er an die *Allgemeine Zeitung Augsburg* schickte, sehr lobend über das Werk.

Für eine Würdigung von Rossinis Musik gelte es, so Heine, *sich frei zu machen von der Vorstellung eines angeblich allein gültigen kirchlichen Tonfalls*. Heine verglich die Komposition mit der *glutvollen Malerei der italienischen und spanischen Schule* und fuhr fort: *Das ungeheure erhabene Martyrium wurde hier dargestellt, aber in den naivsten Jugendlauten, die furchtbaren Klage der* Mater dolorosa *ertönten, aber wie aus unschuldig kleiner Mädchenkehle, neben dem Flor der schwärzesten Trauer rauschten die Flügel aller Amoretten der Anmut, die Schrecknisse des Kreuztodes waren gemildert wie von tändelndem Schäferspiel, und das Gefühl der Unendlichkeit umwogte und umschloss das Ganze wie der blaue Himmel, der auf die Prozession herab leuchtete wie das blaue Meer, an dessen Ufern sie singend und klingend dahinzog.*

Gioacchino Rossini, Portrait um 1840

Das Werk beginnt und endet in g-moll. Nach einem kurzen Vorspiel des Orchesters, das sich vom geheimnisvollen Pianissimo zum leidenschaftlichen Fortissimo erhebt und wieder zurücksinkt, setzt der Chor in tiefer Lage mit dem Hauptmotiv ein:

Die Solisten treten als Quartett hinzu und gestalten im Wechsel mit dem Chor einen bewegenden Klagegesang. Das chromatische Kreuzmotiv (abwärts – aufwärts – ab-wärts) zieht sich durch alle Stimmen und nimmt gelegentlich sogar die Form B-A-C-H an:

Zufall, oder eine Hommage Rossinis an den großen Johann Sebastian?

Nach dieser eindrucksvollen Einleitung folgen Satztypen unterschiedlichster Art. Die Solisten werden mit dankbaren Arien und Duetten bedacht, welche die Herkunft von der großen Oper nicht verleugnen:

und oft sogar in veritablen Kadenzen kulminieren:

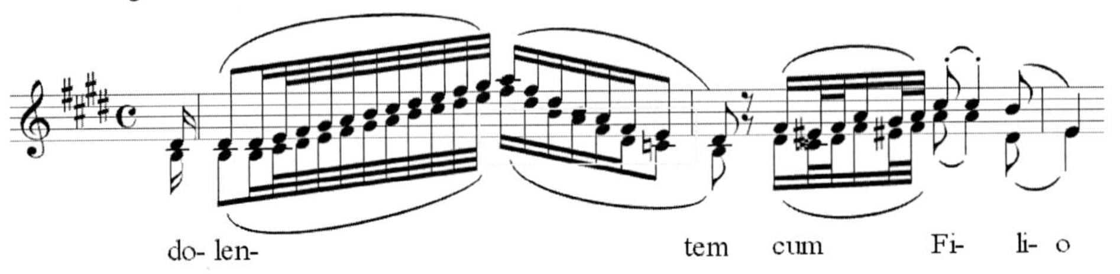

Der Chor hingegen ist für die besinnlicheren Stimmungen zuständig. In der vorletzten Nummer schreibt Rossini einen *a cappella*-Chorsatz von unglaublicher Farbigkeit, Dichte und Ausdruckskraft.

Noch im Jahr der Uraufführung erlebte das *Stabat mater* 29 Aufführungen in ganz Europa, und das Werk zählt bis heute zu den beliebtesten Schöpfungen des Maestros. Es soll freilich auch nicht verschwiegen werden, dass die Komposition von Anfang an nicht unumstritten war und ist. Hector Berlioz – sicher keiner von Rossinis Freunden – blieb zeitlebens bei der Behauptung, die große Doppel-Schlussfuge *In sempiterna saecula* stamme von dem erwähnten Giovanni Tadolini.

Darüber hinaus haben etliche Musiker und Kirchenvertreter Bedenken gegen die von Heine gelobten *naivsten Jugendlaute* geäußert und die deutlich erkennbare Herkunft von der Oper, die Rossini nie verleugnet hat, getadelt. Wer Gelegenheit hat, das Werk zu hören, möge sich selbst ein Urteil bilden!

Reinhard Szyszka

Sabrina Böhm-Pélissier Violine

Frisch aus Frankreich nach München gekommen, bin ich im Januar 2000 ins Philharmonische Orchester Isartal eingetreten. Ich wurde sehr nett empfangen, diese Musiker waren mein erstes soziales Netz in Deutschland und einer der Gründe für mich, hier in Deutschland zu bleiben. Inzwischen finde ich zwischen Familie mit 3 Kindern und Arbeit als Apothekerin in der Pharmaindustrie das Gleichgewicht für mein Leben in der Musik. Meine Vorliebe gilt eher romantischen Kompositionen, aber eigentlich macht mir alles Spaß. In einem philharmonischen Orchester mitspielen zu dürfen, ist Herausforderung und macht viel Freude: Sobald man die Stücke einstudiert, lernt man sie auch wirklich zu mögen. Wenn man bei Konzerten mit Solisten ganz nah am Solisten sitzt, kann man die Musik besonders mitfühlen und hat die Chance bei den Proben vorher, den Solisten auch außerhalb der Konzertsituation ein bisschen kennenzulernen. Dieses Orchester hat mir viele Kontakte, Freundschaften, zudem auch Fortschritte auf dem Instrument und Sensibilität für die Musik gebracht.

Dr. Sabrina Böhm-Pélissier

Sabrina war auch eine große Hilfe bei Übersetzungen auf der Frankreichreise und für das Programmheft!

Stabat mater

Text aus der Frühzeit des Franziskanerordens (Hl. Bonaventura?)

1 *Introduzione*

Stabat Mater dolorosa
juxta crucem lacrimosa,
dum pendebat Filius.

Christi Mutter stand mit Schmerzen
bei dem Kreuz und weint' von Herzen,
als ihr lieber Sohn da hing.

2 *Aria*

Cujus animam gementem
contristantem et dolentem
pertransivit gladius.
O quam tristis et afflicta
fuit illa benedicta
Mater unigeniti!
Quae moerebat et dolebat
et tremebat cum videbat
nati poenas inclyti.

Durch die Seele voller Trauer,
schneidend unter Todesschauer
jetzt das Schwert des Leidens ging.
Welch ein Weh der Auserkornen,
da sie sah den Eingebornen,
wie er mit dem Tode rang!
Angst und Trauer, Qual und Bangen,
alles Leid hielt sie umfangen,
das nur je ein Herz durchdrang.

3 *Duetto*

Quis est homo qui non fleret
Christi Matrem si videret
in tanto supplicio?
Quis non posset contristari
piam Matrem contemplari
dolentem cum Filio?

Wer könnt' ohne Tränen sehen
Christi Mutter also stehen
in so tiefen Jammers Not?
Wer nicht mit der Mutter weinen.
seinen Schmerz mit ihrem einen,
leidend bei des Sohnes Tod?

4 *Aria*

Pro peccatis suae gentis
vidit Jesum in tormentis
et flagellis subditum.
Vidit suum dulcem natum
moriendo desolatum
dum emisit spiritum.

Ach, für seiner Brüder Schulden
sah sie Jesus Marter dulden,
geißeln, Dornen, Spott und Hohn.
Sah ihn trostlos und verlassen
an dem blut'gen Kreuz erblassen,
ihren lieben einz'gen Sohn.

5 *Coro e Recitativo*

Eja Mater fons amoris
me sentire vim doloris
fac ut tecum lugeam.
Fac ut ardeat cor meurn
in amando Christum Deum.
ut sibi complaceam.

Gib, o Mutter, Born der Liebe.
dass ich mich mit dir betrübe,
dass ich fühl' die Schmerzen dein.
Dass mein Herz von Lieb' entbrenne,
dass ich nur noch Jesus kenne.
dass ich liebe Gott allein.

6 Quartetto

Sancta Mater istud agas
crucifixi fige plagas
cordi meo valide.
Tui nati vulnerati
jam dignati pro me pati
poenas mecum divide.
Fac me vere tecum flere
crucifixo con dolore
donec ego vixero.
Juxta crucem tecum stare
te libenter sociare
in planctu desidero.
Virgo virginum praeclara
mihi jam non sis amara
fac me tecum plangere

Heil'ge Mutter, drück die Wunden,
die dein Sohn am Kreuz empfunden,
tief in meine Seele ein.
Ach, das Blut, das er vergossen,
ist für mich dahin geflossen;
Lass mich teilen seine Pein.
Lass mit dir mich herzlich weinen,
ganz mit Jesu Leid vereinen,
solang hier mein Leben währt.
Unterm Kreuz mit dir zu stehen,
dort zu teilen deine Wehen,
ist es, was mein Herz begehrt.
O du Jungfrau der Jungfrauen,
wollst in Gnaden mich anschauen,
lass mich teilen deinen Schmerz.

7 Cavatina

Fac ut portem Christi
mortem
passionis fac consortem
et plagas recolere.
Fac me plagis vulnerari
cruce hac inebriari
ob amorem Filii.

Lass mich Christi Tod und Leiden,
Marter, Angst und bittres Scheiden
fühlen wie dein Mutterherz.
Mach, am Kreuze hingesunken,
mich von Christi Blute trunken
und von seinen Wunden wund.

8 Aria e Coro

Inflammatus et accensus
per te Virgo sim defensus
in die judicii.
Fac me cruce custodiri.
morte Christi praemuniri.
confoveri gratia.

Dass nicht zu der ew'gen Flamme
der Gerichtstag mich verdamme,
sprech für mich dein reiner Mund.
Christus, um der Mutter Leiden
gib mir einst des Sieges Freuden
nach des Erdenlebens Streit.

9 Quartetto

Quando corpus morietur.
fac ut animae donetur
paradisi gloria.

Jesus, wann mein Leib wird sterben,
lass dann meine Seele erben
deines Himmels Seligkeit!

10 Finale

Amen.
In sempiterna saecula.
Amen.

Amen.
Von Ewigkeit zu Ewigkeit.
Amen.

Temperament und melodische Einprägsamkeit

Rossinis Ouvertüre zu *Die diebische Elster*

Soll eine Opern-Ouvertüre den Zuschauer auf die Handlung vorbereiten und einstimmen, soll sie den Handlungsablauf in Kurzform vorwegnehmen, soll sie die wichtigsten Melodien als eine Art Potpourri zusammenfassen oder soll sie einfach Laune machen? Darüber wurde im 19. Jahrhundert vielfach theoretisiert.

Rossini jedoch war ein Praktiker, der zwischen 1812 und 1830 zeitweise bis zu vier Opern pro Jahr auf die Bühne brachte. Man sagt scherzhaft, er habe zu all seinen Opern nur eine Ouvertüre geschrieben, nur jeweils unterschiedliche Melodien eingefügt.

Damit erfüllt die Rossini-Ouvertüre fast alle Ansprüche: Sie bündelt die besten melodischen Einfälle, sie bereitet durch die Art der Melodien auf die vorherrschende Stimmung und teilweise auf die Handlung vor und sie begeistert durch zündendes Temperament. Rossini hatte ein sicheres Gespür für melodische Einprägsamkeit und Schlagkraft, seine Melodien charakterisieren und eignen sich zum Nachpfeifen.

Die Oper *La gazza ladra – Die Diebische Elster* wurde am 31. Mai 1817 in Mailand uraufgeführt. Sie gehört zum Typ der *Semiseria*, in der ein ernstes Geschehen mit komischen Elementen verquickt wird: Das sympathische Dienstmädchen Ninetta wird vor den selbstgefälligen Bürgermeister gezerrt, weil sie ihrer Herrin einen Ring und kostbares Silberbesteck gestohlen haben soll. Dieser will sie nur vor der drohenden Todesstrafe bewahren, wenn sie sich ihm hingibt. Ninetta weigert sich, wird verurteilt und wartet im Gefängnis auf ihre Hinrichtung. Doch der richtige Dieb, eine Elster aus dem Hauszoo der Dienstherrin, wird rechtzeitig gefunden und Ninetta ist frei.

Die Ouvertüre beginnt mit militärischen Signalen von kleiner und großer Trommel und marschartiger Melodik, die als Symbole für die erbarmungslose, inhumane Macht stehen, der die unschuldige Ninetta ausgeliefert ist. In die zärtlich tändelnden Melodien, mit denen Ninetta im Kerker an ihren Verlobten denkt, brechen die bedrohlichen Elemente immer wieder in groß angelegten Crescendi ein.

Moritz Böge Violoncello

Moritz Böge wurde geboren in Bad Bergzabern, aufgewachsen ist er in Würzburg. Seit dem 9. Lebensjahr spielt er Cello. Im Jahr 2001 zog er nach München und arbeitet als Angestellter im Verwaltungsdienst. Zum Philharmonischen Orchester Isartal kam er 2005 und spielte in seinem ersten Konzert gleich ein schwieriges Programm mit: die Ouvertüre zu *Die Diebische Elster* von Rossini, das Violinkonzert von Brahms und die 4. Symphonie von Nielsen. Von den Orchestermitgliedern wird er wegen seiner Freundlichkeit, Unbefangenheit und Hilfsbereitschaft geschätzt. In seiner Freizeit übt er Cello und wandert gern.

Interview: Susanne Kessler

Effekt, Charme und Esprit

Zu Rossinis Ouvertüre zur Oper *Der Barbier von Sevilla*

In rund 20 Jahren schuf Rossini 39 Opern. *Der Barbier von Sevilla* soll in knapp einem Monat komponiert worden sein – im Autograph eine Partitur von 600 Seiten!

Umstritten ist bis heute, ob es wirklich eine eigene Ouvertüre zu dieser heiteren Oper gegeben hat. Unzählige, mehr oder weniger gut erfundene Geschichten ranken sich um dieses Thema. Welche *sinfonia* wirklich bei der Uraufführung 1816 in Rom erklang, ist unbekannt. Einige Musikwissenschaftler vermuten, sie habe mit spanischer Melodik auf die Handlung vorbereitet. Falls sie wirklich existiert hat, ist sie verloren gegangen. Noch im gleichen Jahr (1816) gab Rossini selbst die Oper zum Druck und ließ sie in Florenz und Bologna mit einer *sinfonia* – der heutigen Ouvertüre – aufführen, die auch als Vorspiel zu zwei weiteren (ernsten!) Opern Verwendung fand, eine Tatsache, die uns heute eher befremdet. Im damaligen Italien hatte ein Eröffnungsstück in erster Linie ein brillantes Orchesterwerk zu sein, das die Aufmerksamkeit des Zuschauers vom Tagesgeschehen auf die bevorstehende Oper lenkt, durch zündendes Temperament begeistert und Laune macht. Ob eine Ouvertüre zur Oper passt, wurde erst kurze Zeit später nördlich der Alpen diskutiert, wo Beethoven in mehreren Versuchen um eine passende Einleitungsmusik zum *Fidelio* rang und Weber mit seiner *Freischütz*-Ouvertüre das erste Vorspiel schrieb, das Stimmung, Handlung und wichtigste Melodien der Oper vorstellte.

Unbestritten hatte Rossini ein sicheres Gespür für melodische Einprägsamkeit und Schlagkraft, seine Melodien sind voller Witz und Charme und hinterlassen einen „Ohrwurm"-Effekt.

Zu Beginn der langsamen Einleitung konzentrieren zwei kräftige Anfangsakkorde die Aufmerksamkeit des Hörers, gefolgt von zwei unterschiedlichen Kurzmotiven, ein aus der Tonleiter gewonnenes in den Streichern und ein gefühlvolles, fast klagendes der Bläser, von Streichern wiederholt.

Ein liebevoll-zärtliches Thema in E-Dur wird von den Streichern intoniert, sparsam von Pizzicati untermalt.

Der schnelle Teil ist zweiteilig gestaltet. Das hastige Hauptthema ist typischer, äußerst einfacher, wirkungsvoller Rossini:

Nach durchführungsartiger Überleitung erklingt das anmutig-humorvolle Seitenthema in G-Dur. Es lebt vom Kontrast zwischen Legato-Bogen, zackigem Rhythmus und gefühlvollem Vorhalt in der neckisch-spitzen Klangfarbe der Oboe.

Eine Variante macht daraus eine Volksliedmelodie zum Mitpfeifen, in weichen Sextparallelen begleitet:

In der Reprise erscheinen alle Themen in der Haupttonart E-Dur, das zweite in verschiedenen Bläserklangfarben. Eine typisch italienische Stretta als fulminante Steigerung in Tempo und Klangdichte bildet den Abschluss und wirbelt brillant auf den effektvollen Schluss zu.

Franz Schubert 1825
aus einem Gemälde von
Wilhelm August Rieder

Franz Schubert

1797-1828

Franz Schubert, geb. 1797 in Lichtenthal bei Wien, erhielt seine erste musikalische Ausbildung in der Familie. Wegen seiner schönen Stimme wurde er ab 1808 Schüler des Stadtkonvikts und Chorsänger in der Hofburg (Wiener Sängerknabe) und Schüler Salieris. 1813 verließ er das Konvikt und wurde Lehrergehilfe bei seinem Vater. Mit 17 Jahren entstanden erste Meisterwerke wie die Goethe-Vertonungen *Gretchen am Spinnrad* und *Erlkönig*. Ab 1817 lebte er ohne feste Anstellung, meist in finanziellen Nöten in Wien, wo ein großer Freundeskreis ihn menschlich und künstlerisch begleitete und inspirierte. Er starb – wahrscheinlich an den Folgen von Syphilis- und Typhusinfektionen – mit nur 31 Jahren in Wien.

Franz Schubert

Auch wenn Schubert nur ein Jahr nach Beethoven starb und obwohl beide gleichzeitig in der gleichen Stadt lebten und wirkten, gehört die Musik des 27 Jahre Jüngeren einer neuen Zeit an und weist ein weites Stück in die Romantik hinein. Liedhafte Melodik, melodische Vielfalt und breite melodische Passagen in Durchführungen zeigen Schubert als Liedkomponisten. Überraschende Harmoniewechsel, entfernte Tonartbereiche, gesteigerte Emotionalität und ein neues Verhältnis zum Zeitverlauf gehören zu Schuberts spätem Personalstil, der sich erheblich von seinem Vorbild Beethoven unterscheidet.

Bereits die Kindheit Franz Schuberts war umgeben von Musik in der Familie. Als Schüler im Konvikt komponierte er seine ersten Werke, noch ganz nach klassischem Vorbild, teils mit Anklängen an Mozarts und Beethovens Symphonien, die er im Orchester kennen lernte. Bis 1818, seinem 21. Lebensjahr, schrieb Schubert sechs Sinfonien. Die künstlerischen Ansichten seiner frühen Jahre sind vermutlich geprägt durch seinen Kompositionslehrer im Internat, Antonio Salieri, der als Verfechter eines reinen, klassischen Stils Beethovens *Bizarrerien* seinen Schülern wohl als Negativbeispiele vorgeführt haben dürfte. Schuberts anfängliche Distanz zu Beethoven weicht in den Jahren nach 1818 einem intensiven Studium der Werke aus Beethovens mittlerer Schaffenszeit (Spätwerke wie 9. Sinfonie, späte Sonaten und Quartette sowie Missa Solemnis entstanden nach 1822) und einer glühenden Begeisterung.

Nicht immer genügten seine eben entstandenen Werke der eigenen Erwartung von einer Aneignung und doch Abgrenzung vom übermächtigen Vorbild Beethoven und seinem eigenen hohen Anspruch. Sein Ausspruch *Wer vermag nach Beethoven noch etwas zu machen?* ist durch einen seiner Freunde überliefert. Manches blieb als Einzelsatz oder Fragment liegen, nicht nur der berühmte *Streichquartettsatz in c-moll* von 1820 oder die *Unvollendete* Sinfonie von 1822, sondern u.a. auch mehrere Fragmente für eine Sinfonie in D-Dur, die in unterschiedlichem Stadium der Ausführung liegen gelassen wurden, teilweise als Klavierskizzen, manchmal mit Instrumentationsangaben, manches andere in lückenhafter Partitur ohne Schluss, alles Experimente auf dem stürmischen Weg zu einer Aneignung der Entdeckungen und einer visionären Erneuerung der Sinfonie. Neuere Untersuchungen dieser Fragmente (P. Gülke) zeigen mannigfaltige Schönheiten, aber auch manche Kluft zwischen kühner Phantasie, musikalischer Substanz und Ausführung auf.

Ein Aspekt darf bei der Annäherung an Schuberts künstlerische Vorgehensweise nicht außer Acht gelassen werden. Die meisten seiner Werke entstanden in einem rauschhaften Vorgang der Umsetzung einer ersten Vision in ein fertiges Werk, wie der Duktus seiner Handschrift, die seltenen Verbesserungen und die spontanen Auslassungen sich logisch ergebender Details zeigen. Unter welch unvorstellbarer Spannung Schubert beim Komponieren stand, ahnen wir aus dem Bericht seines Freundes Joseph von Spaun: *Wer ihn nur einmal an einem Vormittage mit dem Tonsatz beschäftigt gesehen hat, glühend und mit leuchtenden Augen, ja selbst mit einer anderen Sprache, ...wird den Eindruck nie vergessen.* Die ihm notwendige inspirative Zündung, der kreative Schub der ersten Idee ließen ein Werk in kürzester Zeit fertig entstehen. Johannes Brahms meinte einmal, Schuberts sei *vermutlich jeden Tag über sich selbst erschrocken.* Aus zeitlicher Distanz ein Werk noch einmal aufzunehmen, zu überarbeiten, zu ändern, wie beispielsweise bei Beethoven unzählige Skizzen belegen, erlaubte

Schuberts Naturell sich selten. Von dieser Warte eröffnen sich weitere Antworten auf die Frage, die Publikum und Musikschriftsteller seither bewegt, warum Schubert die *Unvollendete* nicht fertig stellte. Hielt er sie für fertig? Hat er sie vergessen? Plante er eine spätere Ergänzung? Möglicherweise sah sich Schubert auf seinem damaligen Entwicklungsstand selbst nicht in der Lage, die unerhörten „Geister", die er gerufen hatte, zu bändigen, nämlich eine den ersten beiden Sätzen angemessene Fortführung zu einer größeren zyklischen Einheit zu gestalten.

Nach Jahren, die von Krankheit und Selbstzweifeln geprägt waren – syphilitische Infektion und Krankenhausaufenthalt (vermutlich im Oktober 1823), Misserfolge mit seinen Opern *Alfonso und Estrella* (1822) und *Fierabras* (1823) – fand Schubert mit den Quartetten in a-moll und d-moll *(Der Tod und das Mädchen)* im Frühjahr 1824 offensichtlich zu schöpferischer Intensität zurück. Aus einem Brief Schuberts vom 31. März 1824 an seinen Freund Leopold Kupelwieser wissen wir um seine seelische Verfassung in jenen Tagen: *...ich fühle mich als den elendsten, unglücklichsten Menschen auf der Welt. Denk Dir einen Menschen, dessen Gesundheit nie mehr richtig werden will, und der aus Verzweiflung darüber die Sache immer schlechter statt besser macht, denke Dir einen Menschen, sage ich, dessen glänzendste Hoffnungen zu Nichte geworden sind, dem das Glück der Liebe und Freundschaft nichts bieten als höchsten Schmerz, dem Begeisterung (wenigstens anregende) für das Schöne zu schwinden droht, und frage Dich, ob das nicht ein elender und unglücklicher Mensch ist?.*

Offenbar vollzog sich in diesen Krisenjahren ein künstlerischer Umbruch, in dem der Stil der letzten Jahre heranreifte. Zu den Werken der letzten zwei Lebensjahre, den „Spätwerken" – wenn man die Werke eines etwa Dreißigjährigen so nennen kann – gehören das Streichquartett G-Dur, das Streichquintett, die beiden Klaviertrios, die große C-Dur-Symphonie, die Liederzyklen *Die schöne Müllerin* und *Die Winterreise* sowie die späten Klaviersonaten. In ihnen fand er in Länge, Geschlossenheit, Klangfarben und -fülle, Tonalität und Zeitgestaltung Wege über das Bisherige hinaus in Richtung einer neuen Zeit: in die Romantik. Aus späterer Sicht eröffnet Schuberts großräumige Formgestaltung, die häufige Terrassendynamik und die Instrumentation nach Klanggruppen den Weg für Anton Bruckners Symphonien.

Jenger, Hüttenbrenner und Schubert, Pastell von Joseph Teltscher (1827)

Ein vollendetes Fragment

Franz Schuberts Sinfonie in h-moll, D 759 (*Die Unvollendete)*

Die Sinfonie in h-moll, die *Unvollendete*, entstand 1822 in Wien, sie wurde dem Steiermärkischen Musikverein Graz zum Dank der verliehenen Ehrenmitgliedschaft gewidmet. Die Partitur lag fast 40 Jahre unaufgeführt bei Schuberts Freund Anselm Hüttenbrenner. Dort entdeckte sie 1865 der Wiener Hofkapellmeister Johann Herbeck, der die zweisätzige Sinfonie im Dezember 1865 in Wien uraufführte. Von einem dritten Satz, einem Scherzo, gibt es weit fortgeschrittene Skizzen, die ersten neun Takte liegen in Partitur vor, dann bricht die Komposition ab.

Seit ihrer Entdeckung beschäftigte die musikalische Welt die Frage, warum Schubert das Werk nicht fertig stellte: weil er sie für fertig, abgeschlossen, vollendet hielt, oder weil er sie einfach vergessen hat oder nicht wert der Fertigstellung erachtete? Möglicherweise plante er auch eine spätere Ergänzung und sah sich auf seinem damaligen Entwicklungsstand selbst nicht in der Lage, die unerhörten „Geister", die er gerufen hatte, zu bändigen, nämlich eine den ersten beiden Sätzen angemessene Fortführung zu einer größeren zyklischen Einheit zu gestalten.

Musikalische Substanz und Zukunftsweisendes in der *Unvollendeten*

Man muss die frühen Sinfonien Schuberts im Blick haben, um die gewaltigen Dimensionen zu ermessen, die sich mit der „Unvollendeten" eröffnen, nicht nur für Schuberts spätere Werke, sondern für die gesamte Instrumentalmusik der Romantik. Die Tonart h-moll lässt Besonderes erwarten, traditionsgemäß haftete ihr ein Charakter von tiefster Trauer und Todesnähe an, Beethoven nannte sie die „schwarze" Tonart. Schon die ersten Takte des **ersten Satzes** lassen klassische Vorbilder weit zurück.

Der **erste Satz (*Allegro moderato*)** beginnt mit einer Einleitung von acht Takten. Aus der Tiefe der Kontrabässe steigt ein musikalisches Gebilde auf, das gleich vom vierten Ton an noch einmal um fast eine Oktave absinkt in die tiefsten Regionen des Orchesterklangs.

Keine Begleitung erhellt die Tonart dieses unisoso im Pianissimo vorgetragenen Gedankens, der fragend auf dem lang ausgehaltenen Dominantton Fis endet. Unklar bleibt zu Beginn auch das Tempo, das sich erst nach Einsatz der unruhig flirrenden Sechzehntel der Violinen für den Hörer als moderater Dreiertakt erweist.

Das finstere Bassmotiv erklingt in der gesamten nun folgenden **Exposition** nicht mehr. Vier Takte nach den Violinfiguren erscheint das erste Hauptthema des Satzes.

Es ist kein markantes, energisches, „männliches" Thema nach klassischem Muster. Sehnsüchtig, melancholisch in sich selbst kreisend, von Oboe und Klarinette vorgetragen, erhebt es sich erst nach dem zweiten Anlauf in lichtere Höhen, streift gelegentlich hellere Dur-Regionen, fällt dennoch immer wieder ins tristere Moll zurück. Eine großräumig angelegte Steigerung in Besetzung und Lautstärke führt zu einem Fortissimo-Abschluss des ganzen Orchesters. Wie ein Erschrecken vor dem eigenen Mut zum vorangegangenen Ausbruch schlägt die Stimmung plötzlich um. Ein Einhalt gebietender, lang ausgehaltener einzelner Ton der Hörner entführt in die neue Stimmungswelt des zweiten Hauptthemas. Hier entfaltet Schubert, der Komponist von Liedern und Tänzen, eine wienerisch weiche, gesangliche Ländlermelodie in G-Dur im warmen Timbre der Violoncelli.

Auch diese volksliedhafte Melodie kreist, wie schon das erste Hauptthema, mehrfach innerhalb des Quintintervalls, zeigt hierin eher Verwandtschaft als Kontrast zum ersten Thema der Holzbläser. Ihre beschauliche Ruhe wird im Nachsatz quasi aufgebrochen durch eine überraschende zweitaktige Erweiterung und Ausweichung der Melodie um einen Ganzton nach oben in die – der G-Dur-Tonalität mediantisch verwandte – hellere E-Dur-Sphäre, aus der es sogleich wieder in seine eigentliche Tonart zurück gleitet.

Mit diesem Dehnen der musikalischen Substanz in größere „wundersame" Zeit- und Klangräume ist im Kleinen vorbereitet, was Schuberts späteren Stil, z.B. des Streichquintetts oder der großen C-Dur Sinfonie, auszeichnet: überraschende Tonart- und Stimmungswechsel einerseits, vor allem aber auch eine „Dehnung" des musikalischen Moments, die in den späteren Werken als selbstvergessenes Strömen in Klang und Stimmung zu finden ist, ein Charakteristikum der Romantik nicht nur in der Musik. Nachdem die Violinen das Thema nachgesungen haben, bricht wiederum der musikalische Fluss jäh ab, das Thema verstummt ohne Schlusston. Die folgende Generalpause wirkt wie ein *gähnend leeres Kraterloch von schwindelerregender Abgründigkeit* (B. Rzehulka). Für einen Moment scheint bedrohlich der kämpferische Geist Beethovens auf, der jedoch von einem gelösten Ausmusizieren des zweiten Themas gebannt wird. Ein jäher Forte-Schlag führt zurück in das düstere Eingangsmotiv der Kontrabässe.

Nur zwei Motive aus dem gesamten thematischen Material der Exposition nimmt Schubert für die Gestaltung des Mittelteils, der **Durchführung**, die nach klassischem Modell Ort der Austragung der Gegensätze von Spannungen zwischen den Hauptthemen, der Erörterung,

Atomisierung und Verknüpfung aller melodischen Bausteine sein sollte. Weder das sehnsüchtige erste Thema der Bläser noch die weiche Ländlermelodie tauchen in der Durchführung auf. Nur das dunkle Bassmotiv des Anfangs und die Begleitsechzehntel der Violinen werden strukturbildend für die gesamte Durchführung. In gewaltigen, gefährlich ausbrechenden Steigerungen und bedrohlich geballten Ausbrüchen erscheinen sie immer wieder in anderem Licht. Insbesondere der Einsatz von drei Posaunen, für damalige Hörer nach Mozarts *Komtur*-Musik in *Don Giovanni* mit besonderer Bedeutung befrachtet, ist in dieser Sinfonie neu bei Schubert und verleiht der ganzen Durchführung ihre charakteristische dämonische Energie von bis dahin nie gehörter Eindringlichkeit.

C. D. Friedrich: Felsenschlucht (1812)

Die Reprise als Wiederholung des ersten Teils nimmt in Schuberts Werken selten einen abweichenden Verlauf von dem der Exposition. Die Klanglandschaften ziehen noch einmal vorbei. In mehreren Fragmentsätzen Schuberts bricht die Komposition gerade vor der Reprise ab, als ob der weitere Verlauf für den Komponisten nicht mehr der Inspiration bedürfe, das Verweilen in schon bekannten Gefilden dem Hörer genug böte. Erst in der abschließenden Coda erklingt hier nochmals das Anfangsmotiv, nun aber nicht mehr einstimmig, sondern in akkordischer Harmonisierung gemildert, was ihm die bedrohliche Schärfe nimmt.

Im **zweiten Satz (*Andante con moto*)** ist nichts mehr zu spüren von dieser Welt der Abgründe. *Idyllisches Blüh*en (B. Rzehulka), himmlische Seligkeit in einer *überirdischen Sphäre von ewiger Schönheit und Abgeklärtheit* (R. Kloiber) in der hellen Ebene von E-Dur bilden den stärksten Kontrast zu den Extremen des ersten Satzes.

Eine liebliche Schlussfloskel beendet die Themenabschnitte, sie beschließt auch am Ende den Satz:

Ein lieblich-weiches Thema schwebt über einfachem, pulsierendem Pizzicato-Kontrapunkt der Violoncelli:

Typisch romantisch-emotional blüht das Seitenthema sehnsüchtig mit großem Atembogen in der Klarinette auf, vom Pianissimo steigt es zum Forte, sinkt resignierend ins Pianissimo zurück und verklingt fragend *morendo*.

Helle Bläserakkorde verbinden die Abschnitte, bis die hohen Bläser selbst die melodische Führung übernehmen. Nur einmal gerät der „idyllische" Zeitfluss ins Stocken, die Musik verstummt beinahe im dreifachen Piano der absinkenden Bässe und der gehaltenen Bläserakkorde. Ein lang ausgehaltener Ton der ersten Violinen erhebt sich zögernd, aus ihm fällt gleichsam der alles wieder in Gang bringende synkopische Begleitrhythmus der zweiten Violinen heraus wie ein Klangteppich, über dem sich die hellen, ansteigenden Terzen des zweiten Themas in den Bläsern ausbreiten. Für einige Takte kommt eine ferne Erinnerung an die Dramatik des ersten Satzes auf. Akzentuierte, synkopische Melodiesprünge und Blechbläsereinsätze werden von bewegten Zweiunddreißigstel-Läufen untermalt. Doch dies bleibt Episode. Der milde Glanz der beiden Themen überstrahlt wechselnd die breite Klanglandschaft, bis die Musik im Pianissimo über gezupften Bässen verhaucht.

An solcher Musik wird hörbar, was sie ihrer Substanz nach ist – schwingende Luft, gezeichnete Zeit, ... Seismographie inneren Lebens...

D. Schnebel

„wie ein Roman in vier Bänden..."

Zu Schuberts großer C-Dur-Symphonie, D 994

Clara, heute war ich selig. In der Probe wurde eine Sinfonie von Franz Schubert gespielt. Wärst Du dagewesen. Die ist Dir nicht zu beschreiben, das sind Menschenstimmen, alle Instrumente, und geistreich über die Maßen, und diese Instrumentation trotz Beethoven – und diese Länge wie ein Roman in vier Bänden, länger als die neunte Sinfonie. Ich war ganz glücklich und wünschte nichts, als Du wärest meine Frau und ich könnte auch solche Sinfonien schreiben.

(Robert Schumann an Clara Wieck, 11. Dezember 1839)

Zwischen der Entstehung von Schuberts 7. Symphonie, der *Unvollendeten* (1822), und seiner letzten, der *großen C-Dur-Symphonie,* liegt ein Zeitraum von fünfeinhalb Jahren, in der er vielleicht noch eine offensichtlich verschollene *Gmunden-Gasteiner Symphonie* geschrieben hatte. 1824 erklang erstmals in Wien Beethovens *Neunte*, ein Ereignis, das bei Schubert die Frage aufwarf, *was man nach Beethoven überhaupt noch komponieren* könne. In der großen C-Dur-Symphonie ist Schubert die Verbindung des Liedkomponisten mit dem Symphoniker in genialer Weise gelungen und eine neue Epoche, die der Romantik, eingeleitet.

Wann Schubert die C-Dur-Symphonie begonnen hat, ist nicht überliefert, jedoch dass er sie im März 1828 beendete. Die Gesellschaft der Musikfreunde in Wien wollte sie aufführen, aber das Orchester, das größtenteils aus Studenten und Musikliebhabern bestand, lehnte das Stück nach nur einer Probe als zu lang und zu schwierig ab. Ob es sich bei der von A. Hüttenbrenner genannten Aufführung einer C-Dur-Symphonie 1829 – also nach Schuberts Tod – um die „Große" oder vielleicht um die verschollene „*Gasteiner*" handelt, ist nicht sicher. Erst 1839 entdeckte Robert Schumann die Partitur der großen C-Dur-Symphonie bei Schuberts Bruder Ferdinand. Die erste gesicherte Aufführung fand 1839 unter Felix Mendelssohn Bartholdy im Gewandhaus Leipzig statt.

Schumann war es auch, der in einer entscheidenden Schrift den Wert der Symphonie, ihre Neuheiten und ihre zukünftige Bedeutung erkannte. Nicht nur die berühmten *himmlischen Längen* des Werks hob er hervor, sondern auch die liedhafte, volkstümlich-wienerische Melodik, den romantisch-poetischen Gehalt durch Verweilen in emotionalen Zuständen, die subtilen Stimmungswandlungen durch überraschende harmonische Wendungen und Tonarten. Er verglich Schuberts Musizieren mit Jean Pauls Erzählweise und bemerkte, dass Schubert gut daran getan habe, nicht Beethoven nachzueifern, sondern mit Blick auf das Vorbild seinen eigenen Weg zu finden. Schuberts lyrisch-kantablen Themen widersprachen der klassischen thematischen Abhandlung, sie erforderten ein grundsätzlich neues Konzept der Sonaten-Dramaturgie, nämlich eine Sonatenform, die sich dem Variationszyklus nähert. Dennoch bleibt das Vorbild Beethoven, z. B. die immerwährende Bewegungsenergie von dessen 7. Symphonie, unverkennbar. Auch Beethovens Weg zur zyklischen Form, d.h. zur konsequenten Verbindung aller Sätze untereinander durch ein Motto ideeller oder melodischer Art – wichtig für die gesamte Symphonik der Romantik –, wird in diesem Werk fortgesetzt.

Der Beginn der Einleitung zum **ersten Satz** (***Andante-Allegro ma non troppo***), die einstimmige Melodie der Hörner, erinnert entfernt an Beethovens *Hymne an die Freude*, jedoch die samtene Klangfarbe der Hörner, der quasi aus der Ferne herbeischwebende Klang und die implizierte Dur-Moll-Harmonik zaubern vom Beginn an eine ganz andere, emotionale, romantische Atmosphäre.

Musikalische Elemente dieses Einleitungsthemas – wie der ansteigende Terzzug des ersten Taktes, der punktierte Rhythmus des zweiten Taktes, die den Fluss quasi abbremsende Triole oder die engräumige Melodik – finden sich in den meisten Themen und Motiven der Symphonie wieder. Trotz ihrer unregelmäßigen Periodik (2+1+2+1+2 Takte) wirkt die Melodie natürlich, ruhig fließend.

Die Holzbläser greifen sie auf, in Harmonien gebettet und von sanften Pizzicati der Streicher untermalt, doch noch immer im Pianissimo. Sie scheint in nach e-moll hinaus zu gleiten, da fängt eine harmonische Rückung von H-Dur nach G-Dur mit einem Crescendo innerhalb eines Taktes das Thema wieder nach C-Dur zurück. Dies sei so explizit erwähnt, weil es eine Eigenheit der schubertschen tonalen Weiträumigkeit darstellt und die romantische Emotionalität seiner Musik entscheidend prägt. Melodisch einfache, einprägsame Melodien gleiten in einem aussingenden „romantischen Verweilen im schönen Augenblick" quasi traumverloren und unmerklich in fernere tonartliche Gefilde und Sphären. Wieder in die „Realität zurück" – um im Bild zu bleiben – holt eine überraschende harmonische Wendung, oftmals eine mediantische (großterzverwandte) oder chromatische Rückung.

Noch in der Einleitung steigern nach dem Fortissimo-Unisono der Streicher Triolen die bisher eher feierlich schreitende Bewegung, und mit dem Beginn des ***Allegro ma non troppo*** ist das Tempo mit den energisch drängenden Punktierungen des ersten Themas erreicht.

Punktierung und Triole als rhythmisches und Tonleiter als lineares Element beherrschen weite Teile, bis nach einer Steigerung des ganzen Orchesters ins Fortissimo und Decrescendo die Oboen und Fagotte das zweite Thema anstimmen, das sich eher gemütlich-volkstümlich in terzbegleiteter Melodik darstellt:

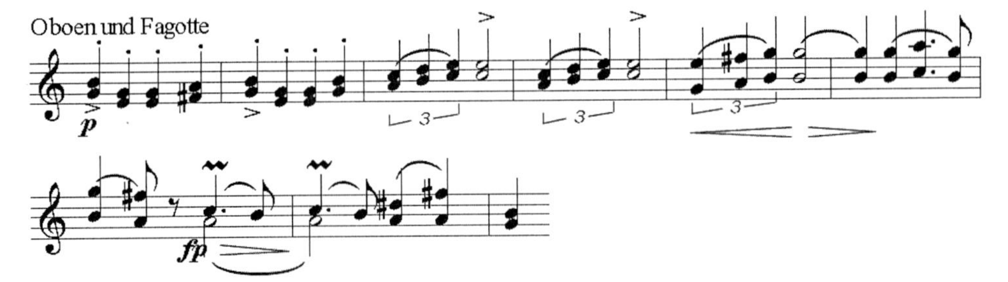

Über weite Räume herrscht nun das Anfangsmotiv dieses Themas, bis die Posaunen in der entfernten Tonart as-moll, wie aus dem Untergrund drohend, ein viertöniges *„Memento"* (P. Gülke) ertönen lassen.

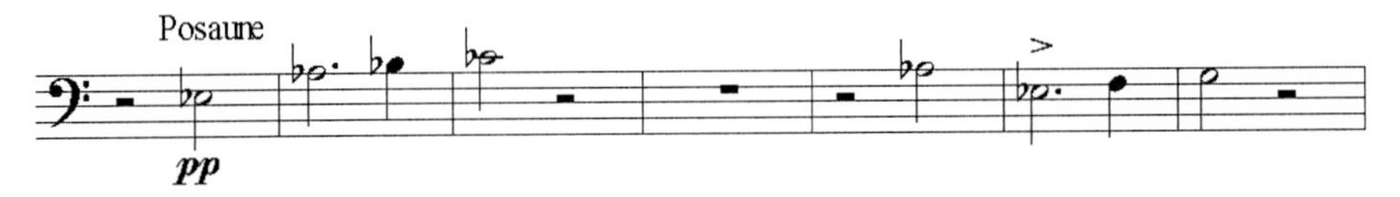

In der Durchführung kontrapunktieren alle Motive zu dramatischen Entwicklungen. Nach der Reprise in der Coda erhöht eine Stretta das Einleitungsthema zu triumphalen Glanz.

Im **zweiten Satz (*Andante con moto*, a-moll)** herrscht meist liebliche Stimmung. In der Art eines leichtfüßigen, tänzerischen Marsches stimmen Oboe und Klarinette ein graziöses Thema an, gestaltet aus den Kernelementen der rhythmischen Punktierungen und des melodischen Terzzugs:

Mit einem plötzlichen Fortissimo-Ausbruch setzen die Streicher im Staccato das erste Thema fort, die Holzbläser antworten mit einem leisen, weicheren Motiv:

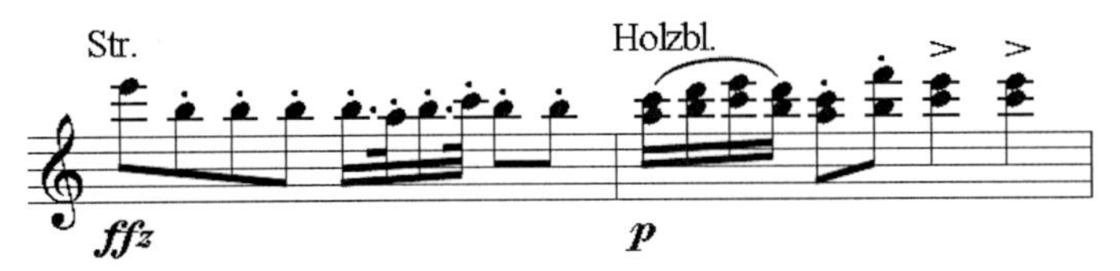

Im Mittelteil dominieren zwei weich-melodische, aufeinander bezogene Motive in Dur, das erste in dunklerer Klangfarbe und tieferer Streicher-Lage,

das zweite, antwortende, erklingt in den Flöten:

In der Reprise des tänzerischen Marsches führt das Fortissimo-Motiv in eine dramatische Episode, in der sich ein bedrohlicher Trauermarsch zu entwickeln scheint mit erregt akzentuierten Posaunenstößen, Militärsignalen und bedrohlichen Dissonanz-Ballungen. Nach einem Schrecken verbreitenden Dissonanz-Akkord im dreifachen Forte bricht die Musik wie entsetzt ab, eine Generalpause folgt. Einzelne Stimmen versuchen wieder an das graziöse Anfangsthema anzuknüpfen. Tröstlich kehren die weichen Melodien des Seitensatzes variiert wieder, quasi noch durchzittert von immerwährenden Sechzehntelbewegungen. Ruhe und das a-moll des Anfangs kehren erst zum Ausklang in der Coda zurück.

Im **dritten Satz (*Allegro vivace*, C-Dur)**, dem **Scherzo**, dominieren weniger Anklänge an das Mottothema als an volkstümlich-tänzerische Weisen mit wienerischem Charme. Den energisch auffordernden Beginn gestalten die Streicher:

Beide Elemente des Themas, die Staccato-Achtel des ersten und die drei getupften Viertel des zweiten Taktes grundieren den ganzen Scherzoteil als Begleitung und tänzerische Bewegung, selbst als Hintergrund zum wienerisch-dreiklangsseligen zweiten Thema.

Noch „gemütlicher“ und einprägsamer wird die Melodik im Mittelteil fortgesponnen, erst leise in der entfernten Tonart Ces-Dur, nach einer Halbtonrückung in C-Dur:

Das ruhigere **Trio** enthält lange, in lieblichen Terzparallelen ausschwingende Melodien, mit nachschlagenden Vierteln wie ein Walzer begleitet.

Das turbulente **Finale (*Allegro vivace*)** beginnt mit Terz-Signalen in punktiertem Rhythmus und Triolen. Diese beherrschen den Bewegungsimpuls des ganzen Satzes, wenige Takte nur sind nicht von diesen beiden Bewegungselementen durchzogen.

Ein rauschender Dreiklangsvorhang und ansteigende rhythmisierte Tonleitern stürmen voran zu jubelnden Klängen in hellstem C-Dur. Selbst ruhigere melodische Episoden werden von Triolen oder punktieren Rhythmen begleitet, wie die Fortführung des ersten Themas

oder das eher statische, leicht stampfende 2. Thema, das in volkstümlicher Viertaktigkeit und in Terzen erklingt, wie schon die Seitenthemen der vorangegangenen Sätze:

Stets rhythmisch durchpulst von den Bewegungselementen breiten sich die Themen aus in immer neue, oft mediantisch zu einander stehende Klangräume, in der Durchführung bis in die feierlichen und dunkleren Regionen von Es-Dur, As-Dur und Des-Dur, von flirrenden Streichertremoli umschwirrt. In der Coda triumphieren wieder die Fanfarenklänge des hellen C-Dur.

Gabriele Drexl Klarinette

wirkte als Klarinettistin im Philharmonischen Orchester Isartal von der Aufführung der *Zauberflöte* 1999 bis Ende 2006. Sie stammt aus Lauingen und ging in der Nähe von Fürstenfeldbruck und Landsberg zur Schule. Nach Ausbildung zur Arzthelferin arbeitete sie 1980-81 in diesem Beruf, wechselte dann in ein Ingenieurbüro, machte berufsbegleitend eine Ausbildung zur staatlich anerkannten Musikpädagogin für Klarinette in Trossingen, zog ihre vier Buben groß und unterrichtete später Klarinette, Akkordeon und Blockflöte.

Als schönste Orchestererfahrungen erinnert sie sich an das Mozart-Requiem mit Mitgliedern der Philharmonie Thüringen/Gotha und vor allem an Mozarts *Zauberflöte* unter Prof. Weiß. Er war für sie musikalischer Mentor in ihrer Orchestererfahrung, er machte stets Mut und gab Sicherheit, damit auch schwierige Stellen gelangen. Gern erinnert sie sich auch an die Aufführung der großen C-Dur-Symphonie von Schubert und an die herzlichen Kontakte zu vielen Orchestermitgliedern.

Heute lebt sie in Thüringen, ganz auf dem Land. Ihre drei großen „K" sind Kochen, Kinder, Klarinette. Sie kocht gern, oft und gut und ist bei allen Kindern der Umgebung beliebt, die fast täglich zu ihr kommen zum Basteln, Reden, Spielen, Musizieren. Ihre vier inzwischen erwachsenen Söhne sind in Bayern geblieben und sie trifft sie und ihr Enkelkind wegen der Entfernung leider nicht häufig.

Interview: Susanne Kessler

Schuberts Kammermusik

Schuberts umfangreiches Kammermusikschaffen gehörte vor allem dem Streichquartett, das er seit Kindheit und wohl auch im Konvikt intensiv pflegte. Fünfzehn Quartette sind überliefert, die meisten sind in jugendlichem Alter geschrieben. Erst in seinem unvollendeten zwölften Quartett, dem Quartettsatz in c-moll (1820) jedoch schien seine persönliche Tonsprache auf. Neben einem Streichtrio gehören vor allem die drei „großen" Quartette in a-moll (*Rosamunde*), d-moll (*Der Tod und das Mädchen*) und G-Dur, die beiden Klaviertrios und das Streichquintett zu den wichtigsten und beliebtesten Kammermusikwerken überhaupt.

Anfang März 1824 berichtete sein Freund Moritz von Schwind: *Schubert ist unmenschlich fleißig*. Mit der Komposition von Streichquartetten wollte er sich *den Weg zur großen Sinfonie bahnen*, wie Schubert in einem Brief vom 31. März 1824 an Leopold Kupelwieser schrieb. Äußeren Anlass bot die Wiederaufnahme der Quartett-Konzerte seines Freundes Ignaz Schuppanzigh. Die Quartette in a-moll und d-moll sowie das Oktett in F-Dur stehen damit an einer entscheidenden Wende in Schuberts Kammermusikschaffen. Sie zielen nicht mehr auf den privaten, häuslichen Bereich, sondern auf die Konzertdarbietung in der Öffentlichkeit, ihre Aufführungsdauer nähert sich der einer Sinfonie.

Dennoch wurde von den drei genannten Werken das d-moll-Quartett *(Der Tod und das Mädchen)* zu Schuberts Lebzeiten wahrscheinlich als ganzes Werk weder öffentlich gespielt noch gedruckt. Möglicherweise ist der Grund die Ablehnung des Stücks durch Schuppanzigh, der sich sonst lebenslang für Schuberts Kammermusik eingesetzt hat. *Brüderl, das ist nichts, das lass gut sein, bleib du bei deinen Liedern* soll er zu Schubert gesagt haben.

Tatsächlich ist das d-moll-Quartett (*Der Tod und das Mädchen*) das finsterste, bedrohlichste und verstörendste in Schuberts Kammermusik, an Intensität und schaurigem Unterton höchstens mit dem zwei Jahre später entstandenen Liederzyklus *Die Winterreise* vergleichbar. In drei letzten Quartetten war Schubert bereits weit über das hinausgewachsen, was er von seinen Vorbildern Mozart und Beethoven gelernt hatte und hatte zu einem neuen Klangbild gefunden, das die orchestrale Fülle von Beethovens späten Quartetten mit einer neuen, in die Zukunft weisenden Musiksprache verband.

Schubert beim Komponieren
Lithographie von C. Bacchi

Liedhaftes in der Instrumentalmusik

Quartett in a-moll, D 804 (*Rosamunde*)

Das a-moll-Quartett, entstanden Anfang 1824, ist das einzige von Schuberts Streichquartetten, das zu seinen Lebzeiten gedruckt wurde. Schubert widmete es seinem Freund, dem Geiger Schuppanzigh, der es am 24. März 1824 mit seinem Quartett in Wien im Saal der Gesellschaft der Musikfreunde uraufführte.

Mit diesem *a-moll-Quartett* scheint Schubert das Vertrauen in sein instrumentales Schaffenspotential und seinen eigenen Stil wieder gefunden zu haben. Liedmelodik, die er bis dahin in über 500 Liedern mit Klavierbegleitung gestaltet hatte – bezeichnenderweise ohne krisenhafte Pausen und Umbrüche – Liedmelodik also und instrumentale Techniken verschmelzen nun zu einer Einheit, um die er mehrere Jahre gerungen hatte, die ihn als Schöpfer befriedigte und ihn dem Ziel einer „großen Sinfonie" näher brachte. Es sind weniger die jähen Kontraste, die bei Beethoven nicht nur Durchführungsteile zum Kampf der motivischen Gestalten werden lässt, es sind eher die melodischen Gemeinsamkeiten aller Themen aus dem Geist des Liedes, die dem Werk als Ganzes den geschlossenen Charakter und seine weich-lyrische Grundstimmung verleihen. Manches, was er etwa in der *Unvollendeten* ausprobiert hatte, findet sich im ersten Satz dieses Quartetts weiter ausgearbeitet wie Struktur und Bedeutung der Begleitstimmen, die gleichsam schwebende Melodie über bewegtem Klanggrund und die melancholisch fallende, innerhalb eines Molldreiklangs kreisende Melodik des ersten Themas. Der Weg öffnet sich hier zu den meisterhaften Spätwerken der schubertschen Instrumentalmusik, den beiden letzten Streichquartetten in d-moll (*Der Tod und das Mädchen*, ebenfalls im März 1824 komponiert) und G-Dur, dem Streichquintett in C-Dur und der großen C-Dur-Sinfonie.

Der Maler Moritz von Schwind, der ebenfalls zu Schuberts Freundeskreis gehörte, urteilte nach der Uraufführung *...etwas langsam, aber sehr rein und zart. Es ist im ganzen sehr weich, aber von der Art, dass einem Melodie bleibt wie von Liedern, ganz Empfindung.....* Damit sind wesentliche Merkmale dieses Quartetts umrissen und zugleich Eigenheiten des späteren Stils des Komponisten erkannt, die sich in den Jahren 1821-1824 ausbildeten, in denen er sich mit der Komposition von Streichquartetten *den Weg zur großen Sinfonie bahnen* wollte.,

Zu den immer mehr sich verstärkenden Gewissheiten muss gehört haben, dass er unter Beethovens Ansprüchen und nach dessen Maßgaben nur komponieren konnte, wenn er gegen ihn komponierte (P. Gülke).

Zu Beginn des **ersten Satzes (*Allegro ma non troppo*)** breiten sich in den ersten beiden Takten die Begleitstimmen mit gegensätzlichen eintaktigen Motiven aus, Bratsche und Cello mit einer rhythmischen, die zweite Violine mit einer in gleichmäßigen Achteln den Dreiklang umspielenden Figur, darüber erhebt sich ab dem dritten Takt die 1.Violine mit dem ersten Hauptthema, so dass eine quasi dreidimensionale polyphone Satzstruktur entsteht. Fast 22 Takte lang bleibt dieses Begleitgerüst erhalten, es ändert sich nur die Harmonie mit der ruhig darüber schwebenden Melodie der ersten Violine.

In diesem Hauptthema weisen Schlichtheit der Intervalle, Dreiklangs- und Tonleiterbindung, geringer Tonumfang und Gliederung in singbare Atembögen auf das Lied als Schuberts eigenste Kompositionsgattung. Fallender Molldreiklang und wiederholte Abwärtsbewegung verleihen diesem Thema einen ruhigen, wehmütig-sehnsüchtigen Ausdruck. Ein neuer Ansatz wiederholt das Thema in Dur und rückt es damit in eine zärtliche, noch weichere Klangsphäre, eine Wendung, der man in Schuberts Werken oft begegnet. 32 Takte lyrisches Aussingen eines einzigen Themas: Hier ahnen wir erstmals die viel zitierten, später von Robert Schumann in der großen *C-Dur-Sinfonie* bewunderten *himmlischen Längen*, das romantisch-zeitlose Verweilen in einer traumverlorenen Klanglandschaft. Ein energisches Bassmotiv aus dem Dreiklang des ersten Themas im Wechsel mit aufstrebenden Triolen entfalten eine stark gegensätzliche Stimmung, münden jedoch nach einem *crescendo* Aufschwung kraftlos in eine Pause, dann erklingt das nicht weniger weiche, sich aber durch synkopische Betonungsverschiebungen abhebende Seitenthema in C-Dur über ähnlichen Dreiklangsumspielungen wie in der Begleitung des Hauptthemas.

Zu Beginn der Durchführung hören wir das liedhafte erste Thema in d-moll mit nahezu gleicher Begleitung, dann mündet es in eine neue Tonart wie in eine andere Klangwelt. Der schnelle Wechsel der Tonarten beherrscht diesen Abschnitt, bis die Musik auf einem dissonanten verminderten Akkord im Fortissimo stehen bleibt. Wie ein Echo auf diesen Schreckensakkord huscht in den drei Unterstimmen der Begleitrhythmus des Anfangs dahin, in der 1. Violine breitet sich zunächst zögerlich, dann in ansteigender Tonlage und durch die entferntesten Tonarten der fallende Dreiklang des Hauptthemas aus und bereitet den Einstieg in die Reprise – die Wiederholung des ersten Teils – vor.

Das Hauptthema des **zweiten Satzes (A*ndante)*** entstammt seiner im Jahr zuvor komponierten Zwischenaktmusik zum Schauspiel *Rosamunde.* Auch in seinem Klavier-Impromptu op. 142,3 verarbeitet Schubert das gleiche das Thema in Form von Variationen.

Es ist eine schlichte, lieblich-ruhige Liedweise in klarem C-Dur über zurücktretender, einfacher harmonischer Begleitung der drei Unterstimmen. Im Zwischenteil sorgen stark betonte Akkorde für Abwechslung im gleichmäßigen, meist im Pianissimo gehaltenen, weich-lyrischen Achtelfluss, bevor das erste Thema mit variierter Begleitung wiederkehrt. Eine kurze Fortissimo- Episode mit unruhig auf- und abstürzenden Dreiklangs-Sextolen stört den lyrisch-verhaltenen Gesamteindruck kaum, schon kehrt der zweite Abschnitt wieder und führt in den ruhigen Ausklang.

Ebenfalls weich und zurückhaltend erscheint das graziös-verspielte **Menuetto (*Allegretto*)**, das eher einem Ländler oder einer Mazurka ähnelt durch die melodische und rhythmische Betonung des Taktanfangs, der zwei gleichmäßige Viertel folgen.

Außerordentlich zart und natürlich – so Moritz von Schwind in dem zitierten Brief über diesen Satz – fließt er ohne Dramatik dahin und verhaucht im Pianissimo-Decrescendo ins fast Unhörbare.

Das **Trio** wendet den melancholisch-lieblichen Charakter wie im ersten Satz in eine zärtliche Dur-Helligkeit.

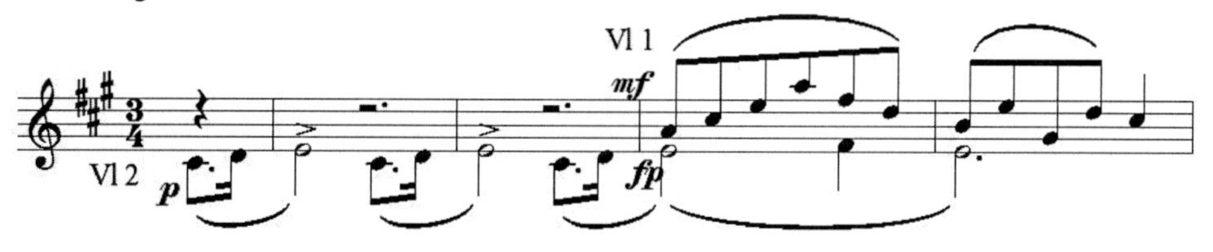

Das schlichte liedhafte Thema wird in Terzparallelen von zweiter Violine und Viola angestimmt. Rhythmisch und melodisch ist es mit den anderen Themen verwandt, etwa durch den punktierten Auftaktrhythmus, den geringen Tonumfang und die kleinen Intervallschritte. Im weiteren Verlauf erklingen wechselnde Betonungen der Unterstimmen zur Dreiklangsmelodie. Nur für etwa drei Takte erreicht die Lautstärke den Forte-Bereich, die zarte Stimmung verklingt im Pianissimo, bevor die Wiederholung des Menuetto angestimmt wird.

Allegro moderato ist der **Finalsatz (A-Dur)** überschrieben. Sein zweimal fünftaktiges, eher beschaulich-gemütliches Thema ist fast nur aus Sekundschritten gestaltet und enthält im vierten bzw. neunten Takt ein Nebenmotiv, das die motivische Arbeit in weiten Teilen des Satz beherrscht. Der punktierte Rhythmus daraus ist auch wichtigster Melodiebaustein des zweiten Themas, das zunächst in cis-moll im Pianissimo gleichrhythmisch in allen Instrumenten vorüber huscht, dann in wechselnder Lautstärke immer wieder aufgenommen wird.

Eine rasante Oberstimme in Sextolen überlagert das eher gemütliche Thema zeitweise, diese greifen auch auf die anderen Instrumente in durchbrochenem Satz über. Die dichte motivische Arbeit schien Schubert genug, um einen echten Durchführungsteil auszulassen. Gelöst, heiter und beschwingt endet der Satz noch einmal mit dem Anfangsthema und verklingt im Pianissimo, bevor zwei kräftige Akkorde den Schlusspunkt setzen.

Ursula Lukas Violoncello

Ursula Lukas war Vorstandsmitglied als Sprecherin der tiefen Streicher von 1997 bis 2008, als Violoncellistin wirkt sie im Philharmonischen Orchester Isartal seit 1993. Jahrelang organisierte sie den Verkauf der Eintrittskarten für die Konzerte. Sie wurde in Weiden/Oberpfalz geboren, wo sie auch ihre Schulzeit bis zum Abitur verbrachte. Schon in ihrer Jugend war die Musik für sie sehr wichtig. Sie lernte Klavier und Cello und trug sich mit dem Gedanken, Musik zu studieren, entschied sich dann aber doch für eine Ausbildung zur Ingenieur-Assistentin und arbeitete einige Jahre bei Siemens.

Seit über 30 Jahren ist sie mit Eberhard Lukas verheiratet, der sich ebenfalls ehrenamtlich engagiert in der Osteuropahilfe e.V.. Fast alle ihrer fünf erwachsenen Kinder sind musikalisch aktiv, eine Tochter ist Berufsgeigerin, ihre jüngste Tochter Katharina wirkte auch im Orchester mit.

Ihre liebste Freizeitbetätigung ist die Musik, sie wirkt in mehreren Kammermusik-Gruppen und Orchesterensembles in verschiedenen Kirchen der Umgebung mit. Aber auch andere musische Tätigkeiten wie Töpfern und Handarbeiten liegen ihr, sie kocht ausgezeichnet, liest viel und lernt gern Sprachen.

Ursula Lukas war im Vorstand die immer rücksichtsvolle, hilfsbereite „gute Seele“ , die immer für andere da ist, oft mehr an andere als an sich selbst denkt und keinen Geburtstag vergisst. Beim Autofahren ängstlich, ist sie musikalisch eher risikofreudig und für alle neuen Musikerfahrungen zu begeistern.

Susanne Kessler

Variationen über den Tod

Streichquartett d-moll, D 810 *(Der Tod und das Mädchen)*

Das d-moll-Quartett *(Der Tod und das Mädchen)*, entstanden 1824 nach der großen Krise und dem a-moll-Quartett (*Rosamunde)*, wurde zu Schuberts Lebzeiten wahrscheinlich als ganzes Werk weder öffentlich gespielt noch gedruckt. Es ist das finsterste, bedrohlichste und verstörendste in Schuberts Kammermusik, in Intensität und schaurigem Unterton höchstens mit dem zwei Jahre später entstandenen Liederzyklus *Die Winterreise* vergleichbar.

Den Beinamen *Der Tod und das Mädchen* verdankt das Quartett der Verwendung des gleichnamigen Liedes nach einem Gedicht von Matthias Claudius, das Schubert im Jahre 1817 vertont hatte. In diesem zweiteiligen Lied schildert die erste Strophe den Angstausbruch des Mädchens vor dem Tod. Die zweite bringt – wie musikalisch schon das Klaviervorspiel – die versöhnliche, sanft beruhigende, dennoch unerbittliche Antwort des Todes: *...bin Freund und komme nicht zu strafen. Sei guten Muts, ich bin nicht wild, sollst sanft in meinen Armen schlafen.*

Der zweite Satz des Quartetts zitiert nur die zweite Strophe des Liedes, die Ausdruckssphäre des Todes. Melodie und Klaviersatz werden erweitert und Vorlage für Variationen. Die angsterfüllte Stimme des Mädchens aus der ersten Strophe des Liedes kommt im Quartett als direktes Zitat nicht vor. Und doch überwiegen in den übrigen Sätzen des Quartetts – alle in düsterer d-moll Sphäre – die Analogien zu diesem verstörenden Teil. Damit hat im Quartett nicht, wie im Lied, der ruhige, versöhnliche Ton des Todes das letzte Wort. Von Emotionen wie Auflehnung, Trotz, Angst und Verzweiflung sind alle Sätze kompromisslos und pessimistisch bis zum Schluss durchdrungen; die wenigen Momente der Aufhellung lassen die strenge d-moll Sphäre umso bedrohlicher wirken.

In den ersten Takten der Einleitung zum **Kopfsatz (*Allegro*)** erklingt aus angestautem Fortissimo das energisch vorwärts drängende, den ganzen Satz beherrschende Triolenmotiv:

Fragend leitet es in eine Fermate. Das erste Thema mit seinen ruppigen Sforzati ist in den Begleitstimmen durchsetzt vom Triolenmotiv:

Die folgende Steigerung mündet in ein Fortissimo, das den Anfang des Satzes wieder aufnimmt. Auch das innige zweite Thema wird von verunsichernden, unruhig pochen-den Triolen der Bratsche untermalt.

Diese Triolen verstören schon im Laufe der Exposition das lyrisch-gesanglich zweite Thema so, dass seine Intervalle schmerzlich verzerrt erscheinen.

Die Durchführung wird beherrscht vom zweiten Thema und der daraus entnommenen Punktierung, die mit dem Triolenmotiv die Bewegung voranpeitscht. Auch die Reprise duldet kein Verweilen. In der Schluss-Stretta bäumt sich das erste Thema unter antreibenden Triolen und Punktierungen zu einem letzten Fortissimo auf und sinkt resignierend-ermattet ins Pianissimo des finsteren d-moll Akkords zurück.

Beklemmend, statisch, doch unerbittlich, im Wechsel von einer halben und zwei Viertelnoten erklingt zu Beginn des **zweiten Satzes (*Andante con moto*)** im Pianissimo die Weise des Todes an, die Vorlage für die anschließenden Variationen. In starrem Rhythmus enthält sie kaum melodische Bewegung:

Nur im Mittelteil, der sich – ähnlich wie im Lied zu den Worten ...*bin Freund und komme nicht zu strafen* – nach Dur wendet, löst sich die Melodie aus dem dumpfen Kreisen um den Zentralton und dem Gefangensein in der Harmonik von g-moll.

In der ersten Variation lockert sich die Starre, quasi bebend erscheinen die Akkorde in Repetitionen, während die erste Violine mit Seufzermotiven und flehentlichen melodischen Gesten über den Akkorden schwebt. Elegisch übernimmt das Cello in der zweiten Variation die Führung, die Oberstimmen begleiten in schnelleren und punktierten Notenwerten. In der dritten Variation drängt der doppelt beschleunigte „Rhythmus des Todes" im Wechsel von einem Achtel und zwei Sechzehnteln dramatisch vorwärts. Wieder ruhiger in friedlichem G-Dur zeigt sich die vierte Variation in den drei Unterstimmen mit einer grazilen Melodie darüber wie ein *zartes Mädchenportrait* (P. Gülke), während in der nächsten Variation, wieder in Moll, die bisher auf verschiedene Variationen verteilten Kontraste dynamisch aufeinander prallen. Wie ein himmlischer Abgesang wirkt danach der schlichte, ins Pianissimo verlöschende Schluss des Satzes.

Hans Baldung Grien
Der Tod und das Mädchen, 1517

Das rhythmisch widerborstige Thema des **Scherzo (*Allegro molto*, d-moll)** scheint mit ruppigen Akzenten der Unterstimmen beinahe vor energischer Wildheit zu bersten. Mit seinen ungestümen, grimmigen Vorschlägen und den auseinander driftenden Steigerungen in extreme Tonhöhen wirkt es wie ein überdrehter, dämonisch taumelnder Tanz.

Das liebliche Trio in weichem D-Dur ist der einzige ungetrübte Abschnitt des Quartetts, dennoch erinnert es entfernt an die kreisende Melodik des Todes. Umso schroffer erscheint danach die Wiederkehr des trotzigen Scherzo.

Eine *Tarantella des Todes* nannte Albert Einstein das **Finale (*Presto*)**. Wie ein atemloser Wirbel im 6/8-Takt beginnt es mit dem ersten Hauptthema, unisono in allen vier Stimmen, rastlos im Pianissimo-Staccato. Die Vorschläge verstärken den Eindruck jagender Hast.

Plötzliche Fortissimo-Einwürfe treiben weiter voran. Ober- und Unterstimmen hetzen sich gegenseitig im Kanon vorwärts. Nach einem kurzen, erschöpften Atemholen in einer Generalpause stemmt sich kraftvoll das zweite Thema gegen den „Todesritt", doch die antreibenden Dreiachtel-Auftakte – verwandt mit dem Triolenmotiv des ersten Satzes – gönnen auch ihm kein Verweilen.

Die Triolen lassen den Versuchen der einzelnen Instrumente, das zweite Thema gesanglich zu präsentieren, keine Möglichkeit, sie beherrschen den ganzen Satz. Dissonante, akkordische Fortissimo-Ausbrüche scheinen ins Chaos zu stürzen, sie kontrastieren mit gespenstisch leise dahin huschenden, aber unaufhaltsam wieder ins Fortissimo leitenden Abschnitten. Makaber mutet ein weiteres Motiv an, das von der ersten Violine über dem Rhythmus des „Teufelsritts" erklingt.

In der Reprise jagt alles noch einmal wie ein Spuk vorüber. In der abschließenden Coda scheint die Musik – prestissimo, in einem kaum noch spielbaren Tempo – endgültig in den Abgrund zu hetzen.

Schwanengesang des Streichquartetts

Streichquartett G-Dur, D 887

Schuberts letztes Quartett entstand 1826, zwei Jahre vor seinem Tod, im gleichen Jahr wie die letzten Quartette Beethovens. Uraufgeführt wurde das G-Dur-Quartett erst 1850 in Wien durch das Helmesberger Quartett. Es unterscheidet sich von den beiden vorangegangenen Quartetten durch eine weitere Steigerung der orchestralen Klangfülle und die äußerst kontrastreiche Struktur.

Extreme Gegensätze prallen gleich in den Eröffnungstakten des **ersten Satzes (*Allegro molto moderato*)** aufeinander: Durakkord gegen Mollakkord (häufig in Schuberts späten Werken), piano gegen fortissimo, gehaltener Akkord gegen bizarr sprunghaftes Motiv in punktierten Rhythmus.

Aus dem letzten (punktierten) Motiv entwickelt sich das Hauptthema, das nach einer Fermate in der ersten Violine über einer geheimnisvollen Tremoloflächen erklingt. Tremolo war bis dahin fast nur in Orchester- und Opernmusik gebräuchlich als Ausdruck von Finsternis und Gefahr.

Es vereint wiederum starken Kontrast zwischen dem zackigen Motiv und weichem Legato der zweiten Themenhälfte. Die im Tremolo zugrunde liegende Akkordfolge G–D–F–C–Es–D enthält so genannte mediantische Klangverbindungen (terzverwandte Durakkorde wie D–F und C–Es). Der Bass durchschreitet die chromatisch fallende Linie g-fis-f-e-es-d. Medianten und Chromatik sind typische Stilmittel der musikalischen Romantik.

Mit plötzlichem Fortissimo brechen in der Überleitung die vorgegebenen Gegensätze konfliktartig auf. Das rhythmische Motiv wandert energiegeladen über weite Klangräume von 1. Violine zum Bass hinunter. Nach erregter Steigerung erscheint ein neuer Rhythmus – der des kommenden Seitenthemas.

Das ruhige Seitenthema ist in fast jeder Hinsicht Gegenstück zum Hauptthema. Es bewegt sich melodisch kreisend, versonnen im engen Tonraum einer Quinte und gleichmäßig fließend in fast stereotyp wiederholtem Rhythmus, dynamisch nahezu unbewegt im Pianissimo und wird homophon von enger Akkordbegleitung untermalt. Gemeinsam mit dem Hauptthema ist das Changieren zwischen Dur und Moll, die Grundtonart bleibt geheimnisvoll in der Schwebe um e-moll, wendet sich aber gegen Ende ins hellere D-Dur.

Dieses Seitenthema eröffnet den weiten Raum für das romantisch traumverlorene Verweilen, das für Schubert so charakteristisch ist und das Schumann zu seiner berühmten Aussage über die schubertschen *himmlischen Längen* veranlasste: Das Seitenthema beherrscht in weiten Teilen das musikalische Geschehen der Exposition in wechselnden Instrumenten, Kombinationen und unterschiedlichen Schattierungen. Als Begleitung kommt eine flirrende Girlande aus triolischen Tonrepetitionen von der ersten Violine hinzu,

die zeitweise von allen Instrumenten erregt und in nervös aufbrausender Dynamik übernommen wird und schließlich im Cello – melodisch zusammengezogen auf einen schlichten Tonwechsel – in tiefen Pianissimo-Bassregionen versinkt.

Das Triolenmotiv eröffnet die Durchführung. Verarbeitet werden das erste Thema, daraus vor allem das zackige Motiv, sowie die Anfangsakkorde. Das Seitenthema erscheint in der Durchführung nicht.

Das zackige Motiv wird einer gemilderten Variante gegenübergestellt, die sich zu Dreiklangsbrechungen verselbständigt:

Die Reprise bringt Überraschendes. Im Akkordthema zu Beginn erscheint dessen Emotionsgehalt umgekehrt: Es wendet sich von Moll im Pianissimo nach Dur, es endet in weichem Pizzicato statt im aggressiven Fortissimo! Auch das zackige Motiv im Hauptthema erscheint rhythmisch geglättet und im Legato weich und mild.

Das Seitenthema, rhythmisch leicht variiert, erhält eine lyrische Gegenmelodie:

Das Akkordmotiv des Anfangs beschließt den Satz, zweimal pendelt es wie anfangs von Dur nach Moll, beim dritten Mal entscheidet es sich für den Dur-Schluss.

Die Kontraste wirken in den **zweiten Satz (*Andante un poco con moto,* e-moll)** hinein, der in fünf Abschnitten (A–B–A'–B'–A''–Coda) verläuft. Eine wehmütige Kantilene in hoher Tonlage des Cello mit schmerzlichen Vorhalts-(Seufzer-)tönen in liedhafter Form (gleichmäßige 4-8-Takte-Einheiten) bestimmt den Hauptteil. Die Bratsche fungiert mit dem fast durchweg orgelpunktartig gehaltenen Dominant-Grundton h als Bass.

Die kurze Überleitung zum B-Teil moduliert nach g-moll durch chromatische Abwärtsbewegung. Als heftiger Kontrast im plötzlichen Fortissimo erscheint der aggressiv punktierte Rhythmus des ersten Satzes in allen Instrumenten.

Rasende Tonleitern und aggressive, durch Pausen getrennte Kurzmotiv-Einwürfe, düster-bedrohliche Tremolo-Flächen, die innerhalb eines Taktes von Piano zum Fortissimo anschwellen, und explosiv-kämpferische Sforzati bewirken den zerrissenen Charakter des B-Teils, der um einen Halbton tiefer wiederholt wird.

Im mittleren, variierten A'-Teil wechselt die melodische Führung zwischen 1. Violine und Cello, während die Mittelstimmen gleichmäßig pochende Achtelbewegungen beitragen.

Der B-Teil führt zurück in Hektik und Finsternis, aber statt Wiederholung des dramatischen Abschnitts erklingt über den schaurigen Tremolo-Flächen ein melodisches Motiv des A-Teils,

während die Mittelstimmen ihr nervöses Tremolo auf Triolenbewegung reduzieren. Der letzte A-Teil behält diese Triolenbegleitung bei und vermindert die Gegensätze der beiden Hauptteile weiter. Mit sanften e-moll-Tonleiterlinien klingt der Satz aus und wendet sich völlig überraschend in den letzten drei Takten nach E-Dur.

Das im Pianissimo dahinhuschende Thema des **dritten Satzes** ***(Scherzo, Allegro vivace)*** in h-moll dürfte – wohl unbewusst – später als Vorbild für Mendelssohns 1843 geschriebenes Scherzo aus der *Sommernachtstraum*-Musik gedient haben:

Es eilt stetig voran, sich gelegentlich in kurze Fortissimo-Ausbrüche steigernd. Als charmanter Kontrast mit Legato-Melodiebögen über ruhig liegenden Harmonien wirkt das eingeschobene Ländler-**Trio** ***(Allegretto)***.

Das **Finale** (***Allegro assai***) hat mit dem vorausgehenden d-moll-Quartett und der Klaviersonate in c-moll aus dem Jahr 1828 den hastig jagenden 6/8-Takt mit rastloser Achtelbewegung in der Art eines Perpetuum mobile gemeinsam. Wegen der ständigen Betonungen gegen den Takt, des Wechsels zwischen Dur und Moll, der inneren Unruhe und der erregten Dynamik wurde es als *Karikatur einer Tarantella* bezeichnet. Der Satz enthält eine Fülle von Motiven, die meist dem Hauptthema entspringen und mit der ruhelosen Achtelbewegung untermalt sind. In turbulentem Wechsel erklingen sie in einer Formmischung aus Sonatensatz und Rondo.

Bereits das Hauptthema changiert zwischen Dur und Moll (Mollterz b in Takt 2, Durterz h in Takt 3-4).

Die Mollterz, durch Akzent auf unbetontem Taktteil hervorgehoben, bringt zudem das Taktgefüge ins Wanken und ebenso wie das dynamische Wechselspiel einen dämonischen Zug in das sonst fast triviale Dreiklangsthema. Stürmisch wogt es durch Tonarten in wechselnder Dynamik. Ein Seitenmotiv entspringt aus der Fortbewegung, es wirkt in seiner unkomplizierten Art fast biedermeierlich-sorglos.

Im ersten Zwischenteil kann sich das thematische Element in der Hast der pochenden Bewegung, der gebrochenen Akkorde und dem Spiel mit dem ersten Kopfmotiv kaum entfalten.

Einziger Kontrast und Ruhepunkt im Satz ist folgende kurze Episode in h-moll, die jedoch in ihrem bewegten Anfang und Ende rasch wieder in die quirlige Achtelbewegung zurück leitet.

In seinem Gefolge ist ein neues, tänzerisches Motiv zu pochender Staccato-Achtelbegleitung:

Der Anfangsteil erklingt in verkürzter Fassung, ein durchführungsartiger Abschnitt schließt sich an, der energiegeladen in entfernte Tonarten führt und wieder ein neues, geheimnisvoll im Pianissimo kreisendes Thema in cis-moll bringt.

Einer Scheinreprise in d-moll folgen die beiden Seitenmotive sowie die ruhige Episode, nun in e-moll. Die Coda, vom Hauptthema eingeleitet, klingt nach einer stürmischen Steigerung ins Forte-Fortissimo mit dem biedermeierlichen Seitenmotiv aus und die Bewegung verebbt ins Pianissimo. Zwei kräftige Akkorde setzen den Schlusspunkt.

Kaleidoskop melodischer Einfälle

Schuberts Klaviertrio in Es-Dur, op. 100 D 929

An Beethovens spätes (*Erzherzog*-)Trio in B-Dur, das Schubert sicherlich genau gekannt und bewundernd studiert haben dürfte, knüpfen Schuberts zwei eigene Klaviertrios an. Sie entstanden 1827 und in seinem Todesjahr 1828. Das erste Trio in B-Dur gilt als das lyrischere, das in Es-Dur das ernstere, aber auch leidenschaftlichere der beiden.

Drei Themen von extrem unterschiedlichem Charakter gestalten den **ersten Satz (*Allegro*).** Dieser beginnt mit einem entschlossenen Forte-Unisono-Motiv Beethovenscher Prägung. Das aus dem Es-Dur-Dreiklang entsprungene Motiv wird nach wenigen Takten vom Violoncello in einer weicheren Variante vorgestellt und einer konzentrierten Verarbeitung unterzogen.

Nach dramatischem Abschluss des ersten Themenkomplexes mit chromatischen Läufen und Trillern erklingt das stark kontrastierende, in Tonrepetitionen pianissimo dahin huschende Seitenthema in einem für Schubert charakteristischen, stereotypen Rhythmus. Beginnend in der entfernten Tonart h-moll, moduliert es überraschend sogleich nach G-Dur, die Wiederholung beginnt in g-moll und führt wieder nach Es-Dur zurück – harmonische Wechsel innerhalb der Melodieführung, die vom Vorbild Beethoven weit entfernt und Schuberts ureigenste Erfindung sind.

In einer Variante mit Triolen wird das Thema weiter durch die Tonarten geleitet, bis Anklänge an das erste Thema erscheinen. Immer deutlicher entpuppt sich ein Drehmotiv mit den Tönen b-a-b, das schon im ersten Themenkomplex auftauchte (NB 1, unten), als Kernmotiv des Trios, denn es prägt auch das letzte Thema der Exposition. Es ist von lieblich-süß schmeichelndem Charakter.

Die weitgehend lyrische Durchführung führt überwiegend mit dem breit ausschwingenden, lieblichen, dritten Thema in weite melodische Räume und durchstreift die entferntesten Tonart-Gefilde, kontrapunktiert von lebhaften Dreiklangsbrechungen des Klaviers. Nach so viel großräumiger Melodienseligkeit wirkt die Reprise mit den drei unterschiedlichen Themen abwechslungsreich. Eine Coda lässt nochmals das zweite Thema durch die Tonarten gleiten. Den energischen Schluss scheint das Anfangsmotiv geben zu wollen, doch die zarten Tonrepetitionen des zweiten hängen sich an und lassen den Satz verhalten ausklingen.

Der **zweite Satz (*Andante con moto*,** c-moll) – einer der *schönsten und vollkommensten, die Schubert geschrieben hat* (W. Riezler) – beginnt wie ein Trauermarsch. Das Klavier eröffnet mit zwei Begleitungs-takten, dessen triste Gleichförmigkeit mit kleiner Betonung auf dem vierten Viertel an so manches Lied der kurz zuvor entstandenen *Winterreise* erinnert. Die Betonung des schwachen Taktteils verbindet mit den anderen Themen und Motiven des Satzes.

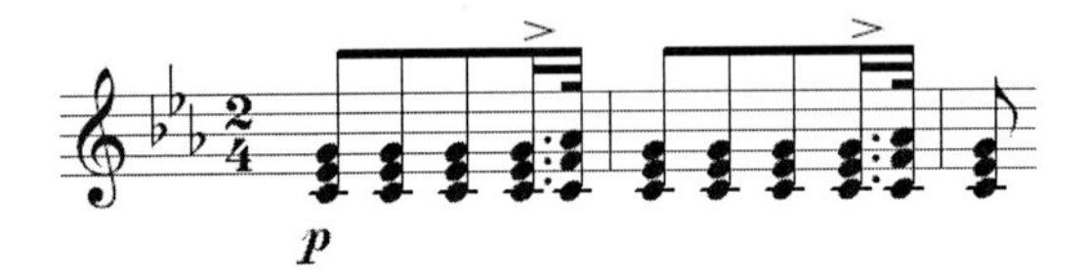

Darüber erhebt sich die Cello-Kantilene mit dem schwermütigen ersten Thema:

Nach einer Wiederholung, in der das Klavier die Melodie übernimmt und die Streicher die Akkordbegleitung, schließt das zweite, elegisch-tröstliche Thema an:

Dieses wird von den Streichern großräumig ausgebreitet und variiert, wobei der mehrfach im Thema enthaltene Terzsprung abwärts sich verselbständigt und zu expressiven, leidenschaftlichen Ausbrüchen führt. Mit der Rückkehr des Trauermarsches beginnt eine variierte Wiederholung beider Abschnitte, in der die Appassionato-Ausbrüche sich bis zum dreifachen Forte steigern. Mit einer Reminiszenz an den Anfang schließt der Satz nachdenklich im dreifachen Piano.

Das tänzerische Hauptthema des dreiteiligen **Scherzo (*Allegro moderato*, Es-Dur)** beginnt als strenger Kanon im Abstand von einem Takt zwischen Klavier einerseits und den zusammen im Oktavabstand geführten Streichern andrerseits.

Ein Zwischenteil führt unmerklich in die entfernte Tonart E-Dur, hier übernimmt das Cello die Kanonstimme zum Klavier in zweitaktigem Abstand. Dann kehrt der erste Kanon wieder. Schroffe Akzente zu Beginn des **Trios** wandeln sich zu einer lyrischen Melodie, die im Zwischenteil von graziösen Staccato-Motiven kontrapunktiert wird. Der Scherzo-Abschnitt wird unverändert wiederholt.

Gab der Kontrast dreier Themen dem ersten Satz den Charakter, so gleicht der **letzte Satz (*Allegro moderato*)** noch mehr als die vorhergehenden Sätze einem Kaleidoskop munterer melodischer Einfälle. Er beginnt mit einem anmutig-leichtfüßigen Thema, dessen dreitöniges Auftaktmotiv an das entsprechende Motiv aus dem ersten Satz erinnert und das Anlass für mannigfaltige Abschweifungen und Fortspinnungen zu neuen melodischen Gestaltungen bietet.

Ein Taktwechsel kündigt ein zweites Thema an, dieses ist von Tonrepetitionen ge-prägt und knüpft damit an das zweite Thema des ersten Satzes an. Zunächst erklingt es in c-moll in fast gespenstischem Pianissimo, im weiteren Verlauf aber in verschiedenen Schattierungen, auch in Dur.

Im wiederkehrenden 6/8-Takt übernimmt das Klavier die Führung mit übermütigem Laufwerk in die höchsten, glitzernden Regionen des Instruments bis zu einem Fortissimo-Höhepunkt. Dann taucht plötzlich das ernste Thema aus dem langsamen Satz, hier in h-moll, wie ein Fingerzeig aus einer anderen Welt die Fröhlichkeit in ein neues Licht. Doch das zweite Thema hellt mit leuchtenden Farben in F-Dur die Stimmung wieder auf.

Die Reprise lässt alles noch einmal vorüberziehen, auch das ernste Trauermarschthema. Doch der heitere Aspekt überwiegt, in der Kombination von Dreitonmotiv, Tonrepetitionen und Laufwerk endet das Werk in beschwingtem Es-Dur.

Susanne Kessler Klavier, Violine

Meine erste Heimat war Hamburg, wo ich im Elternhaus von Kammermusik beider Eltern und Malerei der Mutter geprägt wurde, den stundenlangen Klavier-Improvisationen des Vaters lauschte, aber auch begeistert mit dem Faltboot auf der Elbe herum schipperte. Die Ferien verbrachte ich in der Schweizer Heimat meiner Mutter bei der geliebten Großmutter in St. Gallen und in den Bergen oder mit dem Faltboot auf Elbe, Weser und Mosel. Sechsjährig erhielt ich ersten Klavierunterricht bei dem damals in Hamburg namhaften Pädagogen Peter Heilbut, der mich als 12-Jährige zu einem Preis im Steinway-Klavierwettbewerb führte, ab 1962 bei Peter Hartmann, dem späteren Leiter des Hamburger Konservatoriums.

Auch Geige zu lernen war früh mein Traum: Als auf mein Bitten hin mein Vater das Griffbrett einer Geige aufmalte mit den Punkten, wo man für welchen Ton drücken müsse, holte ich in den nächsten Wochen immer wieder seine Geige aus dem Kasten und spielte seinen halben Notenschrank durch. Als 15-jährige Schülerin begann ich zu unterrichten und Musikgruppen zu leiten, um mir den ersehnten Geigenunterricht zu verdienen. Der erste „Geigenlehrer" aus der 12. Klasse konnte mir wenig beibringen, erst mit 17 Jahren erhielt ich qualifizierten Unterricht. Ich studierte in Hamburg Schulmusik mit Hauptfach Klavier und anfangs Latein als zweites Unterrichtsfach. Besonders engagierte ich mich in den Schwerpunkten Musikwissenschaft und Violine und legte zusätzlich das Klavierpädagogik-Examen ab. In meiner Examensarbeit beschäftigte ich mich mit den Unterschieden in den Streichquartetten von Debussy und Ravel.

1974 kam ich zum Refendariat nach München. Hier lernte ich im Orchester der Universität und bei Kammermusik meinen späteren Mann Christoph Kessler kennen. Von 1976-2000 war ich am Gymnasium Oberhaching als Musiklehrerein tätig, wo ich mehrfach Musik-Leistungskurse zum Abitur führte und die beiden Schulorchester leitete. Seit 1988 in Icking-Dorfen wohnhaft, spielte ich vom zweiten Konzert der Ickinger Laienphilharmoniker (1991) an bis 2010 im hiesigen Orchester. Für die Konzerte des Konzertvereins Isartal schrieb und gestaltete ich 2002-2010 die Programmhefte. Im März 2011 gründeten Christoph Kessler und ich zusammen mit Freunden den Verein *Klangwelt Klassik, freunde der kammermusik e.V.* zur Veranstaltung der Kammermusikreihe *Meistersolisten im Isartal*. Meine Begeisterung gilt dem aktiven Kammermusikspiel, intensiven Reisen mit meinem Mann zusammen in bereits über 50 Länder, Büchern und meinen zwei Berner Sennenhunden.

Susanne Kessler

...ein Zyklus schauerlicher Lieder ...

Zu Schuberts *Winterreise*, D 911

Das romantische Klavierlied, das einer gesungenen Melodie einen gleichwertigen, interpretierenden und in tiefe Bewusstseinsschichten eindringenden Klavierpart statt einer nur akkordisch stützenden Begleitung zur Seite stellt, ist Schuberts ureigene Schöpfung und Leistung. Noch bei Mozart und Beethoven war das Lied eine Miniatur und Randerscheinung innerhalb der kompositorischen Gattungen. Durch Schubert wurde das Lied mit einem Male ins Zentrum künstlerischer Aussage gehoben und spiegelte die ganze Tiefe romantischer Empfindsamkeit. Es lag auf der Hand, dass nach Opernarie, Kantate und Rezitativ mit der Verbreitung häuslichen Musizierens am Klavier, zudem der Begeisterung für Volkslied und Volksdichtung (in *Des Knaben Wunderhorn* von Brentano und Arnim gesammelt), dem Gesang eine neue Rolle zufallen würde, aber es bedurfte eines genialen Anstoßes. Schubert war früh durch Freunde aus allen Kunstrichtungen mit Literatur in Berührung gekommen. Er besaß die Fähigkeit, das Lyrische eines Gedichts tief zu empfinden, ihm etwas Gleichwertiges in seiner eigenen Sprache zur Seite zu stellen und mit dem neuen „Gesamtkunstwerk" die Wirkung auf den Hörer zu potenzieren.

Mit 18 Jahren schrieb Schubert – nach fünfjährigen, tastenden Textvertonungsversuchen – sein erstes Geniewerk, als op. 1 veröffentlicht, den *Erlkönig* nach Goethe, in dem erstmals das Klavier die ganze Dramatik des nächtlichen Ritts, die süßen Verführungskünste des Zaubergeists und die steigende Angst des Kindes ausmalt. Der bewunderte Dichterfürst Goethe war von solchen „Eigenmächtigkeiten" nicht sonderlich entzückt. Schuberts ehrerbietige Zusendung seiner Lieder beantwortete Goethe mit Nichtbeachtung. Er bevorzugte die schlichte Vertonung J. Reichardts, die dem reinen Sprachkunstwerk keine Konkurrenz bot.

Die *Winterreise*, nach *Die schöne Müllerin* Schuberts zweiter Liederzyklus nach Wilhelm Müller (1794-1827), entstand gegen Ende seines kurzen Lebens. Die ersten zwölf Gedichte von Wilhelm Müllers *Winterreise* vertonte Schubert im Februar 1827, dann erfuhr er, dass Müller noch weitere zehn und später nochmals zwei hinzu gedichtet hatte mitsamt einer Neuordnung des Gesamtverlaufs. Im Herbst 1827 vertonte Schubert diese weiteren zwölf. Im Freundeskreis als ein *Zyklus schauerlicher Lieder* angekündigt und erstmals vorgetragen, stieß die *Winterreise* auf Verwunderung und Befremdung, obwohl oder vielleicht gerade weil ihre Stimmung nach Aussage seiner Freunde Schuberts Gemütsverfassung der letzten Lebensphase entsprochen habe. Die Komposition erlebte Schubert im Wissen um seine Krankheit als existenziell, sie habe ihn nach Joseph v. Spauns Überlieferung *mehr angegriffen, als es je bei anderen Liedern der Fall war.* Erst posthum (1828) wurde das Werk veröffentlicht.

Im Gegensatz zur *Schönen Müllerin* liegt der *Winterreise* keine fortlaufende Handlung zu Grunde. Im ersten Lied ist die Rede von abgewiesener Liebe, die den Ich-Erzähler hinaus trieb. Es folgen Darstellungen von Schmerz, Erstarrung, Erinnerung, Hoffnungslosigkeit. Der Zyklus ist ein Monolog eines Verzweifelten, der alle Erscheinungen in der winterlichen Natur als Spiegelbilder und Bestätigungen seines seelischen Zustands begreift. Die Darstellung seelischer Nuancen zeigt immense Vielfalt und ist trotz immerfort ähnlicher Thematik weit

Entfernt von Monotonie. Die „Geschichte" hat keine Kontinuität, es ist ein In-sich-Kreisen ohne Frage nach einem Ziel. Einziger „Fortschritt" ist die steigende Gewissheit des Endes, der Hoffnungslosigkeit, des Todes. Dieser begegnete in der *Schönen Müllerin* dem Wanderer noch als romantisches Aufgehobensein und Eingewiegt-Werden in der Natur des Baches: Der Tod als Heimkehr in die Natur – ein romantischer Gedanke, der uns in der Kunst der Zeit von Eichendorff bis Caspar David Friedrich begegnet. Hier in der *Winterreise* erscheint er radikal atheistisch: Der Wanderer sucht und findet nur Ruhe, Ende, Nichts, ohne jeglichen Trost, ohne jegliche Hoffnung. Am Ende verlöschen selbst die musikalischen Mittel im Drehen der Leier des Todes. Molltonarten überwiegen, Dur-Aufhellungen erscheinen überwiegend in ironisch gebrochener Bedeutung als Erinnerung und unwirklicher Kontrast. Charakteristisch für die Romantik ist, dass sich der Mensch – oft *lyrisches Ich* genannt – aus der bitteren Realität in eine Scheinwelt hineinträumt, aber immer im Bewusstsein der Irrealität, des schmalen Grats über einem Abgrund. Der für Schubert häufige Wechsel zwischen Dur und Moll, in der das glückselige Dur auch eine unheimliche, beklemmende Komponente enthält, ist so zu verstehen.

Auf eine verborgene politische Dimension der *Winterreise* wird in der Literatur hingewiesen (A. Goeres). Als *Winter* bezeichneten Schuberts Zeitgenossen die Zeit der *Restauration*, der Metternich'schen Politik nach dem Wiener Kongress 1815, in der kein Intellektueller, kein Künstler vor politischer Zensur, vor Bespitzelung und Verhaftung sicher sein konnte. Wilhelm Müller (1794 -1827), der Dichter der *Winterreise*, war bereits in die Mühlen der Obrigkeit geraten, er veröffentlichte seine Werke in der 1822 verbotenen *Leipziger Literaturzeitung.* Schuberts Freundeskreis verkehrte in den Zirkeln der heimlichen Opposition und während der *Schubertiaden* diskutierte man sicher nicht nur über künstlerische Themen. Tatsächlich werfen einige Zeilen der *Winterreise*-Gedichte Fragen auf, die beantwortet werden könnten – so sieht es A. Goerdes – , sähe man den Gedichtzyklus als verschlüsselte Botschaft, dass unter diesem System nur die Wanderung in die Resignation, die Hoffnungslosigkeit und Selbstaufgabe Ausweg sein könne. Zumal scheint dies dem bedenkenswert, der das Thema *Weg in den Tod aus verschmähter Liebe* als Kernaussage der Winterreise zu naiv-vordergründig erscheint.

Caspar David Friedrich: Der Wanderer über dem Nebelmeer (um 1818) Hamburger Kunsthalle

Das erste Lied ***Gute Nacht*** erzählt die Vorgeschichte und das Hinausziehen in die Winternacht. Die Vertreibung aus der Geborgenheit wird zum Anfang vom Ende. Die gleichmäßigen Akkordwiederholungen des Klaviers symbolisieren die Schritte des Wanderers, die Melodielinien fallen müde und depressiv in die Tiefe.

1. Gute Nacht

Fremd bin ich eingezogen,
Fremd zieh ich wieder aus.
Der Mai war mir gewogen
Mit manchem Blumenstrauß.
Das Mädchen sprach von Liebe,
Die Mutter gar von Eh' –
Nun ist die Welt so trübe,
Der Weg gehüllt in Schnee.

Ich kann zu meiner Reisen
Nicht wählen mit der Zeit:
Muss selbst den Weg mir weisen
In dieser Dunkelheit.
Es zieht ein Mondenschatten
Als mein Gefährte mit,
Und auf den weißen Matten
Such ich des Wildes Tritt.

Was soll ich länger weilen,
Bis man mich trieb' hinaus?
Lass irre Hunde heulen
Vor ihres Herren Haus!
Die Liebe liebt das Wandern, –
Gott hat sie so gemacht –
Von einem zu dem andern –
Fein Liebchen, Gute Nacht!

Will dich im Traum nicht stören,
Wär schad um deine Ruh,
Sollst meinen Tritt nicht hören –
Sacht, sacht die Türe zu!
Schreib im Vorübergehen
Ans Tor dir »Gute Nacht«,
Damit du mögest sehen,
An dich hab ich gedacht.

Nur bei dem Gedanken *Das Mädchen sprach von Liebe* hebt sich die Melodie und ein kurzer Dur-Schimmer hellt die Stimmung auf, ebenso in der musikalisch gleich gestalteten zweiten Strophe zu den Worten *Es zieht ein Mondenschatten als mein Gefährte mit*. Seufzermotive erklingen in der Klavier-Gegenstimme.

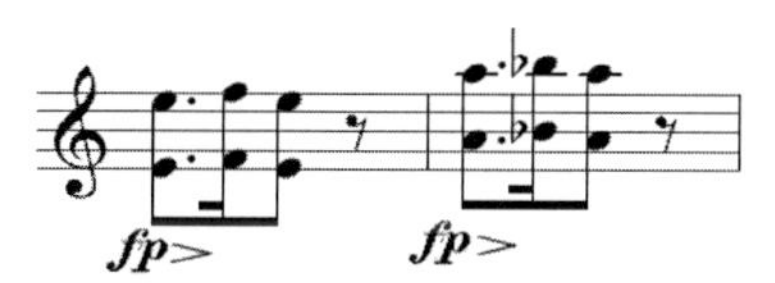

Caspar David Friedrich: Winterlandschaft (1811) Staatliches Museum Schwerin

Dem Text gemäß variiert die dritte Strophe die Melodie: Frage und inneres Aufbäumen gegen das Unrecht biegen die Melodiekurve aufwärts. Der Gedanke an *Feinliebchen* am Ende der Strophe, die innige Erinnerung an liebliche Vergangenheit bewirkt den Umschlag in das irreale Dur der letzten Strophe, als ob für einen Moment die bittere Gegenwart ausgeblendet wird. Doch die Wiederholung der letzten Zeile fällt wieder in die Moll-Realität zurück.

2. *Die Wetterfahne*

Der Wind spielt mit der Wetterfahne
Auf meines schönen Liebchens Haus.
Da dacht ich schon in meinem Wahne,
Sie pfiff den armen Flüchtling aus.

Er hätt es ehr bemerken sollen,
Des Hauses aufgesteckte Schild,
So hätt er nimmer suchen wollen
Im Haus ein treues Frauenbild.

Der Wind spielt drinnen mit den Herzen,
Wie auf dem Dach, nur nicht so laut.
Was fragen sie nach meinen Schmerzen?
Ihr Kind ist eine reiche Braut.

Die Wetterfahne spiegelt bittere Ironie und Ohnmacht. Abkehr vom Strophenbau zugunsten rezitativischer Gefühlsausbrüche prägt die musikalische Gestalt. Das Klaviervorspiel malt das Wenden und Drehen der Wetterfahne in den Windstößen, es endet mit grollenden Trillern, lautmalerisch als das Knarren der rostigen Fahne deutbar.

Die Singstimme verläuft in weiten Strecken unisono bzw. im Oktavabstand mit dem Klavier, dies gibt dem Lied eine gewisse Härte. Erregter Melodieanstieg bewegt jeden Satz, gefühlsbeladene Fermaten auf Reizwörtern und Spitzentönen unterbrechen den vorantreibenden 6/8-Duktus. Das Klavier steuert spitze, arpeggierte Akkorde im Staccato oder dumpfe Triller bei. Das letzte Reizwort *reiche Braut* unterstreicht es mit einer leidenschaftlich heftigen, zornig aufbrausenden Tonleitergeste, die erst das Nachspiel wieder beruhigend ausgleicht.

3. *Gefrorne Tränen*

Gefrorne Tropfen fallen
Von meinen Wangen ab:
Ob es mir denn entgangen,
Dass ich geweinet hab?

Ei Tränen, meine Tränen,
Und seid ihr gar so lau,
Dass ihr erstarrt zu Eise,
Wie kühler Morgentau?

Und dringt doch aus der Quelle
Der Brust so glühend heiß,
Als wolltet ihr zerschmelzen
Des ganzen Winters Eis.

Das Lied ***Gefrorne Tränen*** nimmt den Wanderrhythmus wieder auf. Besonders einprägsam ist hier, wie Schubert bereits im Vorspiel das Bild des Wanderers in die Sprache der Musik mit ganz wenigen Mitteln überträgt. Trist, müde und abgestumpft schreitet der Wanderer vor sich hin, während ihm die Tränen vom Gesicht fallen: Staccato-Akkorde wiederholen sich wie Tropfen, eine permanente, synkopische Betonung auf dem zweiten Viertel wirkt stockend und wie ein Brennpunkt der Gedanken.

Aus drei Textstrophen werden vier durch intensivierende Wiederholung der dritten. Die Melodie der ersten Strophe ist schlicht, sie hat geringen Tonumfang. Die Begleitakkorde führen mit intensiven chromatischen Durchgängen (*ob es mir denn entgangen*) in typisch schubert'sches, herzzerreißend ergreifendes Dur (*...geweinet hab*). Die zweite Strophe erhebt sich stockend, wie verwundert fragend aus sehr tiefer Lage. Dritte und vierte musikalische Strophe nehmen das Dur aus der ersten wieder auf, intensiviert mit chromatischen Durchgangstönen. Die abermalige Wiederholung der letzten Zeile am Ende – das einzige Forte mit dem höchsten Ton des Liedes – wirkt wie ein Ausbruch des angestauten Gefühls. Das Nachspiel führt zurück in das triste Schreiten des Beginns.

4. Erstarrung

Ich such im Schnee vergebens
Nach ihrer Tritte Spur,
Wo sie an meinem Arme
Durchschritt die grüne Flur.

Ich will den Boden küssen,
Durchdringen Eis und Schnee
Mit meinen heißen Tränen,
Bis ich die Erde seh.

Wo find ich eine Blüte,
Wo find ich grünes Gras?
Die Blumen sind erstorben,
Der Rasen sieht so blass.

Soll denn kein Angedenken
Ich nehmen mit von hier?
Wenn meine Schmerzen schweigen,
Wer sagt mir dann von ihr?

Mein Herz ist wie erstorben,
Kalt starrt ihr Bild darin,
Schmilzt je das Herz mir wieder,
Fließt auch das Bild dahin.

Erstarrung ist dreiteilig in A-B-A-Form komponiert. In der Klavierbegleitung brodelt es: Das ganze Lied durchlaufen aufwühlende, vorwärts drängende Triolen.

Dazu untermalt eine unruhig schweifende Kontrapunktstimme im Bass die an sich ruhige Melodie der ersten Strophe. Diese wandert in der zweiten Strophe in den Diskant des Klaviers und führt einen Dialog mit der Singstimme, die in expressiven Intervallen und großem Tonumfang dramatisch bis zu den höchsten Tönen des ganzen Liederzyklus reicht. Der Mittelteil (3. Textstrophe) scheint ruhiger, er wendet sich nach Dur. Die Melodie ist schlichter, jedoch begleitet das Klavier mit verzweifelt akzentuierten verminderten Akkorden. Der dritte Teil (4. und 5. Textstrophe) nimmt die musikalische Gestalt und Dramatik des ersten wieder auf.

5. *Der Lindenbaum*

Am Brunnen vor dem Tore
Da steht ein Lindenbaum:
Ich träumt in seinem Schatten
So manchen süßen Traum.

Ich schnitt in seine Rinde
So manches liebe Wort;
Es zog in Freud und Leide
Zu ihm mich immerfort.

Ich musst auch heute wandern
Vorbei in tiefer Nacht,
Da hab ich noch im Dunkel
Die Augen zugemacht.

Und seine Zweige rauschten,
Als riefen sie mir zu:
»Komm her zu mir, Geselle,
Hier find'st du deine Ruh!«

Die kalten Winde bliesen
Mir grad ins Angesicht,
Der Hut flog mir vom Kopfe,
Ich wendete mich nicht.

Nun bin ich manche Stunde
Entfernt von jenem Ort,
Und immer hör ich's rauschen:
Du fändest Ruhe dort!

Der Lindenbaum ist jedermann als Volkslied bekannt, nicht aber, dass jene Strophenlied-Fassung als romantischer Kitsch in Männerchorgewand die Komposition völlig missversteht. Die liebliche, schlichte, einfach singbare Melodie ist zunächst wie ein Kleinod in ein quirliges Vor- und Nachspiel eingefasst, das in der Erinnerung das sommerliche Rauschen der Blätter nachzuahmen scheint, im Crescendo absteigend auch bedrohliche Töne anschlägt und mit Echo-Hornquinten ausklingt.

In traumhaftem Dur besingt die erste Strophe – fern der Realität – die süße Erinnerung. Schon die zweite Strophe wendet die Melodie nach Moll. Wovor verschließt der Wanderer die Augen, wenn die Zweige ihm doch – wieder in verführerischem Dur – zuraunen: *Hier find'st du deine Ruh*? In der dritten Strophe bricht der Sturm – und der innere Kampf, der süßen Verlockung nachzugeben – in voller Stärke aus. Die Klavierbegleitung lässt die Triolen des Vorspiels nun in chromatischen Durchgängen stürmisch aufwirbeln, meist über „standhaftem", auch hämmerndem Orgelpunkt-Bass. Die Singstimme fällt in einen harten, rezitativischen Ton.

Nach Beruhigung in der Klavier-Überleitung kehrt die Dur-Melodie der ersten Strophe wieder, doch in der Oberstimme des Klavierparts erscheint gefährlich-verführerisch ein wiegendes, in immer höhere Tonregionen ansteigendes Motiv: die Verlockung zum Tode an diesem Ort des ehemaligen Glücks.

6. *Wasserflut*

Manche Trän aus meinen Augen
Ist gefallen in den Schnee;
Seine kalten Flocken saugen
Durstig ein das heiße Weh.

Wann die Gräser sprossen wollen,
Weht daher ein lauer Wind,
Und das Eis zerspringt in Schollen,
Und der weiche Schnee zerrinnt.

Schnee, du weißt von meinem Sehnen:
Sag, wohin doch geht dein Lauf?
Folge nach nur meinen Tränen,
Nimmt dich bald das Bächlein auf.

Wirst mit ihm die Stadt durchziehen,
Muntre Straßen ein und aus:
Fühlst du meine Tränen glühen,
Da ist meiner Liebsten Haus.

An einen dumpfen Trauermarsch erinnert das Lied ***Wasserflut***. Ein schwerfälliger, starrer Rhythmus beherrscht durchgehend den Klavierpart.

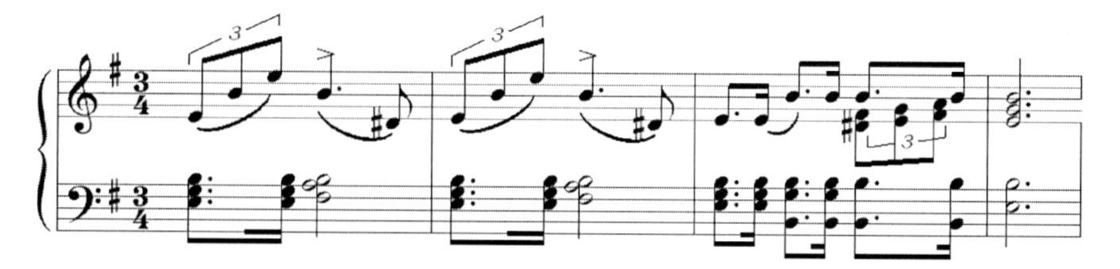

Der große Tonumfang der Gesangsmelodie steigert sich zu einem emotionalem Ausbruch (*das heiße Weh*), die Stimme scheint vor Schmerz zu brechen.

Vorübergehend wendet sich die Musik nach Dur, um in der Wiederkehr der Textzeile (...*Schnee zerrinnt*) mit starker Betonung nach Moll zurückzukehren. Je zwei Textstrophen bilden eine musikalische Einheit, die sich in den nächsten beiden wiederholt.

7. Auf dem Flusse

Der du so lustig rauschtest,
Du heller, wilder Fluss,
Wie still bist du geworden,
Gibst keinen Scheidegruß.

Mit harter, starrer Rinde
Hast du dich überdeckt,
Liegst kalt und unbeweglich
Im Sande ausgestreckt.

In deine Decke grab ich
Mit einem spitzen Stein
Den Namen meiner Liebsten
Und Stund und Tag hinein:

Den Tag des ersten Grußes,
Den Tag, an dem ich ging,
Um Nam' und Zahlen windet
Sich ein zerbrochner Ring.

Mein Herz, in diesem Bache
Erkennst du nun dein Bild?
Ob's unter seiner Rinde
Wohl auch so reißend schwillt?

Auf dem Flusse trifft der Wanderer auf den Eispanzer, der den Fluss wie auch sein Herz einschnürt. Schwermütig ahmt das Klavier die dumpfen Schritte im Vorspiel und den ersten zwei Strophen nach, die Singstimme ist melodisch denkbar einfach und monoton gehalten.

Zwischen den Strophen kündigt ein kurzes Aufschwellen in Dynamik, Tempo und Harmonik die späteren Gefühlsaufwallungen an. Zweite und dritte Strophe wechseln ins illusionshafte, tröstliche Erinnerungen weckende Dur, die Begleitung wird bewegter. Die letzte Strophe birgt jähe Erkenntnis und Vergleich. Zunächst noch mühsam zurückgehalten, bricht dennoch die Qual hervor, besonders in der Wiederholung der Textes: Harmonische Ausweichungen in ferne Tonartbereiche, berstende Dreiklangsbrechungen im Bass, fast Tremolo ähnliche Akkordwiederholungen, *dynamische* Steigerung mit Akzenten ins Forte und in höchste Tonbereiche der Singstimme sind die musikalischen Stilmittel.

8. Rückblick

Es brennt mir unter beiden Sohlen,
Tret ich auch schon auf Eis und Schnee.
Ich möcht nicht wieder Atem holen,
Bis ich die Türme seh.

Hab mich an jedem Stein gestoßen,
So eilt ich zu der Stadt hinaus;
Die Krähen warfen Säll und Schloßen
Auf meinen Hut von jedem Haus.

Wie anders hast du mich empfangen,
Du Stadt der Unbeständigkeit!
An deinen blanken Fenstern sangen
Die Lerch und Nachtigall im Streit.

Die runden Lindenbäume blühten,
Die klaren Rinnen rauschten hell,
Und ach, zwei Mädchenaugen glühten! –
Da war's geschehn um dich, Gesell!

Kömmt mir der Tag in die Gedanken,
Möcht ich noch einmal rückwärts sehn.
Möcht ich zurücke wieder wanken,
Vor ihrem Hause stille stehn.

Überstürzt, nervös und rastlos flieht der Wanderer vor dem Anblick seiner Stadt. Hastige Begleitfiguren in Moll, die immer wieder in Bewegung und Lautstärke dynamisch ansteigen und auf Akzenten enden, stürmen voran. Die Singstimme nimmt diese Mittel auf und verbindet quasi gehetzt und atemlos je zwei Zeilen. Auf solche Unrast muss Stillstand und Ermattung folgen, in der der Wanderer sich dann der inneren Rückschau nicht entziehen kann: Sogleich umfängt ihn mit der Erinnerung wieder das selige, und doch unheimliche Dur, die Bassstimme passt sich der schlichten Melodie in lieblichen Terzparallelen und Hornquinten an, die Sechzehntel-Bewegung bleibt erhalten, ist aber sozusagen auf einen Ton eingefroren.

Sehnsuchtsvoll steigert sich die Melodie (*zwei Mädchenaugen glühten*). Mit der letzten Textstrophe kehren Finsternis, Hektik und Moll des Anfangs zurück. Doch die Wiederholung der letzten Zeilen wendet sich wieder, mit der Entfernung ausklingend, dem betörenden Dur zu.

9. Das Irrlicht

In die tiefsten Felsengründe
Lockte mich ein Irrlicht hin:
Wie ich einen Ausgang finde,
Liegt nicht schwer mir in dem Sinn.

Bin gewohnt das Irregehen,
's führt ja jeder Weg zum Ziel:
Unsre Freuden, unsre Wehen.
Alles eines Irrlichts Spiel!

Durch des Bergstroms trockne Rinnen
Wind ich ruhig mich hinab –
Jeder Strom wird 's Meer gewinnen,
Jedes Leiden auch ein Grab.

In ***Irrlicht*** fällt zum ersten Mal der konkrete, nicht mehr versteckte Hinweis auf den Tod mit dem Wort *Grab* am Ende des Liedes. Die drei Strophen sind durchkomponiert. Harmonisch nicht eindeutig beginnt es mit zwei fallenden Quarten. Der schwerfällige Rhythmus mit Betonungen auf dem 2. Viertel erinnert an den der *Wasserflut*, auch an den strengen Tanz Sarabande. Es folgt ein „lockendes" Motiv, das vom repetierten Quintton in den Grundton hinauf führt, ein musikalisches Symbol für das Irrlicht, das in variierter Gestalt Gesangsmelodie und Klavierpart durchzieht.

Die sehr bewegte Singstimme muss großen Tonumfang überwinden (*Felsengründe, Irregehen, ...wind ich ruhig mich hinab*), auch aufsteigend und mit einem Schimmer ruhiger Gefasstheit und Hoffnung (*...jeder Strom wird's Meer gewinnen*). Bei der Wiederholung der letzten Zeile hält eine Fermate auf einem stark dissonanten „Leidenston" den Schluss (*Grab*) noch für einen Moment auf.

10. Die Rast

Nun merk ich erst, wie müd ich bin,
Da ich zur Ruh mich lege;
Das Wandern hielt mich munter hin
Auf unwirtbarem Wege.

Die Füße frugen nicht nach Rast,
Es war zu kalt zum Stehen,
Der Rücken fühlte keine Last,
Der Sturm half fort mich wehen.

In eines Köhlers engem Haus
Hab Obdach ich gefunden;
Doch meine Glieder ruhn nicht aus:
So brennen ihre Wunden.

Auch du, mein Herz, im Kampf und Sturm
So wild und so verwegen,
Fühlst in der Still erst deinen Wurm
Mit heißem Stich sich regen!

In ***Rast*** pocht der Wanderrhythmus trotz Erschöpfung und Ruhe im Klavierpart bzw. im Unterbewusstsein ununterbrochen weiter.

Schmerzvolle Seufzermotive fügt das Klavier hinzu. Die Zeile *Der Rücken fühlte keine Last* untermalt ein „schwereloser", d.h. diffus nach Auflösung verlangender, verminderter Akkord, während *der Sturm half fort mich wehen* in einen Trugschluss und erst beim zweiten Mal in harmonische Auflösung mündet. Die ersten beiden Textstrophen bilden eine musikalische Einheit, die sich, kaum verändert, mit den Strophen drei und vier wiederholt.

11. *Frühlingstraum*

Ich träumte von bunten Blumen,
So wie sie wohl blühen im Mai,
Ich träumte von grünen Wiesen,
Von lustigem Vogelgeschrei.

Und als die Hähne krähten,
Da ward mein Auge wach;
Da war es kalt und finster,
Es schrien die Raben vom Dach.

Doch an den Fensterscheiben
Wer malte die Blätter da?
Ihr lacht wohl über den Träumer,
Der Blumen im Winter sah?

Ich träumte von Lieb um Liebe,
Von einer schönen Maid,
Von Herzen und von Küssen,
Von Wonne und Seligkeit.

Und als die Hähne krähten,
Da ward mein Herze wach;
Nun sitz ich hier alleine
Und denke dem Traume nach.

Die Augen schließ ich wieder,
Noch schlägt das Herz so warm.
Wann grünt ihr Blätter am Fenster?
Wann halt ich mein Liebchen im Arm?

Der ***Frühlingstraum*** ist nach dem Schema A-B-C-A-B-C gestaltet. Der helle, wiegende, volksliedhafte, in Dur komponierte A-Teil malt den lieblichen Traum.

Die zweite Strophe beschreibt die Realität. Diese ist *kalt und finster*, die Musik bewegter, in Moll, mit erschreckenden Signalen (*Hähne krähen*?), Akzenten, dynamischen Gegensätzen und finsterem Basstremolo. Nach einer Pause mit Fermate drückt sich Überraschung und vorsichtiges Erstaunen in langsamem Tempo, neuer Taktart und Dur aus, das sich wieder ins Moll kehrt bei der traurigen Realitätserkenntnis. Der Erzähler will die Realität nicht, er „kuschelt" sich zurück in den Traum. Der Ablauf der drei Abschnitte wiederholt sich mit den letzten drei Strophen.

12. *Einsamkeit*

Wie eine trübe Wolke
Durch heitre Lüfte geht,
Wenn in der Tanne Wipfel
Ein mattes Lüftchen weht:

So zieh ich meine Straße
Dahin mit trägem Fuß,
Durch helles, frohes Leben,
Einsam und ohne Gruß.

Ach, dass die Luft so ruhig!
Ach, dass die Welt so licht!
Als noch die Stürme tobten,
War ich so elend nicht.

Mechanisch und trostlos nimmt das Lied ***Einsamkeit*** die Bewegung des Gehens monoton wieder auf. In das Vorspiel eingestreut sind kleine Seufzermotive. Die Singstimme ist wahrhaft einsam: Sie wird gestützt von schlichten Akkorde oder die Klavierstimme verläuft unisono mit dem Gesang, eine Begleit- oder Gegenstimme fehlt. Doch die Seele erträgt die Ruhe nicht. Die letzte Textstrophe – sie wird zweimal gesungen mit mehrfacher Wiederholung der Worte *so elend* – offenbart Schmerzensausbrüche.

Crescendi, Tremolo des Klaviers, akzentuierte Seufzermotive, stürmisch aufbrechende Akkordrepetitionen bestimmen den Ausdruck. Ist es ein Zufall, dass dieses Lied am Tiefpunkt des Elends in h-moll – seit Bach *die* Leidenstonart – komponiert ist?

13. Die Post

Von der Straße her ein Posthorn klingt.
Was hat es, dass es so hoch aufspringt,
Mein Herz?

Die Post bringt keinen Brief für dich:
Was drängst du denn so wunderlich,
Mein Herz?

Nun ja, die Post kommt aus der Stadt,
Wo ich ein liebes Liebchen hatt,
Mein Herz!

Willst wohl einmal hinübersehn,
Und fragen, wie es dort mag gehn,
Mein Herz?

Die Post ist eines der wenigen munter-schwungvollen Lieder der *Winterreise*. Im Vorspiel meint man im fröhlichen Staccato des 6/8-Takts Pferdegetrappel zu vernehmen, dazu erklingt die Dreiklangsfanfare des Posthorns in Es-Dur.

Auch die Singstimme übernimmt die Dreiklangsmelodik. Nach einer plötzlichen eintaktigen Pause rückt mit einer kurzen Moll-Eintrübung und im Pianissimo das Leid wieder ins Bewusstsein (2. Textstrophe). Je zwei Textstrophen bilden eine musikalische Einheit, die sich fast notengetreu wiederholt.

14. Der greise Kopf

Der Reif hat einen weißen Schein
Mir übers Haar gestreuet.
Da meint ich schon ein Greis zu sein,
Und hab mich sehr gefreuet.

Doch bald ist er hinweggetaut,
Hab wieder schwarze Haare,
Dass mir's vor meiner Jugend graut-
Wie weit noch bis zur Bahre!

Vom Abendrot zum Morgenlicht
Ward mancher Kopf zum Greise.
Wer glaubts? Und meiner ward es nicht
Auf dieser ganzen Reise!

Der greise Kopf ist im Vergleich zu dem vorangegangenen Lied wieder ernst und in finsterer Moll-Stimmung, zudem eher unsanglich und rezitativisch. Die ersten zwei Textzeilen bilden, den Text ausgestaltend, einen großen Melodiebogen (*Schein*), den das Klaviervorspiel vorwegnimmt und verkürzt nochmals wie ein Echo anhängt.

Ebenso imitiert es – quasi wie eine Selbstbetrachtung – den Schluss der zweiten Doppelzeile (*...hab mich sehr gefreuet*). Die zweite Textstrophe wird sehr sparsam begleitet. Schaurig und hohl klingen die leeren Klavier-Oktaven im Bass parallel zur abwärts gleitenden Melodie zu *Wie weit noch bis zur Bahre?*

Die dritte Strophe nimmt den Melodiebogen des Anfangs wieder auf, der symbolisch ebenso die Worte ausdeutet *Vom Abendrot zum Morgenlicht ward mancher Kopf zum Greise*. Wie ein unheimliches Echo klingt das Klaviernachspiel mit dem zweiten, abwärts gleitenden Teil des Melodiebogens aus.

15. Die Krähe

Eine Krähe war mit mir
Aus der Stadt gezogen,
Ist bis heute für und für
Um mein Haupt geflogen.

Krähe, wunderliches Tier,
Willst mich nicht verlassen?
Meinst wohl bald als Beute hier
Meinen Leib zu fassen?

Nun, es wird nicht weit mehr gehn
An dem Wanderstabe.
Krähe, lass mich endlich sehn
Treue bis zum Grabe!

Gesangliche Melodie steht wieder im Vordergrund in ***Die Krähe***. Das Vorspiel nimmt diese vorweg über triolischem Untergrund, dessen Bassnoten die Wanderbewegung wieder andeuten. Eine ganz besondere Gestaltung und Tonmalerei hören wir in der ersten Strophe: Die Klavier-„Bass"-Linie (im Violinschlüssel!) verläuft in gleichen Noten parallel mit der Singstimme, im realen Klang sogar eine Oktave höher als die Singstimme, während die rechte Hand des Klavierparts nachschlagende, quasi flatternde Bewegungen darüber setzt. In der zweiten Strophe löst sich die Stimme melodisch von der „Bass"-Linie und singt in rezitativischen Wendungen.

Die dritte Strophe beginnt wie die erste, steigert sich dann in Tonhöhe und Lautstärke zum emotionalen Ausruf *Treue bis zum Grabe!* Dabei senkt sich die Basslinie, um bis zum Ende des Nachspiels in *grabes*tiefe Tonregionen zu sinken.

16. Letzte Hoffnung

Hier und da ist an den Bäumen
Noch ein buntes Blatt zu sehn,
Und ich bleibe vor den Bäumen
Oftmals in Gedanken stehn.

Schaue nach dem einen Blatte,
Hänge meine Hoffnung dran;
Spielt der Wind mit meinem Blatte,
Zittr' ich, was ich zittern kann.

Ach, und fällt das Blatt zu Boden,
Fällt mit ihm die Hoffnung ab,
Fall ich selber mit zu Boden,
Wein' auf meiner Hoffnung Grab.

Aus dem Rahmen fällt das Lied ***Letzte Hoffnung***. Mit nahezu impressionistischen Stilmitteln malt das Vorspiel ein Bild der fallenden Blätter, zudem des beliebigen und diffusen *Hier und da*. Im Staccato fallen Terzen, die einem verminderten Akkord angehören, ohne Bindung an eine stabile Tonart-Grundlage. Akzente auf unbetonten Taktteilen erzeugen ein ebenfalls instabiles Taktgefüge und ergänzen mit angsterfüllter Hoffnung und Ungewissheit. Das Lied ist durchkomponiert: Keine melodische Reprise gibt Halt und feste Form. Der Fall des Blattes und noch mehr *fall ich selber mit zu Boden* finden in hohlen Oktavgängen hinab in die tiefsten Klangregionen des Klaviers ihre Entsprechung. Im letzten Abschnitt (*Wein, wein...*) ahmt die Singstimme mit ausdrucksvollen Intervallen und Seufzervorhalten hervorquellendes Weinen nach.

17. Im Dorfe

Es bellen die Hunde, es rasseln die Ketten.
Es schlafen die Menschen in ihren Betten,
Träumen sich manches, was sie nicht haben,
Tun sich im Guten und Argen erlaben:

Und morgen früh ist alles zerflossen.
Je nun, sie haben ihr Teil genossen
Und hoffen, was sie noch übrig ließen,
Doch wieder zu finden auf ihren Kissen.

Bellt mich nur fort, ihr wachen Hunde,
Lasst mich nicht ruhn in der Schlummerstunde!
Ich bin zu Ende mit allen Träumen -
Was will ich unter den Schläfern säumen?

Im Dorfe begegnen dem nächtlichen Wanderer die Kettenhunde, deren Rasseln und Bellen angedeutet ist in einem Motiv, das auf verschiedenen Tonhöhen den ersten und dritten Teil des dreiteiligen Liedes durchzieht:

Die Gedanken im Mittelteil gelten den *Menschen in ihren Betten.* Keine sehnsuchtsvolle Wendung des Tongeschlechts findet dieses Mal statt, vielmehr zeigt sich ironische Distanz zu den *Schläfern* im wiegenden 12/8-Takt und noch mehr in der Schlusszeile. Der Wanderer identifiziert sich nicht mehr mit ihnen: *Ich bin zu Ende mit allen Träumen...*

C. D. Friedrich: Schiff im Eismeer – Gescheiterte Hoffnung (1823/24)
Hamburger Kunsthalle

18. Der stürmische Morgen

Wie hat der Sturm zerrissen
Des Himmels graues Kleid!
Die Wolkenfetzen flattern
Umher in mattem Streit.

Und rote Feuerflammen
Ziehn zwischen ihnen hin.
Das nenn ich einen Morgen
So recht nach meinem Sinn!

Mein Herz sieht an dem Himmel
Gemalt sein eignes Bild –
Es ist nichts als der Winter,
Der Winter kalt und wild!

Der stürmische Morgen ist das kürzeste Lied der *Winterreise*. Energisch, resolut, zackig, fast martialisch bäumt sich die Seele gegen Unrecht und Jammer auf. Das Vorspiel beschreibt diese Jetzt-erst-recht-Haltung mit Staccati, harschen Akzenten und Sforzati, mit dynamisch ansteigender Tonhöhe, Oktavführung der Melodie ohne Begleitakkorde und drastisch bestimmenden Akkorden.

Die Singstimme nimmt den forschen Ton auf und malt die flatternden Wolkenfetzen nach, auch hier einstimmig in Oktavparallelen mit dem Klavier:

Die Mittelstrophe weicht kurz in die Paralleltonart B-Dur aus, das Klavier unterstreicht mit vollen, kräftigen Akkorden (*...rote Feuerflammen...*). *Mein Herz sieht an dem Himmel* übernimmt die Melodie der *Wolkenfetzen*, mit denen es sich vergleicht. Die letzten beiden Zeilen werden vom Klavier mit massigen Akkordwiederholungen wie trotziges Fäuste-Ballen unterstrichen.

19. Täuschung

Ein Licht tanzt freundlich vor mir her;
Ich folg ihm nach die Kreuz und Quer;
Ich folg ihm gern, und seh's ihm an,
Dass es verlockt den Wandersmann.

Ach, wer wie ich so elend ist,
Gibt gern sich hin der bunten List,
Die hinter Eis und Nacht und Graus
Ihm weist ein helles, warmes Haus

Und eine liebe Seele drin –
Nur Täuschung ist für mich Gewinn!

Lyrische Töne schlägt das Lied ***Täuschung*** an. Ähnlich wie in *Irrlicht* tanzt ein ansteigendes Motiv durch das Stück, in A-Dur vom Klavier mit Akkorden in grazil-schwungvollem 6/8-Takt das ganze Lied hindurch begleitet.

Der Rhythmus der Singstimme „fixiert" dieses Licht für einen Moment, fällt dann in das schwungvolle Tanzmetrum ein.

Für eine Zeile (*Ach, wer wie ich so elend ist*) berührt das Lied kurz a-moll. Die melodische Reprise erklingt überraschend zu den Worten *...ihm weist ein helles, warmes Haus,* sodass zwei Textstrophen (4+6 Zeilen) drei musikalischen in A-B-A- Form (4+3+3) entsprechen.

20. Der Wegweiser

Was vermeid ich denn die Wege,
Wo die andren Wandrer gehn,
Suche mir versteckte Stege
Durch verschneite Felsenhöh'n?

Habe ja doch nichts begangen,
Dass ich Menschen sollte scheu'n –
Welch ein törichtes Verlangen
Treibt mich in die Wüstenei'n?

Weiser stehen auf den Straßen,
Weisen auf die Städte zu,
Und ich wandre sonder Maßen,
Ohne Ruh, und suche Ruh.

Einen Weiser seh ich stehen
Unverrückt vor meinem Blick;
Eine Straße muss ich gehen,
Die noch keiner ging zurück.

Die letzten fünf Lieder überragen alles Vorhergehende an Ausdruck und schauerlicher Magie. In ***Der Wegweiser*** ist die Gesangsmelodie auffallend schlicht, die Harmonik der unterlegten Akkorde aber äußerst kunstvoll. Durchlaufende Achtel im Rhythmus des Gehens erscheinen hier zum letzten Mal. In erster und dritter Strophe bewegen sich die Achtel – der Wanderer – apathisch und mechanisch vorwärts, kleine „rollende" Vorschläge im Klavierbass scheinen Stolpersteine der *versteckten Stege* darzustellen.

Die 2. Strophe in Dur mit variierter Melodie klingt nach herzzerreißendem Selbstmitleid. In der letzten Strophe verengt sich die Gesangmelodie beklemmend auf einen Ton, als ob sich der Blick konzentriert auf einen Punkt zusammenzieht. Über zehn Takte wandert der Klavierbass, meist in Halbtonschritten aufwärts, und in der Begleitung dehnt sich eine Kette dominantischer (d.h. auflösungsbedürftiger) Akkord aus. Jeder führt überraschend wieder in einen anderen dominantischen Akkord, als ob der Blick geheimnisvoll, magisch in unergründliche Richtung gezogen wird. Es ist diese eine der eindrucksvollsten und schaurigsten Stellen des ganzen Liederzyklus:

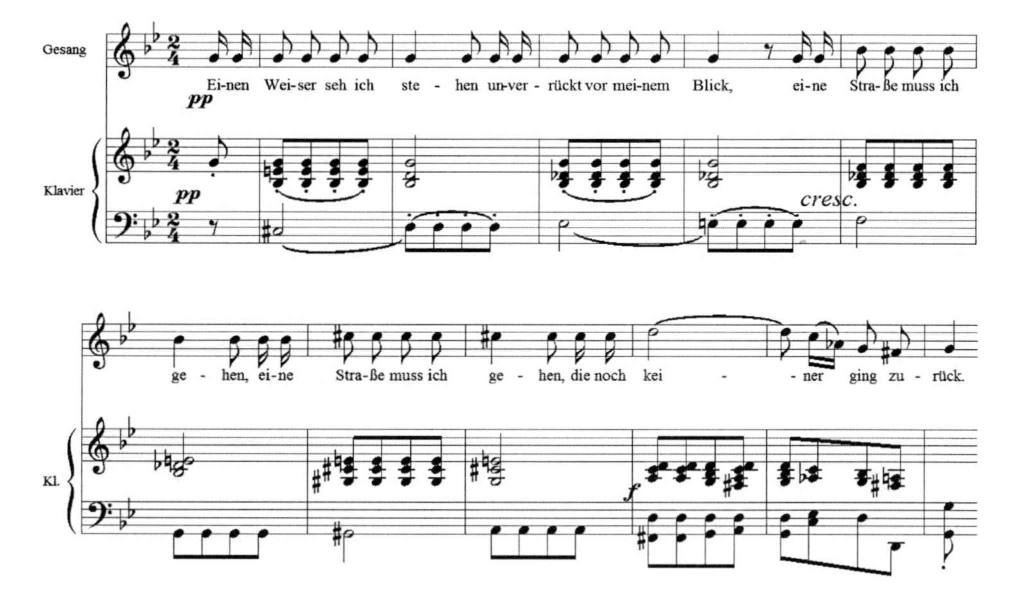

Bei der Wiederholung der Zeilen bleibt die Mittelstimme des Klavierparts auf einem Ton stehen, unerbittlich wie eine Uhr tickend, während sich die Oberstimme chromatisch abwärts, die Bassstimme chromatisch aufwärts bewegt, als ob noch einmal der Blick sich beängstigend verengt auf das einzige Ziel. Am Ende verlangsamt sich die Bewegung. In choralartig homophonen Akkorden klingt das Lied aus und zeigt unmissverständlich auf, wohin der Wegweiser den Wanderer führt.

Caspar David Friedrich: Klosterfriedhof im Schnee (um 1817-19)
(im 2. Weltkrieg zerstört)

21. *Das Wirtshaus*

Auf einen Totenacker
Hat mich mein Weg gebracht.
Allhier will ich einkehren:
Hab ich bei mir gedacht.

Ihr grünen Totenkränze
Könnt wohl die Zeichen sein,
Die müde Wandrer laden
Ins kühle Wirtshaus ein.

Sind denn in diesem Hause
Die Kammern all besetzt?
Bin matt zum Niedersinken
Und tödlich schwer verletzt.

O unbarmherz'ge Schenke,
Doch weisest du mich ab?
Nun weiter denn, nur weiter,
Mein treuer Wanderstab!

Das Wirtshaus schließt sich musikalisch unmittelbar an. Sehr langsam, in feierlich-ernstem, gleichförmigem Schreitrhythmus, homophon wie ein Choral beginnt das Vorspiel, ein Trauerzug in klangvollem Klaviersatz, der auch zwischen den Strophen erklingt. Er ist in friedlich-weihevollem Dur komponiert, das Elend scheint vorbei, der Wanderer am Ziel. Traum und Todessehnsucht sind ununterscheidbar verwoben.

Die Gesangsmelodie bewegt sich in engem Tonraum. Der Musikwissenschaftler T. Georgiades fand eine melodische Verwandtschaft mit dem *Kyrie* des gregorianischen Requiems, es wäre denkbar, dass dieses bewusst oder unbewusst in die Komposition einfloss. Schubert hat als Knabe regelmäßig im Gottesdienst gesungen und dürfte auch die gregorianischen Melodien verinnerlicht haben.

Erste und zweite Strophe sind melodisch gleich, doch das Klavier fügt eine Oberstimme hinzu (*Totenkränze*?). Die dritte Strophe wendet sich nach Moll: Die Wanderschaft geht weiter, das Leid bleibt bittere Realität. Im Nachspiel klingt der Trauerzug des Anfangs nach.

22. *Mut!*

Fliegt der Schnee mir ins Gesicht,
Schüttl' ich ihn herunter.
Wenn mein Herz im Busen spricht,
Sing ich hell und munter.

Höre nicht, was es mir sagt,
Habe keine Ohren.
Fühle nicht, was es mir klagt,
Klagen ist für Toren,

Lustig in die Welt hinein
Gegen Wind und Wetter!
Will kein Gott auf Erden sein,
Sind wir selber Götter.

Nach der Abweisung auf dem *Totenacker* bäumen sich ein letztes Mal ***Mut***, Zorn und bittere Ironie auf. Der Rhythmus des Trauerzuges wird im Vorspiel aufstampfend parodiert. Schroff akzentuierte Akkorde offenbaren hartnäckige Entschlossenheit. Am Beginn steht eine kraftvoll auffahrende Geste.

Nach jedem Vers ahmt das Klavier quasi trotzig bestätigend die Schlussmelodie nach. *Sing ich hell und munter* wird parodistisch mit einer kleinen melodischen Floskel unterstrichen. Die letzte Strophe, zur Bekräftigung zweimal gesungen, steht in Dur, hier in grell-dämonischer Bedeutung. Am Ende wirkt die gesteigerte Melodiefloskel bei *...sind wir selber Götter* wie gellendes Hohngelächter.

23. Die Nebensonnen

Drei Sonnen sah ich am Himmel stehn,
Hab lang und fest sie angesehn;
Und sie auch standen da so stier,
Als wollten sie nicht weg von mir.

Ach, meine Sonnen seid ihr nicht!
Schaut andern doch ins Angesicht!
Ja, neulich hatt ich auch wohl drei:
Nun sind hinab die besten zwei.

Ging' nur die dritt erst hintendrein!
Im Dunkeln wird mir wohler sein.

Es bleibt rätselhaft, was der Dichter mit den ***Nebensonnen*** gemeint hat. Als Deutung werden genannt *Liebchens Augen* oder die drei Tugenden Glaube-Liebe-Hoffnung, – von zweien, nämlich dem Glauben (im Lied *Mut*) und der Hoffnung (in *Letzte Hoffnung*), hatte sich der Wanderer schon verabschiedet. Für das Verständnis des musikalischen Gehalts ist dies nicht entscheidend. Abschied vom Leben, tiefste Trauer und Ergebenheit in das Unabänderliche verkündet die Komposition mit andächtigem Tempo, feierlich-sonoren Akkorden in Dur und gleichförmig schreitendem, unerschütterlich wiederholtem Rhythmus. Das Klaviervorspiel nimmt die Gesangsmelodie voraus.

Die musikalische Bewegung ist äußerst sparsam: Der Ton-Umfang der Melodie geht – außer in den beiden Mittelzeilen – innerhalb einer Melodiephrase nicht über eine Quart hinaus, sie enthält nur Tonleiterschritte, die am Ende der Zeile immer zum tiefsten Ton abfallen. Nur die mittlere Doppelzeile (*Ach, meine Sonnen...*) weicht ab. Die Stimme gestaltet hier freier, fast rezitativisch, die Harmonien wenden sich kurz und klagend nach Moll. Den Worten *...sind hinab die besten zwei* folgt im Klavierpart ein Abstieg in tiefe Klangregionen. Im Nachspiel hallt die Melodie ein letztes Mal nach.

24. Der Leiermann

Drüben hinterm Dorfe
Steht ein Leiermann,
Und mit starren Fingern
Dreht er, was er kann.

Barfuß auf dem Eise
Wankt er hin und her;
Und sein kleiner Teller
Bleibt ihm immer leer.

Keiner mag ihn hören,
Keiner sieht ihn an;
Und die Hunde knurren
Um den alten Mann.

Und er lässt es gehen
Alles, wie es will,
Dreht, und seine Leier
Steht ihm nimmer still.

Wunderlicher Alter,
Soll ich mit dir gehn?
Willst zu meinen Liedern
Deine Leier drehn?

Am Ende der Reise steht ***Der Leiermann.*** Sein Instrument ist, wie die Musik zum Lied hören lässt, eine Drehleier. Beim Drehen der Kurbel werden drei Saiten mittels eines Rades permanent in Schwingung versetzt. Die tieferen beiden lassen als Bordun-Begleitung Grundton und Quinte erklingen. Schubert fügt diesen eine dissonante Vorschlagnote hinzu, die das geräuschvolle Knarren beim Andrehen des Rades andeutet. Die dritte Saite spielt eine Melodie mittels einer kleinen, darunter angebrachten Tastatur.

Die gesamte Bass-Begleitung des Liedes ist auf diesen Quintklang reduziert, er klingt hohl und leer, ist weder Dur noch Moll, bewegungslos, ein Symbol des Stillstands. Die Klavier-Oberstimme ergänzt zu Moll, sie beschränkt sich ebenfalls auf eine kurze Melodiefloskel, die in Varianten als Vor-, Nach- und Zwischenspiel zwischen den gesungenen Zeilen erklingt. Merkwürdig starr und hartnäckig, fast abstoßend wirkt der akzentuierte, zum Bass dissonante Dur-Dreiklang der Dominante.

Der Gesang bleibt bis auf den hohlen Quintklang unbegleitet. Die melodische Linie der Gesangspartie scheint sich fahl und matt um sich selbst zu drehen. Zudem enden die meisten Zeilen „offen" und nicht auf einem abschließenden (Grund-)Ton.

Die letzte Strophe, in der sich der Wanderer dem Tod zuwendet, wird zu einem Sprechgesang, der fragend auf dem hohen Quintton stehen bleibt.

Einsam und kraftlos, düster und leblos, leer und dumpf, wesenlos-gespenstisch wirkt diese Musik, die sich jedes Schönklangs enthält und als Symbol für Ende, Leere, Verlöschen, Nichts – für den Tod – steht.

Felix Mendelssohn Bartholdy
Lithographie von August Direks nach einem Gemälde von Theodor Hildebrandt

Felix Mendelssohn Bartholdy

1809-1847

Felix Mendelssohn wurde 1809 in Hamburg geboren als Sohn eines jüdischen Bankiers und Enkel des Philosophen Moses Mendelssohn, des Freundes von Kant, Herder und Lessing. Ab 1811 lebte die Familie in Berlin. Nach erstem Musikunterricht bei seiner Mutter wurde er 1819 Schüler von Carl Friedrich Zelter und erregte als 11-Jähriger Aufsehen mit ersten Kompositionen. 1822 trat die Familie zum protestantischen Christentum über und nahm den Zunamen Bartholdy an. 1829 führte der 20-jährige Student mit der Berliner Singakademie Bachs Matthäus-Passion erstmals nach 100 Jahren wieder auf und leitete damit eine Bach-Renaissance ein. Eine zweijährige Bildungsreise führte ihn u.a. nach Österreich, Italien und England. 1833 wurde er Kapellmeister in Düsseldorf, ab 1835 Leiter des Gewandhausorchesters in Leipzig. Der Ehe (1837) mit Cécile entsprossen fünf Kinder. 1841 holte ihn Friedrich Wilhelm IV. nach Berlin, ab 1845 leitete er wieder das Leipziger Gewandhausorchester. Der Tod seiner Schwester Fanny, verheiratete Hensel, mit der er zeitlebens in enger Verbindung stand, löste in ihm schwere Depressionen aus. Ein halbes Jahr später, im November 1847, starb er 38-jährig an einem Gehirnschlag.

Der *hellste Musiker* der frühen Romantik

Er ist der Mozart des 19. Jahrhunderts, der hellste Musiker, der die Widersprüche der Zeit am klarsten durchschaut und zuerst versöhnt.

Robert Schumann (1840)

Vielfach wurde Mendelssohn mit Mozart verglichen. Frühe Meisterschaft, verständnisvoll gefördert durch die familiäre und kulturelle Umgebung, überquellende melodische Erfindungsgabe und Leichtigkeit der Kompositionsweise, sowie der frühe Tod sind gemeinsam. Im Gegensatz zu Mozart jedoch war Mendelssohn durch Familienvermögen abgesichert und erlitt niemals finanzielle Existenzsorgen.

Bild und Urteil über Mendelssohn waren bis in die letzten Jahrzehnte einem überaus extremen Wandel ausgesetzt. Zu Lebzeiten Mendelssohns war Beethoven der alles überragende Leitstern, dessen Werke galten als Inbegriff der Vollkommenheit, an denen alle musikalischen Schöpfungen gemessen wurden. Schon dieser Ansatz wurde Mendelssohns Musik nicht gerecht.

Ebenso wie Mozarts Stil auf den von Haydn geprägten Formen basierte, gründete Mendelssohns Stil auf dem Mozarts, Schuberts und Beethovens, ohne jedoch die Extreme von Beethovens Spätstil zu übernehmen. Mendelssohn war weder ein Experimentator wie Beethoven in seinen Symphonien und späten Streichquartetten, er prägte keine neuen Gattungen wie Schubert das Klavierlied. Auch die Einbrüche des dämonischen, bedrohlichen, schicksalshaften Dunklen wie in Schuberts späten Liedern und Kammermusikwerken liegen nicht so offen zutage. Dies alles brachte ihm in der zweiten Jahrhunderthälfte – vor allem aus dem Rückblick der Neudeutschen um Wagner und Liszt und durch die antisemitischen Äußerungen Richard Wagners gegenüber seinem jüdischen Kollegen – den Ruf eines allzu glatten, von den Tiefen des Lebens unberührten Komponisten. Positiver formulierte es Nietzsche, der ihn einen Meister der *leichteren, reineren, beglückteren Seele* nannte. Robert Schumann kennzeichnete ihn als den *hellsten Musiker, der die Widersprüche der Zeit am klarsten durchschaut und zuerst versöhnt,* nämlich die neue, zarte, poetische Empfindsamkeit der Romantik mit den vorgegebenen Formstrukturen der Klassik verband. Eduard Hanslick, der gefürchtete Kritiker und Gegner der *Neudeutschen*, schrieb 1858 über Mendelssohn: *Ohne seine Formschönheit, sein reines, klares Gestalten wäre, nach der verführerischen Emanzipation der späteren Beethovenschen Muse, wäre die Verwilderung, die wir gegenwärtig in der „Zukunftsmusik" erleben, viel früher und ungleich verderblicher eingebrochen.*

Die Anfeindungen in der Zeit der Nationalsozialisten, die in totaler Negierung des Juden Mendelssohn gipfelten, waren bereits in R. Eichenauers Buch *Musik und Rasse* (1932) in folgenden, heute schier unglaublichen Worten vorbereitet: *Aus ihm sprechen lauter vorderasiatische Rassenzüge: Gabe der Einfühlung in fremdes Seelenleben, der gefälligen Ausnutzug bestehender Formen, ein gewisser Mangel an jenem Schwergewicht, das für nordisches Empfinden zu einem „großen" Menschen gehört.* Von diesen Verunglimpfungen hat sich das Bild Mendelssohn lange nicht erholt. Noch davon gefärbt schrieb 1952 H. Renner über ihn: .... *Eine liebenswürdige, phantasiereiche Persönlichkeit. Erregende Spannungen, revolutionären*

Überschwang, tragische Akzente darf man in der Musik dieses Glücklichen, von Kämpfen Verschonten nicht suchen. Noch heute ist die Literatur über diesen Komponisten bei weitem nicht so zahlreich wie über den ihm am ähnlichsten Zeitgenossen Robert Schumann.

Heutige Konzertführer haben dieses Bild längst revidiert. Mendelssohns heutige Beliebtheit beim großen Klassik-Publikum beruht vielleicht gerade auf der mozartischen Leichtigkeit mit feiner, liedhaft-eingängiger Melodik und zartem, frühromantischen Gefühl in den langsamen, antreibendem Schwung in seinen schnellen Sätzen.

In seinem relativ kurzen Leben schuf Mendelssohn ein ebenso umfangreiches wie vielseitiges Werk. Nach einer ersten Jugendsymphonie des Fünfzehnjährigen entstand im Sommer 1826 eines der erstaunlichsten und genialsten Frühwerke eines Siebzehnjährigen: die Ouvertüre zum Schauspiel *Ein Sommernachtstraum.*

Seine Begeisterung für Bach und dessen Oratorien nach der persönlichen Entdeckung und Aufführung von Bachs *Matthäus-Passion* durch den 20-Jährigen (1829) spiegeln seine zwei großen Oratorien *Elias* und *Paulus.*

Die heutige Nummerierung der fünf große Symphonien folgt nicht der Chronologie. Die heute als fünfte gezählte *Reformationssymphonie,* entstanden 1829/30, ist seine zweite, sie hatte bei der Uraufführung wenig Erfolg, fristete ein Schubladen-Dasein und wurde erst nach Mendelssohns Tod veröffentlicht. Es folgten die die heutige dritte (*Schottische*) und vierte (*Italienische*), die er mehrfach umarbeitete und erst 1842 bzw. 1849 zum Druck gab. Die heutige 2. Symphonie mit Chor (*Lobgesang*) wurde begonnen als fünfte (1838/39), vollendet als vierte.

Vor allem sein Beitrag zur Gattung Kammermusik ist bemerkenswert: 7 Streichquartette, 2 Streichquintette, ein Oktett, 2 Klaviertrios, 4 Klavierquartette, ein Klaviersextett, Violin- und Cellosonaten. Sein erstes meisterhaftes Streichquartett schrieb er als 18-Jähriger. Sein letztes Quartett (f-moll, op. 80) 1847 unter dem Eindruck von Fannys Tod. Zahlreiche Klavierstücke und Lieder ergänzen das Gesamtwerk, das durch seinen plötzlichen, frühen Tod beendet wurde.

Fanny Hensel-Mendelssohn
1847, Gemälde von Moritz D. Oppenheim

Beethovensche Form und Bachscher Choral

Zu Mendelssohns Symphonie d-moll, op. 107 (*Reformationssymphonie*)

Der Entstehung nach ist die *Reformationssymphonie* Mendelssohns zweite, sie entstand 1829 aus Anlass der 300-Jahr-Feier der *Augsburger Konfession,* vermutlich ohne direkten Auftrag. Die Feiern zu diesem Anlass wurden wegen politischer Unruhen abgesagt. Eine einzige Aufführung des Werks ist im Winter 1832 in Berlin nachweisbar. Besonders die Ecksätze spiegeln den Versuch des Zwanzigjährigen, durch dramatische Durchführungen und kontrapunktische Themenverknüpfungen den „Titanen" der Musikgeschichte, Bach und Beethoven, nachzueifern.

Mendelssohn selbst hielt das Stück später für eine *so jugendliche Jugendarbeit, dass ich mich jetzt zuweilen wundere, dass ich sie nicht besser gemacht habe* und gar: *Die Reformationssymphonie kann ich gar nicht mehr ausstehen, möchte sie viel lieber verbrennen, als irgend eines meiner Stücke, soll niemals herauskommen*. Wohl zu Recht wurde vermutet, dass diese Beurteilung gefärbt war von der Erinnerung an den schmerzlichsten Misserfolg und die tiefsten Enttäuschungen dieser Jahre, nämlich die Zurückweisung seiner Bewerbung als Leiter der Berliner Singakademie und die Ablehnung der *Reformationssymphonie* durch das Pariser Conservatoire-Orchester. So wurde das Werk erst nach Mendelssohns Tod als 5. Symphonie veröffentlicht. Mehrere Zitate aus geistlicher Musik heben die Symphonie in die kirchliche Sphäre, am deutlichsten im letzten Satz der Luther-Choral *Ein feste Burg ist unser Gott*.

Die Einleitung zum **ersten Satz (*Andante – Allegro con fuoco,* d-moll)** beginnt mit einer sanften, fünftönigen Tonfolge, deren Melodik an gregorianischen Choral erinnert, wie auch ihre kanonischen Stimmeinsätze an geistliche Vokalmusik. Nach einem rhythmisch prägnanten Motiv der Bläser erklingt in D-Dur eine als *Dresdner Amen* bekannte, liturgische, schlichte Melodie, die auch Richard Wagner später in seinem *Parsifal* als Gralsmotiv in der gleichen Instrumentation wie hier Mendelssohn verwendete. Der Klang der hohen Streicher – in der Einleitung bis hierher ausgespart – verleiht ihr einen überirdisch sphärischen Glanz.

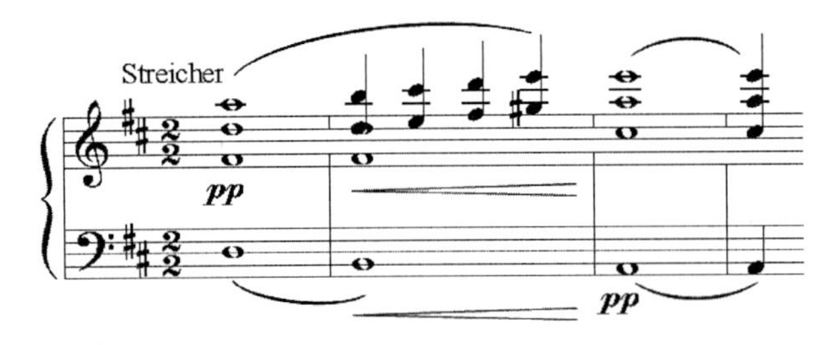

In größtem Kontrast hierzu beginnt mit dem *Allegro con fuoco* der Sonatensatz, den Mendelssohn in einem Brief als *dickes Tier mit Borsten, als Medizin gegen schwache Magen* bezeichnete. Energisch im Tutti-Forte erklingt das raumergreifende Hauptthema, dessen Charakteristika (Quintsprung, doppelte Punktierung und hervorstechende Sforzati) in der Einleitung mehrfach vorbereitet wurden.

Allegro con fuoco

Massive, unruhige Läufe der Streicher untermalen die Bläserakkorde der folgenden Überleitung. Voller harmonischer und dynamischer Spannungen ist auch das ruhigere zweite Thema, dessen Themenkopf die Bläser klanglich verstärken.

In der langen Durchführung dominiert weithin das markant-rhythmische Kopfmotiv in den Bläserstimmen, die Streicher kontrapunktieren über längere Partien mit flächigen Achtelbewegungen. Diese Klangstruktur wie auch die langen Steigerungen und blockartigen Gegenüberstellungen von Klanggruppen weisen auf Anton Bruckner voraus, der diese Symphonie genau studiert haben soll. Das erneute Zitat des *Dresdner Amen* leitet die verkürzte Reprise ein, die sich durch völlig neue Instrumentierung von der Exposition abhebt.

Das tänzerisch-leichtfüßige Scherzo als **zweiter Satz, (*Allegro vivace,* B-Dur)** kontrastiert ebenso wie der dritte Satz zu den strengen, kontrapunktischen Ecksätzen und steht in keiner Beziehung zum Titel des Werks. Hüpfende Punktierungen bewirken die Munterkeit der B-Dur-Eckteile.

Allegro vivace

Der Mittelteil in G-Dur setzt ein weiches Thema im Legato einem walzerähnlichen Drehmotiv gegenüber.

Aus der Welt der Vokalmusik stammt der **dritte Satz (*Andante,* g-moll)**. Auch durch seine Kürze erscheint er wie eine Art Arioso-Einleitung zum Finale. Über einer Klangfläche der tieferen Streicher singen die ersten Violinen eine rezitativische Melodie voller empfindsamer Vorhalte:

Andante

Die überleitenden fünf Schlusstakte zitieren das zweite Thema des ersten Satzes – ein Beitrag zur zyklischen Geschlossenheit der Symphonie.

Der **vierte Satz (*Andante con moto– Allegro vivace – Allegro maestoso* , D-Dur)**, der den Luther-Choral *Ein feste Burg ist unser Gott* verarbeitet, ist formal einzigartig in der symphonischen Literatur. Choralvariation und Sonatenform durchdringen einander, indem Choralmotive Funktionen im Sonatenverlauf übernehmen, Überleitungsteile bilden, die etwas plakativ-festlichen Hauptthemen mildern, wobei die recht heterogenen Abschnitte des Satzes mehr aneinander gereiht wirken als folgerichtig auseinander entwickelt oder aufeinander bezogen.

Die Einleitung wird von der Soloflöte eröffnet mit der ersten Zeile des Chorals, dann ordnen sich begleitend erst die Holzbläser, dann steigernd und feierlich Blechbläser und tiefe Streicher bei.

Eine rasche Überleitung verarbeitet Choralausschnitte, zitiert den markanten Rhythmus aus dem Kopfsatz und steigert die Klangfülle bis zum **Allegro maestoso,** dem Beginn des Sonatensatzes mit einem festlichen, *etwas unangemessen lärmenden, zudem an Freischütz-Motive anklingenden Hauptthema* (W. Konold). In seiner melodischen Fortführung klingt der Choral an.

Der folgende Fugato-Abschnitt verarbeitet eine Variante des Choralbeginns und überrascht in der Art barocker Concerto-grosso-Manier.

Das folgende zweite Hauptthema ist verwandt mit dem Scherzothema und schafft damit eine weitere Verklammerung aller vier Sätze.

In der Durchführung tritt die Choralverarbeitung in der Vordergrund: Im Wechsel der Instrumente erklingen Choralzeilen über einem Klanggrund der Streicher. Die Reprise verzichtet auf das lärmende Hauptthema, stellt dagegen seinen melodischen Fortgang heraus, der an den Choral anklingt. Der barock-polyphone Fugato-Abschnitt kehrt wieder, diesmal vom Choral der Bläser in der Art eines Cantus firmus überlagert. Das zweite Thema erscheint verkürzt, um dem Choral immer breiteren Raum zu lassen, der in der Coda in vergrößerten Notenwerten wie eine Hymne den krönenden Abschluss bildet.

Karolin Chapman Violine

Orchestermitglied seit 1990, mehrere Jahre engagierte sie sich im erweiterten Vorstand des Konzertvereins.

Mélanie Daffner Violine

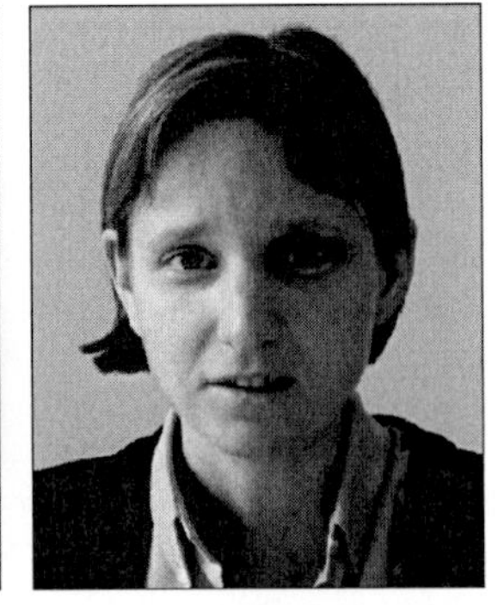

Schottisch oder poetisch?

Zu Mendelssohns Symphonie a-moll, op. 52 (*Schottische*)

Ein mehrmonatiger Aufenthalt in London im Jahre 1829 diente dem 20-jährigen Mendelssohn zu Studien- und Bildungszwecken, sowie auch seiner Vorstellung als Pianist, Komponist und Dirigent. Ende Juli 1829 unternahm er mit dem Freund Karl Klingemann eine dreiwöchige Schottlandreise zu Fuß, per Kutsche und Schiff. Am 30. Juli, nach Besichtigung des Schlosses *Holyrood*, das an die Königin Maria Stuart erinnert, und der verfallenen Kirche daneben, schrieb Mendelssohn nach Hause: *Der Kapelle daneben fehlt nur das Dach, Gras und Efeu wachsen viele darin und am zerbrochenen Altar wurde Maria zur Königin von Schottland gekrönt. Es ist alles zerbrochen, morsch und der heitere Himmel scheint hinein. Ich glaube, ich habe heute da den Anfang meiner Schottischen Symphonie gefunden.* Einige Tage später ließ er sich durch die Dampferfahrt zur *Fingal's Cave* zu seiner *Hebriden-Ouvertüre* inspirieren.

Mit schottischer Volksmusik dagegen hat die Symphonie nichts zu tun. Seine Abneigung gegen die Strömung der Zeit, Nationales in Volksliedern und -tänzen zu suchen, geht aus einem Brief (1829) hervor: *Nur keine Nationalmusik! Zehntausend Teufel sollen alles Volksthum holen! ... ein Harfenist sitzt auf dem Flur jedes Wirtshauses von Ruf und spielt in einem fort sogenannte Volksmelodien, d.h. infames, gemeines, falsches Zeug, zugleich dudelt ein Leierkasten auch Melodien ab, zum Tollwerden ist es, Zahnschmerzen habe ich leider davon; die schottischen Dudelsäcke, die Schweizer Kuhhörner, die welschen Harfen, ... so gehe man hierher und höre diese von kreischenden Nasenstimmen gegrölt, begleitet von tölpelhaften Stümperfingern...*

Umso mehr beschäftigte er sich intensiv während der Reisen mit Stimmungen und Atmosphäre. Somit begegnen uns in Mendelssohns *Schottischer Symphonie* nicht – im Gegensatz zu späterer Programmmusik – Eigenarten des Landes, sondern des Komponisten Eindrücke und Stimmungen, die er dort empfing, die *poetische Idee*, mit Mendelssohns Worten.

Skizze aus dem Tagebuch der Schottlandreise

Ausführung und Vollendung seiner *Schottischen Symphonie* sollten jedoch noch dreizehn Jahre in Anspruch nehmen. Überlieferte Skizzen stammen von 1830, gelegentlich wird sie in Briefen erwähnt. Die Uraufführung dirigierte er erst 1842 in Leipzig. Somit ist sie nach der Konzeption seine zweite Symphonie, veröffentlicht wurde sie als dritte, nach der Fertigstellung ist sie eigentlich seine fünfte. In Instrumentation und Farbigkeit gilt sie als sein am meisten ausgereiftes Orchesterwerk, in dem er auf Posaunen verzichtete, die um 1840 eigentlich zum Orchesterklang dazugehörten.

Die Öffentlichkeit erwartete die Symphonie mit Spannung als „erste" große Symphonie Mendelssohns – die Italienische und die Reformationssymphonie waren noch nicht aufgeführt worden. Die Kritik rühmte das neue Werk sehr, wenn auch der Ablauf der Sätze ohne Pausen für das Publikum ungewohnt war: *Das ganze Werk ist von innerlichem Ebenmaasse, feinem geistreichen Zusammenhang aller Ideen, sicher gezeichneten Formen… Wir dürfen voraussagen, dass es überall ein reines Wohlgefallen erregen wird, namentlich da, wo man geübt ist, ein aus so vielen Teilen zusammengesetztes, und doch durch längere Pausen nicht unterbrochenes Tonstück aufzufassen.* Die Verwandtschaft aller Themen wurde hervorgehoben, die den Zusammenhang aller Sätze erst legitimiere. Robert Schumann widmete der Symphonie eine längere, bewundernde Rezension in seiner *Neuen Zeitschrift für Musik*, wobei ihm ein historischer Fehler unterlief: Er hielt die Symphonie für die schon lange angekündigte *Italienische* und spricht vom *Volkston, der … uns unter italienischen Himmel versetzt*. Das wirft ein Licht auf die Problematik aller programmatischen Musik, dass Assoziationen doch weitgehend durch Worte aufgedrängt werden. Schumann selbst arbeitete übrigens in dieser Zeit gerade an seiner vierten Symphonie, in der er ebenfalls alle Sätze ohne Pausen verbindet.

Erster Entwurf zur Schottischen Symphonie vom 30. Juli 1829

Der erste Satz (***Andante con moto - Allegro un poco agitato***) beginnt mit einer **Introduktion,** in der die Atmosphäre der – in seinem Brief erwähnten – verfallenen Kirchenmauern nachzuklingen scheint. Nachdenklich, beinahe düster wirkt die von den Oboen und Bratschen vorgetragene Melodie, der die Hörner den Eindruck von Hall und Ferne beifügen. Am Ende des ersten Satzes erscheint diese nochmals als Bindeglied und Überleitung zum zweiten Satz. Das melodische Gerüst bestimmt den Verlauf des wichtigsten thematischen Materials der Symphonie.

Ein zweiter Abschnitt wird von figurativen Melodielinien der Streicher gestaltet, im dritten verbindet sich das Thema mit den Linien der Streicher.

Schwungvoll beginnt das **Allegro** in Klarinette und Streichern.

Das Thema wird zunächst leise vorgetragen, dann wie in der Einleitung vom vollen Orchester übernommen. Eine Steigerung mündet in das beschleunigte *Assai animato*, mit dem der Satz sein endgültiges Tempo erreicht. Nach einem Fortissimo-Abschluss scheinen die 1. Violinen ein Fugato mit dem ersten Thema beginnen zu wollen, die Klarinette antwortet aber mit einem Motiv, das dem Anfang des wenige Takte später einsetzenden, schwärmerischen Seitenthemas in den Violinen gleicht. Dieses bildet wenig Kontrast zum Hauptthema, schon weil die Celli und Bratschen als Kontrapunkt dazu das erste erklingen lassen.

Ein verarbeitender Abschnitt aus Motiven beider Themen endet im Fortissimo, dann schließt sich, wieder im Piano, der Epilog mit einem dritten Thema an, das die Forderung nach Gesanglichkeit und Kontrast des Seitenthemas besser erfüllt als das eigentliche zweite Thema:

Die Exposition verebbt in Reduktion auf einen Ton im Pianissimo. Die Durchführung beginnt merkwürdig hohl. Ein kurzes Streichermotiv verbindet gehaltene, jeweils um einen Ton absinkende Akkorde, die den Wechsel in neue Tonartbereiche anzeigen. Die Verarbeitung des

Kopfmotivs aus dem ersten Thema gestaltet den nächsten Abschnitt, dann erscheint eine liebliche Dur-Variante des dritten Themas. Das verkürzte erste Thema bildet ein kleines Fugato, wird dann auf den Tonwechsel des Anfangs reduziert. Eine Cello-Kantilene leitet in die Reprise, die gegenüber der Exposition verkürzt ist. In der Coda branden Fortissimo und chromatische Linien zu einem Sturmgemälde auf, das an Wagners *Fliegenden Holländer* (uraufgeführt 1843 in Dresden) erinnert. Obwohl Wagner ziemlich Abwerten des über Mendelssohn in seiner Schrift *Über das Judentum in der Musik* äußerte, sind bei ihm doch einige Ideen-Anleihen aus dessen Werken zu entdecken. Nach Abbau der Spannung kehrt das Thema der Introduktion zurück und leitet in den nächsten Satz über.

Der **zweite Satz (*Vivace non troppo*,** F-Dur**)** ist ein quirliges, heiteres Scherzo. Huschende Staccato-Sechzehntel in den Streichern und ein unbeschwert jagendes und hüpfendes Thema der Bläser mit folkloristisch-pentatonischem Einschlag verleihen ihm den Charakter. Ob Mendelssohn hier vielleicht doch an eine Dudelsackmelodie gedacht haben könnte, ist nicht nachweisbar, doch kommt Pentatonik in der Folklore fast überall vor.

Im formal als Sonatensatz verlaufenden Stück schiebt ein absteigendes Motiv in Achteln in den Streichern – quasi als Seitenthema – nur vorübergehende eine Verschnaufpause ein.

Auch der **dritte Satz (*Adagio*, A-Dur)** wird von einer kurzen Einleitung eröffnet, in der die beiden den Satz gestaltenden Elemente vorgestellt werden: die emotionale Melodielinie und der statische, an einen Trauermarsch gemahnende punktierte Rhythmus. Im ersten Abschnitt dominieren die Violinen mit der gesanglichen, gelöste Ruhe verströmenden Weise des ersten Themas:

Im zweiten Abschnitt nähert sich ein düster-feierlicher Trauermarsch, den die Hörner leise anstimmen. Die Oboen führen ihn weiter, bis das ganze Orchester ihn im Fortissimo aufgreift.

Im Wechsel werden die beiden, in merkwürdigem Kontrast stehenden Elemente ausgebreitet. Besondere Reize bietet die Instrumentation, wenn Celli und Horn das erste Thema in breitem Klang übernehmen, von den Holzbläsern in Achtel-Melodielinien kontrapunktiert, von den ersten Violinen in Sechzehnteln umspielt, von 2. Violinen und Bratschen im Pizzicato begleitet.

Der lange **Finalsatz** (***Allegro vivacissimo***) enthält eine Fülle gegensätzlicher melodischer Elemente. In einer Inhaltsangabe bezeichnete Mendelssohn ihn als *Allegro guerriero*. Nach zwei einleitenden Takten erklingt das temperamentvolle, tänzerische Hauptthema über pochenden Staccato-Akkorden der Bläser.

Unterbrochen wird es durch ein eingeschobenes, marschähnliches, aus den Staccato-Akkorden abgeleitetes Motiv der Streicher:

Die Überleitung gestaltet ein stürmisches weiteres, dem ersten verwandtes Motiv:

Mit schroffen Akzenten führt es zu einem Fortissimo-Teilschluss in Dur. Das lyrische Seitenthema, gespielt von Oboen und Klarinetten, über einem Orgelpunkt-Ton der Streicher

wirkt als Kontrast fast verloren zwischen martialischen, triumphierenden Staccato- und Fortissimo-Passagen, denen die Hörner und Trompeten eine triumphierende Note verleihen:

Die tänzerischen Elemente des ersten Themas beenden die lange, schon mit verarbeitenden Abschnitten durchsetzte Exposition.

Die Durchführung ist danach relativ kurz. Zunächst werden über ständig pochenden Staccato-Akkorden der Beginn des ersten Themas und sein Zwischenteil (Notenbeispiel 2 des 4. Satzes), sowie dessen Teilmotive, durch neue Tonarten geführt. Der zweite Durchführungsabschnitt benutzt das Überleitungsthema (NB 3), vor allem dessen Kopfmotiv, zu einer groß angelegten, symphonischen Steigerung. Kurz erscheint im letzten Teil das lyrische Seitenthema, nun im Fortissimo und vom ganzen Orchester mitgestaltet. Die Motive des Hauptthemas leiten in die Reprise, die unter Verzicht auf die dramatischen Abschnitte erheblich verkürzt ist und nach der Wucht der Durchführung fast kammermusikalisch wirkt. Dafür schließt sich eine noch einmal fast durchführungsartige, dramatisch steigernde Schlussgruppe an, mit der der Hörer eigentlich das Ende erwartet. Das Seitenthema in den Klarinetten und Fagotten führt aber eine Beruhigung herbei.

Es schließt sich eine ausgedehnte **Coda** in A-Dur an mit neuem Tempo und neuem melodischen Material.

Sie hat hymnischen Charakter und könnte – nimmt man Mendelssohns Bezeichnung *Allegro guerriero* für den letzten Satz ernst – als siegreiche Apotheose verstanden werden. Mehrere Steigerungswellen münden in den glanzvoll-festlichen Schluss.

Aus dem Tagebuch der Schottlandreise

Das Philharmonische Orchester Isartal trauert um sein Orchestermitglied

Günter Pollak

13. Juni 1941 - 11. November 2007

Wenige Tage nach unserer letzten gemeinsamen Probe ist unser langjähriges aktives Orchestermitglied plötzlich gestorben.
Das Philharmonische Orchester Isartal war bis zuletzt eine Heimat für Günter Pollak.
In Dankbarkeit blicken wir auf seine Begeisterung für die Musik, seine Mitwirkung bei vielen Philharmonischen Konzerten und seine Freude am Miteinander im Orchester

Günter Pollak war immer dabei:
mit dem Philharmonischen Orchester Isartal in Japan (1999),
mit den Musikfreunden Isartal am Attersee (1984)
und mit Orchesterfreunden in der Toskana (2000)

Einleitung – maestoso

Zu Mendelssohns 2. Symphonie B-Dur, op. 52 (*Lobgesang),* 1. Satz

Die heutige 2. Symphonie (*Lobgesang*) wurde begonnen als fünfte (1838/39), vollendet als vierte. Die Uraufführung unter der Leitung des Komponisten fand am 25. Juni 1840 in der Thomaskirche zu Leipzig statt anlässlich der 400-Jahr-Feier der Erfindung der Buchdruckerkunst. Schumann berichtete in seiner *Neuen Zeitschrift für Musik* über die Uraufführung. Es sollen etwa 500 Mitwirkende beteiligt gewesen sein, das Publikum sei begeistert gewesen.

Auch diese Symphonie erfuhr danach noch Bearbeitung durch Kürzungen im Schlusssatz. Es mag mehrere Gründe für diese zahlreichen Abbrüche und Umarbeitungen gegeben haben. Zum einen stand zu seiner Zeit über allem Symphonischen der Schatten des übermächtigen Beethoven, dessen Symphonien Mendelssohn natürlich genau kannte und an denen sich alles messen lassen musste. Auf der anderen Seite stellte seit 1830 Hector Berlioz mit seinen effektvollen Programmsymphonien und Symphonischen Dichtungen monumentale Nachfolger der Beethovenschen Symphonik vor. Was Mendelssohn von diesen hielt, ist überliefert: *...kalte Torheiten, kalte Leidenschaftlichkeit, dargestellt mit allen mögliche Mitteln....nichts auszusprechen, eine gänzliche Gleichgültigkeit und Dürre, ein bloßes Grunzen, Schreien, Kreischen hin und her...* .

Die Aufführung der großen C-Dur-Symphonie Schuberts, die Schumann 1838 wieder entdeckt und aufgeführt hatte, schien Mendelssohn wieder Mut zu machen und half ihm, seine Zweifel zu überwinden, dass ohne Monumentalität des Orchesterapparats, die ihm zuwider war, und ohne außermusikalisches Programm doch noch symphonisches Komponieren möglich sei. Im Erstdruck trug die Symphonie den Titel *Lobgesang / Eine Symphonie-Kantate nach Worten der Heiligen Schrift,* dazu als Motto das Lutherwort *Sondern ich wöllt alle künste, sonderlich die Musica, gern sehen im dienst des der sie geben und geschaffen hat.*

Auf drei instrumentale Sätze folgt – nach dem Vorbild von Beethovens 9. Symphonie – eine Kantate mit Solisten und Chor in sieben Vokalstücken.

Die **Sinfonia (*Andante con moto – Allegro,* B-Dur)** beginnt mit einer langsamen, feierlichen Einleitung. Sie ist aus dem Hauptmotiv der Gesamtsymphonie gestaltet. Im Chorfinale erklingt das Motiv zu den Worten: *Alles, was Odem hat, lobe den Herrn*. Mit ihrem Wechsel von Unisono-Bläsern und akkordischen Streichern, die sich zu mächtigem Tutti vereinen, erinnert die Einleitung an Kirchenmusik, an Gabrielis mehrchörige Symphonien, aber auch an marschähnliche Einleitungen und festliche Chöre in Händels Oratorien.

Mit Erreichen des **Allegro**-Hauptteils erklingt das lyrische, schwungvoll aufstrebende erste Thema des Satzes:

Sein Charakter prädestiniert es für die weichen Streich- und Holzblasinstrumente. Der folgende Überleitungsabschnitt hat bereits Durchführungscharakter. Die Blechbläser führen mit punktierten Rhythmen (aus dem 1. Thema) zum Einleitungsmotiv zurück, das im Fugato polyphon auf alle Stimmen übergreift, z. T. in Engführungen, von stürmischem Laufwerk der Streicher kontrapunktiert. Das melodische, weiche Seitenthema erscheint als totaler Kontrast: Mit seiner tonleiter- bzw. terzgebundenen, überwiegend fallenden Melodik, dem Rhythmus in ruhigen Vierteln, dem Klang in sonorer Mittellage von Bratschen, Klarinetten und Fagotten wirkt es wie eine abgeschiedene, idyllische Insel inmitten des kraftvollen Geschehens. Auch die abgeschiedene Tonart As-Dur trägt dazu bei.

Ein melodisches Schlussgruppenthema vereint Elemente der beiden Hauptthemen:

Die Durchführung steigert wie vorher Hauptmotiv in Engführungen und in kontrapunktischer Kombination mit dem punktierten Motiv aus dem ersten Thema zu kraftvollem Fortissimo und durch verschiedene Tonarten. Ein zweiter Durchführungsabschnitt beginnt als eine Scheinreprise mit dem ersten Thema im Piano. Nach einer Steigerung wird das Hauptmotiv mit unruhiger Triolenbegleitung konfrontiert. Die eigentliche Reprise ist gekürzt, an das erste schließt sich umgehend das Seitenthema an. Noch einmal werden alle drei Motive in kunstvoller Steigerung einem Höhepunkt zugeführt, bevor das Mottothema *maestoso* den Satz abrundet.

Shakespearesche Kontraste

Aus der Schauspielmusik zu *Ein Sommernachtstraum op. 21 / op. 61* (*Scherzo, Notturno und Hochzeitsmarsch*)

Das Interesse an Wiederentdeckung und Verbreitung von Shakespeares Dramen zu Beginn des 19. Jahrhunderts in der Übersetzung von August Wilhelm Schlegel (Schriftsteller, Indologe, Philosoph und Mitbegründer der Romantik) ergriff auch den jugendlichen Mendelssohn. Mit Freunden und Familienmitgliedern wurden Dramen gelesen und mit verteilten Rollen gespielt. In diesem Kontext entstand im Sommer 1826 eines der erstaunlichsten und genialsten Frühwerke eines Siebzehnjährigen: die Ouvertüre zum Schauspiel *Ein Sommernachtstraum*. Die anderen Teile zur Schauspielmusik entstanden erst 1843, als der preußische König Friedrich Wilhelm IV. Mendelssohn beauftragen ließ, eine komplette Musik für eine Inszenierung durch Ludwig Tieck im Theater des Neuen Palais in Potsdam zu schreiben. Hier erklang die gesamte Schauspielmusik erstmals im Oktober 1843 erstmals zum Schauspiel.

Trotz des Zwischenraums von 17 Jahren ist kein Stilbruch zu erkennen. Die Ouvertüre (op. 21) und die weiteren zwölf Nummern (op. 61) – darunter auch Nummern mit Chor und Solisten – gelten als wie aus einem Guss, was zu sowohl positiven als auch negativen Bekundungen Anlass gab: Mendelssohn habe als Frühvollendeter seine Originalität gefunden, sei aber zu keiner Fortentwicklung fähig gewesen – Mendelssohn sei Meister in Einfühlung und Anpassung. Carl Dahlhaus merkt an, in Mendelssohns Stil seien *Elfenton und Liedmelos ... zwei stereotype Kennmarken*, die in der Sommernachtstraum-Musik – dramatisch bedingt – lediglich thematisch und zu wesentlichen Elementen geworden seien.

Zu heftigen Diskussionen führte immer wieder die Frage nach dem Zweck einer Schauspielmusik – wie heute eine Filmmusik: Soll sie Atmosphäre umreißen, Dramatik nachzeichnen oder vorbereiten, Personen charakterisieren? Erhellen oder verfälschen wie auch immer geartete Musikstücke die Intentionen des Dichters? Bis weit ins 20. Jahrhundert hinein war die Mendelssohnsche Musik mit Shakespeares Drama eng verbunden, selbst in der Inszenierung durch Max Reinhardt bei den Salzburger Festspielen 1927, bis die nationalsozialistische Politik Mendelssohn Musik ächtete. Es dauerte mehrere Jahrzehnte, bis das Mendelssohn-Bild sich von diesen Beschädigungen erholen konnte.

Hochzeitsvorbereitungen, Liebes-Verwicklungen und Verwirrungen, ins Spiel gebracht durch die Macht des Elfenreiches und seiner Zaubermittel, münden in eine Dreifachhochzeit – so könnte man in knappster Kürze den Inhalt des Schauspiels umreißen.

Das ***Scherzo*** (***Allegro vivace***) ist als Zwischenaktmusik vor dem Auftritt der Elfen und Feen konzipiert, deren federartige, huschende Leichtigkeit und zauberische, überirdisch-irreale Atmosphäre es bildhaft darstellt und vorbereitet.

Leichtfüßig federnder 3/8-Takt und humorvolles, quasi verhalten „kicherndes" Staccato sind Merkmale des Themas – bei freier Sonatenrondoform und künstlerisch feinsinniger und phantasievoller Themenverarbeitung ein Charakterstück und ein Scherzo par excellence!

Das schlichte, lyrische ***Notturno (Andante tranquillo)*** ist eine Art Lied ohne Worte, eine Traummusik der schlafenden Liebenden, umgeben vom Zauber des Elfenreiches. Es lebt von seiner liedhaften, höchst romantischen Hornmelodie über betörender, klangvoll-weicher Bläsergrundierung. Im Mittelteil entwickeln die Streicher die Melodie-Elemente in Moll weiter. Helle Holzbläserklänge alternieren und leiten zum Zauber der Hornmelodie zurück, die im Reprisenteil leicht variiert und mit reicherer Begleitung erscheint.

Schmetternde Trompetensignale leiten den ***Hochzeitsmarsch*** ein. Im Tutti prangt die eingängige, allerorts bekannte Melodie:

Die Zwischenteile sind kammermusikalischer, von Streichern und Holzbläsern geführt. Die Coda breitet den signalartigen, punktierten Rhythmus noch einmal aus, die hellen Holzbläser fügen flirrende Trillerketten hinzu.

Felix Mendelssohn Bartholdy 1845/46
Gemälde von E. Magnus,

Alexander Jung **Pauken**

Ich spiele seit ca. 20 Jahren als Pauker in dem Orchester des Konzertvereins mit. Meine Frau Irene lernte ich auf einer Orchesterfahrt im Jahr 2002 in Italien kennen, bei der sie Flöte spielte. Seitdem musizieren wir gemeinsam im Orchester des Konzertvereins und haben schon viele schöne Konzerte miterlebt. Besonderer Höhepunkt war dabei die Fahrt nach Frankreich zu den Partnerstädten von Starnberg, Geretsried und Wolfratshausen. Als wir im Jahr 2008 geheiratet haben, hat uns das Orchester einmal besonders überrascht: Während der Aufführung von Mendelssohns *Sommernachtstraum* kam die Susanne mit einem Blumenstrauß auf die Bühne und stellte sich während des Hochzeitsmarsches zu meiner Frau, die mit den Becken im Schlagzeug ausgeholfen hatte, und mir. Wir haben uns sehr über die Geste des Orchesters gefreut. Im Jahr 2010 kam dann auch sozusagen das erste Orchesterbaby auf die Welt, unser Sohn Johannes.

Alexander Jung

Irene Jung **Flöte**

mit Alex und Johannes Jung
(Instrument noch unbekannt)

Konzert-Ouvertüre *Die Hebriden*, op. 26

Die Schottland-Reise des Jahres 1829 vermittelte Mendelssohn intensive Naturerlebnisse und Stimmungseindrücke. Auf den Inseln der Hebriden verfasste er am 7. August 1829 eine musikalische Skizze, die er im gleichen Jahr in Rom zur *Hebriden-Ouvertüre* ausarbeitete. Bei der Uraufführung in London 1832 benannte er diese nach der in England bekannten, mythenumwobenen *Fingals-Höhle*. Die *Hebriden-Ouvertüre* gilt als eines seiner wichtigsten und gelungensten Werke. Selbst Richard Wagner, der sonst wenig Schmeichelhaftes über Mendelssohn schrieb, bezeichnete sie als *das schönste Musikwerk, das wir besitzen*.

Geheimnisvoll steigt aus den tiefen Instrumenten das Hauptmotiv auf, das das ganze Stück durchzieht, in immer neuen melodischen Varianten, Klangfarben, Dur-Moll-Umdeutungen und dynamischen Abwandlungen.

Das zweite, lyrisch-gesangliche Hauptthema ist melodisch fester umrissen und von romantischer Ausdruckskraft.

Fluktuierende Klangflächen lassen melodische Linien hervortreten und überlagern diese wieder. Raumeffekte entstehen durch Hoch-Tief-Gegensätze, Echowirkungen, dynamische Schattierungen und Klangfarbenwandlungen. Im Wechsel von statischen und bewegungsdynamischen Episoden scheint der Hörer Zeitdehnung und -raffung zu erleben. Zusammenziehen und Ausdehnen erwecken Eindrücke von organisch pulsierenden Naturprozessen. Anschaulich wechselnde Stimmungsbilder und die einsätzige, formale Geschlossenheit – basierend auf der meisterhaft dem naturnahen Episodencharakter angepassten Sonatenform. Damit wurde die *Hebriden-Ouvertüre* zum Vorbild für die Symphonischen Dichtungen des späteren 19. Jahrhunderts.

Mendelssohns erste Skizzen zur Hebriden-Ouvertüre vom 7. August 1829

Originelles Meisterwerk eines 18-Jährigen

Zu Mendelssohns Streichquartett a-moll, op. 13

Das a-moll-Quartett op. 13 entstand unter dem Eindruck von Beethovens Spätwerk im Sommer/Herbst 1827 in Berlin, es ist also ein Werk des erst 18-Jährigen. In der Literatur wird es als sein erstes vollgültiges Meisterwerk dieser Gattung bezeichnet. Zwei Jahre später schrieb er das Streichquartett in Es-Dur, das heute (entgegen der späteren Entstehung) als op. 12 bezeichnet wird. Erst 1837/38 wandte sich Mendelssohn – inzwischen Leipziger Gewandhaus-Kapellmeister – wieder dem Streichquartett zu mit den drei Quartetten op. 44. Sein düsteres letztes Quartett in f-moll, op. 80, entstand nach dem Tod seiner Schwester Fanny in seinem eigenen Todesjahr.

Dass Mendelssohn die späten Quartette Beethovens (vollendet 1824-26) bereits kannte, geht aus einem Brief an einen Jugendfreund hervor. Scharfsinnig erkennt und benennt er strukturelle Eigenheiten von Beethovens Quartetten op. 130 und 131, nämlich die motivischen Satzbeziehungen der Sätze untereinander, mit denen man *durch das blosse Anfangen ... eines Stückes schon das Geheimnis weiß.* Trotz dieses übernommenen Verfahrens zeigt sich in Mendelssohns frühem Quartett durch die Betonung des Melodischen eher Verwandtschaft zu Schubert, der ein Jahr nach Entstehung von Mendelssohns op. 13 mit erst 31 Jahren starb, ohne jedoch die Ebene der dunklen Hintergründe von Schuberts Spätwerk zu erreichen. Vor allem strahlt das Quartett jugendlichen Elan und bereits eigenes kompositorisches Profil aus: Im schwungvollen melodische Duktus seiner Themen zeigt sich schon in diesem Werk ein Charakteristikum von Mendelssohns Musik. Die langsame Einleitung enthält in seinen ersten vier Tönen das Motto-Motiv für das ganze Werk. In verwandelter Form kehrt es in den Mittelsätzen, als Originalzitat am Ende des letzten Satzes wieder.

Der **erste Satz** ***(Adagio- Allegro vivace)*** beginnt mit einer langsamen Einleitung in A-Dur. Man wird erinnert an Beethovens Vierton-Motive als strukturelle Vorlage für das gesamte Werk. Mendelssohn führt sein Motto-Motiv, das alle Sätze zyklisch zusammenbindet, sogleich melodisch weiter.

Auf der spannungsvollen Dominante (e) bleibt die Musik stehen und scheint Schwung zu holen für den Beginn des *Vivace.* Quirlige Läufe

und Vorausnahme des Themenkopfes bereiten den Eintritt des Hauptthemas mit seinen temperamentvoll vorwärts drängenden Punktierungen vor. Die Molltonart gibt ihm eine weiche Grundstimmung:

Nach kurzem, imitatorischem Spiel der Unterstimmen beginnt das Thema erneut in der 1. Violine, nun kontrapunktisch umgeben von den Sechzehntel-Motiven und dem Themenkopf in den Unterstimmen. Das Seitenthema hat ruhigeren Charakter, es wird von der 2. Violine in tieferer Lage wiederholt:

Ein leidenschaftlich-feuriges drittes Thema, vom Cello gespielt, lebt von ungestüm drängenden Vorhalts-Akzenten:

Die Durchführung wird vorangetrieben durch die Sechzehntel-Figuren, die den ersten Abschnitt fast atemlos erscheinen lassen. Der Themenkopf des Hauptthemas spielt den Gegenpart. Zweites und drittes Thema werden nicht verarbeitet. Das Sechzehntel-Motiv leitet temperamentvoll zurück in die Reprise, in der auch die beiden anderen Themen wieder erscheinen. Ziel aller ruhelosen Bewegung ist die Coda, die mit Hauptthema und Sechzehntel-Figuren zu einer letzten Steigerung mit einem Anklang an das Motto-Thema der Einleitung, dann zu akkordischem Ausklang im Fortissimo führt.

Der **zweite Satz (*Adagio non lento*),** in F-Dur und dreiteilig in A-B-A-Form, knüpft melodisch an das Motto-Thema aus dem Kopfsatz an.

Die kantable Melodie der 1. Violine dominiert im ersten Abschnitt. Dann stimmt die Viola allein das etwas bewegtere, streng und ernst wirkende, engräumige 2. Thema an, es wird von den anderen Stimmen in zweitaktigem Abstand imitiert und in polyphonem Satz durchgeführt.

Aus diesem entsteht das schmeichelnde Thema des beschleunigten **Mittelteils *(poco più animato)*** der 1. Violine, von den drei Unterstimmen mit zart getupfter Begleitung untermalt.

Mit dem ernsten zweiten Thema gestaltet Mendelssohn ein Fugato. Aus drei Melodiepartikeln (den beiden Teilen des 2. Themas und der Sechzehntel-Bewegungen aus dem 4. Thementakt) entwickelt sich ein dichter polyphoner Satz, der des jungen Meisters intensives Studium Bachscher Fugentechnik verrät. Der Mittelteil mündet in ein Fortissimo, aus dem sich eine Kadenz der 1. Violine quasi wie eine melodische Girlande herauslöst und zurückführt in den homophonen, nun verkürzten A-Teil.

Fast balladenhaft, von lautenähnlichen Pizzicato-Klängen begleitet, beginnt das **Intermezzo (*Allegro con moto*, a-moll)** mit einem rhythmisch markanten, 8-taktigen Thema:

Wiederholungen, auch des folgenden b-Abschnitts, und die 4-8-Takt-Einheiten erinnern an die traditionelle Menuett-Form. Der markante Themenkopf wird imitatorisch durch alle Stimmen geführt. Im schnellen Mittelteil ***(Allegro di molto)*** huschen leichtfüßige, getupfte Pianissimo-Melodien umher, unterbrochen von quasi geschüttelten Tonwiederholungen, die an koboldhaftes Gelächter des *Sommernachtstraums* erinnern.

Im Mittelabschnitt des Allegro-molto-Teils kontrapunktiert eine ruhigere Legato-Dreiklangsmelodie die huschenden Sechzehntel. Nach Wiederholung des (verkürzten) A-Teils erklingen im langsamen Tempo die Anfänge beider Teile, die sich im Accelerando zum Originaltempo des Mittelteils steigern und sich damit einander annähern – ein witziger Einfall, der am Ende in humorvoll-keckem Pizzicato sich quasi in Till-Eulenspiegel-Manier aus dem Staub macht.

Künstlerisch eigenwillig gestaltet ist das ***Presto*-Finale.** Es vereint formal sehr heterogene musikalische Elemente wie rezitativische Melodik, Vital-Tänzerisches und streng polyphone Abschnitte. Der Satz wird eröffnet von einem dramatischen, durch Akzentuierung fast erschreckenden Tremolo auf vermindertem Akkord. Darüber erhebt sich theatralisch-gebieterisch in freier rhythmischer Gestaltung das Rezitativ der 1. Violine, dessen Intervallfolge dem Motto-Motiv des Kopfsatzes entstammt, aber auch Verwandtschaft zum ernsten Seitenthema des 2. Satzes zeigt. Das Rezitativ entspricht fast genau der Tonfolge des Rezitativs aus Beethovens Sturm-Sonate.

Nach temporeicher Überleitung mit einem stürmisch „anschiebenden" Motiv

kehrt das Rezitativ zurück in gesteigerten Intervallen, dann führt die Überleitung ins erste Hauptthema, das in drängend punktierter Gestik Verwandtschaft zum Hauptthema des ersten Satzes zeigt:

Der Seitensatz besteht aus zwei Melodie-Modellen, das erste eher forsch antreibend, das zweite als Umkehrung in kapriziös-tänzerischem Staccato:

Unmittelbar schließt sich die Durchführung an. Das Rezitativthema erklingt als Fugato der drei Oberstimmen in doppelten Notenwerten und melodisch erweitert. Das forsche Seitenthema mit beiden melodischen Teilen mündet in ein hastiges Unisono. Dem folgt in einem stark polyphonen Abschnitt das 2. Thema aus dem zweiten Satz als Fugato in Vergrößerung, dann wird dieses als Doppelfugato mit dem Kopfmotiv des Hauptthemas kombiniert, schließlich leiten enggeführte Imitationen des Hauptthemas in eine Steigerung – nochmals ein Beweis für intensive Bach- und Kontrapunkt-Studien.

Das hastige Unisono führt zurück in die verkürzte Reprise. Dem Rezitativ schließt sich sogleich das Hauptthema an, die beiden Teile des Seitenthemas erklingen in umgekehrter Reihenfolge, dann folgt nochmals der Staccato-Teil.

Die Coda als Ziel und Synthese umfasst die wichtigsten Stationen: Zunächst erscheint das Rezitativ über Tremolo-Akkorden. Das Hauptthema des Finale erklingt rezitativisch *quasi una fantasia* in freiem Tempo und mündet in ein solistisches Zitat des Fugenthemas (2. Satz) im Adagio-Tempo. Es geht direkt in den Beginn des abermaligen Rezitativ-Themas über, in dem eine kurze Melodiewendung an das Thema des Mittelteils aus dem langsamen Satz erinnert. Das abschließende Adagio zitiert notengetreu den Beginn des Quartetts mit dem Motto. Dessen Weiterführung ist das Zitat eines Klavierliedes, das Mendelssohn kurz zuvor komponiert hatte (*Ist es wahr*? Op. 9). Nachdenklich-harmonisch in A-Dur klingt das Werk im Pianissimo aus.

Anna Maria Immertreu Violine

stammt aus dem Allgäu. Sie lernte früh Klavier und Violine und versah schon in ihrer Schulzeit kirchliche Feiern mit Musik an der Orgel. Zum Studium der Zahnmedizin kam sie nach München, wo sie auch im Bayerischen Ärzteorchester mitwirkte. Seit den Proben zu Beethovens Neunter Symphonie im Jahr 1999 spielt sie im Philharmonischen Orchester Isartal und engagierte sich im Kulturverein Oberland. Als sehr gute Geigerin ist sie eine der Stützen in der Violingruppe.

Sie führt zusammen mit ihrem Mann Elmar Immertreu eine Zahnarztpraxis in Geretsried. Trotz ihres anstrengenden und arbeitsintensiven Berufs freut sie sich auf Orchesterproben, wirkt trotz beruflicher Belastung stets ausgeglichen und fröhlich und nimmt an anderen Menschen Anteil. Gern wirkt sie in kirchlichen Aufführungen im Kammerensemble Isartal mit und besucht gelegentlich Kammermusikkurse zusammen mit anderen Orchestermitgliedern.

Interview: Susanne Kessler

Leidenschaftliche Kontraste

Zu Mendelssohns Streichquartett e-moll, op. 42,2

Die frühen Streichquartette (op. 12 und 13) setzten sich mit dem Vorbild Beethoven auseinander. Nach acht Jahren wandte sich Mendelssohn erneut dieser Gattung zu. Die drei Streichquartette op. 44 entstanden im Jahr nach seiner Eheschließung 1837/38, zuerst das e-moll-Quartett op. 44,2 (1837), dann op. 44,1 und 44,3. 1839 wurden sie veröffentlicht. Sie sind dem Kronprinzen von Schweden gewidmet. Mendelssohn nannte op. 44,3 selbst *hundert Mal besser als die vorherigen*. Sie hinterließen großen Eindruck bei Robert Schumann und inspirierten ihn zu seinen drei Streichquartetten op. 41, die er seinem Freunde Felix Mendelssohn Bartholdy *in inniger Verehrung* widmete. Sein letztes Quartett (f-moll, op. 80) schrieb Mendelssohn 1847 unter dem Eindruck von Fannys Tod.

Charakteristisch für das e-moll-Quartett op. 44,2 sind die stark im Charakter kontrastierenden Sätze. Auf einen leidenschaftlich-emotionalen Kopfsatz folgt ein burlesk-kapriziöses Scherzo. Der langsame Satz an dritter Stelle ruht im Wohlklang der fließenden Melodielinien, das ruhelose Finale lebt von drängenden Themen und Motiven und verbindet Elemente des ersten Satzes mit der motorischen Beweglichkeit des Scherzos.

Lyrisch weiche Themen sind das Merkmal des **ersten Satzes (*Allegro assai appassionato*)**. Das ruhige Hauptthema verrät aber durch große Geste, Tonumfang und Binnendynamik hoch emotionalen Charakter. (Seine ersten sieben Töne stimmen übrigens genau mit denen des Hauptthemas aus Mozarts später g-moll-Symphonie KV 550 überein – hier allerdings legato gespielt.) Über 25 Takte wird es unter Führung der 1. Violine ausgebreitet.

Die Überleitung bietet erregten Kontrast mit quirliger Sechzehntelbewegung. Das Seitenthema in G-Dur ähnelt dem Hauptthema, in ruhigen Vierteln bewegt es sich behutsam in engem Tonraum.

Das Cello spinnt es in großen *appassionato*-Melodiebögen fort. Die Schlussgruppe führt noch einmal mit raschen Läufen zu einer heftigen Steigerung (*con fuoco*), dann klingt sie weich mit dem Hauptthema in G-Dur aus.

In der Durchführung herrscht das Hauptthema. Zunächst wird der Themenkopf (in Dur) durch alle vier Instrumente und verschiedene Tonarten geführt, dann in einem zweiten, sich steigernden Abschnitt mit den schnellen Sechzehntelbewegungen konfrontiert. Die 1. Geige lässt das Seitenthema in tiefer, ausdruckvoller Tonlage erklingen, geht aber sogleich zu den ansteigenden Dreiklängen des Hauptthemas über. Diese leiten im Wechselspiel der beiden

Geigen im Pianissimo fast unmerklich in die Reprise. In der abschließenden Coda betont nochmals ein dramatischer Abschnitt mit Läufen, energischen Sforzati und Fortissimo den leidenschaftlichen Charakter des Satzes. Zart scheint das Seitenthema auf, dann beenden die große Geste des Hauptthemas und kräftige Schlussakkorde den Satz.

Der **zweite Satz** ist ein betriebsam dahin huschendes, eigenwilliges **Scherzo (*Allegro di molto*)**, mit dem sich Mendelssohn als Meister des Kapriziösen erweist. Das skurrile Hauptthema beherrscht den ganzen Satz. Wie aus einer Schüttelbewegung (forte) purzeln die Staccato-Achtel unaufhaltsam in die Tiefe, auch die beharrlich akzentuierten Vorhalte (Viertel) können die permanente Bewegungsenergie nicht bremsen.

Rondoartig kehrt es mehrmals wieder, beherrscht aber auch die Zwischen-(Couplet-) abschnitte und lässt lyrische Kontrastmotive wie folgendes in cis-moll kaum zu Wort kommen.

Als Kontrast strahlt der **dritte Satz (*Andante*)** Ruhe und Gelassenheit inmitten fließenden Wohlklangs aus. Immerfort in Sechzehnteln schwingende Mittel- oder Begleitstimmen aus gebrochenen Dreiklängen erinnern an den langsamen Satz aus Schuberts a-moll-Quartett, ebenso der Beginn mit diesem in sich bewegten Klanggrund, über dem – ab dem dritten Takt – die weit ausschwingende Melodielinie der 1.Violine schwebt.

Neben dem Hauptthema und der sich gelegentlich verselbständigenden Sechzehntelbegleitung kann sich nur zweimal kurz ein weiteres, ausdrucksvolles Nebenmotiv behaupten.

Forsch, beharrlich, fast grimmig vorwärts drängend präsentiert sich das **Finale (*Presto agitato*)** in einer Mischform von Rondo und Sonatensatz. Seine motorische Beweglichkeit greift auf das Scherzo zurück, die motivische Gestaltung der Themen (aufsteigende Dreiklangsmelodik) auf den Kopfsatz. Das Hauptthema wird forciert durch antreibende, ostinate Rhythmen der Mittelstimmen.

In den rastlosen Hauptsatz eingebettet ist ein ruhigeres, aber durch beharrliche Wiederholung ebenfalls drängendes Überleitungsmotiv, das von der 1. Violine vorgetragen wird, die Viola übernimmt es:

Ein sehnsüchtig aufsteigendes Seitenthema mit gefühlvollen Vorhalten gebietet der Rastlosigkeit vorübergehend Einhalt, drängt aber ebenso jeweils auf den Spitzenton zu:

Der Mittelteil, der sich ohne Zäsur anschließt, hat durchführungsartige Züge: Das aufsteigende Seitenthema erscheint in neuer Artikulation, immer bedrängt von der motorischen Achtelbewegung des Hauptthemas. Der einzige Ruhepunke des Satzes in langen Notenwerten kündigt eine Ausweichung nach E-Dur an. Der letzte Abschnitt mit Zwischenmotiv und Hauptthema kehrt zurück nach e-moll und endet mit einem steigernden Unisono-Lauf und kräftigen Schlussakkorden.

Denn er hat seinen Engeln

Motette für achtstimmigen Doppelchor

Denn er hat seinen Engeln befohlen über dir, dass sie dich behüten auf allen deinen Wegen, dass sie dich auf den Händen tragen und du deinen Fuß nicht an einen Stein stoßest.

(Psalm 91, 11-12)

Felix Mendelssohn Bartholdy war im Protestantismus verwurzelt. Aus einer jüdischen Familie stammend, wurde er schon als Siebenjähriger getauft und blieb der evangelisch-lutherischen Kirche sein Leben lang eng verbunden, ohne seine jüdischen Wurzeln zu verleugnen. In einer Zeit, in der die Juden die volle rechtliche Gleichstellung erlangten, wollte Mendelssohn mit seiner Musik seinen Beitrag zu einem Brückenschlag zwischen jüdischer und christlicher Kultur leisten.

Eine lebenslange Bestrebung Mendelssohns war es, der evangelischen Kirchenmusik neue Impulse zu geben. Daher komponierte er neben seinen großen Schöpfungen auch eine Vielzahl kleinerer Orgel- und Chorwerke, die im Gottesdienst erklingen konnten. Die lange vergessene Form der Chormotette (mit oder ohne Instrumentalbegleitung) griff er wieder auf und belebte sie aus dem Geist der Romantik neu. Es entstanden Kompositionen von höchstem musikalischen Niveau, die dennoch den liturgischen Rahmen niemals sprengten.

Am 26. Juli 1844 verübte der ehemalige Bürgermeister von Storkow, Heinrich Ludwig Tschech, ein Attentat auf den preußischen König Friedrich Wilhelm IV., indem er im Berliner Schlosshof auf ihn schoss. Der Anschlag schlug fehl, und der König blieb unverletzt. Als Mendelssohn, der den König sehr verehrte, von diesem Attentatsversuch erfuhr, inspirierte ihn dies zu einer seiner reifsten Chormotetten: *Denn er hat seinen Engeln befohlen über dir* für achtstimmigen Doppelchor *a cappella*. Mendelssohn schickte die fertige Partitur an den König mit den Worten: *Seit ich auf der Reise zum Musikfest in Zweibrücken jene Nachricht erfuhr, schwebten mir einige Verse vor, an die ich immer von neuem denken musste, und sobald ich hier wieder zur Ruhe kam, musste ich sie in Musik setzen. Die sind es nun, die ich als meinen Glückwunsch zu den Füßen Eurer Majestät zu legen wage.*

Den Text hat der Meister dem 91. Psalm entnommen – natürlich, wie es sich für einen guten Protestanten gehörte, in der Lutherschen Übersetzung. Im darauf folgenden Jahr schrieb Mendelssohn sein Oratorium *Elias* und griff dabei auf seine doppelchörige Motette zurück, die er – jetzt eingebettet in einen Orchestersatz aus Streichern und Holzbläsern – mit leichten Veränderungen in sein Oratorium aufnahm. Diese Version ist so bekannt geworden, dass sie die Urfassung fast verdrängt hat.

Reinhard Szyszka

Frédéric Chopin
Lithographie von Gottfried Engelmann, 1833

Frédéric Chopin

1810-1849

Frédéric Chopin wurde nach eigenen Angaben am 1. März 1810, nach Taufurkunde am 22. Februar, in der Nähe von Warschau als Sohn eines Franzosen und einer Polin geboren. Neunjährig trat er erstmals als Pianist auf, war 1822-29 Schüler von Joseph Elsner. Nach erfolgreichen Konzerten in Warschau und Wien lebte er ab 1830 in Paris und konzertierte in privaten Salons der gehobenen Gesellschaft. Zeitweise hielt er sich wegen seines Lungenleidens mit seiner Lebensgefährtin George Sand auf Mallorca auf. 1848 führten ihn Konzerttourneen durch England und Schottland. Nach zehnjährigem Leiden starb er 1849 in Paris an Tuberkulose. Chopin komponierte ausschließlich für das Klavier oder Werke mit Klavier. An Werken mit Orchester gibt es außen zwei Klavierkonzerten ein Variationswerk, eine Fantasie, ein Konzertrondo und eine *Grand Polonaise brillante* für Klavier und Orchester.

Eleganz, Virtuosität und jugendlicher Schwung

Zu Chopins Klavierkonzert e-moll, op. 11

Am 17. März 1830 spielte in Warschau der 20-jährige Frédéric Chopin erstmals sein erstes Klavierkonzert in f-moll (op. 21). Dieses Werk wird heute als Konzert Nr. 2 gezählt, da es später als das in e-moll veröffentlicht wurde. Der große Erfolg und erste Auslandreisen im Jahr zuvor nach Berlin und Wien, wo er Paganini begegnet war, brachten ihm den Ruf *Paganini des Klaviers* ein. Schon damals hatte der 19-jährigen Chopin den Wunsch, sich in Wien oder Paris niederzulassen.

Im gleichen Jahr (1830) schrieb er ein weiteres Klavierkonzert in e-moll (op. 11). Es wurde am 11. Oktober 1830 in Warschau uraufgeführt. Dieser Auftritt wurde sein letzter in der Heimat. Der Abend beinhaltete eine für uns heute ungewöhnliche Programmfolge: Im ersten Teil erklang eine Symphonie von Görner, es folgte der erste Satz des Klavierkonzerts, dann Arie und Chor von Soliva mit Gesang und schließlich Adagio und Rondo des Klavierkonzerts. Im zweiten Teil folgten Rossinis Ouvertüre zu Wilhelm Tell, eine Arie von Rossini und eine Fantasie über polnische Volksweisen von Chopin, gespielt vom Komponisten. Auch sah er die Sängerin dieses Konzerts, Konstanze Gładkowska, seine erste große, geheime Liebe, vermutlich zum letzten Mal. *Sie ist mein Ideal, dem ich, ohne mit ihm zu sprechen, bereits ein halbes Jahr treu diene, von dem ich träume, zu dessen Andenken ich das Adagio zu meinem neuen Konzert komponiert habe*, schrieb Chopin an einen Freund. Gemeint ist hier allerdings das erste Konzert in f-moll, wenngleich das Adagio des e-moll-Konzerts ebenso mit diesen Emotionen in Verbindung gebracht wird. Wenige Tage später verließ Chopin Polen für immer.

In Wien, wo er auf ein Visum für Frankreich warten musste, erfuhr er vom Aufstand in Warschau gegen den regierenden Großfürsten, den Bruder des russischen Zaren. Wegen des Bürgerkriegs, der sich noch bis Februar 1832 hinzog, empfahl man ihm, vorläufig nicht zurückzukehren. Über Salzburg, München und Stuttgart reiste Chopin nach Paris. Dort begann seine eigentliche Karriere als Pianist, ebenso wie allmählich sein Ruf als Komponist. Zunächst begegnete er dem berühmten Pianisten Friedrich Kalkbrenner (1784-1849), der ihm versprach, aus ihm in drei Jahren einen der größten Pianisten zu machen. Das mitgebrachte Klavierkonzert in e-moll widmete Chopin Kalkbrenner. Dieser versah es schulmeisterlich mit wilden Korrekturen. Der Unterricht dauerte kaum einen Monat.

Weiter half ihm die Bekanntschaft mit dem Klavierfabrikanten Pleyel, mit dessen Unterstützung er sein erstes Pariser Konzert im Februar 1832 organisierte. Doch symphonische Musik war in Paris wenig gefragt, im öffentlichen Pariser Musikleben zählte fast nur die Oper. Wohl aus diesem Grund – und wegen seines großen Lampenfiebers und Podiumsangst in großen Sälen – schrieb Chopin keine weiteren Werke für Klavier und Orchester. Den Durchbruch erlebte er in den aristokratischen und großbürgerlichen Salons, in deren intimer und elitärer Umgebung er sich wohl fühlte. Zudem entsprach er den Erwartungen des Publikums: Als Pole hatte er einen gewissen „Exoten"-Status, er war ausgezeichneter Pianist, gut aussehend, stets gut gekleidet und (wohl durch sein Lungenleiden) immer von modisch-vornehmer Blässe. Mit seinen virtuosen und poetisch-gefühlvollen Klavierstücken wurde er bald zum gefeierten Publikumsliebling der höchsten Gesellschaftsschicht. Hier verkehrte er mit anderen Künstlern wie u.a. Berlioz, Liszt, Meyerbeer, Balzac und Heine.

Chopins Geburtshaus in Želazowa-Wola nahe Warschau

Bald interessierten sich die Musikverleger für Chopins Werke. Das e-moll-Konzert wurde 1833 gleichzeitig in Paris und in Leipzig gedruckt, 1834 nochmals in London. Schon 1833 spielte die 14-jährig Clara Wieck den ersten Satz, 1834 das ganze Werk im Leipziger Gewandhaus.

Während die Rezensenten in Paris, wo die Virtuosität im Vordergrund eines Konzerts stand, die ungewöhnliche Schwierigkeit des Stücks hervorhoben, bemängelten die deutschen, die Neues an Werken Beethovens und Mozarts maßen, Effekthascherei und mangelnde Themenverarbeitung im Sinne der Sonatenform. Vermutlich hat jedoch der junge Chopin die Klavierkonzerte Beethovens noch gar nicht gekannt. Die bedeutendsten Musikschriftsteller der Zeit, Hector Berlioz und Robert Schumann, erkannten Vorzüge und Mängel dieser jugendlichen Meisterwerke. *Bei Chopin konzentriert sich das ganze Interesse auf den Klavierpart, das Orchester ist in seinen Klavierkonzerten nichts anderes als eine kalte, fast überflüssige Begleitung*, schrieb Berlioz. Robert Schumann lobte sie enthusiastisch als im Mozartschen Geist komponiert und schrieb: *Was ist ein ganzer Jahrgang einer musikalischen Zeitung gegen ein Konzert von Chopin?* Und bemerkte: *Hut ab, ihr Herren, ein Genie!* Ein anderer Kritiker fand den Orchesterpart *wohltuend ... in deutlichem Kontrast zu den kolossalen Orchestermassen des Monsieur Berlioz*. Die Musik des Letzteren verabscheute Chopin sein ganzes Leben lang.

Der **Kopfsatz *(Allegro maestoso)*** beginnt mit dem energisch ansteigenden Hauptthema mit entschlossenen Punktierungen und Akzenten.

Eine anmutig schmeichelnde Variante aus dem Dreiachtel-Auftakt des Kopfthemas wird ihm gegenübergestellt:

In lieblichem E-Dur-Kontrast erscheint das Seitenthema in weicher Tonleitermelodik, zunächst von den Streichern allein vorgetragen.

In vollem Orchester-Tutti wiederholt, schwingt es sich zu strahlendem Fortissimo auf und kehrt über kräftiges C-Dur in die Ausgangstonart e-moll und zum Themenkopf des Hauptthemas zurück, das den Auftritt des Solisten vorbereitet. Das Klaviersolo behandelt die Themen auf seine Weise, indem es sie in verschiedenen Lagen und Schattierungen versetzt, sie mit typisch Chopinschen Tonleiterkaskaden und Figuren ausziert. Die Durchführung beginnt mit einem dramatischen Orchestertutti. Poetisch zart antwortet das Klavier mit einer Variante des schmeichelnden Themas und steigert sich in virtuose Passagen in fremden Tonarten, Orchesterinstrumente lassen Motive aus dem Kopfthemas dazu erklingen. In der Reprise übernimmt das Klavier die beiden sensiblen Themen, variiert sie und ziert sie mit figuralen Ornamenten aus. Eine energisch-virtuose Steigerung führt in die Coda des Orchesters.

Im **zweiten Satz**, einer verträumten **Romanze *(Larghetto,* E-Dur*)*** kehrt das Hauptthema rondoartig zweimal wieder (Form A–B–A'–C–A''). Hier herrscht Melodie pur. Eine zauberische Atmosphäre entsteht durch subtilstes Auszieren der Melodien in filigranen Arabesken. Als ein *Hinträumen in einer schönen, mondbeglänzten Frühlingsnacht* charakterisierte Chopin selbst diesen Satz. Er wird zart von gedämpften Streichern angestimmt, doch das Thema selbst ist dem Soloinstrument vorbehalten:

Die expressiven Themen des ersten Zwischenteils sind poetisch-fantasievoll mit Umspielungen und verbindenden Tonleitern ausgeschmückt:

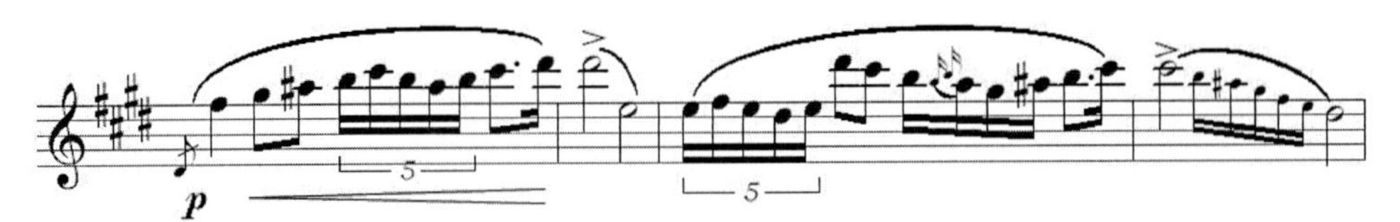

Nationaltheater Warschau um 1800

Das zweite Zwischenthema wird durch eine Gegenmelodie des Fagotts hervorgehoben.

Nach der ersten Reprise der Hauptgruppe wird der zweite Zwischenabschnitt vom folgenden Thema gestaltet:

Klangfiguren von größter Feinheit und Zerbrechlichkeit weisen voraus auf die impressionistische Klavier-Klangkunst von Debussy und Ravel.

Ein lebendiges **Rondo *(Vivace)*** in heiterem E-Dur folgt als brillanter Finalsatz, der in jugendlichem Schwung und spielerischer Eleganz die Virtuosität bis zum Schluss hin steigert. Nach energischen Einleitungstakten durch das Orchester erklingt im Klavier als wiederkehrendes Hauptthema eine tänzerisch-volkstümliche Melodie mit nationalem Bezug, ein *Krakowiak* (Volkstanz aus der Nähe von Krakau) in schnellem 2/4-Takt mit synkopischen Betonungen und eleganter, springender Melodik bis in glitzernde Höhen des Klaviers.

Auch den ersten Zwischenabschnitt führt das Klavier an, von Streichern sanft untermalt. Ein energisches Tutti mit einer Variante des Krakowiak-Motivs beendet den Teil und leitet ins Rondothema zurück.

Das Thema des nächsten Zwischenteils wird zunächst durch verschiedene Tonarten geführt, bevor es sich in glänzendes Laufwerk steigert.

Beide Klavierthemen gestalten abwechselnd den weiteren Verlauf. Das spielerische, glitzernde Lauf- und Figurenwerk steigert sich zu hinreißender Virtuosität und mündet mit immer rasanteren Läufen schließlich in den prachtvollen Schluss.

Zwischen Trauer und Traum

Zu Chopins Sonate b-moll, op. 35

Chopin gilt als Schöpfer eines absolut neuen Klavierstils, fast ohne dass direkte Vorbilder – am ehesten werden die Nocturnes von John Field genannt – sein Schaffen beeinflussten. In feinem poetischen Gehalt und freier Form der Komposition ist er am ehesten mit dem im gleichen Jahr geborenen Robert Schumann zu vergleichen, der ihn in Deutschland bekannt machte. Tänzerisch-beschwingte Rhythmik, feinste melodische Gestaltung und sensible harmonische Färbung kennzeichnen seine Werke. Der fortgeschrittene französische Klavierbau seiner Zeit ermöglichte ihm neue, gesteigerte instrumentale Effekte. Die französischen Impressionisten wie Debussy und Ravel bauten auf seinem spezifischen Klavierstil auf.

Bei seinem deutschen Theorielehrer Elsner hatte Chopin sich intensiv mit dem Prinzip der mehrsätzigen Sonatenform auseinandergesetzt, wenn er sie auch – abgesehen von einem Jugend-werk – nur wenige Male und nur in zwei Klaviersonaten umsetzte. Die Klavierstücke mit poetischen Titeln wie seine Nocturnes, Scherzi, Polonaisen, Mazurkas und Walzer unterlagen anderen, freieren Formstrukturen.

Die Sonate in b-moll op. 35 entstand 1837/39, eine weitere in h-moll op. 58 schrieb er 1844, ferner komponierte er eine Sonate für Cello und Klavier. Schon Robert Schumann schrieb in seinen Rezensionen über Chopins sehr freizügige Behandlung der Sonatenform. Entscheidend ist in der b-moll-Sonate der zyklische Zusammenhang aller Sätze. Seit Beethovens As-Dur-Sonate op. 2 war ein Trauermarsch in einer Klaviersonate nichts Ungewöhnliches mehr, neu ist hier aber, dass dieser Trauermarsch als dritter Satz sich als Kern des Werks entfaltet und durch Stimmungen und Kontrastbildungen in alle Sätze ausstrahlt. Robert Schumann war wie manche Zeitgenossen von dem Werk weniger begeistert, er schrieb, es sei wohl eher eine *Kaprice, wenn nicht Übermut, dass er gerade vier seiner tollsten Kinder zusammenkoppelte*.

Der **Kopfsatz** beginnt mit einer kurzen, frei rhapsodischen *Grave*-Einleitung in finsterer Tonlage, die Tonart noch verschleiernd.

Nach einigen Takten bereits im raschen Tempo erscheint das ruhelos wirkende, von Pausen durchsetzte Hauptthema:

Frédéric Chopin, Gemälde von Eugène Delacroix (Louvre, Paris)

In scharfem Kontrast dazu erscheint das Nebenthema in klangvollem Des-Dur in breiten Akkorden:

Eine Passage mit vorantreibenden, akzentuierten Akkorden steigert sich in einen wahren Klangrausch und rundet die Exposition ab. In der Durchführung treibt das rastlose Hauptthema zu leidenschaftlichen Ausbrüchen und stärkster Dramatik. Nach dieser ausführlichen Abhandlung ist die Reprise um das erste Thema gekürzt, dafür strahlt das klangvolle Seitenthema – nun in B-Dur – umso heller auf. Die Coda lässt das Hauptthema mächtig im Bass ertönen und führt in einen klangvollen Fortissimo-Abschluss.

In ähnlichen Extremen verläuft der zweite Satz **(Scherzo).** Aufbegehrende, nahezu gewaltsame Dynamik und penetrant beharrende Rhythmen herrschen im es-moll-Hauptteil, während der Trio-Mittelteil einem melodisch-sanften Walzer in Dur ähnelt. Das Hauptthema wirkt heftig durch beharrlich hämmernde Tonrepetitionen und sprunghafte Melodik.

Energiegeladene Steigerungen, exaltierte Sprunghaftigkeit und vollgriffige Akkorde sind die Charakteristika des Scherzo-Teils. Im Trio dagegen wiegt sich eine Walzermelodie über harmonischem Gerüst.

Zentrum des Werks ist der ergreifende **Trauermarsch (*Marche funèbre*)**, der die anderen Sätze auf sich bezieht in Schwere der düsteren Tonart (b-moll), pathetischem Ausdruck und stark kontrastierendem Mittelteil. Die gleichmäßigen Schritte der Bassakkorde (Wechsel von b-moll und Ges-Dur) wirken zusammen mit der Mittelstimme (Unterstimme der rechten Hand) wie Glockenschläge, die Mittelstimme bewegt sich in pendelndem Halbtonschritt – seit jeher Ausdruck von Schmerz und Trauer. Sie tragen die trostlose Melodie, die sich nur allmählich vom Grundton (b) lösen kann und sich in schwerfälligem, gleich bleibend punktiertem Rhythmus quasi teilnahmslos voran schleppt. Auch nach größeren melodischen Bögen, die wie emotionale Ausbrüche wirken, kehrt sie immer wieder zum apathischen Beginn zurück.

Ein größerer Kontrast zum schwer lastenden Trauermarsch ist kaum denkbar als der Mittelteil in tröstlichem Des-Dur. Dieser wird immer Inbegriff der innigsten, zart verträumten Klavier-Romantik bleiben, auch wenn später Tausende von Nachahmern daraus Film- und Kitschversionen abgeleitet haben. Völlig losgelöst von aller Erdenschwere scheint die himmlisch-sanfte Gesangsmelodie über dem akkordischen Grund gleichmäßiger Achtel zu schweben:

Der Trauermarsch kehrt zurück. Er verklingt, wie er begonnen hat, mit den Anfangstakten im Pianissimo mit langer Fermate.

Gespenstisch-schattenhaft in ununterbrochener Flut der Bewegung treibt das **Presto-Finale** vorwärts, ohne Melodiebildung, ohne rhythmische Kontraste, ohne wechselnde Dynamik (*sotto voce*), ohne Begleitung – quasi Finsternis an sich. Schumann sprach dem Satz ab, Musik zu sein und nannte ihn eine *Sphinx mit spöttischem Lächeln*, Anton Rubinstein hörte das *Sausen des Windes über den Gräbern*. Auch als Ironie auf den Trauermarsch wurde das in nur etwa 2 Minuten vorüberfegende, etüdenartige, beklemmende Stück empfunden.

Beide Hände bewegen sich kompromisslos durchlaufend in Oktavabständen – erst der Schlussakkord erlöst als Ausbruch in Klang und Dynamik im dreifachen Forte!

Robert Schumann
Kreidezeichnung von
H. Bendemann (1859)

Robert Schumann

1810-1856

Robert Schumann, geb.1810 in Zwickau als Sohn eines Buchhändlers, gab das Jurastudium zugunsten der Musik auf und studierte Klavier bei Friedrich Wieck. Nach Lähmung eines Fingers durch verhängnisvolle Übetechnik war seine Pianisten-Karriere gescheitert. 1834 gründete er die *Neue Zeitschrift für Musik*, für die er jahrelang schriftstellerisch tätig war. 1840 heiratete er gegen den Willen ihres Vaters Clara Wieck, die damals bedeutendste Pianistin und geniale Interpretin seiner Klavierwerke. Als Dirigent wirkte er in Dresden und als städtischer Musikdirektor in Düsseldorf. Nach Anfällen von psychischer Zerrüttung stürzte er sich 1854 von einer Rheinbrücke, wurde gerettet und verbrachte die letzten Jahre in zunehmendem geistigem Verfall in einer Pflegeanstalt in Endenich bei Bonn, wo er 1856 starb.

Robert Schumann – die poetische Romantik

Robert Schumanns Lebensweg führte keineswegs gerade in eine Musikerlaufbahn. In der Verlagsbuchhandlung seines Vaters verbrachte der Knabe die meiste Zeit lesend. Früh war er vertraut mit Werken von Goethe, Schiller, Hölderlin, Novalis, Chamisso, Brentano, Tieck, Eichendorff und E. T. A. Hoffmann. Insbesondere die überschwängliche, bizarre Phantasie Jean Pauls inspirierte ihn zu ersten eigenen schriftstellerischen Werken. Als der Neunjährige in Karlsbad den Pianisten Moscheles hörte, erwachte seine Leidenschaft für die Musik, er erhielt ein Klavier, studierte Mozart und Haydn. Häufiger jedoch ließ er phantasierend seinen Gedanken freien Lauf, improvisierte musikalische Karikaturen.

Weit mehr faszinierte ihn aber bis zu seinem fünfzehnten Lebensjahr die Literatur. Er gründete eine literarische Gesellschaft, führte gelehrte Diskussionen mit Kameraden und deklamierte auswendig Faust und Mephisto. Diese Doppelbegabung wurde zur ersten Zerreißprobe seiner Seele. In quälender Unentschlossenheit entschied er sich 1828 für das ihm wesensfremde Jurastudium. Mit dem Unterricht bei Friedrich Wieck ab 1830 wandte er sich vollständig der Musik zu. Er hatte viel nachzuholen. Tonsatz, Kontrapunkt und systematisches Üben waren ihm noch wenig vertraut – sie waren bei Haydn, Mozart und Schubert bereits Teil der Kindheit. In erbittertem Eifer hatte er die unselige Idee, seinen dritten Finger beim Üben festzubinden. 1832 war nach Sehnenscheidenentzündung und verbissenen Weiterüben seine rechte Hand gelähmt, die Pianisten-Laufbahn zu Ende, Schumann dem Selbstmord nahe.

Aus dieser Entwicklungsbiographie lässt sich Schumann als Komponist begreifen. Bis 1839 schrieb er fast ausschließlich Klavierwerke, meist lyrische Stimmungsbilder, kurze Charakterstücke in freier Gestaltung. 1840 wurde zum *Liederjahr.* Die glückliche Zeit nach seiner gerichtlich und zermürbend erkämpften Eheschließung und die Begeisterung über die von ihm 1839 aufgefundene C-Dur-Sinfonie von Schubert beflügelten seine Kreativität für die große Form, die kontrapunktisch-thematische Arbeit und Erfahrung in Instrumentation verlangte. 1841 entstanden die Phantasie für Klavier und Orchester in a-moll (1845 zum Klavierkonzert umgearbeitet), die erste Symphonie in B-Dur und die zweite in d-moll.

Dem freien Umgang mit der Form, wie sie in Schumanns Klavierstücken zu finden ist, in denen er eine lyrische Stimmung, eine musikalische Idee, durch variierende Wiederholungen assoziativ ausleuchtet, steht das Sonatenprinzip diametral gegenüber. Hier evozieren konträre musikalische Gestalten Konflikte, die in der Durchführung dramatisch, thematisch-kontrapunktisch entwickelt werden und in der Reprise sich quasi zielführend zu einer Synthese vereinigen. Seit Beethovens Verklammerung aller Sätze unter einem inhaltlichen oder musikalischen Motto verlangte die zyklische Gesamtform viel gedankliche Arbeit, noch größere Räume und Kontraste in Beziehung zu setzen.

Mitreißende Lebensfreude und feierlicher Prunk

Zu Schumanns 3. Symphonie, op. 97 *(Rheinische)*

Schaffenskraft und Inspiration gingen bei Robert Schumann stets mit positiver psychischer Gestimmtheit einher. So waren die beiden Jahre 1840/41 nach seiner Eheschließung mit Clara voller kompositorischer Aktivität mit weit über hundert Liedern, zwei Symphonien, einem Klavierkonzert und Kammermusik. Die Lehrtätigkeit am Leipziger Konservatorium ab 1843 und die Leitung der *Liedertafel* in Dresden ab 1844 nebst Privatunterricht befriedigten ihn nicht. Meist stand er im Schatten seiner berühmten Gattin. 1850 erfüllte sich sein lang gehegter Wunsch nach einer angesehenen Position: Schumann wurde nach Düsseldorf als Städtischer Musikdirektor berufen.

Im September 1850 siedelte die Familie nach Düsseldorf um. Schumann *fühlte sich* nach eigenem Bericht *von einem so frischen künstlerischen Geist ... angeweht.... Man fühlt sich hier dem großen Weltgetriebe näher*. Im Oktober entstand das Violoncellokonzert. Die ersten Abonnementskonzerte unter seiner Leitung wurden mit Begeisterung aufgenommen.

In nur zwei Tagen, vom 7. bis 9. November 1850, skizzierte er den ersten Satz einer neuen Symphonie in Es-Dur. Nach knapp fünf Wochen, am 9. Dezember überraschte er seine Frau mit der fertigen Partitur. Eine Woche später wurde sie an den Kopisten zwecks Stimmenabschrift geschickt. Am 6. Februar 1851 erklang sie erstmals in einem Abonnementskonzert in Düsseldorf unter Leitung des Komponisten.

Das Publikum scheint nach zeitgenössischen Berichten das Werk zunächst eher *lau*, ja *verletzend kalt* aufgenommen zu haben. Nach der zweiten Aufführung in Köln und einer dritten am 13. März in Düsseldorf *fand sich das Publikum vertrauter mit dem schönen Werk, ... es war freudig überrascht von dieser Fülle neu entdeckten Reichthums.* Die *Rheinische* ist eigentlich Schumanns vierte Symphonie. Die heute als vierte geltende in d-moll – schon 1841 entstanden – wurde nach Umarbeitung erst 1851 als vierte veröffentlicht.

Der Beiname *Rheinische* scheint auf Berichte seines Düsseldorfer Konzertmeisters und späteren Biographen W. J. Wasiliewski zurückzugehen, mit dem Schumann während der Komposition Mendelssohns Violinkonzert probte und zahlreiche Gespräche und Spaziergänge pflegte. Wasiliewski berichtete, dass Schumann im November 1850 von einer Kardinalserhebung im Kölner Dom sehr beeindruckt gewesen sei und diese Feierlichkeit zum Vorbild für den vierten Satz genommen habe. Die Rheinische Zeitung sah in der neuen Tondichtung ...*ein Stück rheinischen Lebens in frischer Heiterkeit*, und Schumann selbst urteilte, die *volksthümlichen Elemente seien ihm wohl gelungen*.

Wie in den meisten Werken Schumanns spielt der Themendualismus eine untergeordnete Rolle, wie auch die Sonatenhauptsatzform nur Formgerüst bietet. Stattdessen geht es Schumann – wie auch Schubert in seinen späteren Werken – um immer neue Ausbreitung des musikalischen Materials in ferne Tonartbereiche. Die Themen der Sätze sind miteinander verbunden durch das Quartintervall, sie gibt allen Themen melodische Struktur.

Ungewöhnlich ist die Erweiterung auf fünf Sätze, zumal der vierte, der prunkvoll-feierliche, an Kirchenmusik gemahnende, aus dem Rahmen fällt. Er ist der eigentliche langsame Satz der Symphonie nach dem quasi Andantino-Scherzo (Schumann vermeidet stets die italienischen zugunsten deutscher Tempobezeichnungen) und dem zweiten, relativ kurzen, gesanglich-melodischen quasi Allegretto-Satz, der auch als eine Art Intermezzo bezeichnet wurde. Die ernste Strenge des vierten Satzes und seine Polyphonie beugen sich nicht dem leichten Verständnis. So schrieb Clara Schumann in ihr Tagebuch: *Welcher der fünf Sätze mir der liebste, kann ich nicht sagen... Der vierte jedoch ist derjenige, welcher mir noch am wenigsten klar ist; er ist äußerst kunstvoll, das höre ich, doch kann ich nicht so recht folgen, während mir an den anderen Sätzen wohl kaum ein Takt unklar blieb, überhaupt für den Laien ist die Symphonie, vorzüglich der zweite und dritte Satz sehr leicht zugänglich.*

Geehrter Herr,

Mein Schreiben betrifft heute die Herausgabe eines größeren Werkes. Ich habe in letzter Zeit eine Symphonie [die Es-Dur-Symphonie] componirt, auch schon hier und in Cöln aufgeführt. Es kommt mir nicht zu, über das Werk, wie über dessen Aufnahme mehr zu sagen; ich glaube nur, es könnte ohne Gefahr für den Verleger in die Öffentlichkeit treten.

Die Symphonie hat fünf Sätze, ist aber deshalb nicht länger, als andere mittleren Umfangs. Wünschen Sie, so kann ich Ihnen Partitur wie ausgeschriebene Stimmen zur Ansicht mittheilen.

Wie derartig größere Stücke nur nach und nach fruchttragend sind, weiß ich, und würde bei dem Honoraransatz gewiß darauf Rücksicht nehmen.

Vor der Hand wollte ich Sie nur von der Existenz des Werkes benachrichtigen. Vielleicht haben Sie Lust zur Herausgabe, was mich freuen würde.

Hochachtungsvoll, Ihr ergebener

R. Schumann

Brief Robert Schumanns an den Verleger Simrock vom 1. März 1851

Der **erste Satz (*Lebhaft*)**, der gewichtigste der Symphonie, hat fast die doppelte Länge der anderen Sätze. Ohne Einleitung wird er eröffnet vom lebhaft vorwärts drängenden Hauptthema, das den ganzen ersten Satz fast rondoartig beherrscht. Vitalität und mitreißenden Schwung erhält es durch die weit ausgreifenden Intervalle, die prägnanten Punktierungen und vor allem durch seine rhythmisch-metrische Mehrdeutigkeit: In den ersten sechs Takten weichen die Betonungen dem vorgezeichneten Dreivierteltakt aus, sodass sie dem Hörer als drei „große" Dreihalbe-Takte erscheinen, ein sogenannter *hemiolischer* Rhythmus, den Schumann oftmals, später vor allem Brahms gern verwandte. Erst ab dem 7. Takt schwingt das Thema im vorgegebenen Dreivierteltakt walzerartig weiter.

Dem kraftvollen Überleitungsmotiv, das später in der Durchführung eine Rolle spielen wird,

folgt noch einmal das Hauptthema, kraftvoll von Violinen und Hörnern geführt. Das lyrisch wiegende Seitenthema in g-moll wirkt zurückhaltender, fast nachdenklich. Es wird von den Holzbläsern angestimmt, von den Streichern variierend fortgesponnen.

Ansteigende Tonleitern, Akzente und das Hauptthema, kräftig vom Horn vorgetragen, führen den Schwung weiter, eine Schlussfloskel kündigt das Ende der Exposition an.

Der hemiolische Rhythmus des ersten Themas, melodisch auf einen Oktavsprung reduziert, leitet in die Durchführung.

Diese beginnt mit einem Ausbruch in wildem Forte-Fortissimo. In Schumanns Durchführungen treffen weniger die Gegensätze der Themen aufeinander, sondern die Motive werden – wie schon bei Schubert – durch weite Tonart-Landschaften geleitet, hier zunächst das Tonleitermotiv und das Seitenthema. Nach einer Steigerung über Paukenwirbel beginnt die Reise des Hauptthemas in Celli und Bässen in die weit von der Ausgangstonart entfernten Gefilde von as-moll, H-Dur, Fis-Dur und c-moll. Markant beginnen die Hörner mit dem Themenkopf des Hauptthemas die Rückleitung zur Reprise, an deren Beginn das Hauptthema in strahlendem Forte-Fortissimo ertönt. Die Reprise ist verkürzt, das Hauptthema wird nicht wiederholt, wie in der Exposition folgt es aber nochmals nach dem Seitenthema. Der mitreißende Schwung des Satzes kommt am Ende der Coda zur Ruhe.

Der dreiteilige **zweite Satz** (***Scherzo. Sehr mäßig***) – Scherzi sind seit Beethoven meist schnelle Sätze mit burleskem bis dämonischem Charakter – überrascht als ein *Stück im Volkston* in behaglichem, fast ländlerartigem Dreivierteltakt, dessen Metrum allerdings immerfort in Frage gestellt wird durch melodische Schwerpunkte auf der punktierten Note der zweiten Zählzeit. Das beschauliche Dreiklangsthema in klarem C-Dur, dessen Auftaktquart die Verbindung zu den anderen Sätzen schafft, wird angestimmt von tiefen Streichern und Fagotten und greift allmählich auf die anderen Instrumentengruppen über.

Den Scherzo-Charakter erfüllt neben der metrischen Schwerpunktverschiebung ein Motiv, das mit seinem luftigen, getupften Staccato einen Gegensatz zur Kantilene bildet, sich aber als eine figurale Variante des ersten Themas entpuppt und durchführungsartig auch das Trio durchzieht.

Den Trio-Mittelteil in a-moll bestimmt ein balladenhaft-gesangliches Thema im Legato-Charakter. Es breitet sich in den Bläsern über einem Terz-Orgelpunkt auf C aus, kontrapunktiert vom Staccato-Motiv, das lebendig durch die Stimmen der Streichinstrumente huscht.

In einem zweiten Trioteil werden die Elemente der Themen verarbeitet: das erste Thema wird mit den Triolen des Balladenthemas durchführungsartig konfrontiert.

Der **dritte Satz** (***Nicht schnell,*** As-Dur) in A-B-A-Form ist reich an melodischem Fluss und strömendem Wohlklang in weichem As-Dur, er ist durchweg kammermusikalisch sparsam instrumentiert, Trompeten, Posaunen und Pauke pausieren. Die Klarinetten und Fagotte eröffnen ihn in klangvoller Zweistimmigkeit mit dem elegischen ersten Thema:

Sogleich schließt sich ein zweites Thema der Streicher an, das sich über zehn Takte fließend ausbreitet:

Der Satz ist sehr dicht komponiert, kaum ein Takt ist ohne Bezug zu einem der Themen. Der Mittelteil enthält eine eigene, in noch weiteren Bögen dahin strömende Melodie:

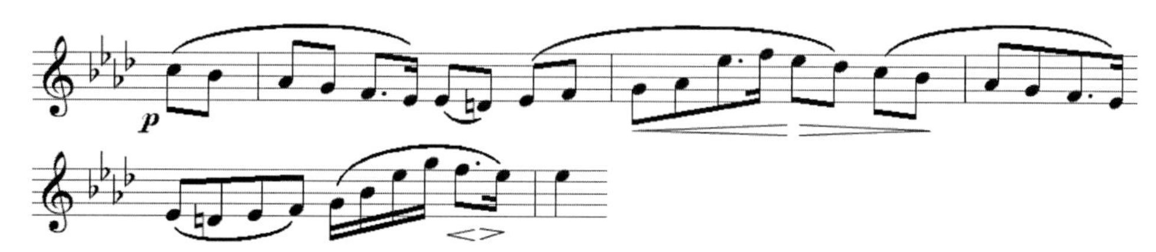

Durchführungsartig wird das dritte Thema kombiniert mit den Auftakt-Sechzehnteln des zweiten. Die Reprise des A-Teils verwendet alle drei Themen, das dolce-Thema der Klarinetten und Fagotte wird kontrapunktiert von der Sechzehntelbewegung, gefolgt von den weiten Bögen des dritten. Mit dem Themenkopf des zweiten klingt der Satz in ruhiger Gelassenheit aus.

Der **vierte Satz** (***Feierlich***) in es-moll (trotz Es-Dur-Vorzeichnung) wirkt wie eine strenge Insel inmitten von Heiterkeit und Vitalität, nach Schumanns wenigen programmatischen Bemerkungen zur Symphonie ist man fast versucht zu sagen: wie der Kölner Dom inmitten rheinischen Frohsinns.

Er trug ursprünglich die Überschrift *Im Charakter der Begleitung einer feierlichen Ceremonie.* Den feierlich-sakralen Charakter vermitteln voluminöse Bläserklänge, der Aufbau in Form einer Fuge, die kunstvollen kontrapunktischen Techniken und die Intonation des Fugenthemas in der Art einer Choralmelodie. Das Thema selbst ist einem Fugenthema aus Bachs *Wohltemperierten Klavier* verwandt. Hörner und Posaunen exponieren das Thema, das vom aufsteigenden Quartintervall geprägt ist, in mehrstimmigem Satz, begleitet von Pizzicati der Streicher.

Holzbläser und Streicher beginnen die erste Fugendurchführung mit einer Engführung, d.h. im Kanon im Halbtakt-Abstand. Das polyphone Gewebe wird dichter durch zahlreiche Einsätze des Themenkopfs. Eine zweite Durchführung verarbeitet eine – vorher schon erklungene – verkleinerte Variante des Themenkopf in Achtelwerten, die mit dem originalen Themenkopf in den Fugeneinsätzen wechselt.

In einen zweiten Abschnitt wird der Themenkopf in drei Geschwindigkeitsvarianten verarbeitet: in Achteln, Vierteln und Halben. Steigerung erfahren Lautstärke und polyphone Dichte. Eine Art Reprise, wieder im piano beginnend, hat symphonischen Charakter, zu dem die Streicher mit Klangflächen beitragen. In der Coda erklingt eine neue Variante mit fanfarenartigen Punktierungen, die in reinem Bläserklang an Richard Wagner erinnert. Theatralisch-prunkvoll gedehnte Blechbläserakkorde beenden den Satz.

Das **Finale (*Lebhaft*)** entspricht in heiter-beschwingtem Charakter dem ersten Satz. Wie oft bei Schumann fungiert der Schlusssatz als Zusammenfassung durch Verarbeitung von Themen aller Sätze, und zwar bereits in der Exposition. Das Quartintervall zu Beginn des Hauptthemas ist aufwärts mit Tonschritten ausgefüllt. Die Melodie aus kleinen Intervallen in marschähnlichem Daktylos-Rhythmus (Wechsel von einer Halben und zwei Vierteln) treibt in raschem Tempo energisch voran.

Mehrere Motive im Ablauf der Exposition sind prägnant und werden für die weitere Entwicklung wichtig: Ein tänzerisches Überleitungsmotiv lockert sogleich den starren Rhythmus mit Punktierungen und Synkopen auf.

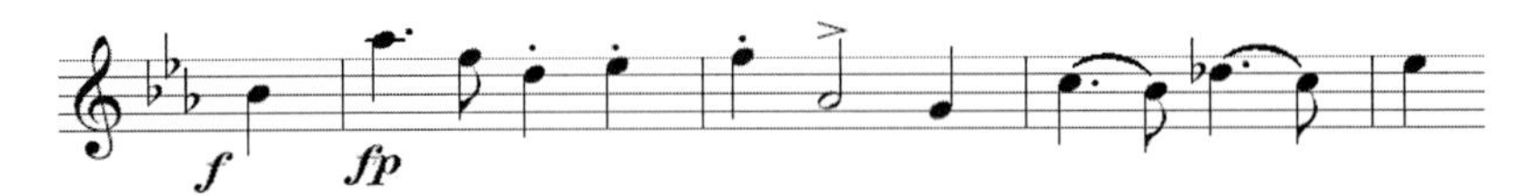

Das Seitenthema scheint zunächst inne zu halten, wird aber sogleich von dynamischeren Motiven beiseite gedrängt, erst später erscheint es vollständig:

Dann bringen synkopische Motive und Akkordfolgen – Konturen des synkopischen Fugenthemas des vierten Satzes sind nicht zu übersehen – das Taktgefüge beinahe ins Wanken.

Ein viertes Motiv, abgeleitet vom zweiten, spielt später in der Durchführung eine wichtige Rolle:

Die Durchführung ist als große Steigerung konzipiert. Der Beginn im Piano überrascht mit dem Thema des vorigen Satzes, in schnellen Achtelwerten und im Staccato huscht es leise durch die Streicherstimmen. Steigernd und in dichter Verarbeitung wird es mit dem daktylische Rhythmus des Hauptthemas und dem vierte Motiv in wechselnden Tonarten konfrontiert. Und wieder verblüfft ein neues, fanfarenartiges Thema der Bläser in H-Dur, das melodisch dem Hauptgedanken des Scherzos, im Charakter aber dem ersten Satz verwandt ist:

Durch verschiedene Tonarten leitet es, angefeuert vom Daktylus-Rhythmus, zurück nach Es-Dur in die Reprise mit dem triumphierend im Tutti erklingenden Hauptthema.

Die Coda beginnt mit machtvollen drei Blechbläserakkorden. Bei ihrem dritten Einsatz zitieren sie den Hauptthemenkopf in Umkehrung und lassen dann die ernste Choralmelodie des vierten Satzes wieder erstehen, die dann in engem Kanon erklingt. Der schwungvolle, punktierte Rhythmus setzt sich jedoch durch. Eine Stretta beendet den Satz mit strahlenden Dreiklangsfanfaren in jubelndem Fortissimo.

Köln um 1840
Stich von M. J. Starling

Fantasie und Form

Zu Schumanns 4. Symphonie d-moll, op. 120

Im selben Jahr, 1841, entstanden die *Phantasie für Klavier und Orchester in a-moll* (1845 zum Klavierkonzert umgearbeitet), die erste Symphonie in B-Dur und die zweite in d-moll. Die fertige Partitur der d-moll-Symphonie legte er am 13. September 1841 Clara auf den Geburtstagstisch. Doch die Uraufführung am 6. Dezember im Leipziger Gewandhaus brachte nicht den erhofften Beifall. Er zog sie zurück, obwohl er von ihrer Qualität überzeugt war. *Die beiden Orchesterwerke, eine zweite Symphonie und eine Ouvertüre, Scherzo und Finale, die in unserm letzten Concert aufgeführt wurden, haben nicht den großen Beifall gehabt wie die erste. Es war eigentlich zu viel auf einmal – glaub' ich – und dann fehlte Mendelssohn als Dirigent. Das schadet aber alles nichts – ich weiß, die Stücke stehen gegen die 1ste keineswegs zurück und werden sich früher oder später in ihrer Weise auch geltend machen*, schrieb er nach der Aufführung. Vergeblich bot er die *2te Symphonie in D Moll, op. 50* dem Verlag C. F. Peters an.

Zehn Jahre später – inzwischen waren 1846 die heutige zweite in C-Dur und 1850 die dritte Symphonie in Es-Dur entstanden – unterzog Schumann die d-moll-Symphonie einer Überarbeitung, die hauptsächlich die Instrumentierung betraf, vor allem die Klangfülle der Blechbläser. Am 12.12.1851 notierte er in sein Haushaltsbuch: *Instrumentation der alten zweiten Sinfonie angefangen*, am 19.19.1851: *Sinfonie in d-moll in der Instrumentation beendigt*. In der Neufassung, die Schumann selbst *besser und wirkungsvoller* fand, erklang sie als 4. Symphonie erstmals am 3. März 1853 in Düsseldorf und mit enthusiastischem Erfolg im gleichen Jahr in mehreren deutschen Städten. In der ersten Gesamtausgabe 1882 setzte sich Clara für die zweite Fassung gegen Johannes Brahms durch, der die erste höher schätzte. Die erste Fassung konnte sich nicht in den Konzertsälen behaupten.

Symphonische Phantasie in einem Satz schien Schumann bei der Überarbeitung zeitweise der geeignetere Titel für das Werk, in dem die vier Sätze ohne Pausen ineinander übergehen und ungewöhnliche formale Freiheiten der Tradition entgegen stehen. Mannigfache thematische Beziehungen verbinden die Sätze. So kehrt der melodische Beginn der langsamen Introduktion im Mittelteil der Romanze wieder. Gegen Ende der Introduktion entwickelt sich das Hauptthema des ersten Satzes, dessen melodische Linie (ab dem vierten Ton) dem Einleitungsmotiv entnommen ist. Das Hauptmotiv des dritten Satzes ist aus einer Art spiegelbildlicher Umkehrung des Einleitungsmotivs gewonnen, und auch zum Thema der Romanze kann man intervallische Bezüge finden. Dem ersten lebhaften Satz fehlt die Reprise, dafür wird ein rhythmisches Motiv der Durchführung zum markanten Hauptthema des Schlusssatzes, der damit als fehlende Reprise des ersten Satz wirkt und als Klammer der ganzen Symphonie fungiert. Zudem verrät die Behandlung des thematischen Materials Schumanns Personalstil. Variierende Entwicklung und assoziative Verwandlung von Grundmotiven überwiegen thematische Kontraste oder kontrapunktische Ballung und Durchdringung von Gegensätzen. Zusammen mit der eigenständigen Formbehandlung verkörpert das Werk einen Meilenstein zwischen klassischer und spätromantischer Symphonik.

Mit dem Dominantton a des ganzen Orchesters in unbestimmter Rhythmik beginnt die **Einleitung (*Ziemlich langsam*)**. Über spannungsvollem, leisem Paukenwirbel hebt fragend, suchend das kreisende Thema in klangvollen Sextparallelen an.

Erst beim dritten Mal erklingt es vollständig, dann fällt es zurück in geheimnisvolles Piano, aus dem nun das Kernmotiv des **ersten Satzes (*Ziemlich langsam-Lebhaft*)** auftaucht. Tempo und Dynamik ziehen an und münden in das Hauptthema des ersten Satzes.

Dieses wird zum Kernthema des Satzes. Fast überall ist es präsent, kein echter Kontrast stellt sich ihm entgegen, so dass die Exposition nahezu monothematisch wirkt. Sein Ausdruck verwandelt sich fortwährend und passt sich den wechselnden Stimmungen an. Selbst zum schwungvoll punktierten Seitenthema der Holzbläser erscheint es als burlesker Kontrapunkt in den Streicherstimmen und beherrscht das vorwärts drängende Geschehen fast ununterbrochen bis zur Wiederholung der Exposition.

Eine Fermate lässt Zeit zum Atemschöpfen. Der weitere Verlauf weicht gravierend vom Sonatensatzschema ab. Wie in einer Durchführung hastet zunächst das Kernthema durch Instrumentengruppen und ferne Tonarten, angefeuert durch ansteigende Halbton-Verschiebungen eines ruhigen Dreitonmotivs der Posaunen und durch markante Rhythmen der Hörner. Letztere verselbständigen sich zu einem neuen, strahlend triumphierenden Motiv der Bläser, das – taktweise dem Kernmotiv gegenüber gestellt – den nächsten Abschnitt bestimmt.

Ein weiteres neues Motiv, lyrischer und weniger drängend im Charakter, enthält das Kernmotiv in der melodischen Schlusswendung.

Mit diesem neuen Gedanken – stets angetrieben vom Kernmotiv - entfaltet die modulatorische Kühnheit ihren Höhepunkt. Eine Reprise bleibt aus. In der Stretta ertönt in strahlendem D-Dur das zweite Durchführungsmotiv, durch schärfere Punktierung dem ersten im Triumph-Charakter angeglichen, immer in Verbindung mit dem ruhelosen Kernmotiv. Kräftig akzentuierte Bläserakkorde treiben in den glänzenden Dur-Ausklang.

Wie ein weiterer Schlussakkord trägt der Klang von Hörnern und Klarinetten in **den zweiten Satz (*Romanze. Ziemlich langsam*)** hinüber. Oboe und Cello rezitieren das ausdrucksvolle Thema der Romanze wie eine Ballade aus fernen Zeiten, von sanften Akkorden begleitet.

Den Mittelteil gestaltet das Thema der Einleitung:

Nach einer kurzen Reminiszenz an die Ballade wird es durch Umspielungen der Solovioline variiert. Eine Reprise der vollständigen Balladenmelodie schließt sich an. Der ruhige Ausklang in A-Dur hinterlässt eine erwartungsvolle Dominantspannung, die sich zu Beginn des

Scherzo (*Lebhaft*) nach d-moll auflöst. Trotzig stampfend wirkt der Anfang des Themas, das intervallisch mit dem Kernthema verwandt ist (Umkehrung), dann wechselt es über in kapriziöse Sprunghaftigkeit.

Im **Trio** herrschen sanft absteigende Linien der Bläser, geschmeidig von den Violinen umrankt. Nach Wiederholung des Scherzo-Teils kehrt überraschend das Trio zurück. Den Gesetzen der Symmetrie entsprechend erwartet der Hörer eine weitere Scherzo-Reprise. Doch statt derer erscheint überraschend der Überleitungsabschnitt aus der Introduktion zum ersten Satz. Das Kernmotiv entfaltet sich langsam wieder über spannungsvollen Paukenwirbeln, nun kontrastiert mit dem scharf punktierten Rhythmus des Triumph-Motivs aus dem ersten Satz.

Eine Steigerung in Tempo, Dynamik, in Instrumentation und Klangfülle mündet geradewegs in den **letzten Satz (*Lebhaft*)** dessen schmetterndes Eröffnungsthema der Hörer aus dem Durchführungsteil des ersten Satzes kennt.

Auch das Kernmotiv klingt kurz an. Das Finale erfüllt hiermit seine Funktion als Abrundung des ganzen symphonischen Geschehens, indem es Charakter und melodische Gestalten des ersten Satzes „wieder erscheinen" lässt, ohne jedoch die im ersten Satz „fehlende" Reprise wörtlich nachzuholen. Das Eröffnungsthema kommt ansonsten im Finale – außer zu Beginn der Expositionswiederholung – nicht mehr vor. Das Seitenthema übernimmt von ihm die beschwingte Stimmung durch tänzerische Punktierungen.

Auffallend parallel zum ersten Satz beginnen Durchführung und Coda mit einem Moment des Innehaltens. Zweimal wechselt ein eindringlicher tiefer Ton der Posaunen und Streicher mit einem dissonanten Akkord, der crescendierend in eine Pause mündet. Doch der rhythmische Impuls beider Themen strahlt auf alles weitere melodische Geschehen aus. Ein markantes Hornmotiv augmentiert den Grundrhythmus beider Themen.

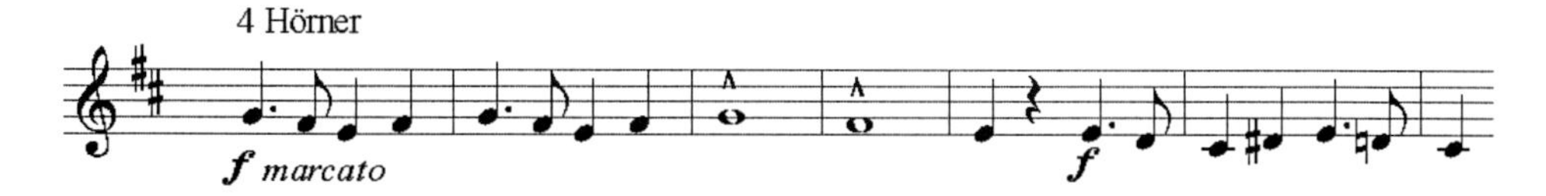

Freudig, ausgelassen und schwungvoll bleibt der Charakter des Finale. In zweimaliger Beschleunigung jagt die Musik schließlich in einem stürmischen Fugato dem strahlenden, energisch-temperamentvollen Schluss entgegen.

Sybille Dimbath Violine

Sybille Dimbath ist Vorstandsmitglied seit Gründung des Konzertvereins Isartal, von 1991 bis 2008 wirkte sie als Schatzmeisterin. Als Geigerin spielt sie im Orchester seit 1990. Sie wurde in Seeshaupt geboren und verbrachte ihre Jugend in Seeshaupt und Starnberg. Die Schule absolvierte sie an den Gymnasien Tutzing und Starnberg. Nach dem Abitur ließ sie sich in München zur Medizinisch-Technischen Assistentin ausbilden. Seit über 30 Jahren Jahren betätigt sie sich als Kauffrau, sie betreibt ein Bastel-Geschäft in Starnberg.

Mit 6 Jahren begann sie Blockflöte, mit 8 Jahren Geige zu lernen. Nach 15-jähriger Pause nahm sie das Geigenspiel intensiv mit mehrjährigem Unterricht wieder auf. Sybille Dimbath ist seit über 30 Jahren mit Richard Dimbath verheiratet, der ebenfalls ehrenamtlich tätig ist als Vorsitzender des Vereins Osteuropahilfe e.V. Sie haben drei erwachsene Kinder, die alle regelmäßig musikalisch auftreten, eine Tochter wurde Berufsmusikerin. Inzwischen betreut sie auch mehrere Enkelkinder.

Sybille Dimbath ist eine sehr vielseitige Persönlichkeit. Immer sportlich aktiv betreibt sie Skifahren, Bergsteigen, Radeln und Wandern und spielt erfolgreich Tennis. An der Nähmaschine ist sie fast ein Profi, sie schneidert sich ihre Garderobe selbst. Auch zum Geigeüben und Streichquartettspiel und für die Mitwirkung in kirchlichen Aufführungen bleibt ihr noch Zeit. Immer fröhlich, ausgeglichen, zuverlässig und optimistisch packt sie anstehende Herausforderungen schnell „bei den Hörnern". Ihr Rezept bei Problemen: „Nichts überstürzen, sondern eine Nacht darüber schlafen!"

Susanne Kessler

Poesie und Virtuosität

Zu Schumanns Cellokonzert a-moll, op. 129

Im Herbst 1850 war Schumann mit seiner Familie von Dresden nach Düsseldorf gezogen. Der Wechsel und seine neue Tätigkeit als Musikdirektor des dortigen Orchesters taten ihm gut und beflügelten seine Kreativität. Hier entstand das Cellokonzert innerhalb von drei Wochen, zwischen dem 10. Oktober und dem 1. November 1850, wie Notizen in Schumanns *Haushalts- und Projectenbuch* und im Autograph belegen. Damit gehört es mit der zwei Monate später fertig gestellten *Rheinischen Symphonie* zu Schumanns späten symphonischen Werken.

Der Anlass für eine Komposition dieser Art ist unbekannt, weder gab es einen Auftrag noch einen Cellovirtuosen im Freundeskreis der Schumanns. Allerdings sind Bemerkungen Schumanns überliefert, die ein Bedauern über den Mangel an hochwertiger Konzertliteratur für dieses Instrument belegen, das Schumann in seiner Jugend selbst einmal zu spielen gelernt hatte. Seit Haydn war kein Cellokonzert von auch nur einem einigermaßen bedeutenden Komponisten entstanden, und noch bis zu dem großartigen Konzert von Antonin Dvořák (1894) steht Schumanns Werk einsam da.

Eine Uraufführung seines Cellokonzerts erlebte Schumann nicht, es ist nicht einmal bekannt, wann es erstmals der Öffentlichkeit vorgestellt wurde. Der dafür ausersehene Cellist Robert Emil Bockmühl verzögerte eine Uraufführung immer wieder, indem er dem Komponisten in einem zweijährigen Briefwechsel Änderungswünsche vorbrachte, die Schumann aber alle nicht befolgte. Ein Verleger ließ sich auch erst beim dritten Anlauf finden, versprach doch ein Cellokonzert keinen lohnenden Gewinn. So wurden von Breitkopf & Härtel 1854 nur die Stimmen gedruckt, die Partitur folgte erst 1883. Nach Schumanns Tod, anlässlich eines Gedenkkonzerts zu seinem 50. Geburtstag, wurde das Konzert im Leipziger Konservatorium gespielt, wahrscheinlich aber nur mit Klavierauszug, ohne Orchester.

Bis ins 20. Jahrhundert haben fast alle Cellisten, die sich des Werks annahmen, Änderungen vorgenommen. Vor allem das Fehlen einer „richtigen" Solokadenz wurde als Mangel empfunden und die Solopassagen allgemein als schwer und wenig dankbar angesehen. Solche Kritik aus dem Kreis der Virtuosen ist nie ganz verstummt. Aus anderem ästhetischer Blickwinkel gilt das Konzert heute jedoch als musikalisches Meisterwerk und Höhepunkt der Gattung, gerade weil es auf musikalisch leeres Passagenwerk und rein virtuose Effekte verzichtet. Rhapsodisch-emotionale Temposchwankungen lassen dem Solisten große Freiheit in der Gestaltung.

Das Orchester tritt außer in den Tutti-Teilen kaum selbständig hervor, sondern ordnet sich zurückhaltend begleitend unter, oft sind es allein die Streicher, die den Solisten akkordisch stützen. Der überwiegend homophone Tuttisatz mit dynamisch verstärkenden Bläsern und die spärliche Ausnutzung der orchestralen Klangfarben in der Begleitung waren wohl auch ein Grund, weshalb der Cellist Rostropowitsch in den sechziger Jahren des letzten Jahrhunderts den Komponisten Schostakowitsch um eine Neuinstrumentierung des Konzerts bat. Wie in anderen Werken Schumanns auch, lässt sich formal eine Abkehr vom Prinzip dreier abgeschlossener Sätze zugunsten einer zyklischen Einheit erkennen. Die Abfolge schnell-langsam-schnell ist zwar vorhanden, doch sind die Teile, verbunden durch Überleitungen und ohne

Pausen ineinander übergehend, zu einem einzigen, großen, balladenartigen Satz verwoben. Die vom Orchester begleitete Kadenz und eine ausführliche Coda erscheinen erst am Ende des Konzerts und beziehen sich auf das ganze Werk. Thematische Gemeinsamkeiten zwischen den Sätzen verdichten die zyklische Einheit.

Der **erste Satz** (***Nicht zu schnell***) folgt formal zwar in etwa der Sonatenhauptsatzform, jedoch mit nur einem Expositionsteil, in dem die Themen gleich auf Solo und Orchester verteilt erklingen. Nach nur vier Einleitungstakten des Orchesters mit den Anfangstönen des Hauptthemas trägt bereits das Solo-Cello das erste Thema vor. Es ist von epischer Länge, voller ausgedehnter, schwärmerischer Kantilenen und gefühlvoller Halbtonvorhalte.

Dieses Thema mit seiner Fortführung und den motivischen Bestandteilen steht im ganzen Werk im Zentrum der melodischen Entwicklung. Ein Fortspinnungsteil des Orchesters schließt sich an, in dem trotz kontrastierender Stimmung vielfach Bezüge zum Hauptthema zu finden sind. Die zweite Themengruppe (zweiter Soloeinsatz) besteht aus noch breiter angelegten, rhapsodisch anmutenden, lyrisch-schwärmerischen Melodielinien, ohne dass daraus ein prägnantes, fest umrissenes Thema abzuleiten wäre. Der große Ambitus nutzt alle klanglichen Schattierungen des Instruments.

Wie auch im ersten Thema und typisch für Schumanns Melodik, werden meist Taktschwerpunkte durch Synkopen übergangen, es sei denn durch einen gefühlvollen Halbtonvorhalt hervorgehoben. Durch motivisch-thematische Verbindungen zum ersten Solo und zum Orchesterteil ist alles eng verwoben, selbst die folgenden, für ein Solistenkonzert üblichen Passagen zur Darstellung der instrumentalen Virtuosität ordnen sich dem thematischen Entwickeln unter, wenngleich sich die rhythmische Bewegung steigert.

Die Durchführung ist das Zentrum der Verarbeitung, Weiterentwicklung, Variation, Gegenüberstellung und Kombination aller melodischen Komponenten. Über eine längere

Episode dominiert ein triolisches Staccato-Motiv aus dem Solo-Fortspinnungsteil des zweiten Themenkomplexes.

Selbst dem kantablen ersten Thema kommt es in die Quere. Die Reprise weicht im Wesentlichen kaum von der Exposition ab.

Der **langsame Satz (*Langsam,* F-Dur)** in dreiteiliger Liedform (A B A´) enthält ein romantisch-beseeltes, lyrisches Hauptthema, das ähnliche, für Schumann typische Merkmale aufweist wie die Themen des ersten Satzes, nur wirkt es noch poetischer und introvertierter.

Eine Gegenstimme eines Orchester-Solo-Cellos mischt sich unter die vorsichtig begleitenden triolischen *pizzicati* der Streicher. Die Überleitung zum Finale enthält melodische Reminiszenzen an den ersten und zweiten Satz, ein folgendes Rezitativ mündet vorwärts drängend in das schwungvolle Finale.

Beherrschten lange lyrische Kantilenen die ersten beiden Sätze, so überwiegen im schwungvollen **Finale (*Sehr lebhaft*)** energische Wechselspiele zwischen Solo-Cello und/oder Orchestergruppen. Schon der Beginn des Hauptthemas, das rondoartig wiederkehrt, wird von diesem Prinzip gestaltet.

Das Solo-Cello führt es weiter.

Im Überleitungs-Tutti dialogisieren Orchesterstimmen mit einem kurzen, aus dem zweiten Takt entwickelten Motiv. Ebenso erklingt das zweite Thema im Wechsel zwischen Bläsern und Solo, während die Bratschen spielerisch-hartnäckig alle zwei Takte das punktierte Motiv (Takt 2) als Gegenstimme einbauen.

Nach der rondoartigen Wiederkehr des Hauptthemas entfaltet sich eine Durchführung, die ihren Namen verdient. Nahezu jeder Takt der bisherigen Themen erfährt motivische Verarbeitung: Die Elemente erscheinen in der Tonhöhe versetzt, umgekehrt, zu Ketten aneinander gehängt, mit anderen Motiven kombiniert oder im Dialog verschiedener Instrumentengruppen geführt.

Das Soloinstrument leitet mit einer raschen Passage und klangvollen Doppelgriffen zurück in ein kräftiges Orchester-Tutti mit dem Hauptthema, dem nach Art eines Sonatenrondos wieder das zweite Thema folgt, nun nach A-Dur gewendet, wie auch der letzte Auftritt des Hauptthemas. Die nun folgende Kadenz, gespickt mit virtuosen Doppelgriffen, Sprüngen und Dreiklangsbrechungen, wird – unüblich – vom Orchester begleitet und mündet in die beschleunigte Coda, in der nochmals einige der bekannten Motive, auch aus dem ersten Satz, sich zu einem wirkungsvollen Ausklang steigern.

Poesie in strenger Form

Zu Schumanns Streichquartett a-moll, op. 41, 1

Robert Schumann gilt in mancher Hinsicht als *der* romantische Künstlertyp. Sein Genie war zweifellos stark von Stimmungsschwankungen und Reizbarkeiten geprägt. Depressive Phasen wechselten mit außerordentlich produktiven, ja fast manischen. In schöpferischen Perioden folgte mit erstaunlicher Konsequenz ein Werk dem anderen, meist der gleichen Gattung. So schrieb er von 1828 bis 1839 fast ausschließlich Klaviermusik, 1840 gilt als sein Liederjahr, 1841 beschäftigte er sich intensiv mit Orchesterwerken, 1842 folgte die erste Periode mit Kammermusik wie den drei Streichquartetten op. 41, dem Klavierquartett und dem Klavierquintett. In allen diesen Schaffensperioden versuchte er, der entsprechenden Formgattung auf den Grund zu gehen, die Tradition zu studieren und seine eigenen Vorstellungen immer vollkommener zu verwirklichen.

Die drei Streichquartette op. 41 wurden im Juni/Juli 1842 in Leipzig innerhalb von sieben Wochen fertig gestellt. Schumann widmete sie *seinem Freunde Felix Mendelssohn Bartholdy.* Schon 1838 war ihm der Gedanke an Streichquartettkompositionen gekommen, wie sein Brief an Clara vom 11. Februar 1838 zeigt: *Auf die Quartette freue ich mich selbst, das Klavier wird mir zu enge, ich höre bei meinen jetzigen Kompositionen oft noch eine Menge Sachen, die ich kaum andeuten kann, namentlich ist es sonderbar, wie ich alles kanonisch erfinde (...) Der Melodie schenke ich jetzt große Sorgfalt.* Der Komposition ging intensive Beschäftigung mit Beethovens späten Quartetten voraus, an die sich manche stimmungsmäßige Assoziation beim Hören einstellt; bei näherer Untersuchung weisen auch dynamische Akzente und Kontraste, die imitatorischen Stimmeinsätze und manche satztechnischen Entwicklungen auf die Vorbilder hin.

Schumanns Anliegen einer „poetischen Erzählung" in fortlaufendem Fluss der Musik, wie sie sich in vielen seiner Klavierwerke darstellt, scheint kaum vereinbar mit der Strenge einer Sonatenhauptsatzform. Gerade auf dieser Verbindung beruht Schumanns musikgeschichtliche Bedeutung. Poetische Stimmungen gehen episodenhaft auseinander hervor, sind aber dennoch durch gemeinsame musikalische Strukturen verbunden. Durch fortlaufende Umformung der zugrunde liegenden Kernmotive – wie in Beethoven Spätwerk – werden Episoden und Sätze miteinander verbunden, die Fliehkräfte der – im Vergleich zur Klassik – breit ausgedehnten Sonatenform gebannt. Schumanns Melodik ist liedhaft einfach, aber rhythmisch komplex: Überbindungen über Taktgrenzen und Akzente bewirken Schwerpunktverschiebungen und schwerelosen Melodiefluss. Die Durchführung dient nicht mehr – wie in der Klassik – vor allem der Konzentration motivischer Verarbeitung, sondern überwiegend der Erweiterung des tonalen Raums, der „Hindurchführung" durch entfernte Tonartenbereiche und emotionale Sphären – eine Verschiebung, die bereits bei Schubert einsetzt.

Der **erste Satz** (***Andante espressivo – Allegro***) beginnt mit einer langsamen polyphonen Einleitung, in der die ständig abwärts gleitende Melodielinie auch in der Abfolge der Stimmen imitatorisch absteigt und den Eindruck von Trauer und Antriebslosigkeit vermittelt. Nach kurzer Überleitung mit schroffen Akkorden setzt mit dem *Allegro* das gesangliche, lyrisch-schwärmerische Hauptthema ein, das ungewöhnlicherweise in F-Dur steht und einen homophonen Kontrast zur Einleitung bildet.

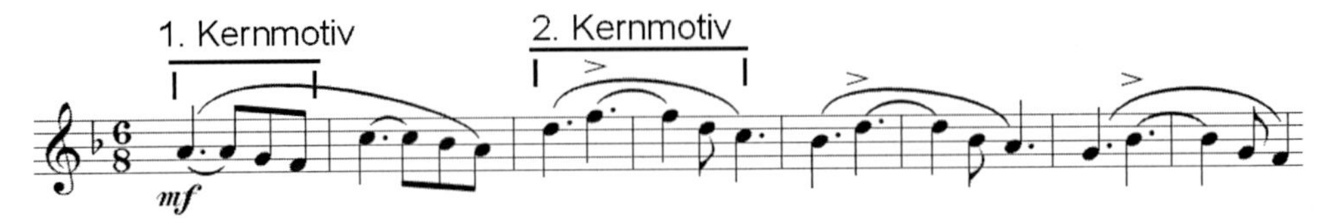

Zwei melodische Elemente aus dem 1. Thema bilden die Kernmotive des Quartetts. Akzente und Überbindungen betonen die zweite Takthälfte und führen in freiem rhythmischen Fluss ausdrucksvoll wieder zum Grundton hinab. Mit der Wiederholung setzt schon die Verwandlung ein, im Weiteren werden die beiden Elemente des Hauptthemas weiter variiert und auch imitatorisch verarbeitet. Das Seitenthema ist aus den Kernmotiven des Hauptthemas gestaltet und bildet allenfalls in Artikulation (staccato) und Polyphonie einen Kontrast.

Die Durchführung wird von Elementen beider Themen in zunächst im Staccato mit weichem Legato-Kontrapunkt gestaltet. Das zweite Thema erklingt dann sehr energisch und gleitet in Imitationen und Engführungen in entfernte Tonarten. Die Reprise entspricht im Wesentlichen der Exposition.

An zweiter Stelle steht das **Scherzo** (***Presto***). Es erinnert in seiner zarten, eilig dahinhuschenden Bewegung an Mendelssohns *Sommernachtstraum*-Musik. Es ist symmetrisch gebaut in Anlehnung an ein Rondo mit der Form A-B-A-C A-B-A. Die beiden einleitenden Takte mit Sechzehntel-Auftakten durchziehen in der Begleitung den Satz, Akzente verstärken den vorantreibenden Duktus. Enge Verwandtschaft zum Seitenthema des ersten Satzes ist unverkennbar, die Intervalle sind die des zweiten Kernmotivs.

Nach einem Zwischenteil (B), in dem sich die Akzente verdichten, kehrt der unveränderte erste Anfangsabschnitt wieder. Kontrast bietet der als *Intermezzo* bezeichnete Mittelteil (C) mit ruhigerer Bewegung und Legato-Charakter in C-Dur. Sein Thema ist dem zweiten Kernmotiv verwandt.

Der **langsame Satz (*Adagio*)** beginnt mit drei Einleitungstakten, die am Ende variiert wiederkehren, ähnlich den umschließenden Teilen einer Rahmenerzählung. Sein ruhiges, weit ausschwingendes Thema erinnert an den langsamen Satz aus Beethovens 9. Symphonie – eine Reverenz vor dem Vorbild.

Im dramatischeren Mittelteil verselbständigen sich Begleitmotive – eines davon erscheint als eine Variante des Scherzo-Themas – und führen in entfernte Tonarten und Harmonien.

Das schwungvoll und energisch dahinstürmende **Presto-Finale** ist in weiten Teilen polyphon gestaltet. Der akzentuierte, charakteristische Intervallsprung im resoluten Hauptthema beherrscht mit den heraus fallenden Achtelkaskaden durchführungsartig das Geschehen.

Wirbelnd aufsteigende Ketten gebrochener Terzen bilden die Überleitung zum Seitenthema, dessen Verwandtschaft zum Hauptthema eklatant ist und das kaum Kontrast bietet:

Eine Variante des ersten beschließt die Exposition:

Letztere Variante beherrscht die Durchführung, kontrapunktiert von den wirbelnden Terzketten. Sie endet mit zwei Takten, die an die melodische Keimzelle der späten Beethoven-Quartette erinnern.

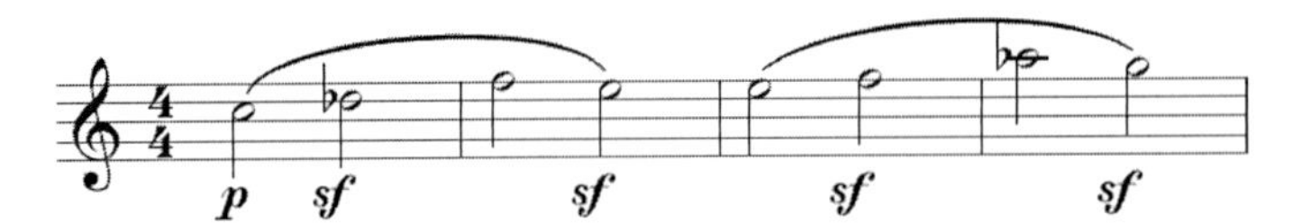

In der Reprise ist die Reihenfolge der Themen umgestellt. Zuerst leiten weiterhin die wirbelnden Terzketten in das Seitenthema, dann erscheint erst das Hauptthema. Ein eingeschobenes, entrücktes *Moderato* in A-Dur in langen Notenwerten über liegendem Grundton – eine Reminiszenz an Beethovens Quartett op. 131 – lässt die abschließende Coda umso übermütiger wirken.

Schumann hatte, ehe er Musiker wurde, sich zu sehr im Reiche der Phantasie bewegt, zu oft mit den das Feuer und die Luft bevölkernden Geistern verkehrt und in zu vertrauter Bekanntschaft mit jenen seltsamen, anziehenden, unmöglichen Wesen gelebt, wie sie dem Gehirn eines Hoffmann und Jean Paul entspringen, um seine Kunst nicht mit fortzuziehen in diese Regionen, die vielleicht minder göttlich, aber mannigfacher, phantastischer und zauberischer sind als die jenes abstrakten Gefühls, das mit Sturmeswehen, mit einem Lufthauch die schlummernden Wellen der Instrumentation in Bewegung setzt. Dabei befähigte ihn aber ein seltenes Gleichgewicht zwischen lebhaftem Enthusiasmus, feuriger Einbildungskraft und wohltemperierter Kritik, sich Rechenschaft darüber zu geben, welchen Anteil unsere verschiedenen Fähigkeiten an der Produktion von Werken dieser Art haben.

Franz Liszt

Vollendete Verbindung von Wort und Ton

Zu Schumanns Liedkompositionen

Jahre quälender Zukunftsungewissheit lagen hinter dem 29-jährigen Robert Schumann. Seine Bestimmung hatte er anfangs in Schriftstellerei und Musik gesehen. Unter dem Einfluss der Lektüre von E. T. A. Hoffmann und Jean Paul hatte er den poetischen Geist von deren Werken in Musik umzusetzen gesucht. Das juristische Studium hatte er nach zwei Semestern wieder aufgegeben. Die Begegnung mit Paganini und der Unterricht beim Klavierpädagogen Friedrich Wieck hatten den Entschluss zum Pianisten reifen lassen, doch die Lähmung seiner rechten Hand durch unmäßiges Üben beendete diesen Traum. Als Komponist zahlreicher Klavierwerke war er bereits hervorgetreten (u.a. *Papillons, Symphonische Etüden, Carnaval,* die Fantasie op. 17, *Kinderszenen, Kreisleriana,* zwei Sonaten), 1834 hatte er die *Neue Zeitschrift für Musik* gegründet. Seit vier Jahren liebte er Clara Wieck, die Tochter seines Lehrers, der in seiner Anstrengung, die beiden zu trennen, selbst vor öffentlicher Beleidigung Schumanns nicht zurückschreckte, sodass Schumann gegen Wieck wegen Verleumdung und zur Erlangung einer amtlichen Heiratserlaubnis klagte.

Das Glück schien endlich in erreichbarer Nähe. Zwischen Kämpfen, Anfällen von Schwermut und glücklichen Stunden mit Clara fand er seine Schaffenskraft wieder und flüchtete in die Komposition: 1840 wurde sein *Liederjahr,* in dem in einem wahren Schaffensrausch 138 Gedichtvertonungen und damit mehr als die Hälfte seiner insgesamt 250 Lieder entstanden. Die Eichendorff-Lieder komponierte er direkt im Anschluss an glückliche gemeinsame Tage mit Clara (17. - 30.4.) in Berlin. Am 15. Mai 1840 schreibt er an Clara: *Eichendorffsche sind es zwölfe. Die hab ich aber schon vergessen und etwas Neues angefangen.* Das *Neue* war die *Dichterliebe,* die sich sofort an die Eichendorff-Lieder anschloss und bis zum 1. Juni 1840 beendet war. Biographische Momente und intensive Beschäftigung mit Schubert nach seinem Aufenthalt 1838 in Wien scheinen das fruchtbare Liedschaffen bewirkt zu haben.

Hatte Schubert bereits das Klavierlied zu einer unerhört neuen Größe geführt und den Weg zur zyklischen Verbindung von Liedern geebnet, so war es Robert Schumann, der das in seiner Klaviermusik Erprobte auf das Lied übertrug: Die musikalische Poesie durchdringt den Klavierpart und lässt diesen über eine reine Begleitung weit hinauswachsen. Die Singstimme wird in einen dichten Klaviersatz eingebettet. Feinfühlig psychologisierend durch musikalischen Figuren und vielfältige Harmonien, mit ausdrucksvollen Vor- und Nachspielen setzt das Klavier zur Interpretation des Dichterwortes dem Gesang Gleichwertiges an die Seite und erschließt dem Text gelegentlich auch neue Bedeutungsebenen.

Clara Schumann

Robert Schumann

Joseph Freiherr von Eichendorff
Radierung von Franz Kugler

Literarische Romantik pur

Über Joseph von Eichendorff (1788-1857)

Joseph von Eichendorff entstammt einem seit dem 11. Jahrhundert in Niederbayern nachgewiesenen katholischen Landadelsgeschlecht, das durch Heirat Güter in Oberschlesien nahe der ehemals österreichischen, später preußischen, heute polnischen Stadt Ratibor erworben hatte. Dort wurde er 1788 geboren und genoss auf dem Gut Lubowitz eine unbeschwerte Kindheit, zusammen mit seinem Bruder von einem Hauslehrer unterrichtet. In Breslau schlossen sich Studien im katholischen Internat und die ersten Semester an der Universität an, wo Joseph von Eichendorffs lebenslange Theaterleidenschaft aufkeimte.

1803 schrieben sich die Brüder Eichendorff für Jura in Halle ein. Als die Universität 1806 von Napoleon aufgelöst wurde, wechselten sie nach Heidelberg, wo die Romantik zur Lebensform der Studenten wurde. Brentano, Arnim und Tieck lebten hier zeitweise, Brentano und Arnim veröffentlichten 1806 die Sammlung *Des Knaben Wunderhorn*, deren Volkspoesie und einfache Sprache Modell für romantische Lyrik werden sollte. Die Sommermonate verbrachten sie in Lubowitz, um sich um die in Konkurs geratenen Güter der Familie zu kümmern. In prekärer finanzieller Situation studierten sie bis 1810 in Wien mit dem Ziel des juristischen Abschlusses. Nach der für Eichendorff wegweisenden Begegnung und literarischen Ermunterung durch Friedrich und Dorothea Schlegel veröffentlichte er 1815 seinen ersten Roman *Ahnung und Gegenwart*, dessen Handlung – nach damaliger Tradition – von über fünfzig Gedichten unterbrochen wird. Einige davon sind in Schumanns Liederzyklus eingeflossen. Thema des Romans, der mehrfach autobiographische Züge trägt, ist die Vision der Lebensfahrt, deren Sinn Selbstverwirklichung ist, offen für alle Möglichkeiten zu Erfolg und Scheitern.

Drei Jahre lang nahm J. v. Eichendorff aus Überzeugung als Soldat an den Befreiungskämpfen gegen Napoleon teil. 1815 erhielt er vorübergehend eine Anstellung in Berlin und heiratete, absolvierte das juristische Referendariat in Breslau mit dem Abschluss 1820. Als katholischer Konsistorial- und Schulrat lebte er 1821-24 in Danzig, ab 1824 in Königsberg.

Aus dem Leben eines Taugenichts entstand 1826. Eine zeitweilige Beurlaubung ermöglichte ihm Unabhängigkeit und Raum für seine *unwiderstehliche Lust, grade nur das, was ich gesehen, gehört und durchlebt...,* zu Papier zu bringen. Ab 1831 arbeitete er in Berlin bei kärglichem Gehalt für verschiedene Ministerien und wurde 1842 zum Geheimen Regierungsrat ernannt. Sein letzter Auftrag, eine Geschichte der Danziger Marienburg zu schreiben, führte ihn nochmals nach Danzig.

Nach schwerer Krankheit ließ er sich 1844 in den Ruhestand versetzen. Im Winter 1846/47 traf er in Wien, wo er seinen Bruder besuchte, mit Robert und Clara Schumann zusammen. Bei der Familie seiner Tochter in Neiße (Oberschlesien) lebte er die letzten Jahre zurückgezogen und starb dort 1857.

Zum Eichendorff-Liederkreis, op. 39

Will man den Höhepunkt des Schumannschen Liedschaffens bezeichnen, so wird man sich für den Liederkreis op. 39 entscheiden. (W. Oehlmann in Reclams Liedführer)

In Eichendorffs Gedichten fand Schumann die reinste Romantik, die seinen eigenen poetischen Intentionen vollends entsprach. Weniger die Romantik der fahrenden Sänger – wie sie ihm in vielen Dichtungen der Zeit begegnete – begeisterte Schumann an den Gedichten, sondern er sah sich im Einklang mit dem Dichter, dass dem echten Künstler aufgetragen sei, durch seine Kunst Künder allgemein menschlicher Erfahrungen zu werden. Text und Musik finden – jeweils in ihrer eigenen Sprache – Sinnbilder für das gleiche romantische Lebensgefühl, das sich in der Beziehung des Menschen zu Natur, Gefühl, Vergangenheit, Ahnung, Grenzenlosigkeit, Geheimnis, in der Sehnsucht nach reiner Schönheit, Harmonie und Beglückung bis zur mystischen Verklärung der religiösen Sphäre zeigt. Die Eichendorff-Lieder sind musikalisch zu einem Zyklus verbunden durch einen Tonartenplan und das motivische Element der fallenden Quinte.

1. In der Fremde

Aus der Heimat hinter den Blitzen rot
Da kommen die Wolken her,
Aber Vater und Mutter sind lange tot,
Es kennt mich dort keiner mehr.

Wie bald, ach wie bald kommt die stille Zeit,
Da ruhe ich auch, und über mir
Rauscht die schöne Waldeinsamkeit,
Und keiner kennt mich mehr hier.

Von Sehnsucht eines Einsamen, zugleich von Gewitterstimmung, Waldesrauschen, Erinnerung und Todesahnung kündet das erste Lied ***In der Fremde***. Das Klavier malt in gleich bleibender Bewegung – gebrochene Dreiklänge mit akzentuiertem Spitzenton – Rauschen in der Natur, seelische Bewegtheit und Grundstimmung in schwermütigem Moll.

Die Singstimme ist zu Beginn ruhig, volkstümlich einfach, in Tonleitermelodik und geringem Tonumfang gehalten.

Die ersten eineinhalb Zeilen der zweiten Strophe – sie bilden musikalisch eine Art Mittelteil – beinhalten größere Intervallbewegung, während die längeren Notenwerte auf *ruhe ich auch* tonsymbolisch zu verstehen sind. Der dritte Abschnitt (*...und über mir rauschet...*) nimmt die Melodik des Anfangs wieder auf, am Ende verrät das größere Intervall der Quint aus dem Mittelabschnitt gesteigerte Emotion (*...keiner kennt mich mehr hier*).

2. Intermezzo

Dein Bildnis wunderselig
Hab ich im Herzensgrund,
Das sieht so frisch und fröhlich
Mich an zu jeder Stund.

Mein Herz still in sich singet
Ein altes schönes Lied,
Das in die Luft sich schwinget
Und zu dir eilig zieht.

Zart, poetisch-empfindsam, beginnt das Klavier die akkordische Einstimmung zum ***Intermezzo*** in taktverschleierndem, synkopischem Rhythmus und behält diesen als Untergrund durch das ganze Lied bei. Behutsam und verträumt schwebt darüber der Gesang in kleinen Intervallen und verdichtet sich im Laufe der ersten Strophe zu konkreterer melodischer Gestaltung und kadenzierendem Abschluss. In der zweiten Strophe schwingt sich die Melodie dem Text entsprechend empor. Der Klavierpart überbrückt die Zeilenenden mit feinen melodischen Linien der Oberstimme. Schumann gestaltet das Lied dreiteilig (A-B-A'), indem er die erste Strophe variiert wiederholt. Im poetisch-empfindsamen Klavier-nachspiel klingt die Anfangsmelodie an und wird zweimal mit ihrer melodischen Umkehrung (tonsymbolische „Spiegelung" des Bildnisses) wie zu einer zärtlich verträumten Erinnerung verwoben:

3. Waldesgespräch

Es ist schon spät, es ist schon kalt,
Was reit'st du einsam durch den Wald,
Der Wald ist lang, du bist allein,
Du schöne Braut! Ich führ dich heim! –

"Groß ist der Männer Trug und List,
Vor Schmerz mein Herz gebrochen ist,
Wohl irrt das Waldhorn her und hin,
O flieh! Du weißt nicht, wer ich bin." –

So reich geschmückt ist Ross und Weib,
So wunderschön der junge Leib,
Jetzt kenn ich dich – Gott steh mir bei!
Du bist die Hexe Loreley. –

"Du kennst mich wohl – vom hohen Stein
Schaut still mein Schloss tief in den Rhein.
Es ist schon spät, es ist schon kalt,
Kommst nimmermehr aus diesem Wald!"

Der romantischen Geisterwelt begegnet der Erzähler im ***Waldesgespräch***, es entspinnt sich ein Dialog zwischen ihm und der schönen Zauberin. Wogenden Hörnerklang in reinstem E-Dur malt das Klavier zu Beginn, schweift in ferne Tonarten (...*durch den Wald*...) und steigert sich zum Begehren des Mannes. Die Antwort der Schönen erinnert an Schubert/Goethes *Erlkönig*, die leise Stimme ist eingehüllt in gespenstische, geisterhafte Arpeggien in hellem, verführerischem C-Dur.

Die dritte Strophe beginnt wie die erste, doch mit der Erkenntnis ...*du bist die Hexe Loreley!* bricht erschreckende Dramatik aus Stimme und Klavierpart. Es ist zu spät: Ihr Zauber wirkt über ihn, ihre Arpeggien haben sich seiner Tonart E-Dur bemächtigt, sie steigert sich in höchste Stimmlage und verfällt nach drei harten Klavierakkorden in energisch-gebieterische Diktion mit punktierten Rhythmen in herrischem Forte (*...kommst nimmermehr aus diesem Wald!*).

Vorbei die Szene: Die Wald-Hörnerklänge des Beginns verhallen im Nachspiel.

4. Die Stille

Es weiß und rät es doch keiner,
Wie mir so wohl ist, so wohl!
Ach, wüsst' es nur einer, nur einer,
Kein Mensch es sonst wissen soll.

So still ist's nicht draußen im Schnee,
So stumm und verschwiegen sind
Die Sterne nicht in der Höh',
Als meine Gedanken sind.

Ich wünscht, ich wär' ein Vöglein
Und zöge über das Meer,
Wohl über das Meer und weiter,
Bis dass ich im Himmel wär'!

Die Stille schließt inhaltlich an das *Intermezzo* an: Geheimnis und Seligkeit der Liebe, auch hier in G-Dur. Sachte, vorsichtig getupfte Staccato-Akkorde begleiten die schlichte, fast gesprochene Gesangsmelodie, die mehrfach von Pausen unterbrochen ist. Das Glücksgefühl kleidet sich tänzerisch in Walzertakt. (*...Ich wünscht', ich wär' ein Vöglein...*) und drängt überschwänglich hinauf zum gehaltenen Höhepunktston (*...bis dass ich im Himmel wär'!*). Auch in diesem Lied strebt Schumann zur geschlossenen Form. Die erste Strophe wird wiederholt. Im Nachspiel sinken die getupften Akkorde in die Tiefe und klingen aus, als ob sie dort verschwiegen verschlossen würden.

5. Mondnacht

Es war, als hätt' der Himmel
Die Erde still geküsst,
Dass sie im Blütenschimmer
Von ihm nur träumen müsst.

Die Luft ging durch die Felder,
Die Ähren wogten sacht,
Es rauschten leis' die Wälder,
So sternklar war die Nacht.

Und meine Seele spannte
Weit ihre Flügel aus,
Flog durch die stillen Lande,
Als flöge sie nach Haus.

Mondnacht ist unstrittig eines der schönsten Lieder Schumanns. Ein *Traumbild der vollkommenen Harmonie zwischen Himmel und Erde* wurde es genannt. Schon das zarte Vorspiel verströmt poetische Mondesglanz-Stimmung, es umfasst sinnbildlich Himmel und Erde mit tiefstem Basston und einer aus dem Spitzenton heraus sinkenden Melodie.

Der Text der ersten Strophe mit ihrem Irrealis (*...hätt'...müsst'*) ist schon Klang an sich durch viele helle Vokale und Umlaute. Die Melodielinie der Singstimme zeichnet die Neigung des Himmels zur Erde hinab nach, vom Klavierbass unterstützt.

Viermal erscheint diese Melodielinie fast unverändert und endet jedes Mal „offen" auf dem Dominantton. Bewegung in der Stille (*...die Luft ging durch die Felder, die Ähren rauschten sacht...*) malen die sanften Akkordwiederholungen des Klaviers. Nach der poetischen Naturbeschreibung wird in der letzten Strophe der Mensch, die Seele in das Erleben einbezogen. Die Melodie beschreibt einen einzigen großen Bogen, der sich bis zum letzten Wort (*...nach Haus*) spannt. Die Harmonik malt in einer noch längeren Kette von unaufgelösten Spannungsakkorden bis zum ersten Ton des Nachspiels aus, wo das Ziel allen Strebens zu finden ist, nämlich in der mystischen Einheit von Natur und Seele, in einer religiösen Sphäre jenseits von Zeit und Raum. Die visionäre Ergriffenheit verklingt weich im Nachspiel und bebt in der Erinnerung nach.

Caspar David Friedrich: Zwei Männer, den Mond betrachtend

6. Schöne Fremde

Es rauschen die Wipfel und schauern,
Als machten zu dieser Stund
Um die halbversunkenen Mauern
Die alten Götter die Rund.

Hier hinter den Myrtenbäumen
In heimlich dämmernder Pracht,
Was sprichst du wirr wie in Träumen
Zu mir, phantastische Nacht?

Es funkeln auf mich alle Sterne
Mit glühendem Liebesblick,
Es redet trunken die Ferne
Wie von künftigem, großem Glück.

Schwärmerische Begeisterung für die phantastische, verwirrende Nacht und ihre Verheißung von künftigem, großem Glück spricht aus dem Lied ***Schöne Fremde***. Ein vollgriffiger Klaviersatz mit einem emphatischen Quartmotiv in der Oberstimme, Gegenstimme im Bass und vollen Akkordklängen im Wechsel beider Hände bildet die Grundlage zu der wie berauscht vorwärts drängenden Gesangsstimme.

7. Auf einer Burg

Eingeschlafen auf der Lauer
Oben ist der alte Ritter;
Drüber gehen Regenschauer,
Und der Wald rauscht durch das Gitter,

Eingewachsen Bart und Haare
Und versteinert Brust und Krause,
Sitzt er viele hundert Jahre
Oben in der stillen Klause.

Draußen ist es still und friedlich,
Alle sind ins Tal , gezogen,
Waldesvögel einsam singen
In den leeren Fensterbogen.

Eine Hochzeit fährt da unten
Auf dem Rhein im Sonnenscheine,
Musikanten spielen munter,
Und die schöne Braut, sie weinet.

Auf einer Burg führt in die Vergangenheit und bildet starken Kontrast zum vorhergehenden Lied. Der Klavierpart, sparsam mit wenigen Tönen und Akkorden in langen Notenwerten gestaltet, läuft vielfach mit der Gesangsmelodie parallel. Moll, archaisierendes Fugato am Anfang mit fallenden Quinten, schwankende Tonart, träge schleppender Rhythmus, wenig Bewegung im Klavier und lang nachhallende Dissonanzen ohne strebende Harmonien schildern das Jahrhunderte lange, versteinerte Sitzen des alten Ritters in beklemmender, verwunschener Stille, weit weg vom Weltgetriebe, das nur von ferne herüber hallt.

8. In der Fremde

Ich hör' die Bächlein rauschen,
Im Walde her und hin.
Im Walde, in dem Rauschen,
Ich weiß nicht, wo ich bin.

Die Nachtigallen schlagen
Hier in der Einsamkeit,
Als wollten sie was sagen
Von der alten, schönen Zeit.

Die Mondesschimmer fliegen,
Als säh' ich unter mir
Das Schloss im Tale liegen,
Und ist doch so weit von hier!

Als müsste in dem Garten,
Voll Rosen weiß und rot,
Meine Liebste auf mich warten,
Und ist doch so lange tot.

In der Fremde – bei Eichendorff lautet der Titel ***Erinnerung*** – ist voller wehmütiger Gedanken in der Einsamkeit des Waldes an die schöne alte Zeit. Die Gesangsmelodie erscheint floskelhaft. Erste und dritte sowie zweite und vierte Strophe entsprechen sich musikalisch. Das Klavier verbindet die Zeilen jeweils mit einem kurzen Drehmotiv.

9. Wehmut

Ich kann wohl manchmal singen,
Als ob ich fröhlich sei,
Doch heimlich Tränen dringen,
Da wird das Herz mir frei.

Es lassen Nachtigallen,
Spielt draußen Frühlingsluft,
Der Sehnsucht Lied erschallen
Aus ihres Kerkers Gruft.

Da lauschen alle Herzen,
Und alles ist erfreut,
Doch keiner fühlt die Schmerzen,
Im Lied das tiefe Leid.

Die ***Wehmut*** aus überfließender Emotionen, die ausgegrenzt von der Mitwelt, spiegelt sich in wohlklingenden, sehnsüchtigen Parallelbewegungen zwischen Gesang und Klavier. Die Melodie ist volksliedhaft schlicht, in erster und dritter Strophe fast gleich. Schmerz und Tränen lösen sich in süßem Dur, chromatische Überleitungstöne verleihen der getragenen, akkordischen Begleitung herbe Bitternis, besonders im Nachklang des Klaviers.

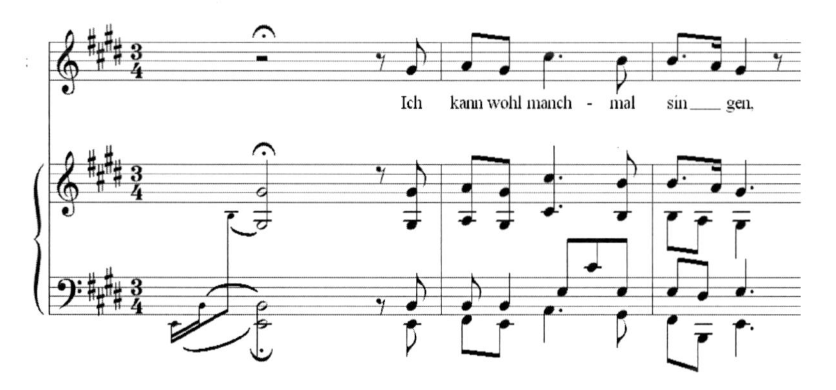

10. Zwielicht

Dämm'rung will die Flügel spreiten,
Schaurig rühren sich die Bäume,
Wolken zieh'n wie schwere Träume –
Was will dieses Grau'n bedeuten?

Hast ein Reh du lieb vor andern,
Lass es nicht alleine grasen,
Jäger zieh'n im Wald und blasen,
Stimmen hin und wieder wandern.

Hast du einen Freund hienieden,
Trau ihm nicht zu dieser Stunde,
Freundlich wohl mit Aug' und Munde,
Sinnt er Krieg im tück'schen Frieden.

Was heut gehet müde unter,
Hebt sich morgen neu geboren.
Manches geht in Nacht verloren –
Hüte dich, sei wach und munter!

Das geheimnisvoll-trübe Lied **Zwielicht** erhebt Warnung vor Dämmerung und Nacht, vor den Tücken der Welt und der Menschen. Das Klaviervorspiel führt in die fahle Stimmung ein und präsentiert das gesamte musikalische Material des Liedes. Das Quintmotiv, hier als zwielichtige, harmonisch mehrdeutige verminderte Quint (bzw. ihre Umkehrung, die übermäßige Quart), dominiert in Melodie und Harmonien.

Die in Bachscher polyphoner Zweistimmigkeit schweifende, quasi zögernd und unsicher herumirrende Achtelfigur gestaltet auch den Untergrund für die Singstimme in merkwürdig unsteter Gegen-, dann wieder Parallelbewegung zum Gesang. Der Klavierbass gibt durch überwiegend synkopischen Rhythmus ein schwankendes, unsicheres Fundament, vor allem in der dritten Strophe. Die Gesangsmelodie folgt variiertem Strophenbau, verhaucht aber in der letzten Warnung (*... hüte dich, sei wach und munter*) im beinahe geflüsterten Rezitativ – dem größtmöglichen Kontrast zur strömenden Melodik des vorherigen Liedes.

11. Im Walde

Es zog eine Hochzeit den Berg entlang,
Ich hörte die Vögel schlagen,
Da blitzten viel Reiter, das Waldhorn klang,
Das war ein lustiges Jagen!

Und eh ich's gedacht, war alles verhallt,
Die Nacht bedecket die Runde,
Nur von den Bergen noch rauschet der Wald
Und mich schauert's im Herzensgrunde.

Im Walde beginnt im fröhlich voran-treibenden Rhythmus (6/8-Takt) des Reitens zu den Dreiklängen der Jagdhörner. Von außen geht der Blick jedoch mit Einbruch der Nacht nach innen, die vollstimmigen Akkorde werden leiser und dünner. Der Gesang scheint sich zu verlangsamen durch gedehnte Notenwerte. Die letzte Zeile (*...mich schauert's im Herzensgrunde*) wird wiederholt, dabei stürzt die Tonhöhe in bodenlos tiefe Klangregionen ab – ebenso im Klavier – und es verbreitet sich eine Beklommenheit, die in sonderbarem Kontrast zum Liedanfang steht. Man ist fast an Heine-Gedichte erinnert: Die Illusion der romantischen Scheinwelt bricht auf – stattdessen zeigen sich Dunkel, Täuschung, bittere Realität.

12. *Frühlingsnacht*

Über'm Garten durch die Lüfte
Hört ich Wandervögel zieh'n,
Das bedeutet Frühlingsdüfte,
Unten fängt's schon an zu blüh'n.

Jauchzen möcht ich, möchte weinen,
Ist mir's doch, als könnt's nicht sein!
Alte Wunder wieder scheinen
Mit dem Mondesglanz herein.

Und der Mond, die Sterne sagen's,
Und im Traume rauscht's der Hain,
Und die Nachtigallen schlagen's:
„Sie ist deine, sie ist dein!"

Leidenschaftliche Verzückung und Glücksrausch sprechen aus dem Schlusslied ***Frühlingsnacht***. Vollgriffige, vorwärts drängende Triolenakkorde im Klavierpart, im Gesang in jeder Zeile schwungvoll auffliegende Melodie und vielfach punktierter, temperamentvoller Rhythmus verraten Jubel und Entzücken.

Robert Schumann
um 1840
Bildarchiv Preußischer Kulturbesitz Berlin

Heinrich Heine
1829

... *Dichter des mutigen Bekenntnisses zur Hoffnungslosigkeit* (D. Fischer-Dieskau)

Über Heinrich Heine (1797-1856)

Harry Heine – erst nach seiner christlichen Taufe nannte er sich Heinrich Heine – wurde am 13. Dezember 1797 in Düsseldorf in einer jüdischen Kaufmannsfamilie geboren. Nach seiner Schulzeit im katholischen Lyzeum begann er 1815 eine Banklehre in Frankfurt und trat 1817 in Hamburg in das Geschäft seines Onkels Salomon Heine ein. Ein Selbständigkeitsversuch mit einem eigenen Geschäft endete im Bankrott. Schon in der Schulzeit schrieb er Gedichte.

Der Onkel finanzierte ihm ein Jura-Studium. Heine studierte ein Jahr in Bonn. Hier beeindruckten den empfindsamen jungen Mann vor allem die Vorlesungen von August Wilhelm von Schlegel, dem Haupt der deutschen Romantik unter den Professoren, der deutsche Poesie im Mittelalter, romanische und englische Literatur lehrte. Die Romantik mit ihrer Liebe zur Vergangenheit und Verklärung des Mittelalters sowie die aufkeimende nationale Freiheitsbewegung beeinflussten Heines Gedankenwelt. Nach einem kurzen Semester in Göttingen, das damals als Hort der religiösen Aufklärung galt, wurde er wegen eines Duells um politische Äußerungen und Beleidigungen exmatrikuliert.

In Berlin, dem Hort der Unfreiheit der Restauration, wo ein reichhaltiges kulturelles Leben mittels energischer Zensur durchpflügt wurde, setzte er 1821-1823 sein Studium fort und traf in zahlreichen Salons, u.a. dem der Rahel Levin-Varnhagen, mit der Elite der Zeit zu geistigem Austausch zusammen. In jedem Haus pfiff und spielte man damals die Melodie des „Jungfernkranzes" aus dem gerade uraufgeführten Freischütz, besuchte die Akademiekonzerte Zelters und bestaunte den Wunderknaben Felix Mendelssohn. Heine trat zum protestantischen Glauben über. Allein der Taufzettel ermöglichte ihm als Entréebillet zur europäischen Kultur ein Amt in Preußen.

Seine intellektuelle, später auch satirisch-spöttische Haltung gegenüber aller Jenseitsgläubigkeit legte er niemals ab. *Heine war schon längst ehrlich zum Heidentum übergetreten – als er, ohne es zu meinen, zum Christentum übertrat... Er wurde, ein Menschenalter vor Nietzsche, der große Antichrist* (L. Marcuse). Wieder in Göttingen, beendete er 1825 mit der Promotion sein juristisches Studium.

Alle Versuche, irgendwo mit einer Staatsstellung Fuß zu fassen – Habilitierung in Berlin, als Anwalt oder Syndicus beim Senat in Hamburg, als Professor oder Redakteur in München – schlugen fehl. Er lebte bei seinen Eltern, reiste durch England und Italien, lebte wieder in Hamburg, verbrachte die Sommer an der Nordsee, auf Helgoland – und veröffentlichte Gedichte.

1831 nahm er seinen ständigen Wohnsitz in Paris, wo er seinen Unterhalt als Korrespondent bei französischen Zeitungen verdiente. Seit 1834 lebte er mit seiner Geliebten Mathilde zusammen, sie heirateten 1841 kirchlich in St. Sulpice nach katholischem Ritual.

1833 zeigten sich erste Lähmungen durch Rückenmarkstuberkulose. Ab 1848 war er für die letzten acht Jahre bettlägerig, gelähmt und litt unter ständigen Schmerzen. Heine starb am 17. Februar 1856 in Paris und wurde auf dem Montmartre Friedhof beigesetzt.

Heines Lyrik ist unvergleichbar in seiner Zeit mit seinen poetischen Bonmots, seiner zergliedernden Intellektualität, die gleichzeitig Harmonie sucht und zerstört. Während Eichendorff aussperrt, was den schönen Schein durchkreuzt, schließt Heines Lyrik den Zweifel, aber auch das Leiden an der Erkenntnis ein, dass das erträumte Schöne nicht Gegenwart werden kann. Dem Nebeneinander von Paradies und Vertriebensein verleiht er Ausdruck. Ohne die Sprache der Romantik, ohne ihr Aufbauen der Innerlichkeit wäre seine Destruktion nicht möglich gewesen; aber ohne diesen Einbruch des Alltags, ohne die antipoetische Wendung *hätte die Romantik nie so stark aufgeleuchtet...* (L. Marcuse). Heines Desillusionierung und Entsentimentalisierung der selbst geschaffenen romantischen Scheinwelt blieb unübertroffen.

Das *Buch der Lieder*, eine zusammenfassende Auswahl mit dem Grundthema Unglückliche Liebe und Ausgegrenztheit aus früheren Gedicht-Veröffentlichungen erschien 1827 und wurde sogleich zu einem enormen Publikumserfolg: Bis 1876 wurden 200 000 Exemplare verkauft. Besondere Popularität genossen zwar immer die der Romantik stark verbundenen Gedichte, die Dissonanzen des Aufbrechens von romantischen Traumbildern dagegen waren bei intellektuellem Publikum gefragt.

Das Fräulein stand am Meer
Und seufzte lang und bang,
Es rührte sie so sehre
Der Sonnenuntergang

Mein Fräulein! Sei'n Sie munter,
Das ist ein altes Stück;
Hier vorne geht sie unter
Und kehrt von unten zurück.

Heinrich Heine

Ich steh auf des Berges Spitze
Und werde sentimental.
„Wenn ich ein Vöglein wäre!"
Seufz' ich viel tausendmal.

Heinrich Heine

Zum Liederkreis *Dichterliebe*, op. 48

Bei Heinrich Heine fand Schumann nicht nur die natur- und volksliednahe Poesie der Eichendorff-Gedichte, sondern auch die seelische Zerrissenheit, die einen Teil seines Wesens seit mehreren Jahren zeitweise überschattet hatte. Die Gedichte, die Schumann selbst aus Heines *Lyrischem Intermezzo* zusammenstellte, beinhalten nicht nur pures Liebesglück, sondern auch Schmerz und Entsagung, sogar Scherz und bittere Ironie über Geschehnisse und eigene seelische Erlebnisse, die sich hinter den Bildern von Blumen, Vögeln, von Rosen, Lilien und Nachtigallen verbergen. Der Dichter *versteckt sein dunkles Antlitz hinter der schillernden Maske der Poesie* (W. Oehlmann in Reclams Liedführer). Entsprechend ist in den Liedern in schlicht-volkstümlichem Ton viel Hintergründiges aufzuspüren. Vielleicht spricht auch aus der Textauswahl Schumanns – so vermutet D. Fischer-Dieskau – Angst vor der Zukunft und um das Glück mit seiner geliebten Clara.

1. Im wunderschönen Monat Mai

Im wunderschönen Monat Mai,
Als alle Knospen sprangen,
Da ist in meinem Herzen
Die Liebe aufgegangen.

Im wunderschönen Monat Mai,
Als alle Vögel sangen,
Da hab' ich ihr gestanden
Mein Sehnen und Verlangen.

In ein wunderbar zartes, verzauberndes, filigranes Netz von sehnsuchtsvollen Melodiefiguren ist im Lied ***Im wunderschönen Monat Mai*** die Singstimme eingebettet.

Der Gesang, wie ein schlichtes Volkslied in beiden Strophen gleich gestaltet, erhebt sich sehnsüchtig in die Höhe und endet offen, ohne melodischen Abschluss.

Ebenso offen lässt Schumann das Klaviernachspiel auf dem spannungsvollen Dominantseptakkord enden, wie schon zwei Jahre vorher die berühmte *Träumerei* aus den *Kinderszenen*.

2. Aus meinen Tränen sprießen

Aus meinen Tränen sprießen
Viel blühende Blumen hervor,
Und meine Seufzer werden
Ein Nachtigallenchor.

Und wenn du mich lieb hast, Kindchen,
Schenk' ich dir die Blumen all',
Und vor deinem Fenster soll klingen
Das Lied der Nachtigall.

Schlicht homophon begleiten Akkorde das Lied ***Aus meinen Tränen sprießen***. Die meisten Zeilen enden fragend in einer Fermate auf dem Dominantakkord, dem das Klavier unbetonte Tonika-Floskeln nachliefert – Unsicherheit, vorsichtiges Warten, ängstliches Zögern sprechen daraus.

3. Die Rose, die Lilie

Die Rose, die Lilie, die Taube, die Sonne,
Die liebt' ich einst alle in Liebeswonne.
Ich lieb' sie nicht mehr, ich liebe alleine
Die Kleine, die Feine, die Reine, die Eine;

Sie selber, aller Liebe Wonne,
Ist Rose und Lilie und Taube und Sonne.
Ich liebe alleine die Kleine,
Die Feine, die Reine, die Eine.

Starken Kontrast zum vorhergehenden bildet das Lied ***Die Rose, die Lilie.*** Den Sprachrhythmus im voraneilenden Daktylus nimmt Schumann auf. Beinahe atemlos vor Freude und Glücksgefühl, ohne Pausen sprudeln die Worte hervor, mehr gesprochen als gesungen, in meist kleinen Intervallen, auch vom Klavier mit eiliger akkordischer Wechselbewegung zwischen rechter und linker Hand angetrieben.

4. Wenn ich in deine Augen seh'

Wenn ich in deine Augen seh',
So schwindet all' mein Leid und Weh;
Doch wenn ich küsse deinen Mund,
So werd' ich ganz und gar gesund.

Wenn ich mich lehn' an deine Brust,
Kommt's über mich wie Himmelslust;
Doch wenn du sprichst: ich liebe dich!
So muß ich weinen bitterlich.

Wiederum als Gegensatz zur hastigen Eile beinhaltet ***Wenn ich in deine Augen seh'*** zärtlich-inniges Verweilen im liebevollen Augenblick. Die volksliedhaft einfache Melodie steigert sich in der ersten Strophe zu ...*küsse deinen Mund* ..., die schlicht akkordische Begleitung ahmt echoartig die Gesangsmelodie nach. Die reinen Dreiklänge werden nur einmal getrübt:

Nur in der Musik malen ein verminderter Akkord, Chromatik im Gesang und ritardando ein kurzes Erschrecken – vor der Zukunft oder vor dem trügerischen Idyll? – das durch eine besonders innige Schlussmelodie ausgeglichen wird. Die doppelbödige Ironie des bitterlichen Weinens lässt Schumann nicht anklingen.

5. Ich will meine Seele tauchen

Ich will meine Seele tauchen
In den Kelch der Lilie hinein;
Die Lilie soll klingend hauchen
Ein Lied von der Liebsten mein.

Das Lied soll schauern und beben
Wie der Kuß von ihrem Mund,
Den sie mir einst gegeben
In wunderbar süßer Stund'.

Ich will meine Seele tauchen ist das letzte der idyllischen, von Glück überströmten Lieder. Das Klavier umhüllt wie ein zarter Schleier die Singstimme mit Arpeggien – wie im Bild die Lilie und der Klang von der Liebsten die Seele. Die Singstimme bewegt sich nur in engem Tonraum. Das Wort wunderbar hebt Schumann heraus durch eine Triole, die kurzzeitig den gleichförmigen, traumhaften Fluss aus den Angeln zu heben scheint. Im Nachspiel übernimmt das Klavier die melodische Linie, führt sie absteigend – wie vorausahnend – in die tieferen Klangregionen und seelischen Schattierungen der nächsten Lieder.

6. Im Rhein, im heiligen Strome

Im Rhein, im heiligen Strome,
Da spiegelt sich in den Well'n
Mit seinem großen Dome
Das große, heil'ge Köln.

Im Dom da steht ein Bildnis,
Auf goldnem Leder gemalt;
In meines Lebens Wildnis
Hat's freundlich hineingestrahlt.

Es schweben Blumen und Eng'lein
Um unsre liebe Frau;
Die Augen, die Lippen, die Wänglein,
Die gleichen der Liebsten genau.

Im Rhein, im heiligen Strome vergleicht die Liebste mit einem Marienbildnis – die Ahnung von ihrer Unerreichbarkeit ist angedeutet. Majestätischer, schwerfällig starrer, punktierter Rhythmus, Mollstimmung in tiefen Klangregionen und polyphone Struktur bachscher Kirchenmusik beherrschen das Lied. Der Gesang bewegt sich wie eine Choralmelodie in kleinen Intervallen, beim heiligen Köln in einem kirchentonalen, phrygischen (Halbton über dem Grundton) Melodieschluss. In langen wuchtigen Oktaven erklingt der Klavierbass, an eine Orgel gemahnend.

Die zweite Strophe, das liebliche Bildnis, ist heller in Dur gehalten. Doch dann nehmen finstere Dissonanzen zu, eine schwermütige chromatisch fallende Linie senkt sich im Klavierpart. Das lange Nachspiel knüpft an das Vorspiel an, um alle melodischen Linien in tiefste Klavierbassregionen zu versenken.

7. Ich grolle nicht

Ich grolle nicht, und wenn das Herz auch bricht,
Ewig verlor'nes Lieb ! Ich grolle nicht.
Wie du auch strahlst in Diamantenpracht,
Es fällt kein Strahl in deines Herzens Nacht.
Das weiß ich längst.

Ich grolle nicht, und wenn das Herz auch bricht,
Ich sah dich ja im Traume,
Und sah die Nacht in deines Herzens Raume,
Und sah die Schlang', die dir am Herzen frisst,
Ich sah, mein Lieb, wie sehr du elend bist.

Weit ausgreifend, nicht mehr im Volksliedton, bewegt sich die Gesangsmelodie in ***Ich grolle nicht***. Hämmernd wiederholte Akkorde des Klaviers, bei ähnlich lastendem, tiefem Bass wie im vorhergehenden Lied, symbolisieren Trotz und Auflehnung, die als Grundstimmung das ganze Lied durchziehen – wenn auch der Text sagt: *Ich grolle nicht*.

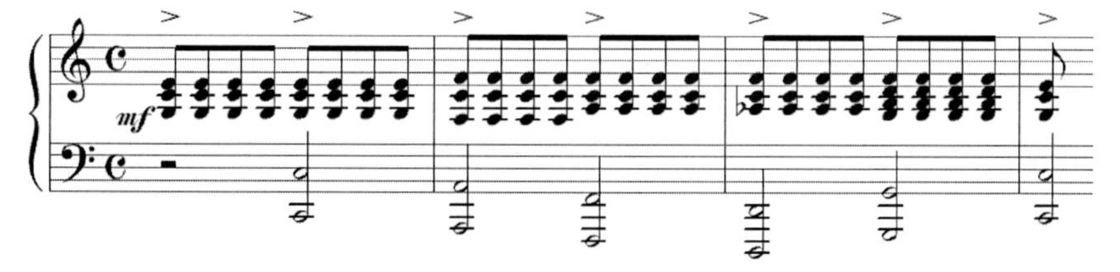

Einem qualvollen Ausbruch und Aufschrei gleicht die Steigerung der Gesangsmelodie zu den höchsten Tönen im ganzen Liederzyklus:

Ich grolle nicht wiederholt Schumann wie eine insistierende Anweisung an sich selbst.

8. Und wüssten's die Blumen

Und wüssten's die Blumen, die kleinen,
Wie tief verwundet mein Herz,
Sie würden mit mir weinen,
Zu heilen meinen Schmerz.

Und wüssten's die Nachtigallen,
Wie ich so traurig und krank,
Sie ließen fröhlich erschallen
Erquickenden Gesang.

Und wüssten sie mein Wehe,
Die goldenen Sternelein,
Sie kämen aus ihrer Höhe,
Und sprächen Trost mir ein.

Sie alle können's nicht wissen,
nuur eine kennt meinen Schmerz;
Sie hat ja selbst zerrissen,
Zerrissen mir das Herz.

Im nächsten Lied ***Und wüssten's die Blumen*** ist die Singstimme lieblich eingebettet in zart flirrenden Klang. Die Gesangsmelodie fällt meist am Ende der Zeile wie kummervoll bedrückt nach unten ab. Das Wort zerrissen zerreißt buchstäblich die Musik: Die Klanghülle des Klavier bricht um in schroffe Akkorde. Das Nachspiel malt in zackigen Linien die Verzweiflung nach.

9. Das ist ein Flöten und Geigen

Das ist ein Flöten und Geigen,
Trompeten schmettern darein
Da tanzt wohl den Hochzeitreigen
Die Herzallerliebste mein.

Das ist ein Klingen und Dröhnen,
Ein Pauken und ein Schalmei'n;
Dazwischen schluchzen und stöhnen
Die lieblichen Engelein.

Das ist ein Flöten und Geigen kleidet sich in penetranten Walzertakt mit stampfendem Bass und ironisch plump wiederholten Allerweltsmelodiefloskeln: der Hochzeitsreigen der Allerliebsten. Die Singstimme wird von den Walzerfiguren fast überdeckt. Im Nachspiel will der penetrante Tanz nicht schweigen – und bricht dann doch in den letzten Takten in Resignation in chromatischer Abwärtsbewegung hörbar in sich zusammen.

10. Hör' ich das Liedchen klingen

Hör' ich das Liedchen klingen, *Das einst die Liebste sang,* *So will mir die Brust zerspringen* *Von wildem Schmerzendrang.*	*Es treibt mich ein dunkles Sehnen* *Hinauf zur Waldeshöh',* *Dort löst sich auf in Tränen* *Mein übergroßes Weh'.*

In der Schmerzenstonart g-moll (Mozart) kündet das Lied ***Hör ich das Liedchen klingen*** von *übergroßem Weh.* Schon im Vorspiel klingt in den Spitzentönen der weit auseinander gezogenen, gebrochenen Dreiklänge des Klavierparts das Liedchen der Liebsten nach, das das Elend verursacht. Kummervoll bedrückt wirkt die schlichte, langsam schleppende Gesangsmelodie. Das Nachspiel drückt bittere Resignation aus, wenn es die Melodie zunächst mit schmerzlichen chromatischen Durchgängen emotional auflädt und schließlich in tiefe Klangregionen hinab senkt.

11. Ein Jüngling liebt ein Mädchen

Ein Jüngling liebt ein Mädchen, *Die hat einen andern erwählt;* *Der andre liebt eine andre,* *Und hat sich mit dieser vermählt.*	*Das Mädchen nimmt aus Ärger* *Den ersten besten Mann,* *Der ihr in den Weg gelaufen;* *Der Jüngling ist übel dran.*	*Es ist eine alte Geschichte,* *Doch bleibt sie immer neu;* *Und wem sie just passieret,* *Dem bricht das Herz entzwei.*

In nur acht Zeilen erzählt Heine in ***Ein Jüngling liebt ein Mädchen*** eine ganze Geschichte – die alte, die immer neu ist, samt einem weitern Vierzeiler mit der „Moral aus der Geschicht'" in sarkastisch-spöttischem Tonfall. Schumann nimmt diesen Ton auf in einem Vor- und Begleitspiel, das mit sprunghaften Intervallen und Akkorden, mit kecken Betonungen gegen den Takt, aber in einfachen Kadenz-Abläufen die Singstimme schaukelnd untermalt. Man denkt fast an einen Leierkasten, der gleichförmig eine Moritat begleitet. Das Nachspiel steigert die Ironie, indem triviale Kadenzakkorde beharrlich wiederholt werden, gefolgt von kräftigen Tonika-Akkorden, ein stumpfsinnig-banaler Schluss wie ihn Schumann sonst nicht schrieb – und eine geniale Übertragung von Heines Sarkasmus in Musik!

12. Am leuchtenden Sommermorgen

Am leuchtenden Sommermorgen *Geh' ich im Garten herum.* *Es flüstern und sprechen die Blumen,* *Ich aber wandle stumm.*	*Es flüstern und sprechen die Blumen,* *Und schaun mitleidig mich an:* *Sei unserer Schwester nicht böse,* *Du trauriger blasser Mann.*

Ein poetisches Meisterwerk ist das Lied ***Am leuchtenden Sommermorgen.*** Zart und verträumt malt das Klavier glitzernde, durch die Blätter fallende Sonnenstrahlen. Zarte harmoniefremde Töne in den fallen Arpeggien zaubern eine Stimmung von elegischer Stille. Sie umhüllen die Gesangsmelodie des Erzählers, der langsam und teilnahmslos in der flimmernden Pracht umher irrt.

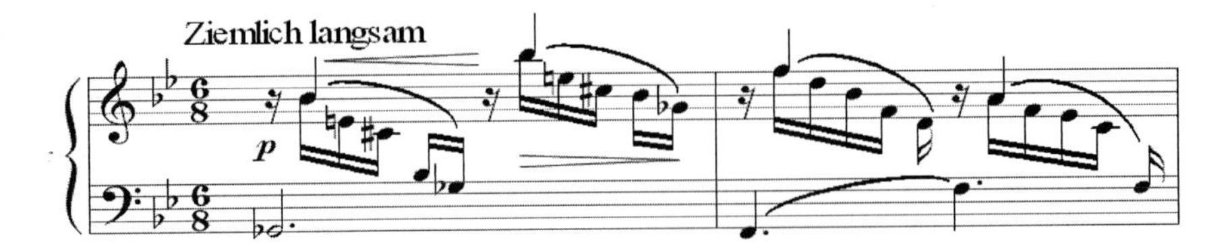

Ausweichungen in entfernte Tonarten (*...sprechen die Blumen... und Sei unsrer Schwester nicht böse...*) charakterisieren märchenhafte Zuwendung aus der Welt der Natur. Das lange Nachspiel nimmt mit duftig-poetischen, ineinander verschränkten Melodielinien den Schluss des Liederzyklus' voraus, wie eine Ahnung von der Überwindung des Kummers.

13. *Ich hab' im Traum geweinet*

Ich hab' im Traum geweinet,
Mir träumte, du lägest im Grab.
Ich wachte auf, und die Träne
Floß noch von der Wange herab.

Ich hab' im Traum geweinet,
Mir träumt', du verließest mich.
Ich wachte auf, und ich weinte
Noch lange bitterlich.

Ich hab' im Traum geweinet,
Mir träumte, du wär'st mir noch gut.
Ich wachte auf, und noch immer
Strömt meine Tränenflut.

Ich habe im Traum geweinet ist ein schauerliches Lied der Verlassenheit in es-moll, in dem die Singstimme allein, verlassen von Begleitung, rezitativisch fast flüsternd auf einem Ton deklamiert, das Klavier füllt mit einem leisen, dumpfen, stockenden Staccato-Akkordmotiv die langen, unheimlichen Pausen.

Erst in der dritten Strophe kommen Singstimme und Klavier zusammen in weichem Dur, das die Emotion der Aussage verstärkt. Der Schluss *... noch immer strömt meine Tränenflut ...* ist doppeldeutiges Spiel, romantische Ironie. Die Illusion des Geliebtwerdens zerstäubt mit dem Erwachen ebenso wie der ganze Dichterliebe-Traum – übrig bleibt die Tränenflut über das pure Nichts der realen Gegenwart. Das finstere Nachspiel lebt von langen Pausen zwischen den dumpfen Motiven.

14. Allnächtlich im Traume

Allnächtlich im Traume seh' ich dich
Und sehe dich freundlich grüßen,
Und laut aufweinend stürz' ich mich
Zu deinen süßen Füßen.

Du siehest mich an wehmütiglich
Und schüttelst das blonde Köpfchen;
Aus deinen Augen schleichen sich
Die Perlentränentröpfchen.

Du sagst mir heimlich ein leises Wort
Und gibst mir den Strauß von Zypressen.
Ich wache auf, und der Strauß ist fort,
Und 's Wort hab' ich vergessen.

Das Spiel mit Traumillusionen setzt sich fort in ***Allnächtlich im Traume***. Schon die Wortwahl Heines lässt eine feine, spöttische Distanz zur eigenen Aussage vermuten (*...süßen Füßen..., Köpfchen..., Perlentränentröpfchen...*). Hier ist das Erwachen wirklich ein Zerplatzen des Phantasie-Wunschbilds (*...fort, ...vergessen*). Die melodisch geführte Singstimme ist durchsetzt von Atempausen, die wie erschrockenes Staunen wirken. Das Klavier erfüllt, außer in kurzen Strophenzwischenspielen, nur akkordisch stützende Funktion.

15. Aus alten Märchen

Aus alten Märchen winkt es
Hervor mit weißer Hand,
Da singt es und da klingt es
Von einem Zauberland;

Wo bunte Blumen blühen
Im gold'nen Abendlicht,
Und lieblich duftend glühen,
Mit bräutlichem Gesicht;

Und grüne Bäume singen
Uralte Melodei'n,
Die Lüfte heimlich klingen,
Und Vögel schmettern drein;

Und Nebelbilder steigen
Wohl aus der Erd' hervor,
Und tanzen luft'gen Reigen
Im wunderlichen Chor;

Und blaue Funken brennen
An jedem Blatt und Reis,
Und rote Lichter rennen
Im irren, wirren Kreis;

Und laute Quellen brechen
Aus wildem Marmorstein.
Und seltsam in den Bächen
Strahlt fort der Widerschein.

Ach, könnt' ich dorthin kommen,
Und dort mein Herz erfreu'n,
Und aller Qual entnommen,
Und frei und selig sein!

Ach! jenes Land der Wonne,
Das seh' ich oft im Traum,
Doch kommt die Morgensonne,
Zerfließt's wie eitel Schaum.

Traumgebilde sind, wie das Gedicht ***Aus alten Märchen*** besagt, ein Zauberland der Phantasie *im gold'nen Abendlicht*, tanzend gaukeln sie uns Seligkeit und das Ende aller Qual vor. Sie haben als glückliche Flucht-Momente aus der Realität ihre Berechtigung – hinterlassen aber eine wehmütige Sehnsucht nach dem *Land der Wonne*, wenn der *eitel Schaum* zerfließt. Den begeisternden Traum malt Schumann in schwungvollem 6/8-Takt in hellem Licht der Dur-Akkorde. Die Singstimme drängt wie berauscht, beseligt, verzückt, fast ohne Atempausen voran in immer neue Tonarten-Bereiche, steigert sich euphorisch zu immer größerem Tonumfang und weiteren Melodiebögen.

Ruhiger wird die Diktion – mit innigster Empfindung schreibt Schumann vor – beim Ausdruck der Sehnsucht in Vergrößerung des Hauptthemas (Ach könnt ich dorthin kommen...). Mit dem Wort Morgensonne verschwindet der kraftvolle rhythmische Impuls, er bleibt sozusagen in dissonanten (verminderten) Akkorden stehen. Im Klaviernachspiel leuchtet der Traum mit dem hellen Thema noch einmal kurz auf, verklingt aber in tieferen Tonregionen.

16. Die alten, bösen Lieder

Die alten, bösen Lieder,
Die Träume bös' und arg,
Die lasst uns jetzt begraben,
Holt einen großen Sarg.

Hinein leg' ich gar manches,
Doch sag' ich noch nicht, was;
Der Sarg muss sein noch größer,
Wie's Heidelberger Fass.

Und holt eine Totenbahre,
Und Bretter fest und dick;
Auch muss sie sein noch länger,
Als wie zu Mainz die Brück'.

Und holt mir auch zwölf Riesen,
Die müssen noch stärker sein
Als wie der starke Christoph
Im Dom zu Köln am Rhein.

Die sollen den Sarg forttragen,
Und senken ins Meer hinab;
Denn solchem großen Sarge
Gebührt ein großes Grab.

Wisst ihr, warum der Sarg wohl
So groß und schwer mag sein?
Ich senkt' auch meine Liebe
Und meinen Schmerz hinein.

Spöttische Distanz zu sich selbst und seinen Phantasien in der Dichtung spricht aus dem Schlussgedicht ***Die alten, bösen Lieder*** – alles wird jetzt begraben mitsamt dem romantischen Traum von Liebe. Das Klavier beginnt mit entschlossenen Fortissimo-Oktaven. Den bissigen Humor hinter den Zeilen scheint die helle, schaukelnde Klavierunterlage auszudeuten: Wie ein irrlichternder Totentanz unter Augenzwinkern wirken die Wechsel von Bindung und Staccato.

Größer..., stärker..., länger... betonen Melodie und Begleitung gleichermaßen durch pathetische, kraftvolle Aufwärtsbewegung und kräftige, bestätigende Schlüsse, das Versenken und das Gewicht des Sargs durch betonte, lange, tiefe, volltönende Akkorde. Mit den letzten Textzeilen (*Ich senkt' auch meine Lieder und meinen Schmerz hinein*) ändert sich der Charakter völlig: Im langsamen Adagio-Tempo klingen die glücklichen Lieder und Momente des Anfangs herein. Das lange Klaviernachspiel (in Dur!) nimmt die verträumte musikalische Lyrik des Einsamkeitsliedes (*Am leuchtenden Sommermorgen*) auf und wandelt dann die Melodielinien in großen Bögen in den versöhnlichen Ausklang – der musikalische Dichter der Klavierpoesie spricht das Schlusswort!

Otto Nicolai
1842

Otto Nicolai

1810-1849

Otto Nicolai wurde 1810 – im gleichen Jahr wie Schumann und Chopin – in Königsberg geboren. Er erhielt ersten Musikunterricht von seinem strengen Vater, dem er 16-jährig entfloh. In Berlin studierte er Kirchenmusik u.a. bei C. Fr. Zelter. Ab 1833 wirkte er als Organist der Preußischen Gesandtschaft in Rom, wo er intensiv die italienische Musik studierte. 1837 übernahm er das Kapellmeisteramt am Wiener Kärntnertor-Theater. In weiteren drei Jahren in Rom begann er mit Opernkompositionen. 1841 wurde er Kapellmeister an der Wiener Hofoper, begründete die Wiener Philharmonischen Konzerte und damit die Wiener Philharmoniker mit ausschließlich professionellen Musikern, intensiver Probenarbeit und damals neuem Leistungsstand. 1847 wechselte er als Kapellmeister an die Königliche Oper Berlin und übernahm von Mendelssohn den Domchor. Nur acht Wochen nach der Uraufführung seiner bekanntesten Oper Die lustigen Weiber von Windsor, starb er 1849 in Berlin mit knapp 39 Jahren an einem Schlaganfall. Sein Schaffen umfasst neben sieben Opern und einer Symphonie vor allem geistliche Chorwerke und Lieder.

Meisterwerk der musikalischen Komödie

Zur Oper *Die lustigen Weiber von Windsor*

Wie kaum ein Komponist seiner Zeit beschäftigte sich Nicolai mit dem Unterschied zwischen italienscher und deutscher Musik und strebte nach einer Verschmelzung beider im Sinne Mozarts, nach Verbindung von Grazie, Schlagkraft und Belcanto-Technik italienischer Opernmelodien mit deutscher Schule.

Letztere hatte er beim Thomaskantor Zelter eingehend studiert. Prägnant und überspitzt formulierte er Thesen, die sogleich überall Kritik erregten: Der Italiener ginge ins Theater allein um sich zu vergnügen, während der wahre Genuss doch erst stattfinde, wenn auch das Denkvermögen beschäftigt werde. Italienische Opernmelodien blieben stets *klangvolle Musik*, auch wenn man sie *instrumentaliter* spiele, von Melodien deutscher Opern bliebe in diesem Fall kaum noch etwas übrig.

Mit einigen Opern in italienischer Sprache hatte Nicolai bereits große Erfolge gefeiert (*Enrico II.* und *Templario*). Sein höchstes Bestreben war jedoch eine deutsche Oper. Bloße Übersetzung und Umarbeitungen seiner italienischen Werke genügten ihm nicht. Doch die Suche nach einem befriedigenden Textbuch zog sich hin. Das Libretto seiner schließlich einzig dauerhaften Erfolgsoper nach Shakespeares Lustspiel *The merry wives of Windsor* schrieben ihm Jacob Hoffmeister, den größten Teil Samuel H. Mosenthal, die gesprochenen Zwischentexte Nicolai selbst. Die Komposition begann er 1846 in Wien. Als die Wiener Hofoper das Stück ablehnte, verlängerte er seinen Vertrag nicht und nahm – bereits gesundheitlich leidend – das Angebot aus Berlin an, wo er die Oper vollendete. Hier wurde sie unter Nicolais Leitung am 9. März 1849 uraufgeführt, noch dreimal unter seiner Leitung wiederholt und stets mit großer Begeisterung aufgenommen. Acht Wochen später, am 11. Mai 1841, starb Nicolai.

Die Ouvertüre

Den Feenzauber im Schlosspark (2.Akt) nimmt der Beginn der meisterhaften, romantisch wirkungsvollen Ouvertüre voraus. Zu geheimnis- und spannungsvoll ausgehaltenen Oktaven der Geigen, später auch der Kontrabässe erklingt in den tieferen Streichern eine ruhige „Sommernachtsmelodie", die auf die anderen Instrumente übergreift und quasi ein nächtliches Idyll zaubert.

Den beschleunigten Teil gestalten kecke Tonwiederholungen im Staccato und ein schwungvolles Dreiklangsmotiv:

Sommernachtstraum-artig geistern Koboldmotive zwischen Holzbläsern und Streichern hin und her.

Im schnellen Hauptteil dominiert folgendes schelmisch-übermütige Thema, effektvoll steigert es sich zu jahrmarktähnlich lärmendem Schwung mit turbulentem Ausklang.

Lied des Falstaff : *„Als Büblein klein"*

In seiner theatralischen Komik ist dieses Lied ein Paradestück für einen Buffo-Bass.

Schlichte, eingängige Vortragsmelodik in Singspielart und Strophenform wechseln mit komisch wirkenden, tiefsten Tönen des Bass-Registers, mit denen sich Falstaff brüstet (nur Osmin in der Entführung aus dem Serail, ebenfalls eine komische Rolle, singt noch einen Ton tiefer):

Das Orchester malt mit sinkenden und schwankenden Tonfolgen die Bewegungen der Betrunkenen. Grotesk wirkt der eingefügte Gesang der Bürger, ein Trauergeleit in cis-moll mit marschähnlichen Orchestereinwürfen in punktiertem Rhythmus.

Rezitativ und Duett Falstaff – Herr Fluth: *„Gott grüß Euch, Sir! ... In einen Waschkorb!"*

Mit einem Rezitativ (Maestoso) beginnt das Zusammentreffen und die gegenseitige Vorstellung der beiden stattlichen, verschrobenen, dennoch sehr verschiedenen Persönlichkeiten. Falstaff ist ganz er selbst und mit Begeisterung beim Abenteuer, Herr Fluth, verstellt als Herr Bach, ist die Eifersucht in Person. Er kann sich kaum bezwingen in seiner Rolle, stellt sich aber auf den musikalischen Ausdruck des Gegenübers ein. Das Orchester stützt den Gesang, unterstreicht dabei gelegentlich Gesten wie Verbeugung, Zuprosten, das Geheimnis, das Schmeicheln und die verhaltene Wut des Herrn Fluth sowie das Prahlen Falstaffs. Das folgende Duett beginnt im schwerfälligen Andante und steigert sich mit kecken Melodien des Orchesters:

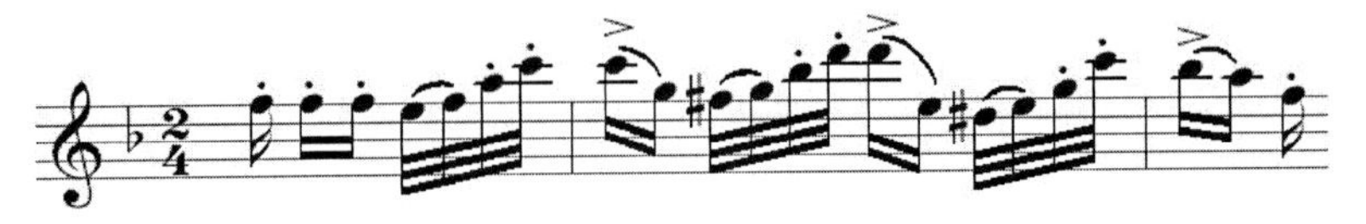

Immer hitziger folgen die Entgegnungen beider, von Staccato und Akzenten des Orchester angetrieben. Schließlich stimmt Falstaff sein schwungvoll-komisches Lied an, in das Herr Fluth sogleich einstimmt.

In größter Einigkeit – in dennoch völlig gegensätzlicher Absicht – steigern sie sich gemeinsam in ihrer Vorfreude in eine typisch italienische Stretta.

Clara Schumann
1847

Clara Schumann

1819-1896

Clara Wieck wurde 1819 in Leipzig als Kind des Musikpädagogen Friedrich Wieck geboren. Mit fünf Jahren erhielt sie den ersten Klavierunterricht vom Vater, ab 1830 Theorie- und Kompositionsunterricht, u.a. beim Thomaskantor Theodor Weinling, zudem Violin- und Gesangsunterricht. Neunjährig trat sie erstmals im Leipziger Gewandhaus auf, ab dem zwölften Lebensjahr ging der Vater mit ihr auf Konzerttourneen, u.a. nach Berlin, Wien und Paris, wo u.a. auch Berlioz und Meyerbeer ihr pianistisches Können bewunderten. Nach langem Widerstand des Vaters heiratete sie 1840 Robert Schumann. Ab 1853 verband sie eine enge, lebenslange Freundschaft mit Johannes Brahms. Nach Roberts frühem Tod (1856) musste sie für ihre sieben Kinder sorgen und konzertierte weiter bis Kopenhagen, Holland, England, Frankreich und Russland. Ab 1878 lehrte sie am Hochschen Konservatorium in Frankfurt und gab die gesammelten Werke Robert Schumanns heraus. Sie starb 1896 in Frankfurt.

Mehr als nur „Frauenzimmerarbeit"

Zu Clara Schumanns Klaviertrio g-moll, op. 17

Clara Schumanns kompositorisches Werk umfasst zahlreiche Klavierstücke wie Walzer, Polonaisen, Romanzen, Variationen und eine Sonate, ferner Lieder für Gesang und Klavier nach Texten u.a. von Heine und Rückert, Chorlieder, drei Romanzen für Klavier und Violine, ein Klaviertrio, ein Konzert und ein Concertino-Satz für Klavier und Orchester, außerdem schrieb sie Kadenzen zu Beethovens 3. und 4. Klavierkonzert und Mozarts d-moll-Konzert und bearbeitete mehrere Werke Roberts für Klavier zu vier Händen.

Dass das kompositorische Oeuvre einer in ganz Europa gefeierten Pianistin, die das europäische Musikleben des 19. Jahrhunderts prägte, die zudem durch acht Schwangerschaften, familiäre Pflichten und Sorgen um die labile Gesundheit ihres Gatten belastet war, schmal ausfallen musste, liegt auf der Hand. Kompositionen einer Frau unterlagen zudem Vorbehalten, wenn auch nicht ihres Gatten, der sie eher zum Komponieren ermunterte, obwohl er Anleihen aus ihren Werken in die seinen übernommen haben soll – ganz im Gegensatz zu Fanny Mendelssohn, der das Komponieren von ihrem Bruder fast gänzlich ausgeredet wurde.

Der Genius Roberts, nach dessen Tod sie leider nur noch eine einzige Romanze in h-moll für Klavier komponierte, ließ Clara selbst an der Qualität ihrer Werke zweifeln. Über ihr 1846 entstandenes Klaviertrio schrieb sie in ihr Tagebuch: *Es sind einige hübsche Stellen in dem Trio, und wie ich glaube, ist es auch in der Form ziemlich gelungen.... Natürlich bleibt es immer Frauenzimmerarbeit, bei denen es immer an der Kraft und hie und da an der Erfindung fehlt.*

Die romantische Tonsprache ihres Klaviertrios lässt sich aber durchaus mit der Robert Schumanns vergleichen. Das Trio entstand zwischen Mai und September 1846, in ihrem 26. Lebensjahr. Es ist ihre erste Kammermusikkomposition und zugleich ihr umfangreichstes Werk. Im Jahr zuvor hatte sie mit Robert zusammen kontrapunktische Studien an Bachs *Wohltemperiertem Klavier* gepflegt und drei Präludien und Fugen (op.16) komponiert. Sonatenform, Entwicklung des Themenmaterials, die vielseitige Verwandlung der musikalischen Charaktere, gekonnte Imitationstechnik und kraftvolle Fugati im letzten Satz zeigen ihre kontrapunktische Ausbildung und kammermusikalische Erfahrung als ausübende Musikerin.

Die Violine eröffnet den **ersten Satz (*Allegro moderato*, g-moll)** mit dem ernsten, weiträumigen, vorwärts drängenden Hauptthema.

Der punktierte Rhythmus verleiht dem weiteren Verlauf Kraft und Schwung, den das akkordisch-synkopische Seitenthema nur vorübergehend unterbricht. Das Quintmotiv aus dem ersten Takt des Hauptthemas gestaltet den ersten, dramatischen Teil der Durchführung.

Das **Scherzo (*Tempo di Menuetto*)** lebt vom Gegensatz zwischen einem launig-rhythmischen Kopfmotiv und chromatisch fallenden Legato-Melodielinien.

Den Mittelteil (Trio) in Es-Dur beherrschen fortwährende Synkopen, es entsteht ein hemiolischer Rhythmus, der das Taktgefüge ständig ins Wanken bringt.

Der **langsame Satz (*Andante*, G-Dur)** ist dreiteilig (ABA') angelegt. Das Klavier beginnt mit dem schlichten, lyrischen Thema, das die Streicher mit Nachdruck leidenschaftlich steigern. Der Mittelteil hebt sich durch scharf punktierte Rhythmen und bewegtere Melodik ab. Im ganzen Satz zeigt sich die Pianistin Clara Schumann in der weiten, klangvollen Akkordbegleitung, insbesondere des variierten Schlussteils.

Der **Schlusssatz (*Allegretto*, g-moll)** nimmt die Stimmung des ersten Satzes in g-moll wieder auf.

Das Thema mit seiner Chromatik und der fallenden Melodik erfährt eine Steigerung seines engen Tonraums durch eine kontrapunktische Gegenmelodie. Höhepunkt der Bearbeitung im bewegteren Mittelteil ist ein energisches Fugato.

Die Kinder von Clara und Robert Schumann

Martina Mayer-Voigt Flöte

In Heidelberg geboren, kam ich als Kind nach Icking und besuchte hier das Gymnasium. Mein Instrument ist die Querflöte, mit dem ich nach Schule und Studium lange pausierte. Ab 1988 nahm ich wieder Flötenunterricht bei Matt Boynick und wirkte im ersten 1. Konzert der Ickinger Laienphilharmoniker im Dezember 1989 in der alten Aula des Gymnasiums Icking mit. Die Zuhörer waren begeistert, auch wenn die Intonation nicht immer perfekt war. Seitdem spielte ich fast alle Konzerte des Orchesters mit.

Musik hilft mir, mich zu fokussieren und zeigt mir meine Möglichkeiten, aber auch meine Grenzen auf. Ohne die regelmäßige Orchestertätigkeit würde ich wahrscheinlich nicht mehr spielen. Die unterschiedliche Programmauswahl offenbart, was auch für Laien möglich ist.

Mir hat es immer viel Freude bereitet, die unterschiedlichsten Werke kennen zu lernen, die mir eine differenzierte Hörerfahrung ermöglichten. Highlights waren für mich die Konzerte in Benediktbeuern, Kloster Schäftlarn und die Orchesterreise nach Frankreich, also Werke, in denen Chor, Solisten und Orchester zusammen musizierten.

Heute bin ich tätig als Musiktherapeutin und Sozialpädagogin in einer psychosomatischen Klinik. Meine Familie (3 inzwischen erwachsene Kinder) hat mich immer unterstützt, vor allem in den Anfangsjahren, als es manchmal nicht einfach war, Familie, Beruf und die Probenarbeit unter einen Hut zu bringen.

Martina Mayer-Voigt

Johannes Brahms
1874

Johannes Brahms

1833-1897

Johannes Brahms, 1833 als Sohn eines Musikers in Hamburg geboren, trat schon in seiner Jugend als Pianist und Wunderkind mit seinem Vater in Hamburger Tanzlokalen auf. Nach gründlicher Ausbildung machte er sich einen Namen als Pianist und Klavierbegleiter, u.a. des berühmten Geigers Joseph Joachim, der ihn an Robert Schumann empfahl. Schumanns Aufsatz *Neue Bahnen* machte den Namen des 23-Jährigen in der Musikwelt bekannt. Eine tiefe Freundschaft zu dessen Frau, der Pianistin Clara Schumann, pflegte Brahms sein ganzes Leben. 1863 wurde er zum Leiter der Wiener Singakademie berufen und lebte fortan in Wien. Hoch geehrt und nur ein knappes Jahr nach Clara Schumann starb Brahms 1897 in Wien.

Brahms‘ Bedeutung in der Musik des 19. Jahrhunderts

Die Bedeutung musikgeschichtlich überragender Werke beruht meist entweder auf einer in ihrer Zeit neuen Idee, sie stehen also als einmaliger Entwurf am Anfang einer neuen Entwicklung, oder sie fassen die Traditionen der Vergangenheit in überragender Weise zusammen, stehen im Zenit einer Entwicklung. In der Epoche der Klassik gehören beispielsweise die Symphonien und Streichquartette Haydns zur ersten, Mozarts Opern zur zweiten Gruppe. Hector Berlioz' *Symphonie fantastique* ist ein Beispiel für ein Einzelwerk der ersten, Bachs Matthäuspassion eines der zweiten Kategorie. Exemplarisch deutlich wird an Brahms‘ 4. Symphonie, dass er als der entscheidende Wahrer der Traditionen und Vermittler zwischen den Epochen im 19. Jahrhundert zu sehen ist. Er vereint musikalische Formprinzipien der Barockzeit (Passacaglia, gelegentlich archaisierende Harmonik), der Klassik (Sonatenform, symphonische Viersätzigkeit, Orchesterbesetzung) mit der Tonsprache der Romantik (Hervortreten des Bläserklangs, erweiterte Harmonik und dynamische Vielfalt).

Konservativ gegen *Neudeutsch*

Zu Beginn der zweiten Hälfte des 19. Jahrhunderts prägte eine Gruppe von Musikern und Musikwissenschaftlern um Franz Liszt das Wort von der *Musik der Zukunft*. Ihr Sprachrohr war die von Franz Brendel geführte, ursprünglich von Robert Schumann gegründete *Neue Zeitschrift für Musik.* Zu diesem Kreis zählte neben weitere Anhängern vor allem Richard Wagner. Die *Neudeutschen* sahen die Zukunft der Musik im Musikdrama und in der symphonischen Programmmusik, der ein außermusikalisches Sujet oder eine poetische Idee zugrunde lag. Sie schmähten die Vertreter der konservativen Richtung, zu der vor allem Johannes Brahms, Joseph Joachim, später auch der Dirigent Hans von Bülow, der sich für Brahms‘ Werke einsetzte, gehörten.

Wortführer der Gegenrichtung, der Traditionalisten, war der den Wiener Ästhetik-Professor, scharfzüngige Musikschriftsteller und gefürchtete Kritiker Eduard Hanslick. In seiner Schrift *Vom musikalisch Schönen* forderte er, Inhalt der Musik als autonome Kunst seien einzig und allein *„tönend bewegte Formen“*. Es kam zum so genannten *Parteienstreit*, der mit öffentlichen Briefwechseln in einen gehässigen Schlagabtausch mündete. Die Schärfe in den Artikeln Hanslicks fachte den Streit umso mehr an. Richard Wagner dagegen setzte Hanslick als *Beckmesser* in den *Meistersingern* ein groteskes Denkmal.

Die Partei der *Brahminen* – eine Wortschöpfung Hanslicks – gab es in dem Sinne nicht, außer Brahms' Anhängern und Bewunderern. Brahms selber ließ sich auch nie als Haupt einer Traditionalisten-Partei benutzen, als das die Gegner ihn gern sahen, dazu war er zu sehr introvertierter Einzelgänger. Es gab weithin keinen bedeutenden Komponisten, der so traditionell komponierte und doch einen einzigartig individuellen, hochromantischen Stil schuf. Den Kompositionen der *Neudeutschen* stand Brahms zwiespältig gegenüber. Er bewunderte die Werke Wagners, fürchtete jedoch Verfall und Verlust der Werke und Traditionen der Vergangenheit und damit der Grundlagen seiner eigenen Musik. Seine ästhetische Auffassung verlangte nach einer autonomen, handwerklich kunstvollen, musikalisch in sich stimmigen Musik, die dem Wandel der Zeiten zu trotzen vermag.

Aus Sorge, dass die Musik der *Neudeutschen* die seine verdrängen könnte, stemmte er sich gegen diese. Die ständigen Abwertungen seiner Kompositionen verletzten sein Eigenwertgefühl, sodass er, dem ständig Kompositionen von Kollegen zur Begutachtung vorgelegt wurden, nicht immer unparteiisch reagierte, wie seine Reaktion auf Werke des jungen Richard Strauss – *...ganz hübsch...* – und Gustav Mahler zeigt: *Bisher habe ich gedacht, dass Richard Strauss der Anführer der Revolution sei, aber jetzt sehe ich, dass Mahler der König der Umstürzler ist.* Selbst Bruckners Musik konnte er nicht neutral beurteilen, nachdem die Neudeutschen diesen nach Wagners Tod an die Spitze ihrer Partei gestellt hatten, ohne dass der scheue Bruckner sich dagegen wehren konnte. Brahms' bitteres Fehlurteil über Anton Bruckner ist davon beeinflusst.

Einen jedoch gab es, dem er die Förderung weitergab, die ihm von Schumann zuteil geworden war: Antonín Dvořák. Ihm fühlte Brahms sich auf dem symphonischen Weg verwandt und bewunderte ihn wegen seines melodischen Einfallsreichtums. Er verschaffte ihm ein Stipendium, empfahl ihn dringend seinem Verleger und öffnete ihm damit den Weg zu internationalem Ruhm.

Sachlichkeit speziell auf dem Gebiete der Musik kann doch nur wohl heißen: klare, präzise Einsicht in das, was die Musik zur Kunst macht. Und das geschieht da, wo die Logik eines seelischen Ablaufs zur Logik eines rein musikalischen Prozesses wird, wo mit anderen Worten Musik und Seele, Seele und Musik so eins werden, dass die schlechterdings nicht und durch nichts zu trennen sind, von welcher Seite man auch an sie herangehe.

Wilhelm Furtwängler

Trost überwindet das Leid

Zu Brahms' *Ein deutsches Requiem*, op. 45

Requiem aeternam dona eis, Domine, mit dieser Fürbitte um ewige Ruhe für alle Verstorbenen beginnt die katholische Totenmesse nach einem lateinischen Text des 13. Jahrhunderts. Worte aus der Bergpredigt (Matthäus 5,4) *Selig sind, die da Leid tragen, denn sie sollen getröstet werden* eröffnen das *Deutsche Requiem* von Johannes Brahms. Schon darin zeigt sich ein Programm, das über die alleinige Verwendung der deutschen Sprache weit hinausgeht.

Nach dem Tod seiner Mutter im Februar 1865 begann Johannes Brahms, sich seiner Pläne für eine Trauermusik zu erinnern, die er seit dem Tod seines Freundes Robert Schumann (1856) hegte. In einem Brief an Clara Schumann vom 24. April 1865 legte er seine Kompositionsidee erstmals dar, den Titel „Deutsches Requiem" und die selbst aus der Bibel frei zusammen gestellten Texte als Pendant zur katholischen Totenmesse. Als evangelisch-lutherischem Christen, der zudem nach eigenen Aussagen nicht an die Unsterblichkeit der Seele glaubte, lag ihm nicht an der Vertonung des lateinischen, liturgischen Textes der katholischen Kirche. In seiner eigenen Textwahl kommt ein persönliches Bekenntnis seines Verhältnisses zu Tod und Religiosität zum Ausdruck, eine subjektive Deutung der Letzten Dinge. Im Zentrum der Texte steht nicht der Verstorbene, auch nicht eine theologische Gewissheit oder die Darstellung einer transzendentalen Gegenwelt, sondern die Zuwendung zum trauernden Menschen hier in dieser Welt, zum Leidtragenden, der des Trostes bedarf. Nicht Verkündigung unverrückbarer Glaubensinhalte ist das zentrale Thema des *Deutschen Requiems*, sondern Trauer um Vergänglichkeit allen irdischen Lebens und der Hinweis auf Trost durch die Verheißungen der Bibel und – nicht zuletzt – Tröstung durch die Musik. Von Anfang an wurde von theologischer Seite bemängelt, dass in der Textauswahl jeglicher Hinweis auf Christus und den neutestamentlichen Erlösungsgedanken ausgespart bleibt.

Insofern ist das *Deutsche Requiem* keine Musik für den kirchlichen Gebrauch, sondern steht in der Tradition von Oratorien nach biblischen Inhalten, wie sie im 19. Jahrhundert schon Mendelssohn oder Schumann komponiert hatten, und bildet damit eine eigene Gattung

Johannes Brahms
etwa zur Zeit der Komposition des Deutschen Requiems,
Gemälde von Carl Jagemann

zwischen Programmsymphonie mit Chor und Oper bzw. Musikdrama. Dass das *Deutsche Requiem*, dessen Entstehung und Uraufführung in die gleichen Jahre wie Wagners *Meistersinger von Nürnberg* (1866 bis 1868) fällt, später wie diese als nationales Kunstwerk in den unseligen Parteienstreit des ausgehenden 19.Jahrhunderts einbezogen wurde, dürfte kaum in der Absicht des Komponisten gelegen haben, auch wenn Brahms – absichtlich oder unabsichtlich – schon mit dem Titel und der historisierenden Anlehnung an alte Formen und Traditionen eine Tendenz seiner Zeit traf.

Brahms wusste um die Erwartungen, die das Publikum an ihn stellte, seit Schumann ihn in seinem berühmten Artikel „Neue Bahnen" von 1753 als *den* Komponisten der Zukunft vorgestellt hatte. So war er mit der öffentlichen Präsentation seines neuen Werks vorsichtig. Eine Vor-Uraufführung der ersten drei Teile fand 1867 in Wien unter Karl Reinthaler statt, im zweiten Teil des Konzerts erklang Franz Schuberts Musik zu *Rosamunde*.

Als eigentliche Uraufführung von *Ein deutsches Requiem* gilt die im Bremer Dom am 10. April 1868 (heutige Teile 1-4, 6-7, das Sopransolo entstand erst später), nach dem dritten Teil spielte der berühmte Geiger und Freund Joseph Joachim Solostücke für Violine und Orgel, das Konzert klang aus mit Teilen aus Oratorien von Bach und Händel. In der zwei Wochen später folgenden Benefiz-Aufführung für Musiker-Witwen wurde das Werk gar mit Beethovens 7. Sinfonie kombiniert. Nicht zuletzt um das *Deutsche Requiem* zu einem programmfüllenden Einzelwerk zu erheben, komponierte Brahms den Text *Ihr habt nun Traurigkeit* neu hinzu, den er seit dem Tod seiner Mutter zur Ausführung mit sich trug, und fügte ihn an fünfter Stelle ein. Die erste siebenteilige Aufführung erklang am 18. Februar 1869 im Leipziger Gewandhaus unter Carl Reinecke.

Waren schon vorher Analogien im Aufbau zum lateinischen Requiem vorhanden – dem *Dies irae* an zweiter Stelle entspricht in etwa der gewaltige Trauermarsch (Nr. 2), dem Sanctus mit Benedictus der 4. Teil *Wie lieblich sind deine Wohnungen*, dem Abschnitt *Libera me* der 6. Teil *Denn wir haben hier keine bleibende Statt* – so ergibt sich in der siebenteiligen Fassung eine Symmetrie der Teile, die nicht in sich selbst ruht, sondern auf die Tröstung hin zielt. Der Schlussteil *Selig sind die Toten* weist in Stimmung und Gestus auf den Anfang *Selig sind, die da Leid tragen* zurück, aber ohne die leidvoll-chromatischen Melodielinien und schmerzlichen Vorhalte des ersten Teils, ergänzt durch sanft auf und ab steigende, wiegende Begleitfiguren. Zweiter und sechster Teil sind in großer Besetzung dramatisch gesteigerte Klanggemälde mit Chorfugen, wobei der Schluss des sechsten Teils die Trauer des zweiten durch strahlenden Jubel überwindet. Dem Bariton-Solo im dritten Teil mit der Frage *Wes soll ich mich trösten?* setzt das Sopransolo in Teil 5 den Trost *wie einen eine Mutter tröstet* entgegen. Im Zentrum (Nr. 4) steht die Beschreibung der *lieblichen Wohnungen* des Paradieses.

Der Dresdner Totentanz

Der Dom zu Bremen, Ort der Uraufführung des Deutschen Requiems am 10. April 1868

Text und musikalische Gestaltung

1.
Selig sind, die da Leid tragen, denn sie sollen getröstet werden.

(Matthäus 5,4)

Die mit Tränen säen, werden mit Freuden ernten.
Sie gehen hin und weinen und tragen edlen Samen
und kommen mit Freuden und bringen ihre Garben.

(Psalm 125, 5-6)

Ziemlich langsam und mit Ausdruck

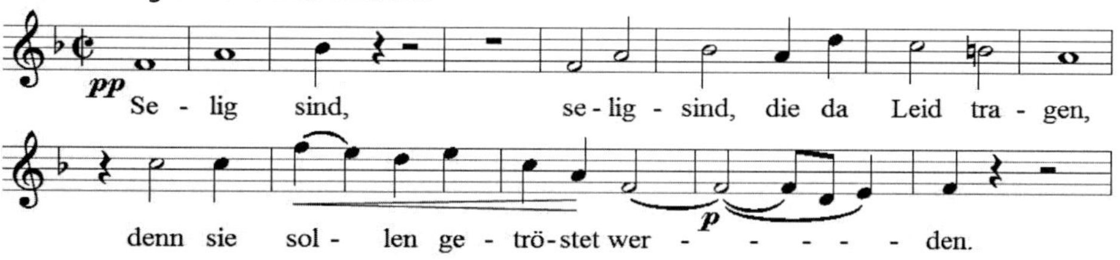

Aus der Tiefe warmer, dunkler Klangfarben – der erste Teil ist ganz ohne Geigen komponiert – steigt eine sanfte Melodie auf über der Grundlage eines gleichförmig pulsierenden Basses, Ruhe und Ausgeglichenheit verbreiten sich. In den Mittelstimmen erklingen fallende Halbtonschritte als dissonante Vorhalte und chromatisch absteigende Linien – seit dem Frühbarock bekannte Tonsymbole für Leid und Trauer, Seufzer und Schmerz. Der leise Einsatz des Chores übernimmt diese Stimmung, zunächst in lang gehaltenen Akkorden, dann melodisch bewegter, von Vorhalten in den Mittelstimmen durchwoben.

Mit einer überraschenden harmonischen Trugschluss-Wendung in die andere Klangwelt von Des-Dur beginnt der zweite Textteil. In Sekundschritten schmerzlich fallende Melodik bestimmt den Beginn *(Tränen)*, sanft begleitet von Harfen. Bewegter werden Rhythmus, melodische Gesten und Lautstärke zum Ausdruck der Freude. Noch einmal kehren fast wörtlich die ersten Takte wieder, ein diesmal „verfrühter" Choreinsatz wiederholt die ersten Worte der Seligpreisung. Mit einem erneuten Trugschluss zurück in die Ausgangstonart F-Dur folgt die variierte Reprise des ersten Abschnitts.

2.
Denn alles Fleisch, es ist wie Gras und alle Herrlichkeit des Menschen wie des Grases Blumen.
Das Gras ist verdorret und die Blume abgefallen.

(1. Petrus 1,24)

Langsam, marschmäßig

Wie ein feierlicher Totentanz-Umzug des Mittelalters, bei dem vom Kaiser bis zum Bettler alle hinter dem Sensenmann her schritten, aus der Dunkelheit des Kirchenschiffs immer näher kommend, entfaltet sich im Pianissimo der feierliche Trauermarsch des Orchesters über stereotypem Rhythmus von Bässen und Pauken. Leise und eindringlich intonieren die tiefen Chorstimmen einstimmig eine Melodie, die an das alte Volkslied *Es ist ein Schnitter, heißt der Tod* als auch an einen Choral erinnert und den unerbittlichen Rhythmus der Bässe übernimmt. In weichen Terzen antworten die Oberstimmen. Doch wieder erhebt sich der Trauermarsch. Immer vollstimmiger und lauter, in immer drängenderen Harmonien nähert sich der Zug, an ein *Dies irae* des lateinischen Requiems gemahnend, bis zum donnernden Unisono-Einsatz des Chores *Denn alles Fleisch, es ist wie Gras*.

So seid nun geduldig, liebe Brüder, bis auf die Zukunft des Herrn.
Siehe, ein Ackermann wartet auf die köstliche Frucht der Erde und ist geduldig darüber, bis er empfahe den Morgenregen und Abendregen.
So seid geduldig.

(Jakobus 5,7)

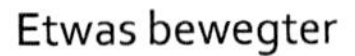
Etwas bewegter

Etwas bewegter, in hellere Klangfarben des Orchesters getaucht, in lieblichem Ges-Dur, umrankt von Oboen und Flöten, bildet der Mittelteil einen Kontrast, bevor der grandiose Trauermarsch noch einmal wie eine Schreckensvision vorbeizieht.

Aber des Herrn Wort bleibet in Ewigkeit.

(1. Petrus 1,25)

Die Erlöseten des Herrn werden wieder kommen, und gen Zion kommen mit Jauchzen;
Freude, ewige Freude wird über ihrem Haupte sein;
Freude und Wonne werden sie ergreifen, und Schmerz und Seufzen wird weg müssen.

(Jesaja 35,10)

Allegro non troppo

Einer Fanfare ähnlich, von Trompeten und Posaunen wie zu einem großen musikalischen Fortissimo Doppelpunkt gesteigert, leiten die ersten Worte in das *Allegro non troppo* des Schlussteils über, dessen punktiertes Hauptthema im Gegensatz zur statischen Wirkung des Trauermarsches Bewegung aufnimmt in vielfachen polyphonen Steigerungen. Dem Text folgend werden sowohl *Freude und Wonne* musikalisch ausgemalt wie auch *Schmerz und Seufzen* und das Hinwegfegen beider. Doch nicht mit hymnischem Jubel endet der Satz, Bewegung und Harmonien beruhigen sich zu einem Ausklang in weichem, tröstlichem Pianissimo über der Stabilität eines lang ausgehaltenen Basstons.

3.
Herr, lehre doch mich, dass ein Ende mit mir haben muss, und mein Leben ein Ziel hat und ich davon muss.
Siehe, meine Tage sind einer Hand breit vor Dir, und mein Leben ist wie nichts vor Dir.
Ach wie gar nichts sind alle Menschen, die doch so sicher leben. Sie gehen daher wie ein Schemen und machen ihnen viel vergebliche Unruhe; sie sammeln und wissen nicht, wer es kriegen wird.
Nun Herr, wes soll ich mich trösten? Ich hoffe auf Dich.

(Psalm 39, 5-8)

Der Gerechten Seelen sind in Gottes Hand und keine Qual rühret sie an.

(Weisheit Salomos 3,1)

Andante moderato

Vertrat bisher der Chor die Trauernden und des Trostes Bedürftigen, so tritt nun das Individuum hervor, das die Fragen zu seinem eigenen Leben in Bezug setzt. Melodik und Rhythmik des Bariton-Solos sind der Sprechweise sehr genau angepasst, dadurch verliert sich die Stabilität eines durchgehenden Metrums, ebenso durch die synkopischen Begleitakkorde. Nur in den letzten Worten (*...davon muss*) erhebt sich die Stimme zu einem emotionalen Ausbruch. In der Art responsorialen Gesangs wiederholt der Chor – die Menge der ebenfalls in Hilflosigkeit erstarrten Individuen – diese Passage, wie auch die nächste. Die auch musikalisch immer drängendere Frage *Wes soll ich mich trösten?* bleibt auf einem dissonanten (verminderten Septnonen-) Akkord unaufgelöst stehen. Antwort gibt die mächtige Chorfuge in *D-Dur* auf dem stabilen Fundament eines über 35 Takte ausgehaltenen Grundtones D von Kontrabässen, Posaunen, Tuba und Pauken:

4.
Wie lieblich sind Deine Wohnungen, Herr Zebaoth!
Meine Seele verlanget und sehnet sich nach den Vorhöfen des Herrn; mein Leib und Seele freuen sich in dem lebendigen Gott.
Wohl denen, die in Deinem Hause wohnen, die loben Dich immerdar.

(Psalm 84, 2,3 und 5)

In stärkstem Kontrast – und dennoch verbunden durch ähnliche Motivik mit dem vorhergehenden Teil – wird in vollen warmen, nahezu dissonanzfreien Dur-Dreiklängen und in *lieblich* wiegendem Dreiertakt die überirdische Seligkeit in den himmlischen *Wohnungen* besungen, überwiegend im vierstimmig-homophonen Satz und in schlicht überschaubaren Abschnitten. Reine Freude am Wohlklang beherrscht die aneinander gereihten, ähnlichen Stimmungsbilder. Nach einem Fugato *(die loben Dich immerdar)* mit bewegterem Kontra-Subjekt (Gegenmelodie in Achtelnoten) verklingt der Teil in Anlehnung an den Anfang im Piano, umrankt von Harfen ähnlichen Pizzicati der Streicher.

5.
Ihr habt nun Traurigkeit; aber ich will euch wiedersehen und euer Herz soll sich freuen, und eure Freude soll niemand von euch nehmen.

(Johannes 16,22)

Ich will euch trösten, wie einen seine Mutter tröstet.

(Jesaja 66,13)

Sehet mich an: Ich habe eine kleine Zeit Mühe und Arbeit gehabt und habe großen Trost funden.

(Jesus Sirach 51,35)

Dieses als letztes entstandene Stück, dessen Planung jedoch schon auf den Tod seiner Mutter (Februar 1865) zurückgeht, fügte Brahms erst nach der Aufführung im Bremer Dom ein. Es ist das intimste, stillste und in seiner ruhigen Intensität ergreifendste Stück des Requiems. Gedämpfte Streicher und helle Bläser bestimmen den Klang, der die gleichsam schwebende Melodik des Solo-Soprans vorsichtig einhüllt. *Traurigkeit,* mehrfach wiederholt und durch Chromatik intensiviert, und *Trost* in weichen, wiegenden Begleitfiguren durchdringen einander. Wie im Bariton-Soloteil antwortet der Chor, quasi psalmodierend, hier kommentierend *Wie einen seine Mutter tröstet,* in zartem, homophonem Chorsatz.

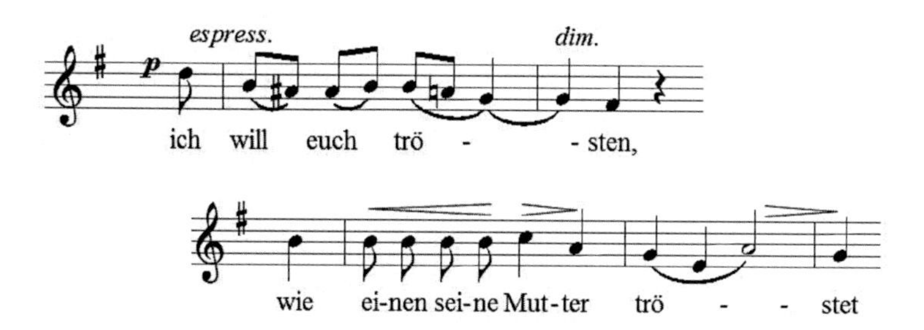

Im Mittelteil kontrastiert Brahms *Mühe und Arbeit* in bewegterer Solomelodie mit Hinweis auf *großen Trost* durch eine harmonische Rückung von B-Dur nach H-Dur und einer ausdrucksvollen Melodieführung in längeren Notenwerten, emotional gesteigert in der Wiederholung. Seufzer-Vorhalte aus dem ersten Teil bei den Worten *Ich will euch trösten* deuten auf das Mit-Leid im Trost. Der letzte Abschnitt wiederholt den Beginn in variierter Form. Die Solostimme entschwebt gleichsam auf dem Dominant-Ton, wie auch in zartestem Pianissimo der Schlussakkord von Geigen und hellen Bläsern.

6.

Denn wir haben hie keine bleibende Statt, sondern die zukünftige suchen wir.

(Hebräer 13,14)

Siehe, ich sage euch ein Geheimnis: Wir werden nicht alle entschlafen, wir werden aber alle verwandelt werden; und dasselbige plötzlich, in einem Augenblick, zu der Zeit der letzten Posaune.
Denn es wird die Posaune schallen, und die Toten werden auferstehen unverweslich; und wir werden verwandelt werden. Dann wird erfüllet werden das Wort, das geschrieben steht.
Der Tod ist verschlungen in den Sieg. Tod, wo ist dein Stachel? Hölle, wo ist dein Sieg?

(1. Korinther 15, 51-52, 54-55)

Über gleichmäßigen Pizzicato-Viertelnoten der Celli und Kontrabässe schreitet dumpf die suchende Menschheit, die hier auf Erden *keine bleibende Statt* findet. Die Harmoniefolgen umkreisen *c-moll*, die Stabilität einer festen Tonalität fehlt. Das Bariton-Solo führt mit einer Kadenz *(Geheimnis)* in die ganz andere Klangwelt von *fis-moll*. Die Verheißungen des Solisten werden von schwankenden Triolenfiguren der Bratschen begleitet. Mit dem Wort *Posaune* bricht unter drohenden Blechbläserklängen eine Vision des Jüngsten Gerichts an, ein Gegenstück zum Trauermarsch des zweiten Satzes, hier jedoch noch dramatischer und kämpferischer aufgetürmt. Sie mündet in der dreifach herausgeschleuderten Frage *Wo?* mit nachfolgender Generalpause.

Herr, Du bist würdig zu nehmen Preis und Ehre und Kraft, denn Du hast alle Ding erschaffen, und durch Deinen Willen haben sie das Wesen und sind geschaffen.

(Offenbarung des Johannes 4,11)

Allegro

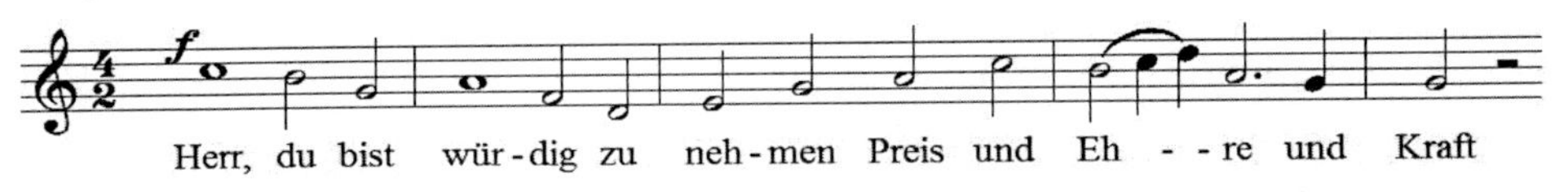

Die Antwort in strahlenden *C-Dur* ist nicht ein Triumphmarsch, sondern eine besonnen beginnende Doppelfuge – seit Bach der Ausdruck universaler Ordnung – die sich zu hymnischem Lobpreis von *Preis, Ehre und Kraft* steigert.

7.
Selig sind die Toten, die in dem Herrn sterben von nun an.
Ja, der Geist spricht, dass sie ruhen von ihrer Arbeit, denn ihre Werke folgen ihnen nach.
(Offenbarung des Johannes 14,13)

Nicht nur die textliche, sondern auch die musikalische Gestaltung lehnen sich eng an den Eingangsteil *Selig sind, die da Leid tragen* an. Großflächige Harmonik und ausgedehnte Orgelpunkte vermitteln Entspannung und Ruhe, denen die leidvollen chromatischen Passagen kaum noch etwas anhaben können.

Feierlich

Die wiegend auf und ab steigenden Begleitfiguren der Streicher scheinen den Ausgleich zwischen Himmel und Erde zu vermitteln. Lediglich einmal wird die Ruhe aufgebrochen. Posaunen, kombiniert mit *unisono* singenden Chorstimmen, ertönen fast theatralisch-geheimnisvoll wie eine Stimme aus der Unterwelt *(der Geist spricht)*. Friedlich, umrankt von Dreiklangsumspielungen der Harfe, klingt das Werk aus.

Trost überwindet das Leid.

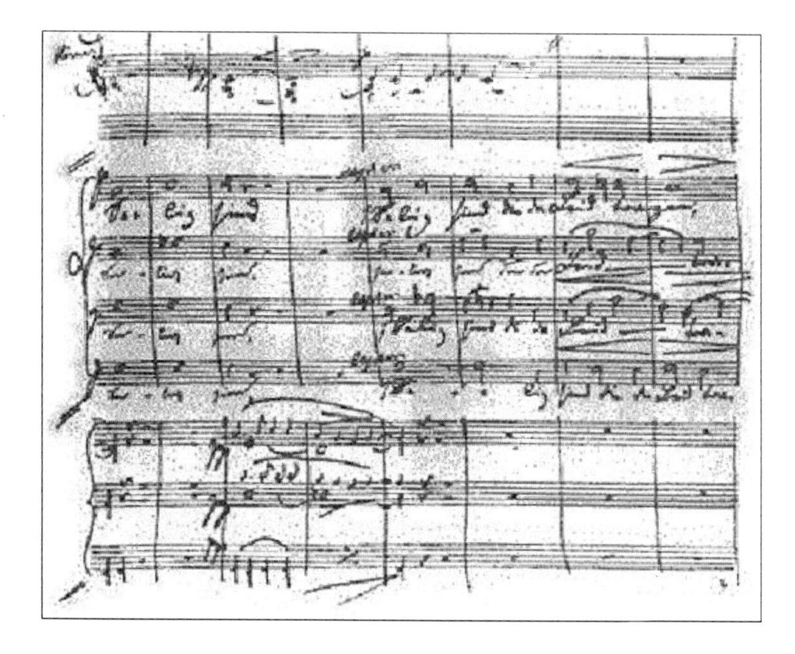

Autograph, Beginn des Chores im ersten Teil

Thomas Beier Kontrabass

Thomas Beier lebt seit seiner Geburt in Wolfratshausen bzw. in Icking, er besuchte hier Grundschule und Gymnasium. Als Schüler hatte er Gesangs- und Gitarrenunterricht. Nach dem Studium der Humanmedizin an der LMU von 1972 bis 1978 und Facharztausbildung zum Internisten am Deutschen Herzzentrum München arbeitete er an den städt. Krankenhäusern München-Schwabing und Bogenhausen und absolvierte eine Weiterbildung zum Gastroenterologen. Die Fortbildung zum Facharzt für Physikalische und Rehabilitative Medizin und Geriatrie leistete er während seiner Tätigkeit am Rotkreuzklinikum München. Dort ist er seit 2000 Chefarzt der Abteilung für Geriatrische Rehabilitation am, seit Mai 2011 zusätzlich Chefarzt der Abteilung für Akutgeriatrie und Frührehabilitation.

Erst als Familienvater begann er mit dem Kontrabass-Spiel. In seinem ersten Konzert 1995 im Philharmonischen Orchester Isartal wirkte er unter Prof. Weiß in Mendelssohns Hebriden-Ouvertüre und Mozarts Jupitersymphonie mit. Seit einigen Monaten ist er Mitglied der Kirchenschola in Icking. Er und seine Frau Hanna engagierten sich in der Organisation des Konzertvereins Isartal. Ihr Sohn Constantin spielte bis zum Abitur 2011 ebenfalls am Cello im Philharmonischen Orchester Isartal, Sohn Maximilian ist begeisterter Klavierspieler.

Als Bereicherung empfindet er im Orchester das hautnahe Erleben der Musik und eine ständige Weiterentwicklung des Musikverständnisses, nennt als bedeutsamste Erlebnisse die Aufführungen des Brahms-Requiem und der Brahms-Klavierkonzerte mit Prof. Alfons Kontarsky, der Zauberflöte, von Beethovens 9. Symphonie und die Orchesterreise nach Frankreich.

Dr. Thomas Beier

Brahms als Symphoniker

Lange hatte es gedauert, bis Brahms sich an die Komposition einer Symphonie wagte. Der Schatten des Titanen Beethoven, der dieser Gattung eine gänzlich neue ästhetische Bedeutung gegeben hatte als Tonkunst, die ohne Worte Tiefe menschlicher Existenz auszudrücken vermag, hatte die Erwartung an eine Symphonie immens gesteigert. Beethovens Symphonien, die später Adorno als *Volksreden an die Menschheit* bezeichnete, sind Werke mit individueller, tiefgründig-bedeutungsvoller Aussage. Akzeptanz durch das Publikum und damit der Erfolg eines Werks hingen im 19. Jahrhundert überwiegend vom Vergleich mit Beethoven ab. An diesem hohen Anspruch war schon Schubert fast verzweifelt. Mendelssohn hatte eher an das Vorbild Mozarts angeknüpft und melodisch-poetischen Gehalt der Frühromantik eingefügt, Schumann strebte zudem nach zyklischer Einheit aller Sätze.

Brahms hingegen fühlte sich ganz dem Beethovenschen Anspruch verpflichtet, er sprach selbst ironisch von dem *Riesen, den er immer hinter sich her marschieren* hörte. So zog sich die Arbeit an seiner ersten Symphonie über eineinhalb Jahrzehnte quälerischen Ringens hin. Symphonische Versuche finden sich umgearbeitet etwa im ersten Klavierkonzert oder im *Deutschen Requiem* wieder. An zwei Orchester-Serenaden (1857-59) scheint er sich das handwerkliche Rüstzeug erarbeitet zu haben.

Dreiundvierzig Jahre alt war er bei der Veröffentlichung seiner ersten Symphonie (1876). Sie wurde bei ihrem Erscheinen von dem Dirigenten Hans von Bülow anerkennend und begeistert als *Zehnte* (nach Beethovens neun Symphonien) gefeiert. Für die *Neudeutschen* um Wagner und Liszt war das ein Stichwort: Provozierend werteten sie Brahms als ewigen Epigonen und Konservativen ab. Am Gegenpol ließen sich die Ziele ihrer *Fortschritts-Partei* – Programmmusik und Oper als leuchtende Wegweiser der *Zukunftsmusik* – umso klarer ins Rampenlicht stellen. Bald stand Brahms – verteidigt vor allem durch Eduard Hanslick – im Zentrum des Parteienstreits, in dem es an Polemik nicht mangelte. Selbst das Publikum bekannte sich zu *Wagnerianern* oder *Brahminen* – was allerdings den dauerhaften Erfolg beider Komponisten in keiner Hinsicht beeinträchtigte.

In der Instrumentation schloss sich Brahms ganz der klassischen Tradition an. Längst waren Werke entstanden, die mit Englisch Horn, Bassklarinette oder Harfe, mit gleißenden Extremhöhen der Streicher und Bläser oder vielfältigem Schlagwerk dem Orchester neue Klangfarben hinzufügten, raffinierte Klangmischungen und schillernde Effekte entlockten. Brahms blieb bei doppelter Holzbläserbesetzung. Er verzichtete auf weitere Perkussionsinstrumente neben der Pauke – außer in seiner *Akademischen Festouvertüre*, die er wegen ihres Lärms auch ironisch seine *Janitscharenmusik* nannte. Dass er in der zweiten Symphonie trotz des idyllischen Charakters drei Posaunen und Tuba – wenn auch sparsam – einsetzte, begründete er auf Anfrage u.a. damit, dass er *nebenbei ein schwer melancholischer Mensch* sei und ständig auch die *schwarzen Fittiche über sich rauschen* höre. Der typisch Brahmssche Orchesterklang beruht einerseits auf Bevorzugung der sonoren Mittellagen, andererseits auf sehr terzlastigen Klängen, d.h. die Terzen eines Akkord werden durch die Instrumentation besonders betont.

Anders als in klassischen Symphonien ist nicht nur jeweils die Durchführung Ort der Themenverarbeitung. Alle Teile sind durchdrungen von permanenter Verwandlung der anfangs präsentierten melodischen Elemente. In den Durchführungsabschnitten ballen sich die Themen zu dramatischer Entwicklung zusammen. Arnold Schönberg nannte dieses Verfahren *entwickelnde Variation* und legte stets in seinem Unterricht dieses Prinzip als immerwährendes Thema und Brahms als herausragendes Vorbild dar.

Brahms´ Geburtshaus in Hamburg

Friedliche Gelassenheit – Brahms' *Pastorale*

Zu Brahms' 2. Symphonie D-Dur, op. 73

Brahms liebte es, die Sommermonate von Mitte Mai bis Anfang Oktober in der Sommerfrische zuzubringen, ohne Termindruck, ohne Amtsverpflichtungen, mit langen Spaziergängen und mit Besuchen von Freunden. Während des Sommeraufenthalts in Pörtschach am Wörthersee entstand 1877 seine zweite Symphonie, kaum ein Jahr nach Veröffentlichung der ersten. Die Uraufführung unter der Leitung von Hans Richter fand am 30. Dezember 1877 in Wien statt. Ist die erste dem dramatischen *Durch-Nacht-zum-Licht*-Gedanken verbunden, so führt die zweite hinaus in die Natur, in die Muße der kreativen Entspannung, die dem Werk den Titel *Brahms' Pastorale* einbrachte. Brahms war ein begeisterter Spaziergänger, er genoss die Ruhe der Natur nach dem erfolgreichen Ringen um seinen symphonischen Erstling.

Kaum eine Symphonie strahlt so viel friedliche Gelassenheit, innere Ruhe und abgeklärte Heiterkeit aus – ohne dass ihr *mangelnder Tiefgang* angelastet werden kann. Denn sie dokumentiert auch die Heiterkeit des Melancholikers Brahms, die in vielen Briefen und Zitaten belegt ist. *Sie müssen an die Partitur einen Trauerrand wenden, damit sie auch äußerlich ihre Melancholie zeigt!* schrieb Brahms in der ihm eigenen Ironie an den Verleger Simrock. Insbesondere im Kopfsatz wird der Dur-Idylle mehrfach unmittelbar bittersüßes Moll entgegen gestellt. Auch im langsamen, zweiten Satz zeigen dramatische Momente die Nähe der dunklen Kehrseite. Tänzerisch leicht gibt sich der dritte Satz, er ist von ganz besonderer Kunst der permanenten Verwandlung geprägt. Temperamentvoll vorwärts drängender Elan charakterisiert das Finale, das mit einer stürmisch-überschwänglichen Coda endet.

Dreiklangsmelodik und Hörnerklang – Symbole für Natur – eröffnen den lyrischen **ersten Satz (*Allegro non troppo,* D-Dur)**, der eine Fülle von melodischen Einfällen präsentiert. Das Hauptthema erklingt in den Bläsern:

Das Pendelmotiv des ersten Taktes taucht wie ein verbindendes Motto in den meisten Themen aller Sätze auf. In ständiger Metamorphose ist es als Überleitungs- und Begleitmotiv in Vergrößerungen, Verkleinerungen, Umkehrungen und rhythmischen Varianten zu hören. Zu Beginn fungiert es als Gegenthema zum Thema der Bläser.

Der mehrstimmige, abwechselnde Gesang der Hörner und Holzbläser verleiht dem Satz liebliche Stimmung. Feierliche Akkorde der tiefen Blechbläser im Wechsel mit dem Pendelmotiv leiten über zum ersten Zwischenthema (beginnend mit dem Pendelmotiv), einer aufblühenden *dolce*-Melodie:

Eine Steigerung gestaltet sich aus dem Pendelmotiv in seiner Verkleinerung, es ist in den Holzbläsern auch in scherzohaftem Staccato zu hören.

Das lyrisch-sangliche, durch Mollfärbung leicht melancholische Seitenthema erklingt in sonorer Lage der Bratschen und Celli und wechselt dann in die helleren Klangfarben von Holzbläsern und Violinen:

Als Kontrast folgt ein resolutes Zwischenmotiv,

ihm antwortet eine Passage des Pendelmotivs in neuem, markigem Rhythmus:

Sie wird abgelöst durch eine sehnsuchtsvoll drängende, schwärmerische Melodie:

In der Schlussgruppe wird das sangliche Seitenthema spielerisch von Triolen-Pendelmotiven „umgarnt“. Eine ruhig sinkende Tonleiterlinie gleitet besänftigend durch mehrere Oktaven und Instrumente und beschließt die Exposition.

In neuer Klanglandschaft von F-Dur variiert die Durchführung im ersten, beschaulich-idyllischen Abschnitt das Hauptthema, im Wechsel mit einer fallenden Pendellinie. Doch ein markantes Achtel-Motiv dramatisiert und führt in ein kraftvolles Fugato mit einem Moll-Thema aus melodischen Elementen des Hauptthemas.

Zum Fortissimo steigert das Pendelmotiv, auch in beschleunigter Form. Zum Höhepunkt des Abschnitts erklingt es in Kombination mit den Terzen des Hauptthemas zuerst in Dur, dann in Moll, im Wechsel mit dem ersten Zwischenthema. Eine zweite Steigerung führt zum Höhepunkt der Durchführung über wechselnde Dur- und Mollterz in unterschiedlicher Oktavlage im Fortissimo über grollendem Paukenwirbel. Die Hörner lassen das Hauptthema anklingen. Die bekannte fallende, beruhigende Linie leitet zum Beginn der Reprise. Sie ist hauptsächlich an der zurück gekehrten Stimmung des Anfangs zu erkennen, denn das thematische Material wird neuer Instrumentation, damit neuer Klangfarbe, sowie kontrapunktischen Gegenmelodien ausgesetzt. Sie verhindern die Dominanz des Hauptthemas, das hier von den Oboen gespielt wird. Der lange Überleitungsteil mit den bekannten Nebenthemen ist gekürzt.

Die ausführliche Coda beginnt über grollendem Paukenwirbel mit Terzmotiv aus dem Hauptthema und Pendelmotiv. Aus diesen gestaltet sich ein berückendes Horn-Solo. Es schwebt über einem Klanggrund der Streicher, der durch entlegene Tonarten moduliert, zuletzt dann doch beruhigend in die Haupttonart D-Dur zurückfindet. Dreiklangsmelodik und Pendelmotiv, auch in neuen Varianten, lassen den Satz ruhig ausklingen.

Der phantasiereiche, langsame **zweite Satz (*Adagio non troppo*, H-Dur)** bewegt sich zwischen verträumtem Anfang, verhalten-ausdrucksvollen Passagen und einem leidenschaftlichen, durchführungsartigen Mittelteil. Auch hier zeigt Brahms die fast unmerkliche Verwandlungskunst des melodischen Materials. Der Satz beginnt mit dem frei über Taktschwerpunkte schwebenden, weit ausgreifenden Hauptthema in der verzaubernden, sehnsuchtsvollen Klangfarbe der hohen Celli, eingebettet in samtige Klänge von tiefen Bläsern und Streichern. Eine gegenläufige Melodielinie des Fagotts verleiht ihm eine polyphone Note.

Am Ende des Hauptsatzes übernehmen die Violinen das Thema. Es folgt ein Fugato, dessen Motiv aus dem Hauptthemas entwickelt ist. Vom Horn angestimmt wandert es über Oboen und Flöten in die tiefen Streicher.

In hellem Holzbläsersatz erklingt das innige, introvertiert wirkende Seitenthema in wiegendem 12/8-Takt. Es ist aus dem vorigen Fugato-Motiv entwickelt. Die fallende Melodielinie innert an den Beginn des Hauptthemas.

Ein ausdruckvolles, sehnsüchtiges Motiv, das die Pendelmelodik des ersten Satzes aufnimmt, wird von den Violinen angestimmt.

Es wird von den Holzbläsern übernommen und mit einer bewegten Gegenstimme kontrapunktiert. Mit anwachsender Lautstärke und verdichteter Satzstruktur entsteht eine leidenschaftliche Steigerung, die ihren Höhepunkt in abstürzenden Dreiklängen, kräftigen Akzenten und tremoloartigen Begleitfiguren findet. In den tiefen Blechbläsern ertönt leise das Pendelmotiv aus dem ersten Satz. Die Reprise ist von eindringlich-angespannten, bewegten Abschnitten in der Stimmung des Mittelteils durchzogen. Erst die letzen Takt kehren zur Ruhe des Anfangs zurück, jedoch von eigenartig-geheimnisvollen, leisen Paukenmotiven untermalt.

Die Brahmssche Verwandlungskunst spiegelt der **dritte Satz** ***(Allegetto grazioso,* G-Dur)** wider, der anstelle eines Scherzos in der geläufigen Form A – B – A^1 – C – A^2 steht. Allerdings stellt Brahms die gängige Scherzo-Form insofern *auf den Kopf* (C. Floros), als die Binnenteile B und C Scherzo-Charakter aufweisen, die A-Teile in ihrem behäbigen, graziös-gemütlichen Charakter eher einem Menuett oder Ländler gleichen. Der ganze Satz ist kaum merklich aus einem einzigen Motiv gestaltet – es stammt aus der Pendelmelodik des Kopfsatzes –, das fortwährend umgebildet und in neuen Charakter verwandelt wird. Damit greift Brahms zurück auf die frühbarocke Suite, in der aufeinander folgende Tänze verschiedenen Charakters ebenfalls auf demselben melodischen Material basierten. Brahms verwendet hier überwiegend helle Klangfarben ohne tiefes Blech und Pauke.

Im A-Teil wird das Thema schlicht von Terzen und gebrochenen Pizzicato-Dreiklängen der Celli begleitet.

Die friedliche Dur-Stimmung wird in der Weiterführung mehrfach gebrochen durch Ausweichung in Mollklänge, die dem schlichten Thema einen merkwürdig-zweideutigen, geheimnisvollen Charakter verleihen – der Ländler erweist sich als hochstilisiertes Kunstgebilde mit schubertscher Dur-Moll-Mischung. Im ersten Presto-Teil (B) wird aus dem gemütlichen Thema durch veränderten Rhythmus, Staccato und unruhige Akzente ein huschendes, launiges Scherzo:

Besonders das Motiv des letzten Taktes (Permutation des 3. Taktes aus dem Menuett-Thema) geistert in Imitationen durch die Stimmen und steigert ins Forte. Hier erklingt eine dritte Variante des Ländler-Themas in Umkehrung der Intervalle und neuem Rhythmus mit kräftigen Akzenten auf den melodischen Schwerpunkten:

Eine weitere Variante, die zu Beginn des B-Teils als Gegenstimme in den Celli erklang, wird nun zur Melodie,

die mit dem kleinen Permutationsmotiv zurück leitet in den A´-Teil. Die Ländler-Melodie erscheint in neuer harmonischer Umgebung und mit anderer kontrapunktischer Begleitung. Den zweiten Presto-Abschnitt (C) gestaltet wiederum eine Umgestaltung der Ländler-Melodie. Die Triole des vierten Takts, viermal als Sequenz aneinander gehängt, wirkt wie ein langer Auftakt zur neuen Motiv-Variante.

Beide Elemente gestalten den gesamten C-Teil. Abgewandelt in Tonart und Instrumentation beschließt der A´´-Abschnitt ruhig den Satz. Da es im 19. Jahrhundert noch üblich war, nach jedem einzelnen Satz Beifall zu bekunden, geschah es damals häufig, dass dieser Satz wiederholt werden musste.

Der **vierte Satz** ***(Allegro con spirito)***, ein schwungvoller Kehraus mit Korrespondenzen zum Kopfsatz, wird eröffnet vom rasch fließenden Hauptthema. Kaum einmal trübt ein Moll in der gesamten Exposition die freudig strahlende Stimmung. Brahms' Kunst der melodischen Verwandlung ist auch in diesem Satz erstaunlich. Die Kernmelodie der Symphonie ist präsent:

Autograph des Anfangs des 4. Satzes von Brahms 2. Symphonie

Die Töne 1-3 und 7 des Themas ergeben das Cello-Motiv des Anfangs. Das achttaktige Thema wird fortgesetzt von einem Quartenmotiv (am Ende des Notenbeispiels), das mehrfach wiederholt wird.

Das Drehmotiv des 1. Takts, auch in seiner Umkehrung und das Quartmotiv spielen im turbulenten Geschehen eine wichtige Rolle und vereinen sich zu einem quasi energisch auftrumpfenden Stampfmotiv, das in motorische Achtelbewegung mündet.

Kontrastreich setzt Brahms das lyrische, breit strömende Seitenthema entgegen, dessen liedhafte Melodik – ähnlich dem Seitenthema des Kopfsatzes – in klangvollen, typisch brahmsschen Sextparallelen geführt ist und wie dort vom tiefen Streicherklang in die hohe Lage der Bläser wandert. Die Begleitstimmen kontrapunktieren mit dem Anfang des Hauptthemas.

Ein Tonleitermotiv (3. - 6. Ton des Seitenthemas) und das Anfangsmotiv des Hauptthemas tummeln sich in munterem Wechselspiel und steigern ins Forte:

Zwei kräftige, markante Motive mit thematischem Bezug beenden die Exposition.

Die Durchführung beginnt mit dem Hauptthema – doch eine Modulation nach wenigen Takten führt nach cis-moll. Unruhig-nervös erklingt der Beginn des Hauptthemas. Das Quartmotiv erhält energische Akzente:

Ein ruhigerer Abschnitt *(Tranquillo)* bringt eine triolische Variante des Hauptmotivs:

Mit einer Dehnung des Quartmotivs in den Bläsern kehrt Beruhigung ein als Rückleitung in die Reprise, die mit Überraschungen aufwartet: Das Quartmotiv erscheint in Umkehrung.

Das triolische Motiv wird mit dem Seitenthema kontrapunktisch verflochten:

Die Coda bündelt mit langen, vorwärtsdrängenden Ketten des Drehmotivs und turbulenten Läufen nochmals alle Energie, bis auf dem Höhepunkt das Seitenthema in Hörnern und Trompeten triumphierend den Satz beendet.

Raimund Samhammer Violine

Geboren wurde ich in Kronstadt (Siebenbürgen, Rumänien), dort bin ich aufgewachsen und zur Schule gegangen. Meinen ersten Geigenunterricht erhielt ich mit ca 10 Jahren bei einem Geiger der örtlichen Philharmonie. Fortschritte und Erfolge waren nur mäßig, aber meine Eltern bestanden auf weiterem Unterricht, und nach einigen Jahren reichte es dann für etwas Hausmusik. Mit Beginn meines Physikstudiums trat die aktive Beschäftigung mit der Musik etwas in den Hintergrund bzw. beschränkte sich auf Konzert oder Opernbesuche.

1979 zog ich zusammen mit meinen Eltern nach München. Das große Kulturangebot der Stadt übte natürlich eine riesige Faszination aus, so dass ich neben meinem Studium (Physik, später Informatik) Gelegenheit hatte, die weite Palette des Münchner Musiklebens von Staatsoper bis Musica Viva kennenzulernen. Zusammen mit Landsleuten begann ich etwas Kammermusik zu spielen. Ende der 80-er Jahre trat ich als Lehrer für Physik und Mathematik in den Staatsdienst ein. Meine Kollegin Susanne Kessler warb mich 1995 für das Philharmonische Orchester Isartal. Anfangs war ich sehr unsicher, da es meine erste Orchestererfahrung war. Für das erste Konzert, bei dem ich mitspielte, noch unter der Leitung von Matt Boynick, wurde Beethovens Klavierkonzert Nr. 1 vorbereitet, eine Musik, die mich beflügelte und mir Mut machte. Sehr viel schwieriger erschien mir die Schumanns Vierte. Als Musikkonsument hatte ich zwar eine Vorliebe für die Romantiker des ausgehenden 19. Jahrhunderts, erlebte aber nun, wie schwer diese Musik für einen Laien zu spielen ist. Nicht zuletzt dank der freundlichen Aufnahme im Orchester beschloss ich dabei zu bleiben und an meinem Geigenspiel zu arbeiten.

Das Mitspielen im Orchester ist zu einem wichtigen Bestandteil in meinem Leben geworden. Besonders in der Zeit, in der ich berufsbedingt nicht dabei war, merkte ich, dass mir etwas Wesentliches fehlt. Sicher gab es viele „Highlights", die besonders im Gedächtnis bleiben, große, aufwendige Aufführungen, unsere Konzertreisen nach Japan oder Frankreich usw. Eigentlich sind aber die Proben zu jedem Konzert die eigentlichen „Highlights", der erste Kontakt mit einer Musik, die Momente in denen sich ein Werk einem erschließt, bis hin zu der Arbeit an den Feinheiten der Interpretation. Ebenso spannend ist es, zu beobachten, wie sich das Orchester verändert und weiterentwickelt, natürlich immer aus der eigenen, subjektiven Sicht, untrennbar verbunden mit den eigenen Spielerfahrungen. Aus all diesen Gründen hoffe ich noch lange in diesem Orchester mitspielen zu dürfen.

Dr. Raimund Samhammer

Tradition und Innovation

Zu Brahms' 4. Symphonie e-moll, op. 98

Die überragende künstlerische und musikgeschichtliche Bedeutung der 4. Symphonie wurde schon dargestellt: Sie vereint musikalische Gestaltungsmittel der Barockzeit (Passacaglia, gelegentlich archaisierende Harmonik), der Klassik (Sonatenform, symphonische Viersätzigkeit, Orchesterbesetzung) mit der Tonsprache der Romantik (Bläserklang, erweiterte Harmonik und dynamische Vielfalt).

Die ersten beiden Sätze entstanden in den Sommermonaten 1884. Frühestens Ende Oktober desselben Jahres lernte Brahms, der Subskribent der neuen Bach-Ausgabe war, dessen Kantate *Nach dir, Herr, verlanget mich* kennen, in deren Schluss-Passacaglia er offensichtlich das Vorbild für das Finale-Thema fand. Den 3. Satz und das Finale komponierte er im Sommer 1885. Das Werk wurde am 25. Oktober 1885 in Meiningen unter Leitung des Komponisten uraufgeführt.

Der **erste Satz (*Allegro non troppo*)** beginnt mit dem verhaltenen, in weichem Streicherklang ruhig atmenden Hauptthema, das zweite dagegen klingt kräftig und selbstbewusst, die Charaktere der Hauptthemen scheinen der Hörerwartung vertauscht. Am ersten Thema zeigt sich Brahms' konzentrierte Gestaltungsweise. Es besteht aus den Tönen einer immerfort fallenden Terzenkette, die die harmonische Kadenz beinhaltet, und dann wieder ansteigt – ein so einfaches Prinzip, dass seine Gegner dem Thema spöttisch die Worte unterlegten *Mir fällt mal wieder gar nichts ein*.

Das fanfarenartige Seitenthema ist dem Bläserklang zugeordnet.

Zum kontrastreichen Seitensatz gehört auch noch ein elegisch weiches Thema, das die Celli intonieren, von den Staccati des Fanfarenthemas begleitet.

Es mildert und unterstreicht dennoch das Energische der Fanfaren, die sich gleich darauf wieder zu Wort melden. Die Durchführung beginnt mit dem Hauptthema in e-moll, sodass der Hörer eine Wiederholung der Exposition erwartet, sich dann doch durch Verarbeitung der Motive in der Durchführung findet. Den zweiten Durchführungsabschnitt gestalten Motive des Fanfarenthemas, im dritten kündigen fallende Terzen das Hauptthema an. Die Reprise beginnt mit dem Hauptthema in monumentaler Verbreiterung und Dehnung, sonst verläuft sie weitgehend der Exposition entsprechend.

Der **zweite Satz (*Andante moderato,* E-Dur)** erhält seinen Charakter durch das balladenhafte, verträumte Hauptthema und durch Anklang an kirchentonale Wendungen in Melodik und Harmonik schon in den ersten Takten. Die Hörner intonieren einstimmig das um den Ton e kreisende Thema, unterstützt von den sukzessive und oktavierend einsetzenden Holzbläsern. In der Einstimmigkeit wäre die Tonart phrygisch (Halbton f über dem Grundton e). Wenn es ab T. 5 harmonisch in zarte Holzbläser und Streicher-Pizzicati eingebettet erscheint, wandelt sich der Klang zu E-Dur, Beginn mit der Terz (gis). Auch der harmonische Verlauf mit Klangwechseln zu Mollakkorden bewirkt kirchentonalen, altertümlichen Charakter.

Eine durchführungsartige Überleitung führt zum 2. Thema der Celli.

Der Satz ist zweiteilig angelegt mit durchführungsartigen Einschüben. Die Coda knüpft mit dem Horn-Solo die Verbindung zum Anfang des Satzes.

Ganz im Gegensatz zu den beiden vorangegangenen zeigt der **dritte Satz (*Allegro giocoso,* C-Dur)** übermütige, fast lärmende Extrovertiertheit, seine Form ist eine Verbindung von Sonatenform und Rondo. Das Hauptthema, vom Orchestertutti angestimmt, lebt vom Gegensatz seiner zwei Elemente, dem „schleifenden" Tonleitermotiv und den Staccato-Tonrepetitionen.

Ein heiteres, graziöses Seitenthema bringt weitere Kontrastelemente:

Das in der ganzen Orchesterliteratur einzigartige **Finale (*Allegro energico e passionato*, e-moll)** verbindet in beeindruckender Weise barocke Passacaglia und klassische Sonatenform. Während die Passacaglia eigentlich eine statische Reihungsform ist, bei der ein achttaktiges Grundmotiv mit wechselnden Begleitstimmen den Satz durchzieht, ist die Sonatenform auf Entwicklung angelegt. Brahms fasst die über 30 Variationen jeweils in Gruppen zusammen, die ähnlicher Struktur sind oder in denen eine Entfaltung zugrunde liegender, gemeinsamer Elemente geschieht. So können sich auch ganze Komplexe mit strukturellem Zusammenhang von anderen unterscheiden, also als Hauptsatz, Seitensatz, Durchführung oder Coda fungieren.

Johannes Brahms in den 80iger Jahren, zur Zeit der Komposition der 4. Symphonie

Das achttaktige **Passacaglia-Thema** eröffnet den Satz. Von machtvollen Bläserakkorden untermalt wirkt es wie ein imposantes Säulenportal. Es markiert in dieser Form jeweils den Beginn der Hauptteile Exposition, Durchführung, Reprise und Coda.

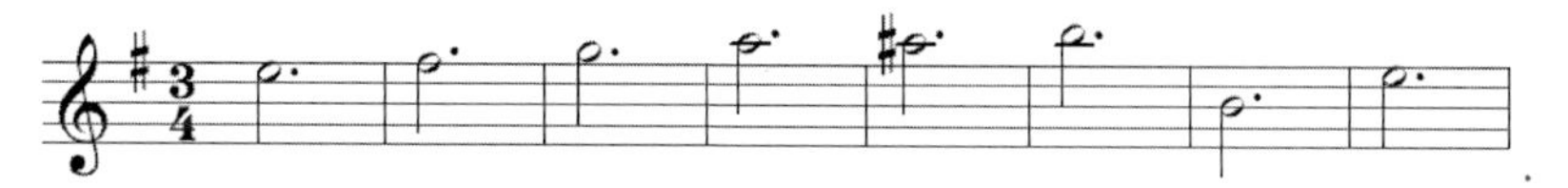

Der erste Themenkomplex aus den ersten elf „Durchgängen" behält das Passacaglia-Thema in den Streichern. Vom Pizzicato der Geigen bis in die Bässe gibt es Fundament, während sich darüber Gegenstimmen in immer schnellerer Bewegung und größerer dynamischer Intensität bilden.

Nach jagenden Sechzehntelbewegungen der Geigen leitet die Bläser-Klangfarbe in den langsameren „Seitenthema"-Abschnitt. Hier ist das Passacaglia-Thema in den expressiven Melodien der Soloflöte, dann der Klarinette und schließlich der Blechbläser versteckt. (Manche Analysen sehen hier bereits den Beginn der Durchführung.)

Wuchtig markiert die Wiederkehr des Passacaglia-Themas den Beginn des nächsten Abschnitts, den Höhepunkt unterschiedlicher, dramatischer Bewegungsmuster und dynamischer Ausbrüche. Die Reprise setzt mit monumentalen Bläserakkorden ein, die von schnellen Dreiklangsbrechungen in Holzbläsern und Streichern umspielt werden, dann kehren dem Anfang ähnelnde Variationen wieder, jedoch nicht das Flötenthema. Mit monumentaler Kraft und *più Allegro* erklingt ein letztes Mal das Passacaglia-Thema mit gesteigertem Nachdruck und leitet in die stürmische Coda.

Das Philharmonische Orchester Isartal trauert um sein Orchestermitglied

Renate Henkel

11. 12. 1963 – 30. 3. 2007

Renate spielte als Geigerin seit vielen Jahren im Orchester
und war vielen von uns eine gute Freundin.
Wenige Tage nach dem letzten Konzert im vergangenen März, in dem sie noch mitwirkte, erlag sie plötzlich ihrer schweren Krankheit.

Ihre Begeisterung für die Musik, ihr ansteckender Optimismus,
ihre Hilfsbereitschaft und ihre Fröhlichkeit im Umgang mit uns allen
werden uns immer im Gedächtnis bleiben.

Foto: Ursula Lukas
(während der Frankreich-Reise 2006)

Jugendliches Temperament

Zu Brahms' 1. Klavierkonzert d-moll, op. 15

Das 1. Klavierkonzert ist Brahms' erstes bedeutendes Orchesterwerk überhaupt. 1853 hatte Brahms erstmals Robert und Clara Schumann seine Klavierstücke vorgespielt. Die Anerkennung seiner Begabung durch Robert Schumann und dessen emphatische Ankündigung des neuen *Genius* Johannes Brahms in dem berühmt gewordenen Artikel *Neue Bahnen* in der *Neuen Zeitschrift für Musik* gaben ihm Mut, sich an ein umfangreicheres Werk zu wagen. Zunächst wurde die Komposition (1854) als Sonate für zwei Klaviere begonnen, dann als Symphonie konzipiert, erst 1859 als Klavierkonzert beendet.

Die erste Aufführung unter der Leitung von Joseph Joachim mit Brahms als Solisten fand im Januar 1859 in Hannover statt und wurde – wie auch die zweite Aufführung einige Tage später im Leipziger Gewandhaus – ein gründlicher Misserfolg. Nach Brahms' eigenem Bericht wurde *ohne jede Regung der erste Satz und der zweite angehört. Zum Schluss versuchten drei Hände, langsam ineinander zu fallen, worauf aber von allen Seiten ein klares Zischen solche Demonstration verbot. ...Trotzdem wird das Konzert noch einmal gefallen, wenn ich seinen Körperbau gebessert habe, und ein zweites soll schon anders lauten.* In der Presse hieß es: *Die Erfindung hat auch an keiner einzigen Stelle etwas Fesselndes oder Wohltuendes; die Gedanken schleichen entweder matt und siechhaft dahin, oder sie bäumen sich in fieberhafter Aufgeregtheit in die Höhe, um desto erschöpfter zusammenzubrechen; ungesund mit einem Worte ist das ganze Empfinden und Erfinden.*

Das Publikum hatte wohl eines der üblichen Virtuosenkonzerte mit dominant konzertierendem Soloinstrument erwartet. Befremdlich dagegen wirkte das symphonische Prinzip, in dem Solo und Orchester gleichwertig miteinander verwoben und an der symphonischen Entwicklung beteiligt sind. Auch die Vielzahl der Themen im ersten Satz dürfte die Hörer verwirrt haben. Noch bis zum Druck zwei Jahre später verbesserte Brahms daran immer wieder etwas. Mehrfach bat er seinen Freund Joseph Joachim und den Komponistenkollegen Julius Otto Grimm um Rat zu Komposition und Instrumentation. Nach fast dreißig Jahren

Johannes Brahms um 1856

stellte sich, zusammen mit seinem zweiten Klavierkonzert, schließlich doch noch der Erfolg ein, nicht zuletzt durch den Dirigenten Hans von Bülow und Clara Schumann, die das Konzert bis ins hohe Alter in ihrem Repertoire hatte.

Der **erste Satz (*Maestoso*)**, der gewichtigste, ist voller Gegensätze. Sechs verschiedene Themen zeigen titanisch-kämpferischen bis lyrisch-zarten Ausdruck. Orchester und Klavier entfalten jeweils eigene Themen.

Die lange Orchesterexposition wird eröffnet vom Hauptthema, es hat dramatisch-massigen Charakter, zu dem lange Orgelpunkte der Bässe und Paukenwirbel beitragen.

Die Geigen und Klarinette schließen sich quasi versöhnlich mit dem lang gezogenen zweiten Motiv an:

In einer sehnsüchtigen Moll-Variante in klangvollen Sext- und Terzparallelen übernehmen es gleich darauf die Holzbläser:

Ein weiteres Motiv klingt an, das erst in der Soloexposition voll zum Zuge kommt. Dann ist das fanfarenartige Schlussgruppenmotiv zu hören, dem eine beruhigende Überleitung zum Solo folgt.

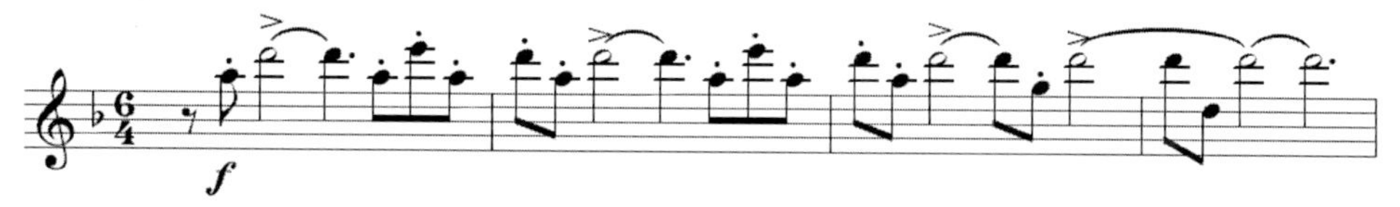

Der Einsatz des Soloinstruments geschieht überraschenderweise mit einem neuen Thema, das allerdings vorher im Orchester verkürzt, wie nebensächlich, angeklungen war. Mit vielen kleinen Seufzermotiven wirkt es bekümmert und vorwärts drängend:

Das Klavier bringt – nach dem energiegeladenen Hauptthema und den Seitenmotiven – ein ganz neues zweites, sehr gefühlvoll-schwärmerisches Thema in F-Dur ein, das in einer längeren Phase ganz ohne Orchester in vollen Akkorden ausmusiziert wird:

Nach einem beruhigenden Epilog setzt mit energischen, lärmenden Oktavpassagen des Klaviers die Durchführung ein, in der die Motive der Orchesterexposition verarbeitet werden. Die Reprise wird vom Klavier mit dem Hauptthema des Anfangs eingeleitet, das Klavier-Seitenthema wird nun auch vom Orchester übernommen.

Den **zweiten Satz (*Adagio*, D-Dur)** hat Brahms im Autograph ursprünglich mit den Worten *Benedictus qui venit in nomine domini* überschrieben. Der Vermerk taucht im Erstdruck nicht mehr auf und gab den Musikwissenschaftlern Anlass zum Rätseln, vielfach wurde es mit Clara Schumann in Verbindung gebracht. Wie ein friedvolles *Benedictus* der Messe, meditativ, quasi *religioso*, wirkt das D-Dur-Stück mit seinen lang gezogenen, meist abwärts gerichteten Melodielinien, die das Klavier sanft umspielt und verziert.

Konträr hierzu beginnt der **dritte Satz (Rondo-*Allegro ma non troppo*)** mit seinem kraftvoll drängenden, melodisch aufschwingenden Rondothema.

Der Satz folgt dem Schema A-B-A-C-A-B-Coda. Das markige Hauptthema, mehrfach im Wechsel zwischen Soloinstrument und Orchester vorgetragen, bildet den energischen A-Teil. Die Zwischenteile heben sich mit liedhaft lyrischen Themen ab.

Verbindung schaffen jeweils Überleitungen mit retardierender oder die Stimmung wendender Wirkung, oft auch mit virtuosen Passagen des Klaviers.

Das ausdrucksvolle Thema des B-Teils in F-Dur ist dem Klavier vorbehalten. Sein Melodieduktus ist unverkennbar mit dem Rondothema verwandt, der weiche Vorhalt am Ende des Vordersatzes kennzeichnet den empfindsamen Charakter.

Mit virtuosen Passagen leitet das Klavier die Reprise des energischen Hauptthemas ein. Im Zentrum des Satzes steht ein lichter Teil in B-Dur (C), dessen gefühlvolles Thema von großer Geste der langen Auftakte zu den Haupttönen bestimmt ist. Es wird in warmer Streicherklangfarbe vorgetragen, das Klavier variiert es.

Als Durchführungselement folgt ein Fugato in b-moll und eine kurze Dur-Variante des Rondothemas. Nach Reprise des A- und B-Teils scheint eine Fermate, der Motive des Rondothemas vorausgehen, wiederum den A-Teil anzukündigen, es folgt jedoch eine Kadenz des Soloinstruments, vom Komponisten *quasi Fantasia* überschrieben. Die Coda in D-Dur bringt nochmals das Rondothema sowie das Thema des C-Teils. In beschleunigtem Tempo mit virtuosen Passagen des Klaviers schließt der Satz in strahlendem D-Dur.

Barbara Kleinschmidt Horn

Geborenbin ich in München, aufgewachsen in Wolfratshausen. Mit 18 habe ich angefangen Horn zu lernen. Zwei Jahre später begann ich ein Hornstudium in München.

Mein erstes Stück im hiesigen Orchester war das Sigfried-Idyll von Richard Wagner im ersten Konzert der damaligen Ickinger Laien Philharmoniker unter Matt Boynick, anschließend kam eine längere (Kinder-) Pause.

Ich erinnere mich gern an die vielen Konzerte mit Prof. Weiß, besonders an das Konzert mit Alfons Kontarsky. Musikalisch war ich von ihm beeindruckt und besonders auch menschlich. Schon allein seine eigene Laufbahnbeschreibung im Programmheft fand ich sehr originell und witzig. Er zählte keine Meisterkurse und gefeierten Auftritte auf, sondern beschrieb als wichtigstes Ereignis ein kulinarisches Buffet, das er selbst für ein Orchester (?) ausgerichtet hat. So oder so ähnlich habe ich das in Erinnerung.

Wir haben damals die beiden Brahms Klavierkonzerte gespielt, womit ich bei einem meiner Lieblingskomponisten angekommen bin.

Barbara Kleinschmidt

Lothar Palsa Horn

Ich bin in Passau aufgewachsen und spielte als Jugendlicher in einer kirchlichen Bläsergruppe Trompete. Seit 1987 lebe ich in München. Mein erstes Konzert mit dem Orchester war am 15. Juli 2006.

Lothar Palsa

Virtuose Lyrik

Zu Brahms' Violinkonzert D-Dur, op. 77

Das Violinkonzert entstand 1878 in der lieblichen Landschaft von Brahms' Sommerdomizil im Kärntner Pörtschach, wie schon die ihm verwandte, lyrische 2. Symphonie im Jahr zuvor. Brahms liebte lange, einsame Spaziergänge in den frühen Morgenstunden und setzte sich gegen Mittag an den Schreibtisch, um die dabei ausgearbeiteten Ideen zu Papier zu bringen. Intensive Naturerlebnisse und entspannte Seelenlage prägten beide Werke.

Wie aus Briefen hervorgeht, stand Brahms während der Kompositionsphase in enger Verbindung mit dem damals wohl bekanntesten Geiger, Freund und Duopartner Joseph Joachim, von dem sich der Pianist Brahms in Fragen des Instrumentalparts beraten und anregen ließ. Zum Dank ist das Konzert Joseph Joachim gewidmet. Von diesem stammt auch die meistgespielte Kadenz zu diesem Konzert. Die Uraufführung fand am 1. Januar 1879 in Leipzig statt mit Joseph Joachim als Solisten und Brahms als Dirigenten.

Ebenso wie Beethovens Violinkonzert folgt das Brahmssche Konzert – beide die einzigen Werke ihrer Schöpfer in dieser Gattung und beide in D-Dur – dem symphonischen Konzerttypus, der die virtuosen Elemente in symphonischen Orchesterklang einbettet. Das Orchester ist vielfach motivisch mit dem Soloinstrument verwoben und dialogisiert mit ihm – es ist also nicht auf reine Begleitfunktion beschränkt wie in vielen Virtuosenkonzerten des 19. Jahrhunderts.

Der **erste Satz** (***Allegro non troppo***) wird vom schlichten, dreiklangsgeprägten, lyrischen Hauptthema in den tiefen Instrumenten eröffnet, unterstützt vom samtigen Klang der ...

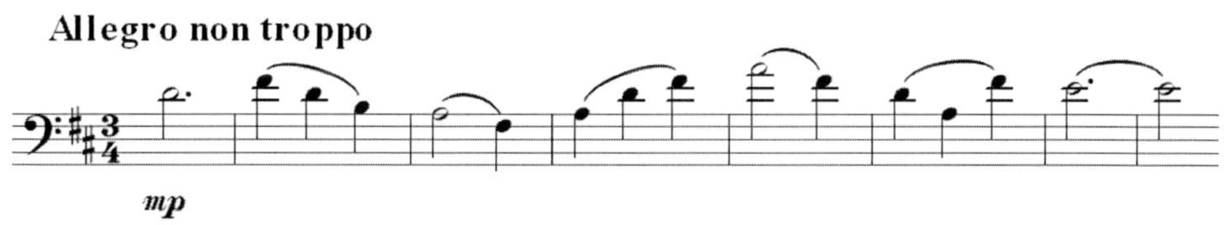

Ein energiegeladenes zweites Thema in akkordischem Satz steht diesem gegenüber:

Die Solovioline setzt ein mit virtuosen Passagen über das erste Thema. Diese münden in das erste Thema im Original in der Solovioline. Dem stellt die Solovioline dann ein eigenes energisches, ebenfalls akkordisches Seitenmotiv gegenüber:

Ein weiterer melodischer Gedanke am Ende der Exposition ist schwärmerisch-lieblich, er wird von der Solovioline eingeführt und sogleich vom Orchester aufgenommen:

In der Durchführung überwiegen die beiden lyrischen Themen und ihre Varianten. Nach Reprise und Kadenz erstrahlt noch einmal das Hauptthema. Die Solovioline treibt mit einer temperamentvollen, mit Doppelgriffen wirkungsvoll gesteigerten Stretta den Schlussakkorden entgegen.

Der **zweite Satz (*Adagio*)** offenbart den Liedkomponisten Brahms. Virtuose Effekte fehlen hier völlig zugunsten empfindsamer Melodik. Der Geiger Pablo Sarasate soll übrigens zu diesem Satz gesagt haben, er dächte nicht daran, mit der Geige in der Hand zuzuhören, wie die Oboe die einzige Melodie des Stückes blase.

Die Solovioline greift es mit poetischen Umspielungen auf. Der Mittelteil ist drängender und chromatischer. Die Oboe kehrt mit dem ersten Thema zum Anfangsteil zurück, die Violine führt es empfindsam, über sanften Streicherakkorden schwebend, in den verzaubernden Ausklang.

Der **dritte Satz (*Allegro giocoso, ma non troppo vivace*)** ist ein temperamentvolles Rondo in A-B-A-C-B-A-Form. Das schwungvolle Hauptthema wird gleich vom Solisten vorgestellt:

Es beherrscht den ganzen Satz in vielfältigen Motivvarianten, symphonisch im Wechselspiel der Solovioline mit verschiedenen Instrumentengruppen. Die gesteigerte Stretta bremst kurz vor Schluss ab, nachsinnend verebbt die Ausgelassenheit. Das Orchester beendet den Satz mit drei mächtigen Schlussakkorden.

Monika Achermann-Weinert Violine, Viola

stammt aus Wolfratshausen, sie ging in Wolfratshausen, Geretsried und Bad Tölz zur Schule. Mit 9 Jahren erhielt sie Geigenunterricht, u.a. bei Lore Polta. Mit 15 Jahren kam die Bratsche dazu, auch hatte sie mehrere Jahre Gesangsunterricht und spielte in verschiedenen Kammermusikgruppen und diversen Orchestern. Ausbildung und Beruf als Hebamme führten sie nach München, Landsberg am Lech und Hausham am Schliersee. Seit 2001 wohnt sie wieder in Wolfratshausen und spielte im Philharmonische Orchester Isartal, hier lernte sie ihren Mann Didier Achermann kennen. Viel Freude machte ihr der Umgang mit den netten Menschen und der qualifizierte Orchester-Unterricht durch Herrn Adt. Ein besonderes Ereignis war für sie die Frankreichfahrt 2006. Sie liebt es, in kleineren Orchestergruppierungen, aber auch in großen sinfonischen Werken, vor allem ihrer Lieblingskomponisten Brahms und Mozart, mitzuwirken, aber auch in Konzerten mit Solisten und in Werken mit Chor. Ihren Beruf als Hebamme übt sie noch heute neben ihrer Tätigkeit als Mutter von zwei kleinen Kindern gelegentlich aus. Ihre schönste Aufgabe sieht sie zurzeit darin, mit ihren Kindern zu singen und ihnen die Liebe zur Musik zu vermitteln.

Monika Achermann-Weinert

Didier Achermann Klarinette, Violoncello

Im Jahre 1975 bin ich in der höchsten Stadt Europas geboren, in der französischen Schweiz. Als Kind habe ich mit Trommeln angefangen, mit 10 begann ich Klarinette zu lernen. Ich habe Physik studiert. 1999 kam ich nach München, um im EPA (Europäisches Patentamt) zu arbeiten. Bei meiner Suche nach einem Orchester hatte ich das Glück, schnell das Philharmonische Orchester Isartal zu finden und spielte gleich die 2. Klarinette in der 9. Symphonie von Beethoven. Im nächsten Programm bin ich in einer einzigen Probe aufgestiegen: 1. Klarinette, dann Solist, und dann Dirigent; aber eine halbe Stunde später kam der Dirigent, und natürlich war ich nicht der Solist im Konzert. 2001 habe ich die 1. Klarinette in Beethovens 8. Symphonie gespielt, dann aber mit Klarinette aufgehört, weil ich Cello lernen wollte. In 2006 und 2007 habe ich zwei Programme (Rossini und Brahms) mit dem Cello mitgespielt (nicht alle Töne). Aber das Wichtigste für mich geschah am Ende einer Orchesterprobe im Sommer 2000, an einem Samstag an einem Probenwochenende in Agatharied: Ich habe Monika getroffen; unsere Kinder sind 2007 und 2009 geboren. Vielleicht werden sie eines Tages mit uns im Orchester spielen? Zur Zeit (2011) möchte ich, wenn ich wieder mit Cello ernst mache, Streichquartette spielen. Im Orchester habe ich viel Freude gehabt und sogar das Glück für das Leben (Monika) dort gefunden. Da ich Schweizer und Franzose bin, habe ich dem Orchester ein bisschen internationale Farbe gegeben. So konnte ich mich auch nützlich machen als Übersetzer beim Programmheft für das Frankreich-Projekt.

Didier Achermann

Virtuosenkonzert zur Versöhnung

Zu Brahms' Doppelkonzert für Violine und Violoncello a-moll, op. 102

Den Sommer 1887 verbrachte Brahms am Thuner See. Wie immer hatte er in Muße und während langer Spaziergänge in der Natur, diesmal am Fuße der Bergriesen der Zentralschweiz, seine entscheidenden kompositorischen Einfälle. Hier entstand – als sein letztes Orchesterwerk – das Doppelkonzert für Violine und Violoncello.

Der Adressat war der Geiger Joseph Joachim, von dem ihn seit Jahren ein Zerwürfnis trennte, weil Brahms beim Scheitern von Joachims Ehe Partei für dessen Frau ergriffen hatte. Im Juli schickte Brahms Joachim eine Karte, er habe eine *Mitteilung künstlerische Art* an ihn und hoffe auf sein Interesse. Umgehend erhielt er Antwort, er (Joachim) warte mit Spannung und hoffe auf einneues Werk, nachdem er *mit Entzücken* die letzten Werke (die Cello-Sonate op. 99, die Violinsonate op. 100 und das Klaviertrio op. 101) gesehen und gespielt habe. Brahms schrieb zurück: *Aber mache Dich auf einen kleinen Schrecken gefasst. Ich konnte nämlich derzeit den Einfällen zu einem Konzert für Violine und Violoncell nicht widerstehen... Nun ist mir alles Mögliche an der Sache gleichgültig bis auf die Frage, wie Du Dich dazu verhalten möchtest... Wenn Du mir eine Karte schickst, auf der einfach steht „Ich verzichte", so weiß ich mir selbst alles Weitere und genug zu sagen. Sonst fangen meine Fragen an: Willst Du eine Probe davon sehen?*

Joachims Antwort scheint positiv ausgefallen zu sein. Brahms schickte Auszüge der Stimmen und erhielt sie am 31. Juli mit Vorschlägen für *geringfügige Änderungen* zurück. Joachim nannte das Stück *lebendig und erfreulich*, auch der Cellist Hausmann sei sehr angetan. In einem Brief an Clara Schumann gestand Brahms: *Es ist doch etwas anderes, für Instrumente zu schreiben, deren Klang man nur so beiläufig im Kopf hat, die man nur im Geiste hört – oder für ein Instrument, das man durch und durch kennt, wie ich das Klavier...* Clara antwortete: *Ich denke, wer solche Symphonien geschrieben hat, solche Sonaten für Violine und Violoncell, der kennt die Instrumente bis in ihre feinste Charakteristik, entlockt ihnen ungeahnte Klänge!*

Am 21. und 22. September trafen sich Brahms, Joachim und Hausmann zu ersten Proben bei Clara Schumann in Baden-Baden. Am 23. September wurde erstmals mit dem dortigen Kurorchester probiert. Clara Schumann berichtet darüber in ihrem Tagebuch: *Nun wurde es (das Werk) mir bei weitem klarer und erwärmte mich ganz und gar... Es ist ein ganz durch und durch originelles Werk, ...gewissermaßen ein Versöhnungswerk... voller interessanter Motive und Durcharbeitung. Am liebsten ist mir der erste Satz, dann der letzte... Einige störende Stellen fehlen nicht; das muss man eben in Kauf nehmen. Er könnte sie leicht ändern, aber das wird er wohl nicht; es ist manchmal, als ob es ihm Vergnügen mache, dem Hörer es nicht zu wohl werden zu lassen.*

Die Uraufführung des Doppelkonzerts in Köln organisierte Brahms' Freund Franz Wüllner. Sie fand einen Monat später, am 18. Oktober 1887, in Köln unter Leitung des Komponisten statt. Ihr folgten bald weitere Aufführungen. Ein halbes Jahr später wurde das Werk nach geringfügigen Änderungen bei Simrock gedruckt.

Das Haus am Thuner See, in dem Brahms 1887 sein Doppelkonzert komponierte

Doppelkonzerte sind in der Literatur eher die Ausnahme, sie leiten sich her aus der barocken *Sinfonia concertante*. Bekannte Werke dieser Gattung sind u.a. Bachs Konzert für 2 Violinen, Mozarts Konzert für Flöte und Harfe oder seine *Sinfonia concertante* für Violine, Viola, jeweils mit Orchester. Brahms' Doppelkonzert hat leider nie die Popularität seiner Klavierkonzerte oder des Violinkonzerts erreicht, einerseits weil der Virtuosenkult des 19. Jahrhunderts das Solokonzert bevorzugte, vielleicht auch weil sich nicht oft zwei entsprechende Streichersolisten zu wettbewerbsloser Einigkeit zusammenfinden.

Das Werk erschließt sich nicht leicht unmittelbarem, emotionalem Zugang, wie schon das Zitat aus Clara Schumanns Tagebuch zeigt. In diesem Alterswerk erscheint mehr als in anderen Werken die für Brahms typische Mischung aus zupackender Kraft, sensibler Zartheit und intellektueller Durchstrukturierung aller Details. Gerade am gesangvollen *Andante*, das Clara Schumann am wenigsten begeisterte, bewundert H. A. Neunzig in seiner Brahms-Biographie den *weiter als je zuvor vorangetriebenen Prozess der Einswerdung zweier miteinander dialogisierender Instrumente*, die Biographen W. und P. Rehberg das *Erstmalige, dass die Begriffe Kammermusik, Konzert und Symphonie zusammenfließen.*

Der energische **Kopfsatz** ***(Allegro)*** beginnt mit einer Einleitung, die die Anfänge beider Hauptthemen andeutet, vor allem aber der Präsentation der beiden Solisten nach Art einer vorweggenommenen Solokadenz dient. Dann erst folgt die Exposition mit dem vollständigen, markig-kraftvollen Hauptthema, dessen rhythmische Spannung zwischen straffer Punktierung und weicherem, triolischem Gegensatz den ganzen Satz durchzieht:

Ein synkopisches Überleitungsmotiv, das auch in der Durchführung eine Rolle spielen wird,

leitet zum Seitenthema in F-Dur. Es ist in der Intervallstruktur des Anfangs sichtlich mit dem Hauptthema verwandt, wenn auch von anderem, poetisch-schwärmerischem Ausdruck.

In der Soloexposition wandelt das Violoncello das Hauptthema ins Lyrische:

Die Virtuosität kommt in zahlreichen Triolen- und Sechzehntelpassagen nicht zu kurz. Ein Orchestertutti mit dem Seitenthema beschließt die Exposition.

Mit großer Geste stimmen die Solisten die Durchführung an. Zunächst variieren sie Elemente des Hauptthemas. Ein scherzohafter Abschnitt mit Trillern der Solisten und dem synkopischen Motiv im Orchester führt in entlegene Tonarten. Das Orchester stellt besonders die rhythmischen Gegensätze (Triolen-Duolen) des Hauptthemas heraus. Lyrisch mit dem synkopischen Motiv leiten die Solisten zurück in die Reprise, die in kraftvollem Tutti-Fortissimo mit dem Hauptthema beginnt. Das Seitenthema wird jeweils von einem der Soloinstrumente präsentiert, das andere umrankt die Melodie mit gebrochenen Dreiklängen, sanft von Hörnern und Streicherklängen unterstützt, dann erklingt es nochmals schwungvoll im vollem Orchester. Wieder greift das Hauptthema machtvoll zu Beginn der Coda ein, die Solisten lassen es in ihrer lyrischen Variante erklingen und gestalten es in vollen Klängen aus. Nach kurzem Innehalten führt eine letzte Steigerung, mit angedeutetem Seitenthema in den Bläsern, unter anfeuernden, virtuosen Dreiklangspassagen der Solisten in die kraftvollen Schlussakkorde.

Erste Partiturseite des Manuskripts von Brahms' Doppelkonzert

Den **zweiten Satz** ***(Andante, dreiteilige A-B-A-Form, D-Dur)*** leiten zwei Bläsertakte ein, die die ersten vier Töne des Themas vorausnehmen. Dann erblüht das Hauptthema in samtig-sattem Klang der Mittellage der Solisten, von den Orchesterstreichern unterstützt. Die Achtelbewegung des Themas erklingt in Oktaven, die Viertel werden akkordisch-mehrstimmig von hinzutretenden Instrumenten ergänzt.

Der Mittelteil (in F-Dur) ist aus einem ruhigen, liedhaften Thema gestaltet. Die Holzbläser tragen es in sanften Terz- und Sextparallelen vor über dem Grundton-Orgelpunkt der Hörner:

Die Solisten nehmen es auf, in einem Dialog umspielen sie die sanften Tonleiterbewegungen mit Triolen, eingebettet in hellen Klanghintergrund der hohen Holzbläser, Hörner, Violinen und Bratschen. Im zweiten Abschnitt des Mittelteils entwickelt sich der fast kammermusikalische Dialog weiter: Melodische Abschnitte des Themas der Holzbläser und Hörner, später auch der Bratschen werden von einer Sechzehntel-Girlande der Solisten weit ausholend umrankt, wobei sich Solo-Violine und -Cello abwechseln. Eine kleine Kadenz – nur hier im ganzen Satz sind die Solisten ohne Orchester zu hören – führt zurück in den verkürzten A-Teil. Alle Elemente klingen in der noch einmal in der Coda an, sie lässt den Satz mit beiden Themen, den Umspielungen der Solisten und der kleinen Kadenz sanft ausklingen.

Das **Rondo-Finale** ***(Vivace non troppo)*** wird vom Solocello mit dem tänzerischen Hauptthema eröffnet, die Solovioline übernimmt es und gibt es an das Orchester weiter. Durch seine ostinate Rhythmik ist es leicht einprägsam, wirkt aber trotz des spielerischen Tons beherrscht und voll gezügelten Temperaments.

Den ersten Zwischenteil gestaltet ein klangvoll-doppelgriffiges Thema mit raumgreifender Geste in C-Dur, das ebenfalls zuerst das Solocello vorträgt:

Rhythmische Motive und Staccato des Rondothemas leiten zurück in den verkürzten A-Teil. Den zweiten Zwischenteil leiten die Solisten mit einem neuen Thema ein:

Virtuosen Passagen der Solisten, in denen sich auch lyrische, kammermusikalische Dialoge mit den Holzbläsern entwickeln, setzt das Orchester das Thema entgegen, kräftig, fast schroff im Fortissimo. Wie in den vorangegangenen Sätzen rekapituliert die Coda in A-Dur das Geschehene, indem sie Themenanfänge zitiert und den Solisten noch einmal Raum lässt für virtuose Gestaltung, die das Orchester mitreißt in den bekräftigenden Dur-Schluss.

Die Kammermusik von Johannes Brahms

Im Schaffen von Johannes Brahms kommt der Kammermusik eine wesentliche Bedeutung zu. Seine Sonaten, Trios, Quartette, Quintette, und Sextette gehören zu den wichtigsten Kammermusikschöpfungen der zweiten Jahrhunderthälfte. Kammermusik schien für den introvertierten, die großen Effekte seiner Zeitgenossen Liszt und Wagner scheuenden Brahms das natürliche und angemessene Ausdrucksmittel.

Nicht nur die strenge musikalisch-handwerkliche Ausbildung des jungen Brahms bei Eduard Marxen in Hamburg, sondern auch die Freundschaft und Bewunderung für seinen Förderer Robert Schumann trugen als Vorgaben seiner kompositorischen Laufbahn dazu bei, dass Brahms in den musikalischen Parteienstreit seiner Zeit hineingezogen und zum unfreiwilligen Parteihaupt der Konservativen gestempelt wurde. Im Gegensatz zu den *Neudeutschen* um Wagner und Liszt entwickelt und entfaltet sich bei Brahms Emotionalität allein aus der handwerklichen, an Bach und Beethoven geschulten Verarbeitung des rein musikalischen Materials. Eine immerfort sich wandelnde, variativ sich entwickelnde thematische Arbeit, eine fortwährend poetische Metamorphose der Themen und Motive prägt das Schaffen von Brahms, ein Stilelement, das sein Bewunderer Arnold Schönberg später in seinem Unterricht intensiven Untersuchungen unterzog und als *entwickelnde Variation* zur Grundlage seiner eigenen Arbeit machte.

Wählten die *Neudeutschen* vor allem Oper und Symphonische Dichtung, so ist es nicht verwunderlich, dass ein Großteil des Schaffens von Brahms der Kammermusik gewidmet ist mit ihren intimeren, an klassischen Vorbildern orientierten Gattungen. Neben sieben Sonaten für ein Melodieinstrument mit Klavier schuf Brahms drei Klaviertrios, ein Waldhorn-, ein Klarinettentrio, drei Klavierquartette, ein Klavierquintett, drei Streichquartette, zwei Streichquintette, ein Klarinettenquintett und zwei Streichsextette.

Brahms am Klavier,
Zeichnung von W. v. Beckerath

Zu Brahms' Streichquartett c-moll, op. 51,1

In strenger Selbstkritik gab Brahms seine Werke erst nach mehrmaliger und gründlichster Überarbeitung heraus. Insbesondere die Gattungen Symphonie und Streichquartett waren seit der Wiener Klassik mit besonderen Erwartungen verbundenen. Etwa zwanzig begonnene Streichquartette soll er verworfen haben. Mit zwei Klaviertrios, drei Klavierquartetten und zwei Streichsextetten ebnete er sich endgültig den Weg zum Streichquartett. Op. 51,1 und 51,2 erschienen erst 1873, obwohl er sich mit ihnen schon seit 1865 beschäftigt hatte. Brahms widmete sie seinem Freund, dem Chirurgen Theodor Billroth, und nannte sie scherzhaft eine „Zangengeburt".

Leidenschaftlich und doch streng und herb erscheint der **erste Satz (*Allegro*)** des c-moll-Quartetts. In großer Geste fährt das erste Thema auf, dessen dramatische Erregung den ersten Satz nahezu monothematisch beherrscht.

Selbst der lyrische Seitengedanke wird von ihm kontrapunktiert. In dichter motivischer Arbeit hat jede melodische Wendung eine Beziehung zum Kopfthema.

Ruhe und Klangschönheit in weichem As-Dur strahlt die **Romanze (*Poco Adagio*)** aus, die punktierten Rhythmen wirken hier entspannt und friedlich, wenn sie auch unverkennbar motivisch dem Kernthema des ersten Satzes verwandt sind.

Mit Einsatz einer triolischen Begleitung kommt leichte Unruhe auf, die sich steigert, wenn im weiteren Verlauf Triolen und Punktierungen aufeinander treffen.

Der eigenartig fahl klingende **dritte Satz (*Allegretto molto moderato e comodo*)**, mit unruhigen Synkopierungen, lässt meist zwei Stimmen miteinander duettieren, im Mittelteil von klangvollen Pizzicati unterlegt.

Das **Trio**, mit einem Farbwechsel zu F-Dur, ahmt einen Ländler nach, volkstümlich von Bordunklängen, Klangflächen und Pizzicati begleitet.

Das **Finale** (***Allegro***) zitiert gleich zu Beginn den Kopfsatz in heftigem Unisono. Punktierungen und die fallenden verminderte Septimen nehmen dessen leidenschaftlich-stürmischen Charakter wieder auf.

Mehrfach sind Anklänge an das Romanzenthema im Nachsatz zu hören. Ein schmerzlich-elegisches zweites Thema steht ihm zur Seite.

Es scheint die großen Gesten zu beruhigen, doch die Motive des Kopfthemas und der Romanze mit ihren empor drängenden Punktierungen und fallenden Intervallen stehen dem entgegen. Der ganze Satz ist sehr dicht motivisch gearbeitet, kaum ein Takt ist nicht aus den Grundmotiven gewonnen. Das Ringen scheint in der Coda zu enden, doch mit einer sich aufbäumenden Geste und Rückfall in hartes c-moll endet das Werk.

Das was man eigentlich Erfindung nennt, also ein wirklicher Gedanke, ist sozusagen höhere Eingebung, Inspiration, d.h. dafür kann ich nichts. Von dem Moment an kann ich dieses „Geschenk" gar nicht genug verachten, ich muss es durch unaufhörliche Arbeit zu meinem rechtmäßigen, wohlerworbenen Eigentum machen. Und das braucht nicht bald zu sein.

Johannes Brahms

Von Brahms habe ich gelernt:

1. *Vieles von dem, was mir durch Mozart unbewusst zugeflogen war, insbesondere Ungradtaktigkeit, Erweiterung und Verkürzung der Phrasen*
2. *Plastik der Gestaltung: nicht sparen, nicht knausern, wenn die Deutlichkeit größeren Raum verlangt; jede Gestalt zu Ende führen*
3. *Systematik des Satzbildes*
4. *Ökonomie und dennoch: Reichtum*

Arnold Schönberg

Orchestraler Streicherklang

Zu Brahms' Streichsextett G-Dur, op. 36

Die Gattung Streichsextett ist mit nur sehr wenigen bedeutenden Werken bestückt. Vor den beiden Sextetten von Brahms sind allenfalls die Sextette von Luigi Boccherini erwähnenswert, in denen die Funktion der fünf Unterstimmen kaum über Melodiebegleitung hinausgeht, und eines von Louis Spohr. Aus späterer Zeit sind die Sextette von Niels W. Gade, Dvořák, Borodin und Tschaikowsky zu nennen, aus dem 20. Jahrhundert neben dem Sextett von E. W. Korngold Schönbergs *Verklärte Nacht* und das Sextett aus Strauss' *Capriccio*.

Grund mag die orchestrale Klangintensität sein, die einerseits den kammermusikalischen Rahmen nahezu sprengt, andererseits eine intensive kompositorische Strukturierung erfordert. Zudem dürften sich seltener sechs Streicher zusammenfinden als zu einem Quartett oder Quintett nötig. Der Reiz des Streichsextetts beruht auf dem vollen, fast symphonischen Klang mit Erweiterung des dunklen Klangbereichs durch doppelte Bratschen- und Cellostimme.

Das Streichsextett in G-Dur von Brahms entstand 1864 (1.-3.Satz) und 1865 (4.Satz). Bereits einen Verleger zu finden, bereitete Brahms Schwierigkeiten, da sein erstes Werk dieser Art wohl kein Verkaufsrenner war und sein damaliger Bekanntheitsgrad dem Verleger noch keinen Erfolg garantierte. Die ersten Aufführungen fanden im Oktober und November 1866 in Boston und Zürich statt. Beruht die Eigenheit des früheren B-Dur Sextetts auf der Eingängigkeit liedhaft atmender Melodik und der meist klangvoll paarweise eingesetzten Instrumente, so liegt das Hauptmerkmal des G-Dur Sextetts in der größeren Polyphonie und motivischen Durchgestaltung aller sechs eigenständig geführten Einzelstimmen. Die dynamischen Abstufungen sind differenzierter, dadurch bleibt die Struktur transparent und kammermusikalisch.

Eröffnet wird der **erste Satz** (***Allegro non troppo***) mit zwei einleitenden Takten, deren Tonwechselfigur als Begleitmotiv beibehalten wird und im ganzen Satz motivische Bedeutung erlangt.

Das Hauptthema ist instrumental konzipiert mit großen Intervallen und weitem Tonraum. Charakteristisch sind der zweimalige Quintsprung am Anfang und Dreiklangsbrechungen sowie die Ausweichung in die entfernte Tonart Es-Dur in den Takten 3-6.

In der Wiederholung erfährt das Thema eine Ausweitung in noch größeren Tonraum durch einen dritten Quintsprung. Das zweite, liedhaft-gesanglichere Thema wird vom 1. Cello angestimmt und dann in klangverstärkender Oktavverdopplung mit der 1. Violine fortgeführt.

Den letzten Abschnitt der Exposition gestaltet ein weiteres Motiv, das einen Hinweis auf Agathe von Siebold enthalten soll, mit der sich Brahms 1858 verlobt, sich der Verbindung aber wieder entzogen hatte. Die Töne a-g-a-h-e (statt des t erklingt das d in der Unterstimme) ergeben den Namen Agathe:

Die zart beginnende Durchführung enthält in dichter motivischer Verarbeitung vor allem Elemente des ersten Themas: das Quintmotiv (sowohl steigend als auch fallend), die melodische Dreiklangsbrechung und das begleitende Wechselmotiv. Die Reprise folgt im Ablauf fast exakt der Exposition. Eine lange Coda beginnt mit dem ersten Thema, führt noch einmal in überraschende Tonarten und endet mit energischem G-Es-G-Dur Wechsel.

Der zweite Satz, ein dreiteiliges **Scherzo (*Allegro non troppo*)**, ist ein nachdenklich-melancholisches Stück in g-moll und erinnert im Charakter entfernt an eine Gavotte. Die fallende, dann quasi unentschlossen kreisende Melodik wird von Pizzicati untermalt.

Es erhält seine Eigenart auch durch den Wechsel von rhythmischer Dreier- und Zweierteilung und verunsichernde Synkopen. Nach einem durchführungsartigen Mittelteil mit weit ausgreifendem Tonartenwechsel und kleinem Fugato kehrt der Anfang wieder.

Das **Trio** in G-Dur (Presto giocoso) holt quasi den Scherzo-Charakter nach. Mit seinem energischen Schwung und erinnert es an die Ungarischen Tänze. Sein Mittelteil kontrastiert durch Legato-Melodik. Nach Wiederholung des Scherzo-Teils beendet eine beschleunigte Coda den Satz in schroffer Art.

Der **langsame Satz (*Poco Adagio*)** in e-moll ist ein Stück von tiefer Traurigkeit. Die expressive Kantilene des Anfangs wird nicht Gegenstand der folgenden Variationen, sondern die Begleitfiguren von 2. Violine und 1. Viola. Fallende Chromatik in widerstrebendem Duolen-Triolen-Gegensatz erweckt äußerst schmerzlichen Ausdruck.

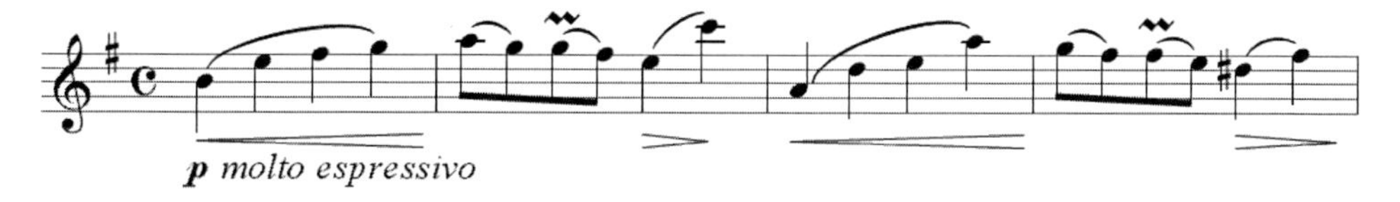

Vollkommen desolat wirkt die erste Variation. Sie enthält als alleinige Melodik die fallende chromatische Linie in gleichmäßiger, langsamer Bewegung. Die zweite Variation wird vom chromatischen Seufzermotiv und daraus zusammengesetzter Achtelbewegung gestaltet. Bewegter beginnt im Fugato die nächste Variation mit dynamischem Oktavsprung-Auftakt, der sich zu Oktavsprung-Ketten in punktiertem Rhythmus verselbständigt. Wieder ruhiger und *molto dolce* umspielt in E-Dur eine Sechzehntelbewegung das Kantilenen-Thema. In der E-Dur-Coda beruhigt sich die Entwicklung, das 1. Cello zitiert kurz die chromatische Linie und den Themenkopf über dem Orgelpunkt E des 2. Cello. Die Bewegung verebbt im Pianissimo.

Der **vierte Satz (*Poco Allegro*)** ist formal eine Mischung von Sonatensatz und Rondo. Der Beginn erinnert mit seinen dahinhuschenden Sechzehntelpassagen an Mendelssohns Sommernachtstraum:

Doch nach nur sechs Takten erscheint ein ruhigeres Thema, sonor in der tiefen Lage der Geige vorgetragen und vom 1. Cello in Sextparallelen begleitet.

Das dritte Element ist eine Moll-Variante des Anfangsmotivs ohne Tonwiederholungen:

Dem huschenden Anfangsmotiv folgt als viertes Element eine weitere Variante, die mit dem Quintintervall deutlichen Bezug zum ersten Satz aufnimmt:

Die kurze Durchführung beginnt wieder mit dem Anfangsmotiv (Rondo-Element), führt dann das melodische Thema durch verschiedene Tonart- und Klangschattierungen. Der Reprise folgt eine beschleunigte – wieder mit dem huschenden Anfang beginnende – Coda, die die Motive nochmals durcheinander wirbelt und nach einer Steigerung ins Fortissimo mit energischen Akkorden das Werk beschließt.

Barbara Helck Violine

Dr. Barbara Helck spielte bereits in den ersten Proben der Ickinger Laienphilharmoniker im Herbst 1990 mit und ist Gründungsmitglied des Philharmonischen Orchesters Isartal. Von 2000-2004 wirkte sie im Vorstand als Orchestersprecherin für die hohen Streicher.

Barbara Helck stammt aus Nordrhein-Westfalen, wo sie Kindheit und Schulzeit verbrachte. Mit 11 Jahren begann sie, Geige zu lernen. Nach dem Abitur studierte sie Medizin an verschiedenen Universitäten. Seit über 25 Jahren führt sie eine Praxis als niedergelassene Ärztin in München. Ihre drei inzwischen erwachsenen Söhne Stefan, Thomas und Andreas Helck erlernten ebenfalls früh ein Streichinstrument und spielten zeitweise alle drei im Philharmonischen Orchester Isartal mit.

Barbara Helck ist eine Persönlichkeit voller Energie und Vielseitigkeit. Trotz ihres anstrengenden Berufes kommt sie immer ansteckend fröhlich und voller Elan in die Proben. Als sie zur Generalprobe zu Beethovens 9. Symphonie in Verbier eingeschneit war, traf sie am 1.1.2000 mit dem Zug noch gerade rechtzeitig zum Konzert ein.

In ihrer Freizeit treibt sie viel Sport, schon frühmorgens trifft man sie beim Joggen oder Inline-Skaten, sie spielt viel und erfolgreich Tennis. Für kirchen- und kammermusikalische Aktivitäten ist sie immer zu begeistern. Ihrer Gastfreundschaft verdankt das Orchester seit Jahren die fast regelmäßigen „Nachsitzungen" nach den Orchesterproben, die den „harten Kern" des Orchesters freundschaftlich zusammen geschweißt haben.

Susanne Kessler

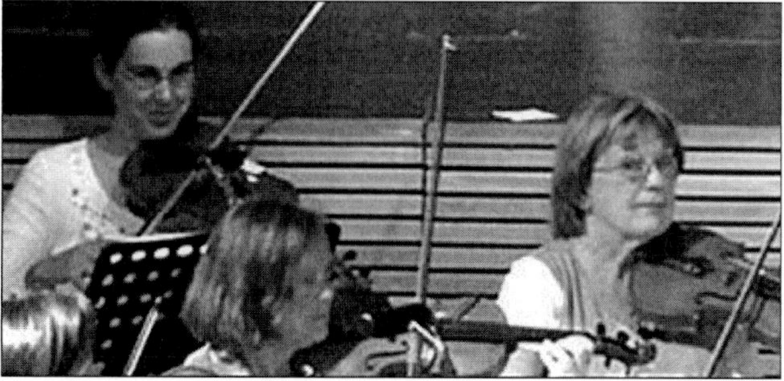

Strömende Melodik und jugendliche Empfindsamkeit

Zu Brahms' Klaviertrio H-Dur, op. 8

Das Klaviertrio in H-Dur ist das erste Kammermusikwerk, das Brahms veröffentlichte (1854), nachdem Clara Schumann es dem Verleger empfohlen hatte. Mehrere frühere Kompositionen, u.a. Streichquartettversuche, hatte er bereits wieder vernichtet. 35 Jahre später unterzog er das Trio einer gründlichen Überarbeitung mit erheblichen Änderungen, in dieser zweiten Fassung wurde es mit Brahms am Klavier 1890 erneut uraufgeführt und 1891 gedruckt. Die Umarbeitung hielt Brahms offenbar für nötig, nicht nur um formale Mängel wie ausufernde, jugendlich schwärmerische Längen mit späterer Meisterschaft auszugleichen, sondern wohl auch, weil das Frühwerk u.a. Zitate und Anspielungen aus Beethovens Liederzyklus *An die ferne* Geliebte enthielt, die auf Clara Schumann hinweisen sollten.

Der ausgesprochen lyrische **erste Satz (*Allegro con brio*)** wurde in der zweiten Fassung fast um die Hälfte gekürzt, das zweite Thema durch ein neues ersetzt, dem ersten motivisch angeglichen. Der Satz beginnt mit dem liedhaft-schwärmerischen Hauptthema, dem volltönende, weiche Klangflächen den Untergrund malen.

Die Klangflächenbildung durchzieht den ganzen Satz.

Das **Scherzo (*Allegro molto*)**, an dem Brahms am wenigsten änderte, lebt dagegen hauptsächlich von rhythmischen Impulsen und elfengleicher Leichtigkeit. Das eingefügte Trio schwelgt ähnlich dem Kopfthema des ersten Satzes in liedhafter Melodie, die in klangvollen Sextparallelen begleitet wird.

Auch im **langsamen Satz (*Adagio*)** bestimmt weit gespannte Melodik den Charakter, hier aber in feierlich getragener, fast entrückter Stimmung und klangvollem Wechsel der Instrumente.

Den Charakter des **Finale (*Allegro*)** prägen stürmische Triolen und ein rhythmisch ungestüm vorwärts drängendes Hauptthema, das ungewöhnlicherweise in h-moll steht.

Kraftvoll und dennoch romantisch-versonnen

Zu Brahms' zweitem Klaviertrio C-Dur, op. 87

Fast drei Jahrzehnte nach dem ersten, jugendlich-empfindsamen H-Dur-Klaviertrio op.8 von 1854 entstand 1880 das zweite Klaviertrio op. 87 in Bad Ischl, wo Brahms die Sommerwochen zu verbringen pflegte. Nach einigen Aufführungen in privatem Kreis und einigen Änderungen gelangte es 1882 zur ersten öffentlichen Aufführung mit Brahms am Klavier.

Clara Schumann, der Brahms das Trio zusandte, schrieb ihm zurück: *Welch ein prachtvolles Werk ist das wieder! Wie vieles entzückt mich darin und wie sehnsüchtig bin ich, es ordentlich zu hören. Jeder Satz ist mir lieb, wie herrlich die Durchführung, wie blättert sich da immer ein Motiv aus dem anderen! Wie reizend ist das Scherzo, dann das Andante mit dem anmutigen Thema... Wie frisch ist der letzte Satz und so interessant in seinen kunstvollen Kombinationen.*

In sieghafter C-Dur-Stimmung endet nur der erste Satz, sonst erscheint dieses Klaviertrio abgeklärter als das Frühwerk. Beide Mittelsätze stehen in Moll, das Finale changiert ständig und versonnener zwischen Dur und Moll.

Violine und Cello eröffnen den **ersten Satz (*Allegro*)** im Oktavabstand in sonorer Mittellage, die Brahms besonders liebte. Das Hauptthema mutet zunächst ein wenig ernst, aber dennoch energisch an:

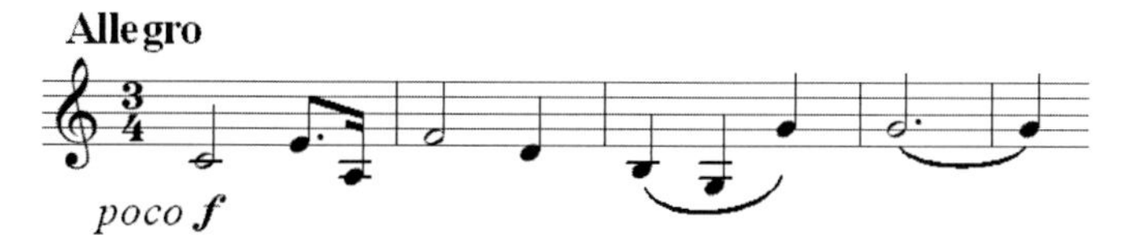

Unter Mitwirkung des Klaviers schraubt sich der Klang empor, nach überleitenden Achtelmotiven wird das Thema in höherer Lage schwungvoll wiederholt, unterstützt von kräftigen Akkorden des Klaviers. Der Oktavsprung aus dem Thema und die Achtelfigur der Streicher leiten ins ruhig-liedhafte (an die Melodie der Bayernhymne erinnernde) 2. Thema über, das nun zuerst klangvoll vom Klavier, dann von den Streichern in weichen Sextparallelen vorgetragen wird.

Ein drittes motivisches Element – ebenfalls von Streichern und Klavier nacheinander vorgestellt – belebt den rhythmischen Fortgang mit Triolen, die später

in scharf punktierten Rhythmus übergehen:

In der Durchführung *blättert sich immer ein Motiv aus dem anderen* – wie Clara Schumann anmerkte. Zunächst ist es der Beginn des zweiten, dann das energisch auftretende erste Thema, bald sind es die überleitenden Achtelmotive aus der Exposition, bald die scharf punktierten Tonleitermotive. Das Cello trägt – *espressivo-animato* – eine getragene Kantilene aus dem ersten Thema vor, gefolgt von der Violine, vom Klavier in ein rauschendes Triolen-Gewand gehüllt. Die Reprise ist die fast notengetreue Wiederholung der Exposition. Eine beschleunigte Coda baut mit der Kantilene aus dem ersten Thema eine emphatische Steigerung auf, die mit dem Hauptthema in den kraftvollen C-Dur-Schluss mündet.

Der **zweite Satz (*Andante con moto*, a-moll)** ist eine Folge von fünf Variationen über ein schlichtes, elegisch-schwermütiges Thema, das die beiden Streichinstrumente gemeinsam emphatisch vortragen, das Klavier begleitet mit vollgriffigen Akkorden, die synkopisch die Taktschwerpunkte verschleiern.

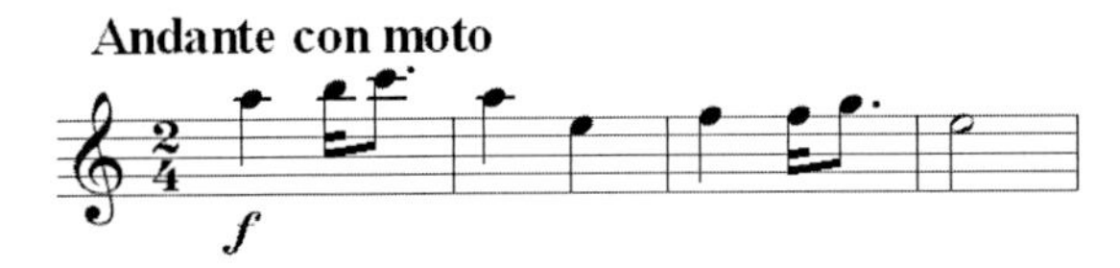

Der starre Rhythmus weicht schon im Verlauf des Themas, noch mehr in den beiden folgenden Variationen, durchgehendem, immer bewegterem Legato-Strom. In der dritten Variation wechselt der starre abtaktige Rhythmus in energischen Akkorden mit forschen Staccato-Dreiklangsbrechungen. Die Dur-Variation in wiegendem 6/8-Takt hat dennoch weich-klagenden Charakter durch viele Moll-Trübungen. Die letzte Variation, wieder im Moll-Charakter, behält den wiegenden Takt bei. In sich gekehrt und wehmütig klingt das Thema in breiten Kantilenen der Streicher aus.

Der **dritte Satz (*Presto*)**, ein eiliges **Scherzo** in c-moll, ist klar dreiteilig gegliedert. Schattenhaft-gespenstisch hastet das erste Thema dahin, das Klavier fügt auffahrende, abrupte Gesten als weiteres melodisch-rhythmisches Element hinzu.

Im Mittelabschnitt des Scherzo-Teils steigert sich die huschende Bewegung aus dem Pianissimo zu einem wahren Teufelsritt in immer entferntere Tonarten mit wachsender Tonhöhe und Lautstärke, mit wilden Akzenten sowie Verdichtung der auffahrenden Gesten des Klaviers. Plötzlich bricht der Ritt ab in ein gespenstisches Piano. Gehaltene Akkorde und abstürzende Dreiklangsbrechungen im Klavier leiten zum Anfang zurück.

Der ruhigere Mittelteil (Trio) steht in C-Dur. Sein Thema, von der Violine gespielt, kontrastiert zum Scherzo-Thema mit langen Melodiebögen in ausdrucksvollem Legato über gleichmäßiger Achtelbegleitung.

Auch hier führt der kurze Mittelabschnitt bis in die entfernteste Tonart Fis-Dur und kehrt zum Thema zurück. Fast unverändert wird das Scherzo wiederholt, es verklingt in huschendem Piano-pianissimo.

Allegro giocoso ist der **vierte Satz** überschrieben. Fröhlichkeit und Scherz scheinen aber nicht aufzukommen, Leichtigkeit vermitteln allenfalls die vielen Akkorde und Motive im Staccato. Die Themen sind mehrfach durch chromatische Töne getrübt oder in Moll, häufig steht Staccato in der Begleitung gegen Legato der Melodie, ein- oder zweitaktige Motive werden wiederholt, sodass in weiten Abschnitten eher ein herber, eigensinniger, manchmal grüblerischer Eindruck entsteht.

Alle diese Merkmale treffen auf das erste Thema zu, das schon vom dritten Ton an aus der Tonart C-Dur (mit dem beharrlichen *fis*) ausbrechen zu wollen scheint. Es wird von den Streichinstrumenten im Oktavabstand in verhaltener Lautstärke gespielt, das Klavier untermalt mit Staccato-Akkordrepetitionen.

Verminderte Dreiklänge steigen auf, dann klingt das Thema im Klavierbass an, während die Violine, jetzt im Forte, eine freundlichere Themenvariante – in den ersten beiden Takten eine Art Umkehrung – anstimmt.

Nach kurzer Modulation erscheint das eher zurückhaltende Seitenthema in e-moll, vom Klavier vorgetragen, die Streicher wiederholen es.

Ein weiteres melodisches Element stellen Violine und Cello vor. Es wirkt unruhig suchend, vorwärts drängend durch chromatische Gänge auch in der Klavierumspielung.

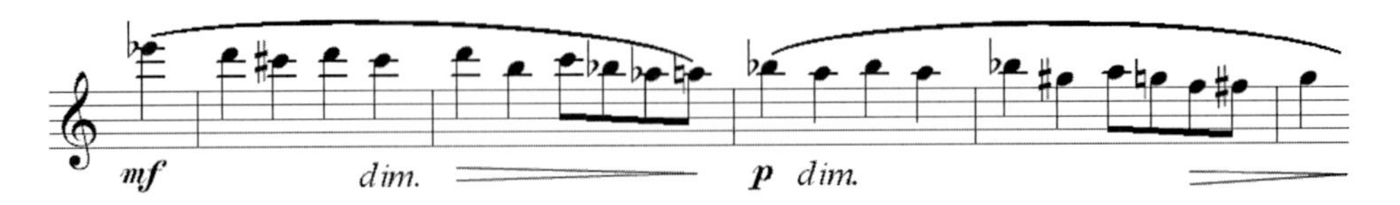

Der Kontrast von Achtel-Terzgängen (aus dem terzreichen Hauptthema) und lebhaften Triolen, sowie der Anfangstakt des Hauptthemas beenden die Exposition. In der Durchführung spielen nicht nur die Themen, sondern auch Begleitmotive über größere Strecken thematisch eine Rolle, vor allem die Staccato-Akkorde aus der Klavierbegleitung des Anfangs,

kombiniert mit dem wirbelnden Triolenmotiv.

Der Themenkopf des Hautthemas (1. Takt) wird mehrfach sequenziert. Das Seitenthema tritt kraftvoll-gebieterisch in Dur-Tonarten hervor, von massigen Klavierakkorden unterstrichen. Ein munteres Wechselspiel von Streichern und Klavier mit den Staccato-Akkorden leitet in das Hauptthema, damit in die wie im Kopfsatz fast notengetreue Reprise. Die Coda, in der sich aus dem ersten Themenkopf eine Steigerung entwickelt, das zweite Thema nochmals in As-Dur und C-Dur triumphiert, beschleunigt das Tempo und leitet, überwiegend mit Motiven aus dem Hauptthema, unter vollgriffigen Akkorden des Klavier in den wirkungsvollen Schluss.

Henri Wieniawski

Henri Wieniawski

1835-1880

Henri (Henryk) Wieniawski, Violinvirtuose und Komponist, Altersgenosse von Johannes Brahms, wurde 1835 in Lubin (Polen) geboren. Mit seiner Mutter, einer Pianistin, zog er nach Paris, erhielt früh Geigenunterricht und wurde als Achtjähriger am Pariser Konservatorium aufgenommen. Gemeinsam mit seinem Bruder Josef studierte er am Konservatorium auch Komposition. 15-jährig ging er auf Konzerttourneen mit dem belgischen Violinisten Henri Vieuxtemps. Nach zahlreichen Konzertreisen durch Europa wurde er 1860 als Solist an der St. Petersburger Oper angestellt und lehrte 1862-1867 dort am Konservatorium. Mit dem Dirigenten Anton Rubinstein absolvierte er bei einer Amerikatournee 215 Konzerte in neun Monaten. 1874-77 lehrte er am Brüsseler Konservatorium. Trotz schlechten Gesundheitszustands setze er seine intensiven Konzertreisen fort. Eine Russlandtournee musste er 1879 wegen Herzproblemen unterbrechen. Er starb am 31. März 1880 in Moskau.

Empfindsamkeit und feuriges Temperament

Zu Wieniawskis 2. Violinkonzert

Das nicht sehr umfangreiche kompositorische Oeuvre Wieniawskis diente ausschließlich seinem eigenen Auftreten als Interpret. Es umfasst neben zwei Konzerten virtuose Variationen, Tänze und Etüden für Violine. Ein erstes, rein auf Bravour angelegtes Violinkonzert schrieb Wieniawski bereits als 16-Jähriger. Die Uraufführung des zweiten spielte Wieniawski selbst erstmals 1862 in St. Petersburg. Im Druck erschien dieses jedoch erst 1870, nachdem er es über etwa zehn Jahre immer wieder umgearbeitet hatte. Dabei gewann es an musikalischer Struktur, wie in der Dialogführung von Solo und Orchester und an einer feineren, nie allein dem virtuosen Selbstzweck dienenden Ausführung des Soloparts.

Im dreiteiligen, symphonisch angelegten **ersten Satz (*Allegro moderato*)** dominieren feine Melodielinien. Sie werden eingangs im Orchestertutti kurz nacheinander vorgestellt. Das erste Thema schwingt besteht aus zwei miteinander korrespondierenden Motiven: Die aufschwingende Geste des ersten wird im zweiten fortgesetzt und durch eine Gegenbewegung quasi beantwortet.

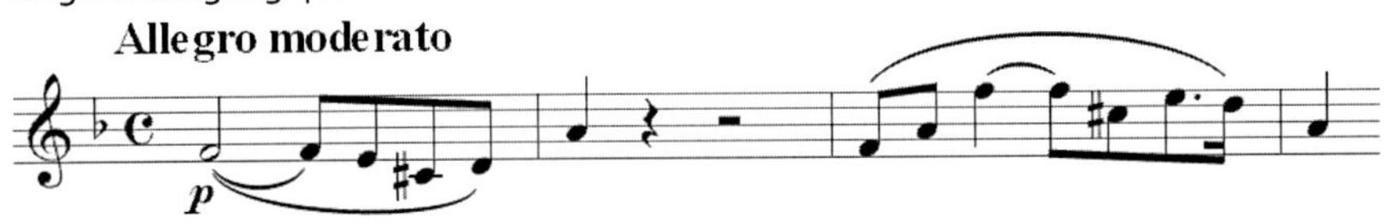

Das empfindsame, sich etwas wehmütig neigende zweite Thema wird nach drei Tutti-Akkorden vom Horn in Moll vorgestellt, dann von den Holzbläsern in hellem Dur fort-geführt.

Beide Motive erscheinen im weiteren Verlauf im Wechsel von Bläsern und Streichern und werden vielfältig fortgesponnen. Die Sologeige setzt mit dem ersten Thema ein, das im Dialog zwischen Solo und Orchester ausgebreitet wird, wie anschließend auch das zweite Thema. Die Sologeige steigert sich in jeder Phase mit Umspielungen zu virtuosen Passagen mit schwungvollen Girlanden, Doppelgriffen, Staccati, Oktavgängen und chromatischen Läufen, die jedoch den Bezug zur Thematik und zum Orchester nicht verlieren. Der abschließende dritte, vom Orchester allein gestaltete Teil führt die Themen nochmals in neuen Kombinationen vor und leitet in den zweiten Satz über.

Der lyrische **zweite Satz (*Romance*)** wurde mehrfach mit einem *Nocturne* von Chopin verglichen. Die Solovioline stimmt das liedhaft melodische Thema in wiegendem 12/8-Takt an.

Es beherrscht den ganzen Satz, durch feine Umspielungen variiert und von vielfältigen Melodielinien des Orchesters umrankt.

Ein schneller Abschnitt (***Allegro con fuoco***) mit einer kurzen Kadenz des Solisten leitet den temperamentvollen **dritten Satz** ein, in dem der Solist mit stürmisch-rasanten Läufen bis in die höchsten Lagen, Springbogentechnik in schnellem Tempo, Oktavpassagen und einem zigeunerisches Thema in Doppelgriffen voller Gefühl und Überschwang sein Können zeigen darf.

Mit dem temperamentvoll-feurigen ersten Thema (*à la zingara*) stimmt der Solist den Hauptteil an. Das Orchester begleitet zurückhaltend, dann springen Thema und Temperament auf das ganze Orchester über.

Der Solist setzt jedoch in einem ruhigeren zweiten Abschnitt das gefühlvolle Seitenthema des ersten Satzes als Kontrast dagegen, von Holzbläsern sanft umspielt. Aufbrausendes Laufwerk leitet das dritte melodische Element ein, ein zigeunerisch-leidenschaftliches Doppelgriffthema in Dur:

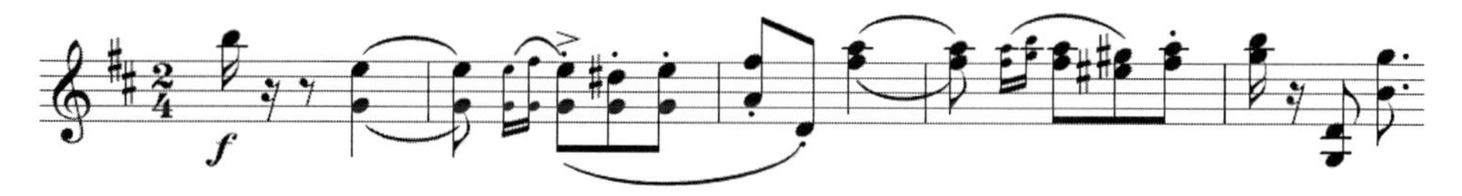

Das Orchester heizt die Laune mit rhythmischen Motiven an, die Holzbläser mischen das gefühlvolle Seitenthema darunter. In brillantem Wechsel dieser drei Bestandteile steigert sich der Satz zu einem schwungvollen Dur-Schluss.

2.4 Hoch- bis Spätromantik, Programmmusik und nationale Kunst im 19. Jahrhundert

2.4.1 Musik der Hoch- bis Spätromantik, Programmmusik und nationale Kunst im 19. Jahrhundert

Seit der frühen Romantik, spätestens im Klavierwerk Robert Schumanns, hatte sich das **Charakterstück** emanzipiert gegenüber der „absoluten" Musik mit ihren abstrakten, *tönend bewegten Formen* (Hanslick) in immer länger werdenden Sinfonie- und Sonatensätzen. Kleine kurze Stücke, die Stimmung, Empfindung, Bewegung zum Ausdruck brachten, bis zu direkter Beschreibung einer konkreten Überschrift, wurden zur beliebtesten Gattung in den Salons und der Klaviervirtuosen (u.a. Chopin, Liszt).

Als Konsequenz von Beethovens Idee in seiner *Pastorale*, auch in symphonischer Musik Außermusikalisches darzustellen, entstand um die Mitte des 19. Jahrhunderts die **Symphonische Dichtung**. Der Kreis um Wagner und Liszt, als „Fortschrittspartei" auch die *Neudeutschen* genannt, erhob diese zu einer der zentralen musikalischen Gattungen. Sprachrohr ihrer Ideen war die von Franz Brendel geführte, ursprünglich von Robert Schumann gegründete *Neue Zeitschrift für Musik*, in der sie ihre Ideen propagierten (vgl. Artikel Brahms). Heftig bekämpft wurden sie von Eduard Hanslick, dem Wiener Ästhetik-Professor, scharfzüngigen Musikschriftsteller und gefürchteten Kritiker: Inhalt der Musik als autonome Kunst seien einzig und allein *„tönend bewegte Formen"*. Der *Parteienstreit* mündete mit öffentlichen Briefwechseln in einen gehässigen Schlagabtausch. Die Schärfe in den Artikeln Hanslicks fachte den Streit umso mehr an. Richard Wagner dagegen setzte Hanslick als *Beckmesser* in den *Meistersingern* ein groteskes Denkmal als dem verknöchert-dummen Traditionalisten schlechthin.

Nicht mehr kompositorische Techniken wie Themenverarbeitung oder Sonatenhauptsatzform standen in der *Symphonischen Dichtung* der *Neudeutschen* im Mittelpunkt des kompositorischen Denkens, sondern die musikalischen Mittel wurden dem Zweck der Illustration unterstellt, nämlich der möglichst konkreten, wirklichkeitsgetreuen Schilderung oder Darstellung der in der Überschrift zum Thema erhobenen außermusikalischen Idee.

Dazu geeignet erschienen zum einen die Melodie, zum anderen neue Klangmöglichkeiten eines **erweiterten Orchesters** (Englisch Horn, Kontrafagott, Bassklarinette, Harfe, diverse Perkussionsinstrumente und vergrößerte Streicherzahl), vor allem aber die **Harmonik**. Waren schon seit der Barockzeit Halbton-Seufzer als dissonante Vorhalte zum Ausdruck von Leid und Schmerz als Stilmittel üblich, der Tritonus (verminderte Quint) als *Diabolus in musica* verteufelt, war der verminderte Septakkord spätestens in Mozarts *Don Giovanni* und Beethovens *Fidelio* wichtigstes Gestaltungsmittel des Dramatischen und Diabolischen, so geht die Entwicklung über Berlioz' *Symphonie fantastique* direkt zu den *Neudeutschen* und ihrem Darstellungswillen in Oper und Programmmusik.

Chromatik (Einführung von harmoniefremden Halbtönen) veränderte das Klangbild der Spätromantik in Melodie und Harmonik. Bis in die Klassik galt die Dissonanz noch als auflösungsbedürftig, d.h. ihre Spannung musste in einer nachfolgenden Konsonanz aufgehoben werden (ehernes Gesetz bis heute in Popularmusik). Die Dissonanz wurde zum eigenen Ausdrucksmittel: Melodien werden mit Durchgangs-Dissonanzen angereichert, Akkorden werden

werden klangfremde Zusatztöne eingefügt, die ihren eigenen Klang- und Ausdruckswert besitzen. Als genialer Höhepunkt des harmonischen Ausdrucks und höchstes Vorbild der Zeit galt der berühmte, vielzitierte, *Tristan-Akkord*:

Die Stimmen bewegen sich fast ausschließlich chromatisch. Der erste Akkord des Notenbeispiels, der *Tristan-Akkord*, ist harmonisch ein H^7 (Dominant-Sept-Akkord: h-dis-fis-a) mit tiefalterierter Quint (f) im Bass, ohne Grundton (h) und Vorhalt (gis) vor der Sept (a). H^7 als Dominante führt zu E-Dur, hier als zu E^7 mit Vorhalt ais-h, der unaufgelöst stehenbleibt. Melodische Chromatik führte zu einem gänzlich neuen (dissonanten) Akkord mit eigener klanglicher Aussage und neuem Farbwert.

Die Symphonische Dichtung wandte sich als **Programmmusik** in der zweiten Hälfte des 19. Jahrhunderts immer häufiger **nationaler Thematik** zu. Die Suche nach einer Kunst, die ganz aus den eigenen nationalen Wurzeln, der eigenen Sprache und der Volkskunst entsprach, findet man in der zweiten Hälfte des 19. Jahrhunderts in den meisten Ländern Europas zur Findung und Bestätigung nationaler Identität. Dies zeigt sich in der Musik in Beschreibungen des eigenen Landes (z.B. *Moldau* von Smetana), in Darstellungen des eigenen Volkes mit seinen Traditionen (z.B. Webers *Freischütz*, Smetanas *Verkaufte Braut*, Wagners *Meistersinger*), in Vertonung von Sagen (die meisten Opern Wagners), geschichtlichen Ereignissen oder historischen Persönlichkeiten (Verdi), auch vereint in Sagen und Besonderheiten des eigenen Landes (z.B. Griegs *Peer Gynt*, Sibelius' *Der Schwan von Tuonela* oder *Finlandia*), vor allem aber auch in der Verwendung von nationalen Volksmelodien (Mussorgskij, Balakirew) oder in der Erfindung neuer Melodien aus dem Geist nationaler Musik (Dvořák und bis ins 20. Jahrhundert Bartók).

In Russland setzte sich ein Künstlerkreis um den Kunstkritiker Vladimir Stassow für eine nationalrussische, von westlichen Einflüssen unabhängige Kunst ein, der seine künstlerischen Vorbilder in Geschichte und Traditionen des eigenen Volkes suchte. Der Schaffung einer nationalen russischen Musiksprache fühlten sich fünf Musiker verpflichtet, deren Kreis unter dem Namen *Das mächtige Häuflein* in der Musikgeschichte bekannt wurde. Dazu gehörten seit etwa 1860 neben Mussorgskij, dem jüngsten in der Gruppe, Balakirew, Borodin, Rimskij-Korsakow und Cui, von denen sich jedoch Borodin und Rimskij-Korsakow im Laufe der Zeit entfremdeten, da sie Kontakte zur westeuropäischen Musik suchten.

Aber auch die traditionelle Richtung mit absoluten Musikwerken bestand weiter trotz aller Polemik der *Neudeutschen*. Brahms wurde im vorigen Kapitel schon eingehend erwähnt. Mit Bruckner trat die Symphonik der Romantik in ein neues Kapitel. Großarchitektur Beethovens verband er mit Harmonik Wagners, den er uneingeschränkt bewunderte. Komponisten wie Tschaikowsky und Glasunow wandten sich ganz den westlichen Formen und Traditionen in der Nachfolge von Brahms und Bruckner zu. Insbesondere in der Kammermusik lebten die klassischen Traditionen weiter.

2.4.2 Komponistenportraits, Werkbeschreibungen und Portraits von Orchestermusikern

Franz Liszt
1867

Franz Liszt

1811-1886

Franz Liszt wurde 1811 in Raidning (damals Ungarn) als einziges Kind eines Beamten im Dienst der Esterhazy geboren, er erhielt Unterricht bei seinem musikbegabten Vater. Den ersten Kompositionen des 8-Jährigen folgten 1820 Auftritte als Pianist. Nach Umzügen erhielt er 1822 in Wien Unterricht bei Carl Czerny und Salieri, ab 1823 in Paris bei F. Paër. Berlioz' Symphonie fantastique und Paganini übten größten Einfluss aus. Seine Konzerttourneen, ab 1844 auch als Dirigent, waren die eines der gefeiertsten Künstler des 19. Jahrhunderts. Der mehrjährigen Liaison mit der Gräfin Marie d'Agoult entsprangen drei Kinder, darunter Cosima, die 1857 den Dirigenten und glühenden Liszt-Anhänger Hans von Bülow heiratete, 1868 die Frau Richard Wagners wurde. Liszts und Wagners „Neudeutsche" Richtung erregte Kritik der Wiener Gruppe um Brahms und Hanslick und rief den Parteienstreit hervor. Nach mehreren Jahren in Rom, wo er zeitweise mit der Fürstin Carolyne von Sayn-Wittgenstein zusammenlebte, empfing Liszt 1865 die niederen Priesterweihen. Er überlebte Wagner um drei Jahre und starb 1886 bei seiner Tochter in Bayreuth.

F. Liszt

Fantasia quasi Sonata

Zu Liszts h-moll Sonate

Über die Faszination von Liszts Klavierspiel wurde von jeher in zahllosen Schriften diskutiert. Zum einen war es sicher die ungeheure technische Beherrschung auch der teuflischsten Schwierigkeiten auf dem Instrument, vor allem aber die Freiheit der künstlerischen Persönlichkeit, die durch keine technischen Schranken eingeengt völlig in der Musik aufging. Ein Paganini des Klaviers zu werden, war das erklärte Ziel des jungen Virtuosen Liszt, der sechs Capricen Paganinis auf das Klavier übertrug. Möglich wurde dies auch durch die Fortentwicklung des Klavierbaus des Sebastian Érard in Paris, in deren Genuss schon Chopin kam. Die Instrumente waren für Konzerte in großen Sälen konzipiert und faszinierten durch neue technische Möglichkeiten und Klangvolumen – wenn sie auch noch nicht die dynamischen Möglichkeiten der späteren Steinways erreichten. So konnten tausende Hörer Liszt in Sälen wie der Pariser Oper erleben. Ein eine *Lisztmania* erfasste die musikalische Welt Europas, die ihn vergötterte und ihm zu Füßen lag. Alfred Brendel nannte Liszt den *unerreichten Verwandlungsmagier und Orchestrator des Klaviers,* dessen *musikalische Vorstellung aus den verschiedensten Quellen gespeist wurde: Literatur und bildende Künste, Religion und Landschaft,... Ideen und Persönlichkeiten, Freiheitskampf und Tod.*

Die h-moll-Sonate entstand 1852/53, sie wurde 1857 in Berlin durch Liszts Schüler und Schwiegersohn Hans von Bülow auf dem ersten Flügel der neuen, bald weltberühmten Firma Bechstein uraufgeführt. Sie ist Robert Schumann gewidmet, sie verstörte aber den damals schon Kranken zutiefst. Weder Clara Schumann noch Brahms konnten dem Werk etwas abgewinnen, Wagner jedoch reagierte begeistert. Sie fasziniert heute Pianisten und Komponisten gleichermaßen, die einen wegen der orchestralen Wirkung des Instruments, die anderen wegen der neuartigen Verknüpfung aller Themen in einem einzigen Sonatensatz.

Der formale Aufbau einer Sonate in einem Satz, die gleichzeitig das Sonatensatzschema wie die Folge von unterschiedlichen Sätzen beinhaltet – nicht anders als in manchen symphonischen Dichtungen Liszts – ist nicht neu: Im Finalsatz von Beethovens neunter Symphonie und in Schuberts Wanderer-Fantasie hatte Liszt Vorbilder. Versuche von Formanalysen gibt es viele. Die folgende Beschreibung folgt den vorzüglichen Ausführungen von Alfred Brendel (jeweils kursiv vermerkt), der diese Sonate *die wichtigste, originellste, gewaltigste und intelligenteste Sonate nach Beethoven und Schubert* nennt und sie immer wieder mit den Motiven des *Faust* in Verbindung bringt.

Sechs unterschiedliche, sehr speziell konturierte und charakterisierende musikalische Gestalten oder Themen geben dem Werk die Vorlage und werden in mehreren Durchführungsabschnitten verarbeitet. Drei von ihnen werden gleich zu Beginn vorgestellt, diese drei geben allen nachfolgenden die Kontur und werden als erste Themengruppe anschließend entwickelt. Das erste, von quasi Paukenschlägen oder Pizzicati umgeben, ist eine fallende Tonleiter mit (phrygischem) Halbtonschluss. Das Thema *artikuliert das Schweigen, stellt Beziehung zur Stille her*, aus der Bedeutung und Macht der folgenden Themen umso größer erwachsen.

Das kraftvolle zweite Thema – in beiden Händen in parallelen Oktavgängen gespielt – vergleicht Brendel mit *Faust*, er sieht in ihm *eine Mischung aus Auflehnung, Verzweiflung und Verachtung*.

Das dritte Motiv mit impertinenten Staccato-Tonwiederholungen ist *stichelnd, subversiv, mephistophelisch*.

Erst nach der Vorstellung der drei Gestalten wird die Tonart h-moll erreicht, die drei Themen werden entwickelt und kombiniert, Das *Faust*-Thema und das *Mephisto*-Thema ergeben zusammen einen ersten symphonischen Hauptthema-Komplex.

Die absteigende Tonleiter aus Thema 1 leitet über in ein neues Thema in D-Dur mit der Angabe *Grandioso*. Es erklingt äußerst pompös im Fortissimo, von vollgriffigen Akkorden umrauscht und könnte für ein zweites Thema im Satz stehen

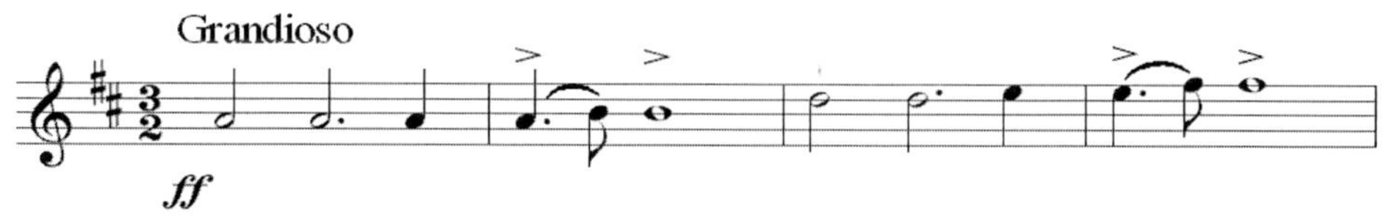

Einem langsameren Abschnitt mit einer milden Variante des *Faust*-Themas folgt das *Mephisto*-Thema im Bass in boshaftem Staccato, dem als Variante das sehnsuchtsvolle, *verzückte* fünfte Thema entspringt, das Brendel mit *Gretchen* in Verbindung bringt, es endet mit der Geste des *Faust*-Themas:

In verschiedenen Beleuchtungen und dynamischen Schattierungen wird es verarbeitet. Der Abschnitt endet mit den absteigenden Tonleitern des Anfangsthemas.

Ein Rezitativ und die impertinent hämmernden Staccati des *Mephisto*-Themas leiten ein sanftes, lyrisches, sechstes Thema in Fis-Dur und damit einen neuen Abschnitt ein: *Andante sostenuto*, formal anstelle eines langsamen Satzes – oder im Gesamtsonatensatz als Schlussgruppenthema einzuordnen. Brendel schreibt*: Es gehört zu den bewegendsten Momenten des Werks, wenn hier Gewalt plötzlich in Süße umschlägt*. Das Thema, melodisch fallend, ist mit dem allerersten des Anfangs, *dem Urzustand*, verwandt und wirkt entrückt, andächtig, *wie die Vision aus einer besseren Welt*.

Der folgende Abschnitt entwickelt es in Verbindung mit dem *Gretchen*-Thema und mündet in eine große Durchführung.

Ein Fugato aus *Faust*-Thema und *Mephisto*-Thema – eine Art Scheinreprise im Sonatensatz oder als ironisches, zum Vorhergehenden kontrastierendes Scherzo (Fis-Dur) im Sonatenzyklus – eröffnet eine dritte Durchführung, in der das mephistophelische Staccato herrscht. Erst das breite, lyrische *Gretchen*-Thema bietet dem teuflischen Treiben Einhalt.

Einer Reprise (oder einem Finale) gleicht der letzte Teil, der in der Tonart H-Dur Themen 1-4 verbindet. In rasenden Oktavgängen beider Hände, vollgriffigen Akkorden und Akkordtremoli wird größtmöglicher Orchesterklang erreicht und in einer Presto- Prestissimo-Stretta zum dynamischen Höhepunkt des Werks gesteigert. Den versöhnenden Abschluss und den *inneren Frieden* bringt der langsame, ruhige Schlussabschnitt mit dem Andante-Thema (6), in dem das *Mephisto*-Thema nur noch leise in finsterer Bassregion pocht, der dann in verklärenden H-Dur-Akkorden verhallt.

Liszt bei Richard Wagner und Cosima im Hause Wahnfried
Gemälde von Wilhelm Beckmann, 1882

Giuseppe Verdi,
Photographie um 1875

Giuseppe Verdi

1813-1901

Als Kind einfacher Leute – der Vater war Gastwirt – kam Giuseppe Verdi 1813 in Roncole bei Busseto zur Welt. Ein reicher Kaufmann und Musikfreund, Antonio Barezzi, sorgte für seine Schul- und musikalische Grundbildung. Mit Hilfe einer Stiftung konnte Verdi am Konservatorium in Mailand privat Kompositionsunterricht nehmen, denn das Konservatorium hatte ihn abgewiesen. Er heiratete die Tochter seines Gönners und übernahm die Leitung der Musikschule in Busseto. Nach dem Schicksalsschlag des Verlusts von Frau und Kind durch eine Epidemie hatte er 1842 mit der Oper *Nabucco* an der Mailänder Scala einen großen Erfolg, der ihn auch im Ausland bekannt machte. Die Sängerin Giuseppina Strepponi wurde seine zweite Gattin. Mit *Rigoletto* stellte sich ab 1851 internationaler Ruhm ein, *La Forza del destino* und Aida wurde er weltweit zum bekanntesten Opernkomponisten neben Wagner. Als 76- und 80-Jähriger schuf er noch *Otello* und *Falstaff*. Seine letzten Werke sind geistlich: *Te Deum* und *Stabat mater* sowie *Quattro pezzi sacri*. Verdi starb 1901 in Mailand.

Giuseppe Verdi: *Pater noster*

Fast hätte man meinen können, Giuseppe Verdi habe nach seiner *Aida* 1869 – ähnlich wie einst Rossini – der Opernkomposition abgeschworen, weil er 12 Jahre lang keine Oper mehr vorlegte und statt dessen Kammermusik und geistliche Werke schrieb (das Streichquartett und das Requiem erschienen beide 1873). Dann aber, 1881, nahm der Meister sein Opern--schaffen mit *Simone Boccanegra* wieder auf, und die 12 Jahre erwiesen sich als schöpferische Pause, die der Suche nach neuen musikdramatischen Ausdrucksformen diente.

In diese zwölfjährige Opernpause fällt auch die Komposition eines der wenigen Werke Verdis für Chor *a cappella*, des fünfstimmigen *Pater noster*, welches 1880 in der Mailänder Scala uraufgeführt wurde.

Das wichtigste christliche Gebet, das Vaterunser, wurde nur selten in Musik gesetzt, und auch Verdi verwendete für sein Werk weder den lateinischen Urtext noch eine kirchlich sanktionierte italienische Fassung. Vielmehr ist Verdis Textvorlage eine Nachdichtung des *Vaterunsers* in fünffüßigen Jamben, die zu Terzinen gereimt sind:

O padre nostro, che ne' cieli stai, Santificato
sia sempre il tuo nome,
e laude e grazia di ciò che ci fai ...

Diese Umdichtung des *Vaterunsers* wird Dante Alighieri zugeschrieben, und in der Tat findet sich die erste Textzeile (*O padre nostro, che ne' cieli stai*) wörtlich in der *Divina Commedia*, und zwar im 11. Gesang des mittleren Teils *Purgatorio*. Der vollständige Text, den Verdi vertont hat, ist unter den gesicherten Werken Dantes allerdings nicht nachzuweisen. Es ist daher anzunehmen, dass ein unbekannter Dichter die Zeile Dantes (die ja inhaltlich dem Beginn des *Vaterunsers* entspricht) zu einer vollständigen Vater-unser-Dichtung erweitert hat, wobei er sich der bevorzugten Form Dantes (Terzinen aus fünffüßigen Jamben) bediente.

Reinhard Szyszka

Nachdichtung des *Vaterunsers*

Dante Alighieri zugeschrieben

O padre nostro, che ne'cieli stai,
Santificato sia sempre il tuo nome
e laude e grazia di ciò che ci fai.
Avvenga il regno tuo sic come pone
questa orazione: tua volontà si faccia
siccome in cielo, in terra in unione.
Padre, dà oggi a noi pane, e ti piaccia
che ne perdoni i peccati nostri;
nè cosa noi facciam che ti dispiaccia.
E che noi perdoniam tu ti dimostri
esempio a noi per la tua gran virtute
acciò dal rio nemico ognun si schiostri.
Divino padre pien d'ogni salute,
ancor ci guarda dalla tentazione
dell'infernale nemico e sue ferute.
Sì che a te facciamo orazione
che meritiam tua grazia, e il regno vostro a posseder
veniam con divozione.
Preghiamti, Re di gloria e Signor nostro, che tu ci
guardi da dolore.
E fitta la mente abbiamo in te col
volto prostro.
Amen

Unser Vater, der du bist im Himmel,
geheiligt werde dein Name,
Lob und Dank für das, was du uns tust.
Es komme dein Reich, so wie es dieses Gebet darlegt:
dein Wille geschehe wie im Himmel so auch auf Erden.
Vater, gib uns heute Brot, und
es möge dir gefallen, dass du uns unsere
Sünden vergibst; und wir wollen nichts tun,
was dir missfällt.
Und dass auch wir vergeben, dafür zeigst du
dich uns als Beispiel für deine große Macht, damit
jeder sich lösen kann vom bösen Feind. Göttlicher
Vater, voll des Heiles, bewahre uns
vor der Versuchung des teuflischen Feindes
und seinen Nachstellungen.
Wir schicken zu dir unser Gebet, um deine
Gnade zu verdienen, und um dein Reich zu besitzen
kommen wir in Demut.
Wir bitten dich, König der Herrlichkeit und
unser Herr, dass du uns bewahrst vor Schmerz.
Wir haben unseren Sinn fest auf dich gerichtet mit
niedergeschlagenen Augen.
Amen

Richard Wagner um 1862
Portrait von Cäsar Willich

Richard Wagner

1813-1883

Richard Wagner, 1813 in Leipzig geboren, wuchs in Dresden auf, wo er die Kreuzschule besuchte. Nach seinem Musikstudium bei Thomaskantor Weinling in Leipzig wirkte er in Würzburg, Magdeburg und Riga. Nach einer Zwischenstation in Paris, wohin er wegen seiner Schulden geflohen war, wurde Wagner Kapellmeister an der Dresdner Oper. Steckbrieflich gesucht wegen seiner Beteiligung am Dresdner Maiaufstand 1849, floh er nach Zürich. Weitere Stationen waren Venedig und Luzern, bis ihn König Ludwig II. von Bayern gleich nach seiner Thronbesteigung nach München berief. Ludwig, der ein glühender Verehrer Wagners war, finanzierte den Bau des Festspielhauses in Bayreuth, welches ausschließlich den Werken Wagners gewidmet war (Eröffnung 1876). In seinen Opern, zu denen er stets selbst den Text verfasste, strebte er eine umfassende neue Ästhetik an (Musikdrama, Gesamtkunstwerk, Leitmotivtechnik, durchkomponierte statt Nummernoper, symphonisch-psychologisierende Rolle des Orchesters). Wenige Monate nach der Aufführung seiner letzten Oper Parsifal starb Richard Wagner 1883 in Venedig.

Typisch deutsch?

Richard Wagners Vorspiel zu *Die Meistersinger von Nürnberg*

Die Meistersinger von Nürnberg ist die Fest- und Jubeloper schlechthin. Keine Eröffnung oder Wieder-Eröffnung eines Opernhauses, kein Opernjubiläum, bei dem nicht eine Festaufführung der *Meistersinger* zumindest erwogen würde. Dies gilt natürlich insbesondere für den deutschsprachigen Raum, wo die Geschichte des Werks problematisch und belastet war, und wo der festliche Charakter des Stücks unter den Nationalsozialisten zur Durchhalteparole ausgeartet ist. Bei den letzten Bayreuther Kriegsfestspielen 1943 standen ausschließlich die *Meistersinger* auf dem Programm, obwohl es schon lange nichts mehr zu jubeln gab und eine andere Wagner-Oper, die *Götterdämmerung*, sich anschickte, bittere Wirklichkeit zu werden.

Unter Verächtern wie Bewunderern besteht weithin Einigkeit darüber, dass Wagners Musik im Allgemeinen und die *Meistersinger* im Besonderen "typisch deutsch" sind. Dieses typisch Deutsche war es denn auch, was die Machthaber des Dritten Reiches für sich und ihre Ideologie reklamierten. Richard Wagner – das muss leider gesagt sein – machte es ihnen nicht schwer. Wenn Hans Sachs in seiner Schlussansprache (*Verachtet mir die Meister nicht*) von *deutsch und echt* schwadroniert, was er dem *welschen Dunst und welschen Tand* entgegensetzt, dann lässt sich unter den auftrumpfenden C-Dur-Akkorden nur allzu leicht die eigentliche, im Grunde anti-nationalistische Aussage überhören. *Zerging in Dunst das heil'ge röm'sche Reich, uns bliebe gleich die heil'ge deutsche Kunst* – das kann doch nur heißen, dass die kulturelle, künstlerische Identität klar über der nationalen Souveränität steht.

Worin besteht nun dieses "typisch Deutsche", was den *Meistersingern* so hartnäckig anhaftet? Über Deutschland und die Deutschen sind viele Stereotype weltweit in Umlauf – negative wie positive. Zu den positiven zählt: der Deutsche als fleißiger und solider Handwerker, und sein Produkt, die "deutsche Wertarbeit". Nicht wenige Musiker meinen, dass ein Johann Sebastian Bach, ein Max Reger nur in Deutschland denkbar waren, weil nur hier die Komposition als solideste Handwerkskunst verstanden, gelehrt und gelernt wurde. Die – scheinbar! – mühelose Leichtigkeit, mit der ein Mozart seine Werke schuf, bringt man dagegen eher mit südlichen Gefilden in Verbindung.

Als Richard Wagner seine *Meistersinger* komponierte, konnte er Max Reger noch nicht kennen – der war noch nicht geboren –, aber er kannte und bewunderte Johann Sebastian Bach. Und in einem Werk, in dem es um Meistergesang – also: um meisterlich betriebene Musik – ging, gab es gewiss kein besseres Vorbild als den Thomaskantor mit seiner souveränen Meisterschaft in der Beherrschung des kompositorischen Handwerks. Wagner hatte seinerzeit bei einem anderen Thomaskantor, Theodor Weinlig, die Komposition erlernt, und diese Lehre kam ihm jetzt zugute. Es galt, Musik höchster technischer Meisterschaft – "deutsche Wertarbeit" eben – nach dem Muster Bachs zu schaffen.

Natürlich war es ein Anachronismus, zu einer Oper aus der Zeit Hans Sachs' (1494–1576) Musik im Stile von Johann Sebastian Bach (1685–1750) zu schreiben. Aber Wagner stellte den musikalischen Qualitätsanspruch über die historische Genauigkeit. Und er überwand den Anachronismus mit einem zweiten: Wagner beschränkte sich eben nicht auf eine Bach-Kopie, sondern er schuf eine Musik, die ganz und gar seiner eigenen, Wagners Zeit, angehörte. Die

Meistersinger reflektieren Barockmusik – so wie später der *Parsifal* in seiner Abendmahl-Szene Gregorianik reflektiert –, aber sie gehören zugleich mit jedem Takt, mit jeder Wendung unverkennbar ins 19. Jahrhundert.

Dieser Spagat zwischen Alt und Neu wird in der Oper selbst thematisiert: *Das klang so alt und war doch so neu wie Vogelsang im süßen Mai* sagt Hans Sachs über das Lied Walthers. Man kann es – wie so vieles in Wagners Opern – auf den Dichter-Komponisten selbst anwenden. Die Musik der Meistersinger ist "alt", weil sie in ihrer konsequenten Kontrapunktik und kompositorischen Strenge auf frühere Jahrhunderte verweist, und sie ist zugleich "neu", indem sie die freie Harmonik des 19. Jahrhunderts und die Errungenschaften der vorigen Musikdramen Wagners voll ausschöpft.

Das Vorspiel zu den *Meistersingern* zeigt dies exemplarisch auf. In strahlendem C-Dur hebt die Musik mit dem Meistersinger-Motiv an.

Der Melodie steht eine selbständige Bassstimme als Kontrapunkt gegenüber. Das Vorbild des Generalbass-Zeitalters ist unverkennbar; die Bassstimme ist aber ganz anders geführt, als Bach oder seine Zeitgenossen es getan hätten. Anders – aber nicht falsch. *Kein' Regel wollte da passen, und war doch kein Fehler drin*, um abermals Hans Sachs aus der Oper zu zitieren.

Das Meistersinger-Motiv wandert nach F-Dur, wird variiert, löst sich auf. Dann leitet ein energischer Unisono-Lauf der Geigen über zum zweiten Thema, dem Zunftmarsch:

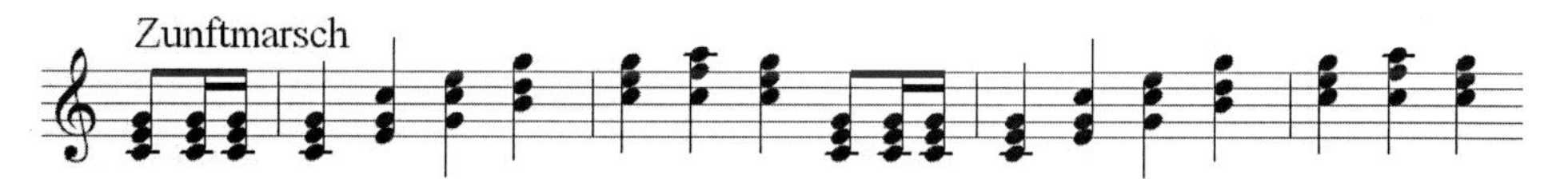

Dieser Zunftmarsch ist ein Stück Originalmusik der Zeit Hans Sachs'. Wagner hat ihn dem Buch *Von der Meister-Singer Holdseligen Kunst* des Altdorfer Professors Johann Christoph Wagenseil entnommen, aber wieder seinem eigenen Stil vollständig anverwandelt und bruchlos in das Gesamtgefüge eingepasst.

Die Tatsache, dass der Zunftmarsch ebenfalls in C-Dur steht, zeigt, dass die Exposition damit noch nicht beendet ist. Wagner kannte natürlich die Regeln des Sonatensatzes, die in der Exposition mehrere Themen in verschiedenen Tonarten – Tonika und Dominante – verlangen. Diese Themen werden in der Durchführung verarbeitet und variiert, bevor sie in der abschließenden Reprise durchwegs in der Haupttonart erklingen.

Und in der Tat: Nach verschiedenen Modulationen, die den Reichtum der Harmonik zeigen, erklingt ein drittes Thema von ganz anderem Charakter. Während Meistersinger-Motiv und Zunftmarsch von Schwung und Optimismus nur so strotzten, ist dieses dritte Thema sanft und melodisch. *Sehr zart und ausdrucksvoll* hat Wagner als Anweisung eingetragen. Es ist ein

Liebeslied, und es steht – entgegen aller Regel – nicht in der Dominante von C-Dur (das wäre G-Dur), sondern in E-Dur:

Die Wiederkehr des Meistersinger-Motivs – diesmal in Es-Dur und von den Holzbläsern kurz gestoßen – markiert den Beginn der Durchführung. Meistersinger-Motiv und Liebeslied werden nach allen Regeln der Kunst verarbeitet, auch ein Fugato taucht auf. Dann kehrt die Musik zur Haupttonart C-Dur zurück, und in einer großen, zusammenfassenden Geste des Orchesters wird die Reprise erreicht.

Der Hörer erwartet nun, die drei Themen wieder zu hören, aber diesmal durchgängig in C-Dur. Und er hört diese Themen auch. Gleichzeitig:

Während das Liebeslied in der Oberstimme erklingt – nach C-Dur transponiert und auf die Hälfte des ursprünglichen Tempos verlangsamt –, hören wir im Bass das Meistersinger-Motiv. Und dazwischen, in der Mittelstimme, ertönt der Zunftmarsch im doppelten Tempo (daher nicht ganz leicht herauszuhören).

Deutsche Wertarbeit, in der Tat! Man muss schon bis zu Bachs Doppel- und Tripelfugen zurückgehen, um derartig selbständige, melodisch abgerundete Themen zu finden, die zugleich so mühelos ineinander greifen und ohne klangliche Härten, ohne Missklänge gleichzeitig erklingen können. Hier haben wir nicht nur ein kontrapunktisches Kunststück ersten Ranges vor uns, sondern zugleich eine symbolische Aussage: die Überwindung der Gegensätze, eines der zentralen Anliegen der Oper. Der Ritter Walther von Stolzing, zu dem das Liebeslied gehört, und die Zunft der Meistersinger stehen sich anfangs ablehnend, ja feindselig gegenüber, lernen aber im Laufe der Handlung, einander zu akzeptieren. Dies wird mit dem Zusammenklang der Themen überaus sinnfällig dargestellt.

Da nun der Sonatenform Genüge getan ist, kann das Vorspiel in einer Coda ausklingen. Diese Coda beruht hauptsächlich auf dem Zunftmarsch und führt nochmals zu einer triumphalen Steigerung. Die Bläser treiben den Marsch voran, die Streicher umspielen ihn mit jubelnden Figuren. Unter ständigem Crescendo, zuletzt mit einer Verbreiterung des Tempos, wird der Höhepunkt erreicht, zu dem nochmals das Meistersinger-Motiv erklingt und das Vorspiel zum strahlenden Abschluss führt.

Typisch deutsch? Gewiss, einer großen deutschen Musiktradition verpflichtet, als deren Erbe sich Wagner verstand. An seiner Vereinnahmung im „Dritten Reich" war Wagner weiß Gott nicht unschuldig, und viele seiner Äußerungen – insbesondere die antisemitischen Schriften – sind aus heutiger Sicht unerträglich und abzulehnen. Und doch: allein die Tatsache, dass während des zweiten Weltkriegs an der New Yorker Met Wagner gespielt wurde – nicht selten von emigrierten Künstlern aus Deutschland –, spricht für den universellen Rang seiner Kunst. *Ihr seht, wie hoch sie blieb in Ehr: was wollt Ihr von den Meistern mehr?* – mit diesen Worten sei letztmalig Hans Sachs aus der Oper zitiert, und wir können hinzufügen: Wir wollen von Meister Wagner nicht mehr als das, was er zu bieten hat: große, typisch deutsche Musik.

Reinhard Szyszka

Briefmarke der Deutschen Bundespost (1968) zum 100. Jubiläum der Meistersinger *mit Beginn des Meistersinger-Vorspiels im Autograph*

Reinhard Szyszka

Reinhard Szyszka ist in Nürnberg geboren und aufgewachsen. Er erhielt seinen ersten Musikunterricht mit 5 Jahren und begann das Klavierspiel mit 8 Jahren. Nach dem Abitur studierte er Mathematik und Physik in Göttingen. Seit 1986 lebt er in Wolfratshausen und arbeitet als Ingenieur in München – zunächst bei Siemens, seit 2007 bei Nokia Siemens Networks.

Auf dem Klavier hat sich Reinhard Szyszka auf die Gattungen Liedbegleitung und Vierhändiges Spiel spezialisiert, daneben auf das Continuospiel am Cembalo. Die Aufführungen des Vereins *Wolfratshauser Vokalsolisten e.V.*, der von 1989 bis 2009 existierte, hat er vom Klavier oder Cembalo aus betreut, dazu die Werkeinführungen im Programmheft geschrieben. Ferner singt Reinhard Szyszka seit 1988 im Chor von *Musica Starnberg e.V.* (bis 2008 *Starnberger Musikkreis e.V.*) die Tenorstimme; hier verfasst er seit 2000 die Einführungen. Für den *Konzertverein Isartal e.V.* schreibt Reinhard Szyszka seit 2006 gelegentlich und seit 2011 ständig die einführenden Aufsätze. Außerdem leitet Reinhard Szyszka seit 2009 den ältesten Münchner Wanderverein: die Ortgruppe München im *Schwäbischen Albverein*. Seit Herbst 2011 ist er nebenberuflich als Konzertkritiker für die Süddeutsche Zeitung tätig.

Reinhard Szyszka

César Franck
1885

César Franck

1822-1890

César Franck, 1822 in Lüttich geboren, erhielt nach frühen pianistischen Erfolgen an den Konservatorien in Lüttich, ab 1835 in Paris Unterricht in Klavier, Harmonielehre und Kontrapunkt. Als 21-Jähriger veröffentlichte er als op. 1 drei Klaviertrios. Anstellungen als Organist verbreiteten seinen Ruhm als Orgelvirtuose und Improvisationsgenie. 1872 wurde er Professor am Pariser Conservatoire. 1873 erhielt er die französische Staatsbürgerschaft. Die Begegnung mit Wagners Tristan (1874) setzte neue schöpferische Impulse. Danach entstanden seine bedeutendsten Werke wie vier Symphonische Dichtungen und seine (nach einem Jugendwerk) einzige Symphonie sowie die Violinsonate, das Streichquartett und das Klavierquintett. Durch seinem großen Schülerkreis (u.a. Chausson, d'Indy und kurze Zeit Debussy) wirkte er auf die französische Musik der Spätromantik und des Impressionismus. Franck starb 1890 in Paris.

Französische Spätromantik mit wagnerscher Chromatik

Zu César Francks Symphonie in d-moll

Berühmt ist der Seufzer Franz Schuberts, *was man nach Beethoven noch komponieren* könne – insbesondere im symphonischen Bereich. Bekanntlich lösten die Komponisten des 19. Jahrhunderts dieses Problem in unterschiedlichster, individueller Weise. Franz Schubert hielt an der absoluten klassischen Form fest, die er in neue zeitliche Dimensionen übersetzte (große C-Dur-Symphonie), Mendelssohns Stil ist formal dem Vorbild Mozart verhaftet – abgesehen von einer Chorsymphonie nach dem Muster der *Neunten*. Schumann übernahm den zyklischen Zusammenhalt aller Sätze als formalen Ansatz. Als geniales Einzelwerk sticht schon sehr früh (1830) Berlioz' *Symphonie fantastique* hervor, die mit ihrem beigegebenen Programm größte Auswirkungen auf die Symphonische Dichtung (Liszt) hinterließ. Unbeirrt vom Parteienstreit um den Vorrang von absoluter oder programmatischer Musik schrieben Johannes Brahms und Anton Bruckner ihre Symphonien, der erstere mehr an klassischen Formen orientiert, der andere an zeitlicher und klanglicher Monumentalität und wagnerscher Harmonik.

All dieses spielte sich vorwiegend im deutsch-österreichischen Raum ab. Das frazösische Publikum genoss vor allem Oper, Ballett und Operette. Beliebt waren ferner virtuose Konzerte. Symphonien von Bizet, Saint-Saëns oder Fauré blieben Einzelfälle oder wurden erst viel später gedruckt.

Mit Francks Symphonie in d-moll tritt diese Werkgattung in Frankreich nach Berlioz' grandiosem Meisterwerk erstmals wieder ins Rampenlicht. Sie entstand 1887-88. Die Uraufführung am 17. Februar 1889 in Paris löste heftigste Reaktionen und Unverständnis aus. *Was ist das für eine Symphonie*, schrieb der Komponist Ambroise Thomas, *bei der das erste Thema im neunten Takt nach des, im zehnten nach ces, im 21. nach fis im 25. nach c, im 39. nach Es, im 49. nach F moduliert?* Franck selbst antwortete dem genannten Kritiker, die Symphonie stünde gleichzeitig in d-moll und f-moll. Damit ist ein Charakteristikum des Werks genannt: die tonale Vielseitigkeit, die über Chromatik – oftmals auch über mediantische (großterzverwandte) Akkordverbindungen – entfernte Tonarten auf engem Raum ansteuert. Die dadurch bewirkte Farbigkeit des Höreindrucks wirkte stark auf die Harmonik Debussys, der später Akkordfolgen frei von Kadenzbindungen komponierte.

Chromatik (Einfluss Wagners) wechselt mit beinahe plakativ-triumphierender Diatonik in massivem Klang, z.B. Beispiel beim dritten und wichtigsten Thema des ersten Satzes, das wie eine Befreiung nach *chromatischem „Mäander"* (Rzehulka) wirkt. Alle Sätze folgen einem durchdachten Tonartenplan: Der finster-ernste Kopfsatz bewegt sich um die Tonarten d/D und f/F (Grundton der Paralleltonart, Oberterz), der zweite in der Tonalität von b/B (Unterterz), der dritte vorwiegend im D-Dur-Bereich. Francks eingehende Beschäftigung mit Beethovens *Schicksalssymphonie* spiegelt sich in der Anlehnung an die *Durch-Nacht-zum-Licht* -Thematik: Das Finale überwindet Finsternis und Trauer der vorangegangenen Sätze.

Die Besonderheit der Franck'schen Melodik liegt in ihrem Kreisen um einen Zentralton, der wie ein Magnet die Tonbewegung immer wieder auf sich zieht, am deutlichsten zu sehen am Seitenthema des ersten und am Hauptthema des zweiten Satzes dieser Symphonie. Darin beeinflusste Franck Debussys Melodiebildung.

Die formale Anlage verrät intensive Auseinandersetzung mit der Tradition, den Vorbildern Schumann und Brahms. Kontrapunktische Techniken zeigen den an Bach geschulten Organisten. Hauptmerkmal der späten Werke Francks ist ein sehr eigenwillig geprägter, enger motivisch-thematischer Zusammenhang der Sätze. In der d-moll-Symphonie wird das dreitönige Grundmotiv der langsamen Einleitung zum melodischen Kern des Werks: Es kehrt verwandelt in den meisten anderen Themen wieder. Das Hauptthema des ersten Satzes entsteht direkt aus dem Kernmotiv, ebenso beginnt das Hauptthema des langsamen Satzes mit dem Dreitonmotiv in neuem Rhythmus, auch das Seitenthema des ersten Satzes und das eingängige Hauptthema des Finalsatzes sind aus denselben Intervallen (Sekund und Terz) in Umkehrung gestaltet (siehe Notenbeispiele). Zudem erscheinen im 3. Satz Reminiszenzen an die Themen der voran gegangenen Sätze. Das Finale wird damit zum zusammenfassenden Höhepunkt der Symphonie. Darin folgt er dem Beispiel von Beethovens Fünfter und Neunter und Schumanns Vierter.

Dem **ersten Satz** geht eine langsame Einleitung ***(Lento)*** voraus, die das schwermütige Kernthema in ernster, finsterer Klangfarbe der tiefen Streicher vorstellt. Die Intervallfolge des ersten Dreiton-Motivs (Sekund und Terz bzw. verminderte Quart) zieht sich wie ein roter Faden durch Themen und Motive aller Sätze.

Eine klagend sinkende Melodie der Violinen antwortet, gefolgt von einem Terzmotiv aus den Intervallen des Kernmotivs, das das Hauptthema des 3. Satzes bereits andeutet:

Geheimnisvolle chromatische Linien in erregt vibrierendem Tremolo steigen aus den tiefen Streichern auf. Mit dem zweiten Themeneinsatz der Bläser schraubt sich das musikalische Geschehen aus dem dunkel-tragischen Urgrund in stetiger Steigerung zu dramatischem Tutti-Fortissimo, mit dem der Hauptteil ***(Allegro non troppo)*** einsetzt. Dem Kernmotiv, nun in schnellem Tempo, folgen ein wild-trotziges Drehmotiv (3. u. 4. Takt) und ein rigoros und gebieterisch wirkendes Tonleitermotiv im Fortissimo, von allen Bläsern massiv im Staccato gestützt, wie ein *Aufbegehren gegen das Schicksal* (Renner).

Ein schmerzlich erregtes Zwischenmotiv mit hochemotionaler Dynamik leitet zurück zum energischen Drehmotiv des Hauptthemas.

Ein aufwühlendes, chromatisches Motiv facht im ganzen Satz dramatische Ausbrüche an:

Die Entwicklung bricht in einer Fermate ab – und überraschend erklingt noch einmal die langsame Einleitung, nun in f-moll (vergl. Francks Aussage, die Symphonie stehe gleichzeitig in d-moll und f-moll).

Zum zweiten Mal beginnt der schnelle Teil, nun ebenfalls in f-moll. Nach vier überleitenden Takten der Holzbläser und Hörner mit dem chromatischen Motiv erklingt das sehnsüchtig-verhaltene Überleitungsthema der Streicher, kanonisch zwischen 1.Violine und Cello/Bass geführt:

Das chromatische Motiv treibt die Entwicklung steigernd in das triumphierende Seitenthema (aus Terz und Sekund des Kernmotivs) in strahlendem Dur:

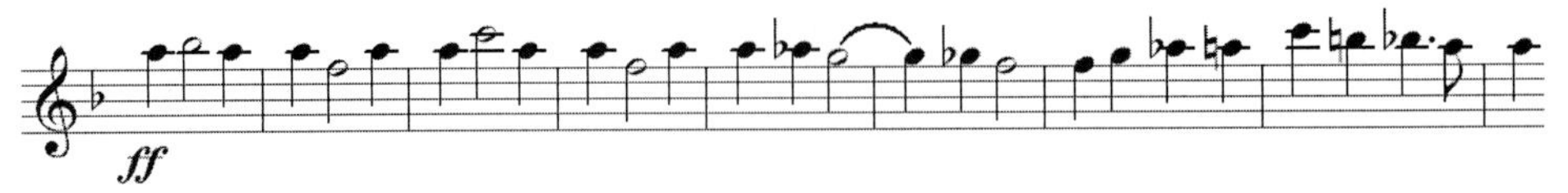

Nach großer Steigerung klingt die Exposition aus in einer zarten Reminiszenz an das Seitenthema, mit dem die Streicher auch die Durchführung anstimmen. Das Hauptthema macht den energischen Anfang, gefolgt von einem Abschnitt des klagenden 2.Themas aus der Einleitung. Das chromatische Motiv drängt zum dramatischen Höhepunkt: Wie ein Schmerzensausbruch wirkt nun das 2. Einleitungsthema, mehrmals in höchsten Lagen im Fortissimo gespielt. Die Rückleitung zur Reprise wird gestaltet vom Kopfmotiv des Seitenthemas und vom vergrößerten Kernmotiv (in doppelten Notenwerten) mit einer letzten leidenschaftlichen Steigerungswelle.

Die Reprise beginnt in Bässen und tiefen Blechbläsern mit dem wuchtigen, vergrößerten Kernthema in machtvollem Fortissimo, vom ganzen Orchester mit schwer lastenden, chromatischen Linien umgeben. Erst das Seitenthema in strahlendem D-Dur vertreibt die schmerzlich bedrückenden Gefühle. In der Coda holt das chromatische Motiv sie jedoch wieder zurück. Ein letztes Mal bäumt sich das finstere „Schicksalsthema" zum Forte-Fortissimo auf – um in einen überraschenden Dur-Schluss zu münden.

Der **langsame Satz (*Allegretto*)** beginnt mit Harfe und Pizzicato der Streicher in tristem b-Moll, mit dumpf schreitenden Akkorden im gleichmäßigen Rhythmus eines Trauermarsches. Erst im 16. Takt erhebt sich darüber der wehmütige Klang des Englisch Horn. Jede Phrase des Themas beginnt wie das Kernmotiv, beim zweiten Ansatz melodisch-emotional zu einer Sexte gesteigert.

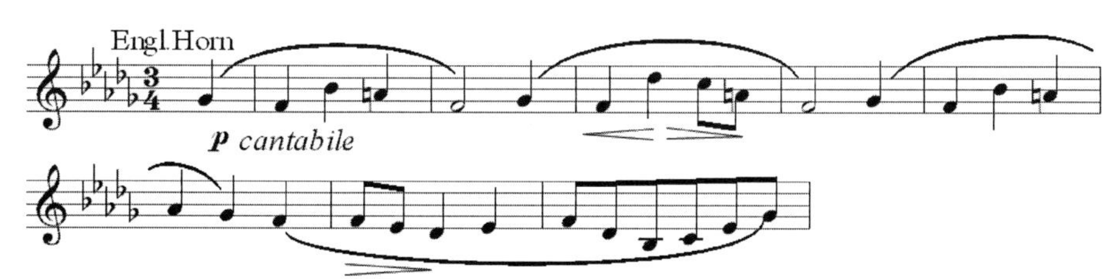

Die Bratschen kontrapunktieren mit einer weichen Gegenmelodie. Den Nachsatz übernehmen helle Bläsern und Horn. Im zweiten Abschnitt führen die 1. Violinen mit einer tröstlichen Melodie, im Nachsatz melodisch von Klarinette, von allen Holzbläsern, klanglich von Horn und Trompeten gestützt.

Die klagende Melodie des Anfangs rundet den A-Teil ab.

Völlig anderen Charakter zeigt der B-Teil: Einem launisch-düsteren Scherzo ähnlich huschen unruhige, unheimlich wirkend melodische Gestalten der Violinen in schnellem triolischem Metrum mit raschen Tonrepetitionen vorbei (auch hier der Intervall-bezug zum Kernmotiv):

Ein merkwürdig doppelbödiger Stimmungskontrast entsteht aus dem Gegensatz von huschender Triolenbewegung und den angedeuteten Akkorden des Trauermarsches, der sich verstärkt, wenn im nächsten Abschnitt lyrisch-expressive Melodielinien die Bewegung überlagern:

Auch wenn das Englisch Horn wieder seine Trauermarsch-Melodie vom Beginn des Satzes anstimmt, verstummen die gespenstischen Triolen nicht. Das ruhige 2. Thema tritt ihnen entgegen, kann sie aber nicht bannen. Das 4. Thema mit den unheimlichen Triolen als Gegensatz setzt sich durch. Erst in der Coda verliert sich ihre Wirkung und der Weg ist frei für einen hoffnungsvoll-tröstlichen Dur-Schluss.

Nach wenigen Einleitungstakten in strahlendem Dur zu Beginn des **Finale** (***Allegro non troppo***) erklingt in den Celli – zunächst im Pianissimo – das eingängige, schwungvolle Hauptthema (ebenfalls aus der Intervallfolge des Kernthemas):

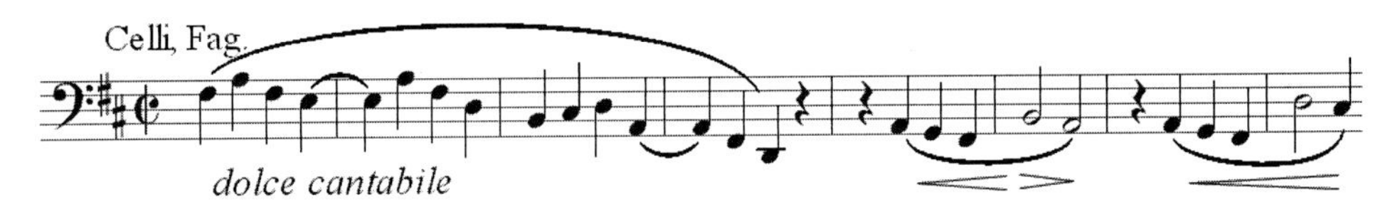

Violinen und Holzbläser nehmen es auf und steigern es zum jubelnden Fortissimo des ganzen Orchesters. Alle vorherige Schwere und lastende Chromatik scheint überwunden. Die Blechbläser stimmen ein freudig-pompöses Überleitungsthema an, das die Geigen emphatisch fortführen:

Eine geheimnisvoll-leise, chromatische Themenvariante der Celli und Bässe scheint noch einmal an das Vergangene zu erinnern,

doch sie führt hin zum Seitenthema, und das ist – Franck bereitet dem Hörer eine eigenwillige Überraschung – das Hauptthema des zweiten Satzes (NB siehe dort)! Wie vorher ist es von Pizzicato-Akkorden und triolischer Streicherbewegung begleitet, jedoch nicht mehr mit gespenstischen Repetitionen, sondern in weichem, wiegendem Legato, das dem vorherigen Trauermarsch einen milden Charakter verleiht.

Zu Beginn der Durchführung wandert das erste Thema leise in sparsamer Instrumentation durch verschiedene Tonartbereiche und Instrumente. Eine Steigerung führt zum Überleitungsthema der Trompeten, das nun in triumphalem Orchestertutti mehrmals in verschiedenen Tonarten erklingt, dann aber zurückweicht und in einer fragenden Fermate endet. In einem Lento-Abschnitt im Pianissimo stehen das chromatische Motiv der Bässe und der Anfang der Trauermarsch-Melodie gegenüber, endend in ratlos scheinenden Fermaten. Das chromatische Suchen gewinnt an Spannung und Energie und leitet in einer groß angelegten Steigerung zurück zum strahlenden D-Dur-Hauptthema, in den Beginn der Reprise. Ohne die Zwischenthemen der Exposition schließt sich unmittelbar das Seitenthema an: In vollem Orchestertutti klingt der vormals triste Trauermarsch majestätisch-pompös, monumental-würdevoll.

Die Coda wird zum Krönung der zyklischen Verklammerung, indem sie die Hauptthemen des ersten Satzes zitiert. Beide haben aber ihren ursprünglichen Charakter der Finsternis bzw. des lärmenden Triumphes verloren. Das Seitenthema des Kopfsatzes erscheint in dunkler Violin-Klangfarbe, dann verklingend wie eine ferne Erinnerung in Klarinette und hoher Violinstimme. In samtiges Klangfeld der Blechbläser und wogende Akkorden der Harfe gehüllt – Anklänge an Wagner sind unverkennbar – scheint das Kernthema auf, gefolgt vom Seitenthema des Kopfsatzes. Letzteres leitet zurück ins Hauptthema des Finale, das der Symphonie einen überwältigenden Ausklang in strahlendem Licht von D-Dur bereitet.

César Frank an der Orgel

Anton Bruckner um 1890
nach einem Gemälde von Ferry Bératon

Anton Bruckner

1824-1896

Anton Bruckner wurde 1824 als Sohn eines Schulmeisters im oberösterreichischen Amsfelden geboren. Nach dem frühen Tod des Vater wuchs er im Stift St. Florian als Singknabe auf und wurde ab 1840 in Linz auf den Schullehrerberuf vorbereitet. Schon während Schulzeit und Ausbildung studierte er nebenbei Orgel-, Klavier- und Violinspiel und Musiktheorie. Ab 1845 war er Hilfslehrer an der Volksschule St. Florian und Organist an der Stiftskirche. Im Selbststudium befasste er sich mit Orgel- und Chormusik der alten Meister. 1855 wurde er Domorganist in Linz und gab seinen Schullehrerberuf auf. Bis 1861 nahm er Tonsatzunterricht bei Simon Sechter in Wien, seine Werke galten vor allem der Chor- und Orgelmusik. Ab 1868 lebte er in Wien und lehrte am Konservatorium und an der Universität. Erst als fast 40-Jähriger wandte er sich symphonischer Musik zu. Aufgrund seiner Wagner-Begeisterung geriet er ungewollt in den Parteienstreit, obwohl ihm als Komponisten Oper, Programmmusik und die Ideologie der Neudeutschen fern lagen. Nach seinem Tod 1896 in Wien wurde er in der Stiftskirche St. Florian beigesetzt.

Anton Bruckner.

Ave Maria

Die Musikgeschichte kennt zahlreiche Wunderkinder, die schon in frühester Jugend Meisterwerke geschaffen haben. Das andere Extrem markiert ein Großer, der im Grunde erst mit 37 Jahren zu komponieren anfing. Gemeint ist **Anton Bruckner**, dessen *Ave Maria* für siebenstimmigen Chor a cappella den Beginn seiner künstlerischen Reife markiert. Auch er stellt auf seine Weise einen Sonderfall dar: Es gibt keinen anderen bedeutenden Komponisten, der so spät begann und seine ersten gültigen Werke erst als Enddreißiger vorlegte. Wäre er im gleichen Alter gestorben wie Mozart oder gar Schubert, sein Name wäre heute vergessen!

Natürlich hatte Bruckner schon früher komponiert: Orgelwerke, Messen, ein Requiem, ein Magnificat. Doch waren dies tastende Versuche, die keinem Vergleich mit den späteren Meisterwerken standhalten. Bruckner wusste um diese Unzulänglichkeiten und war unablässig bemüht, seine Kompositionstechnik durch Studien beim Wiener Kontrapunktlehrer Simon Sechter weiterzubilden. Daneben war er als ausübender Musiker tätig: In Linz hatte er das Amt des Domorganisten inne und leitete den dortigen Männerchor *Frohsinn*.

Als der Chor sein Gründungsjubiläum am 12. Mai 1861 mit einer feierlichen Messe im Linzer Dom beging, sah sich Bruckner als Organist und Chorleiter natürlich doppelt gefordert. Er bündelte wie nie zuvor seine schöpferische Phantasie und das bei Sechter Gelernte, und es gelang ihm der erste große Wurf in kleiner Form: das Ave Maria, welches bei dieser Messe zum ersten Mal erklang.

Das Werk beginnt mit einem dreistimmigen Knaben- oder Frauenchor, wie er wohl als Kirchenchor im Dom zur Verfügung stand:

Diesen hohen Stimmen stellt Bruckner wirkungsvoll den vierstimmigen Männerchorklang seiner Liedertafel – stellenweise zur Fünfstimmigkeit erweitert – gegenüber:

Die beiden Chöre, am Anfang getrennt behandelt, verschmelzen im Laufe des Stückes immer mehr zu einer Einheit. Hier, im kleinsten Rahmen, bricht sich der persönliche Stil des Komponisten erstmalig Bahn. Der freie, wie selbstverständlich gehandhabte Kontrapunkt, die farbigen Harmonien und der registerartige Lagenwechsel sind ganz unverkennbar Bruckner. Aber – auch dies typisch Bruckner – schon kurz nach der Vollendung des *Ave Maria* wurde der Meister wieder zum Schüler und studierte Formenlehre und Orchesterbehandlung bei einem Linzer Kapellmeister.

Reinhard Szyszka

Bedřich Smetana
1878

Bedřich Smetana

1824-1884

Bedřich (Taufname Friedrich) Smetana wurde 1824 im tschechischen Lytomyšl (Leitomischl) als Sohn eines Bierbrauers geboren. Eine erste Komposition ist bereits von dem Achtjährigen erhalten. Nach Abschluss des Gymnasiums 1843 in Pilsen studierte er in Prag Klavier und Musiktheorie, verdiente seinen Unterhalt als Hauslehrer, trat ab 1845 als Pianist auf und gründete 1848 eine eigene Musikschule. Mehrfach traf er mit Franz Liszt zusammen und reiste nach Deutschland, um Wagners Opern zu hören. 1848 ging er nach Göteborg als Dirigent und Leiter einer Musikschule. Innerhalb von 5 Jahren (1855-59) verlor er Frau und drei Töchter. Mit seiner zweiten Frau lebte er ab 1861 in Prag und unternahm mehrere Konzertreisen nach Göteborg, Stockholm, Deutschland und Holland. 1865 entstand seine Oper *Die verkaufte Braut*. Bis 1874 ertaubte Smetana völlig, komponierte gleichwohl weiter. Im gleichen Jahr vollendete er *Vyšerad* und *Die Moldau*, 1857 *Aus Böhmens Hain und Flur*, ein Jahr später sein Streichquartett *Aus meinem Leben*, 1882 sein 2. Quartett in d-moll. Nach fortschreitender geistiger Verwirrung starb Smetana 1884 in Prag.

Aus meinem Leben

Zu Smetanas Streichquartett Nr. 1, e-moll

Ausgerechnet das Streichquartett, jene ätherisch-erhabene Gattung reinster Kunstmusik, hat mehr als alle anderen Besetzungen der Kammermusik zum Ausdruck außermusikalischer Inhalte herhalten müssen. Den Anfang machte schon der Vater des Streichquartetts, Joseph Haydn, der seine *Sieben letzten Worte unseres Erlösers am Kreuz* (samt eindrücklicher Schilderung des Erdbebens) auch in einer Fassung für Streichquartett herausgab. Ihm folgte Ludwig van Beethoven mit dem langsamen Satz seines a-Moll-Quartetts op. 132, den er mit der Überschrift *Heiliger Dankgesang eines Genesenden an die Gottheit* versah. Unter den Späteren ist vor allem Leoš Janáček zu nennen, der seine beiden Streichquartette *Kreuzersonate* und *Intime Briefe* betitelte und mit detaillierten Programmen versah. Erinnert sei hier auch an das zweite Quartett von Pavel Haas mit der Überschrift *Aus dem Affengebirge*. Von anderen Gattungen der Kammermusik, etwa Klaviertrios oder Sonaten für ein Melodieinstrument und Klavier, sind vergleichbare Tendenzen zur Programmmusik nicht bekannt.

Unter den Streichquartetten mit außermusikalischen Themen sticht natürlich besonders das erste Quartett von Bedřich Smetana heraus, dem der Komponist die Überschrift *Aus meinem Leben* gegeben hat. Smetana war zeit seines Lebens ein Bewunderer von Franz Liszt, und er teilte dessen Ideale einer programmorientierten Musik. Das bekannteste Beispiel hierfür aus Smetanas Schaffen ist der Zyklus sinfonischer Dichtungen *Mein Vaterland* mit dem berühmtesten Teil *Die Moldau*. So war es nur nahe liegend, dass der Komponist auch seinem Streichquartett ein Programm zugrundelegte.

Smetana schrieb das Quartett 1876, im Alter von 52 Jahren. Zwei Jahre zuvor war der Komponist, wie weiland Beethoven, ertaubt und hatte alles praktische Musizieren aufgeben müssen. Dieser Umstand gab dem Meister den Anstoß, wichtige Stationen seines Lebens musikalisch Revue passieren zu lassen, mit dem Gehörverlust als tragischem Höhepunkt. Warum sich Smetana dabei für ein Streichquartett entschied, eine bis dato in seinem Schaffen nicht berücksichtigte Gattung, bleibt unklar; möglicherweise spielte die Erinnerung an Beethoven eine Rolle, der seine bedeutendsten Quartette ebenfalls im Zustand völliger Taubheit geschrieben hatte.

In einem Brief vom 12. April 1878 hat Smetana das Programm seines Streichquartetts ausführlich erläutert. Über den **ersten Satz (*Allegro vivo appassionato*)** heißt es da: *Die Liebe zur Kunst in der Jugendzeit, das ungestillte Sehnen nach etwas Unaussprechlichem, die Vorahnung des nahenden Unheils.* Der Satz beginnt mit einem kräftigen e-Moll-Akkord, gefolgt von einer tremolierenden Bewegung der Violinen. Hierzu spielt die Bratsche ein überaus markantes Motiv, den *Ruf des Schicksals, den Lebenskampf aufzunehmen*. Der Schicksalsruf wird von den Violinen aufgenommen und zu einem dramatischen Höhepunkt geführt. Dann erscheint ein zweites, lyrisches Thema, *dolcissimo ma espressivo* überschrieben, welches in G-Dur anhebt, dann aber über h-Moll und Fis-Dur nach D-Dur führt. Das Thema symbolisiert *die künstlerischen Neigungen meiner frühen Tage, allgemeine romantische Gefühle in Musik, Liebe und Leben, ein unbeschreibliches Verlangen nach etwas, das ich weder ausdrücken noch mir deutlich vorstellen konnte*. Aus beiden Themen baut Smetana einen kunstvollen Sonatensatz auf.

Der **zweite Satz** (***Allegro moderato à la Polka***) *erinnert an die turbulente Zeit meiner Jugend unter der bäuerlichen Bevölkerung und in den Salons der adligen Gesellschaft, in denen ich anfangs so viele Jahre mit dem Schreiben von Tanzmusik für junge Leute verbracht habe.* Gemeint sind wohl die Jahre ab 1850, als Smetana am Hofe des abgedankten Kaisers Ferdinand I. auf dem Hradschin den Posten eines Hofpianisten bekleidete und neben der Tanzmusik für den Hof auch eine Vielzahl von bäuerlichen Tänzen schrieb. Der Satz besteht aus zwei Abschnitten, die sich abwechseln: einem raschen Teil in F-Dur, wo gelegentlich die Bratsche und die zweite Violine *quasi tromba*, also wie eine Trompete, hervortreten, und einem ruhigeren Dreh- oder Schreittanz in Des-Dur.

Im **dritten Satz** (***Largo sostenuto***) erinnert sich der Komponist an *die Seligkeit der ersten Liebe zu jenem Mädchen, die später meine hingebungsvolle Frau wurde.* Gemeint ist Kateřina Kolářová, die er schon Anfang der 1840er Jahre in Pilsen kennen gelernt hatte, als er das dortige Prämonstratenser-Gymnasium besuchte. Später studierten beide Klavier an der Prager Musikhochschule, Smetana zusätzlich noch Theorie und Komposition. 1849 heirateten die beiden; aus der Ehe gingen vier Töchter hervor. Nach Kateřinas Tod 1859 ging Smetana noch eine zweite Ehe ein, doch diese blieb spannungsgeladen und problematisch und spielt daher keine Rolle in der tönenden Autobiographie, die dieses Streichquartett darstellt.

Das Cello eröffnet den Satz alleine mit einer sechstaktigen Einleitung. Dann beginnt ein Liebeslied in As-Dur, welches mehrfach variiert wiederkehrt und sich jedes Mal steigert. Später tritt ein zweites Thema in Es-Dur hinzu, vom Pizzicato des Cello wie von einer Laute begleitet. Der Satz erreicht seinen Höhepunkt, als das Liebeslied im leidenschaftlichen Fortissimo erklingt, mit Dreifach-Griffen in den drei oberen Streichern und Doppelgriffen im Cello (also insgesamt elfstimmige Akkorde). Dann beruhigt sich die Musik allmählich; beide Themen erscheinen in der Grundtonart As-Dur, und nach einer kurzen Coda verklingt der Satz im Pianissimo.

Der **Finalsatz** (***Vivace***) besingt *die Erkenntnis der nationalen Musik, die Freude über den errungenen Erfolg.* Smetana, der in einer deutschsprachigen Familie aufgewachsen und auf den Namen *Friedrich* getauft worden war, besann sich erst als Erwachsener auf seine böhmischen Wurzeln, erlernte die tschechische Sprache und änderte seinen Vornamen in *Bedřich.* Mit seinen Opern über Stoffe aus der böhmischen Geschichte und Sage – *Die Brandenburger in Böhmen*, *Dalibor*, *Libussa* und andere – errang der Komponist große Erfolge beim heimischen Publikum, auch wenn sich die Fachkritik reserviert gab. Der Komponist hatte aber nach langem Suchen einen Weg gefunden, wie er künstlerisch vorankommen konnte.

Der Satz beginnt in strahlendem E-Dur. Er ist als straff aufgebaute Sonatenform angelegt mit durchwegs fröhlichen, optimistischen Themen; Achteltriolen und Sechzehntel wechseln sich zunächst ab, erklingen später auch gemeinsam als gegeneinander gesetzte Konfliktrhythmen. Dann aber, wenn der Satz seinem triumphalen Ende zuzusteuern scheint, bricht die Katastrophe herein: plötzlich erstarrt das E-Dur in einem unerwarteten verminderten Akkord auf C. Nach einer Generalpause lassen die drei unteren Streicher ein tiefes, bedrohliches Tremolo vernehmen; darüber erklingt pfeifend das viergestrichene E der ersten Violine.

Dieses Pfeifen beschreibt den *Schicksalston, der von der herannahenden Taubheit kündet.* Es ist ein Tinnitus, wie er den Komponisten seit Jahren quälte. Im Sommer 1874 war Smetana dadurch völlig arbeitsunfähig geworden und hatte im September jegliches Gehör in seinem rechten Ohr verloren; im Oktober ertaubte das linke Ohr ebenfalls. Noch hoffte er, wieder zu genesen, und auch diese vorübergehende Hoffnung ist im Quartett ausgedrückt: der Schicksalsruf aus dem ersten Satz kehrt wieder, auch das zweite, lyrische Thema. *Ein schmerzhaftes Erinnern an die ersten Anfänge meiner Laufbahn; ein schwacher Hoffnungsstrahl* schreibt Smetana hierzu. Sogar das optimistische Hauptthema des Finales erklingt noch einmal, freilich nur für wenige Takte und im Pianissimo. Dann aber folgt die *Ergebung in das unabwendbare Schicksal*, und mit einem resignativen Abschnitt, der wieder das lyrische Thema aus dem Kopfsatz aufgreift, geht das Werk im Pianissimo zu Ende.

Reinhard Szyszka

Alexander Borodin
1865

Alexander Borodin

1833-1887

Alexander Porphirjewitsch Borodin wurde 1833 in Petersburg geboren als unehelicher Sohn eines Fürsten und war als Kind von dessen Untergebener auch Leibeigener seines leiblichen Vaters. Dieser schenkte ihm 10jährig die Freiheit, ließ ihm eine ausgezeichnete Ausbildung zukommen und finanzierte sein Studium der Medizin und Chemie in Petersburg und Heidelberg. Als 28-Jähriger wurde Borodin ordentlicher Professor der Chemie in Peterburg. Er war zudem Mitbegründer und Lehrer an einer Medizinschule für Frauen. Während eines Kongress-Aufenthalts in Heidelberg lernte er seine spätere Frau kennen, die als Pianistin seine Liebe zur Musik Chopins und Schumanns beflügelte. 1862 begegnete er Balakirew, bei dem er sich neben seinen wissenschaftlichen Aufgaben den lang gehegten Wusch nach Kompositionsunterricht erfüllte. Auf seiner Deutschlandreise 1877 schloss er Freundschaft mit Franz Liszt. Große Erfolge brachten ihm auf einer Reise in die Niederlande seine beiden Symphonien und die Steppenskizze aus Mittelasien. An unerwartetem Herzversagen starb Borodin 1887 in St. Petersburg.

Eine Steppenskizze aus Mittelasien

Viel freie Zeit blieb dem Chemieprofessor und bewunderten Forscher und Lehrer nicht für seine Leidenschaft, die Musik. Erst durch die Begegnung mit Balakirew, dem führenden Kopf des „Mächtigen Häufleins", dem bereits Mussorgsky, Cui und Rimsky-Korsakow angehörten, wurde er zum Komponisten, für den der erste Beruf nicht nur Broterwerb war und erst später zur Last wurde, als er verbreitet auch Anerkennung als Komponist fand. Bei Balakirew studierte er Harmonielehre und Komposition, Rimsky-Korsakow wurde sein Mentor in Fragen der Instrumentation. Seine nicht sehr zahlreichen Werke entstanden in Freizeit und Ferien. Zu seinen Hauptwerken gehören neben einer unvollendeten, von Rimsky-Korsakow ergänzten Oper *Fürst Igor*, zwei Symphonien, die *Steppenskizze aus Mittelasien*, neben Klavier- und Vokalwerken vor allem Kammermusik, darunter zwei Streichquartette, ein Streichsextett, ein Klaviertrio und zwei Klavierquintette. Seine Kompositionen spiegeln – oftmals im Gegensatz zum national-russischen Stil seiner Freunde Mussorgsky und Balakirew – die Beschäftigung mit den Formen und Gattungen der europäischen Klassik und Romantik.

Die *Steppenskizze aus Mittelasien* entstand 1880 als einsätzige symphonische Dichtung in der Tradition von Liszt, dem Borodin das Werk widmete. Sie wurde im April 1880 in Petersburg uraufgeführt und fand sogleich Anerkennung. Borodin gab seinem Werk folgendes Programm bei:

„Durch die Stille der sandigen Steppen Mittelasiens klingen die Töne eines friedlichen russischen Liedes. Aus der Ferne hört man Klänge einer schwermütigen, orientalischen Weise und das Getrampel von Pferden und Kamelen. Eine Karawane nähert sich. Unter dem sicheren Geleitschutz der russischen Wachen verfolgt sie ruhig ihren Weg durch die unendliche Wüste. Weiter und weiter entfernt sie sich. Das Lied der Russen und die Weise der Asiaten verbinden sich zu einer gemeinsamen Harmonie, deren Widerhall sich allmählich in der Ferne verliert."

Flageolett-Klänge der Violinen in höchster Lage stimmen das Stück an und begleiten den größten Teil des Werks. Sie beschreiben die flirrende Hitze über der Wüste, in der die Klarinette die klagende russische Melodie wird von der Klarinette hinein erklingen lässt. Das Horn mit seinem hallenden Klang übernimmt die Melodie und erzeugt den Eindruck von Raum und Weite.

Pizzicati von Celli und Bratschen in gleichmäßigem Wechsel kündigen Schritte der nahanden Karawane an. Der Hintergrundklang füllt sich durch Oktav und Quintklänge der Bläser: Die Karawane nähert sich. Sie wird symbolisiert durch das Englischhorn, das mit seinem wehmütigen, tiefen Klang eine melancholische, um wenige Töne kreisende Melodie bläst. Engräumige Intervalle, Vorschlag-Verzierungen und monotone Wiederholungen geben der Melodie orientalischen Charakter, Wechsel von Triolen und Punktierungen suggerieren freien „arabischen" Rhythmus. Fallende Melodik und Moll bewirken schwermütigen, fast teilnahmslos-stumpfen Ausdruck.

Die russische Melodie steigert sich während des Herannahens bis zum Fortissimo des gesamten Orchesters. Die orientalische Melodie kehrt zurück. Schließlich erklingen beide Melodien gleichzeitig, zunächst in Oboen und Violinen, dann als Höhepunkt im ganzen Orchester in hohen und tiefen Instrumenten, auch mit vertauschten Rollen. Die Karawane entfernt sich wieder: Die Schritte der Hufe grundieren den Klang der russischen Melodie, die verkürzt erklingt und verklingt – schließlich bleibt wie zu Beginn nur der einsam flirrende Klang der Wüste.

Mily Balakirew

Mily Alexejwitsch Balakirew

1836-1910

Mily Alexejwitsch Balakirew wurde 1836 in Nischni Nowgorod in ärmlichen Verhältnisse geboren. Er erhielt ersten Klavierunterricht bei der Mutter. Ab 1849 stand ihm im Hause Ulybyschews eine reichhaltige Musikbibliothek und der Zugang zu Konzerten zur Verfügung, die ihn zu ersten Kompositionen anregten. Das Mathematikstudium in Kasan (seit 1853) brach er ab und lebte ab 1855 in St. Petersburg als Pianist und Klavierlehrer. Die Freundschaft mit dem damals einflussreichsten Kunstkritiker Wladimir Stassow erweiterte seine Bildung und Kontakte, u.a. mit Glinka, dessen Opern er in Prag dirigieren durfte. Er sammelte russische und orientalische Volkslieder. Als Komponist blieb er Autodidakt. Aus Begeisterung für eine russische Nationalmusik schlossen sich ihm ab 1857 Mussorgsky und Cui an, 1861/62 auch Rimsky-Korsakow und Borodin. Der Kulturkritiker Stassow prägte für diesen Kreis den Namen *Mächtiges Häuflein*. 1862 war Balakirew Mitbegründer der Freien (kostenlosen) Musikschule in Petersburg, deren Orchesterkonzerte er dirigierte und deren Direktor er 1868 wurde. Balakirew starb im Mai 1910 in St. Petersburg.

Folklore und Form

Zu Balakirews *Ouvertüre über drei russische Themen*

Bis ins 18. Jahrhundert spielte sich in Russland – bis dahin reines Agrarland – gehobene Kultur in wenigen städtischen Zentren oder Gutshöfen und am Zarenhof ab, und zwar bis Anfang des 19.Jahrhunderts importierte europäische Musikkultur. Gespielt wurden Komponisten aus Westeuropa. Dirigenten, Solisten und Schauspieler kamen aus dem Westen, als Musiker dienten meist dürftig ausgebildete Leibeigene. Erst um Michail Glinka (1804-1857) entstand eine eigene russische Kunstmusik, die auch erstmals russische Volksweisen auf-nahm. Die Geschichte der Neuen Russischen Schule beginnt 1856: In Petersburg wurde der junge Mathematikstudent und Pianist Balakirew durch seinen Mentor Ulybyschew dem wichtigsten russischen Komponisten, Michail Glinka, vorgestellt und dufte ihm vorspielen. Anerkennend schenkte Glinka ihm seine Aufzeichnungen spanischer Melodien und machte ihn bekannt mit dem einflussreichen Kunstwissenschaftler Wladimir Stassow und dem Komponisten Alexander Dargomyshsky, deren allwöchentliche Konzerte Treffpunkt der musikalischen Elite waren. Hier fand Balakirew das Forum für seine missionarische Begeisterung für eine national-russische Musik. Er gab sein Studium auf und blieb in Petersburg. 1857 begegnete Balakirew dem jungen, musikinteressierten Ingenieur César Cui und ermutigte diesen zu eigenen Kompositionen im Sinne einer nationalen Musik, ebenso kurz darauf den jungen Offizier und glänzenden Pianisten Modest Mussorgsky. Balakirew wurde zum Kopf und Mentor der Gruppe, der sich 1861 der 17-jährige Marineoffizier Nikolai Rimsky-Korsakow und 1862 der 28-jährige, komponierende Chemie-Professor Alexander Borodin anschlossen.

Auch sozialgeschichtlich spielte Balakirew für das russische Musikleben eine wichtige Rolle. Nachdem (erst!) 1861 Zar Alexander II. die Leibeigenschaft abgeschafft hatte, wurde im gleichen Jahr in Petersburg das erste Konservatorium Russlands zur gründlichen Ausbildung von Musikern gegründet. Den Unterricht – z.B. bei seinem Gründer, dem gefeierten Pianisten Anton Rubinstein – konnte sich nur der Adel leisten oder seine Günstlinge. Von den Russisch-Nationalen wurde dem Konservatorium Festhalten an deutscher Tradition vorgeworfen. Balakirew und sein Kreis organisierten eine Alternative: die *Freie Musikschule* ohne Unterrichtsgebühren und ohne Gehälter, ohne Lehrpläne und Examina, die vor allem in den Abendstunden jedem Musikinteressierten offen stand. Hier war das Zentrum der national-russischen Ideen. In den Konzerten des Orchesters der *Freien Musikschule*, die neben Zuwendungen des Adels die einzige Einnahmequelle waren, setzte Balakirew sich vor allem für Werke seiner Mitstreiter ein.

Die *Ouvertüre über drei russische Themen* entstand 1858 und ist damit das Werk des 22-Jährigen, der seine Kenntnisse allein durch Partiturstudium und Konzertbesuch erworben hatte, zudem sein erstes Orchesterwerk, das russische Themen mit der traditionellen Sonatenstruktur verbindet.

Ein kurzes Motiv – dem späteren Hauptthema des Hauptteils entnommen – eröffnet den ersten, sehr kurzen, schnellen Abschnitt, der einem musikalischen Doppelpunkt oder „Vorhang auf" über dem Dominantton (fis) gleicht. Es folgt die ruhige **Einleitung (*Andante*)**, die als Epilog am Schluss wiederkehrt. Ihr Thema ist einem russischen Volkslied *(Die silberne*

Birke) entnommen und erklingt dreimal, zuerst in Flöten und Klarinetten, Violinen und Celli wiederholen es über weich wogendem Streicherklang, beim dritten Mal untermalt eine Pizzicato-Linie die Bläser.

Der schnelle Hauptteil ist ein **Sonatensatz (*Allegro moderato*)** mit zwei weiteren Volksmelodien. Das Hauptthema ist das Lied *Auf den Feldern steht ein Birkenbaum,* es ist in der symphonischen Musik sehr bekannt geworden, da Tschaikowsky später diese Melodie im Finale seiner 4. Symphonie verarbeitete:

Zunächst im Piano in den Bläsern, erscheint es in immer vollerem Instrumentalsatz bis zu kräftigem Orchestertutti.

Das Seitenthema, ein bekanntes Volkslied (*Es begab sich beim Festmahle,* auch Strawinsky verwandte es in *Petruschka*) erklingt in der Oboe, von Pizzicati begleitet.

Doch bald meldet sich mit seinem pochenden Anfang das Hauptthema in den Bässen, die dann das Seitenthema im Fortissimo in die Durchführung leiten. Nach grandiosen Steigerungen in entfernte Tonarten werden beide Themen kontrapunktisch einander gegenüber gestellt, das Hauptthema erscheint auch in Umkehrung. Bombastisch erklingt das Hauptthema zu Beginn der Reprise, das Seitenthema melodisch weich in Streichern und hellen Bläsern. Mit dem langsamen Volksliedthema der Einleitung verklingt das Stück im Pianissimo-*Morendo*.

Modest Mussorgskij
Bild von Ilja J. Repin

Modest Mussorgskij

1839-1881

Modest Mussorgskij wurde nahe der Grenze zu Estland, in Karewo, dem Stammgut der Familie, im Jahre 1839 geboren. Schon während der Schulzeit in St. Petersburg war er ein hervorragender Pianist. Er schlug zunächst die Offizierslaufbahn ein und war fast bis zu seinem Tod als Beamter im Petersburger Verkehrsministerium tätig. 1856 machte er die Bekanntschaft von Balakirew, Borodin, Cui und Rimskij-Korsakow, mit denen er sich der Entwicklung einer russischen Tonkunst verschrieb *(„Mächtiges Häuflein")*. Als Komponist war er Autodidakt, er entwickelte einen urwüchsig-eigenen Stil aus russischer Volks- und Kirchenmusik. Seine neue Harmonik übte großen Einfluss auf die Musik des Impressionismus und Expressionismus. Alkohol zerstörte allmählich seinen sensiblen, zwischen Genie und Melancholie schwankenden Geist. Mussorgskij starb 1881 in St. Peterburg in Armut.

Die Sprache des Volkes

Modest Mussorgskijs *Bilder einer Ausstellung* und die Orchesterfassung von Maurice Ravel

Im Sommer 1874 zeigte in St. Petersburg eine Ausstellung Werke des im vorhergehenden Jahr mit nur 39 Jahren verstorbenen Malers Viktor A. Hartmann. Initiator der Ausstellung war der Kunstkritiker Vladimir Stassow, ein Freund des Verstorbenen, durch den auch Mussorgskij seit 1770 in näheren Kontakt mit dem Maler gekommen war. Noch bei Hartmanns letztem Besuch in St. Petersburg hatte Mussorgskij den bereits Kranken getroffen. Anlässlich der Ausstellung empfand er den Wunsch, dem verstorbenen Freund und den gemeinsamen künstlerischen Zielen ein Denkmal zu setzen. Nur wenige Bilder Hartmanns sind erhalten, doch Beschreibungen Stassows geben uns einen Eindruck.

Der Künstlerkreis um Stassow setzte sich ein für eine nationalrussische, von westlichen Einflüssen unabhängige Kunst, die ihre künstlerischen Vorbilder in Geschichte und Traditionen des eigenen Volkes suchte. Der Schaffung einer nationalen russischen Musiksprache fühlten sich auch fünf Musiker verpflichtet, deren Kreis unter dem Namen „Das mächtige Häuflein" in der Musikgeschichte bekannt wurde. Dazu gehörten seit etwa 1860 neben Mussorgskij, dem jüngsten in der Gruppe, Balakirew, Borodin, Rimskij-Korsakow und Cui, denen sich Mussorgskij jedoch im Laufe der Zeit entfremdete, da sie engere Kontakte zur westeuropäischen Musik suchten.

Mussorgskijs *Bilder einer Ausstellung* für Klavier, entstanden 1874, komponiert als Denkmal für den verstorben Maler und Freund Viktor Hartmann, gewidmet ist das Werk Wladimir Stassow. Eine Uraufführung ist nicht nachweisbar, sie dürfte im Freundeskreis Mussorgskijs stattgefunden haben. Das Werk blieb zu Lebzeiten des Komponisten fast unbeachtet, es befremdete sogar wegen seines Realismus, der geltende Regeln des musikalischen Satzes zum Teil missachtete.

1922 schrieb Maurice Ravel im Auftrag von Segej Kussewitzky die heute bekannteste Orchesterfassung der *Bilder einer Ausstellung*, uraufgeführt wurde sie 1923 in Paris. Durch schillernde Illustration in kunstvoller Instrumentierung wurden die *Bilder einer Ausstellung* zu Mussorgskijs meist gespieltem Werk.

Eine national russische Musik

Nicht nur um Vorlagen und Inhalte wie ihren westlichen Kollegen ging es den Mitgliedern des „Mächtigen Häuflein", von denen Mussorgskij der radikalste, aber auch der am meisten in die Zukunft weisende Komponist wurde. Was macht eine typisch national russische Musiksprache aus? Zunächst verfolgte Mussorgskij mit größtem Interesse die Tätigkeit seiner Freunde als Volksliedsammler und notierte selbst jede „alte" Melodie, die er auf Tanzböden, Festen und Jahrmärkten hörte. *Das Volk allein ist unverfälscht, ein Ganzes, groß und ohne Tünche – welch wahrhaft unheimlichen Reichtum bietet die Sprache des Volkes dem Musiker... welch unerschöpfliche Fundgrube zur Erfassung alles Echten ist doch das Leben des russischen Volkes!* notierte er in einem Brief an einen Freund. Bilder, Szenen, Handlungen und Empfindungen des Menschen aus der Sprache des Lebens in musikalische Sprache zu übersetzen, sah er als Aufgabe einer nationalen Kunst. Stilistische Grenzen erkannte er nicht an, vorgefertigte Stilmittel und Ausdrucksformen lehnt er ab. Die russische Sprachrhythmik und Sprachmelodik, die kirchentonalen Melodien des russischen Volkslieds, die bausteinhafte Aneinanderreihung und Abwandlung von Melodiemodellen ungleicher Länge, die ungleichmäßigen Betonungen ungerader Taktarten, die aus der Improvisation stammende *heterophone* Umspielung einer Melodie sowie der Wechsel zwischen Einstimmigkeit und Mehrstimmigkeit sind Stilmittel einer eigenen, neuen musikalischen Syntax.

Die musikalische Gestaltung

Mussorgskij verbindet die einzelnen Bilder, die ohne notwendigen inhaltlichen Zusammenhang aneinander gereiht sind wie in der musikalischen Form einer Suite, durch mehrfache Wiederaufnahme der Melodie der *Promenade*, und zwar nicht nur in den so genannten Abschnitten, sondern auch innerhalb der Bilder (z.B. deutlich erkennbar in den *Catacombae* und im letzten Bild; versteckt in Unter- oder Begleitstimmen oder in Intervallstrukturen der Melodien ist die Promenadenmelodie vielfach nachweisbar). So entsteht eine freie, programmatisch variierte Rondoform.

Zu Beginn begleiten wir den Betrachter in einer marschähnlichen ***Promenade***, wie er festen Schrittes und in festlicher, erwartungsvoller Stimmung das Gebäude der Ausstellung betritt. Mit dem Ausstellungsbesucher stellt Mussorgskij sich selbst dar: *Meine Physiognomie ist in den Zwischenspielen zu sehen*. Die einleitende einstimmig erklingende Solotrompete eröffnet mit einer metrisch gleichförmig anmutenden Melodie, die dennoch mit ihrem Wechsel von 5/4 und 6/4 Takt einem Marsch mit gleichmäßigem Wechsel von betonten und unbetonten Zählzeiten widerspricht. Melodisch eingängig durch kleinste, sich wiederholende Tonfiguren aus Sekund- und Quartschritten, ist sie doch unregelmäßig strukturiert und wird bei fast jeder Wiederholung leicht verändert. Schon die erste Wiederholung mit akkordischer Untermalung durch Bläser, lässt uns westliche Hörer wegen der häufigen Mollakkorde und der kirchentonal gefärbten Harmoniefolgen an alte Kirchenmusik denken.

Im ersten Bild ***Gnomus*** begegnen wir einem missgestalteten Zwerg. Hier wird offenbar, wie sich bei der Umsetzung von Bild (statisch) in Musik (Bewegung in der Zeit) die Künste ergänzen. Das Bild lässt erahnen, wie sich ein solch missgebildeter Zwerg wohl bewegen würde, Mussorgskij führt uns jede seiner Bewegungen vor. In einer sprunghaft hektischen, sich drehenden Bewegung scheint er uns böse zu drohen, in einer langsameren, hinkenden, abwärts gerichteten Tonfolge bewegt er sich schleppend über die imaginäre Bühne, unterbrochen von seinen hektischen Dreh- oder Drohgebärden. In langsamen, quälenden, schleppenden großen Tonabständen im Wechsel mit Halbtonschritten schleicht er hin und her, kauert dann verkrampft oder verbissen am Boden zu den tiefen Trillern der Kontrabässe und entschwindet dem Betrachter in einer grotesken, rasant ansteigenden Tonleiter.

Eine kurze ***Promenade*** geleitet uns zum nächsten Bild, nachdenklich klingt das Gesehene im Betrachter aus, bis er vor dem nächsten Bild stehen bleibt.

Wie eine Ballade aus ferner vergangener Zeit begegnet uns ***Das alte Schloss***. In wiegendem 6/8-Takt begleiten die Bässe auf gleichbleibendem Grundton und leerer Quint monoton das ganze Stück wie eine mittelalterliche Drehleier. Darüber ertönt – von Ravel dem Fagott und dem Saxophon anvertraut – die melancholische Melodie des Balladensängers in Moll. Gedämpfte Begleitakkorde der Streicher schweben wie ein Windhauch um die Burgruine, bis die Balladenmelodie in der Ferne verklingt.

Festen Schrittes löst sich der Betrachter in der ***Promenade*** aus der wehmütigen Stimmung und stockt nach ein paar Takten überrascht vor dem nächsten Bild.

Zwischen die spielenden Kinder in den Gärten der ***Tuilerien*** führt uns das nächste Bild. Kinderliedmelodik (fallende *Kuckucksterz*) und scherzhaft trippelnde, kleinschrittige Melodien in schneller Bewegung lösen sich ab wie in einem Versteckspiel. Hohe Holzbläser bestimmen das Klangbild bis zum Einsatz der Geigen mit einer beruhigenden Tonfigur, die wie ein erhobener Zeigefinger der Gouvernante die herumtollenden oder streitenden Kinder zur Vernunft ermahnt.

Bydlo – ein alter schwerfälliger Ochsenkarren mit riesigen Rädern macht sich zunächst akustisch bemerkbar. In den tiefen Streichern und Fagotten „rumpelt" eine gleichmäßige Achtelbewegung wie das monotone Rollen der Räder ächzend durch das ganze Stück. Darüber breitet sich eine schwermütige Solomelodie der Tuba aus wie ein Lied, das der Wagenlenker vor sich hin singt, unterbrochen von „aufjauchzenden" Quinten, wie sie in vielen russischen Tanzliedern erklingen, hier von Tuba und Hörnern akzentuiert eingestreut.

Als Gegensatz und Einstimmung in das nächste Bild nehmen die hohen Holzbläser die ***Promenade*** auf. In den letzten Takten klingt schon das Motiv der „Kücklein" an.

Im *Scherzino* überschriebenen, dreiteiligen ***Ballett der Kücklein in den Eierschalen*** führen uns helle Klangfarben, Sekundvorschläge in Flöten und Oboen, kurze, kleinschrittige Staccato-Tonleitern, *pizzicati* der Streicher, Trillerketten der gedämpften ersten Geigen das Piepsen undFlattern der frisch geschlüpften Kücklein vor Augen und Ohren – wieder werden akustische Eindrücke mit optischer Vorstellung von Bewegung synästhetisch verbunden.

Victor A. Hartmann
Der reiche Jude und der arme Jude

Samuel Goldenberg und Schmuyle, in der Ausstellung auf zwei Skizzen dargestellt und als reicher und armer Jude bezeichnet, werden von Mussorgskij in einem musikalischen Bild einander direkt gegenüber gestellt, sie scheinen sogar in Dialog miteinander zu treten, indem ihre Melodien sich im Laufe der Diskussion überlagern. Oder geht der Blick nur von einem zum anderen, während sich im Kopf des Betrachters beider Charaktere im Vergleich mischen?

Wer der reiche, stattliche, selbstsichere, energische, wer der arme, kleine, dünne, ängstliche ist, versteht der Hörer sogleich. Orientalische Melodik mit übermäßigen Tonschritten, umspielende Verzierungen der überwiegend einstimmig vorgetragenen Tonfolgen, Trennung der Satzglieder durch deutliche Pausen und Akzentuierung wichtiger Worte kennzeichnen die Sprechweise Samuel Goldenbergs. Schmuyle dagegen – von der gestopften (!) Trompete vorgeführt und von langen, gehaltenen Akkorden untermalt, als ob er Halt suche, wiederholt fast stotternd permanent seine triolischen Phrasen, die zweite Trompete kommt ihm in Oktavverdopplung zu Hilfe – die Steigerung seines Schimpfens und Zeterns wird zur Karikatur. Einen abrupten Schlusspunkt des Streits setzt vehement der Reiche mit einer *unisono* Sechzehnteltriole des gesamten Orchesters.

Auf dem ***Marktplatz von Limoges*** streiten die Marktfrauen, so beschreibt Stassow Hartmanns Bild. Das Durcheinander von abgerissenen Wort- und Satzfetzen setzt Mussorgskij durch vielfache Nachahmung der Sprachgestik um, die Instrumentierung Ravels ergänzt die Bildhaftigkeit der Musik in genialer Weise. Hartnäckige Wiederholungen kurzer Motive, beharrliche Tonrepetitionen, heftige Akzente, erregt ansteigende Skalen, Verknüpfung und Fortspinnung verschiedener Motive, die plötzlich neu ansetzen und wieder abgebrochen werden, Abwechslung von *staccato*- und *legato*-Artikulation sowie von *pizzicato*- und *arco*-Spielweise der Streicher, kurzatmiger Wechsel der Instrumente und Tonlagen im hohen Tempo durchgehender Sechzehntelbewegung sind die Bauelemente dieses Stücks, das mit einer heftigen, unerwarteten Steigerung direkt in das nächste Bild mündet.

Viktor A. Hartmann
Die Katakomben von Paris, Aquarell (um 1870)

Hartmanns Bild stellt den Künstler selbst dar, wie er beim Licht einer Laterne die ***Katakomben*** *besichtigt* (Stassow). Feierlich-majestätische Bläserakkorde (die Streicher schweigen in diesem Abschnitt), gemahnend an die Posaunen des Jüngsten Gerichts, im Wechsel von Fortissimo und Piano, deuten an, wie im Dunkel der unterirdischen Gewölbe das Licht der Lampe auf verschiedene Gegenstände der Gräber oder Skelette fällt. Erschrocken, nachdenklich, vom Hauch der Vergänglichkeit angeweht, regiert der Betrachter auf den Nachhall in den Gewölben und in seiner Seele. Mussorgskij stellt in diesem zentralen Bild dem Andenken seines verstorbenen Freundes das persönlichste Denkmal.

In direktem Zusammenhang damit steht der zweite Teil, überschrieben ***Cum mortuis in lingua mortua – mit den Toten in der Totensprache***. Zu unheimlich-visionären, chromatisch absteigenden, flirrenden Tremoli der gedämpften hohen Streicher ertönt in den Holzbläsern das choralartig abgewandelte Thema der Promenade.

Kontrastreich zum Vorangegangenen setzt Mussorgskij die *Hexenhütte auf Hühnerkrallen*, die ***Hütte der Baba Yaga*** in Szene. Die Hexe, die jedes russische Kind kennt, tritt persönlich auf mit einem grotesken Hexenritt in wildem Tempo. Viermal setzt sie mit einem weit gespreizten Tonsprung an, von Pausen unterbrochen. Übermäßige und verminderte Intervalle, chromatisch ansteigende Tonfolgen, Halbtonvorschläge in den hohen Holzbläsern, akzentuierte Einsätze von Schlagwerk und tiefen Blechbläsern charakterisieren ihren Tanz und umrahmen den dreistimmig von Trompeten in reinsten C-Dur-Dreiklängen angestimmten Triumphgesang der Hexe. Im ruhigeren Mittelteil erklingt zu flackernden Terz-

Viktor A. Hartmann
Die Hütte der Baba-Yaga auf Hühnerfüßen, eine Uhr im russischen Stil
Skizze, Bleistift (um 1870)

tremoli der Flöten der seit alters her als Symbol des Bösen verwandte *Diabolus in musica*, das fallende Tritonus-Intervall, von Kontrabässen und Fagotten in „schwärzester" Basslage. Man meint, die Hexe beim Brauen eines Zaubertranks im Schein des Feuers zu beobachten, bevor sie ihren wilden Tanz wieder aufnimmt. Eine alle Orchesterinstrumente mitreißende chromatische Aufwärtsbewegung im *fortissimo* leitet in den Beginn des letzten Bildes über.

Das große Tor von Kiew ist als Gemälde erhalten. *Entwurf für ein Tor der Stadt Kiew im massiven altrussischen Stil, mit einer Kuppel in Form eines slawischen Helms* notiert Stassow. In seiner Vertonung verbindet Mussorgskij inhaltlich und musikalisch Bilddarstellung, Promenadenthema und russisch-nationale Grundideen zum Höhepunkt seines Werks. In feierlichem Tempo (*maestoso*) schreitet das Promenadenthema in prächtigen Akkorden einher, zunächst von Bläsern intoniert, dann vom ganzen Orchester übernommen. Die auf dem Bild dargestellte Kirche wird symbolisiert durch einen Choral der russischen Liturgie. Vorgetragen von Klarinetten und Fagotten wirkt er im mächtigen Getöse des Ganzen wie eine ruhige, stille Insel. In wuchtigen, akzentuierten Akkorden der Blechbläser klingen schwere Kirchenglocken an, die Sekund- und Terzwiederholungen der Streicher tragen quasi helle Glockentöne in schneller Schwingbewegung bei, Röhrenglocken ergänzen zum volltönigen Geläute, das immer mächtiger und lauter in den Schluss mündet.

Viktor A. Hartmann
Das große Tor von Kiew
Aquarellierte Bleistiftzeichnung (um 1870)

Martin Schütz Violine, zeitweiliger Konzertmeister

Aufgewachsen und zur Schule gegangen bin ich in Krün bei Garmisch. Ich lernte „diverse" Flöten, Oboe und Akkordeon und kam mit zwölf Jahren über meinen Musiklehrer am Gymnasium zur Geige; es gab dort Geigenunterricht und Instrumente wurden zur Verfügung gestellt. Ins Philharmonische Orchester Isartal brachte mich 2002 Anna Maria Immertreu, die ich vom Bayerischen Ärzteorchester kannte. Mussorgskijs Bilder einer Ausstellung und Schuberts *Unvollendete* standen damals auf dem Programm, die ich mit Barbara Helck an einem Pult spielte.

Trotz der jeweils weiten „Anreise" aus München bin ich dann hängen geblieben, nicht nur wegen unseres Dirigenten, Herrn Adt, sondern auch der neuen Freundschaften wegen. Wöchentlicher Höhepunkt ist das Après bei Barbara. Neben dem Orchester spiele ich regelmäßig im Kirchenorchester in Mittenwald und leider viel zu selten Volksmusik und Streichquartett. Zumindest haben zwei Streichquartett-Abende bei Arjan ausgereicht, Maria zu überzeugen, dass ich ihr Traummann bin; seither haben wir leider nicht mehr gespielt. Aber so spielen wir wenigstens gemeinsam im Orchester. *Martin Schütz*

Maria Schütz Violine, Viola

Mein Weg zum Philharmonischen Orchester Isartal führte über Martin. Durch seine begeisterten Erzählungen habe ich schließlich beim Studentenorchester in München, bei dem ich vorher spielte, aufgehört und hier angefangen – und ich habe es nie bereut! Im Gegenteil, so viele interessante Menschen auf einem „Haufen" und die Möglichkeit große Werke unter professioneller Leitung zu spielen, ohne selber sehr gut Geige spielen zu müssen, ist selten.

Geboren und aufgewachsen bin ich in Mittenwald, zur Schule gegangen in Garmisch. Da mein Großvater Geigenbauer ist, war es für mich ganz natürlich – nach Umwegen über Flöte und Klavier, Geige zu lernen. Mit meinem Opa habe ich viele Jahre Duette gespielt. Im Schulorchester spielte ich meistens als Geige, zur Not aber auch auf der Bratsche. Außerdem wirkte ich seit der Schulzeit im Kirchenorchester in Mittenwald mit, wo ich schließlich auch den Martin kennen lernte, und so schließt sich der Kreis. Wenn ich nicht Geige spiele bin ich am liebsten draußen, je mehr frische Luft und Bewegung, desto besser. *Maria Schütz*

Peter Tschaikowsky
1888

Peter Tschaikowsky

1840-1893

Pjotr (Peter) Iljitsch Tschaikowsky wurde 1840 in Wotkinsk (Ural) geboren. Nach Klavierausbildung in der Kindheit und Besuch der Rechtsschule in St. Petersburg war er bis 1862 als Beamter tätig, begann erst dann ein Musikstudium und wirkte ab 1866 als Theorielehrer am Moskauer Konservatorium. Dank der großzügigen Unterstützung durch seine Verehrerin Nadeshda von Meck konnte er 1877 diese Anstellung aufgeben. Eine jährliche Rente Zar Alexanders III. und die Einkünfte aus seinen Kompositionen machten ihn finanziell unabhängig, sodass er sich ganz dem Reisen und dem Komponieren widmen konnte. Seine Tätigkeit als Dirigent führte ihn in die Hauptstädte Europas und bis nach New York. Er starb 1893 in St. Petersburg.

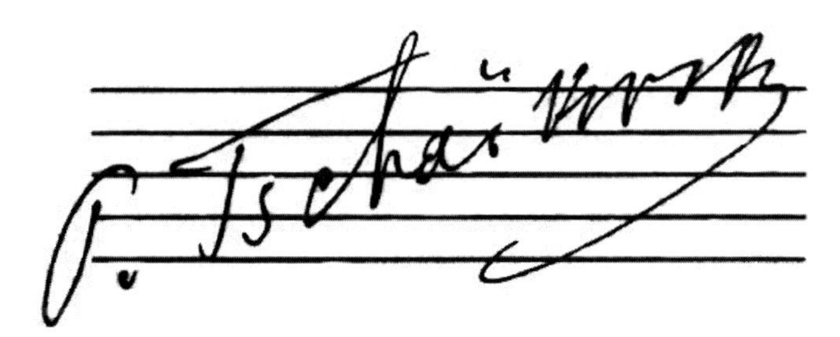

Märchen, Romantik, Zauber, Erlösung

Zu Tschaikowskys Ballett *Schwanensee*

Tschaikowskys erste Ballettkomposition *Schwanensee* von 1875/76 ist eines der schönsten und meistaufgeführten Werke für das Tanztheater. Seine später entstandenen Ballette *Dornröschen* (1888/89) und *Nussknacker* (1891/92) erreichten nicht die Popularität des *Schwanensees*, obwohl sie reicher an musikalischer Charakterisierungs- und Instrumentationskunst eingeschätzt werden. *Schwanensee* lebt von der romantischen Handlungsidee, der Abwechslung an tänzerischen Konstellationen und der eingängigeren Musik, nicht zuletzt durch das leitmotivisch eingesetzte *Schwanenthema* und die mannigfaltig eingestreuten Walzer und Nationaltänze wie Mazurka, Czardas, einen spanischen Bolero, eine neapolitanische Tarantella. Unverständlich erscheint, dass das Ballett zunächst keine Anerkennung fand, obwohl Tschaikowsky – auf *Schwanensee* folgte die Komposition der 4. Symphonie – als ausgereifter Komponist am Beginn weit reichenden Erfolges stand. Das mag an der unzureichend vorbereiteten und kärglich ausgestatteten Moskauer Uraufführung am 20. Februar 1877 liegen, aber wohl auch an den mangelnden Qualitäten der Tänzer, an Kürzungen und Einschub anderer Musiknummern aus anderen Balletten auf Verlangen der Solisten. Auch Tschaikowskys musikalischer Anspruch einer symphonischen Musik (*Ballett ist wie eine Symphonie*) dürfte dem damaligen Ballettpublikum fremd gewesen sein.

Seinen Siegeszug trat *Schwanensee* erst nach dem Tode des Komponisten durch die Neufassung der Petersburger Choreographen Marius Petipa (1818-1910) und Lew Iwanow an. Zusammen mit Modest Tschaikowsky, dem Bruder des Komponisten, und dem Dirigenten R. Drigo wurde eine Neufassung und Straffung des – im Original etwa vier Stunden beanspruchenden – Werkes sowie der Handlung erarbeitet und im Januar 1895 in St. Petersburg auf die Bühne gebracht. Nicht zuletzt Marius Petipas erfindungsreiche Choreographie mit neuen Bewegungsabläufen und Gruppenbildungen verhalf dem Stück zu zunächst mäßigem, in der Aufführungsgeschichte des Werks aber durchgreifendem Erfolg als Modell und Standard für Neuinszenierungen. Auch die Münchner Erstaufführung von 1954 und die berühmte Inszenierung in Stuttgart durch John Cranko (1972) griffen auf diese zurück. Weltweit wird das Werk weiterhin in zahlreichen (nach Aussage Georges Balanchines *unerfreulich vielen*) Versionen gespielt. Auch das Ende der Handlung erfährt verschiedene Varianten. In der Originalversion sind Odette und der Prinz für einander auf ewig verloren, in anderen Fassungen werden sie in einer anderen Welt unter Wasser wieder vereint, oder Rotbart wird besiegt und es kommt zu einem Happy End. Gleichwohl wird *Schwanensee* nie mehr aus dem Repertoire verschwinden und überall, wo Ballett aufgeführt wird, an einer der ersten Stellen stehen.

Hauptmotiv aus *Schwanensee*

Der Schwarze Schwan: Rosina Kovaçs und Mario Marozzi (Rom)

Inhalt des Balletts *Schwanensee*:

Prolog: Der Beginn des Balletts führt in die Märchenwelt ein. Selbstvergessen tanzt die schöne Prinzessin Odette am Seeufer. Der böse Zauberer Rotbart beobachtet sie und zieht sie in seinen Bann – er verwandelt sie, wie schon viele vor ihr, in einen Schwan und verdammt sie damit dazu, mit den anderen Schwänen auf seinem Zaubersee ihre Kreise zu ziehen. Nur nach Mitternacht kann sie ihre ursprüngliche Gestalt annehmen, bei Morgengrauen jedoch muss sie sich wieder in einen Schwan zurückverwandeln.

1. Akt: Im Schlosspark wird der Volljährigkeitsgeburtstag des Prinzen Siegfried gefeiert. Unbeschwert tanzt und trinkt er in bunter Gesellschaft mit Freunden und Festgästen. Die Königin kommt hinzu und erinnert Siegfried daran, dass er unter den jungen Damen, die am nächsten Tag zum Hofball geladen sind, seine Braut wählen muss. Nachdem die Königin das Fest verlassen hat, werden die Tänze fortgesetzt, Siegfried aber sondert sich ab und verfällt in unbestimmte Melancholie. Da sieht er einen Schwarm wilder Schwäne vorüberziehen und beschließt, auf die Jagd zu gehen.

2. Akt: Des Nachts kommt Prinz Siegfried am Ufer des Sees unweit des Schlosses an und sucht sich günstige Positionen, um die Schwäne bei ihrem Erscheinen zu erlegen. Kurz darauf erscheinen im Mondlicht wunderschöne Schwanenmädchen aus dem Wasser. Der Prinz will gerade auf sie anlegen, als Odette, als ihre Anführerin, vor ihn hintritt und ihm erklärt, dass sie und ihre Gefährtinnen keine gewöhnlichen Schwäne, sondern vom Ritter Rotbart in diese Gestalt verwandelte junge Mädchen seien. Aus diesem Zauber könne sie nur derjenige befreien, der ihnen ewige Liebe schwöre. Siegfried ist so von Odette und ihrer Schönheit ergriffen, dass ihn eine tiefe Liebe zu ihr erfasst und er ihr in einem *Pas de deux* verspricht, sie zu erlösen. Der Rausch der beiden Liebenden findet ein Echo in den Tänzen der Schwäne, doch Rotbart erscheint drohend, um die Schwäne in seinen Bann zurück zu rufen. Odette beschwört Siegfried, den Zauberer nicht anzugreifen. Er lädt sie zum Hofball am folgenden Abend ein.

3. Akt: Im Schlosssaal wird der große Hofball eröffnet. Die Königin zieht ein, und die Festlichkeiten beginnen. Die eingeladenen Prinzessinnen geben die Tänze ihrer Heimat zum Besten: ein spanischer Bolero und eine neapolitanische Tarantella entzücken das Hofpublikum, doch Prinz Siegfried erscheint erst später zum Fest, weil er an den jungen Mädchen kein Interesse hat und nur noch an seine große Liebe, Odette, denken kann. Da wird unerwartet die Ankunft eines edlen Unbekannten gemeldet, der mit seiner Tochter erscheint. Es ist Rotbart mit Odile, Odettes verführerischem, aber negativem Ebenbild. Siegfried lässt sich von ihrer Erscheinung täuschen und tanzt mit der vermeintlichen Odette. Magisch von ihrer Faszination erfasst, erklärt er sie zu seiner Braut und schwört ihr ewige Liebe. Triumphierend verlässt Rotbart mit Odile den Saal. Die List ist gelungen, Siegfried hat seinen Treueschwur Odette gegenüber gebrochen, und Odette verbleibt damit in seinem Zauberbann. Verzweifelt läuft Siegfried zum See.

4. Akt: Am mitternächtlichen Schwanensee erwarten die Schwanenmädchen ungeduldig die Rückkehr Odettes. Als sie erscheint, berichtet sie verzweifelt von der großen Enttäuschung. Kurz darauf kommt der Prinz und sucht Odette unter den Schwänen. Sie wendet sich ab, aber er erklärt ihr die Täuschung Rotbarts auf dem Ball und bittet seine Geliebte um Verzeihung. Sie vergibt ihm und sie umarmen einander. Da erscheint Rotbart, um diese Liebe endgültig zu vernichten, und es kommt zu einem Kampf. Im seinem dramatischen Verlauf verliert Rotbart seine Macht, und er stirbt. Die aufrichtige Liebe des Prinzen zu seiner Schwanenprinzessin trägt den Sieg davon.

Schwanensee, Ballet Classique München

Viola Einsiedel Violine, Viola

Nach Kindheit und Schulzeit in Ludwigsburg (Baden-Württemberg) studierte ich Kunst und Deutsch für Lehramt an Sek. 1 in Freiburg und Köln und machte eine Ausbildung als Montessori-Lehrerin. Schon als Schülerin und Studentin begann ich, eigene, freie Improvisationen mit Musikern aus der ganzen Welt zu spielen, am Anfang vorwiegend mit südamerikanischen Musikern aus Peru, Bolivien, Argentinien und Chile – traditionelle Musik aus deren Länder und Jazzstandards. In Köln hatte ich Engagements in verschiedenen Jazzorchestern, Rockbands, Freejazz-Orchestern, wirkte für das Tanztheater DinA13 und spielte mittelalterliche Musik in der Band *Filia Irata* als Nyckelharpa-Spielerin. Das Engagement bei der Maskentanztheatergruppe *Pan Tao* als Musikerin und Tänzerin hat mich innerlich bis heute geprägt und geöffnet für das Wissen, dass die unsichtbare Welt mit ihren Naturwesen und Engeln durch uns als Künstler und durch meine Musik in dieser Welt wirkt.

Auch war ich als Violinistin beim Zirkus Roncalli tätig. In München spielte ich Musikimprovisationen mit indischen und arabischen Musikern, war aktiv in der Gruppe *the rootless cosmopolitans* und im Streichquartett *VUGA*, ferner als Musikerin (freie Improvisation) für verschiedene Tanzfestival für Contactimprovisation in Israel und verschiedenen Ländern Europas (Finnland, Italien, Spanien).

Seit Schulzeit und Studium spielte ich Violine und Viola in verschiedenen Orchestern und Streichquartetten in Ludwigsburg, Freiburg, Köln, Witten- Herdecke und München. Von Nordrhein-Westfalen 2006 nach Oberbayern gezogen, wurde ich sehr herzlich im Philharmonischen Orchester Isartal aufgenommen. Ich kam mit Violine und Viola und war erstaunt, dass in diesem Orchester die Violinen unterbesetzt waren und es von Bratschen wimmelte. So landete ich bei den ersten Geigen und hatte viel Spaß in den über vier Jahren. Die familiäre Atmosphäre und das spannende Programm haben mich gehalten bis zur Geburt meines Sohnes und meinem Umzug nach Bremen. Die Solokonzerte mit Ingolf Turban, Dvořáks Cellokonzert mit Wen-Sinn Yang, auch die Schwanensee-Ballettaufführung im Bergwald und Deep Blue waren tolle Erfahrungen, auch Beethovens Neunte zur Eröffnung der Loisachhalle.

Heute bin ich in Bremen tätig als Montessori-Lehrerin und Musikerin für freien Tanz und Contactimprovisation. Außer mit meinen Lieblingskomponisten Schubert und Mendelssohn beschäftige ich mich gern mit Tanzen, Skibergsteigen, Malen und Schreiben, aber vor allem mit meinem im November 2010 geborenen, herzallerliebsten Sohn Atréju.

Viola Einsiedel

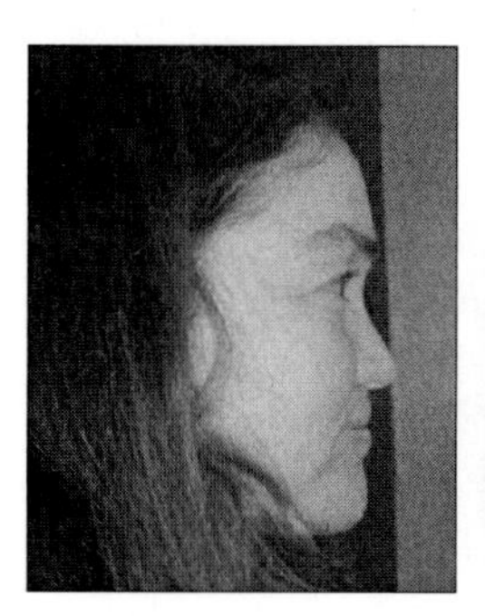

Ein Selbstbildnis in Tönen

Zu Tschaikowskys 5. Sinfonie e-moll, op. 36

Zehn Jahre lag die Fertigstellung seiner vierten Sinfonie zurück, als Tschaikowsky am 10. Juni 1888 an Frau von Meck über die Arbeit an einer neuen Sinfonie berichtete. *In mir verspüre ich den größten Drang, nicht nur anderen, sondern auch mir selbst beweisen zu müssen, dass ich mich noch nicht „ausgeschrieben" habe. Öfters überkommen mich Zweifel, und ich frage mich: ist es nicht an der Zeit aufzuhören? Habe ich nicht meine Fantasie überanstrengt? Ist die Quelle vielleicht schon versiegt? (...) Schrieb ich Ihnen schon, dass ich an einer Sinfonie arbeite? Anfangs kam ich nur schwer vorwärts, aber jetzt scheint die Erleuchtung über mich gekommen zu sein.*

Nach nur drei Monaten beendete er die fünfte Sinfonie und leitete im November 1888 selbst die Uraufführung in St. Petersburg. Kurz darauf, am 2. Dezember, schrieb der stets unter Stimmungsschwankungen leidende Komponist an Frau von Meck, er sei *zu der Überzeugung gekommen, dass sie missglückt ist. Sie enthält etwas Abstoßendes, ein Übermaß an Farbigkeit und Unaufrichtigkeit, etwas Gewolltes. Zuhörer erkennen das unwillkürlich. Mir wurde klar, dass die Beifallsäußerungen meinen früheren Schöpfungen galten, und dass diese Sinfonie nicht zu gefallen vermag. Diese Erkenntnis bereitet mir brennenden Schmerz und Unzufriedenheit mit mir selbst.* Ein paar Monate später nach der erfolgreichen Aufführung in Hamburg schrieb Tschaikowsky an seinen Bruder, *dass Brahms eigens wegen der Sinfonie einen Tag länger blieb, während der gesamten Probe anwesend war und die Sinfonie (übrigens nicht in allen Teilen) sehr gut fand. (....) Das Angenehmste ist, dass die Sinfonie aufgehört hat, mir hässlich zu erscheinen; ich habe sie wieder lieb gewonnen.*

Dieses wechselnde Urteil ist wohl kaum dem Werk selbst oder seinem künstlerischen Wert zuzuschreiben, es spricht eher von Tschaikowskys Persönlichkeit, die in den letzten Jahren mehr und mehr von Selbstzweifeln und Angst gequält wurde, nichts Neues mehr schaffen zu können.

Heute gilt die Fünfte als die wohl bedeutendste und ausgewogenste unter seinen Sinfonien, fehlt ihr doch das manchmal gefühlslastige Pathos der programmatischen Vierten und Sechsten.

Ein paar knappe Tagebuchnotizen des Komponisten verraten, dass auch ihr ein Programm zugrunde liegt, wenn auch nie veröffentlicht und vermutlich nicht ausformuliert. Darin heißt es: *Introduktion. Völlige Ergebung in das Schicksal, oder, was dasselbe ist, in den unergründlichen Ratschluss der Vorsehung. Allegro. 1) Murren, Zweifel, Klagen, Vorwürfe, 2) Soll ich mich dem Glauben in die Arme werfen???* Demnach handelt es sich um eine Schicksalssinfonie nach Beethovens Vorbild. Dessen fünfte Sinfonie hatte 1808 den Anstoß zu zyklischer Gesamtform, programmatischer Schilderung und psychischer Selbstdarstellung gegeben. Seither war vielfach der Versuch eines „Selbstbekenntnisses in Tönen" unternommen worden. *Wenn ich die Selbstbildnisse italienischer Maler anschaue,* schrieb Tschaikowsky, *frage ich mich oft, mit welchen Mitteln wir Musiker ein Selbstbildnis schaffen können. (...) das geistige Ich lässt sich nicht musikalisch abbilden, sondern es kann nur das innere Erleben geschildert werden. Und unser Ich wird, in Musik übersetzt, nicht mehr sein können als eine idée fixe im Sinne von Berlioz.*

Eine mottoartige Leitidee - wie in der Vierten - durchzieht alle Sätze. Düster und fahl, von Klarinetten in tiefer Lage vorgetragen, erklingt sie in der **Einleitung (*Andante*)**, von tiefen Streichern untermalt. Die Hauptthemen der Sinfonie sind in ihren melodischen Konturen mit dem Kernthema verwandt. Für die Entwicklung des ersten Satzes spielt das Kernthema in seiner Originalgestalt keine Rolle mehr. Es taucht aber in jedem Satz wie ein *Mahnruf des Schicksals* (Renner) wieder auf.

Der lange **erste Satz (*Allegro con anima*)** ist in großen Zügen ein Sonatensatz mit drei Themen. Das rhythmisch bewegliche erste Thema erklingt zunächst verhalten in Klarinette und Fagott, wird in mehreren Wiederholungen gesteigert und baut sich allmählich zu machtvollem Fortissimo des ganzen Orchesters auf.

Unvermittelt und in starkem Kontrast tragen die Streicher, später die Holzbläser das gefühlvoll drängende, lyrische zweite Thema vor.

In leicht zurück gehaltenem Tempo beginnt das dritte Thema, das hinter weichen Melodiekonturen in leidenschaftlicher Erregung vibriert. Der synkopische Rhythmus verleiht ihm einen schwebenden, ungreifbaren Charakter. Sein inneres Drängen steigert sich zu einem intensiven Ausbruch in Dynamik und Tempo.

Der Grundrhythmus des ersten Themas im Wechsel mit einem kurzen Quintmotiv beendet die Exposition.

Im ersten Teil der langen, kunstvollen **Durchführung** spielen diese beiden Motive die Hauptrolle, das dritte erscheint gar nicht. Sie stürmen in hemmungsloser Wildheit gegen einander an bis zu einem ersten dynamischen Höhepunkt. Zum rhythmischen Motiv erscheint das zweite Thema in Engführung zwischen hohen und tiefen Streichern. Die Holzbläser nehmen das Schema der Engführung auf, nun mit dem Beginn des ersten Themas, das sich wieder gegen das Quintmotiv behaupten muss. Nach einer gewaltigen Steigerung bis ins dreifache Forte scheint die Kraft zu erlahmen, die Überleitung zur Reprise baut diminuendo die aufgestaute Energie wieder ab.

In der **Reprise** erklingen die drei Hauptthemen im Ablauf wie in der Exposition. Nach der noch gewaltigeren Schlusssteigerung erscheint der drohende Anfangsrhythmus des Schicksalsthemas in den Trompeten. Der Satz klingt aus, wie er begonnen hat, in den leisesten und finstersten Klangfarben des Orchesters.

Der **zweite Satz** (***Andante cantabile***), voller romantisch-gefühlvoller, verhalten-leidenschaftlicher Melodien, kennzeichnet Tschaikowskys Welt in einem Maße, wie das Publikum seine Musik liebt. Nach wenigen, verhaltenen Akkorde der tiefen Streicher erblüht die sehnsuchtsvolle Hauptmelodie, vom Horn, dann im Dialog mit der Klarinette vorgetragen. Ausdrucksvolle, lange Vorhalte, durch drei melodische Auftakt-Töne erreicht, wecken intensivste Emotionen.

Im folgenden Wechselspiel von Horn und Oboe deutet sich das Kopfmotiv des zweiten Themas an, dann übernehmen die Celli in hoher Lage und schmelzender Klangfarbe noch einmal das erste Thema. Nach einer Steigerung bricht das Fortissimo plötzlich ab. Als Kontrast erklingt in Geigen und Bratschen das lyrische zweite Thema, das mit seinen streichelnden melodischen Biegungen und Beugungen und sehnsuchtsvollen empor gestreckten Bewegungen am Ende doch wieder resignierend zurück sinkt.

Nach einer erregten Steigerung scheint ein Zwischenteil mit Melodik in den Holzbläsern Zweifel an der Dauer des seligen Glücks anzumelden. Tatsächlich erscheint nach einem dynamischen Ausbruch drohend das Schicksalsmotiv in den Trompeten und Holzbläsern über aufwühlendem Tremolo der tiefen Streicher. Quasi sprachlos erstarrt die Melodik in einzelnen Akkorden. Doch nach sanften Pizzicati der Streicher blüht in den Geigen das erste Thema wieder auf, umrankt von der Oboe, dann allen Holzbläsern. Auch das seelenvolle zweite Thema kehrt wieder, noch einmal meldet sich das Schicksalsmotiv, doch versöhnlich weich verklingt der Satz mit dem Kopfmotiv des zweiten Themas.

Ein elegantes Walzerthema beherrscht in vielen Varianten den **dritten Satz** ***(Allegro moderato)***:

Den anderen Sätzen nicht ebenbürtig wurde dieser Walzer auch genannt, *nicht mehr als einschmeichelnde Salonmusik* (Renner Konzertführer). Das Hauptthema erklingt jedoch kunstvoll variiert in immer wieder anderen Instrumenten und Klangfarben. Von der Walzerstimmung hebt sich der Mittelteil ab. Nervöse Sechzehntelfiguren huschen durch die Instrumentengruppen. Nach Wiederkehr des Walzerthemas meldet sich finster das Schicksalsmotiv in Klarinette und Fagott. Vorsichtig, wie eingeschüchtert, klingt noch einmal das an Walzerthema in den Geigen an, doch es wird durch Fortissimo-Akkorde des ganzen Orchesters gleichsam abgewürgt.

Wie der erste Satz wird das mächtige **Finale** (***Allegro vivace***) vom Schicksalsthema eingeleitet. Von den Geigen in tiefer Lage nach E-Dur gewandelt, wirkt es nicht mehr bedrohlich, eher akzeptiert, fast hymnisch-festlich. In breitem Strom wird es von den Bläsern aufgenommen und dem strahlenden Glanz von Hörnern und Trompeten übergeben. Nach einem Diminuendo setzt unvermittelt energisch – wieder in Moll – das robuste erste Hauptthema des vierten Satzes ein, das wie eine derbe Tanzweise anmutet.

Rastlos stürmt es voran und steigert sich zu einem Fortissimo des ganzen Orchesters. In einem Zwischenteil dominiert ein leidenschaftliches Thema mit sehnsüchtigen Vorhalten, im Kanon von den Streichern vorgetragen.

Das zweite Hauptthema mit festlicher, fast marschartiger Wirkung ist melodisch dem ersten Thema des langsamen Satzes verwandt.

Tonhöhe und Intensität steigern sich bis zum grell triumphierenden Einsatz aller Blechbläser mit dem Schicksalsthema, mit dem die Durchführung beginnt. Hier herrschen die beiden Hauptthemen vor, das erste mit seinen hämmernden Tonwiederholungen und hartnäckigen Tonleitern, das zweite in Imitationen verschiedener Instrumentengruppen, bis wieder der starre Rhythmus des Schicksalsmotiv erscheint. *Molto maestoso* erstrahlt das Schicksalsthema in majestätischem Glanz. Die beschleunigte Coda stürmt dem grandiosen Dur-Schluss zu, noch einmal effektvoll aufgehalten durch das verbreiterte Hautthema des ersten Satzes.

Überquellende Emotionen und langsames Verlöschen

Zu Tschaikowskys 6. Symphonie h-moll, op. 74 *(Pathétique)*

Mehrfach wurde Tschaikowsky als rätselhafter und unglücklicher Künstler zur Romanfigur, deren bekenntnishafte Werke den Schlüssel zu seinem Inneren bergen. Zahlreiche schriftliche Dokumente – Briefe und Notizen – belegen, dass Tschaikowsky zunehmend depressiv und neurotisch wurde, dass Zeiten abgrundtiefer Selbstzweifel wechselten mit Phasen voll schöpferischen Elans. Schon länger wurde vermutet, dass er homosexuell war und dieses Geheimnis für ihn eine große seelische Belastung bedeutete. 1877 war das Jahr der schwersten inneren Krise. Er ging überstürzt eine Ehe mit der ihm kaum bekannten Antonina Miljukowa ein. Die Beziehung währte nur wenige Wochen. Die Auseinandersetzungen bis zur Trennung waren ein Alptraum für Tschaikowsky und brachten ihn an den Rand des Suizids. Gleichwohl ist die Ehe nie geschieden worden.

Wenige Tage nach der Uraufführung seiner Symphonie *Pathétique*, die er noch selbst am 16. Oktober 1893 geleitet hatte, starb Tschaikowsky, wie es hieß an der Cholera, nachdem er aus Unachtsamkeit (oder absichtlich?) ein Glas verunreinigten Wassers getrunken haben soll. Gerüchte, er habe wegen seiner Homosexualität Schweigegelder bezahlen müssen, sei von einem Femegericht zum Selbstmord aufgefordert worden und habe seinem Leben mit Gift ein Ende gesetzt, hält die russische Musikwissenschaftlerin Alexandra Orlowa (1981) für erwiesen, was allerdings weiterhin kontrovers diskutiert wird. Zu Tschaikowskys Lebzeiten hätte die Verbreitung solcher damals absolut ehrenrühriger Vorwürfe zweifellos sein persönliches und künstlerisches Ansehen unwiederbringlich ruiniert. So verhalf sein plötzlicher Tod der *Pathétique* als musikalischem Testament, „letztem Wort" und „Requiem" zu höchster Popularität, obwohl die ersten Rezensionen nicht nur Zustimmung gebracht hatten.

Begonnen hatte Tschaikowsky die Arbeit an der *Pathétique* in einen Stimmungshoch am 16. Februar 1893, im April waren die Skizzen fertig. Reisen im Mai-Juni führten ihn u.a. nach London und Cambridge, wo ihm die Ehrendoktorwürde verliehen wurde. Die Instrumentierung arbeitete er im August aus. In einem Brief an seinen Neffen schrieb er: *Ich halte sie ganz entschieden für die beste und insbesondere die aufrichtigste aller meiner Sachen. Ich liebe sie, wie ich nie auch nur eines meiner anderen musikalischen Kinder geliebt habe*, und an seinen Verleger Jurgenson: *Mein Ehrenwort, dass ich niemals in meinem Leben so zufrieden mit mir war, so stolz, so glücklich in dem Bewusstsein, dass ich tatsächlich etwas Gutes geschaffen habe.*

Abweichend von der symphonischen Norm folgt in der *Pathétique* dem dramatischen ersten Satz ein eleganter Walzer – seit Berlioz' *Symphonie fantastique* und bei Tschaikowsky nicht unüblich – im Fünfvierteltakt, dann ein im Tempo einem Scherzo entsprechender Satz, der in einen lärmend-grotesken Marsch übergeht und das Finale vorweg zu nehmen scheint, und am Ende steht ein Adagio, das einem langsamen Verlöschen gleicht.

Ursprünglich sollte das Werk einfach *Programmsymphonie* heißen. Nach Diskussionen mit seinem Bruder Modest, der den Titel *Die Tragische* vorschlug, akzeptierte er schließlich den Titel *Pathétique*. Tschaikowskys Äußerungen über das zugrunde liegende Programm wurden nie konkret, es handle *vom Leben*, sei *ein Programm von der Art, die jedem ein Rätsel bleibt, ...ein Programm voll subjektiven Gefühlsregungen, ...wer kann, mag es erraten*.

Der leidenschaftliche Kampf der Emotionen führt nicht – wie bei seiner 5. Symphonie – zu einem Durchbruch des Lebenswillens, sondern zur völligen Resignation und Selbstaufgabe im Tod. Im Gegensatz zur Fünften, der Tschaikowsky kurze Andeutungen eines Programms beigegeben hat und die eine Schicksalssymphonie im Sinne Beethovens werden sollte, erscheint in der Sechsten kein plakatives Schicksalsmotiv, das dem Menschen drohend gegenübertritt. Vielmehr scheinen die Emotionen aus dem Innersten des Individuums zu quellen. Nahezu alle wichtigen Motive weisen als Bedeutungsträger auf Trauer, Resignation, Tod und sind verbunden durch die seit alters her als Klage- und Seufzermotiv bekannte absteigende Sekund, meist mit emotionsbeladenem Vorhalt.

Dem **ersten Satz (*Adagio – Allegro non troppo*)** hat Tschaikowsky erst nach Vollendung fast aller Sätze eine Einleitung vorangestellt, die auch als Quintessenz der ganzen Symphonie fungiert. Sie ist aus den beiden wichtigsten melodischen Bausteinen gestaltet, die beide schon seit der Vokalmusik des 17. Jahrhunderts als allgemein verständliche musikalische Topoi von Trauer und Schmerz gelten: das absteigende Seufzermotiv und seine Steigerung, die absteigende chromatische Linie im Bass, früher als *passus duriusculus* bezeichnet. Beide liegen insbesondere dem *Crucifixus* von Bachs *h-moll-Messe* zugrunde, mit der die *Pathétique* auch die seit Bach bedeutungsschwere Tonart h-moll gemeinsam hat. Damit ist bereits der Bezug zum Todesgedanken hergestellt.

Die Exposition beginnt mit dem Hauptthema, das neben dem Kopfmotiv weitere Elemente enthält wie die Sechzehntelketten, die alle in der ersten Episode verarbeitet werden.

Nach einer Beruhigung leiten die Celli im *ritardando molto* direkt über in das melodische, hochemotionale D-Dur-Seitenthema in langsamerem Tempo (Andante). Wie im Einleitungsthema verstärkt die vorgegebene expressive Dynamik die gefühlsschwere Wirkung:

Der Seitensatz ist dreiteilig (a-b-a) gegliedert. Der Zwischenteil (b), von sehnsuchtsvoll aufsteigenden Linien der Bläser gestaltet, mündet in eine kunstvolle Generalpause. Wie nach einem Aufatmen und noch eindringlicher wirkt nun die Wiederholung des Seitenthemas, jetzt in der Fülle der Streicher und in gesteigerter Expressivität durch klangvolle Bläser-Akkordwiederholungen mit drängenden Crescendi und auf die Haupttöne hinzielende Tonleitern. Verklingend wie ein Abschied verhaucht es in der Soloklarinette.

Dann bricht mit einem peitschenden Fortissimo-Schlag die ganze kämpferische Dramatik der Durchführung im *Allegro vivo* hervor. Erschreckend hervorgestoßene Motive in dissonanten Akkorden und irregulären Rhythmen verbreiten lähmendes Entsetzen. Der Themenkopf des ersten Themas wirkt wie eingekerkert von wilden Streicherfiguren. Die fallende Linie aus dem zweiten Teil des Seitenthemas ertönt bedrohlich in den Trompeten, exaltierte Sprungfiguren der Blechbläser erinnern an den Hexentanz der *Baba Yaga* aus Mussorgskys *Bildern einer Ausstellung.*

Ein Zitat aus einem liturgischen orthodoxen Totenoffizium, von den Posaunen gespielt, erklingt wie eine Todesdrohung.

Formal sei angemerkt, dass die Durchführung in einheitlichem, schnellem Tempo auch eine Art Reprise des ersten Hauptthemas umfasst und dieses dabei verarbeitet. Ein machtvoll drohendes Motiv der tiefen Blechbläser – auch mit fallender Vorhaltssekunde – leitet zurück:

Für den Hörer scheint die eigentliche Reprise erst mit Wiederkehr des Seitenthemas erreicht. Dieses wirkt nach den Eruptionen der Durchführung und in verändertem Klanggewand anders: nicht mehr emotional aufschwellend, sondern still und ergeben, wie der Satz auch mit einem ruhigen Schlussmotiv – quasi verklärend – ausklingt und im Pianissimo *morendo* gleichsam entschwebt.

Den **zweiten Satz (Allegro con grazia)**, einen Walzer im ungewöhnlichen Fünfvierteltakt (2+3 Viertel im Wechsel), nannte der große Dirigent Arthur Nikisch *ein Lächeln durch Tränen*. Die Celli eröffnen ihn (*Allegro con grazia)* mit dem Walzerthema im Fünfvierteltakt:

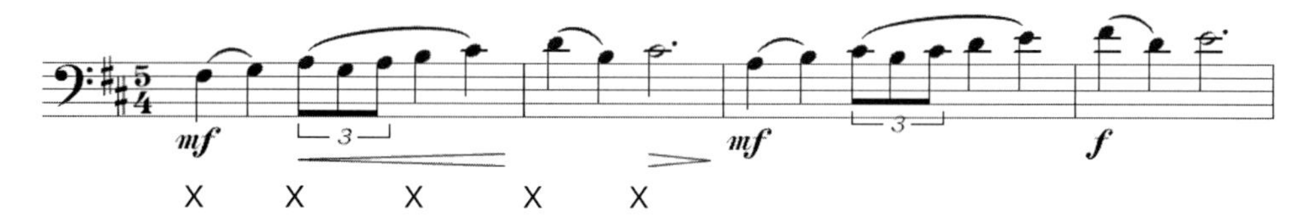

Es ist direkt verwandt mit dem Schlussmotiv des ersten Satzes (X-Markierungen). Auch das Seufzermotiv ist – mit verschleierndem Umspielungston – in ihm enthalten. Zur Schwerelosigkeit des Tanzes tragen Pizzicati, Dreh- und aufschwingende Figuren in der Begleitung bei, ebenso die Tonumspielungen in Triolen und punktiertem Rhythmus im zweiten Walzermotiv:

Den Mittelteil beherrscht ein *Lamentoso*-Motiv aus fallenden Sekundschritten, die in weiches Dur (*Lächeln durch Tränen*) verhüllt werden. Die Spielanweisung lautet *lieblich und klagend*:

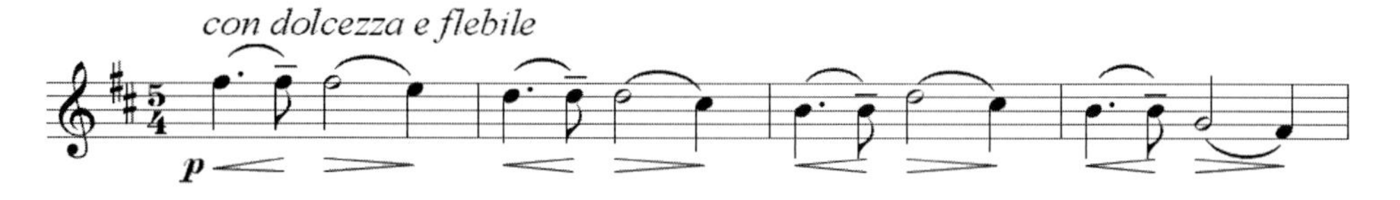

Wie der erste Satz verklingt auch der Walzer unter allmählicher Verkürzung und Auflösung der Motive im Pianissimo.

Der Beginn des **dritten Satzes** (***Allegro molto vivace***) als huschendes Scherzo erinnert an eine Tarantella und lässt die bevorstehende Entwicklung und Steigerung noch nicht erahnen. Flatternde Staccato-Motive und der Absturz in Tonleitern werden zwischen Streichern und Holzbläsern hin und her geworfen.

Das Marschthema entwickelt sich erst nach und nach zu diesen Motiven. Zuerst quasi getupft harmlos, wächst es in einer ungeheuerlichen Steigerung allmählich, unaufhaltsam und unbezähmbar zu einem zackigen, grimmig-wilden, dann alles niederreißenden Marsch heran.

Auch hier hat offensichtlich der *Gang zum Richtplatz* aus Berlioz' *Symphonie fantastique* Pate gestanden. Nie zuvor ist jedoch eine so konsequente, atemberaubende Parodie eines Marsches komponiert worden, nie solch eine groteske Fratze des Triumphes in Musik dargestellt worden.

Nur noch Resignation, Aufgabe und Verlöschen offenbart das **Finale** (***Adagio lamentoso***). Das Hauptthema atmet abgrundtiefes Seufzen und Ergebenheit. Es beherrscht den ganzen Satz, indem es das Material auch für nahezu alles weitere melodische Geschehen liefert.

Einem aufsteigenden Lamento-Motiv folgt eine über zwei Oktaven fallende, vom Fortissimo ins Pianissimo verhauchende Sequenz-Linie aus dem Hauptthema, die den Schluss der Symphonie vorwegnimmt. Dem Dur-Thema des Mittelteils gab der Komponist die Spielanweisung *mit Sanftheit und Ergebung* bei. Jedes Einzelmotiv der Melodie scheint eine Geste des Verneigens in Demut zu zeichnen.

Ein Merkmal auch anderer Spätwerke Tschaikowskys ist der bewegte Klangteppich aus Tonwiederholungen unter schlichten Melodien wie dieser. Er bereitet warme Klanglichkeit und verstärkt emotionale Veränderungen durch wechselnde Dynamik, Dichte, Beschleunigung oder Tonhöhe. Die Abwärtsbewegungen werden immer lastender, Steigerungen und quasi aufheulende Auftakt-Tonleitern lassen das trostlose Hinsinken nur noch bedrückender erfahren. Das Thema der Ergebenheit erklingt nun in Moll. Ein feierlicher vierstimmiger Satz von Posaunen und Tuba in tiefer Lage kündigt wie ein Todeschoral das Ende an. Über dem Orgelpunkt-Grundton h sinkt der Klang ab in die tiefsten Lagen des Orchesters, bis nur noch Fagotte und tiefe Streicher, schließlich nur noch Celli und Kontrabässe ihn ins Nichts verhauchen lassen.

Peter I. Tschaikowksy 1893

Emotion und Virtuosität

Zu Tschaikowskys Violinkonzert D-Dur, op. 35

Tschaikowskys einziges Violinkonzert entstand im Frühjahr 1878. Das vorausgehende Jahr 1877, sein Schicksalsjahr, war voller entscheidender Ereignisse und Krisen. Zeit seines Lebens litt Tschaikowsky immer wieder unter Depressionen und nervlichen Zusammenbrüchen, sein stets labiler seelischer Zustand, seine Angst vor menschlicher Nähe und doch Sehnsucht nach Wärme und Geborgenheit trieben ihn mehrmals an den Abgrund des Suizids. Flucht in die Disziplin des Komponierens und monatelange rastlose Reisen quer durch Europa waren für ihn eine Art seelischer Rettung und halfen ihm, seine Emotionalität in kontrollierte Bahnen zu lenken. Bekannt machten ihn die Fantasie-Ouvertüre *Romeo und Julia* von 1870 und das erste Klavierkonzert von 1874, das er dem berühmten Pianisten und Dirigenten Hans von Bülow widmete. Bülow spielte es 1874 erstmals in Boston, dann in New York und in verschiedenen europäischen Städten und trug Tschaikowskys Namen als ersten russischen Komponisten in die internationale Öffentlichkeit.

Tschaikowsky, damals 34 Jahre alt, litt in diesen Jahren besonders unter quälender Einsamkeit, die 1877 zu einer schrecklichen Krise führte, die ihm fast zum Verhängnis wurde: er beschloss zu heiraten, obwohl er in einem Brief an Frau von Meck von einer *angeborenen Abneigung gegen die Ehe* schrieb und dieser Widerwille wohl gegen alles Weibliche ihn die kommende Katastrophe ahnen ließ. Nach drei Monaten Ehe war er dem Wahnsinn nahe und floh nach einem Selbstmordversuch mit seinem Bruder ins Ausland, seine Frau hat er nie wiedergesehen.

In dieser Zeit (Oktober 1877) erreichte ihn ein Brief der immens reichen, künstlerisch begabten und interessierten Witwe Nadeshda von Meck, mit der er seit einiger Zeit in Briefwechsel stand. Hierin bot sie ihm eine jährliche Zuwendung von 6000 Rubel an. Damit lösten sich mit einem Schlag alle seine Existenzsorgen. Umgehend kündigte er seine Konservatoriumstätigkeit und fuhr sieben Monate lang kreuz und quer durch Europa. Diesen Lebensstil eines Grandseigneurs behielt er von nun an bei, konnte er doch jederzeit auch auf zusätzliche Geldsendungen zählen. In über 1200, meist sehr langen und persönlichen Briefen an Frau von Meck, die er zwar aus der Entfernung gelegentlich beobachtet, aber nie persönlich gesprochen hat, ist diese merkwürdige, über 14 Jahre dauernde Beziehung dokumentiert.

Trotz des ziellosen Herumreisens, trotz aller seelischen Leiden und Nervenkrisen konnte er im Winter 1877/78 erstaunlich konzentriert arbeiten. Wie so oft flüchtete er sich geradezu in die Kompositionsarbeit. Er selbst schrieb, dass er *sich arbeitend erhole*. In dieser Zeit entstand in der erstaunlich kurzen Zeit von nur zwei Monaten, im März/April 1878, in Clarens/Schweiz das Violinkonzert. Während Frau von Meck, der er es zuerst zur Ansicht schickte, begeistert war, lehnte der Geiger Leopold Auer, dem Tschaikowsky es zugedacht hatte, das Konzert ab. Die Uraufführung am 4. Dezember 1881 in Wien spielte der Geiger Adolf Brodsky unter dem Dirigenten Hans Richter. Von Anfang an stieß das stark hervortretende emotionale Element in der Musik auf Widerstand. Durch den Wiener Kritiker Eduard Hanslick geriet das Konzert in das Kreuzfeuer der gegensätzlichen Meinungen. Hanslick schrieb: *das Finale, ...das uns in die brutale, traurige Lustigkeit eines russischen Kirchweihfestes versetzt. Wir sehen lauter wüste, gemeine Gesichter, hören rohe Flüche und riechen Fusel.* Friedrich Vischer meinte gar: *Tschaikowskys Violinkonzert bringt uns zum ersten Mal auf die Idee, ob es nicht auch Musikstücke geben könnte, die stinken.* Der englische Schriftsteller Martin Cooper schrieb später im Hinblick auf Tschaikowskys Gesamtwerk: *Tschaikowskys Musik stellt eine vollkommene Widerspiegelung seiner Persönlichkeit dar, doch kann man weder Vulgarität noch Trivialität in der Musik eines Mannes finden, der, trotz all seinen Fehlern, weder vulgär noch trivial war. ... Was ihn rettet, ist seine vollkommene emotionelle Aufrichtigkeit. Man kann seine gefühlsbetonte Welt ablehnen, ... doch darf man keinen Augenblick daran zweifeln, dass sie dem innersten Ich Tschaikowskys entsprach. Dieses Ich.... wird hier vor der ganzen Welt entblößt.* Dies alles konnte den Siegeszug auf den internationalen Podien nicht verhindern, im Gegenteil, das Stück gehört heute neben den Violinkonzerten von Beethoven und Brahms, beide ebenfalls in der - dem Klang und der Virtuosität auf der Geige entgegenkommenden - Tonart D-Dur, zu den drei bedeutendsten Werken dieser Gattung.

Der **erste Satz** (***Allegro moderato***) beginnt mit einer Orchestereinleitung, die den Themenkopf des ersten Themas vorausnimmt. Nach einer kleinen solistischen Arabeske trägt das Soloinstrument das kräftige, schwärmerisch-gefühlvolle erste Thema vor.

Das zweite Thema bildet mit seinen sensiblen Vorhalten und Umspielungen im *piano dolce* Charakter einen Gegensatz.

Virtuose Spielfiguren hat der Solist zu meistern, sie führen in dynamische Steigerungen, bis die Durchführung mit dem ersten Thema im *fortissimo* des vollen Orchesters beginnt. Dieses Thema herrscht vor, besonders mitreißend wirkt auf den Zuhörer eine tänzerische Variante. Die große Solokadenz vor der Reprise stammt aus der Feder des Komponisten, sie endet wie in Beethovens Violinkonzert mit einem langen überleitenden Triller.

Dem **zweiten Satz** (***Canzonetta***) liegt eine schlichte, schwermütig-liedhafte Melodie in *g-moll* zugrunde. Zurückhaltend vom Orchester begleitet wirkt sie wie ein Ruhepol zwischen den bewegten Ecksätzen.

Von zündendem Schwung erfüllt ist das **Finale** (***Allegro vivacissimo***). Der hüpfend-sprunghafte Beginn des Hauptthemas mündet jedes Mal in vorwärtstreibendes, rasendes Laufwerk, das sich in ein Feuerwerk an Virtuosität steigert und dem Solisten größte technische Brillanz abverlangt.

Ganz anders geartet ist das zweite Hauptthema, das an russisch-zigeunerische Melodik erinnert:

Der gefühlsbetonte, nach unten aufgelöste Leitton (3. Ton), der melancholisch absteigende Melodieverlauf, die „torkelnde" Triole und das *glissando* in die Anfangswiederholung sind wohl die Hauptmerkmale, die dem ganzen Konzert den Vorwurf der Trivialität einbrachten. Doch während der vierfachen Wiederholung eines kleinen absteigenden Motivs (ab dem 9. Takt) rafft sich die melodie- und gefühlstrunkene Solovioline wieder auf zu neuer rasanter Artistik. Nach immer neuen Varianten der beiden Themen und mehrfachem kontrastreichen Schlagabtausch zwischen Tutti und Solovioline mündet der Satz in den mitreißenden Ausklang.

Am Beginn des Weltruhms

Zu Tschaikowskys 1. Klavierkonzert b-moll, op. 23

Dass Tschaikowsky drei Klavierkonzerte komponierte, ist in der breiten Öffentlich kaum bekannt, so sehr überragt die Popularität seines ersten Konzerts die beiden späteren in G-Dur (op. 44 von 1879) und Es-Dur (op. 75 von 1893, unvollendet). Umso erstaunlicher, dass das erste, eines der beliebtesten Klavierkonzerte des heutigen Konzertlebens, beinahe einem Fehlurteil zum Opfer gefallen wäre.

Nachdem Tschaikowsky erste Erfolge mit seiner 2. Symphonie und symphonischen Dichtungen errungen hatte, wagte er sich 1874 an ein Klavierkonzert, das er Nikolaj Rubinstein, dem Direktor des Moskauer Konservatoriums, widmen wollte zum Dank für die jahrelange Förderung durch die Brüder Anton und Nikolaj Rubinstein. Anton Rubinstein hatte ihm während seiner Studienzeit in Petersburg Privatschüler verschafft. Nikolaj Rubinstein hatte ihn an das neugegründete Moskauer Konservatorium als Theorielehrer geholt und ihn oftmals zu Konzerten und in die Oper, aber auch zu Zechgelagen und Banketten eingeladen – letztere hatte Tschaikowsky allerdings fast als lästig und seiner Arbeit abträglich empfunden.

Doch Rubinstein wies das b-moll-Klavierkonzert mit harschen Worten als unspielbare und völlig wertlose, triviale Komposition zurück, kaum zwei Seiten daraus seien brauchbar, alles andere müsse vernichtet oder umgearbeitet werden – so berichtete Tschaikowsky an seine Gönnerin Frau von Meck. Tschaikowsky war bitter enttäuscht. Jedoch ließ er sich nicht entmutigen und legte das Konzert ohne Änderungen dem Pianisten und Dirigenten Hans von Bülow vor, der sich mit folgenden Worten bedankte: *Ich bin stolz auf die Ehre, die Sie mir mit der Widmung dieses herrlichen Kunstwerks erwiesen haben, das in jeder Hinsicht hinreißend ist.* Mit Hans von Bülow am Klavier wurde das Konzert im Oktober 1875 in Boston uraufgeführt und trat seinen Siegeszug durch die Konzertsäle der Welt an. Später revidierte Rubinstein seine Meinung über das Werk und wurde einer seiner brillantesten Interpreten.

Das b-moll-Klavierkonzert eröffnete Tschaikowsky den Weg zum Weltruhm. Da zu trug die Eingängigkeit der Melodien bei, die vielfach aus populären Volksmelodien entstanden. Wenn vieles in dem Konzert – wie gerade der Anfang – auch manchem heutigen Hörer als pathetisch-sentimentale Effekthascherei und vielleicht sogar trivial erscheinen mag, so beschert das Werk dennoch mit seinen vielfältigen und gegensätzlichen Themen und seinen fein verarbeiteten Abschnitten dem Pianisten eine dankbare, aus tiefsten Emotionen erwachsene Möglichkeit zu Virtuosität und romantischer Gefühlsdarstellung.

Den **ersten Satz** eröffnet eine theatralisch-pathetische langsame **Einleitung (*Allegro non troppo e molto maestoso*)**, deren eingängige, emotionale Melodie ein Grund für die Popularität des Werks sein dürfte. Das Kernmotiv, die vier ersten Töne des Einleitungsthemas, schmettern die Hörner zu Beginn im Fortissimo den akkordischen Einwürfen des vollen Orchestertuttis entgegen:

Das Einleitungsthema in Des-Dur – es ist aus einer Volksweise gestaltet – schließt sich in Violinen und Violoncelli mit großer Gestik und Emotion und sogleich an, umspielt von wuchtigen Akkorden des Soloinstruments.

Das Klavier übernimmt eine rhythmisierte und umspielende Variante des Themas und fügt einen quasi improvisierenden, kadenzartig virtuosen Abschnitt mit den Tönen des Kernmotivs ein. Das Thema erscheint ein drittes Mal, diesmal in mächtigem Tutti, vom Klavier wirkungsvoll mit rhythmischen Akkorden eingehüllt. Nach spannungsvoller Überleitung erscheint das lebendige erste Thema des **Hauptteils (*Allegro con spirito*),** es wirkt *elegant federnd* (Kloiber). Sein Kopfmotiv (1.-4. Ton) gestaltet auch die Überleitung zum 2. Thema:

Einen ruhigen Kontrast setzt das Seitenthema der Bläser entgegen in sehnsuchtsvoller Klangfarbe der Klarinette. Das Klavier übernimmt es nachdenklich *molto espressivo* und spinnt es fort.

Diese Atmosphäre färbt auf das erste Thema ab: In sehr ruhigen Vierteln spielen es die gedämpften Violinen und bauen es zu einem neuen musikalischen Gebilde aus:

Die Episode des Seitenthemas ist aber noch nicht vorbei. Nachdenklich zitiert das Klavier sein Kopfmotiv, dann zieht das Tempo wieder an, das Klavier umspielt das zweite Thema mit Sechzehnteln und entwickelt aus diesen eine große Steigerung. Bläser und Pauken feuern an zu chromatischem Anstieg. Die Spannung entlädt sich in virtuosen Oktavpassagen des Klaviers, die in die Durchführung münden.

In fünf Abschnitten werden in der Durchführung die Themen entwickelt. Der erste Abschnitt enthält das zuletzt abgebildete Thema und führt es unter Sechzehntelpassagen des Klaviers in lyrische As-Dur-Höhen. Ein 2. Abschnitt bringt eine gewaltige Steigerung mit dem Kopfmotiv, ein dritter, solistischer Abschnitt des Klaviers eine Verarbeitung der Kopfmotive beider Themen. Aus diesen entsteht ein sehnsuchtsvoll-drängendes Motiv in H-Dur, das an das Sehnsuchtsmotiv aus dem Kopfsatz der fünften Symphonie erinnert:

Im Dialog von Klavier und Streichern über stetigem H-Orgelpunkt strebt es einem Fortissimo entgegen. Quasi scherzando erklingen im fünften Abschnitt die Kopfmotive (NB 3 und 5) im Wechsel zwischen Solo und verschiedenen Instrumenten, sie münden virtuosen Passagen des Soloinstrument in die variierte Reprise. Die auskomponierte Solokadenz nach Ende der Reprise im *tempo rubato* verwendet lyrisch erst die Hauptthemen und leitet mit den Tonwechseln des Kopfmotivs in die Coda (B-Dur). Hier wird mit diesem Motiv zu einer letzten mitreißend-effektvollen Steigerung ausgeholt bis zu den Schlussakkorden in triumphierendem B-Dur.

Der **zweite Satz** in Des-Dur hat dreiteilige A-B-A'-Form. Den Außenteilen (***Andantino semplice***) steht ein stark kontrastierender, schneller Mittelteil entgegen. Pizzicato-Akkorde leiten das eingängige, ruhig wiegende, empfindsame Nocturne-Thema ein, das zuerst von der Flöte, dann in folgender Gestalt vom Klavier zu sanften Streicherklängen vorgetragen wird:

In durchsichtig-feiner Instrumentierung mit vielen Soli von Oboe, Horn und zwei Solocelli wird es von Tongirlanden des Klaviers umrahmt, wechselnd in weichem Legato und duftigem Staccato.

Nicht nur der Schmelz des Nocturne-Themas, sondern auch die damals bekannte, flotte Chanson-Melodie des scherzoartigen **Mittelteils (*Prestissimo*)** (*Il faut s'amuser, danser et rire – Man muss sich vergnügen, tanzen und lachen)* hat Anteil an der Popularität des Werks. Nach einem temperamentvoll-virtuosen Abschnitt des Klaviers, der am Ende des Mittelteils wiederkehrt, erklingt sie mehrmals neckisch in den Streichern, die Holzbläser imitieren den Beginn.

Rauschhafte und glitzernde Passagen des Klaviers leiten zurück in den verkürzten, variierten A-Teil.

Allegro con fuoco – temperamentvoll-feurig – rundet der **Schlusssatz** in **Rondoform** das Konzert ab. Wie im Kopfsatz wird das Kernmotiv des Hauptthemas im Orchester vorweg zitiert, dann führt das Klavier das springlebendige Rondothema ein, das einer ukrainischen Tanzmelodie entstammt. Rhythmisch prägnant, fast stampfend, wirkt es durch ständige Betonung auf dem zweiten Viertel.

Noch mitreißender wirkt es bei der Wiederholung im Klavier mit Achtelpause am Taktanfang, dann fällt das Orchester-Tutti lärmend mit einer Themenvariante ein. Das Klavier leitet über in den B-Teil mit dem gefühlsintensiven Seitenthema der Violinen, es wird von einem Hörner-Klangteppich und Grundton-Pizzicati der Bässe getragen.

Das Klavier nimmt es auf unter virtuoser Auszierung in Sechzehnteln. Rauschende Tonkaskaden leiten zurück in den Rondoteil A, dem sich nochmals eine Episode des Seitenthemas anschließt. Nach der nächsten Reprise des Rondothemas erklingt ein durchführungsartiger dritter Zwischenteil. Eine wirkungsvolle Zurücknahme des Tempos bereitet eine lange Steigerung vor, dann lässt die Coda das Seitenthema hymnisch in sieghaftem Fortissimo des ganzen Orchesters erstrahlen. Die Stretta übertrifft alles an Tempo und Temperament zu einem rauschend-effektvollen Schluss.

Antonín Dvořák, 1885

Antonín Dvořák

1841-1904

Antonín Dvořák wurde 1841 in Nelahozeves an der Moldau geboren. Als Gastwirtssohn wuchs er von frühester Kindheit an mit Tanz- und Volksmusik auf. Ab 1857 studierte er Musik in Prag, wurde dort Organist und Bratscher in einem Orchester. Durch Johannes Brahms' Fürsprache bei der Vergabe eines Stipendiums in Wien und die Empfehlung an den Musikverleger Simrock gelangte Dvořák zu internationalem Ruhm, der ihn zu mehrmaligen Reisen nach England und einem zweieinhalbjährigen Aufenthalt (1892-95) in New York als Direktor des dortigen Konservatoriums führte. Ab 1901 leitete er das Prager Konservatorium. Die Universitäten von Prag und Cambridge verliehen ihm die Ehrendoktorwürde. Sein Stil fußt von Anfang an auf den unverwechselbaren, melodischen und rhythmischen Merkmalen der Volksmusik seiner Heimat. So wurde er neben Smetana zum Begründer einer tschechischen Nationalmusik. Dvořák starb 1904 in Prag.

Lebensfreude und Musizierlust

Zu Dvořáks 8. Sinfonie, op. 88

Entstanden zwischen der ernsten, düster-leidenschaftlichen siebten und der durch die Begegnung mit Amerika inspirierten neunten Sinfonie *Aus der Neuen Welt*, entstammt die Achte von 1889 einem der glücklichsten und schaffensreichsten Abschnitte in Dvořáks Leben. Durch Johannes Brahms´ Vermittlung hatte sich sein Ruf in Europa verbreitet, die damals bedeutendsten Dirigenten wie Hans Richter und Hans von Bülow setzten sich für seine Werke ein, der Geiger Joseph Joachim nahm sich beratend seines Violinkonzerts an, selbst der in Wien gefürchtete Kritiker Eduard Hanslick hatte seine Opernpremiere von 1883 anerkennend beurteilt. Nachdem er 1884 erstmals auch als Dirigent seiner eigenen Werke, unter anderem des *Stabat mater*, auf seiner ersten Englandreise 1884 in London Triumphe erlebt hatte, erwarb er von den Erlösen ein Haus in Südböhmen, in das er sich in den Sommermonaten mit seiner Familie in die Ruhe und Abgeschiedenheit der Natur und zum Komponieren zurückziehen konnte.

Hier arbeitete er vom 26. August bis 8. November 1889 an der 8. Sinfonie. Nach der Uraufführung unter seiner Leitung in Prag am 2. Februar 1890 nahm er diese auf seine inzwischen sechste Englandreise mit, wo sie im April 1890 mit großem Erfolg aufgenommen wurde. Im darauf folgenden Jahr dirigierte er sie nochmals als Dank für die Verleihung der Ehrendoktorwürde in Cambridge anstatt einer Dissertationsvorlesung. Den Meinungsverschiedenheiten mit seinem Verleger Simrock konnte er nun ganz gelassen begegnen. Da dieser kleinere Stücke von Dvořák forderte, weil solche sich besser verkaufen ließen, gab Dvořák die G-Dur-Sinfonie bei dem englischen Verleger Novello in Druck, der sie als Dvořáks Vierte herausgab (weil sie nach den Sinfonien D-Dur op.60, d-moll op. 70 und F-Dur op. 76 als vierte gedruckt erschien).

Aus diesen Gründen auch „die Englische" genannt, ist sie doch die „böhmischste" unter seinen Sinfonien. Tanz- und Liedmelodien, der Volkmusik seiner Heimat nachempfunden, bestimmen in überschäumendem Temperament und Musizierlust den Charakter des ganzen Werks. In Terzen geführte Klarinetten- und Hörnermotive erinnern an Tanzböden und Jagdhornklänge der heimischen Folklore. Überall steht die melodische Vielfalt im Vordergrund. Hierin wird Dvořák oft mit Schubert verglichen, bei beiden findet man ähnliche Kantabilität, Vielfalt und flächige Ausbreitung der Melodik. Beide sind mehr Melodiker als Architektoniker. Über achtzig Jahre nach Schuberts Tod, in einer Zeit, in der sich Auflehnungstendenzen gegen den Zwang der klassisch-romantischen Dur-Moll-Tonalität schon bei manchen Zeitgenossen andeutete, war für Dvořák, der sich selbst als *einfacher böhmischer Musikant* bezeichnete, die traditionelle Harmonik unumstößliches Gesetz und Garant der musikalischen Ordnung. Hierin zeigte sich Dvořák als Traditionalist, nicht als Neuerer wie in seiner Zeit etwa Wagner, Liszt, Debussy oder gar Schönberg, in dessen Werk gut zehn Jahre später die Tonalität an einem Endpunkt angekommen war.

Dvořák gehört ähnlich Bach und Mozart zu den Vollendern, die in genialer Weise die Bestrebungen ihrer Epoche noch einmal zusammen fassten. Die Bereicherung der klassisch-romantischen Musik mit den Elementen der Volkmusik seiner böhmischen Heimat ist seine unvergleichliche Leistung. Dennoch gestaltet er insbesondere den letzten Satz dieser Symphonie in formaler Hinsicht sehr eigenwillig, indem er Sonaten- und Variationsform frei verbindet. Melodische Verwandtschaft der Hauptthemen des ersten und letzten Satzes durch den aufsteigenden Dreiklang verbinden Anfang und Ende zu einer zyklischen Gesamtform.

Der **erste Satz (*Allegro con brio*)** beginnt mit einer elegischen Einleitungsmelodie in *g-moll* in der Klangmischung von Klarinetten, Fagotten, Horn und Violoncelli, von gehaltenen Posaunenklängen und *pizzicati* der Bratschen und Kontrabässe untermalt. Diese erklingt jeweils unverändert zu Beginn formaler Abschnitte.

Die anderen Themen wie das anschließende erste Hauptthema mit Dreiklangsbeginn und hüpfender Fortführung – von der Flöte wie Vogelrufe vorgetragen – werden vielfachen Veränderungen unterzogen und kehren als Teilmotive in Begleitfiguren und anderen Thementeilen wieder. Bratschen und Celli stimmen ein marschähnliches zweites Thema an:

Es wird durchzogen von Einwürfen des hüpfenden Motivs und Triller der Flöten und Geigen. Die Klarinetten tragen ein drittes Thema mit einem auftaktigen Oktavsprung wie eine Tanzweise vor, untermalt von purzelnden Triolenfiguren der Streicher.

Schwung und Ausgelassenheit entwickeln in der Durchführung lebhafte Steigerungen. In dramatischer Wucht über einem langen Paukenwirbel leiten die Blechbläser mit dem Eingangsthema in die Reprise zurück, die mit dem ersten Hauptthema in der besonderen Klangfarbe des Englischhorn eröffnet wird, es folgen Klarinette und Flöte. Am Ende dominieren die auftaktigen „Hüpfmotive", sie wandeln sich in jagende Dreiklangsbrechungen und treiben unaufhaltsam in den temperamentvollen Schluss.

Dichter Streicherklang eröffnet den **zweiten Satz (*Adagio*)** mit einem melancholisch-dunklen Thema in gefühlsbetonten dynamischen Schattierungen.

Das zweite Thema, im Wechsel von Flöten und Klarinetten vorgetragen, ist eine Variante des ersten, hier überraschen Dur-Moll-Wechsel und übermäßige Intervalle wie in Zigeuner-Tonleitern. Wie in einem poetischen Stimmungsbild wechseln Klangfarben und Charakter zwischen ernst, feierlich, pathetisch, gelöst und geheimnisvoll.

Der **dritte Satz** (*Allegretto grazioso*, **g-moll**), ***Scherzo*** überschrieben und dreiteiliger Form mit Trio, beginnt mit fast der gleichen melodischen Auftaktfigur wie das Thema des zweiten Satzes, entpuppt sich im Charakter aber als schwungvoller Walzer, der nach schubertscher Manier mit dem Wechsel von Dur und Moll spielt.

Im **Trio** in G-Dur erhält die süß-liebliche Melodie der Oboe, die ebenfalls an Schubert erinnert, eine besondere Note durch hemiolische Gegenrhythmik der Streicher, später der Posaunen und der Pauke.

Nach Wiederkehr des Moll-Walzers mündet der Satz in eine rasante *Stretta* mit akzentuierten Dreiklangs- und Oktavbewegungen, die den vierten Satz ankündigen, nach einem letzten Fortissimo Ausbruch aber überraschend im weichen Streicher-Pianissimo verhauchen.

Der **vierte Satz** (***Allegro ma non troppo***) wird eröffnet von einer kräftigen Fanfarenmelodie der Trompeten, die in eine Fermate mündet. Die Pauke ahmt nach einem leisen Wirbel deren Rhythmus nach und leitet damit direkt in das erste Thema der Violoncelli. Mit seinem Dreiklangsauftakt beginnt es wie mit zwei vorsichtigen Schritten, verfällt dann in ein elegisches Legato und wird nach mehrfach variierter Wiederkehr durch gesteigerte Instrumentation und Lautstärke in leicht beschleunigtem Tempo zum beherrschenden Thema des Satzes.

Formal ist der Satz eine Verbindung von Sonaten- und Variationsform. Im Mittelteil nimmt eine Variante den Charakter eines skurrilen Trauermarsches in c-moll an:

Die wiederkehrende Fanfare leitet über in die furiose Stretta, den beschleunigten, überschäumend turbulenten Ausklang.

Folklore auf amerikanisch und böhmisch

Zu Dvořáks Symphonie e-moll, op. 95 (*Aus der Neuen Welt*)

Im Juni 1891 fragte Jeanette Thurber, die Präsidentin und private Gründerin des neu gegründeten Nationalkonservatoriums in New York, bei Dvořák an, ob er als Kompositionslehrer und künstlerischer Leiter für dieses Institut zu gewinnen sei. Ziel der Gründung war die Heranbildung einer Musikergeneration, die einen eigenen national-amerikanischen Musikstil entwickeln sollte. Dvořák, der gerade durch seine Symphonien und die besonders von Nationalkolorit durchpulsten Slawischen Tänze berühmt geworden war, fiel die Entscheidung nicht leicht, sich auf dieses ehrende Angebot einzulassen, das ihn und seine Familie mit einer völlig neuen und unbekannten Welt konfrontieren sollte, zumal er gerade einen Lehrauftrag für Komposition am Prager Konservatorium begonnen hatte. Ende 1891 sagte Dvořák zu. Mit seiner Familie lebte er dann von September 1892 bis April 1895 in New York. Hier entstand zwischen Januar und Mai 1893 Dvořáks neunte und letzte Symphonie, der er selbst den Beinamen *Aus der Neuen Welt* gab. Erstmalig erklang diese im Dezember 1893 in der New Yorker Carnegie Hall unter Leitung des deutschen Dirigenten Anton Seidl in Anwesenheit des Komponisten. Die Begeisterung war grenzenlos, immer wieder wurde Dvořák vor das Publikum gerufen und mit Beifallsstürmen gefeiert.

Der Titel *Aus der Neuen Welt* wurde sogleich als ein Programm ihrer Andersartigkeit ausgelegt. Ein Freund allerdings notierte: *Das Hinzuschreiben der Bezeichnung „Aus der Neuen Welt" im letzten Augenblick war einer der unschuldigen Späße des Meisters und bedeutet nichts mehr als „Eindrücke und Grüße aus der Neuen Welt", wie er sich selbst einmal ausdrückte.*

Am Erfolg gemessen entsprach Dvořák offensichtlich den Erwartungen von einer amerikanischen Nationalmusik, von der bis dahin noch niemand eine konkrete Vorstellung hatte. Dvořák selbst äußerte sich dazu am 21.5.1893 in der *New York Herald Tribune*: *Ich bin jetzt überzeugt, dass die zukünftige Musik dieses Landes auf dem gründen muss, was man allgemein mit Negermelodien bezeichnet. Diese können Fundament für eine ernstzunehmende und eigenständige, originale amerikanische Kompositionsschule sein.... Diese schönen mannigfaltigen Melodien sind Äußerungen dieses Landes, sie sind amerikanisch. Sie sind die Folklore Amerikas.... Diese Lieder sind pathetisch, zart, leidenschaftlich, melancholisch, traurig, religiös, klar gebaut, lustig, freudig...*

Die Besprechung in der New York Times vom 17.12.1893 bemerkte, dass Dvořák *den Geist der Negermelodien in sich aufgenommen und danach seine eigenen Themen erfunden* habe. *Rhythmische Eigenheiten wie der scotch-snap* (Tonfolge lang–kurz–kurz–lang) *und Arten der Pentatonik erregten Dr. Dvořáks Aufmerksamkeit. Ein noch tieferes Geheimnis, das er aufgedeckt hat, ist die melodische Wellenbewegung vieler Negerlieder, in denen nämlich die Melodie zu einem Höhepunkt ansteigt, stets verbunden mit zunehmender Lautstärke, um dann wieder leiser werdend in die tiefere Lage zurück zu fallen... Ein zweites Thema wird von der Flöte in tiefem Register gespielt, und auch hier zeigt sich wieder, dass rhythmisch eine Ähnlichkeit zu vielen alten Tänzen (walk-around) besteht, und melodisch äußerst charakteristisch ist der Ton f, die erniedrigte Sept in g-moll. Und eben dies ist eine Eigenart vieler Arten von Volksmusik. Das zweite Hauptthema .... ist die entzückendste Negermelodie im ganzen Werk. Aus ihm hört man deutlich die Stimme des gemütvollen amerikanischen Negers, der jederzeit bereit ist zu tanzen, dem aber doch nie das Tüpfelchen Traurigkeit fehlt, die in dieser Melodie die ersten vier Töne, eine pentatonische Wendung, ausdrücken.*

Anlässlich der Londoner Erstaufführung 1894 wendet sich der Rezensent gegen die inzwischen verbreitete Bezeichnung „Amerikanische Symphonie": *Die Symphonie ,Aus der Neuen Welt' ist als solche einfach großartig. Allerdings erkenne ich keinen Unterschied in der kompositorischen Machart zwischen ihr und der Arbeit an den vorangegangenen Sinfonien, trotz der geschickten Einbeziehung des Neuen in sein Werk bewahrt Dvořák vollständig und in jedem Moment der Komposition seine Individualität.*

Originale Melodien, die er in Amerika gehört hat, zitiert Dvořák nirgendwo. Der zu Beginn überbewertete Einfluss „amerikanischer" Elemente weicht im Lauf der Rezeptionsgeschichte einer Betrachtung des Folkloristischen schlechthin. Die *fortwährende Sehnsucht Dvořáks in Amerika nach seiner böhmischen Heimat* (Šourek) muss nicht bemüht werden, um auch die Einflüsse der europäischen Folklore, der böhmischen Tanzmelodien und die Mischung aus Übermut und Melancholie vieler slawischer Tänze und Melodien zu erkennen.

Es bleiben die rhythmischen Elemente als eigentliche amerikanische Anregungen, während Pentatonik, leittonlose Molltonleitern, das Spiel mit melodischen Mustern in ständiger Wiederholung, Mischung gegensätzlicher Stimmungen auf engem Raum und plagale Wendungen in der Harmonik (Verbindung Tonika-Subdominante-Tonika) eher als allgemein typische, folkloristische Merkmale überall zu finden sind. So liegen ja den meisten „amerikanischen" Spiritual- und Tanzliedern aus dem Alten Europa mitgebrachte Melodien und Tänze zugrunde, die die Farbigen kopierten und dabei in rhythmische Formen entsprechend ihrem Temperament und ihrer afrikanischen Tradition übersetzten.

Im Aufbau folgt die Symphonie der im 19. Jahrhundert seit Beethoven entwickelten zyklischen Form, in der die Sätze unlöslich miteinander verbunden sind, hier durch Zitate der vorhergehenden Sätze und abschließender Verarbeitung aller Themen im krönenden Finale.

In der langsamen **Einleitung (*Adagio*)** meint der Hörer, an der Suche nach einem Beginn der Symphonie und am Entstehungsprozess des Hauptthemas teilzunehmen. Quasi tastend in rhythmischer Unbestimmtheit wechseln kurze, gegensätzliche Motive, deren Melodik, rhythmische Gestalt oder Klangfarbe später in den Hauptthemen wiederkehren.

Das erste Motiv zeigt bereits deutlich die „exotische" Atmosphäre, in seinem Beginn sind die musikalischen Elemente der Spiritual-Melodik vereint: Pentatonisches Gerüst (Ganzton + kleine Terz), synkopischer Rhythmus, absteigende, schwermütige Melodik – unterstützt durch die chromatisch absteigende Begleitung der Bratschen – und plagale Harmonik am Ende der viertaktigen Phrase. Die hohen Holzbläser wiederholen die vier Takte.

Diesen ersten Versuch eines Beginns wischt ein Dreitonmotiv im Fortissimo unvermittelt hart und energisch beiseite:

Flöten und Oboen nehmen den vorsichtig tastenden Charakter im Piano wieder auf, rhythmisch jedoch schon etwas bestimmter. Ihnen antworten Hörner und Bratschen mit einem neuen Motiv, einer Vorform des ersten Themas, das dann in einer Steigerung vom ganzen Orchester quasi zustimmend bestätigt wird.

Nach einer spannungsvollen Generalpause beginnt im **Allegro molto** der Hauptteil, dessen so vorbereitetes erstes Thema unverkennbar amerikanischen (*scotch-snap-*) Rhythmus zeigt:

Nach einer großen dynamischen Steigerung wird das Thema von allen tiefen Instrumenten im *fff* wiederholt. Sein Fortspinnungsmotiv (T. 5/6) leitet, die Spannung wieder abbauend, zum zweiten Hauptthema über. Dieses erhält seinen Charakter durch die Tonart g-moll mit f als kleiner Sept, seine engräumige Melodik mit kreisender Motivwiederholung und die Klangfarbe von tiefem Flötenregister und Oboen.

Im dritten Thema wird das Vorbild der Spiritual-Melodik deutlich. Sein Anfang gleicht im Melodieverlauf den Takten 2 und 3 des bekannten Lieds *Swing low, sweet chariot.* Sein 1. Takt ähnelt zudem einer Umkehrung des Kopfmotivs vom 1.Thema.

Die Durchführung ist motivisch sehr dicht gearbeitet. Sie beginnt lyrisch mit dem dritten Thema. Insbesondere das verkürzte Kopfmotiv des dritten Themas taucht hartnäckig immer wieder auf. Es wird den anderen Themen, besonders dem ersten mehrfach gegenübergestellt und bildet Überleitungen.

Das zweite Thema erscheint erst wieder in der Reprise. In der Coda prallen noch einmal die Kurzmotive aufeinander. Eine rhythmische Verkürzung des 1. Kopfmotivs beschleunigt und bereitet den Weg zum letzten Aufstrahlen des Hauptthemas in den Posaunen.

Der Stimmungsgehalt des **zweiten Satzes (*Largo*)** ist vielfach bildlich gedeutet worden. Von der Beschreibung einsamer weiter Landschaften des amerikanischen Kontinents bis zu Heimweh nach der europäischen Heimat reichen die Schilderungen. Welcher der Hörer folgen mag – den Emotionen kann er sich kaum entziehen, wenn nach den andächtigen Einleitungsakkorden der Blechbläser das Englischhorn in seiner verträumt-melancholischen Klangfarbe das weiträumige erste Thema in pentatonischem Melos vorträgt, von milden, gedämpften Streicherklängen getragen.

Einen beweglicheren Mittelteil stimmt ein unruhiges, engräumig um den zentralen Grundton cis kreisendes Moll-Motiv an, ebenfalls mit kleiner Sept ohne Leitton. Seine rhythmische Spannung basiert auf dem Wechsel von Triolen und Duolen. Flirrende Streicher-Tremoli untermalen es.

Eine ruhige, langgezogene Melodielinie der Holzbläser folgt, die von pochenden Pizzicati der Bässe kontrapunktiert wird. Beide Melodien kehren variiert wieder.

In der Rückleitung zum Ausgangsteil überrascht ein dramatischer Einbruch des ersten Themas aus dem ersten Satz, der mit dem Themenköpfen des „Spiritual-Themas" und dem des zweiten Satzes kombiniert wird. Ein rascher Abbau der Spannung und eine überraschende harmonische Wendung führen zurück Anfangsteil mit dem Englischhorn-Thema.

Anton Dvořák 1894

Amerikanische Einflüsse sind im dreiteiligen, quirligen **Scherzo** (***Molto vivace***) kaum zu finden, eher das Temperament böhmischer Tanzmusik. Synkopische Betonungen überdecken ständig den tänzerischen Dreiertakt. Schon das Hauptthema lässt sich kaum vom Taktrhythmus bändigen.

Ein ruhigeres 2. Thema, volkstümlich in Terzparallelen harmonisiert, wird zunächst von Flöten und Oboen vorgetragen, die Streicher begleiten. Dann übernehmen die Celli die Melodie, bevor das tänzerisch-widerborstige Scherzo-Thema die Führung zurückfordert.

Im Dreiertakt wiegende Streichermotive begleiten das Thema des Mittelteils, das an Schubert erinnert und in seiner harmonischen Dreiklangsseligkeit wienerischen Charme ausstrahlt.

Nach Wiederkehr des Scherzo-Teils setzt sich in der Coda das Kopfmotiv des ersten Satzes in Szene, vom Horn angestimmt steigert es sich in die hohen Holzbläser, wird dann jedoch vom Scherzo-Motiv beruhigend und ermattend in einen überraschenden Ausklang geleitet.

Die Energie für das **Finale** muss erst wieder aufgebaut werden. Energisch lassen die Streicher sozusagen den Zug wieder anrollen und bereiten den Weg für das marschähnlich straffe Hauptthema, das die Blechbläser machtvoll ertönen lassen.

Die Streicher übernehmen es und beschleunigen die Bewegung, bis „purzelnde" Triolen den Zug gleichsam in volle Fahrt bringen. Retardierende Sforzati und Einwürfe der Bläser leiten das Antwortspiel des zweiten Themas (von Klarinetten und Celli) ein, das von emotional crescendierenden Streichertremoli wirkungsvoll untermalt wird.

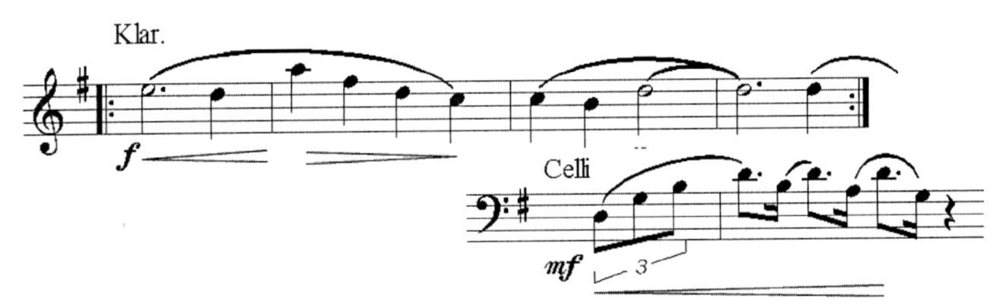

Ein drittes Thema scheint einem böhmischen Tanz mit stampfenden Bewegungen entnommen:

In der Durchführung wird dem bedrohlich auftrumpfenden Hauptmotiv der Hörner ein graziöses Flötenmotiv entgegengesetzt, das einer Spielmannszug-Musik entsprungen sein könnte.

Das beschleunigte Marschmotiv und die „purzelnden" Triolen rufen die Themen des zweiten Satzes und des Scherzo, nach einer machtvollen Steigerung auch das Kernmotiv des ersten Satzes herbei. Unter deren Einfluss dehnt sich das die Reprise einleitende Marschthema und gleicht seinen Charakter dem der sehnsüchtigen Melodie aus dem zweiten Satzes an, eine Verwandlung, die in der Literatur ihresgleichen sucht. In der Coda dominieren die beiden machtvollen Kernmotive der Ecksätze. Kurz vor der Schlusssteigerung klingen noch ein letztes Mal im Piano wie eine Erinnerung aus der Ferne die Hauptthemen des 2., 3. und 4. Satzes an. Blechbläser kombinieren im Fortissimo die Themen des 1. und 4. Satzes und führen direkt in die Stretta *con fuoco* mit rauschendem Ausklang.

Symphonisch – konzertant, leidenschaftlich – empfindsam

Zu Dvořáks Violoncellokonzert h-moll, op. 104

Neben einem Violin- und einem selten aufgeführten Klavierkonzert ist das hochromantische Cellokonzert in h-moll nicht nur Dvořáks bedeutendstes, sondern auch bei Cellisten eines der beliebtesten Solokonzerte, das auch entscheidend zum Weltruhm des Komponisten beitrug. Es entstand 1894/95 als letzte Orchesterkomposition Dvořáks während seines Amerika-Aufenthalts, vollendet wurde es am 9. Februar 1895. Im Juni desselben Jahres, bereits wieder in der Heimat, arbeitete Dvořák den Schluss des letzten Satzes noch einmal um, indem er einen kurzen, wehmutsvoll-verklärten Abschnitt einfügte, wie er selbst in einem Brief schrieb, unter dem Eindruck des Todes und in Erinnerung an seine kurz zuvor verstorbene, geliebte Schwägerin Gräfin Josephina Kaunic, die Schwester seiner Frau, die er in seiner Jugend sehr verehrt hatte.

Die Uraufführung des Cellokonzerts fand am 19. März 1896 in London unter Dvořáks Leitung mit dem Orchester der *Philharmonic Society* statt. Gewidmet ist es einem Freund, dem Cellisten Hanuš Wihan, der auch die Anregung zu dem Werk gegeben hatte und das Konzert ursprünglich spielen sollte. Als dieser aber zu viele kompositorische Änderungen vorschlug und eine eigene Kadenz im Schlusssatz einfügen wollte, lehnte Dvořák ab und vertraute die Uraufführung dem englischen Cellisten Leo Stern (1862-1904) an, der das Konzert mit größten Erfolgen u.a. in Prag, Leipzig, Berlin, Paris und New York bekannt machte.

Die starke Blechbläserbesetzung in vollem, symphonischem Klang erinnert an die *Symphonie aus der Neuen Welt*. Amerikanische Musikeinflüsse sind im Cellokonzert weniger direkt als in jener zu spüren. Eine ohnehin gewisse Nähe der böhmischen Volksmelodien zu den amerikanischen in Melodik und Rhythmik (wie kleine Septime, pentatonische Tonleiter und Offenheit zwischen Dur und Moll) erinnern den Hörer dennoch an diese Symphonie. Die schwungvoll-mitreißenden, aber auch elegischen und empfindsamen Melodien wurden in der Literatur häufig mit sehnsuchtsvoller Erinnerung an die Heimat in Verbindung gebracht. Insbesondere im Rondo-Finale wechseln äußerst zarte und lyrische mit temperamentvollen und resoluten Passagen.

Orchester- und Solopartien, Symphonisches und Konzertantes sind in diesem Konzert gleich bedeutend und treten in wechselseitigen Dialog. Insbesondere die Klangfarben der Blasinstrumente sind sehr differenziert eingesetzt, so die wuchtigen Blechbläserklänge im ersten Satz, die sehnsuchtvolle, solistische Melodie des Horns z.B. im Seitenthema des ersten Satzes, eine choralartige Partie der drei Hörner oder die zarten Dialoge der Holzbläser mit dem Soloinstrument im besonders empfindsamen Adagio. Der Orchesterpart ist immer sparsam und durchsichtig, sodass die tiefe Lage des Soloinstruments stets zur Geltung kommt. Der äußerst anspruchsvolle Solopart dient nie rein virtuosem Selbstzweck, sondern in allen Teilen der Themen- und Motivverarbeitung.

Franz Deutsch Klavier, Flöte

Franz Deutsch wirkte als Flötist im Orchester seit Anfang 1990 bis 2004, von 1994-2004 war er im Konzertverein Isartal Vorstandsmitglied als Bläsersprecher.

Er wurde 1956 in Ulm geboren und besuchte dort das Schubart-Gymnasium. Seine Ausbildung zum staatlich geprüften Privatmusiklehrer für Klavier und Querflöte erhielt er am Konservatorium in Augsburg bei Frau Hewig-Tröscher (Klavier) und Gedeon Trier (Querflöte). Nach erfolgreichem Studienabschluss ging er nach München, wo er in der Joe Haider´s Jazz School zusätzlich Fertigkeiten auf dem Gebiet des Arrangements und der Improvisation erwarb. Nach längerem Asien-Aufenthalt begann er mit einem Fortbildungsstudium in Klavierdidaktik bei Frau Müller-Besemann und vervollständigte sein Flötenstudium bei Prof. Schochow von der Münchner Musikhochschule.

Franz Deutsch lebt mit der Geigerin Barbara Hubbert und den Kindern Sophia und Katja in Icking als Musikpädagoge für Klavier und Querflöte.

Engagiert setzte er sich für die Bläser im Philharmonischen Orchester Isartal ein, gründete mit diesen die Bläsersolisten Isartal, die erfolgreich mit eigenen Stücken innerhalb der Orchesterkonzerte auftraten. Seit Jahren ist die Förderung der Jugend nicht nur im Einzelunterricht sein Anliegen. Mehrmals im Jahr organisiert er öffentliche Schülerkonzerte und gründete im Jahre 2001 die Junge Philharmonie Isartal - heute Neue Philharmonie München - um junge Talente im Orchesterspiel und als Solisten zu fördern.

Sein Interesse gilt nach wie vor dem Reisen in asiatische Länder und nach Italien. Er ist sehr gesellig und ein Kenner und Genießer von gutem Essen und vorzüglichen Weinen. Er liebt Wandern und Fußballspiele. Verlässlich und immer offen für Neues, legt er als Pädagoge Wert auf Verbesserung und kontinuierlichen Fortschritt.

Franz Deutsch

Der **erste Satz (Allegro)** wird mit dem ernsten, dunkel-pathetischen Hauptthema von der Klarinette eröffnet, dem sich die Fagotte anschließen. Die Streicher begleiten. Zum Schlusston lässt die Pauke ein dumpfes Grollen ertönen. Hell antworten Flöten und Oboen.

Aus dem Motiv des dritten Taktes in punktiertem Rhythmus entwickelt sich eine mitreißende Steigerung, sie mündet in die Wiederholung des Hauptthemas in wuchtigem Tutti-Fortissimo (*Grandioso*). Flöten und Oboen setzen dem Thema ein fallendes Sekundschritt-Motiv entgegen, das im ganzen Werk wiederkehrt. Ein energisch drängendes Zwischenmotiv von Celli und Kontrabässen

wird von den Holzbläsern übernommen. Eine Variante des Hauptthemas leitet über zum sehnsüchtig-innigen Seitenthema, von dem Dvořák schrieb, er gerate jedes Mal selbst in Begeisterung, wenn er es sich vorspiele. Es erklingt in weichem Schmelz des Solo-Horns wie aus der Ferne, von sanften Streicherklängen begleitet:

Die Holzbläser spinnen das Thema weiter. Ein kurzer, kräftiger Tutti-Abschnitt, der an böhmische, stampfende Tanzmusik erinnert, beschließt die Orchestereinleitung. Das melodische Material löst sich in seine motivischen Bestandteile auf und bereitet den Einsatz des Solisten vor. *Risoluto* und *quasi improvisando* gestaltet das Cello das Hauptthema mit energischen, markig-kraftvollen Doppelgriff-Akkorden. Im Weiteren formt es das Hauptthema zu einer kapriziösen Variante um:

Das Seitenthema wird unter dem warmen Celloklang zur gefühlvoll-schwärmerisch weit gespannten Kantilene. In seinem weiteren Verlauf übernehmen die Bläser die sanft ausschwingende Melodie, die das Soloinstrument mit gebrochenen Akkorden umspielt.

In einem Angestelltenhaus dieses Adelssitzes in Nelahozeves an der Moldau kam Antonin Dvořák 1841 zur Welt

Wechselnde motivische Dialoge des Solisten mit Holz- und Blechbläsergruppen münden nach einer Steigerung wieder in das *Grandioso* des Hauptthemas in vollem Orchesterklang, mit dem die Durchführung einsetzt. Diese beschränkt sich überwiegend auf das Hauptthema. Dem Orchestertutti folgt eine lyrisch-expressive Szene des Cello mit der Soloflöte über zartem Streicherklang. Als formale Besonderheit verzichtet die Reprise auf das gerade mehrfach erklungene Hauptthema. Das Seitenthema wird vom vollen Orchester angestimmt, das Soloinstrument setzt es schwelgend fort. Das Hauptthema führt zum letzten Höhepunkt, der eine kurze, virtuose Passage des Solisten wie eine kleine Solokadenz einschließt. Machtvoll von Posaunen übernommen, geleitet das Hauptthema pathetisch in einen wirkungsvollen, strahlenden H-Dur-Schluss.

Den lyrischen **zweiten Satz (*Adagio ma non troppo,* G-Dur)** nennt der Dvořák-Biograph Otakar Šourek einen *Gesang von tiefster Innerlichkeit* und *unendlich lauterer Schönheit*. Er beginnt in reinem Holzbläsersatz von Oboen, Klarinetten und Fagotten. Das sanft verträumte Hauptthema verströmt große Ruhe und Klarheit:

Einen andächtig-feierlichen, geheimnisvoll-dunklen Untergrund bereiten die tiefen Blechbläser zur Fortspinnung des Themas der Bläser und den aufsteigenden Linien des Soloinstruments. Gefühlvoll fallende Seufzer-Halbtonschritte in Begleitstimmen und Solopart verbinden mit dem ersten Satz. Mit dem Themenanfang lässt die Klarinette den ersten Abschnitt zart verklingen. Pathetisch in g-moll, in wuchtigem Fortissimo des vollen Orchesters, beginnt der Mittelteil:

Das Soloinstrument mildert die Heftigkeit mit ausdruckvollen Melodiebögen *molto espressivo* in weichem B-Dur zu bewegter Begleitung – ein Motiv aus einem früher komponierten Lied, das vor Schluss des letzten Satzes wieder zitiert wird. Ein zärtlicher Dialog entspinnt sich mit der Flöte. Leidenschaftliche Motive schwingen sich auf zum pathetischen Orchestermotiv. Die Seufzermotive führen in den ersten Teil zurück, der erweitert ist. Nun lassen die Hörner das Anfangsthema choralartig in dreistimmigem, samtig-volltönendem Satz erklingen. Das Cello antwortet mit einer kleinen, metrisch freien Kadenz. Schmerzlich klingen die Dialoge mit Oboen und Klarinetten. Das Soloinstrument scheint zu den Motiven der Bläser verträumt zu improvisieren. In verlangsamender Bewegung klingt der Satz *morendo* aus.

Der **dritte Satz (*Allegro moderato*, Rondoform)** beginnt marschähnlich, beinhaltet aber neben markant-rhythmischen gleichsam lyrisch-expressive Teile. Zum ostinaten Grundton der tiefen Streicher deuten die Hörner leise das Thema mit seinen beharrlichen Akzenten an, gefolgt von Oboen mit Klarinetten und zum Fortissimo gesteigert durch die Streicher. Das Solo-Cello lässt es in seiner vollständigen, schwungvoll-tänzerischen Originalgestalt – *risoluto* – ertönen.

Das Orchester wiederholt es in triumphierendem Fortissimo. Mehrfach nehmen Streicher und Bläser es auf, das Soloinstrument kontrapunktiert oder antwortet mit Motiven aus dem Thema, virtuosen Figuren und Trillerketten. In einem Mittelabschnitt wird ein helles D-Dur-Motiv der Flöte vom Solisten virtuos umspielt.

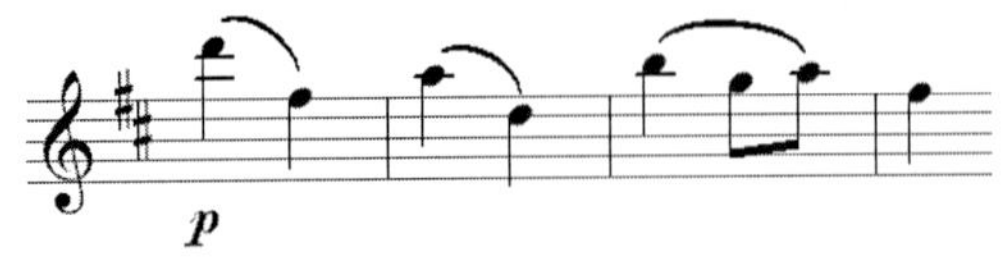

Mit dem Hauptthema endet der erste Teil. Ihm schließt sich unmittelbar der erste, ebenfalls dreiteilige Zwischenteil mit zwei neuen, gegensätzlichen Themen an. Er beginnt mit einem rhythmisch markanten, in den Streichern unwirsch rumpelnden Orchestermotiv:

Dessen erstes Teilmotiv wird von Orchester und vom Solisten mehrfach unterschiedlich weitergesponnen. Dann entwickelt sich eine leidenschaftliche Kantilene des Solo-Cello, die mit dem 2. Thema des ersten Teils verwandt ist:

Das abschließende Terzintervall wird zur motivischen Vorlage eines empfindsamen Mittelabschnitts mit Dialogen zwischen Klarinette bzw. Oboe und Soloinstrument. Dreiklangsbrechungen und chromatische Tonleitern des Solisten führen zurück ins Orchestertutti des markanten Zwischenthemas, gefolgt vom Cellothema, dem sich Flöte, dann die Oboe jeweils als Kanon anschließen.

Feierlich leiten die tiefen Blechbläser zurück ins Rondothema, das nun verkürzt ohne Mittelabschnitt, einmal im Cello, einmal im Orchester erklingt. Es folgt ein neuer Zwischenteil mit einem neuen, schwärmerisch-elegischen G-Dur-Thema des Soloinstruments, umspielt von Klarinetten und Fagotten:

Dieses und ein weiteres, an Volksmelodien erinnerndes, vom Cello umspieltes Motiv

werden vielfach zwischen zarten Holzbläsern, Streichern und dem Solisten in wechselnder Führung und Begleitung ausmusiziert.

Das Rondothema wird bei seinem letzten Erscheinen frei variiert, seine Energie verliert sich in Einzelmotiven, von verschiedenen Instrumentengruppen zitiert, bis zur völligen Beruhigung. Über lang ausgehaltenem Orgelpunkt lassen die gedämpften Trompeten den Themenkopf ausklingen. Reminiszenzen an den ersten und zweiten Satz scheinen auf wie eine ferne Erinnerung (Rhythmus des ersten Hauptthemas und Liedmelodie aus dem zweiten Satz in Klarinetten und Flöte mit Solovioline). Quasi resignierend, aber in zärtlichem Dur scheint der Satz im Pianissimo zu verklingen – doch das Orchester baut eine letzte Steigerung auf mit dem vergrößerten Rondothema der Blechbläser zum kraftvoll abrundenden Schluss in glanzvollem H-Dur.

Manuskriptseite aus Dvořáks Cellokonzert (aus dem 2. Satz)

Constantin Beier Violoncello

Abiturient 2011, der am Cello im Orchester pausieren muss, weil er jetzt in Passau studiert:

Geburtstag: 11. Juli 1991 in München (der heißeste Tag des Sommers 1991)
Lks, Abifächer: LK Deutsch (LEGENDÄR), LK Kunst, Ethik, Mathe (toll!)
Facharbeit: „Die Gebäude der Ludwigstraße in München im Vergleich zu ihren architektonischen Vorbildern in Italien"
Charaktereigenschaften: hirnwütig, idealistisch, verworren
Lebensmotto: Glaube, Hoffnung, Liebe/ Freiheit, Gerechtigkeit, Solidarität
Lieblingssong: „Bohemian Rhapsody" von Queen
Abitursong: Ludwig van Beethoven, 7. Symphonie Allegro con brio
Lieblingsfilm: Fitzcarraldo, Mein liebster Feind, Aguirre- der Zorn Gottes, Pi, 300, Das Leben der Anderen, Amadeus, Solino
Ich sammle: Bücher, Bücher, Bücher ... Autogramme
Ich bin ein Fan von: Klaus Kinski, Loriot, Richard Wagner, Beethoven
Berufswunsch: Weltverbesserer
Nach dem Abi werde ich als erstes machen: SCHTUDIAN
Was ich kann: schwätzen, geschraubt reden, gerne gut essen, mich in der Fremde zurechtfinden
Was ich nicht kann: kochen, Auto fahren
Wovor habe ich Angst: vor allen möglichen Krankheiten, vor scharfem Papier
Meine ganz persönliche Droge: englische Minzsoße, Pfefferminztee, Schwoansbrodn
Meine Hot-Spots: die Isar in Icking, meine wunderbare Geburtsstadt München, Lucca, Rom, Berlin, Jerusalem !!!
Mein Dialekt: Hochdeitsch mit eich zugroaste Preissn, aba mit meine Leidln am Doaf red i boarisch!!!
Welche drei Dinge ich auf eine einsame Insel mitnehmen würde: das Buch der Bücher, meine Hängematte und einen kühlen Kasten Tegernseer!!!
Wem ich dankbar bin: MIMI
Was ich schon immer sagen wollte: „Wenn, der Mensch dem Menschen ein Helfer ist, gedenket unserer mit Nachsicht!"- frei nach Brecht... Seids freundlich miteinander!
Hier gehe ich weg: Clubs?- Nein danke! THEATER!
Beste Abendplanung: Musik, Kultur, Politik und ein guter Tropfen...
So sehe ich mich in zehn Jahren: In 10 Jahren bastle ich als junger Familienvater an meiner Doktorarbeit und bin mit Parteikarriere und Bundestagsmandat überfordert.
Mein persönliches Lebensziel: man soll posthum sagen: Er war nicht genial – EPOCHAL! ☺
Fünf Worte, die mich beschreiben: Die Fabrikation des zuverlässigen Menschen!
Welche Person der Zeitgeschichte ich bewundere und warum: Helmut Schmidt, seine Geradlinigkeit/Weisheit
Wen ich mal treffen will: Helmut Schmidt (persönliche Briefkorrespondenz!), Marcel Reich Rancki, Willy Brandt, Klaus Kinski, JESUS!

Constantin Beier

Dvořáks Kammermusik

In Dvořáks umfangreichem Gesamtwerk kommt der Kammermusik eine hohe Bedeutung zu, die mindestens an die der viel gespielten Sinfonien oder des Cellokonzerts heranreicht. Selbst mit Streichinstrumenten groß geworden, wusste Dvořák gerade diesen Instrumenten die Klangfarben zu entlocken, die für die Intimität kammermusikalischer Aussagen charakteristisch sind. In Verbindung mit seinem eigenen melodischen Urquell, der Volksmusik Böhmens, bilden sie einen absoluten Höhepunkt der romantischen Kammermusikliteratur. Ein Streichsextett, zwei Streichquintette, vierzehn Streichquartette, zwei Streichterzette, zwei Klavierquintette, zwei Klavierquartette und vier Klaviertrios umfasst Dvořáks Schaffen nebst Werken für ein Streichinstrument und Klavier. Der größere Teil davon entstand in den Jahren vor 1878, also bevor er durch Brahms' Empfehlung an den Verleger Simrock und die begeisterte Aufnahme seiner *Slawischen Tänze* zu Ruhm gelangte. Beflügelt durch den Erfolg nahm er verstärkt folkloristisch inspirierte Melodik in seine Werke auf. Insgesamt sind Dvořáks Streichquartette weniger von den durchgeistigten Vorbildern des späten Beethoven beeinflusst – wegen derer sich z. B. Dvořáks Mentor Johannes Brahms dieser Gattung nur sehr behutsam näherte, weil er dem Anspruch nicht gerecht zu werden fürchtete. Dvořáks Werke entstanden aus der Musizierlust böhmischer Volksmelodien, die ihn von Kindheit an in der elterlichen Gastwirtschaft umgaben. Dabei übernahm oder bearbeitete Dvořák keine vorgefundenen Melodien, sondern komponierte stets aus dem Geist der Vorbilder mit den ihnen eigenen musikalischen Elementen.

Auch die Musik der Neuromantiker Liszt und Wagner begeisterte Dvořák und hinterließ Spuren. Den Vorrang programmatisch gebundener Musik der Neudeutschen konnte er jedoch nie anerkennen. In seiner Kammermusik und seinen Symphonien blieb er der klassisch-absoluten Musikrichtung treu. Neue Einflüsse boten sich Dvořák bei seinem Amerika-Aufenthalt, als er die Melodien der nordamerikanischen Farbigen mit ihren pentatonischen und rhythmischen Eigenheiten kennen lernte. Sie prägten das drittletzte, in New York geschriebene, sog. *Amerikanische* Quartett. Uraufgeführt wurden Dvořáks Quartette zumeist durch das Böhmische Streichquartett, mit dessen Cellisten Dvořák befreundet war.

Das Böhmische Streichquartett in seiner ursprünglichen Besetzung

Temperament und Innigkeit

Zu Dvořáks Streichquartett G-Dur, op. 106

Im Sommer 1895 kehrte Dvořák mit einem noch in New York begonnenen Streichquartett in As-Dur (op. 105) im Gepäck nach Böhmen zurück, wo er innerhalb weniger Wochen (vom 11. November bis 9. Dezember 1895) ein neues Quartett in G-Dur komponierte, bevor er das Schwesterwerk in As-Dur bis zum 30. Dezember 1895 fertig stellte. Das Werk op. 106 erklang erstmals am 9. Oktober 1896 in Prag, nachdem es im Sommer 1896 bei Simrock in Berlin im Druck erschienen war. Uraufgeführt wurden beide Werke durch das *Böhmische Streichquartett*, eines der berühmtesten Quartett-Ensembles der Zeit. Beide Werke strahlen Freude über die glückliche Rückkehr in die geliebte Heimat aus. Die „amerikanischen" Elemente sind noch vereinzelt zu spüren, es überwiegt die heiter-innige Sanglichkeit.

Der **erste Satz** ***(Allegro moderato)*** ist aus einfachen, melodisch unscheinbaren Elementen gestaltet. Das Hauptthema beginnt wie ein Vogelruf aus dreimaligem Sextsprung mit flatterndem Nachklang. Das zweite Element, der in Triolen gebrochene Dreiklang, gestaltet Begleit- und Überleitungsfiguren am ganzen Satz.

Wiederholt in verschiedener Lautstärke durchschreitet das Thema den Kadenzraum von G-Dur. Ein energischeres Zwischenthema, von den beiden tiefen Streichern angestimmt, zunächst in ernstem Moll, wendet sich nach einer Steigerung in jubelnd-sangliches Dur.

Nach schroffen Akkorden erklingt das volksliednahe Seitenthema in wiegendem Triolenrhythmus in B-Dur.

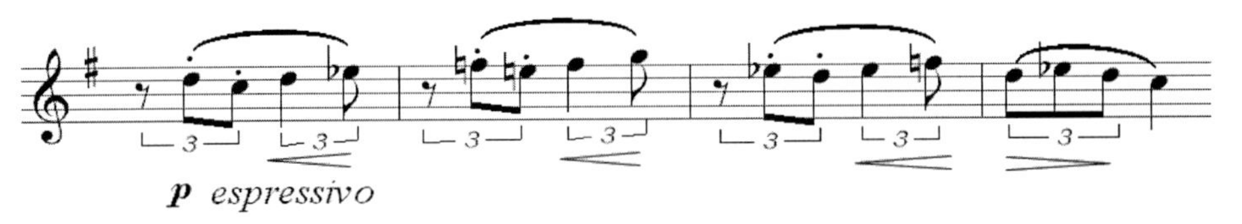

Nach der Wiederholung einige Takte später in H-Dur entspinnt sich übergangslos die Durchführung, zunächst mit Motiven des Seitenthemas. Aus dem ersten Thema im Pianissimo in B-Dur entwickelt sich eine Steigerung, die in das resolute Zwischenthema mündet. Eine längere Passage verquickt Elemente aus erstem und Zwischenthema:

Auch das Seitenthema erklingt in zartem As-Dur. Die Reprise ist alles andere als eine Wiederholung und wartet mit Überraschungen auf. Das Hauptthema wird mit einem neuen Motiv als melodischem Kontrapunkt bereichert:

Das Seitenthema wird von der Viola vorgetragen, von der 1. Violine übernommen und mit neuer Beleitung untermalt. Eine Coda steigert nochmals das Hauptthema zu satter Fortissimo-Klangfülle und mündet in einen Maestoso-Schluss des energischen Motivs mit schwungvoll jubelndem Ausklang.

Der feierlich-empfindungsvolle **zweite Satz** ***(Adagio)*** entwickelt sich aus einem einzigen Thema, das im weiteren Verlauf zwischen innigem Dur und schmerzlichem Moll changiert und sich zu großen Steigerungen in die entlegensten Tonarten aufschwingt.

Über bewegtem Klanggrund wird die Gefühlsintensität der Melodie durch Vergrößerung der Intervalle gesteigert:

Variantenreich erklingt das Thema immer wieder in neuen Tonarten und Klanghüllen. Nach einer leidenschaftlichen Version in fis-moll bricht das Thema zum Höhepunkt des Satzes nach einer harmonischen Rückung in plötzliches akkordisch-pathetisches C-Dur aus (*fff, grandioso*). Eine Fermate beruhigt und leitet über c-moll in eine Reprise des Anfangs. Nach einer letzten Steigerung und einer kleinen Kadenz der 1. Violine entschwindet es im Piano-Pianissimo.

In Kontrast zum weich-melodischen zweiten hält der **dritte Satz (*Molto vivace*)** in h-moll schroffe dynamische Gegensätze und straffe Melodien bereit. Wie ein teuflisch-grimmiger Tanz mutet der Beginn an.

Temperamentvolle Bewegung mit kräftigen Sforzati und ein Quartmotiv beherrschen den ersten Abschnitt.

Im ersten Zwischenteil in gegensätzlichem As-Dur erscheinen Pianissimo-Legato-Dreiklangsmotive, die mit geheimnisvoll-dämonischem Rhythmuswechsel aus 3/4-, 4/4- und 6/8-Metrum im 3/4-Takt kombiniert werden:

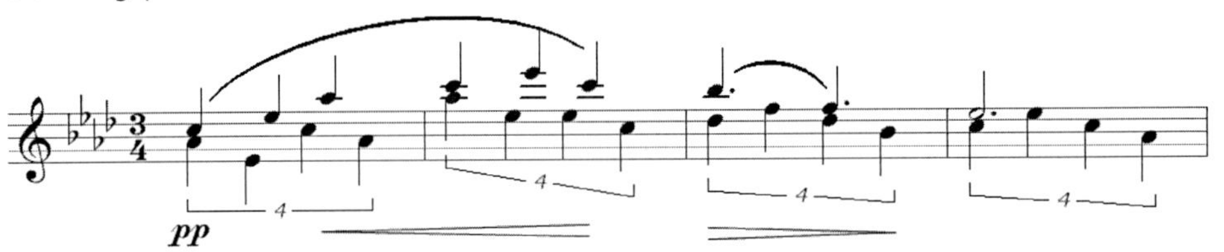

Der derbe Tanz des Anfangs beendet den ersten Teil.

Innig wiegende, schlicht dreiklangsgeprägte, volksliedähnliche Melodien in klarem D-Dur gestalten den eigentlichen Trioteil als absoluten Kontrast zu den Eckteilen.

Der derbe A-Teil kehrt wieder und rundet den Satz mit schroffem Schluss ab.

Der kontrastreiche, temperamentvolle **vierte Satz (*Andante sostenuto - Allegro con fuoco*)** verarbeitet in wechselnden Stimmungen und Tempi auch die wichtigsten Themen des Kopfsatzes in komplizierter formaler Struktur, die am ehesten mit einem Rondo vergleichbar wäre. Eine weich-gefühlvollen Einleitung nimmt die Abwärtsbewegung des Hauptthemas voraus.

Wie im böhmischen Tanz Furiant bestimmen Vitalität, Synkopen, Akzente und dynamische Gegensätze das Hauptthema:

Stürmische Sechzehntelbewegung in den Begleitstimmen spornt an und fordert eine Wiederholung im Fortissimo in hoher Tonlage heraus. Ein zweites, tänzerisch wirbelndes Thema in g-moll, ebenfalls aus der fallenden Tonleiter gestaltet, schließt sich an, von den Unterstimmen rhythmisch ungestüm angefeuert:

Eine Wiederholung des Hauptthemas mit anschließender Beruhigung rundet den impulsiv-quirligen ersten Teil ab. Den Stimmungsgegensatz hält der nächste Abschnitt bereit, eine Art Couplet-Teil im Rondo in der neuen Tonart Es-Dur, mit dem ruhigen dritten Thema, das in dunkler Klangfarbe von Viola und Cello in Imitationen erklingt:

Die Melodie ähnelt der 1893 in Amerika veröffentlichten Kindergarten-Melodie *Good Morning to you*, die erst seit den 1930iger Jahren als Geburtstagsmelodie *Happy Birthday* ... ihren Siegeszug um die Welt antrat. Möglicherweise erinnerte sich Dvořák an diese Melodie, er lässt sie allerdings mit einem Halbton beginnen, führt sie aber ebenfalls mit einem Oktavsprung in der Violine fort:

Der A-Teil mit seinem Temperament kehrt zurück. Ein langsamer Teil schließt sich an, der mit der Wiederaufnahme der nachdenklichen, langsamen Einleitungstakte beginnt. Überraschend folgt das Seitenthema aus dem ersten Satz, allerdings in langsamem, schwermütigem Moll. Es schließt eine Episode mit dem Hauptthema des Kopfsatzes ein. Dramatisch sich aufbäumendes Tremolo führt zurück ins schnelle Tempo. Nun erklingt das 3. Thema in hellem Dur und mündet in das temperamentvolle zweite Thema. Der nächste Abschnitt kombiniert in ständig wechselndem Tempo die dritten Themen aus Kopf- und Finalsatz, bevor das vitale Furiant-Thema den Satz schwungvoll beendet.

Arjan Versteeg Violine

Ich bin in Leidschendam (Niederlande) geboren und verbrachte meine Schulzeit in Wassenaar (NL). Mit 6 Jahren erhielt ich Geigenunterricht. Damals kam ich auch das erste Mal mit Geigenbau in Berührung, in derselben Werkstatt, in der ich später ein Praktikum gemacht habe und von 2000-2002 gearbeitet habe.

Meine Ausbildung als Geigenbauer erhielt ich 1997-2000 an der Geigenbauschule Mittenwald, dort lernte ich meine Frau Veronika kennen. Sie hatte als Schülerin 1990 auch einmal bei den Ickinger Laienphilharmonikern gespielt. Die Gesellenzeit verbrachten wir von 2000 bis 2002 in Den Haag, wo unser Sohn geboren wurde, drei Jahre später kam eine Tochter hinzu. 2002-2010 war ich angestellt bei Peter Benedek in München und war seit 2006 auch als Dendrochronologe für Streichinstrumente tätig. 2007 absolvierte ich die Meisterprüfung. Seit Februar 2011 führen wir selbständig eine eigene Werkstatt für Geigenbau in Hohenschäftlarn (Dröscherhaus).

Seit 2002 spiele ich im Philharmonischen Orchester Isartal. Es gefällt mir sehr gut, dass hier Leute mit unterschiedlichem Niveau und Hintergründen mitspielen können und dass Christoph Adt (dennoch) höchste musikalische Ansprüche stellt. Die Konzerte sind fast immer von einer überraschenden Qualität.

In meiner Freizeit mache ich gern Kammermusik (Quartett und Klaviertrio) und fahre gern Fahrrad.

Arjan Versteeg

Melodischer Reichtum und beglückender Wohlklang

Zu Dvořáks Klaviertrio f-moll, op. 65

Das Werk entstand vom 4. Februar bis 31. März 1883. Ungewöhnlich viele Änderungen und Umgestaltungen zeigen, dass ihm an diesem Werk besonders gelegen war. Ähnlich wie die d-moll-Sinfonie (1884) nimmt das Trio in Tonart und Stimmungsgehalt eine Sonderstellung unter den Werken Dvořáks ein. Düster-leidenschaftliche Auflehnung und tiefer Ernst statt überquellender Lebensfreude mögen aus seinem Gemütszustand in dieser Zeit stammen, in der ihn der Tod seiner Mutter, die Sorge um den Vater und die Umarbeitung seines Opern-Schmerzenskinds *Dimitrij* aufwühlten, zudem die quälende Entscheidung anstand, ob er dem Rat Brahms´ folgen und die Heimat zugunsten Wiens oder Berlins verlassen sollte.

Der **erste Satz (*Allegro ma non troppo*)** enthält eine Fülle trotzig-leidenschaftlichen Melodie-materials. Das erste Hautthema beginnt im pianissimo mit einer dunklen, von Geige und Cello in Oktaven geführten Linie, deren Fragemotive am Ende vom Klavier übernommen und zu einer Geste voller aufbrausender Erregung bis ins fortissimo weiter geführt werden.

Ein zweiter melodischer Gedanke schließt sich an, akzentuiert und trotzig auf höherer Tonstufe wiederholt.

Nach erneutem Anlauf des ersten Themas beruhigt sich dieses, und ein Verbindungsgedanke leitet in sanftere Stimmung über.

Das zweite Hauptthema enthält ebenfalls zwei sehr gegensätzliche Elemente. Im ersten dominiert der seufzende Halbtonwechsel und die wie in Trauer abwärts gleitende Linie,

während im zweiten durch ansteigende, akzentuierte Synkopen aufbegehrende Eigenwilligkeit spürbar wird.

Ein scharf rhythmisiertes Dreiklangsthema in stolzer Selbstsicherheit vervollständigt die Themenaufstellung.

Die relativ kurze Durchführung ist überwiegend aus den Motiven des ersten Themas gestaltet.

Der **zweite Satz** (***Allegretto grazioso***) in cis-moll steht an Stelle des Scherzo, nicht aber in der bei Dvořák sonst üblichen freudig-tänzerischen Stimmung. Eher etwas verdrossen wirken die stereotypen Betonungen.

Die Streicher begleiten die Melodie des Klaviers mit unruhigen Triolen. Einen Kontrast bildet der besinnlichere Mittelteil mit langen melodischen Kantilenen.

Voll tiefer Empfindungen ist der langsame **dritte Satz** in As-Dur. Das Cello eröffnet mit einer ernsten Kantilene über Klavierakkorden.

Ein friedlich-inniges zweites Thema erklingt im kanonisch Zwiegesang von Violine und Violoncello.

Unruhe verbreitet ein schroffes Marcato-Thema mit energischen Punktierungen, die dann von einem ruhig in hoher Lage schwebenden Thema in H-Dur besänftigt werden.

Der Kanon vom Beginn und eine kurze Coda beenden den Satz in der Stimmung des Anfangs.

Der leidenschaftliche **Finalsatz** (***Allegro con brio***) beginnt mit einem quasi trotzig aufstampfenden Oktavsprung und nimmt mit seinem Wechsel von Zweier- und Dreiermetrik den Charakter eines Furiant -Tanzes auf.

Ihm steht ein ruhigeres, wehmütig in der Tonhöhe fallendes zweites Thema zur Seite.

Mit der Rückkehr des ersten entfesselt sich von neuem die kämpferische Unruhe in lebhaft modulierenden Steigerungen, die vor allem die beiden Anfangstakte verarbeitet. In der Coda erklingt das erste Thema in einer gemilderten Form in Dur

und eine weitere folkloristisch gefärbte Variante.

Einer Reminiszenz an das Hauptthema folgt ein überstürzt temperamentvoller Schluss.

Tänzerisches Temperament mit romantischer Empfindung

Zu Dvořáks Klaviertrio e-moll, op. 90 (*Dumky*-Trio)

Knapp sieben Jahre nach dem f-moll -Trio entstand Dvořáks wohl bekanntestes Klaviertrio, genannt *Dumky*. Die Dumka ist ein ukrainischer Lied- und Tanztyp, bei dem in jähem Wechsel wehmütig-gefühlvolle und überschäumend-temperamentvolle Abschnitte aufeinander folgen. Nicht den viersätzigen Sonatenzyklus wählte Dvořák als Form, sondern eine Folge von sechs Dumka-Sätzen in verschiedenen Tonarten (e-moll, cis-moll, A-Dur, d-moll, Es-Dur, c-moll). Das Werk entstand von November 1890 bis Februar 1891, einerseits im Hinblick auf die Verleihung der Ehrendoktorwürde der Karlsuniversität, andererseits für die Abschiedstournee mit seinen Freunden Lachner und Wihan vor seinem Amerika-Aufenthalt.

In der **ersten** Dumka werden langsamer und schneller Teil durch ein einziges Thema verbunden, dessen Sext- und Sekundschritte schon in der rezitativischen Einleitung anklingen.

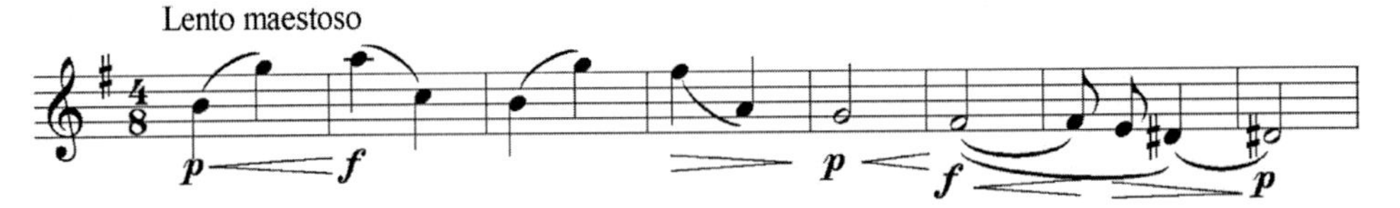

In ausdruckvoller Dynamik von der Violine zunächst allein, dann vom Cello imitierend vorgetragen, ändern sich jäh Tonart (E-Dur) und Charakter mit der Tempoverdopplung und dem feurig „galoppierenden" Kontrapunkt des Klaviers.

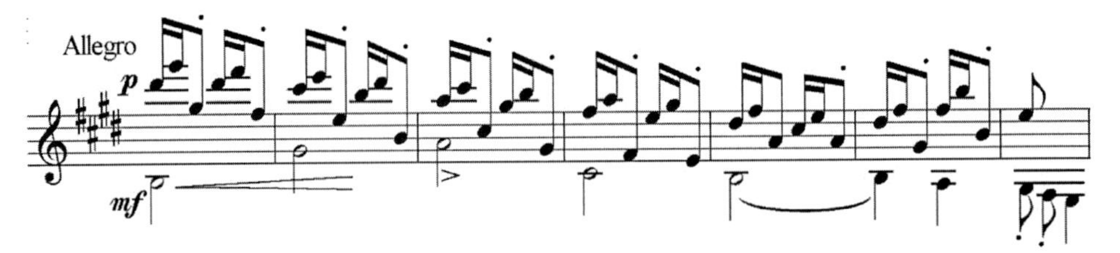

Beide Abschnitte werden – zum Teil mit vertauschten Rollen in der Melodieführung – wiederholt.

In der **zweiten** Dumka entwickelt das Violoncello aus einer kummervoll klagenden eintönigen Melodie eine expressive Kantilene,

der das Klavier mit einer schlichten Dreiklangsmelodie antwortet.

Das Cello verleiht seiner Klage Nachdruck, bis der beschleunigte Teil mit einer temperamentvoll-folkloristischen Tanzmelodie die klagende Stimmung vertreibt.

Auch hier werden beide Teile mit wechselnder Instrumentenbesetzung wiederholt.

Ein einziges, lieblich-versonnen-sehnsüchtiges Thema beherrscht die **dritte**, dreiteilige Dumka. In mannigfaltigen Abwandlungen erklingt es, wobei sich sein Charakter mit dem Tempo ändert.

In der **vierten** Dumka trägt das Violoncello rondoartig einen düsteren Marsch in russisch-volkstümlich gefärbter Melodik vor,

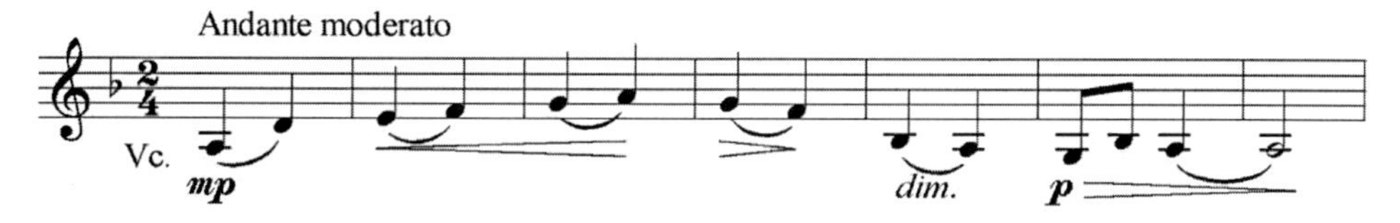

aufgehellt durch die Umspielungen von Klavier und Violine. Bei der dritten schnelleren Unterbrechung erklingt eine energisch auffordernde Tanzmelodie im Wechsel der Instrumente, doch den Schluss beherrscht die schwermütige Anfangsstimmung.

Die energisch ansteigende Tonleiter und der gefühlhaft fallende Sextsprung aus dem Grundthema beherrscht die **fünfte**, kapriziös-kontrastreiche Dumka.

Der schwungvolle Anfang in schaukelnd-synkopischer Rhythmisierung wendet sich in einen überraschenden Fermaten-Schluss nach G-Dur. In der beschleunigten Version kontrapunktiert eine rasante Tonleiter in luftiger Tonhöhe den leidenschaftlichen Gesang des Cellos. In einer weiteren Variante wandelt sich der Tonleiterbeginn des Themas in ein scherzohaftes, tänzerisches Staccato-Thema, im Kanon der Streichinstrumente vorgetragen.

Die folgende rezitativische Episode zitiert den Anfang des Themas, bevor das Tempo und die schnellen Themen in wechselnder Rollenverteilung und einem Lichterspiel zwischen Dur und Moll wieder aufgenommen werden. Ein elegischer Schluss kündigt sich an, doch energisch beendet das Staccato-Thema den Satz.

Die **sechste** Dumka kehrt zur typischen Form mit zwei auch melodisch gegensätzlichen Themen zurück. Das erste klagend-pathetische erscheint im Klavier,

düster von den Streichen untermalt. Doch gleich blitzen Staccato-Terzen auf, die das zweite, schnelle, tänzerische Thema gestalten.

Im weiteren langsamen Teil überlagert eine an schmachtende Zigeunermelodien erinnernde Oberstimme die verlangsamten Staccato-Terzen.

Das Terzen-Thema beendet das Werk, zuerst vorsichtig nach Dur gewendet, dann in feuriger Steigerung mit Halbton vor dem Schluss.

Mazurek für Violine und Klavier, op. 49

Im Januar 1879 erhielt Dvořák eine Anfrage des Berliner Verlegers Simrock: *Schreiben Sie mir doch ein kleines Stück für Violine mit Orchester, Romanze oder irgend eine gute Bezeichnung.* In einem weiteren Brief ergänzte Simrock seine Vorstellungen: *Vielleicht schreiben Sie eine ungarische oder slawische oder böhmische Phantasie – oder eine andere neue, bekannte Bezeichnung – (...)schön melodisch und auch sonst gepfeffert?* An diese Worte wird man erinnert, wenn man Dvořáks *Mazurek* hört. *Mazurek* ist die böhmische Bezeichnung für den polnischen Drehtanz *Mazurka*, dessen charakteristische Wendungen als musikalische Exotismen im 19. Jahrhundert nicht nur Chopin inspirierten. Das Werk erschien noch im gleichen Jahr im Druck. Dvořák widmete es dem damals in ganz Europa gefeierten spanischen Violinvirtuosen Pablo de Sarasate.

Eingängig, gefällig und leicht einprägsam ist das Hauptthema (e-moll), virtuos *„gepfeffert"* mit Terz- und später auch Sextparallelen.

Nicht mit Volltakt, wie eine echte Mazurka, sondern auftaktig beginnt das Thema, dafür aber mit Betonungen gegen den Takt. Nicht regelmäßige Viertakt-Perioden bestimmen den Verlauf wie beim Tanz, sondern Fünftakt-Einheiten. Wollte Dvořák sich mit diesen Verfremdungen ironisierend und bewusst von damals massenhaft produzierter, modischer Folkloremusik abheben? Mit expressiven Kantilenen in Dur beginnen jeweils die langsameren, *meno mosso* überschriebenen Abschnitte.

Der abschließende, in Oktavgängen ansteigende C-Dur-Dreiklang wird erst in den beiden Schlussakkorden wieder in die Haupttonart e-moll zurechtgerückt.

Rondo für Violoncello und Klavier g-moll, op. 94

Zu Beginn des Jahres 1892 hatte Dvořák sich für einen längeren Amerika-Aufenthalt entschieden. Dem Wunsch seiner Verehrer entsprechend gab er in 41 böhmischen und mährischen Städten „Abschiedskonzerte" mit Kollegen des Prager Konservatoriums. Für den Geiger Lachner hatte er einige Stücke zur Verfügung, u.a. *Mazurek* op. 49. Für den Cellisten Wihan bearbeitete er slawische Tanze und Klavierstücke und komponierte innerhalb von zwei Tagen, am 25. und 26. Dezember 1891 ein neues Stück, das Rondo für Violoncello und Klavier op. 94, dessen Klavierpart er später auch für kleines Orchester umarbeitete. Wihan spielte es auf dieser Tournee erstmals öffentlich, bevor es 1894 bei Simrock im Druck erschien.

Das achttaktige Rondothema in g-moll des Cello (Allegretto grazioso) wirkt schlicht und wird unverändert wiederholt.

Das Klavier begleitet in einfachen Akkorden, scheint dann zu mehr Aktivität herauszufordern, doch nach kurzen Dreiklangspassagen setzt sich wiederum das Rondothema durch. Im B-Dur-Zwischenteil dominiert das Cello mit langen Kantilenen, erst gegen Ende des Abschnitts übernimmt das Klavier die Führung, während das Cello mit virtuosen Dreiklangsbrechungen begleitet und in das Rondothema zurück leitet. Dieser ganze Teil erscheint am Ende variiert noch einmal. Im Zentrum steht ein temperamentvoller Abschnitt in G-Dur (*Allegro vivo*).

> *Der Kerl hat mehr Ideen als wir alle. Aus seinen Abfällen könnte sich jeder andere die Hauptthemen zusammenklauben.*
>
> Johannes Brahms

Leoš Janáček
1916

Leoš Janáček

1854-1928

Leoš Janáčeks wurde 1854 in Hukvaldy (Ostmähren) geboren als neuntes Kind einer Lehrerfamilie. Ab 1865 war er Schüler und Chorsänger am Augustinerkloster in Brünn. Nach Lehrerstudium und Tärtigkeit als Chorleiter begann er 1874 ein Orgelstudium in Prag, 1879-80 in Leipzig und Wien. 1882 gründete er die Orgelschule in Brünn (bis 1919), intensive Beschäftigung mit mährischer Folklore, die in die *Volkstänze aus Mähren* und die *Lachischen Tänze* einfließt, Erfolg mit der Oper „Jenufa" (1916 in Prag und Wien, 1924 auch in Berlin und New York), 1925 Ehrendoktor der Universität Brünn, aus voller Schaffenskraft riss ihn 1928 eine Lungenentzündung innerhalb weniger Tage in den Tod. Neben Smetana und Dvořák gilt Janáček als bedeutendster Vertreter der tschechischen Musik und als einer der führenden Opernkomponisten des 20. Jahrhunderts.

Musikalische Liebesbriefe

Zu Janáčeks zweitem Streichquartett

Erst 1923 wandte sich Janáček, der seinen Schwerpunkt bis dahin vor allem als Opernkomponist gefunden hatte, der Kammermusik zu. Seinem ersten Streichquartett – inspiriert von Tolstois *Kreutzersonate* – folgte 1928 das zweite, dem er den Titel *Listy důvěrné* (*Intime Briefe*) gab. Der Komponist studierte es noch mit dem *Mährischen Streich*quartett ein, die Uraufführung fand erst nach seinem plötzlichen Tod statt.

Im Jahre 1917 hatte Janáček Kamila Stösslová kennen gelernt. Mit der 37 Jahre jüngeren, verheirateten Mutter zweier Kinder verband ihn eine seinerseits fast aufdringliche Liebe und Zuneigung, die bis zu seinem Tod anhielt und seine eigene, durch den Tod seiner beider Kinder, seinen fanatischen Nationalismus und Starrsinn bereits belastete Ehe scheitern ließ. Kamila Stösslová inspirierte ihn zu den Frauengestalten seiner Opern, sie gab ihm den Impetus zu überquellender schöpferischer Aktivität. In einem Brief vom 18. Juni 1827 schreibt er an Kamila: *Deine Erscheinung hat mich befreit..., seit elf Jahren bist Du mir, ohne es zu wissen, überall Beschützerin, ... in meinen Kompositionen, dort, wo reines Gefühl, Aufrichtigkeit, Wahrheit, glühende Liebe wärmt, bist Du.* Über 700 Briefe sind erhalten, sie zeugen von Innigkeit, aber auch von irrationalem Wunschdenken und berauschendem Phantasieren weit über die Realität des Verhältnisses hinaus.

Im Februar 1828 schreibt er ihr: *Jetzt habe ich begonnen, etwas Schönes zu komponieren. Unser Leben wird darin enthalten sein. Es soll „Liebesbriefe" heißen. Wir hatten ja genug Erlebnisse! Die werden wie kleine Feuer in meiner Seele sein und in ihr die schönsten Melodien entfachen.* Den Titel ändert er kurz darauf, weil er nach eigenen Worten seine *Gefühle nicht dummen Leuten preisgeben* wollte. Auch die ursprünglich vorgesehene Viola d`amore ersetzte er durch die gebräuchlichere Bratsche. Starke seelische Kräfte ließen ihn das Quartett innerhalb von drei Wochen, vom 29. Januar bis 19. Februar 1928, vollenden. Während der Komposition schrieb er fast täglich an Kamila. *Es ist meine erste Komposition, deren Töne von all dem Liebenswürdigen durchglüht sind, was wir miteinander erlebt haben. Hinter jedem Ton stehst Du, lebhaft, nahe, strahlend vor Liebe.*

Kamila Stösslová mit ihrem Sohn, 1917

Am 1. Februar 1928 schreibt er über den **ersten Satz (*Andante – Con moto – Allegro*)**: *Die erste Nummer habe ich in Hukvaldy gemacht. Der Eindruck, als ich Dich zum ersten Mal sah!*
Der Satz beginnt mit einem gefühlvoll-sehnsüchtigen Motiv in Sextparallelen der Geigen über einem Grundton-Triller des Cello:

Das ständig wechselnde Tempo, mit genauen Metronomzahlen vom Komponisten vorgegeben, durch Beschleunigen und Verlangsamen vorangetrieben, verrät starke Emotionen.

An eine sommerliche Begegnung soll der **zweite Satz (*Adagio-Vivace*)** erinnern. Die Bratsche trägt das expressive Thema in b-moll vor, bevor es an die Geigen weitergegeben wird.

Innere Erregung spiegelt häufig die Begleitung in Trillern oder klangflächenartigen, schnellen Tonwechseln.

Zärtlichkeit und Wärme verströmt der wiegende Hauptgedanke des ebenfalls langsamen, **dritten Satzes (*Moderato - Adagio – Allegro*) :**

„Ich schreibe den dritten der Liebesbriefe. Möge er doch recht heiter geraten und in einer Vision zerfließen, die Deinem Bilde gliche!" schreibt Janáček am 6. Februar an Kamila, zwei Tage später: *„Heute habe ich in Tönen meine allersüßeste Sehnsucht niedergeschrieben. Ich ringe mit ihr. Sie bleibt Siegerin.*" Innigkeit und Intensität steigern sich im langsamen Mittelteil zu einer der schönsten melodischen Erfindungen Janáčeks:

Ein rhythmisch prägnantes, tänzerisches Hauptmotiv des **vierten Satzes (*Allegro - Andante - Adagio)*** ist deutlich slawischer Volksmusik nachempfunden:

Rondoartig hält es die Abschnitte zusammen, in denen verschiedene Tempi mit den Emotionen wechseln. In strahlendem Des-Dur, bebend von Trillern und sforzati, klingt das Quartett aus.

Aus dem Manuskript von Janáčeks 2. Streichquartett

2.5 Fin de Siècle, Impressionismus und Übergang in die Moderne

2.5.1 Musik des Übergangs: Fin de Siècle, Impressionismus, Entwicklung zur Moderne

Um die Wende zum 20. Jahrhundert vollzog sich einer der größten Umbrüche in der Musikgeschichte. Alle bisherige Musik von Barock, Klassik und Romantik basierte – trotz aller unterschiedlicher Ausprägungen und Entwicklungen – auf grundlegenden Gemeinsamkeiten und bilden eine Einheit: Das Dur-Moll-Tonsystem und die meisten musikalischen Gattungen, von Orchester- und Kammermusik bis zu Lied, Chormusik und Oper, sind allgemein gültige Grundlagen und Formen der Musik zwischen 1600 und 1900.

Das *Fin de siècle* des 19. Jahrhunderts offenbarte neue Brüche und Spannungen in der Gesellschaft: Bevölkerungswachstum, Anwachsen der Städte, Industrie- und Massenzeitalter, Spaltung der Gesellschaft in reiches Großbürgertum und Arbeiterklasse, Sozialismus, Materialismus, Verlust der Glaubensgewissheit (Nietzsche: *Gott ist tot*), Auflösungstendenzen der Donaumonarchie – all dies verursachte Verunsicherung, Skeptizismus, Zukunftsangst und Furcht vor Wertverlust des Individuums.

Weltangst und -schmerz, Vereinzelung und Entfremdung, Sehnsucht nach Natur und Geborgenheit sind allgegenwärtig in den Werken Gustav Mahlers und werden intellektuell stilisiert dargestellt. Aber auch bitter-ironische und groteske Töne sind zu spüren am Ende des 19. Jahrhunderts. Das überhitzt-emotionale Klima der Spätromantik war ausgereizt und ein Entkommen überfällig geworden. Ein letztes Festhalten an Ästhetizismus, am schönen Schein in der Kunst offenbaren Symbolismus, L'art-pour-l'art-Bewegung, Impressionismus und Jugendstil. Richard Strauss fühlte sich zu Beginn des Jahrhunderts in seinen Opern expressionistischen Tendenzen verbunden, blieb aber mit seinem vital-optimistischen Stil in seinen Symphonischen Dichtungen und seinen späteren Opern versöhnlich-spätromantisch.

In der Spätromantik hatte die traditionelle Harmonielehre ihre Grenze erreicht: Von Wagners *Tristan-Akkord* (siehe Kapitel Spätromantik) ausgehend, wurden Melodie und Harmonie immer stärker mit Chromatik durchsetzt, der Klang an sich gewann an Bedeutung, die Spannung einer Dissonanz wurde immer weniger als auflösungsbedürftig empfunden. Mit jedem weiteren dissonanten Zusatzton wurde die Tonalität weiter aufgeweicht. Neue Akkordverbindungen entstanden, ohne direkten Bezug zu einer durchgehenden Grundtonart bis an die Grenzen zur Atonalität.

Angeregt durch Interesse für asiatische (Gamelan-) Musik und Jazz fand Debussys musikalischer Impressionismus neue Stilmittel (siehe Kapitel über sein Streichquartett): Pentatonik, Ganztonleiter, Verwendung alter Kirchentonarten, oft nur fragmentarische und kreisend-offene Melodik, Aufweichen der straffen metrischen Ordnung, Parallelführung von Akkorden, Vorliebe für weiche Klangfarben (Flöte, Harfe, Horn), Abkehr von klassischen Formen zugunsten freier A-B-A'-Formen charakterisieren seine Musik. Verwandte Debussy noch „weichere" Dissonanzen (z.B. Mollklänge mit kleiner Sext, „Grautöne"), so werden bei Ravel Harmonik und Instrumentation farbiger: Er fügte z.B. Durakkorden schärfere Dissonanzen bei (z.B. große Septimen) und komponierte kunstvolle Klangmischungen (Der *Boléro* als Instrumentationsstudie). Der einzelne Klangreiz verselbständigte sich, Klänge und Klang-folgen können nebeneinander stehen ohne gemeinsamen Tonartbezug.

2.4.2 Komponistenportraits, Werkbeschreibungen und Portraits von Orchestermusikern

Ernest Chausson
1896

Ernest Chausson

1855-1899

Ernest Chausson wurde 1855 in Paris in einer Architektenfamilie geboren, in der er mehr literarische als musikalische Anregungen erfuhr. Dem Vater zuliebe absolvierte er ein Jurastudium. Nach dem Besuch einer Wagner-Oper in München brach sein Interesse für Musik durch, 1879 wurde er am Pariser Conservatoire Schüler Massenets und César Francks. Dank familiärer Güter konnte er sich ganz dem Komponieren widmen. Seine Symphonie B-Dur gehört in Frankreich zum Standardrepertoire der Orchester, außerhalb Frankreichs sind außer seinem Violinkonzert in Es-Dur (Poème) und einigen Liedern nur wenige Werke bekannt. Er schrieb ein lyrisches Drama (Le Roi Arthus), einige Bühnenmusiken, Lieder, symphonische Dichtungen, ein Klavierkonzert mit Streichquartett und Klaviermusik. Nach einem Fahrradunfall starb Chausson 1899 in der Nähe von Paris.

Hochdifferenzierte musikalische Lyrik

Zu Chaussons *Poème de l'amour et de la mer*

Richard Wagner war in der zweiten Hälfte des 19. Jahrhunderts zweifellos der einflussreichste und umstrittenste Komponist Europas. Seine Verwendung der Singstimme, eingebettet in symphonischen Orchesterklang, regte ab 1870 zahlreiche Komponisten zu einer neuen Gattung der Verbindung von Singstimme und Orchester außerhalb der Oper, den Orchesterliedern, an. In Frankreich verband sich diese Entwicklung nach dem verlorenen französisch-deutschen Krieg (1871) mit einer neuartigen Lyrik und der Besinnung auf eine nationale, der französischen Sprache angeglichene, rezitativische Melodie-Tradition.

Als Text wählte Chausson für das *Poème de l'amour et de la mer* einzelne Strophen aus dem gleichnamigen Gedichtband von Maurice Bouchor (1855-1929) und fügte sie neu zusammen. Darstellungen von Wasser, Meer und den Reflexen des Lichts hatten Tradition in französischer Malerei, Dichtung und Musik, insbesondere bei den impressionistischen Malern, deren Werke 1874 in Paris erstmals zu sehen waren. Der Anblick bewegten Meers inspirierte zu allen Zeiten zu Vergleichen mit Regungen der menschlichen Psyche und diente als Symbol für Vergänglichkeit.

Die einzelnen Teile von Chaussons *Poème de l'amour et de la mer* entstanden zwischen 1882 und 1890. Die Uraufführung fand nach mehreren Überarbeitungen 1893 in Paris statt. Das Werk gleicht formal eher einer Liedkantate oder einer symphonischen Dichtung mit Singstimme als einem Zyklus von Orchesterliedern. Vor-, Nach- und Zwischenspiele sowie das *Interlude* zeigen die Bedeutung der ausdrucksvollen Orchestersprache und der hochdifferenzierten Instrumentation. In einzelnen Momenten meint man Anklänge an Wagners *Siegfried (Waldweben), Götterdämmerung (Siegfrieds Trauermarsch)* oder *Tristan* (Chromatik, Deklamation) zu hören. Damit erscheint Chaussons Musik als Bindeglied zwischen der Sprache Wagners, César Francks und Debussys.

Die Charakteristika der beiden wichtigsten Hauptthemen weisen auf den musikalischen Impressionismus. Der ruhige Fluss der Melodik, ohne hörbar durchgehendes Metrum, unbestimmt ziellos um einen Zentralton kreisend, organisch-assoziativ variiert, harmonisch mit pentatonischen Elementen zwischen G-Dur und e-moll changierend, kündigt Debussys Klangsprache an.

Das schwermütige Hauptmotiv des kurzen ***Interlude***, das schon im 1. Teil anklingt, trägt das Fagott vor:

Von schwerelos wirkenden Klangfelder aus Trillern, Tremoli und Arpeggien wird auch das pentatonische Thema des 2. Liedes untermalt:

Auch im weiteren Verlauf erwecken solche Begleitungen aus rhythmisch schwer bestimmbaren Elementen, das oftmals ritardierende und wieder anziehende Tempo, ins Unhörbare gleitende chromatische Linien, chromatische Rückungen in ferne Tonlandschaften und die Vielseitigkeit der Klangfarben und Farbmischungen verbal kaum fassbare Assoziationen.

Die Singstimme folgt allgemein dem Duktus der französischen Sprache, auch ihr Rhythmus wirkt durch viele Triolen und Synkopen fließend und schwebend. Die Melodik ist chromatisch durchsetzt, ähnlich Wagners *Tristan*-Melodik.

Bedeutende Unterschiede zum *Tristan* erweisen sich im Inhalt der Texte. Nicht die ewige Liebe wird besungen, sondern die Trauer über den Verlust der Liebe. Die Liebe reißt die handelnden Liebenden nicht in den Abgrund, sie überdauern ihre Liebe und klagen über deren Vergänglichkeit.

Poème de l'amour et de la mer

Maucice Bouchor

1. La fleur des eaux

L'air est plein d'une odeur
exquise de lilas
Qui, fleurissant du haut des
murs jusqu'en bas,
Embaument les cheveux
des femmes.
La mer au grand soleil va
toute s'embraser,
Et sur le sable fin qu'elles
viennent baiser
Roulent d'eblouissantes lames.

Ô ciel qui de ses yeux dois
porter la couleur,
Brise qui vas chanter dans
les lilas enfleur
Pour en sortir tout embaumée,
Ruisseaux, qui mouillerez
sa robe, ô verts sentiers,
Vous, qui tressaillerez sous
ses chers petits pieds,
Faites-moi voir ma bien-aimée!

Et mon cœur s'est levé
par ce matin d´été,
Car une belle enfant était sur
le rivage,
Laissant errer sur moi des
yeux pleins de clarté,
Et qui me souriait d'un air
tendre et sauvage.
Toi que transfiguraient la
Jeunesse et l'Amour,
Tu m'apparus alors comme
l'âme des choses.
Mon cœur vola vers toi,
tu le pris sans retour.
Et du ciel entr'ouvert pleuvaient
sur nous des roses.

Quel son lamentable et sauvage
Va sonner l'heure de l'adieu!
La mer roule sur le rivage,
Moqueuse, et se souciant peu
Que ce soit l'heure de l'adieu.

1. Die Blume des Meeres

Die Luft voll vom köstlichen Duft
des Flieders,
der von oben bis unten die Mauern
mit seinen Blüten schmückt
und das Haar der Frauen mit Wohlgeruch erfüllt.
Im vollen Sonnenglanz wird das ganze Meer entflammt
sein,
und gleißende Wogen rollen
auf den feinen Sand,
um ihn zu küssen.

Oh Himmel, der du die Farbe ihren Augen verdankst,
Wind, der du im blühenden Flieder
singen wirst, um lieblich duftend daraus zu entweichen,
Bäche, die ihr ihr Kleid benetzen werdet,
oh grüne Pfade,
ihr, die ihr unter ihren lieben kleinen Füßen
erzittern werdet,
lasst mich meine Geliebte sehen!

Und mein Herz hat sich erhoben
an diesem Sommermorgen,
denn ein schönes Kind war
am Strand,
das seine Augen voller Klarheit über mich
schweifen ließ,
und das mich anlächelte mit zärtlicher und
scheuer Miene.
Du, die Jugend und Liebe
verklärten,
du erschienst mir damals wie
die Seele aller Dinge;
mein Herz flog zu dir, du nahmst es
unwiederbringlich,
Und aus dem halbgeöffneten Himmel
regneten Rosen auf uns hernieder.

Mit welch jämmerlichem und wildem Ton wird die
Stunde des Abschieds schlagen! Das Meer rollt über den
Strand, spöttisch, und es kümmert sich wenig darum,
dass dies die Stunde des Abschieds ist.

Des oiseaux passent,
l'aile ouverte,
Sur l'abîme presque joyeux;
Au grand soleilla mer est verte
Et je saigne silencieux
En regardant briller les cieux.

Je saigne en regardant ma vie
Qui va s'eloigner sur les flots.
Mon âme unique m´est ravie,
Et la sombre clameur des flots
Couvre le bruit des
mes sanglots.
Qui sait si cette mer cruelle
La ramènera vers mon cœur?
Mes regards sont tournés sur elle,
La mer chante et le vent moqueur
Raille l'angoisse
de mon cœur.

Die Vögel fliegen mit weit ausgebreiteten Flügeln
beinahe fröhlich über dem Abgrund,
im vollen Sonnenschein ist das Meer grün,
und ich blute still, indem ich den strahlenden Himmel betrachte.

Ich blute, wenn ich mein Leben betrachte,
das sich auf den Fluten entfernen wird.
Meine einzige Seele ist mir geraubt,
und das düstere Geschrei der Fluten
übertönt das Geräusch meines
Schluchzens.
Wer weiß, ob dieses grausame Meer
sie meinem Herzen zurückbringen wird?
Meine Blicke sind zu ihm gewandt;
das Meer singt, und der spöttische Wind
macht sich über die Angst meines
Herzens lustig.

Interlude (Orchestre)

Zwischenspiel (Orchester)

2. La mort de l'amour

Bientot l'île bleue et joyeuse
Parmi les rocs m'apparaîtra;
L'île sur l'eau silencieuse
Comme un nénuphar flottera.
À travers la mer d'améthyste
Doucement glisse le bateau,
Et je serai joyeux et triste
De tant me souvenir - bientot.

Le vent roulait les feuilles mortes;
mes pensées
Roulaient comme les feuilles mortes
dans la nuit.
Jamais si doucement au ciel noir
n'avaient lui
Les milles roses d'or d'où tombent
les rosées!
Une danse effrayante, et les feuilles
froissées
Et qui rendaient un son métallique,
valsaient.
Semblaient gémir sous les étoiles,
et disaient

2. Der Tod der Liebe

Bald wird die blaue und fröhliche Insel
zwischen den Felsen vor mir auftauchen;
auf dem stillen Wasser wird die Insel
wie eine Seerose schwimmen.
Durch das amethystfarbene Meer
Gleitet sanft das Boot,
und es wird mich fröhlich und
traurig stimmen,
wenn ich mich an so vieles erinnere - bald.

Der Wind fegte die toten Blätter hin und her;
meine Gedanken
tanzten herum wie tote Blätter
in der Nacht.
Niemals hatten am schwarzen Himmel
die tausend goldenen Rosen,
von denen der Tau herabfällt,
so lieblich geglänzt!
Ein fürchterlicher Tanz, und die
zerknitterten Blätter,
die einen metallischen Klang wiedergaben, tanzten,
schienen unter den Sternen zu ächzen
und sprachen

L'inexprimable horreur des amours
trépassés.
Les grand hêtres d'argent que la lune
baisait
Etaient des spectres. Moi, tout mon
sang se glaçait
En voyant mon aimée étrangement
sourire.
Comme des fronts de morts nos fronts
avaient pâli,
Et, muet, me penchant vers elle,
je pus lire
Ce mot fatal écrit dans ses grands
yeux - l'oubli.

Le temps des lilas et le temps des
roses
Ne reviendra plus à ce
printemps-ci;
Le temps des lilas et le temps des
roses Est passe.

Le temps des reillets aussi.
Le vent a changé; les cieux sont
moroses,
Et nous n'irons plus courir et cueillir
Les lilas en fleur et les belles roses;
Le printemps est triste et ne
peut fleurir.

Ô! Joyeux et doux printemps
de l'année
Qui vins, l'an passé,
nous ensoleiller.
Notre fleur d'amour est si
bien fanée,
Las! Que ton baiser ne peut
l´éveiller!
Et toi, que fais-tu? Pas de fleurs
écloses,
Pas de gai soleil ni d'ombrages
frais;
le temps des lilas et le temps des roses
Avec notre amour est mort
à jamais.

vom unaussprechlichen Grauen
dahingeschiedener Liebe.
Die großen Silberbuchen, die der
Mond küsste,
standen wie Gespenster da. Mein Blut
erstarrte,
als ich meine Geliebte seltsam
Lächeln sah.
Unsere Stirnen waren bleich wie
die der Toten,
und stumm, mich zu ihr hinneigend,
konnte ich
dieses schicksalhafte Wort in ihren
großen Augen lesen - Vergessen.

Die Zeit des Flieders und die Zeit der Rosen
wird in diesem Frühling nicht mehr
zurückkehren;
die Zeit des Flieders und die Zeit der Rosen
ist vorbei, genau so wie die Zeit der Nelken.

Der Wind hat gedreht, der Himmel ist
missgestimmt,
und wir werden nicht mehr laufen,
um den blühenden Flieder und die
schönen Rosen zu pflücken;
der Frühling ist traurig und kann keine
Blüten hervorbringen.

Oh! Fröhlicher und lieblicher Frühling
des Jahres,
der uns im vorigen Jahr so sonnig
beschienen hat.
Unsere Blume der Liebe
ist so sehr verwelkt,
Müder! Dass dein Kuss sie nicht wieder
erwecken kann!
Und du, was machst du? Keine auf-
blühenden Blumen,
keine fröhliche Sonne, noch frisches
schattiges Laubwerk;
die Zeit des Flieders und die Zeit der Rosen ist mit
unserer Liebe für immer gestorben.

Übersetzung: Christa Thiele

Claude Debussy
1908

Claude Debussy

1862-1918

Claude Debussy wurde 1862 in St. Germain-en-Laye geboren. Er wurde von seiner Mutter unterrichtet und besuchte nie eine Schule. Die Chopin-Schülerin Mauté de Fleurville entdeckte sein musikalisches Talen, sie unterrichtete den Knaben, bis er 1873 ins Conservatoire aufgenommen wurde. Die Hoffnung auf eine Pianistenlaufbahn musste er bald aufgeben. Am Pariser Conservatoire studierte er Komposition bei Ernest Guiraud und kurze Zeit bei César Franck. 1885-87 hielt er sich in Rom in der Villa Medici als Rompreis-Stipendiat auf, lebte er danach bis zu seinem Tod in Paris. In Nachbarschaft und in vielen Künstlerbegegnungen mit Malern wie Cézanne, Manet und Monet, Dichtern wie Verlaine, Baudelaire und Maeterlinck entstand sein ureigener Stil, den man den musikalischen Impressionismus genannt hat. Debussy starb an Darmkrebs 1918 in Paris.

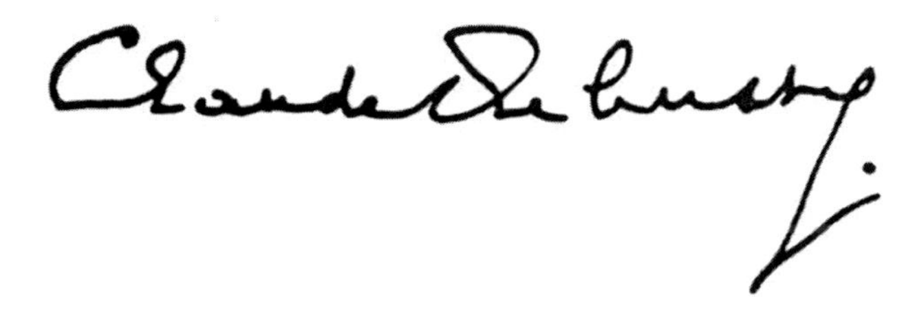

Zwischen Klassik, Romantik und Moderne

Stilelemente von Debussys musikalischem Impressionismus, dargestellt am Streichquartett g-moll, op. 10

Mit seinem einzigen Streichquartett aus dem Jahre 1893 begab sich Debussy auf eine Ebene, die äußerlich zunächst seinem bisherigen Werk und den Ideen der Impressionisten widersprach. War doch das Streichquartetts als Inbegriff *absoluter* – d.h. von außermusikalischen Ideen freier - Musik der Tradition der Wiener Klassiker weit mehr verpflichtet als jede andere musikalische Werkgattung. Anregungen erhielt Debussy von den russischem Komponisten Glasunow und Borodin, die eine neuartige instrumentale Farbigkeit und orchestrale Effekte in den kammermusikalischen Klang eingeführt hatten, aber vor allem durch den in Paris damals als Vorbild übermächtigen César Franck. Mit seinem Prinzip der zyklischer Geschlossenheit durch thematische Bezüge in allen Teilen eines mehrsätzigen Werkes wurde dieser als Vollender von Beethovens musikalischer Formgestaltung verehrt.

Eine Darstellung der neuen musikalischen Mittel Debussys, der mit seinem Stil entscheidende Impulse für die gesamte Musik des 20. Jahrhunderts gegeben hat, soll hier exemplarisch anhand der musikalischen Elemente des ersten Satzes versucht werden.

Zu Beginn des Quartetts erklingt das erste Hauptthema, das als Kern- oder Mottothema fungiert, aus dem nahezu alle weiteren musikalischen Gestalten, nicht nur Themen, sondern auch melodische Fortspinnungen, Steigerungen und Begleitfiguren abgeleitet sind.

In der Haupttonart g-moll stehend, beginnt es **melodisch** mit dem Ton *g* und kreist wiederholt in kleinen Intervallschritten (fast nur Sekund und Terz kommen vor) um den Zentralton *g*, klanglich basiert es jedoch auf dem tiefsten Ton *d*, der wie ein Grundton wirkt. Das *as* am Ende des 1.Taktes ist ein fremder Ton in der g-moll-Tonleiter, er verschleiert die g-moll-Tonalität, ebenso das stark betonte *f*, das nur als *fis* Leittonfunktion zu g-moll hätte. *Fis* ergäbe mit dem Basiston *d* und dessen Quintton *a* den Dominantdreiklang D-dur. Nach klassischer Harmonielehre ist eine Tonart durch ihren Tonika- und ihren Dominantdreiklang bestimmt. Fehlender Leitton (*fis*), unklare Dominantbeziehung, der leiterfremde Ton *as* statt *a* (als Halbton über dem Grundton *g* wie bei der phrygischen Kirchentonart) erwecken den Eindruck des Ungewissen, Schweifenden, zufällig improvisatorisch Kreisenden. Der Eindruck der Tonartverschleierung verstärkt sich im Verlauf des Werks, kirchentonale, pentatonische Anklänge und in Steigerungen sogar die Ganztonleiter scheinen die klassisch-romantische Dur-Moll-Tonalität zu gefährden.

Die **harmonische** Betrachtung der ersten zwei Zusammenklänge zeigt fehlende harmonische Bezüge der aufeinander folgenden Akkorde. Auf einen g-moll-Dreiklang folgt der Akkord *f-as-c-d* (in der ersten Umkehrung), ein f-moll-Dreiklang mit dissonantem Zusatzton *d*. Beide

Akkorde haben nach klassisch-funktionaler Harmonielehre kaum eine Verbindung zueinander, sie stehen beziehungslos neben einander, wie die einzelnen Farbtupfer in einem impressionistischen Gemälde.

Auch im weiteren Verlauf des Satzes scheinen Akkorde mit dissonanten Zusatztönen reine Akkorde zu überwiegen. Das melodische, lyrisch-weiche Seitenthema des ersten Satzes der 1. Violine wird sogar teilweise in Nonenparallelen von der Viola begleitet. Daraus ergibt sich ein dissonanter Klangeffekt, der weniger harmonisch, eher als eine herbe Klangfärbung der Melodie zu verstehen ist.

Rhythmisch wirkt das erste Thema durch Lautstärke und Gleichrhythmik aller vier Instrumente forsch, jedoch entzieht die melodische Betonung des *f* auf unbetonten Taktteilen und im weiteren Verlauf die häufige Triolenbildung und ständige Synkopierung dem Hörer die Taktschwerpunkte. Die klare Ordnung im Viervierteltakt verschwimmt.

Formal folgt Debussy dem viersätzigen Modell des klassischen Streichquartetts. In der formalen Gestaltung der Themen jedoch geht er eigene Wege. Das Grundthema schon ist nicht fest umrissen. Seine Ende ist nicht klar zu definieren, es geht in eine melodische Fortspinnung über. Es ist selbst bereits als ein melodisches Doppelmotiv zu bezeichnen, denn der erste und zweite Takt sind bereits Varianten der selben Intervallfolge. Auch andere Themen des Werks nehmen diese Struktur auf. Ein Nebenthema, ganz aus den Elementen des ersten gestaltet, beginnt beispielsweise, gleich nach dem ersten Thema in Takt 13, rhythmisch ganz vage mit einer Synkope auf dem zweiten Taktteil über einer flirrenden Klangfläche von Sechzehntelketten der drei tieferen Instrumente, es wiederholt ebenfalls zweimal das gleiche Motiv, wird vom Cello aufgenommen und wiederum variiert, bevor das erste Thema wiederkehrt.

Zeitgenössische Kritiker sprachen aus Unverständnis für die geniale Schöpfung eines neuen Stils zu Beginn des 20. Jahrhunderts, ähnlich wie bei den Malern des Impressionismus, von *Verschwommenheit*, *Zusammenhanglosigkeit*, ferner von *Passivität der Themen* und *destruktiver Rhythmik*. Vergleiche mit impressionistischer Malerei wurden immer wieder versucht. Gemeinsamkeiten der künstlerischen Intention sind sicher in der Abkehr von allzu strengen Formgesetzen zugunsten einer neuen, farbigeren Ausdrucksweise zu sehen.

Der **zweite Satz (*Assez vif et bien rhythmé*, G-Dur, A-B-A'-B'-A"-Form)** ist melodisch neben Klang- und Spielfiguren fast ausschließlich aus dem Kernthema (1.Satz) gestaltet. Das muntere Staccato-Hauptthema wird nach vier Pizzicato-Akkorden von der Viola angestimmt. Es ist hier eine Oktave höher abgebildet, um den Vergleich mit dem Hauptthema des Kopfsatzes zu erleichtern, dem Kernthema des Werks. Zu einer Ostinato-Kette zusammengefügt prägt es den ersten Abschnitt.

Lebendigkeit entsteht aus dem Kontrast zwischen dem mit Bogen gespielten Thema und dem Staccato der anderen Stimmen, vor allem aber aus der widerstreitenden Rhythmik von Dreier- und Zweiermetrik.

Zwei Mittelteile (B und B') in ruhigerem Charakter enthalten über Sechzehntel-Klanggrundierung das Kernthema in vergrößerten Notenwerten mit elegischem Charakter:

Im zweiten und im letzten A-Teil wird das Ostinato-Thema des Satzes mit einer erneuten Variante direkt konfrontiert: 6/8-Thema und 2/4-Variante in Vergrößerung erklingen gleichzeitig:

Eine kurze Coda erinnert noch einmal an die Klangflächen der Mittelteile, dann klingt der Satz in huschendem Pianissimo-Pizzicato aus.

Im langsamen **dritten Satz (*Andantino,* Des-Dur)** umschließt ein fast statisch-schwermütiger, mit Dämpfer gespielter A-Teil einen leidenschaftlichen Mittelteil. Das erste Thema, zunächst stockend angestimmt von 2. Violine und Viola, wird von der 1.Geige entfaltet. Nicht direkt aus dem Kernthema entwickelt, enthält es dennoch verwandte Merkmale wie kreisende Melodieführung und kleine Intervalle:

Im Mittelteil in cis-moll entwickeln sich hochemotionale Steigerungen mit dem ausdrucksvollen Thema, das durch die Triolen-Wechselnoten und die fallende Sekund-Terz-Intervallfolge vom höchsten Ton an mit dem Kernthema in Verbindung steht.

Mit dem verkürzten A'-Abschnitt verklingt der Satz in sphärischer Höhe (*pp que possible*).

Der Finalsatz steigert sich von langsamem Anfang (***Très modéré – Très mouvementé avec passion)*** zu leidenschaftlichem Fortissimo. In der Einleitung klingen noch die Motive des langsamen Satzes nach. Dann erscheint das Hauptthema beschleunigt im 12/8-Takt im Fugato:

Alle Themen und Motive sind aus denen der anderen Sätze gewonnen und mit dem Kernthema verwandt. Dieses erscheint als Markstein und Wendepunkt in Vergrößerung

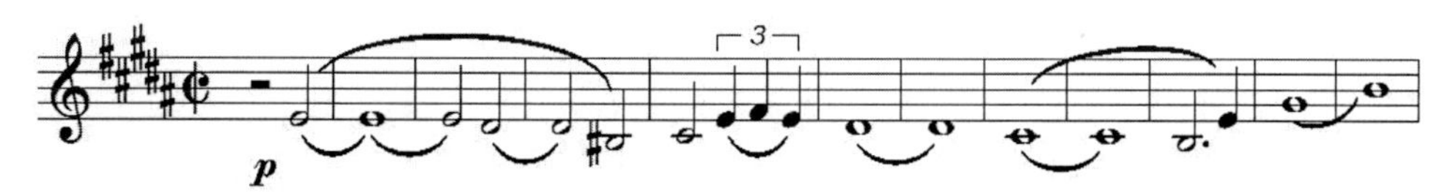

und in energisch-kraftvoll geballtem Fortissimo in spätromantisch-tonartverschleiernder Akkorden (G-H-D-Des-f-G) unterlegt.

Richard Strauss
um 1885

Richard Strauss

1864 - 1949

Richard Georg Strauss kam 1864 als Sohn des Hofmusikers Franz Joseph Strauss und dessen zweiter Ehefrau Josephine, geborene Pschorr in München zur Welt. Mit vier Jahren erhielt er den ersten Klavierunterricht bei einem Kollegen des Vaters aus der Hofkapelle. Schon in die Grundschulzeit fielen erste Kompositionsversuche, und er begann mit dem Geigenunterricht. Während der Gymnasialzeit auf dem Ludwigs-Gymnasium wurde der Klavierunterricht bei Carl Niest fortgesetzt und Kompositionsunterricht beim Hofkapellmeister Friedrich Wilhelm Meyer begonnen, der den Knaben mit den Werken Wagners und Liszt bekannt macht, die sein Vater geradezu fanatisch ablehnte. Als Richard Strauss 1882 das Abitur ablegte, war er ein in jeder Hinsicht voll ausgebildeter Komponist, dessen Jugendwerke in dem vom Vater geleiteten Konzertverein *Wilde Gung'l* erfolgreich aufgeführt worden waren. Dem Wunsche seines Vater folgend nahm er jedoch zunächst ein Philosophie-Studium an der Universität München auf. Auf einer Berlinreise lernte er Hans von Bülow kennen, der den jungen Künstler großmütig förderte. Bülow verschaffte dem erst 21-jährigen die Position eines Hofmusikdirektors in Meiningen. Mit 26 dirigierte er zum ersten Mal die Berliner Philharmoniker, hatte mit seinen Symphonischen Dichtungen Erfolg und befasste sich mit Opernplänen. Seine Oper *Salome* (1905) wurde eben so oft verboten wie enthusiastisch gefeiert, und *gehört noch immer zu den genialsten und erfolgreichsten Musikdramen des 20. Jahrhunderts* (H. H. Stuckenschmidt 1983). Von den Aufführungstantiemen konnte sich Strauss schon bald seine Villa in Garmisch bauen. Hoch geehrt starb Richard Strauss 1949 in Garmisch.

Konzert für Waldhorn und Orchester in Es-Dur, op. 11

Das 1. Hornkonzert wurde noch im Abiturjahr 1882 begonnen und war zunächst als Geschenk zum 60. Geburtstag seines Vaters vorgesehen, der als einer der besten Hornvirtuosen seiner Zeit galt. Mit den Möglichkeiten des Waldhornes war Richard Strauss demzufolge seit früher Jugend vertraut, und stattete das Konzert mit allen technischen und melodischen Möglichkeiten aus, die einem versierten Hornisten zu Gebote stehen und mit dem großen Tonumfang einhergehen.

Die Uraufführung des 1. Hornkonzertes fand am 4. März 1885 in Meiningen mit dem Hornisten Gustav Leinhos unter der Leitung von Hans von Bülow statt. In der gedruckten Ausgabe der Partitur lautet die Dedikation: *Dem köngl. Sächs. Kammermusiker Hrn. Oscar Franz freundlichst gewidmet.*

In der formalen Anlage mit den Sätzen Allegro – Andante - Allegro noch an den großen romantischen Virtuosenkonzerten orientiert, verzichtet Strauss jedoch im **ersten Satz (*Allegro*)** auf eine sonst übliche längere Orchestereinleitung, und das Soloinstrument gibt nach einem Es-dur-Akkord des Orchesters diesem in einer Art Solokadenz das thematische Begleitmaterial vor, während das dann folgende Hauptthema mit seinen weiten Melodiebögen einer Gesangsszene gleicht.

Dennoch wahrt Strauss die überlieferte Sonatenhauptsatzform, leitet jedoch nach einer verkürzten Reprise und Satzcoda ohne Unterbrechung in den langsamen **zweiten Satz (*Andante*)** über, der in der Anlage einer dreiteiligen Liedform entspricht. Hier stellt der junge Komponist den weitgeschwungenen Hornkantilenen immer wieder imitierende Bläsersoli (Klarinette, Fagott) an die Seite, die seine später unübertroffene Meisterschaft in der Instrumentation vorausahnen lassen.

Der **dritte Satz (*Allegro*)** *schließt* unmittelbar an den langsamen Satz an, ist als Rondo angelegt, dessen quirliges Hauptthema nach einer achttaktigen Orchestereinleitung vom Solohorn im 6/8-Takt vorgestellt wird.

Rondo Allegro

Die schnelle Jagdmusik wird zweimal unterbrochen durch sehr pathetisch wirkende Rückgriffe auf das thematische Material aus dem ersten Satz, in denen der Hornist die großen melodischen Möglichkeiten seines Instrument in Erinnerung bringen kann.

Strauss nahm nach Abschluss der Komposition selbst eine Bearbeitung für Horn und Klavier vor, um das Konzert auch dem häuslichen Musizieren mit seinem Vater zugänglich zu machen, den er so oft am Klavier in den Mozartschen Hornkonzerten und bei Beethovens Hornsonate begleitet hatte. Inwieweit der Vater das Hornkonzert seines Sohnes wirklich geschätzt hat, wissen wir nicht. Richard Strauss schrieb in seinen *Erinnerungen an meinen Vater*: *Er war ein sogenannter Charakter. Er hätte es für ehrlos gehalten, ein einmal als richtig erkanntes künstlerisches Urteil jemals zu revidieren und war einer Belehrung meinerseits bis ins höchste Alter unzugänglich.*

Dr. Gunther Joppig

Richard Strauss´ Villa in Garmisch, erbaut 1908 von Emanuel Seidl

Gunther Joppig Oboe, Fagott, Kontrafagott, Heckelphon, ...

Eigentlich wäre ich gern Oboist in einem großem Symphonieorchester geworden, aber leider konnte ich erst mit 17 Jahren während meiner Tischlerlehre mit Oboenunterricht beginnen. Den Unterricht, auch auf dem Klavier, verdiente ich mir durch handwerkliche Arbeiten. Noch während der Lehrzeit lverpflichtete ich mich für vier Jahre zum Dienst als Oboist im Heeresmusikkorps der Bundeswehr, auch um mein Oboenstudium, meine Instrumente, Noten und Bücher finanzieren zu können. Schon zu Beginn meiner Musikausbildung war mein Interesse für die Instrumentenkunde geweckt. Nach dem Motto *Was man nicht kennt, kann man nicht finden* entdeckte ich im altehrwürdigen Musikgeschäft A. E. Fischer ein Heckelphon, das ich von meinem ersten Sold erwarbDamit begann meine Sammelleidenschaft für historische und ausgefallene Instrumente. Im Musikkorps probierte ich alles aus, was an Blas- und Schlaginstrumenten vorhanden war. Besonders faszinierten mich die tiefen Holz-blasinstrumente, wie Fagott und Kontrafagott, Bassetthorn und Bassklarinette, Bariton- und Basssaxophon, auf denen ich bei den Musikerkollegen Unterricht nahm. Nach Ende meiner vierjährigen Dienstzeit entschied ich mich, das Abitur am Hansa-Kolleg in Hamburg nachzuholen, um noch studieren zu können. Ab 1970 studierte ich Musikwissenschaften an der Universität Hamburg und übernahm gleichzeitig einen Lehrauftrag für Musik an einem Gymnasium. Daraus wurden 16 Jahre Schuldienst, zuletzt als Studienrat. Die Promotion erfolgte 1984 mit Beiträgen zur Geschichte von Oboe und Fagott. Die eigene Instrumentensammlung umfasste inzwischen u.a. die seltenen Sarrusophone, verschiedene Kontrafagott-Typen und die Oboenfamilie mit Oboe, Oboe d´amore, Englischhorn, Baritonoboe und Heckelphon. 1987 wurde ich Sammlungsleiter des Münchner Musikinstrumentenmuseums. Im Philharmonischen Orchester Isartal begann ich als Kontrafagottist in *Ein deutsches Requiem* von Brahms 1997 unter der Leitung von Günther Weiß. In den darauf folgenden Jahren spielte ich zumeist das 1. Fagott. Unter Professor Adt mit neuen Damen im Bereich der Holzbläser übernahm ich mehr die Sonderinstrumente, wie das Kontrafagott, die Stimme des dritten Fagotts mit Kontra-A-Wagnerstürze in Carl Nielsens Symphonie oder die Basshornpartie bei Mendelssohn mit dem Kontrabass-Sarrusophon und half im Schlagzeug an der Seite des fabelhaften Paukers Alexander Jung aus. Unvergessliche Eindrücke verbinde ich mit der Japan- und Frankreichreise.

Dr. Gunther Joppig

Kammermusikalische Bühnenmusik

Zu Richard Strauss' Sextett aus *Capriccio*, op. 85

Ein *Capriccio* (Laune, Einfall) ist seit Spätrenaissance und Barockzeit ein einsätziges Musikstück in ungebundener Form, frei nach Laune und Einfall gestaltet. In Klassik und Romantik wurde es, ähnlich dem Scherzo, zum Charakterstück, in der Sololiteratur zum Virtuosenstück (Paganini).

Richard Strauss' Sextett *Capriccio* überrascht in mehrfacher Hinsicht. Zunächst sind Werke für Streichsextett ohnehin rar (siehe Artikel über Brahms). Das Sextett aus *Capriccio* würde man allein nach dem Höreindruck der Romantik zuordnen. Entstanden ist es aber 1941, zudem nicht als Kammermusik, sondern als Einleitung zu einer Oper. *Capriccio – Konversationsstück mit Musik* lautet der Titel von Richard Strauss' letztem Bühnenwerk in künstlerischer Zusammenarbeit mit Clemens Krauss. Als *Oper über die Oper, Musik über Musik* wurde die musikalische Komödie *Capriccio* bezeichnet, deren Vorlage einem Opernbuch Salieris von 1786 entstammt. Inhalt ist das zentrale Thema aller Opernkunst: Bewegen Worte und Handlung, also das Drama, die Herzen der Hörer oder ist es vor allem die Musik? Darum streiten sich in der Oper *Capriccio* aufs heftigste ein Dichter und ein Musiker, die beide die schöne Gräfin verehren. Nicht nur, weil die Gräfin den einen Verehrer verliert, wenn sie dem anderen den Vorrang einräumt, bleibt die Oper die Antwort schuldig.

Aus heutiger Sicht scheinen die fatalen Jahre des zweiten Weltkriegs nicht gerade geeignet für eine kunstästhetische Auseinandersetzung dieser Art. Man mag dem fast 80-jährigen Strauss vorwerfen, die Augen vor der drohenden Katastrophe verschlossen zu haben. In seinem an der Vergangenheit ausgerichteten Altersstil scheint es ihm jedoch weniger um Flucht aus der Wirklichkeit gegangen zu sein, als um die Bewahrung der Welt der Schönheit und der ihr innewohnenden Humanität.

In einsätziger, dreiteiliger Reprisenform ist das Stück auch formal völlig der Tradition verbunden. In der Oper erklingt es zu Beginn aus dem Nebenzimmer (oder je nach Regie auf der Bühne oder dem Orchestergraben) als Schöpfung des Musikers Flamand, während die handelnden Personen lauschen.

Ein bewegliches, quasi eloquentes erstes Thema eröffnet das Stück in hellem F-Dur. Sein Kopfmotiv und weitere Teilmotive durchziehen das ganze Stück in Haupt- und Nebenstimmen.

Richard Strauss 1945

Es folgt ein Abschnitt dichter motivischer Arbeit aus den Teilmotiven. Ein langgezogenes, ruhiges Thema in breiten Notenwerten bildet den Gegensatz eines Seitenthemas. Es wiederholt sich steigernd eine Quinte und nochmals eine Sexte höher, während in den Unterstimmen das Kopfmotiv des ersten Themas kontrapunktiert.

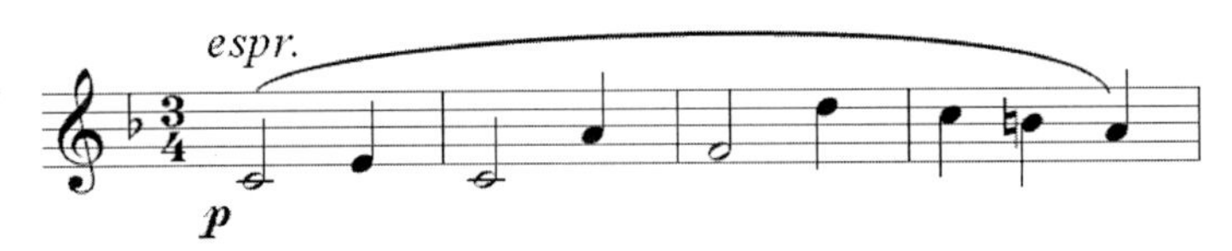

Ein dramatischer Abschnitt mit dynamischen Steigerungen, Tremolo und kadenzartigen Überleitungen scheint eine erregende Durchführung anzukündigen. Doch jede Steigerung, jedes Ausweichen in fremde Tonarten oder von der Grundfarbe abweichendes Moll mündet in die kunstvolle, feinsinnige Verarbeitung der lyrischen Themen des Anfangs. Eine fast notengetreue Reprise und Coda mit poetischem Ausklang beschließen dieses kammermusikalische Kleinod.

Alexander Glasunow
1899

Alexander Glasunow

1865-1936

Alexander Glasunow wurde 1865 in St. Petersburg geboren als Sohn eines Verlegers und einer Pianistin. Früh zeigten sich verblüffende zeichnerische und musikalische Talente. Mit acht Jahren erhielt er Klavierunterricht, mit neun Jahren begann er zu komponieren, 14-jährig wurde er Schüler von Rimskij-Korsakow. 1882 wurde die erste Symphonie des 15-Jährigen unter Balakirew, im gleichen Jahr auch in Moskau unter Rimskij-Korsakow aufgeführt. Eine Europa-Reise 1884 ermöglichte ihm wichtige Begegnungen, u. a. mit Franz Liszt. Das Vermögen der Familie sicherte seinen Lebensunterhalt bis zur russischen Revolution 1917. Ab 1899 war er Professor am Petersburger Konservatorium, von 1905 bis zu seiner Emigration 1928 dessen Direktor. Sein bekanntester Schüler war Dmitrij Schostakowitsch. Nach wirtschaftlich und politisch schwierigen Jahren blieb er 1928 nach einem Kongress im Westen und zog nach Paris. Auf zahlreichen Auslandsreisen in ganz Europa und Nordamerika wurde er als Dirigent und Komponist gefeiert, mit Ehrungen überhäuft. Glasunow starb 1936 in der Nähe von Paris.

Zwischen dramatischer Romantik und lyrischer Klassik

Zu Glasunows 6. Symphonie, op. 58

Die Anzahl der Kompositionen Glasunows ist immens: 8 Symphonien und zahlreiche andere Orchesterwerke, ein Violin-, zwei Klavier-, ein Saxophonkonzert, 3 Ballette, Schauspielmusiken, 7 Streichquartette, Klavier- und Vokalwerke. Der größte Teil – so alle acht Symphonien – entstand in der Zeit vor 1906, da die Arbeit im Konservatorium und Reisen ihm später weniger Zeit ließen. Wie kaum einem anderen wurden ihm in- und ausländische Ehrungen zuteil, u. a. die Ehrendoktorwürde in Oxford, Cambridge und der Accademia St. Cecilia in Rom. Warum sein Schaffen heute weniger bekannt ist als das vieler anderer russischer Komponisten, dürfte mehrere Gründe haben. Einerseits folgte sein Stil überwiegend den westeuropäischen Einflüssen in Melodik, Harmonik und Formen, ähnlich seinem Vorbild Tschaikowsky. Glasunow hegte eine große Bewunderung für Brahms. Die Emotionalität der tragisch-zerrissenen Seele Tschaikowskys dagegen ist seinen Werken jedoch fremd. Andererseits hielt er sich von den Forderungen nach einer russischen Nationalmusik der Komponisten des kämpferischen *Mächtigen Häufleins* um Mussorgskij und ihrer an der russischen Volksmusik geschulten Melodik fern. Glasunows Symphonische Dichtungen und Klavierkompositionen verwenden zwar oftmals Melodien und Motive verschiedener Nationalitäten, dennoch stand er zwischen den damals herrschenden Richtungen. Tendenzen der modernen Musik stand er ablehnend gegenüber, so schätzte er die Kompositionen Strawinskys und Schostakowitschs überhaupt nicht.

Die zeitgenössische Kritik warf seinen Werken technisch-handwerkliche Konstruktion und Mangel an Gefühlstiefe vor. Letzteres dürfte uns heute erstaunen und ist wohl aus Vergleichen mit der Emotionalität Tschaikowskys und anderer Spätromantiker zu verstehen, die die Erwartungshaltung prägten. *Alles bei Glasunow ist so elegant gemacht, alles klingt so hell und saftig, alle Farben sind so satt und kräftig ... Aber ihre künstlerische Würdigung kann im Grunde erste dort beginnen, wo man ihren technischen „Panzer" überwindet, wo es einem gelingt, ins Herzstück der Glasunowschen Sinfonik einzudringen ... Unter der Hülle erstaunlicher Schönheiten und reinen Architektonik – eine Schicht kontrapunktischer Gebilde. Unter ihnen die Plastik der thematischen Gestalten. Ein kompaktes Massiv an Technik ...* (V. Karatygin). Am besten dürfte auf Glasunow die Bezeichnung *letzter Klassiker* oder *Klassizist der russischen Musik* zutreffen (D. Gojowy).

Kunstvolle Kontrapunktik und farbige Instrumentation zeichnen vor allem seine Orchesterwerke aus. Glasunows Musik verbindet die Beherrschung von Form und polyphonen Techniken von Brahms mit der Chromatik Wagners, die Variationskunst des zweiten Satzes der 6. Symphonie erinnert an die Orchestervariationen von Brahms und Reger.

Glasunows 6. Symphonie entstand 1896. Sie ist dem Freund Sigismund Blumenfeld gewidmet, einem damals bekannten Sänger, Begleiter und Liedkomponisten. Sie zeigt im Gegensatz zu den vorherigen Symphonien dramatischen Charakter und konfliktreiche Entwicklungen, vor allem im ersten Satz. Die Ecksätze tragen epischen Charakter, währen die beiden Mittelsätze als lyrische Stimmungsbilder stark dazu kontrastieren. Die handwerklich meisterhafte Arbeit zeigt sich in der Verwendung und permanenten Verwandlung der thematischen Elemente.

Die spannungsgeladene, langsame **Einleitung** zum **ersten Satz (*Adagio*)** stellt die thematisch-motivische Substanz sozusagen im Urzustand vor. Celli und Kontrabässe beginnen in tiefer Lage – *misterioso* – mit dem schmerzlich verhaltenen Hauptthema, das sich im Fugato quasi mühsam in die Höhe schraubt.

Leicht beschleunigt folgt ein weiteres Fugato in Engführung mit einer Variante des Themas und einer dynamischen Steigerung zum Fortissimo. Die tiefen Blechbläser steigern ein synkopisches, engräumig-chromatisches, düster-bedrohliches Motiv, das auch im weiteren Verlauf mehrfach verarbeitet wird, zu einem Fortissimo-Ausbruch. Dann klingt hell in Flöten, Klarinetten und Hörnern das spätere Seitenthema an:

Mit Decrescendo und einer Rückführung in dunkle, dumpfe Klänge wird der Beginn der Exposition vorbereitet.

In schnellem Tempo ***(Allegro passionato)*** erklingt das Hauptthema, das im Vergleich zur Einleitung in verändertem Rhythmus und Tempo leidenschaftlich-ungestüm vorwärts drängt. Es steigt wie vorher aus den tiefen Instrumenten empor.

Aus seiner Triole verselbständigt sich ein Tonleitermotiv, das anschließend eine lange, in erregten Steigerungswellen dramatische Überleitung gestaltet,

auch in einer weiteren Variante:

Wie auch später die Durchführung ist alles sehr dicht gearbeitet, fast jeder Takt hat eine Beziehung zu einem der Hauptmotive. Das Seitenthema hebt sich vom dramatischen Hauptsatz ab durch seine ruhige, weit gespannte, weich-sangliche Melodie der Violinen, die von Streichern und kontrapunktischen Holzbläserlinien sanft umrahmt wird.

Das Kopfmotiv des Hauptthemas meldet sich zurück, gegen das sich das Seitenthema in einer Steigerung lautstark behaupten muss, bis das Hauptthema quasi triumphierend sich durchsetzt. Da dieser lange Abschnitt schon durchführungsartigen Charakter hatte, verarbeitet die eigentliche Durchführung nur das Hauptthema mit all seinen Varianten und Teilmotiven in aufwühlenden, dramatischen Steigerungswellen. Auf dem Höhepunkt beginnt mit dem Fortissimo-Posauneneinsatz des Hauptthemas die Reprise, die verkürzt abläuft, nur das Seitenthema erhält noch einmal breiten Raum. Eine beschleunigte Coda leitet – vor allem mit den Motiven des Hauptthemas und markigen Blechbläsereinwürfen – in den wuchtigen Schluss.

In eine andere Welt führt der **zweite Satz (*Andante*)** mit weichen Klangfarben in hellem G-Dur. Ein schlichtes, lyrisches Thema wird in 7 Variationen verarbeitet. Die Geigen tragen es vor, von reinem Streicherklang begleitet.

Andante

p con semplicita

In den Variationen 1-3 nehmen rhythmische Bewegung, Tempo und Klangdichte jeweils zu, helle, weiche Klangfarben dominieren. In der ersten Variation spielen die Flöten, im Mittelteil die Geigen, die Melodie, die anderen Holzbläser und Streicher tragen sanfte, chromatisch abwärts gleitende Linien in gleichmäßiger Achtelbewegung als Begleitung hinzu. In der zweiten und dritten Variation erklingt das Thema in wiegendem 3/8-Takt bzw. 6/8-Takt, gespielt von den hohen Holzbläsern im Wechsel mit den Violinen. *Scherzino* (6/8-Takt) ist die dritte Variation überschrieben. Das Thema greift auch auf andere Instrumente über, der Klang ist um Hörner, Trompeten, Flageoletts der Geigen und das silbrige Kolorit der Triangel erweitert. Den heiteren Scherzo-Charakter rufen Staccati, zahlreiche Triller und helle Klangfarben hervor.

Wieder fasst der Komponist drei Variationen (4-6) zusammen mit Steigerungen in Tempo und Klangfülle. Sehr langsam als Fugato (*Andante mistico*) ist die vierte Variation gestaltet. Leise und *legatissimo* steigt das variierte Thema von den Celli über die Bratschen zu Geigen und Flöten auf, tiefe, warme Klanglage herrscht vor.

Notturno ist die fünfte Variation benannt, sie ist ein romantisches Klangbild in H-Dur mit der Themenvariante der vorhergehenden Variation, gefühlvollen Vorhalten, weichen Klangfarben und verhaltener Lautstärke. Die chromatischen Linien aus der ersten Variation wechseln mit sanft getupften, hellen Holzbläserakkorden.

In der wieder einem Scherzo ähnlichen Variation 6 wird eine melodische Variante der Oboen und Klarinetten in schnellerem Tempo von flirrenden Bewegungen der Streicher umspielt.

Die Final-Variation hat Epilog-Charakter und überhöht zugleich in Klangdichte, Tempo und Dynamik. Zu Beginn lassen die Posaunen, die bisher im 2. Satz nicht beteiligt waren, zusammen mit den Trompeten das Thema, einem Choral ähnlich, in dunklen, klangvoll-majestätischen Akkorden ertönen. Blockweise wechseln sie mit den helleren Klangfarben der Holzbläser und Streicher, die heiter-lockere Motive aus dem Thema im Staccato einfügen. Im Mittelabschnitt der Schlussvariation erklingt das einzige Fortissimo des Satzes, es wird zum Ende hin wieder abgebaut, und der Satz klingt aus in weichen Holzbläserakkorden.

Das **Intermezzo (*Allegretto*)** hat ähnlich heiter-entspannten Charakter. Auch hier überwiegen helle Klangfarben, das tiefe Blech schweigt. Der Satz erinnert an ein Menuett in tänzerischem Dreiertakt in dreiteiliger A-B-A-Form. Das Hauptthema ist in klassische Viertaktperioden gegliedert.

Der etwas belebtere Mittelteil hebt sich durch duftige Staccato-Tonrepetitionen ab. Der Klang der hohen Bläser- und Streicher dominiert in lockerer Instrumentation und überwiegendem Piano. Der A-Teil wird fast notengetreu wiederholt. Die Coda klingt mit den getupften Akkordrepetitionen des Mittelteils aus.

Das Petersburger Konservatorium, an dem Glasunow studierte und dessen Direktor er 1905-1928 war.

Das **Finale** nimmt den heroisch-voluminösen Charakter des ersten Satzes wieder auf, allerdings durchweg in Dur und weniger kämpferisch-dramatisch, sondern eher festlich-prunkvoll. Auch dieser Satz ist motivisch sehr dicht und kunstvoll gearbeitet. Die beiden Hauptthemen, die bis fast in jeden Takt hinein alles beherrschen, werden vielfach verwandelt, bei jedem Erklingen sind sie rhythmisch oder melodisch leicht variiert. Der Satz ist in Blöcke gegliedert, die jeweils das erste oder zweite Thema verarbeiten. Sonatensatz, Rondo- und Variationsform greifen ineinander:

Einleitung – **A** (1.Th.) – **B** (2.Th.) – **A'** (durchführungsartig) – **B'** (durchführungsartig) – **A''** – **B''** – **Coda** (1. und 2.Th. und Kombination beider).

Das Hauptthema wird in der Einleitung in unterschiedlichem Klang und Ausdruck vorgestellt,

zunächst einstimmig und wuchtig in tiefer Lage, dann in C-Dur mehrstimmig choralartig und klangvoll-weich von den Bläsern, schließlich wird es im fugato verdichtet und leitet unter Steigerung und Beschleunigung in den Beginn der Exposition. Hier wird es – rhythmisch verändert – zum Hauptthema des Satzes und erklingt in strahlendem C-Dur-Bläserklang und voller Tutti-Begleitung, wie eine Hymne mehrmals wiederholt:

Das Seitenthema in G-Dur, *scherzando* zu spielen, wirkt tänzerisch-leicht und lebt wie schon das Hauptthema von der rhythmischen Spannung zwischen 2-er und 3-er-Metrum. Die Holzbläser geben ihm ihre Klangfarbe:

Die Streicher stimmen ein und erweitern den Seitensatz um schwungvoll-tänzerische Varianten des 2. Themas, die an einen schnellen Walzer erinnern.

In den beiden mittleren Abschnitten (A' und B') werden das das Hauptthema (hier im 9/4-Takt) und das Seitenthema durch verschiedene Tonarten und Instrumente geführt.

Variante Hauptthema:

Variante Seitenthema:

Im reprisenähnlichen A"- und B"-Abschnitt erscheint das Hauptthema beschleunigt im 4/2-Takt, das Seitenthema erhält eine neue, rhythmisch sehr prägnante Gestalt:

In der Coda treibt ein Motiv aus dem Hauptthema

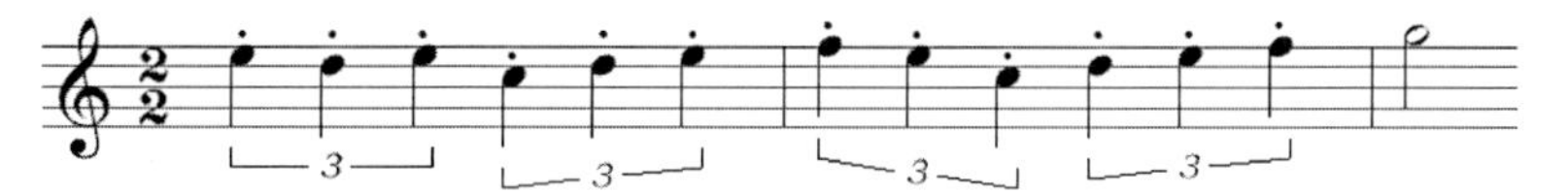

in immer höhere Klangregionen und verbindet sich mit der zuletzt genannten Variante des Seitenthemas, dann mit dem Hauptthema, das die Bässe markant dagegen setzen. Die jagenden Motive beschleunigen, reißen das ganze Orchester mit in ihren Strudel und treiben effektvoll in den überwältigend prächtigen Schluss.

Albéric Magnard

Albéric Magnard

1865-1941

Albéric Magnard wurde 1865 in Paris als Sohn eines einflussreichen Journalisten geboren, sein Vater war Herausgeber des *Figaro*. Früh verlor er seine Mutter. Nach einem Jurastudium begann er eine musikalische Ausbildung am Pariser Conservatoire bei Jules Massenet als Kompositionslehrer, später war er vier Jahre lang Privatschüler von Vincent d'Indy und gehörte damit dem Kreis um César Franck an. Finanziell unabhängig konnte er als freischaffender Komponist leben. Wie alle französischen Symphoniker war er von Wagner stark beeinflusst. 1896 heiratete er und ließ sich außerhalb von Paris nieder. Eine stärker werdende Schwerhörigkeit seit seinem vierzigsten Lebensjahr belastete ihn. Er starb er beim Einmarsch der deutschen Truppen 1941, als er sich verteidigen wollte.

Albéric Magnards 4. Symphonie cis-moll, op. 21 (1914)

Was könnte einen französischen Komponisten des Jahrgangs 1865 gehindert haben, den Neuerungen seines drei Jahre älteren Kollegen Claude Debussy zu folgen? Musste die Klangwelt des Impressionismus nicht alle Komponisten in ihren Bann ziehen?

Die großen Entdeckungen des Impressionismus lagen auf dem Gebiet der Klanglichkeit, des Atmosphärischen und des Stimmungshaften, eine solche Musik gibt sich dem Augenblick eher hin, als dass sie größere Zusammenhänge gestalten wollte. So ist denn auch keine „impressionistische" Symphonie entstanden, genau genommen auch ein Unding, denn das liebevolle Verweilen im stimmungshaften Detail und die Organisation größerer Zusammenhänge, in denen jedes Detail auf ein anderes und auf das Ganze bezogen ist, sind schwer vereinbare Gegensätze. So hat denn auch der Fortschritt, den der Impressionismus in bestimmten Dimensionen fraglos darstellt, seine Schattenseite: der Verzicht auf symphonische Gestaltung großer Zeitabläufe mit der Möglichkeit, gegensätzliche Charaktere zu einem übergeordneten Ganzen zu vereinen. Die Symphonie gestaltet Zeit und Entwicklung, das impressionistische Charakterstück Atmosphäre und Gegenwart.

Die Symphonie gestaltet Zeit und Entwicklung und vereinigt Gegensätzliches zu einem größeren Ganzen, - das ist zumindest der Anspruch, den die Symphonie seit Beethoven stellt. In Frankreich gab es im 19. Jahrhundert eine Welle der Beethoven-Begeisterung, und in der zweiten Hälfte des Jahrhunderts versuchten etliche Komponisten diesem Ideal zu folgen. Seitdem gibt es eine Tradition der französischen Symphonik: Saint-Saëns, César Franck, und später d'Indy und Dukas. Vincent d'Indy war Lehrer von Magnard und Paul Dukas sein Freund, so wurde Magnard ganz natürlich Teil dieser Tradition.

Magnard wurde 1865 in Paris als Sohn eines einflussreichen Journalisten geboren, - sein Vater war Herausgeber des „Figaro". Seine Mutter hat er sehr früh verloren, und vielleicht liegt da schon die Wurzel für seinen schwierigen Charakter. Nach einem Jurastudium begann er eine musikalische Ausbildung am Pariser Conservatoire mit Jules Massenet als Kompositionslehrer, später war er vier Jahre lang Privatschüler von Vincent d'Indy und gehörte damit dem Kreis um César Franck an. Magnard war finanziell unabhängig und konnte so als freischaffender Komponist leben. Wichtig für ihn war ein Besuch der Bayreuther Festspiele, – wie alle französischen Symphoniker war er von Wagner stark beeinflusst, aber auch ihm gelang es, wie zuvor Saint-Saëns und Franck, diesen Einfluss in einen persönlichen Stil zu transformieren. Wagner sah seine symphonischen Intentionen in seinen Musikdramen verwirklicht, aber die Franzosen schrieben trotz Wagner Symphonien.

Charakteristisch für ihn ist sein Sinn für Gerechtigkeit, vielleicht eine Frucht des ungeliebten Jurastudiums, der ihn sich in der Dreyfus-Affäre engagieren ließ. 1896 heiratete er und ließ sich dann außerhalb von Paris nieder. Zum französischen Musikbetrieb hatte er immer ein distanziertes Verhältnis, zumal er Wert darauf legte, dass seine Erfolge als Frucht eigener Arbeit gesehen wurden und nicht auf die Position seines Vaters zurückgeführt wurden. Er mag gespürt haben, dass der Zug der Zeit in andere Richtung gehen würde, und als 1913 Strawinskys *Le Sacre du Printemps* mit großem Skandal in Paris uraufgeführt wurde, muss er es schmerzlich gespürt haben. Hinzu kam eine stärker werdende Schwerhörigkeit, und all dies mag seit seinem vierzigsten Lebensjahr sein Gemüt verdüstert haben.

Sein Ende 1914 war von besonderer Tragik. Deutsche Truppen rückten auf sein Grundstück vor und er glaubte, sich gegen sie verteidigen zu müssen, schoss auf die Deutschen und tötete mindestens einen Soldaten. Daraufhin wurde sein Haus in Brand gesetzt, dabei kam er um, und mit ihm gingen alle Werke verloren, die nicht gedruckt waren, so etwa seine erste Oper und die letzten Werke. Gleichwohl, er hinterließ eine nicht sehr umfangreiches, aber gewichtiges Werk: neben den vier Symphonien die beiden Opern *Guercoeur* und *Bérénice* und etliche große Kammermusikwerke.

Die **4. Symphonie** – begonnen 1911, beendet im Juli 1913 – mag beim ersten Hören ein wenig irritieren, sie ist weit entfernt von der Eleganz eines Saint-Saëns, vielmehr eigentümlich diskontinuierlich, von schroffen Gegensätzen geprägt und bisweilen scheinbar unlogisch in ihrer Entwicklung. Das betrifft besonders den **ersten Satz (*Modéré*)**, obwohl er sich, wie auch die anderen Sätze, an den Konventionen für die Form einer Symphonie orientiert. Aber wie fängt er an? Die Haupttonart ist noch gar nicht etabliert, schon schweift die Modulation in ferne Bereiche, die Musik stürmt herein, wird dann ruhiger ... erst später verstehen wir: Was wir am Anfang gehört haben, entpuppt sich als das Zentrum der Durchführung, der Satz fängt gleichsam mittendrin an. Gleichwohl tritt zu Beginn thematisches Material auf, das sich zu merken lohnt: das Motiv

und das Motiv in den hohen Bläsern, das sich als eine Art Motto oder

Idee fixe für das ganze Werk erweisen wird, aber das kann man jetzt noch gar nicht wissen, hier stehen sie etwas rätselhaft nebeneinander.

Wenn die Musik zur Ruhe gekommen ist, stürmt im 12/8-Takt, jetzt in der Haupttonart cis-moll, das eigentliche 1. Thema daher.

Plötzlich hellt sich die Musik auf, ein neues Thema der Trompete bereitet die Stimmung für das eigentliche zweite Thema in den Streichern vor.

Ganz unvermittelt bricht der Schlusssatz der Exposition herein, der aus mehreren Elementen besteht: einem punktierten Bläsermotiv und einer lyrischen Episode mit breiter Bassmelodie. Die Musik hat E-Dur gefestigt, die Tonart, in der schon das zweite Thema stand, – soweit folgt Magnard den Konventionen. Trotzdem, die Kadenz in E-Dur wird dem Hörer verweigert, die Musik gleitet in eine andere Tonart, und plötzlich beginnt die Durchführung mit dem stürmischen 1. Thema. Im Verlauf der Durchführung werden das Überleitungsthema, das Motto, das zweite Thema und der Schlusssatz verarbeitet, die Musik steigert sich zum Höhepunkt, und da kommt der Anfang wieder. Die eigentliche Reprise beginnt wieder mit dem 1. Thema in cis-moll, das zweite tritt jetzt in Cis-Dur auf, entsprechend transponiert der Schlusssatz, es folgen noch eine Variante des 2. Themas und, alles überwölbend, die Kombination des aller ersten Motivs mit der Vergrößerung des Kopfmotivs des 1. Themas. Leise klingt der Satz aus mit seinem „Motto".

Der **zweite Satz (*Vif*, f-moll)** vertritt das Scherzo, steht aber überwiegend im 2/4 – Takt, obwohl gelegentlich eingeschobene ¾-Takte eine interessante Unregelmäßigkeit in die Rhythmik bringen. Er beginnt mit einem charakteristischen Rhythmus und einem Achtel-Motiv,

die sich entwickelnde Kantilene hat viel Ähnlichkeit mit dem Motto, ohne es wirklich zu zitieren. Die Überleitung zum Trio benutzt etwas, das Schönberg als „Klangfarbenmelodie" bezeichnet hat: Ein Ton wird in seiner Farbe verändert, sonst passiert gar nichts.

Das Trio weckt mit seinem Bordun eine rustikale Stimmung, dazu tritt eine neue Melodie.

Nach der variierten Wiederholung des Scherzos löst sich der Satz auf, das Trio wird noch einmal angedeutet, und wieder leitet eine „Klangfarbenmelodie" über, jetzt zum großen langsamen Satz.

Der **dritte Satz (*Sans lenteur et nuancé*)** ist erstaunlich kontrastreich und gar nicht so durchweg lyrisch, wie man es vom langsamen Satz erwarten könnte. Er beginnt mit einem breiten Thema in den Streichern, das in cis-moll beginnt, dann aber doch sich für E-Dur als tonales Zentrum entscheidet.

Mit einem punktierten Motiv wird der Raum geweitet und ein großer Bogen geschlagen, dann fährt plötzlich ein kontrastierender Teil herein, der zweimal das Motto zitiert. Es wird ein großer Mittelteil eingeschoben, der seinerseits eine A-B-A-Form aufweist, mit seinen Triller-Figuren klanglich sehr delikat instrumentiert, nach dem B-Teil mit der Flöten-

Melodie wird der A-Teil wiederholt. Und wieder fährt der starke Kontrast dazwischen, das Motto erklingt zuerst in den Posaunen, dann in den Holzbläsern. Dann folgt die variierte Reprise des Anfangsteils, eine Art figurativer Variation einer choralartig breiten Melodie, wie sie bei Franck oft zu finden ist. Gegen Ende des Satzes wird noch ein neues Motiv eingefügt,

seinen Höhepunkt findet er in der Kombination dieses Motivs mit dem Motto und dessen Vergrößerung in den Trompeten zugleich.

Das **Finale (*Animé*)** ist wieder stürmisch bewegt, steht wieder in cis-moll und beginnt mit einem Thema in den Streichern, das von den Bläsern

in einer Variante wiederholt wird, die dann sehr viel später als Fugenthema benutzt wird. Zunächst aber werden noch drei weitere Themen vorgestellt, ohne dass sie den erwarteten Charakteren eines Sonatensatzes entsprechen, zuerst eins in den tiefen Streichern

in A-Dur, dann ein weiteres

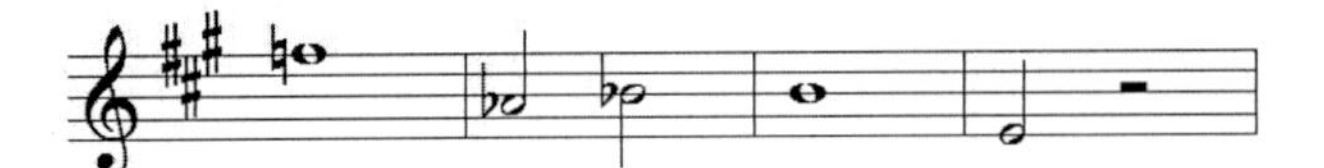

und ein drittes, A-Dur bestätigend:

Die Durchführung beginnt wieder ganz unvermittelt und stürmisch, dann folgt eine Fuge über die Holzbläser-Variante des 1. Themas, jetzt in den Streichern beginnend. Eigentlich ist dieses Thema als Fugenthema recht unkonventionell, so wirkt denn auch diese Fuge erfrischend unakademisch. In den Trompeten erscheint das Thema vergrößert, das zweite Thema wird in die Durchführung eingeflochten, und die Vergrößerung des Themenkopfes in den Posaunen kündigt die Reprise an. Diese transponiert die in der Exposition in A-Dur stehenden Themen nach Cis-Dur und mündet dann in eine Art Hymnus, der, wie man jetzt rückwirkend erkennt, bereits am Ende der Exposition schon vorbereitet wurde. In den Bassinstrumenten hören wir die doppelte Vergrößerung des Fugenthemas, das zweite Thema klingt in den hohen Streichern an, plötzlich beruhigt sich die Musik und das Motto, ganz unvorbereitet auftauchend, schließt die Symphonie ab, ähnlich wie schon den ersten Satz.

Hat Magnard nun mit seiner 4. Symphonie die Erwartungen erfüllt, die man glaubte, an diese Gattung stellen zu dürfen? Die Antwort dürfte zwiespältig ausfallen, zu schroff sind die Kontraste, zu viel kommt unvermittelt, als dass sich der Eindruck eines harmonischen Ganzen einstellen würde. Und doch ist dieses „sprechende Misslingen" gerade die Qualität des Werkes, es erzählt viel über den Menschen Magnard und über das Zeitgefühl vor dem 1. Weltkrieg. So setzt sich vielleicht gegen den Willen des Komponisten eine Ausdruckswelt durch, die das Werk persönlich und wahrhaftig macht, und damit auch zeitgenössisch – fernab einer akademischen, scheinbar zeitentrückten Symphonik, – und damit Wert, wiederentdeckt zu werden.

Prof. Dr. Wolfgang-Andreas Schultz

Carl Nielsen
1913

Carl Nielsen

1865-1931

Carl Nielsen wurde 1865 in Nørre Lyndelse bei Odense (Dänemark) geboren. Erste musikalische Anregungen und Unterricht in Violine und später Trompete erhielt er in der Familie und der Regimentsmusik. Da er außerordentliches Talent zeigte, wurde er mit einer eigenen Komposition, einem Streichquartett, dem Komponisten Niels W. Gade vorgestellt, der ihm zum Musikstudium riet. Von 1884 bis 1887 studierte er Theorie und Violine am Kopenhagener Konservatorium. Eine erste Anstellung erhielt er als Geiger (1889 -1905) in der Königlichen Kapelle in Kopenhagen. 1891 heiratete er die Bildhauerin Anne Marie Brodersen. Als Dirigent wirkte er 1908 -1914 am Königlichen Theater, 1915 -1927 bei Musikforeningen in Kopenhagen. Nielsen wurde 1916 Lehrer und Vorstandsmitglied am Kopenhagener Konservatorium und 1931 dessen Direktor, wenige Monate bevor er 1931 in Kopenhagen starb.

Der elementare Wille zum Leben

Zu Nielsens 4. Symphonie, op. 29

Im Zentrum von Nielsens Schaffen stehen sechs Symphonien. Die zweite hat den Titel *Die vier Temperamente* (1902), die dritte, vorwärts stürmende heißt *Sinfonia espansiva* (1910/11), die vierte *Det Uudslukkelige – Das Unauslöschliche* (1914-16). Die fünfte und sechste entstanden 1921/22 und 1924/25. Bekannt wurden außerdem das Flötenkonzert (1925), das Klarinettenkonzert (1928), zwei Opern *Saul og David* (1898-1901) und *Maskarade* (1904-06), Kammermusik und Lieder.

In einem Brief vom Juli 1914 berichtete er von seiner gerade begonnenen *Symphonie in einem Satz* und erläutert den Untertitel. Das Werk solle *alles schildern, was man bei dem Wort „Leben" fühlt und denkt*. Im Vorwort der Partitur heißt es, der Titel solle *kein Programm sein, sondern ein Wegweiser durch das eigene Gebiet der Musik*, er zeige auf, *was nur die Musik selbst völlig auszudrücken imstande ist: den elementaren Willen zum Leben*. Stark gegensätzliche Stimmungen und Affekte bringen diesen zu Ausdruck, von betörender Innigkeit bis zu wilder Ekstase reicht die Skala.

Ich werde bald eine Symphonie beenden. Sie unterscheidet sich sehr von den drei vorherigen, und sie basiert auf einer Idee, nämlich der, dass das elementarste Wesen von Musik Licht, Leben und Bewegung ist, die die Stille in Teile zerschlägt. Mit anderen Worten: Ich will all das beschreiben, was den Willen zum Leben hat. Nicht in dem Sinne, dass ich mit meiner Kunst die Natur nachahmen wollte, sondern indem, dass ich ausdrücken will, was dahinter liegt: der Ruf der Vögel, der Schrei von Traurigkeit und Freude bei Mensch und Tier, ihr Verlangen nach Nahrung, Kampf und Paarung, eben alles, was elementar ist.

(aus einem Brief Nielsens an seinen Freund Julius Röntgen vom 4. Mai 1914)

Die Symphonie ist durchkomponiert, doch die Viersätzigkeit ist erhalten in einem schnellen Kopfsatz, einem mäßig bewegten zweiten und einem langsamen dritten Satz, auf den ein schwungvolles Finale folgt. Drei Sätze folgen der traditionellen Sonatenform mit Exposition, Durchführung und Reprise, der zweite Satz der Liedform A-B-A'. Die Tonart-Einheit ist aufgebrochen: Der erste Satz ist tonal auf den Ton d zentriert, der zweite steht in G-Dur, der dritte hat wechselnde tonale Zentren und der Schlusssatz ist tonal auf a bezogen und führt nach E-Dur. Das zweite Thema des ersten Satzes fungiert als eine Art Mottothema. Es taucht in den Themen der anderen Sätze verwandelt wieder auf und klammert die Teile der Symphonie zusammen, dem romantischen Gedanken der zyklischen Form entsprechend. Unverwechselbare Eigenheiten der Symphonie sind das höchst emotional wehklagende Streicherrezitativ zu Beginn des dritten Satzes und die erbarmungslos harten, ekstatischen Paukenduette im Finale. Beides wurde von verschiedenen Verfassern mit dem Ausbruch der Unmenschlichkeit im ersten Weltkrieg in Verbindung gebracht.

Der **erste Satz (*Allegro*)** ist deutlich in Episoden unterteilt, in denen jeweils eines der Hauptmotive vorherrscht und die oft durch lang gezogene dynamische Veränderungen getrennt sind. Zu Beginn erklingt das Hauptthema, dessen Dreiklangs-Auftakte in Triolen im Satz vielfach verarbeitet werden. Charakteristisch ist auch das akzentuierte, quasi herausgeschleuderte Rufmotiv der Spitzentöne. Kräftige Paukenschläge unterstreichen den vorwärts drängenden Charakter:

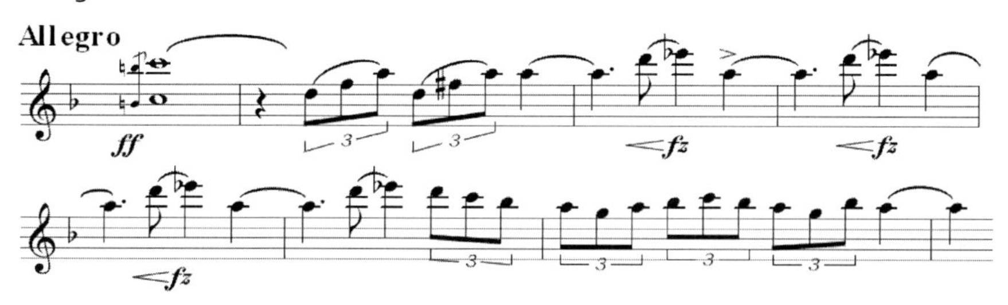

Nach wenigen Takten erklingen weitere Motive. Die hartnäckig akzentuierten, fortlaufenden Achtel mit Tonwiederholungen des letzten Taktes sind im ganzen Satz immer wieder zu hören.

Eine Beruhigungsphase tritt ein, am Ende alterniert leise das hartnäckige Achtelmotiv der Holzbläser (nun quasi *scherzando*) mit dem Rufmotiv des ersten Themas in den Celli. Dann erklingt in den Klarinetten leise und lyrisch, in warmen Terzparallelen, das zweite Thema über einem lang ausgehaltenen Orgelpunkt:

Variiert und lauter übernehmen es alle Bläser, danach erscheint es im weichen Streicherklang. Ein weiteres neues Motiv, gebildet aus dem Rufmotiv des ersten Themas, mischt sich kurz ein (1. Violine), es erhält später zu Beginn der Durchführung eine eigene Episode:

Eine robustere Variante des 2. Themas (*risoluto e giusto*) wird wegen des neuen Charakters nicht so schnell als solche erkannt, doch sind seine ersten sechs Töne die des 2. Themas, die Fortspinnung nimmt das hartnäckige Achtelmotiv auf:

Damit sind die wichtigsten Elemente des Satzes vorgestellt. Zum Ende der Exposition strahlt noch einmal das zweite Thema auf, nun im Tutti in voller Lautstärke *(pesante e glorioso)*. Mit einer langen Beruhigungsphase geht die Exposition in klarem A-Dur zu Ende.

Die Überleitung und die erste lange, nahezu statische Durchführungsphase werden vom Rufmotiv des ersten Themas gestaltet, von leisen Paukenwirbeln und Einwürfen der Bratschen und Pizzicati untermalt. Dann meldet sich das Dreiklangs-Auftaktmotiv aus dem ersten Thema in den Bässen. Die Blechbläser bringen es auftrumpfend, auch in punktiertem Rhythmus, und peitschen voran zu einem großen Tumult im Fortissimo.

In der nächsten längeren Episode wandert das Dreiklangsmotiv zu langen Ketten aneinander gehängt in die Begleitung vor allem der Streicher, während im Vordergrund die Bläser lange abwärts gerichtete Melodielinien spielen, die an das zweite Thema erinnern. Dazwischen ist mehrfach kurz das zweite Thema zu hören, mit Vorschlagsnoten aufgelockert wie im letzten NB, später in verbreitertem Tempo. Die Pauke unterlegt es mit leisen Wirbeln. Allmählich wird es umgeformt zum *risoluto*-Motiv in doppelten Notenwerten, immer noch zu den Dreiklangs-ketten der Streicher und über sehr langem Orgelpunkt in den Bassinstrumenten.

Mit anziehendem Tempo und Steigerung der Lautstärke wird die Reprise erreicht. Bis zum Beginn des zweiten Themas verläuft sie formal ähnlich der Exposition. Das zweite Thema breitet sich aber nicht so stark aus – dies bleibt dem Finalsatz vorbehalten. Es verebbt in langem Spannungsabbau. Nur noch die 1. Violinen und die Pauke mit dem Rhythmus der ersten drei Noten des zweiten Themas bleiben übrig und leiten in den nächsten Satz hinein.

Der dreiteilige **zweite Satz** (***Poco allegretto***) hat den Charakter eines zarten, lieblichen, kammermusikalischen Scherzo. Ohne Blechbläser und Pauken wirkt er geradezu intim nach der stürmischen Energie und robusten Klangfülle des ersten Satzes. Der A-Teil lebt von der Klangfarbe der Holzbläser und vom artikulatorischen Gegensatz Staccato - Legato. Die Harmonik erinnert an alte Musik in kirchentonalen Wendungen. Das Hauptthema ist aus dem zweiten Thema des ersten Satzes abgeleitet (besonders in den Takten 3-4 erkennbar).

Zuerst tragen es die Klarinetten vor, Flöten, Oboen und Fagotte schließen sich nacheinander an. Weiche Tonleiter-Girlanden und Tonwechselmotive umrahmen es, kurze Einwürfe der Fagotte geben burleskes Kolorit.

Der Mittelteil selbst ist auch dreiteilig, er beginnt als Gegensatz im Pizzicato der Violinen, über das die Oboe eine leise Legato-Melodie setzt. Die Holzbläser übernehmen den Charakter des Pizzicato im Staccato. Die Streicher-Pizzicati runden den Mittelteil ab, bevor der erste Teil variiert wiederkehrt.

Aus dem verebbenden Pianissimo beginnt der **dritte Satz** (***Poco adagio quasi andante***) mit einem plötzlichen Fortissimo-Aufschrei aller Geigen auf einem langen hohen Ton. Aus diesem senkt sich das schmerzlich pathetisch-elegische Thema herab, unisono wie ein Rezitativ von allen Geigen vorgetragen.

Harte Schläge der Pauke und gehämmerte Pizzicati aller übrigen Streicher untermauern den Ausbruch von Schwermut. In breitem Fluss dehnt es sich aus, mühsam windet es sich wieder hinauf und sinkt resigniert ab. Dann übernehmen es die tiefen Streicher, von den Geigen mit herb-kontrapunktischer Gegenstimme unterstützt. Romantisch weich besänftigen vier Solostreicher in zarten Klängen. Ein kurzes Dreitonmotiv, aus dem Thema entnommen, erscheint immer wieder.

Im Unisono-Fortissimo, in gesteigertem Pathos erklingt ein aufbegehrendes zweites Thema, das resignierend ins Piano zurück sinkt, erst in den vereinigten Holzbläsern, dann greift es im Fugato auf die anderen Instrumentengruppen über und gewinnt an Energie.

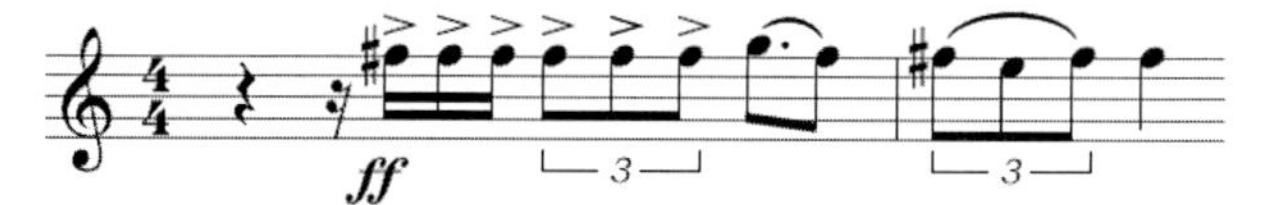

Quasi beschwichtigend, fast flehentlich, greift immer wieder das kurze Dreitonmotiv ein. Die Posaunen mit drohender Gebärde und dem Fugato-Motiv heizen das Feuer an. Schließlich markiert ein Quarten-Signal von Trompeten und Pauken den Höhepunkt. Nach langem Spannungsabbau und resignierendem Stillstand wechseln kurze choralartige Einwürfe mit dem Dreitonmotiv und dem Anfang des 1.Themas. Eine Krise scheint sich anzubahnen, wenn die Oboe das zweite Thema anstimmt über lauter werdenden flirrenden Trillerketten der Streicher.

Plötzlich löst sich daraus ein hektisch dahin jagendes Unisono der Geigen, die tiefen Streicher folgen, und die Energie nimmt Fahrt auf für das anschließende Finale.

Das Anfangsmotiv des **4. Satzes** (***Allegro***) ist dem Mottothema, dem zweiten Thema des ersten Satzes, verwandt. Schwungvoll erklingt es in wuchtigem Akkordsatz, die Pauke markiert die Taktschwerpunkte in den Pausen. Einem Walzer ähnlich schwingt es weiter, bis das rhythmische Anfangsmotiv sich wieder meldet.

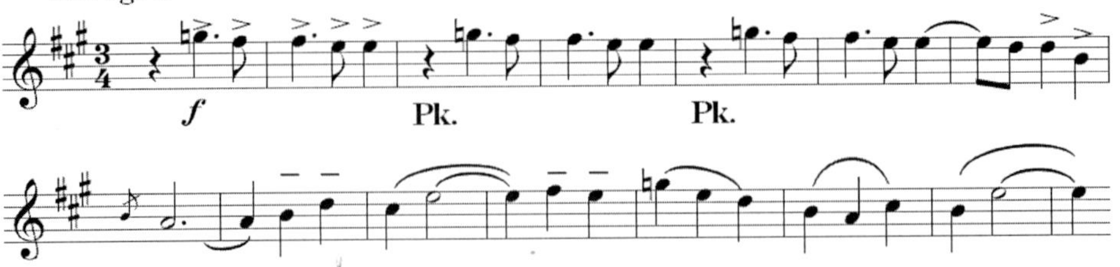

Die tiefen Streicher stimmen ein zweites Thema an, das den Walzer zu verfremden scheint. Chromatisch-herb kreist es in sich selbst und wird von den Geigen, dann von den Holzbläsern unisono aufgenommen.

Nachdem die Posaunen an den Anfangsrhythmus erinnert haben, fegt ein bedrohlich aggressives Solo der Pauken alles beiseite. Die Bläser nehmen die Herausforderung an und antworten mit scharf hervorgestoßenen, hitzigen Kampfrhythmen in dissonanten Akkorden aus der Ganztonskala. In leidenschaftlichem Getümmel scheinen sich alle Motive und das Paukensolo durchsetzen zu wollen, es mündet in einen *glorioso* überschriebenen, triumphierenden Klangabschnitt, dem die Blechbläser Glanz aufsetzen. Nach langem Spannungsabbau stimmen die Holzbläser leise ein Motiv an, das - aus dem vorigen abgeleitet - eher wieder dem Walzercharakter entspricht. Seine melodischen Schwerpunkte bringen jedoch den Dreiertakt ins Wanken. Im Fugato wandert es durch alle Stimmen.

Leise Paukenwirbel und kurze espressivo-Einwürfe kommen hinzu. Die getupften Staccato-Tonwiederholungen verklingen und es setzt sich der Legatoteil des ersten Themas durch, im Pianissimo von hohen und tiefen Streichern im Kanon gespielt. Dazu nehmen die Holzbläser das Mottothema aus dem ersten Satz auf, in Terzparallelen und in den Walzertakt eingebaut.

Nach einer Beruhigungsphase setzt sich als variierter Reprisenteil der Kanon aus dem Legato-Walzerthema durch. Markante Paukenschläge unterstreichen und setzen sich schließlich durch zu einem wilden Duett der Pauken, die jedes Melos zerschlagen – der dramatische Höhepunkt der Symphonie. Vergeblich versuchen die Bläser im Fortissimo das Mottothema durchzusetzen. Erst das zweite Thema, das verfremdend kreisende Walzermotiv, bringt die Pauken zum Schweigen, es erklingt in Kombination mit dem Mottothema, das sich in den Bläsern immer mehr verbreitert. Ein Crescendo führt in die Schlussapotheose, in der das Mottothema aus dem ersten Satz hymnisch in glänzendem E-Dur alles überstrahlt.

Christian Tomsu Tuba

stammt aus Tettnang am Bodensee, wo er seine Jugend und Schulzeit verbrachte. Er begann 6-jährig mit Klavier, 10-jährig mit Trompete und machte erste musikalische Erfahrungen in verschiedenen Blaskapellen, vor allem am Flügelhorn in seiner Heimatkapelle Laimnau im Argental. 1987 wechselte er zur Tuba. Er nahm teil an *Jugend Musiziert* mit Tuba Solo und im Blechbläserquintett (Landeswettbewerb) und wurde mit dem Goldenen Musikerleistungsabzeichen ausgezeichnet. Er ist Gründungsmitglied der *Brass-Band Oberschwaben-Allgäu* und spielte in diversen Orchestern. Eine seiner prägendsten Orchester-Erfahrungen war die Aufführung mit dem Konservatorium Karlsruhe von Orffs Carmina Burana in der Freilichtbühne Ötigheim (Baden). 1996 wirkte er mit im Europäischen Jugendblasorchester. Seit 2001 nimmt er regelmäßig teil an den Orchesterphasen des Sinfonischen Blasorchesters des Musikbundes Ober- und Niederbayern, das 2011 Aufnahmen mit dem Bayerischen Rundfunk machte.
Nach seinem Studium der Geologie in Würzburg und Karlsruhe mit Schwerpunktfach Hydrogeologie (alles was mit Grundwasser zu tun hat), kam er mit seiner Familie im Jahr 2001 nach Oberbayern und ist tätig als Hydrogeologe und Grundwassermodellierer, ab September Leiter des Münchner Büros einer Consulting-Firma im Bereich Grundwasser, Umwelt, Energie und Klima.

2001 wurde er Mitglied der Stadtkapelle Wolfratshausen, ist seit 2011 deren stellvertretender Vorstand und Leiter der neu gegründeten Jugendstadtkapelle. Seit 2006 engagiert er sich als 2. Vorsitzender und kommissarischer Geschäftsführer des Bezirks Isar-Mangfall im Musikbund Ober- und Niederbayern. Zudem leitet er seit 2008 die "Kirchenband" der evangelischen Kirche Geretsried, eine Jugendband in Richtung Rock und Jazz. Von den klassischen Komponisten liebt er am meisten Dvořáks Cellokonzert – auch wenn die Tuba dabei leider nichts zu spielen hat! – und Werke von Bruckner und Mahler.

Seit 1995 ist er mit Marei verheiratet, ihre sechs Kinder sind zwischen 1995 und 2006 geboren und sind alle schon früh als Zuhörer bei Proben und Konzerten in der Region dabei. Zudem ist er aktiver Sportler und engagiert sich in der Kirche.

Christian Tomsu

Jean Sibelius
um 1905

Jean Sibelius

1865-1957

Der finnische Komponist Jean Sibelius, geboren 1865 in Hämeenlinna, studierte zunächst Violine, dann auch Komposition am Konservatorium in Helsinki und setzte 1889-91 seine Studien in Berlin und Wien fort. Dank einer Staatspension konnte er sich seit der Jahrhundertwende ganz seinem kompositorischen Schaffen widmen. Ab 1904 lebte er in Järvenpää bei Helsinki und lehrte an der Universität Helsinki. Das erste Konzert mit eigenen Werken 1892 begründete mit der symphonischen Dichtung Kullervo den nationalromantischen Musikstil Finnlands. Sein Werk umfasst sieben Symphonien, zahlreiche symphonische Dichtungen nach finnischen Sujets, ein Violinkonzert, eine Oper, Klavier- und Kammermusik, Lieder und Chormusik. Nach 1929 veröffentlichte er keine Kompositionen mehr, den Grund dafür hat er nie genannt. In hohem Alter starb Sibelius 1957 in Järvenpää.

Jean Sibelius

Abbild finnischer Landschaft und Geschichte

Zur symphonischen Dichtung *Finlandia*, op. 26,7

Seit 1809 war Finnland als Folge des russisch-schwedischen Krieges Teil des russischen Reiches, nachdem es vorher Jahrhunderte lang zu Schweden gehört hatte. Das im 19. Jahrhundert einsetzende Nationalgefühl der Finnen hatte im Jahre 1892 immerhin zur Anerkennung des Finnischen als zweiter Amtsprache neben Schwedisch geführt. In den 1890er Jahren wehrten sich die Finnen mit Protestveranstaltungen gegen Pressezensur und die zunehmende Russifizierung. Zu einer solchen Aufführung *lebender Bilder aus der finnischen Vergangenheit und Mythologie* im Schwedischen Theater von Helsinki im Jahre 1899 steuerte Sibelius eine sechsteilige Suite als Begleitmusik bei. Das letzte dieser Stücke war die erste Fassung der Sinfonischen Dichtung *Finlandia*, die einen umjubelten Erfolg hatte, so dass Sibelius sie kurz nach der Uraufführung zu ihrer heute bekannten Form umarbeitete. So kam es, dass *Finlandia* schnell ins finnische Nationalbewusstsein einging. Die Tondichtung galt geradezu als „geheime Nationalhymne" Finnlands und war so populär, dass die russischen Behörden sie mit einem Aufführungsverbot belegten. Die Aufführung bei der Weltausstellung 1900 in Paris rückte nicht nur den Komponisten Sibelius, sondern auch die finnische Frage in die Aufmerksamkeit des restlichen Europa. Nach Erreichen der Unabhängigkeit 1917 blieb das Land auch weiterhin bedroht.

So besetzte Russland zu Beginn des 2. Weltkriegs weite Teile Kareliens, im Norden okkupierten deutsche Truppen weite Teile Lapplands als strategisch wichtig gegen Russland, um die Versorgung Russlands über die Hafenstadt Murmansk zu unterbinden. 1944 zerstörten die deutschen Truppen beim Rückzug von der nördlichen Ostfront viele Dörfer und Städte im finnischen Lappland, gemäß dem Befehl Hitlers der „verbrannten Erde". Die Auswirkungen sind bis heute zu sehen. So ist in Finnland die Beliebtheit und patriotisch-emotionale Bedeutung des Werkes *Finlandia* auch heute noch ungebrochen.

An den Beginn setzen die Blechbläser explosive Akkorde mit einem melodisch sinkenden Halbtonschritt, ein Motiv, das im ganzen Stück als ein Symbol von Trotz und berstender Unruhe wiederkehrt, von dumpfen Paukenwirbeln untermalt. Es wird jeweils, von Bläsern und Streichern im Wechsel, in machtvollen Akkorden choralähnlich weitergeführt.

Der zweite Abschnitt (Allegro assai) malt Kampfgetümmel, in dem ein kriegerisch-rhythmisches Motiv mit den Trotzakkorden des Anfangs wechselt. Grollende Paukenwirbel unterstreichen die Dramatik.

Siegreich aufsteigende Motive mehren sich. Nach einer Beruhigung stimmen die Holzbläser eine feierliche Hymne an, an der sich das ganze Orchester beteiligt. Dabei assoziieren die eindringlichen weiten Bögen der aus nur geringen Intervallschritten aufgebauten Melodie das Land der weit verzweigten Seeplatte.

Der sieghafte Abschnitt kehrt zurück, rahmt die ruhig fließende Melodie ein, wie um ihr Schutz und Halt zu geben. Die aufsteigenden Siegesmotive münden in einen prachtvollen, triumphierenden Schluss.

Franz Hohberger Posaune

Aufgewachsen bin ich in Seeshaupt und bin dort als echter Einheimischer bis heute wohnhaft. Nach dem Abitur habe ich eine Lehre zum Bankkaufmann und anschließend ein Studium der Betriebswirtschaftslehre an der LMU München abgeschlossen. Seither bin ich als Risikocontroller in einer Bank tätig. Parallel hierzu hatte ich von 1986 bis 1997 elf Jahre Privatunterricht bei einem ehemaligen Bassposaunisten des Rundfunkorchesters des Bayerischen Rundfunks, hiervon neun Jahre Einzelunterricht im Fach Posaune und zwei Jahre Blechbläserquartett.

Im Philharmonischen Orchester Isartal spiele ich seit dem Jahr 2002 Alt- und Tenorposaune, das erste Stück war das *Stabat Mater* von Antonin Dvořák, damals geleitet von Rainer Marquart in der Kirche in Ebenhausen. Zu den bleibenden Eindrücken aus meinem Orchesterspiel zählen die 7. Symphonie von Anton Bruckner, Pfingsten 2001 in einer Akademie des BDLO in Weikersheim, die 6. Symphonie von Ludwig van Beethoven mit den Jungen Münchner Symphonikern sowie die 8. Schubert, die 3. Schumann und die 2. Brahms mit dem POI. Bei meinen Lieblingskomponisten steht Ludwig van Beethoven an erster Stelle, zum einen, weil für mich in seinem Werk der Geist der Aufklärung bis zur französischen Revolution musikalisch kulminiert, zum anderen weil er der erste war, der in einer Symphonie, der fünften, Posaunen einsetzte. Ferner nicht zu vergessen seine Streichquartette, insbesondere die letzten fünf, sowie die *Drei Equale für vier Posaunen*, WoO 30. Neben dem POI spiele ich noch in der Musikkapelle meines Heimatortes, in der ich auch im Vorstand tätig bin, sowie in einer 11er Besetzung für böhmisch-mährische Blasmusik.

Franz Hohberger

Maurice Ravel (1875-1935)

Maurice Ravel

1875-1935

Maurice Ravel, geboren 1875 in Ciboure (Pyrenäen) als Sohn eines Schweizers und einer baskischen Mutter, wuchs in Paris auf. Er studierte ab 1898 Klavier und Komposition am Conservatoire in Paris, u. a. bei Bériot und Fauré. Ravel lebte meist zurückgezogen ganz seinem Schaffen. Als Pianist trat er nur als Interpret seiner eigenen Klavierwerke und als Liedbegleiter auf. Seine eigenen Kompositionen dirigierte er in Amsterdam, Venedig, Schweden, England und Schottland. Eine Konzertreise führte ihn 1928 nach Amerika. 1928 wurde ihm die Ehrendoktorwürde in Oxford verliehen. Ravel starb 1935 in Paris.

Zu Ravels Klaviertrio a-moll

Vorbild für Ravels Musik war die reine, absolute Musik Mozarts. *L'art pour l'art*, Kunst um ihrer selbst willen, war auch das Schlagwort in intellektuellen Kreisen im Frankreich des *Fin du Siècle.* Gefühlsüberfrachtung der spätromantischen Epoche oder weltanschauliche Bekenntnisse mittels der Kunst waren Ravel stets fremd. Das intellektuelle Vergnügen an sinnlichem Wahrnehmen von Tonbeziehungen, an planvoller Konstruktion, am Spiel mit Sinnesreizen, Klangfarben, Veränderungen und Verfremdungen zieht sich durch sein Werk und zeigt eine Verwandtschaft mit der Ästhetik der impressionistischen Malerei. Harmonisch changieren seine Kompositionen frei zwischen Dur, Moll und kirchentonartlichen (modalen) Strukturen. Auch Ausweichungen in Bitonalität und Atonalität kommen vor. Der Reiz des Unregelmäßigen, Unerwarteten, Überraschenden, Frappierenden macht für ihn – nach eigener Aussage – einen wesentlichen Teil der Schönheit aus, die er mit Geist und Ironie immer wieder in Frage stellt. Vorliebe für tänzerische Formen jeglicher Herkunft von Menuett und Pavane über Walzer und Bolero bis zu Foxtrott und Blues ist ein weiteres Charakteristikum seines Stils; im Klaviertrio ist der dritte Satz mit *Passacaille* überschrieben.

Ravels Klaviertrio entstand laut Manuskript zwischen 3. April und 29. August 1914. Sein Kompositionsplan scheint aber schon vorher weit ausgereift zu sein, denn auf die Frage eines Freundes antwortete er schon einige Zeit zuvor: *Mein Trio ist fertig, es fehlen mir nur noch die Themen*. Ungeheuren Eindruck auf Ravel machte Strawinskys *Sacre du Printemps*, dessen Partitur ihm Strawinsky schon vor der berühmten Skandal-Uraufführung (1913) zeigte – der Ravel beiwohnte – und dessen rhythmische Kühnheiten sich in Ravels Klaviertrio widerspiegeln. Mit der Auflösung eines 8/8-Taktes in 3+3+2 oder 3+2+3 Achtel, polymetrischer Überlagerung von verschiedenen Taktarten oder der Kombination von 5/4- und 7/4-Takt wagte Ravel sich erstmals selbst in diese neue Klangwelt.

Der ruhige, überwiegend verhalten-nachdenklich wirkende **erste Satz (*Modéré*)** wird vom Klavier allein mit dem Hauptthema eröffnet. Der asymmetrisch aus 3+2+3 Achteln zusammengesetzte Takt, das anfänglich melodische Kreisen um einen Zentralton und die akkordische Begleitung aus wechselnden, die Tonart verschleiernden Akkorden verleihen ihm einen introvertierten, instabilen, tastenden Charakter. Stabil scheint einzig der auf E in gleichmäßigen Vierteln beharrende Bass.

Symptomatisch geradezu für die Musik der „Impressionisten" Debussy und Ravel erscheint das Erwachsen aus einem sich wiederholenden und variativ entwickelnden, eintaktigen Kernmotiv.

So scheint auch das lyrische zweite Thema einen Wiederholungstakt zur Gewinnung von Energie für die Fortspinnung des Gedankens zu benötigen. Durch melodische Betonung des vorletzten Achtels ist sein Rhythmus aus 3+3+2 Achteln zusammengesetzt – eine Anlehnung an baskische Melodien, wie Ravel selbst schreibt.

Die Kernmotive beider Themen durchziehen in organisch sich stets wandelnder Form den ersten Satz in allen Stimmen. Der Durchführungsabschnitt wendet sich vor allem dem ersten Thema zu. Eine Reprise ist erkennbar, folgt jedoch auch dem Muster des permanenten Wandels. In der Coda leuchtet der Beginn des ersten Themas im Dur-Gewand. In konzentrierter Verkürzung beider Themen verklingt der Satz im dreifachen Piano.

Der **zweite Satz (*Pantoum, Assez vif*)**, ein virtuoses Scherzo, wird von drei melodischen Elementen geprägt. Das erste, quicklebendige Staccato-Thema, sprengt sogleich den Dreivierteltakt durch unregelmäßige Akzente, die Begleitung setzt zusätzlich wieder andere Akzente. Die Violine spielt es *pizzicato* und *arco* (gezupft und gestrichen) im Wechsel.

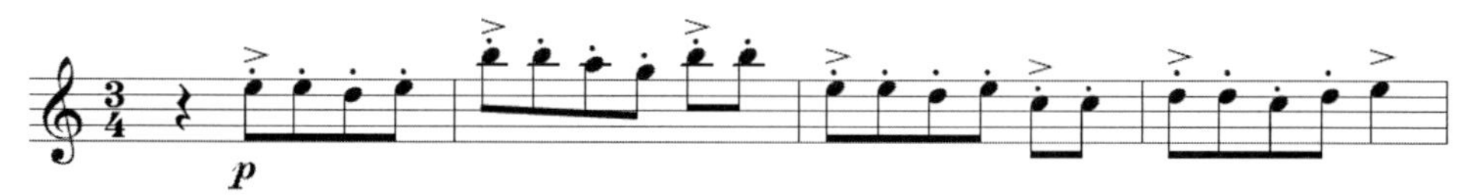

Das zweite, sehnsüchtig drängende Motiv wird intensiviert durch den gemeinsamen Vortrag von Geige und Cello im Abstand von zwei Oktaven.

Der Titel *Pantoum* bezieht sich auf eine malaiische Dichtungsform, in der Zeilen miteinander verschränkt werden. In Anlehnung werden im Mittelteil Themen mit unterschiedlichem Metrum miteinander verbunden. Die Weltausstellung von 1889 in Paris, auf der sich auch Debussy musikalische Anregungen aus der Gamelan-Musik Javas holte, scheint hier nachzuklingen. Ein akkordisches Thema in ruhigem 4/2-Takt wird mit den beiden anderen Themen des Satzes kombiniert, sodass sich raffinierte, reizvolle, taktüberlagernde Rhythmen ergeben.

Der **dritter Satz (*Très large*)** ist eine strenge, schwermütige *Passacaille.* In einer *Passacaglia* durchzieht ein achttaktiges Thema das ganze Stück in immerwährender Verwandlung. Zu Beginn erklingt das statische, achtaktige Thema im Klavier allein und einstimmig in tiefster Bassregion.

Das Cello setzt kanonisch ein, doch erst im Vortrag der Violine keimen erste Emotionen auf. Nachdem das Klavier das Thema zum zweiten Mal vorgetragen hat, entwickelt sich mit dem Motiv des ersten Taktes und Verdichtung eine Steigerung zum Fortissimo. Die Einsatzfolge wird verkürzt, doch die Achttaktigkeit immerfort beibehalten. Nach dem Höhepunkt in der Mitte des Stücks – in der sechsten von insgesamt elf achttaktigen Themendurchgängen – bahnt sich eine Rückentwicklung an. Die Violine setzt nach ihrem letzten Themendurchgang aus, dann das Cello. Schließlich bleibt das Klavier allein und lässt das Stück in den tiefsten Bassregionen ausklingen, wie es begonnen hat.

Mit einem virtuosen, klangvollen **Finalsatz** *(Animé)* endet das Trio. Im lyrischen ersten Thema wechselt nach einigen Takten 5/4- und 7/4-Takt – wiederum eine Ähnlichkeit zu baskischer Volksmusik. Klangvoll umrahmen die Streicher das Klavier mit Arpeggien und im Tremolo vibrierenden Akkorden.

Nacheinander übernehmen auch Violine und Cello das Thema. Eine Steigerung führt zum kraftvollen, akkordischen Seitenthema des Klaviers, dem die Streicher glanzvolle Trillerketten aufsetzen. Die Durchführung spielt mit Elementen beider Themen, ihrer Tonlage und Klangfarbe, den Trillerketten und Arpeggien. In der Reprise werden beide Themen nochmals variiert und dramatisch zu gesteigerter, orchestraler Klangfülle erweitert, mit der das Stück in strahlendem A-Dur endet.

Ottorini Respighi
(1879-1936)

Ottorini Respighi

(1879-1936)

Ottorino Respighi, 1879 in Bologna geboren, studierte Violine, Viola und Komposition in seiner Heimatstadt. Er wirkte ab 1900 als Bratscher bei der italienischen Opern-Stagione in St. Petersburg mit, wo er weiteren Kompositionsunterricht bei Rimskij-Korsakow erhielt. Respighi trat noch mehrere Jahre als Geiger und Bratscher auf, komponierte daneben unermüdlich neue Werke, bis er im Jahre 1913 einen Ruf als Kompositionslehrer an die Accademia di Santa Cecilia in Rom erhielt. 1923 übernahm er die Leitung dieses Instituts. Seine Erfolge als Komponist wurden 1932 durch die Ernennung zum *Accademico d'Italia* gekrönt. Respighi starb 1936 in Rom. Seine farbenreiche, effektvolle Orchesterbehandlung sicherte seinen Werken einen dauerhaften Platz im Repertoire.

Streichervirtuosität und Lautenklang

Zu Ottorino Respighis *Antiche Danze ed Arie,* Suite Nr. 3

Die italienische Musik des 19. und 20. Jahrhunderts war geprägt und beherrscht von der Oper. Da überrascht es schon, unter den bedeutenden Komponisten einen zu finden, der zur Zeit der Hochblüte des Verismo lebte, ein Zeitgenosse von Puccini, Leoncavallo und Mascagni war, aber in erster Linie Instrumentalmusik schrieb. Gemeint ist Ottorino Respighi (1879 – 1936), der zwar auch eine ganze Reihe von Opern geschrieben hat – *Semirama, La bella addormentata nel bosco, Maria Egiziaca* und andere –, aber dem heutigen Publikum fast nur durch seine Orchestermusik vertraut ist. Mit Werken wie *Le Fontane di Roma* und *Feste Romane* gelang es ihm sehr geschickt, die sinfonische Dichtung Lisztscher Provenienz mit italienischer Kompositionskunst zu verbinden.

Wenn man das Werkverzeichnis Respighis betrachtet, bemerkt man sofort das große Interesse des Komponisten an älterer Musik. Da gibt es *Canti all'antica*, ein *Concerto all'antica*, ein *Concerto gregoriano*. Der Meister bemühte sich sogar um die Wiederbelebung der alten Kirchentonarten und schrieb ein dorisches Streichquartett sowie ein mixolydisches Klavierkonzert. Hinzu kommt eine lange Reihe von Orchestrierungen und Transkriptionen älterer Musik. Seine Monteverdi-Bearbeitung *Lamento d' Arianna* machte ihn – in der Aufführung durch Arthur Nikisch – einem breiten Publikum bekannt, und seine Orchesterfassung von Bachs Orgel-Passacaglia gehörte lange Jahre zum Standardrepertoire der großen Symphonieorchester, bevor sie durch die Version von Leopold Stokowski verdrängt wurde.

Zu diesen Bearbeitungen älterer Musik zählen auch die drei Suiten *Antiche Danze ed Arie*, die Respighi in den Jahren 1917, 1924 und 1932 vorgelegt hat. Es handelt sich um Stücke aus alten italienischen und französischen Lautentabulaturen, von Respighi für Orchester gesetzt. Dabei ging es ihm nicht darum, den "Originalklang" wieder zu beleben; vielmehr wollte er Musikschätze aus dem 16. und 17. Jahrhundert der Vergessenheit entreißen und dem Geschmack des heutigen Konzertpublikums nahe bringen. Daher scheute sich der Meister auch nicht, gelegentlich die farbige Palette seiner spätromantischen Harmonik auf die alten Stücke anzuwenden, was einen reizvollen Kontrast ergibt.

Die dritte der Suiten ist ausschließlich für Streicher geschrieben. Sie beginnt mit einem italienischen Lied eines unbekannten Meisters aus dem 16. Jahrhundert. Die Melodie schwingt im ¾-Takt in den Violinen; dazu deuten die Celli mit Pizzicato das Lautenspiel an.

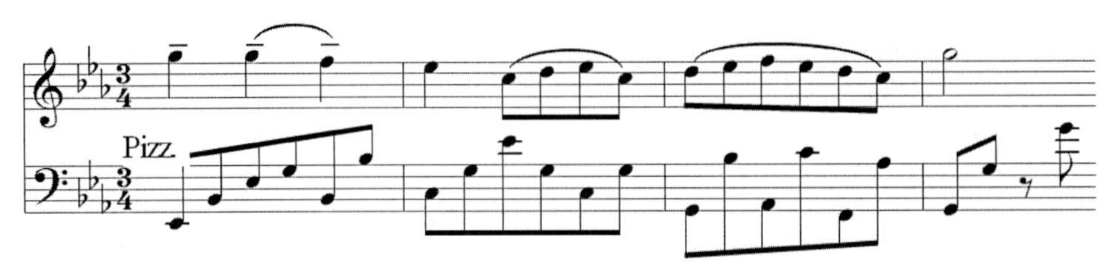

Die Musik entstammt einer Zeit, als die Dur-Moll-Tonalität allmählich an die Stelle der alten Kirchentonarten trat. Man merkt die Übergangsphase daran, dass das Stück zwischen Es-Dur und c-Moll schwankt, sich nicht recht entscheiden kann. Gegen Schluss, wenn das Anfangsthema wieder aufgenommen wird, fügt Respighi augenzwinkernd noch einen weiteren Farbtupfer hinzu durch ein – zu beiden Tonarten harmoniefremdes – Des, bevor sich Es-Dur durchsetzt und das Stück im Pianissimo verklingt.

Der **zweite** und längste **Satz** ist eigentlich selber eine Suite im Kleinen und setzt sich aus sieben *Arie di Corte* (Höfische Arien) des Burgunders Jean-Baptiste Besard (ca. 1567 – ca. 1625) zusammen. Werke dieses Komponisten hatte Respighi bereits in seiner zweiten Suite von 1924 verwendet; er schreibt den Namen übrigens italienisch als *Giovanni Battista Besardo*. Die erste Arie, deren Text sinngemäß lautet *Es schmerzt mich, dich zu lieben*, beginnt mit einer schwermütigen Andante-Melodie in den Bratschen, zu denen wieder die Celli mit ihrem Pizzicato die Laute darstellen:

Die weiteren Arien bringen Kontraste im Tempo und in der Tonart: *Lebewohl, Schäferin* (Allegretto), *Liebliche Augen* (Vivace, mit eingestreuten Dudelsack-Effekten), *Der Nachen der Liebe* (Lento), *Welche Göttlichkeit berührt meine Seele* (Allegro vivace, mit Pizzicato des gesamten Streichorchesters), *Es ist meine Unschuld, die du liebst* (Vivacissimo). Zuletzt kehrt die erste Arie zurück und bringt den Satz zum Abschluss.

Der **dritte Satz** beruht auf einem Siciliano eines unbekannten Meisters vom Ende des 16. Jahrhunderts. Die schwingende Siciliano-Melodie bewegt sich wieder in der ersten Violine, und Respighi erreicht diesmal einen besonderen Effekt dadurch, dass er die begleitenden Celli zwischen Streichen (arco) und Zupfen (pizzicato) abwechseln lässt.

Das Thema besteht aus drei Teilen, deren erster und letzter jeweils wiederholt werden. Darüber schreibt Respighi nun zwei Variationen. Die erste Variation behält die Melodie in der Oberstimme unverändert bei, während die Bewegung in den Unterstimmen stets zunimmt – zuerst Achtel im Staccato, dann Sechzehntel, dann Sechzehntel-Triolen, zuletzt Zweiunddreißigstel. Zugleich steigert sich die Dynamik bis zum Fortissimo. Die zweite Variation hingegen bringt – über einem liegenden C der Celli und Kontrabässe – einen Kanon zwischen erster Violine und Bratsche; die zweite Violine deutet mit ihrem Staccato die Laute an und liefert gelegentlich leichte harmonische Verfremdungen. Zuletzt löst sich das Stimmengewebe auf.

Dann hebt der **Schlusssatz** an mit dem wild bewegten, zuckenden Passacaglia-Thema des Italieners Ludovico Roncalli aus dem Jahr 1692:

Das Thema erinnert entfernt an Bachs berühmte Chaconne für Violine solo, und ähnlicher Art sind auch die Schwierigkeiten, die Respighi den Streichern zumutet: Doppel-, Dreifach- und Vierfachgriffe, polyphones Spiel. Der Komponist geht mit der Passacaglia-Form sehr frei um, grenzt aber die Variationen deutlich voneinander ab. Zunächst steigert er das Tempo; an einer Stelle (*energico e più animato*) erinnern die stampfenden Rhythmen fast an Strawinsky. Gegen Ende des Stückes wird das Tempo wieder langsamer; zuletzt kehrt das Thema des Anfangs, jetzt aber vom gesamten Streichorchester gespielt, zurück und führt das Werk zum triumphierenden Abschluss.

Die Suite zählt zu den letzten und reifsten Instrumentalwerken Respighis. Nach dem Tod des Meisters fertigte seine Witwe – die seine Kompositionsschülerin gewesen war – noch eine Version für Streichquartett und eine für Ballett an, doch beiden war kein dauerhafter Erfolg beschieden. Lediglich die Originalfassung des Meisters – sofern man bei dieser Instrumentierung alter Lautenmusik überhaupt von einer Originalfassung reden kann – wird bis heute immer wieder gespielt.

Reinhard Szyszka

Karol Szymanowski

Karol Szymanowski

1882-1937

Der polnische Komponist Karol Szymanowski wurde 1882 in Tymoszówka (heute Ukraine) geboren, er lebte später einige Jahre in Berlin, Warschau, Wien, Jelisawetgrad und ab 1920 in Warschau, wo er 1926-1929 Professor für Komposition und Direktor des Konservatoriums war. Szymanowskis Stil ist spätromantisch, bewegt sich z.T. an den Grenzen der Tonalität, mit deutschen (Richard Strauss), russischen und französischen Einflüssen (Strawinsky und Ravel). Sein Schaffen umfasst, neben mehreren Opern und Bühnenmusiken, Orchesterwerke (u. a. 3 Symphonien und 2 Violinkonzerte), Chormusik, 2 Streichquartette, ein Klaviertrio, zahlreiche Klavierwerke und Lieder. Wegen seines schlechten Gesundheitszustands (Tuberkulose) verbrachte er die letzte Zeit seines Lebens in Sanatorien in Davos und Lausanne, wo er 1937 starb.

Zu Szymanowskis Streichquartett Nr. 1 C-Dur, op. 37bis

Zwischen 1795 und 1918 gab es keinen selbständigen Staat Polen auf der Landkarte. In den drei polnischen Teilungen von 1772, 1792 und 1795 hatten sich das russische Zarenreich, das Königreich Preußen und die Habsburger-Monarchie immer größere Stücke des einstigen polnischen Reiches einverleibt, bis sie den Rest schließlich ganz unter sich aufteilten. Das änderte aber nichts daran, dass sich die Polen weiterhin als ein Volk verstanden, und die polnische Kultur überlebte die Zeit der Staatenlosigkeit trotz aller Unterdrückung.

Gegen Ende des 19. Jahrhunderts, nach etlichen gescheiterten Aufständen, entstand eine polnische Nationalbewegung, die mit friedlichen Mitteln für die kulturelle Identität Polens und für die Wiedererrichtung eines polnischen Staates eintrat. Der Historienmaler Jan Matejko ist hierzu zu rechnen, ferner Schriftsteller wie Henryk Sienkiewicz und Maria Konopnicka – und natürlich auch Komponisten wie Karol Szymanowski.

Sein Leben lang verfolgte Szymanowski zwei gegensätzliche Ziele. Einerseits strebte er wie viele Nach-Romantiker nach künstlerischer Selbstverwirklichung und wollte seine eigenen musikalischen Pläne und Ziele verfolgen, andererseits aber war er auf der Suche nach einem unverwechselbar polnischen Idiom, das ihn in die Reihen der polnischen Nationalbewegung stellte. In jungen Jahren hatte Szymanowski der Gruppe "Junges Polen" angehört, einem losen Zusammenschluss polnischer Komponisten, der 1906 sein Eröffnungskonzert veranstaltete. Doch waren die Mitglieder der Gruppe nicht allzu eng miteinander verbunden, verfolgten auch kein konkretes Programm, so dass sie bald ihre eigenen Wege gingen und jeder für sich zum polnischen Kulturleben beitrugen. Dabei war es besonders Szymanowski, der stets das höchste ästhetische Niveau anstrebte und dabei bis zur Atonalität vorstieß.

Karol Szymanowski, ein ausgeprägter Ästhet und Individualist, gehörte jener generationenübergreifenden Gruppe von Musikern an, die gegen die als anmaßend empfundene Vorherrschaft der deutsch-österreichischen Tradition aufbegehrten. So wie Leoš Janáček in der Slowakei und Béla Bartók in Ungarn griff Szymanowski in Polen auf die einheimische Volksmusik zurück. All diese Komponisten verstanden die Volksmusik nicht als dekoratives, exotisches Element, sondern als wesentliche Substanz ihrer musikalischen Sprache, und sie gelangten auf diesem Weg zu einer Modernität höchst eigener Prägung. Diese Hinwendung zur Volksmusik bedeutete freilich keine Popularisierung, gar Trivialisierung des Schaffens, sondern sie verband sich bei den genannten Komponisten mit klassischen Formen, insbesondere mit der besonders kunstvollen, ja elitären Gattung des Streichquartetts. Janáček, Bartók und auch Szymanowski schufen mit ihren wenigen, aber bahnbrechenden Streichquartetten Schlüsselwerke, in denen sie die Eigentümlichkeiten der Volksmusik mit dem Anspruch höchster Kunstmusik verbanden.

Als Karol Szymanowski sich 1917 an die Komposition seines ersten Streichquartetts machte, war er 35 Jahre alt. Nach Jahren in Berlin und Wien hatte sich der Komponist zu Beginn des ersten Weltkriegs in seinen Geburtsort Tymoszówka (heute Ukraine) zurückgezogen. Hier fand er die nötige Ruhe für sein Schaffen, und hier wagte er sich an sein erstes Quartett.

Der **erste Satz** beginnt mit einer langsamen Einleitung ***Lento assai***. Wie aus dem Nichts erwächst die Musik aus dem dreifachen Pianissimo, und der erste Akkord umspannt nicht weniger als viereinhalb Oktaven. Die diatonischen Harmonien kontrastieren mit der ausgeprägt chromatischen Stimmführung. Das ***Allegro moderato*** schließt sich nahtlos an. Der Satz ist in einer freien Sonatensatzform gehalten, die freilich durch die ständigen Tempo- und Lagenwechsel nicht einfach herauszuhören ist. Die Passage, die mit ***Subito scherzando alla burlesca*** überschrieben ist, steht in der Mitte des Satzes und bildet eine Art frei kontrastierende Durchführung. Die Nähe des Komponisten zur Spätromantik zeigt sich in einer Überfülle an Vortragsanweisungen, mit denen fast jede Note versehen ist. Daneben gibt es Spielanweisungen wie *flautando* (am Griffbrett) oder *sul ponticello* (am Steg), und Vorschriften wie *forte e deciso* oder *marcatissimo* kontrastieren mit *tranquillo* und immer wieder *dolcissimo*. Mit einem Pizzicato-Akkord im dreifachen Fortissimo (!) geht der Satz zu Ende.

Der **zweite Satz** steht zunächst in E-Dur und ist mit ***Andantino semplice*** überschrieben, ergänzt durch den Hinweis ***in modo d'una canzone***. Hier stellt der Komponist eine diatonische Melodie vor, die erkennbar von der polnischen Volksmusik inspiriert ist. Für ein echtes Lied, ein Volkslied gar ist das Thema aber melodisch wie rhythmisch erheblich zu komplex und weist auch einen zu großen Stimmumfang auf. Auch hier gibt es eine Vielzahl von Tempowechseln, und auch die Tonart ändert sich: das einleitende E-Dur geht bald in F-Dur über, und in der zweiten Hälfte des Satzes verzichtet der Komponist gänzlich auf Vorzeichen. Mit einem D-Dur-Akkord in Cello und Bratsche samt einem dissonant hinzugefügten B der zweiten Violine klingt der Satz aus.

Der dritte Satz ***Scherzando alla burlesca*** behält als einziger das Tempo einigermaßen bei. Dafür fallen die unterschiedlichen Vorzeichen der einzelnen Stimmen ins Auge: drei Kreuze bei der ersten Violine, sechs Kreuze bei der zweiten Violine, drei B bei der Viola und ohne Vorzeichen beim Violoncello: ein deutlicher Hinweis auf die latente Polytonalität, die aber nicht konsequent durchgehalten ist. Der Satz beginnt mit einem signalartigen Motiv, gefolgt von einem Fugato über ein kurzes dreitaktiges Thema. Aus diesem Material baut der Komponist den Satz ganz im Stil eines klassischen Scherzo auf. Das Scherzando schließt mit einer ruhigen Pizzicato-Kadenz in C-Dur. Ursprünglich hatte Szymanowski geplant, noch einen vierten Satz zu schreiben, um der klassischen viersätzigen Form des Streichquartetts Genüge zu tun, und erst als der dritte Satz fertig gestellt war, entschloss sich der Komponist, es bei drei Sätzen zu belassen.

Die Arbeit an Szymanowskis erstem Streichquartett zog sich über sieben Jahre hin. Diese lange Entstehungszeit hat vielerlei Ursachen. Kaum hatte der Komponist mit der Arbeit begonnen, brach die russische Oktoberrevolution aus, die natürlich auch die Ukraine mit voller Wucht traf, und das Haus von Szymanowskis Familie wurde zerstört. Im Jahr darauf ging der erste Weltkrieg zu Ende; Deutschland, Österreich und Russland fanden sich auf der Verliererbank wieder und mussten der Wiedererrichtung eines polnischen Staates zustimmen. Karol Szymanowski zog daraufhin nach Warschau, um seine Kräfte dem jungen Polen zur Verfügung zu stellen. Dort wandte er bald sein Hauptinteresse der Oper *Król Roger* (König Roger) zu, die in den kommenden Jahren den Schwerpunkt seines Schaffens bildete, so dass er nur gelegentlich dazu kam, an seinem begonnenen Streichquartett weiter zu arbeiten. Dennoch kehrte er immer wieder zu seinem Quartett zurück, und 1924 konnte er das Werk schließlich vollenden; noch im gleichen Jahr fand die Uraufführung statt.

Die lange Entstehungszeit ist auch eine der Ursachen dafür, dass sich das Quartett die Opuszahl 37 mit einem anderen Werk des Komponisten, der Kantate *Demeter*, teilt: die beiden Kompositionen erschienen bei verschiedenen Verlagen unter derselben Nummer. Doppelt vergebene Opuszahlen kommen noch an anderer Stelle bei Szymanowski vor, ebenso wie Lücken in der Abfolge der Opusnummern, so dass die Nummerierung stets mit Vorsicht zu genießen ist. Besondere Sorgfalt bei der Nummernvergabe zählte wohl nicht zu den Stärken des Komponisten.

Zehn Jahre nach Beginn der Arbeit an seinem ersten Quartett, also 1927, nahm Szymanowski wieder ein Streichquartett in Angriff. Auch dieses zweite Quartett umfasst nur drei Sätze, und während der Komponist bei seinem ersten Quartett noch C-Dur als Tonart angegeben hatte, verzichtete er bei seinem zweiten Quartett gänzlich auf tonale Bezüge – ein deutlicher Hinweis auf die Atonalität in Szymanowskis späterer Musik. Ein drittes Quartett zu schaffen war dem Komponisten nicht mehr vergönnt, denn seine Gesundheit verschlechterte sich zusehends, und 1937 starb der Komponist mit 55 Jahren an Tuberkulose.

2.6 Expressionismus, Moderne und Neue Musik

2.6.1 Von der Musik des Expressionismus und der Moderne bis zur Neuen Musik

Ist die impressionistische Kunst noch lyrisch-sinnlich, darstellend, ästhetisierend, versucht sie noch, Spannungen abzubauen, stellt sie noch natürliches Fließen und Werden dar, so brechen im Expressionismus die Spannungen leidenschaftlich und unerbittlich auf und werden kompromisslos dargestellt. Die Intensität sprengt den Rahmen herkömmlicher Stilmittel und Formen, oft oder gerade ohne Rücksicht auf gewohntes Schönheitsempfinden. Der Ausdruckswille sprengt alle Formen, geht bewusst in Extreme. Dynamisch, eruptiv wird das innere Erleben zum Thema der Darstellung. In der Musik zeigt sich dies in Abkehr von den Gesetzen der traditionellen Musik wie Tonart, Dreiklang, Thema, Kadenz, Belcanto. Neue Ausdrucksmittel sind Bitonalität bis Atonalität, Zwölftontechnik, Verfremdung, Sprechmelodie (z.B. in Schönbergs *Pierrot lunaire*, Alban Bergs *Wozzeck*), die Betonung des Elementaren im Rhythmus (z.B. in Strawinskys Balletten *Feuervogel, Sacre du Printemps, Petruschka)* und eine zutiefst emotionale Klangsprache (z.B. in Bergs *Wozzeck*, seiner *Lyrischen Suite für Streichquartett* und seinem Violinkonzert *Dem Andenken eines Engels*).

Komponisten wie Bartók (z.T. auch Strawinsky) mischten die expressionistischen Stilmitteln mit folkloristischem Idiom ihrer Heimat oder suchten ihren Weg aus der Spätromantik durch erneute Verwendung barocker oder frühklassischer Formen (Prokofjew, Strawinsky) in einem kühl-distanzierten Neoklassizismus.

Im Expressionismus wird das Kritische in der menschlichen Situation dieses Jahrhunderts, das auf einer dünnen Spitze über einem Abgrund unsicher balancierende, vom „Fortschritt", religiösem Skeptizismus und philosophischem Relativismus angefochtene Menschliche wie in einem apokalyptischen Prisma aufgefangen (H. Hollander).

Unter dem Einfluss des Nationalsozialismus fielen die Werke der Expressionisten in Deutschland und allen besetzten Ländern unter die sogenannte „Entartete Kunst". Im Deutschland des „Dritten Reichs" suchte mancher Komponist seinen Weg in der Rückwendung. Während der junge Richard Strauss sich zu Beginn des Jahrhunderts noch expressionistischen Tendenzen verbunden fühlte (*Salome, Elektra*), so zeigt sich sein vital-optimistischer, spätromantischer Stil in seinen Symphonischen Dichtungen mit brillanter Instrumentation, in seinen späteren Opern in versöhnlichen, spätromantischen Anklängen. Carl Orff knüpfte an den Neoklassizismus der Zwanziger Jahre an und entwickelte seinen eigenen, sehr erfolgreichen, auf elementarem Rhythmus und einfachen tonalen Strukturen basierenden Stil. In der sowjetischen Diktatur konnte Schostakowitsch nur überleben durch Anpassung und sehr versteckter Ironie in einem intellektuell-neoklassizistischen Stil.

Nach 1945 setzte eine Neuorientierung ein. Knüpften die einen an die Methoden der 2. Wiener Schule (Schönberg, Webern) an und entwickelten die *Serielle Musik*, in der jeder Ton bestimmt wird durch vorgegebene Tonhöhe, Tondauer, Lautstärke und Klangfarbe (Messiaen, Boulez), so suchten andere neue Ausdruckswege in der neu aufkommenden *Elektronischen Musik* (z.B. Stockhausen) oder in Klangflächenmusik und *Mikropolyphonie* (Penderecki, Ligeti). Im Gegenzug zur Determiniertheit des einzelnen Klangereignisses wurde von anderen Improvisation und Kreativität des Interpreten neu entdeckt (*Aleatorik*, z.B. Berio, Stockhausen). Hier knüpfte auch Lutosławski in seinem Streichquartett von 1964 an.

Seit den 80iger Jahren zeigt sich auch eine *Neue Einfachheit*. Aus Amerika kam die *Minimal Music* (Riley, Reich, Glass). Insgesamt scheint aber zum Ende des 20. Jahrhunderts wieder der individuelle Ausdruckswille des Komponisten in Melodik, Rhythmus und Klangfarben nach all den Extremen der zweiten Jahrhunderthälfte dem Werk seine Gestalt zu geben.

Auf jeden Fall lässt sich die „Neue Musik" nicht als übergeordneter Stil begreifen, sondern kann nur anhand einzelner Komponisten oder sogar einzelner Werke in den verschiedenen Stilen ausgemacht werden. Das 20. Jh. erscheint somit als ein Jahrhundert der Polystilistik (Wikipedia, Artikel *Neue Musik*).

2.4.2 Komponistenportraits, Werkbeschreibungen und Portraits von Orchestermusikern

Arnold Schönberg um 1900

Arnold Schönberg

1874-1951

Arnold Schönberg, geboren 1874 in Wien, gilt als einer der bedeutendsten Komponisten des 20. Jahrhunderts. Als Schüler begann er autodidaktisch zu komponieren und musikalische Werke zu studieren. Nach einer Banklehre nahm er vorübergehend Unterricht bei Alexander von Zemlinsky. Finanziell hielt er sich als Leiter von Laienchören und -orchestern über Wasser, Anerkennung als Komponist fand er erst nach vielen Jahren. 1926 erhielt er eine Kompositionsklasse an der Preußischen Akademie in Berlin, die er als Jude 1933 verlassen musste. In Paris nahm Schönberg, der katholisch erzogen war, die jüdische Taufe an und übersiedelte mit seiner Familie in die USA. In Los Angeles erhielt er eine Professur, nach seiner Pensionierung lebte er wieder in finanziellen Sorgen. 1949 wurde er Ehrenbürger der Stadt Wien. Schönberg starb 1951 in Los Angeles. Sein kompositorischer Weg führte über die Spätromantik (Vorbilder Brahms, Wagner und Mahler) zur Atonalität und zu der von ihm in den 20-iger Jahren entwickelten Zwölftontechnik, die bedeutenden Anstoß gab für mehrere Kompositionsrichtungen nach 1945. Als Lehrer war er für eine Reihe von Schülern bedeutend, u.a. Alban Berg und Anton Webern, die ebenfalls die Musik des 20. Jahrhunderts entscheidend prägten.

Spätromantisches Frühwerk

Zu Schönbergs Streichsextett op. 4 *Verklärte Nacht*

Das spätromantische Streichsextett *Verklärte Nacht* op. 4, ein Frühwerk des 25-jährigen Arnold Schönberg, entstand in nur drei Wochen im September 1899 während eines Sommerurlaubs mit Alexander von Zemlinsky und dessen Schwester Mathilde, der späteren Frau Schönbergs. Die fertiggestellte Handschrift ist auf den 1. Dezember 1899 datiert. Die Uraufführung fand am 18. März 1902 in Wien statt, der ein erster Ablehnungsskandal folgte – nicht der letzte in Schönbergs Leben: *Das klingt ja, als ob man über die noch nasse Tristan-Partitur darüber gewischt hätte* (aus den Erinnerungen Zemlinskys). Heute wird das Werk häufig auch in der Fassung für Streichorchester (1917) gespielt.

Der Komposition liegt ein Gedicht von Richard Dehmel aus der 1896 veröffentlichten Sammlung *Weib und Welt* zugrunde, das das Thema Erotik und Sexualität nach den Vorstellungen des ausgehenden 19. Jahrhunderts im Sinne des Jugendstils zum Thema hat und dessen Inhalt und Pathos in unserer Zeit nur noch schwer erträglich sein dürfte. Die fünf Strophen des Gedichts schildern die Szene eines nächtlichen Waldspaziergangs zweier Menschen (Nr. 1, 3, 5), die Rede der Frau, die einen Mann liebt, jedoch von einem anderen ein Kind erwartet und sich selbst anklagt (Nr. 2), die Rede des Mannes, der die Frau tröstet und das Kind als sein eigenes annehmen will (Nr. 4). Hans Heinz Stuckenschmidt spricht vom *Pathos einer neuen, unbürgerlichen Geschlechtsmoral ..., der Idee des alles überwindenden, jede Konvention beiseite schiebenden Eros.* Vielleicht hat die beginnende Beziehung zu Mathilde von Zemlinsky Schönbergs Wahl des Sujets beeinflusst.

Das Genre Programmmusik in den Werken von Franz Liszt und Richard Strauss scheint Schönberg in den Jahren vor der Entstehung der *Verklärten Nacht* stark beschäftigt zu haben. Nach Art einer symphonischen Dichtung folgt der einsätzige Aufbau den fünf Teilen des Gedichts, jedoch ohne direkte programmatische Schilderungen. In einer Einführung zu dem Stück betonte Schönberg, dass *darin keine Handlung und kein Drama, sondern die dichterische Natur und menschliche Empfindungen dargestellt werden.* Der Einfluss Richard Wagners ist in Chromatik und erweiterter Harmonik unverkennbar, sie grenzt stellenweise an Atonalität, während die Themenverarbeitung auf Brahms weist, dessen melodische Variationstechnik auch später in Schönbergs Unterricht eine besondere Rolle gespielt hat. Die beiden Motive des Beginns werden fortwährend melodischen Verwandlungen unterzogen, sie erscheinen als musikalische Metaphern für emotionale Schattierungen.

Der Beginn in d-moll über Orgelpunkten auf D mit ruhig abwärts schreitendem Tonleitermotiv scheint die Dunkelheit des Waldes, die Schritte, aber auch die gedrückte Stimmung der beiden Menschen zu beschreiben. Die abwärts gerichtete Melodielinie mit punktiertem Rhythmus durchzieht, auch in chromatischer Fassung, das ganze Stück.

Das zweite, gegensätzliche, expressive Motiv – bereits im achten Takt – formt eine Geste zärtlichen Gefühls durch Tonumspielung mit anschließenden großen Intervallen:

Es folgen in dichter motivischer Verarbeitung melodische Varianten dieser Ausgangsmotive, die das ganze Werk bestimmen. Das Thema schmerzvoller Emotionen verbindet abwärts steigende Linie und Punktierung aus dem Eingangsmotiv mit den großen Intervallen des zweiten,

gesteigert durch ein kurzes Umkehrungsmotiv daraus:

Eine Variante des zweiten Motivs durchzieht auch die folgenden Abschnitte:

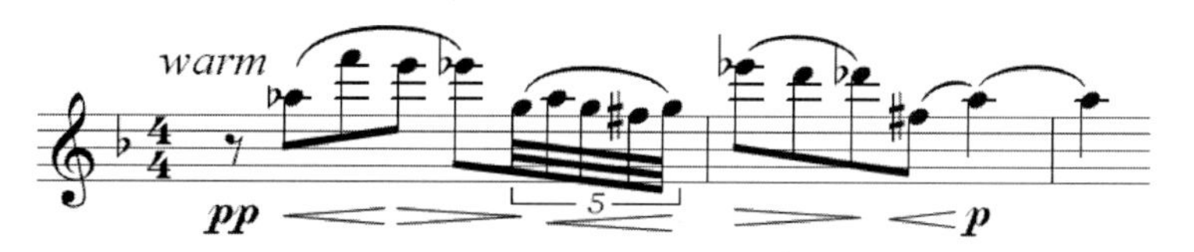

Im dramatischen zweiten Teil erklingen alle diese melodischen Elemente verdichtet und mit dramatischen Eruptionen, vor allen das folgende, leidenschaftlichste aller Motive. Es wechselt mit einer auffahrenden Geste der Viola im Pizzicato.

Dynamische Aufwallungen und Tremolo-Klangflächen schildern innere Erregung, die nach dem Höhepunkt quasi zusammenbricht und in klagende Ergebenheit mündet.

Mit dem dritten, kürzeren Abschnitt kehren die Eingangsmotive wieder. Kleine Kadenzen der 1. Violine und lang gezogene Akkorde leiten in den vierten Abschnitt. Das warme D-Dur des Beginns wandelt sich zu einem zauberhaften, atmosphärisch wahrlich verklärten H-Dur-Klanggemälde, in dem die erste Violine über glänzenden Klanggefilden schwebt. Dämpfer

Verklärte Nacht

Richard Dehmel

Zwei Menschen gehn durch kahlen, kalten Hain;
der Mond läuft mit, sie schaun hinein.
Der Mond läuft über hohe Eichen;
kein Wölkchen trübt das Himmelslicht,
in das die schwarzen Zacken reichen.
Die Stimme eines Weibes spricht:

Ich trag ein Kind, und nit von Dir,
ich geh in Sünde neben Dir.
Ich hab mich schwer an mir vergangen.
Ich glaubte nicht mehr an ein Glück
und hatte doch ein schwer Verlangen
nach Lebensinhalt, Mutterglück
und Pflicht; da hab ich mich erfrecht,
da ließ ich schaudernd mein Geschlecht
von einem fremden Mann umfangen,
und hab mich noch dafür gesegnet.
Nun hat das Leben sich gerächt:
nun bin ich Dir, o Dir, begegnet.

Sie geht mit ungelenkem Schritt.
Sie schaut empor; der Mond läuft mit.
Ihr dunkler Blick ertrinkt in Licht.
Die Stimme eines Mannes spricht:

Das Kind, das Du empfangen hast,
sei Deiner Seele keine Last,
o sieh, wie klar das Weltall schimmert!
Es ist ein Glanz um alles her;
Du treibst mit mir auf kaltem Meer,
doch eine eigne Wärme flimmert
von Dir in mich, von mir in Dich.
Die wird das fremde Kind verklären,
Du wirst es mir, von mir gebären;
Du hast den Glanz in mich gebracht,
Du hast mich selbst zum Kind gemacht.

Er fasst sie um die starken Hüften.
Ihr Atem küsst sich in den Lüften.

Zwei Menschen gehn durch hohe, helle Nacht.

und Flageolett-Klänge malen die Schönheit des Mondlichts. Hochromantisch klingt auch die nächste Variante des Emotionsmotivs in Des-Dur:

Eine Steigerung mündet in das – samt seiner Harmonisierung stark an Richard Wagner gemahnende Motiv – in D-Dur, das das erste Cello in großem, warmem Ton vorträgt und das wohl der alles überwindenden Güte des Mannes entsprechen soll:

Der letzte Abschnitt nimmt als zusammenfassende Coda Motive der vorausgehenden auf, besonders das des Anfangs sowie das des glänzenden Mondlichts aus dem vierten Abschnitt. *Alle Motive sind von neuem verändert, wie um die Wunder der Natur zu verherrlichen, die diese Nacht der Tragödie in eine verklärte Nacht verwandelt haben* (Schönberg). Das Stück verklingt in wogenden Akkordbrechungen und fernen Flageolett-Klängen in verhauchendem Pianissimo (*pppp*).

Béla Bartók
1931

Béla Bartók

1881-1945

Béla Bartók, geboren 1881 in Nagy Szent Miklós, war bedeutend als Pianist, Komponist und Volksmusikforscher. Er studierte von 1889-1903 Klavier und Komposition an der Budapester Musikakademie, an der er 1907-34 als Professor für Klavier unterrichtete. Der Erfolg seiner Symphonischen Dichtung *Kossuth* (1904) machte ihn als Komponist bekannt. Zahlreiche Volksmusik-Forschungsreisen zwischen 1912 und 1936 führten ihn bis in die Türkei und Nordafrika, Konzertreisen als Pianist ab 1905 durch viele Länder Europas, Russland und Amerika (1928). Nach anfänglichen Einflüssen von Wagner und Debussy wurden Elemente der Volksmusik zu Bartóks wichtigster Kompositionsgrundlage. Ab 1933 schränkte die nationalsozialistische Politik Aufführungen seiner Werke immer stärker ein. 1940 siedelte er daher nach New York über. Nach dortigen Misserfolgen, Existenzsorgen und Krankheit kam der Erfolgsdurchbruch zu spät. Bartok starb am 26. September 1945 in New York.

Béla Bartók

Emotion, Vitalität und Trauer

Zu Bartóks zweitem Streichquartett, op. 17

Die Suche nach einem Ausweg aus der überchromatisierten Klangsprache der Spätromantik einte die großen Neuerer zu Beginn des 20. Jahrhunderts (Bartók, Strawinsky, Hindemith und Schönberg). Bartóks bedeutende Leistung in diesem Zusammenhang ist – ähnlich Strawinsky – die Einschmelzung von musikalischen Elementen der von ihm gesammelten Volksmusik in die neue Tonsprache des 20. Jahrhunderts. In seiner Autobiographie (1921) schrieb Bartók: *Die Bauernmusik war deshalb von entscheidender Bedeutung für mich, weil sie mich auf die Möglichkeit einer vollständigen Emanzipation von der Alleinherrschaft des bisherigen Dur-Moll-Systems brachte.* Damit ist die Wiederbelebung alter Kirchentonarten ebenso gemeint wie daraus resultierende Zusammenklänge, ferner die in der Volksmusik häufigen kurzen Motive aus kleinen Intervallen und deren ostinate Wiederholungen, insbesondere die tänzerischen Rhythmen in zusammengesetzten Taktarten und mit unregelmäßigen Betonungen, Takt- und Tempowechsel sowie Rubati, vor allem aber auch die unreflektierte Unmittelbarkeit des Ausdrucks bis zur Wildheit. Neben Bearbeitungen von Volksmelodien schrieb Bartók auch Kompositionen im Stile dieser Vorlagen. In den meisten Werken jedoch sind diese Elemente völlig aufgegangen in einer neuen Tonsprache, die ihre Vitalität aus dem Rhythmus und neuartigen Zusammenklängen bezieht, ohne jedoch – wie Arnold Schönbergs Zwölftonsystem – herkömmliche Konsonanzen oder Tonarten zu vermeiden.

Während das erste (1908/09) seiner sechs Streichquartette hörbar an die späten Quartette Beethovens anknüpfte, entstand das zweite Streichquartett 1915-17, zwischen den Bühnenwerken *Der holzgeschnitzte Prinz* (op. 13) und *Der wunderbare Mandarin* (op. 19), in einer Zeit, die Biographen auch die Zeit von Bartóks *innerem Exil* nennen. Es war das Jahrzehnt des ersten Weltkriegs, künstlerisch allgemein eine Zeit stärksten Umbruchs. Bartók lebte in diesen Jahren sehr zurückgezogen, Resignation und Einsamkeit bedrückten ihn wegen des Unverständnisses gegenüber seinen Kompositionen. Die Forschungsreise nach Nordafrika (1913) hatte ihn noch mit Neuartigem konfrontiert, mit dem Beginn des Krieges aber waren Reisen und Volkmusik-Forschung kaum mehr möglich.

Diese Grundstimmung scheint im zweiten Streichquartett spürbar. Von den späteren Quartetten unterscheidet es sich durch tiefe Emotionalität und Dramatik der Klangsprache. Bartóks Freund Zoltán Kodály gab dem Werk den Titel *Episoden* mit den Sätzen *1. Ruhiges Leben, 2. Freude, 3. Leid.* Der wilde 2. Satz erinnert an die Klaviersuite (op. 14) und das *Allegro barbaro* von 1911, ferner an Strawinskys *Sacre du Printemps* (1913), das mit seiner urwüchsigen Rhythmik zum Symbol neuer Dramatik und Expressivität geworden war. Das Quartett entspricht mit seinen drei Sätzen der symmetrischen Ordnung langsam – schnell – langsam, die Ecksätze sind thematisch miteinander verwandt. Das zweite Quartett wurde am 3. März 1918 in Budapest durch das Waldbauer-Quartett uraufgeführt.

Zu Beginn des **Kopfsatzes *(Moderato)*** bereiten die Unterstimmen einen dichten Klanggrund für das Hauptthema, das nach schmeichelnder Anfangsgeste quasi mutlos-depressiv absinkt:

Im ganzen Satz leicht herauszuhören ist sein charakteristisches Kopfmotiv mit anschließend fallendem Intervall, dieses bestimmt den ersten Hauptsatz-Abschnitt, auch als Fugato aller vier Stimmen:

In der Weiterentwicklung entsteht aus den Auftakten eine fallende melodische Linie mit Triolen:

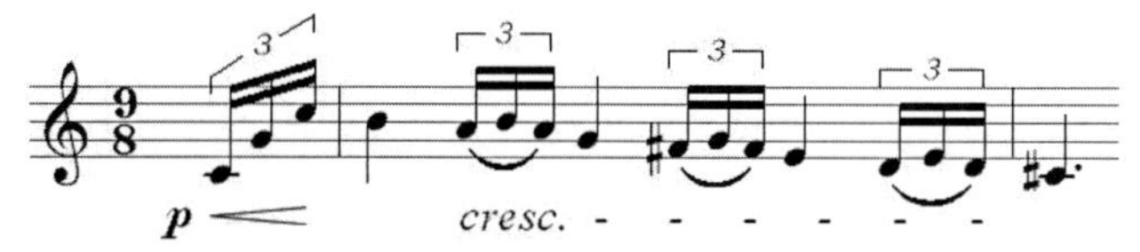

Das ausdrucksvolle zweite Thema hat breit strömenden, sehnsüchtigen Charakter mit leidenschaftlicher Steigerung. Bartók nannte es *Liebes-Leitmotiv*:

Beide Themen begegnen sich in einer kurzen Episode, darüber erscheint ein insistierend steigerndes Terzmotiv:

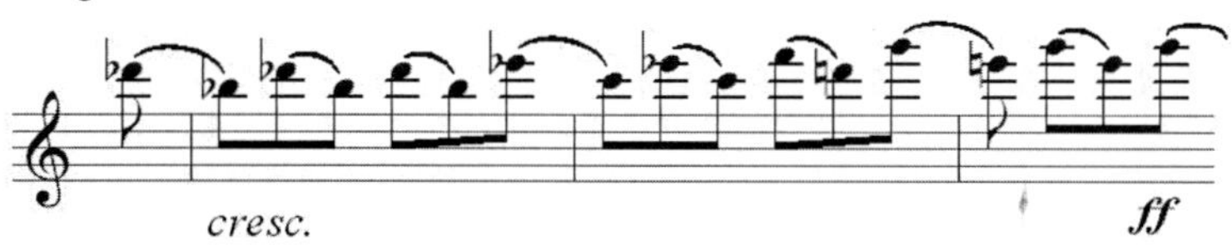

Das dritte Thema hat weich-wiegenden, schwärmerischen Charakter, neigt sich jedoch am Ende auch in tiefere Tonbereiche:

Wenige Takte später beginnt in etwas rascherem Tempo die Durchführung, die sich fast nur mit Material aus dem ersten Thema entwickelt. Das Kopfmotiv erscheint im Pianissimo nacheinander in verschiedenen Stimmen in dichter werdender Folge. Ein Dreitonmotiv aus dem ersten Thema (Auftakt zum 2. Takt: gis-g-b, d.h. Halbton abwärts – Terz aufwärts) steigert zu einem Fortissimo-Marcatissimo-Gegeneinander von 1. Violine und Cello, dazwischen bewegt sich ein dichtes Feld der Mittelstimmen aus Halbtonschritten, bis auf einem intensiven Akkord die Bewegung stehenbleibt. Auch die Rückführung mit Spannungsabbau benutzt das Dreitonmotiv, zusätzlich das Triolenmotiv (3. Notenbeispiel).

In der Reprise sind die Themen alle modifiziert, sind jedoch an ihren charakteristischen Intervallen und Kopfmotiven, das zweite Thema an seinem leidenschaftlichen Duktus zu erkennen. Das dritte Thema taucht nur wie eine kurze Erinnerung von vier Takten auf. In der Coda klingen alle Themen in verkürzter Form noch einmal an. Nach Beruhigung verhaucht der Satz im Pianissimo mit dem Kopfmotiv des dritten Themas im Cello.

Typisch für Bartóks Vitalität aus dem Geist der Folklore ist der ***Mittelsatz (Allegro molto capriccioso)***, ein zündendes, zupackendes, burschikoses Scherzo in Rondo-ähnlicher Form, in dem das Rondothema immer wieder in variierter Form auftritt. Springende Tritonus- und Terzmotive, gehämmerte staccato-Tonwiederholungen, eingestreute Pizzicati, plötzliche Akzente und Tempowechsel bewirken den quirlig-launischen, wilden Charakter des Satzes. Wichtiges thematisches Material für den Satz enthält das Eröffnungsmotiv, es sind die springende verminderte Quint und das kleine akzentuierte Legato-Motiv aus zwei durch eine Terz verbundenen Halbtonschritten:

Das anschließende feurige Rondothema, umrahmt von hämmernden Oktaven, spiegelt Volksmusikelemente (Terzsprünge und Form) und exotische Merkmale, die arabisch anmuten: Tonleiter aus Halbtonschritten plus übermäßiger Sekund (fis-eis-d-cis) und Tonverzierung durch Umspielungen.

Am Ende des Abschnitts wird es im Fortissimo von Cello und Viola variiert:

Das Einleitungsmotiv, in Umkehrung und Originalgestalt (B), leitet in den zweiten Rondo-Teil (A'), in dem das Thema vom Cello, dann von der Viola, in größeren Tonraum gedehnt wird.

Ein Glissando führt in einen Zwischenabschnitt (B'), der in enger Mittellage die charakteristische Tonfolge von Terz und Halbtonschritt benutzt, von den Violinen mit bohrenden Sekund-Dissonanzen und mit flinken, chromatischen Tonleiter-Kurzmotiven umrahmt. Launisch wirken kurze, langsame Abschnitte mit ausdrucksvollen, großen Intervallen im Wechsel mit Pizzicato. Sie heben dadurch die Wirkung des erneut anlaufenden Rondo-Teils (A''). Hier vereinen sich die drei Unterstimmen im Thema, jeweils im Oktavabstand. Der folgende Zwischenabschnitt verarbeitet in lebhafterem Tempo (*Vivo*) Elemente des Einleitungsmotivs (Tritonus und Legato-Motiv) mit gegensätzlichem Pizzicato.

Die Staccato-Terzen bremsen ab in einen viel ruhigeren Mittelteil, quasi ein Trio, dessen melodisches, liedhaftes Thema zwischen den Terzelementen allmählich zum Vorschein kommt.

Elemente aus dem Einleitungsmotiv beschleunigen, werden aber nochmals wie vorher durch langsame Einschübe abgebremst. Der letzte Rondo-Teil (A''') bringt das Thema beschleunigt im Dreier-Metrum. Nach kurzer Reminiszenz an das ruhige Trio-Thema schließt der Satz in einer turbulenten Prestissimo-Coda, die geheimnisvoll gedämpft beginnt, sich dann steigert zum gemeinsamen abschließenden Terzmotiv.

Am Beginn des sehr langsamen, elegisch-schwermütigen **dritten Satzes *(Lento)*** bereiten große, absteigende Gesten der gedämpften Instrumente das erste Thema vor. Es ist – wie die meisten Themen des Werks – aus den Kernintervallen Terz und Tritonus gestaltet und hat durch fallende Melodik, schleppendes Tempo und expressive Dynamik bedrückten, leidvollen Charakter.

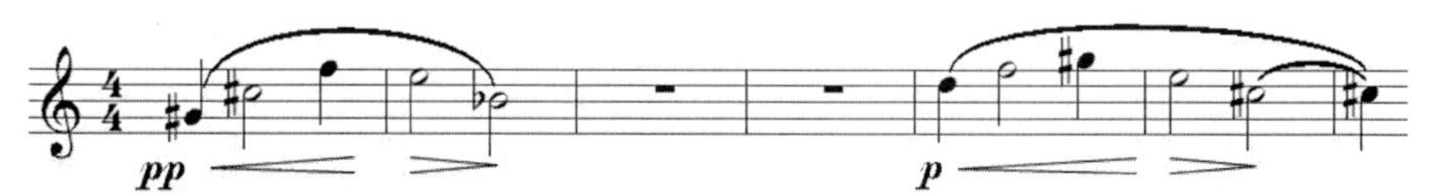

Das zweite Thema zeigt Verwandtschaft zum Kopfsatz: Die Tonfolge ist ab dem dritten Ton mit der des ersten Themas aus dem ersten Satz identisch. Die fallende, am Schluss fragend ansteigende Tonhöhe, lässt es fragil und klagend wirken.

Ein drittes, verhaltenes Thema scheint sich nur schwerfällig vom Grundton e zu lösen, der die Melodie immer wieder an sich zieht:

Die Durchführung ist eine einzige Steigerung in Tonhöhe, Laustärke, Tempo und Klangdichte, ausgehend vom Terzmotiv, zu einem Ausbruch in hoffnungslose Fortissimo-Akkorde. Doch mit den Seufzer-Motiven vom Satzanfang kehrt schwermütig die Reprise wieder. Das erste Thema erscheint im Kanon zwischen 1. Violine und Cello. Noch einmal versucht das dritte Thema in großen, expressiven Intervallen die Loslösung vom Klanggrund, doch es sinkt zurück. Terzmotiv und das verklingende zweite Thema beschließen den Satz resignierend, schließlich im Pianissimo verstummend.

Bartok beim Aufnehmen von Volksliedern (1908)

Polyphone Variationskunst und Tanzrhythmen

Zu Bartóks Streichquartett Nr. 3 (1927)

Zehn Jahre nach den beiden ersten Quartetten entstanden 1927 und 1928 die beiden mittleren Quartette, in der die Radikalisierung des Stils einher schreitet mit meisterhafter Anwendung polyphoner und variativer Techniken. Klangliche Extreme wie dissonante Akkorde aus drei bis vier Tönen je Instrument in brutalem Fortissimo, aufschlagende Pizzicati mit Schlagzeug-Effekt, Spiel mit der Bogenstange auf den Saiten oder auf dem Steg (sul ponticello) sowie Glissandi erweitern den Klang ins Orchestrale und überschreiten fast die Möglichkeiten der Gattung Streichquartett. Auch die Formgestaltung kehrt sich von der klassischen Viersätzigkeit ab. Später, in den beiden letzten Quartetten von 1934 und 1939, mildern sich die Härten wieder zu einem abgeklärten Stil der Reife.

Das **Quartett Nr. 3 (1927)**, mit dem Bartók den Kammermusikpreis der Stadt Philadelphia erhielt, wurde 1929 in London uraufgeführt durch das Waldbauer-Quartett. Formal hat es wenig mit der mehrsätzigen klassischen Sonatenform gemeinsam. Es ist durchkomponiert, Abschnitte gehen ineinander über und sind rein formtechnisch als *Prima* und *Seconda Parte* bezeichnet, denen eine *Ricapitulazione della prima parte* mit Coda folgt. Der erste und dritte Abschnitt sind ruhig, *lyrisch-reflexiv*, der zweite und die Coda schnell, *spontan-rhythmisch* (T. Zielinski).

Der **erste Teil** beginnt im Pianissimo mit einem dissonanten, stehenden Akkord aus Halbtonabständen (cis-d-e-dis), über dem sich eine völlig atonale, in ihrem Gestus aber fast romantische Melodie der ersten Violine ausbreitet, deren Töne mit denen des unterlegten Akkords zusammen das ganze Spektrum aller zwölf Halbtöne umfassen.

Das Anfangsmotiv wird bestimmend für den ganzen ersten Teil. In immer wieder anderer Intervallstruktur durchzieht es alle Stimmen, chromatisch eng oder diatonisch gestreckt. Am Ende übernehmen es - in einer quasi Reprise - 2. Violine und Bratsche in pentatonischer Fassung:

Klang und Charakter sind im ganzen ersten Teil jedoch chromatisch geprägt, weil durch die Gleichzeitigkeit mit den anderen Stimmen jeder harmonische Zusammenhang verloren geht, die Stimmen musizieren polyphon wie ohne klangliche Beziehung zu einander.

Der längere **zweite Teil** ist sehr temperamentvoll; tänzerische Rhythmen und tonleitergebundene Melodik unterscheiden ihn vom vorhergegangen. Das Cello stimmt das dominierende Motiv an. Die Melodie ist tonal dorisch, aus Tonleiterschritten und mit parallel geführten Akkorden unterlegt, eine Trillerkette auf dem Grundton d in der 2. Geige begleitet.

Es folgen zwölf Variationen über das Tonleitermotiv. Schon zu Beginn ist ein schnelles Fünfton-Auftaktmotiv zu hören: die ersten fünf Töne des Themas. Dieses erscheint im ganzen Teil immer wieder. Hier einige Motivvarianten:

Oftmals erscheinen die Motive gleichzeitig in mehreren Stimmen, in verschiedenen Tonhöhen, im eng geführten Kanon, in Umkehrung oder nur in Teilen in den Begleitstimmen. Schroffe Akkorde, unregelmäßige Betonungen, wechselnde Taktarten und Glissandi unterstützen den Scherzo-Charakter des Teiles.

Wieder im Tempo moderato steht die ***Ricapitulazione*** des ersten Teils mit ihren geschwungenen Melodiebögen, jedoch klingen Skalenelemente aus dem zweiten Teil an. Die **Coda** nimmt wieder die temperamentvollen Motive des zweiten Teils auf, diese werden noch weiter variiert und verdichtet. In wilder Ausgelassenheit jagen sie einander geradezu in den akkordischen Ausklang.

Igor Strawinsky
Foto von 1912

Igor Strawinsky

1882-1971

Igor Fjodorowitsch Strawinsky kam 1882 bei St. Petersburg als Sohn eines gefeierten Sängers der Kaiserlichen Oper zur Welt. Seine schon als Schüler begonnenen Kompositionsstudien setzte er auch während seines Jurastudiums fort, das er 1905 abschloss. Ab 1903 war er Privatschüler bei Rimskij-Korsakow. Durch die Komposition *Feu d'artifice* wurde Diaghilew auf ihn aufmerksam, der ihm mit Ballettaufträgen zu internationalem Durchbruch verhalf. Ab 1910 lebte Strawinsky in der Schweiz, ab 1920 in Frankreich (französische Staatsbürgerschaft ab 1934), ab 1939 in den USA (Beverly Hills, 1940 amerikanische Staatsbürgerschaft). Sein „Weltbürgertum" spiegelt sich auch in seiner Musik. Wechselnde Stilmittel, Offenheit für neue Einflüsse, Flexibilität und Experimentierfreudigkeit in einem fast 90-jährigen Leben lassen Vergleiche mit Pablo Picasso zu. Als Dirigent seiner eigenen Werke trat er ab 1945 international auf. Strawinsky starb 1971 in New York.

Igor Strawinsky

Léon Bakst: Ballettfigurine zum Feuervogel
1910

Klangmagie und Bewegung

Zu Strawinskys Balletsuite *Der Feuervogel*

Vielfach dienten Märchen als Vorlagen für Ballette. Die schwebende Leichtigkeit der Bewegung und die scheinbare Überwindung der erdhaften Schwerkraft im Ballett finden offenbar eine Entsprechung und sind leicht zu assoziieren mit Übernatürlichem, Realitätsferne und Magie der Märchenstoffe.

Inhalt

Auf der Jagd nach dem schönen Feuervogel gerät Prinz Iwan in den Garten des Zauberers Kastschei. Unter einem Apfelbaum mit goldenen Früchten gelingt es Iwan, den Vogel zu fangen. Dieser bittet inständig um seine Freiheit und schenkt Iwan für die Freilassung eine goldene Feder, die Iwan in höchster Gefahr schützen solle. Aus einem Versteck beobachtet Iwan, wie 13 Prinzessinnen, die von Kastschei gefangen gehalten werden, mit den goldenen Äpfeln eines Baumes spielen. Sie entdecken ihn und tanzen einen Reigen mit ihm. Iwan verliebt sich sofort in die schöne Zarewna, die ihn vor Kastschei und seinen Dämonen warnt. Mutig versucht Iwan, die Tore aufzubrechen, aber die Riesenwachen führen ihn vor den Herrn der Finsternis, der Iwan wie seine Vorgänger in Stein verwandeln will. In letzter Not hebt Iwan die goldene Feder. Der Feuervogel erscheint und zwingt Kastschei und seine Untertanen zu einem Höllentanz. Mit letzter Kraft versucht Kastschei, unter dem Apfelbaum ein goldenes Kästchen zu retten, darin liegt ein goldenes Ei, das seine Unsterblichkeit garantiert. Der Feuervogel verrät Iwan das Geheimnis und schläfert Kastschei mit einem Wiegenlied ein. Iwan nimmt das Kästchen und zerschlägt das Ei. Kastschei stirbt. Als die Finsternis sich hebt, sind die versteinerten Ritter wieder lebendig geworden, die Prinzessinnen frei. Unter Jubel umarmt Iwan seine schöne Zarewna.

Im Zeichen einer inspirierenden Freundschaft – Diaghilew und die *Ballets russses*

Sergej Diaghilew (1872-1929) hatte sich selbst in Malerei, Musik und Ballett versucht, bevor sich er die Bekanntmachung russischer Kunst im Ausland zum Ziel setzte. Er veranstaltete 1904-1908 Ausstellungen und Konzerte russischer Künstler in Paris. Ab 1906 selbst in Paris lebend, gründete er aus den besten Tänzern seiner Heimat das Ensemble *Ballets russes.* Mit seinem Choreographen Michel Fokine und dem künstlerischen Direktor Léon Bakst feierte die Truppe Erfolge mit Balletten u.a. nach Musik von Debussy, Ravel, Respighi. Aus der Begeisterung Diaghilews für die Musik des jungen, noch unbekannten Igor Strawinsky entstand ab 1909 eine lange, intensive und inspirierende Zusammenarbeit und Freundschaft beider. Als erstes gemeinsames Projekt entstand *L'Oiseau de feu/Der Feuervogel*, der am 25. Juni 1910 mit großem Erfolg uraufgeführt wurde und Strawinsky erste internationale Anerkennung einbrachte. Es folgten *Petruschka* (1911), *Le Sacre du Printemps* (1913), *Pulcinella* (1920) und *Les Noces* (1923). Auch mit anderen berühmten Persönlichkeiten wie Henri Matisse, Georges Braque, Maurice Utrillo, Jean Cocteau und Pablo Picasso arbeitete Diaghilew zusammen und gastierte mit seinem Ensemble weltweit. Diaghilew starb 1929 in Venedig. 1971 wurde Igor

Strawinsky an der Seite seines Freundes Diaghilew auf der Friedhofsinsel San Michele in Venedig beigesetzt.

Fassungen

Eine für den Konzertgebrauch auf die wesentlichsten Szenen des Balletts reduzierte Suite verfasste Strawinsky 1911, eine zweite, instrumental reduzierte Fassung 1919, als nach dem ersten Weltkrieg die allgemeine Geldnot zur Verminderung der Aufführungskosten zwang. Die dritte Fassung von 1945 entspricht in Instrumentation der von 1919, einige andere Teile aus dem Originalballett sind jedoch hinzugefügt.

Zur Musik des Feuervogel

Stilistisch basiert die Feuervogel-Musik auf der differenzierten, schillernd illustrierenden Instrumentationskunst des Impressionismus. Melodien russischer Volksmusik, unregelmäßige Rhythmen und die Strawinsky eigene „Bausteintechnik" – Spiel mit mehrfach aneinander gefügten melodischen und rhythmischen Kurzmotiven statt lang ausschwingender Melodien – ergänzen die impressionistische Klangwelt zu einem neuen Stil, der am Beginn der Moderne steht und den Weg bereitet für *Le Sacre du Printemps* von 1913.

Den drei Hauptfiguren – Feuervogel, Kastschei und Prinz Iwan – sind musikalische Charaktere zugeordnet. Für die bunte Traumwelt des Feuervogels stehen Chromatik, helle Klangfarben aus Holzbläsern, Harfe, Celesta und Streichertremoli mit orientalischem Klangkolorit.

Kastscheis unheimliche Magie wird charakterisiert durch Chromatik, Ganztonskalen, Terzen, verminderte Intervalle sowie Orchesterfarben aus Posaunen und unheimlich wirkende Klangkombinationen. Iwans helle Welt schildern Diatonik und folkloristische Melodik und Rhythmik.

Die **Introduktion** beginnt in unheimlicher Tiefe im Pianissimo. Feuervogel-Chromatik und Kastschei-Terzen sind zu einem kreisenden Klangband der tiefen Streicher verwoben.

Nach wenigen Takten intonieren die Fagotte dazu die grollenden Terzklänge Kastscheis:

Streichertremoli und der ungewöhnliche Klangeffekt von ineinander gleitenden Flageolett-Obertönen illustrieren die exotische Pracht des Federkleides des Feuervogels. Dieser erhebt sich zum **Tanz des Feuervogels**, den helle Streicher- und Holzbläser anstimmen. Vorschlagmotive, Tremoli, Pizzicati und kurze, aufschwingende Bläsermotive vereinen sich mit Harfen-

und Klavier-Glissandi zu einem betörenden Rausch von Klang und Bewegung im schwingenden Dreiermetrum.

Der **Reigen der Prinzessinnen** lebt von einer wehmütigen, der russischen Folklore entstammenden Melodie, die die Oboe nach kurzer Einführung anstimmt.

Die Violinen fügen ein zweites einprägsames Motiv hinzu. Es dominieren die hellen Klangfarben von Streichern, hellen Holzbläsern, Hörnern und Harfe.

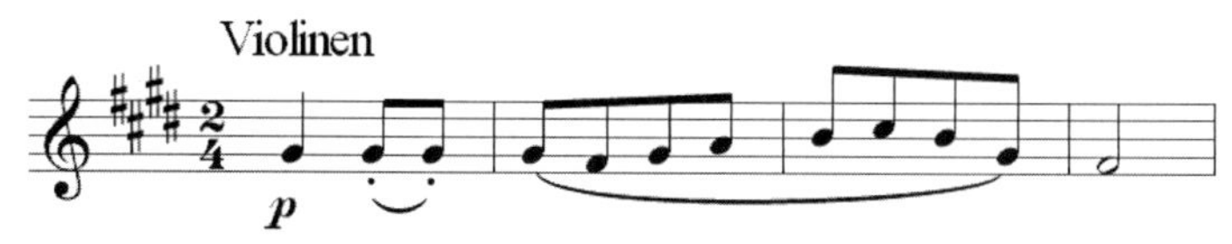

In extremem Kontrast zu der sanften Musik der Prinzessinnen bricht die Musik zum **Höllentanz des Zauberers Kastschei** mit einem krachenden Knall des ganzen Orchesters los. Über penetranten Pauken-Sechzehnteln ertönt in Hörnern und Fagotten das groteskrhythmische Tanzmotiv im off-beat gegen die Taktschwerpunkte.

Es wechselt mit einem exaltiert stampfenden Sprungmotiv mit verminderten Intervallen wie dem Tritonus, der seit dem Mittelalter als *diabolus in musica* verwendet wurde.

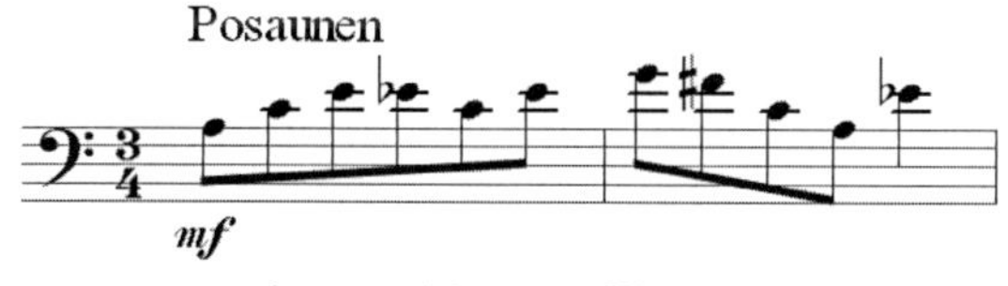

Weitere Orchesterschläge (*sfff*) peitschen Stimmung und Bewegung zu wahrlichem Höllenspektakel voran. Immer größer und grotesker werden die Bewegungen, die von Paukenwirbel, Xylophon, Harfen- und Klavierglissandi und Schlagwerk untermalt werden. Der Feuervogel steuert jedoch die Szene mit seinen, vor allem in den hohen Stimmen dominierenden Motiven:

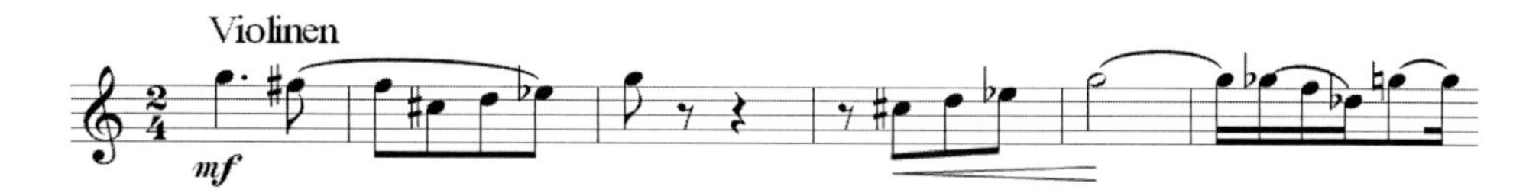

Mit einem ebenso krachenden Tuttischlag endet der Spuk und gleitet erschöpft in die **Berceuse**, den Todesschlaf des Kastschei und seiner Untertanen. Zum wiegenden Ostinatomotiv von Harfe und Bratschen stimmen die Fagotte das Schlaflied an.

Im Streichertremolo verhaucht das Wiegenlied. Darüber entfaltet das Horn seine Solomelodie des **Finale**:

Die groß angelegte Steigerung der Melodie zum überwältigenden Ausklang scheint Strawinsky bei Mussorgskij (*Das große Tor von Kiew* aus den *Bildern einer Ausstellung*) gelernt zu haben: Kunstvolle Instrumentation, akkordische Verdichtung, Trillerketten, Paukenwirbel und feierlich-hymnische Blechbläserklänge schildern einprägsam und anschaulich den Triumph des Guten über das Böse.

Michail Fokin und Tamara Karsawina in Der Feuervogel, Paris 1910

Nikola Rahm Klavier, Kontrabass

Nikola Rahm kam 1996 als Pianistin in Strawinskys *Feuervogel* zum Philharmonischen Orchester Isartal. In den Proben zum Klavierkonzert Nr. 1 von Johannes Brahms vertrat sie am Klavier den Solisten Alfons Kontarsky. Im Anschluss begann sie mit Kontrabassunterricht, um dauerhaft im Orchester mitwirken zu können. Nach fast abgeschlossenem Jurastudium und einem Semester Medizin widmete sie sich ganz dem Klavier. Sie studierte an der Musikhochschule Augsburg und schloss als Diplommusiklehrerin für Klavier ab. Heute ist sie als Klavierlehrerin und als Liedbegleiterin gefragt.

Als besondere musikalische Erlebnisse im Orchester beeindruckten sie die Aufführungen der *Zauberflöte* und der *Matthäuspassion*. Sie spielt auch als Kontrabassistin im Kammerorchester *Die Zarge*. Ihre Lieblingskomponisten wechseln – im Moment begeistert sie sich für Schubert. Als aktive Sportlerin betreibt sie Langstreckenlaufen, Schwimmen, Volleyball und Radfahren.

Nikola Rahm

Anton Webern
1912

Anton Webern

1883-1945

Anton (von) Webern – er ließ das „von" selbst stets weg – wurde 1883 in Wien geboren, wuchs in Graz und Klagenfurt auf. Mit 12 Jahren erhielt er den ersten Musikunterricht, mit 16 Jahren begann er zu komponieren. Das Studium der Musikwissenschaft in Wien schloss er mit der Promotion (1906) ab, 1904-1906 war er Kompositionsschüler von Arnold Schönberg. Als Kapellmeister wirkte er in Wien, Danzig, Berlin, Stettin, Prag. Ab 1927 war er Dirigent, Fachberater, Lektor und Zensor am österreichischen Rundfunk in Wien. Ab 1934 verlor er seine Ämter, lebte zurückgezogen, Konzerte und Uraufführungen waren nur noch in London und der Schweiz möglich. Webern wurde am 15. September 1945 in Mittersill von einem amerikanischen Besatzungssoldaten erschossen. Seine Werke – alle zusammen dauern nur wenige Stunden – wurden als Musterbeispiele für Kürze und Konzentration im Ausdruck zum Ausgangspunkt für die Serielle Musik nach 1945.

Anton Webern

Beginn der Moderne

Zu Anton Weberns Streichquartett 1905

Das einsätzige Streichquartett von 1905 entstand während der Zeit des Unterrichts bei Arnold Schönberg. Webern hat es nicht in den Kanon seiner mit einer Opuszahl versehenen Stücke aufgenommen. Doch ist es weit mehr als ein Jugendwerk, wie spätere Analysen ergaben. Offensichtlich ist es unter dem Eindruck von Schönbergs Streichsextett *Verklärte Nacht* von 1899 entstanden, wie melodische Ähnlichkeiten zeigen. Ebenso gibt es erstaunliche melodische Parallelen zu Schönbergs im gleichen Jahr wie Weberns Quartett entstandenen 1. Streichquartett in d-moll. Wer wen beeinflusst hat, ist nicht belegbar, Tatsache scheint, dass beide in engem Dialog an ihren Werken arbeiteten. Wann Webern sein Quartett begann, ist nicht bekannt, fertiggestellt wurde es am 25. August 1905, dasjenige von Schönberg im September desselben Jahres. Erstmals verwendet Webern hier atonale Passagen. Atonal bedeutet in diesem Zusammenhang Freiheit von der Bindung an eine Tonart über längere Zeit. Atonalität ist nicht identisch mit dissonanzreichem Komponieren. Als erstes Stück in freier Atonalität galt bisher Schönbergs 4. Satz, *Entrückung*, aus seinem 2. Streichquartett mit Singstimme, das 1908 entstand und bei seiner Uraufführung einen gewaltigen Skandal hervorrief. Nach einem Aufsatz von Heinz-Klaus Metzger (1972) muss in diesem Punkt die Musikgeschichte umgeschrieben werden: Nicht mit Schönberg, sondern mit dem Anfang dieses Quartetts von Webern begann die Atonalität. Auch lässt sich ein Einfluss auf seinen Mitschüler bei Schönberg und Freund Alban Berg und dessen bedeutendstes Werk, die Oper *Wozzeck*, belegen. Eine Stelle mit chromatisch auseinander strebenden Tonfolgen erklingen in Bergs Oper zu Wozzecks Ertrinken im Teich, während *der Mond blutrot aufgeht*.

Entscheidende Merkmale von Weberns späteren Werken sind hier quasi vorgeformt. Weberns Meisterschaft der radikalen Konzentration, wie sie z.B. in seinem Konzert für neun Instrumente op. 24 von 1934 vorliegt, zeigt sich schon hier in Form eines kleinen Dreitonmotivs mit charakteristischer Intervall-Struktur zu Beginn des Quartetts:

Dieses Motiv wird fortwährend permutiert, d.h. es erscheint vorwärts und rückwärts, in Umkehrung der Intervallrichtung und dessen Krebsform, auf verschiedenen Tonhöhen und in unterschiedlicher Geschwindigkeit und Artikulation und wird damit zur Konstruktionsgrundlage der Komposition. Ein Bezug zu Beethovens späten Streichquartetten ist unverkennbar (siehe folgenden Artikel), die in Schönbergs Unterricht stets eingehender Analyse unterzogen wurden. Eine zweite melodische Gestalt – hier ist der Anklang an die *Verklärte Nacht* offenbar – läuft im Fugato durch alle vier Instrumente:

Die Folge der Vortragsbezeichnungen zeigt den Stimmungsverlauf des einsätzigen Werks.

Alban Berg
1885-1935

Alban Berg

1885-1935

Alban Berg, geboren 1885 in Wien, begann 15-jährig autodidaktisch zu komponieren. Der 10 Jahre ältere Arnold Schönberg nahm ihn 1904 zusammen mit Anton Webern in seine private Kompositionsklasse auf. Aus sechs Jahren Studium wurde eine lebenslange, befruchtende Zusammenarbeit, die später als Neue Wiener Schule in die Musikgeschichte einging. 1906 gab Berg seine Beamtenlaufbahn auf und lebte ganz für die Musik. 1911 heiratete er Helene Nahowski, Sängerin aus wohlhabendem Hause. Nach Wehrdienst im ersten Weltkrieg lebte er von Musikunterricht und publizistischer Arbeit. Sein größter Erfolg, die Oper *Wozzeck* nach Büchner, wurde zu seinen Lebzeiten von 25 Theatern gespielt. Er schrieb ferner Kammermusikwerke und ein Violinkonzert (*Dem Andenken eines Engels*). Die Nationalsozialisten belegten seine Musik mit Aufführungsverbot. Seine zweite Oper *Lulu* konnte er nicht mehr vollenden. Berg starb an einer Blutvergiftung am 24. 12. 1935 in Wien.

Verschlüsselte Liebesbotschaft

Zu Bergs *Lyrischer Suite für Streichquartett*

Bergs *Lyrische Suite für Streichquartett* entstand 1925/26, im Januar 1927 führte das Kolisch-Quartett das Werk in Wien erstmals auf. Gewidmet ist das Stück Bergs Freund Alexander Zemlinsky, dessen *Lyrische Symphonie* mit Sopran- und Baritonstimme nach Gedichten von R. Tagore (1924) nicht nur im Titel, sondern auch mit musikalischen Zitaten die *Lyrische Suite* beeinflusste.

Alban Bergs Stil verbindet den seines Lehrers Arnold Schönberg mit Emotionalität der Spätromantik und den musikalischen Formen aus Klassik und Barock. Die 1923 vorgestellte Zwölftontechnik seines Lehrers verwandte er frei, oft mit Anklängen an tonale Strukturen. Expressivität und eine ausgeprägte Klangsensibilität kennzeichnen seinen Personalstil.

Lange galt die *Lyrische Suite* als absolute Musik. Alban Berg selbst gab dem *Kolisch-Quartett* zur Uraufführung der *Lyrischen Suite* Hinweise zu Komposition, Aufbau und thematischen Verknüpfungen. Alles diene der großen Entwicklung der *Charaktere, Schicksal erleidend*. Die zugrunde liegenden Zwölftonreihen, Tonalität und Spiegelsymmetrien wurden analysiert, der Wechsel zwischen streng zwölftönigen und frei tonalen Sätzen beschrieben, auf die Gegenläufigkeit der Tempi hingewiesen: Das Tempo der schnellen Sätze wird mit jedem Satz schneller, das der ruhigen immer langsamer.

Nach erneuter Beschäftigung mit Bergs Kompositionen in den 50-er Jahren vermuteten Musikwissenschaftler bald, dass ein unbekanntes Programm in der *Lyrischen Suite* verborgen sei, denn die Zitate aus Zemlinskys *Lyrischer Symphonie* sind hochemotionale Ausschnitte aus den vertonten Liebesgedichten, und auch die den Satzbezeichnungen beigefügten Adjektive *amoroso, misterioso, appassionato, delirando, tenebroso* und *desolato* weckten Vermutungen. Mehrere andere Werke Bergs, wie das Violinkonzert und die Opern *Wozzeck* und *Lulu*, sind voller außermusikalischer Sinnbezüge. Zudem sind in der *Lyrischen Suite* versteckte Zitate aus Wagners *Tristan und Isolde enthalten*, ferner Hinweise auf Symbolik der Zahlen 10 und 23.

Erst 1971 wurde bekannt, dass das Manuskript der *Lyrischen Suite*, das lange als verschollen galt, wohlverwahrt beim Verlag der Universal Edition in Wien lag. Es scheint längere Zeit im Besitz von Hanna Fuchs-Robettin gewesen zu sein, der Frau eines begüterten Prager Industriellen. Sie war die Schwester von Franz Werfel, des dritten Ehemanns von Alma Mahler-Werfel, die wiederum eine enge Freundin von Helene Berg war, der Ehefrau des Komponisten. Berg lernte das Ehepaar Fuchs bei einem mehrtägigen Aufenthalt in Prag kennen. Nach erster Einsicht in das Dokument 1976 fand man in Skizzen zum Finale des Werks den vollständigen Text des Gedichts *De profundis clamavi* von Baudelaire in deutscher Übersetzung darin eingetragen (*Zu dir, o einzig Teure, dringt mein Schrei aus tiefster Schlucht, darin mein Herz gefallen....*). Diese Zeilen ließen weitere Vermutungen sprießen.

1977 fand George Perle bei der Tochter der 1964 verstorbenen Hanna Fuchs-Robettin ein weiteres Dokument, ein Exemplar der Erstausgabe der *Lyrischen Suite* mit handschriftlichen Eintragungen des Komponisten, das dieser mitsamt dem Manuskript ihrer Mutter geschenkt hatte. Es entpuppte sich als ein in der Musikgeschichte einmaliges Dokument. Diese Eintragungen – in winziger Schönschrift auf fast jeder Seite in verschiedenen Farben – waren

Hanna Fuchs-Robettin

der Schlüssel zum „geheimen" Programms: Sie alle verraten, dass es eine Liebesbeziehung zwischen Hanna Fuchs und Alban Berg gegeben haben muss. In dieser Ausgabe notierte Alban Berg, dass er immer wieder die Töne *H-F-A-B*, die Initialen ihrer beiden Namen, als Tonsymbole verwendet habe und er merkt diese Töne in der Partitur mit gestrichelten Linien an, sowie ihre beiden *Schicksals*-Zahlen 23 und 10.

Ihr und Hannas beiden Kindern sei der zweite Satz gewidmet, deren Themen als Symbole ihrer Charaktere zu verstehen seien; das Motiv des wiederholten Tones c stehe für ihre Tochter Dorothea (genannt *Dodo*). Dem *Allegro misterioso* schickt Berg ein doppelt in rot unterstrichenes Datum (*20. 5. 25*) voraus und die Anmerkung *denn noch war alles Geheimnis – uns selbst ein Geheimnis – – –*. Über dem vierten Satz notiert Berg *Tags darauf*. Hier erscheint auch das Zitat aus Zemlinskys *Lyrischer Symphonie*, unterlegt mit dem Text *Ich: Du bist mein eigen, mein eigen!* Die zweite Geige imitiert, unterlegt sind die Worte: *Nun sagst es auch du: Du bist mein eigen, mein eigen!* Weiter schreibt Berg: *Das Presto delirando kann nur verstehen, wer eine Ahnung hat von den Schrecken und Qualen, die folgten*. Das *Tenebroso* handle von *Nächten mit ihrem kaum Schlaf zu nennenden dahin Dämmern*, von *jagenden Pulsen*, von *qualvoller Unruhe* und *kaum verhaltenem, schwerem Athem*. Vor dem letzten Satz stimmt das Cello seine C-Saite um einen Halbton auf *H* herunter, um das *H* für *H*anna als Fundament des Satzes hervorzuheben. Das Finale enthält, sorgsam unter die Noten der 1. Violine geschrieben, den Text des Baudelaire-Gedichts wie zu einer (allerdings unsingbaren) Gesangsstimme, zudem die Eintragung *ersterbend in Liebe und Sehnsucht*. *Niemand außer Dir darf wissen, dass diese Töne des letzten Satzes den Worten Baudelaires unterlegt sind!* schrieb Berg.

Durch die Tochter von Hanna Fuchs gerieten auch 14 Briefe Alban Bergs an Hanna an die Öffentlichkeit, geschrieben zwischen 1925 und seinem Todesjahr 1935. In einem Brief vom Oktober 1931 *an die Einzig- und Ewiggeliebte*, schildert er seinen Alltag als von seinem *eigentlichen Sein losgetrennt*, dass *nach wie vor alles, was im Leben Sinn macht, Dir gehört... unabhängig davon, ob in diesem Leben diese Trennung durch Raum und Zeit einmal aufgehoben wird (was ich allerdings / und das gibt mir die Kraft zum Leben / immer noch erhoffe*). Ob es Briefe von Hanna an ihn gab, ist unbekannt. Alban Berg hat Hanna nie wiedergesehen. Sie starb 1964 in Amerika, wohin sie als Jüdin mit ihrer Familie vor den Nationalsozialisten geflohen war. Diese verborgene, romantische Leidenschaft scheint jedoch wichtiger Antrieb für Alban Bergs Schaffenskraft gewesen zu sein.

Überraschend erschien dies alles im Licht der 1965 veröffentlichten Briefe Alban Bergs an seine Frau Helene (gestorben 1976), die stets das Bild einer augenscheinlich idealen Ehe offenbaren. Helene Berg hatte die Herausgabe dieser Briefe genauestens überwacht und niemals Einsicht in die Autographen zugelassen, auch nicht in die von der Veröffentlichung ausgenommenen Abschnitte. Auch ging wohl die Auskunft, das Manuskript der *Lyrischen Suite* sei verschollen, auf ihre Sorge der Veröffentlichung dieses Geheimnisses zurück.

So wird im Nachhinein klar, warum sich der Komponist, dessen wesentliche Charaktereigenschaft – nach eigener Aussage – *Treue* war, über das Programm ausschwieg, dessen Bekanntwerden in seiner Umgebung, seiner Epoche und unter den damaligen Moralvorstellungen alle Beteiligten in erhebliche Unannehmlichkeiten gestürzt hätte. Der Nachwelt ist durch die Entdeckung dagegen ein neues Verständnis für die *Lyrische Suite* möglich geworden.

Der *Lyrischen Suite* liegt eine spezielle, kunstvolle **Zwölftonreihe** zugrunde, die nicht nur alle zwölf möglichen Halbtöne, sondern auch alle Intervalle enthält, eine so genannte *Allintervallreihe*, die Bergs Schüler F. H. Klein erfunden hatte:

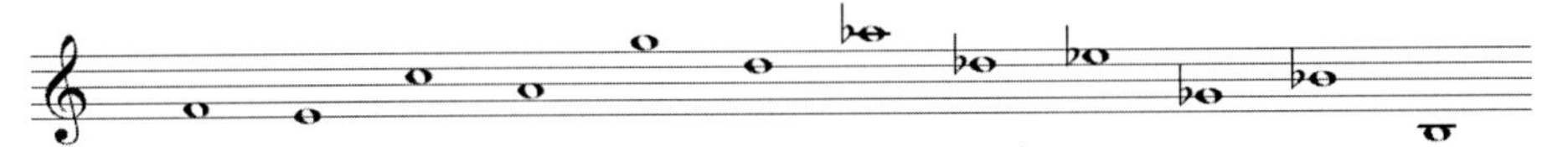

Diese Reihe dient mit ihren Transpositionen, Umkehrungen und Krebsgängen (Reihe von hinten nach vorn) als Ausgangsmaterial für Melodie und Zusammenklänge, insbesondere der streng zwölftönig gearbeiteten Sätze und Teile (1., 3., 6. Satz sowie die Trios des 2. und 5. Satzes). Die freitonalen Stücke (2., 4., 5. Satz und Trio des 3. Satzes) verwenden Teile der Reihe oder Ausschnitte, bei denen Töne der Reihe fehlen. So sind alle Sätze durch Tonmaterial sowie zudem durch Zitate aus vorhergehenden Sätzen miteinander verbunden.

Zu Beginn des **ersten Satzes (*Allegretto gioviale*)** wird – nach vier Einleitungsakkorden – aus der Reihe folgendes optimistisch-heiter wirkende Thema gewonnen:

Obwohl streng zwölftönig gearbeitet, berührt der Satz immer wieder die Tonarten F-Dur (aus den ersten sechs Tönen der Reihe, die in den Tönen 1-3-4 den F-Dur-Dreiklang enthält) und H-Dur (Töne 7-12, enharmonisch verwechselt). Viele Staccato- und Pizzicato-Passagen geben dem Satz heiteren Charakter. Drei Teilmotive sind immer wieder heraus zu hören: das energische Aufschwung-Motiv, die Staccato-Tonrepetitionen und der markante Abstieg zu den langen, tiefen Tönen.

Etwas ruhiger gibt sich ein lyrisches Seitenthema der zweiten Violine mit genauesten dynamischen Angaben:

Der Satz ist zweiteilig, an die Exposition schließt sich die Reprise an. Der Satz klingt aus mit den Tonrepetitionen aus dem ersten Thema.

Der **zweite Satz (*Andante amoroso)*** ist eine Art Rondo mit drei Themen, von denen gleich zu Beginn das erste, wiegende, gefühlvoll-liebliche Thema in der 1. Violine erklingt (nach Bergs Eintragungen das Thema Hannas). Es wird wenige Takte später in tieferer Lage variiert wiederholt und kehrt nach jedem Abschnitt wieder:

Abwärts gleitende Akkorde leiten in den ersten Trio-Teil mit markanterem Thema (nach Bergs Eintragungen das Thema des Sohnes Munzo). Die spielerischen Motivwiederholungen erinnern an Bartóks folkloristische Melodien:

Nach Wiederkehr des Hauptthemas erscheinen in der Bratsche viermal die Töne c-c, eine Anspielung auf die Tochter Dodo – c für *do* in der italienischen Bezeichnung *do-re-mi-fa*. Ton- und Akkordwiederholungen und rasche, meist absteigende Tonfiguren gestalten diesen Abschnitt, der auch wieder ins erste Thema mündet. Nach einem durchführungsartigen Teil steht am Ende wiederum das erste Thema.

Der **dritte Satz (*Allegro misterioso*)**, dem Berg die Worte *denn noch war alles Geheimnis – uns selbst Geheimnis* voranstellte, kreist um die Zentraltöne a-b-h-f, die in allen Instrumenten in variabler Reihenfolge das Stück durchziehen. In rasender Geschwindigkeit, durchweg in beklemmend-gespenstischem Pianissimo, jagen die Tonfolgen durch alle Instrumente, z.T. am Steg in gläserner Klangfarbe oder *col legno* (mit dem Holz des Bogens) gespielt (*wie geflüstert*).

Immer wieder tauchen in Motiven, die mit einem „H" als Hauptstimmen markiert sind (charakteristisch für Bergs Partituren), Tonfolgen aus den Tönen h-f-a-b oder ihrer Permutationen auf, auch chromatische Tonfolgen, auf- und absteigend, oft beginnend und/oder endend mit einem dieser vier Töne:

Kanonartig geistert ein scherzoartiges Motiv mit punktiertem Rhythmus durch alle Stimmen, dann verdichtet sich das Klangbild mit durchlaufenden Sechzehnteln, teils mit dem Bogenholz gestrichen oder geschlagen.

Das ***Trio estatico*** beginnt im Fortissimo (*ausbrechend* ist notiert) in den beiden Violinen mit den Tönen f-a und h-b. Dieser Trio-Abschnitt ist dramatisch-expressiv gestaltet mit starken Gegensätzen: Melodischen Gesten aus großen Intervallen und Motiven mit großem Tonumfang stehen aufgeregte Tremoli und Tonwechselmotive gegenüber. Der A-Teil (*misterioso)* kehrt in spiegelsymmetrischer Form, also rückläufig wieder, endend wie der Satz begann, mit dem Klangspiel um die zentralen Töne h-f-a-b in Viola und Violinen.

Der **vierte Satz (*Adagio appassionato*)** ist *Tags darauf* überschrieben. Er beginnt mit einem Wechselnotenmotiv, das vom Cello kanonisch zu ersten Violine aufsteigt, fast möchte man sagen: verwundernd sich die Augen reibend.

Nach leidenschaftlich großen Gesten von Violine und Bratsche erscheint das Anfangsmotiv mit sich vergrößernden Intervallen.

Die Musik steigert sich zu einem ekstatischen Zwiegesang zwischen Viola und erster Violine (Bergs Anmerkung: *Ich und Du*). Das Hanna-Motiv aus dem zweiten Satz erklingt. Die Viola bringt emphatisch das Zitat aus Zemlinskys *Lyrischer Symphonie:*

Nach einer Beruhigung (*Molto tranquillo*) wiederholt die zweite Geige als emotionalen Höhepunkt des Werks das Zitat in gehauchtem Pianissimo (*ganz frei rezitativisch*). Ausgehend vom Bratschenthema des Satzanfangs bäumt sich eine Steigerung auf. Doch der Satz ver-

verklingt ruhig im *Molto adagio*, mit einer zärtlichen Melodiegeste der 1. Violine, die mit den Tönen h-f-a-b beginnt:

Der Satz verebbt ins *ganz Vergeistigte, Seelenvolle, Überirdische* (Bergs Notizen).

Das **Presto delirando (5. Satz)** *kann nur verstehen, wer eine Ahnung hat von den Schrecken und Qualen, die folgten,* schrieb Berg. Es beginnt quasi mit einem resoluten Eröffnungsbogen: Ein energisch markierter Aufstieg mündet in erschreckende Glissandi, das Cello reißt die anderen im Staccato mit hinunter in die Tiefe. Das *Herzschlag-Motiv*

wechselt mit kapriziösen, hastig jagenden Kurzmotiven in – beinahe chaotisch anmutendem – Wechsel von Lautstärke und Artikulation (pizz.-arco), meist mit großem Tonumfang. Zweimal ist als Trio ein unheimlich wirkendes *Tenebroso* eingeschoben. Es besteht fast nur aus dissonanten, stehenden Akkorden in verhauchtem Pianissimo, oft im Flageolett, ohne Melodie und Rhythmus, teilweise im Tremolo. (Ähnliches hatte Arnold Schönberg in seinen 1909 entstandenen Orchesterstücken op. 16 komponiert. Das dritte Stück daraus nannte er *Farben*, die Technik in seiner später erschienen Harmonielehre *Klangfarbenmelodie*.) Stärksten Kontrast bildet danach jeweils das variiert wiederholte *Presto delirando*.

Largo desolato ist der **Schlusssatz** überschrieben, er ist voller Leidensgesten, Trostlosigkeit, ohne jede Hoffnung. Dafür stehen mehrere versteckte Zitate aus Wagners *Tristan und Isolde*, dem Musikdrama der unerfüllten Liebessehnsucht und des *Liebestods*, sowie der tiefste Basston H, auf den das Cello seine C-Saite herunter stimmt, den Tonbuchstaben Hannas und seit Bachs Zeiten das Symbol des Todes (im *Wozzeck* folgt auf den Tod der Titelfigur eine *Variation über den Ton H),* auch hat der *morendo*-Schluss des Satzes symbolische Bedeutung.

Im Pizzicato beginnen die Instrumente nacheinander, jeweils beschleunigt (Viertel-Vierteltriolen-Achtel-Achteltriolen). Große melodische Gesten, die am Ende resigniert abfallen, beherrschen die Stimmen von 1. Violine und Viola. Tremolo-Akkorde, am Steg gespielt, sowie eine expressive Dynamik bestimmen den ersten Abschnitt.

Alban Bergs Skizzen zur Lyrischen Suite (Schluss)

Nach einer Temposteigerung wirkt der Rückfall ins triste Anfangstempo wie ein kraftloses Aufgeben. Fast unmerklich sind mehrere Zitate aus Wagners Tristan eingeflochten. Langsame, ausdrucksvolle, solistische Linien aller vier Instrumente münden in das berühmte Tristan-Motiv, das auf die vier Streicher verteilt erklingt.

Eine erneute Steigerung bricht ab, kurz erklingt ein bewegter Akkord-Klangteppich, der an den Schluss von Schönbergs *Verklärte Nacht* erinnert. Mit einer langsamen Achtelbewegung klingt der Satz aus, er endet oder schließt nicht, die Stimmen hören nacheinander einfach auf.

> *Alban Berg hat nur ganz wenige Stücke geschrieben, allerdings bewegt jedes von ihnen die Welt.*
>
> Hans Werner Henze

Berg (Mitte hinten) und Schönberg (rechts, stehend) proben mit dem Kolisch-Quartett (Zeichnung von Benedikt F. Dolbin, 1923)

Carl Orff 1937

Carl Orff

1895-1982

Carl Orff, geboren 1895 in München in einer bayerischen Offiziersfamilie, erhielt vom 5. Lebensjahr an Unterricht in Klavier, später auch Orgel und Cello. Nach dem Abitur am humanistischen Gymnasium studierte er in München Musik. Eine erste Anstellung hatte er 1915-17 als Theater-Kapellmeister an den Münchner Kammerspielen. 1924 gründete er mit Dorothee Günther eine Schule für Gymnastik, Tanz und Musik. In dieser Zeit entwickelte er das Orff-Instrumentarium und das Schulwerk. Seine Werke vereinen mythische, allgemein menschliche Themen mit einfacher, tonaler Klangsprache, Theater, Bewegung und Tanz. Ab 1950 war Orff Professor für Komposition an der Münchner Musikhochschule. Carl Orff starb 1982 in München.

Die Welt als Theater

Carl Orffs *Carmina burana*

In einer Dokumentation seines Schaffens pries Carl Orff selbst die Glücksgöttin Fortuna, die ihm im Frühjahr 1934 einen Antiquariatskatalog in die Hände spielte. In diesem fand er einen Titel, der ihn mit magischer Gewalt anzog: *Carmina Burana, lateinische und deutsche Lieder und Gedichte aus einer Handschrift des XIII. Jahrhunderts aus Benediktbeuern*, herausgegeben von J. A. Schmeller.

Der *Codex buranus*, der diesem Buch zugrunde lag, war etwa um 1280 entstanden und 1803 im Zuge der Säkularisation in die Bayerische Staatsbibliothek gelangt. Er enthält 250 überwiegend lateinische, aber auch mittelhochdeutsche und altfranzösische weltliche Gedichte des 12. und 13. Jahrhunderts. Die anonymen Verfasser der Texte waren vermutlich gebildete Kleriker, reisende Scholaren und Vaganten (Geistliche ohne feste Anstellung), die nicht nur des Schreibens mächtig waren, sondern die lateinischen Sprache perfekt beherrschten. Sie spiegelten ihre Lebenslust und Reiseerlebnisse wider in Frühlings-, Liebes-, Trink- und Tanzliedern, aber auch in intellektuell-zeitkritischen und satirischen Versen. Einige Lieder sind mit linienlosen Neumen, der damaligen Notenschrift, versehen. Diese ließ Orff bei seiner Auswahl unberücksichtigt. Die Neumen waren für seine Vertonung nicht von Interesse und kaum deutbar, erst später wurden sie von der Musikwissenschaft entziffert.

Rad der Fortuna aus dem Codex buranus (Staatsbibliothek München)

Am Gründonnerstag 1934 hielt Orff das Buch in Händen. Fasziniert von der - wie er selbst schrieb - Bildhaftigkeit und der treffsicher-knappen Wortwahl, der unmittelbaren Rhythmik und der vokalreichen Musikalität der lateinischen Sprache, machte er sich sofort an die Vertonung. Bis zum Ostermontag waren der erste, zweite und fünfte Chor *O Fortuna, Fortune plango vulnera* und *Ecce gratum* zu Papier gebracht.

Die ausgewählten Lieder ordnete er nach drei Themen. *Primo vere – Uf dem anger, In taberna* und *Cours d´amours*. Anfang und Ende werden umrahmt von der alles beherrschenden Göttin Fortuna: *Fortuna velut luna statu variabilis (O Fortuna, wie der Mond bist du in ständiger Veränderung).* Der *Codex buranus* enthält ihr Bildnis, wie sie über dem Rad des Lebens thront. Dieses symbolisiert den ewigen Kreislauf von Glück und Unglück, Aufstieg und Niedergang.

Die Proben zur Uraufführung in Frankfurt am Main – drei Jahre später, am 8. Juni 1937 – versetzten Orff in Hochstimmung: *Alles was ich bisher geschrieben und Sie leider gedruckt haben, können Sie nun einstampfen. Mit* Carmina burana *beginnen meine gesammelten Werke,* wandte er sich an seinen Verleger.

Dem großen Erfolg der Uraufführung folgten wenige Tage später mehrere Absagen von Theatern, die weitere Aufführungen geplant hatten, wohl nicht ganz freiwillig. Die Wiederholung der Uraufführung am 2. Juni, vor allem für NS-Parteimitglieder, brachte sehr reservierten Beifall. Im *Völkischen Beobachter* war am 16. Juni zu lesen: *Für die überwiegende Mehrheit der Theaterbesucher ist die lateinische Sprache ein Buch mit sieben Siegeln (...) Das Mittelalter hat sich überlebt, und was wir heute noch in unserem geistigen Leben als Überbleibsel finden, ist reaktionär oder römisch infiziert. Unsere Zeit verlangt eine Haltung, die unseren Lebensaufgaben entspricht. Unsere deutsche Sprache ist so reich und vielfältig, daß wir nicht unter die Kutte eines noch so flüssigen und gelahrten Mönchlateins kriechen wollen.*

Das offizielle amtliche Organ der NS-Kulturgemeinde sprach von *Unverständlichkeit der Sprache, Jazzstimmung und artfremden rhythmischen Elementen* und drohte: *Aber anscheinend soll dies nur ein Auftakt sein für eine Musikrichtung ähnlicher Art. Das wäre dann keine Frage der Kunst mehr für uns, sondern eine Angelegenheit der Kulturpolitik und der Weltanschauung.* Damit war das Stück als unerwünscht in die Nähe der „entarteten" Musik gerückt, wenn auch nicht verboten. Nur wenige mutige Orff-Freunde wagten eine Aufführung im Schutz ihres künstlerischen Namens.

Triumphalen Erfolg brachte im Oktober 1940 die Aufführung in Dresden unter Karl Böhm mit der Regie Heinz Arnolds. Ausländische Metropolen wie Zürich, Wien, Mailand und Amsterdam folgten. Die NS-Kulturlinie in der deutschen Provinz blieb jedoch ablehnend. Als 1942 in Görlitz die Pianistin Elly Ney die Premiere nach dem *Fortuna*-Chor mit dem Ausruf „Kulturschande" verließ, wurde in Breslau jede weitere Aufführung verboten und Orff als „Kulturverbrecher" beschimpft. In München liefen die Aufführungen ruhiger ab, jedoch kam hier nach der Zerstörung der Theater bald jede künstlerische Betätigung zu Erliegen.

Erst nach 1946 begann der immer weitere Kreise ziehende Erfolg des Werks, auch im Ausland. 750 professionelle Einstudierungen auf großen Bühnen und Theatern zählte der Schott-Verlag bis zu Orffs Todesjahr 1982, all die Wiederholungen, Freiluft-, Laien- und Schul-Aufführungen und Tonaufnahmen nicht mit gerechnet, ebenso wenig die Vermarktung als Hintergrunds- oder Werbemusik einzelner Teile. Auch durch diese Verbreitung dürften Orffs *Carmina burana* heute das bekannteste Musikwerk des 20. Jahrhunderts sein.

Musik für die Welt

Musik und Tanz, Schauspiel, Sprache und Bild verbinden sich in Orffs Werk zu einer untrennbaren Einheit, die lebendig und anschaulich alle Sinne anspricht. Frei von Raum und Zeit werden überindividuelle, menschlich typische Situationen dargestellt. Magisch-mythische Szenen der Anrufung und Beschwörung der Venus oder Fortuna verraten Vorbilder aus der Antike.

Grund- und Ausgangselement für die musikalische Komposition ist für Orff die Sprache, und zwar nicht nur als semantischer Bedeutungsträger, sondern auch als akustischer Klangreiz. Entsprechend dem Geräuschanteil im Sprachlaut verstärkt er die Zahl der Schlaginstrumente und behandelt sogar das ganze Orchester teilweise wie ein einziges Schlagzeug. Ostinate Ton- oder Motivwiederholungen, Pizzicati, Flageolett-Töne, stehende Klangflächen und raffinierte Klangmixturen sind Merkmale seiner Instrumentation. Der Rhythmus der Sprache mit ihren regelmäßigen und unregelmäßig wechselnden Betonungen ist Ausgangspunkt für Orffs elementare Rhythmik. Sie reicht von lyrisch wiegendem (*Nr. 7*) oder tänzerisch wechselndem (*Nr. 6*) bis zu derb-schunkelndem (*Nr.n14*) oder motorisch hämmerndem Taktgefüge mit immer wieder überraschenden Effekten.

Der elementar-volksliedhafte Charakter der Melodik beruht auf traditioneller, einfachster Dur-Moll-Tonalität, Pentatonik oder kirchentonalen Leitern, kurzen Motiven mit geringem Tonumfang, oft im Quart- oder Quintraum, vielfachen Repetitionen und häufigen Terzparallelen. Als Begleitung dienen Klangflächen, Orgelpunkte, Ostinati oder Bordune. Elementar-einfach ist auch der Strophenbau der meisten Stücke. Die statische Architektonik erlaubt innerhalb der Sätze keine musikalische Entwicklung. Eine steigernde, fast magisch-hypnotische Wirkung ergibt sich allein aus der Wiederholung mit geringen Veränderungen des Tempos, der Lautstärke oder der Besetzung. Orffs Musik steht in schroffem Gegensatz zu Werken von Komponisten seiner Generation in der ersten Hälfte des 20. Jahrhunderts (Schönberg, Berg und ihre Schüler) und ihrer Atonalität und Zwölftontechnik. Seinen Stil behielt Orff auch später weitgehend bei. Das um 1930 entwickelte Schulwerk bezeichnete er einmal als seinen „Steinbruch", aus dem er immer wieder Bausteine entnahm. *Ich möchte in der ganzen Welt verstanden werden*, sagte Orff selbst einmal.

Beginn des Chors O Fortuna

Anne Bschorer Violine

Ich lebe seit meiner Geburt in Wolfratshausen und bin heute als Geographin und Umweltwissenschaftlerin tätig. Lore Polta war meine langjährige Geigenlehrerin.

1995 wurde meine ältere Schwester Sabine von Günther Pollak gefragt, ob sie nicht Lust hätte, bei den Philharmonikern Isartal mitzuspielen. Ich war damals 15 Jahre alt und wollte sie unbedingt zur ersten Probe im neuen Orchester begleiten, um zu sehen, ob das nicht auch etwas für mich wäre. Meine Schwester konnte aus beruflichen Gründen bald nicht mehr aktiv mitspielen. Ich aber bin bei den Philharmonikern Isartal viele Jahre "hängengeblieben", muss zurzeit aber leider aus beruflichen Gründen pausieren.

Als beeindruckendste Werke empfand ich u.a. die *Zauberflöte*, Beethovens Neunte, Orffs *Carmina Burana*, und die Filmmusik zu *Deep Blue*. In meiner Freizeit treibe ich gern Sport (Bergsteigen, Klettern, Skitouren, Tennis, etc.), zudem Lesen und Reisen.

Anne Bschorer

George Gershwin

George Gershwin

1898-1937

George Gershwin, geboren 1898 in New York, begann seine musikalische Laufbahn 16-jährig als Songschreiber und Pianist in Theatern. Nach dem Erfolg mit dem Song *Swanee* begann die Karriere als Broadway-Komponist mit zahlreichen Musicals und Filmmusiken für Hollywood. Mit der *Rhapsody in Blu*e (1924) eroberte er auch die Konzertsäle bis Cuba und Mexiko. Europareisen führten ihn als Pianist und Dirigent seiner Werke nach London, Paris, Berlin und Wien. Gershwins Stil verbindet U-Musik mit Jazz und klassischer Symphonik zu einer typisch amerikanischen Musik. Nach der Oper *Porgy and Bess* (1935) verblieb ihm wenig Zeit. Nach der Operation eines Gehirntumors starb er, erst 38-jährig, 1937 in Hollywood.

Summertime

Wiegenlied der Clara aus *Porgy and Bess*

Clara	***Clara***
Summertime – an' the livin' is easy,	*Summertime – das Leben ist leicht,*
Fish are jumpin', an' the cotton is high.	*die Fische springen und die Baumwolle wächst.*
Oh yo' daddy's rich, an' yo' ma is good lookin',	*Dein Vater ist reich, deine Mutter hübsch,*
So hush, little baby, don't cry.	*weine nicht, mein Kind.*
One of these mornin's you goin' to rise up singin',	*An solchen Morgen stehst du singend auf,*
Then you'll spread yo' wings an' you'll take the sky.	*du breitest die Flügel aus und umfasst den Himmel.*
But till that mornin' there's a nothing' can harm you	*Bis zu diesem Morgen kann dir kein Leid geschehen,*
With Daddy an' Mammy standin' by.	*Vater und Mutter sind bei dir.*

Die Oper schildert das Leben in der Schwarzensiedlung Catfish Row in Charleston um 1870. Die hübsche Bess lebt mit dem rauschgiftsüchtigen Crown zusammen. Als dieser in einem Streit einen Gegner erschlägt und fliehen muss, wirbt der Kokainhändler Sporting Life um Bess, sie aber wendet sich dem behinderten Porgy zu, der in Notwehr den zurückkehrenden Crown tötet. Porgy wird von der Polizei zum Verhör bestellt. Der Kokainhändler redet Bess ein, dass Porgy niemals wiederkehren wird, und überredet sie, mit ihm nach New York zu gehen. Der zurückkehrende Porgy beschließt, auf seinem Handkarren nach New York zu fahren und Bess zu suchen. Die vorliegende Arie steht am Beginn des ersten Aktes und zeichnet eine kleine Szene in der Catfish Row, einer Wohnstraße für Schwarze, Bettler und Kriminelle. Clara singt das Wiegenlied *Summertime* für ihr Kind. Es ist wohl die zärtlichste und poetischste Melodie, die Gershwin geschrieben hat. Sanfte Synkopen und Gestaltungselemente des Blues prägen den Charakter dieser Welterfolgsmelodie.

Szenenfoto von 1957: Clara und ihr Kind

Pavel Haas

Pavel Haas

1899–1944

Pavel Haas, als Sohn eines jüdischen Schumachers in Brünn geboren, besuchte das dortige deutschsprachige Gymnasium. Nach Militärdienst studierte er am Konservatorium in Brünn Klavier, Harmonielehre, Musiktheorie, 1920 bis 1922 bei Leoš Janáček, als dessen bedeutendster Schüler er gilt. Kurze Zeit wirkte er als Opernkorrepetitor in Brünn und Saarbrücken. In den 1930ern schrieb Haas Musik für Theater und Filme. Ab 1935 war er Privatlehrer für Musiktheorie und schließlich Musiklehrer an der Hochschule in Brünn und freischaffender Komponist. Nach Janáčeks Tod wurde Haas 1929 Nachfolger als Vorsitzender des Mährischen Komponistenverbands. 1938 wurde seine Oper *Šarlatán* (*Der Scharlatan,* nach eigenem Libretto) in Brünn mit großem Erfolg uraufgeführt. Nach dem Einmarsch der Deutschen wurde Haas' Musik wegen seiner jüdischen Abstammung verboten. 1941 wurde er in das KZ Theresienstadt deportiert. Nach Einstellung der dortigen künstlerischen Aktivitäten wurde Haas mit anderen Künstlern am 16. Oktober 1944 nach Auschwitz gebracht und dort ermordet.

Streichquartett Nr. 1 cis-Moll, op. 3

Nur 45 Lebensjahre waren dem mährischen Komponisten Pavel Haas vergönnt, und die Opusnummern seiner Musik reichen gerade einmal bis 18; hinzu kommen etwa 50 unnummerierte Werke, viele davon Fragmente. Doch anders als bei Mozart oder Schubert kann man im Fall Pavel Haas nicht von einem "frühvollendeten Meister" sprechen, und Redewendungen wie "die Besten sterben jung" wären hier zynisch und unangebracht. Denn nicht ein "tragisches Schicksal" war für das frühe Ende des Komponisten verantwortlich, vielmehr war sein Tod so grausam wie sinnlos: er fiel dem Rassewahn der Nationalsozialisten zum Opfer.

Pavel Haas wurde 1899 in Brünn (Brno), der Hauptstadt Mährens, geboren, und er sollte die meiste Zeit seines Lebens in seiner Heimatstadt verbringen. Seine musikalische Begabung zeigte sich schon früh; dennoch wurde er noch zum 1. Weltkrieg in die österreichisch-ungarische Armee eingezogen und konnte sein Musikstudium erst nach Kriegsende aufnehmen. Am Brünner Konservatorium waren Jan Kunc und Vilém Petrzelka seine Lehrer, und von 1921 bis 1922 besuchte Pavel Haas die Meisterklasse des bedeutendsten mährischen Komponisten, Leoš Janáček (1854–1928). Der Komponist der *Jenufa* sollte einen entscheidenden Einfluss auf das Schaffen von Haas gewinnen.

Pavel Haas begann mit der Komposition seines ersten Streichquartetts noch während des Studiums bei Jan Kunc, und am 7. Juni 1920 war die Erstfassung vollendet. Im Folgejahr, als Haas bei Janáček studierte, überarbeitete er sein Werk gründlich, und die Endfassung wurde 1922 vom Mährischen Streichquartett erfolgreich uraufgeführt.

Dass der junge Komponist für sein erstes Streichquartett ausgerechnet die Tonart cis-Moll wählte, forderte natürlich den Vergleich mit dem berühmtesten cis-Moll-Quartett überhaupt heraus: Beethovens op. 131. Es zeugt von nicht geringem Selbstbewusstsein von Pavel Haas, noch als Student den Maßstab eines der größten Werke der Quartettliteratur an sein eigenes Schaffen anzulegen. Andererseits drückte der Komponist durch diese Wahl der Tonart aus, dass er beim späten Beethoven einen geeigneten Ausgangspunkt für die Kammermusik des zwanzigsten Jahrhunderts fand, mehr als beim Quartettschaffen der Spätromantik. Ähnlich hatte auch Béla Bartók gut ein Jahrzehnt zuvor mit seinem ersten Streichquartett unüberhörbar bei Beethovens Spätstil angeknüpft.

Die Parallelen von Pavel Haas' cis-Moll-Quartett zu dem Beethovens reichen noch weiter: Beide Quartette beginnen mit einem Fugato im langsamen Tempo. Bei Haas ist dieser Satzteil ***Lento e grave misterioso*** überschrieben. Ein einfaches Motiv aus fünf Noten wandert durch alle Stimmen, und die überraschend farbige, leidenschaftliche Harmonik offenbart den Einfluss von Haas' Lehrmeister Janáček.

Das Fugato dauert nur kurz, dann beschleunigt sich das Tempo unmerklich, und mit einer deutlichen Zäsur hebt der zweite Satzteil ***Largamente e appassionato*** an. Dieser Teil ist in einer freien Sonatenform gehalten und weist zwei deutlich kontrastierende Themen auf. Auch hier finden wir durchgängig polyphone Schreibweise sowie eine intensive Chromatik, die gelegentlich an Richard Strauss oder den frühen Arnold Schönberg gemahnt, an anderen Stellen aber an osteuropäische Volksmusik erinnert, wie sie auch bei Janáček immer wieder durchklingt. Nach mehreren Steigerungen der Intensität mündet der Abschnitt in eine Abfolge von Trillern, bevor das einleitende langsame Fugato variiert wiederkehrt. Mit zwei

Pizzicato-Akkorden im Pianissimo geht das einsätzige, etwa zwölfminütige Werk zu Ende.

In den Jahren 1925 und 1938 ließ Pavel Haas seinem Erstling noch zwei weitere Streichquartette folgen. Das Quartett Nr. 2 ist das originellste und experimentellste des Komponisten. Es trägt den Untertitel *Aus dem Affengebirge* und fügt im Schlusssatz den vier Streichinstrumenten noch Schlagzeug hinzu. Das letzte, dreisätzige Quartett ist wieder konventioneller gehalten, zeigt aber den persönlichen Stil des Komponisten am ausgeprägtesten. Ähnlich wie bei Bela Bartók markieren auch bei Pavel Haas die Streichquartette entscheidende Wendepunkte seines Schaffens. Dazwischen entstanden Klavierwerke, Orchesterstücke, Lieder sowie eine einzige Oper *Šarlatán* (Scharlatan), die das Leben des bekannten Wanderarztes Dr. Andreas Eisenbart behandelte und mit großem Erfolg zur Aufführung gelangte. Außerdem war Haas 1929 als Nachfolger von Leoš Janáček zum Vorsitzenden des Mährischen Komponistenverbandes gewählt worden.

Im selben Jahr 1938, in dem Pavel Haas sein drittes und letztes Streichquartett schuf, veränderte sich die politische Lage dramatisch. Das Münchner Abkommen wurde unterzeichnet, und es kam zum "Anschluss" von Böhmen und Mähren an das Deutsche Reich. Haas' Vater war Jude gewesen, der Komponist selbst galt daher nach dem Wahnsystem der Nazis als "Halbjude", und seine Musik war automatisch "entartet" und verboten. Pavel Haas ließ sich von seiner Ehefrau, die er drei Jahre zuvor geheiratet hatte, scheiden, um sie und die gemeinsame Tochter vor Verfolgung zu schützen. In der Tat überlebten beide das "Dritte Reich" und den Zweiten Weltkrieg, während der Komponist am 2. Dezember 1941 in das KZ Theresienstadt deportiert wurde.

In Theresienstadt traf Haas auf einige Komponistenkollegen und auch auf ausübende Musiker. Schon bald bildete sich eine kleine Gruppe zum gemeinsamen Musizieren, und auch Pavel Haas komponierte wieder, soweit es die Arbeitsbedingungen im KZ zuließen. Von den Nazis wurde diese Musik zunächst nur geduldet, ab 1942 aber gezielt gefördert, und die Musiker waren vom Arbeitsdienst befreit. Theresienstadt sollte ein "Vorzeige-KZ" werden und den umlaufenden Gerüchten über den Massenmord an den Juden den Boden entziehen. Am 23. Juni 1944 besuchte eine Delegation des Roten Kreuzes das KZ Theresienstadt, um sich selbst ein Bild zu machen. Aus diesem Anlass wurden verschiedene Kompositionen aufgeführt, die im KZ entstanden waren, darunter auch ein Werk von Pavel Haas. Es ist auch ein Film über diesen Besuch des Roten Kreuzes erhalten, wo in einer Szene Pavel Haas kurz auftaucht.

Kaum war das Rote Kreuz abgereist, zeigten die Nazis ihr wahres menschenverachtendes Gesicht. Alle kulturellen Aktivitäten im Lager wurden umgehend verboten, die damit verbundenen Privilegien der Künstler abgeschafft. Im Oktober 1944 wurde Pavel Haas zusammen mit mehreren anderen jüdischen und halbjüdischen Musikern ins Vernichtungslager Auschwitz deportiert und dort gleich nach der Ankunft in der Gaskammer ermordet.

In der Bildenden Kunst haben die Künstler und Werke, die im "Dritten Reich" als "entartet" verfemt waren, nach Kriegsende schnell wieder die ihnen gebührende Anerkennung erlangt. Anders in der Musik: die "entartete Musik" blieb noch jahrzehntelang eine unbekannte Größe. Pavel Haas und seine Zeitgenossen waren – auch in ihrer Heimat – weitgehend vergessen, und ihre Werke tauchten nur selten in den Konzertprogrammen auf. Erst in der letzten Zeit besinnt man sich wieder auf diese Kompositionen und ihre Schöpfer – nicht zuletzt durch das Quartett, das sich nach Pavel Haas benannt hat und dadurch eine besondere Affinität zu diesem mährischen Komponisten ausdrückt.

Reinhard Szyszka

Boris Blacher 1962

Boris Blacher

1903-1975

Boris Blacher wurde 1903 in Niuzhuang (China) als Sohn deutsch-russischer Eltern geboren. In China, Sibirien und der Mandschurei wuchs er auf und sprach russisch, chinesisch, italienisch, englisch und deutsch. Nach Violin-, Klavier- und Musiktheorieunterricht in der Jugend und Abitur studierte er in Berlin Mathematik und Architektur, ab 1924 Komposition und Musikwissenschaft. 1938 erhielt er einen Lehrauftrag für Komposition am Dresdner Konservatorium, musste diesen bald wegen der nationalsozialistischen Politik wieder aufgeben. Erst nach Kriegsende konnte Blacher an seine früheren Erfolge anknüpfen und wurde 1948 als Professor für Komposition, 1953 bis 1970 auch als deren Direktor, an die Berliner Musikhochschule berufen. Blacher starb 1975 in Berlin.

Über Boris Blacher

Als Komponist ein Einzelgänger (?)

Boris Blacher veröffentlichte seine *Musica giocosa* für Orchester im Jahre 1959, und auf dieses Werk passen die wenigen Äußerungen, die der Komponist über sich und seine Werke verlauten ließ. *Ich hasse den ernsten Musiker* (1963) und *Ein Komponist soll im Grunde schreiben, was ihm Spaß macht.* Jürgen Hunkemöller hat Blacher in der im Jahre 2000 erschienenen Enzyklopädie der Musik wie folgt charakterisiert: *Seine intimen Überzeugungen verbarg er bis zur Selbstverleugnung. Er war ein Intellektueller mit Bildung, Weite und Sensibilität, der seinen Weg als skeptischer Einzelgänger ging. Schulen, Autoritäten und prophetische Wegweiser waren ihm verdächtig.*

Boris Blacher wurde am 19. Januar 1903 im chinesischen Niuzhuang als Sohn deutsch-russischer Eltern aus dem Baltikum geboren. Bedingt durch den Beruf des Vaters als Bankkaufmann in russischen Diensten in China, in Sibirien und der Mandschurei wuchs der junge Boris kosmopolitisch auf und sprach russisch, chinesisch, italienisch, englisch und deutsch. Trotz der häufigen Wohnsitzwechsel erhielt er Violin-, Klavier- und Musiktheorie-unterricht und nahm als 16-Jähriger eine eigene Orchestrierung von Puccinis Oper *Tosca* nach dem Klavierauszug vor.

Nach dem Abitur 1922 studierte Blacher in Berlin Mathematik und Architektur, wechselte aber 1924 an die Musikhochschule zum Fach Komposition bei Friedrich Ernst Koch (1862-1927) und legte 1926 sein Examen ab. Sein nachfolgendes Musikwissenschaftsstudium mit einem Dissertationsthema über Instrumentationslehren des 19. Jahrhunderts konnte er aus Geldmangel nicht beenden und hielt sich statt dessen als Notenkopist, Kinomusiker und Arrangeur von Unterhaltungsmusik über Wasser. Seine 1937 durch Carl Schuricht (1880-1981) uraufgeführte *Concertante Musik* fand weltweite Anerkennung und trug ihm durch die Vermittlung des Dirigenten Karl Böhm (1894-1981) ein Jahr später einen Lehrauftrag für Komposition am Dresdner Konservatorium ein, eine Position, die er bereits ein Jahr später auf Druck der nationalsozialistischen Machthaber wieder aufgeben musste. Im Vorwort des 1940 veröffentlichten *Lexikon der Juden in der Musik* des *Instituts der NSDAP zur Erforschung der Judenfrage* ist die Begründung nachzulesen: *Unter den lebenden Vierteljuden, die versehentlich des öfteren auch bei Veranstaltungen von Parteigliederungen aufgeführt wurden, sind Boris Blacher und Heinrich Kaminski die wichtigsten.*

Erst nach Kriegende konnte Blacher an seine früheren Erfolge anknüpfen und wurde 1948 als Professor für Komposition an die Berliner Musikhochschule berufen, der er von 1953 bis 1970 auch als Direktor vorstand. Hochgeehrt verstarb er am 30. Januar 1975 in Berlin.

Obwohl für großes Symphonieorchester komponiert ist Blachers ***Musica giocosa*** eigentlich eine Kammermusik für großes Orchester, in der sich ein geballtes Fortissimo aller Instrumente nur auf äußerst sparsame Akkordschläge und in zwölf Takten der Coda einstellt. Dagegen dominieren Soloparts in allen Gruppen in Concerto-grosso-Manier mit Solovioline, Solo-Bratsche, solistischen Partien in den Flöten und Oboen, halsbrecherische Passagen in den Klarinetten und Fagotten, Posaunenglissandi und Trompetensoli in der Clarin-Lage. Unbeirrt von aleatorischen Tendenzen in der Musik der 50er und 60er Jahre des 20. Jahrhunderts, in denen Blachers Komponistenkollegen häufig auf Taktstriche und ein durchlaufendes Metrum zugunsten freier, dem Zufallsprinzip folgender Musizierformen verzichteten, liegt Blachers Komposition ein streng durchlaufender 6/8-Takt zugrunde, den er allerdings im Presto ganztaktig vorschreibt, nur zweimal unterbrochen von je einem Andante mit 32 bzw. 25 Takte Länge im halben Tempo, in denen die Achtelimpulse jedoch erhalten bleiben. Die dadurch entstehende Gliederung entspricht der klassischen zweiteiligen Liedform mit dem Schema A-B-A-B und Coda. Diese rhythmische Komponente ist in allen seinen Werken stark ausgeprägt und stellt ihn in der Nähe von Igor Strawinsky. Gegenüber einem Musikkritiker äußerte er einmal: *Ohne Zeit kommt die Musik nicht aus, ohne Töne eher.*

Dr. Gunther Joppig

Ausschnitt aus der Partitur von Blachers Musica giocosa

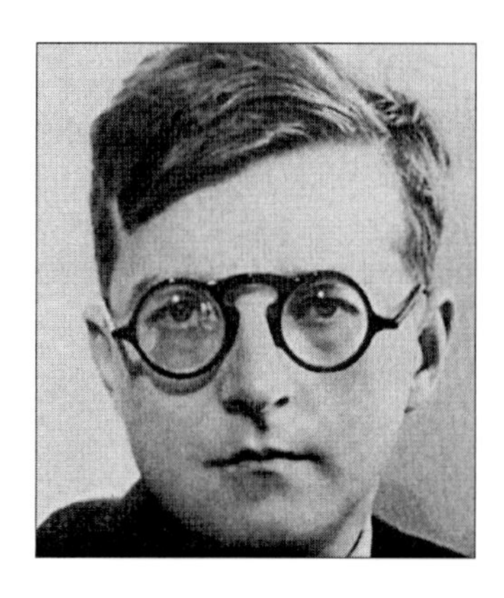

Dmitrij Schostakowitsch
1940

Dmitrij Schostakowitsch

1906-1975

Dmitrij Schostakowitsch wurde 1906 in St. Petersburg geboren. Nach Klavierunterricht ab dem 7. Lebensjahr wurde er bereits als 13-Jähriger am Petersburger Konservatorium aufgenommen und schloss sein Kompositionsstudium 1925 mit der 1. Symphonie ab, die bald um die Welt ging. Seine zweite Oper (1935) brachte ihn bei Stalin in Misskredit und in höchste Gefahr. Zahlreiche Filmmusiken und Gelegenheitswerke für Parteizwecke machten ihn unentbehrlich und retteten ihm das Leben. 1939 erhielt er eine Professur am Leningrader (Petersburger) Konservatorium. Ab 1945 lebte er in Moskau. 1957-68 war er Sekretär des Komponistenverbandes der UdSSR. Reisen und Ehrungen im Ausland häuften sich nach Stalins Tod 1953. Schostakowitsch starb 1975 in Moskau.

Zwischen Angst und Zensur

Schostakowitschs *Festliche Ouvertüre* in A-Dur, op. 96

Die *Festliche Ouvertüre* entstand nicht 1954, wie die Opuszahl vermuten lässt, sondern bereits 1947. Wie auch sein Violinkonzert konnte das Stück der allgemeinen Ächtung Schostakowitschs wegen nicht gespielt werden, erst im Jahre 1954, nach Stalins Tod und allmählicher Lockerung der diktatorischen Fesseln, wurde sie als ein neues Werk, mit der entsprechenden Nummer versehen, in Moskau vorgestellt und uraufgeführt.

Im Strudel politischer Wirren

Leben und Werk weniger Komponisten wurden so tiefgehend und umfassend von den politischen Ereignissen und Machtstrukturen ihrer Zeit geprägt wie im Falle des Dmitrij Schostakowitsch. Bürgerkrieg der letzten Zarenjahre, bolschewistische Revolution, zwei Weltkriege, die Unsicherheit und materielle Not der Lenin-Ära, die brutalen Drangsalierungen der Stalin-Zeit bestimmten existentiell das Leben der Menschen im damaligen Russland zwischen seinen Lebensdaten. Eine der ersten Kompositionen des Elfjährigen verarbeitet den Tod eines Soldaten, der in der Oktoberrevolution von 1917 vor den Augen des Knaben Dmitrij erschossen wurde. Gellende Marschmusik, Triumphmärsche und Siegeslieder bestimmten die äußere, die Liebe zu Kunstlied, Klavier- und Kammermusik die familiäre musikalische Umwelt seiner Entwicklungszeit. Nach dem Tode des Vaters trug er zum Lebensunterhalt für sich, seine Mutter und Schwestern als Pianist in den damals aufkommenden Stummfilmkinos bei. Schlagartig berühmt wurde der 19-jährige Komponist und Konservatoriumsschüler mit seiner ersten Sinfonie, der weitere vierzehn Sinfonien folgen sollten. Die zwanziger Jahre waren trotz finanzieller Not noch geprägt von künstlerischer Offenheit für progressive Neuerungen, Neugierde und Begeisterung für die damals neue Musik (Mahler, Strawinsky, Bartók, Hindemith, Schönberg) und der Gestaltung eines eigenen Stils aus diesen Vorbildern.

Das änderte sich nach 1934 grundlegend mit der totalitären Herrschaft Stalins. In etwa 40 Filmmusiken arrangierte Schostakowitsch sich immer wieder mit der Macht und ihren Forderungen. Der Vorwurf des „Formalismus", so harmlos er heute klingen mag, hing nicht nur wie ein Damoklesschwert über allen künstlerischen Äußerungen, die nicht dem totalitären Anspruch genügten, sondern entschied oftmals über die Existenz, ja sogar über Tod und Leben. Auch Freunde Schostakowitschs verschwanden in dieser Zeit des Terrors, wurden verhaftet, deportiert, ermordet. Etwa 30 000 – 40 000 Menschen wurden in wenigen Monaten allein in Leningrad verhaftet, der Hunger dezimierte die Bevölkerung weiter, Intellektuelle und Künstler wurden als potentielle Gegner bespitzelt und denunziert. Die Welle erfasste auch Schostakowitsch und seine 1934 mit Erfolg uraufgeführte Oper *Lady Macbeth von Mzensk*. Ein Artikel in der *Prawda* mit dem Titel *Chaos statt Musik* strotzte von Urteilen wie *Kakophonie, Musiklärm, vulgärer Naturalismus, Gefahr für die sowjetische Musik* und endete mit der Drohung *Das Spiel kann böse enden*. Nach einem Verhör, in dem ihm die Beteiligung an einer Verschwörung zur Ermordung Stalins vorgeworfen wurde, lebte er monatelang in höchster Angst, die in seiner Psyche tiefe Spuren für sein ganzes Leben hinterließen.

Rückzug und Verweigerung

Schon mit der der *Festlichen Ouvertüre* vorangegangenen Sinfonie von 1944, seiner Neunten, hatte Schostakowitsch den Zorn Stalins auf sich gezogen. Der Diktator hatte von ihm ein großartiges Siegesfanal mit Chor und Orchester erwartet. Der Rückzug auf absolute musikalische Form klassischen Zuschnitts, dazu in heiter-sarkastischem Ton, wurde als ostentative Verweigerung interpretiert. 1948 erschien ein Dekret, das die offizielle Ästhetik des „Sozialistischen Realismus" auch für die Musik noch einmal für verbindlich erklärte. Hierin wurden die zu dieser Zeit bedeutendsten drei Komponisten des Landes, Schostakowitsch, Prokofjew und Chatschaturjan, namentlich und auf die boshafteste Weise angegriffen, ihre Werke wurden abgesetzt und verboten. Schostakowitsch reagierte mit Selbstbezichtigung und Selbstkritik und schrieb die oratorischen Werke *Das Lied von den Wäldern* und *Über unserer Heimat strahlt die Sonne*. Ob hinter diesen künstlerischen Zugeständnissen an die Macht eine Überzeugung oder die pure Notwendigkeit zum Überleben stand, muss die musikwissenschaftliche Forschung noch belegen. Die Echtheit der 1979, vier Jahre nach Schostakowitschs Tod, von S. Volkow herausgegebenen *Memoiren des Dmitrij Schostakowitsch* ist umstritten.

Politisches „Tauwetter" nach Stalins Tod

Im März 1953 starb Josef Stalin. Zurück blieb eine Sowjetunion, die offiziell von großer Trauer erfüllt war, insgeheim aber allmählich ungeheure Erleichterung verspürte, als sei ein Albdruck von ihr genommen. Als Angst und Zensur sich lockerten, fand Schostakowitsch wieder zur Sinfonie zurück. Die „Zehnte" von 1953 wurde zur gnadenlosen Abrechnung mit dem Despoten. Daneben konnten manche in der Zwischenzeit entstandenen Werke veröffentlicht werden, so das 1947-48 komponierte, David Oistrakh gewidmete, erste Violinkonzert, das dieser 1955 in Moskau uraufführte. Ähnlich verfuhr er mit der 1947 entstandenen *Festlichen Ouvertüre*, auch ihre Uraufführung im Jahre 1954 unter der Opuszahl 96 sollte suggerieren, dass der Komponist sich einen neuen, höchst positiven Stil angeeignet hatte. Seine Werke, von denen viele erst nach 1953 aufgeführt wurden, wechseln im Ausdruck von Trauer, Bitterkeit, emotionaler Zurückhaltung, andererseits von aufgesetzter Lustigkeit, mechanischer Hast und fassadenhaft-aufdringlichem Pomp. Typisch für seinen Stil sind eine prägnante, oft keck-witzige Melodik und eine herbe Harmonik mit häufig, oftmals abrupt wechselnden Tonarten.

Effektvoll und leicht eingängig bedarf die Musik der ***Festlichen Ouvertüre*** keiner ausführlichen Erläuterung. Das Werk ist durchgehend tonal. Fanfarenartig rufen Trompeten und Hörner in schmetternden Dreiklängen die übrigen Orchesterinstrumente herbei. Nach einer furiosen Steigerung setzt das mitreißende Hauptthema in den hohen Bläsern ein, unterstützt von rhythmischem Grundmuster der Streicher. Auftaktige Akkorde der Blechbläser treiben vorwärts, bis das Thema *marcatissimo* in Vergrößerung von Posaunen, Tuba und tiefen Streichern auftrumpft zu einer kecken off-beat Rhythmik der übrigen Instrumente. Im Mittelteil erscheint eine zweite Marschmelodie in etwas ruhigerer Gestik. Der fast banalen Melodik verleihen auch hier die frechen Gegenrhythmen der jeweils anderen Instrumentengruppe und die grellen Glanzlichter der Piccoloflöte die Raffinesse. Im Sog der *Stretta* stürzen alle Instrumente miteinander in den rauschenden *fortissimo*-Taumel der Schlussakkorde.

Allumfassendes Leid und persönliche Tragik

Zu Schostakowitschs zweitem Klaviertrio, op. 67

War das erste Klaviertrio op. 8 noch als Jugendwerk der Romantik und dem optimistischen Aufbruch verpflichtet, entstand das zweite Klaviertrio op. 67 (1944) in einer Zeit ernster Not und tiefsten Schmerzes. Nach seinen beiden Symphonien Nr. 7 und 8, die Bezug auf Kriegsereignisse nehmen – erstere auf den unbeugsamen Siegeswillen, letztere als Zeugnis von Melancholie und Trauer über Tod und Schrecken trotz des Sieges – ist das Trio Ausdruck von persönlichem Schmerz über den Tod eines engen Freundes, des hochgebildeten Gelehrten, Literatur- und Musikwissenschaftlers Iwan Sollertinski (1902-1944), der über zwanzig

Schostakowitsch und Sollertinski

Sprachen gesprochen haben soll, Mahler- und Bruckner-Zirkel ins Leben gerufen, eine Mahler-Monographie verfasst und sich für Schönbergs Kompositionen eingesetzt hatte. Sollertinski war im Februar 1944 plötzlich im Alter von 42 Jahren an einem Herzinfarkt gestorben. Schostakowitsch widmete das Trio dem Andenken an seinen Freund. Vollendet am 13. August, erklang es erstmals am 14. November 1944 im gerade befreiten Leningrad mit dem Komponisten am Klavier.

Über das **Klaviertrio o. 67** schrieb der sowjetische Musikwissenschaftler I. Martinow: *Das Trio ist wahrscheinlich das Allertragischste im Schaffen Schostakowitschs. War ihm früher das Pathos der eigenen Tragödie bekannt, so bringt er hier die Tragödie einer durch Tod und Qual hindurch gegangenen Generation zum Ausdruck. Darin liegt die wahre Gegenwartsnähe der Musik Schostakowitschs.*

Dem **ersten Satz** vorangestellt ist eine sehr verhaltene, traurig und still wirkende **Einleitung (*Andante*)**. Sie wurde verglichen mit *Cum mortuis in lingua mortua* (vgl. Mussorgskis *Bilder einer Ausstellung*), einem Versuch, mit dem verstorbenen Freund in Zwiesprache zu kommen. Das Cello eröffnet ein langsam-ernstes Fugato im gedämpften Flageolett in höchster Lage, einer fast irreal-gläsernen, fernen Klangfarbe. Violine in Mittellage – tiefer als das Cello – und Klavier folgen, letzteres in tiefster Basslage – der größtmögliche Kontrast zum Flageolett des Cello. Ruhig gleitende Tonleiterbewegungen charakterisieren die Einleitung.

In leicht beschleunigtem Tempo (***Moderato***), zu Staccato-Tonwiederholungen der Streicher, erklingt das etwas bewegtere, doch ebenfalls ruhige Hauptthema, das aus dem Fugato die gleitende Tonleiterbewegung und den Legato-Charakter aufnimmt.

Mehr Spannung bringt die Überleitung: Motive des Hauptthemas, verbunden mit Klangflächen aus Wechselnoten und einer chromatisch aufsteigenden Linie brechen plötzlich in entfernte Tonarten aus. Das zweite Thema fügt neue, vor allem rhythmische Elemente ein. In schnellem Tempo, mit Synkopen und kraftvollen Akkorden von der Geige vorgetragen wirkt es tänzerisch und forsch – auch wenn die gleitende Tonleiterbewegung in ihm und den begleitenden Stimmen enthalten ist.

Die Durchführung ist dreiteilig, im ersten Abschnitt treffen Motive aller Themen aufeinander: die großen Intervalle des ersten, die akzentuierten Viertel des zweiten, sowie das absteigende Tonleitermotiv. Ein zweiter Abschnitt beginnt leise mit geheimnisvollen Pizzicati in großen Intervallen und steigert sich zum kraftvollen dritten Abschnitt, dem Höhepunkt der Durchführung mit energisch akzentuierten Akkorden und *off-beats* des Klaviers. Eine über mehrere Oktaven aufsteigende Linie in Cello und Violine leitet die Reprise ein. Das erste Thema erklingt verkürzt, das zweite variiert. Die Coda, beginnend mit einer chromatisch aufsteigenden Melodie der Violine, nimmt nochmals das erste Thema auf und verklingt in Akkorden über unruhigen Tonwechseln im Klavierbass.

Der **zweite Satz (*Allegro non troppo*)**, ein bewegtes Scherzo in Rondo-Form in Fis-Dur, wirkt zu Beginn mit seinem dreiklangsgebundenen, motorischen, durch weite Tonräume eilenden Hauptthema zunächst fast tänzerisch, wie von der Last des ersten Satzes befreit.

Jedoch durch Beharrlichkeit und Steigerung von gleichförmigem Rhythmus, akzentuierten Taktschwerpunkten und hämmernden Tonwiederholungen in den Couplet-Teilen schlägt der Charakter bald um in ein grimmig-erregtes, bitteres, fast rabiat-trotziges, Schwindel erregend und atemlos voran hetzendes Perpetuum mobile.

Der **dritte Satz (*Largo*)** ist eine strenge, finstere Passacaglia in b-moll, der im Quintenzirkel am weitesten entfernten Tonart zur Haupttonart e-moll. Die achttaktige Akkordfolge, die das Klavier zunächst allein vorstellt, bleibt in den nachfolgenden fünf Variationen unveränderte Grundlage und schwer lastendes Fundament für die melodischen Linien von Violine und Cello.

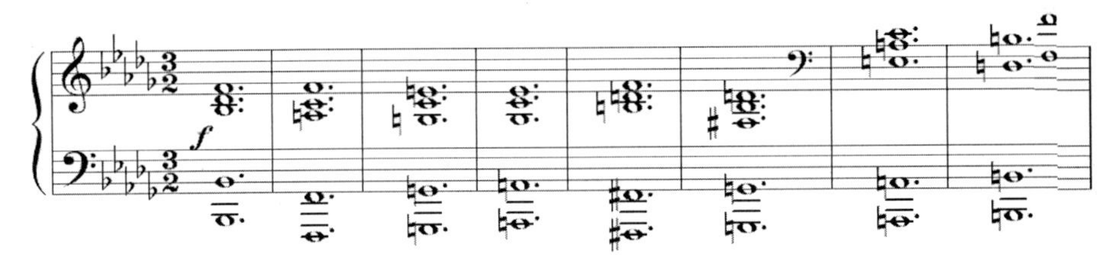

In der ersten Variation fügt die Violine eine lang gezogene Melodielinie in kleinen Intervallen hinzu, die sich nur mühsam in die Höhe zu winden scheint und am Ende der achtaktigen Phrase wieder zurück sinkt. Das Cello übernimmt in der zweiten Variation dieses Thema als Kanon zur Violine, von dieser kontrapunktisch umspielt. In den Variationen 3-5 wird das melodische Thema von beiden Streichinstrumenten in ruhigem und getragenem Charakter gemeinsam weiter ausgesponnen, auch als Dialog mit Motivteilen. Es schließt sich eine sechstaktige Überleitung an, in der der Klavierbass mit dem Orgelpunkt H, der Dominante zur Haupttonart des folgenden Satzes, direkt in das Finale leitet.

Ohne Pause schließt sich der **letzte Satz (*Allegretto*)** in E-Dur an. Im schreitenden 2/4-Takt entwickelt er sich zu einem grotesk-makabren Totentanz. Die Themen erinnern durch betonte Halbtonschritte, übermäßige Intervalle, Tonumspielungen und Motivwiederholungen an jüdische Klezmer-Melodien in orientalischem, tänzerisch-fröhlichem Charakter mit tragisch klagendem Unterton. Mehrfach wird in der Literatur auf einen Zusammenhang mit Schostakowitschs Gegnerschaft zum Antisemitismus sowohl nationalsozialistischer als auch sowjetischer Prägung hingewiesen und dieser Finalsatz zudem als Erinnerung an den Tod seines begabten jüdischen Schülers Benjamin Fleischmann und Mahnmal an den Holocaust interpretiert.

Über den Staccato-Tonwiederholungen des Klaviers entfaltet die Violine im Pizzicato-Pianissimo das 1. Thema.

Weniger zurückhaltend, sondern expressiv, feurig stampfend und sarkastisch-penetrant akzentuiert, begleitet von beharrlichen beat-off-beat-Akkorden der Streicher, erscheint das zweite Thema:

Ein drittes, chromatisches Thema im 5/8-Takt scheint die *Danse macabre* aus dem Tritt zu bringen.

In der Durchführung behaupten sich die Themen heftig, fast bedrohlich gegeneinander. Die Reprise lässt 1. und 2. Thema erklingen. Die Coda, beginnend mit dem ersten Thema, nimmt Lautstärke und Intensität zurück und klingt ruhig aus mit einer Reminiszenz an die *Lingua Mortua*-Flageoletts aus der Einleitung des Kopfsatzes und die Akkorde der Passacaglia aus dem dritten Satz.

Samuel Barber
1936

Samuel Barber

1910-1981

Samuel Barber, einer der erfolgreichsten amerikanischen Komponisten des 20. Jahrhunderts, wurde 1910 in West Chester bei Philadelphia (Pennsylvania) geboren. Früh erhielt er Klavierunterricht und begann zu komponieren, 1924-33 studierte er am Curtis Institute of Music in Philadelphia Klavier, Gesang und Musiktheorie/Komposition. Hier lernte er den späteren Opernkomponisten Gian Carlo Menotti (1911-2007) kennen, mit dem ihn zahlreiche Italienaufenthalte, lebenslange künstlerische Zusammenarbeit und Lebenspartnerschaft verbanden. Unter anderen Preisen erhielt er 1935 den *American Prix de Rome*, der ihm ein zeitweiliges Studium in Europa ermöglichte. 1939-42 lehrte er am Curtis Institute of Music, lebte mit Menotti ab 1942 ganz für das Komponieren in seinem Haus in Mount Kisco (NY). Seine erste Oper *Vanessa*, wurde 1958 in New York an der Met und als erste amerikanische Oper bei den Salzburger Festspielen aufgeführt. 1958 und 1962 erhielt er den Pulitzer Preis, 1959 den Ehrendoktortitel der Harvard Universität. Durch Toscanini wurde er auch in Europa bekannt. Barber starb 1981 in New York.

Neoromantische Ausdrucksgegensätze

Zu Samuel Barbers *First Essay* (1937)

Als Anekdote aus Barbers Jugend wird immer wieder erzählt, dass er mit neun Jahren erklärte, er werde Komponist und seiner Mutter einen Zettel schrieb: *Meine Bestimmung ist, Komponist zu sein, und ich bin sicher, dass ich das werde. Verlang nicht von mir, diese unerfreuliche Sache zu vergessen und Football spielen zu gehen – bitte!* In Konzerten des Philadelphia Orchestra unter Leopold Stokowski hörte er als Jugendlicher die neuste Musik Europas, u.a. Mahlers Achte sowie Werke von Strawinsky und Schönberg.

Über seinen Freund Menotti lernte er den legendären Dirigenten Arturo Toscanini persönlich kennen. Als dieser 1937 bei den Salzburger Festspielen Barbers *Symphony in One Movement* hörte, gab er ihm die Anregung, ein Orchesterstück für ihn zu schreiben. Zusammen mit dem *Adagio for Strings*, einer Bearbeitung des langsamen Satzes aus seinem Streichquartett, schickte Barber sein neues Orchesterstück *Essay for Orchestra* an Toscanini – und erhielt beides kommentarlos zurück. Mit Menotti hatte er geplant, Toscanini im Sommer in seiner Villa am Lago Maggiore zu besuchen. Die Rücksendung verärgerte ihn allerdings so, dass er Menotti allein zu Toscanini schickte und wartete. Dieser soll sogleich nach Barber gefragt haben. Als Menotti verlegen sagte, er fühle sich nicht wohl, meinte Toscanini, Barber sei sicher aus Ärger nicht gekommen. Dazu bestehe aber kein Grund: er wolle nicht nur eines der Stücke, sondern beide aufführen! Dies war für Barber der Beginn einer Karriere auch in Europa. Toscanini soll die Partituren erst am Tag vor der Aufführung wieder angeschaut und dabei Änderungswünsche geäußert haben. Aber er konnte Barber telefonisch nicht erreichen, um seine Zustimmung zu erhalten. So nahm er die Änderung – eine zusätzliche Trompetenstimme im Schlussabschnitt – ohne Zustimmung des Komponisten vor und entschuldigte sich später für den Eingriff. Barber reichte später das Manuskript mit den roten Korrekturen zum Druck ein mit dem Vermerk, diese seien von Toscanini – so blieben dessen Änderungen in der gedruckten Partitur. Das *Essay* und das *Adagio* wurden am 5. November 1938 durch Toscanini und das NBC Symphonieorchester in New York uraufgeführt.

Barbers Musik ist von klarer, fließender Melodik und unkomplizierter Harmonik, er liebt dissonante Akkordzusätze, er bevorzugt klare Formen und poetische Ideen als Vorgabe für seine Stücke. Sein Kompositionsstil wurde auch *neoromantisch* genannt, seine Stellung und sein Festhalten an der Tradition wurden mit Brahms im 19. Jahrhundert verglichen. Sein Schaffen umfasst u.a. drei Opern, zwei Ballette, zwei Symphonien, ein Violin-, ein Cello- und ein Klavierkonzert, drei *Essays* für Orchester, Kammermusik , Klavierstücke, Chorwerke und zahlreiche Lieder.

Ein langsames, elegisch-expressives Thema beherrscht den Anfangsteil des ***First Essay***, es rundet am Ende das Werk ab. Es enthält den melodischen Kern (Terz und Sekund) für das gesamte musikalische Material des Stücks. Zuerst erklingt es in den tiefen Streichern, breitet sich dann in den ganzen Orchesterklang aus.

Die Blechbläser steigern mit einer markanten Variante des Themas zum schnellen Mittelteil.

Dieser hat Scherzo-Charakter und lebt von einem rhythmisch geprägten Motiv, das dem Kernthema verwandt ist. Staccato-Akkorde unterstreichen keck den lebhaften Charakter:

Ein Scherzando-Motiv aus dem gleichem Tonmaterial im Zweiermetrum über Staccato-Klavierbässen bringt das ¾-Taktgefüge fast aus dem Gleichgewicht:

Mehrere Steigerungswellen über beharrlichen Akkordwiederholungen der Bläser führen ins Fortissimo, das schließlich in das langsame Tempo des Anfangs und das Anfangsthema in breitem Fortissimo mündet. Drei gedämpfte Trompeten über einem Klanggrund von stehenden Akkorden der Klarinetten und leisem Paukenwirbel verhallen wie in der Ferne. Das Anfangsmotiv der Streicher beendet das Stück, verklingend bis ins Pianissimo.

Witold Lutosławski (1913-1994)

Witold Lutosławski

1913-1994

Witold Lutosławski wurde 1913 in Warschau geboren. Als Fünfjähriger verlor er den Vater, der von den russisch-zaristischen Besatzern als Widerstandskämpfer hingerichtet wurde. Früh lernte er Klavier und Violine, ab 1927 am Warschauer Konservatorium. Neunjährig begann er zu komponieren. 1931-33 studierte er Mathematik an der Warschauer Universität, zudem bis 1937 am Konservatorium Klavier und Komposition. Während des 2. Weltkriegs war er Kommandant des Militärfunks, geriet in deutsche Gefangenschaft, aus der er fliehen konnte. Er verdiente sich den Lebensunterhalt als Pianist in Kaffeehäusern. Als Mitglied des polnischen Komponistenverbands war er 1956 beteiligt an der Gründung des Festivals Warschauer Herbst. Nach Stalins Tod und der Öffnung nach Westen entwickelte er eine eigene Kompositionsmethode und seinen unverkennbaren Stil. Weltweit geachtet und mit zahlreichen Preisen geehrt – u.a. Ehrendoktorate der Universitäten Chicago und Warschau und drei erste UNESCO-Preise – starb Lutosławski 1994 in Warschau.

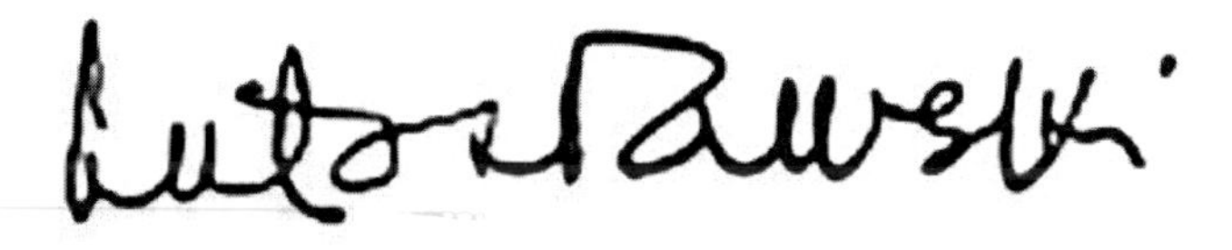

Musik des gelenkten Zufalls

Zu Lutosławskis Streichquartett 1964

Lutosławskis frühe Kompositionen folgten den Vorbildern Bartok und Strawinsky. Neueste Entwicklungen drangen unter stalinistischer Kulturpolitik kaum in seine Heimat. Erst Stalins Tod (1953) ermöglichte allmähliche Lockerung und Öffnung nach Westen und löste in Polen enorme kreative Neubesinnung aus. Bereits 1956 entstand als Forum für Neue Musik das Festival *Warschauer Herbst*, an dessen Gründung Lutosławski als Vorsitzender des Komponistenverbands beteiligt war und bei dem er in den Folgejahren mit zahlreichen Vorträgen die Wege der Neuen Musik zur Diskussion brachte.

1960 hörte er im Radio ein Werk, das ihn wie ein elektrischer Stromschlag berührt haben soll: John Cages *Concerto for Piano and Orchestra*. Bei der Entwicklung seines individuellen Personalstils um 1960 schloss er sich keiner der genannten Richtungen gänzlich an. Das Streichquartett von 1964 ist eines der ersten Werke in seiner eigenen, poetischen-raffinierten, phantasievollen Kompositionsmethode, die er selbst als *begrenzte Aleatorik* bezeichnete und an der er bis Ende der Achtziger Jahre festhielt. Das Streichquartett entstand 1964 als Auftragswerk des Schwedischen Rundfunks und wurde am 12. März 1965 in Stockholm vom *LaSalle Quartett* uraufgeführt (bei dessen Primarius Walter Levin viele junge Quartette studierten). Lutosławski wurde mit diesem Werk zu einem der bedeutendsten Komponisten des 20. Jahrhunderts.

Zum Verständnis seiner Werke dürfte ein Zitat Lutosławskis hilfreich sein: *„Ich fange niemals an zu komponieren, bevor ich nicht zu einer konkreten Vorstellung der Form Stückes gelangt bin. Meiner Meinung nach muss man immer von zwei Seiten gleichzeitig beginnen: von oben und von unten. Damit möchte ich sagen, dass man gleichzeitig durch die Straßen gehen, aber auch die Stadt von oben, wie vom Flugzeug aus betrachten und sich ihr allmählich nähern muss, um die Details zu sehen. Ich muss, um eine Komposition zu beginnen, genügend Material von beiden Ausgangspunkten aus gesammelt haben: einerseits eine recht klare Vorstellung von der Form des Stücks, und andererseits Schlüsselideen."*

Aus der Vogelperspektive betrachtet folgt sein Streichquartett – wie viele Werke Lutosławskis – einer Gesamtform aus einem einleitenden Satz und einem dichten Hauptsatz, der den entscheidenden Höhepunkt des Werks enthält und mit einem Epilog ausklingt. Die Detailansicht offenbart sehr unterschiedliche, aufeinander bezogene Klangfelder. Sie unterscheiden sich durch Tonhöhen, Tondauern, Lautstärke, Klangfarbe (Instrument, Artikulation) und Dichte.

Aus diesen Parametern – nicht anders als in klassisch-romantischer Musik – entsteht ein bestimmter Ausdruck, der sich mit Adjektiven umschreiben lässt, wie z.B. vorsichtig, aggressiv, schleppend, klagend, drängend etc. Sie werden zu musikalischem Erlebnis, wenn der Hörer sich darauf einlässt, Ausdruck, Gefühls- oder Bewegungsintensität zu erspüren, zu benennen, Veränderungen zu erkennen und – wie in jedem Musikstück – Vergangenes mit Gegenwärtigem zu vergleichen.

Das Werk ist in herkömmlicher Notenschrift fixiert. Entscheidender Unterschied ist jedoch das Fehlen von Taktstrichen, die in herkömmlicher Musik die zeitliche Koordination der Klangaktionen genau festlegen. Damit fehlt eine für alle verbindliche, gemeinsame Zeiteinteilung. In den Einzelstimmen zu diesem Werk ist für jedes Instrument in jedem Abschnitt festgelegt, was gespielt werden soll. Zahlreiche Fermaten und ungefähre Sekunden-Angaben lassen jedem Musiker jedoch freie Gestaltung des Tempos innerhalb eines Abschnitts. Ein gemeinsames Metrum aller Stimmen gibt es nicht. Damit ist das zeitliche Zusammentreffen mit den Aktionen der Partner nicht festgelegt. Der Komponist spricht auch von *aleatorischem Kontrapunkt* – zufälligem Zusammentreffen der Klänge. Er vermerkt explizit: *Jeder Interpret soll spielen, als wäre er allein*. Am Ende eines Abschnitts sind oft Partikel notiert, die so oft wiederholt werden sollen, bis das Zeichen für den nächsten Abschnitt erfolgt. Stichnoten der anderen Spieler oder verbale Anweisungen bestimmen, wessen optischem oder akustischem Signal alle zu folgen haben, um zum nächsten Abschnitt zu wechseln. Im ersten Satz ist z.B. mehrmals der Oktavklang auf c als solches Signal zu hören, das den Übergang zu einem neuen Klangfeld markiert.

Das Tonmaterial entspringt der chromatischen zwölftönigen Skala, die aber nicht im Sinne Schönbergs als Reihe dient, sondern als Fundus für Tonauswahl zu jedem Abschnitt – von wenigen Tönen bis zur chromatischen Fülle – und für unterschiedliche Intervallkonstellationen.

Lutosławski selbst nennt seine Kompositionsmethode *begrenzte Aleatorik* (s.o.). Freiheit von Metrum und Taktschema bedeutet, dass keine Aufführung der anderen gleicht, da unabhängige musikalische Aktionen jedes Mal wieder anders aufeinander treffen. Für den einzelnen Interpreten bedeutet sie Verantwortung und hohe musikalische Kreativität in der Ausgestaltung der eigenen Stimme.

Eine Partitur gab Lutosławski erst auf Bitten des *LaSalle Quartetts* heraus. Aus Furcht vor dem Missverständnis, das übereinander Notierte sei gleichzeitig zu spielen, schrieb er ausdrücklich: *Achtung: Diese Partitur wurde geschrieben zu meinem privaten Gebrauch. Sie stellt eine (von den wahrscheinlichen, aber nicht im mindesten erstrebenswertesten) Versionen des Werks dar und darf in keiner Weise reproduziert werden.*

Der **einleitende Satz (*Introductory Movement*)** beginnt mit einer solistischen Partie der 1. Violine (mit Dämpfer) in fast völlig metrumfreiem Rubato-Spiel. Deutlich zu hören ist der Halbtonschritt als vorherrschendes Intervall, die vorwiegende Artikulation ist Staccato. Den Ausdruckscharakter könnte man als stockend, vorsichtig, fragend, zögernd, tastend, suchend, sicherer werdend o.ä. beschreiben.

Im zweiten Abschnitt sind alle vier Instrumente beteiligt, die Töne erklingen zeitlich dichter und im Legato verbunden, der Tonraum schließt auch Mikrointervalle ein, die Tonabstände vergrößern sich. Als Ausdruck könnte man etwa als ein Sich-Strecken, Dehnen, Sich-Erheben, ein Erwachen von Aktivität, von ersten Farbeindrücken wahrnehmen. Einem quasi aufgeregt flatternden Abschnitt folgt noch einmal ein dichteres Staccato-Klangfeld, das in längere Töne übergeht und mit hart markierte Oktavschlägen endet. Sie werden von allen übernommen und leiten einen Pizzicato-Teil ein. Es gibt Klangfelder, in denen ein Motiv zu kreisen scheint und andere, in denen stehende oder sirenenartige Klänge einander schwebend überlagern. Im ersten Satz überwiegt die Aneinanderreihung solcher unterschiedlicher Klangfelder. Ein markantes Signal ist mehrfach zu hören: der mehrfache Oktavklang auf c als Übergang zu einem neuen Abschnitt.

Der Hauptsatz ist auf Entwicklung und Steigerung angelegt. Er beginnt mit einem aggressiven Forte-Abschnitt, in dem sich in kleinem Ambitus schüttelnde Kleinmotive vehement und aufgeregt – quasi empört – zu drehen scheinen. Glissandi kommen hinzu, mildern und nehmen an Dichte zu. Ein Pizzicato-Teil folgt mit Knacklauten in abnehmender, dann wieder zunehmender Dichte, Lautstärke und in unterschiedlicher Klangqualität (hart – weich – explosiv – klangvoll). Größere Intervalle scheinen sich vorzudrängen, sie verdichten sich zu unruhigen, kurzen melodischen Gebilden. Den Schlusspunkt setzt das Cello. Große Glissandi und die Schüttelbewegung vereinen und überlagern sich mit kurzen, rasanten Laufmotiven. Immer wieder gerät die Steigerung ins Stocken, beginnt erneut in anderen Klangfarben und Strukturen. Geheimnisvolles Tremolo in gläserner Klangfarbe (am Steg gespielt) steigert letztmals Lautstärke und Dichte als dramatische Inszenierung einer letzten Steigerung. Der Höhepunkt des Werks ist durch Intensität, Klangdichte, Ambitus, Lautstärke und Geschwindigkeit der Tonfolgen nicht zu verfehlen (*appassionato* überschrieben). Der kompakte Klang wird abgebaut, Verlangsamung entsteht durch immer größere Pausen zwischen den Tönen in allen Instrumenten, bis die 1. Violine auf einem Ton, schließlich mit Fermate stehen bleibt. Es folgt ein choralähnlicher Abschnitt aus sehr langen, leisen, gehaltenen Tönen. Er leitet in den Epilog, der mit einem klagenden – *Funebre* bezeichneten – Abschnitt beginnt. Charakteristika von Klage, fallende chromatische Tonschritte und kurze Abwärts-Glissandi, sind unverkennbar und wirken unmittelbar auf den Hörer, ebenso hochemotionale Crescendi und Decrescendi auf langen Tönen. Der Tonraum sinkt in die Tiefe und verklingt *morendo* (sterbend).

Die abschließenden Teile beinhalten Auflösung, sie führen in eine Verlangsamung und enden mit ähnlich vereinzelnden Klängen, mit denen das Stück begann. Somit ist eine Bogenform gegeben, die man auch im Innern der Sätze mehrfach findet, gestaltet mit Strukturen, die „reprisenartig" Vergangenes wieder aufnehmen.

Es kann hier nur Anregung gegeben werden, unterschiedliche Zustände zu hören, Bewegungsformen (wie kreisen, drängen, bremsen, hetzen, ziehen, schweben), Klangmalereien (wie z.B. brummig, summend, explosiv, schluchzend, polternd, prasselnd) und Gefühlsqualitäten (wie aufgeregt, klagend, hilflos, ängstlich, unwirsch, aggressiv, ruhig, teilnahmslos etc.), Veränderungen und Entwicklungen als solche wahrzunehmen, hellwach und mit ungeteilter Aufmerksamkeit das Miteinander und Gegeneinander zu erfassen – eben das *Gespräch von vier vernünftigen Personen* zu verfolgen, ein Bild, mit dem schon Goethe das Hören eines Streichquartetts beschrieb.

Wilhelm Killmayer

Wilhelm Killmayer

*1927

Wilhelm Killmayer wurde 1927 in München geboren. 1947 legte er am *Münchner* Maximiliansgymnasium das Abitur ab. 1945-1951 studierte er am Waltershausen Musikseminar Dirigieren *und Kom*position. 1951 wurde er Schüler von Carl Orff, zunächst privat, ab 1953 an der Musikhochschüle München. An der Universität studierte er parallel dazu 1949-1952 Musikwissenschaft, Germanistik und Italienisch. 1955-1958 unterrichtete er Theorie und Kontrapunkt am Trappschen Konservatorium. Als Ballettdirigent wirkte 1961-1964 an der Bayerischen Staatsoper München. Stipendien der Villa Massimo ermöglichten ihm, längere Zeit in Rom zu leben. Nach Jahren als freischaffender Komponist in Frankfurt a.M. war er 1973-1993 Professor für Komposition an der Staatlichen Hochschule für Musik in München. Wilhelm Killmayer lebt seit seiner Emeritierung in München und am Chiemsee. Für sein breites, alle Gattungen umfassendes kompositorisches Schaffen wurde Wilhelm Killmayer vielfach ausgezeichnet.

Der Komponist Wilhelm Killmayer

In seiner *Selbstauskunft* (in: *Musik-Konzepte, edition text und kritik 144/145*, 2009) nennt Killmayer Oper, Orchestermusik, Kammermusik und Vokalkompositionen als wechselnde Schwerpunkte seiner Kompositionstätigkeit. Die menschliche Stimme habe für seine Werke stets besondere Bedeutung gehabt, insbesondere die Textvertonung mit Darstellung unterschiedlicher musikalischer Charaktere. Daher sei auch hinter allen seinen Kompositionen die einstimmige Linie aus der Gesangsmelodie verborgen. Seine Gesangskompositionen vertonen Texte in Französisch, Englisch, Lateinisch, Altgriechisch, Italienisch und Deutsch, er schrieb Liederzyklen und Chorwerke nach Hölderlin, Goethe, Eichendorff, Tieck, Heine, Trakl, Mörike, Mallarmé, Leopardi, Sappho und nach altfranzösischen Volksdichtungen.

Dem Musiktheater widmete er sich ab 1959 mit der Ballettoper *La Buffonata* nach einem Text von Tancred Dorst, der Oper *La Tragedia di Orfeo* (1960/61), mit einem Ballett nach der gleichnamigen Oper und der musikalischen Posse *Yolimba oder Die Grenzen der Magie* (1965/70). Seine zahlreichen Liederzyklen, Solo-Vokal- und Chorwerke haben oft ein ausgewähltes Instrumentarium mit üppigem Schlagwerk zur Begleitung.

Die Instrumentalmusik, die er *Fingermusik* nennt, interessierte ihn erst in einer späteren Entwicklungsphase, da sie eine *ganz andere Körperlichkeit* verlange. Auch im Instrumentalen bezieht sich Killmayers Musik immer auf einen verbalen, bildhaften oder gedanklichen Hintergrund; absolute Musik als abstraktes Spiel mit Material und Formen ist seine Sache nicht. In seinen Orchesterwerken (u.a. zwei Klavierkonzerte, ein Oboenkonzert, drei Symphonien, vier symphonische Dichtungen) bevorzugt er eine farbige Instrumentation. Schon sein Klavierkonzert von 1955 und einige spätere Werke benutzen nur Bläser und Schlagwerk, letzteres in äußerst farbiger Auswahl wie Glockenspiele, Vibraphon, Steinspiele, Xylophon, Metallplatten, Röhrenglocken, Flexaton, Lotosflöte, Rute, Hammer, Klappholz, Ratsche, Peitsche, Sandblock, Kastagnetten, Woodblocks, Tempelblocks, Holzschlitztrommeln, Maracas, Zimbeln, Triangel, Metallrasseln, Schellen, Becken, Hi-Hat, Tamburin, kleine Trommel, Timbales, Congas, Rührtrommeln, große Trommel, Becken, mehrere Pauken, ferner Harfen und Celesta . Für das Klavier schrieb er u. a. *An John Field* (Nocturnes, 1975), *Drei Klavierstücke* (1982), *Fünf neue Klavierstücke* (1986-88), *Douze études transcendentales* (1991).

Killmayers zahlreiche Aufsätze, Kritiken und Schriften, u. a. eine ausführliche Analyse zu Wolfgang Rihms *Klavierstück Nr. 6 (Bagatellen)*, sind in dem von Siegfried Mauser herausgegeben Buch *Der Komponist Wilhelm Killmayer* (Schott Verlag, Mainz 1992) wiedergegeben.

In der Enzyklopädie *MGG* bezeichnet S. Mauser Killmayers Musik als die eines bedeutenden Außenseiters. Früh geprägt von der rhythmischen Unmittelbarkeit der Musik Strawinskys und Orffs, passte Killmayer sich niemals Strömungen wie Serialismus, Aleatorik oder Elektronischer Musik an, sondern pflegte seinen der Tradition, der kantablen Klanglichkeit und der poetisch-melodischen Klangrede verpflichteten, aber stets experimentell-offenen, zwischen Lyrik und Dramatik sehr persönlichen, oft spielerisch-unterhaltsamen Stil. Motivik, Gestus, Klang und Aufbau gehen stets von Historischem, Vertrautem, Allgemeinem aus. Nicht einengende Formen, sondern subjektive Assoziation des Individuums sind Kraftquelle der musikalischen Gestaltung. Seine Unangepasstheit wurde mehreren jüngeren Komponisten zum Vorbild.

Dem Zwang zu musikalischem „Fortschritt", wie ihn die Avantgarde forderte, begegnete er ablehnend.

Killmayers *Selbstauskunft* endet mit folgenden bemerkenswerten Sätzen:

Ich glaube nicht, dass Musik um jeden Preis fließen und schäumen muss. Ich glaube nicht, dass Anmut gegenüber Schwermut eine mindere Kategorie darstellt, meist liegt beides nebeneinander; der Mensch ist vielschichtiger, neugieriger und widersprüchlicher als der Markt und die Politik das vertragen. Dass unser Leben nicht weitere Systeme braucht, sondern Lücken in diesen, erscheint heute nicht mehr ganz absurd. Meine Musik lebt in der Vergangenheit und in der Zukunft und ist vielleicht gerade deshalb gegenwärtig.

Alfred Schnittke
1996

Alfred Schnittke

1934-1998

Alfred Schnittke wurde 1934 in Engels, der Hauptstadt der einstigen Wolgadeutschen Republik, als Sohn eines aus Frankfurt am Main gebürtigen Journalisten und einer Deutschlehrerin geboren. 1946 begann er in Wien, wo der Vater als Redakteur tätig war, seine musikalische Ausbildung. Ab 1948 studierte er Dirigieren und Chorleitung, ab 1953 Komposition am Moskauer Konservatorium, an dem er dann 10 Jahre als Lehrer wirkte. In seiner ab 1970 freien Schaffensphase war er in einem Land kultureller Unfreiheit starken Belastungen ausgesetzt, er schrieb Musik zu über 60 Filmen, um existieren zu können. Aufführungen seiner Werke in Donaueschingen, Konzertreisen mit Gidon Kremer, eine Gastprofessur in Wien sowie Opernaufträge aus Hamburg, Amsterdam und Wien öffneten ihm den Weg in den Westen. 1989 siedelte er nach Hamburg über, wo er als Professor an die dortige Musikhochschule berufen wurde und die deutsche Staatsbürgerschaft erhielt. Nach erneutem Schlaganfall starb er 1998 in Hamburg. Sein Werk umfasst mehrere Opern, 8 Sinfonien, Concerti grossi, Instrumentalkonzerte, Kammermusik, Lieder und Klavierwerke. Mehrere *Moz-Art*-Stücke für verschiedene Instrumentalbesetzungen entstanden zwischen 1975 und 1990.

Klingende Pantomime und Spiel mit Mozart

Zu *Moz-Art à la Haydn* von Alfred Schnittke

Im Februar 1783 komponierte Mozart für eine Faschingsvorführung, in der er selbst als Harlekin auftrat, eine *Musik zu einer Faschingspantomime für zwei Violinen, Viola und Bass* aus mehreren Szenen. Überliefert ist nur die erste Geigenstimme, die mit der Ankündigung eines weiteren Allegro abbricht (KV 416d). Sie enthält viele Anmerkungen zur szenischen Ausführung wie *Pantalon und Colombine zanken sich, Dottore kommt, Harlekin guckt aus dem Kasten hervor, Colombine ist traurig*.

Dieses Mozart-Fragment lieferte Schnittke das musikalische Material zu vorliegendem Stück. Fast alle Motive und Melodien sind dieser Geigenstimme entnommen, dazu kommt ein kurzes Zitat aus seiner g-moll-Symphonie KV 550.

Pantomimenspieler sind hier die Musiker bzw. ihre musikalischen Motive. Sie agieren miteinander, durcheinander, gegen einander, jagen sich, agieren gemeinsam oder gegen die Solisten, die wiederum wie zwei Personen dialogisieren, streiten, einander nachahmen oder zu übertönen versuchen. Beispielhaft sei hier der Beginn beschrieben:

(bei Mozart: *Colombine ist traurig*)

(bei Mozart: *Harlekin guckt aus dem Kasten hervor*)

Das Stück beginnt im Dunkeln. Einzeln nacheinander treten Stimmen aus dem Nichts hervor, sie wiederholen quasi autistisch ihre Mozart-Melodiefragmente, bis daraus ein murmelndes Chaos aus sich überlagernden Melodien, Tonarten und Rhythmen entsteht. Erst der energische Einsatz der Solisten zwingt zur Gemeinsamkeit. Das zeigt auch die Sitzposition. Aus Individualisten wird eine interaktive Gruppe. Aus vielen verschiedenen werden einzelne oder wenige Melodien, die sich im Tutti vereinen, sich im Kanon zu elf Einzelstimmen im Abstand von einem Achtel verdichten, zum Teil in vergrößerten Notenwerten, manchmal in verschiedenen Tonarten gleichzeitig. So entsteht ein Mikrokosmos von Chaos und Ordnung, Individuellem und Gemeinschaft, von Dur bis Polytonalität, von Homophonie bis Polyrhythmik. Am Ende zerfällt die interaktive Gruppe wieder in Individualisten, die – wie in Haydns Abschiedssymphonie – nacheinander die Bühne verlassen, bis nur noch die „unbeweglichen" Bassinstrumente mit dem Dirigenten zurück bleiben.

Mit einem musikalischen Zitat zu arbeiten war seit den gregorianischen Cantus-firmus-Kompositionen des Spätmittelalters üblich. Erst mit dem Individualismus der Aufklärung und dem Originalitätskult des 19. Jahrhunderts wurden Anlehnungen an Personalstil oder wörtliche Zitate als Übergriffe geächtet. Nach 1945, als durch die Medien alle Musik aller Zeiten überall und jederzeit verfügbar wurde, wurde das Spiel mit Zitaten und Stilen, verstärkt in den 70-er Jahren des 20. Jahrhunderts, in der Neuen Musik zu einem Verfahren, unsere heutige Zeit abzubilden. Luigi Nono, Luciano Berio, Bernd Alois Zimmermann und Charles Ives komponierten wie Schnittke mit fremden Zitaten und Stilelementen. An Bernd Alois Zimmermanns berühmten Ausspruch von der *Kugelgestalt der Zeit*, in der alle Vergangenheit für das menschliche Bewusstsein gleich weit entfernt und gleichermaßen verfügbar ist, sei hier erinnert.

Für mich ist Polystilistik der Versuch, gleichzeitig alt und neu zu sein, äußerte Alfred Schnittke einmal, ebenso wie er sein Schaffen als *ernst und unernst zugleich* bezeichnete. Im vorliegenden Werk erleben wir einen *Musikalischen Spaß*, gleich denen Mozarts und Haydns und zudem vereint mit diesen beiden.

Barbara Hubbert Violine, zeitweilige Konzertmeisterin

Barbara Hubbert wirkte als Geigerin im Orchester seit der Gründung im Herbst 1990 mit, als Konzertmeisterin von 1996 bis 2004.

Sie wurde 1966 in Heidelberg geboren, wuchs in Icking auf, wo sie auch das Gymnasium besuchte. Früh begann sie wie ihre Geschwister mit musikalischer Ausbildung, mit elf Jahren begann sie, Geige zu lernen. Ihre Schwester Martina Mayer-Voigt ist ebenfalls seit den Anfängen als Querflötistin im Orchester, ihr Bruder ist Konzertpianist. Nach der Schule studierte sie am Konservatorium München Violine bei Urs Stieler, später an der Musikhochschule Mannheim bei Valerie Gradow. Zusätzlich absolvierte sie eine Ausbildung für musikalische Früherziehung.

Seit 2004 wohnt sie in Icking mit ihrem Lebensgefährten Franz Deutsch und den beiden Töchtern Sophia und Katja. Sie unterrichtet Violine und betreut seit September 2001 mit Engagement und viel Geduld musikalische Früherziehungsgruppen in Ebenhausen und das 2005 eigens gegründete Kinderorchester Isartal.

Wenn Unterrichten, Haushalt und Kinder ihr noch Zeit lassen, macht sie gern Kammermusik oder beschäftigt sich mit Lesen. Die Vorliebe für Reisen, vor allem nach Italien und in asiatische Länder teilt sie mit Franz Deutsch.

Susanne Kessler

Helmut Lachenmann

Helmut Lachenmann

*1935

Helmut Lachenmann wurde am 27. November 1935 in Stuttgart geboren. Von 1955 bis 1958 studierte er an der Staatlichen Hochschule für Musik in Stuttgart Klavier bei Jürgen Uhde, Theorie und Kontrapunkt bei Johann Nepomuk David. In den beiden darauf folgenden Jahren betrieb er Kompositionsstudien bei Luigi Nono in Venedig. Seit 1976 lehrte Helmut Lachenmann Komposition an der Musikhochschule Hannover und seit 1981 bis zu seiner Emeritierung 2002 an der Musikhochschule Stuttgart.

Über Helmut Lachenmann

Helmut Lachenmann ist ein Komponist von Werken mit einem unverwechselbaren Klang (Jürg Stenzl). Unkonventionelle Klänge und Geräusche, auf traditionellen Instrumenten erzeugt, durchziehen seine Werke, aber nicht in zu dem Zweck der Erkundung neuer Klänge und Spieltechniken, wie es in den 60er Jahren aktuell war. Die Aufhebung des Gegensatzes von Ton und Geräusch, die Einbeziehung der akustischen Eigenschaften selbst ist eine der wichtigsten Grundlagen seiner Musik.

Unmittelbare sinnliche Klangerfahrung kann zum ästhetischen Genuss werden, wenn festgefahrene Hörgewohnheiten aufgebrochen und überwunden werden – nicht einfach in einer Zeit, in der allgegenwärtige Medien in den Köpfen fest zementieren, was Musik zu sein hat, nämlich Melodie aus vorfixierten Tonhöhen, Harmonie, möglichst aus gewohnten Dreiklängen, und Rhythmus nach Taktgerüst.

Seit den 70er Jahren hatten Komponisten wie Ligeti, Penderecki oder Berio das Stadium der Experimente überwunden und aus Schallereignissen neue Strukturen entwickelt, deren Logik aus Verwandlung und Entwicklung eines zugrunde liegenden *Strukturklangs* (Lachenmann) entsteht. Struktur gebend wirken – d.h. eine Entwicklung anstoßen, einen Prozess in Gang setzen – kann – um nur einige ältere Beispiele zu nennen – ein in sich bewegter Cluster (in Ligetis *Lontano*), die maximale Anschlagszahl aller zehn Finger zu einem Rauschen (Ligetis *Continuum* für Cembalo), die Verwendung von Mikrointervallen (Pendereckis *Threnos*), die Fixierung auf alle akustischen Ausdruckmöglichkeiten der menschlichen Stimme (Berios *Sequenza für Stimme solo*) sein.

Seit 1970 benutzte Lachenmann den Begriff *Musique concrète instrumentale* für sein Komponieren mit neuen Klängen, angelehnt an den Begriff der *Musique concrète* der 50iger Jahre, die mit auf Tonband aufgenommenen und dann verfremdeten Tönen und Geräuschen arbeitete.

Lachenmann sieht sich als Fortsetzer der abendländischen Musiktradition. Er verweigert sich dem Festhalten an konservierten Parametern einer historisch gewordenen, idyllisch-sentimental gepflegten Musik der Vergangenheit. Die Musik zu befreien von romantischen Emphasen, das gleicht den Bestrebungen Strawinskys 50 Jahre zuvor. Das Hören eines Werkes von Lachenmann stellt zweifellos gerade an die – meist besonders der Tradition verbundenen – Liebhaber des Streichquartetts eine Herausforderung und erfordert uneingeschränkte Offenheit, Neugier und absolute Vorurteilslosigkeit um Überraschendes, Faszinierendes und Ergreifendes zu entdecken.

Helmut Lachenmann

Zum Streichquartett Nr. 3 (*Grido*)

Komponieren bedeutet für mich jedes Mal, wenn schon nicht "ein Problem lösen", so doch mich mit einem Trauma, angstvoll/lustvoll, auseinander zu setzen und anhand solcher – empfundener und angenommener – kompositionstechnischer Herausforderungen eine klingende Situation verursachen, die mir selbst, wenn nicht neu, so doch fremd ist, in der ich mich verliere und so erst recht mich wiederfinde. Das klingt sehr privat, aber jenes "Problem", jenes "Trauma" verkörpert immer wieder auf andere Weise die kategorische Frage nach der Möglichkeit einer authentischen Musik in einer Situation, wo dieser Begriff kollektiv verwaltet scheint und durch seine Ubiquität und totale Verfügbarkeit in einer von "Musik" (einer auditiv inszenierten Magie für den Hausgebrauch) überschwemmten, saturierten und durch standardisierte Dienstleistung stumpf gewordenen Zivilisation fragwürdig geworden ist. Jene Problematik und jene Fragwürdigkeit ist eine unbewusst erkannte und verdrängte Realität; sie ist die Außenseite unserer, nicht weniger realen – verdrängbaren, aber auch erkennbaren – inneren Sehnsucht nach befreiten Räumen für den wahrnehmenden Geist: nach "neuer" Musik.

Mein Drittes Streichquartett reagiert auf diese Aspekte sozusagen unter erschwerten Bedingungen, denn in zwei vorangegangenen Arbeiten für dieselbe gute, alte, ehrwürdige und traditionsbeladene Besetzung habe ich, unter anderen inneren Voraussetzungen und anderem Erfahrungshintergrund, mich diesem Bewältigungsspiel ausgesetzt. Gran Torso *aus dem Jahre 1971 und* Reigen seliger Geister *von 1989 markierten Wendepunkte in meiner kompositorischen Praxis. In* Gran Torso *exemplifizierte ich einen - meinen - Materialbegriff, der, statt sich an intervallisch-rhythmisch-timbrischen Bedingungen zu orientieren, von der konkreten Energie bei der Klanghervorbringung ausging und den ich damals provisorisch, aber bis heute unrevidiert als "musique concréte instrumentale" etikettierte, wobei ich aus dem Streichquartett einen sechzehnsaitigen Spielkörper machte, der - klingend, rauschend, behaucht, gepresst - mit seiner Körperlichkeit auf Traktierungen reagierte, in denen das traditionelle Spiel nur eine spezifische Variante des Umgangs mit dem Apparat darstellte. Mein zweites Quartett, 18 Jahre später, konnte nur dadurch darüber hinausgehen, dass es eine einzige der damals entwickelten Spielweisen fokussierte, nämlich diejenige des drucklosen Flautato-Spiels, bei welchem Töne eher als Schatten von Geräuschen (oder umgekehrt Geräusche bzw. tonloses Rauschen als Schatten von intervallisch präzise kontrollierten Tönen und Sequenzen) fungieren. Eine Verfeinerung und vielfache Abwandlung, die ihrerseits sich ins diametral Entgegengesetzte, in Pizzicato-Landschaften, quasi rückwärts abgespielten Aufnahmen von abrupt crescendierenden Bogenschwüngen transformierte, wobei sich tatsächlich eine andere bzw. anders gepolte Klang- und Ausdruckswelt auftat. Mit diesen beiden Werken meinte ich das "Trauma Streichquartett" bewältigt zu haben, zumal ich ziemlich genau auf halbem Wege zwischen diesen beiden Arbeiten, nämlich 1980 in* Tanzsuite mit Deutschlandlied, *einer Art Konzert für Streichquartett und Orchester, mich mit dieser Formation ebenfalls beschäftigt hatte.*

Und jetzt? Was macht Robinson Crusoe, wenn er seine (seine?) Insel erschlossen glaubt? Wird er erneut sesshaft, kehrt im selbst eingerichteten Ambiente zur bürgerlich-behaglichen Lebensweise zurück? Sollte er das Errichtete heroisch wieder niederreißen, sollte er sein Nest verlassen? Was macht der Wegsuchende, wenn er bereits sich Wege durchs Unwegsame gebahnt hat? Er stellt sich bloß und schreibt sein Drittes Streichquartett ... Denn der selbstgefällige Schein trügt: nichts ist erschlossen ... "Wege" in der Kunst führen nirgendwo hin und schon gar nicht zum "Ziel". Denn dieses ist nirgends anderswo als hier, wo das Vertraute nochmals fremd wird, wenn der kreative Wille sich daran reibt - und wir sind blind und taub.

Helmut Lachenmann, 2002

Wassily Kandisky: Vielerlei Formen, 1936

Das Allgemein-Harmonische einer Komposition kann also aus einigen zu dem höchsten Maße des Gegensatzes steigenden Komplexen bestehen. Diese Gegensätze können sogar einen disharmonischen Charakter haben, und trotzdem wird ihre richtige Verwendung nicht negativ, sondern positiv auf die Gesamtharmonie wirken und das Werk zum höchsten harmonischen Wesen erheben.

Wassily Kandinsky, *Punkt und Linie zur Fläche*, 1926

Wolfgang-Andreas Schultz

*1948

Wolfgang-Andreas Schultz, 1948 in Hamburg geboren, erhielt während der Schulzeit Klavier- und Cellounterricht und unternahm erste Kompositionsversuche im Alter von 12 Jahren. Nach dem Abitur 1968 studierte er Musikwissenschaft und Philosophie an der Universität Hamburg; 1972 begann er ein Kompositionsstudium an der Musikhochschule in Hamburg bei Ernst Gernot Klussmann und György Ligeti. 1977 wurde er Dozent an der Hamburger Musikhochschule und Assistent von György Ligeti – dabei war es seine Aufgabe, Ligetis Studenten in den traditionellen Disziplinen Harmonielehre, Kontrapunkt und Instrumentation zu unterrichten. Seit 1988 ist er in Hamburg Professor für Musiktheorie und Komposition.

Gastvorträge führten ihn nach Youngstown (Ohio/USA), Zürich, Wien, Prag, Aarhus und in zahlreiche deutsche Städte. Zu seinen wichtigsten Werken zählen zwei Kammeropern (*Talpa*, Kiel 1981; *Das Federgewand*, Saarbrücken 1984), zwei abendfüllende Opern (*Sturmnacht*, Nürnberg 1987; *Achill unter den Mädchen*, Kassel 1997), etliche Werke mit Orchester, darunter das Orchesterstück *Mythische Landschaft* (Lübeck 1976), *Shiva – Tanzdichtung für Flöte und Orchester* (Hannover 1992) und die 1. Symphonie *Die Stimmen von Chartres* (Greifswald 2004), Werke für Kammerorchester, drei Streichquartette, ein Klaviertrio, mehrere Solowerke und Liederzyklen.

Wolfgang-Andreas Schultz – seine Musik und seine Ästhetik

Vielleicht wird man die Musik des 20. Jahrhunderts dereinst wahrnehmen als zerrissen zwischen zwei sich scheinbar ausschließenden Polen: Einerseits sich ganz auf den Einzelmenschen einzulassen, im Ausdruck seiner innersten Regungen, in seiner Verlassenheit und Vereinzelung, – und andererseits gibt es eine starke Sehnsucht nach einem Überpersönlichen, nach Ritualen und nach Verbindung mit den archaischen Wurzeln – unter Preisgabe des Persönlichen, Individuellen. Der Expressionismus der Schönbergschule und der Archaismus Strawinskys mögen für diese Polarität stehen.

Die Aufgabe des 21. Jahrhunderts könnte die "Religio" sein: die Wiederverbindung der einzelmenschlichen Subjektivität mit der Transzendenz, des Persönlichen mit dem Überpersönlichen. Die Begegnung mit der religiösen Praxis des Ostens lässt uns die philosophischen und menschlichen Voraussetzungen dafür wiederentdecken: Sich ganz auf das Menschliche einlassen und in seinem Innern Gott suchen, – das ist der Weg einer weltzugewandten Mystik. Es gehört alles dazu, was das Herz berührt, es gehören auch die dunklen Seiten des Menschen dazu in der Hoffnung, sie transformieren zu können. Musik, die aus dieser Haltung entsteht, ist romantisch in ihrer Ausdrucksfülle und zugleich rituell insofern, als der persönliche Ausdruck aufgehoben ist in der spirituellen Sphäre. Solche Musik grenzt nicht aus, sondern versucht die Vielfalt zu einem übergeordneten Ganzen zu vereinen.

Solche Vielfalt bezieht nicht nur die gesamte Tradition der abendländischen Musik potenziell mit ein, von der Gregorianik über Dufay, Bach, Mozart bis hin zu Mahler, Schönberg, Webern, Debussy, Messiaen und Ligeti, sondern auch Anregungen aus der Musik anderer Kulturen wie Indien, Japan, Tibet und den vorderen Orient. Alles was diese Musiken über den Menschen zu erzählen haben in einer verschiedene Stile und Zeiten umfassenden Musiksprache zu vereinen, das wäre eine Utopie für die Musik des 21. Jahrhunderts.

Utopien werden nie mit einem Schlag umgesetzt. Aber wichtige Stationen könnten sein: die Verbindung von Tonalität und Atonalität in einer übergeordneten Sprache in den Werken der 70er und 80er Jahre mit der Oper *Sturmnacht* als Zentrum, die Vereinigung verschiedener Stufen der Bewusstseinsevolution im kosmischen Reigen der Tanzdichtung *Shiva*, die Begegnung mit persischer Musik in der Kammersymphonie *Die Sonne von Tabriz*, die Charakterisierung der Personen durch Musik aus verschiedenen Kulturen in der Oper *Achill unter den Mädchen*, und die Gleichzeitigkeit von ritueller, überpersönlicher und menschlich-persönlicher Zeit in den drei Symphonien *Die Stimmen von Chartres*, *Die Nachtfahrt der Sonne* (für Klavier und Orchester) und *Die Passion des Lichts* (für Violine und Orchester mit Männerchor).

Pro. Dr. Wolfgang-Andreas Schultz

Japanische Gedichte aus der Sammlung *Shinkokinwakashu* (1205) im Wechsel mit Gedichten von Eduard Mörike

Vom Hinstarren müd,
ich weiß nicht warum, voller Sehnsucht mein Herz:
Auf zerflatterten Wolken
am Himmel Abenddämmerung.

Minamoto Michimitsu

Peregrina

Die Liebe, sagt man, steht am Pfahl gebunden,
Geht endlich arm, zerrüttet, unbeschuht;
Dies edle Haupt hat nicht mehr, wo es ruht,
Mit Tränen netzet sie der Füße Wunden.
Ach, Peregrinen hab ich so gefunden!
Schön war ihr Wahnsinn, ihrer Wange Glut,
Noch scherzend in der Frühlingsstürme Wut,
Und wilde Kränze in das Haar gewunden.
War's möglich, solche Schönheit zu verlassen?
- So kehrt nur reizender das alte Glück!
O komm, in diese Arme dich zu fassen!
Doch weh! o weh! was soll mir dieser Blick?
Sie küsst mich zwischen Lieben noch und Hassen,
Sie kehrt sich ab, und kehrt mir nie zurück.

Eduard Mörike

Auf der Teck

Hier ist Freude, hier ist Lust,
Wie ich nie empfunden!
Hier muss eine Menschenbrust
Ganz und gar gesunden!

Lass denn, o Herz, der Qual
Froh dich entbinden,
Wirf sie ins tiefste Tal,
Gib sie den Winden!

Mag da drunten jedermann
Seine Grillen haben:
Wer sich hier nicht freuen kann,
Lasse sich begraben!

Lass denn, o Herz, der Qual
Froh dich entbinden!
Wirf sie ins tiefste Tal,
Gib sie den Winden!

Eduard Mörike

Von Sehnsucht ganz krank;
wenn wie der Tau auf dem Feld
dahin ich schwände,
wer würde des Grabes Gräser
voll Mitleid dann betrachten.

Fujiwara Kinhira

So wie ehedem
der Sturmwind in den Kiefern,
er ändert sich nicht –
hast du mich etwa vergessen
beim Mond in tiefster Nacht?

Meister Sen

Erstes Liebeslied eines Mädchens

Was im Netze? Schau einmal!
Aber ich bin bange;
Greif ich einen süßen Aal?
Greif ich eine Schlange?

Lieb ist blinde
Fischerin;
Sagt dem Kinde,
Wo greifts hin?

Schon schnellt mirs in Händen!
Ach Jammer! o Lust!
Mit Schmiegen und Wenden
Mir schlüpfts an die Brust.

Es beißt sich, o Wunder!
Mir keck durch die Haut,
Schießt's Herze hinunter!
O Liebe, mir graut!

Was tn, was beginnen?
Das schaurige Ding,
Es schnalzet da drinnen,
Es legt sich im Ring.

Gift muß ich haben!
Hier schleicht es herum,
Tut wonniglich graben
Und bringt mich noch um!

Eduard Mörike

Weil der auf den Reif
heut morgen gefallne Schnee
Kühle verbreitet,
so doppelt grausam nunmehr
erscheint mir der Geliebte.

Minamoto Shigeyuki

Maschinkas Lied

Herz! und weißt du selber denn zu sagen,
Was dich drückt und quält?
Oder kann man so um nichts verzagen?
Herz, ich habe schwer an dir zu tragen,
Schwer!
Dass ich mit dir im Grabe wär!

Die Geschwister kommen, mich zu fragen,
Was mir immer fehlt?
O ich darf nicht wagen,
Die verweinten Augen aufzuschlagen,
Wenn ich denke, was du mir verhehlt!
Herz, ich habe schwer an dir zu tragen,
Schwer!
Dass ich im Grabe wär!

Eduard Mörike

Beim Morgendämmern, ach, welche Erinnerung!
Der Wolken Bänke ziehen langsam ihren Weg
am grauenden Himmelszelt.

Der Mönch Saigy

Landschaft der Horchenden – Vier Menschen

Zum 3. Streichquartett 2003/04 von W.-A. Schultz

Zwei ganz unterschiedliche Welten verbinden sich in diesem Quartett: einerseits eine Klanglandschaft, die überwiegend von feinen Veränderungen eines meist stehenden Klanges lebt und gelegentlich in einen aeolsharfenartigen Flageolett-Klang übergeht, und andererseits eine Erzählung von vier Menschen, die von vier Themen repräsentiert werden und in einer Geschichte Verwandlungen und Entwicklungen erfahren.

Die Geschichte der vier Menschen erzählt auch von Gefühlen, von Einsamkeit, Sehnsucht, von Glück und Angst, von Verwandlungen und gefundener innerer Ruhe. Durch das Heraustreten aus dieser emotionalen Erzählung in die eher unpersönliche Klanglandschaft, durch Innehalten und Horchen erfahren die Menschen eine Distanz zu ihren Gefühlen und Verstrickungen, treten zurück und werden gleichsam zu Beobachtern – ganz im Sinne einer buddhistischen Achtsamkeits-Meditation. Gefühle werden gelebt und ausgedrückt, aber die Menschen sollten sich nicht in ihnen verlieren. Aus dieser Haltung heraus könnte ein dritter Weg aufscheinen zwischen der ungebrochenen Emotionalität des 19. und den vielen, oft unpersönlichen Stilhaltungen des 20. Jahrhunderts.

Zu Beginn, nach einer rituellen Formel,

erscheint die Klanglandschaft, darin eingewoben ein Rätselbild: die Themen der vier Menschen blitzen ganz kurz auf, dicht ineinander gefügt. Schon hier lässt der aeolsharfenartige Klang still werden und nachhorchen.

Am ***See der Trauernden*** dann finden wir die vier Menschen, noch vereinzelt und ohne Beziehung zueinander: die 1. Violine trägt das Thema eines von großer Sehn-sucht und Trauer geprägten Menschen vor, der sein Geheimnis in sich verschließt;

das Violoncello portraitiert einen tatkräftigen, aber zugleich auch sehr sensiblen Menschen;

W.-A. Schultz
Partiturseite aus dem Autograph: Das Tal der Dämonen

die 2. Violine stellt einen an der Oberfläche recht munteren und lebhaften, aber tief innen doch traurigen vor,

und die Viola einen schwierigen, verspannten und im Grunde mit sich sehr unglücklichen Menschen.

Die folgenden Episoden erzählen von Orten, an denen die Menschen gemeinsam Geschichten erleben: vom ***Garten der Liebenden***, vom ***Tal der Dämonen***, wo die vier Menschen ihren dunklen Seiten begegnen, vom ***Wald der Verwandlungen***, wo – stärker noch als in den Episoden vorher – die Motive der Gestalten sich ineinander verwandeln, wo Identitäten beginnen, sich aufzulösen; und schließlich vom ***Berg des Schauens***, dem Ort der inneren Ruhe nach all diesen Erfahrungen. Nach einer letzten Wiederkehr der rituellen Formel entschwindet das Stück im aeolsharfen-artigen Klang.

Prof. Dr. Wolfgang-Andreas Schultz

Nachklänge Beethovenscher Musik

Clemens von Brentano

1
Einsamkeit, du Geisterbronnen,
Mutter aller heil'gen Quellen,
Zauberspiegel inn'rer Sonnen,
Die berauschet überschwellen,
Seit ich durft' in deine Wonnen
Das betrübte Leben stellen,
Seit du ganz mich überronnen
Mit den dunklen Wunderwellen,
Hab' zu tönen ich begonnen,
Und nun klingen all die hellen
Sternenchöre meiner Seele,
Deren Takt ein Gott mir zähle,
Alle Sonnen meines Herzens,
Die Planeten meiner Lust,
Die Kometen meines Schmerzens,
Klingen hoch in meiner Brust.
In dem Monde deiner Wehmut,
Alles Glanzes unbewusst,
Kann ich singen und in Demut
Vor den Schätzen meines Innern,
Vor der Armut meines Lebens,
Vor der Allmacht meines Strebens
Dein, o Ew'ger, mich erinnern!
Alles andre ist vergebens.

2
Gott, dein Himmel fasst mich in
den Haaren,
Deine Erde zieht mich in die Hölle,
Gott, wie soll ich doch mein Herz
bewahren,
Dass ich deine Schätze sicherstelle,
Also fleht der Sänger und es fließen
Seine Klagen hin wie Feuerbronnen,
Die mit weiten Meeren ihn umschließen;
Doch inmitten hat er Grund gewonnen,

Und er wächst zum rätselvollen Riesen.
Memnons Bild, des Aufgangs erste
Sonnen,
Ihre Strahlen, dir zur Stirne schießen,
Klänge, die die alte Nacht ersonnen
Tönest du, den jüngsten Tag zu grüßen:
Auserwählt sind wen'ge, doch berufen
Alle, die da hören, an die Stufen.

3
Selig, wer ohne Sinne
Schwebt, wie ein Geist auf dem
Wasser,
Nicht wie ein Schiff – die Flaggen
Wechselnd der Zeit, und Segel
Blähend, wie heute der Wind weht,
Nein, ohne Sinne, dem Gott gleich,
Selbst sich nur wissend und dichtend
Schafft er die Welt, die er selbst ist,
Und es sündigt der Mensch drauf,
Und es war nicht sein Wille!
Aber geteilet ist alles.
Keinem ward alles, denn jedes
Hat einen Herrn, nur der Herr nicht;
Einsam ist er und dient nicht,
So auch der Sänger!

Wolfgang Rihm

Wolfgang Rihm

*1952

Geboren 1952 in Karlsruhe, begann Wolfgang Rihm nach frühem Musikunterricht zu komponieren und wurde – noch Schüler des humanistischen Gymnasiums – als Student in die Kompositionsklasse von Eugen Werner Velte an der Karlsruher Musikhochschule aufgenommen. Seit 1970 erhielt er prägende Anregungen während der *Darmstädter Ferienkurse für Neue Musik.* 1972 legte er parallel sein Abitur ab und erhielt Diplome in Musiktheorie und Komposition. Bei Wolfgang Fortner und Humphrey Searle besuchte er Kompositionskurse, verbrachte weitere Studienjahre bei Karlheinz Stockhausen (1972/73) und Klaus Huber (1973-76) und studierte Musikwissenschaft bei H. H. Eggebrecht. Für seine weitere Entwicklung wurden Wilhelm Killmayer, Helmut Lachenmann und Luigi Nono wichtig. Seit 1985 ist Rihm Nachfolger seines Lehrers als Professor für Komposition an der Musikhochschule in Karlsruhe. Neben frühen Förderpreisen der Städte Stuttgart und Mannheim erhielt er 1978 den *Kranichsteiner Musikpreis*, 1979 den Rom-Preis zum Aufenthalt in der *Villa Massimo*, unter vielen anderen Auszeichnungen Preise der Städte Bonn und Hamburg und 2003 den *Ernst-von-Siemens-Musikpreis*. In zahlreichen musiktheoretischen Schriften, Interviews und Vorträgen äußerte er sich zu eigenen Werken und allgemeinen musikalischen Themen. Zudem ist er in vielen Gremien tätig.

Der Komponist Wolfgang Rihm

Rihm gilt mit bereits mehreren hundert Werken aller Gattungen als einer der produktivsten und vielseitigsten Komponisten seiner Generation. Darunter sind zahllose Vokalwerke für Chor und diverse Ensembles, Lieder, Opern, darunter die preisgekrönte *Hamletmaschine* und Musiktheater ohne Text, das allein aus musikalischer Gestik lebt, Orchesterwerke, Konzerte und Ensemblemusik für diverse Instrumentalgruppen, Kammermusik und Filmmusiken. Das Klavier als sein Hauptinstrument bedachte er vor allem in seiner Frühzeit mit zahlreichen Bagatellen, Präludien, Walzern und Fantasien. Ab 1970 bezeichnet er seine Klavierstücke vorwiegend nur mit Nummern (Klavierstücke 1-7). Wilhelm Killmayer stellte 1992 Rihms *Klavierstück Nr. 6 (Bagatellen)* mit einer ausführlichen Analyse in dem Band *Klaviermusik des 20. Jahrhunderts* vor.

Die musikalische Avantgarde der 50er und 60er Jahre (Serialismus, Aleatorik, Elektronik) berührte Rihms Kompositionsweise kaum, ebenso wenig die Diskussion der Postmoderne um Konsonanz, Dissonanz und Tonalität. In Versuchen, Rihms äußerst vielfältige musikalische Sprache zu beschreiben, ist immer wieder von äußersten Kontrasten die Rede, von Extremen, massiven Klangballungen, denen Zurücknahme der Lautstärke bis an die Grenze der Hörbarkeit, feinste lyrische Intensität und gestaltende Pausen gegenüberstehen.

Wolfgang Rihm: aus Klavierstück 7

Sein Klavierstil benutzt oft gerade die extremen Tonlagen des Klaviers. Rihm liebt die große Geste, das Explosive, aber auch die dauernde Suche, die Unruhe, die ans Manische grenzende Repetition. Selbst nennt er sein Arbeiten *ein ständiges Wandeln und Entwickeln, ein freies Musikdenken, eine Haltung, die keinerlei Rezeptur erlaubt, die jede Gestalt als ein wachstumsfähiges Ganzes und jedes Ganze ebenso für sich ohne Wiederholbarkeit zu erfinden befiehlt.* Seine Musik zeigt das assoziative Weiterwuchern der Fantasie, das Fließen in permanenter vegetativer Entfaltung und spontaner, impulsiver Veränderung. Komponieren nach festen Formen kommt für Rihm nicht in Betracht: Das Werk bildet und formt sich aus sich selbst.

Marcin Blazewicz

Marcin Blazewicz

*1953

Marcin Blazewicz, 1953 in Warschau geboren, studierte Komposition bei Marian Borkowski an der dortigen Fréderic-Chopin-Musikhochschule, wo er 1982 sein Diplom mit Auszeichnung machte. Er war Schüler in Meisterkursen von François-Bernard Mache, Yannis Xenakis und Olivier Messiaen. Für seine Kompositionen wurde er mit zahlreichen polnischen und internationalen Preisen ausgezeichnet, u.a. mit dem Sonderpreis des Music Today (Tokio 1985), dem S.-Wyspianski-Preis (Warschau 1988) und dem Prix Italia (1989 und 1990). Er war Initiator und Direktor des Musikfestivals International New Music Forum, welches von 1983-87 in Warschau stattfand. In den Jahren 1986 und 1990 leitete er das Internationale Festival Jeunesses Musical in Czenstochowa und Warschau. Insgesamt zwölf Jahre (1986-98) war er musikalischer Programmdirektor des Polnischen Rundfunks. Seit 1985 lehrt er an der Fréderic-Chopin-Musikhochschule in Warschau Komposition, Dirigieren und Musiktheorie.

Folkloristische Lebendigkeit und Frische

Zum 2. Marimbaphon-Konzert von Marcin Blazewicz

Das Marimbaphon ist eine Weiterentwicklung des afrikanischen Balaphons, bei dem einfache Holzplatten verschiedener Größe auf einem Holzrahmen befestigt sind, die mit 2 Stäben geschlagen werden. Als Klangverstärker dienen Kalebassen oder Holzröhren. Durch die afrikanischen Sklaven in Mittelamerika gelangte es in die dortige Volksmusik. Wegen der sehr kurzen Tondauer scheint es nur für schnelle Melodik und Rhythmus geeignet. LangeTöne weden durch schnelle Repetitionen, quasi Wirbel auf einem Stab sogar mit Crescendo und Decrescendo gestaltet. Durch Benutzen mehrerer Schlägel, zwischen den Fingern gehalten, werden vielstimmige Akkorde und polyphones Spiel möglich. Das Material der Schlägel erlaubt unterschiedliche Dynamik und Klangfarben und damit ein weites Spektrum an musikalischem Ausdruck und Empfindungen von weich-lyrisch bis aggressiv-hart.

Unmittelbar ansprechend ist das Konzert wegen seiner zahlreichen folkloristischen Anklänge. Blazewicz sagt selbst: *Ich verwende darin typisch polnische Rhythmen. Marta Klimasara, der das Werk gewidmet ist, hatte einen wichtigen Anteil am Kompositionsprozess.*

Der **erste Satz** beinhaltet unterschiedlichste Stimmungen. Er beginnt mit einer amorphen Einleitungsphase, in der das Orchester klangflächenartig begleitet über stereotypem Paukenrhythmus. Das Soloinstrument lässt gleich zu Beginn das erste Motiv anklingen, das dann auch den ersten schnellen Abschnitt von den tiefen Instrumenten aus alle Stimmen durchwandert und sich zu *con fuoco* steigert:

Nach einem plötzlichen Abbruch aus dem Fortissimo leitet die Marimba solistisch über zu einer zweiten, sehr sensiblen Phase mit triolischem Motiv, von den Streichern mit gläsernen Flageolett-Akkorden begleitet.

Ein wilder, *Animato-feroce* überschriebener Teil kontrastiert und geht in einen tänzerischen 3/8-Takt mit sehr rhythmischem Motiv über:

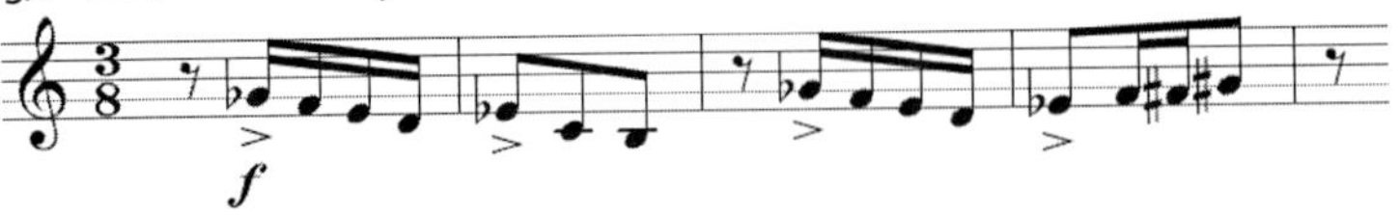

Das Rhythmisch-Tänzerische (*giocoso)* überwiegt auch im Tutti

und steigert sich wieder zu ausgelassenem *con fuoco*. Nach der Solo-Kadenz schließt der Satz im ruhigen Tempo des Anfangs.

Der **zweite Satz** beginnt sehr getragen und nachdenklich, rezitativisch im Solo im Wechsel mit Orchester-Akkorden.

Dann übernehmen die Hörner und Geigen das Thema im Kanon, sanft umhüllt von hellen Orchesterklängen, die sich mit einem Klang aus Trillern der spezifischen Klangverlängerung der Marimba anzupassen scheinen, wenn die tiefen Instrumente das Thema rezitieren. Abschließend verklingt es im Solo in sanfter Streicherhülle.

Der temperamentvolle **dritte Satz** kontrastiert zum zweiten mit kraftvollen, vorwärts drängenden und bisweilen kecken Motiven. Er bietet dem Soloinstrument vielfach Gelegenheit zur Virtuosität. Solistische Phasen wechseln dialogisierend mit dem Orchester. Der Satz beginnt wirkungsvoll mit absteigenden Eröffnungsfanfaren der Blechbläser, die die anderen Bläser übernehmen und beschleunigen durch Halbierung der Notenwerte.

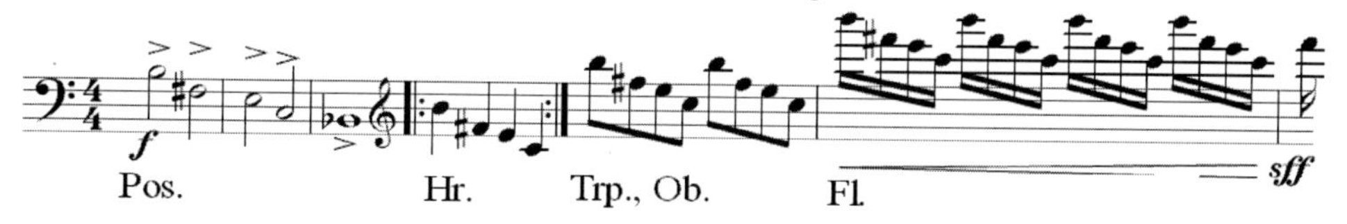

Die Marimba antwortet mit einem munteren, an Bartók erinnernden, folkloristischen Motiv, das die Hörner im anschließenden Orchestertutti in gestreckten Notenwerten aufnehmen:

Ein ähnlich spielerisches Marimba-Motiv übernimmt das Orchester in rhythmischer Variante:

Ein abtaktiges Motiv der Geigen in langsamerem Tempo über tänzerischer Bordunbegleitung der Streicher im Staccato bietet Kontrast und erinnert wiederum an Bartók.

Verarbeitend erklingen Varianten der Themen. Eine Reprise der Eröffnungsfanfaren und des ersten Themas leitet in den effektvollen Schluss.

3 Eingeladene Solisten und Ensembles

Solorezitale, Liederabende und Gastensembles

3.1 Solorezitale

Alfons Kontarsky Gmund, Klavier
Sonntag, 8. Oktober 2000, Aula Grundschule Icking
R. Schumann: *Faschingsschwank aus Wien*, op. 26; C. Debussy: Images I und II; L. v. Beethoven: Diabelli-Variationen op. 120

Peter Meier, Gitarre
Samstag, 2. März 2002, Aula Realschule Wolfratshausen
Soloabend für Gitarre unter dem Motto *Guitarra brilliante.* Werke von F. Sor, F. Tárrega, I. Albéniz, M. de Falla, H. Villa-Lobos, Cordero, R. Dynes und auch zwei Werke des Solisten: P. Meier: *Flusslied* und *Fora da cidade*.

Friedrich Epp, Trompete • Arnold Mehl, Trompete • Peter Epp, Trompete • Wolfgang Fischer, Pauke (*Bach-Trompetenensemble München*) • Hedwig Bilgram, Orgel
Sonntag, 12. Oktober 2002, Kath. Stadtpfarrkirche St. Andreas Wolfratshausen: Festliche BACH-Trompeten-GALA, ergänzt durch virtuose Orgelmusik. Werke von G. Böhm, F. M. Manfredini, G. P. Telemann, D. Buxtehude und J. S. Bach, das Bachsche Grave und Allegro, BWV 21 Satz 11, in einer festlichen Bearbeitung von Franz Liszt.

Julia Fedulajewa, Klavier
Samstag, 17. September 2005, Aula Gymnasium Geretsried: D. Scarlatti: Vier Sonaten für Klavier; W. A. Mozart: Klaviersonate D-Dur, KV 576; F. Schubert: 12 Grazer Walzer; F. Schubert: *Wanderer-Fantasie* für Klavier C-Dur, op. 15

Wen-Sinn Yang München, Violoncello
Samstag und Sonntag, 22. und 23. April 2006, Stadtpfarrkirche St. Andreas Wolfratshausen: J. S. Bach: Suiten für Violoncello solo 1-6, BWV 1007-1012

Dana Borşan Bukarest, Klavier
Samstag, 25. April 2009, Aula Gymnasium Geretsried
L. v. Beethoven: Klaviersonate d-moll, op. 31/2; F. Chopin: Klaviersonate b-moll, op. 35; F. Liszt: Klaviersonate h-moll 1852/53

Siegfried Mauser München, Klavier
Samstag, 17. April 2010, Loisachhalle Wolfratshausen
W. Killmayer: 3 Nocturnes, W. A. Mozart: Rondo a-moll, KV 511; W. Killmayer: Klavierstück 3; W. A. Mozart: Sonate B-Dur, KV 281; W. Killmayer: *Étude de Figaro;* L. v. Beethoven: 3 Bagatellen aus op. 126; W. Rihm: Klavierstück 6 (*Bagatellen*); L. v. Beethoven: Sonate c-moll, op. 10/1; W. Rihm: Klavierstück 7

Aleksandar Madžar Brüssel, Klavier
Samstag, 21. Mai 2011, Loisachhalle Wolfratshausen
J. S. Bach: Partita Nr. 5 G-Dur, BWV 839; J. S. Bach: Partita Nr. 6 e-moll, BWV 840; W. A. Mozart: Andante F-Dur, KV 616; M. Ravel: Sonate fis-moll, Ravel: *Gaspard de la nuit*

3.2 Liederabende

Hans-Jörg Mammel, Tenor und Uta Hielscher, Klavier
Samstag, 19. Januar 2008, Aula Gymnasium Geretsried
F. Schubert: Liederzyklus *Die Winterreise*, D 911

Thomas E. Bauer, Bariton und Uta Hielscher, Klavier
Samstag, 7. Februar 2009, Aula Gymnasium Geretsried
R. Schumann *Liederkreis* nach Eichendorff, op. 36;
R. Schumann: *Dichterliebe* nach Heine, op. 48

3.3 Kammermusikensembles

Igor Oistrakh Quintett
Sonntag, 20. Oktober 1996, Loisachhalle Wolfratshausen
R. Schumann: Klavierquintett Es-Dur, op. 44; J. Brahms: Klavierquintett f-moll, op. 34

Artemis Quartett Berlin
Donnerstag, 15. März 2001, Aula Grundschule Icking
L. v. Beethoven: Streichquartett F-Dur, op. 135; A. Berg: Lyrische Suite für Streichquartett;
L. v. Beethoven: Streichquartett e-moll, op. 59,2

Carmina Quartett Basel
Sonntag, 5. Mai 2002, Aula Grundschule Icking
W. A. Mozart: Streichquartett C-Dur, KV 465 (*Dissonanzenquartett*); M. Ravel: Streichquartett F-Dur; B. Smetana: Streichquartett e-moll, Nr. 1 (*Aus meinem Leben*)

Bach-Trompetenensemble München
Samstag, 12. Oktober 2002, Stadtpfarrkirche St. Andreas Wolfratshausen
Festlich Trompetengala mit Hedwig Bilgram, Orgel

Henschel Quartett Fischbachau
Samstag, 16. November 2002, Aula Grundschule Icking
L. v. Beethoven: Streichquartett D-Dur, op. 18,3; C. Debussy: Streichquartett g-moll, op. 10;
F. Schubert: Streichquartett a-moll, D 804 (*Rosamunde*)

Guarneri Trio Prag
Freitag, 7. November 2003, Aula Grundschule Icking
A. Dvořák: Klaviertrio e-moll, op. 90 (*Dumky-Trio*); A. Dvořák: Rondo für Violoncello und Klavier g-moll, op. 94; A. Dvořák: *Mazurek* für Violine und Klavier; A. Dvořák: Klaviertrio f-moll, op. 65

Artemis Quartett
Freitag, 30. April 2004, Aula Grundschule Icking
L. Janacek: Streichquartett Nr. 2 (*Intime Briefe*); A. Piazolla: introduccion/Milonga/Muerte/ Resurreccion del Angel; F. Schubert: Streichquartett d-moll, D 810 (*Der Tod und das Mädchen*)

Munich Chamber Brass
Samstag, 25. September 2004, Hangar Autocenter Berner
Highlights von der Klassik bis zur Popmusik

Leipziger Streichquartett
Samstag, 25. September 2004, Aula Grundschule Icking
J. Brahms: Streichquartett Nr. 1 c-moll, op. 51,1; A. Webern: Streichquartett 1905;
L. V. Beethoven: Streichquartett a-moll, op. 132

Quatuor Ébène Paris
Sonntag, 2. Oktober 2005, Aula Grundschule Icking
J. Haydn: Streichquartett G-Dur Nr. 76,1, Hob III:75; B. Bartok: Streichquartett Nr. 3, SZ 85;
L. v. Beethoven: Streichquartett Es-Dur, op. 127

Kuss Quartett Berlin
Samstag, 7. Oktober 2006, Aula Grundschule Icking
J. Haydn: Streichquartett op. 20,2; H. Lachenmann: Streichquartett Nr. 3 (*Grido*);
R. Schumann: Streichquartett a-moll op. 41,1

Gelius Trio München
Samstag, 10. März 2007, Krämmelforum Wolfratshausen
L. v. Beethoven: Klaviertrio c-moll, op. 1,3; C. Schumann: Klaviertrio;
J. Brahms: Klaviertrio H-Dur, op. 8,1

Münchner Streichsextett
Samstag, 21. April 2007, Aula Grundschule Icking
R. Strauss: Capriccio für Streichsextett; A. Schönberg: Streichsextett *Verklärte Nacht* op. 6;
J. Brahms: Streichsextett G-Dur, op. 36

Klaviertrio Ingolf Turban • Guido Schiefen • Alfredo Perl
Samstag, 13. Oktober 2007, Aula Grundschule Icking
F. Schubert: Klaviertrio Es-Dur op. 100, D 929; M. Ravel: Klaviertrio a-moll

Quatuor Benaïm Tel Aviv-Paris
Samstag, 8. März 2008, Aula Grundschule Icking
W. A. Mozart: Streichquartett Es-Dur, KV 160; A. Berg: Lyrische Suite;
F. Schubert: Streichquartett d-moll, D 810 (*Der Tod und das Mädchen*)

Münchner Klaviertrio
Sonntag, 19. Oktober 2008, Krämmel-Forum Wolfratshausen
L. v. Beethoven: Klaviertrio c-moll, op. 1,1; D. Schostakowitsch: Klaviertrio e-moll, op. 67;
J. Brahms: Klaviertrio C-Dur, op. 87

Faust Quartett Berlin
Samstag, 7. März 2009, Aula Grundschule Icking
J. Haydn: Streichquartett Es-Dur, op. 9,2; F. Mendelssohn Bartholdy: Streichquartett e-moll, op. 44,2; F. Schubert: Streichquartett G-Dur, D 887

Amaryllis Quartett Köln
Samstag/Sonntag, 3./4.Oktober 2009, Loisachhalle Wolfratshausen/Schlossberghalle Starnberg
J. Haydn: Streichquartett G-Dur, op. 77,1; W.-A. Schultz: Streichquartett Nr. 3 (2005/05) (*Landschaft der Horchenden – Vier Menschen*); L. v. Beethoven: Streichquartett cis-moll op. 131

Gémeaux Quartett Zürich
Samstag, 27. Februar 2010, Loisachhalle Wolfratshausen
L. v. Beethoven: Streichquartett Nr. 7 F-Dur, op. 59,1; W. Lutosławski: Streichquartett 1964;
A. Dvořák: Streichquartett G-Dur, op. 106

Ardeo Quartett Paris
Samstag, 2. Oktober 2010, Loisachhalle Wolfratshausen
J. Haydn: Streichquartett F-Dur, op. 77,2; B. Bartók: Streichquartett Nr. 2, op. 17;
F. Mendelssohn Bartholdy: Streichquartett a-moll, op. 13

Apollon musagète Quartett Wien
Samstag, 19. März 2011, Loisachhalle Wolfratshausen
R. Schumann: Streichquartett a-moll Nr. 1, op. 41; K. Szymanowski: Streichquartett
Nr. 1 C-Dur, op. 37bis (1917); F. Schubert: Streichquartett Nr. 13 a-moll, op. 29 (*Rosamunde*)

Pavel Haas Quartett Prag
Montag, 3. Oktober 2011, Loisachhalle Wolfratshausen
P. Haas: Streichquartett Nr. 1, op. 3; L. v. Beethoven: Streichquartett Nr. 13 B-Dur,
op. 130 und Große Fuge B-Dur, op. 133; B. Smetana: Streichquartett Nr. 1 e-moll
(*Aus meinem Leben*)

3.4 Vokalensemble

Die SingPhoniker
Donnerstag, 23. Mai 1996, Loisachhalle Wolfratshausen
F. Mendelssohn Bartholdy: *Sechs Lieder* op. 50; R. Schumann: *Sechs Lieder* op. 33;
ausgewählte Werke von F. Schubert; K. Weill-B. Brecht: *Berliner Requiem*

3.5 Orchester

LandesSinfonieOrchester Thüringen
Freitag, 30. September 1994, 20 Uhr, Loisachhalle Wolfratshausen
J. Strauß: Ouvertüre zu *Die Fledermaus*; W. A. Mozart: Konzert für Violine und Orchester Nr. 5
A-Dur, KV 219; J. Brahms: Symphonie Nr. 2 D-Dur, op. 73
Solist: Professor Denes Zsigmondy, Leitung: Matt Boynick

Münchner Symphoniker
Sonntag, 21. Mai 1995, Loisachhalle Wolfratshausen
C. M. v. Weber: Ouvertüre zu *Der Freischütz*; J. Sibelius: Symphonie Nr. 7, op. 105;
L. v. Beethoven: Symphonie Nr. 7 A-Dur, op. 92
Leitung: Matt Boynick

Münchener Kammerorchester
Samstag, 10. Mai 1997, Loisachhalle Wolfratshausen
E. Grieg: *Aus Holbergs Zeit* op. 40; F. Mendelssohn Bartholdy: Konzert für Violine und
Orchester d-moll (1822); P. Tschaikowsky: Serenade für Streicher C-Dur, op. 48
Solist: Stephan Picard, Leitung: Christoph Poppen

Südbayerische Bläserphilharmonie
Samstag, 18. Oktober 1997, Loisachhalle Wolfratshausen
W. A. Mozart: *Gran Partita* – Serenade Nr. 10 B-Dur, KV 361; A. Dvořák: Bläserserenade d-moll, op.44

Staatsphilharmonie Krakau
Samstag, 7. Februar 1998, Loisachhalle Wolfratshausen
W. A. Mozart: Ouvertüre zu *Die Hochzeit des Figaro;* B. Bartok: Konzert für Viola und Orchester (1945); R. Schumann: Symphonie Nr. 3, op. 97
Solist: Lars Anders Tompter, Leitung: Roland Bader

Prager Kammersolisten
Donnerstag, 8. Oktober 1998, Loisachhalle Wolfratshausen
M. Haydn: Divertimento D-Dur; W. A. Mozart: Klarinettenquintett A-Dur, KV 581;
A. Dvořák: *Notturno* für Streichorchester H-Dur, op. 40, J. Suk: Serenade Es-Dur, op. 6
Leitung: Ivan Matyas

Münchner Salonorchester Tibor Jonas
Mittwoch, 6. Januar 1999, Loisachhalle Wolfratshausen
Johann Strauß Galakonzert
Moderation: Herbert Hanko , Leitung: Tibor Jonas

Musashino Academia Musicae Symphony Orchestra
Samstag, 18. September 1999, Loisachhalle Wolfratshausen
J. Zilch: *Musikalische Impressionen aus Japan;* L. v. Beethoven: Konzert für Klavier und Orchester Nr. 4 G-Dur, op. 58; P. Tschaikowsky: Symphonie Nr. 6 h-moll, op. 74 (*Pathétique*)
Solistin: Mizuko Yamaguchi, Leitung: Josef Zilch

Münchener Kammerorchester
Sonntag, 26. März 2000, Loisachhalle Wolfratshausen
A. Pärt: *Festina lente,* J. S. Bach: Konzert für Violine und Orchester a-moll, BWV 1041;
A. Pärt: *Summa;* J. S. Bach: Konzert für Violine und Orchester E-Dur, BWV 1042;
B. A. Zimmermann: Konzert für Streicher
Solistin: Isabelle Faust, Leitung: Christoph Poppen

3.6 Chor

Tölzer Knabenchor
Freitag, 8. November 1996, 20 Uhr, Loisachhalle Wolfratshausen
H. Purcell: Barockoper *Dido und Aeneas* (konzertante Aufführung)
Leitung: Gerhard Schmidt-Gaden

4 Solisten bei Aufführungen mit Orchester und Chor

4.1 Solisten mit den Philharmonikern Isartal und dem Philharmonischen Orchester Isartal

Almut Haas, Violine
Samstag, 7. März 1992, Neue Aula Pädagogisches Zentrum Icking, Sonntag, 08. März 1992, Ratsstubensaal Geretsried: L. v. Beethoven: Konzert für Violine und Orchester D-Dur, op. 61 (M. Boynick)

Almut Haas, Violine • Matt Boynick, Flöte • Anikó Soltèsz, Cembalo
Samstag, 20. März 1993, Neue Aula Pädagoisches Zentrum Icking, Samstag, 27. März 1993, Ratsstuben-Saal Geretsried: J. S. Bach: Brandenburgisches Konzert Nr. 5 (S. Kessler)

Philipp von Morgen, Violoncello
Samstag, 23. Juli 1994, Kleiner Kursaal Bad Tölz, Sonntag, 24. Juli 1994, Loisachhalle Wolfratshausen: C. Saint-Saens: Konzert für Violoncello und Orchester a-moll (M. Boynick)

Konstanze John, Klavier
Sonntag, 25. März 1995, Loisachhalle Wolfratshausen: L. v. Beethoven: Konzert für Klavier und Orchester Nr. 1 C-Dur, op. 15 (M. Boynick)

Barbara Wilhelm, Klarinette
Samstag, 15. Juli 1995, Open Air Rathaushof Wolfratshausen: W. A. Mozart: Konzert für Klarinette und Orchester A-Dur, KV 622 (M. Boynick)

Yuko Inagaki-Nothas, Violine
Sonntag, 17. Dezember 1995, Loisachhalle Wolfratshausen: F. Mendelssohn Bartholdy: Konzert für Violine und Orchester e-moll, op. 64 (G. Weiß)

Anne Buter, Sopran
Samstag, 23. März 1996, Loisachhalle Wolfratshausen: G. Mahler: *Kindertotenlieder* (G. Weiß)

Anna Merey, Violine • Dora Scheili, Viola
Samstag, 13. Juli 1996, Open Air Marienplatz Wolfratshausen: W. A. Mozart: *Sinfonia concertante* für Violine, Viola und Orchester Es-Dur, KV 364 (G. Weiß)

Alfons Kontarsky, Klavier
Samstag, 7. Dezember 1996, Loisachhalle Wolfratshausen: J. Brahms: Konzert für Klavier und Orchester Nr. 1 d-moll, op. 15; J. Brahms: Konzert für Klavier und Orchester Nr. 2 B-Dur, op. 83 (G. Weiß)
Sonntag, 06. Dezember 1998, Loisachhalle Wolfratshausen: R. Schumann: Konzert für Klavier und Orchester a-moll, op. 54 (G. Weiß)

Eric Terwilliger, Horn
Samstag, 16. Juli 1997, Open Air Marienplatz Wolfratshausen: W. A. Mozart: Konzert für Horn und Orchester Nr. 3 Es-Dur, KV 447 (G. Weiß)

Walter Nothas, Violoncello
Sonntag, 14. Dezember 1997, Loisachhalle Wolfratshausen: A. Dvořák: Konzert für Violoncello und Orchester h-moll, op. 104 (G. Weiß)

Isabelle Faust, Violine
Sonntag, 29. März 1998, Loisachhalle Wolfratshausen: L. v. Beethoven: Konzert für Violine und Orchester D-Dur, op. 61 (G. Weiß)

Konrad Hünteler, Flöte • Helga Storck, Harfe
Samstag, 20. März 1999, Loisachhalle Wolfratshausen: W. A. Mozart: Konzert für Flöte, Harfe und Orchester C-Dur, KV 299 (G. Weiß)

Agnes Abele-Habereder, Sopran • Christian Zenker, Tenor • Martin Schönweitz, Bariton
Samstag, 20. März 1999, Loisachhalle Wolfratshausen: I. Strawinsky: *Pulcinella*, Ballettmusik mit Gesang (G. Weiß)

Woytek Mrozek, Klarinette
Samstag, 8. April 2000, Loisachhalle Wolfratshausen: C. M. v. Weber: Konzert für Klarinette und Orchester Nr. 1 f-moll, op. 73 (G. Weiß)

Silvia Natiello-Spiller, Klavier • Antonio Spiller, Violine • Wen-Sinn Yang, Violoncello (*Spiller Trio*)
Samstag, 16. Dezember 2000, Loisachhalle Wolfratshausen: L. v. Beethoven: Konzert für Klavier, Violine, Violoncello und Orchester C-Dur, op. 56 (*Tripelkonzert*) (G. Weiß)

Wolfgang Gaag, Horn
Samstag, 14. Juli 2001, Bergwaldtheater Wolfratshausen: W. A. Mozart: Konzert für Horn und Orchester Nr. 4 Es-Dur, KV 459 (G. Weiß)

Alfredo Perl, Klavier
Samstag, 15. Dezember 2001, Loisachhalle Wolfratshausen: L. v. Beethoven: Konzert für Klavier und Orchester Nr. 4 G-Dur, op. 58 (G. Weiß)
Samstag, 5. April 2008, Mehrzweckhalle Farchet, Sonntag, 6. April 2008, Schlossberghalle Starnberg: Konzert für Klavier und Orchester Nr. 3 c-moll, op. 37 (C. Adt)

Andras Tamas, Violine
Samstag, 7. Dezember 2002, MZH Wolfratshausen-Farchet: P. Tschaikowsky: Konzert für Violine und Orchester D-Dur, op. 35 (C. Adt)

Alexandra Gruber, Klarinette
Samstag, 24. Mai 2003, MZH Wolfratshausen-Farchet: W. A. Mozart: Konzert für Klarinette und Orchester A-Dur, KV 622 (C. Adt)
Samstag, 28. März 2009, MZH Wolfratshausen-Farchet: L. Spohr: Konzert für Klarinette und Orchester Nr. 3 f-moll ; C. M. v. Weber: Konzert für Klarinette und Orchester Nr. 2 Es-Dur, op. 74 (C. Adt)

Wen-Sinn Yang, Violoncello
Samstag, 6. Dezember 2003, Loisachhalle Wolfratshausen: R. Schumann: Konzert für Violoncello und Orchester a-moll, op. 129 (C. Adt)
Samstag, 21. November 2009, Schlossberghalle Starnberg, Sonntag, 22. November 2009, Loisachhalle Wolfratshausen: A. Dvořák: Konzert für Violoncello und Orchester h-moll, op. 104 (C. Adt)

Maja Markert, Trompete
Samstag, 13. März 2004, MZH Wolfratshausen-Farchet: J. Haydn: Konzert für Trompete und Orchester Es-Dur, Hob. VIIe:1 (C. Adt)

Dana Borşan, Klavier
Samstag, 17. Juli 2004, MZH Wolfratshausen-Farchet: L. v. Beethoven: Konzert für Klavier und Orchester Nr. 5 Es-Dur, op. 73 (C. Adt)
Samstag, 23. März 2007, Aula Realschule Geretsried, Sonntag, 24. März 2007, Schlossberghalle Starnberg: J. Brahms: Konzert für Klavier und Orchester d-moll, op. 15 (C. Adt)
Samstag, 3. Dezember 2010, Loisachhalle Wolfratshausen: P. Tschaikowsky: Konzert für Klavier und Orchester Nr. 1 b-moll, op. 23 (C. Adt)

Wolfgang Gaag, Horn
Samstag, 4. Dezember 2004, MZH Wolfratshausen-Farchet: R. Strauss: Konzert für Horn und Orchester Nr. 1 Es-Dur, op. 11 (C. Adt)

Agnes Habereder, Sopran
Samstag, 11. März 2005, MZH Wolfratshausen-Farchet: E. Chausson: *Poème de l'amour et de la mer* (C. Adt)

Ingolf Turban, Violine
Samstag, 16. Juli 2005, MZH Wolfratshausen-Farchet: N. Paganini: Konzert für Violine und Orchester Nr. 1 Es-Dur, op. 6 (C. Adt)
Samstag, 6. Dezember 2008, MZH Wolfratshausen-Farchet: L. v. Beethoven: Konzert für Violine und Orchester D-Dur, op. 61 (C. Adt)

Yuki Janke, Violine
Sonntag, 4. Dezember 2005, Kirche St. Benedikt Ebenhausen: J. Brahms: Konzert für Violine und Orchester D-Dur, op. 77 (C. Adt)

Hannes Läubin, Trompete
Samstag, 15. Juli 2006, Marienplatz Wolfratshausen: J. N. Hummel: Konzert für Trompete und Orchester Es-Dur (C. Adt)

Marta Klimasara, Marimbaphon
Samstag, 2. Dezember 2006, MZH Wolfratshausen-Farchet: M. Blazewicz: Konzert für Marimbaphon und Orchester (2005) (C. Adt)

Pinchas Adt, Violine
Sonntag, 2. Dezember 2007, Kirche Heilige Familie Geretsried: H. Wieniawski: Konzert für Violine und Orchester Nr. 2 d-moll, op. 22 (C. Adt)

Andrei Licaret, Klavier
Samstag, 20. März 2010, Loisachhalle Wolfratshausen: F. Chopin: Konzert für Klavier und Orchester Nr. 1 e-moll, op. 11 (C. Adt)

Ingolf Turban, Violine • Wen-Sinn Yang, Violoncello
Samstag, 4. Dezember 2010, Loisachhalle Wolfratshausen, Sonntag, 5. Dezember 2010, Schlossberghalle Starnberg: J. Brahms: Konzert für Violine, Violoncello und Orchester a-moll, op. 102 (*Doppelkonzert*) (C. Adt)

Jan Westermann, Marimbaphon
Samstag, 9. April 2010, Loisachhalle Wolfratshausen: K. Westermann: Konzert für Marimba und Orchester (2009) (C. Adt)

4.2 Solisten mit dem Kammerensemble Isartal

Hedwig Bilgram
Sonntag, 26. Januar 1996, Evang. Kirche St. Michael Wolfratshausen: J. S. Bach: Konzert für Cembalo, Streicher und Basso continuo d-moll, BWV 1052 (G. Weiß)

Kurt Guntner
Sonntag, 26. Januar 1997, Evang. Kirche St. Michael: J. S. Bach: Konzert für Violine und Orchester E-Dur, BWV 1042 (G. Weiß)

Guido Segers
Samstag, 9. Mai 1998, Aula Grundschule Icking: J. Haydn: Konzert für Trompete und Orchester Es-Dur, Hob. VIIe:1 (G. Weiß)

Jessica Mehling
Samstag, 8. Mai 1999, Aula Grundschule Icking, 25./26. Mai 1999, Bürgerhalle Iruma:/Japan: W. A. Mozart: Konzert für Violine und Orchester Nr. 5 A-Dur, KV 219 (G. Weiß)

Friedrich Held, Trompete • Arnold Mehl, Trompete • Peter Epp, Trompete (*Bach-Trompetenensemble München*)
Samstag, 13. Mai 2000, Aula Grundschule Icking: J. S. Bach: Ochestersuite Nr. 3 D-Dur, BWV 1068, J. S. Bach: Orchestersuite Nr. 4 D-Dur, BWV 1069 (G. Weiß)

Konrad Hünteler, Flöte
Samstag, 12. Mai 2001, Aula Volksschule Wolfratshausen: W. A. Mozart: Konzert für Flöte und Orchester G-Dur, KV 313 (G. Weiß)

Andrea Secchi, Klavier
Samstag, 13. Oktober 2001, Loisachhalle Wolfratshausen: W. A. Mozart: Konzert für Klavier und Orchester Nr. 23 A-Dur, KV 488 (G. Weiß)

Als Solisten in diversen Konzerten in kleinem Rahmen traten auch folgende Orchestermitglieder als Solisten auf (in alphabetischer Reihenfolge):

Heidi Aumüller, Silvia Bölt, Franz Deutsch, Heidrun Hilber/Luban, Hans Horsmann, Barbara Hubbert, Jens Mürbe, Martin Procher, Hannes Schempp, Valerie Schempp/Nothaft, Hedwig Schütze, Katja Weiß/Günther.

4.3 Solisten mit dem Philharmonischen Chor und Orchester Isartal

Maria Spindler, Sopran • Andreas Mogl, Tenor • Wolfgang Gollinger, Bass
Samstag, 28. November 1992, Klosterkirche Schäftlarn, Sonntag, 29. November 1992, Franziskanerkirche Bad Tölz: J. Haydn: Oratorium *Die Schöpfung* (M. Boynick)

Maria Spindler, Sopran • David Greiner, Altus • László Haramza, Tenor • Panito Iconomou, Bass
Samstag, 3. Dezember 1994, Klosterkirche Schäftlarn, Sonntag, 4. Dezember 1994, Franziskanerkirche Bad Tölz: G. F. Händel: Oratorium *Der Messias* (M. Boynick)

Celia Jeffreys, Sopran • Riccardo Lombardi, Bariton
Samstag, 15. März 1997, Klosterkirchee Schäftlarn, Sonntag, 16. März 1997, Franziskanerkirche Bad Tölz: J. Brahms: *Ein deutsches Requiem*, op. 45 (G. Weiß)

Minari Urano, Bass • Cecilia Tabellion, Sopran • In Hak Lee, Tenor • Valentine Dechenaux, Sopran • Beate Düstersiek, Sopran • Oliver Weidinger, Bariton • Fiqete Ymeraj, Sopran • Christopherus T. Vogt, Bass • Katrin Mann, Sopran • Susanna Simonsson, Mezzosopran • Rita Kapfhammer, Alt • Stefan Sevenich, Bariton • Oliver M. Gilfert, Bass • 3 Tölzer Knaben
Freitag, 11. Juli 1998, Samstag, 12. Juli 1998, Sonntag, 13. Juli 1998, jeweils Bergwaldtheater Wolfratshausen: W.A. Mozart: Oper *Die Zauberflöte* , KV 620 (szenische Aufführung) (G. Weiß)

Ulrike M. Wanetschek, Sopran • Lorraine di Simone, Alt • Christian Zenker, Tenor • Minari Urano, Bass
Samstag, 1. Januar 2000, Sonntag, 2. Januar 2000, jeweils Loisachhalle Wolfratshausen: L. v. Beethoven: Symphonie Nr. 9 d-moll, op. 125 (G. Weiß)

Matthias Heubusch, Tenor • Minari Urano, Bass • Christina Landshamer, Sopran • Anne Buter, Alt • Christian Zenker, Tenor • Thomas Gropper, Bariton
Samstag, 31. März 2001, Kath. Kirche St. Benedikt Ebenhausen, Sonntag, 1. April 2001, Klosterkirche Benediktbeuern: J. S. Bach: *Matthäus-Passon*, BWV 244 (G. Weiß)

Maria Tselegidis, Sopran • Marion Lustig, Alt • Klaus Steppberger, Tenor • Markus Zapp, Bariton • Volker Dörffel, Bass • Hannes Liebmann, Bass • Wiggerl Gollwitzwer, Sprechrolle • Gabriele Rüth, Sprechrolle • Sabrina Rüth, Sprechrolle • Günther Weiß, Sprechrolle
Samstag, 14. Juli 2001, Bergwaldtheater Wolfratshausen, Sonntag, 15. Juli 2011, Loisachhalle Wolfratshausen: W. A. Mozart: Oper *Der Schauspieldirektor*, KV 486 oder *Der Freischütz kommt nach Wolfratshausen* (szenische Aufführung gemeinsam mit Loisachtaler Bauernbühne nach freiem Libretto, Dialoge von Christoph Kessler und Marcus Schneider) (G. Weiß)

Heidelinde Schmid, Sopran • Günter Papendell, Bariton
Freitag, 3. April 2003, Pfarrkirche St. Nikolaus Übersee, Samstag, 4. April 2003, Kirche Heilige Familie Geretsried, Sonntag, 5. April 2003, Pfarrkirche Kloster Schlehdorf: J. Brahms: *Ein deutsches Requiem*, op. 45 (C. Adt)

Anja Frank, Sopran • Gustavo Martín-Sánchez, Tenor • Martin Cooke, Bariton
12. September 2003, Samstag, 13. September 2003, jeweils TSV Turnhalle Wolfratshausen, Sonntag, 14. September 2003, Marienplatz Wolfratshausen: C. Orff: *Carmina burana* (C. Adt)

Sigrid Plundrich, Sopran • Merit Ostermann, Alt • Gustavo Martín-Sánchez, Tenor • Martin Danes, Bass
Samstag, 1. April 2006, Kath. Kirche St. Maria Starnberg, Sonntag, 2. April 2006, Klosterkirche Benediktbeuern, Sonntag, 9. April 2006, Notre-Dame de Chamalières, Montag, 10. April 2006, Saint Mathias de Berbezieux, Freitag, 14. April 2003, Notre-Dame de Dinard: G. Rossini: *Stabat mater* (C. Adt)

Caroline Ullrich, Sopran • Susanne Drexl, Alt • Nam Won Huh, Tenor • Tareq Nazmi, Bass
Samstag, 11. Juli 2009, Loisachhalle Wolfratshausen, Sonntag 12. Juli 2009, jeweils Loisachhalle Wolfratshausen: L. v. Beethoven: Symphonie Nr. 9 d-moll, op. 125 (C. Adt)

Benjamin Appl, Bariton • Florian Drexel, Bass • Petra van der Mieden, Sopran • Magdalena Hinterdobler, Sopran • Jens Müller, Bass • Michael Gniffke, Tenor • Stephan Lewetz, Sprechrolle • Johannes Stermann, Bass • Wolfgang Lackner, Sprechrolle
Samstag, 16. Juli 2011, Bergwaldtheater Wolfratshausen, Sonntag, 17. Juli 2011, Loisachhalle Wolfratshausen: C. M. v. Weber: Oper *Der Freischütz*, op. 77 (szenische Aufführung) (C. Adt)

5 Musizierende Menschen in den Orchestern und Chören des Konzertvereins Isartal

5.1 Dirigenten und Chorleiter (1991-2011)

Dirigenten

Matt Boynick (1991-1995)

Philharmoniker Isartal (1991-1995), davor: **Ickinger Laienphilharmoniker** (1990-1991)

Kammerorchester Isartal (1994-1995)

LandesSymphonieOrchester Thüringen (30. September 1994)

Münchner Symphoniker (21. Mai 1995)

Philharmoniker Isartal, Musikfreunde Isartal

J. Haydn: *Die Schöpfung*, 28./29. November 1992, Einstudierung: Rainer Marquart

G. F. Händel: *Der Messias*, 3./4. Dezember 1994, Einstudierung: Rainer Marquart

Philharmoniker Isartal, Mixed Voices

C. W. Gluck: *Orpheus und Euridice*, 25./26. März 1994, Einstudierung: Roland Hammerschmied

Prof. Dr. Günther Weiß (1995-2002)

Philharmoniker Isartal (1995-1996), **Philharmonisches Orchester Isartal** (1997-2002)

Kammerensemble Isartal (1995-2002)

Philharmonischer Chor und Orchester Isartal (1995-2002)

J. Brahms: *Ein deutsches Requiem*, 15./16. März 1997, Musikfreunde Isartal, Einstudierung: Rainer Marquart; Vokal-Ensemble Icking, Einstudierung: Philipp Amelung

W. A. Mozart: *Die Zauberflöte*, 11./12./13. Juli 2998, Musikfreunde Isartal, Einstudierung: Rainer Marquart; Vokal-Ensemble Icking, Einstudierung: Philipp Amelung

L. v. BeethovenSymphonie Nr. 9 d-moll, op. 125, 1./2. Januar 2000, Musikfreunde Isartal, Einstudierung: Rainer Marquart; Vokal-Ensemble Icking, Einstudierung: Philipp Amelung

J. S. Bach: *Matthäus-Passion*, 31. März/1. April 2001, Musikfreunde Isartal, Einstudierung: Rainer Marquart; Vokal-Ensemble Icking, Einstudierung: Philipp Amelung; Kinderchor Wolfratshausen: Einstudierung: Yoshihisa Matthias Kinoshita

Kammerchor Isartal (1995-2002)

J. S. Bach: Kantate Nr. 209 am 28. Februar 1998, Auszüge Bachkantaten Nr. 100 und Nr. 123 am 28. Januar 1996

Prof. Christoph Adt (ab 2002)

Philharmonisches Orchester Isartal (ab 2002)

Kammerensemble Isartal (ab 20029)

Philharmonischer Chor und Orchester Isartal (ab 2002)

C. Orff: *Carmina burana* (12./13./14. September 2003, Starnberger Musikkreis, Einstudierung: Ulli Schäfer; Musikfreunde Isartal, Einstudierung: Rainer Marquart; Vokal-Ensemble Icking, Einstudierung: Philipp Amelung; ISURA Madrigalchor, Einstudierung: Christian Preißler; Mixed Voices, Einstudierung: Roland Hammerschmied; Jugendkammerchor Wolfratshausen, Einstudierung: Christian Preißler; Kinderchor Wolfratshausen, Einstudierung: Yoshihisa Matthias Kinoshita

J. Brahms: *Ein deutsches Requiem*, 4./5./6. April 2003, Starnberger Musikkreis, Einstudierung: Ulli Schäfer; Musikfreunde Isartal, Einstudierung: Rainer Marquart

G. Rossini: *Stabat mater*, 1./2./9./10./14. April 2006, Starnberger Musikkreis, Einstudierung: Ulli Schäfer; Musikfreunde Isartal, Einstudierung: Rainer Marquart

L. v. Beethoven: Symphonie Nr. 9 d.moll, 11./12. Juli 2009, Musikfreunde Isartal, Einstudierung: Rainer Marquart; Vokal-Ensemble Icking, Einstudierung: Maria Benyumova

C. M. v. Weber: *Der Freischütz*, 16./17. Juli 2011, Musikfreunde Isartal, Einstudierung: Rainer Marquart; TonArt Sauerlach-Holzkirchen; Einstudierung: Christoph Garbe

Kammerchor Isartal

Bach: Kantaten Nr. 80 am 30. Oktober 2005, Nr. 119 am 22. Oktober 2006

Chorleiter

Rainer Marquart

Musikfreunde Isartal (ab 1992)

J. S. Bach: Motette *Jesu meine Freude*, a capella, 23. April 2005

R. Hess: *Messe des Friedens*, Chor mit Orgel/Keyboard, Drums, Gitarre, Bass, Trompeten, Alt-Saxophon, Posaune, 10. November 2007

Musikfreunde Isartal, Philharmonisches Orchester Isartal

A. Dvořák: *Stabat Mater*, 16./17. März 2003

Musikfreunde Isartal , Kammerensemble Isartal

C. Loewe: *Das Sühneopfer des neuen Bundes*, 15./16. April 2000

G. Fauré: Requiem, 21. November 2004

W. A. Mozart: Requiem, 19. November 2006

W. A. Mozart: Krönungsmesse

Philharmonischer Chor Isartal

A. Bruckner: *Ave Maria*, G. Verdi: *Pater noster*, F. Mendelssohn Bartholdy: *Denn er hat seinen Engeln* aus Elias, a capella, 1./2./9./10./14. April 2006

Philipp Amelung

Vokal-Ensemble Icking (1993-2005)

F. Mendelssohn Bartholdy: *Elias*, 8./16. Juli 2000, Vokal-Ensemble Icking, Münchner Mozart-Orchester

Vokal-Ensemble Icking, Kammerensemble Isartal

J. S. Bach: Weihnachstoratorium Teile 1-3, 19. Dezember 1998

J. S. Bach: Weihnachstoratorium Teile 1-3 und 6, 22./23. Dezember 2000

Kammerchor Isartal, Kammerensemble Isartal

J. S. Bach: Kantaten Nr. 42, 54 56, 76, 79, 93 und 180 zwischen 1992-2005, Nr. 117 am 14. April 1997, Nr. 104 am 18. April 1999

Ulli Schäfer

Musikkreis Starnberg, Musica Starnberg (Namensänderung seit September 2007)

G. F. Händel: *Israel in Ägypten*, 12. September 2007, Chor und Orchester Musikkreis Starnberg

Philharmonischer Chor Isartal

A. Bruckner: *Ave Maria*, G. Verdi: *Pater noster*, F. Mendelssohn Bartholdy: *Denn er hat seinen Engeln* aus Elias, a capella, 1./2./9./10./14. April 2006

Christian Preißler

ISURA Madrigalchor

Motetten, a capella, 25. Mai 2005

ISURA Madrigalchor, Jugendkammerchor Wolfratshausen

Chormusik, a capella, 24. Juni 2006

Günther Hauer

Musikfreunde Isartal, Kammerensemble Isartal

J. S. Bach: Kantate Nr. 4, 3./5. April 1992

J. S. Bach: Motette *Jesu meine Freude*, a capella, 3./5. April 1992

J. S. Bach: Brandenburgisches Konzert Nr. 4, 3./5. April 1992

5.2 Orchestermusiker im Philharmonischen Orchester Isartal und Kammerensemble Isartal

Das Philharmonische Orchester Isartal bei einer Aufführung mit Wen-Sinn Yang im Dezember 2009 in der Loisachhalle Wolfratshausen, Foto: Hartmut Pöstges

Das Fundament des Philharmonischen Orchester Isartal: Die Tiefblech- und Bassgruppe
Fotos: Privat, Hartmut Pöstges

Philharmonisches Orchester Isartal

Das Philharmonische Orchester Isartal (1991 bis 1996: Philharmoniker Isartal) ist die große Orchestergruppierung des Konzertvereins Isartal e.V.. Das Orchester besteht – je nach Besetzung der aufgeführten Werke – aus bis zu 90 Musikern. Folgende Dirigenten leiteten bisher das Orchester:

- Matthew Boynick, Gründungsdirigent aus Cincinnati (USA) (1990-1995)
- Prof. Dr. Günther Weiß, Hochschule für Musik und Theater München (1995-2002)
- Prof. Christoph Adt, Hochschule für Musik und Theater München, Vizepräsident (ab 2002)

Das Orchester hat in den vergangenen 20 Jahren ein vielfältiges und umfangreiches Repertoire erarbeitet, das über 100 Werke – symphonische Werke und Konzerte, aber auch Opern, Ballettmusik und geistliche Werke – umfasst. Dazu gehören u.a. Symphonien von Haydn, Mozart, Beethoven, Schubert, Schumann, Mendelssohn Bartholdy, Brahms, Bruckner, Tschaikowsky und Franck, Solokonzerte wie Schumanns Klavier- und Violoncellokonzert, Dvořáks Violoncellokonzert, beide Klavierkonzerte von Johannes Brahms, Paganinis, Brahms´ und Tschaikowskys Violinkonzerte, ferner Mussorgskys *Bilder einer Ausstellung*, Mahlers *Kindertotenlieder*, Chaussons *Poème de l´amour et de la mer*, Carl Nielsens 4. Symphonie *Das Unauslöschliche* sowie – als Highlights der Moderne – Strawinskys Ballettsuiten *Der Feuervogel* und *Pulcinella* sowie die IV. Symphonie (1913) von Albéric Magnard. Mit Schnittkes *Moz-Art à la Haydn* setzte das Orchester die Aufführung zeitgenössischer Komponisten fort. Im Sommer 2007 wurde erstmals mit Tschaikowskys *Schwanensee* ein Ballett auf die Bühne gebracht, es tanzte die *Compagnie Ballet Classique München* in der Choreographie von Rosina Kovács. 2008 wurde der BBC-Film *Deep Blue* vom Philharmonischen Orchester Isartal mit Kompositionen von Meisterklassen-Absolventen der Filmmusikklasse der Hochschule für Musik und Theater München *live* untermalt.

Bedeutende Solisten musizierten mit dem *Philharmonischen Orchester Isartal*, u.a. Alfons Kontarsky mit beiden Klavierkonzerten von Johannes Brahms an einem Abend und Schumanns Klavierkonzert, Alfredo Perl mit Beethovens 3. und 4. Klavierkonzert, Isabelle Faust mit Beethovens Violinkonzert, Konrad Hünteler und Helga Storck mit Mozarts Konzert für Flöte und Harfe, Wen-Sinn Yang mit Schumanns und Dvořáks Violoncellokonzert, Ingolf Turban mit dem 1. Violinkonzert von Paganini sowie Beethovens Violinkonzert, Dana Borşan mit Beethovens 5. und Brahms' 1. Klavierkonzert. Auch junge Solisten wie die Geiger Tamàs Andràs, Yuki Janke und Pinchas Adt sowie der Pianisten Andrej Licaret wurden eingeladen .

Gemeinsam mit dem *Philharmonischen Chor Isartal* wurden 1997 und 2003 Brahms' *Ein deutsches Requiem*, 1998 szenisch Mozarts *Die Zauberflöte*, zur Jahrtausendwende Beethovens *Neunte Symphonie*, 2001 Bachs *Matthäus-Passion* und zur 1000-Jahr-Feier der Stadt Wolfratshausen im September 2003 szenisch Carl Orffs *Carmina burana* aufgeführt. Im Frühjahr 2006 erklang Rossinis *Stabat mater* mit über 200 Mitwirkenden in Benediktbeuern und Starnberg mit anschließender Frankreich-Tournee in die Partnerstädte von Wolfratshausen, Geretsried und Starnberg, Barbezieux in der Charente, Chamalières bei Clermont-Ferrand und Dinard in der Normandie. Zur Wiedereinweihung der *Loisachhalle* bot das Philharmonische Orchester Beethovens *Neunte Symphonie* vor insgesamt mehr als 1000 Zuhörern dar. 2011 wurde die Oper *Der Freischütz* von Weber erfolgreich in Szene gesetzt.

Philharmonischer Chor und Orchester Isartal, Proben zu Beethovens „Neunter" am 4. Juli 2009
Foto: Hartmut Pöstges

Philharmonisches Orchester Isartal (2003), Foto: Walter Salomon

Kammerensemble Isartal

Das Kammerensemble Isartal ist die kleine Orchestergruppierung des Konzertvereins Isartal e.V.. Das Kammerensemble besteht – je nach Besetzung der aufgeführten Werke – aus bis zu 40 Musikern. Neben den Dirigenten des Philharmonischen Orchesters Isartal leiteten folgende Chorleiter bisher das Kammerensemble Isartal:

- Philipp Amelung, ehem. Leiter des Vokal-Ensembles Icking und derzeit Universitätsmusikdirektor in Tübingen
- Rainer Marquart, Leiter der Musikfreunde Isartal
- Günther Hauer, ehem. Leiter der Musikfreunde Isartal

Das *Kammerensemble Isartal* setzt sich überwiegend aus Spielern des *Philharmonischen Orchesters Isartal* zusammen. Die Besetzung variiert gemäß den Programmen, die zur Aufführung gelangen. Ziel dieser Gruppierung sind Konzerte in kleinerem Rahmen und Mitwirkung bei Kirchenkonzerten. Wichtige Stationen waren die Aufführung von Brandenburgischen Konzerten und Orchestersuiten Bachs sowie Solokonzerte mit Solisten wie Hedwig Bilgram, Kurt Guntner, Guido Seegers, dem *Bach-Trompetenensemble München*, Konrad Hünteler und Andrea Secchi, aber auch mit Solisten aus dem Kreis des *Philharmonischen Orchesters Isartal*.

Mit verschiedenen Chören gestaltete das Kammerensemble Isartal Kantaten-Gottesdienste in der evangelischen Kirche St. Michael in Wolfratshausen. Mehrfach wirkte es mit den Musikfreunden Isartal zusammen, u.a. in Mozarts und G. Faurés Requien. Höhepunkt war 1999 eine Konzertreise nach Japan mit der jungen Solistin Jessica Mehling, in dessen Rahmen das Kammerensemble in Iruma bei Tokio, der Partnerstadt Wolfratshausens, mit mehreren Konzerten vor insgesamt mehr als 2000 Zuhörern großen Erfolg hatte.

Jessica Mehling (Violine) und Kammerorchester Isartal nach der Aufführung von Wolfgang Amadeus Mozarts Konzert für Violine und Orchester Nr. 5 A-Dur KV 219 am 26. Mai 1999 in der Stadthalle von Iruma (Japan)
Foto: Peter Struzyna

Orchestermusiker 1991-2011

In den letzten 20 Jahren wirkten insgesamt 620 Orchesterspieler bei eigenen Aufführungen des Vereins Philharmoniker Isartal e.V., ab 2006 des Konzertvereins Isartal e.V. mit. Die Orchestermusiker musizierten bei den Philharmonikern Isartal, beim Philharmonischen Orchester Isartal und beim Kammerensemble Isartal .

Violine

Pinchas C. Adt, Judith Albert, Judith Altmann, Tamàs Andràs, Judith Altmann, Heidi Aumüller, Melanie Baldvinsdottier, Claudia Baumann, Luciana Beleaeva, Mariana Beleaeva, Zsuzsa Berenyi, Dorothee Bertsch, Friederike Bernwieser/von Heydebrand und der Lasa, Monika Birner, Irene Blumenstock, Rupert Böhm, Sabrina Böhm-Pélissier, Claudia Braatz, Bernhard Braun, Jakob Brenner, Anne Bschorer, Stefanie Buchner-Cross, Elisabeth von Campenhausen, Jelena Citakovec, Marco Cozzio, Julie Daffner , Mélanie Daffner, Uta Dietl, Sergej Didorenko, Sybille Dimbath, Johannes Doberauer, Barbara Doll, Marie Dresse, Manuel Druminski, Ustina Dubitzky, Viola Einsiedel, Kerstin Elsdörfer, Christine Eibl, Birgid Ehrentraut, Gloria Eluwa, Isabel Exner, Monika Fehns, Erika Fischhaber, Heidrun Fluk, Daniel Foder, Corinna Forster, Cornelia Frey, Irmgard Friedel, Monika Fuchs, Peter Gartiser, Isabel Gedig, Gabi Gesierich, Heide Gliesche, Joachim Göldner, Javiera Gonzales, Sissi Gossner, Katharina Hackmann, Almut Haas, Birgid Hardt, Anja Haubs, Ruth Hecker, Claudia Heinze/Zwenzner, Elisabeth Heldwein, Alexandra Hengel, Sigrid Himmelhan, Christine von Hoyningen-Huene, Franziska Helch, Barbara Helck, Stefan Helck, Thomas Helck, Ruth Hellmann, Renate Henkel, Susanne Heydner, Heidrun Hilber, Annemarie Hofmann, Gisela Hofmann, Hans Horsmann, Isabel auf der Horst, Blerim Hoxha, Carolin Hoyer, Barbara Hubbert, Ide Hendrik, Jörg Jakobs, Martin Janner, Kurt Jurinka, Torsten Kantelhardt, Vera Kantelhardt, Yuko Kawai, Susanne Kessler, Margot Kick, Regine Kiefer, Anna Kinoshita, Verena Klein, Wolfgang Kling, Zsòfia Környei, Petra Kovàcs, Wladimir Krasnow, Sigrid von Kracht, Katharina Kretschmer, Andrea Krings, Claudia Kühlein, Patricia Kupper, Christiane Kurtz, Johannes Lange, Vanessa Leights, Sabine Lindner, Natasha Lyndsay-Koeck, Günter Link, Alexander Loichinger, Elsemarie von Lüdinghausen, Katharina Lukas, Corinna Mayr, Eva Meier de West/Römpage, Julian Merkle, Sophia von Merzljak, Jens Mürbe, Osamu Nambu, Annick Neumeister, Kerstin Ohligschläger, Marion Ott, Stefan Pausch, Karolin Pecht/Chapman, Franziska Pertler, Henning Petersen, Anna Petri, Irene Pfeifer, Georg Pfirsch, Günther Pollak, Agnes Puske, Johanna Raeder, Helmut Reichelt, Maria Reindl/Schütz, Christine Reinicke, Eugenia Ribashova, Anna Maria Rief/Immertreu, Raimund Samhammer, Rose Scharf, Wolfgang Scharff, Ingrid Schempp, Johannes Schempp, Valerie Schempp/Nothaft, Eva Schinko, Elsa Schmidt, Alexander Scholz, Thea Schröder, Nicole Schröter, Martin Schütz, Carolin Schug, Friedrich Siegert, Veronika Smolka, Christof Sowieja, Felix von Stackelberg, Christian Steinbrück, Andrea Stempfer, Wally Stenzler, Beate Stepputat, Susanne Sternischa, Silvia Szigeti, Eva Szilgàgyi, Michael Tilke, Valeria Todt, Monika Ullrich, Oliver Umlauf, Elisabeth Urban, Arjan Versteeg, Silvia Vidal, Svenja Wagner, Karin Walker, Julia Waltersdorf, Veronika Weber, Monika Weinert/Achermann, Katja Weiß/Günther, Nora Weiß, Emanuel Wiesler, Julia Wittermann, Nina Wittrock, Ingrid Wölfl, Theresia Wörmann, Isabella Zebura, Thea Zorn

Viola

Heidi Aumüller, Monika Bagdonaite, Silvia Bölt, Gertraud Bracker, Sabine Bschorer, Dorothea Buschkiel, Deborah Carlson, Georg Deyhle, Gisela Dietrich, Carolin Exner, Sandor Farkas, Nicole Fischer, Wolfgang Gliesche, Gisela Gottwalt, Helmuth Hager, Botho Hilber, Ursula Hoenes, Ute Auf dem Hövel, Bernd Hofmann, Werner Hofmann, Lutz Hümmler, Rainer Janssen, Karoline Kampmann, Nika Kobulashvili, Reinhold Lange, Clemens Jäger, Sina Jesberger, Vera Kantelhardt, Stephan Kellermann, Joo-Young Kim, Birgitta Kjaer, Nika Kobulashvivi, Ilse Maier, Steffi Mauder, Margita Maurer, Dario McConnie-Saad, Ralph Mundlechner, Roisin Ni-Dhuill, Anna Petri, Johannes Rose, Ernst Rothe, Johannes Schempp, Manfred Schmidt, Monika Schmidt, Walter Schmidt-Pauly, Bodil Schnurrer, Frieder Siegert, Heinrich von Stackelberg, Veronika Stadler, Stephanie Straaß, Silvia Szegedy, Ilse Wagner, Andrea Weber, Erika Weber, Julia Weigand, Zsòfia Winkler

Viola da Gamba

Imke David

Violoncello

Andrea Abadie, Didier Achermann, Luise Adam, Manuel Adt, Franziska Amann, Thomas Aumüller, Florian Barak, Marijke Baumann, Veronika Becker, Constantin Beier, Friederike Blum, Tilman Blumenstock, Moritz Böge, Katrin Book, Ulrich Bracker, Inga von Brandis, Franziska Baumgarten, Christopher Corington, Georg Dielmann, Maria Dufter, Frank Eickhoff, Wolfgang Frielinghaus, Gisela Fuchs, Sybille Fuchs, Thomas Gieron, Julie McGinnis, Werner Goerdes, Markus Günther, Irmgard Hailmann, Andy Helck, Christoph Hellmann, Rasso Hilber, Christine Hofmann, Andreas Hösl, Susanne Holm, Konstanze Hoyer, Jan Kaluza, Christoph Kessler, Christine Kirchberger, Volker Klemm, Hans-Peter Kraft, Bernhard Kruis, Jona van Laak, Reinhard Lampe, Maximilian Lange, Philipp Lassmann, Hui-Bun Liao, Ursula Lukas, Annette Maas, David Minde, Frank-Joachim Möller, Philipp von Morgen, Richard Ott, Annemarie Petersen, Harald Sachers, Hedwig Schütze, Kilian Schütze, Roswitha Schmieder, Petra Sellmayer, Nikolin Sokolka, Albrecht von Stackelberg, Maja Tatò, Erdmann Unger, Johanna Varner, Heinrich Weeth, Katrin Wendland, Hanno Wildhagen, Wolf Dieter Zahler

Kontrabass

Markus Baumann, Thomas Beier, Thomas Bode, Francis Buzin, Jacek Gintowt, Irene Grendel, Tilman Hilber, Dominik Hogel, Zsuzsanna Juhasz, Georg Kamjunke, Monika Kamjunke, I-Shan Kao, Ekkehard Klement, Ruth Lackner, Stefan Lanius, Markus Legner, Ludwig Leininger, Christiane Ludwig, Ruslan Lutsyk, Rainer Marquart, Wolfgang Merker, Mozmaim Oleg, Nina Reichert, Nina Rahm, Annette Santarius, André Schimkowitsch, Eugen Schmidt, Elisabeth Schregle, Thomas Sikezsdy, Stefan Wohlfahrt, Andreas Wohlmann, Wladimir Zatko, Ziro Trindade

Blockflöte

Esther Freiberger, Renate Langeheinecke

Piccoloflöte

Stefanie Benker, Irene Bergmann/Jung, Veronika Duhm, Maria Holzer, Andrea Kleinsorgen, Susanne Marquart, Tina Marsden, Dankwart Schmidt, Lisa Wiener, Regina Willeke

Flöte

Marijke Baumann, Stefanie Benker, Sabine Beyer, Irene Bergmann/Jung, Jürgen Borchers, Franz Deutsch Veronika Duhm, Thomas Freiwald, Maria Holzer, Martina Mayer-Voigt, Susanne Marquart, Dankwart Schmidt, Lisa Wiener

Oboe

Florian Bartl, Sylvia Bölt, Eva Maria Buttke, Markus Durst, Gabriele Geiser, Barbara Greiner, Kerstin Hämmerling, Eva Maria Buttkewitz, Susanne Hennecke, Katja Klussmann, Sigrid Lanzl, Stefanie Loderbauer/Loderbauer-Schwarz, Anna Lohmann, Arnulf Mallach, Uschi Nätebusch, Martin Procher, Barbara Schmidt-Peter, Carola Siegling, Jutta Simon

Englischhorn

Florian Bartl, Sylvia Bölt, Barbara Greiner, Stefanie Loderbauer, Susanne Marquart, Silvia Olapinsky, Joachim Willberg, Birgit Zemlicka

Klarinette

Didier Achermann, Johannes Bernwieser, Jens Büttner, Birgit Dirrigl, Gabriele Drexl, Peter Flähmig, Toshinori Fujiwara, Günther Graf, Jiri Pivovacik, Tina Killian, Oliver Klenk, Stefan Komarek, Veronika Kornprobst, Wolfgang Korntheuer, Andrei Maerski, Veronika Menzinger, Klaus-Peter Müller, Raffael Muhr, Thomas Nieberle, Jiri Pivovarcik, Stanislav Pogelsek, Klaus Reichhart, Judith Rupp, Veronika Scharf, Christian Schneider, Barbara Wilhelm, Heinrich Zapf

Bassklarinette

Veronika Kornprobst, Josef Niedermeier, Judith Rupp

Fagott

Eleonore Distl, Andreas Friesecke, Markus Fromm, Wolfgang Fritzen, Bodo Königsbeck, Gunther Joppig, Marcus Junghans, Bodo Königsbeck, Christiane Kronewirth, Elisabeth Mauerhofer, Elisabeth Mayr, Elisabeth Mergner, Marion Niedernhuber, Georg Perger, Lore Polta, Robert Polzer, Sybille Recknagel, Thomas Schiebler, Yvonne Schreiber, Brigitta Starck, Christine Wackerle, Bärbel Walther, Christoph Wandinger

Kontrafagott

Gunther Joppig, Brigitte Starck

Saxophon

Alexander Hauptmann, Helmut Netter, Manfred Ranak

Horn

Oliver Apels, Felix Bauer, Sonja Bendel, Christian Bergmann, Fabian Borchers, Milen Bubhoff, Dominik Fischer, Susanna Gärtner, Klaus Gierens, Manfred Giosele, Thilo Grust, Johannes Kaltenbrunner, Lorenz Kerscher, Barbara Kleinschmidt, Georg Köhler, Jiri Kowalik, Esther Kretschmar, Mircea Ladiu, Benjamin Liebhäusel, Markus Liebsch, Ulrich Lohmann, Christoph Lutz, Seanán McGee, Scott W. Merritt, Wolfgang Mischi, Lorenz Overbeck, Lothar Palsa, Johanna Panzer, Irene Ranner, Andre Sabajew, Christian Schott, Elke Pätsch, Joaquim Palet-Sabater, Sachiyo Sakamoto, Johannes Schuster, Gerald Stegemann, Takashi Sugimoto, Peter Ternay, Thomas Topolski, Simeon Velinsky, Jakob Wurm

Trompete

Benjamin Abraham, Michael Beinhauer, Tanja Bleyl, Michael Brennhauer, Max Ehrhardt, Fakko Folkerts, Carsten Göpf, Christoph Günzel, Michael Lakota, Isabel Junghans, Josef Kronwitter, Philipp Lüdecke, Dierk Martens, Alexander Mengel, Thomas Nitz, Moritz Oberjatzas, Klaus Pohlmann, Bernhard Preschel, Willi Prader, Walter Prinz, Alexander Quasnicka, Martina Reiser, Sebastian Reiser, Klaus-Peter Scharf, Gaby Schneider, Stefan Seligmann, Markus Trautmannsheimer, Oliver Zorn

Posaune

Carsten Ahner, Hans Bichler, Ulrike Bloß, Markus Compostella, Marion Dimbath, Peter Dreßel, Michael Fagner, Christian Fuchs, Andreas Gambs, Christian Gommel, Hartmut Grönda, Andreas Häring, Birgit Henke, Franz Hohberger, Alexander Huber, Sakon Ishihara, Detlef Jakob, Rainer Jorde, Peter Kamjunke, Steffen Lüdecke, Alfred Peter Menzinger, Scott W. Merritt, Erich Mumme, Thilo Pitz, Uwe Springmann, Helmut Schilling, Dankwart Schmidt, Robert Schreiter, Wolfgang Schwarz, Matthias Tristl, Paul Troxler, Michael Walter, Julia Weder, Matthias Weiß, Arno Welz, Vincenz Wiederhold, Sebastian Will

Tuba

Ferdinand Kleinschmidt, Steffen Lüdecke, Christian Tomsu, Arno Westphal

Harfe

Christoph Bielefeld, Regine Dengler, Babs Gasteiger, Barbara Gollwitzer, Carolin Gruber, Steffi Hampel, Kazumi Hashimoto, Katrin Pechloff, Helen Radice, Magdalene Schiela, Stefanie Schwarz, Klara Seeger, Annette Seidl, Angelika Wagner

Cembalo

Sylvia Ackermann, Andreas Braßat, Hella Frielinghaus, Wolfgang Gesierich, Reinhard Szyszka

Orgel

Andreas Braßat, Cornelia von Kerssenbrock, Tobias Skuban

Pianoforte

Andreas Brassat, Hisae Nagakura, Nina Rahm, Diana Regehr, Roland Will

Celesta

Konstantin Eberl, Isabel Gedig, Kerstin Hämmerling, Daniela Niederhamer

Glockenspiel

Ulrich Pakusch

E-Gitarre

Rainer Krüger

E-Bass

Tobias Weber

Pauke

Rainer Anton, Jakob Greiner, Alexander Jung, Christian Pilz, Georg Pfannenstiel

Percussion

Riccardo Angelini, Neel Curry, Reinhard Dax, Claudio Estay, Rasso Hilber, Gunther Joppig, Günther Klügl, Fabian Kriner, Christian Löffler, Lee Miller, Christian Pilz, Ralf Probst, Manfred Ranak, Johannes Potzel, Richard Putz, Daniel Richardson, Ulrich Safft, Oliver Schwab, Monika Seebauer, Christoph Starck, Johannes Stickel, Kiril Stoyanov, Plamen Todorov, Jan Westermann

Eine Phalanx der Kontrabässe, Gespräche während der Pause ...
Foto: Viola Einsiedel

5.3 Choristen im Philharmonischen Chor Isartal und Kammerchor Isartal

Philharmonischer Chor und Orchester Isartal, Proben zu Brahms: Ein deutsches Requiem am 29. März 2003
Foto: Walter Salomon

Philharmonischer Chor und Orchester Isartal, Proben zu Beethovens „Neunter" am 4. Juli 2009
Foto: Hartmut Pöstges

Philharmonischer Chor Isartal

Der *Philharmonische Chor Isartal* (ab 1997 separat ausgewiesene Chorgruppierung, davor projektgebundene Kooperationen mit verschiedenen Chören) ist die Plattform für die große Chorgruppierung des *Konzertvereins Isartal e.V.*, die sich projektmäßig durch wechselnde Kooperationen von Chören der Region und dem *Philharmonischen Orchester Isartal* zu großen Klangkörpern vereinigt. Dadurch werden eigene Konzerte der beteiligten Chöre ergänzt und große Chor- und Orchesterwerke den Zuhörern der Region zugänglich gemacht.

Der Chor besteht – je nach Besetzung der aufgeführten Werke – aus bis zu 130 Choristen Musikern. Die Choristen kamen aus verschiedenen selbständigen Chören, die sich projektgebunden zum Philharmonischen Chor Isartal zusammen fanden:

- Musikfreunde Isartal, Leitung: Rainer Marquart
- Vokal-Ensemble Icking, Leitung: Philipp Amelung, Maria Benyumova
- Musica Starnberg, Leitung: Ulli Schäfer
- TonArt Sauerlach-Holzkirchen, Leitung: Christoph Garbe
- ISURA Madrigalchor, Leitung: Christian Preissler
- Queen-Mary-Chor Grünwald, Leitung: Cornelia von Kerssenbrock
- Gartenberger Sänger, Leitung: Rainer Marquart
- Mixed Voices, Leitung: Roland Hammerschied
- Jugendchor Wolfratshausen, Leitung: Christian Preissler.
- Kinderchor Wolfratshausen, Leitung: Yoshihisa Matthias Kinoshita
- Mitglieder aus Chören: Die Silberpilger (Leitung: Oliver Dimbath), Kirchenchor der Evang.-Lutherischen Gemeinde St. Michael Wolfratshausen (Leitung: Andreas Schierlinger-Langeheinecke) sowie der Königsdorfer Kirchenchor (Leitung: Renate Klemm).

Die Choreinstudierungen erfolgten durch die jeweiligen Chorleiter, die Aufführungen gemeinsam mit dem Philharmonischen Orchester Isartal leitete der Musikalische Leiter des Konzertvereins Isartal.

Gemeinsam mit dem Philharmonischen Orchester Isartal wurden 1997 und 2003 Brahms' *Ein deutsches Requiem*, 1998 szenisch Mozarts *Die Zauberflöte*, zur Jahrtausendwende Beethovens *Neunte Symphonie und* 2001 Bachs *Matthäus-Passion* aufgeführt. Zur Aufführung von Carl Orffs *Carmina burana* im Rahmen des Festkonzerts *1000 Jahre Wolfratshausen* haben sich 2003 acht Chöre zu den Aufführungen mit über 200 Chormitgliedern zusammengefunden. Gemeinsam mit dem Philharmonischen Orchester Isartal und Solisten, Gauklern und Feuerschluckern haben bei diesen Jubiläumsaufführungen über 200 Personen in diesem Projekt mitgewirkt.

Im Frühjahr 2006 wurde Rossinis *Stabat mater* mit über 200 Mitwirkenden in Benediktbeuern und Starnberg aufgeführt mit anschließender Frankreich-Tournee in die Partnerstädte von Wolfratshausen, Geretsried und Starnberg, Barbezieux in der Charente, Chamalières bei Clermont-Ferrand und Dinard in der Normandie. Zur Wiedereinweihung der *Loisachhalle* bot das Orchester mit dem Philharmonischen Chor Beethovens *Neunte Symphonie* vor insgesamt mehr als 1000 Zuhörern dar. Im Sommer 2011 wirkte der Philharmonische Chor Isartal bei der Aufführung der Ort C. M. v. Weber: *Der Freischütz* im Wolfratshauser Bergwaldtheater in einer stimmungsvollen Sommernacht vor ausverkauften Rängen .

Kulturverein Oberland e.V.

Stadt Wolfratshausen

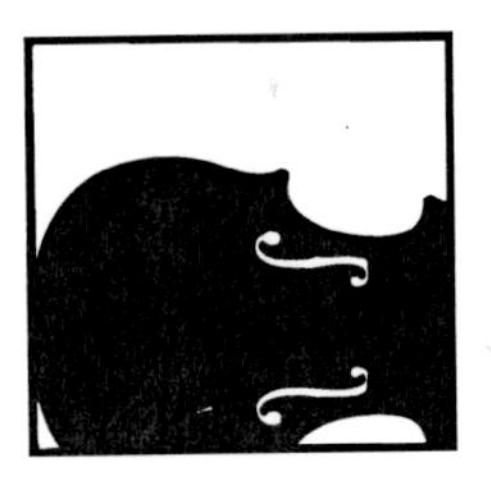

Konzertverein Isartal e.V./
Philharmonisches Orchester
Isartal

Konzertverein Isartal e.V./
Philharmonischer Chor Isartal

Jugendchor der
Musikschule
Wolfratshausen

Kinderchor der
Musikschule
Wolfratshausen

Chor der Musikfreunde
Isartal e.V.

Vokal-Ensemble Icking

Starnberger Musikkreis
(jetzt: Musica Starnberg) e.V.

Isura-Madrigalchor e.V.

Vocal-Ensemble Mixed Voices

Beteiligte *Gruppen bei der Aufführung von Carl Orff: Carmina burana. Solisten: Anja Frank, Sopran • Gustavo Martín-Sánchez, Tenor • Martin Cooke, Bariton. Aufführungen am 12. September 2003, Samstag, 13. September 2003, jeweils TSV Turnhalle Wolfratshausen, Sonntag, 14. September 2003, Marienplatz Wolfratshausen, Leitung: Christoph Adt*

Choristen 1991-2011

In den letzten 20 Jahren wirkten insgesamt 602 Choristen aus verschiedensten Chören sowie Mitglieder des Wolfratshauser Kinderchors und Tänzer bei eigenen Aufführungen des Konzertvereins Isartal e.V. mit (vor 1996: Philharmoniker Isartal e.V.). Die Choristen fanden sich im Philharmonischen Chor Isartal zusammen, der projektweise aus verschiedenen Chören gebildet wurde (Namensgebung in Form des Philharmonischen Chores Isartal ab 1997, davor projektgebundene Chorzusammenarbeit); der Kammerchor Isartal war die kleine Chorbesetzung des Konzertvereins Isartal e.V.. Bei Carl Orffs *Carmina burana* 2003 wirkten über 200 Beteiligte aus acht Chören mit dem Philharmonischen Orchester zusammen.

Philharmonischer Chor Isartal, Aufführung von Beethovens „Neunter" am 1. Januar 2000, Foto: Walter Salomon

Philharmonischer Chor Isartal, Probe zu Beethovens „Neunter" am 4. Juli 2009, Foto: Hartmut Pöstges

Kinderchor Wolfratshausen (2003), Leitung: Yoshihisa Matthias Kinoshita
Foto: Städtische Musikschule Wolfratshausen

Sopran

Giovanna Ahsbahs/Gierszewski, Gisela Aigner, Helga Alsleben, Camilla Antweiler, Stefanie Benker, Bettina Bergau, Martina Blaich, Anna Bleek, Silvia Bölt, Ingrid Bollant, Elisabeth Bolzmacher, Reinhild Burk, Juliane Busch, Anja Conrad, Brigite Czepl, Christina Czepl, Elisabeth Danner , Bettina Decker, Monika Deutsch, Barbara Deutschmann, Manuela Dill, Christl Dittmann, Hannelore Dresbach, Maria Drexlmaier, Barbara Ehrenreich, Christina Eickelschulte, Dorothee Emans, Karin Enders, Barbara Ettmayr, Wilma Faust, Agathe Fiedler, Angelika Fränck, Anja Frank, Bärbel Frank, Susanne Friedl, Claudia Fritz, Pia Fuhrmann, Veronika Gärtner, Helene Gaibl, Susanne Gammel, Marlis Garnreiter, Andrea Gast, Carolin Gehlen, Lucia Geppert, Christina Gerndt, Bettina Geue-Decker, Ilonka Geyer, Emmy Girbinger, Bettina Gottwald, Astrid Graf, Eva Greif-Scholz, Renate Grevens, Daniela Groeger, Sibylle Grötz, Ina Haass, Ingeborg Hailer, Marie-Luise Hatzelmann, Michaela Hecht, Elisabeth Herholz, Carolin von Heydebrand, Maria Hirsch, Sarah Hirschbühl, Gundi Hoelscher, Christine Hörl, Victoria Hofherr, Marion von Hofacker, Ursula Hoyer, Barbara Hubbert, Irmgard Hupfauf, Jutta Jecht, Eva Kahlert, Gabriele Kaiser, Waltrud Kirchner, Birgit Kjaer, Anna Kinoshita, Ulrika Klakow, Regina Klose, Elisabeth Kneisl, Gabriella Köplin, Regina Korntheuer, Ute Küber, Veronika Kucklentz, Traudi Kühn, Ruth Lackner, Faye Ledwon, Gertraud Lindström, Vera Lischke, Stephanie Loeben-Sprengel, Gerda Lutz, Monika Maier, Ulrike Meyer-Popp, Christa Miedl, Kirsten Muntau, Brunhild Nelles, Marta Neuerburg, Regina Neumann, Katherina Ohlhof, Elke Pätsch, Alexandra Peindl, Barbara Pongratz, Susanne Porte, Sina-Andrea Preitschopf, Uschi Preitschopf, Claudia Raab, Johanna Raeder, Zenzi Reindl, Carolin Remy, Kathrin Riethmaier, Julia Rinser, Sieglinde Rinser, Beate Rissom, Jeanne von Rotenhan, Marion Rottenberger, Cornelia Schauer, Cordula Scherer, Gerlinde Schindler, Claudia, Schmid, Doris Schmied, Angelika Schmidt, Gisela Schmidt, Sonja Schötz, Sophie Scholz, Marianne Schröter, Gertrud Schurack, Isabelle Schupp, Gertrud Schurack, Cornelia Schwabbauer, Frl. Schwarz, Roswitha Schwarzfischer, Christa Schwertner, Christa Schweter, Norma Seim, Imke Seip, Anna Seminov, Brigitta Setz, Evi Simons, Brigitte Smolka, Gertraud Strauss, Susanne Styrsky, Cordula von Uhlmann, Sophie Vaillancourt, Monika Vetter, Elisabeth Volkmann, Marieke Walter, Renate Wallisch, Hildegard Weigelt, Ilse Wickler, Bärbel Widmann, Cordula Wieland, Barbara Wieser, Martina Wild, Monika Wohlfarter, Claudia Zauner, Rosemarie Zeitler, Juliane Zanner, Renate Zündorff

Alt

Giovanna von Ahsbahs, Katrin Andris, Elisabeth Anton, Maren Arnold, Veronika Asang, Carmen Auer, Ilse Aumüller, Rosmarie Bartel, Marion Baumeister, Elisabeth Baumgärtel, Anna Baumgartner, Marianne Bendel, Elisabeth Bender, Edith Benker, Elisabeth Bentlage, Barbara Bericke, Eva Maria Bichler, Irene Blaich, Ursula Böhm, Ingeborg Bolten, Franziska Borth, Diana Büchler, Sarah Chucholowski, Christine Dietrich, Annemarie Dittmar, Herta Dobrick, Gertraude Draeger, Diemut Dürrich, Rosemarie Eckstein, Kristina Ehrlinger, Renate Eichele, Rita Elsner, Doris Englmayer, Rosemarie Eckstein, Alice Federspieler, Rosmarie Fels, Erika Fernolend, Mona Fischer, Bärbel Frank, Katharina Franz, Hella Frielinghaus, Natalie Gaßner, Gisela Gehlen, Barbara Gericke, Lucia Geppert, Beate Gerle, Edeltraud Geltl, Emmy Girbinger, Hildegard Glück, Monika Goldstein, Hildegard Gossler, Bettina Groß, Elsa Güllich, Micaela Händel, Gabriele Hager, Irmgard Hailmann, Christiane Harbich, Claudia Haslauer, Erika Hedwig, Maria Henkel, Antje Heuer, Renate van Hezik, Ina-Maria Hildmann, Ingrid Hirsch, Beate Hirte, Anna Hößle, Marion von Hofacker, Christiane Hoffman, Sabine Holocher, Martina Horvath, Elisabeth Huber, Ellen Hübner, Angelika Janson, Elisabeth Jemlich, Barbara Jordan, Elisabeth Kern, Veronika von Kerssenbrock, Martina Ketterl, Renate Klemm, Lizzy Klostermeier, Margarethe Kochanowski, Jutta Köhler, Helga König, Ingrid König, Annette Körber, Herta Körver, Ursula Koller, Joélle Kolo, Veronika Kornprobst, Johanna Krieg, Margarete Krywalski, Ute Küber, Brigitte Lange, Johanna Langera, Maria Langer-Bogdanov, Tina Langhaeuser, Ute Last, Christine Laukin, Adelheid Lischke, Gerlind Löffler, Renate Lorenz-Gschwind, Ursula Lüdecke, Maria Lug, Margret Mahlo, Elly Menzel, Friederike Melf, Christa Miedl, Silvia Moelle, Claudia Mückstein, Rosalie Müller, Rosina Müller, Nicola-Anett Müllerke, Ellen Mundt, Ursula Nagel, Angelika Neumaier, Cornelia-Elisabeth Nörtemann, Catharina Ohlhof, H. Ohligschläger, Antonia-Martina Ott, Joelle Perrenoud, Dörte Petersen, Doris Pfaehler, Pilar Pöllinger, Marianne Pöverlein, Monika Pollinger, Edith Präger, Doris Präger, Beatrix Procher, Gabriele Rau, Ursula Rechenauer, Ulrike Reinicke-Göckeritz, Inge Resmann, Fenn Rosermann, Birgit Roth, Claudia Roth, Petra Röttig, Claudia Rücker, Sybille Sachers, Monika Sauter, Rose Scharf, Gertraude Scheble, Birgit Scheit, Christiane Schlieck, Virginia Schmalfuß, Inez Schmid, Gabi Schmidt, Karin Schneeloch, Andrea Schneider-List, Christel Schönebaum, Lissy Schönnagel, Marina Schreiter, Barbara Schröder, Michaela Schwarz, Annegret Schwede, Christa Seltmann, Anneliese Simon-Reitebuch, Jutta Söller, Sabine Späther, Gudrun Stahl, Ursula Steigemann, Gisela Steinbach, Monika Steinberger, Hedwig Stimmel, Dagmar Stoewer, Ute Straube, Elisabeth Stroka, Sybille Tauchmann, Sibylle Thebe, Elisabeth Tilke, Silvia Tschamler, Ulrike Uhlmann, Eveline Wachter, Barbara Wanderer, Andrea Wirz, Klaudia Wittmann, Elisabeth Zeppenfeld, Doris Zimmermann, Marianne Zorn, Anita Zurek

Tenor

Broder Abrahamsen, Philipp Amelung, Klaus Anger, Wolfgang Antesberger, Christoph Antonin, Claudia Antonin, Carmen Auer, Thomas Aumüller, Gabriel Baumüller, Joseph Baur, Ulrich Baur, Rainer Beham, Jan-Philip Bellmann, Marius Böttner, Vera von Braunbehrens, Matthias Brustmann, Tobias Brustmann, K. H. Dehmelt, Bernd Emmerich, Ernst Feistel, Markus Figl, Andreas Fischer, Klaus Forster, Michael Frey, Susanne Galonska, Dominik Gehlen, Florian Gehlen, Hellmut Gericke, Gerhard Gesierich, Dietrich Gottstein, Birgit Gröbmeyer, Florian Gruber, Michael Gutmann, Annemarie Hafner, Roland Hammerschmied, Saskia Hannik, Manfred Hauptmann, Hans Helmes, Hubertus Hetschger, Joachim Hiebl, Michael Hirsch, Andreas Hirtreiter, Sabine Höring, Josef Huber, Robert Janning, Stefan Janson, Thom Jones, Hubertus von Kerssenbrock, Temmo Kinoshita, Rudolf Klier, Josef Klostermeier, Johannes Klügling, Martin Krenn, Elisabeth Kröll, Michael Kuny, Wolfgang Lackner, Volker Ludwig, Karl Marbach, Jörg-W. Martin, Christian Meister, Matthias Mengele, Alfred Menzinger, Peter Meyer, Andreas Mogl, Siegfried Motz, Andreas Pätsch, Reinhart Pätsch, Rolf Persson, Brigitte Putzer, Karl Rab, Sebastian Reich, Markus Roberts, Matthias Rößler, Michael Röttig, Andreas Roth, Johannes Rothbauer, Heike Rothert, Gerhard Rottmeier, Hermann Salenbauch, Nik Sappl, Inge Schael, Reiner Schilling, Peter Schleemilch, Barbara Schlott, Andreas Schmidt, Bertram Schmidt, Josef Schnellbach, Joachim Seidelmann, Dieter Seltmann, Frieder Schönnagel, Hartmut Schröter, Nikolaus Sieveking, Jason Smith, Hans-Jürgen Stöckl, Moritz Stöckl, Ute Straube, Ulrich Stuke, Reinhard Szyszka, Gerrit Waßmann, Wilfried Weinert, B. Wiedemann, Christoph Wirth, Christel Witte, Elisabeth Zehndbauer

Baß

Philipp Amelung, Rainer Anton, Kurt Bantle, Gabriel Baumüller, Dieter Beier, Rainer Beham, Felix Berauer, Werner Bint, Heinz Bölt, Marc-Dominic Bohn, Ben Bowman, Gerhard Broda, Peter Broeren, Michael Brucks, Quirin Brucks, Toni Buchner, Mario Burgardt, Thomas Busch, Philip Carleston, Hans Rainer Damm, Andreas Dellert, Götz Draeger, Dirk Dürholz, Richard Ebbing, Johannes Eck, Ulrich Eckstein, Herbert Enge, Ludwig Ettmayr, Matthias Ettmayr, Ulrich Faust, Dominic Feichtner, Thomas Forreiter, Hubert Freiseisen, Manfred Freiseisen, Heribert Freundlieb, Josef Gall, Peter Galonska, Karl Hafner, Markus Hagenbucher, Thomas Heinzeller, Stefan Henning, Walter Herholz, Manuel Hildebrandt, Thomas Hofmann, Thomas Hohenberger, Eberhard von Hoyningen-Huene, Max Hüttenhofer, Stefan Jeditschka, Jürgen Kerstiens, Christoph Kessler, Helmuth Kick, Franz Kistler, Walter Klemm, Reiner Klink, Michael Kocyan, Tobias Kolb, Sebastian Krapp, Philipp Kreißelmeier, Bernhard Lorenz, Steffen Lüdecke, Michael Mantaj, Friedel Marksteiner, Jörg Martin, Rainer Marquart, Fritz Meixner, Gregor Miklik, Guntram Nägele, Matthias Noak, Peter Pich, Hans Assa von Polenz, Hermann Reichenbach, Hermann Reichenbach jr., Johann Reissner, Laurent Remy, Sebastian Roth, Walter Salomon, Christoph Sappel, Robert Schael, Rudi Schael, Bertold Scharf, Horst Schelberg, Harald Schmalfuß, Fritz Schön, Dietmar Schöne, Ingo Schubert, Dietrich Schultz, Helmut Schumacher, Michael Schweter, Andreas Sczygiol, Oliver Sebastian, Michael Skerka, Gregor Smolka, Heinrich von Stackelberg, Wolfgang Steigemann, Eckehard Stosiek, Thomas Stimmel, Michael Strauss, Johannes Striebel, Ottmar Teusner, Martin Thalhammer, Christian Todzi, Markus Tschamler, Michael Tuschke, Gerhard Vetter, Wilfried Vorwald, Martin Wickler, Heiko Wohlrabe

Wolfratshauser Kinderchor (bei den Aufführungen von Carl Orffs *Carmina burana*, 2003)

Finn Abeck, Hannah Arnu, Laura Behrends, Annemarie Birner, Lilli Braun, Malte Decker, Lucia Drexel , Nina Gottstein, Julika Haas, Sophia Haller, Maria Harrer, Greta Herdemerten, Miriam Hille, Laura Hörr, Sebastian Kleinhanß, Julius Knopik, Martina Megele, Moritz Mörtl, Anton Müller, Felicitas Oswald, Giulia Pöllinger, Kai Ratcliffe, Marlena Rickerl, Lukas Röder, Susanne Schmidt, Carolin Schöllhorn, Franziska Schweitzer, Noemi Skala-Kuhmann, Maxim Staudacher, Quirin Steiner, Dorothea Strack, Sabrina Waldmann, Axel Weyer, Simon Widmann, Michaela Woratsch, Sabine Zimmermann

Tänzer (bei den Aufführungen von Carl Orffs *Carmina burana*, 2003)

Giovanna von Ahsbahs, Marianne Bendel, Inge Bolten, Ben Bowman, Sarah Chucholowski, Erika Fernolend, Bärbel Frank, Maria Henkel, Ann Kinoshita, Helga König, Ruth Lackner, Tina Langhaeuser, Stephanie Loeben-Sprengel, Ursula Lüdecke, Cornelia Nörtemann, Gabriele Rau, Angelika Schmidt, Ursula Steigemann, Barbara Wieser, Anita Zurek

6 Verzeichnis der zwischen 1991 und 2011 aufgeführten Werke

Komponist	Werk	Konzert	Dirigent	Solist, Ensemble	Chor, Orchester	Lebens-daten
Thomas Tallis	*If ye love me* für Stimmen a capella	19.2.1005		Sound Affaire		1505-1585
Orlando di Lasso	*Madonna ma pietà - Alma redemptoris mater* für Stimmen a capella	19.2.1005		Sound Affaire		1532-1594
Thomas Luis de Victoria	*O Domine Jesu Christe* für Stimmen a capella	19.2.1005		Sound Affaire		1548-1611
Jacobus Gallus	*Pater noster* für achtstimmigen Doppelchor	24.6.2006	Christian Preißler		ISURA Madrigal-chor, Jugend-kammerchor Wolfratshausen	1550-1591
Giller Farnaby	*Fancies, Toyes and dreams* für Stimmen a capella	25.9.2004		Munich Chamber Brass		1565-1640
Heinrich Schütz	*Ehre sei dir Christe* (Schlusschor aus der Matthäuspassion)	25.5.2005	Christian Preißler		ISURA Madrigalchor	1585-1672
Johann Hermann Schein	*Das ist mir lieb* für Chor a capella (Psalm 166)	22.10.2006	Andreas Lange-heinecke		Kammerchor Isartal	1586-1630
Hans Leo Hassler	*Tanzen und Springen, Herzlieb zu dir allein* für Stimmen a capella	19.2.1005		Sound Affaire		1564-1612
Andreas Hammer-schmidt	*Schaffe in mir, Gott, ein reines Herz* für Chor a capella (Psalm 51)	25.5.2005	Christian Preißler		ISURA Madrigalchor	1612-1675
Dietrich Buxtehude	Praeludium d-moll für Orgel, BuxWV 140	12.10.2002		Hedwig Bilgram		1637-1707
Johann Christoph Bach	*Ich lasse dich nicht* für achtstimmigen Doppelchor	24.6.2006	Christian Preißler		ISURA Madrigal-chor, Jugend-kammerchor Wolfratshausen	1642-1703
Johann Pachelbel	*Singet dem Herrn* für achtstimmigen Doppelchor	24.6.2006	Christian Preißler		IISURA Madrigal-chor, Jugend-kammerchor Wolfratshausen	1653-1706

Komponist	Werk	Konzert	Dirigent	Solist, Ensemble	Chor, Orchester	Lebens-daten
Henry Purcell	*Dido und Aeneas* (konzertante Aufführung)	8.11.1996	Gerhard Schmidt-Gaden	Solisten des Tölzer Knabenchors	Tölzer Knabenchor, Münchner Bachsolisten	1659-1695
Georg Böhm	Choralpartita *Ach wie nichtig, ach wie flüchtig* für Orgel	12.10.2002		Hedwig Bilgram		1661-1733
José de Torres Martinez Bravo	*Versa est in luctum* für Chor a capella	25.5.2005	Christian Preißler		ISURA Madrigalchor	1665-1738
Tomaso Albinoni	Konzert d-moll, op. IX/2 für Oboe und Streicher	8.5.2005	Sebastian Adelhardt	Silvia Bölt	Kammerensemble Isartal	1671-1750
Antonio Vivaldi	*Stabat mater*	12.4.1995	Matt Boynick	Beatrix Procher	Kammerensemble Isartal	1678-1741
	Der Frühling aus *Vier Jahreszeiten* für Violine und Orchester, op. 8,1	19.7.1992	Matt Boynick	Almut Haas, Matthias Kneifl	Philharmoniker Isartal	
	Konzert für Flöte, 2 Violinen und Streicher a-moll, RV 108	28.1.1996	Günther Weiß	Franz Deutsch, Katja Weiß, Barbara Hubbert, Ursula Lukas, Hella Friiellinghaus	Kammerensemble Isartal	
	Concerto grosso h-moll, op. 3,10	30.6./3.7./7.7. 1991	Matt Boynick	Hans Horsmann, Jens Mürbe, Heidrun Hilber, Heidi Aumüller, Hedwig Schütze	Ickinger Laien-Philharmoniker	
Francesco Maria Manfredini	Concerto D-Dur (1711) für drei Trompeten, Pauken und Orgel	12.10.2002		Bach-Trompeten-ensemble München		1680-1748
Georg Philipp Telemann	Concerto D-Dur Nr. 1 für drei Trompeten, Pauken und Orgel	12.10.2002		Bach-Trompeten-ensemble München		1681-1767

Komponist	Werk	Konzert	Dirigent	Solist, Ensemble	Chor, Orchester	Lebens-daten
	Hamburgische Trauermusik für drei Trompeten, Pauken und Orgel	12.10.2002		Bach-Trompeten-ensemble München		
	Aus der Kantate *Die Tageszeiten: Komm holder Schlaf, O Nacht, Des Menschen Seligkeit*	21.11.2004	Rainer Marquart	Maria Spindler, Franz Spindler	Kammerensemble Isartal	
Georg Friedrich Händel	Oratorium *Der Messias*	3./4.12.1994	Matt Boynick	Maria Spindler, David Greiner, László Haramza, Panito Iconomou	Musikfreunde Isartal, Philharmoniker Isartal	**1685-1759**
	Saint's Halleluja aus *Der Messias* (Bearbeitung)	25.9.2004		Munich Chamber Brass		
	Oratorium *Israel in Ägypten*	12.9.2007	Ulli Schäfer	Beate von Hahn, Roswitha Schmelzl, Stefan Görgner, Hubert Nettinger, Raphael Sigling, Michael Mantaj	Starnberger Musikkreis	
	Wassermusik	17.7.1999	Günther Weiß		Philharmonisches Orchester Isartal	
	Feuerwerksmusik	17.7.1999	Günther Weiß		Philharmonisches Orchester Isartal	
	Concerto grosso op. 4,6 für Harfe und Orchester	19.7.1992	Matt Boynik	Annette Seidl	Philharmoniker Isartal	
	Concerto grosso e-moll, op. 6,3	**2.12.2006**	**Christoph Adt**		**Philharmonisches Orchester Isartal**	

Komponist	Werk	Konzert	Dirigent	Solist, Ensemble	Chor, Orchester	Lebens-daten
Johann Sebastian Bach	***Matthäus-Passion*, BWV 244**	**31.3./1.4. 2001**	**Günther Weiß**	**Matthias Heubusch, Minari Urano, Christina Landshamer, Anne Buter, Christian Zenker, Thomas Gropper**	**Philharmonischer Chor Isartal, Wolfratshauser Kinderchor, Philharmonisches Orchester Isartal**	**1685 – 1750**
	Herzliebster Jesu (Choral), *O Haupt voll Blut und Wunden* (Choral) aus *Matthäus-Passion*	25.5.2005	Christian Preißler		ISURA Madrigalchor	
	Weihnachts-oratorium, BWV 248, Teile 1-3	19.12.1998	Philipp Amelung	Ursula Bambuch, David Greiner, Julian Robinson, Stephan Joachim	Vokal-Ensemble Icking, Kammerensemble Isartal	
	Weihnachts-oratorium, BWV 248, Teile 1-3 und 6	22./23.12. 2000	Philipp Amelung	Ursula Bambuch, Barbara Müller, Maximilian Kiener, Thomas Gropper	Vokal-Ensemble Icking, Kammerensemble Isartal	
	Motette *Jesu meine Freude*, BWV 227	3./ 5.4.1992	Günther Hauer		Musikfreunde Isartal	
		23.4.2005	Rainer Marquart		Musikfreunde Isartal	
	Kantate Nr. 4: *Christ lag in Todesbanden*	3./ 5.4.1992	Günther Hauer	Vera Hartl, Barbara Hölzl, Rudolf Steger, Herbert Walz	Musikfreunde Isartal, Kammerensemble Isartal	
	Kantaten Nr. 42, 54 56, 76, 79, 93 und 180	1992-2005	Philipp Amelung, Matt Boynick, Günther Weiß, Rainer Marquart	Vokal- und Instrumental-solisten	Kammerchor Isartal, Kammerensemble Isartal	

Komponist	Werk	Konzert	Dirigent	Solist, Ensemble	Chor, Orchester	Lebens-daten
	Kantate Nr. 80: *Ein feste Burg*	30.10.2005	Christoph Adt	Katja Stuber, Regine Mahn, Gustavo Martin-Sánchez, Martin Danes	Kammerchor Isartal, Kammerensemble Isartal	
	aus Kantate Nr. 100: Arie *Was Gott tut, das ist wohlgetan*	28.1.1996	Günther Weiß	Beatrix Procher, Christoph Kessler, Ursula Lukas, Hella Frielinghaus	Kammerchor Isartal, Kammerensemble Isartal	
	Kantate Nr. 104: *Du, Hirte Israels, höre*	18.4.1999	Philipp Amelung	Max Kiener, Johann Bauer	Kammerchor Isartal, Kammerensemble Isartal	
	Kantate Nr. 117: *Sei Lob und Ehr' dem höchsten Gut*	14.4.1997	Philipp Amelung	Gisela Ullmann, Michael Kilian, Martin Cooke, Barbara Hubbert	Kammerchor Isartal, Kammerensemble Isartal	
	Kantate Nr. 119: *Preise, Jerusalem*	22.10.2006	Christoph Adt	Sigrid Plundrich, Iris Julien, Julian Prégardian, Tomi Wendt	Kammerchor Isartal, Kammerensemble Isartal	
	aus Kantate Nr. 123: Arie *Lass o Welt*	28.1.1996	Günther Weiß	Nicolaus Paczulla, Franz Deutsch, Christoph Kessler, Ursula Lukas, Hella Frielinghaus	Kammerchor Isartal, Kammerensemble Isartal	
	Kantate Nr. 209: *Non sa sia dolore*	28.2.1998	Günther Weiß	Agnes Abele-Habereder, Christoph Kessler, Rainer Marquart, Hella Frielinghaus	Kammerchor Isartal, Kammerensemble Isartal	
	Orchestersuite Nr. 1 C-Dur, BWV 1066	1.12.1991	Matt Boynick		Philharmoniker Isartal	
		16.7.2005	**Christoph Adt**		**Philharmonisches Orchester Isartal**	

Komponist	Werk	Konzert	Dirigent	Solist, Ensemble	Chor, Orchester	Lebens-daten
	Orchestersuite Nr. 2 h-moll, BWV 1067	26.1.1997/28.2.1998	Günther Weiß	Franz Deutsch	Kammerensemble Isartal	
	Orchestersuite Nr. 3 D-Dur, BWV 1068	13.5.2000	Günther Weiß	Stephanie Loderbauer, Eva-Maria Buttkewitz, Arnulf Mallach, Lore Polta, Alexander Jung, Johannes Schempp, Bach-Trompetenensemble München	Kammerensemble Isartal	
	Ausschnitte aus: Orchestersuite Nr. 3 D-Dur, BWV 1068	22.9.2000	Günther Weiß		Kammerensemble Isartal	
	Air aus der Orchestersuite Nr. 3 D-Dur (Bearbeitung)	25.9.2004		Munich Chamber Brass		
	Orchestersuite Nr. 4 D-Dur, BWV 1069	13.5.2000	Günther Weiß	Stephanie Loderbauer, Eva-Maria Buttkewitz, Arnulf Mallach, Lore Polta, Alexander Jung, Johannes Schempp, Bach-Trompetenensemble München	Kammerensemble Isartal	
	Brandenburgisches Konzert Nr. 1 F-Dur, BWV 1046	9.5.1998	Günther Weiß	Valerie Schempp, Johannes Kaltenbrunner, Christian Bergmann, Martin Procher, Stephanie Loderbauer, Arrnulf Mallach, Gunther Joppig	Kammerensemble Isartal	
	Brandenburgisches Konzert Nr. 2 F-Dur, BWV 1047	22./23.1.1994	Matt Boynick	Gerd Fischer, Dimitrij Haritonow, Tamás András, Rudolf Riesinger	Kammerorchester Isartal	
	Brandenburgisches Konzert Nr. 3 G-Dur, BWV 1048	12.4.1995	Matt Boynick		Kammerensemble Isartal	

Komponist	Werk	Konzert	Dirigent	Solist, Ensemble	Chor, Orchester	Lebens-daten
	Brandenburgisches Konzert Nr. 4 G-Dur, BWV 1049	3./5.4. 1992	Günther Hauer	Matt Boynick, Franz Deutsch, Katja Weiß	Kammerensemble Isartal	
	Brandenburgisches Konzert Nr. 5 D-Dur, BWV 1050	20. /27.3.1993	Susanne Kessler	Annikó Soltész, Almut Haas, Matt Boynick	Philharmoniker Isartal	
	Brandenburgisches Konzert Nr. 6 B-Dur, BWV 1051	30.04.1999		Dora Scheili und Mitglieder des Philharmonischen Orchesters Isartal	Kammerensemble Isartal	
	Passacaglia c-moll, BWV 582 (Bearbeitung von Leopold Stokowski)	**12.3.2005**	**Christoph Adt**		**Philharmonisches Orchester Isartal**	
	Konzert für Violine und Orchester a-moll, BWV 1041	24.3.2000	Christoph Poppen	Isabelle Faust	Münchner Kammerorchester	
	Konzert für Violine und Orchester E-Dur, BWV 1042	26.1.1997	Günther Weiß	Kurt Guntner	Kammerensemble Isartal	
		24.3.2000	Christoph Poppen	Isabelle Faust	Münchner Kammerorchester	
	Konzert für zwei Violinen und Orchester, BWV 1043	15./16.4.1994	Matt Boynick	Christian Schrödl, Ulrich Hahn	Kammerorchester Isartal	
		28.2.1998	Günther Weiß	Barbara Hubbert, Katja Weiß	Kammerensemble Isartal	
	Konzert für Violine, Oboe und Orchester d-moll, BWV 1060	28.1.1996	Günther Weiß	Valerie Schempp, Martin Procher	Kammerensemble Isartal	
	Konzert für Oboe und Orchester d-Moll, BWV 1060	12.4.1995	Matt Boynick	Martin Procher	Kammerensemble Isartal	

Komponist	Werk	Konzert	Dirigent	Solist, Ensemble	Chor, Orchester	Lebens-daten
	Konzert für Oboe d'amore und Orchester A-Dur, BWV 1055	26.1.1997	Günther Weiß	Martin Procher	Kammerensemble Isartal	
	Konzert für Cembalo und Orchester d-moll, BWV 1052	28.1.1996	Günther Weiß	Hedwig Bilgram	Kammerensemble Isartal	
	Ricercar aus *Das Musikalische Opfer*, BWV 1079	30.10.2005	Rainer Markward t		Kammerensemble Isartal	
		30.10.2005	Christoph Adt		Kammerensemble Isartal	
	Triosonate aus *Das Musikalische Opfer*, BWV 1079	13.5.2000		Franz Deutsch, Barbara Hubbert, Johannes Schempp, Johanna Varner		
	Präludium und Fuge Es-Dur für Orgel, BWV 552	22.10.2006		Peter Kofler		
	Partita Nr. 5 G-Dur, BWV 839	21.5.2011		Aleksandar Madžar		
	Partita Nr. 6 e-moll, BWV 840	21.5.2011		Aleksandar Madžar		
	Präludium und Fuge h-moll für Orgel, BWV 544	30.10.2005		Andreas Braßat		
		19.11.2006		Tobias Skuban		
	Toccata und Fuge d-moll für Orgel, BWV 565	21.11.2004		Tobias Skuban		
	Canzona d-moll für Orgel, BWV 588	30.10.2005		Andreas Braßat		

Komponist	Werk	Konzert	Dirigent	Solist, Ensemble	Chor, Orchester	Lebens-daten
	Grave und Allegro, BWV 21 (*Das Lamm, das erwürget ist und Lob und Ehre und Preis und Gewalt)* für drei Trompeten, Pauken, und Orgel (Bearbeitung von Franz Liszt)	12.10.2002		Bach-Trompeten-ensemble München		
	Dona nobis pacem, BWV 232 (aus *Messe in h-moll*), bearbeitet für für drei Trompeten, Pauken und Orgel	12.10.2002		Bach-Trompeten-ensemble München		
	Suiten für Violoncello solo Nr. 1-6, BWV 1007-1012	**22./23.4. 2006**		**Wen-Sinn Yang**		
	Sonata 1 in g-moll für Violine solo, BWV 1001 *(Adagio – Fuga)*	25.5.2005		Vera Lischke		
Domenico Scarlatti	Vier Sonaten für Klavier	17.9.2005		Julia Fedulajewa		1685-1757
Benedetto Marcello	Konzert für Oboe und Streicher	30.04.1999		Martin Procher	Kammerensemble Isartal	1686-1739
Giovanni Batista Sammartini	Concerto F-Dur für Sopranblockflöte und Streicher	9.11.1995	Erich Rupprecht	Monika Kaminski	Jugendsinfonie-orchester der Musikschule Wolfratshausen	1698-1775
Christoph Willibald Gluck	Oper *Orpheus und Eurydike* (konzertante Aufführung)	25./26.3. 1994	Matt Boynick	David Greiner, Martina Schänzle, Christine Beihofer-Arndt	Mixed Voices, Philharmoniker Isartal	1714-1787
	Ouvertüre zu *Iphigenie in Aulis*	15.12.2001	Günther Weiß		Philharmonisches Orchester Isartal	

Komponist	Werk	Konzert	Dirigent	Solist, Ensemble	Chor, Orchester	Lebens-daten
Joseph Haydn	Oratorium *Die Schöpfung*	28./29.11. 1992	Matt Boynick	Maria Spindler, Andreas Mogl, Wolfgang Gollinger	Musikfreunde Isartal, Philharmoniker Isartal	**1732-1809**
	Symphonie Nr. 45 fis-moll (*Abschieds-symphonie*)	22./23.1.1994	Matt Boynick		Kammerorchester Isartal	
	Symphonie Nr. 90 C-Dur	15.7.1995	Matt Boynick		Philharmoniker Isartal	
	Symphonie Nr. 94 G-Dur (*Mit dem Paukenschlag*)	12.5.2001	Günther Weiß		Kammerensemble Isartal	
	Symphonie Nr. 103 Es-Dur (*Mit dem Paukenwirbel*)	8.5.1999	Günther Weiß		Kammerensemble Isartal	
	Symphonie Nr.104 D-Dur	30.6./3.7./7.7. 1991	Matt Boynick		Ickinger Laien Philharmoniker	
		13.10.2001	Günther Weiß		Kammerensemble Isartal	
	Konzert für Trompete und Orchester Es-Dur, Hob. VIIe:1	9.5.1998	Günther Weiß	Guido Segers	Kammerensemble Isartal	
		13.3.2004	**Christoph Adt**	**Maja Markert**	**Philharmonisches Orchester Isartal**	
	Divertimento für Bläserquintett B-Dur (*Antonius-Quintett*)	9.5.1998		Südbayerische Bläser-philharmonie		
	Streichquartett Es-Dur, op. 9,2	**7.3.2009**		**Faust Quartett**		
	Streichquartett C-Dur, op. 20,2	**7.10.2006**		**Kuss Quartett**		

Komponist	Werk	Konzert	Dirigent	Solist, Ensemble	Chor, Orchester	Lebens-daten
	Streichquartett G-Dur, op. 76,1	**2.10.2005**		**Quatuor Ebène**		
	Streichquartett G-Dur, op. 77,1	**3.10.2009**		**Amaryllis Quartett**		
	Streichquartett F-Dur, op. 77,2	**2.10.2010**		**Ardeo Quartett**		
Michael Haydn	Divertimento D-Dur	8.10.1998	Ivan Mayaš		Prager Kammersolisten	1737-1806
Anton Stamitz	Konzert für Viola und Orchester	20.1.95	Matt Boynick	Dora Scheili	Kammerorchester Isartal	1745-1801
Wolfgang Amadeus Mozart	**Oper *Die Zauberflöte*, KV 620 (szenische Aufführung)**	**11./12./13.7. 1998**	**Günther Weiß, Regie: Marcus Schneider**	**Minari Urano, Cecilia Tabellion, In Hak Lee, Valentine Dechenaux, Oliver Weidinger, Fiqete Ymeraj, Christopherus T. Vogt, Katrin Mann, Susanna Simonsson, Rita Kapfhammer, Stefan Sevenich, Oliver M. Gilfert, 3 Tölzer Knaben**	**Philharmonisches Orchester Isartal, Philharmonischer Chor Isartal**	**1756-1791**
	Ouvertüre und Arien aus *Die Zauberflöte*	**17.7.2010**	**Christoph Adt**	**Magdalena Hinterdobler, Moon Yung Oh, Benjamin Appl, Tareq Nazmi**	**Philharmonisches Orchester Isartal, Wolfgang Lackner (Moderation)**	
	Oper *Der Schauspieldirektor*, KV 486 (oder *Der Freischütz kommt nach Wolfratshausen*) (szenische Aufführung gemeinsam mit Loisachtaler Bauernbühne nach freiem Libretto, Dialoge von Christoph Kessler und Marcus Schneider)	**14./15.7. 2001**	**Günther Weiß, Regie: Marcus Schneider**	**Maria Tselegidis, Marion Lustig, Klaus Steppberger, Markus Zapp, Volker Dörffel, Hannes Liebmann, Wiggerl Gollwitzwer, Gabriele Rüth, Sabrina Rüth, Günther Weiß**	**Philharmonisches Orchester Isartal, Philharmonischer Chor Isartal, Loisachtaler Bauernbühne**	

Komponist	Werk	Konzert	Dirigent	Solist, Ensemble	Chor, Orchester	Lebens-daten
	Una donna a quindici anni aus *Cosi fan tutte*, KV 588	14.7.2007	Christoph Adt	Carolina Ullrich	Philharmonisches Orchester Isartal	
	Requiem d-moll, KV 626	**19.11.2006**	**Rainer Marquart**	**Anja Frank, Barbara Schmidt-Gaden, Andreas Hirtreiter, Franz Spindler**	**Musikfreunde Isartal, Gartenberger Sänger, Kammerensemble Isartal**	
	Krönungsmesse, KV 317		Rainer Marquart		Musikfreunde Isartal, Kammerensemble Isartal	
	Symphonie g-moll, KV 183	13.10.2001	Günther Weiß		Kammerensemble Isartal	
	Symphonie D-Dur, KV 385 *(Haffner Symphonie)*	**28.3.2009**	**Christoph Adt**		**Philharmonisches Orchester Isartal**	
	Symphonie Nr. 38, KV 504 *(Prager Symphonie)*	1.12.1991	Matt Boynick		Philharmoniker Isartal	
	Symphonie Es-Dur, KV 543	8.4.2000	Günther Weiß		Philharmonisches Orchester Isartal	
	Symphonie C-Dur, KV 551 (*Jupiter Symphonie*)	17.12.1995	Günther Weiß		Philharmonisches Orchester Isartal	
		3.12.2011	**Christoph Adt**		**Philharmonisches Orchester Isartal**	
	Divertimento F-Dur, KV 522 (*Ein musikalischer Spaß)*	15./16.4.1994	Matt Boynick		Kammerorchester Isartal	
	Ouvertüre zu *La Clemenza di Tito*, KV 621	**8.4.2000**	**Günther Weiß**		**Philharmonisches Orchester Isartal**	

Komponist	Werk	Konzert	Dirigent	Solist, Ensemble	Chor, Orchester	Lebens-daten
		17./23.2004	Christoph Adt		Philharmonisches Orchester Isartal	
	Ouvertüre zu *Die Hochzeit des Figaro*, KV 492	7.2.1998	Roland Bader		Staatsphilhar-monie Krakau	
	Konzert für Klavier und Orchester A-Dur, KV 488	13.10.2001	Günther Weiß	Andrea Secchi	Kammerensemble Isartal	
	Konzert für Violine und Orchester Nr. 5 A-Dur, KV 219	30.9.1994	Matt Boynick	Denes Zsigmondy	LandesSinfonie Orchester Thüringen	
		8.5./25.5./ 26.5.1999	Günther Weiß	Jessica Mehling	Kammerensemble Isartal	
	Konzert für Flöte und Orchester G-Dur, KV 313	12.5.2001	Günther Weiß	Konrad Hünteler	Kammerensemble Isartal	
	Konzert für Flöte und Orchester D-Dur, KV 314	22/23 .1.1994	Matt Boynick	Rudolf Riesinger	Kammerorchester Isartal	
	Konzert für Klarinette und Orchester A-Dur, KV 622	15.7.1995	Matt Boynick	Barbara Wilhelm	Philharmoniker Isartal	
		24.5.2003	**Christoph Adt**	**Alexandra Gruber**	**Philharmonisches Orchester Isartal**	
	Konzert für Fagott und Orchester B-Dur, KV 191	30.6./3.7./7.7. 1991	Matt Boynick	Elisabeth Mergner	Ickinger Laien Philharmoniker	
	Konzert für Horn und Orchester Nr.3 Es-Dur, KV 447	19.7.1997	Günther Weiß	Eric Terwilliger	Philharmonisches Orchester Isartal	
	Konzert für Horn und Orchester Nr.4 Es-Dur, KV 495	14./15.7.2001	Günther Weiß	Wolfgang Gaag	Philharmonisches Orchester Isartal	
	Sinfonia concertante für Violine, Viola und Orchester Es-Dur, KV 364	13.5.1996	Günther Weiß,	Anna Merey, Dora Scheili	Philharmoniker Isartal	

Komponist	Werk	Konzert	Dirigent	Solist, Ensemble	Chor, Orchester	Lebens-daten
	Konzert für Flöte, Harfe und Orchester C-Dur, KV 299	20.3.1999	Günther Weiß	Konrad Hünteler, Helga Storck	Philharmoniker Isartal	
	Gran Partita, Bläserserenade Nr. 10 B-Dur, KV 361	18.10.1997		Südbayerische Bläser-philharmonie		
	Streichquartett G-Dur, KV 156	**8.5.2005**		Junge Künstler: *4 auf einen Streich*		
	Streichquartett Es-Dur, KV 160	**8.3.2008**		**Benaïm Quartett**		
	Streichquartett C-Dur, KV 465 (*Dissonanzen-quartett*)	5.5.2002		Carmina Quartett		
	Klarinettenquintett A-Dur, KV 581	8.10.1998		Prager Kammersolisten		
	Klaviersonate B-Dur, KV 281	17.4.2010		Siegfried Mauser		
	Klaviersonate D-Dur, KV 576	17.9.2005		Julia Fedulajewa		
	Rondo a-moll, KV 511	17.4.2010		Siegfried Mauser		
	Andante F-Dur, KV 616	21.5.2011		Aleksandar Madžar		
Johann Friedrich Grenser	*Sinfonia alla posta*	15.7.1995	Matt Boynick	Scott W. Merrit	Philharmoniker Isartal	1758-1794
Ludwig van Beethoven	**Symphonie Nr. 9 d-moll, op. 125**	1./2.1.2000	Günther Weiß	Agnes Abele-Habereder, Lorraie di Simone, Christian Zenker, Minari Urano	Philharmonischer Chor und Philharmonisches Orchester Isartal	**1770-1827**
		11./12.7. 2009	**Christoph Adt**	**Carolina Ullrich, Susanne Drexl, Nam Won Huh, Tareq Nazmi**	**Philharmonischer Chor und Philharmonisches Orchester Isartal**	
	Symphonie Nr. 1 C-Dur, op. 21	21.4.1991	Matt Boynick,		Ickinger Laien-Philharmoniker	

Komponist	Werk	Konzert	Dirigent	Solist, Ensemble	Chor, Orchester	Lebens-daten
	Symphonie Nr. 2 D-Dur, op. 36	14.12.1997	Günther Weiß		Philharmonisches Orchester Isartal	
	Symphonie Nr. 3 Es-Dur, op. 55 *(Eroica)*	**13.3.2004**	**Christoph Adt**		**Philharmonisches Orchester Isartal**	
	Symphonie Nr. 5 c-moll, op. 67 (*Schicksals-symphonie)*	25.9.1993	Matt Boynick,		Philharmoniker Isartal	
	Symphonie Nr. 6 F-Dur, op. 68 (*Pastorale*)	19.7.1992	Matt Boynick		Philharmoniker Isartal	
	Symphonie Nr.7 A-Dur, op. 92	21.5.1995	Matt Boynick		Münchner Symphoniker	
	Symphonie Nr.8 F-Dur, op. 93	15.12.2001	Günther Weiß		Philharmonisches Orchester Isartal	
	Konzert für Klavier und Orchester Nr. 1 C-Dur, op. 15	25.3.1995	Matt Boynick	Konstanze John	Philharmoniker Isartal	
	Konzert für Klavier und Orchester Nr. 3 c-moll, op. 37	**5.4.2008**	**Christoph Adt**	**Alfredo Perl**	**Philharmonisches Orchester Isartal**	
	Konzert für Klavier und Orchester Nr. 4 G-Dur, op. 58	18.9.1999,	Josef Zilch	Miziku Yamguchi	Orchester der Musashino Academia Iruma (Japan)	
		15.12.2001	Günther Weiß	Alfredo Perl	Philharmonisches Orchester Isartal	
	Konzert für Klavier und Orchester Nr. 5 Es-Dur, op. 73	**17.7.2004**	**Christoph Adt**	**Dana Borşan**	**Philharmonisches Orchester Isartal**	
	Konzert für Violine und Orchester D-Dur, op. 61	7./8.3.1992	Matt Boynick	Almut Haas	Philharmoniker Isartal	
		29.3.1998	Günther Weiß	Isabelle Faust	Philharmonisches Orchester Isartal	

Komponist	Werk	Konzert	Dirigent	Solist, Ensemble	Chor, Orchester	Lebens-daten
		6.12.2008	**Christoph Adt**	**Ingolf Turban**	**Philharmonisches Orchester Isartal**	
	Tripelkonzert für Klavier, Violine, Violoncello und Orchester C-Dur, op. 56	16.12.2000	Günther Weiß	Silvia Natiello-Spiller, Antonio Spiller, Wen-Sinn Yang	Philharmonisches Orchester Isartal	
	Ouvertüre zum Trauerspiel *Coriolan*, op. 62	20./27.2.1993	Matt Boynick		Philharmoniker Isartal	
	Ouvertüre zum Schauspiel *Egmont*, op. 84		Matt Boynick		Philharmoniker Isartal	
	Ouvertüre zu *Die Geschöpfe des Prometheus*, op. 43	20.3.1999	Günther Weiß		Philharmonisches Orchester Isartal	
	Ouvertüre zu *Die Ruinen von Athen*, op. 113	**21./22.11. 2009**	**Christoph Adt**		**Philharmonisches Orchester Isartal**	
	Klaviersonate c-moll, op. 10,1	17.4.2010		Siegfried Mauser		
	Klaviersonate d-moll, op. 31,2	25.4.2009		Dana Borşan		
	Diabelli-Variationen, op. 120	8.10.2000		Alfons Kontarsky		
	3 Bagatellen aus op. 126	17.4.2010		Siegfried Mauser		
	Klaviertrio Es-Dur, op. 1,1	**19.10.2008**		**Münchner Klaviertrio**		
	Klaviertrio c-moll, op. 1,3	**10.3.2007**		**Gelius Trio**		
	Klaviertrio B-Dur, op. 11	8.5.2005		Miriam Heuberger, Elisabeth Heuberger, Maria Well		
	Streichquartett D-Dur, op. 18,3	**16.11.2002**		**Henschel Quartett**		

Komponist	Werk	Konzert	Dirigent	Solist, Ensemble	Chor, Orchester	Lebens-daten
	Streichquartett F-Dur, op. 59,1	27.2.2010		Gémeaux Quartett		
	Streichquartett e-moll, op. 59,2	15.3.2001		Artemis Quartett		
	Streichquartett Es-Dur, op. 127	2.10.2005		Quatuor Ebène		
	Streichquartett B-Dur, op. 130	3.10.2011		Pawel Haas Quartett		
	Streichquartett cis-moll, op. 131	3.10.2009		Amaryllis Quartett		
	Streichquartett a-moll, op. 132	15.4.2005		Leipziger Streichquartett		
	Große Fuge B-Dur, op. 133	3.10.2011		Pavel Haas Quartett		
	Streichquartett F-Dur, op. 135	15.3.2001		Artemis Quartett		
Johann Nepomuk Hummel	Konzert für Trompete und Orchester Es-Dur	15.7.2006	Christoph Adt	Hannes Läubin	Philharmonisches Orchester Isartal	1778-1837
Fernando Sor	Sonate C-Dur für Gitarre, op. 15	2.3.2002		Peter Meier		1778-1839
Louis Spohr	Konzert für Klarinette und Orchester Nr. 3 f-moll	28.3.2009	Christoph Adt	Alexandra Gruber	Philharmonisches Orchester Isartal	1784-1859
Franz Danzi	Bläserquintett Nr. 1 B-Dur, op. 56	9.5.1998	Günther Weiß	Bläserensemble Isartal		1763-1826
Niccolò Paganini	Violinkonzert Nr.1 Es-Dur, op. 6	16.7.2005	Christoph Adt	Ingolf Turban	Philharmonisches Orchester Isartal	1782-1840

Komponist	Werk	Konzert	Dirigent	Solist, Ensemble	Chor, Orchester	Lebens-daten
Carl Maria von Weber	**Oper *Der Freischütz*, op. 77 (szenische Aufführung)**	**16./17. 7. 2011**	**Christoph Adt, Regie: Doris Sophia Heinrich-sen**	**Benjamin Appl, Florian Drexel, Petra van der Mieden, Magdalena Hinterdobler, Jens Müller, Michael Gniffke, Stephan Lewetz, Johannes Stermann, Wolfgang Lackner**	**Philharmonischer Chor Isartal, Philharmonisches Orchester Isartal**	**1786-1828**
	Ouvertüre zu *Der Freischütz*	21.5.1995	Matt Boynick		Münchner Symphoniker	
	Kommt ein schlanker Busch gegangen aus *Der Freischütz*	14.7.2007	**Christoph Adt**	**Carolina Ullrich**	**Philharmonisches Orchester Isartal**	
	Klarinettenkonzert Nr. 1 f-moll, op. 73	8.4.2000	Günther Weiß	Woytek Mrozek	Philharmonisches Orchester Isartal	
	Klarinettenkonzert Nr. 2 Es-Dur, op. 74	**28.3.2009**	**Christoph Adt**	**Alexandra Gruber**	**Philharmonisches Orchester Isartal**	
Gioacchino Rossini	**Oratorium *Stabat Mater***	**1./2.4.2006, 9./10./14.4. 2006**	**Christoph Adt**	**Sigrid Plundrich, Merit Ostermann, Gustavo Martín-Sánchez, Martin Danes**	**Philharmonischer Chor Isartal, Philharmonisches Orchester Isartal**	**1792-1868**
	Ouvertüre zu *Die diebische Elster*	**3./4.12.2005**	**Christoph Adt**		**Philharmonisches Orchester Isartal**	
	Ouvertüre zu *Der Barbier von Sevilla*	**6.12.2008 17.7.2010**	**Christoph Adt**		**Philharmonisches Orchester Isartal**	
Carl Loewe	Oratorium *Das Sühneopfer des neuen Bundes*	15./16.4. 2000	Rainer Marquart	Maria Spindler, Marianne Kreuss, Franz Spindler, Johannes Bauer, Bruno Czaputa	Musikfreunde Isartal, Kammerensemble Isartal	1796-1869

Komponist	Werk	Konzert	Dirigent	Solist, Ensemble	Chor, Orchester	Lebens-daten
Franz Schubert	Symphonie Nr. 4 c-moll, D 417 (*Tragische*),	20./B27.3. 1993	Matt Boynick		Philharmoniker Isartal	**1797-1828**
	Symphonie Nr. 5 B-Dur, D 485	12.12.1993	Matt Boynick		Philharmoniker Isartal	
	Symphonie Nr. 6 C-Dur, D 589	7./8.3.1992	Matt Boynick		Philharmoniker Isartal	
	Symphonie Nr. 7 h-moll, D 759 (*Unvollendete*)	**13.7.2002**	**Christoph Adt**		**Philharmonisches Orchester Isartal**	
	Symphonie Nr. 9 C-Dur, D 944 (*Große C-Dur*)	**12.3.2005**	**Christoph Adt**		**Philharmonisches Orchester Isartal**	
	Wanderer-Fantasie für Klavier C-Dur, op. 15	17.9.2005		Julia Fedulajewa		
	12 Grazer Walzer	17.9.2005		Julia Fedulajewa		
	Klaviertrio Es-Dur, op. 100 D 929	**13.10.2007**		**Alfrdo Perl, Ingolf Turban, Guido Schiefen**		
	Streichquartett a-moll, D 804 (*Rosamunde*)	**16.11.2002**		**Henschel Quartett**		
		19.3.2011		Apollon Musgète Quartett		
	Streichquartett d-moll, D 810 (*Der Tod und das Mädchen*)	**30.4.2004**		**Artemis Quartett**		
		19.1.2008		Benaim Quartett		
	Streichquartett G-Dur, op. 161 D 887	**7.3.2009**		**Faust Quartett**		

Komponist	Werk	Konzert	Dirigent	Solist, Ensemble	Chor, Orchester	Lebensdaten
	Liederzyklus *Die Winterreise*, D 911	**19.1.2008**		**Hans Jörg Mammel, Uta Hielscher**		
	Variationen über die launige Forelle (Bearb. F. Schöttl)	13.7.1996	Erich Rupprecht		Jugendsinfonie-orchester der Musikschule Wolfratshausen	
Franz Schubert-Franz Liszt	*Lob der Tränen, Auf dem Wasser zu singen*	17.9.2005		Julia Fedulajewa		
Felix Mendelssohn Bartholdy	Oratorium *Elias*, op. 70	8./16.7.2000	Philipp Amelung	Gisela Gropper, Claudia Schneider, Matthias Heubusch, Franz Hawlata	Vokal-Ensemble Icking, Münchner Mozart-Orchester	**1809-1847**
	Denn er hat seinen Engeln aus *Elias*	1./2.4.2006, 9./10./14.4. 2006	Ulli Schäfer, Rainer Marquart		Philharmonischer Chor Isartal	
	Symphonie Nr. 2 B-Dur, op. 52 (*Lobgesang*), 1. Satz	**28.3.2009**	**Christoph Adt**		**Philharmonisches Orchester Isartal**	
	Symphonie Nr. 3 a-moll, op. 56 *(Schottische)*	**2.12.2007**	**Christoph Adt**		**Philharmonisches Orchester Isartal**	
	Symphonie Nr.5 d-moll, op.107 (*Reformationssymphonie)*	**4.12.2004**	**Christoph Adt**		**Philharmonisches Orchester Isartal**	
	Konzert-Ouvertüre *Die Hebriden* h-moll, op. 26	17.12.1995	Günther Weiß		Philharmoniker Isartal	
		4.12.2004	**Christoph Adt**		**Philharmonisches Orchester Isartal**	
	Streichersymphonie Nr. 8 D-Dur	15./16.4.1994	Matt Boynick		Kammerorchester Isartal	

Komponist	Werk	Konzert	Dirigent	Solist, Ensemble	Chor, Orchester	Lebens-daten
	***Scherzo, Notturno und Hochzeits-marsch* aus der Musik zum *Sommernachts-traum*, op. 21**	**5.4.2008**	**Christoph Adt**		**Philharmonisches Orchester Isartal**	
	Konzert für Violine und Orchester d-moll (1822)	10.5.1997	Christoph Poppen	Stephan Picard	Münchner Kammerorchester	
	Konzert für Violine und Orchester e-moll, op. 64	17.12.1995	Günther Weiß	Yuko Inagari-Nothas	Philharmoniker Isartal	
	Streichquartett a-moll, op. 13	**16.11.2002**		**Henschel Quartett**		
		2.10.2010		Ardeo Quartett		
	Streichquartett e-moll, op. 44,2	**7.3.2009**		**Faust Quartett**		
	Werke für Männerchor und Klavier	23.5.1996		*Die SingPhoniker* München		
	Warum toben die Heiden für achtstimmigen Doppelchor	24.6.2006	Christian Preißler		ISURA Madrigal-chor, Jugend-kammerchor Wolfratshaususen	
	Richte mich Gott für achtstimmigen Chor	24.6.2006	Christian Preißler		IISURA Madrigal-chor, Jugend-kammerchor Wolfratshaus	
Fréderic Chopin	**Konzert für Klavier und Orchester e-moll, op. 11**	**20.3.2010**	**Christoph Adt**	**Andrej Licaret**	**Philharmonisches Orchester Isartal**	**1810-1849**
	Klaviersonate b-moll, op. 35	**25.4.2009**		**Dana Borşan**		
	Ballade für Klavier Nr. 4 f-moll, op. 52	17.9.2005		Julia Fedulajewa		

Komponist	Werk	Konzert	Dirigent	Solist, Ensemble	Chor, Orchester	Lebens-daten
Robert Schumann	Symphonie Nr. 1 B-Dur, op. 38	29.3.1998	Günther Weiß		Philharmonisches Orchester Isartal	**1810-1856**
	Symphonie Nr. 3 Es-Dur, op. 97 (*Rheinische*)	7.2.1998	Roland Bader		Staatsphilhar-monie Krakau	
		16.12.2000	Günther Weiß		Philharmonisches Orchester Isartal	
		5.4.2008	**Christoph Adt**		**Philharmonisches Orchester Isartal**	
	Symphonie Nr. 4 d-moll, op. 120	**25.3.1995**	**Matt Boynick**		**Philharmoniker Isartal**	
		17./23.7. 2004	Christoph Adt		Philharmonisches Orchester Isartal	
		4.12.2010	Christoph Adt		Philharmonisches Orchester Isartal	
	Konzert für Klavier und Orchester a-moll, op. 54	6.12.1998	Günther Weiß	Alfons Kontarsky	Philharmonisches Orchester Isartal	
	Konzert für Violoncello und Orchester a-moll, op. 129	**7.12.2003**	**Christoph Adt**	**Wen-Sinn Yang**	**Philharmonisches Orchester Isartal**	
	Klavierquintett Es-Dur, op. 44	20.10.1996		Oistrakh Quintett		
	Streichquartett a-moll, op. 41,1	**7.10.2006**		**Kuss Quartett**		
		19.3.2011		Apollon Musagète Quartett		
	***Eichendorff-Liederkreis*, op. 39**	**7.2.2009**		**Thomas E. Bauer, Uta Hielscher**		
	Liederzyklus *Dichterliebe* nach Heine, op. 48	**7.2.2009**		**Thomas E. Bauer, Uta Hielscher**		

Komponist	Werk	Konzert	Dirigent	Solist, Ensemble	Chor, Orchester	Lebens-daten
	Faschingsschwank aus Wien für Klavier, op. 26	8.10.2000		Alfons Kontarsky		
	Werke für Männerchor und Klavier	23.5.1996		*Die SingPhoniker* München		
Otto Nicolai	**Ouvertüre zu und ausgewählte Arien aus *Die lustigen Weiber von Windsor***	**17.7.2010**	**Christoph Adt**		**Philharmonisches Orchester Isartal**	**1810-1849**
Charles Gounod	*Petite Symphonie*	12.12.1993	Matt Boynick		Bläsersolisten Isartal	1818-1893
		13.10.2001	Andreas Sczygiol		Bläsersolisten Isartal	
	Ave verum für Chor a capella	25.5.2005	Christian Preißler		ISURA Madrigalchor	
Clara Schumann	**Klaviertrio g-moll, op. 17**	**10.3.2007**		**Gelius Trio**		**1819-1896**
Johannes Brahms	***Ein deutsches Requiem*, op. 45**	15./16.3. 1997	Günther Weiß	Celia Jeffreys, Riccardo Lombardi	Philharmonischer Chor Isartal, Philharmonisches Orchester Isartal	**1833-1897**
		4./5./6.4. 2003	**Christoph Adt**	**Heidelinde Schmid, Günter Papendell**	**Philharmonischer Chor Isartal, Philharmonisches Orchester Isartal**	
	Symphonie Nr. 2 D-Dur, op. 73	30.9.1994	Matt Boynick		LandesSinfonie Orchester Thüringen	
		20.3.2010	**Christoph Adt**		**Philharmonisches Orchester Isartal**	
	Symphonie Nr. 4 e-moll, op. 98	**24./25.3. 2007**	**Christoph Adt**		**Philharmonisches Orchester Isartal**	
	Konzert für Klavier und Orchester Nr. 1 d-moll, op. 15	7.12.1996	Günther Weiß	Alfons Kontarsky	Philharmonisches Orchester Isartal	

Komponist	Werk	Konzert	Dirigent	Solist, Ensemble	Chor, Orchester	Lebens-daten
		24./25.3. 2007	**Christoph Adt**	**Dana Borşan**	**Philharmonisches Orchester Isartal**	
	Konzert für Klavier und Orchester Nr. 2 B-Dur, op. 83	7.12.1996	Günther Weiß	Alfons Kontarsky	Philharmonisches Orchester Isartal	
	Konzert für Violine und Orchester D-Dur, op. 77	**3./4.12.2005**	**Christoph Adt**	**Yuki Janke**	**Philharmonisches Orchester Isartal**	
	Konzert für Violine, Violoncello und Orchester a-moll, op. 102	**4.12.2010**	**Christoph Adt**	**Ingolf Turban, Wen-Sinn Yang**	**Philharmonisches Orchester Isartal**	
	Klaviertrio H-Dur, op. 8	**10.3.2007**		**Gelius Trio**		
	Klaviertrio Nr. 2 C-Dur, op. 87	**19.10.2008**		**Münchner Klaviertrio**		
	Klavierquintett f-moll, op.34	20.10.1996		Oistrakh Quintett		
	Streichquartett c-moll, op. 51,1	**15.4.2005**		**Leipziger Streichquartett**		
	Streichsextett Nr. 2 G-Dur, op. 36	**21.4.2007**		**Streichsextett der Musikhochschule München**		
	Elf Choralvorspiele für Orgel, op. 122	22.10.2006		Peter Kofler		
	Werke für Männerchor und Klavier	23.5.1996		*Die SingPhoniker* München		
	Erlaube mir und *All' meine Herzgedanken* für Chor a capella	19.2.1005		*Sound Affaire*		
Henryk Wieniawski	**Konzert für Violine und Orchester Nr. 2 d-moll, op. 22**	**2.12.2007**	**Christoph Adt**	**Pinchas Adt**	**Philharmonisches Orchester Isartal**	**1835-1880**

Komponist	Werk	Konzert	Dirigent	Solist, Ensemble	Chor, Orchester	Lebens-daten
George Bizet	*Arlesienne* Suite Nr. 2	14./15.7. 2001	Günther Weiß		Philharmonisches Orchester Isartal	1838-1875
	Symphonie Nr.1 C-Dur	23.3.1996	Günther Weiß		Philharmonisches Orchester Isartal	
	Marsch aus der Oper *Carmen*	13.7.1996	Erich Rupprecht		Jugendsinfonie-orchester der Musikschule Wolfratshausen	
Friedrich Glück	*In einem kühlen Grunde* für Chor a capella	19.2.1005		*Sound Affaire*		1793-1840
Johann Strauß	Ouvertüre zu *Die Fledermaus*	30.9.1994	Matt Boynick		LandesSinfonie-Orchester Thüringen	1804-1849
	Johann Strauß-Gala	6.1.1999	Tibor Jonas		Kammerorchester Tibor Jonas	
Franz Liszt	**Klaviersonate h-moll**	**25.4.2009**		**Dana Borşan**		**1811-1886**
	Mephisto-Walzer	8.5.2005		Julia Fedulajewa		
Giuseppe Verdi	Ouvertüre zu *Die Macht des Schicksals*	25.9.1993	Matt Boynick		Philharmoniker Isartal	1813-1901
	Pater noster für Chor a capella	1./2.4.2006, 9./10./14.4. 2006	Ulli Schäfer, Rainer Marquart		Philharmonischer Chor Isartal	
Richard Wagner	*Siegfried-Idyll*	20.12.1990	Matt Boynick		Ickinger Laien-Philharmoniker	
		20.1.1995	Matt Boynick		Kammerorchester Isartal	
	Vorspiel zur Oper *Tristan und Isolde*	14.12.1997	Günther Weiß		Philharmonisches Orchester Isartal	

Komponist	Werk	Konzert	Dirigent	Solist, Ensemble	Chor, Orchester	Lebens-daten
	Vorspiel zur Oper *Die Meistersinger von Nürnberg*	**15.7.2006**	**Christoph Adt**		**Philharmonisches Orchester Isartal**	**1813-1883**
		17.7.2010	**Christoph Adt**		**Philharmonisches Orchester Isartal**	
César Franck	**Symphonie d-moll**	**21./22.11. 2009**	**Christoph Adt**		**Philharmonisches Orchester Isartal**	**1822-1890**
Anton Bruckner	Symphonie d-moll *(Nullte)*	21./24.7. 1994	Matt Boynick		Philharmoniker Isartal	1824-1896
	Ave Maria für Chor a capella	1./2.4.2006, 9./10./14.4. 2006	Ulli Schäfer, Rainer Marquart		Philharmonischer Chor Isartal	
	Dir Herr, dir will ich mich ergeben (Choral) für Chor a capella	25.5.2005	Christian Preißler		ISURA Madrigalchor	
Bedřich Smetana	**Streichquartett Nr. 1 e-moll (*Aus meinem Leben*)**	**5.5.2002**		**Carmina Quartett**		**1824-1884**
		3.10.2011		**Pavel Haas Quartett**		
	Die Moldau	27.4.1996	Erich Rupprecht		Jugendsinfonie-orchester der Musikschule Wolfratshausen	
Alexander Borodin	***Eine Steppenskizze aus Mittelasien***	25.3.1995	Matt Boynick		Philharmoniker Isartal	**1834-1887**
		3.12.2010	**Christoph Adt**		**Philharmonisches Orchester Isartal**	
Camille Saint-Saëns	*Der Karneval der Tiere*	9.11.1995	Erich Rupprecht		Jugendsinfonie-orchester der Musikschule Wolfratshausen	1835-1921
	Konzert für Violoncello und Orchester a-moll	21./24.7. 1994	Matt Boynick	Philipp von Morgen	Philharmoniker Isartal	

Komponist	Werk	Konzert	Dirigent	Solist, Ensemble	Chor, Orchester	Lebens-daten
Mily Balakirew	Ouvertüre über drei russische Themen Nr. 2	4.12.2010	Christoph Adt		Philharmonisches Orchester Isartal	1836-1910
Modest Mussorgskij	*Bilder einer Ausstellung* (Orchesterfassung von Maurice Ravel)	13.7.2002	Christoph Adt		Philharmonisches Orchester Isartal	1839-1881
Peter Tschai-kowsky	*Schwanensee* Ballett, op. 20 (szenische Aufführung)	14.7.2007	Christoph Adt, Regie: Rosina Pop-Kovács		Compagnie Ballet Classique München, Philharmonisches Orchester Isartal	1840-1893
	Symphonie Nr. 5 e-moll, op. 64	7.12.2003	Christoph Adt		Philharmonisches Orchester Isartal	
	Symphonie Nr. 6 h-moll, op. 74 (*Pathétique*)	18.9.1999,	Josef Zilch		Orchester der Musashino Academia Iruma (Japan)	
		2.12.2006	Christoph Adt		Philharmonisches Orchester Isartal	
	Konzert für Violine und Orchester D-Dur, op. 35	16.11.2002	Christoph Adt	Tamàs Andràs	Philharmonisches Orchester Isartal	
	Klavierkonzert Nr. 1 b-moll, op. 23	3.12.2011	Christoph Adt	Dana Borşan	Philharmonisches Orchester Isartal	
	Serenade für Streicher C-Dur, op. 48	10.5.1997	Christoph Poppen		Münchner Kammerorchester	
Antonin Dvořák	*Stabat Mater*, op. 58	16./17.3. 2002	Rainer Marquart	Maria Spindler, Rita Kapfhammer, Andreas Hirtreiter Franz Spindler	Musikfreunde Isartal, Philharmonisches Orchester Isartal	1841-1904
	Symphonie Nr.8 G-Dur, op. 88	7.12.2002	Christoph Adt		Philharmonisches Orchester Isartal	

Komponist	Werk	Konzert	Dirigent	Solist, Ensemble	Chor, Orchester	Lebens-daten
		9.4.2011	Christoph Adt		Philharmonisches Orchester Isartal	
	Symphonie Nr. 9 e-moll, op. 95 (*Aus der Neuen Welt*)	**6.12.1998**	**Günther Weiß**		**Philharmonisches Orchester Isartal**	
		16.7.2005	Christoph Adt		Philharmonisches Orchester Isartal	
	Konzert für Violoncello und Orchester h-moll, op. 104	14.12.1997	Günther Weiß	Walter Nothas	Philharmonisches Orchester Isartal	
		21./22.11. 2009	**Christoph Adt**	**Wen-Sinn Yang**	**Philharmonisches Orchester Isartal**	
	Slawischer Tanz Nr. 8, op. 46	13.7.1996	Erich Rupprecht		Jugendsinfonie-orchester der Musikschule Wolfratshausen	
	Slawische Tänze Nr. 2, 3, 4, 8, op. 46 und 72	**9.4.2011**	**Christoph Adt**		**Philharmonisches Orchester Isartal**	
	Notturno für Streichorchester H-Dur, op. 40	20.1.1995	Matt Boynick		Kammerorchester Isartal	
		8.10.1998	Ivan Mayaš		Prager Kammersolisten	
	Bläserserenade d-moll, op. 44	21.4.1991	Matt Boynick		Bläser der Ickinger Laien-Philharmoniker	
		18.10.1997	Jürgen Borchers		Südbayerische Bläserphilharmonie	
	Streicherserenade E-Dur, op. 22	20.1.1995	Matt Boynick		Kammerorchester Isartal	
	2 Walzer, op. 54	20.1.1995	Matt Boynick		Kammerorchester Isartal	
	Streichquartett G-Dur, op. 106	**27.2.2010**		**Gémeaux Quartett**		

Komponist	Werk	Konzert	Dirigent	Solist, Ensemble	Chor, Orchester	Lebens-daten
	Klaviertrio f-moll, op. 65	**7.11.2003**		**Guarneri Trio Prag**		
	Klaviertrio e-moll, op. 90 (*Dumky*)	**7.11.2003**		**Guarneri Trio Prag**		
	***Mazurek* für Violine und Klavier, op. 49**	**7.11.2003**		**Guarneri Trio Prag**		
Edvard Grieg	*Aus Holbergs Zeit*, op. 40	10.5.1997	Christoph Poppen		Münchner Kammerorchester	1843-1907
	Peer Gynt Suite Nr. 1, op. 46	19.7.1997	Günther Weiß		Philharmonisches Orchester Isartal	
Gabriel Fauré	*Messe de Requiem*, op.48	21.11.2004	Rainer Marquart	Maria Spindler, Franz Spindler, Tobias Skuban	Musikfreunde Isartal, Kammerorchester Isartal	1845-1924
	Pavane	25.9.2004		Munich Chamber Brass		
Leoš Janáček	Suite für Streichorches-ter (1877)	22./23.1. 1994	Matt Boynick		Kammerorchester Isartal	**1854-1928**
	Streichquartett Nr. 2 (*Intime Briefe*)	**30.4.2004**		**Artemis Quartett**		
	Idyll für Streich-orchester	20.1.95	Matt Boynick		Kammerorchester Isartal	
Francisco Tàrrega	*Capricho árabe* für Gitarre	2.3.2002		Peter Meier		1854-1909
Ernest Chausson	***Poème de l'amour et de la mer*, op. 19**	**12.3.2005**	**Christoph Adt**	**Agnes Habereder**	**Philharmonisches Orchester Isartal**	**1855-1899**
Edward Elgar	*Pomp and Circumstances*, op. 39	13.7.1996	Erich Rupprecht		Jugendsinfonie-orchester der Musikschule Wolfratshausen	1857-1934

Komponist	Werk	Konzert	Dirigent	Solist, Ensemble	Chor, Orchester	Lebens-daten
Gustav Mahler	*Adagietto* aus der 5. Symphonie (1901/02)	21.4.1991	Matt Boynick		Ickinger Laien-Philharmoniker	1860-1911
		19.7.1992	Matt Boynick		Philharmoniker Isartal	
	Kindertotenlieder (1901-1904)	23.3.1996	Günther Weiß	Anne Buter	Philharmonisches Orchester Isartal	
Isaac Albéniz	*Rumores de la caleta* für Gitarre	2.3.2002		Peter Meier		1860-1909
	Asturias für Gitarre	2.3.2002		Peter Meier		
Claude Debussy	**Streichquartett g-moll, op. 1**	**16.11.2002**		**Henschel Quartett**		**1862-1918**
	Images I und II für Klavier	8.10.2000		Alfons Kontarsky		
	La Cathédrale engloutie	17.9.2005		Julia Fedulajewa		
Richard Strauss	**Konzert für Horn und Orchester Nr. 1 Es-Dur, op. 11**	**4.12.2004**	**Christoph Adt**	**Wolfgang Gaag**	**Philharmonisches Orchester Isartal**	**1864-1949**
	Sextett aus *Capriccio*, op. 85	**21.4.2007**			**Streichsextett der Musikhochschule München**	
	Suite für 13 Blasinstrumente B-Dur, op. 4	23.3.1996	Günther Weiß		Bläsersolisten Isartal	
	Bläserserenade, op. 7	25.9.1993	Matt Boynick		Bläsersolisten Isartal	
Alexander Glasunow	**Symphonie Nr. 6 c-moll, op. 58**	**6.12.2008**	**Christoph Adt**		**Philharmonisches Orchester Isartal**	**1865-1936**
	Konzert für Altsaxophon und Orchester Es-Dur, op. 109	9.11.1995	Erich Rupprecht	Udo Schmid	Jugendsinfonie-orchester der Musikschule Wolfratshausen	

Komponist	Werk	Konzert	Dirigent	Solist, Ensemble	Chor, Orchester	Lebens-daten
Jean Sibelius	Symphonie Nr. 7 C-Dur, op. 105	21.5.1995	Matt Boynick		Münchner Symphoniker	1865-1957
	***Finlandia*, op. 26 Nr. 7**	**19.7.1997**	Günther Weiß		Philharmonisches Orchester Isartal	
		2.12.2007	**Christoph Adt**		**Philharmonisches Orchester Isartal**	
	Karelia Suite, op. 11	19.7.1997	Günther Weiß		Philharmonisches Orchester Isartal	
	Der Schwan von Tuonela, op. 22	25.9.1993	Matt Boynick	Martin Procher	Philharmoniker Isartal	
Carl Nielsen	**Symphonie Nr. 4, op. 29**	**3./4.12. 2005**	**Christoph Adt**		**Philharmonisches Orchester Isartal**	**1865-1931**
Albéric Magnard	**Symphonie Nr. 4 cis-moll, op. 21**	**24.5.2003**	**Christoph Adt**		**Philharmonisches Orchester Isartal**	**1865-1914**
Paul Dukas	*Fanfare pour La Péri*	25.9.2004		Munich Chamber Brass		1865-1935
Louis Vierne	*Cantilène* aus der 3. Symphonie für Orgel, op. 28	21.11.2004		Tobias Skuban		1870-1937
Josef Suk	Serenade Es-Dur, op. 6	8.10.1998	Ivan Mayaš		Prager Kammersolisten	1874-1935
Manuel de Falla	*Danza del molinero* für Gitarre	2.3.2002		Peter Meier		1876-1946
Ottorino Respighi	***Antiche Danze ed Arie*, Suite Nr. 3**	**15.7.2006**	**Christoph Adt**		**Philharmonisches Orchester Isartal**	**1879-1936**
Karol Szymanowski	**Streichquartett Nr. 1 C-Dur, op. 37**	**19.1.2011**		**Apollon Musagète Quartett**		**1882-1937**
Johann Grimm	*Glückauf-Ständchen*	19.7.1992	Philipp Amelung		Philharmoniker Isartal	1886 - 1935
Max Reger	*Nachtlied* für Stimmen a capella	19.2.1005		Sound Affaire		1873-1916
Sergej Rachmaninow	*Ave Maria* für vier- bis sechsstimmigen Chor	24.6.2006	Christian Preißler		ISURA Madrigal-chor, Jugend-kammerchor Wolfratshausen	1873-1943

Komponist	Werk	Konzert	Dirigent	Solist, Ensemble	Chor, Orchester	Lebens- daten
Arnold Schönberg	**Streichsextett *Verklärte Nacht*, op. 4**	**21.4.2007**		**Streichsextett der Münchner Musikhochschule**		**1874-1951**
Maurice Ravel	*Boléro*	27.4.1996	Erich Rupprecht		Jugendsinfonie-orchester der Musikschule Wolfratshausen	**1875-1935**
	Klaviertrio a-moll	**13.10.2007**		**Alfredo Perl, Ingolf Turban, Guido Schiefen**		
	Streichquartett F-Dur	5.5.2002		Carmina Quartett		
	Sonatine fis-moll für Klavier	21.5.2011		Aleksandar Madžar		
	Gaspard de la nuit	21.5.2011		Aleksandar Madžar		
Pablo Casals	*O vos omnes* für Chor a capella	25.5.2005	Christian Preißler		ISURA Madrigalchor	(1876-1973)
Bela Bartók	Konzert für Viola und Orchester (1945)	7.2.1998	Roland Bader	Lars Tomter	Staatsphilhar-monie Krakau	**1881-1945**
	Skizzen und Bagatellen für Streicher	13.10.2001	Günther Weiß			
	Streichquartett Nr. 2, op. 17	**2.10.2010**		**Ardeo Quartett**		
	Streichquartett Nr. 3 (1927)	**2.10.2005**		**Quatuor Ebène**		
Igor Strawinsky	***Der Feuervogel* (Suite Nr. 2 für Orchetser 1919)**	**13.5.1996**	**Günther Weiß**		**Philharmoniker Isartal**	**1882-1971**
		15.7.2006	**Christoph Adt**		**Philharmonisches Orchester Isartal**	

Komponist	Werk	Konzert	Dirigent	Solist, Ensemble	Chor, Orchester	Lebens-daten
	Pulcinella, Ballettmusik mit Gesang	20.3.1999	Günther Weiß	Agnes Abele-Habereder, Michael Suttner, Martin Schönweitz	Philharmonisches Orchester Isartal	
	Dumbarton Oaks	15./16.4. 1994	Matt Boynick		Kammerorchester Isartal	
Paul Linke	Ouvertüre zu *Berliner Luft, Schlösser, die im Monde liegen* aus *Frau Luna, Es war einmal* aus *Im Reich des Indra, Operetten-Potpourrie I und II*	22.7.2000	Günther Weiß	Ruth Müller, Georg Schießl, Monika Weiß, Marcus Schneider	Philharmonisches Orchester Isartal	1866-1946
Carl Orff	*Carmina burana*	**12./13./14. 9.2003**	**Christoph Adt, Martha-Elisabeth Zinkann (Regie), Wolfgang Lackner (Bühnen-bild), Sabine Brand-huber (Tänzer)**	**Anja Frank, Gustavo Martín-Sánchez, Martin Cooke**	**Philharmonischer Chor Isartal, Philharmonisches Orchester Isartal**	**1895-1982**
Anton Webern	**Streichquartett 1905**	**15.4.2005**		**Leipziger Streichquartett**		**1883-1945**
Alban Berg	***Lyrische Suite* für Streich-quartett**	**15.3.2001**		**Artemis Quartett**		**1885-1935**
		8.3.2008		Benaim Quartett		
Heitor Villa-Lobos	*Prélude Nr. 1* für Gitarre	2.3.2002		Peter Meier		1887-1959
	Choros Nr. 1	2.3.2002		Peter Meier		
Werner Heymann	Filmmelodien	13.7.1996	Erich Rupprecht		Jugendsinfonie-orchester der Musikschule Wolfratshausen	1896-1961

Komponist	Werk	Konzert	Dirigent	Solist, Ensemble	Chor, Orchester	Lebensdaten
Friedrich Holländer	*Guck doch nicht immer nach dem Tangogeiger hin, Reizend, Zwei dunkle Augen, Ich bin die fesche Lola, Kinder, heut abend, Ich bin von Kopf bis Fuß, Die Kleptomanin, Das ist zu machen, mein Schatz, Die hysterische Ziege, Die Notbremse, Münchhausen, An allem sind die Juden schuld, Die Erzzauberin Circe, Stroganoff*	22.7.2000	Günther Weiß	Ruth Müller, Georg Schießl, Monika Weiß, Marcus Schneider	Philharmonisches Orchester Isartal	1896-1976
Theo Mackeben	Großer Konzertwalzer *Münchner G'schichten*	22.7.2000	Günther Weiß	Ruth Müller, Georg Schießl, Monika Weiß, Marcus Schneider	Philharmonisches Orchester Isartal	1897-1953
George Gershwin	*Love is here to stay*	25.9.2004		Munich Chamber Brass		**1898-1937**
	Summertime* aus *Porgy and Bess	**14.7.2007**	**Christoph Adt**	**Carolina Ullrich**		
Pavel Haas	**Streichquartett Nr. 1, op. 3**	**3.10.2011**		**Pavel Haas Quartett**		**1899-1944**
Kurt Weill	*Das Berliner Requiem* nach Bert Brecht	23.5.1996		*Die SingPhoniker* München		1900-1950
Merle Travis	*Sixteen Tons*	25.9.2004		Munich Chamber Brass		1901-1971
Maurice Duruflé	*Notre Père*	25.5.2005	Christian Preißler		ISURA Madrigalchor	1902-1986
Joachino Rodrigo	*Concierto de Aranjuez* für Gitarre und Orchester	9.11.1995	Erich Rupprecht	Manfred Heller	Jugendsinfonie-orchester der Musikschule Wolfratshausen	1902-1999

Komponist	Werk	Konzert	Dirigent	Solist, Ensemble	Chor, Orchester	Lebens-daten
Boris Blacher	***Musica giocosa,*** **op. 59**	**13.3.2004**	**Christoph Adt**			**1903-1975**
Glenn Miller	*Miller Magic*	25.9.2004		Munich Chamber Brass		
Georgius Bárdos	*Eli, Eli !* für Chor a capella	25.5.2005	Christian Preißler		ISURA Madrigalchor	1905-1991
Dmitrij Schostako-witsch	***Festliche Ouvertüre*** **A-Dur, op. 96**	**13.7.2002**	**Christoph Adt**		**Philharmonisches Orchester Isartal**	**1906-1975**
	Klaviertrio Nr. 2, op. 67	**19.10.2008**		**Münchner Klaviertrio**		
Harald Genzmer	1. Sinfonietta für Streicher (1955)	12.5.2001	Günther Weiß		Kammerensemble Isartal	1909-2007
	2. Sinfonietta für Streicher (1993)	8.5.1999	Günther Weiß		Kammerensemble Isartal	
Samuel Barber	*Adagio* für Streicher, op. 11	1.12.1991	Matt Boynick		Philharmoniker Isartal	**1910-1981**
	First Essay, **op. 12**	**20.3.2010**	**Christoph Adt**		**Philharmonisches Orchester Isartal**	
Jan Koetsier	Finale aus dem Brassquintett	**25.9.2004**		Munich Chamber Brass		1911-2006
Lew Pollack	*That's a Plenty*	**25.9.2004**		Munich Chamber Brass		1912-1978
Knut Nystedt	*Komm süßer Tod*	25.5.2005	Christian Preißler		ISURA Madrigalchor	*1915
Witold Lutosławski	**Streichquartett 1964**	**27.2.2010**	**Günther Weiß**	**Gémeaux Quartett**		**1913-1994**
Max Baumann	*Pater noster* für achtstimmigen Chor	24.6.2006	Christian Preißler		ISURA Madrigal-chor, Jugend-kammerchor Wolfratshauseen	*1917
Bernd Alois Zimmermann	Konzert für Orchester	24.3.2000	Christoph Poppen		Münchner Kammerorchester	1918-1970

Komponist	Werk	Konzert	Dirigent	Solist, Ensemble	Chor, Orchester	Lebens-daten
Astor Piazolla	*Suite del Angel*	30.4.2004		Artemis Quartett		1921-1992
Bertold Hummel	*Klangfiguren* für Streicher	12.5.2001	Günther Weiß			1925-2002
Wilhelm Killmayer	***3 Nocturnes***	**17.4.2010**		**Siegfried Mauser**		***1927**
	Klavierstück Nr. 3	**17.4.2010**		**Siegfried Mauser**		
	Ètude de Figaro	**17.4.2010**		**Siegfried Mauser**		
György Ligeti	Ballade und Tanz nach rumänischen Volksliedern	13.10.2001		Solisten der Musikschule Wolfratshausen		1923-2006
Joseph Zilch	*Musikalische Impressionen aus Japan*	18.9.1999			Orchester der Musashino Academia Iruma (Japan)	*1928
Siegfried Strohbach	*Jesus, der Retter im Seesturm* für vier- bis sechs-stimmigen Chor	24.6.2006	Christian Preißler		ISURA Madrigal-chor, Jugend-kammerchor Wolfratshausen	*1929
Alfred Schnittke	***Moz-Art à la Haydn***	**4.12.2004**	**Christoph Adt**		**Mitglieder des Philharmonischen Orchesters Isartal**	**1935-1998**
Helmut Lachenmann	**Streichquartett Nr. 3 (*Grido*)**	**7.10.2006**		**Kuss Quartett**		***1935**
Arvo Pärt	*Festina lente*	24.3.2000	Christoph Poppen		Münchner Kammerorchester	*1935
	Summa	24.3.2000	Christoph Poppen		Münchner Kammerorchester	
Reimund Hess	*Messe des Friedens*	10.11.2007	Rainer Marquart		Musikfreunde Isartal, Jugendchor der Kirche *Heilige Familie*, Gartenberger Sänger	*1935

Komponist	Werk	Konzert	Dirigent	Solist, Ensemble	Chor, Orchester	Lebens-daten
John Lennon	*Yesterday* (Arrangement: Jussi Chydenius)	19.2.1005		Sound Affaire		1940-1980
Randy Newman	*Short people* für Stimmen a capella	19.2.1005		Sound Affaire		*1943
Morten Lauridson	*O magnum mysterium* für vier- bis neunstimmigen Chor	24.6.2006	Christian Preißler		ISURA Madrigal-chor, Jugend-kammerchor Wolfratshausen	*1943
Ernesto Cordero	*Nana para una negrita* für Gitarre	2.3.2002		Peter Meier		*1946
	El cumbancheroto für Gitarre	2.3.2002		Peter Meier		
Wolfgang-Andreas Schultz	**Streichquartett Nr. 3 (*Landschaft der Horchenden – Vier Menschen*)**	**3.10.2009**		**Amaryllis Quartett**		***1948**
Chris Hazell	Kraken	**25.9.2004**		Munich Chamber Brass		*1948
Wolfgang Rihm	**Klavierstück Nr. 6 (Bagatellen)**	**17.4.2010**		**Siegfried Mauser**		***1952**
	Klavierstück Nr. 7	**17.4.2010**		**Siegfried Mauser**		
Marcin Blazewicz	Konzert für Marimba und Orchester	**2.12.2006**	**Christoph Adt**	**Marta Klimasara**	**Philharmonisches Orchester Isartal**	***1953**
Peter Meier	*Flusslied* für Gitarre	2.3.2002		Peter Meier		*1953
	Fora da cidade für Gitarre	2.3.2002		Peter Meier		
Roland Dyens	*Mambo des nuances* für Gitarre	2.3.2002		Peter Meier		*1953
	Tango en skai für Gitarre					

Komponist	Werk	Konzert	Dirigent	Solist, Ensemble	Chor, Orchester	Lebens-daten
Kay Westermann	Konzert für Marimba und Orchester (2009)	9.4.2011	Christoph Adt	Jan Westermann	Philharmonisches Orchester Isartal	*1958
Mia Makaroff	*You can't stop me* für Stimmen a capella	19.2.2005		Sound Affaire		
Peter Hageras	*Cruise for a while* für Stimmen a capella	19.2.2005		Sound Affaire		
Rhonda Poly	*Come in and stay a while me* für Stimmen a capella	19.2.2005		Sound Affaire		
Sebastian Pille, Markus Lehmann-Horn, Michael Gumpinger, Christoph Zirngibl, Steven Bolarinwa, Simone Gruber	Musik zum Film *Deep Blue* (BBC)	12.7.2008	Christoph Adt		Philharmonisches Orchester Isartal	

7 Literaturverzeichnis und Bildnachweis

7.1 Literaturverzeichnis

Armando, Walter G.: *Paganini*, Hamburg 1960

Bangerter, Klaus: *Schubert Große Sinfonie in C-Dur*, München 1993

Barbaud- Pierre: *Haydn*, Reinbek 1960

Bender, Elisabeth: *Čajkovskij-Studien*, Mainz 2009

Berg, Erich Alban: *Alban Berg – Leben und Werk in Daten und Bildern*, Frankfurt a.M. 1976

Blume, Friedrich (Hrsg.): *Die Musik in Geschichte und Gegenwart*, Kassel 1959-79

Blume, Friedrich (Hrsg.): *Epochen der Musikgeschichte in Einzeldarstellungen*, Kassel 1974

Borchard, Beatrix: *Robert und Clara Schumann – Bedingungen künstlerische Arbeit in der ersten Hälfte des 19. Jahrhunderts;* Weinheim und Basel 1995

Boucouechliev, André: *Robert Schumann*, Hamburg 1958

Bourniquel, Camille: *Chopin*, Hamburg 1959

Bozzetti, Elmar: *Das Jahrhundert der Widersprüche - Musik im 19. Jahrhundert*, Frankfurt a.M. 1991

Brendel, Alfred: *Nachdenken über Musik*, München 1977

Brendel, Alfred: *Beiheft zu Liszt h-moll-Sonate, CD* Philips 1992

Brown, Clive: *Louis Spohr - Eine kritische Biographie*, Kassel 2009

Buch, Esteban: *Beethovens Neunte*, Berlin-München 2000

Budday, Wolfgang: *Alban Bergs Lyrische Suite*, Neuhausen-Stuttgart 1979

Budde, Elmar: *Schuberts Liederzyklen*, München 2003

Ciortea, Tudor: *Beethovens späte Streichquartette*, Bukarest 1992

Dahlhaus, Carl: *Brahms - Klavierkonzert d-moll*, München 1965

Dahlhaus, Carl: *Das Problem Mendelssohn*, Regensburg 1974

Dahlhaus, Carl: *Ludwig van Beethoven und seine Zeit*, Laaber 2008

Danckert, Werner: *Claude Debussy*, Berlin 1950

Decsay, Ernst: *Debussys Werke*, Wien 1948

Demmler, Martin: *Schumanns Symphonien*, München 2004

Deppisch, Walter: *Richard Strauss*, Reinbek 1968

Dibelius, Ulrich: *Mozart-Aspekte*, München 1972

Dömling, Wolfgang: *Franz Liszt und seine Zeit*, Laaber 1998

Dömling, Wolfgang: *Franz Liszt*, München 2011

Dömling, Wolfgang: *Strawinsky*, Reinbek 1982

Edler, Arnfried: *Robert Schumann und seine Zeit*, Laaber 2002

Edler, Arnfried und Mauser, Siegfried: *Geschichte der Klavier- und Orgelmusik*, 3 Bände Laaber 2007

Eich, Katrin: *Die Kammermusik von César Franck, Kassel 2002*

Eichhorn, Andreas: *Mendelssohn Bartholdy - Die Hebriden*, München 1998

Feder, Georg: *Haydns Streichquartette*, München 1998

Feuchtner, Bernd: *Dmitri Schostakowitsch*, Kassel 2002

Finscher, Ludwig: *Joseph Haydn und seine Zeit*, Laaber 2002

Fischer-Dieskau, Dietrich: *Robert Schumann - Das Vokalwerk* ,München 1985

Floros, Constantin: *Peter Tschaikowsky*, Reinbek 2006

Floros/ Schmidt/ Schubert: *Johannes Brahms - Die Sinfonien*, Mainz 1998

Flothius, Marius: *Mozarts Streichquartette*, München 1998

Freitag, Eberhard: *Schönberg*, Reinbek 1972

Fuld, Werner: *Paganinis Fluch*, Frankfurt a. M. 2001

Gärtner, Heinz: *Mozarts Requiem und die Geschäfte der Constanze M.*, München 1986

Geck, Martin: *Felix Mendelssohn Bartholdy*, Reinbek 2009

Geck, Martin: *Johann Sebastian Bach*, Reinbek 1993

Geiringer, Karl: *Joseph Haydn*, Mainz 1959 u. 2009

Georgii, Walter: *Geschichte der Klaviermusik*, Zürich 1950

Gersdorf, Lilo: *Orff*, Reinbek 1981

Gervink, Manuel: *Arnold Schönberg und seine Zeit*, Laaber 2000

Gieseler, Walter: *Die Harmonik bei Johannes Brahms*, Essen 1997

Godron, Romain: *Illustrierte Geschichte der Musik*, 18 Bände Zürich 1966

Gojowy, Detlef: *Alexander Glasunow*, München 1986

Gojowy, Detlef: *Leoš Janáček*, Chemnitz 2000

Gojowy, Detlef: *Schostakowitsch*, Reinbek 1997

Gratzer, Wolfgang/ Mauser, Siegfried: *Mozart in der Musik des 20. Jahrhunderts*, Laaber 1992

Grebe, Karl: *Anton Bruckner*, Reinbek 1972

Greither, Aloys: *Mozart*, Reinbek 1962

Gruber, Gerold (Hrsg.): *Arnold Schönberg - Interpretationen seiner Werke* Bd. I, Laaber 2002

Gülke, Peter: *Triumph der neuen Tonkunst*, Kassel 1998

Gülke, Peter: *...immer das Ganze vor Augen*, Kassel 2000

Gülke, Peter: *Die Sprache der Musik*, Kassel 2001

Gülke, Peter: *Franz Schubert und seine Zeit*, Laaber 2002

Gülke-Indorf-Korfmacher-Moosdorf-Platen: *Ludwig van Beethoven - Die Streichquartette*, Kassel 2007

Gülke, Peter: *Robert Schumann - Glück und Elend der Romantik*, Wien 2010

Gut, Serge: *Franz Liszt*, Sinzig 2009

Heinemann, Michael: *Johannes Brahms - Ein deutsches Requiem*, Göttingen 1998

Hammaleser Lisl, Taubald Richard, Klaffl Hans, Schmitt Stephan: *Musicassette 9/10*, München 1990

Helm, Everett: *Bartók*, Reinbek 1965

Helm, Everett: *Tschaikowsky*, Reinbek 1976

Heymann, Barbara: *Samuel Barber*, Oxford 1992

Hildebrandt, Dieter: *Die Neunte - Schiller, Beethoven und die Geschichte eines musikalischen Welterfolgs*, München/ Wien 2005

Hirsbrunner, Theo: *Claude Debussy und seine Zeit*, Laaber 2002

Hofer, Wolfgang (Hrsg.): *Ausdruck • Zugriff • Differenzen – Der Komponist Wolfgang Rihm*, Mainz 2003

Hollander, Hans: *Die Musik in der Kulturgeschichte des 19. und 20. Jahrhunderts*, Köln 1967

Homburg, Herfried: *Louis Spohr*, Kassel 1968

Honolka, Kurt: *Antonín Dvořák*, Reinbeck 1974

Honolka, Kurt: *Smetana*, Reinbeck 1978

Hořejš, Antonín: *Antonín Dvořák – Sein Leben in Bildern*, Prag 1955

Hübsch, Lini: *Beethoven Rasumowsky-Quartette*, München 1983

Hübsch, Lini: *Mussorgskij - Bilder einer Ausstellung*, München 1978

Jacob, Heinrich Eduard: *Felix Mendelssohn und seine Zeit*, Frankfurt a.M. 1959

Jacobsen, Christiane (Hrsg.): *Johannes Brahms, Leben und Werk*, Hamburg 1983

Jan Racek: *Leoš Janáček*, Leipzig 1971

Jankélévitch; Vladimir: *Ravel*, Hamburg 1958

Jansen, Johannes: *Frédéric Chopin*, München 1999

Jesse, Nico: *Porgy and Bess*, Zürich 1957

Jost, Peter: *César Franck - Werk und Rezeption*, Stuttgart 2004

Just, Martin: *Schumann - 4. Symphonie*, München 1982

Kaiser, Joachim: *Beethovens 32 Klaviersonaten und ihre Interpreten*, Frankfurt 1979

Kemmelmeyer, Karl-Jürgen (Hrsg.): *Spielpläne Musik 7/8*, Stuttgart 1986

Kilian, Gerald: *Norm und Subjektivität im Spätstil Mozarts*, Essen 202

Klaffl, Hans, Losekamm, Hille, Taubald, Richard (Hrsg.): *Musicassette 11b*, München 1994

Kloiber, Hans: *Handbuch der symphonischen Dichtung*, Wiesbaden 1967

Kloiber, Hans: *Handbuch des Instrumentalkonzerts* (2 Bände), Wiesbaden 1973

Kloiber, Hans: *Handbuch klassischen und romantischen Symphonie*, Wiesbaden 1964

Klussmann, Gernot: *Materialien zum Hauptseminar Beethovens späte Streichquartette*, Hamburg 1973

Knispel, Claudia Maria: *Joseph Haydn*, Reinbek 2003

Kohlhase, Hans: *Die Kammermusik Robert Schumanns - Stilistische Untersuchungen*, Hamburg 1979

Konold, Wulf (Hrsg.): *Konzertführer Klassik*, Mainz 1997

Konold, Wulf (Hrsg.): *Lexikon Orchestermusik Romantik*, Mainz 1989

Konold, Wulf: *Die Symphonien Mendelssohn Bartholdys*, Laaber 1992

Konzertführer Beethoven (ohne Autorenangabe), Leipzig 1988

Kopfermann, Michael: *Beiträge zur Musikalischen Analyse später Werke von Ludwig van Beethovens*, München-Salzburg 1975

Kopp, Hille und Taubald, Richard: *Musik-Colleg 1*, München 1982

Korte, Hermann: *Eichendorff*, Reinbek 2000

Kroo, György: *Bartók Handbuch*, Wien 1974

Krukow, Andrej Nikolajewitsch: *Glasunow*, Berlin 1988

Krummacher, Friedhelm u. Steinbeck, Wolfram (Hrsg.): *Brahms-Analysen*, Kassen 1884

Krummacher, Friedhelm: *Das Streichquartett* (2 Bände), Laaber 2003

Kuhn, Ernst (Hrsg.): *Modest Mussorgsky - Zugänge zu Leben und Werk*, Berlin 1995

Kühner, Hans: *Verdi*, Reinbek 1961

Kunze, Stefan: *Mozart - Jupiter-Sinfonie*, München 1988

Küster, Konrad: *Wolfgang Amadeus Mozart und seine Zeit*, Laaber 2002

Landon, C. H. Robbins: *Joseph Haydn*, Wien 1981

Laroche, Hermann: *Peter Tschaikowsky*, Berlin 1993

László, Zsigmond und Mátéka, Béla: *Franz Liszt – Sein Leben in Bildern*, Kassel 1967

Lindmayr-Brandl, Andrea: *Franz Schubert - Das fragmentarische Werk*, Wiesbaden 2003

Loesch, Heinz v.: *Schumann Konzert für Violoncello und Orchester*, München 1998

Loos, Helmut (Hrsg.): *Robert Schumann - Interpretationen seiner Werke* Bd. I und II, Laaber 2005

Lotz, Jürgen: *Frédéric Chopin*, Reinbek 1995

Manuel, Roland: *Ravel*, Potsdam 1951

Marcuse, Ludwig: *Heine*, Reinbek 1960

Maur, Karin von (Hrsg.): *Vom Klang der Bilder - Die Musik in der Kunst des 20. Jahrhunderts*, München 1985

Mauser, Siegfried: *Beethovens Klaviersonaten*, München 2001

Mauser, Siegfried: *Der Komponist Wilhelm Killmayer*, Mainz 1992

Mayer, Hans: *Wagner*, Reinbek 1959

M eier, Barbara: *Franz Liszt*, Reinbek 2008

Meier, Barbara: *Robert Schumann*, Reinbek 2010

Metzger, Heinz-Klaus und Riehn, Rainer (Hrsg.): *Claude Debussy*, Musik-Konzepte Bd. 1/2, München 1977

Metzger, Heinz-Klaus und Riehn, Rainer (Hrsg.): *Mozart - Ist die Zauberflöte ein Machwerk?*, Musik-Konzepte Bd.3, München 1978

Metzger, Heinz-Klaus und Riehn, Rainer (Hrsg.): *Alban Berg - Kammermusik I*, Musik-Konzepte Bd. 4, München 1978

Metzger, Heinz-Klaus und Riehn, Rainer (Hrsg.): *Leoš Janáček*, Musik-Konzepte Bd.7, München 1979

Metzger, Heinz-Klaus und Riehn, Rainer (Hrsg.): *Franz Schubert*, Musik-Konzepte Sonderband, München 1979

Metzger, Heinz-Klaus und Riehn, Rainer (Hrsg.): *Alban Berg - Kammermusik II*, Musik-Konzepte Bd. 9, München 1979

Metzger, Heinz-Klaus und Riehn, Rainer (Hrsg.): *Arnold Schönberg*, Musik-Konzepte Sonderband, München 1980

Metzger, Heinz-Klaus und Riehn, Rainer (Hrsg.): *Felix Mendelssohn Bartholdy*, Musik-Konzepte Bd.14/15, München 1980

Metzger, Heinz-Klaus und Riehn, Rainer (Hrsg.): *Béla Bartók*, Musik-Konzepte Bd.22, München 1981

Metzger, Heinz-Klaus und Riehn, Rainer (Hrsg.): *Robert Schumann I*, Musik-Konzepte Sonderband, München 1981

Metzger, Heinz-Klaus und Riehn, Rainer (Hrsg.): *Robert Schumann II*, Musik-Konzepte Sonderband, München 1982

Metzger, Heinz-Klaus und Riehn, Rainer (Hrsg.): *Carl Maria von Weber*, München 1986

Metzger, Heinz-Klaus und Riehn, Rainer (Hrsg.): *Helmut Lachenmann,* Musik-Konzepte 61/62, München 1988

Metzger, Heinz-Klaus und Riehn, Rainer (Hrsg.): *Beethoven - Formale Strategien der späten Quartette*, Musik-Konzepte 67/68, München 1990

Metzger, Heinz-Klaus und Riehn, Rainer (Hrsg.): *Johannes Brahms - Die zweite Symphonie*, Musik-Konzepte Bd.70, München 1990

Metzger, Heinz-Klaus und Riehn, Rainer (Hrsg.): *Haydns Streichquartette - Eine moderne Gattung*, Musik-Konzepte Bd.116, München 2002

Meyer, Krzysztof: *Dmitri Schostakowitsch*, Mainz 1998

Mogensen, Mogens Rafn: *Carl Nielsen* Bd. 1-5, Arbon 1992

Monson, Karen: *Alban Berg*, Frankfurt a. M. 1989

Neef, Sigrid: *Die russischen Fünf*, Berlin 1992

Neumann, Werner: *Handbuch der Kantaten Johann Sebastian Bachs*, Leipzig 1971

Neunzig, Hans A: *Brahms*, Reinbek 1973

Oehlmann, Werner, Billig, Klaus, Kaempfer, Walter: *Reclams Klaviermusikführer*, Stuttgart 1967

Oehlmann, Werner: *Reclams Liedführer*, Stuttgart 1973

Pahlen, Kurt (Hrsg.): *Mozart - Die Zauberflöte*, Mainz 1978

Pahlen, Kurt (Hrsg.): *Nicolai - Die lustigen Weiber von Windsor*, Mainz 1981

Pahlen, Kurt (Hrsg.): *Rossini - Der Barbier von Sevilla*, Mainz 1985

Peter, Christoph: *Die Sprache der Musik in Mozarts Zauberflöte*, Stuttgart 1997

Pople, Anthony: *Alban Berg und seine Zeit*, Laaber 2000

Racek, Jan: *Leoš Janáček*, Leipzig 1971

Redlich, H.F.: *Alban Berg - Versuch einer Würdigung*, Wien 1957

Reich, Willi: *Alban Berg - Leben und Werk*, München 1985

Reich, Willi: *Schönberg oder Der konservative Revolutionär*, Frankfurt-Zürich 1980

Renner, Hans: *Reclams Kammermusikführer*, Stuttgart 1959

Rexroth, Dieter: *Beethovens Symphonien*, München 2005

Richter, Arnd: *Mendelssohn - Leben, Werke, Dokumente*, Mainz 1994

Riemann Musiklexikon (5 Bände), Mainz 1959-1975

Riezler, Walter: *Beethoven*, Zürich 1962

Riezler, Walter: *Schuberts Instrumentalmusik*, Zürich 1967

Roosen, Charles: *Der klassische Stil*, München und Kassel 1983

Rummenhöller, Peter: *Die musikalische Vorklassik*, Kassel 1983

Rummenhöller, Peter: *Romantik in der Musik*, Kassel 1989

Scherliess, Volker: *Alban Berg*, Reinbek 1975

Scherliess, Volker: *Gioacchino Rossini*, Reinbek 1991

Scherliess, Volker: *Igor Strawinsky und seine Zeit*, Laaber 1983

Schick, Hartmut: *Studien zu Dvořáks Streichquartetten, Laaber 1990*

Schiegl-Schwarzmaier: *Themensammlung musikalischer Meisterwerke*, Frankfurt 1973

Schmidt, Christian M.: *Brahms Symphonien*, München 1999

Schmidt, Christian Martin: *Johannes Brahms und seine Zeit*, Laaber 1998

Schmidt, Hugo Wolfram, Weber Aloys, Krings, Alfred (Hrsg.): *Die Garbe - Musikkunde I-IV*, Köln 1970-1974

Schmidt, Thomas Christian: *Die ästhetischen Grundlagen der Instrumentalmusik Felix Mendelssohn Bartholdys*, Stuttgart 1996

Schneider, Marcel: *Schubert*, Reinbek 1989

Schnittke, Alfred: *Über das Leben und die Musik*, München 1998

Schreiber, Wolfgang: *Mahler*, Reinbek 1971

Schwandt, Christoph: *Leoš Janáček*, Mainz 2009

Schwarzmaier-Zilch: *Themensammlung musikalischer Meisterwerke Orchestermusik 1870-1920*, Frankfurt 1981

Schweizer, Klaus und Werner-Jensen, Arnold: *Reclams Konzertführer Orchestermusik*, Stuttgart 1998

Schweizer, Klaus: *Orchestermusik des 20. Jahrhunderts seit Schönberg*, Stuttgart 1976

Schwinger, Wolfram: *Gershwin*, Mainz 1983

Shepard, Leslie und Axelrod, Herbert: *Paganini*, Neptune N.J. 1972

Sourek, Otakar: *Antonín Dvořák - Werkanalysen I und II*, Prag 1954

Stuckenschmidt, Hans Heinz: *Neue Musik*, Frankfurt a. Main 1981

Stuckenschmidt, Hans Heinz: *Boris Blacher*, Berlin 1985

Szabolcsi, Bence: *Béla Bartók - Weg und Werk, Schriften und Briefe*, Budapest 1957

Tadday, Ulrich (Hrsg.): *Wolfgang Rihm*, Musik-Konzepte Sonderband, München 2004

Tadday, Ulrich (Hrsg.): *Helmut Lachenmann*, Musik-Konzepte 146, München 2009

Tadday, Ulrich (Hrsg.): *Wilhelm Killmayer*, Musik-Konzepte 144/1454, München 2009

Uhde, Jürgen: *Beethovens Klaviermusik*, 3 Bände, Stuttgart 1968-74

Ulm, Renate (Hrsg.): *Die 9 Symphonien Beethovens*, Kassel 1994

Ulm, Renate (Hrsg.): *Johannes Brahms - das symphonische Werk*, München 1996

Velten, Klaus: *Kursmodelle Musik Sekundarstufe II*, Frankfurt a.M. 1986

Vogel, Jaroslav: *Leoš Janáček - Leben und Werk*, Prag 1958

Walter, Michael: *Haydns Symphonien*, München 2007

Weiß-Aigner, Günther: *Brahms - Violinkonzert*, München 1979

Werner-Jensen, Arnold (Hrsg.): *Reclams Kammermusikführer*, Stuttgart 2005

Werner-Jensen, Arnold: *Ludwig van Beethoven - Musikführer*, Leipzig 2001

Werner-Jensen, Arnold: *Wolfgang Amadeus Mozart - Musikführer*, Leipzig 2001

Wetzstein, Margot: *Aus Beethovens letzten Jahren*, Bonn 2001

Wiese, Walter: *Beethovens Kammermusik*, Winterthur 2010

Wiese, Walter: *Mozarts Kammermusik*, Winterthur 2010

Wolter, Günter: *Dmitri Schostakowitsch - Eine sowjetische Tragödie*, Frankfurt a.M. 1991

Worbs, Christoph: *Mendelssohn Bartholdy*, Reinbek 1974

Worbs, Christoph: *Mussorgsky*, Reinbek 1976

Zielinski, Taddeusz A.: *Bartók*, Zürich 1973

Zimmerschied, Dieter (Hrsg.): *Perspektiven Neuer Musik*, Mainz 1974

Zobeley, Fritz: *Beethoven*, Reinbek 1965

7.2 Bildnachweis

Bildnachweise für Kapitel 1, 3-7:

Quellenangaben befinden sich in den Bildunterschriften.

Bildnachweise für Kapitel 2 und 8:

Bilder stammen aus der Internet-Enzyklopädie Wikipedia, sofern unten nicht anders angegeben. Die Fotos von Japanreise und Toskana sind private Fotos von Susanne Kessler. Fotos von Orchestermusikern wurden von diesen privat oder zur Verfügung gestellt oder stammen von Susanne Kessler. Orchesterfotos wurden von Privat zur Verfügung gestellt oder waren bereits in Programmheften und Ausstellungen veröffentlicht. Die Unterschriften der Komponisten stammen den entsprechenden roro-Monographien. Wo eine dieser Quellen nicht zutrifft, ist die Quelle im Folgenden angegeben (Namen beziehen sich auf das Literaturverzeichnis):

S. 102: Kemmelmeyer S. 96; S. 116 und 118: Bildarchiv der Österreichischen Nationalbibliothek Wien; S. 132 Landon S. 211; 163: Kopp/Taubald S. 11; S. 169: National Orchestral Association New York; S. 191: Mozart-Museum Salzburg; S. 197: www.sjsu.edu; S. 219: Britisches Museum, Mus. Add. 29 801; S. 220: Historisches Museum der Stadt Wien; S. 223: Bibliothèque du Conservatoire de Musique Paris, Ms. 26; S. 244, S. 484, S. 504: Archiv der Gesellschaft der Musikfreunde Wien S. 294: Armando S. 308; S. 338: www.academic.ru/dic.nsf/dewiki; S. 374: Ev Kirchengesangbuch Hamburg 1959; S. 377 und 382 und 389: Eichhorn Anh.; S. 378: Worbs Mendelss. S. 98; S. 403 und 405: Nationalmuseum Warschau; S. 419: www.bilderbuch-koeln.de; S. 461: Boucourechliew S. 120; S. 467: www.deathnology.de; 468: Domführer 1964; S. 475 und S. 507: Schmidt Tafel 6 und 13; S. 463 und 489: Archiv für Kunst und Geschichte Berlin; S. 502: Neunzig S. 90; S. 530: www.weltchronik.de; S. 557: Hammaleser S. 47; S. 573/4 Kovac priv.; S. 589: Honolka S. 77; S. 601: Dvořák Gesellschaft Prag; S. 606: Honolka S. 18; S. 605: Sourek S. 80b; S. 607: Hořejš S. 79; S. 624: Janáček Museum Brno; S. 647 und 650: Richard Strauss Archiv, Garmisch; S. 651: Krukow Abb. nach S. 112; S. 665: Mogensen S. 709; S. 697: Szabolcsi S. 198; S. 705: Dömling S. 6; S. 710: www.michel fokine.com; S. 715 und S. 722: Universal Edition Archiv Wien; S. 717: Österreichische Nationalbibliothek Wien; S. 723: Scherliess S. 90; S. 725: Willnauer S. 73; S. 726: Staatsbibliothek München; S. 728: Gersdorff S. 80; S. 731: www.thekarmeltree.blogspot.com; S. 732: Jesse S. 35; S.733: Stuckenschmidt Blacher vor S. 45; S. 735 aus Partitur Bote&Bock; S. 740: Gojowy S. 65; S. 741: unbek. Russ. Quelle nach Meyer Tafel 20; S. 749: www.hafnia chamberorchestra.com; S. 757: Tadday Titelbild; S. 761: www.berkshirereview.net; S. 765: Foto: K. Rudolph; S. 768: Maur S. 251; S. 769 und 774: privat; S. 777: Foto: Hans Peter Schäfer; S. 779: Foto privat; S. 877 und 879: Foto privat.

8 Über die Autoren

Susanne Kessler stammt aus Hamburg, wo sie im Elternhaus von Kammermusik und Malerei geprägt wurde. Früh erhielt sie Klavierunterricht, der sie zu einem Preis beim bekannten Steinway-Wettbewerb führte. Sie studierte in Hamburg Schulmusik mit Hauptfach Klavier, legte ihre persönlichen Schwerpunkte auf Musikwissenschaft und Violine.

1974 kam sie nach München. Hier lernte sie im Orchester der Universität und bei Kammermusik ihren späteren Mann Christoph Kessler kennen. Von 1976-2000 war sie am Gymnasium Oberhaching als Musiklehrerin tätig, im letzten Jahr zusätzlich am Gymnasium Icking. Sie leitete die Schulorchester, mit denen sie viele Aufführungen gestaltete. Neben der Fachleitung Musik betreute sie Musik-Leistungskurse.

Seit 1988 in Icking wohnhaft, spielte sie bereits vom zweiten Konzert des Orchesters 1991 bis 2010 im Philharmonischen Orchester Isartal. Für die Konzerte des Konzertvereins Isartal e.V. schrieb und gestaltete sie 2002-2010 jährlich sechs bis neun Programmhefte und initiierte 2010 Einführungsveranstaltungen für Kammerkonzerte der Konzertreihe *klassik pur ! im isartal* mit Ton- und Notenbeispielen.

2011 gründete sie zusammen mit ihrem Mann und Freunden den Verein *Klangwelt Klassik • freunde der kammermusik e.V.* zur Veranstaltung der Kammermusikreihe *meistersolisten im isartal*. Neben ihrer Vorstandsfunktion als Schriftführerin schreibt und gestaltet sie wiederum alle Programmhefte und die Einführungen mit Ton- und Notenbeispielen für die Konzerte mit Kammerensembles.

Aktives Kammermusikspiel, Lesen, Hunde und Reisen, letzteres mit ihrem Mann zusammen in bereits über 60 Länder, sind ihre intensiv gepflegten Interessen.

Priv.-Doz. Dr. Christoph Kessler, geboren 1949 in Wiesbaden, studierte vier Jahre als Gaststudent am Konservatorium Nürnberg Violoncello bei Prof. Weiss, Solocellist an der Oper Nürnberg. Während seines nachfolgenden Studiums der Chemie musizierte er aktiv in verschiedenen Orchestern und sang in Chören, u.a. dem Philharmonischen Chor München und dem Münchner Motettenchor. Bleibend dabei waren seine Mitwirkung als Chorsänger bei Proben und Aufführungen von Monteverdis *Marienvesper*, Brahms: *Ein deutsches Requiem* und Mahler: Symphonie Nr. 8 - *Symphonie der Tausend*. Regelmäßig besucht er bis heute eine Vielzahl von Konzerten und Opernaufführungen.

Seit 1980 Tätigkeit als Biochemiker und Molekularbiologe bei der forschenden Pharmafirma Boehringer Mannheim GmbH, später Roche Diagnostics GmbH.

1990 Habilitation über Bioanalytik bei der Ludwig-Maximilians-Universität München, ab 1991 Lehrauftrag als Privatdozent am Genzentrum der LMU München.

1991-2010 Gründungsvorsitzender des *Konzertvereins Isartal e.V.*, als Violoncellist permanentes Mitglied des Philharmonischen Orchesters Isartal. Planung und Organisation der Konzertreihen *Klassik Wolfratshausen*, *Klassik Wolfratshausen-Geretsried* und *klassik pur ! im isartal.*

1997 Mitpreisträger des Kulturpreises der Stadt Wolfratshausen, 1999 Träger der Isar-Loisach-Medaille des Landkreises Bad Tölz-Wolfratshausen.

2002-2009 Gründungsvorsitzender des *Kulturvereins Oberland e.V.*.

2000-2009 Schriftführer und 1. Vorsitzender des *Komitees für medizinische und humanitäre Hilfe in Afghanistan* (C.P.H.A.), dem Trägerverein des afghanischen Chak-e-Wardak-Hospitals.

Seit März 2011 Gründungsvorsitzender des Vereins *KLANGWELT KLASSIK • freunde der kammermusik e.V.* als Veranstalter der Kammermusikreihe *Meistersolisten im Isartal*.

Über Reisen durch seine berufliche Tätigkeit und viele Reisen mit seiner Frau mit Rucksack und Wohnmobil lernte er Menschen und Kulturen von über 65 Ländern kennen und schätzen.